KARL MARX · FRIEDRICH ENGELS

WERKE · BAND 21

KARL MARX
FRIEDRICH ENGELS

WERKE

KARL DIETZ VERLAG BERLIN

KARL MARX
FRIEDRICH ENGELS

BAND 21

KARL DIETZ VERLAG BERLIN

Herausgegeben von der Rosa-Luxemburg-Stiftung

Leitung der Editionsarbeiten: Ludwig Arnold

Editorische Bearbeitung des Textes (1962): Charlotte Fischer
unter Mitarbeit von Anna Krüger, Therese Winkelmann und Dieter Müller

Verantwortlich für die Redaktion: Walter Schulz und Richard Sperl

In Textauswahl und -anordnung unverändert nach Band 21, 8. Aufl. 1984;
korrigierte Datierungen auf den Seiten 174, 249, 260, 309, 375, 378,
381, 387, 391, 406, 462, 463, 465, 468, 491, 509, 511, 524.

Kommentierung (Vorwort, Anhang)
der 9. akt. u. überarb. Auflage: Ingo Stützle
Korrektur: Stephan Lahrem

Weitere Hinweise zur Edition S. XXXV–XXXVI

Marx, Karl: Werke / Karl Marx; Friedrich Engels. –
Berlin : Dietz
ISBN 978-3-320-02208-2

Bd. 21. – 9. akt. u. überarb. Aufl. 2023
760 S.: 2 Bildbeilagen und 4 Faksimiles
ISBN 978-3-320-02400-0

9. aktualisierte und überarbeitete Auflage 2023

Satz Text: Offizin Andersen Nexö, Leipzig; Satz Vorwort/Anhang: Andreas Homann
Druck und Bindearbeit: Friedrich Pustet GmbH & Co. KG, Regensburg
Printed in Germany

Vorwort

Der Band 21 der Werke von Karl Marx und Friedrich Engels enthält die Arbeiten, die Engels zwischen Mai 1883 und Dezember 1889 geschrieben hat.

Nach Marx' Tod am 14. März 1883 war Engels nicht nur mit dessen Nachlaß betraut, sondern auch mit ihrem gemeinsamen politischen und publizistischen Erbe. Was genau das umfaßte, war jedoch alles andere als offensichtlich. Die Erbschaft mußte erst „gehoben" werden, denn Marx hatte viel beschriebenes Papier hinterlassen, von Notizbüchern bis zu unabgeschlossenen Manuskripten, darunter auch die zum zweiten und dritten Band seines Hauptwerks, „Das Kapital". Und es war nicht nur eine editorische, sondern auch eine politische Frage, was diese Erbschaft überhaupt ausmachte.

Sich um den Nachlaß zu kümmern kostete Engels viel Zeit und Energie. Er band dabei eine neue Generation sozialdemokratischer Intellektueller ein, mit denen er im Austausch stand, vor allem Eduard Bernstein und Karl Kautsky. Mit dieser Arbeitsteilung begann sich herauszubilden, was man als Marxismus bezeichnete. Aus einer Fremd- wurde zusehends eine Selbstbezeichnung. Zentrale Schriften für diese von Engels so genannte neue Weltanschauung finden sich im vorliegenden Band, namentlich sind das „Der Ursprung der Familie, des Privateigentums und des Staats" und „Ludwig Feuerbach und der Ausgang der klassischen deutschen Philosophie".

Die politischen Umstände machten diese Texte zu dem, als was sie bis heute gelten: zu Referenzwerken des historischen Materialismus, wie er sich nach Marx' Tod herausbildete. Engels war selbst Teil dieser politischen Verhältnisse, schrieb deshalb die genannten Texte, aber setzte als Herausgeber des Marxschen Nachlasses auch „Das Kapital" politisch in Szene. Zum gleichen Zweck verfaßte er Vorworte für neu aufgelegte oder übersetzte, ältere Schriften von Marx. Es sind vor allem diese Gelegenheitsarbeiten und politischen Wortmeldungen, die im vorliegenden Band enthalten sind.

Engels agierte vor dem Hintergrund einer erstarkenden internationalen sozialistischen Bewegung und einem sich konsolidierenden deutschen Staat, in dem der parlamentarische Betrieb an politischer Bedeutung gewann, was die Anforderungen an sozialistische Politik grundlegend veränderte. Diese neuen Bedingungen führten zu Richtungsstreitigkeiten in der sozialdemokratischen Partei, etwa in Fragen der Wirtschaftspolitik oder beim Umgang mit staatlicher Repression. Und auch über das politische Selbstverständnis der Partei wurde heftig gestritten. Zwar war nach der Veröffentlichung von Engels' „Anti-Dühring" (1877, Band 20 unserer Ausgabe sowie unsere 2020 erschienene neue Studienausgabe) der Einfluß des Berliner Privatdozenten geschwunden, aber die Auseinandersetzungen zwischen „ideologischen" Strömungen prägten nach wie vor die Partei. Von diesen Richtungskämpfen konnte sich Engels trotz seiner Verpflichtungen gegenüber dem literarischen Nachlaß von Marx nicht fernhalten. Und er wollte es auch nicht, da er angesichts kolonialistischer und imperialistischer Bestrebungen fast aller Industriestaaten sowie der Tatsache, daß die USA allmählich England als Zentrum der kapitalistischen Welt ablösten, einen Weltkrieg heraufziehen sah. Den galt es zu verhindern – mit internationalistischen Mitteln, was 1889 in die Gründung der Zweiten Internationalen mündete.

Marx' politisches und wissenschaftliches Erbe

Marx' Tod markierte einen Einschnitt in Engels' Leben. Er verlor nicht nur seinen engsten Freund, sondern auch seinen wichtigsten Mitstreiter, der ihm einen literarischen Nachlaß vererbte, der bis heute nicht vollständig erschlossen ist.

Nach dem Tod seines Freundes am 14. März 1883 mietete Engels das Marxsche Haus für ein weiteres Jahr, um sich dessen Hinterlassenschaften zu widmen.[1] Am 22. Mai 1883 schrieb er munter an Marx' Tochter Laura Lafargue: „Ich kann Dir versichern, daß es mir viel Spaß macht, diese alten Sachen durchzustöbern, von denen die meisten mich genauso wie Mohr [Karl Marx] angehen, und es gibt so vieles, worüber ich lachen muß. Nim [Helene Demuth] hilft mir – es muß schrecklich viel Staub gewischt werden! – Und wir lachen so manches Mal herzlich über die vergangenen Zeiten."[2] Mit diesen vergangenen Zeiten und ihrer gemeinsamen politischen Erbschaft verband Engels eine politische Zukunft, denn „Das Kapital" von Marx war noch nicht vollständig erschienen und das Interesse dafür, was Marx' Theo-

1 Manfred Kliem (Hrsg.): Friedrich Engels. Dokumente seines Lebens, 1820–1895. Leipzig 1977, S. 543.

2 Engels an Laura Lafargue, 22. Mai 1883, Band 36 unserer Ausgabe, S. 32.

rie ausmachte, war groß. Wenige Monate vor Marx' Tod hatte sich Karl Kautsky bei Engels beklagt: „Noch nie war die Nachfrage nach Marx' und Ihren Schriften größer, noch nie das Angebot geringer als jetzt."[3] An dieser Situation waren Marx und Engels nicht unschuldig, hatten sie sich doch immer wieder geweigert, Schriften neu aufzulegen, gerade weil sie darum wußten, daß ihre Texte einen zeithistorischen Kern hatten. So wiesen sie Bitten zurück, etwa von seiten Wilhelm Liebknechts, Schriften wie das „Manifest der Kommunistischen Partei" neu aufzulegen. Während Engels nach Marx' Tod die Anekdote pointiert einsetzte,[4] daß Marx bei passender Gelegenheit gesagt habe, er sei kein Marxist, schrieb Kautsky an Bebel: „Jeder spricht über Marx, aber die wenigsten kennen ihn. [...] Unsere Arbeiter stehen auf dem Boden des ‚Kommunistischen Manifests'. Unsere ‚Intelligenzen' nicht. Das habe ich jetzt, wo ich marxistische Mitarbeiter suche und nirgends finde, recht deutlich kennengelernt. Umso eifriger muß meines Erachtens die [Theoriezeitschrift] ‚Neue Zeit' den Leuten zum Bewußtsein bringen, was Marxismus ist und was er nicht ist."[5]

Die redaktionelle und editorische Arbeit an den Manuskripten zu Band zwei und drei des „Kapitals", die enge Begleitung der Übersetzungen ins Englische sowie die Korrespondenz beanspruchten Engels stark. Allein die überlieferten Briefe, die parallel zu den Texten von Band 21 entstanden sind, umfassen mehr als 1000 MEW-Druckseiten – fünfmal mehr als die beiden wirkmächtigsten Texte in diesem Zeitraum. Engels schrieb Vorworte, mischte sich publizistisch in die Politik ein, bereitete die eigene politische und intellektuelle Geschichte auf – kein Wunder, daß eine von ihm geplante Geschichte der europäischen Arbeiterbewegung ebenso liegenblieb wie eine Marx-Biographie und seine Forschungen zur Dialektik der Natur. Warum die beiden Schriften „Ursprung" und „Feuerbach" für den Marxismus solch eine zentrale Bedeutung bekommen sollten, läßt sich aus ihnen selbst nicht erklären. Dies wird, ebenso wie die Nachfrage nach Schriften von Marx und Engels, nur vor dem Hintergrund des spezifischen historischen Kontextes verständlich.

---

3 Kautsky an Engels, 23. November 1882, in: Friedrich Engels' Briefwechsel mit Karl Kautsky, hrsg. v. Benedikt Kautsky, Wien 1955, S. 69.

4 Engels erwähnt den Satz in drei Briefen, das erste Mal noch zu Marx' Lebzeiten (gegenüber Bernstein am 2./3. November 1882, Band 35 unserer Ausgabe, S. 388, vgl. zudem Brief an Conrad Schmidt, 5. August 1890, Bd. 37 unserer Ausgabe, S. 436 sowie an Paul Lafargue, 27. August 1890, ebd., S. 450); zweimal taucht der Satz in Zuschriften an Zeitschriften auf (vorliegender Band, S. 489; Band 22 unserer Ausgabe, S. 69)

5 Kautsky an Bebel, 14. Februar 1885, in: August Bebels Briefwechsel mit Karl Kautsky, hrsg. v. Karl Kautsky jr., Assen 1971, S. 27.

Lage in Deutschland nach Reichsgründung und Gründerkrach

Mit dem Deutsch-Französischen Krieg 1870/71 und der anschließenden Gründung des Deutschen Reichs hatten sich die Machtverhältnisse in Europa verändert. Das neue, „vereinte" Deutschland beanspruchte, als Konkurrent Frankreichs und Englands aufzutreten, war aber außenpolitisch nur so mächtig, wie innenpolitisch die Reihen geschlossen werden konnten. Und das gelang – aller Rede von der Einheit des Reichs zum Trotz – nur in Maßen. Die Reichsgründung war eine „von oben", eine der Militärs, die in den Jahren vor 1871 mehr als 90 Prozent des Staatshaushalts für sich hatten reklamieren können. Ein Teil des Bürgertums, die Nationalliberalen, konnte dennoch seine Kernforderungen sukzessive durchsetzen.

Bis Ende der 1870er-Jahre bildete sich so ein Bündnis aus zuvor verfeindeten Fraktionen zur Klassenbasis des neuen Staats heraus: die ehemals auf Freihandel setzenden preußischen Junker und die binnenmarktorientierten Fabrikherren der Schwerindustrie, ohne die Unternehmen, die auf Export und Weltmarkt ausgerichtet waren. Die damit einhergehende beschleunigte Industrialisierung und kapitalistische Dynamik führte jedoch nicht nur zur „zweiten" oder „inneren" Reichsgründung, die auf 1878 datiert wird, sondern schon bald auch zum „Gründerkrach", gefolgt von einer Deflationskrise. Die deutsche Wirtschaft war mit der „kapitalistischen Normalität" konfrontiert, einer verstärkten Konkurrenz aufgrund der Einbindung in den Weltmarkt. Die Reichsregierung führte daraufhin 1879 Schutzzölle auf ausländische Agrar- und Industrieprodukte ein und begegnete der „ruinösen Konkurrenz" auch in anderer Form. So schlossen sich zahlreiche Unternehmen der Grundstoffindustrie zu Kartellen zusammen, ähnlich wie in den USA die Erdölfirmen. Diese Vermachtung der Märkte, die sich bis zur Jahrhundertwende beschleunigte, interpretierten Zeitgenossen als eine grundlegende Modifikation des Kapitalismus.

Die deutschen Unternehmen waren jedoch nicht nur in ihren Interessen gegenüber der Weltmarktkonkurrenz vereint, sondern auch im Kampf gegen die „rote Gefahr". Aufgrund der ökonomischen Dynamik, die zunächst viele Menschen zu abhängig Beschäftigten in Lohnarbeit machte, mußten die von ihnen zu tragenden Anpassungslasten politisch moderiert werden – die Proletarisierung breiter Massen der Bevölkerung brachte die soziale Frage mit sich. Sie kam nicht allein durch soziale Kämpfe „von unten" auf, sondern auch durch die neben dem Militär mächtigste Institution des Kaiserreichs, die Bürokratie. Sie registrierte und verwaltete das wachsende Elend und drängte auf Reformen, was das akademische Lehrpersonal dankbar als Einstieg in die eigene Karriereplanung aufgriff. Die Kritik und das Mißtrauen von Marx und Engels gegenüber den „Kathedersozialisten“ – eine polemische Bezeichnung für Nationalökonomen, die sich für eine staatliche Sozialpolitik einsetzten –, namentlich Gustav von Schmoller, Adolph Wagner, Albert Schäffle, Lujo Brentano und anderen, haben hier ihren Grund und waren mehr als gerechtfertigt. Mit den Bismarckschen Sozialreformen entstand ein soziales Netz, aber löchrig und exklusiv. Es brachte zwar Sicherheit, knüpfte sie aber – als Versicherungen, in die eingezahlt werden mußte – an das Schicksal der Lohnabhängigkeit. Wie mit staatlicher Sozialpolitik und ihren akademischen Protagonisten umzugehen ist, war eine Frage, die auch nach Marx aktuell blieb, ja sich zuspitzte, wie die Texte im vorliegenden Band zeigen. Die Integration der arbeitenden Klassen vollzog sich autoritär, spaltete die Arbeiterklasse in Arbeiter und Arme. Das politische Interesse Bismarcks galt der Stabilisierung der gesellschaftlichen Ordnung, weshalb ein repressives Sozialistengesetz die einsetzenden Sozialreformen flankierte.

Sozialistengesetz

Das Sozialistengesetz schränkte nicht nur die Politik und Publikationstätigkeit der Sozialdemokratie ein, sondern brachte eine ganz eigene Dynamik in das innerparteiliche wie das organisatorische Gefüge der Arbeiterbewegung, die nicht nur aus der sozialdemokratischen Partei bestand. Das Gesetz verschob das Gewicht zugunsten der legal arbeitenden Strukturen, speziell der Reichstagsfraktion, und pulverisierte zugleich die organisatorischen Strukturen der Arbeiterbewegung, die man insgesamt verdächtigte, der Sozialdemokratie nahezustehen. So entstanden neben illegal arbeitenden Zellen auch massenhaft „nichtpolitische“ Vereinsstrukturen, die in den kommenden Jahren einen Kern der politisch organisierten Arbeiterklasse darstellen sollten. Das Gesetz erzwang publizistische Tätigkeiten außerhalb der Staatsgrenzen und beschränkte die Möglichkeiten, Bücher zu beziehen, selbst wenn diese nicht verboten waren.

Politische Differenzen innerhalb der Sozialdemokratie über politische Ziele und den Umgang mit den Repressalien kamen auch zwischen den publizistischen Organen zum Ausdruck. Nicht nur Engels mußte sich entscheiden, wo er seine Texte veröffentlichen sollte, denn das konnte Rückwirkungen auf die politisch-organisatorische Konstellation insgesamt haben. Das betraf auch die Frage, wer warum als Intellektueller der Partei galt. Parteiintellektuelle im Ausland und die Reichstagsfraktion waren weniger stark von Repression betroffen und gewannen deshalb gegenüber den „normalen“ Mitgliedern an Gewicht. Damit ging eine Debatte in der Sozialdemokratie darüber einher, was die kapitalistische Gesellschaft ausmacht und welcher politischen Formen es bedarf, diese zu verändern und zu revolutionieren. Politische Richtungsstreitigkeiten, die die Partei seit ihrer Gründung begleiteten, bekamen zunehmend Bedeutung.

Ein Teil der Sozialdemokratie richtete sich in der Repression ein, hoffte darauf, von der herrschenden Politik und ihren Institutionen anerkannt zu werden und daß die Repression nachlassen werde, wenn die Sozialdemokratie nicht „negativ" auffalle – schließlich bewiesen ja die sozialpolitischen Maßnahmen unter Bismarck, daß man politisch richtig lag. Andere Teile radikalisierten ihre Rhetorik und entwickelten eine Gewißheit, auf der richtigen Seite der geschichtlichen Entwicklung zu stehen: dem nahen Ende kapitalistischen Wirtschaftens. Von August Bebel stammt das geflügelte Wort des „großen Kladderadatsch", eine Vorstellung, die unter führenden Sozialdemokraten weit verbreitet war. Es entstand, was der Sozialwissenschaftler Dieter Groh einen „revolutionären Attentismus" nannte, und zwar gerade in der Phase der Herausbildung des Marxismus als Weltanschauung.

Sozialimperialismus

Mit dem Kaiserreich etablierte sich eine neue Großmacht im Zentrum Europas. Der damit einhergehende Nationalismus war eine weitere Form, das Proletariat einzubinden, besonders vor dem Hintergrund der nach 1873 einsetzenden Deflationskrise. Mit dieser wurde deutlich, daß eine Abkopplung vom Weltmarkt mittels Schutzzöllen gar nicht möglich war.

Auch die deutsche Wirtschaft mußte expandieren, abgesichert von staatlichen Interventionen zugunsten deutscher Absatzmärkte und Handelswege. Bismarck begründete seine Expansionspolitik damit, „den Deutschen ein neues Ziel zu setzen, für das sie sich begeistern könnten, nachdem […] die Popularität der Regierung zu verblassen angefangen hatte".[6] Gemeint war die arbeitende Klasse, die sich trotz Repression verstärkt der Sozialdemokratie anschloß. Vor diesem Hintergrund entstand ein Klassenbündnis, das auf koloniale Strategien setzte, um mittels Kapitalexport Verwertungsmöglichkeiten im Ausland zu realisieren, und gleichzeitig auf Schutzzölle, um die deutsche Wirtschaft vor der internationalen Konkurrenz abzuschotten.

Diese ökonomisch-politische Konstellation – Schutzzölle und Kolonialismus, soziale Polarisierung und politische Repression, wachsende Bedeutung des Parlaments und proletarischer Internationalismus – bestimmte die Parameter für theoretische und politisch-strategische Debatten. Statt für eine

6 Zitiert nach Hans-Ulrich Wehler: Von der „Deutschen Doppelrevolution" bis zum Beginn des Ersten Weltkrieges: 1849–1914, München 2008, S. 987.

Befreiung der Arbeiterklasse zu kämpfen, stritten sich die Sozialdemokraten darüber, inwiefern der beginnende Imperialismus positiv für die Arbeiterbewegung sein könnte. Obwohl Sozialdemokratie und Gewerkschaften die Verbesserung der konkreten Lebenslagen für die Arbeiterklasse begrüßten, waren die Absichten staatlicher Politik angesichts des repressiven Sozialistengesetzes nicht zu verkennen: Das Proletariat sollte integriert werden, war aber sowohl politisch als auch sozial und kulturell auf nahezu allen Ebenen ausgeschlossen – und sollte es auf absehbare Zeit auch bleiben.

Sozialdemokratie und Gewerkschaften

Die Sozialdemokratie bemühte sich, lange bevor die Fabrikarbeit bzw. das Industrieproletariat für die deutsche Wirtschaft eine bedeutende Rolle spielte, gewerkschaftliche Organisierung jenseits der eigenen Parteistrukturen an sich zu binden. Über das Verhältnis von Partei und Gewerkschaften wurde ebenso heftig gestritten wie über das Genossenschaftswesen. Vor allem in der lassalleianischen Strömung galten Gewerkschaften nur als „Vorschule der Partei", im Gothaer Programm von 1875 sind sie nicht einmal erwähnt, was Engels zu der Kritik veranlaßte: „Bei der Wichtigkeit, die diese Organisation auch in Deutschland erreicht, wäre es unserer Ansicht nach unbedingt notwendig, ihrer im Programm zu gedenken und ihr womöglich einen Platz in der Organisation der Partei offenzulassen."[7]

Die Gewerkschaften hatten ebenfalls unter dem Sozialistengesetz zu leiden, hinzu kamen repressive Praktiken der Unternehmen wie Kündigungen sozialistischer Arbeiter oder Aussperrung. Nachdem ein legaler Kampf für die eigenen Belange unterbunden war, blieb die Sozialgesetzgebung unter Bismarck das zentrale politische Mittel, um die Arbeiter als Klasse in den Staat zu integrieren. Doch diese Strategie war nur bedingt erfolgreich, denn die Arbeiter fanden Formen, sich trotz des Verbotes zu organisieren. In den 1880er Jahren nahmen zudem spontane Unruhen und von Fachvereinen initiierte Auseinandersetzungen zu. Der sogenannte Streikerlaß von 1886 sollte für Ruhe und Ordnung sorgen, indem alle kollektiven Kampfformen kriminalisiert wurden, hatte aber einen gegenteiligen Effekt: Nun fühlten sich die Arbeiter zunehmend im Recht. Streiks weiteten sich auf alle Industriezweige aus, gingen weit über ein lokales Ereignis hinaus. Höhepunkt war der Streik im Bergbau 1889 im Ruhrgebiet, als die Arbeiterschaft ihre Macht als soziale Bewegung zeigte. Das Militär rückte an und die Auseinandersetzungen erreichten ein Niveau der Eskalation, das selbst Teile des Bürgertums nicht

7 Engels an August Bebel, 18./28. März 1875, Band 34 unserer Ausgabe, S. 128.

mehr mittragen wollten. Bismarcks Arbeiterpolitik von Zuckerbrot und Peitsche war gescheitert. Engels betrachtete die streikenden Arbeiter als „eine wichtige zusätzliche Kraft in unseren Reihen“ (S. 378).

Engels sah sich in der Pflicht, die Entwicklungen in Deutschland für die internationale Sozialdemokratie zu kommentieren. Nicht nur das Reich war eine Weltmacht geworden, sondern auch die deutsche Arbeiterbewegung und Sozialdemokratie galten international zusehends als politischer Maßstab. Noch war das Band, das Arbeiterbewegung und Sozialdemokratie in ihrer Vielstimmigkeit und Uneinheitlichkeit zusammenhielt, negativ bestimmt, durch den gemeinsamen Feind, die staatliche Repression. Eine „einheitliche“ – und sei es prekäre –, gemeinsame Programmatik sollte sich erst im Laufe der Zeit herausbilden: der Marxismus. Engels' späte Schriften, die in der vorliegenden Ausgabe ediert sind, spielten dabei eine zentrale Rolle.

Referenzwerke des entstehenden Marxismus

Die beiden Texte „Der Ursprung der Familie, des Privateigentums und des Staats“ sowie „Ludwig Feuerbach und der Ausgang der klassischen deutschen Philosophie“ sind für die Herausbildung des Marxismus als Weltanschauung zentral. Wie der „Anti-Dühring“ sind sie Gelegenheitsschriften, eher spontan, in relativ kurzer Zeit verfaßt. Engels hat sich ganz entgegen seiner sonstigen Arbeitsweise kaum bemüht, die relevante Literatur zu lesen. Zwar konnte er sich das zumindest für den „Ursprung“ erlauben, weil er in den Jahren zuvor das entsprechende Material gewälzt hatte, aber es ist durchaus erwähnenswert, daß er für die Abfassung der beiden Bücher nicht nochmals „studierte“. Für den „Feuerbach“ nahm er nicht einmal mehr Feuerbach im Original zur Hand, sondern zitierte nach dem Buch, das er besprechen sollte. Für den „Ursprung“ besorgte er sich „Ancient Society“ von Lewis H. Morgan im Original, nachdem ihm das Konspekt von Marx zu Morgans Buch in die Hände gefallen war und er den Plan gefaßt hatte, einen Beitrag zum Thema zu schreiben. Gleichwohl orientierte er sich jedoch wesentlich an Marx' Zusammenfassung.

„Der Ursprung der Familie, des Privateigentums und des Staats“

Die in der Erstauflage keine 150 Seiten starke Schrift „Der Ursprung der Familie, des Privateigentums und des Staats. Im Anschluß an Lewis H. Morgans Forschungen“ erschien 1884 in Zürich. Morgan, ein US-amerikanischer Anthropologe und Ethnologe, hatte 1877 „Ancient Society“ publiziert, in dem er, von Darwin beeinflußt, mit einer entwicklungstheoretischen Perspektive auf die Menschheitsgeschichte und ihre Formen von Gesellschaftlichkeit blickte.

Als Engels am 18. September 1883 der Bitte Kautskys nachkam, dessen Artikel zu Ehe und Familie zu kommentieren, ein Thema, über das es zwischen ihnen bereits 1881 „lebhaftige Auseinandersetzungen" gegeben hatte,[8] hatte er Marx' Konspekt im Nachlaß noch nicht entdeckt.[9] Wenige Wochen später nahm Engels dann Marx' Notizen und Kommentare nicht nur zum Anlaß, Kautsky auf das Buch hinzuweisen, sondern gleich einen Text für die „Neue Zeit" zu schreiben, der sich zu einem ganzen Buch ausweiten sollte. In seinem Brief vom 16. Februar 1884 schrieb er an Kautsky: „Über die Urzustände der Gesellschaft existiert ein entscheidendes Buch, so entscheidend wie Darwin für die Biologie, es ist natürlich wieder von Marx entdeckt worden: Morgan, ‚Ancient Society', 1877. M[arx] sprach davon, aber ich hatte damals andre Sachen im Kopf, und er kam nicht wieder darauf zurück, was ihm gewiß angenehm war, da er selbst das Buch bei den Deutschen einführen wollte, wie ich aus seinen sehr ausführlichen Auszügen sehe. Morgan hat die Marxsche materialistische Geschichtsanschauung in den durch seinen Gegenstand gebotenen Grenzen selbständig neu entdeckt und schließt für die heutige Gesellschaft mit direkt kommunistischen Postulaten ab."[10]

Laut den Erinnerungen von Maxim Kowalewski hatte er Morgans Buch von einer USA-Reise mitgebracht und Marx geliehen.[11] Wahrscheinlich im Winter 1880/81 fertigte Marx ausführliche Auszüge daraus an und kommentierte sie. Das Morgan-Konspekt paßt zu dem thematischen Schwerpunkt des späten Marx, der sich stark für nichtkapitalistische, außereuropäische Gesellschaften und ihre Formen von Gemeineigentum interessierte.[12] Nachweis-

8 Hierzu Kautskys Bericht zu seinem ersten London-Aufenthalt, in: Aus der Frühzeit des Marxismus. Engels' Briefwechsel mit Kautsky, hrsg. und erläutert von Karl Kautsky, Prag 1935, S. 39, 52.

9 Ediert in: Karl Marx: Die ethnologischen Exzerpthefte, hrsg. von Lawrence Krader, Frankfurt a. M. 1976.

10 Band 36 unserer Ausgabe, S. 109–110. Mit diesem Postulat schließt auch Engels' „Ursprung", siehe vorl. Band, S. 172–173. Einen Vergleich hinsichtlich der Morgan-Rezeption zwischen Marx und Engels stellen an: Erhard Lucas: Die Rezeption Lewis H. Morgans durch Marx und Engels, in: Saeculum 1/1964, S. 153–176 sowie Heather Brown: Geschlecht und Familie bei Marx, Berlin 2021, S. 158–206. Es sollte auch Kautsky sein, der dafür sorgte, daß Wilhelm Eichhoff Morgans Buch ins Deutsche übersetzte. Es erschien 1891 bei J. H. W. Dietz in Stuttgart, wobei Kautsky die Übersetzung stark überarbeiten mußte.

11 Maxim Kowalewski: Erinnerungen an Marx (1909), in: Mohr und General. Erinnerungen an Marx und Engels, Berlin 1982, S. 345. Der Aussage widerspricht, daß Marx nach der englischen, nicht der US-amerikanischen Ausgabe zitiert.

12 Ein Großteil des Materials ist noch nicht ediert und zugänglich, geplant für die MEGA^2-Bände 27 bis 30 der IV. Abteilung. Erhard Lucas (Der späte Marx und die Ethnologie, in: Saeculum 4/1975, S. 386–402) empfahl angesichts der Edition von Krader, das Exzerpt-Material kritisch zu rezipieren, nachdem er es bereits zehn Jahre zuvor gesich-

lich hat Marx Morgan erstmals im ersten und längsten Briefentwurf an Vera Sassulitsch angeführt.[13] Diese hatte Marx in einem Brief konsultiert, ob „Das Kapital" dahingehend zu verstehen sei, „daß alle Länder der Welt alle Phasen der kapitalistischen Produktion durchlaufen" müssen, und was das für „das mögliche Schicksal unserer [d. h. der russischen] Dorfgemeinde" bedeute.[14] Marx tat sich schwer mit seiner Antwort, worauf die vier Briefentwürfe hindeuten. Die Antwort, die er schließlich am 8. März 1881 abschickte, fiel sehr knapp und formal aus. Er bedaure, keine „für die Öffentlichkeit bestimmte Auskunft" geben zu können.[15] Engels holte das nach und kam damit nicht zuletzt einem weit verbreiteten Bedürfnis nach, die Entwicklung der Menschheit hin zur Klassengesellschaft, aber auch den Staat genauer zu verstehen.

Das Thema Menschheits- und Naturgeschichte bewegte im letzten Drittel des 19. Jahrhunderts viele Menschen – auch Sozialdemokraten. Davon zeugen etwa die Ausleihen in Arbeiterbibliotheken und das thematische Programm sozialdemokratischer Verlage.[16] Das lag nicht allein am Sozialistengesetz, das sozialistische Publikationen zensierte. Die historische Betrachtung sozialer Themen drängte sich geradezu auf, denn die bürgerliche Gesellschaft, die sich im Zuge der Aufklärung gegen die feudalen Mythen und vermeintlich gottgegebenen Verhältnisse durchgesetzt hatte, gründete auf neuen Verklärungen, erklärte nun ihrerseits spezifisch bürgerliche Institutionen für überhistorisch und quasinatürlich. Entwicklungsmodelle, die die Menschheit am Ende der Geschichte angekommen sahen, in der Zivilisation, sollten nicht nur die herrschenden Verhältnisse legitimieren, sondern auch den Kolonialismus, die „Bürde des weißen Mannes" (Rudyard Kipling), der Barbarei die Zivilisation zu bringen. Begriffe wie Barbaren, menschlicher Naturzustand, edle Wilde und Zivilisation waren deshalb in einem kolonialistischen Diskurs miteinander verwoben. In diesen Diskurs gehört auch Engels' „Ursprung", in kritischer Absicht.

Engels muß spätestens im Januar 1884 Marx' Aufzeichnungen genauer angesehen haben, denn noch im selben Monat bestellte er Morgans Buch, bekam es aber erst im März – was ihn später zu der Behauptung verleite-

---

tet hatte (derselbe: Marx' Studien zur Frühgeschichte und Ethnologie 1880–1882. Nach unveröffentlichten Exzerpten, in: Saeculum 1/1964, S. 327–343).

13 Band 19 unserer Ausgabe, S. 386.

14 Zitiert nach Band 35 unserer Ausgabe, S. 494, Anm. 211.

15 Band 35 unserer Ausgabe, S. 166.

16 Hans-Josef Steinberg: Lesegewohnheiten deutscher Arbeiter, in: Peter von Rüden/Gerhard Baier (Hrsg.): Beiträge zur Kulturgeschichte der deutschen Arbeiterbewegung 1848–1918, Frankfurt a. M. u. a. 1979, S. 261–280; Dieter Langewiesche/Klaus Schönhoven: Arbeiterbibliotheken und Arbeiterlektüre im Wilhelminischen Deutschland, in: Archiv für Sozialgeschichte 16/1976, S. 135–204.

te, „Ancient Society" sei „systematisch unterdrückt" worden.[17] Obwohl er eigentlich andere Prioritäten hatte, schrieb er ohne allzu viele Vorarbeiten den „Ursprung". Weil Engels noch so viel vorhatte, nahm er sich nur wenig Zeit für das Projekt – die aber nahm er sich. Das wohl auch deshalb, weil der „Ursprung", so Engels im Vorwort, „gewissermaßen die Vollführung eines Vermächtnisses" sei.[18] Engels sah mit der Aufbereitung des Materials die Chance, die Bedeutung materialistischer Geschichtsauffassung deutlich zu machen (S. 27). Diese Perspektive ist es auch, die die Schrift als Baustein des Marxismus als Weltanschauung ausmachen sollte.

Die Frage nach geschichtlicher Entwicklung war das Thema der Zeit, nicht nur in der Geologie, sondern auch in anderen Themengebieten, die Marx und Engels verfolgten, etwa der Archäologie (Lubbock), der Biologie (Darwin) oder der Anthropologie (Morgan). Immer wieder ging es darum, was die Antriebskräfte der je spezifischen Entwicklung sind. Engels beispielsweise interessierte vor allem, was den Menschen zum Menschen macht,[19] wie sich in menschlichen Gemeinschaften Herrschaft festsetzt – das Thema von „Ursprung". Bei seiner Aufbereitung der Arbeit von Morgan verknüpfte Engels damalige Systematisierungen aus der Archäologie – die Idee der doppelten Produktion des Lebens aus den Manuskripten der „Deutschen Ideologie" aufgreifend[20] – mit anthropologischen Erkenntnissen.

Für seine Studie „Ancient Society" hatte Morgan auf Jahrzehnte an Feldforschung zurückgreifen können und auf eine emsige Publikationstätigkeit, vor allem zu Verwandtschaftsbeziehungen als spezifische menschliche Sozialform, die Aufschluß über die Geschichte der Menschheit gibt. Die Anthropologie hatte sich zwar noch nicht als eigenständige Wissenschaft etabliert, aber mit den Arbeiten von Darwin eröffneten sich Wissenschaftsfelder, die der Frage nachgingen, wie der Mensch zu dem geworden war, was er ist, ohne dies auf eine biologische Frage bzw. die Evolution zu reduzieren.

Ungeachtet der fachlichen Kritik zählt Morgans Buch inzwischen zu einem historischen Klassiker der Ethnologie bzw. Anthropologie, das die Ana-

17 Vorwort zur vierten Auflage, 1891, Band 22 unserer Ausgabe, S. 220.

18 Eine Aussage, die nicht unumstritten ist, vergleicht man die Morgan-Rezeption von Marx und Engels, vgl. Franklin Rosemont: Karl Marx and the Iroquois, in: Arsenal: Surrealist Subversion, Chicago 1989, S. 201–213; Erhard Lucas: Die Rezeption Lewis H. Morgans durch Marx und Engels, in: Saeculum 1/1964, S. 153–176.

19 Hierzu „Anteil der Arbeit an der Menschwerdung des Affen" aus den Manuskripten „Dialektik der Natur" (Band 20 unserer Ausgabe, S. 444–455), die Bernstein 1896 nach Engels' Tod in der „Neuen Zeit" veröffentlichte.

20 Band 3 unserer Ausgabe, S. 29: „Die Produktion des Lebens, sowohl des eignen in der Arbeit wie des fremden in der Zeugung, erscheint nun schon sogleich als ein doppeltes Verhältnis – einerseits als natürliches, andrerseits als gesellschaftliches Verhältnis."

lyse der Vor- oder Urgeschichte auf neue Grundlagen stellte – zuvor waren Aussagen über diese Zeit vor allem auf die Analyse und Interpretation von schriftlichen Zeugnissen und auf die Bibel beschränkt gewesen (S. 474).

Von Darwin beeinflußt, arbeitete Morgan Kriterien für gesellschaftlichen Fortschritt heraus, um Formationen menschlichen Zusammenlebens voneinander abgrenzen und zugleich eine historische Abfolge, das heißt eine Periodisierung bestimmen zu können. Morgan differenzierte zwischen Wildheit, Barbarei und Zivilisation, wobei er die beiden ersten noch einmal in Unter-, Mittel- und Oberstufe unterteilte. Diese Stufen markieren eine Entwicklungsreihenfolge, die sich wesentlich durch „Erfindungen" und „Entdeckungen" auszeichnen.[21] Hierfür untersuchte Morgan diverse indigene Gemeinschaften.

Für ihn war es erklärungsbedürftig, daß bei den Irokesen derselbe Verwandtschaftsterminus für mehrere Personen gilt. Bei seinen Studien stieß Morgan auf das Phänomen des matrilinearen Verwandtschaftssystems, einlinige Abstammungsgruppen (Lineages) bzw. eigenständige Solidaritäts- und Wirtschaftsgemeinschaften, die sich über die Mütter definieren.[22] Diese Entdeckung war folgenreich, weil sie nicht allein das Familienbild in Frage stellte, sondern auch, wie Gemeinschaften grundlegend organisiert sind.[23] Aufgrund weiterer Forschungen in anderen Teilen der Amerikas und der Welt verallgemeinerte Morgan seine Aussagen.[24]

Morgans Zugang brachte Engels dazu, zu behaupten, dieser habe „die von Marx vor vierzig Jahren entdeckte materialistische Geschichtsauffassung in Amerika in seiner Art neu entdeckt und war von ihr, bei Vergleichung der Barbarei und der Zivilisation, in den Hauptpunkten zu denselben Resultaten geführt worden wie Marx" (S. 27). Engels assoziierte Morgans Arbeit mit Marx' „Kapital". In der Rezeptionsgeschichte wurde auch auf Stellen in den zu Engels' Lebzeiten nicht veröffentlichten Manuskripten zur „Deutschen Ideologie" verwiesen, wo es um die Produktion des Lebens geht.[25]

Einen wesentlichen Bruch in der Entwicklung sah Engels mit der Seßhaftigkeit gegeben und mit neuen Formen von Eigentum, die die Gentilge-

21 Lewis H. Morgan: Die Urgesellschaft. Untersuchungen über den Fortschritt der Menschheit aus der Wildheit durch die Barbarei zur Zivilisation, aus dem Englischen von Wilhelm Eichhoff, unter Mitwirkung von Karl Kautsky, 4. Auflage, Stuttgart/Berlin 1921, S. 4.

22 Ebd.

23 Ebd., S. 53.

24 Diese Verallgemeinerungen hinsichtlich der Aussagen zu den Entwicklungen zwischen den diversen Gemeinschaften und der Stellung der Frauen, die Engels übernimmt, sind es, die durch neuere Forschung wesentlich in Frage gestellt werden.

25 Vgl. Band 3 unserer Ausgabe, S. 29.

sellschaft als Ganzes unterminierten, nicht zuletzt die Stellung der Frauen. „Ursprünglich tauschte Stamm mit Stamm, durch die gegenseitigen Gentilvorsteher; als aber die Herden anfingen, in Sondereigentum [1884: Privateigentum] überzugehn, überwog der Einzelaustausch mehr und mehr und wurde endlich einzige Form“ (S. 156). Nun begann die Herrschaft des Mannes, so Engels, und entwickelte sich schließlich die Klassengesellschaft, die den Staat notwendig macht: „eine Einrichtung, die nicht nur die aufkommende Spaltung der Gesellschaft in Klassen verewigte, sondern auch das Recht der besitzenden Klasse auf Ausbeutung der nichtbesitzenden und die Herrschaft jener über diese“ (S. 106).

Wegen der Stellung der Frauen war für Engels ein weiterer zentraler Gewährsmann im „Ursprung“ der Rechtshistoriker und Altertumsforscher Johann Jakob Bachofen mit seinem 1861 erschienenen Werk „Das Mutterrecht“. Auch Bachofen ging von einer Stufenfolge historischer Entwicklung aus, bezog sich in seiner Arbeit jedoch nicht auf ethnographische Forschung oder quellenkritische Lektüre, sondern war der Interpretation von Mythen und archäologischen Funden verpflichtet. Mythen seien nichts anderes als kulturelle Formen von Erinnerungen an reale Ereignisse.[26]

In seiner Darstellung orientierte sich Engels eher an Marx' Konspekt denn an Morgan, was sich schon an der Gliederung zeigt. Die Urgeschichte der Familie (S. 36–84), die irokesische Gens (S. 85–97) sowie die regionalen frühgeschichtlichen Verhältnisse im Vorfeld des Ursprungs von Privateigentum, Klassen und Staat bei Griechen, Römern, Kelten und Germanen (S. 98–151) stellte Engels wesentlich anhand ethnographischer Studien bzw. antiker und mittelalterlicher schriftlicher Überlieferungen dar. Engels, durchaus bewandert in der Geschichte, fügte zu Morgans Ausführungen Beispiele aus der Antike und von den sogenannten Germanen hinzu. Für die Passagen über die Gens bei Kelten und Deutschen (S. 127–140) und die Staatsbildung der Deutschen (S. 141–151) konnte er auf eigene Vorarbeiten zurückgreifen, etwa auf unveröffentlichte Texte über „Altirland“, „Zur Urgeschichte der Deutschen“ und „Fränkische Zeit“. Wo es zuwenig schriftliche Zeugnisse gab, bediente sich Engels für die Darstellung der Produktivkraftentwicklung archäologischen Materials, das er für seine „Urgeschichte der Deutschen“ verwendet hatte, ohne die dort aufbereitete Literatur zu nennen.[27]

26 Engels ließ im Oktober/November 1884 Bachofen wahrscheinlich über Kautsky ein Exemplar vom „Ursprung“ zukommen (vgl. Brief vom 17. Oktober 1884, Band 36 unserer Ausgabe, S. 222). Es ist unklar, ob es je ankam.

27 Etwa Conrad Engelhardt: Denmark in the early iron age, illustrated by recent discoveries in the peat mosses of Slesvig, London 1866; siehe Band 19 unserer Ausgabe, S. 457.

Engels arbeitete in weiteren Auflagen nicht nur ihm neue Erkenntnisse ein,[28] sondern unterstrich stets die Vorläufigkeit seiner Ausführungen und daß bestimmte Fragen offenblieben, war sich aber sicher, die Forschung würde neue Antworten liefern (S. 60, 157, 481). Bis zu seinem Tod verfolgte er aktuelle Forschungen, auf die er im Vorwort zur vierten Auflage kursorisch einging (S. 474–483).

Man muß sich vergegenwärtigen, daß Engels' Wissensstand ein begrenzter war und sein mußte. Jüngere Forschungen beispielsweise auf dem Feld der Geschlechterforschung, der Anthropologie/Ethnologie und der Archäologie haben mit neuen Methoden – etwa Genanalysen und das Hinterfragen männlicher Prämissen bei den Analysen von Artefakten – neue Erkenntnisse geliefert und alte korrigiert. So läßt sich weder eine geschlechtsspezifische Arbeitsteilung beim Sammeln und Jagen feststellen, noch, daß frühe Gemeinschaften männlich dominiert waren. Weil Morgan bei seiner Analyse vor allem von den Irokesen ausgegangen war, hatte er nicht nur hinsichtlich der Rolle der Frauen ein zu positives Bild gezeichnet, sondern – wie auch Engels – die Existenz der minoritären matrilinear gegliederten Familiensysteme unzulässig verallgemeinert und die Vielfalt und Komplexität von Familientypen unterschätzt. Über DNA-Analysen rekonstruierte Verwandtschaftsverhältnisse können heute zudem Aufschluß über Wanderbewegungen geben. Haben sich Menschen in Westeuropa landwirtschaftliche Techniken in Anatolien abgeschaut oder haben sich Menschen aus diesen Regionen weiter im Westen angesiedelt? Während man früher Ersteres unterstellte, ist inzwischen Letzteres belegt. Auch der Genfluß zwischen dem anatomisch modernen Menschen (Homo sapiens) und anderen Homo-Spezies, etwa dem Neandertaler, ist nachgewiesen. Selbst die chronologische Abfolge von Jägern und Sammlern hin zu Seßhaften, die mit der Domestikation von Pflanzen und Tieren einherging, wird aus einer globalgeschichtlichen Perspektive kritisch hinterfragt, ebenso wie sich die These von einer einheitlichen Entität der Germanen als problematisch erwiesen hat.

Entgegen Engels' Befürchtung wurde der „Ursprung“ nicht verboten und avancierte zu den am weitesten verbreiteten Schriften von Marx und Engels in der deutschen Sozialdemokratie. In einer Situation, in der diese aus politisch-strategischen Gründen ihr Verhältnis zur parlamentarischen Arbeit und zum Staat klären mußte (Bismarcks Sozialpolitik, Subvention, Kolonialismus, Repression), kam das Buch von Engels wie gerufen, hatte Marx doch keine Staatstheorie hinterlassen. Daß Engels diese Leerstelle nicht behob und es im „Ursprung“ nicht allein um den Staat ging, tat der Engels-

28 Zu allen Veränderungen gegenüber der 1. Auflage vgl. MEGA^2, Band I/29, S. 723–727.

Adaption für politische Zwecke keinen Abbruch.[29] Alle zentralen Aussagen, die die sozialdemokratische, aber auch später die marxistische Staatstheorie ausmachen sollten, finden sich auf wenigen Seiten im „Ursprung“: Der Staat ist wesentlich ein Instrument der ökonomisch herrschenden Klasse zur Niederhaltung der Ausgebeuteten, seine Neutralität ist nur eine scheinbare. Der Staat wird als Instanz notwendig, sobald sich zwei antagonistische Klassen gegenüberstehen – das gilt transhistorisch, das heißt, auch in vorbürgerlichen Gesellschaften gibt es Staaten, sofern es Klassen gibt. Politisch bedeutsam wurde Engels' Auffassung vom allgemeinen Stimmrecht bzw. wie die Arbeiterklasse es nutze. Er bezeichnete es als „Gradmesser der Reife“, ob sie „ihre“ Partei wählt oder nicht.

Als Bebel im Februar 1893 über das Verhältnis der Sozialdemokratie zum Staat sprach, basierte seine für die Sozialdemokratie wirkmächtige Rede wesentlich auf Engels' Arbeit. Sie wurde danach als Broschüre gedruckt mit einer Auflage von 1 700 000 Exemplaren. Engels' Ausführungen zur modernen Staatlichkeit unterfütterten aber nicht nur Bebels strategische Ausrichtung der Sozialdemokratie, sondern dienten später auch Lenin als Steinbruch für dessen Ausführungen im Namen des Marxismus in „Über den Staat“. Ihm zufolge war „Ursprung“ eine der Schriften, bei denen „man zu jedem Satz Vertrauen haben [...] kann“.[30]

Seine vielen Verpflichtungen erlaubten es Engels nicht, neues Material im „Ursprung“ einzuarbeiten. Auch andere Vorhaben blieben liegen, etwa seine „Dialektik der Natur“, die gründliche Überarbeitung seines Buches „Der deutsche Bauernkrieg“ (S. 392–403) oder eine Auskoppelung aus dem „Anti-Dühring“, die am Beispiel Deutschlands ab 1848 die „Rolle der Gewalt in der Geschichte“ zum Gegenstand haben sollte, eine Anregung von Hermann Schlüter, Leiter der Schweizerischen Volksbuchhandlung in Hottingen-Zürich. Engels meinte, ein bloßer Nachdruck, wie er beispielsweise im Anhang zur russischen Ausgabe seiner „Utopie“ (Genf 1884) erfolgt war, ginge bei einer deutschen Ausgabe nicht an. Das Projekt einer Überarbeitung nahm Engels in den Monaten Dezember 1887 bis März 1888 in Angriff, konnte es jedoch nicht zu Ende führen. Nach seinem Tod fand sich in seinem Nachlaß ein großer Briefumschlag mit der Aufschrift „Gewaltstheorie“. Materialien, die dafür entstanden sind (Entwürfe, Gliederungen etc.), sind im vorliegenden Band zu finden (S. 405–465).

29 Hierzu: Renate Merkel-Melis: Die Staatstheorie im Spätwerk von Friedrich Engels, in: Samuel Salzborn (Hrsg.): „... ins Museum der Altertümer“. Staatstheorie und Staatskritik bei Friedrich Engels, Baden-Baden 2012, S. 49–81.

30 Lenin: Über den Staat, in: Lenin Werke, Band 29, S. 460-479, hier: S. 463.

Für seine zweite große Schrift neben „Ursprung" nahm er sich hingegen wieder Zeit und schöpfte ein weiteres Mal aus Erfahrungen und Lektüren der Vergangenheit.

„Ludwig Feuerbach und der Ausgang der klassischen deutschen Philosophie"

Auch die zweite historisch sehr wirkungsvolle Schrift von Engels, die im vorliegenden Band abgedruckt ist, war eine Gelegenheitsschrift. Kautsky hatte Engels gebeten, ein Buch zu Ludwig Feuerbach zu rezensieren. „Gern", so Engels in der Vorbemerkung zum Separatdruck von 1888, sei er der Einladung der Zeitschrift „Die Neue Zeit" gefolgt, eine „kritische Besprechung" zu Carl Nicolai Starckes Buch „Ludwig Feuerbach" (1885) zu verfassen (S. 264).[31] Dies sei ein guter Anlaß gewesen, nach mehr als vier Jahrzehnten über seine und Marx' Beziehung zu Hegel und über jenes „Mittelglied" (Engels) zwischen der Hegelschen Philosophie und der materialistischen Geschichtsauffassung zu sprechen.

„Ludwig Feuerbach und der Ausgang der klassischen deutschen Philosophie" erschien 1886 in „Die Neue Zeit" und zwei Jahre später als Separatdruck, dann zusammen mit den von Friedrich Engels redigierten „Thesen über Feuerbach", die Marx im Frühjahr 1845 geschrieben und Engels bei der Sichtung des Marxschen Nachlasses in einem Notizbuch entdeckt hatte.[32] Der Text von Marx verlieh Engels' kritischen Anmerkungen zum Feuerbachschen Materialismus noch mehr Gewicht. Die Thesen seien zwar „rasch hingeschrieben", so Engels, und nicht für den Druck bestimmt gewesen, aber sie seien „unschätzbar als das erste Dokument, worin der geniale Keim der neuen Weltanschauung niedergelegt ist" (S. 264). Gemeint war damit die materialistische oder, wie es Engels in der Vorrede formulierte, die „Marxsche Weltanschauung", die immer mehr „Vertreter" „über Deutschlands und Europas Grenzen hinaus" gefunden habe (S. 263).

War Engels mit dem „Anti-Dühring" noch eher in eine „große Lücke" (Mehring) gestoßen, die in der Partei zwischen Theorie und Praxis klaffte, auch wenn er vor allem Eugen Dühring aufs Korn genommen hatte, so befürchtete er zehn Jahre später, daß sich die falschen Theorien in der weiter gewachsenen sozialdemokratischen Bewegung festsetzen könnten. Dabei ging es vor allem um den damals erneut aufkommenden romanti-

31 Es handelt sich hierbei um die deutsche Übersetzung aus dem Dänischen der überarbeiteten Fassung der Doktorarbeit von Carl Nicolai Starcke, Stuttgart 1885.

32 Siehe Band 3 unserer Ausgabe, S. 5–7 (Marx Original) sowie S. 533–535 (Redigat Engels).

schen Sozialismus, gegen den Marx und Engels schon 40 Jahre zuvor zu Felde gezogen waren. Die neue „Liebesreligion“ (S. 285) verbreitete sich Anfang der 1880er Jahre in den deutschen, französischen und englischen Arbeiterbildungsvereinen. Man schrieb wieder „Liebe“ auf die Fahnen statt Befreiung, Emanzipation des Proletariats und „ökonomische Umgestaltung der Produktion“ (S. 272).

Diese Tendenz ging einher mit einer Ablehnung der Philosophie Hegels, einer Renaissance Kants, gepaart mit einem naturalistischen Materialismus – zusammengenommen ergab all dies ein ethisch-idealistisches Weltbild, das auch bei den Intellektuellen der Sozialdemokratie Anklang fand: Sozialismus als eine Frage der Moral. Darin trafen sich auch freidenkerische Strömungen, die auf antireligiöse Aufklärung setzten. Einer ihrer Stichwortgeber war Feuerbach, und sie kamen auch in der „Neuen Zeit“ zu Wort, der von Kautsky verantworteten Zeitschrift.

Die Auseinandersetzung mit Feuerbachs Philosophie war also eine handfeste politische Sache und betraf die innerparteilichen Strömungskämpfe. Wie beliebt Feuerbach war, hatte sich bei seiner Beerdigung 1872 in Nürnberg gezeigt – einer Massendemonstration gleichsam und unter großer Beteiligung der Nürnberger Sozialdemokratie. Der Philosoph war kurz zuvor in die von Wilhelm Liebknecht und August Bebel gegründete Sozialdemokratische Arbeiterpartei (SDAP) eingetreten.[33] Spendenaufrufe für Feuerbachs Familie in der sozialdemokratischen Presse und der Illustrierten „Die Gartenlaube“, gegründet vom 1848er Veteranen Ernst Keil, waren derart erfolgreich, daß Frau und Tochter Feuerbachs ein lebenslanges Auskommen hatten.

Feuerbachs Beliebtheit und die Wiederkehr eines sich auf ihn berufenden romantischen Sozialismus waren für Kautsky eine willkommene Gelegenheit, Engels um eine Buchbesprechung zu bitten. Nicht zuletzt verband er damit die Hoffnung, Engels könne noch einmal ausbuchstabieren, was das sein sollte, die materialistische Weltanschauung. Engels seinerseits erkannte darin die Möglichkeit und Notwendigkeit, konkurrierende Strömungen in die Schranken zu weisen und zudem eine Tradition der Sozialkritik ins Gedächtnis zu rufen, der er sich verpflichtet fühlte.

Die geplante Buchbesprechung wuchs sich zu einem politisch-philosophischen Pamphlet aus, in dem Engels die „deutsche Arbeiterbewegung“ als „Erbin der deutschen klassischen Philosophie“ (S. 307) bezeichnete und der „Marxschen Geschichtsauffassung“ ein Denkmal errichtete.

33 Werner Schuffenhauer: Vorwort zu Ludwig Feuerbach, Gesammelte Werke, Bd. 1, Frühe Schriften, Kritiken und Reflexionen (1828–1834), Berlin 2000, S. V–LXXXIX, hier: S. LVII. Die Parteiunterlagen von damals gibt es jedoch nicht mehr.

Engels wollte mit seinem Text Hegel vor dem auch von Teilen der Sozialdemokratie erhobenen Vorwurf retten, dessen Philosophie sei nichts als „königlich preußische Staatsphilosophie“ (S. 265).[34] Für Engels war Hegel im Gegenteil ein revolutionärer Denker, ein Kritiker des Bestehenden im Namen der Vernunft und historischer Prozeßhaftigkeit: „Und so wird im Lauf der Entwicklung alles früher Wirkliche unwirklich, verliert seine Notwendigkeit, sein Existenzrecht, seine Vernünftigkeit; an die Stelle des absterbenden Wirklichen tritt eine neue, lebensfähige Wirklichkeit – friedlich, wenn das Alte verständig genug ist, ohne Sträuben mit Tode abzugehn, gewaltsam, wenn es sich gegen diese Notwendigkeit sperrt.“ (S. 266)

Zudem wollte er zeigen, wie Marx Hegel und Feuerbach kritisch aufgehoben hatte: „Die Hegelsche Schule war aufgelöst, aber die Hegelsche Philosophie war nicht kritisch überwunden.“ (S. 273) Die „wahre Bedeutung“ und der „revolutionäre Charakter“ der Hegelschen Philosophie lägen darin, so Engels, daß sie „der Endgültigkeit aller Ergebnisse des menschlichen Denkens und Handelns ein für allemal den Garaus“ mache, „alle Vorstellungen von endgültiger absoluter Wahrheit und ihr entsprechenden absoluten Menschheitszuständen“ (S. 267) zerstöre. Vor der Hegelschen Dialektik habe „nichts Endgültiges, Absolutes, Heiliges“ Bestand; sie weise „von allem und an allem die Vergänglichkeit auf“, und nichts bestehe vor ihr als „der ununterbrochne Prozeß des Werdens und Vergehens“ (ebd.). Die einzig „konservative Seite“, die Engels der Hegelschen Philosophie zuschrieb – und genau davor hatte er sich selbst im „Anti-Dühring“ verwahrt –, bestehe darin, daß sie „die Berechtigung bestimmter Erkenntnis- und Gesellschaftsstufen für deren Zeit und Umstände“ anerkenne. Dieser „Konservatismus“ sei zwar „relativ“, er sei aber umgeschlagen, weil Hegel genötigt war, „ein System zu machen“ (S. 268).

Engels hatte neben Starckes Buch auch die Manuskripte zur „Deutschen Ideologie“ zur Hand, die zu seinen Lebzeiten nicht publiziert und auch in den nachfolgenden Jahren – politisch motiviert – nur sehr selektiv ediert wurden. Nur die Arbeiten von Feuerbach selbst las er nicht noch einmal. Es ist beeindruckend, wie galant Engels komplizierte und ausufernde Sachverhalte didaktisch aufbereiten konnte, ohne nochmals die Originaltexte zu Rate zu ziehen, und sich dabei allein aus dem Gedächtnis auf den sich einst angeeigneten Stoff stützte. Zugleich gingen so manche Vorwürfe von Engels ins Leere (S. 277, 280, 290). Feuerbach hatte sich sehr wohl durchgängig mit dem Fortschritt der Industrie und den Naturwissenschaften beschäftigt, wie

34 Das hatten Marx und Engels schon in den 1870er Jahren bestritten, siehe etwa die Briefe von Engels an Marx und vica versa vom 8. Mai 1870 bzw. 10. Mai 1870, MEW, Bd. 32, S. 501 bzw. S. 503.

Engels eben auch, und durchaus politische Lehren aus der Revolution von 1848/49 gezogen.

Engels schrieb als Zeitzeuge und ist damit nicht Garant für historische Genauigkeit. Das gilt nicht nur hinsichtlich des Schicksals der Manuskripte zur „Deutschen Ideologie", das er nicht korrekt wiedergibt (siehe S. 582, Anm. 245), sondern auch für die Wirkungsgeschichte Feuerbachs. Die „befreiende Wirkung" auf die philosophischen Debatten der 1840er Jahre hatte nicht, wie Engels behauptet, „Das Wesen des Christentums" (1841), sondern eher die „Vorläufigen Thesen zur Reformation der Philosophie" (1843) und die „Grundsätze der Philosophie der Zukunft" (1843). Zudem hatten sich, anders als Engels behauptete, Anfang 1841 keine Junghegelianer positiv auf den französisch-englischen Materialismus-Diskurs bezogen (S. 272). Das gilt selbst für Engels, der 1842 noch Hegel gegen Schelling verteidigt hatte,[35] ganz im Gegensatz zu seinen Ausführungen nun im „Feuerbach".

Engels focht demnach nicht nur gegenwärtige Kämpfe aus, sondern auch längst vergangene – gegen Feuerbach, gegen die „wahren Sozialisten" etc. Das ist vor dem Hintergrund zu sehen, daß viele Texte nie publiziert wurden (wie die „Deutsche Ideologie") oder lange nicht zugänglich waren. Das wollte Engels korrigieren, was die vielen Vorworte zu Neuauflagen im vorliegenden Band belegen.

Die Gelegenheitsschriften hielten Engels von der eigentlichen Aufgabe ab, die er sich selbst auferlegt hatte: Marx' Hauptwerk, „Das Kapital", zugänglich zu machen. Nachdem Engels den „Ursprung" abgeschlossen hatte, also noch vor dem „Feuerbach" und kurz bevor er sich an die Manuskripte zum zweiten Band des „Kapital" setzte, schrieb er am 26. Mai 1884 an Laura Lafargue: „Diese Schrift", also der „Ursprung", „wird für eine ganze Weile die letzte selbständige Arbeit sein."[36]

„Kapital"-Edition

Nach Marx' Tod verbrachte Engels einen bedeutenden Teil der ihm verbleibenden Lebenszeit von zwölf Jahren damit, die beiden unvollendet gebliebenen Bände des „Kapital" zu edieren.[37] „Das ist auch die einzige Arbeit, auf die ich mich freue", schrieb Engels, als er an den Manuskripten zum dritten Band saß.[38]

35 Siehe Band 41 unserer Ausgabe, S. 162–245, v. a. S. 176–177.

36 Band 36 unserer Ausgabe, S. 154.

37 Siehe Band 24 und Band 25 unserer Ausgabe.

38 Engels an Friedrich Adolph Sorge, 29. Januar 1886, Band 36 unserer Ausgabe, S. 431.

Helena Demuth hatte die Manuskripte zum „Kapital“ entdeckt: „Heute fand Nim [Helena Demuth] unter Mohrs Manuskripten ein großes Paket, das den größten Teil, wenn nicht den ganzen zweiten Band vom ‚Kapital‘ enthielt“, schrieb Engels erleichtert an Laura Lafargue.[39] Er sollte schließlich auch den dritten Band aus diesem umfangreichen Manuskriptkonvolut zusammenstellen können. Zuvor mußte jedoch die dritte Auflage des ersten Bandes besorgt werden, die noch im Jahr von Marx' Tod herauskam.[40] Engels datierte das Vorwort auf den 7. November 1883 und kündigte an: „Der zweite Band wird hoffentlich im Laufe des Jahres 1884 erscheinen können.“[41]

Engels achtete in seinem letzten Lebensjahrzehnt auf einen sorgsam geplanten Tagesablauf, der es ihm, dank Erholungs- und Pausenzeit, erst ermöglichte, die hohe Arbeitsbelastung zu bewältigen. Die Editionsarbeit verlangte Engels körperliche Anstrengungen ab, die seiner Gesundheit nicht zuträglich waren. So berichtete er davon, daß er die dritte Auflage des ersten Bandes wesentlich vom Bett aus erledigt habe. Für den zweiten Band nahm er dann die Hilfe eines Redaktionssekretärs in Anspruch: Oscar Eisengarten, ein 26jähriger Schriftsetzer aus Leipzig, der aufgrund des Sozialistengesetzes ausgewiesen worden war und nach London emigriert war. Ihm diktierte er die ersten beiden Abschnitte, die Abschrift des dritten übernahm Eisengarten selbst.[42] Von Juni 1884 bis November 1885 arbeitete er täglich von 10 bis 17 Uhr am „Kapital“, für zwei Pfund die Woche. So entstand bis Februar 1885 ein Redaktionsmanuskript, dessen Reinschrift durch Eisengarten nicht überliefert ist und das der Verlag Otto Meißner als Druckvorlage nutzte. Der zweite Band erschien noch im Sommer 1885, das Vorwort hatte Engels auf Marx' Geburtstag datiert.[43] Ohne Pause setzte sich Engels an die Manuskripte zum dritten Band, der allerdings erst neun Jahre später erscheinen sollte.

Dem Vorwort zum zweiten Band des „Kapital“ maß Engels besondere Bedeutung bei, nachdem Kathedersozialisten wie Rudolph Meyer und Adolph Wagner den Vorwurf erhoben hatten, Marx habe den 1875 verstorbenen Johann Karl Rodbertus plagiiert. Engels nahm das Vorwort als Gelegenheit, dem „würdevoll“ zu widersprechen, wie er an Kautsky schrieb, wohingegen

39 Engels an Laura Lafargue, 25. März 1883, Band 35 unserer Ausgabe, S. 465.

40 Siehe MEGA^2, Band II/8.

41 Band 23 unserer Ausgabe, S. 33–35, hier: S. 33 sowie S. 35.

42 Ediert in MEGA^2, Band II/12. Zur Biographie Eisengartens: Keizo Hayasaka: Oscar Eisengarten – Eine Lebensskizze. Sein Beitrag zur Redaktion von Band II des „Kapital“, in: Carl-Erich Vollgraf/Richard Sperl/Rolf Hecker (Hrsg.): Zum Wirken von Marx und Engels und zur Editionsgeschichte ihrer Werke (Beiträge zur Marx-Engels-Forschung. Neue Folge 2011), Hamburg 2013, S. 83–110.

43 Band 24 unserer Ausgabe, S. 26.

er in der Vorrede zur Übersetzung der Schrift „Das Elend der Philosophie" (S. 175–187) „freier von der Leber weg" habe sprechen können.[44]

Dieser Streit war die Fortsetzung eines anderen, denn Ferdinand Lassalle, ein bedeutender Wortführer der frühen Arbeiterbewegung und Mitgründer des Allgemeinen Deutschen Arbeitervereins (ADAV), der später in der Sozialistischen Arbeiterpartei (SAP) aufgehen sollte, verstand sich als Schüler von Rodbertus, den er als „größten deutschen Nationalökonomen"[45] bezeichnete. Das erklärt, warum nicht nur Engels darauf aus war, diese Strömung innerhalb der Sozialdemokratie zu marginalisieren, zumal geradezu ein Rodbertus-Mythos Teile der Sozialdemokratie ergriffen hatte. Rodbertus stand für das, was Engels als „Staatssozialismus" kritisierte: „Es sind das Flausen, die aus dem einseitig übertriebnen Kampf gegen das Manchestertum herüber vererbt sind und namentlich bei den zu uns gekommenen bürgerlichen und studierten Elementen viel Anhang haben, weil sie ihnen in der Debatte mit ihrer bürgerlichen und ‚jebildeten' Umgebung das Spiel erleichtern."[46]

Mit dem wachsenden Staatsinterventionismus unter Bismarck, den Debatten um Sozialpolitik, Schutzzölle, Staatsmonopole (u. a. Tabak) oder Verstaatlichungen (z. B. Eisenbahn) sollten diese Positionen in der Sozialdemokratie derart stark werden, daß eine Spaltung der Reichstagsfraktion drohte. Besonders drastisch äußerte sich das beim sogenannten Dampfersubventionsstreit: Sollte die Sozialdemokratie Staatshilfen zustimmen, die mittelbar auch den Arbeitern in den betroffenen Branchen zugute kamen, aber offensichtlich vor allem der Kolonialpolitik dienten?

Engels äußerte sich zu konkreten Fällen wie diesem weniger öffentlich, jedoch vielfach und abwägend, politikberatend in vielen Briefen. Er hatte für sich das Terrain der theoretischen Auseinandersetzung gewählt. So kritisierte er in seinem geplanten Text „Juristen-Sozialismus" (S. 491–509, sowie S. 619, Anm. 464) die „juristische Weltanschauung", die glaubte, durch staatliche Ordnungs- und Umverteilungspolitik in Anlehnung an englische utopische Sozialisten der Ricardoschen Schule Sozialismus verwirklichen zu können. Engels ging aber auch Rodbertus und andere Kathedersozialisten an, „Menschenfreunde aller Art", wie sie sich eben auch in der Reichstagsfraktion fänden, so Engels in seinem Vorwort zur 2. Auflage von „Zur Wohnungsfrage" (S. 328).

44 Engels an Kautsky, 22. August 1884, Band 36 unserer Ausgabe, S. 202.

45 Lassalle: Zur Arbeiterfrage, in: Gesammelte Reden und Schriften, hrsg. und eingeleitet von Eduard Bernstein, Bd. 3: Die Agitation für den Allgemeinen Deutschen Arbeiterverein. Das Jahr 1863, Polemik, Berlin 1919, S. 115–146, hier: S. 149.

46 Engels an August Bebel, 16. Mai 1882, Band 35 unserer Ausgabe, S. 323.

Diese Debatten zeigten, so Engels, wie wichtig es sei, auch die Geschichte des modernen Sozialismus zu kennen, zumal „überwundene Standpunkte". Denn die Ideen eines Proudhon kehrten unweigerlich wieder, wenn der Politikbetrieb einmal gezwungen sei, ein Programm etwas fundierter auszuformulieren, etwa zur Wohnungsfrage (S. 329). Dem hielt Engels die Marxsche Kritik entgegen, wie sie sich in „Elend der Philosophie" bis zum „Kapital" findet.[47]

In seinem Vorwort zum „Feuerbach" kam Engels auch auf die informelle Arbeitsteilung zwischen ihm und Marx zu sprechen, der sein großes Hauptwerk ausarbeitete, während er, Engels, dafür zuständig war, ihre Anschauungen – in meist polemischer Form – zu verbreiten, zugänglicher zu machen, nicht nur in Abgrenzung zu anderen Anschauungen, sondern auch „die Darstellung unsrer eignen Auffassung" (S. 328). Namentlich meint Engels etwa den „Anti-Dühring" oder die Auskoppelung von „Die Entwicklung des Sozialismus von der Utopie zur Wissenschaft".

Diese Aufgabe der Popularisierung sollte nach Marx' Tod und während Engels' Arbeit an den Manuskripten zum „Kapital" der nächsten Generation zukommen, etwa Paul Lafargue und Karl Kautsky. Als Engels am dritten Band des „Kapital" saß, schrieb Kautsky an seiner populären Einführung in den ersten Band. „Karl Marx' Oekonomische Lehren" erschien 1887 und traf auf große Nachfrage. Allein in sechs Monaten wurden 5000 Exemplare abgesetzt. Kautskys Buch sollte die Herausbildung des Marxismus als Weltanschauung der Sozialdemokratie prägen. Über viele Generationen hinweg war vor allem dieses Buch von Kautsky die maßgebliche Einführung – nicht das Marxsche Original, sondern Kautsky wurde gelesen.

Der historische Kanon des Marxismus bildet sich heraus

Neben dem „Kapital" war Engels auch daran gelegen, andere Texte von Marx und zu ihrer gemeinsamen Geschichte zugänglich zu machen. Die Vor- oder Nachworte hierzu finden sich im vorliegenden Band.

Das recht knappe Vorwort zu einer Neuauflage von „Lohnarbeit und Kapital",[48] einer Artikelserie von 1849, erschien 1884 in der Schweizer Volksbuchhandlung in Hottingen-Zürich, in der auch die Reihe „Sozialdemokratische Bibliothek" herauskam. Der Verlag spielte für die Sozialdemokratie unter dem Sozialistengesetz eine wichtige Rolle, weil er in der Reihe nicht nur Texte von Lassalle bis Marx wieder auflegte, sondern so gleichsam einen literarischen Kanon organisierte.

47 Hierfür konnte Engels bereits auf die Kritik an Rodbertus im „Manuskript 1861–1863" zurückgreifen, siehe Band 26.2 unserer Ausgabe, S. 7–157.

48 Siehe Band 6 unserer Ausgabe, S. 396–423.

„Das Elend der Philosophie" erschien hingegen im zweiten wichtigen Verlag der damaligen Zeit, dem 1881 vom sozialdemokratischen Reichstagsabgeordneten Johann H. W. Dietz gegründeten Verlag in Stuttgart. Auch diese Edition dürfte Marx' Zustimmung erfahren haben, der anläßlich der französischen Neuauflage 1880 geschrieben hatte: „Was uns bestimmt hat, dieses Buch wieder abzudrucken, dessen Originalausgabe vergriffen, ist die Tatsache, daß es die Keime der nach zwanzigjähriger Arbeit im ‚Kapital' entwickelten Theorie enthält. Folglich kann die Lektüre der ‚Misere de la philosophie' und des 1848 von Marx und Engels veröffentlichten ‚Manifests der Kommunistischen Partei' zur Einführung dienen in das Studium des ‚Kapitals' und der Werke anderer zeitgenössischer Sozialisten, die, wie Lassalle, daraus ihre Ideen geschöpft haben." Die Schrift bzw. Polemik sei damals „notwendig" gewesen, „um den Weg zum kritischen und materialistischen Sozialismus zu bahnen, der die reale, historische Entwicklung der gesellschaftlichen Produktion verständlich machen will, mit jener Ideologie in der Ökonomie brüsk zu brechen, deren letzte Verkörperung unwissentlich Proudhon war".[49]

Marx war durchaus daran interessiert, einführende Texte nachzudrukken. Für Engels gehörte hierzu auch „Der achtzehnte Brumaire des Louis Bonaparte",[50] für den er Anfang 1885 eine Vorrede schrieb und darin herausstellte, daß es Marx gewesen sei, der das „große Bewegungsgesetz der Geschichte" entdeckt habe: „alle geschichtlichen Kämpfe sind Kämpfe gesellschaftlicher Klassen". Dieses Gesetz liefere den „Schlüssel" zum Verständnis von Geschichte, müsse aber selbstredend immer wieder am konkreten Material überprüft werden (S. 248–249).

Die Entdeckung des Gesetzes geht zurück unter anderem auf das „Manifest", dem Engels nach Marx' Tod gleich mehrere Vorreden für Neuauflagen bzw. Übersetzungen mitgab. 1883 erschien eine Neuauflage (S. 3–4), ebenfalls bei der Volksbuchhandlung in Hottingen-Zürich, eine weitere 1890[51] und eine englische Ausgabe 1888 (S. 352–359), deren Übersetzung Samuel Moore besorgt hatte, der auch als Übersetzer des „Kapital" fungierte. Während 1872 im Vorwort das „Manifest" noch zu einem historischen Dokument erklärt worden war, entwickelte es sich allmählich zu einem ideologischen Eckpfeiler des Marxismus. Auch dieser Schwenk kam nicht von ungefähr. Kautsky zufolge mußte das „Manifest" gegen die Anarchisten verteidigt

49 Band 19 unserer Ausgabe, S. 229.

50 Siehe Band 8 unserer Ausgabe, S. 111–207.

51 Siehe Band 4 unserer Ausgabe, S. 583–586.

werden und Engels unterstützte ihn dabei. So kursierten nichtautorisierte Nachdrucke in England und später in den USA, Auszüge wurden in der ab 1878 erscheinenden und von Johann Most verantworteten „Freiheit" nachgedruckt. Vor allem Most plädierte dafür, das „Manifest" als Programm und Propaganda für seine Strömung zu nutzen, solange man nichts Radikaleres und Besseres habe.

England war zwar die „klassische Stätte"[52] des Kapitalismus und Heimat der klassischen Politischen Ökonomie, die Marx mit William Petty, Adam Smith und David Ricardo verbindet. Marx' Hauptwerk, „Das Kapital", erschien jedoch erst 1887, fast zwanzig Jahre nach der Erstveröffentlichung, in englischer Sprache. Zwar hatte bereits Marx eine Übersetzung in die zukünftige internationale Verkehrssprache angestoßen, doch erst nach seinem Tod nahm das Vorhaben Fahrt auf. Engels kümmerte sich darum, während er gleichzeitig die Bände zwei und drei für die Veröffentlichung vorbereitete. Mit Samuel Moore fand man einen geeigneten Übersetzer, aber er kam nur schleppend voran, weshalb Engels nicht nur Marx' Tochter Eleanor, sondern auch ihren Lebensgefährten Edward Aveling einspannen wollte. Auf Russisch (1872) und Französisch (1875) lag „Das Kapital" längst vor. Es war also kein Wunder, daß Dritte „Das Kapital" übersetzten, etwa Henry Mayers Hyndman, der Gründer der Democratic Federation, der ersten sozialdemokratischen Organisation Englands, der unter dem Pseudonym John Broadhouse auftrat. Da Engels rechtlich keine Handhabe besaß, das zu unterbinden, diskreditierte er die Übersetzung. Der Aufsatz „Wie man Marx nicht übersetzen soll" (S. 229–237) war sozusagen Notwehr – gegen politische Vereinnahmung und gegen eine unwissenschaftliche Praxis, die Marx' Kritik der Politischen Ökonomie im „Kapital" nicht zugänglich, sondern zunichte machte. Engels hatte es sich in seinen letzten Lebensjahren zur Aufgabe gemacht, seinen Weggefährten zu verteidigen – gegen Feinde ebenso wie gegen Liebhaber.

Die engsten Vertrauten, die Engels nach Marx' Tod haben sollte, Karl Kautsky und Eduard Bernstein, waren im Revolutionsjahr 1848 nicht einmal geboren, einer der wichtigsten Parteigenossen, August Bebel, war damals gerade einmal acht Jahre alt. Die bewegten Jahre von Marx und Engels, als eine Revolution ganz Europa erfaßte, viele Industriestaaten von Krisen heimgesucht wurden, die Debatten über Schutzzoll und Freihandel hochkochten, der Bund der Kommunisten Marx beauftragte, das „Manifest" zu schreiben, und schon bald darauf Reaktion und Repression herrschen sollten, waren graue Vorzeit der sozialistischen Bewegung. Damals waren nicht nur wich-

52 Band 23 unserer Ausgabe, S. 12.

tige Texte entstanden, sondern auch Erfahrungen gesammelt worden, die die neue Generation der Sozialdemokratie abschöpfen wollte. Deshalb gab es ein großes Bedürfnis an Nachdrucken, an Einordnungen dieser wieder aufgelegten Texte und an Beiträgen, die an Ereignisse oder Personen erinnern sollten. Eine Reihe solcher Texte steuerte auch Engels bei. Sie sind im vorliegenden Band abgedruckt.

Zu ihnen gehört Engels' Vergleich zwischen den Krisenerscheinungen in „England 1845 und 1885" (S. 191–197) sowie sein Vorwort zu einer Übersetzung von Marx' Rede zum Freihandel von 1848 (S. 360–375), ein Thema, das auch die Sozialdemokratie unter Bismarck umtrieb, ja, zu innerparteilichem Streit führte, weshalb die Rede in der „Neuen Zeit" übersetzt nachgedruckt wurde. Auch andere, vier Jahrzehnte zurückliegende Konflikte holte Engels in die Gegenwart, so in seinem Vorwort zu den Beiträgen aus der „Neuen Rheinischen Zeitung", die den Prozeß von 1848 gegen Marx in Köln zum Gegenstand hatten (S. 198–204), in der „Geschichte des Bundes der Kommunisten" (S. 206–224) oder in der Einleitung zu einer Broschüre von Sigismund Borkheim (S. 346–351). In all diesen Texten stellte Engels einen Vergleich zwischen der Repression 1848 und dem zeitgenössischen Sozialistengesetz an und thematisierte die allgegenwärtige Kriegsgefahr in den europäischen Staaten, die mit Kolonialismus und Militarismus einhergeht.

Indem Engels die Aktualität der Texte aufzeigte, positionierte er sich zugleich in der Frage, wie die Sozialdemokratie sich gegenüber dem Sozialistengesetz verhalten sollte: „... und dies macht die Rede besonders wichtig auch noch für unsere Tage – wahrt sie den revolutionären Standpunkt gegenüber der heuchlerischen Gesetzlichkeit der Regierung in einer Weise, woran mancher sich noch heute ein Beispiel nehmen könnte. – Wir haben das Volk zu den Waffen gerufen gegen die Regierung? Das taten wir, und es war unsere Schuldigkeit. Wir haben das Gesetz gebrochen, wir haben den Rechtsboden verlassen? Gut, aber die Gesetze, die wir brachen, die Regierung hat sie schon vorher zerrissen dem Volk vor die Füße geworfen, und ein Rechtsboden besteht nicht mehr." (S. 200–201)

Engels schrieb jedoch auch als Zeitzeuge, der seine Gegenwart in die Vergangenheit projizierte, die Geschichte um 1848 bereits als eine Geschichte der Wirkmächtigkeit der Marxschen Theorie skizzierte, genauer der materialistischen Geschichtsauffassung, statt sie als historischen Durchgangspunkt der eigenen politisch-theoretischen Entwicklung zu nehmen. So geschehen etwa in der „Geschichte des Bundes der Kommunisten" (S. 211–212). Der Marx-Forscher und Herausgeber der ersten historisch-kritischen Gesamtausgabe der Werke von Marx und Engels (MEGA[1]), David Rjazanov, schrieb dazu: „So bin ich zu dem Schluß gekommen, daß die Geschichte von der Gründung des Bundes der Kommunisten, die, von Engels mit leichter Hand aufs Papier geworfen, bis heute herumgeistert und von einem Buch ins nächste gerät, nichts ist als eine Legende, die der Analyse nicht standhält.“[53] „Dies und anderes“, so Martin Hundt zu weiteren Texten des späten Engels zur Geschichte des Bundes der Kommunisten, „diente dazu, die Rolle von Marx hervorzuheben, einen gewissen ‚Personenkult‘ um ihn zu betreiben.“[54]

Andere Legenden haben sich ebenfalls festgesetzt, etwa wer auf welcher Seite stand. So war Johann Philipp Becker maßgeblich bei der Gründung der Alliance de la Démocratie socialiste beteiligt, die Michail Bakunin im Oktober 1868 in Genf ins Leben gerufen hatte und die die Aufnahme in die Internationale Arbeiterassoziation (IAA) beantragte. Das erwähnte Engels in seinem Gedenkartikel wohl auch deshalb nicht, weil es nicht so recht ins Bild der Konfliktlinien passen wollte, denen eine Tradition und Eindeutigkeit zugeschrieben wurden, die sie in den Auseinandersetzungen selbst nicht hatten. Das alles wäre nicht so schlimm gewesen, wenn Engels' Texte nicht unkritisch rezipiert und zu Grundlagentexten des Marxismus-Leninismus geworden wären oder Biographen, ob von Marx oder Engels, nicht ungeprüft die Sicht der Zeitzeugen für bare Münze genommen hätten, was wiederum die Bedeutung der Schriften für die ideologische Fundierung des Marxismus-Leninismus zementierte.

Internationalismus

„Wenn ich mich doch nur auf den reinen Stubengelehrten zurückziehen könnte!“ jammerte Engels 1888.[55] Als Rentier, der kein Mitglied der Partei war, konnte ihn niemand zu irgend etwas zwingen. Er sah sich vielmehr in der Pflicht – und es trieb ihn aus eigener politischer Überzeugung –, sich sachlich einzumischen. Das war auch seine Prämisse, wie er später an Kautsky schrieb: „Ich halte es für einzig richtig, wenn ich rein *sachlich* auftrete, die Personen ganz aus dem Spiel lasse. Sonst heißt's wieder, ich wolle die Partei von außen lenken etc.“[56]

53 David Rjazanov: Marx und Engels (nicht nur) für Anfänger, Berlin 1974, S. 60. Vgl. auch Alexander Brandenburg: Theoriebildungsprozesse in der deutschen Arbeiterbewegung, 1835–1850, Hannover 1977, S. 177–180.

54 Martin Hundt: Wurde der alte Engels wieder zum Junghegelianer?, in: Richard Sperl/Carl-Erich Vollgraf/Rolf Hecker (Hrsg.): Das Spätwerk von Friedrich Engels – Zur Edition in der Marx-Engels-Gesamtausgabe (Beiträge zur Marx-Engels-Forschung. Neue Folge 2008), Hamburg 2008, S. 168–175, hier: S. 170.

55 Engels an Friedrich Adolph Sorge, 7. Januar 1888, Band 37 unserer Ausgabe, S. 11.

56 Engels an Kautsky, 22. November 1894, Band 39 unserer Ausgabe, S. 322.

Engels war aber nicht nur als Chronist gefragt, sondern auch als Internationalist, der wie kaum ein anderer vernetzt war und das Zeitgeschehen in vielen Ländern der Welt verfolgte – und dank seiner Sprachfähigkeiten verfolgen konnte. Er konnte über Ereignisse in Deutschland oder Frankreich für englischsprachige Zeitungen berichten (S. 309, 376–378) oder die politische Lage in Europa einschätzen (S. 310–318).

Marx und Engels waren Internationalisten, auch wenn beide, namentlich Engels, nicht davon überzeugt waren, daß es fünfzehn Jahre nach Auflösung der Ersten Internationalen einer Neugründung bedurfte. Eine maßgebliche Praxis des Internationalismus war der Briefverkehr. Während Marx in seinen letzten Lebensjahren fast ausschließlich mit seinen Töchtern korrespondierte, schwoll Engels' Korrespondenz unaufhaltsam an – 1890 klagte er Friedrich Adolph Sorge gegenüber: „... es wendet sich jetzt alles an mich.“[57] Zwischen Frühjahr 1883 und seinem Tod schrieb Engels etwa 1200 Briefe, weit mehr erreichten ihn im selben Zeitraum, nicht alle konnte er beantworten.[58]

Wenige Monate vor seinem Tod führte Engels im Vorwort zum dritten Band des „Kapital“ aus: „Wer den kolossalen Anwachs der internationalen sozialistischen Literatur während der letzten zehn Jahre, und namentlich die Anzahl der Übersetzungen früherer Arbeiten von Marx und mir, einigermaßen verfolgt hat, der wird mir recht geben, wenn ich mir Glück wünsche, daß die Anzahl der Sprachen sehr beschränkt ist, bei denen ich dem Übersetzer nützlich sein konnte und also die Verpflichtung hatte, eine Revision seiner Arbeit nicht von der Hand zu weisen. Der Anwachs der Literatur aber war nur ein Symptom des entsprechenden Anwachses der internationalen Arbeiterbewegung selbst.“[59]

Engels' Briefe wurden in internationalen Zeitungen abgedruckt (siehe die Briefe im vorliegenden Band), er beteiligte sich auch als Korrespondent und als Analytiker der internationalen Lage, die mit Kolonialismus und Militarismus eine Engels noch nicht bekannte Entwicklung nahm. Dennoch lesen sich seine Ausführungen zur Kriegsgefahr in Europa wie ein Ausblick auf die Jahre 1914 bis 1918.[60] Diese Kriegsgefahr war es dann auch, die Engels und andere dazu bewog, den Prozeß der Neugründung einer Internationalen zu unterstützen.

57 27. September 1890, Band 37 unserer Ausgabe, S. 476.

58 Allein aus der Zeit zwischen Marx' Tod und Februar 1891 sind über 700 Briefe von Engels überliefert und mehr als 1400, die an ihn gerichtet sind. Die Briefe aus dem Zeitraum des vorliegenden Bandes sind in Band 36 und in Teilen von Band 37 ediert.

59 Band 25 unserer Ausgabe, S. 7.

60 Band 21 unserer Ausgabe, S. 350–351.

Die Internationale Arbeiterassoziation (IAA), die sogenannte Erste Internationale, hatte sich 1876 nach einem politischen Konflikt ausgelöst, der nicht nur zum Ausschluß von Bakunin, sondern auch zur Spaltung der Internationalen geführt hatte. Aber auch die sogenannte antiautoritäre Internationale, die sich nach dem Kongreß in Den Haag auf einem Gegenkongreß im schweizerischen Jura 1872 gegründet hatte, hörte 1878 de facto auf zu existieren. Engels war in den darauffolgenden Jahren nicht davon überzeugt, daß es einer Wiederbelebung der Internationalen bedürfe (S. 257–258), eine Position, die angesichts entstandener nationaler Arbeiterparteien durchaus auf der Linie der deutschen Sozialdemokratie lag: „Was hätte unter diesen Umständen eine Wiedererrichtung der Internationale in der alten Form für einen Zweck? Unserer Meinung nach nur einen geringen."[61] Engels blieb skeptisch.[62] Hintergrund waren die Rivalitäten der beiden großen Arbeiterorganisationen in Frankreich: der radikalen Parti Ouvrier (OP) und der reformistischen Fédération des Travailleurs Socialistes de France (FTSF), den sogenannten Possibilisten – eine abschätzige Bezeichnung ihrer politischen Gegner, weil sich die FTSF am „Möglichen" orientierte. Quasi als Retourkutsche machte sie die Bezeichnung „Marxisten" populär für die Anhänger der Parti Ouvrier.

Auf dem Parteitag der deutschen Sozialdemokratie in St. Gallen 1887 wurde in Übereinstimmung mit französischen und englischen Sozialisten die Einberufung eines internationalen Arbeiter-Kongresses anvisiert, um gemeinsame Schritte für eine internationale Arbeiterschutz-Gesetzgebung zu besprechen. Konkretere Formen nahm die Sache an, als der internationale Gewerkschaftskongreß im November 1888 die FTSF beauftragte, für Juli 1889 einen internationalen Kongreß zu organisieren. Weil die Vertreter der OP in London nicht daran teilnehmen wollten, so Engels in einem Brief an Paul Lafargue,[63] konnten die „Possibilisten" als „die offiziellen Vertreter des französischen Sozialismus" auftreten, zumal sie Unterstützung aus vielen europäischen Ländern erhielten.

Dieser Initiative wollten Engels und andere etwas entgegensetzen, um den starken Einfluß der „Possibilisten" auf die internationale Arbeiterbewegung zu begrenzen. Auf einer Konferenz im Februar 1889 in Den Haag wurde deshalb beschlossen, einen internationalen Sozialistenkongreß in Paris vom 14. bis 20. Juli 1889 abzuhalten. An diesem wollten die Possibilisten nicht teilnehmen und hielten am eigenen Plan fest. Ein Kompromiß zwischen den

61 Der Sozialdemokrat, Nr. 41., 7. Oktober 1886.

62 Vgl. Engels an Laura Lafargue am 28. Juni 1889, Band 37 unserer Ausgabe, S. 231.

63 4. Dezember 1888, ebd., S. 123–124.

politischen Lagern kam nicht zustande, weshalb schließlich zwei Kongresse mit nahezu identischen Tagesordnungen stattfanden. Die „Possibilisten" konnten zwar mehr Mitglieder und vor allem die englischen Gewerkschaften sowie die Social Democratic Federation mobilisieren, der „Marxistenkongreß" dafür mit den bekannteren Namen aufwarten. Gegenseitig sprach man sich die politische Legitimität ab und stellte die Rechtmäßigkeit von Mandaten der Delegierten in Frage (S. 379–381).

Die im vorliegenden Band dokumentierten Texte und die zeitgleich entstandenen Briefe zeugen von Engels' Versuch, dem „eigenen" Kongreß politisches Übergewicht zu verleihen und ihn als den eigentlich legitimen zu präsentieren. Deshalb geht es neben inhaltlichen politischen Fragen vor allem um die Legitimität stimmberechtigter Delegierter. In den folgenden Jahren verstärkte Engels sein Bestreben, auch die anderen Kräfte für seinen Organisierungsansatz zu gewinnen und die „possibilistische" Strömung zurückzudrängen, was schließlich gelang, nachdem diese sich ein weiteres Mal gespalten und somit selbst geschwächt hatte.

Die Konsolidierung der Zweiten Internationalen zog sich noch zwei Jahre hin, war dann aber der zentrale organisatorische Rahmen, um den Marxismus als Weltanschauung durchzusetzen, ja, der Begriff Marxismus selbst wurde etabliert. Engels verhielt sich bis zu seinem Tod ambivalent in dieser Frage. Erst als sich die Konfliktlinien in Vorbereitung des Kongresses von 1889 verschärft hatten, war er überhaupt bereit, von „Marxisten" zu sprechen – und auch dann nur in Anführungszeichen – oder von „sogenannten Marxisten". Als Paul Lafargue sich deshalb besorgt zeigte, nur als eine „Fraktion" unter anderen wahrgenommen zu werden, antwortete Engels am 11. Mai 1889: „Wir haben Euch niemals anders genannt als „the *so-called* Marxists", und ich wüßte nicht, wie man Euch anders nennen sollte. Habt Ihr einen anderen, ebenso kurzen Namen, dann macht ihn bekannt, und wir werden ihn mit Vergnügen und ohne Umstände anwenden."[64] Doch jetzt gab es kein Zurück mehr: „... die Position, die wir nach 1873 von den Anarchisten zurückerobert haben, wurde jetzt von ihren Nachfolgern angegriffen, und deshalb hatte ich keine Wahl. Nun, wir waren siegreich, wir haben der Welt bewiesen, daß fast alle Sozialisten in Europa ‚Marxisten' sind (sie werden darüber verrückt werden, daß sie uns diesen Namen gegeben haben!) und daß sie mit Hyndman, der sie trösten kann, kaltgestellt sind. Und nun hoffe ich, wird man meine Dienste nicht mehr länger benötigen."[65] Ironie des Schicksals – ausgerechnet Henry

64 Ebd., S. 202.

65 Engels an Laura Lafargue, 11. Juni 1889, ebd., S. 235.

Mayers Hyndman hatte Marx davon abgeraten, im Programm der neuen englischen Partei auf seinen Namen Bezug zu nehmen: „In Parteiprogrammen sollte alles vermieden werden, was auf die klare Abhängigkeit von einzelnen Autoren oder Büchern schließen läßt.“[66]

Einen symbolischen Höhepunkt erlebte dieser organisatorische Prozeß auf dem Kongreß drei Jahre später in Zürich. Engels hielt spontan eine kurze Abschlußrede, die als Inszenierung die zukünftige Entwicklung vorwegnehmen sollte, auch wenn der Anlaß der zehnte Todestag von Marx war: Engels stand vorn auf der Bühne des Kongreßsaals der Tonhalle, an der Rückwand über ihm, für alle zu sehen, hing mit roten Girlanden geschmückt über dem Präsidium ein Porträt von Marx. Unter den Balustraden der Tribüne im Hauptschiff war in sechzehn Sprachen „Proletarier aller Länder, vereinigt Euch!“ zu lesen.

Der sichtlich gerührte Engels nahm in seiner Rede explizit auf Marx und das Bildnis Bezug. Obwohl er davor warnte, die Internationale dürfe nicht zu einer Sekte verkommen, ging es ihm doch im wesentlichen darum, den „gemeinsamen Standpunkt“ deutlich zu machen, was vorrangig durch Ausschluß und Abgrenzung erfolgte. Die Anarchisten waren bereits explizit ausgeschlossen und hielten zeitgleich zusammen mit den revolutionären Sozialisten einen Gegenkongreß ab. Selbst der französische Tagungspräsident Paul Argyriadès sparte nicht mit Kritik: „Es ist die Pflicht der französischen Sozialisten, sich für jede Aktion zu interessieren und daran teilzunehmen, die die Idee der menschlichen Befreiung vorantreibt, denn es sind ihre Vorfahren, die Babeufs, Fouriers, Blanquis und St.-Simons, die heute die Welt mitreißen. Daher hätten wir uns gefreut, an dieser Wand neben unserem verehrten Karl Marx die Porträts dieser großen Denker zu sehen, ebenso wie die von Robert Owen, César de Paepe und anderen Vorläufern des modernen Sozialismus.“[67]

Weil das Feld, in dem Engels agierte, unübersichtlich war und es noch ein relativ breites Spektrum gab, das um 1890 als marxistisch galt und innerhalb der sozialdemokratischen Partei geduldet wurde, kann man nicht davon sprechen, daß es Engels war, der den Marxismus begründete. Doch später konnten sich viele bei dem bedienen, was Engels nach Marx' Tod geschrieben und wie er sich in politischen Konflikten oder Inszenierungen positioniert und verhalten hat. Das um so mehr, je entschiedener die Ambivalenzen nicht mehr benannt wurden – sowohl die zwischen den Positionen von Marx und Engels als auch die beider Schriften.

66 Marx an Henry Mayers Hyndman, 2. Juli 1881, Band 35 unserer Ausgabe, S. 203.

67 Zitiert nach Markus Bürgi: Die Anfänge der Zweiten Internationale. Positionen und Auseinandersetzungen 1889–1893. Frankfurt a. M./New York 1996, S. 582.

Kurz vor seinem Tod schrieb Engels an Mehring: „Wenn ich etwas auszusetzen finde, ist es, daß Sie mir mehr Verdienst zuschreiben als mir zukommt, selbst wenn ich alles einrechne, was ich möglicherweise selbständig ausgefunden hätte – mit der Zeit –, was aber Marx bei seinem rascheren coup d'œil [Einblick] und weiteren Überblick viel schneller entdeckte. Wenn man das Glück hatte, vierzig Jahre lang mit einem Mann wie Marx zusammenzuarbeiten, so wird man bei dessen Lebzeiten gewöhnlich nicht so anerkannt, wie man es zu verdienen glaubt; stirbt dann der Größere, so wird der Geringere leicht überschätzt – und das scheint mir grade jetzt mein Fall zu sein; die Geschichte wird das alles schließlich in Ordnung bringen."[68]

Editorische Hinweise

Der Band 21 erschien erstmals 1962, bearbeitet von Bruno Retzlaff-Kresse und Charlotte Fischer unter Mitarbeit von Anna Krüger, Waldtraut Opitz, Therese Winkelmann und Heinz-Dieter Müller. Die verantwortliche Redaktion hatten Walter Schulz und Richard Sperl inne. Der Band wurde unverändert in acht Auflagen (zuletzt 1984) nachgedruckt. Über die Marx-Engels-Werkausgabe, ihren Charakter und ihre Entstehungsgeschichte gibt das Vorwort zu Band 1, 17., überarbeitete Auflage 2006, S. IX–XVIII, Auskunft.

Von den insgesamt 54 im vorliegenden Band veröffentlichten Arbeiten von Engels wurden in der Erstauflage 1962 eine Reihe Artikel erstmals in deutscher Sprache veröffentlicht. Einige in deutscher Sprache verfaßte Artikel wurden nach Jahrzehnten erstmalig wieder in der Originalsprache zugänglich gemacht. Das Vorwort zum „Ursprung der Familie, des Privateigentums und des Staats" (4. Auflage, 1891) wurde damals zusätzlich zur russischen Ausgabe in die Beilagen aufgenommen. Die Arbeiten, die zu Lebzeiten von Friedrich Engels nicht veröffentlicht worden sind und im Manuskript erhalten blieben, werden im Abschnitt „Aus dem handschriftlichen Nachlaß" veröffentlicht. In den Beilagen werden die Arbeiten und Dokumente publiziert, an deren Abfassung Engels mitwirkte.

Der Text des vorliegenden Bandes wurde anhand der Originale oder Fotokopien überprüft, soweit die Quellen zur Verfügung standen. Bei jeder Arbeit ist die für den Abdruck bzw. für die Übersetzung herangezogene Quelle vermerkt.

Die von Engels angeführten Zitate wurden ebenfalls überprüft, soweit die Quellen zur Verfügung standen. Längere Zitate werden zur leichteren Übersicht in kleinerem Druck gebracht. Im Text vorkommende fremdsprachige Zitate und fremdsprachige Wörter sind in Fußnoten übersetzt.

68 Engels an Franz Mehring, 14. Juli 1893, Band 39 unserer Ausgabe, S. 96.

Für die vorliegende Auflage wurden gegenüber der 8. Auflage von 1984 Textdatierungen auf Grundlage der MEGA² auf den Seiten 174, 249, 260, 309, 375, 378, 381, 387, 391, 406, 462, 463, 465, 468, 491, 509, 511, 524 korrigiert.

In den deutschsprachigen Texten sind Rechtschreibung und Zeichensetzung, soweit vertretbar, modernisiert, aber – wie die gesamt Werkausgabe – in alter Rechtschreibung; der Lautstand der Wörter wurde nicht verändert. Alle in eckigen Klammern stehenden Titel, Wörter und Wortteile stammen von der Redaktion; offensichtliche Druck- oder Schreibfehler wurden stillschweigend korrigiert.

Fußnoten von Engels sind durch Sternchen gekennzeichnet, Fußnoten der Redaktion durch eine durchgehende Linie vom Text abgetrennt und durch Ziffern kenntlich gemacht.

Zur Erläuterung ist der Band mit Anmerkungen versehen, auf die im Text durch hochgestellte Zahlen in eckigen Klammern hingewiesen wird. Diese wurden für die vorliegende 9. Auflage grundlegend überarbeitet. Der Ausgabe sind außerdem ein Literaturverzeichnis, Daten über das Leben und die Tätigkeit von Engels, ein Personenverzeichnis, ein Verzeichnis der literarischen und mythologischen Namen, eine Liste der geographischen Namen sowie eine Erklärung der Fremdwörter beigefügt. Diese wurden für die vorliegende Neuauflage moderat überarbeitet. Unverändert nachgedruckt wird das Verzeichnis der sogenannten Völker- und Stammesnamen. Damit werden historisch überkommene, rassistische und koloniale Stereotype reproduziert. Das Verzeichnis zu streichen ist keine Option, weil es von Engels verwendete Begrifflichkeiten erläutert; es neu zu schreiben ebensowenig, weil das Verzeichnis sich auf von Engels verwendete Wörter bezieht, die nicht verändert wurden, und bis in die gegenwärtige Ethnologie die Schwierigkeit adäquater Begrifflichkeiten besteht.

Literatur

Arbeiten von Marx und Engels

Karl Marx/Friedrich Engels: Collected Works [MECW], Bd. 45, London 1987.

Karl Marx/Friedrich Engels: Gesamtausgabe [$MEGA^2$], Berlin 1975 ff.

Karl Marx/Friedrich Engels: Werke [MEW], Berlin 1956 ff.

Karl Marx/Friedrich Engels: Das Kommunistische Manifest. Von der Erstausgabe zur Leseausgabe. Mit einem Editionsbericht von Thomas Kuczynski, Schriften aus dem Karl-Marx-Haus, Bd. 49, Trier 1995.

Karl Marx: „Exzerpte aus Morgan, ‚Ancient Society'", in: Die ethnologischen Exzerpthefte, hrsg. von Lawrence Krader, Frankfurt a. M. 1976.

Friedrich Engels: Herrn Eugen Dührings Umwälzung der Wissenschaft. Neue Studienausgabe, hrsg. von Rolf Hecker und Ingo Stützle, Berlin 2020.

Auswahl relevanter, nicht zitierter Forschungsliteratur

Giovanni Sgro': Zwischen Marx und Marxismus. Friedrich Engels und der Ausgang der klassischen deutschen Philosophie, Berlin 2023.

Smail Rapic (Hrsg.): Naturphilosophie, Gesellschaftstheorie, Sozialismus. Zur Aktualität von Friedrich Engels, Berlin 2022.

Detlef Lehnert/Christina Morina (Hrsg.): Friedrich Engels und die Sozialdemokratie. Werke und Wirkungen eines Europäers, Reihe Historische Demokratieforschung, Band 18, Berlin 2020.

Kōhei Saitō (Hrsg.): Reexamining Engels's Legacy in the 21st Century. Marx, Engels, and Marxisms, Cham 2021.

Frank Jacob: Engels @ 200. Reading Friedrich Engels in the 21st Century, Marburg 2020.

André Leisewitz/Winfried Schwarz: Geschlechterverhältnisse und Engels' „Ursprung der Familie, des Privateigentums und des Staats", Teil I, in: Z. Zeitschrift für marxistische Erneuerung Nr. 120/2019, S. 61–73 und Teil II, in: Nr. 122/2020, S. 119–130.

Rainer Lucas/Reinhard Pfriem/Hans-Dieter Westhoff (Hrsg.): Arbeiten am Widerspruch – Friedrich Engels zum 200. Geburtstag, Marburg 2020.

Emanuela Conversano: Zur Kritik der Anthropologie. Marx' Theorie des Kapitals und seine ethnologischen Studien, in: Marx-Engels-Jahrbuch 2017/18, Berlin-Boston 2018, S. 9–40

Carl-Erich Vollgraf/Richard Sperl/Rolf Hecker (Hrsg.): Beiträge zur Marx-Engels-Forschung. Neue Folge 2008 (Das Spätwerk von Friedrich Engels. Zur Edition in der Marx-Engels-Gesamtausgabe), Hamburg 2008.

Manfred B. Steger/Terrell Carver (Hrsg.): Engels after Marx, Manchester 1999.

FRIEDRICH ENGELS

Mai 1883 – Dezember 1889

[Vorwort zum „Manifest der Kommunistischen Partei“ (deutsche Ausgabe von 1883)[1]]

Das Vorwort zur gegenwärtigen Ausgabe muß ich leider allein unterschreiben. Marx, der Mann, dem die gesamte Arbeiterklasse Europas und Amerikas mehr verdankt als irgendeinem andern – Marx ruht auf dem Friedhof zu Highgate, und über sein Grab wächst bereits das erste Gras. Seit seinem Tode kann von einer Umarbeitung oder Ergänzung des „Manifestes“ erst recht keine Rede mehr sein. Für um so nötiger halte ich es, hier nochmals das Folgende ausdrücklich festzustellen.

Der durchgehende Grundgedanke des „Manifestes“: daß die ökonomische Produktion und die aus ihr mit Notwendigkeit folgende gesellschaftliche Gliederung einer jeden Geschichtsepoche die Grundlage bildet für die politische und intellektuelle Geschichte dieser Epoche; daß demgemäß (seit Auflösung des uralten Gemeinbesitzes an Grund und Boden) die ganze Geschichte eine Geschichte von Klassenkämpfen gewesen ist, Kämpfen zwischen ausgebeuteten und ausbeutenden, beherrschten und herrschenden Klassen auf verschiedenen Stufen der gesellschaftlichen Entwicklung; daß dieser Kampf aber jetzt eine Stufe erreicht hat, wo die ausgebeutete und unterdrückte Klasse (das Proletariat) sich nicht mehr von der sie ausbeutenden und unterdrückenden Klasse (der Bourgeoisie) befreien kann, ohne zugleich die ganze Gesellschaft für immer von Ausbeutung, Unterdrückung und Klassenkämpfen zu befreien – dieser Grundgedanke gehört einzig und ausschließlich Marx an.*

---

* „Diesem Gedanken“, sage ich in der Vorrede zur englischen Übersetzung[1], „der nach meiner Ansicht berufen ist, für die Geschichtswissenschaft denselben Fortschritt zu begründen, den Darwins Theorie für die Naturwissenschaft begründet hat – diesem Gedanken hatten wir beide uns schon mehrere Jahre vor 1845 allmählich genähert. Wieweit ich selbständig mich in dieser Richtung voranbewegt, zeigt meine ‚Lage der

[1] Siehe vorl. Band, S. 357–358

Ich habe das schon oft ausgesprochen; es ist aber gerade jetzt nötig, daß es auch vor dem „Manifest" selbst steht.

London, 28. Juni 1883

F. Engels

Nach: „Das Kommunistische Manifest",
dritte autorisierte deutsche Ausgabe,
Hottingen-Zürich 1883.

---

arbeitenden Klasse in England"[1]. Als ich aber im Frühjahr 1845 Marx in Brüssel wiedertraf, hatte er ihn fertig ausgearbeitet und legte ihn mir vor in fast ebenso klaren Worten wie die, worin ich ihn oben zusammengefaßt." *[Anmerkung von Engels zur deutschen Ausgabe von 1890.]*

---

[1] Siehe Band 2 unserer Ausgabe

Der Sozialdemokrat

Zentral-Organ der deutschen Sozialdemokratie.

Nr. 24. Donnerstag, 7. Juni 1883.

[Georg Weerth, der erste und bedeutendste Dichter des deutschen Proletariats]

[„Der Sozialdemokrat"
Nr. 24 vom 7. Juni 1883]

Handwerksburschenlied

Von Georg Weerth (1846) [2]

Wohl um die Kirschenblüte
Da haben wir logiert,
Wohl um die Kirschenblüte
In Frankfurt einst logiert.

Es sprach der Herbergsvater:
„Habt schlechte Röcke an!"
„Du lausiger Herbergsvater,
Das geht Dich gar nichts an!

Gib uns von Deinem Weine,
Gib uns von Deinem Bier;
Gib uns zu Bier und Weine
Auch ein gebraten Tier."

Da kräht der Hahn im Spunde –
Das ist ein guter Fluß.
Es schmeckt in unsrem Munde
Als wie Urinius.

Da bracht' er einen Hasen
In Petersilienkraut,
Vor diesem toten Hasen
Hat es uns sehr gegraut.

Und als wir waren im Bette
Mit unsrem Nachtgebet,
Da stachen uns im Bette
Die Wanzen früh und spät.

Das ist geschehn zu Frankfurt,
Wohl in der schönen Stadt,
Das weiß, der dort gelebet
Und dort gelitten hat.

Dieses Gedicht unseres Freundes Weerth habe ich unter dem Nachlaß von Marx wieder aufgefunden. Weerth, der erste und bedeutendste Dichter des deutschen Proletariats, war von rheinischen Eltern in Detmold geboren, wo sein Vater geistlicher Superintendent war. Als ich mich 1843 in Manchester aufhielt, kam Weerth als Kommis seiner deutschen Firma nach Bradford, und wir verbrachten viele heitere Sonntage zusammen. 1845, als Marx und ich in Brüssel wohnten, übernahm Weerth die kontinentale Agentur seines Handlungshauses und richtete es so ein, daß er sein Hauptquartier ebenfalls in Brüssel nehmen konnte. Nach der 1848er Märzrevolution fanden wir uns alle in Köln zur Gründung der „Neuen Rheinischen Zeitung" zusammen. Weerth übernahm das Feuilleton, und ich bezweifle, ob je eine andere Zeitung ein so lustiges und schneidiges Feuilleton hatte. Eine seiner Hauptarbeiten war: „Leben und Thaten des berühmten Ritters Schnapphahnski", die Abenteuer des von Heine im „Atta Troll" so benamsten Fürsten Lichnowski schildernd. Die Tatsachen sind alle wahr; wie wir sie erfuhren, darüber vielleicht ein andermal. Diese Schnapphahnski-Feuilletons sind 1849 bei Hoffmann u. Campe gesammelt als Buch erschienen[3] und noch heute äußerst erheiternd. Da aber Schnapphahnski-Lichnowski am 18. September 1848 mit dem preußischen General von Auerswald (ebenfalls Parlamentsmitglied) die den Frankfurter Barrikadenkämpfern zuziehenden Bauernkolonnen spionieren ritt, bei welcher Gelegenheit er und Auerswald von den Bauern verdientermaßen als Spione totgeschlagen wurden, richtete die deutsche Reichsverweserschaft eine Anklage gegen Weerth wegen Beleidigung des toten Lichnowski, und Weerth, der längst in England war, bekam drei Monate Gefängnis, lange nachdem die Reaktion der „N. Rh. Ztg." ein Ende gemacht hatte. Diese drei Monate hat er denn auch richtig abgesessen, weil seine Geschäfte ihn nötigten, Deutschland von Zeit zu Zeit zu besuchen.

1850/51 reiste er im Interesse einer anderen Bradforder Firma nach Spanien, dann nach Westindien und über fast ganz Südamerika. Nach einem kurzen Besuch in Europa kehrte er nach seinem geliebten Westindien zurück. Dort wollte er sich das Vergnügen nicht versagen, das wirkliche Original des Louis-Napoleon III., den Negerkönig Soulouque auf Haiti[4], einmal anzusehen. Aber er bekam, wie W. Wolff, 28. August 1856, an Marx schreibt, „Schwierigkeiten mit den Quarantäne-Behörden, mußte sein Projekt aufgeben und sammelte auf der Tour die Keime zu dem (gelben) Fieber, das er mit nach Havanna brachte. Er legte sich nieder, eine Gehirnentzündung trat hinzu und – am 30. Juli – starb unser Weerth in Havanna."

Ich nannte ihn den ersten und *bedeutendsten* Dichter des deutschen Proletariats. In der Tat sind seine sozialistischen und politischen Gedichte denen Freiligraths an Originalität, Witz und namentlich an sinnlichem Feuer weit überlegen. Er wandte oft Heinesche Formen an, aber nur, um sie mit einem ganz originellen, selbständigen Inhalt zu erfüllen. Dabei unterschied er sich von den meisten Poeten dadurch, daß ihm seine Gedichte, einmal hingeschrieben, total gleichgültig waren. Hatte er eine Abschrift davon an Marx oder mich geschickt, ließ er die Verse liegen und war oft nur schwer dazu zu bringen, sie irgendwo drucken zu lassen. Nur während der „Neuen Rheinischen Zeitung" war das anders. Warum, zeigt folgender Auszug eines Briefes von Weerth an Marx, Hamburg, 28. April 1851:

„Übrigens hoffe ich Dich Anfang Juli in London wiederzusehen, denn ich kann diese grashoppers (Heuschrecken) in Hamburg nicht länger ertragen. Es droht mir hier eine glänzende Existenz, aber ich erschrecke davor. Jeder andere würde mit beiden Händen zugreifen. Aber ich bin zu alt, um ein Philister zu werden, und jenseit der See liegt ja der ferne Westen...

Ich habe in der letzten Zeit allerlei geschrieben, aber nichts beendigt, denn ich sehe gar keinen Zweck, kein Ziel bei der Schriftstellerei. Wenn *Du* etwas über Nationalökonomie schreibst, so hat das Sinn und Verstand. Aber *ich*? Dürftige Witze, schlechte Späße reißen, um den vaterländischen Fratzen ein blödes Lächeln abzulocken – wahrhaftig, ich kenne nichts Erbärmlicheres! Meine schriftstellerische Tätigkeit ging entschieden mit der ‚Neuen Rheinischen Zeitung' zugrunde.

Ich muß gestehen: so leid es mir tut, die letzten drei Jahre für nichts und wieder nichts verloren zu haben, so sehr freut es mich, wenn ich an unsere Kölner Residenz denke. Wir haben uns *nicht* kompromittiert. Das ist die Hauptsache! Seit Friedrich dem Großen hat niemand das deutsche Volk so sehr en canaille behandelt wie die ‚Neue Rheinische Zeitung'.

Ich will nicht sagen, daß dies mein Verdienst war; aber ich bin dabei gewesen ...

O Portugal! O Spanien!" (W. kam gerade dorther.) „Hätten wir nur deinen schönen Himmel, deinen Wein, deine Orangen und Myrthen! Aber auch das nicht! Nichts als Regen und lange Nasen und Rauchfleisch!

Bei Regen mit langer Nase Dein *G. Weerth.*"

Worin Weerth Meister war, worin er Heine übertraf (weil er gesunder und unverfälschter war) und in deutscher Sprache nur von Goethe übertroffen wird, das ist der Ausdruck natürlicher, robuster Sinnlichkeit und Fleischeslust. Manche der Leser des „Sozialdemokrat" würden sich entsetzen, wollte ich die einzelnen Feuilletons der „Neuen Rhein. Zeitung" hier abdrucken lassen. Es fällt mir jedoch nicht ein, dies zu tun. Indes kann ich doch die Bemerkung nicht unterdrücken, daß auch für die deutschen Sozialisten einmal der Augenblick kommen muß, wo sie dies letzte deutsche Philistervorurteil, die verlogene spießbürgerliche Moralprüderie offen abwerfen, die ohnehin nur als Deckmantel für verstohlene Zotenreißerei dient. Wenn man z.B. Freiligraths Gedichte liest, so sollte man wirklich meinen, die Menschen hätten gar keine Geschlechtsteile. Und doch hatte niemand mehr Freude an einem stillen Zötlein, als gerade der in der Poesie so ultrazüchtige Freiligrath. Es wird nachgerade Zeit, daß wenigstens die deutschen Arbeiter sich gewöhnen, von Dingen, die sie täglich oder nächtlich selbst treiben, von natürlichen, unentbehrlichen und äußerst vergnüglichen Dingen ebenso unbefangen zu sprechen wie die romanischen Völker, wie Homer und Plato, wie Horaz und Juvenal, wie das Alte Testament und die „Neue Rheinische Zeitung".

Übrigens hat Weerth auch minder anstößige Sachen geschrieben, und von diesen werde ich mir die Freiheit nehmen, von Zeit zu Zeit einiges dem Feuilleton des „Sozialdemokrat" zuzuschicken.

F. Engels

Geschrieben Ende Mai 1883.

Das Buch der Offenbarung[5]

Die historische und sprachliche Kritik der Bibel, die Untersuchung des Alters, des Ursprungs und des historischen Werts der verschiedenen Schriften, aus denen sich das Alte und das Neue Testament zusammensetzt, ist eine Wissenschaft, welche in diesem Lande fast niemandem, außer einigen freisinnigen Theologen, bekannt ist, die sich bemühen, sie so geheim wie möglich zu halten.

Diese Wissenschaft ist fast ausschließlich deutsch. Überdies hat sich das wenige, das über die Grenzen Deutschlands gedrungen ist, nicht gerade als ihr bester Teil erwiesen; es ist jene freisinnige Kritik, die sich brüstet, unvoreingenommen, gründlich und gleichzeitig christlich zu sein. Die Bücher sind nicht gerade Offenbarungen des heiligen Geistes, sondern sind Offenbarungen des Göttlichen durch den heiligen Geist der Menschlichkeit etc. So sind die Vertreter der Tübinger Schule (Baur, Gfrörer etc.)[6] in Holland und der Schweiz ebensosehr beliebt wie in England; will man jedoch ein wenig darüber hinausgehen, so folgt man Strauß. Derselbe nachsichtige, aber vollkommen unhistorische Geist beherrscht den berühmten Ernest Renan, der nur ein armseliger Plagiator der deutschen Kritiker ist. Von all seinen Werken gehört ihm nichts als die ästhetische Sentimentalität des durchdringenden Gedankens und die seichte Sprache, in die das Ganze gekleidet ist.

Etwas Gutes hat Ernest Renan allerdings gesagt:

> „Wenn Sie einen genauen Begriff davon haben wollen, was die ersten christlichen Gemeinden waren, dann vergleichen Sie sie nicht mit den Kirchengemeinden unserer Tage; sie glichen eher lokalen Sektionen der Internationalen Arbeiterassoziation."

Und das stimmt. Das Christentum ergriff die Massen genauso, wie es der moderne Sozialismus tut, in Gestalt mannigfaltiger Sekten und noch mehr durch widersprechende individuelle Meinungen – manche klarer, manche verwirrter, wobei die letzteren die große Mehrheit bildeten –, aber alle sind dem herrschenden System, „den bestehenden Mächten", feindlich gesinnt.

Nehmen wir z.B. unser Buch der Offenbarung, von dem wir sehen werden, daß es, statt das dunkelste und geheimnisvollste zu sein, das einfachste und klarste Buch des ganzen Neuen Testaments ist. Im Augenblick müssen wir den Leser bitten, zu glauben, was wir nach und nach beweisen werden: daß es im Jahre 68 oder im Januar 69 u.Z. geschrieben wurde und daß es deshalb nicht nur das einzige Buch des Neuen Testaments ist, von dem das Datum wirklich feststeht, sondern auch das älteste Buch. Wie das Christentum im Jahre 68 aussah, können wir hier wie im Spiegel sehen.

Als erstes, Sekten und immer wieder Sekten. In den Sendschreiben an die sieben Kirchen Asiens[7] werden mindestens drei Sekten erwähnt, von denen wir sonst nichts weiter wissen: die Nikolaiten, die Bileamiten und die Anhänger einer Frau, hier durch den Namen Jesabel versinnbildlicht. Von allen drei wird behauptet, daß sie es ihren Anhängern gestatteten, von den den Göttern geopferten Dingen zu essen, und daß sie der Unzucht zugetan waren. Es ist eine merkwürdige Tatsache, daß mit jeder großen revolutionären Bewegung die Frage der „freien Liebe" in den Vordergrund tritt: bei einem Teil der Menschen als ein revolutionärer Fortschritt, als ein Abwerfen nicht mehr notwendiger, alter traditioneller Fesseln, bei anderen als eine willkommene Lehre, die bequemerweise alle Arten zügelloser Handlungen zwischen Mann und Frau deckt. Die letzteren, nämlich die Philister, scheinen hier bald die Oberhand bekommen zu haben; denn die „Hurerei" wird immer in Zusammenhang gebracht mit dem Essen von „Götzenopfern", was Juden und Christen streng verboten war, aber was abzulehnen manchmal gefährlich oder zumindest unangenehm sein konnte. Dies zeigt offensichtlich, daß die hier erwähnten Anhänger der freien Liebe im allgemeinen bestrebt waren, jedermanns Freund zu sein, und daß sie alles andere als das Zeug zu Märtyrern hatten.

Das Christentum wurde, wie jede andere große revolutionäre Bewegung, von den Massen geschaffen. Es entstand in einer uns vollkommen unbekannten Art und Weise in Palästina zu einer Zeit, als neue Sekten, neue Religionen, neue Propheten zu Hunderten auftauchten. Tatsächlich handelt es sich nur um eine Durchschnittserscheinung, die sich spontan aus den gegenseitigen Reibereien der fortschrittlicheren dieser Sekten bildete und die nachher durch das Hinzukommen von Theoremen des alexandrinischen Juden Philo und später durch starke stoische[8] Infiltrationen zu einer Lehre wurde. Wenn wir in der Tat Philo den geistigen Vater des Christentums nennen können, so war Seneca der Onkel. Ganze Absätze des Neuen Testaments scheinen fast wörtlich aus seinen Werken abgeschrieben zu sein; andererseits kann man Absätze in den Satiren von Persius finden, die aus dem damals ungeschriebenen Neuen Testament entnommen zu sein scheinen. Von all diesen, die Lehre betreffenden Elementen ist in unserem Buch der Offenbarung nichts zu finden. Hier haben wir das Christentum in der primitivsten Form, in der es für uns erhalten geblieben ist. Es gibt dort nur einen vorherrschenden, dogmatischen Punkt: daß die Gläubigen durch das Opfer Christi gerettet worden sind. Aber wie und warum kann absolut nicht erklärt werden. Da ist nichts als die alte jüdische und heidnische Vorstellung, daß Gott oder die Götter durch Opfer versöhnt werden müssen, in die spezifisch christliche Vorstellung umgewandelt (die das Christentum tatsächlich zur allgemeinen Religion machte), daß der Tod Christi das ein für allemal ausreichende große Opfer ist.

Von der ursprünglichen Sünde keine Spur. Nichts von der Dreieinigkeit. Jesus ist „das Lamm", aber Gott untergeordnet. In der Tat wird er in einem Absatz (15,3) mit Moses auf eine Stufe gestellt. Statt des einen heiligen Geistes gibt es „die sieben Geister Gottes" (3,1 und 4,5). Die ermordeten Heiligen (die Märtyrer) rufen Gott zur Rache auf:

„Herr, du Heiliger und Wahrhaftiger, wie lange richtest du nicht und rächest unser Blut an denen, die auf der Erde wohnen?" (6, 10) –

eine Gefühlsregung, die später sorgfältig aus dem theoretischen Moralkodex des Christentums gestrichen, die aber in der Praxis um so heftiger geübt wurde, sobald die Christen die Oberhand über die Heiden bekamen.

Natürlicherweise stellt das Christentum nur eine Sekte des Judaismus dar. So in den Sendschreiben an die sieben Gemeinden:

„Ich weiß die Lästerung von denen, die da sagen, sie seien Juden" (nicht Christen) „und sind's nicht, sondern sind des Satans Schule" (2,9);

und noch einmal (3,9):

„Siehe, ich werde geben aus des Satanas Schule, die da sagen, sie seien Juden, und sind's nicht."

Unser Autor hatte also im Jahre 69 u. Z. nicht im entferntesten eine Vorstellung davon, daß er eine neue Phase der religiösen Entwicklung vertrat, die dazu bestimmt war, eines der wesentlichsten Elemente der Revolution zu werden. Daher sind es auch, als die Heiligen vor dem Throne Gottes erscheinen, zuerst 144 000 Juden, 12 000 von jedem der zwölf Stämme, und erst nach ihnen werden die Heiden zugelassen, die dieser neuen Phase des Judentums beigetreten waren.

So sah das Christentum im Jahre 68 aus, wie es im ältesten und einzigen Buch des Neuen Testaments geschildert wird, dessen Echtheit nicht bezweifelt werden kann. Wer der Autor war, wissen wir nicht. Er nennt sich Johannes. Er gibt nicht einmal vor, der „Apostel" Johannes zu sein, denn die Grundsteine des „neuen Jerusalem" bergen „die Namen der zwölf Apostel des Lammes" (21, 14). Diese müssen daher schon tot gewesen sein, als er das Buch schrieb. Daß er ein Jude war, ist klar ersichtlich aus den reichlich vorhandenen Hebraismen in seinem Griechisch, welches an schlechter Grammatik selbst die anderen Bücher des Neuen Testaments bei weitem übertrifft. Daß das sogenannte Evangelium des Johannes, die Briefe des Johannes und dieses Buch mindestens drei verschiedene Autoren haben, wird eindeutig durch ihre Sprache, wenn nicht schon durch die in ihnen enthaltenen, einander völlig widersprechenden Doktrinen bewiesen.

Die apokalyptischen Visionen, die fast die ganze Offenbarung ausmachen, sind in den meisten Fällen wörtlich den klassischen Propheten des Alten Testaments und ihren späteren Imitatoren entnommen, angefangen mit dem Buch des Daniel (ungefähr 160 v.u.Z., das Dinge prophezeite, die Jahrhunderte vorher geschehen waren) und endend mit dem „Buch des Henoch", einem apokryphischen Elaborat in griechischer Sprache, nicht lange vor Anfang unserer Zeitrechnung geschrieben. Die ursprüngliche Erdichtung, selbst die Gruppierung der plagiierten Visionen, ist äußerst armselig. Professor Ferdinand Benary, dessen Vorlesungsreihe an der Berliner Universität im Jahre 1841 ich das Folgende verdanke, hat unter Angabe von Kapitel und Vers nachgewiesen, woher unser Autor jede einzelne seiner angeblichen Visionen genommen hat. Es ist deshalb nutzlos, unserem „Johannes" in all seinen närrischen Einfällen zu folgen. Wir sollten vielmehr sofort zu dem Punkt kommen, der das Geheimnis dieses auf jeden Fall merkwürdigen Buchs aufdeckt.

Im vollkommenen Gegensatz zu all seinen orthodoxen Kommentatoren, die alle erwarten, daß seine Prophezeiungen noch eintreffen, nach mehr als 1800 Jahren, hört „Johannes" niemals auf zu sagen:

„Die Zeit ist nahe, dies alles wird in Kürze geschehen."

Und das trifft besonders auf die Krise zu, die er voraussagt und die er offenbar zu sehen erwartet.

Diese Krise ist der große entscheidende Kampf zwischen Gott und dem „Antichrist", wie andere ihn genannt haben. Die entscheidenden Kapitel sind die Kapitel 13 und 17. Lassen wir alle überflüssigen Ausschmückungen fort: „Johannes" sieht ein Tier aus dem Meer steigen, das sieben Häupter und zehn Hörner hat (die Hörner interessieren uns überhaupt nicht).

„Und ich sah seiner Häupter eines, als wäre es tödlich wund; und seine tödliche Wunde ward heil."

Dieses Tier sollte für 42 Monate (eine Hälfte der heiligen sieben Jahre) Macht über die Erde gegen Gott und das Lamm haben, und alle Menschen sollten während dieser Zeit gezwungen sein, das Malzeichen dieses Tieres oder die Zahl seines Namens an der rechten Hand oder an der Stirn zu tragen.

„Hier ist Weisheit. Wer Verstand hat, *der überlege die Zahl des Tiers; denn es ist eines Menschen Zahl, und seine Zahl ist 666.*"

Im zweiten Jahrhundert wußte Irenäus immer noch, daß mit dem verwundeten und geheilten Haupt der Kaiser Nero gemeint war. Nero war der erste große Verfolger der Christen. Bei seinem Tode verbreitete sich besonders in Achaja und Asien das Gerücht, daß er nicht tot, sondern nur verwundet sei, und daß er eines Tages wieder erscheinen und über die ganze Welt Schrecken verbreiten würde (Tacitus, Hist. II, 8). Gleichzeitig kannte Irenäus eine andere sehr alte Lesart, wonach der Name die Zahl 616 an Stelle von 666 ergab.[9]

Im Kapitel 17 erscheint das Tier mit den sieben Häuptern wieder, diesmal von der wohlbekannten scharlachroten Dame beritten, deren gefällige Beschreibung der Leser im Buch selbst nachsehen kann. Ein Engel erklärt dort dem Johannes:

„Das Tier, das du gesehen hast, ist gewesen und ist nicht ... Die sieben Häupter sind sieben Berge, auf welchen das Weib sitzt, und sieben Könige. *Fünf sind gefallen, und einer ist, und der andere ist noch nicht gekommen;* und wenn er kommt, muß er eine kleine Zeit bleiben. Und das Tier, das gewesen ist und nicht ist, *das ist der achte und ist von den sieben* ... Und das Weib, das du gesehen hast, ist die große Stadt, die das Reich hat über die Könige auf Erden."

Hier haben wir also zwei klare Angaben: 1. Die scharlachrote Dame ist Rom, die große Stadt, die über die Könige der Welt regieret; 2. zur Zeit, da das Buch geschrieben wird, regiert der sechste römische Kaiser; nach ihm wird ein andrer kommen, der kurze Zeit regiert, und dann kommt die Rückkehr des einen, der „von den sieben ist", der verwundet, aber geheilt war und dessen Name in der geheimnisvollen Zahl enthalten ist, und von dem Irenäus noch wußte, daß es Nero war.

Beginnen wir bei Augustus, so haben wir Augustus, Tiberius, Caligula, Claudius und Nero als Fünften. Der Sechste, der ist, ist Galba, dessen

Thronbesteigung das Signal für einen Aufstand der Legionen war, besonders in Gallien, geführt durch Otho, Galbas Nachfolger[10]. Demzufolge muß unser Buch unter Galba geschrieben worden sein, der vom 9. Juni 68 bis zum 15. Januar 69 regierte. Es sagt die Rückkehr Neros als bevorstehend voraus.

Aber nun zum entscheidenden Beweis – die Zahl. Auch diese ist von Ferdinand Benary entdeckt und seitdem niemals in der wissenschaftlichen Welt abgestritten worden.

Ungefähr dreihundert Jahre vor unserer Zeitrechnung begannen die Juden, ihre Buchstaben als Symbole für Zahlen zu benutzen. Die spekulativen Rabbis sahen hierin eine Methode zur mystischen Deutung oder Kabbala. Geheime Worte wurden durch die Zahl ausgedrückt, die durch die Addition der in ihnen enthaltenen numerischen Werte der Buchstaben zustande kam. Diese neue Wissenschaft nannten sie gematriah, Geometrie. Eben diese Wissenschaft wird von unserem „Johannes" hier angewandt. Wir haben zu beweisen 1., daß die Zahl den Namen eines Mannes beinhaltet und daß dieser Mann Nero ist und 2., daß die Lösung sowohl für die Lesart 666 als auch für die ebenso alte Lesart 616 gilt. Wir nehmen die hebräischen Buchstaben und ihre Werte:

נ (nun) n = 50
ר (resch) r = 200
ו (waw) für o = 6
נ (nun) n = 50
ק (koph) k [q] = 100
ס (samech) s = 60
ר (resch) r = 200

Neron Kesar, der Kaiser Neron, griechisch Nêron Kaisar. Wenn wir nun aber, statt die griechische Schreibweise zu verwenden, das lateinische Nero Caesar in hebräische Buchstaben übertragen, verschwindet das Nun am Ende von *Neron* und damit der Wert von 50. Das bringt uns zur anderen alten Lesart, nämlich 616, und damit ist der Beweis so vollkommen, wie man es nur wünschen kann.*

Also liegt nun der Inhalt des geheimnisvollen Buchs in voller Klarheit vor uns. „Johannes" sagt die Rückkehr Neros ungefähr für das Jahr 70 und seine Schreckensherrschaft voraus, die 42 Monate oder 1260 Tage dauern soll. Nach dieser Zeitspanne erscheint Gott, überwältigt Nero, den Anti-

* Die obige Schreibweise des Namens, sowohl mit als auch ohne das zweite Nun, entspricht der Schreibweise des Talmuds und ist deshalb authentisch.

christ, zerstört die große Stadt durch Feuer und fesselt den Teufel für ein Jahrtausend. Das Tausendjährige Reich beginnt etc. All dies hat jetzt jegliche Bedeutung verloren, ausgenommen für einfältige Personen, die noch immer versuchen mögen, den Tag des letzten Gerichts auszurechnen. Jedoch als authentisches Bild eines beinah primitiven Christentums, von einem der ihren gezeichnet, ist das Buch mehr wert als alle übrigen Bücher des Neuen Testaments zusammengenommen.

Nach: „Progress", Vol. II,
London 1883, S. 112–116.
Aus dem Englischen.

Marx und die „Neue Rheinische Zeitung" 1848–49[11]

[„Der Sozialdemokrat"
Nr. 11 vom 13. März 1884]

Beim Ausbruch der Februarrevolution bestand die deutsche „Kommunistische Partei", wie wir sie nannten, nur aus einem kleinen Stamm, dem als geheime Propagandagesellschaft organisierten Bund der Kommunisten. Geheim war der Bund nur, weil es damals in Deutschland kein Vereins- und Versammlungsrecht gab. Außer den Arbeitervereinen im Ausland, wo er sich rekrutierte, hatte er ungefähr dreißig Gemeinden oder Sektionen im Lande selbst, dazu einzelne Mitglieder an vielen Orten. Aber diese unbedeutende Streitkraft hatte einen Führer, dem sich alle willig unterordneten, einen Führer ersten Ranges in *Marx*, und dank ihm ein prinzipielles und ein taktisches Programm, das noch heute in voller Geltung steht: das „*Kommunistische Manifest*".

Hier kommt in erster Reihe der taktische Teil des Programms in Betracht. Dieser lautete im allgemeinen:

„Die Kommunisten sind keine besondere Partei gegenüber den andern Arbeiterparteien. Sie haben keine von den Interessen des ganzen Proletariats getrennten Interessen. Sie stellen keine besondern Prinzipien auf, wonach sie die proletarische Bewegung modeln wollen. Die Kommunisten unterscheiden sich von den übrigen proletarischen Parteien nur dadurch, daß einerseits sie in den verschiedenen nationalen Kämpfen der Proletarier die *gemeinsamen, von der Nationalität unabhängigen Interessen* des gesamten Proletariats hervorheben und zur Geltung bringen, andrerseits dadurch, daß sie in den verschiedenen Entwicklungsstufen, welche der Kampf zwischen Proletariat und Bourgeoisie durchläuft, stets *das Interesse der Gesamtbewegung* vertreten. – Die Kommunisten sind also *praktisch* der entschiedenste, immer weitertreibende Teil der Arbeiterparteien aller Länder, sie haben *theoretisch* vor der übrigen Masse des Proletariats die Einsicht in die Bedingungen, den Gang und die allgemeinen Resultate der proletarischen Bewegung voraus." [12]

Und für die deutsche Partei im besonderen:

„In Deutschland kämpft die Kommunistische Partei, sobald die Bourgeoisie revolutionär auftritt, gemeinsam mit der Bourgeoisie gegen die absolute Monarchie, das feudale Grundeigentum und die Kleinbürgerei. Sie unterläßt aber keinen Augenblick, bei den Arbeitern ein möglichst klares Bewußtsein über den feindlichen Gegensatz zwischen Bourgeoisie und Proletariat herauszuarbeiten, damit die deutschen Arbeiter sogleich die gesellschaftlichen und politischen Bedingungen, welche die Bourgeoisie mit ihrer Herrschaft herbeiführen muß, als ebenso viele Waffen gegen die Bourgeoisie kehren können, damit, nach dem Sturz der reaktionären Klassen in Deutschland, sofort der Kampf gegen die Bourgeoisie selbst beginnt. Auf Deutschland richten die Kommunisten ihre Hauptaufmerksamkeit, weil Deutschland am Vorabend einer bürgerlichen Revolution steht" usw. („Manifest" IV).[1]

Nie hat sich ein taktisches Programm so bewährt wie dieses. Aufgestellt am Vorabend einer Revolution, hielt es die Probe dieser Revolution aus; wo seit jener Zeit eine Arbeiterpartei von ihm abwich, strafte sich jede Abweichung; und heute, nach beinahe vierzig Jahren, bildet es die Richtschnur aller entschiedenen und selbstbewußten Arbeiterparteien Europas von Madrid bis Petersburg.

Die Februarereignisse in Paris überstürzten die bevorstehende deutsche Revolution und modifizierten damit ihren Charakter. Die deutsche Bourgeoisie, statt aus eigener Kraft zu siegen, siegte im Schlepptau einer französischen Arbeiterrevolution. Noch ehe sie ihre alten Gegner, das absolute Königtum, den feudalen Grundbesitz, die Bürokratie, das feige Spießbürgertum, endgiltig niedergeworfen, mußte sie schon Front machen gegen einen neuen Feind, das Proletariat. Hier aber zeigten sich sofort die Wirkungen der hinter Frankreich und England weit zurückgebliebenen ökonomischen Zustände und der damit ebensosehr zurückgebliebenen Klassenlage Deutschlands.

Die deutsche Bourgeoisie, die eben erst ihre große Industrie zu begründen anfing, hatte weder die Kraft noch den Mut, noch die zwingende Nötigung, sich die unbedingte Herrschaft im Staat zu erkämpfen; das Proletariat, in gleichem Verhältnis unentwickelt, herangewachsen in vollständiger geistiger Knechtung, unorganisiert und noch nicht einmal fähig zu

[1] Siehe Band 4 unserer Ausgabe, S. 492/493

selbständiger Organisation, besaß nur das dumpfe Gefühl seines tiefen Interessengegensatzes gegen die Bourgeoisie. So, obgleich der Sache nach ihr drohender Gegner, blieb es anderseits ihr politisches Anhängsel. Geschreckt nicht durch das, was das deutsche Proletariat war, sondern durch das, was es zu werden drohte und was das französische schon war, sah die Bourgeoisie nur Rettung in jedem, auch dem feigsten Kompromiß mit Monarchie und Adel; unbekannt noch mit seiner eigenen geschichtlichen Rolle, mußte das Proletariat in seiner großen Masse zunächst die des vorantreibenden, äußersten linken Flügels der Bourgeoisie übernehmen. Die deutschen Arbeiter hatten vor allen Dingen diejenigen Rechte zu erkämpfen, die ihnen zu ihrer selbständigen Organisation als Klassenpartei unumgänglich waren: Freiheit der Presse, der Vereinigung und Versammlung – Rechte, die die Bourgeoisie im Interesse ihrer eigenen Herrschaft hätte erkämpfen müssen, die sie selbst aber in ihrer Angst den Arbeitern jetzt streitig machte. Die paar hundert vereinzelten Bundesmitglieder verschwanden in der ungeheuren, plötzlich in die Bewegung geschleuderten Masse. Das deutsche Proletariat erschien so zunächst auf der politischen Bühne als äußerste demokratische Partei.

Damit war uns, als wir in Deutschland eine große Zeitung begründeten, die Fahne von selbst gegeben. Es konnte nur die der Demokratie sein, aber die einer Demokratie, die überall den spezifisch proletarischen Charakter im einzelnen hervorhob, den sie noch nicht ein für allemal aufs Banner schreiben konnte. Wollten wir das nicht, wollten wir nicht die Bewegung an ihrem vorgefundenen, fortgeschrittensten, tatsächlich proletarischen Ende aufnehmen und weiter vorantreiben, so blieb uns nichts, als Kommunismus in einem kleinen Winkelblättchen dozieren und statt einer großen Aktionspartei eine kleine Sekte stiften. Zu Predigern in der Wüste aber waren wir verdorben; dazu hatten wir die Utopisten zu gut studiert. Dazu hatten wir unser Programm nicht entworfen.

Als wir nach Köln kamen, waren dort von demokratischer, teilweise kommunistischer Seite Vorbereitungen zu einem großen Blatt getroffen. Man wollte dies echt lokal-kölnisch machen und uns nach Berlin verbannen. Aber in 24 Stunden hatten wir, namentlich durch Marx, das Terrain erobert, das Blatt ward unser, auf die Gegenkonzession, daß wir *Heinrich Bürgers* in die Redaktion nahmen. Dieser schrieb *einen* Artikel (in Nr. 2) und nie mehr einen zweiten.

Wir mußten eben nach Köln gehen und nicht nach Berlin. Erstens war Köln das Zentrum der Rheinprovinz, die die französische Revolution durchgemacht, sich im Code Napoléon[13] *moderne* Rechtsanschauungen bewahrt, die weitaus bedeutendste große Industrie entwickelt hatte und in jeder Beziehung damals der fortgeschrittenste Teil Deutschlands war. Das damalige Berlin kannten wir nur zu gut aus eigener Anschauung, mit seiner kaum entstehenden Bourgeoisie, seinem maulfrechen, aber tatfeigen, kriechenden Kleinbürgertum, seinen noch total unentwickelten Arbeitern, seinen massenhaften Bürokraten, Adels- und Hofgesindel, seinem ganzen Charakter als bloße „Residenz". Entscheidend aber waren: In Berlin herrschte das elende preußische Landrecht[14], und politische Prozesse kamen vor die Berufsrichter; am Rhein bestand der Code Napoléon, der keine Preßprozesse kennt, weil er die Zensur voraussetzt, und wenn man keine politischen Vergehen, sondern nur *Verbrechen* beging, kam man vor die Geschwornen; in Berlin ward *nach* der Revolution der junge Schlöffel wegen einer Kleinigkeit zu einem Jahre verurteilt[15], am Rhein hatten wir unbedingte Preßfreiheit – und wir haben sie ausgenutzt bis auf den letzten Tropfen.

So fingen wir am 1. Juni 1848 an, mit einem sehr beschränkten Aktienkapital, von dem nur wenig eingezahlt war, und die Aktionäre selbst mehr als unsicher. Gleich nach der ersten Nummer verließ uns die Hälfte, und am Ende des Monats hatten wir gar keine mehr.

Die Verfassung der Redaktion war die einfache Diktatur von Marx. Ein großes Tageblatt, das zur bestimmten Stunde fertig sein muß, kann bei keiner anderen Verfassung eine folgerechte Haltung bewahren. Hier aber war noch dazu Marx' Diktatur selbstverständlich, unbestritten, von uns allen gern anerkannt. Es war in erster Linie sein klarer Blick und seine sichere Haltung, die das Blatt zur berühmtesten deutschen Zeitung der Revolutionsjahre gemacht haben.

Das politische Programm der „Neuen Rheinischen Zeitung" bestand aus zwei Hauptpunkten:

Einige, unteilbare, demokratische deutsche Republik und Krieg mit Rußland, der Wiederherstellung Polens einschloß.

Die kleinbürgerliche Demokratie teilte sich damals in zwei Fraktionen: die norddeutsche, die sich einen demokratischen preußischen Kaiser gefallen, und die süddeutsche, damals fast ganz spezifisch badische, die Deutschland in eine föderative Republik nach Schweizer Muster verwandeln wollte. Beide mußten wir bekämpfen. Das Interesse des Proletariats verbot ebensosehr die Verpreußung Deutschlands wie die Verewigung der Kleinstaaterei. Es gebot die endliche Vereinigung Deutschlands zu einer *Nation*, die allein den von allen überkommenen kleinlichen Hindernissen gereinigten Kampfplatz herstellen konnte, auf dem Proletariat und Bourgeoisie ihre

Kräfte messen sollten. Aber es verbot ebensosehr die Herstellung einer preußischen Spitze; der preußische Staat mit seiner ganzen Einrichtung, seiner Tradition und seiner Dynastie war gerade der einzige ernsthafte innere Gegner, den die Revolution in Deutschland niederzuwerfen hatte; und obendrein konnte Preußen Deutschland nur einigen durch Deutschlands Zerreißung, durch den Ausschluß Deutsch-Österreichs. Auflösung des preußischen, Zerfall des österreichischen Staates, wirkliche Einigung Deutschlands als Republik – ein anderes revolutionäres, nächstes Programm konnten wir nicht haben. Und dies war durchzusetzen durch Krieg gegen Rußland und nur durch ihn. Auf diesen letzteren Punkt komme ich noch zurück.

Im übrigen war der Ton des Blattes keineswegs feierlich, ernst oder begeistert. Wir hatten lauter verächtliche Gegner und behandelten sie ausnahmslos mit der äußersten Verachtung. Das konspirierende Königtum, die Kamarilla, der Adel, die „Kreuz-Zeitung" [16], die gesamte „Reaktion", über die der Philister sich sittlich entrüstete – wir behandelten sie nur mit Hohn und Spott. Aber nicht minder auch die durch die Revolution aufgekommenen neuen Götzen: die Märzminister, die Frankfurter und Berliner Versammlung, Rechte wie Linke darin. Gleich die erste Nummer begann mit einem Artikel, der die Nichtigkeit des Frankfurter Parlamentes, die Zwecklosigkeit seiner langatmigen Reden, die Überflüssigkeit seiner feigen Beschlüsse verspottete.[17] Er kostete uns die Hälfte der Aktionäre. Das Frankfurter Parlament war nicht einmal ein Debattierklub; hier wurde fast gar nicht debattiert, sondern meist nur fertig mitgebrachte akademische Abhandlungen abgeleiert und Beschlüsse gefaßt, die den deutschen Philister begeistern sollten, um die sich aber sonst kein Mensch kümmerte.

Die Berliner Versammlung hatte schon mehr Bedeutung, sie stand einer wirklichen Macht gegenüber, sie debattierte und beschloß auf platter Erde, nicht im Frankfurter Wolkenkuckucksheim. Sie wurde daher auch ausführlicher behandelt. Aber auch die dortigen Götzen der Linken, Schulze-Delitzsch, Berends, Elsner, Stein usw., wurden ebenso scharf mitgenommen wie die Frankfurter, ihre Unentschiedenheit, Zaghaftigkeit und Rechnungsträgerei schonungslos aufgedeckt und ihnen nachgewiesen, wie sie Schritt vor Schritt sich in den Verrat an der Revolution hineinkompromisselten. Das erregte natürlich Schauder beim demokratischen Kleinbürger, der sich diese Götzen erst eben zum eigenen Gebrauch fabriziert hatte. Uns war dieser Schauder ein Zeichen, daß wir ins Schwarze getroffen hatten.

Ebenso traten wir auch der vom Kleinbürgertum eifrig verbreiteten Täuschung entgegen, als ob die Revolution mit den Märztagen abgeschlossen sei und man jetzt nur noch die Früchte einzuheimsen habe. Für uns konnten Februar und März nur dann die Bedeutung einer wirklichen Revolution haben, wenn sie nicht Abschluß, sondern im Gegenteil Ausgangspunkte einer langen revolutionären Bewegung wurden, in der, wie in der großen französischen Umwälzung, das Volk sich durch seine eigenen Kämpfe weiterentwickelte, die Parteien sich schärfer und schärfer schieden, bis sie mit den großen Klassen, Bourgeoisie, Kleinbürgertum, Proletariat, ganz zusammenfielen, und in der die einzelnen Positionen vom Proletariat nach und nach in einer Reihe von Schlachttagen erobert wurden. Daher traten wir auch dem demokratischen Kleinbürgertum überall entgegen, wo es seinen Klassengegensatz gegen das Proletariat vertuschen wollte mit der beliebten Phrase: Wir wollen ja alle dasselbe, alle Differenzen beruhen auf bloßen Mißverständnissen. Je weniger aber wir dem Kleinbürgertum erlaubten, unsere proletarische Demokratie mißzuverstehen, desto zahmer und gefügiger wurde es uns gegenüber. Je schärfer und entschiedener man ihm gegenübertritt, desto williger duckt es sich, desto mehr Konzessionen macht es der Arbeiterpartei. Das haben wir gesehen.

Endlich deckten wir den parlamentarischen Kretinismus (wie Marx es nannte) der verschiedenen sogenannten Nationalversammlungen auf.[18] Diese Herren hatten sich alle Machtmittel entschlüpfen lassen, sie zum Teil freiwillig wieder den Regierungen überliefert. Neben neugestärkten, reaktionären Regierungen standen in Berlin wie in Frankfurt machtlose Versammlungen, die trotzdem sich einbildeten, ihre ohnmächtigen Beschlüsse würden die Welt aus den Angeln heben. Bis auf die äußerste Linke herrschte diese kretinhafte Selbsttäuschung. Wir riefen ihnen zu: ihr parlamentarischer Sieg werde zusammenfallen mit ihrer wirklichen Niederlage.

Und so geschah's in Berlin wie in Frankfurt. Als die „Linke" die Majorität erhielt, jagte die Regierung die ganze Versammlung auseinander; sie konnte es, weil die Versammlung ihren eigenen Kredit beim Volk verscherzt hatte.

Als ich später *Bougearts* Buch über *Marat* las, fand ich, daß wir in mehr als einer Beziehung nur das große Vorbild des echten (nicht des von den Royalisten gefälschten) „Ami du peuple"[19] unbewußt nachgeahmt hatten und daß der ganze Wutschrei und die ganze Geschichtsfälschung, kraft deren man fast ein Jahrhundert hindurch nur einen gänzlich entstellten Marat gekannt, nur diese Ursache haben: daß Marat den Augenblicksgötzen Lafayette, Bailly und anderen unbarmherzig den Schleier abzog und sie als schon fertige Verräter an der Revolution enthüllte; und daß er, wie wir, die Revolution nicht für abgeschlossen, sondern in Permanenz erklärt wissen wollte.

Wir sprachen es offen aus, daß die Richtung, die wir vertraten, erst dann in den Kampf um die Erreichung unserer wirklichen Parteiziele eintreten könne, wenn die äußerste der in Deutschland bestehenden offiziellen Parteien am Ruder sei: dann würden wir, ihr gegenüber, die Opposition bilden.

Die Ereignisse sorgten aber dafür, daß neben den Spott über die deutschen Gegner auch die flammende Leidenschaft trat. Die Insurrektion der Pariser Arbeiter im Juni 1848 fand uns auf dem Platze. Vom ersten Schuß an traten wir unbedingt ein für die Insurgenten. Nach ihrer Niederlage feierte Marx die Besiegten in einem seiner gewaltigsten Artikel.[20]

Da verließ uns der letzte Rest der Aktionäre. Aber wir hatten die Genugtuung, das einzige Blatt in Deutschland und fast in Europa zu sein, das die Fahne des zertretenen Proletariats hochgehalten hatte im Augenblicke, wo die Bourgeois und Spießbürger aller Länder die Besiegten erdrückten mit dem Wuste ihrer Verleumdungen.

Die auswärtige Politik war einfach: Eintreten für jedes revolutionäre Volk, Aufruf zum allgemeinen Krieg des revolutionären Europas gegen den großen Rückhalt der europäischen Reaktion – Rußland. Vom 24. Februar[21] an war es uns klar, daß die Revolution nur *einen* wirklich furchtbaren Feind habe, Rußland, und daß dieser Feind um so mehr gezwungen sei, in den Kampf einzutreten, je mehr die Bewegung europäische Dimensionen annahm. Die Ereignisse von Wien, Mailand, Berlin mußten den russischen Angriff verzögern, aber sein endliches Kommen wurde um so gewisser, je näher die Revolution Rußland auf den Leib rückte. Gelang es aber, Deutschland zum Krieg gegen Rußland zu bringen, so war es aus mit Habsburg und Hohenzollern, und die Revolution siegte auf der ganzen Linie.

Diese Politik geht durch jede Nummer der Zeitung bis zum Moment des wirklichen Einrückens der Russen in Ungarn, das unsere Voraussicht vollauf bestätigte und die Niederlage der Revolution entschied.

Als im Frühjahr 1849 der Entscheidungskampf heranrückte, wurde die Sprache des Blattes mit jeder Nummer heftiger und leidenschaftlicher. Den schlesischen Bauern rief *Wilhelm Wolff* in der „Schlesischen Milliarde“[22] (acht Artikel) ins Gedächtnis, wie sie bei der Ablösung der Feudallasten von den Gutsherren mit Hilfe der Regierung um Geld und Grundbesitz geprellt worden, und forderte eine Milliarde Taler Entschädigung.

Gleichzeitig erschien im April *Marx*' Abhandlung über Lohnarbeit und Kapital in einer Reihe von Leitartikeln[1] als deutlicher Hinweis auf das soziale Ziel unserer Politik. Jede Nummer, jedes Extrablatt zeigte hin auf die

[1] Siehe Band 6 unserer Ausgabe, S. 397–423

sich vorbereitende große Schlacht, auf die Zuspitzung der Gegensätze in Frankreich, Italien, Deutschland und Ungarn. Namentlich die Extrablätter vom April und Mai waren ebensoviel Aufrufe an das Volk, sich bereit zu halten zum Losschlagen.

„Draußen im Reich" wunderte man sich, daß wir das alles so ungeniert in einer preußischen Festung ersten Ranges, gegenüber einer Garnison von 8000 Mann und angesichts der Hauptwache betrieben; aber von wegen der acht Bajonettgewehre und 250 scharfen Patronen im Redaktionszimmer und der roten Jakobinermützen der Setzer galt unser Haus bei den Offizieren ebenfalls für eine Festung, die nicht durch bloßen Handstreich zu nehmen sei.

Endlich am 18. Mai 1849 kam der Schlag.

Der Aufstand in Dresden und Elberfeld war unterdrückt, der in Iserlohn umzingelt, die Rheinprovinz und Westfalen starrten von Bajonetten, die nach vollendeter Vergewaltigung der preußischen Rheinlande gegen die Pfalz und Baden zu marschieren bestimmt waren. Da endlich wagte die Regierung, uns auf den Leib zu rücken. Die eine Hälfte der Redakteure war unter gerichtlicher Verfolgung, die andere als Nichtpreußen ausweisbar. Dagegen war nichts zu machen, solange ein ganzes Armeekorps hinter der Regierung stand. Wir mußten unsere Festung übergeben, aber wir zogen ab mit Waffen und Bagage, mit klingendem Spiel und mit der fliegenden Fahne der letzten, roten, Nummer, in der wir die Kölner Arbeiter vor hoffnungslosen Putschen warnten und ihnen zuriefen:

„Die Redakteure der ‚Neuen Rheinischen Zeitung' danken Euch beim Abschiede für die ihnen bewiesene Teilnahme. Ihr letztes Wort wird immer und überall sein: *Emanzipation der arbeitenden Klasse!*" [23]

So endete die „Neue Rheinische Zeitung", kurz ehe ihr erster Jahrgang vollendet. Mit fast gar keinen Geldmitteln angefangen – die wenigen ihr zugesicherten entgingen ihr, wie gesagt, bald –, brachte sie es schon im September auf eine Auflage von fast 5000. Der Belagerungszustand von Köln suspendierte sie; Mitte Oktober mußte sie wieder von vorne anfangen. Aber im Mai 1849 bei ihrer Unterdrückung stand sie schon wieder auf 6000 Abonnenten, während die „Kölnische" [24] damals, nach ihrem eigenen Eingeständnis, nicht über 9000 besaß. Keine deutsche Zeitung, weder vorher noch nachher, hat je die Macht und den Einfluß besessen, hat es verstanden, so die proletarischen Massen zu elektrisieren wie die „Neue Rheinische".

Und das verdankte sie vor allem *Marx*.

Als der Schlag gefallen war, zerstreute sich die Redaktion. *Marx* ging nach Paris, wo die Entscheidung sich vorbereitete, die am 13. Juni 1849 [25] fiel; *Wilhelm Wolff* nahm jetzt seinen Sitz im Frankfurter Parlament ein – jetzt, wo die Versammlung zu wählen hatte zwischen Zersprengung von oben oder Anschluß an die Revolution; und ich ging nach der Pfalz und wurde Adjutant im Willichschen Freikorps[26].

Fr. Engels

Geschrieben Mitte Februar
bis Anfang März 1884.

Der Ursprung der Familie, des Privateigentums und des Staats

Im Anschluß an Lewis H. Morgans Forschungen[27]

Geschrieben Ende März bis 26. Mai 1884.

Erstmalig veröffentlicht Hottingen-Zürich 1884.
Nach der vierten, ergänzten Auflage, Stuttgart 1892.
Alle wesentlichen Änderungen gegenüber der Erstausgabe
sind in Fußnoten vermerkt.

Der Ursprung der Familie,

des

Privateigenthums

und des Staats.

Im Anschluss

an

Lewis H. Morgan's Forschungen

von

Friedrich Engels.

Hottingen-Zürich.
Verlag der Schweizerischen Volksbuchhandlung.
1884.

Umschlag der Erstausgabe von Friedrich Engels' Schrift
„Der Ursprung der Familie, des Privateigentums und des Staats"

Zur ersten Auflage 1884

Die nachfolgenden Kapitel bilden gewissermaßen die Vollführung eines Vermächtnisses. Es war kein Geringerer als Karl Marx, der sich vorbehalten hatte, die Resultate der Morganschen Forschungen im Zusammenhang mit den Ergebnissen seiner – ich darf innerhalb gewisser Grenzen sagen unsrer – materialistischen Geschichtsuntersuchung darzustellen und dadurch erst ihre ganze Bedeutung klarzumachen. Hatte doch Morgan die von Marx vor vierzig Jahren entdeckte materialistische Geschichtsauffassung in Amerika in seiner Art neu entdeckt und war von ihr, bei Vergleichung der Barbarei und der Zivilisation, in den Hauptpunkten zu denselben Resultaten geführt worden wie Marx. Und wie „Das Kapital" von den zünftigen Ökonomen in Deutschland jahrelang ebenso eifrig ausgeschrieben wie hartnäckig totgeschwiegen wurde, ganz so wurde Morgans „Ancient Society"* behandelt von den Wortführern der „prähistorischen" Wissenschaft in England. Meine Arbeit kann nur einen geringen Ersatz bieten für das, was meinem verstorbenen Freunde zu tun nicht mehr vergönnt war. Doch liegen mir in seinen ausführlichen Auszügen aus Morgan kritische Anmerkungen vor, die ich hier wiedergebe, soweit es irgend angeht.

Nach der materialistischen Auffassung ist das in letzter Instanz bestimmende Moment in der Geschichte: die Produktion und Reproduktion des unmittelbaren Lebens. Diese ist aber selbst wieder doppelter Art. Einerseits die Erzeugung von Lebensmitteln, von Gegenständen der Nahrung,

* „Ancient Society, or Researches in the Lines of Human Progress from Savagery, through Barbarism to Civilization". By Lewis H. Morgan. London, Macmillan and Co., 1877. Das Buch ist in Amerika gedruckt und in London merkwürdig schwer zu haben. Der Verfasser ist vor einigen Jahren gestorben.

Kleidung, Wohnung und den dazu erforderlichen Werkzeugen; andrerseits die Erzeugung von Menschen selbst, die Fortpflanzung der Gattung. Die gesellschaftlichen Einrichtungen, unter denen die Menschen einer bestimmten Geschichtsepoche und eines bestimmten Landes leben, werden bedingt durch beide Arten der Produktion: durch die Entwicklungsstufe einerseits der Arbeit, andrerseits der Familie. Je weniger die Arbeit noch entwickelt ist, je beschränkter die Menge ihrer Erzeugnisse, also auch der Reichtum der Gesellschaft, desto überwiegender erscheint die Gesellschaftsordnung beherrscht durch Geschlechtsbande. Unter dieser, auf Geschlechtsbande begründeten Gliederung der Gesellschaft entwickelt sich indes die Produktivität der Arbeit mehr und mehr; mit ihr Privateigentum und Austausch, Unterschiede des Reichtums, Verwertbarkeit fremder Arbeitskraft und damit die Grundlage von Klassengegensätzen: neue soziale Elemente, die im Lauf von Generationen sich abmühen, die alte Gesellschaftsverfassung den neuen Zuständen anzupassen, bis endlich die Unvereinbarkeit beider eine vollständige Umwälzung herbeiführt. Die alte, auf Geschlechtsverbänden beruhende Gesellschaft wird gesprengt im Zusammenstoß der neu entwickelten gesellschaftlichen Klassen; an ihre Stelle tritt eine neue Gesellschaft, zusammengefaßt im Staat, dessen Untereinheiten nicht mehr Geschlechtsverbände, sondern Ortsverbände sind, eine Gesellschaft, in der die Familienordnung ganz von der Eigentumsordnung beherrscht wird und in der sich nun jene Klassengegensätze und Klassenkämpfe frei entfalten, aus denen der Inhalt aller bisherigen *geschriebnen* Geschichte besteht.

Es ist das große Verdienst Morgans, diese vorgeschichtliche Grundlage unsrer geschriebnen Geschichte in ihren Hauptzügen entdeckt und wiederhergestellt und in den Geschlechtsverbänden der nordamerikanischen Indianer den Schlüssel gefunden zu haben, der uns die wichtigsten, bisher unlösbaren Rätsel der ältesten griechischen, römischen und deutschen Geschichte erschließt. Es ist aber seine Schrift kein Eintagswerk. An die vierzig Jahre hat er mit seinem Stoff gerungen, bis er ihn vollständig beherrschte. Darum aber ist auch sein Buch eins der wenigen epochemachenden Werke unsrer Zeit.

In der nachfolgenden Darstellung wird der Leser im ganzen und großen leicht unterscheiden, was von Morgan herrührt und was ich hinzugesetzt. In den geschichtlichen Abschnitten über Griechenland und Rom habe ich mich nicht auf Morgans Belege beschränkt, sondern hinzugefügt, was mir zu Gebote stand. Die Abschnitte über Kelten und Deutsche gehören wesentlich mir an; Morgan verfügte hier fast nur über Quellen zweiter Hand und für die deutschen Zustände – außer Tacitus – nur über die schlechten liberalen Verfälschungen des Herrn Freeman. Die ökonomischen Ausführungen, die bei Morgan für seinen Zweck hinreichend, für den meinigen aber durchaus ungenügend, sind alle von mir neu bearbeitet. Und endlich bin ich selbstredend verantwortlich für alle Schlußfolgerungen, soweit nicht Morgan ausdrücklich zitiert wird.

I

Vorgeschichtliche Kulturstufen

Morgan ist der erste, der mit Sachkenntnis eine bestimmte Ordnung in die menschliche Vorgeschichte zu bringen versucht; solange nicht bedeutend erweitertes Material zu Änderungen nötigt, wird seine Gruppierung wohl in Kraft bleiben.

Von den drei Hauptepochen: Wildheit, Barbarei, Zivilisation beschäftigen ihn selbstredend nur die ersten zwei und der Übergang zur dritten. Jede der beiden teilt er ein in eine untere, mittlere und obere Stufe, je nach den Fortschritten der Produktion der Lebensmittel; denn, sagt er:

„Die Geschicklichkeit in dieser Produktion ist entscheidend für den Grad menschlicher Überlegenheit und Naturbeherrschung; von allen Wesen hat nur der Mensch es bis zu einer fast unbedingten Herrschaft über die Erzeugung von Nahrungsmitteln gebracht. Alle großen Epochen menschlichen Fortschritts fallen, mehr oder weniger direkt, zusammen mit Epochen der Ausweitung der Unterhaltsquellen."[28]

Die Entwicklung der Familie geht daneben, bietet aber keine so schlagenden Merkmale zur Trennung der Perioden.

1. Wildheit

1. *Unterstufe.* Kindheit des Menschengeschlechts, das, wenigstens teilweise, auf Bäumen lebend, wodurch allein sein Fortbestehn gegenüber großen Raubtieren erklärlich, noch in seinen ursprünglichen Sitzen, tropischen oder subtropischen Wäldern sich aufhielt. Früchte, Nüsse, Wurzeln dienten zur Nahrung; die Ausbildung artikulierter Sprache ist Hauptergebnis dieser Zeit. Von allen Völkern, die innerhalb der geschichtlichen Periode bekannt geworden sind, gehörte kein einziges mehr diesem Urzustand an. So lange Jahrtausende er auch gedauert haben mag, so wenig

können wir ihn aus direkten Zeugnissen beweisen; aber die Abstammung des Menschen aus dem Tierreich einmal zugegeben, wird die Annahme dieses Übergangs unumgänglich.

2. *Mittelstufe*. Beginnt mit der Verwertung von Fischen (wozu wir auch Krebse, Muscheln und andere Wassertiere zählen) zur Nahrung und mit dem Gebrauch des Feuers. Beides gehört zusammen, da Fischnahrung erst vermittelst des Feuers vollständig vernutzbar wird. Mit dieser neuen Nahrung aber wurden die Menschen unabhängig von Klima und Lokalität; den Strömen und Küsten folgend, konnten sie selbst im wilden Zustand sich über den größten Teil der Erde ausbreiten. Die roh gearbeiteten, ungeschliffenen Steinwerkzeuge des früheren Steinalters, die sogenannten paläolithischen, die ganz oder größtenteils in diese Periode fallen, sind in ihrer Verbreitung über alle Kontinente Beweisstücke dieser Wanderungen. Die neubesetzten Zonen wie der ununterbrochen tätige Findungstrieb, verbunden mit dem Besitz des Reibfeuers, brachten neue Nahrungsmittel auf; so stärkmehlhaltige Wurzeln und Knollen, in heißer Asche oder in Backgruben (Erdöfen) gebacken; so Wild, das mit Erfindung der ersten Waffen, Keule und Speer, gelegentliche Zugabe zur Kost wurde. Ausschließliche Jägervölker, wie sie in den Büchern figurieren, d.h. solche, die *nur* von der Jagd leben, hat es nie gegeben; dazu ist der Ertrag der Jagd viel zu ungewiß. Infolge andauernder Unsicherheit der Nahrungsquellen scheint auf dieser Stufe die Menschenfresserei aufzukommen, die sich von jetzt an lange erhält. Die Australier und viele Polynesier stehn noch heute auf dieser Mittelstufe der Wildheit.

3. *Oberstufe*. Beginnt mit der Erfindung von Bogen und Pfeil, wodurch Wild regelmäßiges Nahrungsmittel, Jagd einer der normalen Arbeitszweige wurde. Bogen, Sehne und Pfeil bilden schon ein sehr zusammengesetztes Instrument, dessen Erfindung lange, gehäufte Erfahrung und geschärfte Geisteskräfte voraussetzt, also auch die gleichzeitige Bekanntschaft mit einer Menge andrer Erfindungen. Vergleichen wir die Völker, die zwar Bogen und Pfeil kennen, aber noch nicht die Töpferkunst (von der Morgan den Übergang in die Barbarei datiert), so finden wir in der Tat bereits einige Anfänge der Niederlassung in Dörfern, eine gewisse Beherrschung der Produktion des Lebensunterhalts, hölzerne Gefäße und Geräte, Fingerweberei (ohne Webstuhl) mit Fasern von Bast, geflochtene Körbe von Bast oder Schilf, geschliffene (neolithische) Steinwerkzeuge. Meist auch hat Feuer und Steinaxt bereits das Einbaum-Boot und stellenweise Balken und Bretter zum Hausbau geliefert. Alle diese Fortschritte finden wir z.B. bei den nordwestlichen Indianern Amerikas, die zwar Bogen und Pfeil, aber nicht die

Töpferei kennen. Für die Wildheit war Bogen und Pfeil, was das eiserne Schwert für die Barbarei und das Feuerrohr für die Zivilisation: die entscheidende Waffe.

2. *Barbarei*

1. *Unterstufe.* Datiert von der Einführung der Töpferei. Diese ist nachweislich in vielen Fällen und wahrscheinlich überall entstanden aus der Überdeckung geflochtener oder hölzerner Gefäße mit Lehm, um sie feuerfest zu machen; wobei man bald fand, daß der geformte Lehm auch ohne das innere Gefäß den Dienst leistete.

Bisher konnten wir den Gang der Entwicklung ganz allgemein, als gültig für eine bestimmte Periode aller Völker, ohne Rücksicht auf die Lokalität, betrachten. Mit dem Eintritt der Barbarei aber haben wir eine Stufe erreicht, worauf sich die verschiedne Naturbegabung der beiden großen Erdkontinente geltend macht. Das charakteristische Moment der Periode der Barbarei ist die Zähmung und Züchtung von Tieren und die Kultur von Pflanzen. Nun besaß der östliche Kontinent, die sog. Alte Welt, fast alle zur Zähmung tauglichen Tiere und alle kulturfähigen Getreidearten außer einer; der westliche, Amerika, von zähmbaren Säugetieren nur das Lama, und auch dies nur in einem Teil des Südens, und von allen Kulturgetreiden nur eins, aber das beste: den Mais. Diese verschiednen Naturbedingungen bewirken, daß von nun an die Bevölkerung jeder Halbkugel ihren besondern Gang geht, und die Marksteine an den Grenzen der einzelnen Stufen in jedem der beiden Fälle verschieden sind.

2. *Mittelstufe.* Beginnt im Osten mit der Zähmung von Haustieren, im Westen mit der Kultur von Nährpflanzen mittelst Berieselung und dem Gebrauch von Adoben (an der Sonne getrockneten Ziegeln) und Stein zu Gebäuden.

Wir beginnen mit dem Westen, da hier diese Stufe bis zur europäischen Eroberung nirgends überschritten wurde.

Bei den Indianern der Unterstufe der Barbarei (wozu alle östlich des Mississippi gefundnen gehörten) bestand zur Zeit ihrer Entdeckung schon eine gewisse Gartenkultur von Mais und vielleicht auch Kürbissen, Melonen und andern Gartengewächsen, die einen sehr wesentlichen Bestandteil ihrer Nahrung lieferte; sie wohnten in hölzernen Häusern, in verpalisadierten Dörfern. Die nordwestlichen Stämme, besonders die im Gebiet des Kolumbiaflusses, standen noch auf der Oberstufe der Wildheit und kannten weder Töpferei noch Pflanzenkultur irgendeiner Art. Die Indianer der sog. Pueblos[29] in Neu-Mexiko dagegen, die Mexikaner, Zentral-Amerikaner und Peruaner zur Zeit der Eroberung standen auf der Mittelstufe der Barbarei; sie wohnten in festungsartigen Häusern von Adoben oder Stein, bauten Mais und andre nach Lage und Klima verschiedne Nährpflanzen in künstlich berieselten Gärten, die die Hauptnahrungsquelle lieferten, und hatten sogar einige Tiere gezähmt – die Mexikaner den Truthahn und andre Vögel, die Peruaner das Lama. Dazu kannten sie die Verarbeitung der Metalle – mit Ausnahme des Eisens, weshalb sie noch immer der Steinwaffen und Steinwerkzeuge nicht entbehren konnten. Die spanische Eroberung schnitt dann alle weitere selbständige Entwicklung ab.

Im Osten begann die Mittelstufe der Barbarei mit der Zähmung milch- und fleischgebender Tiere, während Pflanzenkultur hier noch bis tief in diese Periode unbekannt geblieben zu sein scheint. Die Zähmung und Züchtung von Vieh und die Bildung größerer Herden scheinen den Anlaß gegeben zu haben zur Aussonderung der Arier und Semiten aus der übrigen Masse der Barbaren. Den europäischen und asiatischen Ariern sind die Viehnamen noch gemeinsam, die der Kulturpflanzen aber fast gar nicht.

Die Herdenbildung führte an geeigneten Stellen zum Hirtenleben; bei den Semiten in den Grasebenen des Euphrat und Tigris, bei den Ariern in denen Indiens, des Oxus und Jaxartes, des Don und Dnjepr. An den Grenzen solcher Weideländer muß die Zähmung des Viehs zuerst vollführt worden sein. Den späteren Geschlechtern erscheinen so die Hirtenvölker als aus Gegenden stammend, die, weit entfernt, die Wiege des Menschengeschlechts zu sein, im Gegenteil für ihre wilden Vorfahren und selbst für Leute der Unterstufe der Barbarei fast unbewohnbar waren. Umgekehrt, sobald diese Barbaren der Mittelstufe einmal an Hirtenleben gewöhnt, hätte es ihnen nie einfallen können, freiwillig aus den grastragenden Stromebenen in die Waldgebiete zurückzukehren, in denen ihre Vorfahren heimisch gewesen. Ja selbst als sie weiter nach Norden und Westen gedrängt wurden, war es den Semiten und Ariern unmöglich, in die westasiatischen und europäischen Waldgegenden zu ziehn, ehe sie durch Getreidebau in den Stand gesetzt wurden, ihr Vieh auf diesem weniger günstigen Boden zu ernähren und besonders zu überwintern. Es ist mehr als wahrscheinlich, daß der Getreidebau hier zuerst aus dem Futterbedürfnis fürs Vieh entsprang und erst später für menschliche Nahrung wichtig wurde.

Der reichlichen Fleisch- und Milchnahrung bei Ariern und Semiten, und besonders ihrer günstigen Wirkung auf die Entwicklung der Kinder, ist vielleicht die überlegne Entwicklung beider Racen zuzuschreiben. In der Tat haben die Pueblos-Indianer von Neu-Mexiko, die auf fast reine

Pflanzenkost reduziert sind, ein kleineres Gehirn als die mehr fleisch- und fischessenden Indianer der niedern Stufe der Barbarei. Jedenfalls verschwindet auf dieser Stufe allmählich die Menschenfresserei und erhält sich nur als religiöser Akt oder, was hier fast identisch, als Zaubermittel.

3. *Oberstufe.* Beginnt mit dem Schmelzen des Eisenerzes und geht über in die Zivilisation vermittelst der Erfindung der Buchstabenschrift und ihrer Verwendung zu literarischer Aufzeichnung. Diese Stufe, die, wie gesagt, nur auf der östlichen Halbkugel selbständig durchgemacht wird, ist an Fortschritten der Produktion reicher als alle vorhergehenden zusammengenommen. Ihr gehören an die Griechen zur Heroenzeit, die italischen Stämme kurz vor der Gründung Roms, die Deutschen des Tacitus, die Normannen der Wikingerzeit[1].

Vor allem tritt uns hier zuerst entgegen die eiserne, von Vieh gezogene Pflugschar, die den Ackerbau auf großer Stufe, den *Feldbau,* möglich machte, und damit eine für damalige Verhältnisse praktisch unbeschränkte Vermehrung der Lebensmittel; damit auch die Ausrodung des Waldes und seine Verwandlung in Ackerland und Wiese – die wieder, auf großem Maßstab, ohne die eiserne Axt und den eisernen Spaten unmöglich blieb. Damit kam aber auch rasche Vermehrung der Bevölkerung und dichte Bevölkerung auf kleinem Gebiet. Vor dem Feldbau müssen sehr ausnahmsweise Verhältnisse vorgekommen sein, wenn eine halbe Million Menschen sich unter einer einzigen Zentralleitung sollte vereinigen lassen; wahrscheinlich war das nie geschehn.

Die höchste Blüte der Oberstufe der Barbarei tritt uns entgegen in den homerischen Gedichten, namentlich in der „Ilias“ [30]. Entwickelte Eisenwerkzeuge; der Blasbalg; die Handmühle; die Töpferscheibe; die Öl- und Weinbereitung; eine entwickelte, ins Kunsthandwerk übergehende Metallbearbeitung; der Wagen und Streitwagen; der Schiffbau mit Balken und Planken; die Anfänge der Architektur als Kunst; ummauerte Städte mit Türmen und Zinnen; das homerische Epos und die gesamte Mythologie – das sind die Haupterbschaften, die die Griechen aus der Barbarei hinübernahmen in die Zivilisation. Wenn wir damit die Beschreibung der Germanen bei Cäsar und selbst Tacitus vergleichen, die am Anfang derselben Kulturstufe standen, aus der in eine höhere überzugehn die homerischen Griechen sich anschickten, so sehn wir, welchen Reichtum der Entwicklung der Produktion die Oberstufe der Barbarei in sich faßt.

---

[1] *(1884)* und die Deutschen des Cäsar (oder, wie wir lieber sagen möchten, des Tacitus) (statt: die Deutschen des Tacitus, die Normannen der Wikingerzeit)

Das Bild, das ich hier von der Entwicklung der Menschheit durch Wildheit und Barbarei zu den Anfängen der Zivilisation nach Morgan skizziert habe, ist schon reich genug an neuen und, was mehr ist, unbestreitbaren, weil unmittelbar der Produktion entnommenen Zügen. Dennoch wird es matt und dürftig erscheinen, verglichen mit dem Bild, das sich am Ende unsrer Wanderschaft entrollen wird; erst dann wird es möglich sein, den Übergang aus der Barbarei in die Zivilisation und den schlagenden Gegensatz beider ins volle Licht zu stellen. Vorderhand können wir Morgans Einteilung dahin verallgemeinern: Wildheit – Zeitraum der vorwiegenden Aneignung fertiger Naturprodukte; die Kunstprodukte des Menschen sind vorwiegend Hülfswerkzeuge dieser Aneignung. Barbarei – Zeitraum der Erwerbung von Viehzucht und Ackerbau, der Erlernung von Methoden zur gesteigerten Produktion von Naturerzeugnissen durch menschliche Tätigkeit. Zivilisation – Zeitraum der Erlernung der weiteren Verarbeitung von Naturerzeugnissen, der eigentlichen Industrie und der Kunst.

II

Die Familie

Morgan, der sein Leben großenteils unter den noch jetzt im Staat New York ansässigen Irokesen zugebracht und in einen ihrer Stämme (den der Senekas) adoptiert worden, fand unter ihnen ein Verwandtschaftssystem in Geltung, das mit ihren wirklichen Familienbeziehungen im Widerspruch stand. Bei ihnen herrschte jene, beiderseits leicht lösliche Einzelehe, die Morgan als „Paarungsfamilie" bezeichnet. Die Nachkommenschaft eines solchen Ehepaars war also vor aller Welt offenkundig und anerkannt; es konnte kein Zweifel sein, auf wen die Bezeichnungen Vater, Mutter, Sohn, Tochter, Bruder, Schwester anzuwenden seien. Aber der tatsächliche Gebrauch dieser Ausdrücke widerspricht dem. Der Irokese nennt nicht nur seine eignen Kinder, sondern auch die seiner Brüder seine Söhne und Töchter; und sie nennen ihn Vater. Die Kinder seiner Schwestern dagegen nennt er seine Neffen und Nichten, und sie ihn Onkel. Umgekehrt nennt die Irokesin, neben ihren eignen Kindern, diejenigen ihrer Schwestern ihre Söhne und Töchter, und diese nennen sie Mutter. Die Kinder ihrer Brüder dagegen nennt sie ihre Neffen und Nichten, und sie heißt ihre Tante. Ebenso nennen die Kinder von Brüdern sich untereinander Brüder und Schwestern, desgleichen die Kinder von Schwestern. Die Kinder einer Frau und die ihres Bruders dagegen nennen sich gegenseitig Vettern und Kusinen. Und dies sind nicht bloß leere Namen, sondern Ausdrücke tatsächlich geltender Anschauungen von Nähe und Entferntheit, Gleichheit und Ungleichheit der Blutsverwandtschaft; und diese Anschauungen dienen zur Grundlage eines vollständig ausgearbeiteten Verwandtschaftssystems, das mehrere hundert verschiedne Verwandtschaftsbeziehungen eines einzelnen Individuums auszudrücken imstande ist. Noch mehr. Dies System ist nicht nur in voller Geltung bei allen amerikanischen Indianern (bis jetzt ist keine Ausnahme gefunden), sondern es gilt auch fast unverändert bei den Ureinwohnern Indiens, bei den drawidischen Stämmen in Dekan und den Gaurastämmen in Hindustan. Die Verwandtschaftsausdrücke der südindischen Tamiler und der Seneka-Irokesen im Staate New York stimmen noch heute überein für mehr als zweihundert verschiedne Verwandtschaftsbeziehungen. Und auch bei diesen indischen Stämmen, wie bei allen amerikanischen Indianern, stehn die aus der geltenden Familienform entspringenden Verwandtschaftsbeziehungen im Widerspruch mit dem Verwandtschaftssystem.

Wie nun dies erklären? Bei der entscheidenden Rolle, die die Verwandtschaft bei allen wilden und barbarischen Völkern in der Gesellschaftsordnung spielt, kann man die Bedeutung dieses so weitverbreiteten Systems nicht mit Redensarten beseitigen. Ein System, das in Amerika allgemein gilt, in Asien bei Völkern einer ganz verschiednen Race ebenfalls besteht, von dem mehr oder weniger abgeänderte Formen überall in Afrika und Australien sich in Menge vorfinden, ein solches System will geschichtlich erklärt sein, nicht weggeredet, wie dies z.B. McLennan[31] versuchte. Die Bezeichnungen Vater, Kind, Bruder, Schwester sind keine bloßen Ehrentitel, sondern führen ganz bestimmte, sehr ernstliche gegenseitige Verpflichtungen mit sich, deren Gesamtheit einen wesentlichen Teil der Gesellschaftsverfassung jener Völker ausmacht. Und die Erklärung fand sich. Auf den Sandwichinseln (Hawaii) bestand noch in der ersten Hälfte dieses Jahrhunderts eine Form der Familie, die genau solche Väter und Mütter, Brüder und Schwestern, Söhne und Töchter, Onkel und Tanten, Neffen und Nichten lieferte, wie das amerikanisch-altindische Verwandtschaftssystem sie fordert. Aber merkwürdig! Das Verwandtschaftssystem, das in Hawaii in Geltung war, stimmte wieder nicht mit der dort tatsächlich bestehenden Familienform. Dort nämlich sind alle Geschwisterkinder, ohne Ausnahme, Brüder und Schwestern, und gelten für die gemeinsamen Kinder, nicht nur ihrer Mutter und deren Schwestern, oder ihres Vaters und dessen Brüder, sondern aller Geschwister ihrer Eltern ohne Unterschied. Wenn also das amerikanische Verwandtschaftssystem eine in Amerika nicht mehr bestehende, primitivere Form der Familie voraussetzt, die wir in Hawaii wirklich noch vorfinden, so verweist uns anderseits das hawaiische Verwandtschaftssystem auf eine noch ursprünglichere Familienform, die wir zwar nirgends mehr als bestehend nachweisen können, die aber bestanden haben *muß*, weil sonst das entsprechende Verwandtschaftssystem nicht hätte entstehn können.

„Die Familie", sagt Morgan, „ist das aktive Element; sie ist nie stationär, sondern schreitet vor von einer niedrigeren zu einer höheren Form, im Maß wie die Gesellschaft von niederer zu höherer Stufe sich entwickelt. Die Verwandtschaftssysteme dagegen sind passiv; nur in langen Zwischenräumen registrieren sie die Fortschritte, die die Familie im Lauf der Zeit gemacht hat, und erfahren nur dann radikale Änderung, wenn die Familie sich radikal verändert hat." [32]

„Und", setzt Marx hinzu, „ebenso verhält es sich mit politischen, juristischen, religiösen, philosophischen Systemen überhaupt." Während die Familie fortlebt, verknöchert das Verwandtschaftssystem, und während dies gewohnheitsmäßig fortbesteht, entwächst ihm die Familie. Mit derselben Sicherheit aber, mit der Cuvier aus den bei Paris gefundnen Marsupialknochen eines Tierskeletts schließen konnte, daß dies einem Beuteltier gehörte und daß dort einst ausgestorbne Beuteltiere gelebt, mit derselben Sicherheit können wir aus einem historisch überkommenen Verwandtschaftssystem schließen, daß die ihm entsprechende, ausgestorbne Familienform bestanden hat.

Die eben erwähnten Verwandtschaftssysteme und Familienformen unterscheiden sich von den jetzt herrschenden dadurch, daß jedes Kind mehrere Väter und Mütter hat. Bei dem amerikanischen Verwandtschaftssystem, dem die hawaiische Familie entspricht, können Bruder und Schwester nicht Vater und Mutter desselben Kindes sein; das hawaiische Verwandtschaftssystem aber setzt eine Familie voraus, in der dies im Gegenteil die Regel war. Wir werden hier in eine Reihe von Familienformen versetzt, die den bisher gewöhnlich als allein geltend angenommenen direkt widersprechen. Die hergebrachte Vorstellung kennt nur die Einzelehe, daneben Vielweiberei *eines* Mannes, allenfalls noch Vielmännerei einer Frau, und verschweigt dabei, wie es dem moralisierenden Philister ziemt, daß die Praxis sich über diese von der offiziellen Gesellschaft gebotenen Schranken stillschweigend aber ungeniert hinwegsetzt. Das Studium der Urgeschichte dagegen führt uns Zustände vor, wo Männer in Vielweiberei und ihre Weiber gleichzeitig in Vielmännerei leben und die gemeinsamen Kinder daher auch als ihnen allen gemeinsam gelten; Zustände, die selbst wieder bis zu ihrer schließlichen Auflösung in die Einzelehe eine ganze Reihe von Veränderungen durchmachen. Diese Veränderungen sind der Art, daß der Kreis, den das gemeinsame Eheband umfaßt und der ursprünglich sehr weit war, sich mehr und mehr verengert, bis er schließlich nur das Einzelpaar übrigläßt, das heute vorherrscht.

Indem Morgan auf diese Weise die Geschichte der Familie rückwärts konstruiert, kommt er in Übereinstimmung mit der Mehrzahl seiner Kollegen auf einen Urzustand, wo unbeschränkter Geschlechtsverkehr innerhalb eines Stammes herrschte, so daß jede Frau jedem Mann und jeder

Mann jeder Frau gleichmäßig gehörte.[1] Von einem solchen Urzustand ist schon seit dem vorigen Jahrhundert gesprochen worden, aber nur in allgemeinen Redensarten; erst Bachofen, und es ist dies eines seiner großen Verdienste, nahm ihn ernst und suchte nach Spuren dieses Zustandes in den geschichtlichen und religiösen Überlieferungen.[33] Wir wissen heute, daß diese von ihm aufgefundnen Spuren keineswegs auf eine Gesellschaftsstufe des regellosen Geschlechtsverkehrs zurückführen, sondern auf eine weit spätere Form, die Gruppenehe. Jene primitive Gesellschaftsstufe, falls sie wirklich bestanden hat, gehört einer so weit zurückliegenden Epoche an, daß wir schwerlich erwarten dürfen, in sozialen Fossilien, bei zurückgebliebenen Wilden, *direkte* Beweise für ihre einstige Existenz zu finden. Bachofens Verdienst besteht eben darin, diese Frage in den Vordergrund der Untersuchung gestellt zu haben.*

Es ist neuerdings Mode geworden, diese Anfangsstufe des menschlichen Geschlechtslebens wegzuleugnen. Man will der Menschheit diese „Schande" ersparen. Und zwar beruft man sich, außer auf den Mangel jedes direkten Beweises, besonders auf das Beispiel der übrigen Tierwelt; aus dieser hat Letourneau („L'évolution du mariage et de la famille", 1888) zahlreiche Tatsachen zusammengestellt, wonach auch hier ein durchaus ungeregelter Geschlechtsverkehr einer niedrigen Stufe angehören soll. Aus allen diesen Tatsachen kann ich aber nur den Schluß ziehn, daß sie, für den Menschen und seine urzeitlichen Lebensverhältnisse, absolut nichts beweisen. Die Paarungen für längere Zeit bei Wirbeltieren erklären sich hinreichend aus physiologischen Ursachen, z. B. bei Vögeln durch die Hülfsbedürftigkeit des

* Wie wenig Bachofen verstand, was er entdeckt oder vielmehr erraten hatte, beweist er durch die Bezeichnung dieses Urzustandes als *Hetärismus*. Hetärismus bezeichnete den Griechen, als sie das Wort einführten, Verkehr von Männern, unverheirateten oder in Einzelehe lebenden, mit unverheirateten Weibern, setzt stets eine bestimmte Form der Ehe voraus, außerhalb der dieser Verkehr stattfindet, und schließt die Prostitution wenigstens schon als Möglichkeit ein. In einem andern Sinn ist das Wort auch nie gebraucht worden, und in diesem Sinn gebrauche ich es mit Morgan. Bachofens höchst bedeutende Entdeckungen werden überall bis ins Unglaubliche vermystifiziert durch seine Einbildung, die geschichtlich entstandnen Beziehungen von Mann und Weib hätten ihre Quelle in den jedesmaligen religiösen Vorstellungen der Menschen, nicht in ihren wirklichen Lebensverhältnissen.

[1] Der folgende Text bis zum Absatz: 1. Die *Blutsverwandtschaftsfamilie* ... (S. 43) ist die von Engels 1892 erweiterte Fassung. Er lautete 1884: Die Entdeckung dieses Urzustandes ist das erste große Verdienst Bachofens.* Aus diesem Urzustand entwickelte sich wahrscheinlich sehr frühzeitig:

Weibchens während der Brütezeit; die bei Vögeln vorkommenden Beispiele treuer Monogamie beweisen nichts für die Menschen, da diese eben nicht von Vögeln abstammen. Und wenn strenge Monogamie der Gipfel aller Tugend ist, so gebührt die Palme dem Bandwurm, der in jedem seiner 50–200 Proglottiden oder Leibesabschnitte einen vollständigen weiblichen und männlichen Geschlechtsapparat besitzt und seine ganze Lebenszeit damit zubringt, in jedem dieser Abschnitte sich mit sich selbst zu begatten. Beschränken wir uns aber auf die Säugetiere, so finden wir da alle Formen des Geschlechtslebens, Regellosigkeit, Anklänge der Gruppenehe, Vielweiberei, Einzelehe; nur die Vielmännerei fehlt, die konnten nur Menschen fertigbringen. Selbst unsre nächsten Verwandten, die Vierhänder, bieten uns alle möglichen Verschiedenheiten in der Gruppierung von Männchen und Weibchen; und wenn wir noch engere Grenzen ziehn und nur die vier menschenähnlichen Affen betrachten, so weiß Letourneau uns nur zu sagen, daß sie bald monogam, bald polygam sind, während Saussure bei Giraud-Teulon behauptet, sie seien monogam.[34] Auch die von Westermarck („The History of Human Marriage", London 1891) beigebrachten neueren Behauptungen von Monogamie der menschenähnlichen Affen sind noch lange keine Beweise. Kurzum, die Nachrichten sind der Art, daß der ehrliche Letourneau zugibt:

„Übrigens besteht bei den Säugetieren durchaus kein strenges Verhältnis zwischen dem Grad der intellektuellen Entwicklung und der Form des Geschlechtsverkehrs."[35]

Und Espinas („Des sociétés animales", 1877) sagt geradezu:

„Die Horde ist die höchste soziale Gruppe, die wir bei den Tieren beobachten können. Sie ist, *so scheint es*, aus Familien zusammengesetzt, aber schon von Anfang an *stehn die Familie und die Horde im Widerstreit*, sie entwickeln sich in umgekehrtem Verhältnis."[36]

Wie schon obiges zeigt, wissen wir über die Familien- und sonstigen geselligen Gruppen der menschenähnlichen Affen so gut wie nichts Bestimmtes; die Nachrichten widersprechen einander direkt. Das ist auch nicht zu verwundern. Wie widerspruchsvoll, wie sehr der kritischen Prüfung und Sichtung bedürftig sind schon die Nachrichten, die wir über wilde Menschenstämme besitzen; Affengesellschaften aber sind noch weit schwerer zu beobachten als menschliche. Bis auf weiteres also müssen wir jede Schlußfolgerung aus solchen absolut unzuverlässigen Berichten zurückweisen.

Dagegen bietet uns der angeführte Satz von Espinas einen besseren Anhaltspunkt. Horde und Familie sind bei den höheren Tieren nicht gegenseitige Ergänzungen, sondern Gegensätze. Espinas führt sehr hübsch aus, wie die Eifersucht der Männchen zur Brunstzeit jede gesellige Horde lockert oder zeitweilig auflöst.

„Wo die Familie eng geschlossen ist, bilden sich Horden nur in seltnen Ausnahmen. Dagegen da, wo freier Geschlechtsverkehr oder Polygamie herrscht, entsteht die Horde fast von selbst... Damit eine Horde entstehn kann, müssen die Familienbande gelockert und das Individuum wieder frei geworden sein. Daher finden wir bei den Vögeln so selten organisierte Horden... Bei den Säugetieren dagegen finden wir einigermaßen organisierte Gesellschaften, grade weil hier das Individuum nicht in der Familie aufgeht... Das Gemeingefühl der Horde kann also bei seinem Entstehn keinen größeren Feind haben als das Gemeingefühl der Familie. Stehen wir nicht an, es auszusprechen: Wenn sich eine höhere Gesellschaftsform als die Familie entwickelt hat, so kann es nur dadurch geschehn sein, daß sie Familien in sich aufnahm, die eine gründliche Veränderung erlitten hatten; was nicht ausschließt, daß diese Familien grade dadurch später die Möglichkeit fanden, sich unter unendlich günstigeren Umständen neu zu konstituieren." (Espinas, l.c., zitiert bei Giraud-Teulon, „Origines du mariage et de la famille", 1884, p. 518–520.)

Hier zeigt sich, daß die Tiergesellschaften allerdings einen gewissen Wert haben für den Rückschluß auf die menschlichen – aber nur einen negativen. Das höhere Wirbeltier kennt, soviel wir wissen, nur zwei Familienformen: Vielweiberei oder Einzelpaarung; in beiden ist nur *ein* erwachsenes Männchen, nur *ein* Gatte zulässig. Die Eifersucht des Männchens, zugleich Band und Schranke der Familie, bringt die Tierfamilie in Gegensatz zur Horde; die Horde, die höhere Geselligkeitsform, wird hier unmöglich gemacht, dort gelockert oder während der Brunstzeit aufgelöst, im besten Fall in ihrer Fortentwicklung gehemmt durch die Eifersucht der Männchen. Dies allein genügt zum Beweis, daß Tierfamilie und menschliche Urgesellschaft unverträgliche Dinge sind; daß die sich aus der Tierheit emporarbeitenden Urmenschen entweder gar keine Familie kannten oder höchstens eine, die bei den Tieren nicht vorkommt. Ein so waffenloses Tier wie der werdende Mensch mochte sich in geringer Zahl auch in der Isolierung durchschlagen, deren höchste Geselligkeitsform die Einzelpaarung ist, wie Westermarck sie nach Jägerberichten dem Gorilla und Schimpansen zuschreibt. Zur Entwicklung aus der Tierheit hinaus, zur Vollziehung des größten Fortschritts, den die Natur aufweist, gehörte ein weiteres Element: die Ersetzung der dem einzelnen mangelnden Verteidigungsfähigkeit durch die vereinte Kraft und Zusammenwirkung der Horde. Aus Verhältnissen wie denen, worin die menschenähnlichen Affen heute leben, wäre der Übergang zur Menschheit rein unerklärlich; diese Affen machen vielmehr den Eindruck abgeirrter Seitenlinien, die dem allmählichen Aussterben entgegengehn und jedenfalls im Niedergang begriffen sind. Das allein genügt, um jeden Parallelschluß von ihren Familienformen auf die des Urmenschen abzuweisen. Gegenseitige Duldung der erwachsenen Männchen, Freiheit von Eifersucht, war aber die erste Bedingung für die Bildung solcher größeren und dauernden Gruppen, in deren Mitte die Menschwerdung des Tiers allein sich vollziehen konnte. Und in der Tat, was finden wir als die älteste, ursprünglichste Form der Familie, die wir in der Geschichte unleugbar nachweisen und noch heute hier und da studieren können? Die Gruppenehe, die Form, worin ganze Gruppen von Männern und ganze Gruppen von Frauen einander gegenseitig besitzen und die nur wenig Raum läßt für Eifersucht. Und ferner finden wir auf späterer Entwicklungsstufe die Ausnahmsform der Vielmännerei, die erst recht allen Gefühlen der Eifersucht ins Gesicht schlägt und daher den Tieren unbekannt ist. Da aber die uns bekannten Formen der Gruppenehe von so eigentümlich verwickelten Bedingungen begleitet sind, daß sie mit Notwendigkeit auf frühere, einfachere Formen des geschlechtlichen Umgangs zurückweisen und damit in letzter Instanz auf eine dem Übergang aus der Tierheit in die Menschheit entsprechende Periode des regellosen Verkehrs, so führen uns die Hinweise auf die Tierehen grade wieder auf den Punkt, von dem sie uns ein für allemal hinwegführen sollten.

Was heißt denn das: regelloser Geschlechtsverkehr? Daß die jetzt oder zu einer früheren Zeit geltenden Verbotsschranken nicht gegolten haben. Die Schranke der Eifersucht haben wir bereits fallen sehn. Wenn etwas, so steht dies fest, daß die Eifersucht eine relativ spät entwickelte Empfindung ist. Dasselbe gilt von der Vorstellung der Blutschande. Nicht nur waren Bruder und Schwester ursprünglich Mann und Frau, auch der Geschlechtsverkehr zwischen Eltern und Kindern ist noch heute bei vielen Völkern gestattet. Bancroft („The Native Races of the Pacific States of North America",1875, vol. I) bezeugt dies von den Kaviats an der Behringstraße, von den Kadiaks bei Alaska, von den Tinnehs im Innern des britischen Nordamerika; Letourneau stellt Berichte derselben Tatsache zusammen von den Chippeway-Indianern, den Cucus in Chile, den Karaiben, den Karens in Hinterindien; von Erzählungen der alten Griechen und Römer über Parther, Perser, Scythen, Hunnen etc. zu schweigen. Ehe die Blutschande erfunden war (und sie *ist* eine Erfindung, und zwar eine höchst wertvolle), konnte der Geschlechtsverkehr zwischen Eltern und Kindern nicht abschreckender sein als zwischen andern Personen, die verschiednen Generationen angehören, und das kommt doch heute selbst in den philiströsesten Ländern vor, ohne großes Entsetzen zu erregen; sogar alte „Jungfern" von über sechzig heiraten zuweilen, wenn sie reich genug sind, junge

Männer von ungefähr dreißig. Nehmen wir aber von den ursprünglichsten Familienformen, die wir kennen, die damit verknüpften Vorstellungen von Blutschande hinweg – Vorstellungen, die von den unsrigen total verschieden sind und ihnen häufig direkt widersprechen –, so kommen wir auf eine Form des Geschlechtsverkehrs, die sich nur als regellos bezeichnen läßt. Regellos insofern, als die später durch die Sitte gezogenen Einschränkungen noch nicht bestanden. Daraus folgt aber keineswegs notwendig für die alltägliche Praxis ein kunterbuntes Durcheinander. Einzelpaarungen auf Zeit sind keineswegs ausgeschlossen, wie sie denn selbst in der Gruppenehe jetzt die Mehrzahl der Fälle bilden. Und wenn der neueste Ableugner eines solchen Urzustandes, Westermarck, jeden Zustand als Ehe bezeichnet, worin beide Geschlechter bis zur Geburt des Sprößlings gepaart bleiben, so ist zu sagen, daß diese Art Ehe im Zustand des regellosen Verkehrs sehr gut vorkommen konnte, ohne der Regellosigkeit, d.h. der Abwesenheit von durch die Sitte gezogenen Schranken des Geschlechtsverkehrs zu widersprechen. Westermarck geht freilich von der Ansicht aus, daß

„Regellosigkeit die Unterdrückung der individuellen Neigungen einschließt", so daß „die Prostitution ihre echteste Form ist".[37]

Mir scheint vielmehr, daß alles Verständnis der Urzustände unmöglich bleibt, solange man sie durch die Bordellbrille anschaut. Wir kommen bei der Gruppenehe auf diesen Punkt zurück.

Nach Morgan entwickelte sich aus diesem Urzustand des regellosen Verkehrs, wahrscheinlich sehr frühzeitig:

1. Die *Blutsverwandtschaftsfamilie*, die erste Stufe der Familie. Hier sind die Ehegruppen nach Generationen gesondert: Alle Großväter und Großmütter innerhalb der Grenzen der Familie sind sämtlich untereinander Mann und Frau, ebenso deren Kinder, also die Väter und Mütter, wie deren Kinder wieder einen dritten Kreis gemeinsamer Ehegatten bilden werden, und deren Kinder, die Urenkel der ersten, einen vierten. In dieser Familienform sind also nur Vorfahren und Nachkommen, Eltern und Kinder von den Rechten wie Pflichten (wie wir sagen würden) der Ehe untereinander ausgeschlossen. Brüder und Schwestern, Vettern und Kusinen ersten, zweiten und entfernteren Grades sind alle Brüder und Schwestern untereinander und *eben deswegen* alle Mann und Frau eins des andern. Das Verhältnis von Bruder und Schwester schließt auf dieser Stufe die Ausübung des gegenseitigen Geschlechtsverkehrs von selbst in sich ein.* Die typische Gestalt

* In einem Brief vom Frühjahr 1882[38] spricht Marx sich in den stärksten Ausdrücken aus über die im Wagnerschen Nibelungentext herrschende totale Verfälschung

einer solchen Familie würde bestehn aus der Nachkommenschaft eines Paars, in welcher wieder die Nachkommen jedes einzelnen Grades unter sich Brüder und Schwestern und eben deshalb Männer und Frauen untereinander sind.

Die Blutsverwandtschaftsfamilie ist ausgestorben. Selbst die rohsten Völker, von denen die Geschichte erzählt, liefern kein nachweisbares Beispiel davon. Daß sie aber bestanden haben *muß*, dazu zwingt uns das hawaiische, in ganz Polynesien noch jetzt gültige Verwandtschaftssystem, das Grade der Blutsverwandtschaft ausdrückt, wie sie nur unter dieser Familienform entstehn können, dazu zwingt uns die ganze weitere Entwicklung der Familie, die jene Form als notwendige Vorstufe bedingt.

2. Die *Punaluafamilie.* Wenn der erste Fortschritt der Organisation darin bestand, Eltern und Kinder vom gegenseitigen Geschlechtsverkehr auszuschließen, so der zweite in der Ausschließung von Schwester und Bruder. Dieser Fortschritt war, wegen der größern Altersgleichheit der Beteiligten, unendlich viel wichtiger, aber auch schwieriger als der erste. Er vollzog sich

---

der Urzeit. „War es je erhört, daß der Bruder die Schwester bräutlich umfing?"[39] Diesen ihre Liebeshändel ganz in moderner Weise durch ein bißchen Blutschande pikanter machenden „Geilheitsgöttern" Wagners antwortet Marx: „In der Urzeit *war* die Schwester die Frau, *und das war sittlich.*"[1] – (Zur vierten Auflage.) Ein französischer Freund und Wagnerverehrer ist mit dieser Note nicht einverstanden und bemerkt, daß schon in der „älteren Edda", worauf Wagner gebaut, in der „Ögisdrecka", Loki der Freyja vorwirft: „Vor den Göttern umarmtest du den eignen Bruder." Die Geschwisterehe sei also schon damals verpönt gewesen. Die „Ögisdrecka" ist Ausdruck einer Zeit, wo der Glaube an die alten Mythen vollständig gebrochen war; sie ist ein reines Lucianisches Spottlied auf die Götter. Wenn Loki als Mephisto darin der Freyja solchen Vorwurf macht, so spricht das eher gegen Wagner. Auch sagt Loki, einige Verse weiter, zu Niördhr: „Mit deiner Schwester zeugtest du einen (solchen) Sohn" (vidh systur thinni gaztu slikan mög).[40] Niördhr ist zwar kein Ase, sondern Vane, und sagt in der „Ynglinga Saga", daß Geschwisterehen in Vanaland üblich seien, was bei den Asen nicht der Fall. Dies wäre ein Anzeichen, daß die Vanen ältre Götter als die Asen.[41] Jedenfalls lebt Niördhr unter den Asen als ihresgleichen, und so ist die „Ögisdrecka" eher ein Beweis, daß zur Zeit der Entstehung der norwegischen Göttersagen die Geschwisterehe, wenigstens unter Göttern, noch keinen Abscheu erregte. Will man Wagner entschuldigen, so täte man vielleicht besser, statt der „Edda" Goethe heranzuziehn, der in der Ballade vom Gott und der Bajadere einen ähnlichen Fehler in Beziehung auf die religiöse Frauenpreisgebung macht und sie viel zu sehr der modernen Prostitution annähert.

---

[1] *(1884)* endet hier die Fußnote

allmählich, anfangend wahrscheinlich[1] mit der Ausschließung der leiblichen Geschwister (d.h. von mütterlicher Seite) aus dem Geschlechtsverkehr, erst in einzelnen Fällen, nach und nach Regel werdend (in Hawaii kamen noch in diesem Jahrhundert Ausnahmen vor) und endend mit dem Verbot der Ehe sogar zwischen Kollateralgeschwistern, d.h. nach unsrer Bezeichnung Geschwisterkindern, -enkeln und -urenkeln; er bildet, nach Morgan,

„eine vortreffliche Illustration davon, wie das Prinzip der natürlichen Zuchtwahl wirkt".[42]

Keine Frage, daß Stämme, bei denen die Inzucht durch diesen Fortschritt beschränkt wurde, sich rascher und voller entwickeln mußten als die, bei denen die Geschwisterehe Regel und Gebot blieb. Und wie gewaltig die Wirkung dieses Fortschritts empfunden wurde, beweist die aus ihm unmittelbar entsprungne, weit über das Ziel hinausschießende Einrichtung der *Gens*, die die Grundlage der gesellschaftlichen Ordnung der meisten, wo nicht aller Barbarenvölker der Erde bildet und aus der wir in Griechenland und Rom unmittelbar in die Zivilisation hinübertreten.

Jede Urfamilie mußte spätestens nach ein paar Generationen sich spalten. Die ursprüngliche kommunistische Gesamthaushaltung, die bis tief in die mittlere Barbarei hinein ausnahmslos herrscht, bedingte eine, je nach den Verhältnissen wechselnde, aber an jedem Ort ziemlich bestimmte Maximalgröße der Familiengemeinschaft. Sobald die Vorstellung von der Ungebühr des Geschlechtsverkehrs zwischen Kindern *einer* Mutter aufkam, mußte sie sich bei solchen Spaltungen alter und Gründung neuer Hausgemeinden (die indes nicht notwendig mit der Familiengruppe zusammenfielen) wirksam zeigen. Eine oder mehrere Reihen von Schwestern wurden der Kern der einen, ihre leiblichen Brüder der Kern der andern. So oder ähnlich ging aus der Blutsverwandtschaftsfamilie die von Morgan Punaluafamilie genannte Form hervor. Nach der hawaiischen Sitte waren eine Anzahl Schwestern, leibliche oder entferntere (d.h. Kusinen ersten, zweiten oder entfernteren Grades), die gemeinsamen Frauen ihrer gemeinsamen Männer, wovon aber ihre Brüder ausgeschlossen; diese Männer nannten sich untereinander nun nicht mehr Brüder, was sie auch nicht mehr zu sein brauchten, sondern Punalua, d.h. intimer Genosse, gleichsam Associé. Ebenso hatte eine Reihe von leiblichen oder entfernteren Brüdern eine Anzahl Frauen, *nicht* ihre Schwestern, in gemeinsamer Ehe, und diese Frauen nannten sich untereinander Punalua. Dies die klassische Gestalt einer

[1] *(1884)* fehlt: wahrscheinlich

Familienformation, die später eine Reihe von Variationen zuließ und deren wesentlicher Charakterzug war: gegenseitige Gemeinschaft der Männer und Weiber innerhalb eines bestimmten Familienkreises, von dem aber die Brüder der Frauen, zuerst die leiblichen, später auch die entfernteren, und umgekehrt also auch die Schwestern der Männer ausgeschlossen waren.

Diese Familienform liefert uns nun mit der vollständigsten Genauigkeit die Verwandtschaftsgrade, wie sie das amerikanische System ausdrückt. Die Kinder der Schwestern meiner Mutter sind noch immer ihre Kinder, ebenso die Kinder der Brüder meines Vaters auch seine Kinder, und sie alle sind meine Geschwister; aber die Kinder der Brüder meiner Mutter sind jetzt ihre Neffen und Nichten, die Kinder der Schwestern meines Vaters seine Neffen und Nichten, und sie alle meine Vettern und Kusinen. Denn während die Männer der Schwestern meiner Mutter noch immer ihre Männer sind, und ebenso die Frauen der Brüder meines Vaters auch noch seine Frauen – rechtlich, wo nicht immer tatsächlich –, so hat die gesellschaftliche Ächtung des Geschlechtsverkehrs zwischen Geschwistern die bisher unterschiedslos als Geschwister behandelten Geschwisterkinder in zwei Klassen geteilt: Die *einen* bleiben nach wie vor (entferntere) Brüder und Schwestern untereinander, die *andern*, die Kinder hier des Bruders, dort der Schwester, *können* nicht länger Geschwister sein, sie können keine gemeinschaftlichen Eltern mehr haben, weder Vater noch Mutter noch *beide*, und deshalb wird hier zum erstenmal die Klasse der Neffen und Nichten, Vettern und Kusinen notwendig, die unter der frühern Familienordnung unsinnig gewesen wäre. Das amerikanische Verwandtschaftssystem, das bei jeder auf irgendeiner Art Einzelehe beruhenden Familienform rein widersinnig erscheint, wird durch die Punaluafamilie bis in seine kleinsten Einzelnheiten rationell erklärt und natürlich begründet. Soweit dies Verwandtschaftssystem verbreitet gewesen, genau soweit, mindestens, muß auch die Punaluafamilie oder eine ihr ähnliche Form[1] bestanden haben.

Diese in Hawaii wirklich als bestehend nachgewiesene Familienform würde uns wahrscheinlich aus ganz Polynesien überliefert sein, hätten die frommen Missionare, wie weiland die spanischen Mönche in Amerika, in solchen widerchristlichen Verhältnissen etwas mehr zu sehen vermocht als den simplen „Greuel"*. Wenn uns Cäsar von den Briten, die sich damals

* Die Spuren unterschiedslosen Geschlechtsverkehrs, seiner sog. „Sumpfzeugung", die Bachofen[43] gefunden zu haben meint, führen sich, wie jetzt nicht mehr bezweifelt werden kann, auf die Gruppenehe zurück. „Wenn Bachofen diese Punalua-

[1] *(1884)* fehlt: oder eine ihr ähnliche Form

auf der Mittelstufe der Barbarei befanden, erzählt, „sie haben ihre Frauen je zehn oder zwölf gemeinsam unter sich, und zwar meist Brüder mit Brüdern und Eltern mit Kindern“[44] – so erklärt sich dies am besten als Gruppenehe[1]. Barbarische Mütter haben nicht zehn bis zwölf Söhne, alt genug, um sich gemeinschaftliche Frauen halten zu können, aber das amerikanische Verwandtschaftssystem, das der Punaluafamilie entspricht, liefert viele Brüder, weil alle nahen und entfernten Vettern eines Mannes seine Brüder sind. Das „Eltern mit Kindern“ mag falsche Auffassung des Cäsar sein; daß Vater und Sohn, oder Mutter und Tochter sich in derselben Ehegruppe befinden sollten, ist indes bei diesem System nicht absolut ausgeschlossen, wohl aber Vater und Tochter, oder Mutter und Sohn. Ebenso liefert diese oder eine ähnliche Form der Gruppenehe[2] die leichteste Erklärung der Berichte Herodots und andrer alter Schriftsteller über Weibergemeinschaft bei wilden und barbarischen Völkern. Dies gilt auch von dem, was Watson und Kaye („The People of India“) von den Tikurs in Audh (nördlich vom Ganges) erzählen:

„Sie leben zusammen“ (d.h. geschlechtlich) „fast unterschiedslos in großen Gemeinschaften, und wenn zwei Leute als miteinander verheiratet gelten, so ist das Band doch nur nominell.“

Direkt aus der Punaluafamilie hervorgegangen scheint in weitaus den meisten Fällen die Institution der *Gens*. Zwar bietet auch das australische Klassensystem[45] einen Ausgangspunkt dafür; die Australier haben Gentes, aber noch keine Punaluafamilie, sondern eine rohere Form der Gruppenehe[3].

Bei allen Formen der Gruppenfamilie ist es ungewiß, wer der Vater eines Kindes ist, gewiß aber ist, wer seine Mutter. Wenn sie auch *alle* Kinder der Gesamtfamilie ihre Kinder nennt und Mutterpflichten gegen sie hat, so kennt sie doch ihre leiblichen Kinder unter den andern. Es ist also klar, daß, soweit Gruppenehe besteht, die Abstammung nur von *mütterlicher* Seite nachweisbar ist, also nur die *weibliche Linie* anerkannt wird. Dies ist in der Tat bei allen wilden und der niederen Barbarenstufe angehörigen

Ehen ‚gesetzlos‘ findet, so fände ein Mann aus jener Periode die meisten jetzigen Ehen zwischen nahen und entfernten Vettern väterlicher oder mütterlicher Seite blutschänderisch, nämlich als Ehen zwischen blutsverwandten Geschwistern.“ (Marx.)

[1] *(1884)* Punaluafamilie – [2] *(1884)* Familienform (statt: oder eine ähnliche Form der Gruppenehe) – [3] *(1884)* Ihre Organisation steht jedoch zu vereinzelt, als daß wir darauf Rücksicht zu nehmen hätten (statt: sondern eine rohere Form der Gruppenehe)

Völkern der Fall; und dies zuerst entdeckt zu haben, ist das zweite große Verdienst Bachofens. Er bezeichnet diese ausschließliche Anerkennung der Abstammungsfolge nach der Mutter und die daraus sich mit der Zeit ergebenden Erbschaftsbeziehungen mit dem Namen Mutterrecht; ich behalte diesen Namen, der Kürze wegen, bei. Er ist aber schief, denn auf dieser Gesellschaftsstufe ist von Recht im juristischen Sinne noch nicht die Rede.

Nehmen wir nun aus der Punaluafamilie die eine der beiden Mustergruppen, nämlich die einer Reihe von leiblichen und entfernteren (d.h. im ersten, zweiten oder entfernteren Grad von leiblichen Schwestern abstammenden) Schwestern, zusamt ihren Kindern und ihren leiblichen oder entfernteren Brüdern von mütterlicher Seite (die nach unsrer Voraussetzung *nicht* ihre Männer sind), so haben wir genau den Umkreis der Personen, die später als Mitglieder einer Gens in der Urform dieser Institution erscheinen. Sie haben alle eine gemeinsame Stammutter, kraft der Abstammung, von welcher die weiblichen Nachkommen generationsweise Schwestern sind. Die Männer dieser Schwestern können aber nicht mehr ihre Brüder sein, also nicht von dieser Stammutter abstammen, gehören also nicht in die Blutsverwandtschaftsgruppe, die spätere Gens; ihre Kinder aber gehören in diese Gruppe, da Abstammung von mütterlicher Seite allein entscheidend, weil allein gewiß ist. Sobald die Ächtung des Geschlechtsverkehrs zwischen allen Geschwistern, auch den entferntesten Kollateralverwandten mütterlicher Seite, einmal feststeht, hat sich auch obige Gruppe in eine Gens verwandelt, d.h. sich konstituiert als ein fester Kreis von Blutsverwandten weiblicher Linie, die untereinander nicht heiraten dürfen, und der von nun an sich mehr und mehr durch andre gemeinsame Einrichtungen gesellschaftlicher und religiöser Art befestigt und von den andern Gentes desselben Stammes unterscheidet. Darüber ausführlich später. Wenn wir aber finden, wie nicht nur notwendig, sondern sogar selbstverständlich die Gens aus der Punaluafamilie sich entwickelt, so liegt es nahe, das ehemalige Bestehn dieser Familienform als fast sicher anzunehmen für alle Völker, bei denen Gentilinstitutionen nachweisbar sind, d.h. so ziemlich für alle Barbaren und Kulturvölker.[1]

Als Morgan sein Buch schrieb, war unsre Kenntnis von der Gruppenehe noch sehr beschränkt. Man wußte einiges wenige über die Gruppenehen der in Klassen organisierten Australier, und daneben hatte Morgan schon 1871 die ihm zugekommenen Nachrichten über die hawaiische Punaluafamilie

[1] *(1884)* fehlt der folgende Text bis zum Abschnitt: 3. Die *Paarungsfamilie* ... (S. 51)

veröffentlicht [46]. Die Punaluafamilie lieferte einerseits die vollständige Erklärung für das unter den amerikanischen Indianern herrschende Verwandtschaftssystem, das für Morgan der Ausgangspunkt aller seiner Untersuchungen gewesen war; sie bildete andrerseits den fertigen Ausgangspunkt zur Ableitung der mutterrechtlichen Gens; sie stellte endlich eine weit höhere Entwicklungsstufe dar als die australischen Klassen. Es war also begreiflich, daß Morgan sie als die der Paarungsehe notwendig vorhergehende Entwicklungsstufe faßte und ihr allgemeine Verbreitung in früherer Zeit zuschrieb. Wir haben seitdem eine Reihe andrer Formen der Gruppenehe kennengelernt und wissen jetzt, daß Morgan hier zu weit ging. Aber er hatte immerhin das Glück, in seiner Punaluafamilie auf die höchste, die klassische Form der Gruppenehe zu stoßen, auf diejenige Form, aus der der Übergang zu einer höheren Form sich am einfachsten erklärt.

Die wesentlichste Bereicherung unsrer Kenntnisse von der Gruppenehe verdanken wir dem englischen Missionar Lorimer Fison, der diese Familienform auf ihrem klassischen Boden, Australien, jahrelang studierte. Die niedrigste Entwicklungsstufe fand er bei den Australnegern am Mount Gambier in Südaustralien. Hier ist der ganze Stamm in zwei große Klassen geteilt, Kroki und Kumite. Der Geschlechtsverkehr innerhalb jeder dieser Klassen ist streng verpönt; dagegen ist jeder Mann der einen Klasse der angeborne Gatte jeder Frau der andern Klasse, und diese ist seine angeborne Gattin. Nicht die Individuen, die ganzen Gruppen sind aneinander verheiratet, Klasse mit Klasse. Und wohlgemerkt, hier ist nirgends ein Vorbehalt gemacht wegen Altersunterschied oder spezieller Blutsverwandtschaft, außer soweit dies durch die Spaltung in zwei exogame Klassen bedingt ist. Ein Kroki hat zur rechtmäßigen Gattin jede Kumitefrau; da aber seine eigne Tochter, als Tochter einer Kumitefrau, nach Mutterrecht ebenfalls Kumite ist, so ist sie damit die geborne Gattin jedes Kroki, also auch ihres Vaters. Wenigstens schiebt dem die Klassenorganisation, wie sie uns vorliegt, keinen Riegel vor. Entweder also ist diese Organisation entstanden zu einer Zeit, wo man, bei allem dunkeln Drang, die Inzucht zu beschränken, im Geschlechtsverkehr zwischen Eltern und Kindern noch nichts besonders Grauenhaftes fand – und dann würde das Klassensystem direkt entstanden sein aus einem Zustand des regellosen geschlechtlichen Umgangs. Oder aber, der Verkehr zwischen Eltern und Kindern *war* schon durch die Sitte verpönt, als die Klassen entstanden, und dann weist der jetzige Zustand zurück auf die Blutsverwandtschaftsfamilie und ist der erste Schritt aus dieser hinaus. Dies letztere ist das wahrscheinlichere. Beispiele von ehelichem Umgang zwischen Eltern und Kindern werden meines Wissens aus Australien nicht erwähnt, und auch die spätere Form der Exogamie, die mutterrechtliche Gens, setzt in der Regel das Verbot dieses Umgangs stillschweigend, als etwas bei ihrer Stiftung schon Vorgefundnes voraus.

Das System der *zwei* Klassen findet sich, außer am Mount Gambier in Südaustralien, ebenfalls am Darlingfluß weiter östlich und in Queensland im Nordosten, ist also weit verbreitet. Es schließt nur die Ehen zwischen Geschwistern, zwischen Bruderskindern und zwischen Schwesterkindern auf Mutterseite aus, weil diese derselben Klasse angehören; die Kinder von Schwester und Bruder können dagegen heiraten. Einen weiteren Schritt zur Verhinderung der Inzucht finden wir bei den Kamilaroi am Darlingfluß in Neusüdwales, wo die beiden ursprünglichen Klassen in vier gespalten sind und jede dieser vier Klassen ebenfalls an eine bestimmte andre in Bausch und Bogen verheiratet ist. Die ersten zwei Klassen sind geborne Gatten voneinander; je nachdem die Mutter der ersten oder zweiten angehörte, fallen die Kinder in die dritte oder vierte; die Kinder dieser beiden, ebenfalls aneinander verheirateten Klassen, gehörten wieder in die erste und zweite. So daß immer eine Generation der ersten und zweiten, die folgende der dritten und vierten, die nächstfolgende wieder der ersten und zweiten Klasse angehört. Hiernach können Geschwisterkinder (auf Mutterseite) nicht Mann und Frau sein, wohl aber Geschwisterenkel. Diese eigentümlich komplizierte Ordnung wird noch verwickelter gemacht durch die – jedenfalls spätere – Daraufpfropfung von mutterrechtlichen Gentes, doch können wir hierauf nicht eingehn. Man sieht eben, der Drang nach Verhinderung der Inzucht macht sich aber und abermals geltend, aber ganz naturwüchsig-tastend, ohne klares Bewußtsein des Ziels.

Die Gruppenehe, die hier in Australien noch Klassenehe, Massenehestand einer ganzen, oft über die ganze Breite des Kontinents zerstreuten Klasse Männer mit einer ebenso weitverbreiteten Klasse Frauen ist – diese Gruppenehe sieht in der Nähe nicht ganz so grauenvoll aus, wie die an Bordellwirtschaft gewohnte Philisterphantasie sich das vorstellt. Im Gegenteil, es hat lange Jahre gedauert, bis man ihre Existenz nur geahnt hat, und auch ganz neuerdings wird diese wieder bestritten. Dem oberflächlichen Beobachter stellt sie sich dar als lockre Einzelehe und stellenweise Vielweiberei neben gelegentlicher Untreue. Man muß schon Jahre daranwenden, wie Fison und Howitt, um in diesen, in ihrer Praxis den gewöhnlichen Europäer eher anheimelnden Ehezuständen das regelnde Gesetz zu entdecken, das Gesetz, wonach der fremde Australneger, Tausende von Kilometern von seiner Heimatgegend, unter Leuten, deren Sprache ihm unverständlich, dennoch nicht selten von Lager zu Lager, von Stamm zu

Stamm Frauen findet, die ihm ohne Sträuben und ohne Arg zu Willen sind, und wonach derjenige, der mehrere Frauen hat, dem Gast eine derselben für die Nacht abtritt. Wo der Europäer Sittenlosigkeit und Gesetzlosigkeit sieht, herrscht in der Tat strenges Gesetz. Die Frauen gehören zur Eheklasse des Fremden und sind daher seine gebornen Gattinnen; dasselbe Sittengesetz, das beide aufeinander anweist, verbietet bei Strafe der Ächtung jeden Verkehr außerhalb der zueinander gehörigen Eheklassen. Selbst wo Frauen geraubt werden, wie das häufig und in manchen Gegenden die Regel ist, wird das Klassengesetz sorgfältig eingehalten.

Beim Frauenraub zeigt sich übrigens hier schon eine Spur des Übergangs zur Einzelehe, wenigstens in der Form der Paarungsehe: Wenn der junge Mann mit Hülfe seiner Freunde das Mädchen geraubt oder entführt hat, so wird sie von ihnen allen der Reihe nach geschlechtlich gebraucht, gilt danach aber auch für die Frau des jungen Mannes, der den Raub angestiftet hat. Und umgekehrt, läuft die geraubte Frau dem Manne weg und wird von einem andern abgefaßt, so wird sie dessen Frau, und der erste hat sein Vorrecht verloren. Neben und innerhalb der im allgemeinen fortbestehenden Gruppenehe bilden sich also Ausschließlichkeitsverhältnisse, Paarungen auf längere oder kürzere Zeit, daneben Vielweiberei, so daß die Gruppenehe auch hier im Absterben begriffen ist und es sich nur fragt, wer unter dem europäischen Einfluß zuerst vom Schauplatz verschwinden wird: die Gruppenehe oder die ihr frönenden Australneger.

Die Ehe nach ganzen Klassen, wie sie in Australien herrscht, ist jedenfalls eine sehr niedrige und ursprüngliche Form der Gruppenehe, während die Punaluafamilie, soviel wir wissen, ihre höchste Entwicklungsstufe ist. Die erstere scheint die dem Gesellschaftsstand herumstreichender Wilden entsprechende Form, die zweite setzt schon relativ feste Ansiedlungen kommunistischer Gemeinschaften voraus und führt unmittelbar in die nächsthöhere Entwicklungsstufe. Zwischen beiden werden wir sicher noch manche Mittelstufen finden; hier liegt ein bis jetzt nur eröffnetes, kaum schon betretenes Untersuchungsgebiet vor.

3. Die *Paarungsfamilie.* Eine gewisse Paarung, für kürzere oder längere Zeit, fand bereits unter der Gruppenehe oder noch früher statt; der Mann hatte eine Hauptfrau (man kann noch kaum sagen Lieblingsfrau) unter den vielen Frauen, und er war für sie der hauptsächlichste Ehemann unter den andern. Dieser Umstand hat nicht wenig beigetragen zu der Konfusion bei den Missionaren, die in der Gruppenehe[1] bald regellose Weibergemein-

[1] *(1884)* Punaluafamilie

schaft, bald willkürlichen Ehebruch sehn. Eine solche gewohnheitsmäßige Paarung mußte aber mehr und mehr sich befestigen, je mehr die Gens sich ausbildete und je zahlreicher die Klassen von „Brüdern" und „Schwestern" wurden, zwischen denen Heirat nun unmöglich war. Der durch die Gens gegebne Anstoß der Verhinderung der Heirat zwischen Blutsverwandten trieb noch weiter. So finden wir, daß bei den Irokesen und den meisten andern auf der Unterstufe der Barbarei stehenden Indianern die Ehe verboten ist zwischen *allen* Verwandten, die ihr System aufzählt, und das sind mehrere hundert Arten. Bei dieser wachsenden Verwicklung der Eheverbote wurden Gruppenehen mehr und mehr unmöglich; sie wurden verdrängt durch die *Paarungsfamilie.* Auf dieser Stufe lebt ein Mann mit einer Frau zusammen, jedoch so, daß Vielweiberei und gelegentliche Untreue Recht der Männer bleibt, wenn erstere auch aus ökonomischen Gründen selten vorkommt; während von den Weibern für die Dauer des Zusammenlebens meist strengste Treue verlangt und ihr Ehebruch grausam bestraft wird. Das Eheband ist aber von jedem Teil leicht löslich, und die Kinder gehören nach wie vor der Mutter allein.

Auch in dieser immer weiter getriebnen Ausschließung der Blutsverwandten vom Eheband wirkt die natürliche Zuchtwahl fort. In Morgans Worten:

„Die Ehen zwischen nicht-blutsverwandten Gentes erzeugten eine kräftigere Race, physisch wie geistig; zwei fortschreitende Stämme vermischten sich, und die neuen Schädel und Hirne erweiterten sich naturgemäß, bis sie die Fähigkeiten *beider* umfaßten."[47]

Stämme mit Gentilverfassung mußten so über die Zurückgebliebenen die Oberhand gewinnen oder sie durch ihr Beispiel mit sich ziehn.

Die Entwicklung der Familie in der Urgeschichte besteht somit in der fortwährenden Verengerung des ursprünglich den ganzen Stamm umfassenden Kreises, innerhalb dessen eheliche Gemeinschaft zwischen den beiden Geschlechtern herrscht. Durch fortgesetzte Ausschließung erst näherer, dann immer entfernterer Verwandten, zuletzt selbst bloß angeheirateter, wird endlich jede Art von Gruppenehe praktisch unmöglich, und es bleibt schließlich das eine, einstweilen noch lose verbundne Paar übrig, das Molekül, mit dessen Auflösung die Ehe überhaupt aufhört. Schon hieraus zeigt sich, wie wenig die individuelle Geschlechtsliebe im heutigen Sinne des Worts mit der Entstehung der Einzelehe zu tun hatte. Noch mehr beweist dies die Praxis aller Völker, die auf dieser Stufe stehn. Während in früheren Familienformen die Männer nie um Frauen verlegen zu sein brauchten, im Gegenteil ihrer eher mehr als genug hatten, wurden Frauen jetzt selten und gesucht. Daher beginnt seit der Paarungsehe der Raub und der Kauf von Frauen – weitverbreitete *Symptome*, aber weiter auch nichts, einer eingetretnen, viel tiefer liegenden Veränderung, welche Symptome, bloße Methoden, sich Frauen zu verschaffen, der pedantische Schotte McLennan indes als „Raubehe" und „Kaufehe" in besondre Familienklassen umgedichtet hat. Auch sonst, bei den amerikanischen Indianern und anderswo (auf gleicher Stufe) ist die Eheschließung Sache nicht der Beteiligten, die oft gar nicht befragt werden, sondern ihrer Mütter. Oft werden so zwei einander ganz Unbekannte verlobt und erst von dem abgeschlossenen Handel in Kenntnis gesetzt, wenn die Zeit zum Heiraten heranrückt. Vor der Hochzeit macht der Bräutigam den Gentilverwandten der Braut (also ihren mütterlichen, nicht dem Vater und seiner Verwandtschaft) Geschenke, die als Kaufgaben für das abgetretene Mädchen gelten. Die Ehe bleibt löslich nach dem Belieben eines jeden der beiden Verheirateten: Doch hat sich nach und nach bei vielen Stämmen, z.B. den Irokesen, eine solchen Trennungen abgeneigte öffentliche Meinung gebildet; bei Streitigkeiten treten die Gentilverwandten beider Teile vermittelnd ein, und erst wenn dies nicht fruchtet, findet Trennung statt, wobei die Kinder der Frau verbleiben und wonach es jedem Teil freisteht, sich neu zu verheiraten.

Die Paarungsfamilie, selbst zu schwach und zu unbeständig, um einen eignen Haushalt zum Bedürfnis oder nur wünschenswert zu machen, löst die aus früherer Zeit überlieferte kommunistische Haushaltung keineswegs auf. Kommunistischer Haushalt bedeutet aber Herrschaft der Weiber im Hause, wie ausschließliche Anerkennung einer leiblichen Mutter bei Unmöglichkeit, einen leiblichen Vater mit Gewißheit zu kennen, hohe Achtung der Weiber, d.h. der Mütter, bedeutet. Es ist eine der absurdesten, aus der Aufklärung des 18. Jahrhunderts überkommenen Vorstellungen, das Weib sei im Anfang der Gesellschaft Sklavin des Mannes gewesen. Das Weib hat bei allen Wilden und allen Barbaren der Unter- und Mittelstufe, teilweise noch der Oberstufe, eine nicht nur freie, sondern hochgeachtete Stellung. Was es noch in der Paarungsehe ist, möge Arthur Wright, langjähriger Missionar unter den Seneka-Irokesen, bezeugen:

„Was ihre Familien betrifft, zur Zeit, wo sie noch die alten langen Häuser" (kommunistische Haushaltungen mehrerer Familien) „bewohnten, ... so herrschte dort immer ein Clan" (eine Gens) „vor, so daß die Weiber ihre Männer aus den andern Clans" (Gentes) „nahmen ... Gewöhnlich beherrschte der weibliche Teil das Haus; die Vorräte waren gemeinsam; wehe aber dem unglücklichen Ehemann oder Liebhaber, der zu träge oder zu ungeschickt war, seinen Teil zum gemeinsamen Vorrat beizutragen.

Einerlei wieviel Kinder oder wieviel Eigenbesitz er im Hause hatte, jeden Augenblick konnte er des Befehls gewärtig sein, sein Bündel zu schnüren und sich zu trollen. Und er durfte nicht versuchen, dem zu widerstehn; das Haus wurde ihm zu heiß gemacht, es blieb ihm nichts, als zu seinem eignen Clan" (Gens) „zurückzukehren oder aber, was meist der Fall, eine neue Ehe in einem andern Clan aufzusuchen. Die Weiber waren die große Macht in den Clans" (Gentes) „und auch sonst überall. Gelegentlich kam es ihnen nicht darauf an, einen Häuptling abzusetzen und zum gemeinen Krieger zu degradieren."[48]

Die kommunistische Haushaltung, in der die Weiber meist oder alle einer und derselben Gens angehören, die Männer aber auf verschiedene Gentes sich verteilen, ist die sachliche Grundlage jener in der Urzeit allgemein verbreiteten Vorherrschaft der Weiber, die ebenfalls entdeckt zu haben ein drittes Verdienst Bachofens ist. – Nachträglich bemerke ich noch, daß die Berichte der Reisenden und Missionare über Belastung der Weiber mit übermäßiger Arbeit bei Wilden und Barbaren dem Gesagten keineswegs widersprechen. Die Teilung der Arbeit zwischen beiden Geschlechtern wird bedingt durch ganz andre Ursachen als die Stellung der Frau in der Gesellschaft. Völker, bei denen die Weiber weit mehr arbeiten müssen, als ihnen nach unsrer Vorstellung gebührt, haben vor den Weibern oft weit mehr wirkliche Achtung als unsre Europäer. Die Dame der Zivilisation, von Scheinhuldigungen umgeben und aller wirklichen Arbeit entfremdet, hat eine unendlich niedrigere gesellschaftliche Stellung als das hartarbeitende Weib der Barbarei, das in seinem Volk für eine wirkliche Dame (lady, frowa, Frau = Herrin) galt und auch eine solche ihrem Charakter nach war.

Ob die Paarungsehe in Amerika heute die Gruppenehe[1] gänzlich verdrängt hat, müssen nähere Untersuchungen über die noch auf der Oberstufe der Wildheit stehenden nordwestlichen und namentlich über die südamerikanischen Völker entscheiden. Von diesen letzteren werden so mannigfache Beispiele geschlechtlicher Ungebundenheit erzählt, daß eine vollständige Überwindung der alten Gruppenehe hier kaum anzunehmen ist.[2] Jedenfalls sind noch nicht alle Spuren davon verschwunden. Bei wenigstens vierzig nordamerikanischen Stämmen hat der Mann, der eine älteste Schwester heiratet, das Recht, alle ihre Schwestern ebenfalls zu Frauen zu nehmen, sobald sie das erforderliche Alter erreichen: Rest der Gemeinsamkeit der Männer für die ganze Reihe von Schwestern. Und von den Halbinsel-Kaliforniern (Oberstufe der Wildheit) erzählt Bancroft, daß sie gewisse Festlichkeiten haben, wo mehrere „Stämme" zusammenkommen zum

[1] *(1884)* Punaluafamilie – [2] *(1884)* fehlt der letzte Satz

Zweck des unterschiedslosen geschlechtlichen Verkehrs.[49] Es sind offenbar Gentes, die in diesen Festen die dunkle Erinnerung bewahren an die Zeit, wo die Frauen *einer* Gens alle Männer der andern zu ihren gemeinsamen Ehemännern hatten und umgekehrt.[1] Dieselbe Sitte herrscht noch in Australien. Bei einigen Völkern kommt es vor, daß die älteren Männer, die Häuptlinge und Zauberer-Priester die Weibergemeinschaft für sich ausbeuten und die meisten Frauen für sich monopolisieren; aber dafür müssen sie bei gewissen Festen und großen Volksversammlungen die alte Gemeinschaft wieder in Wirklichkeit treten und ihre Frauen sich mit den jungen Männern ergötzen lassen. Eine ganze Reihe von Beispielen solcher periodischen Saturnalienfeste[50], wo der alte freie Geschlechtsverkehr wieder auf kurze Zeit in Kraft tritt, bringt Westermarck p. 28/29: bei den Hos, den Santals, den Pandschas und Kotars in Indien, bei einigen afrikanischen Völkern usw. Merkwürdigerweise zieht Westermarck hieraus den Schluß, dies sei Überbleibsel nicht der von ihm geleugneten Gruppenehe, sondern – der dem Urmenschen mit den andern Tieren gemeinsamen Brunstzeit.

Wir kommen hier auf die vierte große Entdeckung Bachofens, die Entdeckung der weitverbreiteten Übergangsform von der Gruppenehe zur Paarung. Was Bachofen als eine Buße für Verletzung der alten Göttergebote darstellt: Die Buße, womit die Frau das Recht auf Keuschheit erkauft, ist in der Tat nur mystischer Ausdruck für die Buße, womit die Frau sich aus der alten Männergemeinschaft loskauft und das Recht erwirbt, sich nur *einem* Mann hinzugeben. Diese Buße besteht in einer beschränkten Preisgebung: Die babylonischen Frauen mußten einmal im Jahr sich im Tempel der Mylitta preisgeben; andere vorderasiatische Völker schickten ihre Mädchen jahrelang in den Tempel der Anaitis, wo sie mit selbstgewählten Günstlingen der freien Liebe zu pflegen hatten, ehe sie heiraten durften; ähnliche religiös verkleidete Gebräuche sind fast allen asiatischen Völkern zwischen Mittelmeer und Ganges gemein. Das Sühnopfer für den Loskauf wird im Verlauf der Zeit immer leichter, wie schon Bachofen bemerkt:

„Die jährlich wiederholte Darbringung weicht der einmaligen Leistung, auf den Hetärismus der Matronen folgt jener der Mädchen, auf die Ausübung während der Ehe

[1] Der folgende Text bis zum Absatz: Die Paarungsfamilie... (S. 57) ist die von Engels 1892 erweiterte Fassung. Er lautete 1884: Ähnliche Reste aus der alten Welt sind bekannt genug, so die Preisgebung der phönizischen Mädchen im Tempel an den Festen der Astaroth; selbst das mittelalterliche Recht der ersten Nacht, das trotz neuromantischer deutscher Weißwaschungen eine sehr handfeste Existenz gehabt hat, ist ein vermutlich durch die keltische Gens (den Clan) überliefertes Stück Punaluafamilie.

die vor derselben, auf die wahllose Überlassung an alle die an gewisse Personen." („Mutterrecht", p. XIX.)

Bei andern Völkern fehlt die religiöse Verkleidung; bei einigen – Thrakern, Kelten etc. im Altertum, bei vielen Ureinwohnern Indiens, bei malaiischen Völkern, bei Südsee-Insulanern und vielen amerikanischen Indianern noch heute – genießen die Mädchen bis zu ihrer Verheiratung der größten geschlechtlichen Freiheit. Namentlich fast überall in Südamerika, wovon jeder, der dort etwas ins Innere gekommen, Zeugnis ablegen kann. So erzählt Agassiz („A Journey in Brazil", Boston and New York 1868, p. 266) von einer reichen Familie von indianischer Abstammung; als er mit der Tochter bekannt gemacht wurde, frug er nach ihrem Vater, in der Meinung, dies sei der Mann der Mutter, der als Offizier im Krieg gegen Paraguay stand; aber die Mutter antwortete lächelnd: Naõ tem pai, é filha da fortuna, sie hat keinen Vater, sie ist ein Zufallskind.

„In dieser Art sprechen indianische oder halbblütige Frauen jederzeit ohne Scham oder Tadel von ihren unehelichen Kindern; und dies ist weit entfernt davon, ungewöhnlich zu sein, eher scheint das Gegenteil Ausnahme. Die Kinder ... kennen oft nur ihre Mutter, denn alle Sorge und Verantwortlichkeit fällt auf sie; von ihrem Vater wissen sie nichts; auch scheint es der Frau nie einzufallen, daß sie oder ihre Kinder irgendwelchen Anspruch an ihn haben."

Was dem Zivilisierten hier befremdlich vorkommt, ist einfach die Regel nach Mutterrecht und in der Gruppenehe.

Bei wieder andern Völkern nehmen die Freunde und Verwandten des Bräutigams oder die Hochzeitsgäste bei der Hochzeit selbst das altüberkommene Recht auf die Braut in Anspruch, und der Bräutigam kommt erst zuletzt an die Reihe; so auf den Balearen und bei den afrikanischen Augilern im Altertum, bei den Bareas in Abessinien noch jetzt. Bei wieder andern vertritt eine Amtsperson, der Stammes- oder Gentilvorstand, Kazike, Schamane, Priester, Fürst oder wie er heißen mag, die Gemeinschaft, und übt bei der Braut das Recht der ersten Nacht aus. Trotz aller neuromantischen Weißwaschungen besteht dies jus primae noctis[1] als Rest der Gruppenehe noch heutzutage bei den meisten Einwohnern des Alaskagebiets (Bancroft, „Native Races", I, 81), bei den Tahus in Nordmexiko (ib. p. 584) und andern Völkern; und hat es wenigstens in ursprünglich keltischen Ländern, wo es direkt aus der Gruppenehe überliefert worden, im ganzen Mittelalter bestanden, z. B. in Aragonien. Während in Kastilien der Bauer nie leib-

[1] Recht der ersten Nacht

eigen war, herrschte in Aragonien die schmählichste Leibeigenschaft bis zum Schiedsspruch Ferdinands des Katholischen von 1486[51]. In diesem Aktenstück heißt es:

„Wir urteilen und erklären, daß die vorerwähnten Herren" (senyors, Barone) „... auch nicht können die erste Nacht, wo der Bauer eine Frau nimmt, bei ihr schlafen, oder zum Zeichen der Herrschaft, in der Hochzeitsnacht, nachdem die Frau sich zu Bette gelegt, über es und über die erwähnte Frau hinwegschreiten; noch können die vorerwähnten Herren sich der Tochter oder des Sohnes des Bauern bedienen, mit Bezahlung oder ohne Bezahlung, gegen deren Willen." (Zitiert im katalanischen Original bei Sugenheim, „Leibeigenschaft", Petersburg 1861, p.35.)

Bachofen hat ferner unbedingt recht, wenn er durchweg behauptet, der Übergang von dem, was er „Hetärismus" oder „Sumpfzeugung" nennt, zur Einzelehe sei zustande gekommen wesentlich durch die Frauen. Je mehr mit der Entwicklung der ökonomischen Lebensbedingungen, also mit der Untergrabung des alten Kommunismus und mit der wachsenden Dichtigkeit der Bevölkerung, die altherkömmlichen Geschlechtsverhältnisse ihren waldursprünglich-naiven Charakter einbüßten, um so mehr mußten sie den Frauen erniedrigend und drückend erscheinen; um so dringender mußten sie das Recht auf Keuschheit, auf zeitweilige oder dauernde Ehe mit nur einem Mann, als eine Erlösung herbeiwünschen. Von den Männern konnte dieser Fortschritt ohnehin schon deshalb nicht ausgehn, weil es ihnen überhaupt nie, auch bis heute nicht, eingefallen ist, auf die Annehmlichkeiten der tatsächlichen Gruppenehe zu verzichten. Erst nachdem durch die Frauen der Übergang zur Paarungsehe gemacht, konnten die Männer die strikte Monogamie einführen – freilich nur für die Frauen.

Die Paarungsfamilie entsprang an der Grenze zwischen Wildheit und Barbarei, meist schon auf der Oberstufe der Wildheit, hier und da erst auf der Unterstufe der Barbarei. Sie ist die charakteristische Familienform für die Barbarei, wie die Gruppenehe für die Wildheit und die Monogamie für die Zivilisation. Um sie zur festen Monogamie weiterzuentwickeln, bedurfte es andrer Ursachen als derjenigen, die wir bisher wirkend fanden. Die Gruppe war in der Paarung bereits auf ihre letzte Einheit, ihr zweiatomiges Molekül, herabgebracht: auf einen Mann und eine Frau. Die Naturzüchtung hatte in der immer weiter geführten Ausschließung von der Ehegemeinschaft ihr Werk vollbracht; in dieser Richtung blieb nichts mehr für sie zu tun. Kamen also nicht neue, *gesellschaftliche* Triebkräfte in Wirksamkeit, so war kein Grund vorhanden, warum aus der Paarung eine neue Familienform hervorgehn sollte. Aber diese Triebkräfte traten in Wirksamkeit.

Wir verlassen jetzt Amerika, den klassischen Boden der Paarungsfamilie. Kein Anzeichen läßt schließen, daß dort eine höhere Familienform sich entwickelt, daß dort vor der Entdeckung und Eroberung jemals irgendwo feste Monogamie bestanden habe. Anders in der alten Welt.

Hier hatte die Zähmung der Haustiere und die Züchtung von Herden eine bisher ungeahnte Quelle des Reichtums entwickelt und ganz neue gesellschaftliche Verhältnisse geschaffen. Bis auf die Unterstufe der Barbarei hatte der ständige Reichtum bestanden fast nur in dem Haus, der Kleidung, rohem Schmuck und den Werkzeugen zur Erringung und Bereitung der Nahrung: Boot, Waffen, Hausrat einfachster Art. Die Nahrung mußte Tag um Tag neu errungen werden. Jetzt, mit den Herden der Pferde, Kamele, Esel, Rinder, Schafe, Ziegen und Schweine hatten die vordringenden Hirtenvölker – die Arier im indischen Fünfstromland und Gangesgebiet wie in den damals noch weit wasserreicheren Steppen am Oxus und Jaxartes, die Semiten am Euphrat und Tigris – einen Besitz erworben, der nur der Aufsicht und rohesten Pflege bedurfte, um sich in stets vermehrter Zahl fortzupflanzen und die reichlichste Nahrung an Milch und Fleisch zu liefern. Alle früheren Mittel der Nahrungsbeschaffung traten nun in den Hintergrund; die Jagd, früher eine Notwendigkeit, wurde nun ein Luxus.

Wem gehörte aber dieser neue Reichtum? Unzweifelhaft ursprünglich der Gens. Aber schon früh muß sich Privateigentum an den Herden entwickelt haben. Es ist schwer zu sagen, ob dem Verfasser des sog. ersten Buchs Mosis der Vater Abraham erschien als Besitzer seiner Herden kraft eignen Rechts als Vorstand einer Familiengemeinschaft oder kraft seiner Eigenschaft als tatsächlich erblicher Vorsteher einer Gens. Sicher ist nur, daß wir ihn uns nicht als Eigentümer im modernen Sinn vorstellen dürfen. Und sicher ist ferner, daß wir an der Schwelle der beglaubigten Geschichte die Herden schon überall in Sondereigentum[1] von Familienvorständen finden, ganz wie die Kunsterzeugnisse der Barbarei, Metallgerät, Luxusartikel und endlich das Menschenvieh – die Sklaven.

Denn jetzt war auch die Sklaverei erfunden. Dem Barbaren der Unterstufe war der Sklave wertlos. Daher auch die amerikanischen Indianer mit den besiegten Feinden ganz anders verfuhren, als auf höherer Stufe geschah. Die Männer wurden getötet oder aber in den Stamm der Sieger als Brüder aufgenommen; die Weiber wurden geheiratet oder sonst mit ihren überlebenden Kindern ebenfalls adoptiert. Die menschliche Arbeitskraft liefert auf dieser Stufe noch keinen beachtenswerten Überschuß über ihre Unter-

[1] *(1884)* Privateigentum

haltskosten. Mit der Einführung der Viehzucht, der Metallbearbeitung, der Weberei und endlich des Feldbaus wurde das anders. Wie die früher so leicht zu erlangenden Gattinnen jetzt einen Tauschwert[1] bekommen hatten und gekauft wurden, so geschah es mit den Arbeitskräften, besonders seitdem die Herden endgültig in Familienbesitz[2] übergegangen waren. Die Familie vermehrte sich nicht ebenso rasch wie das Vieh. Mehr Leute wurden erfordert, es zu beaufsichtigen; dazu ließ sich der kriegsgefangne Feind benutzen, der sich außerdem ebensogut fortzüchten ließ wie das Vieh selbst.

Solche Reichtümer, sobald sie einmal in den Privatbesitz von Familien[3] übergegangen und dort rasch vermehrt, gaben der auf Paarungsehe und mutterrechtliche Gens gegründeten Gesellschaft einen mächtigen Stoß. Die Paarungsehe hatte ein neues Element in die Familie eingeführt. Neben die leibliche Mutter hatte sie den beglaubigten leiblichen Vater gestellt, der noch dazu wahrscheinlich besser beglaubigt war als gar manche „Väter" heutzutage. Nach der damaligen Arbeitsteilung in der Familie fiel dem Mann die Beschaffung der Nahrung und der hiezu nötigen Arbeitsmittel, also auch das Eigentum an diesen letzteren zu; er nahm sie mit, im Fall der Scheidung, wie die Frau ihren Hausrat behielt. Nach dem Brauch der damaligen Gesellschaft also war der Mann auch Eigentümer der neuen Nahrungsquelle, des Viehs, und später des neuen Arbeitsmittels, der Sklaven. Nach dem Brauch derselben Gesellschaft aber konnten seine Kinder nicht von ihm erben, denn damit stand es folgendermaßen.

Nach Mutterrecht, also solange Abstammung nur in weiblicher Linie gerechnet wurde, und nach dem ursprünglichen Erbgebrauch in der Gens erbten anfänglich die Gentilverwandten von ihrem verstorbnen Gentilgenossen. Das Vermögen mußte in der Gens bleiben. Bei der Unbedeutendheit der Gegenstände mag es von jeher in der Praxis an die nächsten Gentilverwandten, also an die Blutsverwandten mütterlicher Seite, übergegangen sein. Die Kinder des verstorbnen Mannes aber gehörten nicht seiner Gens an, sondern der ihrer Mutter; sie erbten, anfangs mit den übrigen Blutsverwandten der Mutter, später vielleicht in erster Linie, von dieser; aber von ihrem Vater konnten sie nicht erben, weil sie nicht zu seiner Gens gehörten, sein Vermögen aber in dieser bleiben mußte. Bei dem Tode des Herdenbesitzers wären also seine Herden übergegangen zunächst an seine Brüder und Schwestern und an die Kinder seiner Schwestern oder an die Nachkommen der Schwestern seiner Mutter. Seine eignen Kinder aber waren enterbt.

[1] *(1884)* zahlreichen Gattinnen jetzt einen Wert (statt: leicht zu erlangenden Gattinnen jetzt einen Tauschwert) – [2] *(1884)* Privatbesitz – [3] *(1884)* fehlt: von Familien

In dem Verhältnis also, wie die Reichtümer sich mehrten, gaben sie einerseits dem Mann eine wichtigere Stellung in der Familie als der Frau und erzeugten andrerseits den Antrieb, diese verstärkte Stellung zu benutzen, um die hergebrachte Erbfolge zugunsten der Kinder umzustoßen. Dies ging aber nicht, solange die Abstammung nach Mutterrecht galt. Diese also mußte umgestoßen werden, und sie wurde umgestoßen. Es war dies gar nicht so schwer, wie es uns heute erscheint. Denn diese Revolution – eine der einschneidendsten, die die Menschen erlebt haben – brauchte nicht ein einziges der lebenden Mitglieder einer Gens zu berühren. Alle ihre Angehörigen konnten nach wie vor bleiben, was sie gewesen. Der einfache Beschluß genügte, daß in Zukunft die Nachkommen der männlichen Genossen in der Gens bleiben, die der weiblichen aber ausgeschlossen sein sollten, indem sie in die Gens ihres Vaters übergingen. Damit war die Abstammungsrechnung in weiblicher Linie und das mütterliche Erbrecht umgestoßen, männliche Abstammungslinie und väterliches Erbrecht eingesetzt. Wie sich diese Revolution bei den Kulturvölkern gemacht hat, und wann, darüber wissen wir nichts. Sie fällt ganz in die vorgeschichtliche Zeit. *Daß* sie sich aber gemacht, ist mehr als nötig erwiesen durch die namentlich von Bachofen gesammelten reichlichen Spuren von Mutterrecht; wie leicht sie sich vollzieht, sehn wir an einer ganzen Reihe von Indianerstämmen, wo sie erst neuerdings gemacht worden ist und noch gemacht wird unter dem Einfluß teils wachsenden Reichtums und veränderter Lebensweise (Versetzung aus den Wäldern in die Prärie), teils moralischer Einwirkungen der Zivilisation und der Missionare. Von acht Missouristämmen haben sechs männliche, aber zwei noch weibliche Abstammungslinie und Erbfolge. Bei den Shawnees, Miamies und Delawares ist die Sitte eingerissen, die Kinder durch einen der Gens des Vaters gehörigen Gentilnamen in diese zu versetzen, damit sie vom Vater erben können. „Eingeborene Kasuisterei des Menschen, die Dinge zu ändern, indem man ihre Namen ändert! Und Schlupfwinkel zu finden, um innerhalb der Tradition die Tradition zu durchbrechen, wo ein direktes Interesse den hinreichenden Antrieb gab!" (Marx.) Dadurch entstand heillose Verwirrung, der nur abzuhelfen war, und teilweise auch abgeholfen wurde, durch Übergang zum Vaterrecht. „Dies scheint überhaupt der natürlichste Übergang." (Marx.) – Was die vergleichenden Juristen uns zu sagen wissen über die Art und Weise, wie dieser Übergang sich bei den Kulturvölkern der alten Welt vollzog – freilich fast nur Hypothesen –, darüber vgl. M. Kowalewski, „Tableau des origines et de l'évolution de la famille et de la propriété", Stockholm 1890[1].

[1] *(1884)* fehlt der letzte Satz

Der Umsturz des Mutterrechts war die *weltgeschichtliche Niederlage des weiblichen Geschlechts.* Der Mann ergriff das Steuer auch im Hause, die Frau wurde entwürdigt, geknechtet, Sklavin seiner Lust und bloßes Werkzeug der Kinderzeugung. Diese erniedrigte Stellung der Frau, wie sie namentlich bei den Griechen der heroischen und noch mehr der klassischen Zeit offen hervortritt, ist allmählich beschönigt und verheuchelt, auch stellenweise in mildere Form gekleidet worden; beseitigt ist sie keineswegs.

Die erste Wirkung der nun begründeten Alleinherrschaft der Männer zeigt sich in der jetzt auftauchenden Zwischenform der patriarchalischen Familie. Was sie hauptsächlich bezeichnet, ist nicht die Vielweiberei, wovon später, sondern

„die Organisation einer Anzahl freier und unfreier Personen zu einer Familie unter der väterlichen Gewalt des Familienhaupts. In der semitischen Form lebt dies Familienhaupt in Vielweiberei, die Unfreien haben Weib und Kinder, und der Zweck der ganzen Organisation ist die Wartung von Herden auf einem abgegrenzten Gebiet."[52]

Das Wesentliche ist die Einverleibung von Unfreien und die väterliche Gewalt; daher ist der vollendete Typus dieser Familienform die römische Familie. Das Wort familia bedeutet ursprünglich nicht das aus Sentimentalität und häuslichem Zwist zusammengesetzte Ideal des heutigen Philisters; es bezieht sich bei den Römern anfänglich gar nicht einmal auf das Ehepaar und dessen Kinder, sondern auf die Sklaven allein. Famulus heißt ein Haussklave, und familia ist die Gesamtheit der einem Mann gehörenden Sklaven. Noch zu Gajus Zeit wurde die familia, id est patrimonium (d.h. das Erbteil) testamentarisch vermacht. Der Ausdruck wurde von den Römern erfunden, um einen neuen gesellschaftlichen Organismus zu bezeichnen, dessen Haupt Weib und Kinder und eine Anzahl Sklaven unter römischer väterlicher Gewalt, mit dem Recht über Tod und Leben aller, unter sich hatte.

„Das Wort ist also nicht älter als das eisengepanzerte Familiensystem der latinischen Stämme, welches aufkam nach Einführung des Feldbaus und der gesetzlichen Sklaverei und nach der Trennung der arischen Italer von den Griechen."[53]

Marx setzt hinzu: „Die moderne Familie enthält im Keim nicht nur Sklaverei (servitus), sondern auch Leibeigenschaft, da sie von vornherein Beziehung hat auf Dienste für Ackerbau. Sie enthält *in Miniatur* alle die Gegensätze in sich, die sich später breit entwickeln in der Gesellschaft und in ihrem Staat."

Eine solche Familienform zeigt den Übergang der Paarungsehe in die Monogamie. Um die Treue der Frau, also die Vaterschaft der Kinder, sicherzustellen, wird die Frau der Gewalt des Mannes unbedingt überliefert: Wenn er sie tötet, so übt er nur sein Recht aus.[1]

Mit der patriarchalischen Familie betreten wir das Gebiet der geschriebnen Geschichte, und damit ein Gebiet, wo die vergleichende Rechtswissenschaft uns bedeutende Hülfe leisten kann. Und in der Tat hat sie uns hier einen wesentlichen Fortschritt gebracht. Wir verdanken Maxim Kowalewski („Tableau etc. de la famille et de la propriété", Stockholm 1890, p. 60–100) den Nachweis, daß die patriarchalische Hausgenossenschaft, wie wir sie heute noch bei Serben und Bulgaren unter dem Namen Zádruga (etwa Verfreundung zu übersetzen) oder Bratstvo (Brüderschaft), und in modifizierter Form bei orientalischen Völkern vorfinden, die Übergangsstufe gebildet hat zwischen der, aus der Gruppenehe entspringenden, mutterrechtlichen Familie und der Einzelfamilie der modernen Welt. Wenigstens für die Kulturvölker der alten Welt, für Arier und Semiten scheint dies erwiesen.

Die südslawische Zádruga bietet das beste noch lebende Beispiel einer solchen Familiengemeinschaft. Sie umfaßt mehrere Generationen der Nachkommen eines Vaters nebst deren Frauen, die alle auf einem Hof zusammen wohnen, ihre Felder gemeinsam bebauen, aus gemeinsamem Vorrat sich nähren und kleiden und den Überschuß des Ertrags gemeinsam besitzen. Die Gemeinschaft steht unter oberster Verwaltung des Hausherrn (domačin), der sie nach außen vertritt, kleinere Gegenstände veräußern darf, die Kasse führt und für dieselbe sowie für den regelmäßigen Geschäftsgang verantwortlich ist. Er wird gewählt und braucht keineswegs der Älteste zu sein. Die Frauen und ihre Arbeiten stehn unter Leitung der Hausfrau (domačica), die gewöhnlich die Frau des Domačin ist. Sie hat auch bei der Gattenwahl für die Mädchen eine wichtige, oft die entscheidende Stimme. Die oberste Macht aber ruht im Familienrat, der Versammlung aller erwachsenen Genossen, Frauen wie Männer. Dieser Versammlung legt der Hausherr Rechenschaft ab; sie faßt die entscheidenden Beschlüsse, übt Gerichtsbarkeit über die Mitglieder, beschließt über Käufe und Verkäufe von einiger Bedeutung, namentlich von Grundbesitz usw.

Erst seit ungefähr zehn Jahren ist das Fortbestehn solcher großen Familiengenossenschaften auch in Rußland nachgewiesen[54]; sie sind jetzt allgemein als ebensosehr in der russischen Volkssitte wurzelnd anerkannt wie die Obschtschina oder Dorfgemeinschaft. Sie figurieren im ältesten russischen Gesetzbuch, der Prawda des Jaroslaw[55], unter demselben Namen

[1] *(1884)* fehlt der folgende Text bis zum Absatz: Ehe wir zu der mit dem Sturz .. (S. 64)

(werwj) wie in den dalmatinischen Gesetzen[56], und lassen sich auch in polnischen und tschechischen Geschichtsquellen nachweisen.

Auch bei den Deutschen ist nach Heusler („Institutionen des deutschen Rechts" [57]) die wirtschaftliche Einheit ursprünglich nicht die Einzelfamilie im modernen Sinn, sondern die „Hausgenossenschaft", die aus mehreren Generationen beziehungsweise Einzelfamilien besteht und daneben oft genug Unfreie in sich begreift. Auch die römische Familie wird auf diesen Typus zurückgeführt, und die absolute Gewalt des Hausvaters, wie die Rechtlosigkeit der übrigen Familienglieder ihm gegenüber, wird demzufolge neuerdings stark bestritten. Bei den Kelten sollen ebenfalls in Irland ähnliche Familiengenossenschaften bestanden haben; in Frankreich erhielten sie sich im Nivernais unter dem Namen parçonneries bis auf die französische Revolution, und in der Franche Comté sind sie noch heute nicht ganz ausgestorben. In der Gegend von Louhans (Saône et Loire) sieht man große Bauernhäuser mit gemeinsamem, hohem, bis ans Dach reichendem Zentralsaal und ringsherum die Schlafkammern, zu denen man auf Treppen von sechs bis acht Stufen gelangt und worin mehrere Generationen derselben Familie wohnen.

In Indien ist die Hausgenossenschaft mit gemeinsamer Bodenbebauung bereits von Nearchos[58], zur Zeit Alexander des Großen, erwähnt und besteht in derselben Gegend, im Pandschab und ganzen Nordwesten des Landes noch heute. Im Kaukasus hat Kowalewski selbst sie nachweisen können. In Algerien besteht sie noch bei den Kabylen. Selbst in Amerika soll sie vorgekommen sein, man will sie entdecken in den „Calpullis", die Zurita im alten Mexiko beschreibt[59]; dagegen hat Cunow („Ausland", 1890, Nr. 42–44)[60] ziemlich klar nachgewiesen, daß in Peru zur Zeit der Eroberung eine Art Markverfassung (wobei die Mark sonderbarerweise Marca hieß) mit periodischer Aufteilung des bebauten Landes, also Einzelbebauung, bestand.

Jedenfalls erhält jetzt die patriarchalische Hausgenossenschaft mit gemeinsamem Grundbesitz und gemeinsamer Bebauung eine ganz andre Bedeutung als bisher. Wir können nicht länger zweifeln an der wichtigen Übergangsrolle, die sie bei den Kulturvölkern und manchen andern Völkern der alten Welt zwischen der mutterrechtlichen und der Einzelfamilie gespielt hat. Weiter unten kommen wir zurück auf die von Kowalewski ferner gezogne Schlußfolge, daß sie ebenfalls die Übergangsstufe war, aus der sich die Dorf- oder Markgemeinde mit Einzelbebauung und erst periodischer, dann endgültiger Aufteilung von Acker- und Wiesenland entwickelt hat

In Beziehung auf das Familienleben innerhalb dieser Hausgenossenschaften ist zu bemerken, daß wenigstens in Rußland der Hausvater im Rufe steht, seine Stellung gegenüber den jüngeren Frauen der Genossenschaft, speziell den Schwiegertöchtern, stark zu mißbrauchen und sich oft aus ihnen einen Harem zu bilden; worüber die russischen Volkslieder ziemlich beredt sind.

Ehe wir zu der mit dem Sturz des Mutterrechtes sich rasch entwickelnden Monogamie übergehn, noch ein paar Worte über Vielweiberei und Vielmännerei. Beide Eheformen können nur Ausnahmen sein, sozusagen geschichtliche Luxusprodukte, es sei denn, sie kämen in einem Lande nebeneinander vor, was bekanntlich nicht der Fall ist. Da also die von der Vielweiberei ausgeschlossenen Männer sich nicht bei den von der Vielmännerei übriggebliebnen Weibern trösten können, die Anzahl von Männern und Weibern aber ohne Rücksicht auf soziale Institutionen bisher ziemlich gleich war, ist die Erhebung der einen wie der andern dieser Eheformen zur allgemein geltenden von selbst ausgeschlossen. In der Tat war die Vielweiberei *eines* Mannes offenbar Produkt der Sklaverei und beschränkt auf einzelne Ausnahmestellungen. In der semitisch-patriarchalischen Familie lebt nur der Patriarch selbst, und höchstens noch ein paar seiner Söhne, in Vielweiberei, die übrigen müssen sich mit *einer* Frau begnügen. So ist es noch heute im ganzen Orient; die Vielweiberei ist ein Privilegium der Reichen und Vornehmen und rekrutiert sich hauptsächlich durch Kauf von Sklavinnen; die Masse des Volks lebt in Monogamie. Eine ebensolche Ausnahme ist die Vielmännerei in Indien und Tibet, deren sicher nicht uninteressanter Ursprung aus der Gruppenehe[1] noch näher zu untersuchen ist. In ihrer Praxis scheint sie übrigens viel kulanter als die eifersüchtige Haremswirtschaft der Muhamedaner. Wenigstens haben bei den Nairs in Indien je drei, vier oder mehr Männer zwar eine gemeinsame Frau; aber jeder von ihnen kann daneben mit drei oder mehr andern Männern eine zweite Frau in Gemeinschaft haben, und so eine dritte, vierte usw. Es ist ein Wunder, daß MacLennan in diesen Eheklubs, in deren mehreren man Mitglied sein kann und die er selbst beschreibt, nicht die neue Klasse der *Klubehe* entdeckt hat. Diese Eheklub-Wirtschaft ist übrigens keineswegs wirkliche Vielmännerei; sie ist im Gegenteil, wie schon Giraud-Teulon bemerkt, eine spezialisierte Form der Gruppenehe; die Männer leben in Vielweiberei, die Weiber in Vielmännerei.[2]

4. Die *monogame Familie.* Sie entsteht aus der Paarungsfamilie, wie

[1] *(1884)* Punaluafamilie – [2] *(1884)* fehlt der letzte Satz

gezeigt, im Grenzzeitalter zwischen der mittleren und oberen Stufe der Barbarei; ihr endgültiger Sieg ist eins der Kennzeichen der beginnenden Zivilisation. Sie ist gegründet auf die Herrschaft des Mannes, mit dem ausdrücklichen Zweck der Erzeugung von Kindern mit unbestrittener Vaterschaft, und diese Vaterschaft wird erfordert, weil diese Kinder dereinst als Leibeserben in das väterliche Vermögen eintreten sollen. Sie unterscheidet sich von der Paarungsehe durch weit größere Festigkeit des Ehebandes, das nun nicht mehr nach beiderseitigem Gefallen lösbar ist. Es ist jetzt in der Regel nur noch der Mann, der es lösen und seine Frau verstoßen kann. Das Recht der ehelichen Untreue bleibt ihm auch jetzt wenigstens noch durch die Sitte gewährleistet (der Code Napoléon schreibt es dem Mann ausdrücklich zu, solange er nicht die Beischläferin ins eheliche Haus bringt [61]) und wird mit steigender gesellschaftlicher Entwicklung immer mehr ausgeübt; erinnert sich die Frau der alten geschlechtlichen Praxis und will sie erneuern, so wird sie strenger bestraft als je vorher.

In ihrer ganzen Härte tritt uns die neue Familienform entgegen bei den Griechen. Während, wie Marx bemerkt, die Stellung der Göttinnen in der Mythologie uns eine frühere Periode vorführt, wo die Frauen noch eine freiere, geachtetere Stellung hatten, finden wir zur Heroenzeit die Frau[1] bereits erniedrigt durch die Vorherrschaft des Mannes und die Konkurrenz von Sklavinnen. Man lese in der „Odyssee", wie Telemachos seine Mutter ab- und zur Ruhe verweist. Die erbeuteten jungen Weiber verfallen bei Homer der Sinnenlust der Sieger; die Befehlshaber wählen sich der Reihe und Rangordnung nach die schönsten aus; die ganze „Ilias" dreht sich bekanntlich um den Streit zwischen Achilleus und Agamemnon wegen einer solchen Sklavin. Bei jedem homerischen Helden von Bedeutung wird das kriegsgefangene Mädchen erwähnt, womit er Zelt und Bett teilt. Diese Mädchen werden auch mit in die Heimat und ins eheliche Haus genommen, wie Kassandra von Agamemnon bei Äschylos; die mit solchen Sklavinnen erzeugten Söhne bekommen einen kleinen Anteil am väterlichen Erbe und

[1] Der folgende Text bis zu den Worten: Aber trotz aller Abschließung und Bewachung... (S. 67) ist die von Engels 1892 erweiterte Fassung. Er lautete 1884: in einer halbgefänglichen Abgeschlossenheit, um die richtige Vaterschaft der Kinder sicherzustellen. Der Mann dagegen vergnügt sich mit kriegsgefangnen Sklavinnen, seinen Zeltgenossinnen im Kriege. Kaum besser in der klassischen Periode. Man kann in Beckers „Charikles" des breiteren nachlesen, wie die Griechen ihre Frauen behandelten. Wenn nicht gerade eingeschlossen, so doch abgeschlossen von der Welt, waren sie die obersten Hausmägde ihrer Männer geworden, beschränkt auf den Verkehr vornehmlich der übrigen Hausmägde. Die Mädchen wurden direkt eingeschlossen, die Frauen gingen nur aus in Begleitung der Sklavinnen. Kam Männerbesuch, so zog sich die Frau in ihr Gemach zurück.

gelten als Vollfreie; Teukros ist ein solcher unehelicher Sohn des Telamon und darf sich nach seinem Vater nennen. Von der Ehefrau wird erwartet, daß sie sich das alles gefallen läßt, selbst aber strenge Keuschheit und Gattentreue bewahrt. Die griechische Frau der Heroenzeit ist zwar geachteter als die der zivilisierten Periode, aber sie ist doch schließlich für den Mann nur die Mutter seiner ehelichen Erbkinder, seine oberste Hausverwalterin und die Vorsteherin der Sklavinnen, die er sich nach Belieben zu Konkubinen machen kann und auch macht. Es ist der Bestand der Sklaverei neben der Monogamie, das Dasein junger schöner Sklavinnen, die dem *Mann* gehören mit allem, was sie an sich haben, das der Monogamie von Anfang an ihren spezifischen Charakter aufdrückt, Monogamie zu sein *nur für die Frau*, nicht aber für den Mann. Und diesen Charakter hat sie noch heute.

Für die späteren Griechen müssen wir unterscheiden zwischen Dorern und Ioniern. Die ersteren, deren klassisches Beispiel Sparta, haben in mancher Beziehung noch altertümlichere Eheverhältnisse, als selbst Homer sie aufzeigt. In Sparta gilt eine nach den dortigen Anschauungen vom Staat modifizierte Paarungsehe, die noch manche Erinnerungen an die Gruppenehe aufweist. Kinderlose Ehen werden getrennt; der König Anaxandridas (um 560 vor unsrer Zeitrechnung) nahm zu seiner kinderlosen Frau eine zweite und führte zwei Haushaltungen; um dieselbe Zeit nahm der König Ariston zu zwei unfruchtbaren Frauen eine dritte, entließ aber dafür eine der ersteren. Andrerseits durften mehrere Brüder eine gemeinsame Frau haben, durfte der Freund, dem des Freundes Frau besser gefiel, sich mit diesem in sie teilen, und galt es für anständig, die Frau einem strammen „Hengst", wie Bismarck sagen würde, zur Verfügung zu stellen, selbst wenn dieser ein Nichtbürger war. Aus einer Stelle bei Plutarch, wo eine Spartanerin den Liebhaber, der sie mit Anträgen verfolgte, an ihren Ehemann verwies, scheint – nach Schoemann – sogar eine noch größere Freiheit der Sitte hervorzugehn.[62] Wirklicher Ehebruch, Untreue der Frau hinter dem Rücken des Mannes, war daher auch unerhört. Andrerseits war die Haussklaverei in Sparta wenigstens in der besten Zeit unbekannt, die leibeignen Heloten wohnten gesondert auf den Gütern; die Versuchung für die Spartiaten[63], sich an deren Weiber zu halten, war daher geringer. Daß unter allen diesen Umständen die Frauen in Sparta eine ganz anders geachtete Stellung einnahmen als bei den übrigen Griechen, konnte gar nicht anders sein. Die spartanischen Frauen und die Elite der athenischen Hetären sind die einzigen griechischen Frauen, von denen die Alten mit Respekt sprechen, deren Äußerungen aufzuzeichnen sie der Mühe wert halten.

Ganz anders bei den Ioniern, für die Athen kennzeichnend ist. Die Mädchen lernten nur Spinnen, Weben und Nähen, höchstens etwas Lesen und Schreiben. Sie waren so gut wie eingeschlossen, gingen nur mit andern Weibern um. Das Frauengemach war ein abgesondertes Stück des Hauses, im obern Stock oder im Hinterhaus, wohin Männer, namentlich Fremde, nicht leicht kamen und wohin sie sich bei Männerbesuch zurückzogen. Die Frauen gingen nicht aus ohne Begleitung einer Sklavin; zu Hause wurden sie förmlich bewacht; Aristophanes spricht von molossischen Hunden, die zur Abschreckung der Ehebrecher gehalten wurden, und in den asiatischen Städten wenigstens hielt man zur Frauenbewachung Eunuchen, die in Chios schon zu Herodots Zeit für den Handel fabriziert wurden, und nach Wachsmuth[64] nicht allein für die Barbaren. Bei Euripides wird die Frau als oikurema, als ein Ding zur Hausbesorgung (das Wort ist Neutrum) bezeichnet, und außer dem Geschäft der Kinderzeugung war sie dem Athener nichts andres: die oberste Hausmagd. Der Mann hatte seine gymnastischen Übungen, seine öffentlichen Verhandlungen, wovon die Frau ausgeschlossen; er hatte außerdem oft noch Sklavinnen zu seiner Verfügung und zur Blütezeit Athens eine ausgedehnte und vom Staat wenigstens begünstigte Prostitution. Es war grade auf Grundlage dieser Prostitution, daß sich die einzigen griechischen Frauencharaktere entwickelten, die durch Geist und künstlerische Geschmacksbildung ebensosehr über das allgemeine Niveau der antiken Weiblichkeit hervorragen wie die Spartiatinnen durch den Charakter. Daß man aber erst Hetäre werden mußte, um Weib zu werden, das ist die strengste Verurteilung der athenischen Familie.

Diese athenische Familie wurde im Lauf der Zeit das Vorbild, wonach nicht nur die übrigen Ionier, sondern auch mehr und mehr die sämtlichen Griechen des Inlands und der Kolonien ihre häuslichen Verhältnisse modelten. Aber trotz aller Abschließung und Bewachung fanden die Griechinnen oft genug Gelegenheit, ihre Männer zu täuschen. Diese, die sich geschämt hätten, irgendwelche Liebe für ihre Frauen zu verraten, amüsierten sich in allerlei Liebeshändeln mit Hetären; aber die Entwürdigung der Frauen rächte sich an den Männern und entwürdigte auch sie, bis sie versanken in die Widerwärtigkeit der Knabenliebe und ihre Götter entwürdigten wie sich selbst durch den Mythus von Ganymed.

Das war der Ursprung der Monogamie, soweit wir ihn beim zivilisiertesten und am höchsten entwickelten Volk des Altertums verfolgen können. Sie war keineswegs eine Frucht der individuellen Geschlechtsliebe, mit der sie absolut nichts zu schaffen hatte, da die Ehen nach wie vor Konvenienzehen blieben. Sie war die erste Familienform, die nicht auf natürliche, sondern auf ökonomische[1] Bedingungen gegründet war[2], nämlich auf den Sieg des Privateigentums über das ursprüngliche naturwüchsige Gemeineigentum. Herrschaft des Mannes in der Familie und Erzeugung von Kindern, die nur die seinigen sein konnten und die zu Erben seines Reichtums bestimmt waren – das allein waren die von den Griechen unumwunden ausgesprochenen ausschließlichen Zwecke der Einzelehe. Im übrigen war sie ihnen eine Last, eine Pflicht gegen die Götter, den Staat und die eignen Vorfahren, die eben erfüllt werden mußte. In Athen erzwang das Gesetz nicht nur die Verheiratung, sondern auch die Erfüllung eines Minimums der sogenannten ehelichen Pflichten von seiten des Mannes.[3]

So tritt die Einzelehe keineswegs ein in die Geschichte als die Versöhnung von Mann und Weib, noch viel weniger als ihre höchste Form. Im Gegenteil. Sie tritt auf als Unterjochung des einen Geschlechts durch das andre, als Proklamation eines bisher in der ganzen Vorgeschichte unbekannten Widerstreits der Geschlechter. In einem alten, 1846 von Marx und mir ausgearbeiteten, ungedruckten Manuskript finde ich: „Die erste Teilung der Arbeit ist die von Mann und Weib zur Kinderzeugung.“ [65] Und heute kann ich hinzusetzen: Der erste Klassengegensatz, der in der Geschichte auftritt, fällt zusammen mit der Entwicklung des Antagonismus von Mann und Weib in der Einzelehe, und die erste Klassenunterdrückung mit der des weiblichen Geschlechts durch das männliche. Die Einzelehe war ein großer geschichtlicher Fortschritt, aber zugleich eröffnet sie neben der Sklaverei und dem Privatreichtum jene bis heute dauernde Epoche, in der jeder Fortschritt zugleich ein relativer Rückschritt, in dem das Wohl und die Entwicklung der einen sich durchsetzt durch das Wehe und die Zurückdrängung der andern. Sie ist die Zellenform der zivilisierten Gesellschaft, an der wir schon die Natur der in dieser sich voll entfaltenden Gegensätze und Widersprüche studieren können.

Die alte verhältnismäßige Freiheit des Geschlechtsverkehrs verschwand keineswegs mit dem Sieg der Paarungs- oder selbst der Einzelehe.

> „Das alte Ehesystem, auf engere Grenzen zurückgeführt durch das allmähliche Aussterben der Punaluagruppen, umgab immer noch die sich fortentwickelnde Familie und hing an ihren Schößen bis an die aufdämmernde Zivilisation hinan... es verschwand schließlich in der neuen Form des Hetärismus, die die Menschen bis in die Zivilisation hinein verfolgt, wie ein dunkler Schlagschatten, der auf der Familie ruht.“ [66]

Unter Hetärismus versteht Morgan den *neben der Einzelehe* bestehenden außerehelichen geschlechtlichen Verkehr der Männer mit unverheirateten

[1] *(1884)* gesellschaftliche – [2] *(1884)* endet hier der Satz – [3] *(1884)* fehlt der letzte Satz

Weibern, der bekanntlich während der ganzen Periode der Zivilisation in den verschiedensten Formen blüht und mehr und mehr zur offenen Prostitution wird.[1] Dieser Hetärismus leitet sich ganz direkt ab aus der Gruppenehe, aus dem Preisgebungsopfer der Frauen, wodurch sie sich das Recht der Keuschheit erkauften. Die Hingebung für Geld war zuerst ein religiöser Akt, sie fand statt im Tempel der Liebesgöttin, und das Geld floß ursprünglich in den Tempelschatz. Die Hierodulen[67] der Anaitis in Armenien, der Aphrodite in Korinth, wie die den Tempeln attachierten religösen Tanzmädchen Indiens, die sog. Bajaderen (das Wort ist verstümmelt aus dem portugiesischen bailadeira, Tänzerin), waren die ersten Prostituierten. Die Preisgebung, ursprünglich Pflicht jeder Frau, wurde später durch diese Priesterinnen, in Stellvertretung für alle andern, allein ausgeübt. Bei andern Völkern leitet sich der Hetärismus her aus der den Mädchen vor der Ehe gestatteten Geschlechtsfreiheit – also ebenfalls Rest der Gruppenehe, nur auf anderm Weg uns überkommen. Mit dem Aufkommen der Eigentumsverschiedenheit, also schon auf der Oberstufe der Barbarei, tritt die Lohnarbeit sporadisch auf neben Sklavenarbeit und gleichzeitig, als ihr notwendiges Korrelat, die gewerbsmäßige Prostitution freier Frauen neben der erzwungnen Preisgebung der Sklavin. So ist die Erbschaft, die die Gruppenehe der Zivilisation vermacht hat, eine doppelseitige, wie alles, was die Zivilisation hervorbringt, doppelseitig, doppelzüngig, in sich gespalten, gegensätzlich ist: hier die Monogamie, dort der Hetärismus mitsamt seiner extremsten Form, der Prostitution. Der Hetärismus ist eben eine gesellschaftliche Einrichtung wie jede andere; er setzt die alte Geschlechtsfreiheit fort – zugunsten der Männer. In der Wirklichkeit nicht nur geduldet, sondern namentlich von den herrschenden Klassen flott mitgemacht, wird er in der Phrase verdammt. Aber in der Wirklichkeit trifft diese Verdammung keineswegs die dabei beteiligten Männer, sondern nur die Weiber: Sie werden geächtet und ausgestoßen, um so nochmals die unbedingte Herrschaft der Männer über das weibliche Geschlecht als gesellschaftliches Grundgesetz zu proklamieren.

Hiermit entwickelt sich aber ein zweiter Gegensatz innerhalb der Monogamie selbst. Neben dem, sein Dasein durch den Hetärismus verschönernden Ehemann steht die vernachlässigte Gattin.[2] Und man kann nicht die eine Seite des Gegensatzes haben ohne die andre, ebensowenig wie man noch einen ganzen Apfel in der Hand hat, nachdem man die eine Hälfte

[1] *(1884)* fehlt in diesem Absatz der folgende Text bis zu den Worten: Der Hetärismus ist eben eine gesellschaftliche Einrichtung ... – [2] *(1884)* fehlen die letzten beiden Sätze

gegessen. Trotzdem scheint dies die Meinung der Männer gewesen zu sein, bis ihre Frauen sie eines Bessern belehrten. Mit der Einzelehe treten zwei ständige gesellschaftliche Charakterfiguren auf, die früher unbekannt waren: der ständige Liebhaber der Frau und der Hahnrei. Die Männer hatten den Sieg über die Weiber errungen, aber die Krönung übernahmen großmütig die Besiegten. Neben der Einzelehe und dem Hetärismus wurde der Ehebruch eine unvermeidliche gesellschaftliche Einrichtung – verpönt, hart bestraft, aber ununterdrückbar. Die sichre Vaterschaft der Kinder beruhte nach wie vor höchstens auf moralischer Überzeugung, und um den unlöslichen Widerspruch zu lösen, dekretierte der Code Napoléon Art. 312:

„L'enfant conçu pendant le mariage a pour père le mari; das während der Ehe empfangne Kind hat zum Vater – den Ehemann."

Das ist das letzte Resultat von dreitausend Jahren Einzelehe.

So haben wir in der Einzelfamilie, in den Fällen, die ihrer geschichtlichen Entstehung treu bleiben und den durch die ausschließliche Herrschaft des Mannes ausgesprochnen Widerstreit von Mann und Weib klar zur Erscheinung bringen, ein Bild im kleinen derselben Gegensätze und Widersprüche, in denen sich die seit Eintritt der Zivilisation in Klassen gespaltne Gesellschaft bewegt, ohne sie auflösen und überwinden zu können. Ich spreche hier natürlich nur von jenen Fällen der Einzelehe, wo das eheliche Leben in Wirklichkeit nach Vorschrift des ursprünglichen Charakters der ganzen Einrichtung verläuft, wo die Frau aber gegen die Herrschaft des Mannes rebelliert. Daß nicht alle Ehen so verlaufen, weiß niemand besser als der deutsche Philister, der seine Herrschaft im Hause nicht besser zu wahren weiß als im Staat und dessen Frau daher mit vollem Recht die Hosen trägt, deren er nicht wert ist. Dafür dünkt er sich aber auch weit erhaben über seinen französischen Leidensgenossen, dem, öfter als ihm selbst, weit Schlimmeres passiert.

Die Einzelfamilie trat übrigens keineswegs überall und jederzeit in der klassisch-schroffen Form auf, die sie bei den Griechen hatte. Bei den Römern, die als künftige Welteroberer einen weiteren, wenn auch weniger feinen Blick hatten als die Griechen, war die Frau freier und geachteter. Der Römer glaubte die eheliche Treue durch die Gewalt über Leben und Tod seiner Frau hinlänglich verbürgt. Auch konnte die Frau hier ebensogut wie der Mann die Ehe freiwillig lösen. Aber der größte Fortschritt in der Entwicklung der Einzelehe geschah entschieden mit dem Eintritt der Deutschen in die Geschichte, und zwar weil bei ihnen, wohl infolge ihrer Armut, damals die Monogamie sich noch nicht vollständig aus der Paarungsehe entwickelt zu haben scheint. Wir schließen dies aus drei Umständen, die Tacitus erwähnt: Erstens galt bei großer Heilighaltung der Ehe – „sie begnügen sich mit *einer* Frau, die Weiber leben eingehegt durch Keuschheit“[68] – dennoch Vielweiberei für die Vornehmen und Stammesführer, also ein Zustand, ähnlich dem der Amerikaner, bei denen Paarungsehe galt. Und zweitens konnte der Übergang vom Mutterrecht zum Vaterrecht erst kurz vorher gemacht worden sein, denn noch galt der Mutterbruder – der nächste männliche Gentilverwandte nach Mutterrecht – als fast ein näherer Verwandter denn der eigne Vater, ebenfalls entsprechend dem Standpunkt der amerikanischen Indianer, bei denen Marx, wie er oft sagte, den Schlüssel zum Verständnis unsrer eignen Urzeit gefunden. Und drittens waren die Frauen bei den Deutschen hochgeachtet und einflußreich auch auf öffentliche Geschäfte, was im direkten Gegensatz zur monogamischen Männerherrschaft steht. Fast alles Dinge, worin die Deutschen mit den Spartanern stimmen, bei denen, wie wir sahen, die Paarungsehe ebenfalls noch nicht vollständig überwunden war.[1] Mit den Deutschen kam also auch in dieser Beziehung ein ganz neues Element zur Weltherrschaft. Die neue Monogamie, die sich nun auf den Trümmern der Römerwelt aus der Völkermischung entwickelte, kleidete die Männerherrschaft in mildere Formen und ließ den Frauen eine wenigstens äußerlich weit geachtetere und freiere Stellung, als das klassische Altertum sie je gekannt. Damit erst war die Möglichkeit gegeben, auf der sich aus der Monogamie – in ihr, neben ihr und gegen sie, je nachdem – der größte sittliche Fortschritt entwickeln konnte, den wir ihr verdanken: die moderne individuelle Geschlechtsliebe, die der ganzen früheren Welt unbekannt war.

Dieser Fortschritt entsprang aber entschieden aus dem Umstand, daß die Deutschen noch in der Paarungsfamilie lebten, und die ihr entsprechende Stellung der Frau, soweit es anging, der Monogamie aufpfropften, keineswegs aber aus der sagenhaften, wunderbar sittenreinen Naturanlage der Deutschen, die sich darauf beschränkt, daß die Paarungsehe sich in der Tat nicht in den grellen sittlichen Gegensätzen bewegt wie die Monogamie. Im Gegenteil waren die Deutschen auf ihren Wanderzügen, besonders nach Südost zu den Steppennomaden am Schwarzen Meer, sittlich stark verkommen und hatten bei diesen außer ihren Reiterkünsten auch arge widernatürliche Laster angenommen, was Ammianus von den Taifalern und Prokop von den Herulern ausdrücklich bezeugt.

Wenn aber die Monogamie von allen bekannten Familienformen die-

[1] *(1884)* fehlt der letzte Satz

jenige war, unter der allein sich die moderne Geschlechtsliebe entwickeln konnte, so heißt das nicht, daß sie sich ausschließlich oder nur vorwiegend in ihr, als Liebe der Ehegatten zueinander, entwickelte. Die ganze Natur der festen Einzelehe unter Mannesherrschaft schloß das aus. Bei allen geschichtlich aktiven, d.h. bei allen herrschenden Klassen blieb die Eheschließung, was sie seit der Paarungsehe gewesen, Sache der Konvenienz, die von den Eltern arrangiert wurde. Und die erste geschichtlich auftretende Form der Geschlechtsliebe als Leidenschaft, und als jedem Menschen (wenigstens der herrschenden Klassen) zukommende Leidenschaft, als höchste Form des Geschlechtstriebs – was gerade ihren spezifischen Charakter ausmacht –, diese ihre erste Form, die ritterliche Liebe des Mittelalters, war keineswegs eine eheliche Liebe. Im Gegenteil. In ihrer klassischen Gestalt, bei den Provenzalen, steuert sie mit vollen Segeln auf den Ehebruch los, und ihre Dichter feiern ihn. Die Blüte der provenzalischen Liebespoesie sind die Albas, deutsch Tagelieder. Sie schildern in glühenden Farben, wie der Ritter bei seiner Schönen – der Frau eines andern – im Bett liegt, während draußen der Wächter steht, der ihm zuruft, sobald das erste Morgengrauen (alba) aufsteigt, damit er noch unbemerkt entweichen kann; die Trennungsszene bildet dann den Gipfelpunkt. Die Nordfranzosen und auch die braven Deutschen nahmen diese Dichtungsart mit der ihr entsprechenden Manier der Ritterliebe ebenfalls an, und unser alter Wolfram von Eschenbach hat über denselben anzüglichen Stoff drei wunderschöne Tagelieder hinterlassen, die mir lieber sind als seine drei langen Heldengedichte.

Die bürgerliche Eheschließung unserer Tage ist doppelter Art. In katholischen Ländern besorgen nach wie vor die Eltern dem jungen Bürgerssohn eine angemessene Frau, und die Folge davon ist natürlich die vollste Entfaltung des in der Monogamie enthaltnen Widerspruchs: üppiger Hetärismus auf seiten des Mannes, üppiger Ehebruch auf seiten der Frau. Die katholische Kirche hat wohl auch nur deswegen die Ehescheidung abgeschafft, weil sie sich überzeugt hatte, daß gegen den Ehebruch wie gegen den Tod kein Kräutlein gewachsen ist. In protestantischen Ländern dagegen ist es Regel, daß dem Bürgerssohn erlaubt wird, sich aus seiner Klasse eine Frau mit größerer oder geringerer Freiheit auszusuchen, wonach ein gewisser Grad von Liebe der Eheschließung zugrunde liegen kann und auch anstandshalber stets vorausgesetzt wird, was der protestantischen Heuchelei entspricht. Hier wird der Hetärismus des Mannes schläfriger betrieben,und der Ehebruch der Frau ist weniger Regel. Da aber in jeder Art Ehe die Menschen bleiben, was sie vor der Ehe waren, und die Bürger protestantischer Länder meist Philister sind, so bringt es diese protestantische Monogamie im Durchschnitt der besten Fälle nur zur ehelichen Gemeinschaft einer bleiernen Langeweile, die man mit dem Namen Familienglück bezeichnet. Der beste Spiegel dieser beiden Heiratsmethoden ist der Roman, für die katholische Manier der französische, für die protestantische der deutsche[1]. In jedem von beiden „kriegt er sie": im deutschen der junge Mann das Mädchen, im französischen der Ehemann die Hörner. Welcher von beiden sich dabei schlechter steht, ist nicht immer ausgemacht. Weshalb auch dem französischen Bourgeois die Langeweile des deutschen Romans ebendenselben Schauder erregt wie die „Unsittlichkeit" des französischen Romans dem deutschen Philister. Obwohl neuerdings, seit „Berlin Weltstadt wird", der deutsche Roman anfängt, etwas weniger schüchtern in dem dort seit lange wohlbekannten Hetärismus und Ehebruch zu machen.

In beiden Fällen aber wird die Heirat bedingt durch die Klassenlage der Beteiligten und ist insofern stets Konvenienzehe.[2] Diese Konvenienzehe schlägt in beiden Fällen oft genug um in krasseste Prostitution – manchmal beider Teile, weit gewöhnlicher der Frau, die sich von der gewöhnlichen Kurtisane nur dadurch unterscheidet, daß sie ihren Leib nicht als Lohnarbeiterin zur Stückarbeit vermietet, sondern ihn ein für allemal in die Sklaverei verkauft. Und von allen Konvenienzehen gilt Fouriers Wort:

> „Wie in der Grammatik zwei Verneinungen *eine* Bejahung ausmachen, so gelten in der Heiratsmoral zwei Prostitutionen für *eine* Tugend."[69]

Wirkliche Regel im Verhältnis zur Frau wird die Geschlechtsliebe und kann es nur werden unter den unterdrückten Klassen, also heutzutage im Proletariat – ob dies Verhältnis nun ein offiziell konzessioniertes oder nicht. Hier sind aber auch alle Grundlagen der klassischen Monogamie beseitigt. Hier fehlt alles Eigentum, zu dessen Bewahrung und Vererbung ja gerade die Monogamie und die Männerherrschaft geschaffen wurden, und hier fehlt damit auch jeder Antrieb, die Männerherrschaft geltend zu machen. Noch mehr, auch die Mittel fehlen; das bürgerliche Recht, das diese Herrschaft schützt, besteht nur für die Besitzenden und deren Verkehr mit den Proletariern; es kostet Geld und hat deshalb armutshalber keine Geltung für die Stellung des Arbeiters zu seiner Frau. Da entscheiden ganz andere persönliche und gesellschaftliche Verhältnisse. Und vollends seitdem die große Industrie die Frau aus dem Hause auf den Arbeitsmarkt und in die

---

[1] *(1884)* folgt: und schwedische – [2] *(1884)* fehlt der folgende Text bis zu dem Absatz: Wirkliche Regel im Verhältnis zur Frau …

Fabrik versetzt hat und sie oft genug zur Ernährerin der Familie macht, ist dem letzten Rest der Männerherrschaft in der Proletarierwohnung aller Boden entzogen – es sei denn etwa noch ein Stück der seit Einführung der Monogamie eingerissenen Brutalität gegen Frauen. So ist die Familie des Proletariers keine monogamische im strengen Sinn mehr, selbst bei der leidenschaftlichsten Liebe und festesten Treue *beider* und trotz aller etwaigen geistlichen und weltlichen Einsegnung. Daher spielen auch die ewigen Begleiter der Monogamie, Hetärismus und Ehebruch, hier nur eine fast verschwindende Rolle; die Frau hat das Recht der Ehetrennung tatsächlich wieder erhalten, und wenn man sich nicht vertragen kann, geht man lieber auseinander. Kurz, die Proletarierehe ist monogam im etymologischen Sinn des Worts, aber durchaus nicht in seinem historischen Sinn.[1]

Unsre Juristen finden allerdings, daß der Fortschritt der Gesetzgebung den Frauen in steigendem Maß jeden Grund zur Klage entzieht. Die modernen zivilisierten Gesetzsysteme erkennen mehr und mehr an, erstens, daß die Ehe, um gültig zu sein, ein von beiden Teilen freiwillig eingegangner Vertrag sein muß, und zweitens, daß auch während der Ehe beide Teile einander mit gleichen Rechten und Pflichten gegenüberstehn sollen. Seien diese beiden Forderungen aber konsequent durchgeführt, so hätten die Frauen *alles*, was sie verlangen können.

Diese echt juristische Argumentation ist genau dieselbe, womit der radikale republikanische Bourgeois den Proletarier ab- und zur Ruhe verweist. Der Arbeitsvertrag soll ein von beiden Teilen freiwillig eingegangner sein. Aber er gilt als für freiwillig eingegangen, sobald das Gesetz beide Teile *auf dem Papier* gleichstellt. Die Macht, die die verschiedne Klassenstellung dem einen Teil gibt, der Druck, den sie auf den andern Teil ausübt – die wirkliche ökonomische Stellung *beider* –, das geht das Gesetz nichts an. Und während der Dauer des Arbeitsvertrags sollen beide Teile wiederum gleichberechtigt sein, sofern nicht einer oder der andre ausdrücklich verzichtet hat. Daß die ökonomische Sachlage den Arbeiter zwingt, sogar auf den letzten Schein von Gleichberechtigung zu verzichten, dafür kann das Gesetz wiederum nichts.

Mit Bezug auf die Ehe ist das Gesetz, selbst das fortgeschrittenste, vollauf befriedigt, sobald die Beteiligten ihre Freiwilligkeit formell zu Protokoll gegeben haben. Was hinter den juristischen Kulissen vorgeht, wo sich das wirkliche Leben abspielt, wie diese Freiwilligkeit zustande kommt, darum kann sich das Gesetz und der Jurist nicht kümmern. Und doch sollte hier

[1] *(1884)* fehlt der folgende Text bis zum Absatz: Kehren wir indes zurück zu Morgan … (S.83)

die einfachste Rechtsvergleichung dem Juristen zeigen, was es mit dieser Freiwilligkeit auf sich hat. In den Ländern, wo den Kindern ein Pflichtteil am elterlichen Vermögen gesetzlich gesichert ist, wo sie also nicht enterbt werden können – in Deutschland, in den Ländern französischen Rechts etc., sind die Kinder beim Eheschluß an die Einwilligung der Eltern gebunden. In den Ländern englischen Rechts, wo die elterliche Einwilligung kein gesetzliches Erfordernis des Eheschlusses, haben die Eltern auch volle Testierfreiheit über ihr Vermögen, können sie ihre Kinder nach Belieben enterben. Daß trotzdem und eben deshalb die Freiheit der Eheschließung in den Klassen, wo es was zu erben gibt, in England und Amerika, tatsächlich um kein Haar größer ist als in Frankreich und Deutschland, das ist doch klar.

Nicht besser steht es mit der juristischen Gleichberechtigung von Mann und Frau in der Ehe. Die rechtliche Ungleichheit beider, die uns aus früheren Gesellschaftszuständen vererbt, ist nicht die Ursache, sondern die Wirkung der ökonomischen Unterdrückung der Frau. In der alten kommunistischen Haushaltung, die viele Ehepaare und ihre Kinder umfaßte, war die den Frauen übergebne Führung des Haushalts ebensogut eine öffentliche, eine gesellschaftlich notwendige Industrie wie die Beschaffung der Nahrungsmittel durch die Männer. Mit der patriarchalischen Familie und noch mehr mit der monogamen Einzelfamilie wurde dies anders. Die Führung des Haushalts verlor ihren öffentlichen Charakter. Sie ging die Gesellschaft nichts mehr an. Sie wurde ein *Privatdienst;* die Frau wurde erste Dienstbotin, aus der Teilnahme an der gesellschaftlichen Produktion verdrängt. Erst die große Industrie unsrer Zeit hat ihr – und auch nur der Proletarierin – den Weg zur gesellschaftlichen Produktion wieder eröffnet. Aber so, daß, wenn sie ihre Pflichten im Privatdienst der Familie erfüllt, sie von der öffentlichen Produktion ausgeschlossen bleibt und nichts erwerben kann; und daß, wenn sie sich an der öffentlichen Industrie beteiligen und selbständig erwerben will, sie außerstand ist, Familienpflichten zu erfüllen. Und wie in der Fabrik, so geht es der Frau in allen Geschäftszweigen, bis in die Medizin und Advokatur hinein. Die moderne Einzelfamilie ist gegründet auf die offne oder verhüllte Haussklaverei der Frau, und die moderne Gesellschaft ist eine Masse, die aus lauter Einzelfamilien als ihren Molekülen sich zusammensetzt. Der Mann muß heutzutage in der großen Mehrzahl der Fälle der Erwerber, der Ernährer der Familie sein, wenigstens in den besitzenden Klassen, und das gibt ihm eine Herrscherstellung, die keiner juristischen Extrabevorrechtung bedarf. Er ist in der Familie der Bourgeois, die Frau repräsentiert das Proletariat. In der industriellen Welt tritt aber der spezifische Charakter der auf dem Proletariat lastenden ökonomischen Unterdrückung erst dann in seiner vollen Schärfe hervor, nachdem alle gesetzlichen Sondervorrechte der Kapitalistenklasse beseitigt und die volle juristische Gleichberechtigung beider Klassen hergestellt worden; die demokratische Republik hebt den Gegensatz beider Klassen nicht auf, sie bietet im Gegenteil erst den Boden, worauf er ausgefochten wird. Und ebenso wird auch der eigentümliche Charakter der Herrschaft des Mannes über die Frau in der modernen Familie und die Notwendigkeit wie die Art der Herstellung einer wirklichen gesellschaftlichen Gleichstellung beider erst dann in grelles Tageslicht treten, sobald beide juristisch vollkommen gleichberechtigt sind. Es wird sich dann zeigen, daß die Befreiung der Frau zur ersten Vorbedingung hat die Wiedereinführung des ganzen weiblichen Geschlechts in die öffentliche Industrie, und daß dies wieder erfordert die Beseitigung der Eigenschaft der Einzelfamilie als wirtschaftlicher Einheit der Gesellschaft.

Wir haben demnach drei Hauptformen der Ehe, die im ganzen und großen den drei Hauptstadien der menschlichen Entwicklung entsprechen. Für die Wildheit die Gruppenehe, für die Barbarei die Paarungsehe, für die Zivilisation die Monogamie, ergänzt durch Ehebruch und Prostitution. Zwischen Paarungsehe und Monogamie schiebt sich ein, auf der Oberstufe der Barbarei, das Kommando der Männer über Sklavinnen und die Vielweiberei.

Wie unsre ganze Darstellung bewiesen, ist der Fortschritt, der sich in dieser Reihenfolge aufzeigt, an die Eigentümlichkeit geknüpft, daß den Frauen die geschlechtliche Freiheit der Gruppenehe mehr und mehr entzogen wird, den Männern aber nicht. Und wirklich besteht die Gruppenehe für die Männer tatsächlich bis heute fort. Was bei der Frau ein Verbrechen ist und schwere gesetzliche und gesellschaftliche Folgen nach sich zieht, das gilt beim Mann für ehrenvoll oder doch schlimmstenfalls als ein leichter moralischer Makel, den man mit Vergnügen trägt. Je mehr aber der altherkömmliche Hetärismus in unsrer Zeit durch die kapitalistische Warenproduktion verändert und ihr angepaßt wird, je mehr er sich in unverhüllte Prostitution verwandelt, desto demoralisierender wirkt er. Und zwar demoralisiert er die Männer noch weit mehr als die Frauen. Die Prostitution degradiert unter den Frauen nur die Unglücklichen, die ihr verfallen, und auch diese bei weitem nicht in dem Grad, wie gewöhnlich geglaubt wird. Dagegen erniedrigt sie den Charakter der gesamten Männerwelt. So ist namentlich ein langer Bräutigamsstand in neun Fällen aus zehn eine förmliche Vorschule der ehelichen Untreue.

Nun gehn wir einer gesellschaftlichen Umwälzung entgegen, wo die bisherigen ökonomischen Grundlagen der Monogamie ebenso sicher verschwinden werden wie die ihrer Ergänzung, der Prostitution. Die Monogamie entstand aus der Konzentrierung größerer Reichtümer in *einer* Hand – und zwar der eines Mannes – und aus dem Bedürfnis, diese Reichtümer den Kindern dieses Mannes und keines andern zu vererben. Dazu war Monogamie der Frau erforderlich, nicht des Mannes, so daß diese Monogamie der Frau der offnen oder verdeckten Polygamie des Mannes durchaus nicht im Wege stand. Die bevorstehende gesellschaftliche Umwälzung wird aber durch Verwandlung wenigstens des unendlich größten Teils der dauernden, vererbbaren Reichtümer – der Produktionsmittel – in gesellschaftliches Eigentum diese ganze Vererbungssorge auf ein Minimum reduzieren. Da nun die Monogamie aus ökonomischen Ursachen entstanden, wird sie verschwinden, wenn diese Ursachen verschwinden?

Man könnte nicht mit Unrecht antworten: Sie wird so wenig verschwinden, daß sie vielmehr erst vollauf verwirklicht werden wird. Denn mit der Verwandlung der Produktionsmittel in gesellschaftliches Eigentum verschwindet auch die Lohnarbeit, das Proletariat, also auch die Notwendigkeit für eine gewisse – statistisch berechenbare – Zahl von Frauen, sich für Geld preiszugeben. Die Prostitution verschwindet, die Monogamie, statt unterzugehn, wird endlich eine Wirklichkeit – auch für die Männer.

Die Lage der Männer wird also jedenfalls sehr verändert. Aber auch die der Frauen, *aller* Frauen, erfährt bedeutenden Wechsel. Mit dem Übergang der Produktionsmittel in Gemeineigentum hört die Einzelfamilie auf, wirtschaftliche Einheit der Gesellschaft zu sein. Die Privathaushaltung verwandelt sich in eine gesellschaftliche Industrie. Die Pflege und Erziehung der Kinder wird öffentliche Angelegenheit; die Gesellschaft sorgt für alle Kinder gleichmäßig, seien sie eheliche oder uneheliche. Damit fällt die Sorge weg wegen der „Folgen", die heute das wesentlichste gesellschaftliche – moralische wie ökonomische – Moment bildet, das die rücksichtslose Hingabe eines Mädchens an den geliebten Mann verhindert. Wird das nicht Ursache genug sein zum allmählichen Aufkommen eines ungenierteren Geschlechtsverkehrs und damit auch einer laxeren öffentlichen Meinung von wegen jungfräulicher Ehre und weiblicher Schande? Und endlich, haben wir nicht gesehn, daß in der modernen Welt Monogamie und Prostitution zwar Gegensätze, aber untrennbare Gegensätze, Pole desselben Gesellschaftszustandes sind? Kann die Prostitution verschwinden, ohne die Monogamie mit sich in den Abgrund zu ziehn?

Hier tritt ein neues Moment in Wirksamkeit, ein Moment, das zur Zeit, als die Monogamie sich ausbildete, höchstens im Keim bestand: die individuelle Geschlechtsliebe.

Vor dem Mittelalter kann von individueller Geschlechtsliebe nicht die Rede sein. Daß persönliche Schönheit, vertrauter Umgang, gleichgestimmte Neigungen etc. bei Leuten verschiednen Geschlechts das Verlangen zu geschlechtlichem Verkehr erweckt haben, daß es den Männern wie den Frauen nicht total gleichgültig war, mit wem sie in dies intimste Verhältnis traten, das ist selbstredend. Aber von da bis zu unsrer Geschlechtsliebe ist noch unendlich weit. Im ganzen Altertum werden die Ehen von den Eltern für die Beteiligten geschlossen, und diese finden sich ruhig hinein. Das bißchen eheliche Liebe, das das Altertum kennt, ist nicht etwa subjektive Neigung, sondern objektive Pflicht, nicht Grund, sondern Korrelat der Ehe. Liebesverhältnisse im modernen Sinne kommen im Altertum nur vor außerhalb der offiziellen Gesellschaft. Die Hirten, deren Liebesfreuden und Leiden Theokrit und Moschos uns besingen, der Daphnis und die Chloë des Longos[70], sind lauter Sklaven, die keinen Teil haben am Staat, der Lebenssphäre des freien Bürgers. Außer bei Sklaven aber finden wir Liebeshändel nur als Zersetzungsprodukte der untergehenden Alten Welt und mit Frauen, die ebenfalls außerhalb der offiziellen Gesellschaft stehn, mit Hetären, also mit Fremden oder Freigelassenen: in Athen vom Vorabend seines Untergangs an, in Rom zur Kaiserzeit. Kamen Liebeshändel wirklich vor zwischen freien Bürgern und Bürgerinnen, so nur von wegen des Ehebruchs. Und dem klassischen Liebesdichter des Altertums, dem alten Anakreon, war die Geschlechtsliebe, in unserm Sinne, so sehr Wurst, daß ihm sogar das Geschlecht des geliebten Wesens Wurst war.

Unsre Geschlechtsliebe unterscheidet sich wesentlich vom einfachen geschlechtlichen Verlangen, dem Eros, der Alten. Erstens setzt sie beim geliebten Wesen Gegenliebe voraus; die Frau steht insoweit dem Manne gleich, während sie beim antiken Eros keineswegs immer gefragt wird. Zweitens hat die Geschlechtsliebe einen Grad von Intensität und Dauer, der beiden Teilen Nichtbesitz und Trennung als ein hohes, wo nicht das höchste, Unglück erscheinen läßt; um sich gegenseitig besitzen zu können, spielen sie hohes Spiel, bis zum Einsatz des Lebens, was im Altertum höchstens beim Ehebruch vorkam. Und endlich entsteht ein neuer sittlicher Maßstab für die Beurteilung des geschlechtlichen Umgangs; man fragt nicht nur: war er ehelich oder außerehelich, sondern auch: entsprang er der Liebe und Gegenliebe oder nicht? Es versteht sich, daß es diesem neuen Maßstab in der feudalen oder bürgerlichen Praxis nicht besser ergeht als allen andern Maßstäben der Moral – man setzt sich über ihn hinweg. Aber es ergeht ihm auch nicht schlechter. Er wird ebensogut wie sie anerkannt – in der Theorie, auf dem Papier. Und mehr kann er vorderhand nicht verlangen.

Wo das Altertum abgebrochen mit seinen Anläufen zur Geschlechtsliebe, da setzt das Mittelalter wieder an: beim Ehebruch. Wir haben die ritterliche Liebe bereits geschildert, die die Tagelieder erfand. Von dieser Liebe, die die Ehe brechen will, bis zu der, die sie gründen soll, ist noch ein weiter Weg, den das Rittertum nie vollauf zurücklegt. Selbst wenn wir von den frivolen Romanen zu den tugendsamen Deutschen übergehn, finden wir im „Nibelungenlied", daß Kriemhild zwar im stillen nicht minder in Siegfried verliebt ist als er in sie, daß sie aber dennoch auf Gunthers Anzeige, er habe sie einem Ritter zugeschworen, den er nicht nennt, einfach antwortet:

„Ihr braucht mich nicht zu bitten; wie Ihr mir gebietet, so will ich immer sein; den Ihr, Herr, mir gebt zum Mann, dem will ich mich gern verloben."

Es fällt ihr gar nicht in den Sinn, daß ihre Liebe hier überhaupt in Betracht kommen kann. Gunther wirbt um Brünhild, Etzel um Kriemhild, ohne sie je gesehn zu haben; ebenso in der „Gutrun" [71] Siegebant von Irland um die norwegische Ute, Hetel von Hegelingen um Hilde von Irland, endlich Siegfried von Morland, Hartmut von Ormanien und Herwig von Seeland um Gutrun; und hier erst kommt es vor, daß diese sich freiwillig für letzteren entscheidet. In der Regel wird die Braut des jungen Fürsten ausgesucht von dessen Eltern, wenn sie noch leben, sonst von ihm selbst unter Beirat der großen Lehenträger, die in allen Fällen ein gewichtiges Wort dabei mitsprechen. Es kann auch gar nicht anders sein. Für den Ritter oder Baron wie für den Landesfürsten selbst ist die Verheiratung ein politischer Akt, eine Gelegenheit der Machtvergrößerung durch neue Bündnisse; das Interesse des *Hauses* hat zu entscheiden, nicht das Belieben des einzelnen. Wie soll da die Liebe in die Lage kommen, das letzte Wort zu sprechen über den Eheschluß?

Nicht anders mit dem Zunftbürger der mittelalterlichen Städte. Gerade die ihn schützenden Privilegien, die verklausulierten Zunftordnungen, die verkünstelten Grenzlinien, die ihn gesetzlich schieden, hier von den andern Zünften, dort von seinen eignen Zunftgenossen, da von seinen Gesellen und Lehrlingen, zogen den Kreis schon eng genug, aus dem er sich eine passende Gattin suchen konnte. Und welche unter ihnen die passendste war, das entschied unter diesem verwickelten System unbedingt nicht sein individuelles Belieben, sondern das Familieninteresse.

So blieb also in der unendlichen Mehrzahl der Fälle der Eheschluß bis zum Ende des Mittelalters, was er von Anfang an gewesen, eine Sache, die nicht von den Beteiligten entschieden wurde. Im Anfang kam man bereits verheiratet auf die Welt – verheiratet mit einer ganzen Gruppe des andern Geschlechts. In den späteren Formen der Gruppenehe fand wahrscheinlich ein ähnliches Verhältnis statt, nur unter stets wachsender Verengerung der Gruppe. In der Paarungsehe ist es Regel, daß die Mütter die Ehen ihrer Kinder verabreden; auch hier entscheiden Rücksichten auf neue Verwandtschaftsbande, die dem jungen Paar eine stärkere Stellung in Gens und Stamm verschaffen sollen. Und als mit dem Überwiegen des Privateigentums über das Gemeineigentum und mit dem Interesse an der Vererbung das Vaterrecht und die Monogamie zur Herrschaft kamen, da wurde der Eheschluß erst recht abhängig von ökonomischen Rücksichten. Die *Form* der Kaufehe verschwindet, die Sache wird in stets steigendem Maß durchgeführt, so daß nicht nur die Frau, sondern auch der Mann einen Preis erhält – nicht nach seinen persönlichen Eigenschaften, sondern nach seinem Besitz. Daß die gegenseitige Neigung der Beteiligten der alles andre überwiegende Grund des Eheschlusses sein sollte, das war in der Praxis der herrschenden Klassen unerhört geblieben von Anfang an; so etwas kam vor höchstens in der Romantik oder – bei den unterdrückten Klassen, die nicht zählten.

Das war der Zustand, den die kapitalistische Produktion vorfand, als sie, seit dem Zeitalter der geographischen Entdeckungen, durch den Welthandel und die Manufaktur sich anschickte zur Weltherrschaft. Man sollte meinen, dieser Modus der Eheschließung habe ihr ausnehmend gepaßt, und so war es auch. Und dennoch – die Ironie der Weltgeschichte ist unergründlich – war sie es, die die entscheidende Bresche in ihn legen mußte. Indem sie alle Dinge in Waren verwandelte, löste sie alle überkommenen, altherkömmlichen Verhältnisse auf, setzte an die Stelle der ererbten Sitte, des historischen Rechts, den Kauf und Verkauf, den „freien" Vertrag; wie denn der englische Jurist H.S.Maine[72] glaubte eine ungeheure Entdeckung gemacht zu haben, als er sagte, unser ganzer Fortschritt gegen frühere Epochen bestehe darin, daß wir gekommen seien from status to contract, von erblich überkommenen zu freiwillig kontrahierten Zuständen, was freilich schon im „Kommunistischen Manifest"[73] stand, soweit es richtig ist.

Zum Vertragschließen gehören aber Leute, die frei über ihre Personen, Handlungen und Besitztümer verfügen können und die einander gleichberechtigt gegenüberstehn. Diese „freien" und „gleichen" Leute zu schaffen, war grade eine der Hauptarbeiten der kapitalistischen Produktion. Geschah dies auch im Anfang noch in nur halbbewußter, obendrein religiös verkleideter Weise, so stand doch von der lutherischen und calvinischen Reformation an der Satz fest, daß der Mensch nur dann für seine Handlungen vollauf verantwortlich sei, wenn er sie in voller Freiheit des Willens begangen, und daß es sittliche Pflicht sei, Widerstand zu leisten gegen jeden Zwang zu unsittlicher Tat. Wie reimte sich dies aber mit der bisherigen Praxis der Eheschließung? Die Ehe war nach bürgerlicher Auffassung ein Vertrag, ein Rechtsgeschäft, und zwar das wichtigste von allen, weil es über Körper und Geist von zwei Menschen auf Lebenszeit Verfügung traf. Es wurde damals zwar formell freiwillig geschlossen; ohne das Jawort der Beteiligten ging es nicht. Aber man wußte nur zu gut, wie das Jawort zustande kam und wer die eigentlichen Eheschließer waren. Wenn aber zu allen andern Verträgen wirkliche Freiheit der Entschließung gefordert wurde, warum nicht zu diesem? Hatten die zwei jungen Leute, die verkuppelt werden sollten, nicht auch das Recht, über sich selbst, über ihren Leib und dessen Organe frei zu verfügen? War nicht die Geschlechtsliebe durch das Rittertum in die Mode gekommen und war, gegenüber der ritterlichen Ehebruchsliebe, nicht die Liebe der Ehegatten ihre richtige bürgerliche Form? Wenn es aber Pflicht der Eheleute, einander zu lieben, war es nicht ebensosehr Pflicht der Liebenden, einander zu heiraten und niemand anders? Stand dies Recht der Liebenden nicht höher als das Recht der Eltern, Verwandten und sonstigen hergebrachten Heiratsmakler und Ehekuppler? Brach das Recht der freien persönlichen Prüfung ungeniert in Kirche und Religion ein, wie sollte es stehenbleiben vor dem unerträglichen Anspruch der älteren Generation, über Leib, Seele, Vermögen, Glück und Unglück der jüngeren zu verfügen?

Diese Fragen mußten aufgeworfen werden zu einer Zeit, die alle alten Bande der Gesellschaft auflockerte und alle ererbten Vorstellungen ins Wanken brachte. Die Welt war mit einem Schlage fast zehnmal größer geworden; statt eines Quadranten einer Halbkugel lag jetzt die ganze Erdkugel vor dem Blick der Westeuropäer, die sich beeilten, die andern sieben Quadranten in Besitz zu nehmen. Und wie die alten engen Heimatsschranken, so fielen auch die tausendjährigen Schranken der mittelalterlichen vorgeschriebnen Denkweise. Dem äußern wie dem innern Auge des Menschen öffnete sich ein unendlich weiterer Horizont. Was galt die Wohlmeinung der Ehrbarkeit, was das durch Geschlechter vererbte ehrsame Zunftprivilegium dem jungen Mann, den die Reichtümer Indiens, die Gold- und Silberminen Mexikos und Potosis anlockten. Es war die fahrende Ritterzeit des Bürgertums; sie hatte auch ihre Romantik und ihre Liebesschwärmerei, aber auf bürgerlichem Fuß und mit in letzter Instanz bürgerlichen Zielen.

So geschah es, daß das aufkommende Bürgertum, namentlich der protestantischen Länder, wo am meisten am Bestehenden gerüttelt wurde, auch für die Ehe die Freiheit der Vertragschließung mehr und mehr anerkannte und in der oben geschilderten Weise durchführte. Die Ehe blieb Klassenehe, aber innerhalb der Klasse wurde den Beteiligten ein gewisser Grad von Freiheit der Wahl zugestanden. Und auf dem Papier, in der moralischen Theorie wie in der poetischen Schilderung, stand nichts unerschütterlicher fest, als daß jede Ehe unsittlich, die nicht auf gegenseitiger Geschlechtsliebe und wirklich freier Übereinkunft der Gatten beruht. Kurzum, die Liebesehe war proklamiert als Menschenrecht, und zwar nicht nur als droit de l'homme[1], sondern auch ausnahmsweise als droit de la femme[2].

Dies Menschenrecht unterschied sich aber in einem Punkt von allen übrigen sogenannten Menschenrechten. Während diese in der Praxis auf die herrschende Klasse, die Bourgeoisie, beschränkt blieben und der unterdrückten Klasse, dem Proletariat, direkt oder indirekt verkümmert wurden, bewährt sich hier wieder die Ironie der Geschichte. Die herrschende Klasse bleibt beherrscht von den bekannten ökonomischen Einflüssen und weist daher nur in Ausnahmefällen wirklich frei geschlossene Ehen auf, während diese bei der beherrschten Klasse, wie wir sahen, die Regel sind.

Die volle Freiheit der Eheschließung kann also erst dann allgemein durchgeführt werden, wenn die Beseitigung der kapitalistischen Produktion und der durch sie geschaffnen Eigentumsverhältnisse alle die ökonomischen Nebenrücksichten entfernt hat, die jetzt noch einen so mächtigen Einfluß auf die Gattenwahl ausüben. Dann bleibt eben kein andres Motiv mehr als die gegenseitige Zuneigung.

Da nun die Geschlechtsliebe ihrer Natur nach ausschließlich ist – obwohl sich diese Ausschließlichkeit heutzutage nur in der Frau durchweg verwirklicht –, so ist die auf Geschlechtsliebe begründete Ehe ihrer Natur nach Einzelehe. Wir haben gesehn, wie recht Bachofen hatte, wenn er den Fortschritt von der Gruppenehe zur Einzelehe vorwiegend als das Werk der Frauen ansah; nur der Fortgang von der Paarungsehe zur Monogamie kommt auf Rechnung der Männer; und er bestand, historisch, wesentlich in einer Verschlechterung der Stellung der Frauen und einer Erleichterung der Untreue der Männer. Fallen nun noch die ökonomischen Rücksichten weg, infolge deren die Frauen sich diese gewohnheitsmäßige Untreue der

[1] Recht des Mannes – [2] Recht der Frau

Männer gefallen ließen – die Sorge um ihre eigne Existenz und noch mehr die um die Zukunft der Kinder –, so wird die damit erreichte Gleichstellung der Frau aller bisherigen Erfahrung nach in unendlich stärkerem Maß dahin wirken, daß die Männer wirklich monogam werden, als dahin, daß die Frauen polyandrisch.

Was aber von der Monogamie ganz entschieden wegfallen wird, das sind alle die Charaktere, die ihr durch ihr Entstehn aus den Eigentumsverhältnissen aufgedrückt wurden, und diese sind erstens die Vorherrschaft des Mannes und zweitens die Unlösbarkeit. Die Vorherrschaft des Mannes in der Ehe ist einfache Folge seiner ökonomischen Vorherrschaft und fällt mit dieser von selbst. Die Unlösbarkeit der Ehe ist teils Folge der ökonomischen Lage, unter der die Monogamie entstand, teils Tradition aus der Zeit, wo der Zusammenhang dieser ökonomischen Lage mit der Monogamie noch nicht recht verstanden und religiös outriert wurde. Sie ist schon heute tausendfach durchbrochen. Ist nur die auf Liebe gegründete Ehe sittlich, so auch nur die, worin die Liebe fortbesteht. Die Dauer des Anfalls der individuellen Geschlechtsliebe ist aber nach den Individuen sehr verschieden, namentlich bei den Männern, und ein positives Aufhören der Zuneigung oder ihre Verdrängung durch eine neue leidenschaftliche Liebe macht die Scheidung für beide Teile wie für die Gesellschaft zur Wohltat. Nur wird man den Leuten ersparen, durch den nutzlosen Schmutz eines Scheidungsprozesses zu waten.

Was wir also heutzutage vermuten können über die Ordnung der Geschlechtsverhältnisse nach der bevorstehenden Wegfegung der kapitalistischen Produktion ist vorwiegend negativer Art, beschränkt sich meist auf das, was wegfällt. Was aber wird hinzukommen? Das wird sich entscheiden, wenn ein neues Geschlecht herangewachsen sein wird: ein Geschlecht von Männern, die nie in ihrem Leben in den Fall gekommen sind, für Geld oder andre soziale Machtmittel die Preisgebung einer Frau zu erkaufen, und von Frauen, die nie in den Fall gekommen sind, weder aus irgendwelchen andern Rücksichten als wirklicher Liebe sich einem Mann hinzugeben, noch dem Geliebten die Hingabe zu verweigern aus Furcht vor den ökonomischen Folgen. Wenn diese Leute da sind, werden sie sich den Teufel darum scheren, was man heute glaubt, daß sie tun sollen; sie werden sich ihre eigne Praxis und ihre danach abgemeßne öffentliche Meinung über die Praxis jedes einzelnen selbst machen – Punktum.

Kehren wir indes zurück zu Morgan, von dem wir uns ein beträchtliches entfernt haben. Die geschichtliche Untersuchung der während der Zivilisationsperiode entwickelten gesellschaftlichen Institutionen geht über den

Rahmen seines Buchs hinaus. Die Schicksale der Monogamie während dieses Zeitraums beschäftigen ihn daher nur ganz kurz. Auch er sieht in der Weiterbildung der monogamen Familie einen Fortschritt, eine Annäherung an die volle Gleichberechtigung der Geschlechter, ohne daß er dies Ziel jedoch für erreicht hält. Aber, sagt er,

„wenn die Tatsache anerkannt wird, daß die Familie vier Formen nacheinander durchgemacht hat und sich jetzt in einer fünften befindet, so entsteht die Frage, ob diese Form für die Zukunft von Dauer sein kann. Die einzig mögliche Antwort ist die, daß sie fortschreiten muß, wie die Gesellschaft fortschreitet, sich verändern im Maß, wie die Gesellschaft sich verändert, ganz wie bisher. Sie ist das Geschöpf des Gesellschaftssystems und wird seinen Bildungsstand widerspiegeln. Da die monogame Familie sich verbessert hat seit dem Beginn der Zivilisation, und sehr merklich in der modernen Zeit, so kann man mindestens vermuten, daß sie weiterer Vervollkommnung fähig, bis die Gleichheit beider Geschlechter erreicht ist. Sollte in entfernter Zukunft die monogame Familie nicht imstande sein, die Ansprüche der Gesellschaft zu erfüllen, so ist unmöglich vorherzusagen, von welcher Beschaffenheit ihre Nachfolgerin sein wird."[74]

III

Die irokesische Gens

Wir kommen jetzt zu einer andern Entdeckung Morgans, die mindestens von derselben Wichtigkeit ist wie die Rekonstruktion der Urfamilienform aus den Verwandtschaftssystemen. Der Nachweis, daß die durch Tiernamen bezeichneten Geschlechtsverbände innerhalb eines Stammes amerikanischer Indianer wesentlich identisch sind mit den genea der Griechen, den gentes der Römer; daß die amerikanische Form die ursprüngliche, die griechisch-römische die spätere, abgeleitete ist; daß die ganze Gesellschaftsorganisation der Griechen und Römer der Urzeit in Gens, Phratrie und Stamm ihre getreue Parallele findet in der amerikanisch-indianischen; daß die Gens eine allen Barbaren bis zu ihrem Eintritt in die Zivilisation, und selbst noch nachher, gemeinsame Einrichtung ist (soweit unsere Quellen bis jetzt reichen) – dieser Nachweis hat mit einem Schlag die schwierigsten Partien der ältesten griechischen und römischen Geschichte aufgeklärt und uns gleichzeitig über die Grundzüge der Gesellschaftsverfassung der Urzeit – vor Einführung des *Staats* – ungeahnte Aufschlüsse gegeben. So einfach die Sache auch aussieht, sobald man sie einmal kennt, so hat Morgan sie doch erst in der letzten Zeit entdeckt; in seiner vorhergehenden, 1871 erschienenen Schrift [46] war er noch nicht hinter dies Geheimnis gekommen, dessen Enthüllung seitdem die sonst so zuversichtlichen englischen Urhistoriker für eine Zeitlang[1] mäuschenstill gemacht hat.

Das lateinische Wort gens, welches Morgan allgemein für diesen Geschlechtsverband anwendet, kommt wie das griechische gleichbedeutende genos von der allgemein-arischen Wurzel gan (deutsch, wo nach der Regel k für arisches g stehen muß, kan), welche erzeugen bedeutet. Gens, genos, sanskrit dschanas, gotisch (nach der obigen Regel) kuni, altnordisch und angelsächsisch kyn, englisch kin, mittelhochdeutsch künne bedeuten gleich-

[1] *(1884)* fehlt: für eine Zeitlang

mäßig Geschlecht, Abstammung. Gens im Lateinischen, genos im Griechischen, wird aber speziell für jenen Geschlechtsverband gebraucht, der sich gemeinsamer Abstammung (hier von einem gemeinsamen Stammvater) rühmt und durch gewisse gesellschaftliche und religiöse Einrichtungen zu einer besondern Gemeinschaft verknüpft ist, dessen Entstehung und Natur trotzdem allen unsern Geschichtschreibern bis jetzt dunkel blieb.

Wir haben schon oben, bei der Punaluafamilie, gesehn, was die Zusammensetzung einer Gens in der ursprünglichen Form ist. Sie besteht aus allen Personen, die vermittelst der Punaluaehe und nach den in ihr mit Notwendigkeit herrschenden Vorstellungen die anerkannte Nachkommenschaft einer bestimmten einzelnen Stammutter, der Gründerin der Gens, bilden. Da in dieser Familienform die Vaterschaft ungewiß, gilt nur weibliche Linie. Da die Brüder ihre Schwestern nicht heiraten dürfen, sondern nur Frauen andrer Abstammung, so fallen die mit diesen fremden Frauen erzeugten Kinder nach Mutterrecht außerhalb der Gens. Es bleiben also nur die Nachkommen der *Töchter* jeder Generation innerhalb des Geschlechtsverbandes; die der Söhne gehn über in die Gentes ihrer Mütter. Was wird nun aus dieser Blutsverwandtschaftsgruppe, sobald sie sich als besondre Gruppe, gegenüber ähnlichen Gruppen innerhalb eines Stammes, konstituiert?

Als klassische Form dieser ursprünglichen Gens nimmt Morgan die der Irokesen, speziell des Senekastammes. Bei diesem gibt es acht Gentes, nach Tieren benannt: 1. Wolf, 2. Bär, 3. Schildkröte, 4. Biber, 5. Hirsch, 6. Schnepfe, 7. Reiher, 8. Falke. In jeder Gens herrscht folgender Brauch:

1. Sie erwählt ihren Sachem (Friedensvorsteher) und Häuptling (Kriegsanführer). Der Sachem muß aus der Gens selbst gewählt werden, und sein Amt war erblich in ihr, insofern es bei Erledigung sofort neu besetzt werden mußte; der Kriegsanführer konnte auch außerhalb der Gens gewählt werden und zeitweise ganz fehlen. Zum Sachem wurde nie der Sohn des vorigen gewählt, da bei den Irokesen Mutterrecht herrschte, der Sohn also einer andern Gens angehörte; wohl aber und oft der Bruder oder Schwestersohn. Bei der Wahl stimmten *alle* mit, Männer und Weiber. Die Wahl mußte aber von den übrigen sieben Gentes bestätigt werden, und dann erst wurde der Gewählte feierlich eingesetzt, und zwar durch den gemeinsamen Rat des ganzen Irokesenbundes. Die Bedeutung hiervon wird sich später zeigen. Die Gewalt des Sachem innerhalb des Gens war väterlich, rein moralischer Natur; Zwangsmittel hatte er nicht. Daneben war er von Amts wegen Mitglied des Stammesrats der Senekas wie des Bundesrats der Gesamtheit der Irokesen. Der Kriegshäuptling hatte nur auf Kriegszügen etwas zu befehlen.

2. Sie setzt den Sachem und Kriegshäuptling nach Belieben ab. Dies geschieht wieder von Männern und Weibern zusammen. Die Abgesetzten sind nachher einfache Krieger wie die andern, Privatpersonen. Der Stammesrat kann übrigens auch Sachems absetzen, selbst gegen den Willen der Gens.

3. Kein Mitglied darf innerhalb der Gens heiraten. Dies ist die Grundregel der Gens, das Band, das sie zusammenhält; es ist der negative Ausdruck der sehr positiven Blutsverwandtschaft, kraft deren die in ihr einbegriffenen Individuen erst eine Gens werden. Durch die Entdeckung dieser einfachen Tatsache hat Morgan die Natur der Gens zum erstenmal enthüllt. Wie wenig die Gens bisher verstanden wurde, beweisen die früheren Berichte über Wilde und Barbaren, wo die verschiedenen Körperschaften, aus denen die Gentilordnung sich zusammensetzt, unbegriffen und ununterschieden als Stamm, Clan, Thum usw. durcheinandergeworfen wurden und von diesen zuweilen gesagt wird, daß die Heirat innerhalb einer solchen Körperschaft verboten sei. Damit war denn die rettungslose Konfusion gegeben, in der Herr McLennan als Napoleon auftreten und Ordnung schaffen konnte, durch den Machtspruch: Alle Stämme teilen sich in solche, innerhalb deren die Ehe verboten ist (exogame), und solche, in denen sie erlaubt (endogame). Und nachdem er so die Sache erst recht gründlich verfahren, konnte er sich in den tiefsinnigsten Untersuchungen ergehen, welche von seinen beiden abgeschmackten Klassen die ältere sei: die Exogamie oder die Endogamie. Mit der Entdeckung der auf Blutsverwandtschaft, und daraus hervorgehender Unmöglichkeit der Ehe unter ihren Mitgliedern, begründeten Gens hörte dieser Unsinn von selbst auf. – Es ist selbstverständlich, daß auf der Stufe, auf der wir die Irokesen vorfinden, das Eheverbot innerhalb der Gens unverbrüchlich eingehalten wird.

4. Das Vermögen Verstorbner fiel an die übrigen Gentilgenossen, es mußte in der Gens bleiben. Bei der Unbedeutendheit der Gegenstände, die ein Irokese hinterlassen konnte, teilten sich die nächsten Gentilverwandten in die Erbschaft; starb ein Mann, dann seine leiblichen Brüder und Schwestern und der Mutterbruder; starb eine Frau, dann ihre Kinder und leiblichen Schwestern, nicht aber ihre Brüder. Ebendeshalb konnten Mann und Frau nicht voneinander erben, oder die Kinder vom Vater.

5. Die Gentilgenossen schuldeten einander Hülfe, Schutz und namentlich Beistand zur Rache für Verletzung durch Fremde. Der *einzelne* verließ sich für seine Sicherheit auf den Schutz der Gens und konnte es; wer ihn verletzte, verletzte die ganze Gens. Hieraus, aus den Blutbanden der Gens, entsprang die Verpflichtung zur Blutrache, die von den Irokesen unbedingt

anerkannt wurde. Erschlug ein Gentilfremder einen Gentilgenossen, so war die ganze Gens des Getöteten zur Blutrache verpflichtet. Zuerst versuchte man Vermittlung; die Gens des Töters hielt Rat und machte dem Rat der Gens des Getöteten Beilegungsanträge, meist Ausdrücke des Bedauerns und bedeutende Geschenke anbietend. Wurden diese angenommen, war die Sache erledigt. Im andern Fall ernannte die verletzte Gens einen oder mehrere Rächer, die den Töter zu verfolgen und zu erschlagen verpflichtet waren. Geschah dies, so hatte die Gens des Erschlagnen kein Recht, sich zu beklagen, der Fall war ausgeglichen.

6. Die Gens hat bestimmte Namen oder Reihen von Namen, die im ganzen Stamm nur sie gebrauchen darf, so daß der Name des einzelnen zugleich sagt, welcher Gens er angehört. Ein Gentilname führt Gentilrechte von vornherein mit sich.

7. Die Gens kann Fremde in sich adoptieren und sie dadurch in den ganzen Stamm aufnehmen. Die Kriegsgefangnen, die man nicht tötete, wurden so vermittelst Adoption in einer Gens Stammesmitglieder der Senekas und erhielten damit die vollen Gentil- und Stammesrechte. Die Adoption geschah auf Antrag einzelner Gentilgenossen, Männer, die den Fremden als Bruder resp. Schwester, Frauen, die ihn als Kind annahmen; die feierliche Aufnahme in die Gens war zur Bestätigung nötig. Oft wurden so einzelne, ausnahmsweise zusammengeschrumpfte Gentes durch Massenadoption aus einer andern Gens, mit Einwilligung dieser, neu gestärkt. Bei den Irokesen fand die feierliche Aufnahme in die Gens in öffentlicher Sitzung des Stammesrats statt, wodurch sie tatsächlich eine religiöse Zeremonie wurde.

8. Spezielle religiöse Feierlichkeiten kann man bei indianischen Gentes schwerlich nachweisen; aber die religiösen Zeremonien der Indianer hängen mehr oder minder mit den Gentes zusammen. Bei den sechs jährlichen religiösen Festen der Irokesen wurden die Sachems und Kriegshäuptlinge der einzelnen Gentes von Amts wegen den „Glaubenshütern" zugezählt und hatten priesterliche Funktionen.

9. Die Gens hat einen gemeinsamen Begräbnisplatz. Dieser ist bei den mitten unter Weißen eingeengten Irokesen des Staats New York jetzt verschwunden, hat aber früher bestanden. Bei andern Indianern besteht er noch; so bei den den Irokesen nah verwandten Tuskaroras, die, obgleich Christen, für jede Gens eine bestimmte Reihe im Kirchhof haben, so daß zwar die Mutter in derselben Reihe begraben wird wie die Kinder, aber nicht der Vater. Und auch bei den Irokesen geht die ganze Gens eines Verstorbenen zum Begräbnis, besorgt das Grab, die Grabreden etc.

10. Die Gens hat einen Rat, die demokratische Versammlung aller männlichen und weiblichen erwachsenen Gentilen, alle mit gleichem Stimmrecht. Dieser Rat erwählte Sachems und Kriegshäuptlinge und setzte sie ab; ebenso die übrigen „Glaubenshüter"; er beschloß über Bußgaben (Wergeld) oder Blutrache für gemordete Gentilen; er adoptierte Fremde in die Gens. Kurz, er war die souveräne Gewalt in der Gens.

Dies sind die Befugnisse einer typischen indianischen Gens.

„Alle ihre Mitglieder sind freie Leute, verpflichtet, *einer* des *andern* Freiheit zu schützen; gleich in persönlichen Rechten – weder Sachems noch Kriegsführer beanspruchen irgendwelchen Vorrang; sie bilden eine Brüderschaft, verknüpft durch Blutbande. Freiheit, Gleichheit, Brüderlichkeit, obwohl nie formuliert, waren die Grundprinzipien der Gens, und diese war wiederum die Einheit eines ganzen gesellschaftlichen Systems, die Grundlage der organisierten indianischen Gesellschaft. Das erklärt den unbeugsamen Unabhängigkeitssinn und die persönliche Würde des Auftretens, die jedermann bei den Indianern anerkennt."[75]

Zur Zeit der Entdeckung waren die Indianer von ganz Nordamerika in Gentes organisiert, nach Mutterrecht. Nur in einigen Stämmen, wie den der Dakotas, waren die Gentes verfallen, und in einigen andern, Ojibwas, Omahas, waren sie nach Vaterrecht organisiert.

Bei sehr vielen indianischen Stämmen mit mehr als fünf oder sechs Gentes finden wir je drei, vier oder mehr Gentes zu einer besondern Gruppe vereinigt, die Morgan in getreuer Übertragung des indianischen Namens nach ihrem griechischen Gegenbild Phratrie (Brüderschaft) nennt. So haben die Senekas zwei Phratrien; die erste umfaßt die Gentes 1–4, die zweite die Gentes 5–8. Die nähere Untersuchung zeigt, daß diese Phratrien meist die ursprünglichen Gentes darstellen, in die sich der Stamm anfänglich spaltete; denn bei dem Heiratsverbot innerhalb der Gens mußte jeder Stamm notwendig mindestens zwei Gentes umfassen, um selbständig bestehn zu können. Im Maß, wie sich der Stamm vermehrte, spaltete sich jede Gens wieder in zwei oder mehrere, die nun jede als besondre Gens erscheinen, während die ursprüngliche Gens, die alle Tochtergentes umfaßt, fortlebt als Phratrie. Bei den Senekas und den meisten andern Indianern sind die Gentes der einen Phratrie Brudergentes, während die der andern ihre Vettergentes sind – Bezeichnungen, die im amerikanischen Verwandtschaftssystem, wie wir sahn, einen sehr reellen und ausdrucksvollen Sinn haben. Ursprünglich durfte auch kein Seneka innerhalb seiner Phratrie heiraten, doch ist dies längst außer Gebrauch gekommen und auf die Gens beschränkt. Tradition der Senekas war, daß Bär und Hirsch die beiden ursprünglichen Gentes seien, von denen die andern abgezweigt. Nachdem diese neue Einrichtung einmal eingewurzelt, wurde sie nach dem Bedürfnis modifiziert; starben Gentes einer Phratrie aus, so wurden zuweilen zur Ausgleichung ganze Gentes aus andern Phratrien in jene versetzt. Daher finden wir bei verschiednen Stämmen die gleichnamigen Gentes verschieden gruppiert in den Phratrien.

Die Funktionen der Phratrie bei den Irokesen sind teils gesellschaftliche, teils religiöse. 1. Das Ballspiel spielen die Phratrien gegeneinander; jede schickt ihre besten Spieler vor, die übrigen sehen zu, jede Phratrie besonders aufgestellt, und wetten gegeneinander auf das Gewinnen der ihrigen. – 2. Im Stammesrat sitzen die Sachems und Kriegsführer jeder Phratrie zusammen, die beiden Gruppen einander gegenüber, jeder Redner spricht zu den Repräsentanten jeder Phratrie als zu einer besondern Körperschaft. – 3. War ein Totschlag im Stamm vorgekommen, wo Töter und Getötete nicht zu derselben Phratrie gehörten, so appellierte die verletzte Gens oft an ihre Brudergentes; diese hielten einen Phratrienrat und wandten sich an die andre Phratrie als Gesamtheit, damit diese ebenfalls einen Rat versammle zur Beilegung der Sache. Hier tritt also die Phratrie wieder als ursprüngliche Gens auf und mit größerer Aussicht auf Erfolg als die schwächere einzelne Gens, ihre Tochter. – 4. Bei Todesfällen hervorragender Leute übernahm die entgegengesetzte Phratrie die Besorgung der Bestattung und der Begräbnisfeierlichkeiten, während die Phratrie des Verstorbenen als leidtragend mitging. Starb ein Sachem, so meldete die entgegengesetzte Phratrie die Erledigung des Amts dem Bundesrat der Irokesen an. – 5. Bei der Wahl eines Sachems kam ebenfalls der Phratrienrat ins Spiel. Bestätigung durch die Brudergentes wurde als ziemlich selbstverständlich angesehn, aber die Gentes der andern Phratrie mochten opponieren. In solchem Fall kam der Rat dieser Phratrie zusammen; hielt er die Opposition aufrecht, so war die Wahl wirkungslos. – 6. Früher hatten die Irokesen besondre religiöse Mysterien, von den Weißen medicine-lodges genannt. Diese wurden bei den Senekas gefeiert durch zwei religiöse Genossenschaften, mit regelrechter Einweihung für neue Mitglieder; auf jede der beiden Phratrien entfiel eine dieser Genossenschaften. – 7. Wenn, wie fast sicher, die vier linages (Geschlechter), die die vier Viertel von Tlascalá zur Zeit der Eroberung bewohnten[76], vier Phratrien waren, so ist damit bewiesen, daß die Phratrien wie bei den Griechen und ähnliche Geschlechtsverbände bei den Deutschen auch als militärische Einheiten galten; diese vier linages zogen in den Kampf, jede einzelne als besondre Schar, mit eigner Uniform und Fahne und unter eignem Führer.

Wie mehrere Gentes eine Phratrie, so bilden, in der klassischen Form, mehrere Phratrien einen Stamm; in manchen Fällen fehlt bei stark geschwächten Stämmen das Mittelglied, die Phratrie. Was bezeichnet nun einen Indianerstamm in Amerika?

1. Ein eignes Gebiet und ein eigner Name. Jeder Stamm besaß außer dem Ort seiner wirklichen Niederlassung noch ein beträchtliches Gebiet zu Jagd und Fischfang. Darüber hinaus lag ein weiter, neutraler Landstrich, der bis ans Gebiet des nächsten Stammes reichte, bei sprachverwandten Stämmen geringer, bei nichtsprachverwandten größer war. Es ist dies der Grenzwald der Deutschen, die Wüste, die Cäsars Sueven um ihr Gebiet schaffen, das îsarnholt (dänisch jarnved, limes Danicus) zwischen Dänen und Deutschen, der Sachsenwald und der branibor (slawisch = Schutzwald), von dem Brandenburg seinen Namen trägt, zwischen Deutschen und Slawen. Das solchergestalt durch unsichre Grenzen ausgeschiedne Gebiet war das Gemeinland des Stamms, von Nachbarstämmen als solches anerkannt, von ihm selbst gegen Übergriffe verteidigt. Die Unsicherheit der Grenzen wurde meist erst praktisch nachteilig, wenn die Bevölkerung sich stark vermehrt hatte. – Die Stammesnamen erscheinen meist mehr zufällig entstanden als absichtlich gewählt; mit der Zeit kam es häufig vor, daß ein Stamm von den Nachbarstämmen mit einem andern als dem von ihm selbst gebrauchten bezeichnet wurde; ähnlich wie die Deutschen ihren ersten geschichtlichen Gesamtnamen, Germanen, von den Kelten auferlegt bekamen.

2. Ein besondrer, nur diesem Stamm eigentümlicher *Dialekt*. In der Tat fallen Stamm und Dialekt der Sache nach zusammen; Neubildung von Stämmen und Dialekten durch Spaltung ging noch bis vor kurzem in Amerika vor sich und wird auch jetzt kaum ganz aufgehört haben. Wo zwei geschwächte Stämme sich zu einem verschmolzen haben, kommt es ausnahmsweise vor, daß im selben Stamm zwei nahverwandte Dialekte gesprochen werden. Die Durchschnittsstärke amerikanischer Stämme ist unter 2000 Köpfen; die Tscherokesen indes sind an 26 000 stark, die größte Zahl Indianer in den Vereinigten Staaten, die denselben Dialekt sprechen.

3. Das Recht, die von den Gentes erwählten Sachems und Kriegsführer feierlich einzusetzen und

4. das Recht, sie wieder abzusetzen, auch gegen den Willen ihrer Gens. Da diese Sachems und Kriegsführer Mitglieder des Stammesrats sind, erklären sich diese Rechte des Stamms ihnen gegenüber von selbst. Wo sich ein Bund von Stämmen gebildet hatte und die Gesamtzahl der Stämme in einem Bundesrat vertreten war, gingen obige Rechte auf diesen über.

5. Der Besitz gemeinsamer religiöser Vorstellungen (Mythologie) und Kultusverrichtungen.

„Die Indianer waren in ihrer barbarischen Art ein religiöses Volk."[77]

Ihre Mythologie ist noch keineswegs kritisch untersucht; sie stellten sich die Verkörperungen ihrer religiösen Vorstellungen – Geister aller Art – bereits unter menschlicher Gestalt vor, aber die Unterstufe der Barbarei, auf der sie sich befanden, kennt noch keine bildlichen Darstellungen, sogenannte Götzen. Es ist ein in der Entwicklung zur Vielgötterei sich befindender Natur- und Elementarkultus. Die verschiednen Stämme hatten ihre regelmäßigen Feste, mit bestimmten Kultusformen, namentlich Tanz und Spielen; der Tanz besonders war ein wesentlicher Bestandteil aller religiösen Feierlichkeiten; jeder Stamm hielt die seinigen besonders ab.

6. Ein Stammesrat für gemeinsame Angelegenheiten. Er war zusammengesetzt aus sämtlichen Sachems und Kriegsführern der einzelnen Gentes, ihren wirklichen, weil stets absetzbaren Vertretern; er beriet öffentlich, umgeben von den übrigen Stammesgliedern, die das Recht hatten dreinzureden und mit ihrer Ansicht gehört zu werden; der Rat entschied. In der Regel wurde jeder Anwesende auf Verlangen gehört, auch die Weiber konnten durch einen Redner ihrer Wahl ihre Ansicht vortragen lassen. Bei den Irokesen mußte der endliche Beschluß einstimmig gefaßt werden, wie dies auch in manchen Beschlüssen deutscher Markgemeinden der Fall war. Dem Stammesrat lag ob namentlich die Regelung des Verhältnisses zu fremden Stämmen; er empfing Gesandtschaften und sandte solche ab, er erklärte Krieg und schloß Frieden. Kam es zum Krieg, so wurde dieser meist von Freiwilligen geführt. Im Prinzip galt jeder Stamm als im Kriegszustand befindlich mit jedem andern Stamm, mit dem er keinen ausdrücklichen Friedensvertrag geschlossen. Kriegerische Auszüge gegen solche Feinde wurden meist organisiert durch einzelne hervorragende Krieger; sie gaben einen Kriegstanz, wer mittanzte, erklärte damit seine Beteiligung am Zug. Die Kolonne wurde sofort gebildet und in Bewegung gesetzt. Ebenso wurde die Verteidigung des angegriffnen Stammesgebiets meist durch freiwillige Aufgebote geführt. Der Auszug und die Rückkehr solcher Kolonnen gaben stets Anlaß zu öffentlichen Festlichkeiten. Genehmigung des Stammesrats zu solchen Auszügen war nicht erforderlich und wurde weder verlangt noch gegeben. Es sind ganz die Privatkriegszüge deutscher Gefolgschaften, wie Tacitus sie uns schildert, nur daß bei den Deutschen die Gefolgschaften bereits einen ständigern Charakter angenommen haben, einen festen Kern bilden, der schon in Friedenszeiten organisiert wird und um den sich im Kriegsfall die übrigen Freiwilligen gruppieren. Solche Kriegskolonnen waren selten zahlreich; die bedeutendsten Expeditionen der Indianer, auch

auf große Entfernungen, wurden von unbedeutenden Streitkräften vollführt. Traten mehrere solche Gefolgschaften zu einer großen Unternehmung zusammen, so gehorchte jede nur ihrem eignen Führer; die Einheit des Feldzugsplans wurde durch einen Rat dieser Führer gut oder schlecht gesichert. Es ist die Kriegführung der Alamannen im vierten Jahrhundert am Oberrhein, wie wir sie bei Ammianus Marcellinus geschildert finden.

7. In einigen Stämmen finden wir einen Oberhäuptling, dessen Befugnisse indessen sehr gering sind. Es ist einer der Sachems, der in Fällen, die rasches Handeln erfordern, provisorische Maßregeln zu treffen hat bis zu der Zeit, wo der Rat sich versammeln und endgültig beschließen kann. Es ist ein schwacher, aber in der weitren Entwicklung meist unfruchtbar gebliebner Ansatz zu einem Beamten mit vollstreckender Gewalt; dieser hat sich vielmehr, wie sich zeigen wird, in den meisten Fällen, wo nicht überall, aus dem obersten Heerführer entwickelt.

Über die Vereinigung im Stamm kam die große Mehrzahl der amerikanischen Indianer nicht hinaus. In wenig zahlreichen Stämmen, durch weite Grenzstriche voneinander geschieden, durch ewige Kriege geschwächt, besetzten sie mit wenig Menschen ein ungeheures Gebiet. Bündnisse zwischen verwandten Stämmen bildeten sich hie und da aus augenblicklicher Notlage und zerfielen mit ihr. Aber in einzelnen Gegenden hatten sich ursprünglich verwandte Stämme aus der Zersplitterung wieder zusammengeschlossen zu dauernden Bünden und so den ersten Schritt getan zur Bildung von Nationen. In den Vereinigten Staaten finden wir die entwickeltste Form eines solchen Bundes bei den Irokesen. Von ihren Sitzen westlich vom Mississippi ausziehend, wo sie wahrscheinlich einen Zweig der großen Dakota-Familie gebildet, ließen sie sich nach langer Wanderung im heutigen Staat New York nieder, in fünf Stämme geteilt: Senekas, Cayugas, Onondagas, Oneidas und Mohawks. Sie lebten von Fisch, Wild und rohem Gartenbau, wohnten in Dörfern, die meist durch ein Pfahlwerk geschützt. Nie über 20 000 Köpfe stark, hatten sie in allen fünf Stämmen eine Anzahl von Gentes gemeinsam, sprachen nahverwandte Dialekte derselben Sprache und besetzten nun ein zusammenhängendes Gebiet, das unter die fünf Stämme verteilt war. Da dies Gebiet neu erobert, war gewohnheitsmäßiges Zusammenhalten dieser Stämme gegen die Verdrängten natürlich und entwickelte sich, spätestens anfangs des 15. Jahrhunderts, zu einem förmlichen „ewigen Bund", einer Eidgenossenschaft, die auch sofort im Gefühl ihrer neuen Stärke einen angreifenden Charakter annahm und auf der Höhe ihrer Macht, gegen 1675, große Landstriche ringsumher erobert und die Bewohner teils vertrieben, teils tributpflichtig gemacht hatte. Der Irokesenbund liefert die fortgeschrittenste gesellschaftliche Organisation, zu der es die Indianer gebracht, soweit sie die Unterstufe der Barbarei nicht überschritten (also mit Ausnahme der Mexikaner, Neumexikaner[29] und Peruaner). Die Grundbestimmungen des Bundes waren folgende:

1. Ewiger Bund der fünf blutsverwandten Stämme auf Grundlage vollkommner Gleichheit und Selbständigkeit in allen innern Stammesangelegenheiten. Diese Blutsverwandtschaft bildete die wahre Grundlage des Bundes. Von den fünf Stämmen hießen drei die Vaterstämme und waren Brüder untereinander; die beiden andern hießen Sohnstämme und waren ebenfalls Bruderstämme untereinander. Drei Gentes – die ältesten – waren in allen fünf, andre drei in drei Stämmen noch lebendig vertreten, die Mitglieder jeder dieser Gentes allesamt Brüder durch alle fünf Stämme. Die gemeinsame, nur dialektisch verschiedne Sprache war Ausdruck und Beweis der gemeinsamen Abstammung.

2. Das Organ des Bundes war ein Bundesrat von 50 Sachems, alle gleich in Rang und Ansehn; dieser Rat entschied endgültig über alle Angelegenheiten des Bundes.

3. Diese 50 Sachems waren bei Stiftung des Bundes auf die Stämme und Gentes verteilt worden, als Träger neuer Ämter, ausdrücklich für Bundeszwecke errichtet. Sie wurden von den betreffenden Gentes bei jeder Erledigung neu gewählt und konnten von ihnen jederzeit abgesetzt werden; das Recht der Einsetzung in ihr Amt aber gehört dem Bundesrat.

4. Diese Bundessachems waren auch Sachems in ihren jedesmaligen Stämmen und hatten Sitz und Stimme im Stammesrat.

5. Alle Beschlüsse des Bundesrats mußten einstimmig gefaßt werden.

6. Die Abstimmung geschah nach Stämmen, so daß jeder Stamm und in jedem Stamm alle Ratsmitglieder zustimmen mußten, um einen gültigen Beschluß zu fassen.

7. Jeder der fünf Stammesräte konnte den Bundesrat berufen, dieser aber nicht sich selbst.

8. Die Sitzungen fanden vor versammeltem Volk statt; jeder Irokese konnte das Wort ergreifen; der Rat allein entschied.

9. Der Bund hatte keine persönliche Spitze, keinen Chef der vollziehenden Gewalt.

10. Dagegen hatte er zwei oberste Kriegsführer, mit gleichen Befugnissen und gleicher Gewalt (die beiden „Könige" der Spartaner, die beiden Konsuln in Rom).

Das war die ganze öffentliche Verfassung, unter der die Irokesen über vierhundert Jahre gelebt haben und noch leben. Ich habe sie ausführlicher nach Morgan geschildert, weil wir hier Gelegenheit haben, die Organisation einer Gesellschaft zu studieren, die noch keinen *Staat* kennt. Der Staat setzt eine von der Gesamtheit der jedesmal Beteiligten getrennte, besondre öffentliche Gewalt voraus, und Maurer, der mit richtigem Instinkt die deutsche Markverfassung als eine vom Staat wesentlich verschiedne, wenn auch ihm großenteils später zugrunde liegende, an sich rein gesellschaftliche Institution erkennt – Maurer untersucht daher in allen seinen Schriften das allmähliche Entstehn der öffentlichen Gewalt aus und neben den ursprünglichen Verfassungen der Marken, Dörfer, Höfe und Städte. Wir sehn bei den nordamerikanischen Indianern, wie ein ursprünglich einheitlicher Volksstamm sich über einen ungeheuren Kontinent allmählich ausbreitet, wie Stämme durch Spaltung zu Völkern, ganzen Gruppen von Stämmen werden, die Sprachen sich verändern, bis nicht nur sie einander unverständlich werden, sondern auch fast jede Spur der ursprünglichen Einheit verschwindet; wie daneben in den Stämmen die einzelnen Gentes sich in mehrere spalten, die alten Muttergentes als Phratrien sich erhalten und doch die Namen dieser ältesten Gentes bei weit entfernten und lange getrennten Stämmen sich gleichbleiben – der Wolf und der Bär sind Gentilnamen noch bei einer Majorität aller indianischen Stämme. Und auf sie alle paßt im ganzen und großen die oben geschilderte Verfassung – nur daß viele es nicht bis zum Bund verwandter Stämme gebracht haben.

Wir sehn aber auch, wie sehr – die Gens als gesellschaftliche Einheit einmal gegeben – die ganze Verfassung von Gentes, Phratrien und Stamm sich mit fast zwingender Notwendigkeit – weil Natürlichkeit – aus dieser Einheit entwickelt. Alle drei sind Gruppen verschiedner Abstufungen von Blutsverwandtschaft, jede abgeschlossen in sich und ihre eignen Angelegenheiten ordnend, jede aber auch die andre ergänzend. Und der Kreis der ihnen anheimfallenden Angelegenheiten umfaßt die Gesamtheit der öffentlichen Angelegenheiten des Barbaren der Unterstufe. Wo wir also bei einem Volk die Gens als gesellschaftliche Einheit vorfinden, werden wir auch nach einer ähnlichen Organisation des Stammes suchen dürfen wie die hier geschilderte; und wo hinreichende Quellen vorliegen, wie bei Griechen und Römern, werden wir sie nicht nur finden, sondern uns auch überzeugen, daß, wo die Quellen uns im Stich lassen, die Vergleichung der amerikanischen Gesellschaftsverfassung uns über die schwierigsten Zweifel und Rätsel hinweghilft.

Und es ist eine wunderbare Verfassung in all ihrer Kindlichkeit und Einfachheit, diese Gentilverfassung! Ohne Soldaten, Gendarmen und Polizisten, ohne Adel, Könige, Statthalter, Präfekten oder Richter, ohne Gefängnisse, ohne Prozesse geht alles seinen geregelten Gang. Allen Zank und Streit entscheidet die Gesamtheit derer, die es angeht, die Gens oder der Stamm, oder die einzelnen Gentes unter sich – nur als äußerstes, selten angewandtes Mittel droht die Blutrache, von der unsre Todesstrafe auch nur die zivilisierte Form ist, behaftet mit allen Vorteilen und Nachteilen der Zivilisation. Obwohl viel mehr gemeinsame Angelegenheiten vorhanden sind als jetzt – die Haushaltung ist einer Reihe von Familien gemein und kommunistisch, der Boden ist Stammesbesitz, nur die Gärtchen sind den Haushaltungen vorläufig zugewiesen –, so braucht man doch nicht eine Spur unsres weitläufigen und verwickelten Verwaltungsapparats. Die Beteiligten entscheiden, und in den meisten Fällen hat jahrhundertelanger Gebrauch bereits alles geregelt. Arme und Bedürftige kann es nicht geben – die kommunistische Haushaltung und die Gens kennen ihre Verpflichtungen gegen Alte, Kranke und im Kriege Gelähmte. Alle sind gleich und frei – auch die Weiber. Für Sklaven ist noch kein Raum, für Unterjochung fremder Stämme in der Regel auch noch nicht. Als die Irokesen um 1651 die Eries und die „Neutrale Nation" [78] besiegt hatten, boten sie ihnen an, als Gleichberechtigte in den Bund zu treten; erst als die Besiegten dies weigerten, wurden sie aus ihrem Gebiet vertrieben. Und welche Männer und Weiber eine solche Gesellschaft erzeugt, beweist die Bewundrung aller Weißen, die mit unverdorbnen Indianern zusammenkamen, vor der persönlichen Würde, Geradheit, Charakterstärke und Tapferkeit dieser Barbaren.

Von der Tapferkeit haben wir ganz neuerdings in Afrika Beispiele erlebt. Die Zulukaffern vor einigen Jahren wie die Nubier vor ein paar Monaten – beides Stämme, bei denen Gentileinrichtungen noch nicht ausgestorben – haben getan, was kein europäisches Heer tun kann.[79] Nur mit Lanzen und Wurfspeeren bewaffnet, ohne Feuergewehr, sind sie im Kugelregen der Hinterlader der englischen Infanterie – der anerkannt ersten der Welt für das geschlossene Gefecht – bis an die Bajonette vorgerückt und haben sie mehr als einmal in Unordnung gebracht und selbst geworfen, trotz der kolossalen Ungleichheit der Waffen und trotzdem, daß sie gar keine Dienstzeit haben und nicht wissen, was Exerzieren ist. Was sie aushalten und leisten können, beweist die Klage der Engländer, daß ein Kaffer in 24 Stunden einen längeren Weg rascher zurücklegt als ein Pferd – der kleinste Muskel springt vor, hart und gestählt, wie Peitschenschnur, sagt ein englischer Maler.

So sahn die Menschen und die menschliche Gesellschaft aus, ehe die Scheidung in verschiedne Klassen vor sich gegangen war. Und wenn wir ihre Lage vergleichen mit der der ungeheuren Mehrzahl der heutigen zivilisierten Menschen, so ist der Abstand enorm zwischen dem heutigen Proletarier und Kleinbauer und dem alten freien Gentilgenossen.

Das ist die eine Seite. Vergessen wir aber nicht, daß diese Organisation dem Untergang geweiht war. Über den Stamm ging sie nicht hinaus; der Bund der Stämme bezeichnet schon den Anfang ihrer Untergrabung, wie sich zeigen wird und wie sich schon zeigte in den Unterjochungsversuchen der Irokesen. Was außerhalb des Stammes, war außerhalb des Rechts. Wo nicht ausdrücklicher Friedensvertrag vorlag, herrschte Krieg von Stamm zu Stamm, und der Krieg wurde geführt mit der Grausamkeit, die den Menschen vor den übrigen Tieren auszeichnet und die erst später gemildert wurde durch das Interesse. Die Gentilverfassung in ihrer Blüte, wie wir sie in Amerika sahen, setzte voraus eine äußerst unentwickelte Produktion, also eine äußerst dünne Bevölkerung auf weitem Gebiet; also ein fast vollständiges Beherrschtsein des Menschen von der ihm fremd gegenüberstehenden, unverstandnen äußern Natur, das sich widerspiegelt in den kindischen religiösen Vorstellungen. Der Stamm blieb die Grenze für den Menschen, sowohl dem Stammesfremden als auch sich selbst gegenüber: Der Stamm, die Gens und ihre Einrichtungen waren heilig und unantastbar, waren eine von Natur gegebne höhere Macht, der der einzelne in Fühlen, Denken und Tun unbedingt untertan blieb. So imposant die Leute dieser Epoche uns erscheinen, so sehr sind sie ununterschieden einer vom andern, sie hängen noch, wie Marx sagt, an der Nabelschnur des naturwüchsigen Gemeinwesens. Die Macht dieser naturwüchsigen Gemeinwesen mußte gebrochen werden – sie wurde gebrochen. Aber sie wurde gebrochen durch Einflüsse, die uns von vornherein als eine Degradation erscheinen, als ein Sündenfall von der einfachen sittlichen Höhe der alten Gentilgesellschaft. Es sind die niedrigsten Interessen – gemeine Habgier, brutale Genußsucht, schmutziger Geiz, eigensüchtiger Raub am Gemeinbesitz –, die die neue, zivilisierte, die Klassengesellschaft einweihen; es sind die schmählichsten Mittel – Diebstahl, Vergewaltigung, Hinterlist, Verrat, die die alte klassenlose Gentilgesellschaft unterhöhlen und zu Fall bringen. Und die neue Gesellschaft selbst, während der ganzen dritthalbtausend Jahre ihres Bestehns, ist nie etwas andres gewesen als die Entwicklung der kleinen Minderzahl auf Kosten der ausgebeuteten und unterdrückten großen Mehrzahl, und sie ist dies jetzt mehr als je zuvor.

IV

Die griechische Gens

Griechen wie Pelasger und andre stammverwandte Völker waren schon seit vorgeschichtlicher Zeit geordnet nach derselben organischen Reihe wie die Amerikaner: Gens, Phratrie, Stamm, Bund von Stämmen. Die Phratrie konnte fehlen wie bei den Doriern, der Bund von Stämmen brauchte noch nicht überall ausgebildet zu sein, aber in allen Fällen war die Gens die Einheit. Zur Zeit, wo die Griechen in die Geschichte eintreten, stehn sie an der Schwelle der Zivilisation; zwischen ihnen und den amerikanischen Stämmen, von denen oben die Rede war, liegen fast zwei ganze große Entwicklungsperioden, um welche die Griechen der Heroenzeit den Irokesen voraus sind. Die Gens der Griechen ist daher auch keineswegs mehr die archaische der Irokesen, der Stempel der Gruppenehe[1] fängt an, sich bedeutend zu verwischen. Das Mutterrecht ist dem Vaterrecht gewichen; damit hat der aufkommende Privatreichtum seine erste Bresche in die Gentilverfassung gelegt. Eine zweite Bresche war natürliche Folge der ersten: Da nach Einführung des Vaterrechts das Vermögen einer reichen Erbin durch ihre Heirat an ihren Mann, also in eine andre Gens gekommen wäre, durchbrach man die Grundlage alles Gentilrechts und erlaubte nicht nur, sondern *gebot* in diesem Fall, daß das Mädchen innerhalb der Gens heiratete, um dieser das Vermögen zu erhalten.

Nach Grotes[80] griechischer Geschichte wurde speziell die athenische Gens zusammengehalten durch:

1. Gemeinsame religiöse Feierlichkeiten und ausschließliches Recht des Priestertums zu Ehren eines bestimmten Gottes, des angeblichen Stammvaters der Gens, der in dieser Eigenschaft durch einen besondern Beinamen bezeichnet wurde.

2. Gemeinsamen Begräbnisplatz (vgl. Demosthenes' „Eubulides")[81].

[1] *(1884)* Punaluafamilie

3. Gegenseitiges Beerbungsrecht.

4. Gegenseitige Verpflichtung zu Hülfe, Schutz und Unterstützung bei Vergewaltigung.

5. Gegenseitiges Recht und Verpflichtung zur Heirat in der Gens in gewissen Fällen, besonders wo es Waisentöchter oder Erbinnen betraf.

6. Besitz, wenigstens in einigen Fällen, von gemeinsamem Eigentum mit einem eignen Archon (Vorsteher) und Schatzmeister.

Sodann band die Vereinigung in der Phratrie mehrere Gentes zusammen, doch weniger eng; doch auch hier finden wir gegenseitige Rechte und Pflichten ähnlicher Art, besonders Gemeinsamkeit bestimmter Religionsübungen und das Recht der Verfolgung, wenn ein Phrator getötet worden. Die Gesamtheit der Phratrien eines Stammes hatte wiederum gemeinsame, regelmäßig wiederkehrende heilige Feierlichkeiten unter Vortritt eines aus den Adligen (Eupatriden) gewählten Phylobasileus (Stammvorstehers).

So weit Grote. Und Marx fügt hinzu: „Durch die griechische Gens guckt der Wilde (Irokese z.B.) aber auch unverkennbar durch." Er wird noch unverkennbarer, sobald wir etwas weiter untersuchen.

Der griechischen Gens kommt nämlich ferner zu:

7. Abstammung nach Vaterrecht.

8. Verbot der Heirat in der Gens außer im Fall von Erbinnen.

Diese Ausnahme und ihre Fassung als Gebot beweisen die Geltung der alten Regel. Diese folgt ebenfalls aus dem allgemein gültigen Satz, daß die Frau durch die Heirat auf die religiösen Riten ihrer Gens verzichtete und in die ihres Mannes übertrat, in dessen Phratrie sie auch eingeschrieben wurde. Heirat außerhalb der Gens war hiernach und nach einer berühmten Stelle des Dikäarchos Regel[82], und Becker im „Charikles" nimmt geradezu an, daß niemand innerhalb seiner eignen Gens heiraten durfte.[83]

9. Das Recht der Adoption in die Gens; es erfolgte durch Adoption in die Familie, aber mit öffentlichen Formalitäten und nur ausnahmsweise.

10. Das Recht, die Vorsteher zu erwählen und abzusetzen. Daß jede Gens ihren Archon hatte, wissen wir; daß das Amt erblich in bestimmten Familien sei, wird nirgends gesagt. Bis ans Ende der Barbarei ist die Vermutung stets gegen strikte[1] Erblichkeit, die ganz unverträglich ist mit Zuständen, wo Reiche und Arme innerhalb der Gens vollkommen gleiche Rechte hatten.

Nicht nur Grote, sondern auch Niebuhr, Mommsen und alle andern bisherigen Geschichtsschreiber des klassischen Altertums sind gescheitert an

[1] *(1884)* fehlt: strikte

der Gens. So richtig sie auch viele ihrer Merkmale aufgezeichnet haben, so sahn sie in ihr stets eine *Gruppe von Familien* und machten es sich damit unmöglich, die Natur und den Ursprung der Gens zu verstehn. Die Familie ist unter der Gentilverfassung nie eine Organisationseinheit gewesen und konnte es nicht sein, weil Mann und Frau notwendig zu zwei verschiednen Gentes gehörten. Die Gens ging ganz ein in die Phratrie, die Phratrie in den Stamm; die Familie ging auf halb in die Gens des Mannes und halb in die der Frau. Auch der Staat erkennt im öffentlichen Recht keine Familie an; sie existiert bis heute nur für das Privatrecht. Und dennoch geht unsre ganze bisherige Geschichtsschreibung von der, namentlich im achtzehnten Jahrhundert unantastbar gewordnen, absurden Voraussetzung aus, die monogame Einzelfamilie, die kaum älter ist als die Zivilisation, sei der Kristallkern, um den sich Gesellschaft und Staat allmählich angesetzt habe.

„Herrn Grote ferner zu bemerken", fügt Marx ein, „daß, obgleich die Griechen ihre Gentes aus der Mythologie herleiten, jene Gentes älter sind als die *von ihnen selbst* geschaffne Mythologie mit ihren Göttern und Halbgöttern."

Grote wird von Morgan mit Vorliebe angeführt, weil er ein angesehner und doch ganz unverdächtiger Zeuge. Er erzählt weiterhin, daß jede athenische Gens einen von ihrem vermeintlichen Stammvater abgeleiteten Namen hatte, daß vor Solon allgemein, und noch nach Solon bei Abwesenheit eines Testaments, die Gentilgenossen (gennêtes) des Verstorbenen sein Vermögen erbten, und daß im Fall von Totschlag zunächst die Verwandten, dann die Gentilgenossen und endlich die Phratoren des Erschlagenen das Recht und die Pflicht hatten, den Verbrecher vor den Gerichten zu verfolgen:

„Alles, was wir von den ältesten athenischen Gesetzen hören, ist begründet auf die Einteilung in Gentes und Phratrien."[84]

Die Abstammung der Gentes von gemeinsamen Urahnen hat den „schulgelehrten Philistern" (Marx) schweres Kopfbrechen gemacht. Da sie diese natürlich für rein mythisch ausgeben, so können sie sich die Entstehung einer Gens aus nebeneinanderstehenden, ursprünglich gar nicht verwandten Familien platterdings nicht erklären, und doch müssen sie dies fertigbringen, um nur das Dasein der Gentes zu erklären. Da wird denn ein sich im Kreise drehender Wortschwall aufgeboten, der nicht über den Satz hinauskommt: Der Stammbaum ist zwar eine Fabel, aber die Gens ist eine Wirklichkeit, und schließlich heißt es denn bei Grote – mit Einschiebungen von Marx – wie folgt:

„Wir hören von diesem Stammbaum nur selten, weil er vor die Öffentlichkeit nur in gewissen, besonders feierlichen Fällen gebracht wird. Aber die geringeren Gentes hatten ihre gemeinsamen Religionsübungen" (sonderbar dies, Mr. Grote!) „und gemeinsamen übermenschlichen Stammvater und Stammbaum ganz wie die berühmteren" (wie gar sonderbar dies, Herr Grote, bei *geringeren* Gentes!); „der Grundplan und die ideale Grundlage" (werter Herr, nicht *ideal*, sondern karnal, germanice *fleischlich!*) „war bei allen dieselbe."[85]

Marx faßt Morgans Antwort hierauf wie folgt zusammen: „Das der Gens in ihrer Urform – und die Griechen hatten diese einst besessen wie andre Sterbliche – entsprechende Blutsverwandtschaftssystem bewahrte die Kenntnis der Verwandtschaften aller Mitglieder der Gentes untereinander. Sie lernten dies für sie entscheidend Wichtige durch Praxis von Kindesbeinen. Mit der monogamen Familie fiel dies in Vergessenheit. Der Gentilname schuf einen Stammbaum, neben dem der der Einzelfamilie unbedeutend erschien. Es war nunmehr dieser Name, der die Tatsache der gemeinsamen Abstammung seiner Träger zu bewahren hatte; aber der Stammbaum der Gens ging so weit zurück, daß die Mitglieder ihre gegenseitige wirkliche Verwandtschaft nicht mehr nachweisen konnten, außer in beschränkter Zahl von Fällen bei neueren, gemeinschaftlichen Vorfahren. Der Name selbst war Beweis gemeinsamer Abstammung, und endgültiger Beweis, abgesehn von Adoptionsfällen. Dahingegen ist die tatsächliche Leugnung aller Verwandtschaft zwischen Gentilgenossen à la Grote und Niebuhr, welche die Gens in eine rein ersonnene und erdichtete Schöpfung verwandelt, würdig ‚idealer', d.h. stubenhockerischer Schriftgelehrter. Weil die Verkettung der Geschlechter, namentlich mit Anbruch der Monogamie, in die Ferne gerückt und die vergangne Wirklichkeit im mythologischen Phantasiegebild widergespiegelt erscheint, schlossen und schließen Philister-Biedermänner, daß der Phantasiestammbaum wirkliche Gentes schuf!"

Die *Phratrie* war, wie bei den Amerikanern, eine in mehrere Tochtergentes gespaltne und sie einigende Muttergens und leitete sie alle oft noch vom gemeinsamen Stammvater ab. So hatten nach Grote

„alle gleichzeitigen Glieder der Phratrie des Hekatäus einen und denselben Gott zum Stammvater im sechzehnten Glied"[86];

alle Gentes dieser Phratrie waren also buchstäblich Brudergentes. Die Phratrie kommt noch bei Homer als militärische Einheit vor, in der berühmten Stelle, wo Nestor dem Agamemnon rät: Ordne die Männer nach Stämmen und nach Phratrien, daß die Phratrie der Phratrie beistehe und der Stamm dem Stamm.[87] – Sonst hat sie das Recht und die Pflicht der Verfolgung der an einem Phrator begangnen Blutschuld, also in früherer Zeit auch die Verpflichtung zur Blutrache. Sie hat ferner gemeinsame Heiligtümer und Feste, wie denn die Ausbildung der gesamten griechischen Mythologie aus dem mitgebrachten altarischen Naturkultus wesentlich bedingt war durch die Gentes und Phratrien und innerhalb ihrer vor sich ging. Ferner hatte sie einen Vorsteher (phratriarchos) und nach de Coulanges auch Versammlungen und bindende Beschlüsse, eine Gerichtsbarkeit und Verwaltung. Selbst der spätere Staat, der die Gens ignorierte, ließ der Phratrie gewisse öffentliche Amtsverrichtungen.

Aus mehreren verwandten Phratrien besteht der Stamm. In Attika gab es vier Stämme, zu je drei Phratrien, von denen jede dreißig Gentes zählte. Solche Abzirkelung der Gruppen setzt bewußtes, planmäßiges Eingreifen in die naturwüchsig entstandne Ordnung voraus. Wie, wann und warum dies geschehn, darüber schweigt die griechische Geschichte, von der die Griechen selbst nur bis ins Heldenzeitalter hinein sich Erinnerung bewahrt haben.

Dialektische Abweichung war bei den auf verhältnismäßig kleinem Gebiet zusammengedrängten Griechen weniger entwickelt als in den weiten amerikanischen Wäldern; doch auch hier finden wir nur Stämme derselben Hauptmundart zu einem größern Ganzen vereinigt und selbst in dem kleinen Attika einen besondern Dialekt, der später als allgemeine Prosasprache der herrschende wurde.

In den homerischen Gedichten finden wir die griechischen Stämme meist schon zu kleinen Völkerschaften vereinigt, innerhalb deren Gentes, Phratrien und Stämme indes ihre Selbständigkeit noch vollkommen bewahrten. Sie wohnten bereits in mit Mauern befestigten Städten; die Bevölkerungszahl stieg mit der Ausdehnung der Herden, des Feldbaus und den Anfängen des Handwerks; damit wuchsen die Reichtumsverschiedenheiten und mit ihnen das aristokratische Element innerhalb der alten, naturwüchsigen Demokratie. Die einzelnen Völkchen führten unaufhörliche Kriege um den Besitz der besten Landstriche und auch wohl der Beute wegen; Sklaverei der Kriegsgefangnen war bereits anerkannte Einrichtung.

Die Verfassung dieser Stämme und Völkchen war nun wie folgt:

1. Stehende Behörde war der *Rat*, bulê, ursprünglich wohl aus den Vorstehern der Gentes zusammengesetzt, später, als deren Zahl zu groß wurde, aus einer Auswahl, die Gelegenheit bot zur Ausbildung und Stärkung des aristokratischen Elements; wie denn auch Dionysios geradezu den Rat der Heroenzeit aus den Vornehmen (kratistoi) zusammengesetzt sein läßt.[88] Der Rat entschied endgültig in wichtigen Angelegenheiten; so faßt der von

Theben, bei Äschylos, den für die gegebne Sachlage entscheidenden Beschluß, den Eteokles ehrenvoll zu begraben, die Leiche des Polynikes aber hinauszuwerfen, den Hunden zur Beute. Mit Errichtung des Staats ging dieser Rat über in den späteren Senat.

2. Die *Volksversammlung* (agora). Bei den Irokesen fanden wir das Volk, Männer und Weiber, die Ratsversammlung umstehend, dreinredend in geordneter Weise und so ihre Beschlüsse beeinflussend. Bei den homerischen Griechen hat sich dieser „Umstand", um einen altdeutschen Gerichtsausdruck zu gebrauchen, bereits entwickelt zur vollständigen Volksversammlung, wie dies ebenfalls bei den Deutschen der Urzeit der Fall war. Sie wurde vom Rat berufen zur Entscheidung wichtiger Angelegenheiten; jeder Mann konnte das Wort ergreifen. Die Entscheidung erfolgte durch Handerheben (Äschylos in den „Schutzflehenden") oder durch Zuruf. Sie war souverän in letzter Instanz, denn, sagt Schoemann („Griechische Alterthümer"),

„handelt es sich um eine Sache, zu deren Ausführung die Mitwirkung des Volks erforderlich ist, so verrät uns Homer kein Mittel, wie dasselbe gegen seinen Willen dazu gezwungen werden könne".[89]

Es gab eben zu dieser Zeit, wo jedes erwachsene männliche Stammesmitglied Krieger war, noch keine vom Volk getrennte öffentliche Gewalt, die ihm hätte entgegengesetzt werden können. Die naturwüchsige Demokratie stand noch in voller Blüte, und dies muß der Ausgangspunkt bleiben zur Beurteilung der Macht und der Stellung sowohl des Rats wie des Basileus.

3. Der Heerführer (basileus). Hierzu bemerkt Marx: „Die europäischen Gelehrten, meist geborne Fürstenbediente, machen aus dem Basileus einen Monarchen im modernen Sinn. Dagegen verwahrt sich der Yankee-Republikaner Morgan. Er sagt sehr ironisch, aber wahr, vom öligen Gladstone und dessen ‚Juventus Mundi':

‚Herr Gladstone präsentiert uns die griechischen Häuptlinge der Heldenzeit als Könige und Fürsten, mit der Zugabe, daß sie auch Gentlemen seien; er selbst muß aber zugeben: Im ganzen scheinen wir die Sitte oder das Gesetz der Erstgeburtsfolge hinreichend, aber nicht allzu scharf bestimmt vorzufinden.'"[90]

Es wird auch wohl dem Herrn Gladstone selbst scheinen, daß eine so verklausulierte Erstgeburtsfolge hinreichend, wenn auch nicht allzu scharf, geradesoviel wert ist wie gar keine.

Wie es mit der Erblichkeit der Vorsteherschaften bei den Irokesen und andern Indianern stand, sahen wir. Alle Ämter waren Wahlämter meist innerhalb einer Gens und insofern in dieser erblich. Bei Erledigungen wurde der nächste Gentilverwandte – Bruder oder Schwestersohn – allmählich vorgezogen, falls nicht Gründe vorlagen, ihn zu übergehn. Ging also bei den Griechen unter der Herrschaft des Vaterrechts das Amt des Basileus in der Regel auf den Sohn oder einen der Söhne über, so ist das nur Beweis, daß die Söhne hier die Wahrscheinlichkeit der Nachfolge durch Volkswahl für sich hatten, keineswegs aber Beweis rechtskräftiger Erbfolge ohne Volkswahl. Was hier vorliegt, ist bei den Irokesen und Griechen die erste Anlage zu besondern Adelsfamilien innerhalb der Gentes, und bei den Griechen noch dazu die erste Anlage einer künftigen erblichen Führerschaft oder Monarchie. Die Vermutung spricht also dafür, daß bei den Griechen der Basileus entweder vom Volk gewählt oder doch durch seine anerkannten Organe – Rat oder Agora – bestätigt werden mußte, wie dies für den römischen „König" (rex) galt.

In der „Ilias" erscheint der Männerbeherrscher Agamemnon nicht als oberster König der Griechen, sondern als oberster Befehlshaber eines Bundesheers vor einer belagerten Stadt. Und auf diese seine Eigenschaft weist Odysseus hin, als Zwist unter den Griechen ausgebrochen war, in der berühmten Stelle: Nicht gut ist die Vielkommandiererei, einer sei Befehlshaber usw. (wobei noch der beliebte Vers mit dem Zepter späterer Zusatz).[91] „Odysseus hält hier keine Vorlesung über eine Regierungsform, sondern verlangt Gehorsam gegen den obersten Feldherrn im Kriege. Für die Griechen, die vor Troja nur als Heer erscheinen, geht es in der Agora demokratisch genug zu. Achilles, wenn er von Geschenken, d.h. Verteilung der Beute spricht, macht stets zum Verteiler weder den Agamemnon noch einen andern Basileus, sondern ‚die Söhne der Achäer', d.h. das Volk. Die Prädikate: von Zeus erzeugt, von Zeus ernährt, beweisen nichts, da *jede* Gens von einem Gott abstammt, die des Stammeshaupts schon von einem ‚vornehmeren' Gott – hier Zeus. Selbst die persönlich Unfreien, wie der Sauhirt Eumäus u. a. sind ‚göttlich' (dioi und theioi) und dies in der ‚Odyssee', also in viel späterer Zeit als die ‚Ilias'; in derselben ‚Odyssee' wird der Name Heros noch dem Herold Mulios beigelegt, wie dem blinden Sänger Demodokos. Kurz, das Wort basileia, das die griechischen Schriftsteller für das homerische sogenannte Königtum anwenden (weil die Heerführerschaft ihr Hauptkennzeichen), mit Rat und Volksversammlung daneben, bedeutet nur – militärische Demokratie." (Marx.)

Der Basileus hatte außer den militärischen noch priesterliche und richterliche Amtsbefugnisse; letztere nicht näher bestimmt, erstere in seiner Eigenschaft als oberster Vertreter des Stamms oder Bundes von Stämmen.

Von bürgerlichen, verwaltenden Befugnissen ist nie die Rede; er scheint aber von Amts wegen Ratsmitglied gewesen zu sein. Basileus mit König zu übersetzen, ist also etymologisch ganz richtig, da König (Kuning) von Kuni, Künne abstammt und Vorsteher einer Gens bedeutet. Aber der heutigen Bedeutung des Wortes König entspricht der altgriechische Basileus in keiner Weise. Thukydides nennt die alte Basileia ausdrücklich eine patrikê, d.h. von Gentes abgeleitete, und sagt, sie habe festbestimmte, also begrenzte Befugnisse gehabt.[92] Und Aristoteles sagt, die Basileia der Heroenzeit sei eine Führerschaft über Freie gewesen, und der Basileus Heerführer, Richter und Oberpriester[93]; Regierungsgewalt im spätern Sinne hatte er also nicht.*

Wir sehn also in der griechischen Verfassung der Heldenzeit die alte Gentilorganisation noch in lebendiger Kraft, aber auch schon den Anfang ihrer Untergrabung: Vaterrecht mit Vererbung des Vermögens an die Kinder, wodurch die Reichtumsanhäufung in der Familie begünstigt und die Familie eine Macht wurde gegenüber der Gens; Rückwirkung der Reichtumsverschiedenheit auf die Verfassung vermittelst Bildung der ersten Ansätze zu einem erblichen Adel und Königtum; Sklaverei, zunächst noch bloß von Kriegsgefangnen, aber schon die Aussicht eröffnend auf Versklavung der eignen Stammes- und selbst Gentilgenossen; der alte Krieg von Stamm gegen Stamm bereits ausartend in systematische Räuberei zu Land und zur See, um Vieh, Sklaven, Schätze zu erobern, in regelrechte Erwerbsquelle; kurz, Reichtum gepriesen und geachtet als höchstes Gut und die alten Gentilordnungen gemißbraucht, um den gewaltsamen Raub von Reichtümern zu rechtfertigen. Es fehlte nur noch eins: eine Einrichtung, die die neuerworbnen Reichtümer der einzelnen nicht nur gegen die kommunistischen Traditionen der Gentilordnung sicherstellte, die nicht nur das früher so geringgeschätzte Privateigentum heiligte und diese Heiligung für den höchsten Zweck aller menschlichen Gemeinschaft erklärte, sondern die auch die nacheinander sich entwickelnden neuen Formen der Eigen-

* Wie dem griechischen Basileus, so ist auch dem aztekischen Heerführer ein moderner Fürst untergeschoben worden. Morgan unterwirft die erst mißverständlichen und übertriebnen, später direkt lügenhaften Berichte der Spanier zum erstenmal der historischen Kritik und weist nach, daß die Mexikaner auf der Mittelstufe der Barbarei, höher jedoch als die neumexikanischen Pueblos-Indianer, standen und daß ihre Verfassung, soweit die entstellten Berichte sie erkennen lassen, dem entsprach: ein Bund dreier Stämme, der eine Anzahl andrer zur Tributpflichtigkeit unterworfen hatte und der regiert wurde von einem Bundesrat und Bundesfeldherrn, aus welchem letzteren die Spanier einen „Kaiser" machten.

tumserwerbung, also der stets beschleunigten Vermehrung des Reichtums mit dem Stempel allgemein gesellschaftlicher Anerkennung versah; eine Einrichtung, die nicht nur die aufkommende Spaltung der Gesellschaft in Klassen verewigte, sondern auch das Recht der besitzenden Klasse auf Ausbeutung der nichtbesitzenden und die Herrschaft jener über diese.

Und diese Einrichtung kam. Der *Staat* wurde erfunden.

V

Entstehung des athenischen Staats

Wie der Staat sich entwickelt hat, indem die Organe der Gentilverfassung teils umgestaltet, teils durch Einschiebung neuer Organe verdrängt und endlich vollständig durch wirkliche Staatsbehörden ersetzt wurden, während an die Stelle des in seinen Gentes, Phratrien und Stämmen sich selbst schützenden wirklichen „Volks in Waffen" eine diesen Staatsbehörden dienstbare, also auch gegen das Volk verwendbare, bewaffnete „öffentliche Gewalt" trat – davon können wir wenigstens das erste Stück nirgends besser verfolgen als im alten Athen. Die Formverwandlungen sind im wesentlichen von Morgan dargestellt, den sie erzeugenden ökonomischen Inhalt muß ich großenteils hinzufügen.

Zur Heroenzeit saßen die vier Stämme der Athener in Attika noch auf getrennten Gebieten; selbst die sie zusammensetzenden zwölf Phratrien scheinen in den zwölf Städten des Kekrops noch gesonderte Sitze gehabt zu haben. Die Verfassung war die der Heroenzeit: Volksversammlung, Volksrat, Basileus. Soweit die geschriebne Geschichte zurückreicht, war der Grund und Boden schon verteilt und in Privateigentum übergegangen, wie dies der gegen Ende der Oberstufe der Barbarei bereits verhältnismäßig entwickelten Warenproduktion und dem ihr entsprechenden Warenhandel gemäß ist. Neben Korn wurde Wein und Öl gewonnen; der Seehandel auf dem Ägäischen Meer wurde mehr und mehr den Phöniziern entzogen und fiel großenteils in attische Hände. Durch den Kauf und Verkauf von Grundbesitz, durch die fortschreitende Teilung der Arbeit zwischen Ackerbau und Handwerk, Handel und Schiffahrt, mußten die Angehörigen der Gentes, Phratrien und Stämme sehr bald durcheinanderkommen, der Distrikt der Phratrie und des Stammes Bewohner erhalten, die, obwohl Volksgenossen, doch diesen Körperschaften nicht angehörten, also in ihrem eignen Wohnort fremd waren. Denn jede Phratrie und jeder Stamm verwalteten in ruhigen Zeiten ihre Angelegenheiten selbst, ohne nach Athen zum Volksrat oder Basileus zu schicken. Wer aber im Gebiet der Phratrie oder des Stamms wohnte, ohne ihm anzugehören, konnte an dieser Verwaltung natürlich keinen Anteil nehmen.

Das geregelte Spiel der Organe der Gentilverfassung kam damit so in Unordnung, daß schon zur Heroenzeit Abhülfe nötig wurde. Die dem Theseus zugeschriebne Verfassung wurde eingeführt. Die Änderung bestand vor allem darin, daß eine Zentralverwaltung in Athen eingerichtet, d.h. ein Teil der bisher von den Stämmen selbständig verwalteten Angelegenheiten für gemeinsame erklärt und dem in Athen sitzenden gemeinsamen Rat übertragen wurden. Hiermit gingen die Athener einen Schritt weiter als irgendein eingebornes Volk in Amerika je gegangen: An die Stelle des bloßen Bundes nebeneinander wohnender Stämme trat ihre Verschmelzung zu einem einzigen Volk. Damit entsprang ein athenisches allgemeines Volksrecht, das über den Rechtsbräuchen der Stämme und Gentes stand; der athenische Bürger erhielt als solcher bestimmte Rechte und neuen Rechtsschutz auch auf Gebiet, wo er stammesfremd war. Damit war aber der erste Schritt geschehn zur Untergrabung der Gentilverfassung; denn es war der erste Schritt zur späteren Zulassung von Bürgern, die in ganz Attika stammesfremd waren, die ganz außerhalb der athenischen Gentilverfassung standen und blieben. Eine zweite dem Theseus zugeschriebne Einrichtung war die Einteilung des ganzen Volks, ohne Rücksicht auf Gens, Phratrie oder Stamm, in drei Klassen: Eupatriden oder Adlige, Geomoren oder Ackerbauer und Demiurgen oder Handwerker, und die Überweisung des ausschließlichen Rechts der Ämterbesetzung an die Adligen. Diese Einteilung blieb zwar, mit Ausnahme der Ämterbesetzung durch den Adel, wirkungslos, da sie sonst keine Rechtsunterschiede zwischen den Klassen begründete[1]. Aber sie ist wichtig, weil sie uns die neuen gesellschaftlichen Elemente vorführt, die sich im stillen entwickelt hatten. Sie zeigt, daß die gewohnheitsmäßige Besetzung der Gentilämter aus gewissen Familien sich bereits zu einem wenig bestrittenen Anrecht dieser Familien auf die Ämter ausgebildet hatte, daß diese Familien, ohnehin mächtig durch Reichtum, anfingen, außerhalb ihrer Gentes sich zu einer eignen bevorrechteten Klasse zusammenzutun, und daß der eben erst aufkeimende Staat diese Anmaßung heiligte. Sie zeigt ferner, daß die Teilung der Arbeit zwischen Landbauern und Handwerkern bereits genug erstarkt war, um der alten Gliederung nach Gentes und Stämmen den Vorrang in gesellschaftlicher Bedeutung streitig zu machen. Sie proklamiert endlich den unverträglichen Gegensatz zwischen Gentilgesellschaft und Staat; der erste Versuch der

[1] *(1884)* da die beiden andern Klassen keine besondern Rechte erhielten (statt: da sie sonst keine Rechtsunterschiede zwischen den Klassen begründete)

Staatsbildung besteht darin, die Gentes zu zerreißen, indem er die Mitglieder einer jeden in Bevorrechtete und Zurückgesetzte und diese wieder in zwei Gewerbsklassen scheidet und so einander entgegensetzt.

Die weitere politische Geschichte Athens bis auf Solon ist nur unvollkommen bekannt. Das Amt des Basileus kam in Abgang; an die Spitze des Staats traten aus dem Adel gewählte Archonten. Die Herrschaft des Adels stieg mehr und mehr, bis sie gegen das Jahr 600 vor unsrer Zeitrechnung unerträglich wurde. Und zwar war das Hauptmittel zur Unterdrückung der gemeinen Freiheit – das Geld und der Wucher. Der Hauptsitz des Adels war in und um Athen, wo der Seehandel, benebst noch immer gelegentlich mit in den Kauf genommenem Seeraub, ihn bereicherte und den Geldreichtum in seinen Händen konzentrierte. Von hier aus drang die sich entwickelnde Geldwirtschaft wie zersetzendes Scheidewasser in die auf Naturalwirtschaft gegründete, althergebrachte Daseinsweise der Landgemeinden. Die Gentilverfassung ist mit Geldwirtschaft absolut unverträglich; der Ruin der attischen Parzellenbauern fiel zusammen mit der Lockerung der sie schützend umschlingenden alten Gentilbande. Der Schuldschein und die Gutsverpfändung (denn auch die Hypothek hatten die Athener schon erfunden) achteten weder Gens noch Phratrie. Und die alte Gentilverfassung kannte kein Geld, keinen Vorschuß, keine Geldschuld. Daher bildete die sich immer üppiger ausbreitende Geldherrschaft des Adels auch ein neues Gewohnheitsrecht aus zur Sicherung des Gläubigers gegen den Schuldner, zur Weihe der Ausbeutung des Kleinbauern durch den Geldbesitzer. Sämtliche Feldfluren Attikas starrten von Pfandsäulen, an denen verzeichnet stand, das sie tragende Grundstück sei dem und dem verpfändet um soundso viel Geld. Die Äcker, die nicht so bezeichnet, waren großenteils bereits wegen verfallner Hypotheken oder Zinsen verkauft, in das Eigentum des adligen Wucherers übergegangen; der Bauer konnte froh sein, wenn ihm erlaubt wurde, als Pächter darauf sitzenzubleiben und von *einem Sechstel* des Ertrags seiner Arbeit zu leben, während er *fünf Sechstel* dem neuen Herrn als Pacht zahlen mußte. Noch mehr. Reichte der Erlös des verkauften Grundstücks nicht hin zur Deckung der Schuld, oder war diese Schuld ohne Sicherung durch Pfand aufgenommen, so mußte der Schuldner seine Kinder ins Ausland in die Sklaverei verkaufen, um den Gläubiger zu decken. Verkauf der Kinder durch den Vater – das war die erste Frucht des Vaterrechts und der Monogamie! Und war der Blutsauger dann noch nicht befriedigt, so konnte er den Schuldner selbst als Sklaven verkaufen. Das war die angenehme Morgenröte der Zivilisation beim athenischen Volk.

Früher, als die Lebenslage des Volks noch der Gentilverfassung entsprach, war eine solche Umwälzung unmöglich; und hier war sie gekommen, man wußte nicht wie. Gehn wir einen Augenblick zurück zu unsern Irokesen. Dort war ein Zustand undenkbar, wie er sich jetzt den Athenern sozusagen ohne ihr Zutun und sicher gegen ihren Willen aufgedrängt hatte. Dort konnte die sich jahraus, jahrein gleichbleibende Weise, den Lebensunterhalt zu produzieren, nie solche, wie von außen aufgezwungene Konflikte erzeugen, keinen Gegensatz von Reich und Arm, von Ausbeutern und Ausgebeuteten. Die Irokesen waren noch weit entfernt davon, die Natur zu beherrschen, aber innerhalb der für sie geltenden Naturgrenzen beherrschten sie ihre eigne Produktion. Abgesehn von schlechten Ernten in ihren Gärtchen, von Erschöpfung des Fischvorrats ihrer Seen und Flüsse, des Wildstandes ihrer Wälder, wußten sie, was bei ihrer Art, sich ihren Unterhalt zu erarbeiten, herauskam. Was herauskommen mußte, war der Lebensunterhalt, ob er kärglicher oder reichlicher ausfiel; was aber nie herauskommen konnte, das waren unbeabsichtigte gesellschaftliche Umwälzungen, Zerreißung der Gentilbande, Spaltung der Gentil- und Stammgenossen in entgegengesetzte, einander bekämpfende Klassen. Die Produktion bewegte sich in den engsten Schranken; aber – die Produzenten beherrschten ihr eignes Produkt. Das war der ungeheure Vorzug der barbarischen Produktion, der mit dem Eintritt der Zivilisation verlorenging und den wiederzuerobern, aber auf Grundlage der jetzt errungenen gewaltigen Naturbeherrschung durch den Menschen und der jetzt möglichen freien Assoziation, die Aufgabe der nächsten Generationen sein wird.

Anders bei den Griechen. Der aufgekommene Privatbesitz an Herden und Luxusgerät führte zum Austausch zwischen einzelnen, zur Verwandlung der Produkte in *Waren*. Und hier liegt der Keim der ganzen folgenden Umwälzung. Sobald die Produzenten ihr Produkt nicht mehr direkt selbst verzehrten, sondern es im Austausch aus der Hand gaben, verloren sie die Herrschaft darüber. Sie wußten nicht mehr, was aus ihm wurde, und die Möglichkeit war gegeben, daß das Produkt dereinst verwandt werde gegen den Produzenten, zu seiner Ausbeutung und Unterdrückung. Darum kann keine Gesellschaft auf die Dauer die Herrschaft über ihre eigne Produktion und die Kontrolle über die gesellschaftlichen Wirkungen ihres Produktionsprozesses behalten, die nicht den Austausch zwischen einzelnen abschafft.

Wie rasch aber, nach dem Entstehn des Austausches zwischen einzelnen und mit der Verwandlung der Produkte in Waren, das Produkt seine Herrschaft über den Produzenten geltend macht, das sollten die Athener erfahren. Mit der Warenproduktion kam die Bebauung des Bodens durch einzelne für eigne Rechnung, damit bald das Grundeigentum einzelner. Es kam ferner das Geld, die allgemeine Ware, gegen die alle andern austauschbar waren; aber indem die Menschen das Geld erfanden, dachten sie nicht daran, daß sie damit wieder eine neue gesellschaftliche Macht schufen, die Eine allgemeine Macht, vor der die ganze Gesellschaft sich beugen mußte. Und diese neue, ohne Wissen und Willen ihrer eignen Erzeuger plötzlich emporgesprungne Macht war es, die, in der ganzen Brutalität ihrer Jugendlichkeit, ihre Herrschaft den Athenern zu fühlen gab.

Was war zu machen? Die alte Gentilverfassung hatte sich nicht nur ohnmächtig erwiesen gegen den Siegeszug des Geldes; sie war auch absolut unfähig, innerhalb ihres Rahmens selbst nur Raum zu finden für so etwas wie Geld, Gläubiger und Schuldner, Zwangseintreibung von Schulden. Aber die neue gesellschaftliche Macht war einmal da, und fromme Wünsche, Sehnsucht nach Rückkehr der guten alten Zeit trieben Geld und Zinswucher nicht wieder aus der Welt. Und obendrein waren eine Reihe andrer, untergeordneter Breschen in die Gentilverfassung gelegt. Die Durcheinanderwürfelung der Gentilgenossen und Phratoren auf dem ganzen attischen Gebiet, namentlich in der Stadt Athen selbst, war von Geschlecht zu Geschlecht größer geworden, trotzdem daß auch jetzt noch ein Athener zwar Grundstücke außerhalb seiner Gens verkaufen durfte, nicht aber sein Wohnhaus. Die Teilung der Arbeit zwischen den verschiednen Produktionszweigen: Ackerbau, Handwerk, im Handwerk wieder zahllose Unterarten, Handel, Schiffahrt usw., hatte sich mit den Fortschritten der Industrie und des Verkehrs immer vollständiger entwickelt; die Bevölkerung teilte sich nun nach ihrer Beschäftigung in ziemlich feste Gruppen, deren jede eine Reihe neuer, gemeinsamer Interessen hatte, für die in der Gens oder Phratrie kein Platz war, die also zu ihrer Besorgung neue Ämter nötig machten. Die Zahl der Sklaven hatte sich bedeutend vermehrt und muß schon damals die der freien Athener weit überstiegen haben; die Gentilverfassung kannte ursprünglich keine Sklaverei, also auch kein Mittel, diese Masse Unfreier im Zaum zu halten. Und endlich hatte der Handel eine Menge Fremder nach Athen gebracht, die dort des leichtern Gelderwerbs wegen sich niederließen und ebenfalls nach der alten Verfassung recht- und schutzlos und trotz herkömmlicher Duldung ein störend fremdes Element im Volk blieben.

Kurz, mit der Gentilverfassung ging es zu Ende. Die Gesellschaft wuchs täglich mehr aus ihr heraus; selbst die schlimmsten Übel, die unter ihren Augen entstanden waren, konnte sie nicht hemmen noch heben. Aber der

Staat hatte sich inzwischen im stillen entwickelt. Die neuen, durch die Teilung der Arbeit zuerst zwischen Stadt und Land, dann zwischen den verschiednen städtischen Arbeitszweigen geschaffnen Gruppen hatten neue Organe geschaffen zur Wahrnehmung ihrer Interessen; Ämter aller Art waren eingerichtet worden. Und dann brauchte der junge Staat vor allem eine eigne Macht, die bei den seefahrenden Athenern zunächst nur eine Seemacht sein konnte, zu einzelnen kleinen Kriegen und zum Schutz der Handelsschiffe. Es wurden, zu unbekannter Zeit vor Solon, die Naukrarien errichtet, kleine Gebietsbezirke, zwölf in jedem Stamm; jede Naukrarie mußte ein Kriegsschiff stellen, ausrüsten und bemannen und stellte außerdem noch zwei Reiter. Diese Einrichtung griff die Gentilverfassung zwiefach an. Erstens, indem sie eine öffentliche Gewalt schuf, die schon nicht mehr ohne weiteres mit der Gesamtheit des bewaffneten Volks zusammenfiel; und zweitens, indem sie zum erstenmal das Volk zu öffentlichen Zwekken einteilte, nicht nach Verwandtschaftsgruppen, sondern nach *örtlichem Zusammenwohnen*. Was das zu bedeuten hatte, wird sich zeigen.

Konnte die Gentilverfassung dem ausgebeuteten Volk keine Hülfe bringen, so blieb nur der entstehende Staat. Und dieser brachte sie in der solonischen Verfassung, indem er sich zugleich neuerdings auf Kosten der alten Verfassung stärkte. Solon – die Art, wie seine in das Jahr 594 vor unsrer Zeitrechnung fallende Reform durchgesetzt wurde, geht uns hier nichts an – Solon eröffnete die Reihe der sogenannten politischen Revolutionen, und zwar mit einem Eingriff in das Eigentum. Alle bisherigen Revolutionen sind Revolutionen gewesen zum Schutz einer Art des Eigentums gegen eine andere Art des Eigentums. Sie können das eine nicht schützen, ohne das andre zu verletzen. In der großen französischen Revolution wurde das feudale Eigentum geopfert, um das bürgerliche zu retten; in der solonischen mußte das Eigentum der Gläubiger herhalten zum Besten des Eigentums der Schuldner. Die Schulden wurden einfach für ungültig erklärt. Die Einzelheiten sind uns nicht genau bekannt, aber Solon rühmt sich in seinen Gedichten, die Pfandsäulen von den verschuldeten Grundstücken entfernt und die wegen Schulden ins Ausland Verkauften und Geflüchteten zurückgeführt zu haben. Dies war nur möglich durch offne Eigentumsverletzung. Und in der Tat, von der ersten bis zur letzten sogenannten politischen Revolution sind sie alle gemacht worden zum Schutz des Eigentums – *einer* Art und durchgeführt durch Konfiskation, auch genannt Diebstahl des Eigentums – einer *andern* Art. So wahr ist es, daß seit drittehalbtausend Jahren des Privateigentum hat erhalten werden können nur durch Eigentumsverletzung.

Nun aber kam es darauf an, die Wiederkehr solcher Versklavung der freien Athener zu verhindern. Dies geschah zunächst durch allgemeine Maßregeln, z.B. durch das Verbot von Schuldverträgen, worin die Person des Schuldners verpfändet wurde. Ferner wurde ein größtes Maß des von einem einzelnen zu besitzenden Grundeigentums festgesetzt, um dem Heißhunger des Adels nach dem Bauernland wenigstens einige Schranken zu ziehn. Dann aber kamen Verfassungsänderungen; für uns sind die wichtigsten diese:

Der Rat wurde auf vierhundert Mitglieder gebracht, hundert aus jedem Stamm; hier blieb also noch der Stamm die Grundlage. Das war aber auch die einzige Seite, nach welcher hin die alte Verfassung in den neuen Staatskörper hineingezogen wurde. Denn im übrigen teilte Solon die Bürger in vier Klassen je nach ihrem Grundbesitz und seinem Ertrag; 500, 300 und 150 Medimnen Korn (1 Medimnus = ca. 41 Liter) waren die Minimalerträge für die ersten drei Klassen; wer weniger oder keinen Grundbesitz hatte, fiel in die vierte Klasse. Alle Ämter konnten nur aus den obersten drei, die höchsten nur aus der ersten Klasse besetzt werden; die vierte Klasse hatte nur das Recht, in der Volksversammlung zu reden und zu stimmen, aber hier wurden alle Beamten gewählt, hier hatten sie Rechenschaft abzulegen, hier wurden alle Gesetze gemacht, und hier bildete die vierte Klasse die Majorität. Die aristokratischen Vorrechte wurden in der Form von Vorrechten des Reichtums teilweise erneuert, aber das Volk behielt die entscheidende Macht. Ferner bildeten die vier Klassen die Grundlage einer neuen Heeresorganisation. Die beiden ersten Klassen stellten die Reiterei; die dritte hatte als schwere Infanterie zu dienen; die vierte als leichtes, ungepanzertes Fußvolk oder auf der Flotte und wurde dann wahrscheinlich auch besoldet.

Hier wird also ein ganz neues Element in die Verfassung eingeführt: der Privatbesitz. Je nach der Größe ihres Grundeigentums werden die Rechte und Pflichten der Staatsbürger abgemessen, und soweit die Vermögensklassen Einfluß gewinnen, soweit werden die alten Blutsverwandtschaftskörper verdrängt; die Gentilverfassung hatte eine neue Niederlage erlitten.

Die Abmessung der politischen Rechte nach dem Vermögen war indes keine der Einrichtungen, ohne die der Staat nicht bestehn kann. Eine so große Rolle sie auch in der Verfassungsgeschichte der Staaten gespielt hat, so haben doch sehr viele Staaten, und grade die am vollständigsten entwickelten, ihrer nicht bedurft. Auch in Athen spielte sie nur eine vorübergehende Rolle; seit Aristides standen alle Ämter jedem Bürger offen.[94]

Während der nächstfolgenden achtzig Jahre kam die athenische Gesellschaft allmählich in die Richtung, in der sie sich in den folgenden Jahrhunderten weiterentwickelt hat. Dem üppigen Landwucher der vorsolonischen Zeit war ein Riegel vorgeschoben, ebenso der maßlosen Konzentration des Grundbesitzes. Der Handel und das mit Sklavenarbeit immer mehr im großen betriebne Handwerk und Kunsthandwerk wurden herrschende Erwerbszweige. Man wurde aufgeklärter. Statt in der anfänglichen brutalen Weise die eignen Mitbürger auszubeuten, beutete man vorwiegend die Sklaven und die außerathenische Kundschaft aus. Der bewegliche Besitz, der Geldreichtum und der Reichtum an Sklaven und Schiffen wuchs immer mehr, aber er war jetzt nicht mehr bloßes Mittel zum Erwerb von Grundbesitz wie in der ersten, bornierten Zeit, er war Selbstzweck geworden. Damit war einerseits der alten Adelsmacht eine siegreiche Konkurrenz erwachsen in der neuen Klasse von industriellen und kaufmännischen Reichen, andrerseits aber auch den Resten der alten Gentilverfassung der letzte Boden entzogen. Die Gentes, Phratrien und Stämme, deren Mitglieder jetzt über ganz Attika zerstreut und vollständig durcheinandergeworfen wohnten, waren damit zu politischen Körperschaften ganz untauglich geworden; eine Menge athenischer Bürger gehörten gar keiner Gens an, sie waren Eingewanderte, die zwar ins Bürgerrecht, aber nicht in einen der alten Geschlechtsverbände aufgenommen worden; daneben stand noch die stets wachsende Zahl der bloß schutzverwandten fremden Einwandrer.[95]

Währenddessen gingen die Parteikämpfe voran; der Adel suchte seine früheren Vorrechte wiederzuerobern und erlangte wieder für einen Augenblick die Oberhand, bis die Revolution des Kleisthenes (509 vor unsrer Zeitrechnung) ihn endgültig stürzte; mit ihm aber auch den letzten Rest der Gentilverfassung.[96]

Kleisthenes, in seiner neuen Verfassung, ignorierte die vier alten auf Gentes und Phratrien begründeten Stämme. An ihre Stelle trat eine ganz neue Organisation auf Grund der schon in den Naukrarien versuchten Einteilung der Bürger nach dem bloßen Ort der Ansässigkeit. Nicht mehr die Zugehörigkeit zu den Geschlechtsverbänden, sondern nur der Wohnsitz entschied; nicht das Volk, sondern das Gebiet wurde eingeteilt, die Bewohner wurden politisch bloßes Zubehör des Gebiets.

Ganz Attika wurde in hundert Gemeindebezirke, Demen, geteilt, deren jeder sich selbst verwaltete. Die in jedem Demos ansässigen Bürger (Demoten) erwählten ihren Vorsteher (Demarch) und Schatzmeister sowie dreißig Richter mit Gerichtsbarkeit über kleinere Streitsachen. Sie erhielten ebenfalls einen eignen Tempel und Schutzgott oder Heroen, dessen Priester sie wählten. Die höchste Macht im Demos war bei der Versammlung der Demoten. Es ist, wie Morgan richtig bemerkt, das Urbild der selbstregierenden amerikanischen Stadtgemeinde.[97] Mit derselben Einheit, mit der der moderne Staat in seiner höchsten Ausbildung endigt, mit derselben fing der entstehende Staat in Athen an.

Zehn dieser Einheiten, Demen, bildeten einen Stamm, der aber zum Unterschied vom alten Geschlechtsstamm jetzt Ortsstamm genannt wird. Der Ortsstamm war nicht allein eine selbstverwaltende politische, er war auch eine militärische Körperschaft; er erwählte den Phylarchen oder Stammvorsteher, der die Reiterei, den Taxiarchen, der das Fußvolk, und den Strategen, der die gesamte im Stammesgebiet ausgehobene Mannschaft befehligte. Er stellte ferner fünf Kriegsschiffe nebst Mannschaft und Befehlshaber und erhielt einen attischen Heros, nach welchem er sich benannte, zum Schutzheiligen. Endlich wählte er fünfzig Ratsmänner in den athenischen Rat.

Den Abschluß bildete der athenische Staat, regiert von dem aus den fünfhundert Erwählten der zehn Stämme zusammengesetzten Rat und in letzter Instanz von der Volksversammlung, wo jeder athenische Bürger Zutritt und Stimmrecht hatte; daneben besorgten Archonten und andre Beamte die verschiednen Verwaltungszweige und Gerichtsbarkeiten. Ein oberster Beamter der vollziehenden Gewalt bestand in Athen nicht.

Mit dieser neuen Verfassung und mit der Zulassung einer sehr großen Zahl Schutzverwandter, teils Eingewanderter, teils freigelaßner Sklaven, waren die Organe der Geschlechterverfassung aus den öffentlichen Angelegenheiten hinausgedrängt; sie sanken herab zu Privatvereinen und religiösen Genossenschaften. Aber der moralische Einfluß, die überkommene Anschauungs- und Denkweise der alten Gentilzeit erbten sich noch lange fort und starben erst allmählich aus. Das zeigte sich bei einer ferneren staatlichen Einrichtung.

Wir sahn, daß ein wesentliches Kennzeichen des Staats in einer von der Masse des Volks unterschiednen öffentlichen Gewalt besteht. Athen hatte damals nur erst ein Volksheer und eine unmittelbar vom Volk gestellte Flotte; diese schützten nach außen und hielten die Sklaven im Zaum, die schon damals die große Mehrzahl der Bevölkerung bildeten. Gegenüber den Bürgern bestand die öffentliche Gewalt zunächst nur als die Polizei, die so alt ist wie der Staat, weshalb die naiven Franzosen des 18. Jahrhunderts auch nicht von zivilisierten Völkern sprachen, sondern von polizierten (nations policées). Die Athener richteten also gleichzeitig mit ihrem Staat auch eine Polizei ein, eine wahre Gendarmerie von Bogenschützen zu Fuß und zu Pferd – Landjäger, wie man in Süddeutschland und der Schweiz sagt. Diese Gendarmerie aber wurde gebildet – aus *Sklaven*. So entwürdigend kam dieser Schergendienst dem freien Athener vor, daß er sich lieber vom bewaffneten Sklaven verhaften ließ, als daß er selbst sich zu solcher Schmachtat hergab. Das war noch die alte Gentilgesinnung. Der Staat konnte ohne die Polizei nicht bestehn, aber er war noch jung und hatte noch nicht moralischen Respekt genug, um ein Handwerk achtungswert zu machen, das den alten Gentilgenossen notwendig infam erschien.

Wie sehr der jetzt in seinen Hauptzügen fertige Staat der neuen gesellschaftlichen Lage der Athener angemessen war, zeigt sich in dem raschen Aufblühn des Reichtums, des Handels und der Industrie. Der Klassengegensatz, auf dem die gesellschaftlichen und politischen Einrichtungen beruhten, war nicht mehr der von Adel und gemeinem Volk, sondern der von Sklaven und Freien, Schutzverwandten und Bürgern. Zur Zeit der höchsten Blüte bestand die ganze athenische freie Bürgerschaft, Weiber und Kinder eingeschlossen, aus etwa 90 000 Köpfen, daneben 365 000 Sklaven beiderlei Geschlechts und 45 000 Schutzverwandte – Fremde und Freigelaßne. Auf jeden erwachsenen männlichen Bürger kamen also mindestens 18 Sklaven und über zwei Schutzverwandte. Die große Sklavenzahl kam daher, daß viele von ihnen in Manufakturen, großen Räumen, unter Aufsehern zusammen arbeiteten. Mit der Entwicklung des Handels und der Industrie aber kam Akkumulation und Konzentration der Reichtümer in wenigen Händen, Verarmung der Masse der freien Bürger, denen nur die Wahl blieb, entweder der Sklavenarbeit durch eigne Handwerksarbeit Konkurrenz zu machen, was für schimpflich, banausisch galt und auch wenig Erfolg versprach – oder aber zu verlumpen. Sie taten, unter den Umständen mit Notwendigkeit, das letztere, und da sie die Masse bildeten, richteten sie damit den ganzen athenischen Staat zugrunde. Nicht die Demokratie hat Athen zugrundegerichtet, wie die europäischen, fürstenschweifwedelnden Schulmeister behaupten, sondern die Sklaverei, die die Arbeit des freien Bürgers ächtete.

Die Entstehung des Staats bei den Athenern ist ein besonders typisches Muster der Staatsbildung überhaupt, weil sie einerseits ganz rein, ohne Einmischung äußerer oder innerer Vergewaltigung vor sich geht – die Usurpation des Pisistratos hinterließ keine Spur ihrer kurzen Dauer[98] –, weil sie andrerseits einen Staat von sehr hoher Formentwicklung, die demokratische Republik, unmittelbar aus der Gentilgesellschaft hervorgehen läßt, und endlich weil wir mit allen wesentlichen Einzelheiten hinreichend bekannt sind.

VI

Gens und Staat in Rom

Aus der Sage von der Gründung Roms geht hervor, daß die erste Ansiedlung durch eine Anzahl zu einem Stamm vereinigter latinischer Gentes (der Sage nach hundert) erfolgte, denen sich bald ein sabellischer Stamm, der ebenfalls hundert Gentes gezählt haben soll, und endlich ein dritter, aus verschiedenen Elementen bestehender Stamm, wieder von angeblich hundert Gentes, anschloß. Die ganze Erzählung zeigt auf den ersten Blick, daß hier wenig mehr naturwüchsig war außer der Gens und diese selbst in manchen Fällen nur ein Ableger einer in der alten Heimat fortbestehenden Muttergens. Die Stämme tragen an der Stirn den Stempel künstlicher Zusammensetzung, jedoch meist aus verwandten Elementen und nach dem Vorbild des alten gewachsenen, nicht gemachten Stamms; wobei nicht ausgeschlossen bleibt, daß der Kern jedes der drei Stämme ein wirklicher, alter Stamm gewesen sein kann. Das Mittelglied, die Phratrie, bestand aus zehn Gentes und hieß Curie; ihrer waren also dreißig.

Daß die römische Gens dieselbe Institution war wie die griechische, ist anerkannt; ist die griechische eine Fortbildung derjenigen gesellschaftlichen Einheit, deren Urform uns die amerikanischen Rothäute vorführen, so gilt dasselbe ohne weiteres auch für die römische. Wir können uns hier also kürzer fassen.

Die römische Gens hatte wenigstens in der ältesten Zeit der Stadt folgende Verfassung:

1. Gegenseitiges Erbrecht der Gentilgenossen; das Vermögen blieb in der Gens. Da in der römischen Gens wie in der griechischen schon Vaterrecht herrschte, waren die Nachkommen der weiblichen Linie ausgeschlossen. Nach dem Gesetz der zwölf Tafeln[99], dem ältesten uns bekannten geschriebnen römischen Recht, erbten zunächst die Kinder als Leibeserben; in deren Ermanglung die Agnaten (Verwandte in *männlicher* Linie); und in deren Abwesenheit die Gentilgenossen. In allen Fällen blieb das Vermögen

in der Gens. Wir sehn hier das allmähliche Eindringen neuer, durch vermehrten Reichtum und Monogamie verursachter Rechtsbestimmungen in den Gentilbrauch: Das ursprüngliche gleiche Erbrecht der Gentilgenossen wird zuerst – wohl schon früh, wie oben erwähnt – durch Praxis auf die Agnaten beschränkt, endlich auf die Kinder und deren Nachkommen im Mannsstamm; in den zwölf Tafeln erscheint dies selbstverständlich in umgekehrter Ordnung.

2. Besitz eines gemeinsamen Begräbnisplatzes. Die patrizische Gens Claudia erhielt bei ihrer Einwanderung aus Regili nach Rom ein Stück Land für sich angewiesen, dazu in der Stadt einen gemeinsamen Begräbnisplatz. Noch unter Augustus wurde der nach Rom gekommene Kopf des im Teutoburger Wald gefallenen Varus[100] im gentilitius tumulus[1] beigesetzt; die Gens (Quinctilia) hatte also noch einen besondern Grabhügel.[2]

3. Gemeinsame religiöse Feiern. Diese, die sacra gentilitia, sind bekannt.

4. Verpflichtung, nicht in der Gens zu heiraten. Dies scheint in Rom nie in ein geschriebnes Gesetz verwandelt worden zu sein, aber die Sitte blieb. Von der Unmasse römischer Ehepaare, deren Namen uns aufbewahrt, hat kein einziges gleichen Gentilnamen für Mann und Frau. Das Erbrecht beweist diese Regel ebenfalls. Die Frau verliert durch die Heirat ihre agnatischen Rechte, tritt aus ihrer Gens, weder sie noch ihre Kinder können von ihrem Vater oder dessen Brüdern erben, weil sonst das Erbteil der väterlichen Gens verlorenginge. Dies hat Sinn nur unter der Voraussetzung, daß die Frau keinen Gentilgenossen heiraten kann.

5. Ein gemeinsamer Grundbesitz. Dieser war in der Urzeit stets vorhanden, sobald das Stammland anfing geteilt zu werden. Unter den latinischen Stämmen finden wir den Boden teils im Besitz des Stammes, teils der Gens, teils der Haushaltungen, welche damals schwerlich[3] Einzelfamilien waren. Romulus soll die ersten Landteilungen an einzelne gemacht haben, ungefähr eine Hektare (zwei Jugera) auf jeden. Doch finden wir noch später Grundbesitz in den Händen der Gentes, vom Staatsland gar nicht zu sprechen, um das sich die ganze innere Geschichte der Republik dreht.

6. Pflicht der Gentilgenossen zu gegenseitigem Schutz und Beistand. Davon zeigt uns die geschriebne Geschichte nur noch Trümmer; der römische Staat trat gleich von vornherein mit solcher Übermacht auf, daß das

[1] Gentilgrabhügel – [2] *(1884)* lautet der letzte Satz: Noch unter Augustus wurde der nach Rom gekommene Kopf des im Teutoburger Wald gefallenen Varus in der Grabstätte der Gens Quinctilia (gentilitius tumulus) beigesetzt – [3] *(1884)* nicht notwendig (statt: damals schwerlich)

Recht des Schutzes gegen Unbill auf ihn überging. Als Appius Claudius verhaftet wurde, legte seine ganze Gens Trauer an, selbst die seine persönlichen Feinde waren. Zur Zeit des zweiten Punischen Kriegs[101] verbanden sich die Gentes zur Auslösung ihrer kriegsgefangnen Gentilgenossen; der Senat *verbot* es ihnen.

7. Recht, den Gentilnamen zu tragen. Blieb bis in die Kaiserzeit; den Freigelaßnen erlaubte man, den Gentilnamen ihrer ehemaligen Herren anzunehmen, doch ohne Gentilrechte.

8. Recht der Adoption Fremder in die Gens. Dies geschah durch Adoption in eine Familie (wie bei den Indianern), die die Aufnahme in die Gens mit sich führte.

9. Das Recht, den Vorsteher zu wählen und abzusetzen, wird nirgends erwähnt. Da aber in der ersten Zeit Roms alle Ämter durch Wahl oder Ernennung besetzt wurden, vom Wahlkönig abwärts, und auch die Priester der Curien von diesen gewählt, so dürfen wir für die Vorsteher (principes) der Gentes dasselbe annehmen – so sehr auch die Wahl aus einer und derselben Familie in der Gens schon Regel geworden sein mochte.

Das waren die Befugnisse einer römischen Gens. Mit Ausnahme des bereits vollendeten Übergangs zum Vaterrecht sind sie das treue Spiegelbild der Rechte und Pflichten einer irokesischen Gens; auch hier „guckt der Irokese unverkennbar durch".[1]

Welche Verwirrung, auch bei unsern anerkanntesten Geschichtsschreibern, heute noch über die römische Gentilordnung herrscht, dafür nur ein Beispiel. In Mommsens Abhandlung über die römischen Eigennamen der republikanischen und augustinischen Zeit („Römische Forschungen", Berlin 1864, I.Band) heißt es:

„Außer den sämtlichen männlichen Geschlechtsgenossen, mit Ausschluß natürlich der Sklaven, aber mit Einschluß der Zugewandten und Schutzbefohlnen, kommt der Geschlechtsname auch den Frauen zu ... Der Stamm" (wie Mommsen hier gens übersetzt) „ist ... ein aus gemeinschaftlicher – wirklicher oder vermuteter oder auch fingierter – Abstammung hervorgegangenes, durch Fest-, Grab- und Erbgenossenschaft vereinigtes Gemeinwesen, dem alle persönlich freien Individuen, also auch die Frauen, sich zuzählen dürfen und müssen. Schwierigkeit aber macht die Bestimmung des Geschlechtsnamens der verheirateten Frauen. Dieselbe fällt freilich weg, solange die Frau sich nicht anders als mit einem Geschlechtsgenossen vermählen durfte; und nachweislich hat es für die Frauen lange Zeit größere Schwierigkeit gehabt, außerhalb als innerhalb des Geschlechts sich zu verheiraten, wie denn jenes Recht, die gentis enuptio, noch im 6. Jahrhundert als persönliches Vorrecht zur Belohnung vergeben worden ist ... Wo

[1] *(1884)* fehlt der folgende Text bis zum Absatz: Noch fast dreihundert Jahre ... (S. 122)

nun aber dergleichen Ausheiratungen vorkamen, muß die Frau in ältester Zeit damit in den Stamm des Mannes übergegangen sein. Nichts ist sicherer, als daß die Frau in der alten religiösen Ehe völlig in die rechtliche und sakrale Gemeinschaft des Mannes ein- und aus der ihrigen austritt. Wer weiß es nicht, daß die verheiratete Frau das Erbrecht gegen ihre Gentilen aktiv und passiv einbüßt, dagegen mit ihrem Mann, ihren Kindern und dessen Gentilen überhaupt in Erbverband tritt? Und wenn sie ihrem Mann an Kindes Statt wird und in seine Familie gelangt, wie kann sie seinem Geschlecht fernbleiben?" (S. 8-11.)

Mommsen behauptet also, die römischen Frauen, die einer Gens angehörten, hätten ursprünglich nur *innerhalb* ihrer Gens heiraten dürfen, die römische Gens sei also endogam gewesen, nicht exogam. Diese Ansicht, die aller Erfahrung bei andern Völkern widerspricht, gründet sich hauptsächlich, wenn nicht ausschließlich, auf eine einzige vielumstrittene Stelle des Livius (Buch XXXIX, c. 19), wonach der Senat im Jahr der Stadt 568, vor unsrer Zeitrechnung 186, beschloß, uti Feceniae Hispalae datio, deminutio, gentis enuptio, tutoris optio item esset quasi ei vir testamento dedisset; utique ei ingenuo nubere liceret, neu quid ei qui eam duxisset, ob id fraudi ignominiaeve esset – daß die Fecenia Hispala das Recht haben soll, über ihr Vermögen zu verfügen, es zu vermindern, außer der Gens zu heiraten und sich einen Vormund zu wählen, ganz als ob ihr (verstorbner) Mann ihr dies Recht durch Testament übertragen hätte; daß sie einen Vollfreien heiraten dürfe, und daß dem, der sie zur Frau nehme, dies nicht als schlechte Handlung oder Schande angerechnet werden soll.

Unzweifelhaft wird hier also der Fecenia, einer Freigelaßnen, das Recht erteilt, außerhalb der Gens zu heiraten. Und ebenso unzweifelhaft hatte hiernach der Ehemann des Recht, testamentarisch seiner Frau das Recht zu übertragen, nach seinem Tode außerhalb der Gens zu heiraten. Aber außerhalb *welcher* Gens?

Mußte die Frau innerhalb ihrer Gens heiraten, wie Mommsen annimmt, so blieb sie auch nach der Heirat in dieser Gens. Erstens aber ist diese behauptete Endogamie der Gens grade das, was zu beweisen ist. Und zweitens, wenn die Frau in der Gens heiraten mußte, dann natürlich auch der Mann, der ja sonst keine Frau bekam. Dann kommen wir dahin, daß der Mann seiner Frau testamentarisch ein Recht vermachen konnte, das er selbst, und für sich selbst, nicht besaß; wir kommen auf einen rechtlichen Widersinn. Mommsen fühlt dies auch und vermutet daher:

„Es bedurfte für die Ausheiratung aus dem Geschlecht rechtlich wohl nicht bloß der Einwilligung des Gewalthabenden, sondern der sämtlichen Gentilgenossen." (S. 10, Note.)

Das ist erstens eine sehr kühne Vermutung, und zweitens widerspricht es dem klaren Wortlaut der Stelle; der Senat gibt ihr dies Recht *an Stelle des Mannes*, er gibt ihr ausdrücklich nicht mehr und nicht minder, als ihr Mann ihr hätte geben können, aber was er ihr gibt, ist ein *absolutes*, von keiner andern Beschränkung abhängiges Recht; so daß, wenn sie davon Gebrauch macht, auch ihr neuer Mann darunter nicht leiden soll; er beauftragt sogar die gegenwärtigen und künftigen Konsuln und Prätoren, dafür zu sorgen, daß ihr keinerlei Unbill daraus erwachse. Mommsens Annahme scheint also durchaus unzulässig.

Oder aber: Die Frau heiratete einen Mann aus einer andern Gens, blieb aber selbst in ihrer angebornen Gens. Dann hätte nach der obigen Stelle ihr Mann das Recht gehabt, der Frau zu erlauben, aus ihrer eignen Gens hinauszuheiraten. Das heißt, er hätte das Recht gehabt, Verfügungen zu treffen in Angelegenheiten einer Gens, zu der er gar nicht gehörte. Die Sache ist so widersinnig, daß darüber kein Wort weiter zu verlieren ist.

Bleibt also nur die Annahme, die Frau habe in erster Ehe einen Mann aus einer andern Gens geheiratet und sei durch die Heirat ohne weiteres in die Gens des Mannes übergetreten, wie dies Mommsen auch für solche Fälle tatsächlich zugibt. Dann erklärt sich der ganze Zusammenhang sofort. Die Frau, durch die Heirat losgerissen von ihrer alten Gens und aufgenommen in den neuen Gentilverband des Mannes, hat in diesem eine ganz besondre Stellung. Sie ist zwar Gentilgenossin, aber nicht blutsverwandt; die Art ihrer Aufnahme schließt sie von vornherein aus von jedem Eheverbot innerhalb der Gens, in die sie ja gerade hineingeheiratet hat; sie ist ferner in den Eheverband der Gens aufgenommen, erbt beim Tode ihres Mannes von seinem Vermögen, also Vermögen eines Gentilgenossen. Was ist natürlicher, als daß dies Vermögen in der Gens bleiben, sie also verpflichtet sein soll, einen Gentilgenossen ihres ersten Mannes zu heiraten und keinen andern? Und wenn eine Ausnahme gemacht werden soll, wer ist so kompetent, sie dazu zu bevollmächtigen wie derjenige, der ihr dies Vermögen vermacht hat, ihr erster Mann? Im Augenblick, wo er ihr einen Vermögensteil vermacht und ihr gleichzeitig erlaubt, diesen Vermögensteil durch Heirat oder infolge von Heirat in eine fremde Gens zu übertragen, gehört ihm dies Vermögen noch, er verfügt also buchstäblich nur über sein Eigentum. Was die Frau selbst angeht und ihr Verhältnis zur Gens ihres Mannes, so ist er es, der sie in diese Gens durch einen freien Willensakt – die Heirat – eingeführt hat; es scheint also ebenfalls natürlich, daß er die geeignete Person ist, sie zum Austritt aus dieser Gens durch zweite Heirat zu bevollmächtigen. Kurzum, die Sache scheint einfach und selbstverständlich, sobald wir die wunderbare Vorstellung von der endogamen römischen Gens fallenlassen und sie mit Morgan als ursprünglich exogam fassen.

Es bleibt noch eine letzte Annahme, die auch ihre Vertreter gefunden hat, und wohl die zahlreichsten: Die Stelle besage nur,

„daß freigelaßne Mägde (libertae) nicht ohne besondre Bewilligung e gente enubere" (aus der Gens ausheiraten) „oder sonst einen der Akte vornehmen durften, der, mit capitis deminutio minima[1] verbunden, den Austritt der liberta aus dem Gentilverbande bewirkt hätte". (Lange, „Römische Alterthümer", Berlin 1856, I, S.195, wo sich auf Huschke zu unsrer livianischen Stelle bezogen wird.)[102]

Ist diese Annahme richtig, so beweist die Stelle für die Verhältnisse vollfreier Römerinnen erst recht nichts und kann von einer Verpflichtung derselben, innerhalb der Gens zu heiraten, erst recht nicht die Rede sein.

Der Ausdruck enuptio gentis kommt nur in dieser einen Stelle und sonst in der ganzen römischen Literatur nicht mehr vor; das Wort enubere, ausheiraten, nur dreimal, ebenfalls bei Livius, und dann nicht in Beziehung auf die Gens. Die Phantasie, daß Römerinnen nur innerhalb der Gens heiraten durften, verdankt nur dieser einen Stelle ihre Existenz. Sie kann aber absolut nicht aufrechterhalten werden. Denn entweder bezieht sich die Stelle auf besondre Beschränkungen für Freigelaßne, und dann beweist sie nichts für Vollfreie (ingenuae); oder aber sie gilt auch für Vollfreie, und dann beweist sie vielmehr, daß die Frau in der Regel außer ihrer Gens heiratete, aber mit der Heirat in die Gens des Mannes übertrat; also gegen Mommsen und für Morgan. –

Noch fast dreihundert Jahre nach Gründung Roms waren die Gentilbande so stark, daß eine patrizische Gens, die der Fabier, mit Einwilligung des Senats einen Kriegszug gegen die Nachbarstadt Veji auf eigne Faust unternehmen konnte. 306 Fabier sollen ausgezogen und in einem Hinterhalt sämtlich erschlagen worden sein; ein einziger zurückgebliebener Knabe habe die Gens fortgepflanzt.

Zehn Gentes bildeten, wie gesagt, eine Phratrie, die hier Curie hieß und wichtigere öffentliche Befugnisse erhielt als die griechische Phratrie. Jede Curie hatte ihre eignen Religionsübungen, Heiligtümer und Priester; diese letzteren, in ihrer Gesamtheit, bildeten eins der römischen Priesterkollegien. Zehn Curien bildeten einen Stamm, der wahrscheinlich, wie die übrigen latinischen Stämme, ursprünglich einen gewählten Vorsteher – Heerführer und Oberpriester – hatte. Die Gesamtheit der drei Stämme bildete das römische Volk, den Populus Romanus.

[1] Verlust der Familienrechte

Dem römischen Volk konnte also nur angehören, wer Mitglied einer Gens und durch sie einer Curie und eines Stammes war. Die erste Verfassung dieses Volkes war folgende. Die öffentlichen Angelegenheiten wurden besorgt zunächst durch den Senat, der, wie Niebuhr zuerst richtig gesehn, aus den Vorstehern der dreihundert Gentes zusammengesetzt war; eben deswegen, als Gentilälteste, hießen sie Väter, patres, und ihre Gesamtheit Senat (Rat der Ältesten, von senex, alt). Die gewohnheitsmäßige Wahl aus immer derselben Familie jeder Gens rief auch hier den ersten Stammesadel ins Leben; diese Familien nannten sich Patrizier und nahmen ausschließliches Recht des Eintritts in den Senat und alle andern Ämter in Anspruch. Daß das Volk sich diesen Anspruch mit der Zeit gefallen ließ und er sich in ein wirkliches Recht verwandelte, drückt die Sage dahin aus, daß Romulus den ersten Senatoren und ihren Nachkommen das Patriziat mit dessen Vorrechten erteilt habe. Der Senat, wie die athenische Bulê, hatte die Entscheidung in vielen Angelegenheiten, die Vorberatung in wichtigeren und namentlich bei neuen Gesetzen. Diese wurden entschieden durch die Volksversammlung, genannt comitia curiata (Versammlung der Curien). Das Volk kam zusammen, in Curien gruppiert, in jeder Curie wahrscheinlich nach Gentes, bei der Entscheidung hatte jede der dreißig Curien eine Stimme. Die Versammlung der Curien nahm an oder verwarf alle Gesetze, wählte alle höhern Beamten mit Einschluß des rex (sogenannten Königs), erklärte Krieg (aber der Senat schloß Frieden) und entschied als höchstes Gericht, auf Berufung der Beteiligten, in allen Fällen, wo es sich um Todesstrafe gegen einen römischen Bürger handelte. – Endlich stand neben Senat und Volksversammlung der rex, der genau dem griechischen Basileus entsprach und keineswegs der fast absolute König war, als den Mommsen[103] ihn darstellt.* Auch er war Heerführer, Oberpriester und Vorsitzer in gewissen Gerichten. Zivilbefugnisse oder Macht über Leben, Freiheit und Eigentum der Bürger hatte er durchaus nicht, soweit sie nicht aus der Disziplinargewalt des Heerführers oder der urteilsvollstreckenden Gewalt des Ge-

* Das lateinische rex ist das keltisch-irische righ (Stammesvorsteher) und das gotische reiks; daß dies ebenfalls, wie ursprünglich auch unser Fürst (d.h. wie englisch first, dänisch förste, der erste) Gentil- oder Stammesvorsteher bedeutete, geht hervor daraus, daß die Goten schon im 4. Jahrhundert ein besonderes Wort für den späteren König, den Heerführer eines gesamten Volkes, besaßen: thiudans. Artaxerxes und Herodes heißen in Ulfilas' Bibelübersetzung nie reiks, sondern thiudans und das Reich des Kaisers Tiberius nicht reiki, sondern thiudinassus. Im Namen des gotischen Thiudans, oder wie wir ungenau übersetzen, Königs Thiudareiks, Theodorich, d.h. Dietrich, fließen beide Benennungen zusammen.

richtsvorsitzers entsprangen. Das Amt des rex war nicht erblich; er wurde im Gegenteil, wahrscheinlich auf Vorschlag des Amtsvorgängers, von der Versammlung der Curien zuerst gewählt und dann in einer zweiten Versammlung feierlich eingesetzt. Daß er auch absetzbar war, beweist das Schicksal des Tarquinius Superbus.

Wie die Griechen zur Heroenzeit, lebten also die Römer zur Zeit der sogenannten Könige in einer auf Gentes, Phratrien und Stämmen begründeten und aus ihnen entwickelten militärischen Demokratie. Mochten auch die Curien und Stämme zum Teil künstliche Bildungen sein, sie waren geformt nach den echten, naturwüchsigen Vorbildern der Gesellschaft, aus der sie hervorgegangen und die sie noch auf allen Seiten umgab. Mochte auch der naturwüchsige patrizische Adel bereits Boden gewonnen haben, mochte die Reges ihre Befugnisse allmählich zu erweitern suchen – das ändert den ursprünglichen Grundcharakter der Verfassung nicht, und auf diesen allein kommt es an.

Inzwischen vermehrte sich die Bevölkerung der Stadt Rom und des römischen, durch Eroberung erweiterten Gebiets teils durch Einwanderung, teils durch die Bewohner der unterworfnen, meist latinischen Bezirke. Alle diese neuen Staatsangehörigen (die Frage wegen der Klienten lassen wir hier beiseite) standen außerhalb der alten Gentes, Curien und Stämme, bildeten also keinen Teil des populus romanus, des eigentlichen römischen Volks. Sie waren persönlich freie Leute, konnten Grundeigentum besitzen, mußten Steuern und Kriegsdienste leisten. Aber sie konnten keine Ämter bekleiden und weder an der Versammlung der Curien teilnehmen noch an der Verteilung der eroberten Staatsländereien. Sie bildeten die von allen öffentlichen Rechten ausgeschlossene Plebs. Durch ihre stets wachsende Zahl, ihre militärische Ausbildung und Bewaffnung wurden sie eine drohende Macht gegenüber dem alten, gegen allen Zuwachs von außen jetzt fest abgeschlossenen Populus. Dazu kam, daß der Grundbesitz zwischen Populus und Plebs ziemlich gleichmäßig verteilt gewesen zu sein scheint, während der allerdings noch nicht sehr entwickelte kaufmännische und industrielle Reichtum wohl vorwiegend bei der Plebs war.

Bei der großen Dunkelheit, worin die ganz sagenhafte Urgeschichte Roms gehüllt ist – eine Dunkelheit, noch bedeutend verstärkt durch die rationalistisch-pragmatischen Deutungsversuche und Berichte der späteren juristisch gebildeten Quellenschriftsteller –, ist es unmöglich, weder über Zeit noch Verlauf, noch Anlaß der Revolution etwas Bestimmtes zu sagen, die der alten Gentilverfassung ein Ende machte. Gewiß ist nur, daß ihre Ursache in den Kämpfen zwischen Plebs und Populus lag.

Die neue, dem Rex Servius Tullius zugeschriebne, sich an griechische Muster, namentlich Solon, anlehnende Verfassung schuf eine neue Volksversammlung, die ohne Unterschied Populus und Plebejer ein- oder ausschloß, je nachdem sie Kriegsdienste leisteten oder nicht. Die ganze waffenpflichtige Mannschaft wurde nach dem Vermögen in sechs Klassen eingeteilt. Der geringste Besitz in jeder der fünf Klassen war: I. 100 000 Aß; II. 75 000; III. 50 000; IV. 25 000; V. 11 000 Aß; nach Dureau de la Malle gleich ungefähr 14 000, 10 500, 7000, 3600 und 1570 Mark. Die sechste Klasse, die Proletarier, bestand aus den weniger Begüterten, Dienst- und Steuerfreien. In der neuen Volksversammlung der Centurien (comitia centuriata) traten die Bürger militärisch an, kompanieweise in ihren Centurien zu hundert Mann, und jede Centurie hatte eine Stimme. Nun aber stellte die erste Klasse 80 Centurien; die zweite 22, die dritte 20, die vierte 22, die fünfte 30, die sechste des Anstands halber auch eine. Dazu kamen die aus den Reichsten gebildeten Reiter mit 18 Centurien; zusammen 193; Majorität der Stimmen: 97. Nun hatten die Reiter und die erste Klasse zusammen allein 98 Stimmen, also die Majorität; waren sie einig, wurden die übrigen gar nicht gefragt; der gültige Beschluß war gefaßt.

Auf diese neue Versammlung der Centurien gingen nun alle politischen Rechte der früheren Versammlung der Curien (bis auf einige nominelle) über; die Curien und die sie zusammensetzenden Gentes wurden dadurch, wie in Athen, zu bloßen Privat- und religiösen Genossenschaften degradiert und vegetierten als solche noch lange fort, während die Versammlung der Curien bald ganz einschlief. Um auch die alten drei Geschlechterstämme aus dem Staat zu verdrängen, wurden vier Ortsstämme, deren jeder ein Viertel der Stadt bewohnte, mit einer Reihe von politischen Rechten eingeführt.

Somit war auch in Rom, schon vor der Abschaffung des sogenannten Königtums, die alte auf persönlichen Blutbanden beruhende Gesellschaftsordnung gesprengt und eine neue, auf Gebietseinteilung und Vermögensunterschied begründete, wirkliche Staatsverfassung an ihre Stelle gesetzt. Die öffentliche Gewalt bestand hier in der kriegsdienstpflichtigen Bürgerschaft gegenüber nicht nur den Sklaven, sondern auch den vom Heeresdienst und der Bewaffnung ausgeschlossenen sogenannten Proletariern.

Innerhalb dieser neuen Verfassung, die bei der Vertreibung des letzten, wirkliche Königsgewalt usurpierenden Rex Tarquinius Superbus und Ersetzung des rex durch zwei Heerführer (Konsuln) mit gleicher Amtsgewalt (wie bei den Irokesen) nur weiter ausgebildet wurde – innerhalb dieser Verfassung bewegt sich die ganze Geschichte der römischen Republik mit allen ihren Kämpfen der Patrizier und Plebejer um den Zugang zu den Ämtern und die Beteiligung an den Staatsländereien, mit dem endlichen Aufgehn des Patrizieradels in der neuen Klasse der großen Grund- und Geldbesitzer, die allmählich allen Grundbesitz der durch den Kriegsdienst ruinierten Bauern aufsogen, die so entstandnen enormen Landgüter mit Sklaven bebauten, Italien entvölkerten und damit nicht nur dem Kaisertum die Tür öffneten, sondern auch seinen Nachfolgern, den deutschen Barbaren.

VII

Die Gens bei Kelten und Deutschen

Der Raum verbietet uns, auf die noch jetzt bei den verschiedensten wilden und barbarischen Völkern in reinerer oder getrübterer Form bestehenden Gentilinstitutionen einzugehn oder auf die Spuren davon in der älteren Geschichte asiatischer Kulturvölker.[1] Die einen oder die andern finden sich überall. Nur ein paar Beispiele: Ehe noch die Gens erkannt war, hat der Mann, der sich die meiste Mühe gab sie mißzuverstehen, hat McLennan sie nachgewiesen und im ganzen richtig beschrieben bei Kalmüken, Tscherkessen, Samojeden und bei drei indischen Völkern: den Waralis, den Magars und den Munnipuris. Neuerdings hat M. Kowalewski sie entdeckt und beschrieben bei den Pschaven, Schevsuren, Svaneten und andern kaukasischen Stämmen. Hier nur einige kurze Notizen über das Vorkommen der Gens bei Kelten und Germanen.

Die ältesten erhaltenen keltischen Gesetze zeigen uns die Gens noch in vollem Leben; in Irland lebt sie wenigstens instinktiv im Volksbewußtsein noch heute, nachdem die Engländer sie gewaltsam gesprengt; in Schottland stand sie noch Mitte des vorigen Jahrhunderts in voller Blüte und erlag auch hier nur den Waffen, der Gesetzgebung und den Gerichtshöfen der Engländer.

Die altwalisischen Gesetze, die mehrere Jahrhunderte vor der englischen Eroberung[104], spätestens im 11. Jahrhundert, niedergeschrieben wurden, zeigen noch gemeinschaftlichen Ackerbau ganzer Dörfer, wenn auch nur als ausnahmsweisen Rest früherer allgemeiner Sitte; jede Familie hatte fünf Acker zur eignen Bebauung; ein Stück wurde daneben gemeinsam bebaut und der Ertrag verteilt. Daß diese Dorfgemeinden Gentes repräsentieren oder Unterabteilungen von Gentes, ist bei der Analogie von Irland und Schottland nicht zu bezweifeln, selbst wenn eine erneuerte Prüfung der walisischen Gesetze, zu der mir die Zeit fehlt (meine Auszüge sind vom

[1] *(1884)* fehlt der folgende Text bis zu den Worten: Hier nur einige kurze Notizen ...

Jahr 1869)[105], dies nicht direkt beweisen sollte. Was aber die walisischen Quellen, und mit ihnen die irischen, direkt beweisen, ist, daß bei den Kelten die Paarungsehe im 11. Jahrhundert noch keineswegs durch die Monogamie verdrängt war. In Wales wurde eine Ehe erst unlöslich, oder besser unkündbar, nach sieben Jahren. Fehlten nur drei Nächte an den sieben Jahren, so konnten die Gatten sich trennen. Dann wurde geteilt: Die Frau teilte, der Mann wählte sein Teil. Die Möbel wurden nach gewissen, sehr humoristischen Regeln geteilt. Löste der Mann die Ehe, so mußte er der Frau ihre Mitgift und einiges andre zurückgeben; war es die Frau, so erhielt sie weniger. Von den Kindern bekam der Mann zwei, die Frau eines, und zwar das mittelste. Wenn die Frau nach der Scheidung einen andern Mann nahm und der erste Mann holte sie sich wieder, so mußte sie ihm folgen, auch wenn sie schon *einen* Fuß im neuen Ehebett hatte. Waren die beiden aber sieben Jahre zusammengewesen, so waren sie Mann und Frau, auch ohne vorherige förmliche Heirat. Keuschheit der Mädchen vor der Heirat wurde durchaus nicht streng eingehalten oder gefordert; die hierauf bezüglichen Bestimmungen sind äußerst frivoler Natur und keineswegs der bürgerlichen Moral gemäß. Beging eine Frau einen Ehebruch, so durfte der Mann sie prügeln (einer der drei Fälle, wo ihm dies erlaubt, sonst verfiel er in Strafe), dann aber weiter keine Genugtuung fordern, denn

„für dasselbe Vergehen soll entweder Sühnung sein oder Rache, aber nicht beides zugleich"[106].

Die Gründe, auf die hin die Frau die Scheidung verlangen durfte, ohne in ihren Ansprüchen bei der Auseinandersetzung zu verlieren, waren sehr umfassender Art: Übler Atem des Mannes genügte. Das an den Stammeshäuptling oder König zu zahlende Loskaufgeld für das Recht der ersten Nacht (gobr merch, daher der mittelalterliche Name marcheta, französisch marquette) spielt eine große Rolle im Gesetzbuch. Die Weiber hatten Stimmrecht in den Volksversammlungen. Fügen wir hinzu, daß in Irland ähnliche Verhältnisse bezeugt sind; daß dort ebenfalls Ehen auf Zeit ganz gebräuchlich und der Frau bei der Trennung genau geregelte, große Begünstigungen, sogar Entschädigung für ihre häuslichen Dienste zugesichert waren; daß dort eine „erste Frau" neben andern Frauen vorkommt und bei Erbteilungen zwischen ehelichen und unehelichen Kindern kein Unterschied gemacht wird – so haben wir ein Bild der Paarungsehe, wogegen die in Nordamerika gültige Eheform streng erscheint, wie es aber im 11. Jahrhundert bei einem Volk nicht verwundern kann, das noch zu Cäsars Zeit in der Gruppenehe lebte.

Die irische Gens (Sept, der Stamm heißt Clainne, Clan) wird nicht nur durch die alten Rechtsbücher, sondern auch durch die zur Verwandlung des Clanlandes in Domäne des englischen Königs hinübergesandten englischen Juristen des 17. Jahrhunderts bestätigt und beschrieben. Der Boden war bis zu dieser letzteren Zeit Gemeineigentum des Clans oder der Gens, soweit er nicht bereits von den Häuptlingen in ihre Privatdomäne verwandelt worden war. Wenn ein Gentilgenosse starb, also eine Haushaltung einging, so nahm der Vorsteher (caput cognationis nannten ihn die englischen Juristen) eine neue Landteilung des ganzen Gebiets unter den übrigen Haushaltungen vor. Diese muß im ganzen nach den in Deutschland gültigen Regeln erfolgt sein. Noch jetzt finden sich einige – vor vierzig oder fünfzig Jahren sehr zahlreiche – Dorffluren in sog. Rundale. Die Bauern, Einzelpächter des früher der Gens gemeinsam gehörigen, vom englischen Eroberer geraubten Bodens, zahlen jeder die Pacht für sein Stück, werfen aber das Acker- und Wiesenland aller Stücke zusammen, teilen es nach Lage und Qualität in „Gewanne", wie es an der Mosel heißt, und geben jedem seinen Anteil in jedem Gewann; Moor- und Weideland wird gemeinsam genutzt. Noch vor fünfzig Jahren wurde von Zeit zu Zeit, manchmal jährlich, neu umgeteilt. Die Flurkarte eines solchen Rundale-Dorfes sieht ganz genauso aus wie die einer deutschen Gehöferschaft an der Mosel oder im Hochwald. Auch in den „factions"[1] lebt die Gens fort. Die irischen Bauern teilen sich oft in Parteien, die auf scheinbar ganz widersinnigen oder sinnlosen Unterschieden beruhen, den Engländern ganz unverständlich sind und keinen andern Zweck zu haben scheinen als die beliebten solennen Prügeleien der einen Faktion gegen die andre. Es sind künstliche Wiederbelebungen, nachgeborner Ersatz für die zersprengten Gentes, die die Fortdauer des ererbten Gentilinstinkts in ihrer Weise dartun. In manchen Gegenden sind übrigens die Gentilgenossen noch ziemlich auf dem alten Gebiet zusammen; so hatte noch in den dreißiger Jahren die große Mehrzahl der Bewohner der Grafschaft Monaghan nur vier Familiennamen, d.h. stammte aus vier Gentes oder Clans.*

---

* *Zur vierten Auflage.* Während einiger in Irland[107] zugebrachten Tage ist mir wieder frisch ins Bewußtsein getreten, wie sehr das Landvolk dort noch in den Vorstellungen der Gentilzeit lebt. Der Grundbesitzer, dessen Pächter der Bauer ist, gilt diesem noch immer als eine Art Clanchef, der den Boden im Interesse aller zu verwalten hat, dem der Bauer Tribut in der Form von Pacht bezahlt, von dem er aber auch in Notfällen Unterstützung erhalten soll. Und ebenso gilt jeder Wohlhabendere als

---

[1] „Parteien"

In Schottland datiert der Untergang der Gentilordnung von der Niederwerfung des Aufstandes von 1745.[108] Welches Glied dieser Ordnung der schottische Clan speziell darstellt, bleibt noch zu untersuchen; daß er aber ein solches, ist unzweifelhaft. In Walter Scotts Romanen sehn wir diesen hochschottischen Clan lebendig vor uns. Er ist, sagt Morgan,

„ein vortreffliches Musterbild der Gens in seiner Organisation und in seinem Geist, ein schlagendes Beispiel der Herrschaft des Gentillebens über die Gentilen... In ihren Fehden und in ihrer Blutrache, in der Gebietsverteilung nach Clans, in ihrer gemeinsamen Bodennutzung, in der Treue der Clanglieder gegen den Häuptling und gegeneinander finden wir die überall wiederkehrenden Züge der Gentilgesellschaft... Die Abstammung zählte nach Vaterrecht, so daß die Kinder der Männer in den Clans blieben, während die der Weiber in die Clans ihrer Väter übertraten."[109]

Daß aber in Schottland früher Mutterrecht herrschte, beweist die Tatsache, daß in der königlichen Familie der Pikten, nach Beda[110], weibliche Erbfolge galt. Ja selbst ein Stück Punaluafamilie hatte sich, wie bei den Walisern, so bei den Skoten, bis ins Mittelalter bewahrt in dem Recht der ersten Nacht, das der Clanhäuptling oder der König als letzter Vertreter der früheren gemeinsamen Ehemänner bei jeder Braut auszuüben berechtigt war, sofern es nicht abgekauft wurde.[1]

---

verpflichtet zur Unterstützung seiner ärmeren Nachbarn, sobald diese in Not geraten. Solche Hülfe ist nicht Almosen, sie ist das, was dem ärmeren vom reicheren Clangenossen oder Clanchef von Rechts wegen zukommt. Man begreift die Klage der politischen Ökonomen und Juristen über die Unmöglichkeit, dem irischen Bauer den Begriff des modernen bürgerlichen Eigentums beizubringen; ein Eigentum, das nur Rechte hat, aber keine Pflichten, will dem Irländer platterdings nicht in den Kopf. Man begreift aber auch, wie Irländer, die mit solchen naiven Gentilvorstellungen plötzlich in die großen englischen oder amerikanischen Städte verschlagen werden, unter eine Bevölkerung mit ganz andern Moral- und Rechtsanschauungen, wie solche Irländer da leicht an Moral und Recht total irre werden, allen Halt verlieren und oft massenhaft der Demoralisation verfallen mußten.

---

[1] *(1884)* folgt: Dasselbe Recht – in Nordamerika kommt es im äußersten Nordwesten vielfach vor – galt auch bei den Russen, wo die Großfürstin Olga es im zehnten Jahrhundert abschaffte.

Die in Frankreich, besonders in Nivernais und der Franche-Comté bis zur Revolution bestehenden kommunistischen Haushaltungen leibeigner Familien, ähnlich den slawischen Familiengemeinden in den serbisch-kroatischen Gegenden, sind ebenfalls Reste früherer gentiler Organisation. Sie sind noch nicht ganz ausgestorben, man sieht z. B. bei Louhans (Saône-et-Loire) noch eine Menge großer, eigentümlich gebauter Bauernhäuser mit gemeinsamem Zentralsaal und Schlafkammern rings herum, von mehreren Generationen derselben Familie bewohnt.

Daß die Deutschen bis zur Völkerwanderung in Gentes organisiert waren, ist unzweifelhaft. Sie können das Gebiet zwischen Donau, Rhein, Weichsel und den nördlichen Meeren erst wenige Jahrhunderte vor unsrer Zeitrechnung besetzt haben; die Cimbern und Teutonen waren noch in voller Wanderung, und die Sueven fanden erst zu Cäsars Zeit feste Wohnsitze. Von ihnen sagt Cäsar ausdrücklich, sie hätten sich nach Gentes und Verwandtschaften (gentibus cognationibusque)[111] niedergelassen, und im Munde eines Römers der gens Julia hat dies Wort gentibus eine nicht wegzudemonstrierende bestimmte Bedeutung. Dies galt von allen Deutschen; selbst die Ansiedlung in den eroberten Römerprovinzen[1] scheint noch nach Gentes erfolgt zu sein. Im alamannischen Volksrecht wird bestätigt, daß das Volk auf dem eroberten Boden südlich der Donau nach Geschlechtern (genealogiae) sich ansiedelte[112]; genealogia wird ganz in demselben Sinn gebraucht wie später Mark- oder Dorfgenossenschaft. Es ist neuerdings von Kowalewski die Ansicht aufgestellt worden, diese genealogiae seien die großen Hausgenossenschaften, unter die das Land verteilt worden sei und aus denen sich erst später die Dorfgenossenschaft entwickelt. Dasselbe dürfte denn auch von der fara gelten, mit welchem Ausdruck bei Burgundern und Langobarden – also bei einem gotischen und einem herminonischen oder hochdeutschen Volksstamm – so ziemlich, wenn nicht genau dasselbe bezeichnet wird wie mit genealogia im alamannischen Rechtsbuch. Was hier in Wirklichkeit vorliegt: Gens oder Hausgenossenschaft, muß noch näher untersucht werden.

Die Sprachdenkmäler lassen uns im Zweifel darüber, ob bei allen Deutschen ein gemeinsamer Ausdruck für Gens bestand und welcher. Etymolo-

[1] Der folgende Text bis zum Absatz: Wie bei Mexikanern und Griechen ... (S. 132) ist die von Engels 1891 erweiterte Fassung. Er lautete 1884: geschah noch nach Gentes. Im alamannischen Volksrecht des achten Jahrhunderts wird genealogia gradezu mit Markgenossenschaft gleichbedeutend gesetzt; so daß wir hier ein deutsches Volk, und zwar wiederum Sueven, nach Geschlechtern, gentes, angesiedelt und jeder Gens einen bestimmten Bezirk zugewiesen sehn. Bei den Burgundern und Langobarden hieß die Gens fara, und die Bezeichnung für Gentilgenossen (faramanni) wird im burgundischen Volksrecht gradezu gleichbedeutend mit Burgunder gebraucht, im Gegensatz zu den romanischen Einwohnern, die natürlich nicht in den burgundischen Gentes einbegriffen waren. Die Landteilung ging also auch in Burgund nach Gentes vor sich. So löst sich die Frage wegen der faramanni, an der sich die germanischen Juristen seit hundert Jahren vergebens die Köpfe zerbrochen. Dieser Name fara für Gens hat schwerlich allgemein bei den Deutschen gegolten, obwohl wir ihn hier sowohl bei einem Volk gotischer wie bei einem andern herminonischer (hochdeutscher) Abstammung finden. Die im Deutschen für Verwandtschaft angewandten Sprachwurzeln sind sehr zahlreich und werden gleichmäßig für Ausdrücke angewandt, bei denen wir Beziehung zur Gens voraussetzen dürfen.

gisch entspricht dem griechischen genos, lateinischen gens das gotische kuni, mittelhochdeutsch künne, und wird auch in demselben Sinn gebraucht. Auf die Zeiten des Mutterrechts weist zurück, daß der Name für Weib von derselben Wurzel stammt: griechisch gyne, slawisch žena, gotisch qvino, altnordisch kona, kuna. – Bei Langobarden und Burgundern finden wir, wie gesagt, fara, das Grimm von einer hypothetischen Wurzel fisan, zeugen, ableitet. Ich möchte lieber auf die handgreiflichere Herleitung von faran, fahren, wandern, zurückgehn, als Bezeichnung einer fast selbstredend aus Verwandten sich zusammensetzenden, festen Abteilung des Wanderzugs, eine Bezeichnung, die im Lauf der mehrhundertjährigen Wanderung erst nach Ost, dann nach West, sich allmählich auf die Geschlechtsgenossenschaft selbst übertrug. – Ferner gotisch sibja, angelsächsisch sib, althochdeutsch sippia, sippa, Sippe. Altnordisch kommt nur der Plural sifjar, die Verwandten vor; der Singular nur als Name einer Göttin, Sif. – Und endlich kommt noch ein andrer Ausdruck im „Hildebrandslied“[113] vor, wo Hildebrand den Hadubrand fragt,

„wer sein Vater wäre unter den Männern im Volk ... oder welches Geschlechtes du seist“ (eddo huêlîhhes *cnuosles* du sîs).

Soweit ein gemeinsamer deutscher Name für die Gens bestanden hat, wird er wohl gotisch kuni gelautet haben; dafür spricht nicht nur die Identität mit dem entsprechenden Ausdruck der verwandten Sprachen, sondern auch der Umstand, daß von ihm das Wort kuning, König, sich herleitet, welches ursprünglich einen Gentil- oder Stammesvorsteher bedeutet. Sibja, Sippe, scheint außer Betracht zu kommen, wenigstens bedeutet sifjar im Altnordischen nicht nur Blutsverwandte, sondern auch Verschwägerte, umfaßt also die Angehörigen mindestens *zweier Gentes;* sif kann also nicht selbst der Ausdruck für Gens gewesen sein.

Wie bei Mexikanern und Griechen war auch bei den Deutschen die Schlachtordnung, sowohl die Reiterschwadron wie die Keilkolonne des Fußvolks, nach Gentilkörperschaften gegliedert; wenn Tacitus sagt: nach Familien und Verwandtschaften[114], so erklärt sich dieser unbestimmte Ausdruck daher, daß zu seiner Zeit die Gens in Rom längst aufgehört hatte, eine lebendige Vereinigung zu sein.

Entscheidend ist eine Stelle bei Tacitus, wo es heißt: Der Mutterbruder sieht seinen Neffen an wie seinen Sohn, ja einige halten das Blutband zwischen mütterlichem Onkel und Neffen noch heiliger und enger als das zwischen Vater und Sohn, so daß, wenn Geiseln gefordert werden, der Schwestersohn für eine größere Garantie gilt als der eigne Sohn dessen, den man binden will. Hier haben wir ein lebendiges Stück aus der nach Mutterrecht organisierten, also ursprünglichen Gens, und zwar als etwas die Deutschen besonders Auszeichnendes.* Wurde vom Genossen einer solchen Gens der eigne Sohn zum Pfand eines Gelöbnisses gegeben und fiel als Opfer bei Vertragsbruch des Vaters, so hatte dieser das mit sich selbst auszumachen. War es aber der Schwestersohn, der geopfert wurde, so war das heiligste Gentilrecht verletzt; der nächste, zum Schutz des Knaben oder Jünglings vor allen andern verpflichtete Gentilverwandte hatte seinen Tod verschuldet; entweder durfte er ihn nicht verpfänden, oder er mußte den Vertrag halten. Hätten wir sonst nicht eine Spur von Gentilverfassung bei den Deutschen, diese eine Stelle würde hinreichen.[1]

Noch entscheidender, weil um etwa 800 Jahre später, ist eine Stelle aus dem altnordischen Lied von der Götterdämmerung und vom Weltuntergang, der „Völuspâ"[116]. In diesem „Gesicht der Seherin", worin, wie jetzt durch Bang und Bugge nachgewiesen, auch christliche Elemente verwoben sind, heißt es bei der Schilderung der die große Katastrophe einleitenden Zeit allgemeiner Entartung und Verderbtheit:

Broedhr munu berjask ok at bönum verdask,
munu *systrungar* sifjum spilla.

„Brüder werden sich befehden und einander zu Mördern werden, es werden *Schwesterkinder* die Sippe brechen."

Systrungr heißt der Sohn der Mutterschwester, und daß solche die Blutsverwandtschaft gegeneinander verleugnen, gilt dem Dichter noch als

* Die aus der Zeit des Mutterrechts stammende besonders enge Natur des Bandes zwischen mütterlichem Onkel und Neffen, die bei vielen Völkern vorkommt, kennen die Griechen nur in der Mythologie der Heroenzeit. Nach Diodor (IV, 34) erschlägt Meleager die Söhne des Thestius, die Brüder seiner Mutter Althäa. Diese sieht in dieser Tat einen so unsühnbaren Frevel, daß sie dem Mörder, ihrem eignen Sohn, flucht und ihm den Tod anwünscht. „Die Götter erhörten, wie man erzählt, ihre Wünsche und machten dem Leben des Meleager ein Ende." Nach demselben Diodor (IV, 44) landen die Argonauten unter Herakles in Thrazien und finden dort, daß Phineus seine mit seiner verstoßenen Gemahlin, der Boreade Kleopatra, erzeugten beiden Söhne auf Antreiben seiner neuen Gemahlin schmählich mißhandelt. Aber unter den Argonauten sind auch Boreaden, Brüder der Kleopatra, als Mutterbrüder der Mißhandelten. Sie nehmen sich sofort ihrer Neffen an, befreien sie und erschlagen die Wächter.[115]

[1] *(1884)* fehlt der folgende Text bis zum Absatz: Im übrigen war das Mutterrecht... (S. 134)

eine Steigerung selbst des Verbrechens des Brudermords. Die Steigerung liegt in dem systrungar, das die Verwandtschaft auf Mutterseite betont; stände statt dessen syskina-börn, Geschwisterkinder, oder syskina-synir, Geschwistersöhne, so böte die zweite Zeile gegen die erste keine Steigerung, sondern einen schwächenden Abstieg. Also selbst zur Wikingerzeit, wo die „Völuspâ" entstand, war die Erinnerung an das Mutterrecht in Skandinavien noch nicht verwischt.

Im übrigen war das Mutterrecht zu Tacitus' Zeit wenigstens[1] bei den ihm näher bekannten[2] Deutschen schon dem Vaterrecht gewichen: Die Kinder erbten vom Vater; wo keine Kinder waren, die Brüder und die Onkel von Vater- und Mutterseite. Die Zulassung des Mutterbruders zur Erbschaft hängt mit der Erhaltung der eben erwähnten Sitte zusammen und beweist ebenfalls, wie jung das Vaterrecht damals noch bei den Deutschen war. Auch bis tief ins Mittelalter finden sich Spuren von Mutterrecht. Damals noch scheint man der Vaterschaft, namentlich bei Leibeignen, nicht recht getraut zu haben; wenn also ein Feudalherr von einer Stadt einen entlaufnen Leibeignen zurückforderte, mußte z.B. in Augsburg, Basel und Kaiserslautern die Leibeigenschaft des Verklagten beschworen werden von sechs seiner nächsten Blutsverwandten, und zwar ausschließlich von Mutterseite (Maurer, „Städteverfassung", I, S.381).

Einen ferneren Rest des eben erst absterbenden Mutterrechts bietet die dem Römer fast unbegreifliche Achtung der Deutschen vor dem weiblichen Geschlecht. Jungfrauen aus edler Familie galten für die bindendsten Geiseln bei Verträgen mit den Deutschen; der Gedanke daran, daß ihre Frauen und Töchter in Gefangenschaft und Sklaverei fallen können, ist ihnen fürchterlich und stachelt mehr als alles andere ihren Mut in der Schlacht; etwas Heiliges und Prophetisches sehn sie in der Frau, sie hören auf ihren Rat auch in den wichtigsten Angelegenheiten, wie denn Veleda, die brukterische Priesterin an der Lippe, die treibende Seele des ganzen Bataveraufstandes war, in dem Civilis an der Spitze von Deutschen und Belgiern die ganze Römerherrschaft in Gallien erschütterte.[117] Im Hause scheint die Herrschaft der Frau unbestritten; sie, die Alten und Kinder haben freilich auch alle Arbeit zu besorgen, der Mann jagt, trinkt oder faulenzt. So sagt Tacitus; da er aber nicht sagt, wer den Acker bestellt, und bestimmt erklärt, die Sklaven leisteten nur Abgaben, aber keine Fronarbeit, so wird die Masse der erwachsenen Männer doch wohl die wenige Arbeit haben tun müssen, die der Landbau erforderte.

[1] *(1884)* fehlt: wenigstens – [2] *(1884)* fehlt: ihm näher bekannten

Die Form der Ehe war, wie schon oben gesagt, eine allmählich der Monogamie sich nähernde Paarungsehe. Strikte Monogamie war es noch nicht, da Vielweiberei der Vornehmen gestattet war. Im ganzen wurde streng auf Keuschheit der Mädchen gehalten (im Gegensatz zu den Kelten), und ebenso spricht Tacitus mit einer besondern Wärme von der Unverbrüchlichkeit des Ehebandes bei den Deutschen. Nur Ehebruch der Frau gibt er als Scheidungsgrund an. Aber sein Bericht läßt hier manches lückenhaft und trägt ohnehin den den liederlichen Römern vorgehaltnen Tugendspiegel gar zu sehr zur Schau. Soviel ist sicher: Waren die Deutschen in ihren Wäldern diese ausnahmsweisen Tugendritter, so hat es nur geringer Berührung mit der Außenwelt bedurft, um sie auf das Niveau der übrigen europäischen Durchschnittsmenschen herunterzubringen; die letzte Spur der Sittenstrenge verschwand inmitten der Römerwelt noch weit rascher als die deutsche Sprache. Man lese nur Gregor von Tours. Daß in den deutschen Urwäldern nicht die raffinierte Üppigkeit der Sinnenlust herrschen konnte wie in Rom, versteht sich von selbst, und so bleibt den Deutschen auch in dieser Beziehung noch Vorzug genug vor der Römerwelt, ohne daß wir ihnen eine Enthaltsamkeit in fleischlichen Dingen andichten, die nie und nirgends bei einem ganzen Volk geherrscht hat.

Der Gentilverfassung entsprungen ist die Verpflichtung, die Feindschaften des Vaters oder der Verwandten ebenso zu erben wie die Freundschaften; ebenso das Wergeld, die Buße, anstatt der Blutrache, für Totschlag oder Verletzungen. Dies Wergeld, das noch vor einem Menschenalter als eine spezifisch deutsche Institution angesehen wurde, ist jetzt bei Hunderten von Völkern als allgemeine Milderungsform der aus der Gentilordnung entspringenden Blutrache nachgewiesen. Wir finden es, ebenso wie die Verpflichtung zur Gastfreundschaft, unter andern bei den amerikanischen Indianern; die Beschreibung, wie die Gastfreundschaft nach Tacitus („Germania", c. 21) ausgeübt wurde, ist fast bis in die Einzelnheiten dieselbe, die Morgan von seinen Indianern gibt.

Der heiße und endlose Streit darüber, ob die Deutschen des Tacitus das Ackerland schon endgültig aufgeteilt oder nicht und wie die betreffenden Stellen zu deuten, gehört jetzt der Vergangenheit an. Seitdem die gemeinsame Bebauung des Ackerlands durch die Gens und später durch kommunistische Familiengemeinden, die Cäsar noch bei den Sueven bezeugt[118], und die ihr folgende Landzuweisung an einzelne Familien mit periodischer Neuaufteilung fast bei allen Völkern nachgewiesen, seitdem festgestellt ist, daß diese periodische Wiederverteilung des Ackerlands in Deutschland selbst stellenweise bis auf unsre Tage sich erhalten hat, ist darüber kein

Wort weiter zu verlieren. Wenn die Deutschen von dem gemeinsamen Landbau, den Cäsar den Sueven ausdrücklich zuschreibt (geteilten oder Privatacker gibt es bei ihnen durchaus nicht, sagt er), in den 150 Jahren bis zu Tacitus übergegangen waren zur Einzelbebauuung mit jährlicher Neuverteilung des Bodens, so ist das wahrlich Fortschritt genug; der Übergang von jener Stufe zum vollen Privateigentum am Boden während jener kurzen Zwischenzeit und ohne jede fremde Einmischung schließt eine einfache Unmöglichkeit ein. Ich lese also im Tacitus nur, was er mit dürren Worten sagt: Sie wechseln (oder teilen neu um) das bebaute Land jedes Jahr, und es bleibt Gemeinland genug dabei übrig.[119] Es ist die Stufe des Ackerbaus und der Bodenaneignung, die der damaligen Gentilverfassung der Deutschen genau entspricht.[1]

Den vorstehenden letzten Absatz lasse ich unverändert, wie er in den früheren Auflagen steht. Inzwischen hat sich die Frage anders gedreht. Seit dem von Kowalewski (vgl. oben S. 44[2]) nachgewiesenen weitverbreiteten, wo nicht allgemeinen Vorkommen der patriarchalischen Hausgenossenschaft als Zwischenstufe zwischen der mutterrechtlichen kommunistischen und der modernen isolierten Familie fragt es sich nicht mehr, wie noch zwischen Maurer und Waitz, um Gemeineigentum oder Privateigentum am Boden, sondern um die *Form* des Gemeineigentums. Daß zur Zeit des Cäsar bei den Sueven nicht nur Gemeineigentum, sondern auch gemeinsame Bebauung für gemeinsame Rechnung bestand, darüber ist kein Zweifel. Ob die wirtschaftliche Einheit die Gens war oder die Hausgenossenschaft oder eine zwischen beiden liegende kommunistische Verwandtschaftsgruppe, oder ob je nach den Bodenverhältnissen alle drei Gruppen vorkamen, darüber wird sich noch lange streiten lassen. Nun aber behauptet Kowalewski, der von Tacitus geschilderte Zustand habe nicht die Mark- oder Dorfgenossenschaft, sondern die Hausgenossenschaft zur Voraussetzung; erst aus dieser letzteren habe sich dann viel später, infolge des Anwachsens der Bevölkerung, die Dorfgenossenschaft entwickelt.

Hiernach hätten die Ansiedlungen der Deutschen auf dem zur Römerzeit von ihnen besetzten wie auf dem den Römern später abgenommenen Gebiet nicht aus Dörfern bestanden, sondern aus großen Familiengenossenschaften, die mehrere Generationen umfaßten, eine entsprechende Landstrecke unter Bebauung nahmen und das umliegende Ödland mit den Nachbarn als gemeine Mark nutzten. Die Stelle des Tacitus vom Wechseln des

[1] *(1884)* fehlt der folgende Text bis zum Absatz: Während bei Cäsar... (S. 137) – [2] siehe vorl. Band, S. 60

bebauten Landes wäre dann in der Tat im agronomischen Sinn zu fassen: Die Genossenschaft habe jedes Jahr eine andre Strecke umgeackert und das Ackerland des Vorjahrs brachliegen oder wieder ganz verwildern lassen. Bei der dünnen Bevölkerung sei dann immer noch Ödland genug übriggeblieben, um jeden Streit um Landbesitz unnötig zu machen. Erst nach Jahrhunderten, als die Kopfzahl der Hausgenossen eine solche Stärke erreicht, daß gemeinsame Wirtschaft unter den damaligen Produktionsbedingungen nicht mehr möglich, hätten sie sich aufgelöst; die bisher gemeinsamen Äkker und Wiesen seien in der bekannten Weise unter die sich nunmehr bildenden Einzelhaushaltungen verteilt worden, anfangs auf Zeit, später ein für allemal, während Wald, Weide und Gewässer gemeinsam blieben.

Für Rußland scheint dieser Entwicklungsgang historisch vollständig nachgewiesen. Was Deutschland und in zweiter Linie die übrigen germanischen Länder betrifft, so ist nicht zu leugnen, daß diese Annahme in vieler Beziehung die Quellen besser erklärt und Schwierigkeiten leichter löst als die bisherige, die die Dorfgemeinschaft bis zu Tacitus zurückreichen läßt. Die ältesten Dokumente z.B. des Codex Laureshamensis[120] erklären sich im ganzen weit besser mit Hülfe der Hausgenossenschaft als der Dorfmarkgenossenschaft. Andrerseits eröffnet sie wieder neue Schwierigkeiten und neue, erst zu lösende Fragen. Hier können nur neue Untersuchungen Entscheidung bringen; ich kann jedoch nicht leugnen, daß die Zwischenstufe der Hausgenossenschaft auch für Deutschland, Skandinavien und England sehr viele Wahrscheinlichkeit für sich hat.

Während bei Cäsar die Deutschen teils eben erst zu festen Wohnsitzen gekommen sind, teils noch solche suchen, haben sie zu Tacitus' Zeit schon ein volles Jahrhundert der Ansässigkeit hinter sich; dementsprechend ist der Fortschritt in der Produktion des Lebensunterhalts unverkennbar. Sie wohnen in Blockhäusern; ihre Kleidung ist noch sehr waldursprünglich; grober Wollenmantel, Tierfelle, für Frauen und Vornehme leinene Unterkleider. Ihre Nahrung ist Milch, Fleisch, wilde Früchte und, wie Plinius hinzufügt, Haferbrei[121] (noch jetzt keltische Nationalkost in Irland und Schottland). Ihr Reichtum besteht in Vieh: Dies aber ist von schlechter Race, die Rinder klein, unansehnlich, ohne Hörner; die Pferde kleine Ponies und keine Renner. Geld wurde selten und wenig gebraucht, nur römisches. Gold und Silber verarbeiteten sie nicht und achteten seiner nicht, Eisen war selten und scheint wenigstens bei den Stämmen an Rhein und Donau fast nur eingeführt, nicht selbstgewonnen zu sein. Die Runenschrift (griechischen oder lateinischen Buchstaben nachgeahmt) war nur als Geheimschrift bekannt und wurde nur zu religiöser Zauberei gebraucht.

Menschenopfer waren noch im Gebrauch. Kurz, wir haben hier ein Volk vor uns, das sich soeben aus der Mittelstufe der Barbarei auf die Oberstufe erhoben hatte. Während aber die an die Römer unmittelbar angrenzenden Stämme durch die erleichterte Einfuhr römischer Industrieprodukte an der Entwicklung einer selbständigen Metall- und Textilindustrie verhindert wurden, bildete sich eine solche im Nordosten, an der Ostsee, ganz unzweifelhaft aus. Die in den schleswigschen Mooren gefundenen Rüstungsstücke – langes Eisenschwert, Kettenpanzer, Silberhelm etc., mit römischen Münzen vom Ende des zweiten Jahrhunderts – und die durch die Völkerwanderung verbreiteten deutschen Metallsachen zeigen einen ganz eignen Typus von nicht geringer Ausbildung, selbst wo sie sich an ursprünglich römische Muster anlehnen. Die Auswanderung in das zivilisierte Römerreich machte dieser einheimischen Industrie überall ein Ende, außer in England. Wie einheitlich diese Industrie entstanden und fortgebildet war, zeigen z.B. die bronzenen Spangen; die in Burgund, in Rumänien, am Asowschen Meer gefundenen könnten mit englischen und schwedischen aus derselben Werkstatt hervorgegangen sein und sind ebenso unbezweifelt germanischen Ursprungs.

Der Oberstufe der Barbarei entspricht auch die Verfassung. Allgemein bestand nach Tacitus der Rat der Vorsteher (principes), der geringere Sachen entschied, wichtigere aber für die Entscheidung der Volksversammlung vorbereitete; diese selbst besteht auf der Unterstufe der Barbarei, wenigstens da, wo wir sie kennen, bei den Amerikanern, nur erst für die Gens, noch nicht für den Stamm oder den Stämmebund. Die Vorsteher (principes) scheiden sich noch scharf von den Kriegsführern (duces), ganz wie bei Irokesen. Erstere leben schon zum Teil von Ehrengeschenken an Vieh, Korn etc. von den Stammesgenossen; sie werden, wie in Amerika, meist aus derselben Familie gewählt; der Übergang zum Vaterrecht begünstigt, wie in Griechenland und Rom, die allmähliche Verwandlung der Wahl in Erblichkeit und damit die Bildung einer Adelsfamilie in jeder Gens. Dieser alte, sogenannte Stammesadel ging meist unter in der Völkerwanderung oder doch bald nachher. Die Heerführer wurden ohne Rücksicht auf Abstammung, bloß nach der Tüchtigkeit gewählt. Sie hatten wenig Gewalt und mußten durchs Beispiel wirken; die eigentliche Disziplinargewalt beim Heer legt Tacitus ausdrücklich den Priestern bei. Die wirkliche Macht lag bei der Volksversammlung. Der König oder Stammesvorsteher präsidiert; das Volk entscheidet – nein: durch Murren; ja: durch Akklamation und Waffenlärm. Sie ist zugleich Gerichtsversammlung; hier werden Klagen vorgebracht und abgeurteilt, hier Todesurteile gefällt, und zwar steht der

Tod nur auf Feigheit, Volksverrat und unnatürlicher Wollust. Auch in den Gentes und andern Unterabteilungen richtet die Gesamtheit unter Vorsitz des Vorstehers, der, wie in allem deutschen ursprünglichen Gericht, nur Leiter der Verhandlung und Fragesteller gewesen sein kann; Urteilsfinder war von jeher und überall bei Deutschen die Gesamtheit.

Bünde von Stämmen hatten sich seit Cäsars Zeit ausgebildet; bei einigen von ihnen gab es schon Könige; der oberste Heerführer, wie bei Griechen und Römern, strebte bereits der Tyrannis zu und erlangte sie zuweilen. Solche glückliche Usurpatoren waren nun keineswegs unbeschränkte Herrscher; aber sie fingen doch schon an, die Fesseln der Gentilverfassung zu brechen. Während sonst freigelaßne Sklaven eine untergeordnete Stellung einnahmen, weil sie keiner Gens angehören konnten, kamen solche Günstlinge bei den neuen Königen oft zu Rang, Reichtum und Ehren. Gleiches geschah nach der Eroberung des Römerreichs von den nun zu Königen großer Länder gewordnen Heerführern. Bei den Franken spielten Sklaven und Freigelaßne des Königs erst am Hof, dann im Staat eine große Rolle; zum großen Teil stammt der neue Adel von ihnen ab.

Eine Einrichtung begünstigte das Aufkommen des Königtums: die Gefolgschaften. Schon bei den amerikanischen Rothäuten sahen wir, wie sich neben der Gentilverfassung Privatgesellschaften zur Kriegführung auf eigne Faust bilden. Diese Privatgesellschaften waren bei den Deutschen bereits ständige Vereine geworden. Der Kriegsführer, der sich einen Ruf erworben, versammelte eine Schar beutelustiger junger Leute um sich, ihm zu persönlicher Treue, wie er ihnen, verpflichtet. Der Führer verpflegte und beschenkte sie, ordnete sie hierarchisch; eine Leibgarde und schlagfertige Truppe zu kleineren, ein fertiges Offizierkorps für größere Auszüge. Schwach wie diese Gefolgschaften gewesen sein müssen und auch z.B. bei Odovakar in Italien später erscheinen, so bildeten sie doch schon den Keim des Verfalls der alten Volksfreiheit und bewährten sich als solche in und nach der Völkerwanderung. Denn erstens begünstigten sie das Aufkommen der königlichen Gewalt. Zweitens aber konnten sie, wie schon Tacitus bemerkt, zusammengehalten werden nur durch fortwährende Kriege und Raubzüge. Der Raub wurde Zweck. Hatte der Gefolgsherr in der Nähe nichts zu tun, so zog er mit seiner Mannschaft zu andern Völkern, bei denen es Krieg und Aussicht auf Beute gab; die deutschen Hülfsvölker, die unter römischer Fahne selbst gegen Deutsche in großer Menge fochten, waren zum Teil durch solche Gefolgschaften zusammengebracht. Das Landsknechtswesen, die Schmach und der Fluch der Deutschen, war hier schon in der ersten Anlage vorhanden. Nach Eroberung des Römerreichs bildeten diese Gefolgsleute der Könige neben den unfreien und römischen Hofbedienten den zweiten Hauptbestandteil des späteren Adels.

Im ganzen gilt also für die zu Völkern verbündeten deutschen Stämme dieselbe Verfassung, wie sie sich bei den Griechen der Heroenzeit und den Römern der sogenannten Königszeit entwickelt hatte: Volksversammlung, Rat der Gentilvorsteher, Heerführer, der schon einer wirklichen königlichen Gewalt zustrebt. Es war die ausgebildetste Verfassung, die die Gentilordnung überhaupt entwickeln konnte; sie war die Musterverfassung der Oberstufe der Barbarei. Schritt die Gesellschaft hinaus über die Grenzen, innerhalb deren diese Verfassung genügte, so war es aus mit der Gentilordnung; sie wurde gesprengt, der Staat trat an ihre Stelle.

VIII

Die Staatsbildung der Deutschen

Die Deutschen waren nach Tacitus ein sehr zahlreiches Volk. Eine ungefähre Vorstellung von der Stärke deutscher Einzelvölker erhalten wir bei Cäsar; er gibt die Zahl der auf dem linken Rheinufer erschienenen Usipeter und Tenkterer auf 180 000 Köpfe an, Weiber und Kinder eingeschlossen. Also etwa 100 000 auf ein Einzelvolk*, schon bedeutend mehr als z.B. die Gesamtheit der Irokesen in ihrer Blütezeit, wo sie, nicht 20 000 Köpfe stark, der Schrecken des ganzes Landes wurden, von den großen Seen bis an den Ohio und Potomac. Ein solches Einzelvolk nimmt auf der Karte, wenn wir versuchen, die in der Nähe des Rheins angesessenen, genauer bekannten nach den Berichten zu gruppieren, im Durchschnitt ungefähr den Raum eines preußischen Regierungsbezirks ein, also etwa 10 000 Quadratkilometer oder 182 geographische Quadratmeilen. Germania Magna[1] der Römer aber, bis an die Weichsel, umfaßt in runder Zahl 500 000 Quadratkilometer. Bei einer durchschnittlichen Kopfzahl der Einzelvölker von 100 000 würde die Gesamtzahl für Germania Magna sich auf fünf Millionen berechnen; für eine barbarische Völkergruppe eine ansehnliche Zahl, für unsre Verhältnisse – 10 Köpfe auf den Quadratkilometer oder 550 auf die geographische Quadratmeile – äußerst gering. Damit aber ist die Zahl der damals lebenden Deutschen keineswegs erschöpft. Wir wissen, daß die Karpaten entlang bis zur Donaumündung hinab deutsche Völker gotischen

* Die hier angenommene Zahl wird bestätigt durch eine Stelle Diodors über die gallischen Kelten: „In Gallien wohnen viele Völkerschaften von ungleicher Stärke. Bei den größten beträgt die Menschenzahl ungefähr 200 000, bei den kleinsten 50 000." (Diodorus Siculus, V, 25.) Also durchschnittlich 125 000; die gallischen Einzelvölker sind, bei ihrem höheren Entwicklungsstand, unbedingt etwas zahlreicher anzunehmen als die deutschen.

[1] Großgermanien

Stamms wohnten, Bastarner, Peukiner und andre, so zahlreich, daß Plinius aus ihnen den fünften Hauptstamm der Deutschen zusammensetzt [122] und daß sie, die schon 180 vor unsrer Zeitrechnung im Solddienst des makedonischen Königs Perseus auftreten, noch in den ersten Jahren des Augustus bis in die Gegend von Adrianopel vordrangen. Rechnen wir sie nur für eine Million, so haben wir als wahrscheinliche Anzahl der Deutschen zu Anfang unsrer Zeitrechnung mindestens sechs Millionen.

Nach der Niederlassung in Germanien muß sich die Bevölkerung mit steigender Geschwindigkeit vermehrt haben; die obenerwähnten industriellen Fortschritte allein würden dies beweisen. Die schleswigschen Moorfunde sind, nach den zugehörigen römischen Münzen, aus dem dritten Jahrhundert. Um diese Zeit herrschte also schon an der Ostsee ausgebildete Metall- und Textilindustrie, reger Verkehr mit dem Römerreich und ein gewisser Luxus bei Reicheren – alles Spuren dichterer Bevölkerung. Um diese Zeit aber beginnt auch der allgemeine Angriffskrieg der Deutschen auf der ganzen Linie des Rheins, des römischen Grenzwalls und der Donau, von der Nordsee bis zum Schwarzen Meer – direkter Beweis der immer stärker werdenden, nach außen drängenden Volkszahl. Dreihundert Jahre dauerte der Kampf, währenddessen der ganze Hauptstamm gotischer Völker (mit Ausnahme der skandinavischen Goten und der Burgunder) nach Südosten zog und den linken Flügel der großen Angriffslinie bildete, in deren Zentrum die Hochdeutschen (Herminonen) an der Oberdonau und auf dessen rechtem Flügel die Iskävonen, jetzt Franken genannt, am Rhein vordrangen; den Ingävonen fiel die Eroberung Britanniens zu. Am Ende des fünften Jahrhunderts lag das Römerreich entkräftet, blutlos und hülflos den eindringenden Deutschen offen.

Wir standen oben an der Wiege der antiken griechischen und römischen Zivilisation. Hier stehn wir an ihrem Sarg. Über alle Länder des Mittelmeerbeckens war der nivellierende Hobel der römischen Weltherrschaft gefahren, und das jahrhundertelang. Wo nicht das Griechische Widerstand leistete, hatten alle Nationalsprachen einem verdorbenen Lateinisch weichen müssen; es gab keine Nationalunterschiede, keine Gallier, Iberer, Ligurer, Noriker mehr, sie alle waren Römer geworden. Die römische Verwaltung und das römische Recht hatten überall die alten Geschlechterverbände aufgelöst und damit den letzten Rest lokaler und nationaler Selbsttätigkeit. Das neugebackne Römertum bot keinen Ersatz; es drückte keine Nationalität aus, sondern nur den Mangel einer Nationalität. Die Elemente neuer Nationen waren überall vorhanden; die lateinischen Dialekte der verschiednen Provinzen schieden sich mehr und mehr; die natürlichen

Grenzen, die Italien, Gallien, Spanien, Afrika früher zu selbständigen Gebieten gemacht hatten, waren noch vorhanden und machten sich auch noch fühlbar. Aber nirgends war die Kraft vorhanden, diese Elemente zu neuen Nationen zusammenzufassen; nirgends war noch eine Spur von Entwicklungsfähigkeit, von Widerstandskraft, geschweige von Schaffungsvermögen. Die ungeheure Menschenmasse des ungeheuren Gebiets hatte nur ein Band, das sie zusammenhielt: den römischen Staat, und dieser war mit der Zeit ihr schlimmster Feind und Unterdrücker geworden. Die Provinzen hatten Rom vernichtet; Rom selbst war eine Provinzialstadt geworden wie die andern – bevorrechtet, aber nicht länger herrschend, nicht länger Mittelpunkt des Weltreichs, nicht einmal mehr Sitz der Kaiser und Unterkaiser, die in Konstantinopel, Trier, Mailand wohnten. Der römische Staat war eine riesige, komplizierte Maschine geworden, ausschließlich zur Aussaugung der Untertanen. Steuern, Staatsfronden und Lieferungen aller Art drückten die Masse der Bevölkerung in immer tiefere Armut; bis zur Unerträglichkeit wurde der Druck gesteigert durch die Erpressungen der Statthalter, Steuereintreiber, Soldaten. Dahin hatte es der römische Staat mit seiner Weltherrschaft gebracht: Er gründete sein Existenzrecht auf die Erhaltung der Ordnung nach innen und den Schutz gegen die Barbaren nach außen. Aber seine Ordnung war schlimmer als die ärgste Unordnung, und die Barbaren, gegen die er die Bürger zu schützen vorgab, wurden von diesen als Retter ersehnt.

Der Gesellschaftszustand war nicht weniger verzweifelt. Schon seit den letzten Zeiten der Republik war die Römerherrschaft auf rücksichtslose Ausbeutung der eroberten Provinzen ausgegangen; das Kaisertum hatte diese Ausbeutung nicht abgeschafft, sondern im Gegenteil geregelt. Je mehr das Reich verfiel, desto höher stiegen Steuern und Leistungen, desto schamloser raubten und erpreßten die Beamten. Handel und Industrie waren nie Sache der völkerbeherrschenden Römer gewesen; nur im Zinswucher hatten sie alles übertroffen, was vor und nach ihnen war. Was sich von Handel vorgefunden und erhalten hatte, ging zugrunde unter der Beamtenerpressung; was sich noch durchschlug, fällt auf den östlichen, griechischen Teil des Reichs, der außer unsrer Betrachtung liegt. Allgemeine Verarmung, Rückgang des Verkehrs, des Handwerks, der Kunst, Abnahme der Bevölkerung, Verfall der Städte, Rückkehr des Ackerbaus auf eine niedrigere Stufe – das war das Endresultat der römischen Weltherrschaft.

Der Ackerbau, in der ganzen alten Welt der entscheidende Produktionszweig, war es wieder mehr als je. In Italien waren die seit Ende der Republik fast das ganze Gebiet einnehmenden ungeheuren Güterkomplexe

(Latifundien) auf zweierlei Weise verwertet worden. Entweder als Viehweide, wo die Bevölkerung durch Schafe und Ochsen ersetzt war, deren Wartung nur wenige Sklaven erforderte. Oder als Villen, die mit Massen von Sklaven Gartenbau in großem Stil trieben, teils für den Luxus des Besitzers, teils für den Absatz auf den städtischen Märkten. Die großen Viehweiden hatten sich erhalten und wohl noch ausgedehnt; die Villengüter und ihr Gartenbau waren verkommen mit der Verarmung ihrer Besitzer und dem Verfall der Städte. Die auf Sklavenarbeit gegründete Latifundienwirtschaft rentierte sich nicht mehr; sie war aber damals die einzig mögliche Form der großen Agrikultur. Die Kleinkultur war wieder die allein lohnende Form geworden. Eine Villa nach der andern wurde in kleine Parzellen zerschlagen und ausgegeben an Erbpächter, die eine bestimmte Summe zahlten, oder partiarii, mehr Verwalter als Pächter, die den sechsten oder gar nur neunten Teil des Jahresprodukts für ihre Arbeit erhielten. Vorherrschend aber wurden diese kleinen Ackerparzellen an Kolonen ausgetan, die dafür einen bestimmten jährlichen Betrag zahlten, an die Scholle gefesselt waren und mit ihrer Parzelle verkauft werden konnten; sie waren zwar keine Sklaven, aber auch nicht frei, konnten sich nicht mit Freien verheiraten, und ihre Ehen untereinander werden nicht als vollgültige Ehen, sondern wie die der Sklaven als bloße Beischläferei (contubernium) angesehn. Sie waren die Vorläufer der mittelalterlichen Leibeignen.

Die antike Sklaverei hatte sich überlebt. Weder auf dem Lande in der großen Agrikultur noch in den städtischen Manufakturen gab sie einen Ertrag mehr, der der Mühe wert war – der Markt für ihre Produkte war ausgegangen. Der kleine Ackerbau aber und das kleine Handwerk, worauf die riesige Produktion der Blütezeit des Reichs zusammengeschrumpft war, hatte keinen Raum für zahlreiche Sklaven. Nur für Haus- und Luxussklaven der Reichen war noch Platz in der Gesellschaft. Aber die absterbende Sklaverei war immer noch hinreichend, alle produktive Arbeit als Sklaventätigkeit, als freier Römer – und das war ja jetzt jedermann – unwürdig erscheinen zu lassen. Daher einerseits wachsende Zahl der Freilassungen überflüssiger, zur Last gewordner Sklaven, andrerseits Zunahme der Kolonen hier, der verlumpten Freien (ähnlich den poor whites[1] der Exsklavenstaaten Amerikas) dort. Das Christentum ist am allmählichen Aussterben der antiken Sklaverei vollständig unschuldig. Es hat die Sklaverei jahrhundertelang im Römerreich mitgemacht und später nie den Sklavenhandel der Christen verhindert, weder den der Deutschen im Norden noch den der

[1] armen Weißen

Venetianer im Mittelmeer, noch den späteren Negerhandel.* Die Sklaverei bezahlte sich nicht mehr, darum starb sie aus. Aber die sterbende Sklaverei ließ ihren giftigen Stachel zurück in der Ächtung der produktiven Arbeit der Freien. Hier war die ausweglose Sackgasse, in der die römische Welt stak: Die Sklaverei war ökonomisch unmöglich, die Arbeit der Freien war moralisch geächtet. Die eine konnte nicht mehr, die andre noch nicht Grundform der gesellschaftlichen Produktion sein. Was hier allein helfen konnte, war nur eine vollständige Revolution.

In den Provinzen sah es nicht besser aus. Wir haben die meisten Nachrichten aus Gallien. Neben den Kolonen gab es hier noch freie Kleinbauern. Um gegen Vergewaltigung durch Beamte, Richter und Wucherer gesichert zu sein, begaben sich diese häufig in den Schutz, das Patronat eines Mächtigen; und zwar nicht nur einzelne taten dies, sondern ganze Gemeinden, so daß die Kaiser im vierten Jahrhundert mehrfach Verbote dagegen erließen. Aber was half es den Schutzsuchenden? Der Patron stellte ihnen die Bedingung, daß sie das Eigentum ihrer Grundstücke an ihn übertrügen, wogegen er ihnen die Nutznießung auf Lebenszeit zusicherte – ein Kniff, den die heilige Kirche sich merkte und im 9. und 10. Jahrhundert zur Mehrung des Reiches Gottes und ihres eignen Grundbesitzes weidlich nachahmte. Damals freilich, gegen das Jahr 475, eifert der Bischof Salvianus von Marseille noch entrüstet gegen solchen Diebstahl und erzählt, der Druck der römischen Beamten und großen Grundherren sei so arg geworden, daß viele „Römer" in die schon von Barbaren besetzten Gegenden flöhen und die dort ansässigen römischen Bürger vor nichts mehr Angst hätten, als wieder unter römische Herrschaft zu kommen.[124] Daß damals Eltern häufig aus Armut ihre Kinder in die Sklaverei verkauften, beweist ein dagegen erlassenes Gesetz.

Dafür, daß die deutschen Barbaren die Römer von ihrem eignen Staat befreiten, nahmen sie ihnen zwei Drittel des gesamten Bodens und teilten ihn unter sich. Die Teilung geschah nach der Gentilverfassung; bei der verhältnismäßig geringen Zahl der Eroberer blieben sehr große Striche ungeteilt, Besitz teils des ganzen Volks, teils der einzelnen Stämme und Gentes. In jeder Gens wurde das Acker- und Wiesenland unter die einzelnen Haushaltungen zu gleichen Teilen verlost; ob in der Zeit wiederholte Auf-

* Nach dem Bischof Liutprand von Cremona war im 10. Jahrhundert in Verdun, also im heiligen deutschen Reich, der Hauptindustriezweig die Fabrikation von Eunuchen, die mit großem Profit nach Spanien für die maurischen Harems exportiert wurden.[123]

teilungen stattfanden, wissen wir nicht, jedenfalls verloren sie sich in den Römerprovinzen bald, und die Einzelanteile wurden veräußerliches Privateigentum, Allod. Wald und Weide blieb ungeteilt zu gemeinsamer Nutzung; diese Nutzung sowie die Art der Bebauung der aufgeteilten Flur wurde geregelt nach altem Brauch und nach Beschluß der Gesamtheit. Je länger die Gens in ihrem Dorfe saß und je mehr Deutsche und Römer allmählich verschmolzen, desto mehr trat der verwandtschaftliche Charakter des Bandes zurück vor dem territorialen; die Gens verschwand in der Markgenossenschaft, in der allerdings noch oft genug Spuren des Ursprungs aus Verwandtschaft der Genossen sichtbar sind. So ging hier die Gentilverfassung, wenigstens in den Ländern, wo die Markgemeinschaft sich erhielt – Nordfrankreich, England, Deutschland und Skandinavien –, unmerklich in eine Ortsverfassung über und erhielt damit die Fähigkeit der Einpassung in den Staat. Aber sie behielt dennoch den naturwüchsig demokratischen Charakter bei, der die ganze Gentilverfassung auszeichnet, und erhielt so selbst in der ihr später aufgezwungnen Ausartung ein Stück Gentilverfassung und damit eine Waffe in den Händen der Unterdrückten, lebendig bis in die neueste Zeit.

Wenn so das Blutband in der Gens bald verlorenging, so war dies die Folge davon, daß auch im Stamm und Gesamtvolk seine Organe ausarteten infolge der Eroberung. Wir wissen, daß Herrschaft über Unterworfene mit der Gentilverfassung unverträglich ist. Hier sehn wir dies auf großem Maßstab. Die deutschen Völker, Herren der Römerprovinzen, hatten diese ihre Eroberung zu organisieren. Weder aber konnte man die Römermassen in die Gentilkörper aufnehmen noch sie vermittelst dieser beherrschen. An die Spitze der, zunächst großenteils fortbestehenden, römischen lokalen Verwaltungskörper mußte man einen Ersatz für den römischen Staat stellen, und dieser konnte nur ein andrer Staat sein. Die Organe der Gentilverfassung mußten sich so in Staatsorgane verwandeln, und dies, dem Drang der Umstände gemäß, sehr rasch. Der nächste Repräsentant des erobernden Volks war aber der Heerführer. Die Sicherung des eroberten Gebiets nach innen und außen forderte Stärkung seiner Macht. Der Augenblick war gekommen zur Verwandlung der Feldherrnschaft in Königtum: sie vollzog sich.

Nehmen wir das Frankenreich. Hier waren dem siegreichen Volk der Salier nicht nur die weiten römischen Staatsdomänen, sondern auch noch alle die sehr großen Landstrecken als Vollbesitz zugefallen, die nicht an die größeren und kleineren Gau- und Markgenossenschaften verteilt waren, namentlich alle größeren Waldkomplexe. Das erste, was der aus einem einfachen obersten Heerführer in einen wirklichen Landesfürsten verwandelte

Frankenkönig tat, war, dies Volkseigentum in königliches Gut zu verwandeln, es dem Volk zu stehlen und an sein Gefolge zu verschenken oder zu verleihen. Dies Gefolge, ursprünglich seine persönliche Kriegsgefolgschaft und die übrigen Unterführer des Heers, verstärkte sich bald nicht nur durch Römer, d.h. romanisierte Gallier, die ihm durch ihre Schreiberkunst, ihre Bildung, ihre Kenntnis der romanischen Landessprache und lateinischen Schriftsprache sowie des Landesrechts bald unentbehrlich wurden, sondern auch durch Sklaven, Leibeigne und Freigelassene, die seinen Hofstaat ausmachten und aus denen er seine Günstlinge wählte. An alle diese wurden Stücke des Volkslandes zuerst meist verschenkt, später in der Form von Benefizien zuerst meist auf Lebenszeit des Königs verliehen[125] und so die Grundlage eines neuen Adels auf Kosten des Volks geschaffen.

Damit nicht genug. Die weite Ausdehnung des Reichs war mit den Mitteln der alten Gentilverfassung nicht zu regieren; der Rat der Vorsteher, war er nicht längst abgekommen, hätte sich nicht versammeln können und wurde bald durch die ständige Umgebung des Königs ersetzt; die alte Volksversammlung blieb zum Schein bestehn, wurde aber ebenfalls mehr und mehr bloße Versammlung der Unterführer des Heers und der neuaufkommenden Großen. Die freien grundbesitzenden Bauern, die Masse des fränkischen Volks wurden durch die ewigen Bürger- und Eroberungskriege, letztere namentlich unter Karl dem Großen, ganz so erschöpft und heruntergebracht wie früher die römischen Bauern in den letzten Zeiten der Republik. Sie, die ursprünglich das ganze Heer und nach der Eroberung Frankreichs dessen Kern gebildet hatten, waren am Anfang des neunten Jahrhunderts so verarmt, daß kaum noch der fünfte Mann ausziehen konnte. An die Stelle des direkt vom König aufgebotenen Heerbannes freier Bauern trat ein Heer, zusammengesetzt aus den Dienstleuten der neuaufgekommenen Großen, darunter auch hörige Bauern, die Nachkommen derer, die früher keinen Herrn als den König und noch früher gar keinen, nicht einmal einen König gekannt hatten. Unter den Nachfolgern Karls wurde der Ruin des fränkischen Bauernstandes durch innere Kriege, Schwäche der königlichen Gewalt und entsprechende Übergriffe der Großen, zu denen nun noch die von Karl eingesetzten und nach Erblichkeit des Amts strebenden Gaugrafen[126] kamen, endlich durch die Einfälle der Normannen vollendet. Fünfzig Jahre nach dem Tode Karls des Großen lag das Frankenreich ebenso widerstandslos zu den Füßen der Normannen, wie vierhundert Jahre früher das Römerreich zu den Füßen der Franken.

Und nicht nur die äußere Ohnmacht, sondern auch die innere Gesellschaftsordnung oder vielmehr -unordnung war fast dieselbe. Die freien fränkischen Bauern waren in eine ähnliche Lage versetzt wie ihre Vorgänger, die römischen Kolonen. Durch die Kriege und Plünderungen ruiniert, hatten sie sich in den Schutz der neuaufgekommenen Großen oder der Kirche begeben müssen, da die königliche Gewalt zu schwach war, sie zu schützen; aber diesen Schutz mußten sie teuer erkaufen. Wie früher die gallischen Bauern, mußten sie das Eigentum an ihrem Grundstück an den Schutzherrn übertragen und erhielten dies von ihm zurück als Zinsgut unter verschiednen und wechselnden Formen, stets aber nur gegen Leistung von Diensten und Abgaben; einmal in diese Form von Abhängigkeit versetzt, verloren sie nach und nach auch die persönliche Freiheit; nach wenig Generationen waren sie zumeist schon Leibeigne. Wie rasch der Untergang des freien Bauernstandes sich vollzog, zeigt Irminons Grundbuch[127] der Abtei Saint-Germain-des-Prés, damals bei, jetzt in Paris. Auf dem weiten, in der Umgegend zerstreuten Grundbesitz dieser Abtei saßen damals, noch zu Lebzeiten Karls des Großen, 2788 Haushaltungen, fast ausnahmslos Franken mit deutschen Namen. Darunter 2080 Kolonen, 35 Liten[128], 220 Sklaven und nur 8 freie Hintersassen! Die von Salvianus für gottlos erklärte Übung, daß der Schutzherr das Grundstück des Bauern sich zu Eigentum übertragen ließ und es ihm nur auf Lebenszeit zur Nutzung zurückgab, wurde jetzt von der Kirche gegen die Bauern allgemein praktiziert. Die Frondienste, die jetzt mehr und mehr in Gebrauch kamen, hatten in den römischen Angarien[129], Zwangsdiensten für den Staat, ihr Vorbild ebensosehr gehabt wie in den Diensten der deutschen Markgenossen für Brücken- und Wegebauten und andre gemeinsame Zwecke. Dem Schein nach war also die Masse der Bevölkerung nach vierhundert Jahren ganz wieder beim Anfang angekommen.

Das aber bewies nur zweierlei: Erstens, daß die gesellschaftliche Gliederung und die Eigentumsverteilung im sinkenden Römerreich der damaligen Stufe der Produktion in Ackerbau und Industrie vollständig entsprochen hatte, also unvermeidlich gewesen war; und zweitens, daß diese Produktionsstufe während der folgenden vierhundert Jahre weder wesentlich gesunken war noch sich wesentlich gehoben hatte, also mit derselben Notwendigkeit dieselbe Eigentumsverteilung und dieselben Bevölkerungsklassen wieder erzeugt hatte. Die Stadt hatte in den letzten Jahrhunderten des Römerreichs ihre frühere Herrschaft über das Land verloren und in den ersten Jahrhunderten der deutschen Herrschaft sie nicht wiedererhalten. Es setzt dies eine niedrige Entwicklungsstufe sowohl des Ackerbaus wie der Industrie voraus. Diese Gesamtlage produziert mit Notwendigkeit große herrschende Grundbesitzer und abhängige Kleinbauern. Wie wenig es möglich war, einerseits die römische Latifundienwirtschaft mit Sklaven, andrerseits die neuere Großkultur mit Fronarbeit einer solchen Gesellschaft aufzupfropfen, beweisen Karls des Großen ungeheure, aber fast spurlos vorübergegangne Experimente mit den berühmten kaiserlichen Villen. Sie wurden fortgesetzt nur von Klöstern und waren nur für diese fruchtbar; die Klöster aber waren abnorme Gesellschaftskörper, gegründet auf Ehelosigkeit; sie konnten Ausnahmsweises leisten, mußten aber ebendeshalb auch Ausnahmen bleiben.

Und doch war man während dieser vierhundert Jahre weitergekommen. Finden wir auch am Ende fast dieselben Hauptklassen wieder vor wie am Anfang, so waren doch die Menschen andre geworden, die diese Klassen bildeten. Verschwunden war die antike Sklaverei, verschwunden die verlumpten armen Freien, die die Arbeit als sklavisch verachteten. Zwischen dem römischen Kolonen und dem neuen Hörigen hatte der freie fränkische Bauer gestanden. Das „unnütze Erinnern und der vergebliche Streit" des verfallenden Römertums war tot und begraben. Die Gesellschaftsklassen des neunten Jahrhunderts hatten sich gebildet, nicht in der Versumpfung einer untergehenden Zivilisation, sondern in den Geburtswehen einer neuen. Das neue Geschlecht, Herren wie Diener, war ein Geschlecht von Männern, verglichen mit seinen römischen Vorgängern. Das Verhältnis von mächtigen Grundherren und dienenden Bauern, das für diese die auswegslose Untergangsform der antiken Welt gewesen, es war jetzt für jene der Ausgangspunkt einer neuen Entwicklung. Und dann, so unproduktiv diese vierhundert Jahre auch scheinen, *ein* großes Produkt hinterließen sie: die modernen Nationalitäten, die Neugestaltung und Gliederung der westeuropäischen Menschheit für die kommende Geschichte. Die Deutschen hatten in der Tat Europa neu belebt, und darum endete die Staatenauflösung der germanischen Periode nicht mit normännisch-sarazenischer Unterjochung, sondern mit der Fortbildung der Benefizien und der Schutzergebung (Kommendation[130]) zum Feudalismus[1] und mit einer so gewaltigen Volksvermehrung, daß kaum zweihundert Jahre nachher die starken Aderlässe der Kreuzzüge ohne Schaden ertragen wurden.

Was aber war das geheimnisvolle Zaubermittel, wodurch die Deutschen dem absterbenden Europa neue Lebenskraft einhauchten? War es eine, dem deutschen Volksstamm eingeborne Wundermacht, wie unsre chauvinistische Geschichtschreibung uns vordichtet? Keineswegs. Die Deutschen waren, besonders damals, ein hochbegabter arischer Stamm und in voller leben-

[1] *(1884)* endet hier der Absatz

diger Entwicklung begriffen. Aber nicht ihre spezifischen nationalen Eigenschaften waren es, die Europa verjüngt haben, sondern einfach – ihre Barbarei, ihre Gentilverfassung.

Ihre persönliche Tüchtigkeit und Tapferkeit, ihr Freiheitssinn und demokratischer Instinkt, der in allen öffentlichen Angelegenheiten seine eignen Angelegenheiten sah, kurz, alle die Eigenschaften, die dem Römer abhanden gekommen und die allein imstande, aus dem Schlamm der Römerwelt neue Staaten zu bilden und neue Nationalitäten wachsen zu lassen – was waren sie anders als die Charakterzüge des Barbaren der Oberstufe, Früchte seiner Gentilverfassung?

Wenn sie die antike Form der Monogamie umgestalteten, die Männerherrschaft in der Familie milderten, der Frau eine höhere Stellung gaben, als die klassische Welt sie je gekannt, was befähigte sie dazu, wenn nicht ihre Barbarei, ihre Gentilgewohnheiten, ihre noch lebendigen Erbschaften aus der Zeit des Mutterrechts?

Wenn sie wenigstens in dreien der wichtigsten Länder, Deutschland, Nordfrankreich und England, ein Stück echter Gentilverfassung in der Form der Markgenossenschaften in den Feudalstaat hinüberretteten und damit der unterdrückten Klasse, den Bauern, selbst unter der härtesten mittelalterlichen Leibeigenschaft, einen lokalen Zusammenhalt und ein Mittel des Widerstands gaben, wie es weder die antiken Sklaven fertig vorfanden noch die modernen Proletarier – wem war das geschuldet, wenn nicht ihrer Barbarei, ihrer ausschließlich barbarischen Ansiedlungsweise nach Geschlechtern?

Und endlich, wenn sie die bereits in der Heimat geübte mildere Form der Knechtschaft, in die auch im Römerreich die Sklaverei mehr und mehr überging, ausbilden und zur ausschließlichen erheben konnten; eine Form, die, wie Fourier zuerst hervorgehoben[131], den Geknechteten die Mittel zur allmählichen Befreiung *als Klasse* gibt (fournit aux cultivateurs des moyens d'affranchissement *collectif et progressif*[1]); eine Form, die sich hierdurch hoch über die Sklaverei stellt, bei der nur die sofortige Einzelfreilassung ohne Übergangszustand möglich (Abschaffung der Sklaverei durch siegreiche Rebellion kennt das Altertum nicht) – während in der Tat die Leibeignen des Mittelalters nach und nach ihre Befreiung als Klasse durchsetzten –, wem verdanken wir das, wenn nicht ihrer Barbarei, kraft deren sie es noch nicht zur ausgebildeten Sklaverei gebracht hatten, weder zur antiken Arbeitssklaverei noch zur orientalischen Haussklaverei?

[1] liefert den Ackerbauern Mittel zu ihrer *kollektiven und fortschreitenden* Befreiung

Alles, was die Deutschen der Römerwelt Lebenskräftiges und Lebenbringendes einpflanzten, war Barbarentum. In der Tat sind nur Barbaren fähig, eine an verendender Zivilisation laborierende Welt zu verjüngen. Und die oberste Stufe der Barbarei, zu der und in der die Deutschen sich vor der Völkerwanderung emporgearbeitet, war gerade die günstigste für diesen Prozeß. Das erklärt alles.

IX

Barbarei und Zivilisation

Wir haben jetzt die Auflösung der Gentilverfassung an den drei großen Einzelbeispielen der Griechen, Römer und Deutschen verfolgt. Untersuchen wir zum Schluß die allgemeinen ökonomischen Bedingungen, die die gentile Organisation der Gesellschaft auf der Oberstufe der Barbarei bereits untergruben und mit dem Eintritt der Zivilisation vollständig beseitigten. Hier wird uns Marx' „Kapital" ebenso notwendig sein wie Morgans Buch.

Hervorgewachsen auf der Mittelstufe, weitergebildet auf der Oberstufe der Wildheit, erreicht die Gens, soweit unsre Quellen dies beurteilen lassen, ihre Blütezeit auf der Unterstufe der Barbarei. Mit dieser Entwicklungsstufe also beginnen wir.

Wir finden hier, wo uns die amerikanischen Rothäute als Beispiel dienen müssen, die Gentilverfassung vollkommen ausgebildet. Ein Stamm hat sich in mehrere, meistens zwei[1] Gentes gegliedert; diese ursprünglichen Gentes zerfallen mit steigender Volkszahl jede in mehrere Tochtergentes, gegenüber denen die Muttergens als Phratrie erscheint; der Stamm selbst spaltet sich in mehrere Stämme, in deren jedem wir die alten Gentes großenteils wiederfinden; ein Bund umschließt wenigstens in einzelnen Fällen die verwandten Stämme. Diese einfache Organisation genügt vollkommen den gesellschaftlichen Zuständen, denen sie entsprungen ist. Sie ist weiter nichts als deren eigne, naturwüchsige Gruppierung, sie ist imstande, alle Konflikte auszugleichen, die innerhalb der so organisierten Gesellschaft entspringen können. Nach außen gleicht der Krieg aus; er kann mit Vernichtung des Stamms endigen, nie aber mit seiner Unterjochung. Es ist das Großartige, aber auch das Beschränkte der Gentilverfassung, daß sie für Herrschaft und Knechtung keinen Raum hat. Nach innen gibt es noch

[1] *(1884)* fehlt: meistens zwei

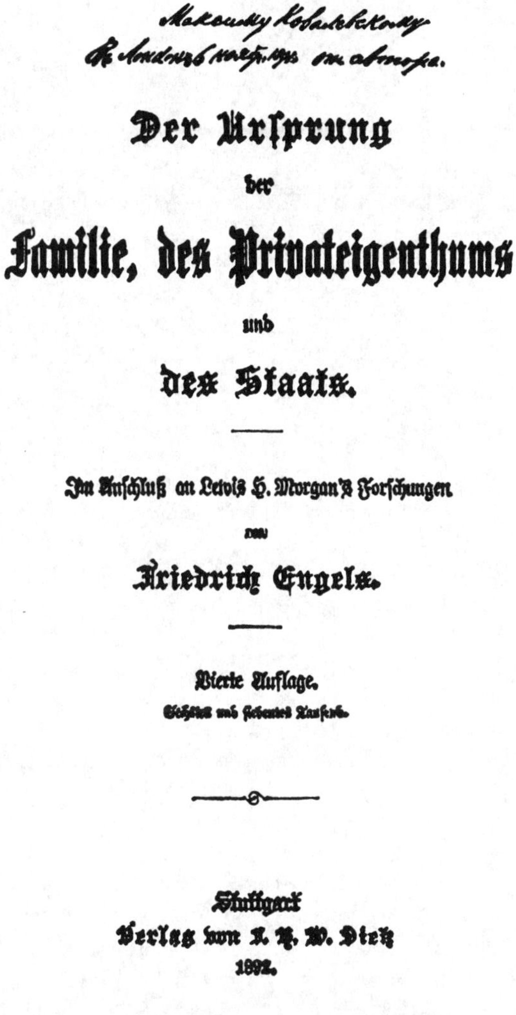

Der Ursprung der Familie, des Privateigenthums und des Staats.

Im Anschluß an Lewis H. Morgan's Forschungen

von

Friedrich Engels.

Vierte Auflage.

Sechstes und siebentes Tausend.

Stuttgart
Verlag von J. H. W. Dietz
1892.

Titelblatt der vierten Auflage von Friedrich Engels' Schrift „Der Ursprung der Familie, des Privateigentums und des Staats"

keinen Unterschied zwischen Rechten und Pflichten; die Frage, ob Teilnahme an den öffentlichen Angelegenheiten, Blutrache oder deren Sühnung, ein Recht oder eine Pflicht sei, besteht für den Indianer nicht; sie würde ihm ebenso absurd vorkommen wie die: ob Essen, Schlafen, Jagen ein Recht oder eine Pflicht sei. Ebensowenig kann eine Spaltung des Stammes und der Gens in verschiedne Klassen stattfinden. Und dies führt uns auf Untersuchung der ökonomischen Basis des Zustandes.

Die Bevölkerung ist äußerst dünn: verdichtet nur am Wohnort des Stamms, um den in weitem Kreise zunächst das Jagdgebiet liegt, dann der neutrale Schutzwald, der ihn von andern Stämmen trennt. Die Teilung der Arbeit ist rein naturwüchsig; sie besteht nur zwischen den beiden Geschlechtern. Der Mann führt den Krieg, geht jagen und fischen, beschafft den Rohstoff der Nahrung und die dazu nötigen Werkzeuge. Die Frau besorgt das Haus und die Zubereitung der Nahrung und Kleidung, kocht, webt, näht. Jedes von beiden ist Herr auf seinem Gebiet: der Mann im Walde, die Frau im Hause. Jedes ist Eigentümer der von ihm verfertigten und gebrauchten Werkzeuge: der Mann der Waffen, des Jagd- und Fischzeugs, die Frau des Hausrats. Die Haushaltung ist kommunistisch für mehrere, oft viele Familien.* Was gemeinsam gemacht und genutzt wird, ist gemeinsames Eigentum: das Haus, der Garten, das Langboot. Hier also, und nur hier noch, gilt das von Juristen und Ökonomen der zivilisierten Gesellschaft angedichtete „selbstbearbeitete Eigentum", der letzte verlogne Rechtsvorwand, auf den das heutige kapitalistische Eigentum sich noch stützt.

Aber die Menschen blieben nicht überall auf dieser Stufe stehn. In Asien fanden sie Tiere vor, die sich zähmen und gezähmt weiterzüchten ließen. Die wilde Büffelkuh mußte erjagt werden, die zahme lieferte jährlich ein Kalb und Milch obendrein. Eine Anzahl der vorgeschrittensten Stämme – Arier, Semiten, vielleicht auch schon Turanier – machten erst die Zähmung, später nur noch die Züchtung und Wartung von Vieh zu ihrem Hauptarbeitszweig. Hirtenstämme sonderten sich aus von der übrigen Masse der Barbaren: *erste große gesellschaftliche Teilung der Arbeit*. Die Hirtenstämme produzierten nicht nur mehr, sondern auch andre Lebensmittel als die übrigen Barbaren. Sie hatten nicht nur Milch, Milchprodukte und Fleisch in größeren Massen vor diesen voraus, sondern auch Häute,

* Besonders an der Nordwestküste Amerikas, siehe Bancroft. Bei den Haidahs auf Königin Charlottes Insel kommen Haushaltungen bis zu 700 Personen unter einem Dache vor. Bei den Nootkas lebten ganze Stämme unter einem Dache.

Wolle, Ziegenhaare und die mit der Masse des Rohstoffs sich vermehrenden Gespinste und Gewebe. Damit wurde ein regelmäßiger Austausch zum erstenmal möglich. Auf früheren Stufen können nur gelegentliche Austäusche stattfinden; besondre Geschicklichkeit in der Verfertigung von Waffen und Werkzeugen kann zu vorübergehender Arbeitsteilung führen. So sind unzweifelhafte Reste von Werkstätten für Steinwerkzeuge aus dem späteren Steinzeitalter an vielen Orten gefunden worden; die Künstler, die hier ihre Geschicklichkeit ausbildeten, arbeiteten wahrscheinlich, wie noch die ständigen Handwerker indischer Gentilgemeinwesen, für Rechnung der Gesamtheit. Keinenfalls konnte auf dieser Stufe ein andrer Austausch als der innerhalb des Stammes entstehn, und dieser blieb ausnahmsweises Ereignis. Hier dagegen, nach der Ausscheidung der Hirtenstämme, finden wir alle Bedingungen fertig zum Austausch zwischen den Gliedern verschiedner Stämme, zu seiner Ausbildung und Befestigung als regelmäßige Institution. Ursprünglich tauschte Stamm mit Stamm, durch die gegenseitigen Gentilvorsteher; als aber die Herden anfingen in Sondereigentum[1] überzugehn, überwog der Einzelaustausch mehr und mehr und wurde endlich einzige Form. Der Hauptartikel aber, den die Hirtenstämme an ihre Nachbarn im Tausch abgaben, war Vieh; Vieh wurde die Ware, in der alle andren Waren geschätzt und die überall gern im Austausch gegen jene genommen wurde – kurz, Vieh erhielt Geldfunktion und tat Gelddienste schon auf dieser Stufe. Mit solcher Notwendigkeit und Raschheit entwickelte sich schon im Anbeginn des Warenaustausches das Bedürfnis einer Geldware.

Der Gartenbau, den asiatischen Barbaren der Unterstufe wahrscheinlich fremd, kam spätestens in der Mittelstufe bei ihnen auf, als Vorläufer des Feldbaus. Das Klima der turanischen Hochebene läßt kein Hirtenleben zu ohne Futtervorräte für den langen und strengen Winter; Wiesenbau und Kultur von Kornfrucht war also hier Bedingung. Dasselbe gilt für die Steppen nördlich vom Schwarzen Meer. Wurde aber erst die Kornfrucht für das Vieh gewonnen, so wurde sie bald auch menschliche Nahrung. Das bebaute Land blieb noch Stammeseigentum, anfänglich der Gens, später von dieser den Hausgenossenschaften, endlich[2] den einzelnen zur Benutzung überwiesen; sie mochten gewisse Besitzrechte daran haben, mehr aber auch nicht.

Von den industriellen Errungenschaften dieser Stufe sind zwei besonders wichtig. Die erste ist der Webstuhl, die zweite die Schmelzung von Metallerzen und die Verarbeitung der Metalle. Kupfer und Zinn und die

[1] *(1884)* Privateigentum – [2] *(1884)* fehlt: den Hausgenossenschaften, endlich

aus beiden zusammengesetzte Bronze waren weitaus die wichtigsten; die Bronze lieferte brauchbare Werkzeuge und Waffen, konnte aber die Steinwerkzeuge nicht verdrängen; dies war nur dem Eisen möglich, und Eisen zu gewinnen verstand man noch nicht. Gold und Silber fingen an, zu Schmuck und Zierat verwandt zu werden, und müssen schon hoch im Wert gestanden haben gegenüber Kupfer und Bronze.

Die Steigerung der Produktion in allen Zweigen – Viehzucht, Ackerbau, häusliches Handwerk – gab der menschlichen Arbeitskraft die Fähigkeit, ein größeres Produkt zu erzeugen, als zu ihrem Unterhalt erforderlich war. Sie steigerte gleichzeitig die tägliche Arbeitsmenge, die jedem Mitglied der Gens, der Hausgemeinde oder der Einzelfamilie zufiel. Die Einschaltung neuer Arbeitskräfte wurde wünschenswert. Der Krieg lieferte sie: Die Kriegsgefangnen wurden in Sklaven verwandelt. Die erste große gesellschaftliche Teilung der Arbeit zog mit ihrer Steigerung der Produktivität der Arbeit, also des Reichtums, und mit ihrer Erweiterung des Produktionsfeldes, unter den gegebnen geschichtlichen Gesamtbedingungen, die Sklaverei mit Notwendigkeit nach sich. Aus der ersten großen gesellschaftlichen Arbeitsteilung entsprang die erste große Spaltung der Gesellschaft in zwei Klassen: Herren und Sklaven, Ausbeuter und Ausgebeutete.

Wie und wann die Herden aus dem Gemeinbesitz des Stammes oder der Gens in das Eigentum der einzelnen Familienhäupter übergegangen, darüber wissen wir bis jetzt nichts. Es muß aber im wesentlichen auf dieser Stufe geschehn sein. Mit den Herden nun und den übrigen neuen Reichtümern kam eine Revolution über die Familie. Der Erwerb war immer Sache des Mannes gewesen, die Mittel zum Erwerb von ihm produziert und sein Eigentum. Die Herden waren die neuen Erwerbsmittel, ihre anfängliche Zähmung und spätere Wartung sein Werk. Ihm gehörte daher das Vieh, ihm die gegen Vieh eingetauschten Waren und Sklaven. All der Überschuß, den der Erwerb jetzt lieferte, fiel dem Manne zu; die Frau genoß mit davon, aber sie hatte kein Teil am Eigentum. Der „wilde" Krieger und Jäger war im Hause zufrieden gewesen mit der zweiten Stelle, nach der Frau; der „sanftere" Hirt, auf seinen Reichtum pochend, drängte sich vor an die erste Stelle und die Frau zurück an die zweite. Und sie konnte sich nicht beklagen. Die Arbeitsteilung in der Familie hatte die Eigentumsverteilung zwischen Mann und Frau geregelt; sie war dieselbe geblieben; und doch stellte sie jetzt das bisherige häusliche Verhältnis auf den Kopf, lediglich weil die Arbeitsteilung außerhalb der Familie eine andre geworden war. Dieselbe Ursache, die der Frau ihre frühere Herrschaft im Hause gesichert: ihre Beschränkung auf die Hausarbeit, dieselbe Ursache sicherte jetzt die

Herrschaft des Mannes im Hause: die Hausarbeit der Frau verschwand jetzt neben der Erwerbsarbeit des Mannes; diese war alles, jene eine unbedeutende Beigabe. Hier zeigt sich schon, daß die Befreiung der Frau, ihre Gleichstellung mit dem Manne, eine Unmöglichkeit ist und bleibt, solange die Frau von der gesellschaftlichen produktiven Arbeit ausgeschlossen und auf die häusliche Privatarbeit beschränkt bleibt. Die Befreiung der Frau wird erst möglich, sobald diese auf großem, gesellschaftlichem Maßstab an der Produktion sich beteiligen kann und die häusliche Arbeit sie nur noch in unbedeutendem Maß in Anspruch nimmt. Und dies ist erst möglich geworden durch die moderne große Industrie, die nicht nur Frauenarbeit auf großer Stufenleiter zuläßt, sondern förmlich nach ihr verlangt, und die auch die private Hausarbeit mehr und mehr in eine öffentliche Industrie aufzulösen strebt.

Mit der faktischen Herrschaft des Mannes im Hause war die letzte Schranke seiner Alleinherrschaft gefallen. Diese Alleinherrschaft wurde bestätigt und verewigt durch Sturz des Mutterrechts, Einführung des Vaterrechts, allmählichen Übergang der Paarungsehe in die Monogamie. Damit aber kam ein Riß in die alte Gentilordnung: Die Einzelfamilie wurde eine Macht und erhob sich drohend gegenüber der Gens.

Der nächste Schritt führt uns auf die Oberstufe der Barbarei, die Periode, in der alle Kulturvölker ihre Heroenzeit durchmachen: die Zeit des eisernen Schwerts, aber auch der eisernen Pflugschar und Axt. Das Eisen war dem Menschen dienstbar geworden, der letzte und wichtigste aller Rohstoffe, die eine geschichtlich umwälzende Rolle spielten, der letzte – bis auf die Kartoffel. Das Eisen schuf den Feldbau auf größeren Flächen, die Urbarmachung ausgedehnterer Waldstrecken; es gab dem Handwerker Werkzeug von einer Härte und Schneide, der kein Stein, kein andres bekanntes Metall widerstand. Alles das allmählich; das erste Eisen war oft noch weicher als Bronze. So verschwand die Steinwaffe nur langsam; nicht nur im „Hildebrandslied“ [113], auch noch bei Hastings[132] im Jahre 1066 kamen noch Steinäxte ins Gefecht. Aber der Fortschritt ging nun unaufhaltsam, weniger unterbrochen und rascher vor sich. Die mit steinernen Mauern, Türmen und Zinnen steinerne oder Ziegelhäuser umschließende Stadt wurde Zentralsitz des Stamms oder Stämmebundes; ein gewaltiger Fortschritt in der Baukunst, aber auch ein Zeichen vermehrter Gefahr und Schutzbedürftigkeit. Der Reichtum wuchs rasch, aber als Reichtum einzelner; die Weberei, die Metallbearbeitung und die andern, mehr und mehr sich sondernden Handwerke entfalteten steigende Mannigfaltigkeit und Kunstfertigkeit der Produktion; der Landbau lieferte neben Korn, Hülsenfrüchten und Obst jetzt auch Öl und Wein, deren Bereitung man gelernt hatte. So mannigfache Tätigkeit konnte nicht mehr von demselben einzelnen ausgeübt werden; *die zweite große Teilung der Arbeit* trat ein: Das Handwerk sonderte sich vom Ackerbau. Die fortwährende Steigerung der Produktion und mit ihr der Produktivität der Arbeit erhöhte den Wert der menschlichen Arbeitskraft; die Sklaverei, auf der vorigen Stufe noch entstehend und sporadisch, wird jetzt wesentlicher Bestandteil des Gesellschaftssystems; die Sklaven hören auf, einfache Gehülfen zu sein, sie werden dutzendweise zur Arbeit getrieben auf dem Feld und in der Werkstatt. Mit der Spaltung der Produktion in die zwei großen Hauptzweige, Ackerbau und Handwerk, entsteht die Produktion direkt für den Austausch, die Warenproduktion; mit ihr der Handel, nicht nur im Innern und an den Stammesgrenzen, sondern auch schon über See. Alles dies aber noch sehr unentwickelt; die edlen Metalle fangen an, vorwiegende und allgemeine Geldware zu werden, aber noch ungeprägt, nur nach dem noch unverkleideten Gewicht sich austauschend.

Der Unterschied von Reichen und Ärmeren tritt neben den von Freien und Sklaven – mit der neuen Arbeitsteilung eine neue Spaltung der Gesellschaft in Klassen. Die Besitzunterschiede der einzelnen Familienhäupter sprengen die alte kommunistische Hausgemeinde überall, wo sie sich bis dahin erhalten; mit ihr die gemeinsame Bebauung des Bodens für Rechnung dieser Gemeinde. Das Ackerland wird den einzelnen Familien zunächst auf Zeit, später ein für allemal zur Nutzung überwiesen, der Übergang in volles Privateigentum vollzieht sich allmählich und parallel mit dem Übergang der Paarungsehe in Monogamie. Die Einzelfamilie fängt an, die wirtschaftliche Einheit in der Gesellschaft zu werden.

Die dichtere Bevölkerung nötigt zu engerem Zusammenschließen nach innen wie nach außen. Der Bund verwandter Stämme wird überall eine Notwendigkeit; bald auch schon ihre Verschmelzung, damit die Verschmelzung der getrennten Stammesgebiete zu einem Gesamtgebiet des Volks. Der Heerführer des Volks – rex, basileus, thiudans – wird unentbehrlicher, ständiger Beamter. Die Volksversammlung kommt auf, wo sie nicht schon bestand. Heerführer, Rat, Volksversammlung bilden die Organe der zu einer militärischen Demokratie fortentwickelten Gentilgesellschaft. Militärisch – denn der Krieg und die Organisation zum Krieg sind jetzt regelmäßige Funktionen des Volkslebens geworden. Die Reichtümer der Nachbarn reizen die Habgier von Völkern, bei denen Reichtumserwerb schon als einer der ersten Lebenszwecke erscheint. Sie sind Barbaren: Rauben gilt ihnen für leichter und selbst für ehrenvoller als Erarbeiten. Der Krieg, früher nur geführt zur Rache für Übergriffe oder zur Ausdehnung des unzureichend gewordnen Gebiets, wird jetzt des bloßen Raubs wegen geführt, wird stehender Erwerbszweig. Nicht umsonst starren die dräuenden Mauern um die neuen befestigten Städte: In ihren Gräben gähnt das Grab der Gentilverfassung, und ihre Türme ragen bereits hinein in die Zivilisation. Und ebenso geht es im Innern. Die Raubkriege erhöhen die Macht des obersten Heerführers wie die der Unterführer; die gewohnheitsmäßige Wahl der Nachfolger in denselben Familien geht, namentlich seit Einführung des Vaterrechts, allmählich über in erst geduldete, dann beanspruchte, endlich usurpierte Erblichkeit; die Grundlage des Erbkönigtums und des Erbadels ist gelegt. So reißen sich die Organe der Gentilverfassung allmählich los von ihrer Wurzel im Volk, in Gens, Phratrie, Stamm, und die ganze Gentilverfassung verkehrt sich in ihr Gegenteil: Aus einer Organisation von Stämmen zur freien Ordnung ihrer eignen Angelegenheiten wird sie eine Organisation zur Plünderung und Bedrückung der Nachbarn, und dementsprechend werden ihre Organe aus Werkzeugen des Volkswillens zu selbständigen Organen der Herrschaft und Bedrückung gegenüber dem eignen Volk. Das aber wäre nie möglich gewesen, hätte nicht die Gier nach Reichtum die Gentilgenossen gespalten in Reiche und Arme, hätte nicht „die Eigentumsdifferenz innerhalb derselben Gens die Einheit der Interessen verwandelt in Antagonismus der Gentilgenossen" (Marx) und hätte nicht die Ausdehnung der Sklaverei bereits angefangen, die Erarbeitung des Lebensunterhalts für nur sklavenwürdige Tätigkeit, für schimpflicher gelten zu lassen als den Raub.

Damit sind wir angekommen an der Schwelle der Zivilisation. Sie wird eröffnet durch einen neuen Fortschritt der Teilung der Arbeit. Auf der untersten Stufe produzierten die Menschen nur direkt für eignen Bedarf; die etwa vorkommenden Austauschakte waren vereinzelt, betrafen nur den zufällig sich einstellenden Überfluß. Auf der Mittelstufe der Barbarei finden wir bei Hirtenvölkern in dem Vieh schon einen Besitz, der bei einer gewissen Größe der Herde regelmäßig einen Überschuß über den eignen Bedarf liefert, zugleich eine Teilung der Arbeit zwischen Hirtenvölkern und zurückgebliebnen Stämmen ohne Herden, damit zwei nebeneinander bestehende verschiedne Produktionsstufen und damit die Bedingungen eines regelmäßigen Austausches. Die Oberstufe der Barbarei liefert uns die weitere Arbeitsteilung zwischen Ackerbau und Handwerk, damit Produktion eines stets wachsenden Teils der Arbeitserzeugnisse direkt für den Austausch, damit Erhebung des Austausches zwischen Einzelproduzenten zu einer Lebensnotwendigkeit der Gesellschaft. Die Zivilisation befestigt und steigert alle diese vorgefundnen Arbeitsteilungen, namentlich durch Schärfung des Gegensatzes von Stadt und Land (wobei die Stadt das Land ökonomisch beherrschen kann, wie im Altertum, oder auch das Land die Stadt, wie im Mittelalter), und fügt dazu eine dritte, ihr eigentümliche, entscheidend wichtige Arbeitsteilung: Sie erzeugt eine Klasse, die sich nicht mehr mit der Produktion beschäftigt, sondern nur mit dem Austausch der Produkte – die *Kaufleute*. Alle bisherigen Ansätze zur Klassenbildung hatten es noch ausschließlich mit der Produktion zu tun; sie schieden die bei der Produktion beteiligten Leute in Leitende und Ausführende oder aber in Produzenten auf größerer und auf kleinerer Stufenleiter. Hier tritt zum erstenmal eine Klasse auf, die, ohne an der Produktion irgendwie Anteil zu nehmen, die Leitung der Produktion im ganzen und großen sich erobert und die Produzenten sich ökonomisch unterwirft; die sich zum unumgänglichen Vermittler zwischen je zwei Produzenten macht und sie beide ausbeutet. Unter dem Vorwand, den Produzenten die Mühe und das Risiko des Austausches abzunehmen, den Absatz ihrer Produkte nach entfernten Märkten auszudehnen, damit die nützlichste Klasse der Bevölkerung zu werden, bildet sich eine Klasse von Parasiten aus, echten gesellschaftlichen Schmarotzertieren, die als Lohn für sehr geringe wirkliche Leistungen sowohl von der heimischen wie von der fremden Produktion den Rahm abschöpft, rasch enorme Reichtümer und entsprechenden gesellschaftlichen Einfluß erwirbt und eben deshalb während der Periode der Zivilisation zu immer neuen Ehren und immer größerer Beherrschung der Produktion berufen ist, bis sie endlich auch selbst ein eignes Produkt zutage fördert – die periodischen Handelskrisen.

Auf unsrer vorliegenden Entwicklungsstufe hat die junge Kaufmannschaft allerdings noch keine Ahnung von den großen Dingen, die ihr bevorstehn. Aber sie bildet sich und macht sich unentbehrlich, und das genügt. Mit ihr aber bildet sich aus das *Metallgeld*, die geprägte Münze, und mit dem Metallgeld ein neues Mittel zur Herrschaft des Nichtproduzenten über den Produzenten und seine Produktion. Die Ware der Waren, die alle andern Waren im Verborgnen in sich enthält, war entdeckt, das Zaubermittel, das sich nach Belieben in jedes wünschenswerte und gewünschte Ding verwandeln kann. Wer es hatte, beherrschte die Welt der Produktion, und wer hatte es vor allen? Der Kaufmann. In seiner Hand war der Kultus des Geldes sicher. Er sorgte dafür, daß es offenbar wurde, wie sehr alle Waren, damit alle Warenproduzenten, sich anbetend in den Staub werfen mußten vor dem Geld. Er bewies es praktisch, wie sehr alle andern Formen des Reichtums nur selber bloßer Schein werden gegenüber dieser Verkörperung des Reichtums als solchem. Nie wieder ist die Macht des Geldes aufgetreten in solch ursprünglicher Roheit und Gewaltsamkeit wie in dieser ihrer Jugendperiode. Nach dem Warenkauf für Geld kam der Geldvorschuß, mit diesem der Zins und der Wucher. Und keine Gesetzgebung späterer Zeit wirft den Schuldner so schonungs- und rettungslos zu den Füßen des wucherischen Gläubigers wie die altathenische und altrömische – und beide entstanden spontan, als Gewohnheitsrechte, ohne andern als den ökonomischen Zwang.

Neben den Reichtum an Waren und Sklaven, neben den Geldreichtum trat nun auch der Reichtum an Grundbesitz. Das Besitzrecht der einzelnen an den ihnen ursprünglich von Gens oder Stamm überlassenen Bodenparzellen hatte sich jetzt soweit befestigt, daß diese Parzellen ihnen erb eigentümlich gehörten. Wonach sie in der letzten Zeit vor allem gestrebt, das war die Befreiung von dem Anrecht der Gentilgenossenschaft an die Parzelle, das ihnen eine Fessel wurde. Die Fessel wurde sie los – aber bald nachher auch das neue Grundeigentum. Volles, freies Eigentum am Boden, das hieß nicht nur Möglichkeit, den Boden unverkürzt und unbeschränkt zu besitzen, das hieß auch Möglichkeit, ihn zu veräußern. Solange der Boden Gentileigentum, existierte diese Möglichkeit nicht. Als aber der neue Grundbesitzer die Fessel des Obereigentums der Gens und des Stamms endgültig abstreifte, zerriß er auch das Band, das ihn bisher unlöslich mit dem Boden verknüpft hatte. Was das hieß, wurde ihm klargemacht durch das mit dem Privatgrundeigentum gleichzeitig erfundne Geld. Der Boden konnte nun Ware werden, die man verkauft und verpfändet. Kaum war das Grundeigentum eingeführt, so war auch die Hypothek schon erfunden (sieh Athen). Wie der Hetärismus und die Prostitution an die Fersen der Monogamie, so klammert sich von nun an die Hypothek an die Fersen des Grundeigentums. Ihr habt das volle, freie, veräußerliche Grundeigentum haben wollen, nun wohl, ihr habt's – tu l'as voulu, George Dandin![1]

So ging mit Handelsausdehnung, Geld und Geldwucher, Grundeigentum und Hypothek die Konzentration und Zentralisation des Reichtums in den Händen einer wenig zahlreichen Klasse rasch voran, daneben die steigende Verarmung der Massen und die steigende Masse der Armen. Die neue Reichtumsaristokratie, soweit sie nicht schon von vornherein mit dem alten Stammesadel zusammengefallen war, drängte ihn endgültig in den Hintergrund (in Athen, in Rom, bei den Deutschen). Und neben dieser Scheidung der Freien in Klassen nach dem Reichtum ging besonders in

[1] Du hast es nicht besser gewollt, George Dandin! [133]

Griechenland eine ungeheure Vermehrung der Zahl der Sklaven*, deren erzwungne Arbeit die Grundlage bildete, auf der sich der Überbau der ganzen Gesellschaft erhob.

Sehen wir uns nun danach um, was unter dieser gesellschaftlichen Umwälzung aus der Gentilverfassung geworden war. Gegenüber den neuen Elementen, die ohne ihr Zutun emporgewachsen, stand sie ohnmächtig da. Ihre Voraussetzung war, daß die Glieder einer Gens, oder doch eines Stammes, auf demselben Gebiet vereinigt saßen, es ausschließlich bewohnten. Das hatte längst aufgehört. Überall waren Gentes und Stämme durcheinandergeworfen, überall wohnten Sklaven, Schutzverwandte, Fremde mitten unter den Bürgern. Die erst gegen Ende der Mittelstufe der Barbarei erworbene Seßhaftigkeit wurde immer wieder durchbrochen durch die von Handel, Erwerbsveränderung, Grundbesitzwechsel bedingte Beweglichkeit und Veränderlichkeit des Wohnsitzes. Die Genossen der Gentilkörper konnten nicht mehr zusammentreten zur Wahrnehmung ihrer eignen gemeinsamen Angelegenheiten; nur unwichtige Dinge, wie die religiösen Feiern, wurden noch notdürftig besorgt. Neben den Bedürfnissen und Interessen, zu deren Wahrung die Gentilkörper berufen und befähigt, waren aus der Umwälzung der Erwerbsverhältnisse und der daraus folgenden Änderung der gesellschaftlichen Gliederung neue Bedürfnisse und Interessen entstanden, die der alten Gentilordnung nicht nur fremd waren, sondern sie in jeder Weise durchkreuzten. Die Interessen der durch Teilung der Arbeit entstandnen Handwerkergruppen, die besondern Bedürfnisse der Stadt im Gegensatz zum Land, erforderten neue Organe; jede dieser Gruppen aber war aus Leuten der verschiedensten Gentes, Phratrien und Stämme zusammengesetzt, sie schloß sogar Fremde ein; diese Organe mußten sich also bilden außerhalb der Gentilverfassung, neben ihr, und damit gegen sie. – Und wiederum in jeder Gentilkörperschaft machte sich dieser Konflikt der Interessen geltend, der seine Spitze erreichte in der Vereinigung von Reichen und Armen, Wucherern und Schuldnern in derselben Gens und demselben Stamm. – Dazu kam die Masse der neuen, den Gentilgenossenschaften fremden Bevölkerung, die wie in Rom eine Macht im Lande werden konnte und dabei zu zahlreich war, um allmählich in die

* Die Anzahl für Athen siehe oben S. 117.[1] In Korinth betrug sie zur Blütezeit der Stadt 460 000, in Ägina 470 000, in beiden Fällen die zehnfache Anzahl der freien Bürgerbevölkerung.

[1] Siehe vorl. Band, S. 116

blutsverwandten Geschlechter und Stämme aufgenommen zu werden. Dieser Masse gegenüber standen die Gentilgenossenschaften da als geschlossene, bevorrechtete Körperschaften; die ursprüngliche naturwüchsige Demokratie war umgeschlagen in eine gehässige Aristokratie. – Schließlich war die Gentilverfassung herausgewachsen aus einer Gesellschaft, die keine inneren Gegensätze kannte, und war auch nur einer solchen angepaßt. Sie hatte kein Zwangsmittel außer der öffentlichen Meinung. Hier aber war eine Gesellschaft entstanden, die kraft ihrer sämtlicher ökonomischer Lebensbedingungen sich in Freie und Sklaven, in ausbeutende Reiche und ausgebeutete Arme hatte spalten müssen, eine Gesellschaft, die diese Gegensätze nicht nur nicht wieder versöhnen konnte, sondern sie immer mehr auf die Spitze treiben mußte. Eine solche Gesellschaft konnte nur bestehn entweder im fortwährenden offnen Kampf dieser Klassen gegeneinander oder aber unter der Herrschaft einer dritten Macht, die, scheinbar über den widerstreitenden Klassen stehend, ihren offnen Konflikt niederdrückte und den Klassenkampf höchstens auf ökonomischem Gebiet, in sogenannter gesetzlicher Form, sich ausfechten ließ. Die Gentilverfassung hatte ausgelebt. Sie war gesprengt durch die Teilung der Arbeit, und ihr Ergebnis, die Spaltung der Gesellschaft in Klassen. Sie wurde ersetzt durch den *Staat*.

Die drei Hauptformen, in denen der Staat sich auf den Ruinen der Gentilverfassung erhebt, haben wir oben im einzelnen betrachtet. Athen bietet die reinste, klassischste Form: Hier entspringt der Staat direkt und vorherrschend aus den Klassengegensätzen, die sich innerhalb der Gentilgesellschaft selbst entwickeln. In Rom wird die Gentilgesellschaft eine geschlossene Aristokratie inmitten einer zahlreichen, außer ihr stehenden, rechtlosen aber pflichtenschuldigen Plebs; der Sieg der Plebs sprengt die alte Geschlechtsverfassung und errichtet auf ihren Trümmern den Staat, worin Gentilaristokratie und Plebs bald beide gänzlich aufgehn. Bei den deutschen Überwindern des Römerreichs endlich entspringt der Staat direkt aus der Eroberung großer fremder Gebiete, die zu beherrschen die Gentilverfassung keine Mittel bietet. Weil aber mit dieser Eroberung weder ernstlicher Kampf mit der alten Bevölkerung verbunden ist noch eine fortgeschrittnere Arbeitsteilung; weil die ökonomische Entwicklungsstufe der Eroberten und die der Eroberer fast dieselbe ist, die ökonomische Basis der Gesellschaft also die alte bleibt, deshalb kann sich die Gentilverfassung lange Jahrhunderte hindurch in veränderter, territorialer Gestalt als Markverfassung forterhalten und selbst in den späteren Adels- und Patriziergeschlechtern, ja selbst in Bauerngeschlechtern wie in Dithmarschen, eine Zeitlang in abgeschwächter Form verjüngen.*

Der Staat ist also keineswegs eine der Gesellschaft von außen aufgezwungne Macht; ebensowenig ist er „die Wirklichkeit der sittlichen Idee", „das Bild und die Wirklichkeit der Vernunft", wie Hegel behauptet.[135] Er ist vielmehr ein Produkt der Gesellschaft auf bestimmter Entwicklungsstufe; er ist das Eingeständnis, daß diese Gesellschaft sich in einen unlösbaren Widerspruch mit sich selbst verwickelt, sich in unversöhnliche Gegensätze gespalten hat, die zu bannen sie ohnmächtig ist. Damit aber diese Gegensätze, Klassen mit widerstreitenden ökonomischen Interessen nicht sich und die Gesellschaft in fruchtlosem Kampf verzehren, ist eine scheinbar über der Gesellschaft stehende Macht nötig geworden, die den Konflikt dämpfen, innerhalb der Schranken der „Ordnung" halten soll; und diese, aus der Gesellschaft hervorgegangne, aber sich über sie stellende, sich ihr mehr und mehr entfremdende Macht ist der Staat.

Gegenüber der alten Gentilorganisation kennzeichnet sich der Staat erstens durch die Einteilung der Staatsangehörigen *nach dem Gebiet*. Die alten, durch Blutbande gebildeten und zusammengehaltnen Gentilgenossenschaften, wie wir gesehn, waren unzureichend geworden, großenteils weil sie eine Bindung der Genossen an ein bestimmtes Gebiet voraussetzten und diese längst aufgehört hatte. Das Gebiet war geblieben, aber die Menschen waren mobil geworden. Man nahm also die Gebietseinteilung als Ausgangspunkt und ließ die Bürger ihre öffentlichen Rechte und Pflichten da erfüllen, wo sie sich niederließen, ohne Rücksicht auf Gens und Stamm. Diese Organisation der Staatsangehörigen nach der Ortsangehörigkeit ist allen Staaten gemeinsam. Uns kommt sie daher natürlich vor; wir haben aber gesehn, wie harte und langwierige Kämpfe erfordert waren, bis sie in Athen und Rom sich an die Stelle der alten Organisation nach Geschlechtern setzen konnte.

Das zweite ist die Einrichtung einer *öffentlichen Gewalt*, welche nicht mehr unmittelbar zusammenfällt mit der sich selbst als bewaffnete Macht organisierenden Bevölkerung. Diese besondre, öffentliche Gewalt ist nötig, weil eine selbsttätige bewaffnete Organisation der Bevölkerung unmöglich geworden seit der Spaltung in Klassen. Die Sklaven gehören auch zur

---

* Der erste Geschichtsschreiber, der wenigstens eine annähernde Vorstellung vom Wesen der Gens hatte, war Niebuhr, und das – aber auch seine ohne weiteres mit übertragnen Irrtümer – verdankt er seiner Bekanntschaft mit den dithmarsischen Geschlechtern.[134]

Bevölkerung; die 90 000 athenischen Bürger bilden gegenüber den 365 000 Sklaven nur eine bevorrechtete Klasse. Das Volksheer der athenischen Demokratie war eine aristokratische öffentliche Gewalt gegenüber den Sklaven und hielt sie im Zaum; aber auch um die Bürger im Zaum zu halten, wurde eine Gendarmerie nötig, wie oben erzählt. Diese öffentliche Gewalt existiert in jedem Staat; sie besteht nicht bloß aus bewaffneten Menschen, sondern auch aus sachlichen Anhängseln, Gefängnissen und Zwangsanstalten aller Art, von denen die Gentilgesellschaft nichts wußte. Sie kann sehr unbedeutend, fast verschwindend sein in Gesellschaften mit noch unentwickelten Klassengegensätzen und auf abgelegnen Gebieten, wie zeit- und ortsweise in den Vereinigten Staaten Amerikas. Sie verstärkt sich aber in dem Maß, wie die Klassengegensätze innerhalb des Staats sich verschärfen und wie die einander begrenzenden Staaten größer und volkreicher werden – man sehe nur unser heutiges Europa an, wo Klassenkampf und Eroberungskonkurrenz die öffentliche Macht auf eine Höhe emporgeschraubt haben, auf der sie die ganze Gesellschaft und selbst den Staat zu verschlingen droht.

Um diese öffentliche Macht aufrechtzuerhalten, sind Beiträge der Staatsbürger nötig – die *Steuern.* Diese waren der Gentilgesellschaft vollständig unbekannt. Wir aber wissen heute genug davon zu erzählen. Mit der fortschreitenden Zivilisation reichen auch sie nicht mehr; der Staat zieht Wechsel auf die Zukunft, macht Anleihen, *Staatsschulden.* Auch davon weiß das alte Europa ein Liedchen zu singen.

Im Besitz der öffentlichen Gewalt und des Rechts der Steuereintreibung, stehn die Beamten nun da als Organe der Gesellschaft *über* der Gesellschaft. Die freie, willige Achtung, die den Organen der Gentilverfassung gezollt wurde, genügt ihnen nicht, selbst wenn sie sie haben könnten; Träger einer der Gesellschaft entfremdenden Macht, müssen sie in Respekt gesetzt werden durch Ausnahmsgesetze, kraft deren sie einer besondren Heiligkeit und Unverletzlichkeit genießen. Der lumpigste Polizeidiener des zivilisierten Staats hat mehr „Autorität" als alle Organe der Gentilgesellschaft zusammengenommen; aber der mächtigste Fürst und der größte Staatsmann oder Feldherr der Zivilisation kann den geringsten Gentilvorsteher beneiden um die unerzwungne und unbestrittene Achtung, die ihm gezollt wird. Der eine steht eben mitten in der Gesellschaft; der andre ist genötigt, etwas vorstellen zu wollen außer und über ihr.

Da der Staat entstanden ist aus dem Bedürfnis, Klassengegensätze im Zaum zu halten, da er aber gleichzeitig mitten im Konflikt dieser Klassen entstanden ist, so ist er in der Regel Staat der mächtigsten, ökonomisch herrschenden Klasse, die vermittelst seiner auch politisch herrschende

Klasse wird und so neue Mittel erwirbt zur Niederhaltung und Ausbeutung der unterdrückten Klasse. So war der antike Staat vor *allem* Staat der Sklavenbesitzer zur Niederhaltung der Sklaven, wie der Feudalstaat Organ des Adels zur Niederhaltung der leibeignen und hörigen Bauern und der moderne Repräsentativstaat Werkzeug der Ausbeutung der Lohnarbeit durch das Kapital. Ausnahmsweise indes kommen Perioden vor, wo die kämpfenden Klassen einander so nahe das Gleichgewicht halten, daß die Staatsgewalt als scheinbare Vermittlerin momentan eine gewisse Selbständigkeit gegenüber beiden erhält. So die absolute Monarchie des 17. und 18. Jahrhunderts, die Adel und Bürgertum gegeneinander balanciert; so der Bonapartismus des ersten und namentlich des zweiten französischen Kaiserreichs, der das Proletariat gegen die Bourgeoisie und die Bourgeoisie gegen das Proletariat ausspielte. Die neueste Leistung in dieser Art, bei der Herrscher und Beherrschte gleich komisch erscheinen, ist das neue deutsche Reich Bismarckscher Nation: Hier werden Kapitalisten und Arbeiter gegeneinander balanciert und gleichmäßig geprellt zum Besten der verkommnen preußischen Krautjunker.

In den meisten geschichtlichen Staaten werden außerdem die den Staatsbürgern zugestandnen Rechte nach dem Vermögen abgestuft und damit direkt ausgesprochen, daß der Staat eine Organisation der besitzenden Klasse zum Schutz gegen die nichtbesitzende ist. So schon in den athenischen und römischen Vermögensklassen. So im mittelalterlichen Feudalstaat, wo die politische Machtstellung sich nach dem Grundbesitz gliederte. So im Wahlzensus der modernen Repräsentativstaaten. Diese politische Anerkennung des Besitzunterschieds ist indes keineswegs wesentlich. Im Gegenteil, sie bezeichnet eine niedrige Stufe der staatlichen Entwicklung. Die höchste Staatsform, die demokratische Republik, die in unsern modernen Gesellschaftsverhältnissen mehr und mehr unvermeidliche Notwendigkeit wird und die Staatsform ist, in der der letzte Entscheidungskampf zwischen Proletariat und Bourgeoisie allein ausgekämpft werden kann – die demokratische Republik weiß offiziell nichts mehr von Besitzunterschieden. In ihr übt der Reichtum seine Macht indirekt, aber um so sichrer aus. Einerseits in der Form der direkten Beamtenkorruption, wofür Amerika klassisches Muster, andrerseits in der Form der Allianz von Regierung und Börse, die sich um so leichter vollzieht, je mehr die Staatsschulden steigen und je mehr Aktiengesellschaften nicht nur den Transport, sondern auch die Produktion selbst in ihren Händen konzentrieren und wiederum in der Börse ihren Mittelpunkt finden. Dafür ist außer Amerika die neueste französische Republik ein schlagendes Beispiel, und auch die biedre Schweiz hat auf diesem Felde das ihrige geleistet. Daß aber zu diesem Bruderbund von Regierung und Börse keine demokratische Republik erforderlich, beweist außer England das neue deutsche Reich, wo man nicht sagen kann, wen das allgemeine Stimmrecht höher gehoben hat, Bismarck oder Bleichröder. Und endlich herrscht die besitzende Klasse direkt mittelst des allgemeinen Stimmrechts. Solange die unterdrückte Klasse, also in unserm Fall das Proletariat, noch nicht reif ist zu seiner Selbstbefreiung, solange wird sie, der Mehrzahl nach, die bestehende Gesellschaftsordnung als die einzig mögliche erkennen und politisch der Schwanz der Kapitalistenklasse, ihr äußerster linker Flügel sein. In dem Maß aber, worin sie ihrer Selbstemanzipation entgegenreift, in dem Maß konstituiert sie sich als eigne Partei, wählt ihre eignen Vertreter, nicht die der Kapitalisten. Das allgemeine Stimmrecht ist so der Gradmesser der Reife der Arbeiterklasse. Mehr kann und wird es nie sein im heutigen Staat; aber das genügt auch. An dem Tage, wo das Thermometer des allgemeinen Stimmrechts den Siedepunkt bei den Arbeitern anzeigt, wissen sie sowohl wie die Kapitalisten, woran sie sind.

Der Staat ist also nicht von Ewigkeit her. Es hat Gesellschaften gegeben, die ohne ihn fertig wurden, die von Staat und Staatsgewalt keine Ahnung hatten. Auf einer bestimmten Stufe der ökonomischen Entwicklung, die mit Spaltung der Gesellschaft in Klassen notwendig verbunden war, wurde durch diese Spaltung der Staat eine Notwendigkeit. Wir nähern uns jetzt mit raschen Schritten einer Entwicklungsstufe der Produktion, auf der das Dasein dieser Klassen nicht nur aufgehört hat, eine Notwendigkeit zu sein, sondern ein positives Hindernis der Produktion wird. Sie werden fallen, ebenso unvermeidlich, wie sie früher entstanden sind. Mit ihnen fällt unvermeidlich der Staat. Die Gesellschaft, die die Produktion auf Grundlage freier und gleicher Assoziation der Produzenten neu organisiert, versetzt die ganze Staatsmaschine dahin, wohin sie dann gehören wird: ins Museum der Altertümer, neben das Spinnrad und die bronzene Axt.

Die Zivilisation ist also nach dem Vorausgeschickten die Entwicklungsstufe der Gesellschaft, auf der die Teilung der Arbeit, der aus ihr entspringende Austausch zwischen einzelnen und die beides zusammenfassende Warenproduktion zur vollen Entfaltung kommen und die ganze frühere Gesellschaft umwälzen.

Die Produktion aller früheren Gesellschaftsstufen war wesentlich eine gemeinsame, wie auch die Konsumtion unter direkter Verteilung der Produkte innerhalb größerer oder kleinerer kommunistischer Gemeinwesen vor sich ging. Diese Gemeinsamkeit der Produktion fand statt innerhalb der engsten Schranken; aber sie führte mit sich die Herrschaft der Produzenten über ihren Produktionsprozeß und ihr Produkt. Sie wissen, was aus dem Produkt wird: Sie verzehren es, es verläßt ihre Hände nicht; und solange die Produktion auf dieser Grundlage betrieben wird, kann sie den Produzenten nicht über den Kopf wachsen, keine gespenstischen fremden Mächte ihnen gegenüber erzeugen, wie dies in der Zivilisation regelmäßig und unvermeidlich der Fall ist.

Aber in diesen Produktionsprozeß schiebt sich die Teilung der Arbeit langsam ein. Sie untergräbt die Gemeinsamkeit der Produktion und Aneignung, sie erhebt die Aneignung durch einzelne zur überwiegenden Regel und erzeugt damit den Austausch zwischen einzelnen – wie, das haben wir oben untersucht. Allmählich wird die Warenproduktion herrschende Form.

Mit der Warenproduktion, der Produktion nicht mehr für eignen Verbrauch, sondern für den Austausch, wechseln die Produkte notwendig die Hände. Der Produzent gibt sein Produkt im Tausch weg, er weiß nicht mehr, was daraus wird. Sowie das Geld, und mit dem Geld der Kaufmann, als Vermittler zwischen die Produzenten tritt, wird der Austauschprozeß noch verwickelter, das schließliche Schicksal der Produkte noch ungewisser. Der Kaufleute sind viele, und keiner von ihnen weiß, was der andre tut. Die Waren gehn nun schon nicht bloß von Hand zu Hand, sie gehn auch von Markt zu Markt; die Produzenten haben die Herrschaft über die Gesamtproduktion ihres Lebenskreises verloren, und die Kaufleute haben sie nicht überkommen. Produkte und Produktion verfallen dem Zufall.

Aber Zufall, das ist nur der eine Pol eines Zusammenhangs, dessen andrer Pol Notwendigkeit heißt. In der Natur, wo auch der Zufall zu herrschen scheint, haben wir längst auf jedem einzelnen Gebiet die innere Notwendigkeit und Gesetzmäßigkeit nachgewiesen, die in diesem Zufall sich durchsetzt. Was aber von der Natur, das gilt auch von der Gesellschaft. Je mehr eine gesellschaftliche Tätigkeit, eine Reihe gesellschaftlicher Vorgänge der bewußten Kontrolle der Menschen zu mächtig wird, ihnen über den Kopf wächst, je mehr sie dem puren Zufall überlassen scheint, desto mehr setzen sich in diesem Zufall die ihr eigentümlichen, innewohnenden Gesetze wie mit Naturnotwendigkeit durch. Solche Gesetze beherrschen auch die Zufälligkeiten der Warenproduktion und des Warenaustausches; dem einzelnen Produzenten und Austauschenden stehn sie gegenüber als fremde, anfangs sogar unerkannte Mächte, deren Natur erst mühsam erforscht und ergründet werden muß. Diese ökonomischen Gesetze der Warenproduktion modifizieren sich mit den verschiednen Entwicklungsstufen dieser Produktionsform; im ganzen und großen aber steht die gesamte Periode der Zivilisation unter ihrer Herrschaft. Und noch heute beherrscht das Produkt die Produzenten; noch heute wird die Gesamtproduktion der Gesellschaft geregelt, nicht durch gemeinsam überlegten Plan, sondern durch blinde Gesetze, die sich geltend machen mit elementarer Gewalt, in letzter Instanz in den Gewittern der periodischen Handelskrisen.

Wir sahen oben, wie auf einer ziemlich frühen Entwicklungsstufe der Produktion die menschliche Arbeitskraft befähigt wird, ein beträchtlich größeres Produkt zu liefern, als zum Unterhalt der Produzenten erforderlich ist, und wie diese Entwicklungsstufe in der Hauptsache dieselbe ist, auf der Teilung der Arbeit und Austausch zwischen einzelnen aufkommen. Es dauerte nun nicht lange mehr, bis die große „Wahrheit" entdeckt wurde, daß auch der Mensch eine Ware sein kann; daß die menschliche Kraft[1] austauschbar und vernutzbar ist, indem man den Menschen in einen Sklaven verwandelt. Kaum hatten die Menschen angefangen auszutauschen, so wurden sie auch schon selbst ausgetauscht. Das Aktivum wurde zum Passivum, die Menschen mochten wollen oder nicht.

Mit der Sklaverei, die unter der Zivilisation ihre vollste Entfaltung erhielt, trat die erste große Spaltung der Gesellschaft ein in eine ausbeutende und eine ausgebeutete Klasse. Diese Spaltung dauerte fort während der ganzen zivilisierten Periode. Die Sklaverei ist die erste, der antiken Welt eigentümliche Form der Ausbeutung; ihr folgt die Leibeigenschaft im Mittelalter, die Lohnarbeit in der neueren Zeit. Es sind dies die drei großen Formen der Knechtschaft, wie sie für die drei großen Epochen der Zivilisation charakteristisch sind; offne, und neuerdings verkleidete, Sklaverei geht stets danebenher.

Die Stufe der Warenproduktion, womit die Zivilisation beginnt, wird ökonomisch bezeichnet durch die Einführung 1. des Metallgeldes, damit des Geldkapitals, des Zinses und Wuchers; 2. der Kaufleute als vermittelnder Klasse zwischen den Produzenten; 3. des Privatgrundeigentums und der Hypothek und 4. der Sklavenarbeit als herrschender Produktionsform. Die der Zivilisation entsprechende und mit ihr definitiv zur Herrschaft kommende Familienform ist die Monogamie, die Herrschaft des Mannes über die Frau, und die Einzelfamilie als wirtschaftliche Einheit der Gesellschaft. Die Zusammenfassung der zivilisierten Gesellschaft ist der Staat, der in allen mustergültigen Perioden ausnahmslos der Staat der herrschenden Klasse ist und in allen Fällen wesentlich Maschine zur Niederhaltung

[1] *(1884)* Arbeitskraft

der unterdrückten, ausgebeuteten Klasse bleibt. Bezeichnend für die Zivilisation ist noch: einerseits die Fixierung des Gegensatzes von Stadt und Land als der Grundlage der gesamten gesellschaftlichen Arbeitsteilung; andrerseits die Einführung der Testamente, wodurch der Eigentümer auch noch über seinen Tod hinaus über sein Eigentum verfügen kann. Diese der alten Gentilverfassung direkt ins Gesicht schlagende Einrichtung war in Athen bis auf Solon unbekannt; in Rom ist sie schon früh eingeführt, wann, wissen wir nicht*; bei den Deutschen führten die Pfaffen sie ein, damit der biedre Deutsche sein Erbteil der Kirche ungehindert vermachen könne.

Mit dieser Grundverfassung hat die Zivilisation Dinge vollbracht, denen die alte Gentilgesellschaft nicht im entferntesten gewachsen war. Aber sie hat sie vollbracht, indem sie die schmutzigsten Triebe und Leidenschaften der Menschen in Bewegung setzte und auf Kosten seiner ganzen übrigen Anlagen entwickelte. Die platte Habgier war die treibende Seele der Zivilisation von ihrem ersten Tag bis heute, Reichtum und abermals Reichtum und zum drittenmal Reichtum, Reichtum nicht der Gesellschaft, sondern dieses einzelnen lumpigen Individuums, ihr einzig entscheidendes Ziel. Wenn ihr dabei die steigende Entwicklung der Wissenschaft und zu wiederholten Perioden die höchste Blüte der Kunst in den Schoß gefallen ist, so doch nur, weil ohne diese die volle Reichtumserrungenschaft unsrer Zeit nicht möglich gewesen wäre.

Da die Grundlage der Zivilisation die Ausbeutung einer Klasse durch eine andre Klasse ist, so bewegt sich ihre ganze Entwicklung in einem fortdauernden Widerspruch. Jeder Fortschritt der Produktion ist gleichzeitig ein Rückschritt in der Lage der unterdrückten Klasse, d. h. der großen Mehrzahl. Jede Wohltat für die einen ist notwendig ein Übel für die andern, jede neue Befreiung der einen Klasse eine neue Unterdrückung für eine andre Klasse. Den schlagendsten Beweis dafür liefert die Einführung der

---

* Lassalles „System der erworbenen Rechte" dreht sich im zweiten Teil hauptsächlich um den Satz, das römische Testament sei so alt wie Rom selbst, es habe für die römische Geschichte nie „eine Zeit ohne Testament gegeben"; das Testament sei vielmehr in vorrömischer Zeit aus dem Kultus der Verstorbenen entstanden. Lassalle, als gläubiger Althegelianer, leitet die römischen Rechtsbestimmungen ab nicht aus den gesellschaftlichen Verhältnissen der Römer, sondern aus dem „spekulativen Begriff" des Willens, und kommt dabei zu jener total ungeschichtlichen Behauptung. Man kann sich darüber nicht wundern in einem Buch, das auf Grund desselben spekulativen Begriffs zu dem Ergebnis kommt, bei der römischen Erbschaft sei die Übertragung des Vermögens reine Nebensache gewesen. Lassalle glaubt nicht nur an die Illusionen der römischen Juristen, besonders der früheren Zeit; er übergipfelt sie noch.

Maschinerie, deren Wirkungen heute weltbekannt sind. Und wenn bei den Barbaren der Unterschied von Rechten und Pflichten, wie wir sahen, noch kaum gemacht werden konnte, so macht die Zivilisation den Unterschied und Gegensatz beider auch dem Blödsinnigsten klar, indem sie einer Klasse so ziemlich alle Rechte zuweist, der andern dagegen so ziemlich alle Pflichten.

Das soll aber nicht sein. Was für die herrschende Klasse gut ist, soll gut sein für die ganze Gesellschaft, mit der die herrschende Klasse sich identifiziert. Je weiter also die Zivilisation fortschreitet, je mehr ist sie genötigt, die von ihr mit Notwendigkeit geschaffnen Übelstände mit dem Mantel der Liebe zu bedecken, sie zu beschönigen oder wegzuleugnen, kurz eine konventionelle Heuchelei einzuführen, die weder früheren Gesellschaftsformen noch selbst den ersten Stufen der Zivilisation bekannt war und die zuletzt in der Behauptung gipfelt: Die Ausbeutung der unterdrückten Klasse werde betrieben von der ausbeutenden Klasse einzig und allein im Interesse der ausgebeuteten Klasse selbst; und wenn diese das nicht einsehe, sondern sogar rebellisch werde, so sei das der schnödeste Undank gegen die Wohltäter, die Ausbeuter.*

Und nun zum Schluß Morgans Urteil über die Zivilisation:

„Seit dem Eintritt der Zivilisation ist das Wachstum des Reichtums so ungeheuer geworden, seine Formen so verschiedenartig, seine Anwendung so umfassend und seine Verwaltung so geschickt im Interesse der Eigentümer, daß dieser Reichtum, dem Volk gegenüber, *eine nicht zu bewältigende Macht geworden ist. Der Menschengeist steht ratlos und gebannt da vor seiner eignen Schöpfung.* Aber dennoch wird die Zeit kommen, wo die menschliche Vernunft erstarken wird zur Herrschaft über den Reichtum, wo sie feststellen wird sowohl das Verhältnis des Staats zu dem Eigentum, das er schützt, wie die Grenzen der Rechte der Eigentümer. Die Interessen der Gesellschaft gehn den Einzelinteressen absolut vor, und beide müssen in ein gerechtes und harmonisches Verhältnis gebracht werden. Die bloße Jagd nach Reichtum ist nicht die Endbestimmung der Menschheit, wenn anders der Fortschritt das Gesetz der Zukunft bleibt, wie er es war für die Vergangenheit. Die seit Anbruch der Zivilisation verflossene Zeit ist nur ein kleiner Bruchteil der verflossenen Lebenszeit der Menschheit; nur ein kleiner

---

* Ich beabsichtigte anfangs, die brillante Kritik der Zivilisation, die sich in den Werken Charles Fouriers zerstreut vorfindet, neben diejenige Morgans und meine eigne zu stellen. Leider fehlt mir die Zeit dazu. Ich bemerke nur, daß schon bei Fourier Monogamie und Grundeigentum als Hauptkennzeichen der Zivilisation gelten und daß er sie einen Krieg des Reichen gegen den Armen nennt. Ebenfalls findet sich bei ihm schon die tiefe Einsicht, daß in allen mangelhaften, in Gegensätze gespaltenen Gesellschaften Einzelfamilien (les familles incohérentes) die wirtschaftlichen Einheiten sind.

Bruchteil der ihr noch bevorstehenden. Die Auflösung der Gesellschaft steht drohend vor uns als Abschluß einer geschichtlichen Laufbahn, deren einziges Endziel der Reichtum ist; denn eine solche Laufbahn enthält die Elemente ihrer eignen Vernichtung. Demokratie in der Verwaltung, Brüderlichkeit in der Gesellschaft, Gleichheit der Rechte, allgemeine Erziehung werden die nächste höhere Stufe der Gesellschaft einweihen, zu der Erfahrung, Vernunft und Wissenschaft stetig hinarbeiten. *Sie wird eine Wiederbelebung sein – aber in höherer Form – der Freiheit, Gleichheit und Brüderlichkeit der alten Gentes.*" (Morgan, „Ancient Society", p.552.)

[Vorbemerkung zur Einzelausgabe von Karl Marx' Artikelreihe „Lohnarbeit und Kapital" [136]]

Die nachfolgende Arbeit erschien als eine Reihe von Leitartikeln in der „Neuen Rheinischen Zeitung" vom 4. April 1849 an. Ihr liegen zugrunde die Vorträge, die *Marx* 1847 im Brüsseler Deutschen Arbeiterverein[137] gehalten. Sie ist im Abdruck Fragment geblieben; das in Nr. 269 am Schluß stehende „Fortsetzung folgt" blieb unerfüllt infolge der sich damals überstürzenden Ereignisse, des Einmarsches der Russen in Ungarn, der Aufstände in Dresden, Iserlohn, Elberfeld, der Pfalz und Baden, die die Unterdrückung der Zeitung selbst (19. Mai 1849) herbeiführten.

Geschrieben zwischen 27. und 29. Juni 1884.

Nach: Karl Marx,
„Lohnarbeit und Kapital",
Hottingen-Zürich 1884.

Vorwort [zur ersten deutschen Ausgabe von Karl Marx' Schrift „Das Elend der Philosophie"][138]

Die vorliegende Schrift entstand im Winter 1846/47, zu einer Zeit, wo Marx über die Grundzüge seiner neuen historischen und ökonomischen Anschauungsweise mit sich ins reine gekommen war. Proudhons eben erschienenes „Système des contradictions économiques, ou philosophie de la misère" gab ihm die Gelegenheit, diese Grundzüge zu entwickeln im Gegensatz zu den Ansichten des Mannes, der von nun an unter den lebenden französischen Sozialisten die bedeutendste Stelle einnehmen sollte. Seit der Zeit, wo die beiden in Paris oft ganze Nächte lang ökonomische Fragen diskutiert, waren ihre Wege mehr und mehr auseinander gegangen; Proudhons Schrift bewies, daß jetzt schon eine unüberbrückbare Kluft zwischen beiden lag; ignorieren war damals nicht möglich; und so konstatierte Marx den unheilbaren Riß in dieser seiner Antwort.

Das Gesamturteil Marx' über Proudhon findet sich in dem diesem Vorwort folgenden Aufsatz niedergelegt, der im Berliner „Social-Demokrat" Nr. 16, 17 und 18 von 1865 erschien[139]. Es war der einzige Artikel, den Marx in jenes Blatt schrieb; die alsbald zutage tretenden Versuche des Herrn von Schweitzer, es ins feudale und Regierungsfahrwasser zu lenken, zwangen uns, unsere Mitarbeiterschaft schon nach wenigen Wochen öffentlich zu kündigen.[140]

Für Deutschland hat die vorliegende Schrift gerade im jetzigen Augenblick eine Bedeutung, die Marx selbst nie geahnt hat. Wie konnte er wissen, daß, indem er auf Proudhon losschlug, er den ihm damals selbst dem Namen nach unbekannten Rodbertus, den Strebergott von heute, traf?

Es ist hier nicht der Ort, auf das Verhältnis von Marx und Rodbertus einzugehn; dazu wird sich mir wohl demnächst Gelegenheit bieten.[141] Hier nur soviel, daß, wenn Rodbertus Marx anklagt, dieser habe ihn „geplündert" und seine Schrift „Zur Erkenntniß" „in seinem ‚Kapital' ganz hübsch benutzt, ohne ihn zu zitieren"[142], er sich zu einer Verleumdung hinreißen läßt, die nur erklärlich wird durch die Verdrießlichkeit des verkannten Genies und durch seine merkwürdige Unwissenheit über Dinge, die außerhalb Preußens vorgehn, und namentlich über die sozialistische und ökonomische Literatur. Marx sind weder diese Anklagen noch die erwähnte Rodbertussche Schrift je zu Gesicht gekommen; er kannte von Rodbertus überhaupt nur die drei „Socialen Briefe", und auch diese keinesfalls vor 1858 oder 59.

Mit mehr Grund behauptet Rodbertus in diesen Briefen, den „konstituierten Wert Proudhons" bereits *vor* Proudhon entdeckt zu haben[143]; wobei er sich freilich wieder irrigerweise schmeichelt, der *erste* Entdecker zu sein. Jedenfalls ist er also in unsrer Schrift mitkritisiert, und dies nötigt mich, auf sein „grundlegendes" Werkchen „Zur Erkenntniß unsrer staatswirthschaftlichen Zustände", 1842, kurz einzugehn, soweit dies nämlich außer dem ebenfalls darin (wieder unbewußt) enthaltnen Weitlingschen Kommunismus auch Antizipationen von Proudhon zutage fördert.

Soweit der moderne Sozialismus, einerlei welcher Richtung, von der bürgerlichen politischen Ökonomie ausgeht, knüpft er fast ausnahmslos an die Ricardosche Werttheorie an. Die beiden Sätze, die Ricardo 1817 gleich am Anfang seiner „Principles" proklamiert: 1. daß der Wert jeder Ware bestimmt wird einzig und allein durch die zu ihrer Produktion erheischte Arbeitsmenge, und 2. daß das Produkt der gesamten gesellschaftlichen Arbeit verteilt wird unter die drei Klassen der Grundbesitzer (Rente), Kapitalisten (Profit) und Arbeiter (Arbeitslohn), diese beiden Sätze wurden schon seit 1821 in England zu sozialistischen Konsequenzen verwertet[144], und zwar teilweise mit solcher Schärfe und Entschiedenheit, daß diese jetzt fast verschollene, von Marx großenteils erst wieder entdeckte Literatur bis zum Erscheinen des „Kapital" unübertroffen blieb. Darüber ein andermal. Wenn also Rodbertus 1842 seinerseits sozialistische Konsequenzen aus obigen Sätzen zog, so war das für einen Deutschen damals sicherlich ein sehr bedeutender Schritt vorwärts, konnte aber höchstens für Deutschland als neue Entdeckung gelten. Wie wenig neu solche Anwendung der Ricardoschen Theorie war, beweist Marx gegen Proudhon, der an ähnlicher Einbildung litt.

„Wer nur einigermaßen mit der Entwicklung der politischen Ökonomie in England vertraut ist, weiß jedenfalls, daß fast alle Sozialisten dieses Landes, zu verschiedenen Zeiten, die *egalitäre* (d.h. sozialistische) Anwendung der Ricardoschen Theorie vorgeschlagen haben. Wir könnten dem Herrn Proudhon anführen: ‚Die politische Ökonomie' von Hopkins, 1822; William Thompson, ‚An Inquiry into the Principles of the Distribution of Wealth, most conducive to Human Happiness', 1824; T.R.Edmonds,

‚Practical, Moral and Political Economy', 1828, etc. etc. und noch vier Seiten Etceteras. Wir lassen nur einen englischen Kommunisten sprechen: Bray, in seiner bemerkenswerten Schrift ‚Labour's Wrongs and Labour's Remedy', Leeds 1839." [145] Und allein die hier gegebenen Zitate aus Bray beseitigen ein gutes Stück der von Rodbertus beanspruchten Priorität.

Damals hatte Marx noch nie das Lesezimmer des Britischen Museums betreten. Er hatte, außer Pariser und Brüsseler Bibliotheken, außer meinen Büchern und Auszügen, während einer sechswöchentlichen Reise nach England, die wir zusammen im Sommer 1845 machten, nur die in Manchester aufzutreibenden Bücher durchgesehn. Die betreffende Literatur war also in den vierziger Jahren noch keineswegs so unzugänglich wie etwa heutzutage. Wenn sie trotzdem Rodbertus stets unbekannt blieb, so war das lediglich seiner preußischen Lokalborniertheit geschuldet. Er ist der eigentliche Begründer des spezifisch preußischen Sozialismus und wird jetzt endlich als solcher anerkannt.

Indes auch in seinem geliebten Preußen sollte Rodbertus nicht ungestört bleiben. 1859 erschien in Berlin Marx' „Zur Kritik der Politischen Ökonomie, erstes Heft"[1]. Darin wird unter den Einwürfen der Ökonomen gegen Ricardo als zweiter Einwand hervorgehoben S.40:

„Wenn der Tauschwert eines Produkts gleich ist der in ihm enthaltenen Arbeitszeit, ist der Tauschwert eines Arbeitstags gleich seinem Produkt. Oder der Arbeitslohn muß dem Produkt der Arbeit gleich sein. Nun ist das Gegenteil der Fall." Dazu die folgende Note: „Dieser von ökonomischer Seite[2] gegen Ricardo beigebrachte Einwand ward später von sozialistischer Seite aufgegriffen. Die theoretische Richtigkeit der Formel vorausgesetzt, wurde die Praxis des Widerspruchs gegen die Theorie bezüchtigt und die bürgerliche Gesellschaft angegangen, praktisch die vermeinte Konsequenz ihres theoretischen Prinzips zu ziehen. In dieser Weise wenigstens kehrten englische Sozialisten die Ricardosche Formel des Tauschwerts gegen die politische Ökonomie."[3] In derselben Note wird verwiesen auf Marx' „Misère de la philosophie", die damals noch überall im Buchhandel zu haben war.

Rodbertus hatte also Gelegenheit genug, sich selbst zu überzeugen, ob seine Entdeckungen von 1842 wirklich neu waren. Statt dessen verkündet er sie immer wieder und hält sie für so unvergleichlich, daß ihm nicht einmal einfällt, Marx könne seine Konsequenzen aus Ricardo ebensogut selbständig gezogen haben wie er, Rodbertus, selbst. Rein unmöglich! Marx hat

[1] Siehe Band 13 unserer Ausgabe – [2] bei Marx: von bürgerlich-ökonomischer Seite – [3] siehe Band 13 unserer Ausgabe, S.47

ihn „geplündert" – ihn, dem derselbe Marx jede Gelegenheit bot, sich zu vergewissern, wie lange vor ihnen beiden diese Schlußfolgerungen, wenigstens in der rohen Form, die sie noch bei Rodbertus haben, in England bereits ausgesprochen waren!

Die einfachste sozialistische Nutzanwendung der Ricardoschen Theorie ist nun die oben gegebne. Sie hat in vielen Fällen zu Einsichten in den Ursprung und die Natur des Mehrwerts geführt, die weit über Ricardo hinausgehn; so unter andern bei Rodbertus. Abgesehn davon, daß er in dieser Beziehung nirgendwo etwas bietet, das nicht schon vor ihm mindestens ebensogut gesagt, leidet seine Darstellung wie die seiner Vorgänger daran, daß er die ökonomischen Kategorien: Arbeit, Kapital. Wert etc. in der ihm von den Ökonomen überlieferten cruden, an der Erscheinung haftenden Form unbesehn übernimmt, ohne sie auf ihren Gehalt zu untersuchen. Hierdurch schneidet er sich nicht nur jeden Weg weiterer Entwicklung ab – im Gegensatz zu Marx, der erst aus diesen seit jetzt 64 Jahren oft wiederholten Sätzen etwas gemacht hat –, sondern eröffnet sich auch den graden Weg in die Utopie, wie sich zeigen wird.

Die obige Nutzanwendung der Ricardoschen Theorie, daß den Arbeitern, als den alleinigen wirklichen Produzenten, das gesamte gesellschaftliche Produkt, *ihr* Produkt, gehört, führt direkt in den Kommunismus. Sie ist aber, wie Marx in der obigen Stelle auch andeutet, ökonomisch formell falsch, denn sie ist einfach eine Anwendung der Moral auf die Ökonomie. Nach den Gesetzen der bürgerlichen Ökonomie gehört der größte Teil des Produkts *nicht* den Arbeitern, die es erzeugt haben. Sagen wir nun: das ist unrecht, das soll nicht sein, so geht das die Ökonomie zunächst nichts an. Wir sagen bloß, daß diese ökonomische Tatsache unserm sittlichen Gefühl widerspricht. Marx hat daher nie seine kommunistischen Forderungen hierauf begründet, sondern auf den notwendigen, sich vor unsern Augen täglich mehr und mehr vollziehenden Zusammenbruch der kapitalistischen Produktionsweise; er sagt nur, daß der Mehrwert aus unbezahlter Arbeit besteht, was eine einfache Tatsache ist. Was aber ökonomisch formell falsch, kann darum doch weltgeschichtlich richtig sein. Erklärt das sittliche Bewußtsein der Masse eine ökonomische Tatsache, wie seinerzeit die Sklaverei oder die Fronarbeit, für unrecht, so ist das ein Beweis, daß die Tatsache selbst sich schon überlebt hat, daß andere ökonomische Tatsachen eingetreten sind, kraft deren jene unerträglich und unhaltbar geworden ist. Hinter der formellen ökonomischen Unrichtigkeit kann also ein sehr wahrer ökonomischer Inhalt verborgen sein. Näher auf die Bedeutung und Geschichte der Mehrwertstheorie einzugehen, ist hier nicht der Ort.

Daneben kann man aber aus der Ricardoschen Werttheorie noch andre Folgerungen ziehn und hat sie gezogen. Der Wert der Waren wird durch die zu ihrer Erzeugung erheischte Arbeit bestimmt. Nun aber findet sich, daß in dieser schlechten Welt die Waren bald über, bald unter ihrem Wert verkauft werden, und zwar nicht nur infolge von Konkurrenzschwankungen. Die Profitrate hat ebensosehr die Tendenz, sich für alle Kapitalisten auf dasselbe Niveau auszugleichen, wie die Warenpreise die Tendenz haben, vermittelst Nachfrage und Angebot sich auf den Arbeitswert zu reduzieren. Die Profitrate aber berechnet sich auf das in einem industriellen Geschäft angelegte Gesamtkapital. Da nun in zwei verschiednen Geschäftszweigen das Jahresprodukt gleiche Arbeitsmengen verkörpern, also gleiche Werte darstellen kann, auch der Arbeitslohn in beiden gleich hoch, die vorgeschossenen Kapitale aber in dem einen Geschäftszweig doppelt oder dreimal so groß sein können, und oft sind, wie im andern, so kommt hier das Ricardosche Wertgesetz, wie schon Ricardo selbst entdeckte, in Widerspruch mit dem Gesetz der gleichen Profitrate. Werden die Produkte beider Geschäftszweige zu ihren Werten verkauft, so können die Profitraten nicht gleich sein; sind aber die Profitraten gleich, so können die Produkte beider Geschäftszweige nicht durchweg zu ihren Werten verkauft werden. Wir haben hier also einen Widerspruch, eine Antinomie zweier ökonomischen Gesetze; die praktische Lösung macht sich nach Ricardo (Kap. I, Sektion 4 und 5[146]) in der Regel zugunsten der Profitrate auf Kosten des Werts.

Nun hat aber die Ricardosche Wertbestimmung, trotz ihrer ominösen Eigenschaften, eine Seite, die sie dem braven Bürger lieb und teuer macht. Sie appelliert mit unwiderstehlicher Gewalt an sein Gerechtigkeitsgefühl. Gerechtigkeit und Gleichheit der Rechte, das sind die Grundpfeiler, auf die der Bürger des achtzehnten und neunzehnten Jahrhunderts sein Gesellschaftsgebäude errichten möchte über den Trümmern der feudalen Ungerechtigkeiten, Ungleichheiten und Privilegien. Und die Bestimmung des Warenwerts durch Arbeit und der nach diesem Wertmaß sich vollziehende freie Austausch der Arbeitsprodukte zwischen gleichberechtigten Warenbesitzern, das sind, wie Marx schon nachgewiesen, die realen Grundlagen, auf denen die gesamte politische, juristische und philosophische Ideologie des modernen Bürgertums sich aufgebaut hat. Einmal die Erkenntnis gegeben, daß die Arbeit das Maß des Warenwerts ist , muß sich auch das bessere Gefühl des braven Bürgers tief verletzt fühlen durch die Schlechtigkeit einer Welt, die dies Grundgesetz der Gerechtigkeit zwar dem Namen nach anerkennt, aber der Sache nach jeden Augenblick ungeniert beiseite zu setzen scheint. Und namentlich der Kleinbürger, dessen ehrliche Arbeit – wenn sie auch nur die seiner Gesellen und Lehrlinge ist – täglich mehr und mehr entwertet wird durch die Konkurrenz der Großproduktion und der Maschinen, namentlich der Kleinproduzent muß sich sehnen nach einer Gesellschaft, worin der Austausch der Produkte nach ihrem Arbeitswert endlich einmal eine volle und ausnahmslose Wahrheit wird; in andern Worten: Er muß sich sehnen nach einer Gesellschaft, in der ein einzelnes Gesetz der Warenproduktion ausschließlich und unverkürzt gilt, aber die Bedingungen beseitigt sind, unter denen es überhaupt gelten kann, nämlich die übrigen Gesetze der Warenproduktion und weiterhin der kapitalistischen Produktion.

Wie tief diese Utopie in der Denkweise des modernen – wirklichen oder ideellen – Kleinbürgers begründet ist, beweist die Tatsache, daß sie schon 1831 von John Gray systematisch entwickelt, in den dreißiger Jahren in England praktisch versucht und theoretisch breitgetreten, 1842 von Rodbertus in Deutschland, 1846 von Proudhon in Frankreich als neuste Wahrheit proklamiert, noch 1871 von Rodbertus abermals als Lösung der sozialen Frage und gleichsam als sein soziales Testament verkündet wurde[147] und 1884 wieder Anhang findet bei dem Streberheer, das auf den Namen Rodbertus hin den preußischen Staatssozialismus auszubeuten sich anschickt[148].

Die Kritik dieser Utopie ist von Marx so erschöpfend sowohl gegen Proudhon wie gegen Gray (siehe den Anhang dieser Schrift[149]) geliefert, daß ich mich hier beschränken kann auf einige Bemerkungen über die speziell Rodbertussche Form ihrer Begründung und Ausmalung.

Wie schon gesagt: Rodbertus übernimmt die herkömmlichen ökonomischen Begriffsbestimmungen ganz in der Form, in der sie ihm von den Ökonomen überliefert worden. Er macht nicht den geringsten Versuch, sie zu untersuchen. Wert ist ihm

„die Geltung einer Sache gegen die übrigen nach Quantität, diese Geltung als Maß aufgefaßt"[150].

Diese, gelind gesagt, höchst loddrige Definition gibt uns im besten Fall eine Vorstellung davon, wie der Wert ungefähr aussieht, aber sagt absolut nicht, was er ist. Da dies aber alles ist, was Rodbertus uns vom Wert zu sagen weiß, ist es begreiflich, daß er nach einem außerhalb des Werts liegenden Wertmaßstab sucht. Nachdem er auf dreißig Seiten Gebrauchswert und Tauschwert mit der von Herrn Adolph Wagner[151] so unendlich bewunderten Kraft des abstrakten Denkens kunterbunt durcheinander geworfen, kommt er zu dem Resultat, daß es ein wirkliches Wertmaß nicht gibt und man sich mit einem Surrogatmaß begnügen müsse. Ein solches könne die Arbeit abgeben, aber nur dann, wenn Produkte gleicher Arbeitsquantitäten sich stets gegen Produkte gleicher Arbeitsquantitäten austauschten; sei es, daß dies „an sich schon der Fall ist oder daß Vorkehrungen getroffen werden", die dies sicherstellen.[152] Wert und Arbeit bleiben also ohne irgendwelchen sachlichen Zusammenhang, trotzdem daß das ganze erste Kapitel darauf verwendet wird, uns auseinanderzusetzen, daß und warum die Waren „Arbeit kosten" und nichts als Arbeit.

Die Arbeit nun wird wieder unbesehn in der Form genommen, in der sie bei den Ökonomen vorkommt. Und nicht einmal das. Denn, wenn auch mit zwei Worten auf die Intensitätsunterschiede der Arbeit hingewiesen wird, so wird die Arbeit doch ganz allgemein als „kostend", also wertmessend, angeführt, einerlei, ob sie unter den normalen gesellschaftlichen Durchschnittsbedingungen verausgabt wird oder nicht. Ob die Produzenten zehn Tage auf die Herstellung von Produkten verwenden, die in einem Tage hergestellt werden können, oder nur einen, ob sie die besten oder die schlechtesten Werkzeuge anwenden, ob sie ihre Arbeitszeit auf Herstellung gesellschaftlich nötiger Artikel und in der gesellschaftlich erheischten Quantität verwenden, oder ob sie ganz unbegehrte Artikel oder begehrte Artikel über oder unter Bedarf anfertigen – von alledem ist keine Rede: Arbeit ist Arbeit, Produkt gleicher Arbeit muß ausgetauscht werden gegen Produkt gleicher Arbeit. Rodbertus, der sonst jederzeit, ob angebracht oder nicht, bereit ist, sich auf den nationalen Standpunkt zu stellen und von der Höhe der allgemein gesellschaftlichen Warte die Verhältnisse der Einzelproduzenten zu überschauen, vermeidet dies hier ängstlich. Und zwar nur deshalb, weil er schon von der ersten Zeile seines Buchs an direkt auf die Utopie des Arbeitsgelds lossteuert und jede Untersuchung der Arbeit in ihrer wertbildenden Eigenschaft ihm unpassierbare Felsblöcke ins Fahrwasser schleudern müßte. Sein Instinkt war hier bedeutend stärker als seine Kraft des abstrakten Denkens, die beiläufig nur vermittelst der konkretesten Gedankenlosigkeit bei Rodbertus zu entdecken ist.

Der Übergang zur Utopie ist nun im Handumdrehn gemacht. Die „Vorkehrungen", die den Warenaustausch nach Arbeitswert als ausnahmslose Regel sicherstellen, machen keine Schwierigkeit. Die übrigen Utopisten dieser Richtung, von Gray bis Proudhon, plagen sich damit ab, gesellschaftliche Einrichtungen auszuklügeln, die diesen Zweck verwirklichen sollen. Sie versuchen wenigstens, die ökonomische Frage auf ökonomischem Wege, durch Aktion der austauschenden Warenbesitzer selbst, zu lösen.

Rodbertus hat es viel leichter. Als guter Preuße appelliert er an den Staat: Ein Dekret der Staatsgewalt befiehlt die Reform.

Damit ist denn der Wert glücklich „konstituiert", aber keineswegs die von Rodbertus beanspruchte Priorität dieser Konstituierung. Im Gegenteil, Gray wie Bray – neben vielen andern – haben diesen Gedanken: den frommen Wunsch nach Vorkehrungen, vermittelst deren die Produkte unter allen Umständen stets und nur zu ihrem Arbeitswert sich austauschen, lange und oft vor Rodbertus bis zum Überdruß wiederholt.

Nachdem der Staat den Wert – wenigstens eines Teils der Produkte, denn Rodbertus ist auch bescheiden – dermaßen konstituiert, gibt er sein Arbeitspapiergeld aus, macht den industriellen Kapitalisten Vorschüsse davon, mit denen diese die Arbeiter lohnen, worauf die Arbeiter mit dem erhaltenen Arbeitspapiergeld die Produkte kaufen und so den Rückfluß des Papiergelds an seinen Ausgangspunkt vermitteln. Wie wunderschön sich dies abwickelt, das müssen wir von Rodbertus selbst hören.

„Was die zweite Bedingung betrifft, so wird die nötige Vorkehrung, daß der im Zettel bescheinigte Wert wirklich im Verkehr vorhanden ist, dadurch getroffen, daß nur derjenige, der ein Produkt wirklich abgibt, einen Zettel erhält, in welchem genau die Arbeitsquantität bemerkt ist, durch welche das Produkt hergestellt worden. Wer ein Produkt von zwei Tagen Arbeit abgibt, erhält einen Zettel, auf dem ‚zwei Tage' bemerkt stehn. Durch die genaue Beobachtung dieser Regel bei der Emission muß notwendig auch diese zweite Bedingung erfüllt werden. Denn da nach unsrer Voraussetzung der wirkliche Wert der Güter immer mit derjenigen Arbeitsquantität zusammenfällt, welche ihre Herstellung gekostet hat, und diese Arbeitsquantität ihren Maßstab in der gewöhnlichen Zeiteinteilung besitzt, so hat jemand, der ein Produkt hingibt, auf das zwei Tage Arbeit verwandt sind, wenn er zwei Tage bescheinigt erhält, auch nicht mehr oder weniger Wert bescheinigt oder angewiesen erhalten, als er in der Tat abgeliefert hat; – und da ferner *nur* derjenige eine solche Bescheinigung erhält, der wirklich ein Produkt in den Verkehr geliefert hat, so ist es auch gewiß, daß der im Zettel bemerkte Wert zur Befriedigung der Gesellschaft vorhanden ist. Denkt man sich nun den Kreis der Teilung der Arbeit auch noch so weit, so muß, wenn genau diese Regel befolgt wird, *die Summe des vorhandenen Wertes der Summe des bescheinigten Wertes genau gleich sein.* Da aber die Summe des bescheinigten Wertes genau auch die Summe des angewiesenen Wertes ist, so muß auch diese *mit dem vorhandenen Wert notwendig aufgehn, alle Ansprüche werden befriedigt und die Liquidation richtig vermittelt sein.*" (S. 166, 167.)

Wenn bisher Rodbertus stets das Unglück hatte, mit seinen neuen Entdeckungen zu spät zu kommen, so hat er diesmal wenigstens das Verdienst *einer* Art Originalität: In dieser kindlich naiven, durchsichtigen, ich möchte sagen echt pommerschen Form hat keiner seiner Konkurrenten die Torheit der Arbeitsgelds-Utopie auszusprechen gewagt. Da für jeden Papierschein ein entsprechender Wertgegenstand geliefert worden und kein Wertgegenstand wieder abgegeben wird außer gegen einen entsprechenden Papierschein, so muß die Summe der Papierscheine stets durch die Summe der Wertgegenstände gedeckt sein; die Rechnung geht auf ohne den geringsten Rest, es stimmt bis auf die Arbeitssekunde, und kein im Dienst noch so ergrauter Regierungs-Hauptkassen-Rentamtskalkulator kann den geringsten Rechenfehler nachweisen. Was will man mehr?

In der heutigen kapitalistischen Gesellschaft produziert jeder industrielle Kapitalist auf eigne Faust, was, wie und wieviel er will. Der gesellschaftliche Bedarf aber bleibt ihm eine unbekannte Größe, sowohl was die Qualität, die Art der bedurften Gegenstände, wie deren Quantität angeht. Was heute nicht rasch genug geliefert werden kann, mag morgen weit über Bedarf ausgeboten werden. Trotzdem wird schließlich der Bedarf so oder so, schlecht oder recht, befriedigt, und die Produktion richtet sich im ganzen und großen schließlich auf die bedurften Gegenstände. Wie wird diese Ausgleichung des Widerspruchs bewirkt? Durch die Konkurrenz. Und wie bringt die Konkurrenz diese Lösung fertig? Einfach, indem sie die nach Art oder Menge für den augenblicklichen gesellschaftlichen Bedarf unbrauchbaren Waren unter ihren Arbeitswert entwertet und es auf diesem Umwege den Produzenten fühlbar macht, daß sie entweder überhaupt unbrauchbare oder an sich brauchbare Artikel in unbrauchbarer, überflüssiger Menge hergestellt haben. Es folgte hieraus zweierlei:

Erstens, daß die fortwährenden Abweichungen der Warenpreise von den Warenwerten die notwendige Bedingung sind, unter der und durch die allein der Warenwert zum Dasein kommen kann. Nur durch die Schwankungen der Konkurrenz und damit der Warenpreise setzt sich das Wertgesetz der Warenproduktion durch, wird die Bestimmung des Warenwerts durch die gesellschaftlich notwendige Arbeitszeit eine Wirklichkeit. Daß dabei die Erscheinungsform des Werts, der Preis, in der Regel etwas anders aussieht als der Wert, den er zur Erscheinung bringt, dies Schicksal teilt der Wert mit den meisten gesellschaftlichen Verhältnissen. Der König sieht meist auch ganz anders aus als die Monarchie, die er vorstellt. In einer Gesellschaft austauschender Warenproduzenten die Wertbestimmung durch Arbeitszeit herstellen wollen, dadurch, daß man der Konkurrenz verbietet, diese Wertbestimmung durch Druck auf die Preise in der einzigen Weise herzustellen, in der sie überhaupt hergestellt werden kann, heißt also nur beweisen, daß man die übliche utopistische Mißachtung der ökonomischen Gesetze sich wenigstens auf diesem Gebiete angeeignet hat.

Zweitens: Indem die Konkurrenz innerhalb einer Gesellschaft austauschender Warenproduzenten das Wertgesetz der Warenproduktion zur Geltung bringt, setzt sie eben dadurch die unter den Umständen einzig mögliche Organisation und Ordnung der gesellschaftlichen Produktion durch. Nur vermittelst der Entwertung oder Überwertung der Produkte werden die einzelnen Warenproduzenten mit der Nase darauf gestoßen, was und wieviel davon die Gesellschaft braucht oder nicht braucht. Grade diesen einzigen Regulator aber will die von Rodbertus mitvertretene Utopie abschaffen. Und wenn wir dann fragen, welche Garantie wir haben, daß von jedem Produkt die nötige Quantität und nicht mehr produziert wird, daß wir nicht an Korn und Fleisch Hunger leiden, während wir im Rübenzucker ersticken und im Kartoffelschnaps ersaufen, daß wir nicht Hosen genug haben, um unsre Blöße zu bedecken, während die Hosenknöpfe millionenweise umherwimmeln – so zeigt uns Rodbertus triumphierend seine famose Rechnung, wonach für jedes überflüssige Pfund Zucker, für jedes unverkaufte Faß Schnaps, für jeden unannähbaren Hosenknopf der richtige Schein ausgestellt worden ist, eine Rechnung, die genau „aufgeht", nach der „alle Ansprüche befriedigt werden und die Liquidation richtig vermittelt" ist. Und wer's nicht glaubt, der wende sich an den Regierungs-Hauptkassen-Rentamtskalkulator X in Pommern, der die Rechnung revidiert und richtig befunden und der als noch nie im Kassendefekt ertappt durchaus glaubwürdig ist.

Und nun betrachte man die Naivetät, mit der Rodbertus die Industrie- und Handelskrisen vermittelst seiner Utopie beseitigen will. Sobald die Warenproduktion Weltmarkts-Dimensionen angenommen hat, erledigt sich die Ausgleichung zwischen den für Privatrechnung produzierenden Einzelproduzenten und dem ihnen nach Quantität und Qualität des Bedarfs mehr oder weniger unbekannten Markt, für den sie produzieren, durch ein Weltmarktsungewitter, eine Handelskrise.* Verbietet man nun der Konkurrenz, den Einzelproduzenten durch Steigen oder Fallen der Preise mitzuteilen, wie der Weltmarkt steht, so verbindet man ihnen die Augen vollständig. Die Warenproduktion so einrichten, daß die Produzenten gar nichts mehr erfahren können über den Stand des Markts, für den sie produzieren –

* Wenigstens war dies der Fall bis vor kurzem. Seitdem Englands Weltmarktsmonopol mehr und mehr gebrochen wird durch die Beteiligung Frankreichs, Deutschlands und vor allem Amerikas am Welthandel, scheint eine neue Ausgleichungsform sich geltend zu machen. Die der Krise vorhergehende Periode allgemeiner Prosperität will noch immer nicht kommen. Bleibt sie ganz aus, so müßte chronische Stagnation der Normalzustand der modernen Industrie werden, mit nur geringen Schwankungen.

das ist allerdings eine Kur für die Krisenkrankheit, um die der Doktor Eisenbart Rodbertus beneiden könnte.

Man begreift jetzt, warum Rodbertus den Wert der Waren durch „Arbeit" kurzweg bestimmt und höchstens verschiedne Intensitätsgrade der Arbeit zuläßt. Hätte er untersucht, wodurch und wie die Arbeit Wert schafft und daher auch bestimmt und mißt, so kam er auf die gesellschaftlich notwendige Arbeit, notwendig für das einzelne Produkt sowohl gegenüber andern Produkten derselben Art wie auch gegenüber dem gesellschaftlichen Gesamtbedarf. Damit kam er vor die Frage: wie die Anpassung der Produktion der einzelnen Warenproduzenten an den gesellschaftlichen Gesamtbedarf sich vollzieht; und damit war seine ganze Utopie unmöglich gemacht. Er zog es diesmal in der Tat vor zu „abstrahieren", nämlich von dem, worauf es grade ankam.

Jetzt endlich kommen wir zu dem Punkt, in dem Rodbertus uns wirklich etwas Neues bietet; etwas, das ihn von allen seinen zahlreichen Mitgenossen der Arbeitsgelds-Tauschwirtschaft unterscheidet. Sie alle verlangen diese Tauscheinrichtung zum Zweck der Abschaffung der Ausbeutung der Lohnarbeit durch das Kapital. Jeder Produzent soll den vollen Arbeitswert seines Produktes erhalten. Darin sind sie alle einig, von Gray bis Proudhon. Keineswegs, sagt Rodbertus. Die Lohnarbeit und ihre Ausbeutung bleibt.

Erstens kann der Arbeiter in keinem denkbaren Gesellschaftszustand den ganzen Wert seines Produkts zum Verzehren erhalten; es müssen stets aus dem produzierten Fonds eine Reihe wirtschaftlich unproduktiver, aber notwendiger Funktionen mit bestritten, also auch die betreffenden Leute mit erhalten werden. Dies ist nur richtig, solange die heutige Teilung der Arbeit gilt. In einer Gesellschaft mit Verpflichtung zu allgemeiner produktiver Arbeit, die doch auch „denkbar" ist, fällt dies weg. Bleiben aber würde die Notwendigkeit eines gesellschaftlichen Reserve- und Akkumulationsfonds, und daher würden auch dann zwar *die* Arbeiter, d.h. alle, im Besitz und Genuß ihres Gesamtproduktes bleiben, nicht aber jeder einzelne seinen „vollen Arbeitsertrag" genießen. Die Erhaltung ökonomisch unproduktiver Funktionen aus dem Arbeitsprodukt ist auch von den andern Arbeitsgeld-Utopisten nicht übersehn worden. Aber sie lassen die Arbeiter sich zu diesem Zweck auf üblichem demokratischem Wege selbst besteuern, während Rodbertus, dessen gesamte Sozialreform von 1842 auf den damaligen preußischen Staat zugeschnitten ist, die ganze Sache in das Befinden der Bürokratie legt, die dem Arbeiter seinen Anteil an seinem eigenen Produkt von oben herab bestimmt und in Gnaden zukommen läßt.

Zweitens aber soll auch Grundrente und Profit unverkürzt fortbestehn. Denn auch die Grundbesitzer und industriellen Kapitalisten üben gewisse, gesellschaftlich nützliche oder sogar nötige, wenn auch wirtschaftlich unproduktive Funktionen aus und erhalten in Grundrente und Profit gewissermaßen Gehalt dafür – eine bekanntlich selbst 1842 keineswegs neue Auffassung. Eigentlich bekommen sie jetzt viel zuviel für das Wenige, das sie, und schlecht genug, leisten, aber Rodbertus hat nun einmal, wenigstens für die nächsten 500 Jahre, eine privilegierte Klasse nötig, und so soll die gegenwärtige Rate des Mehrwerts, um mich korrekt auszudrücken, bestehn bleiben, aber nicht gesteigert werden dürfen. Diese gegenwärtige Rate des Mehrwerts nimmt Rodbertus an zu 200 Prozent, d.h. bei zwölfstündiger Arbeit täglich soll der Arbeiter nicht 12 Stunden bescheinigt erhalten, sondern nur 4, und der in den übrigen 8 Stunden produzierte Wert soll zwischen Grundbesitzer und Kapitalist verteilt werden. Die Rodbertusschen Arbeitsbescheinigungen lügen also direkt. Man muß aber eben wieder ein pommerscher Rittergutsbesitzer sein, um sich einzubilden, eine Arbeiterklasse würde sich das gefallen lassen, zwölf Stunden zu arbeiten, um vier Arbeitsstunden bescheinigt zu erhalten. Übersetzt man den Hokuspokus der kapitalistischen Produktion in diese naive Sprache, wo er als unverhüllter Raub erscheint, so macht man ihn unmöglich. Jeder dem Arbeiter gegebne Schein wäre eine direkte Aufforderung zur Rebellion und fiele unter § 110 des deutschen Reichsstrafgesetzbuchs[153]. Man muß nie ein andres Proletariat gesehn haben als das noch tatsächlich in halber Leibeigenschaft befangne Taglöhnerproletariat eines pommerschen Ritterguts, wo Stock und Peitsche herrschen und wo alle hübschen Frauenzimmer des Dorfs zum Harem des gnädigen Herrn gehören, um sich vorzustellen, solche Unverschämtheit dürfe man den Arbeitern bieten. Aber unsre Konservativen sind nun einmal unsre größten Revolutionäre.

Wenn aber unsre Arbeiter sanftmütig genug sind, sich aufbinden zu lassen, sie hätten während ganzen zwölf Stunden harter Arbeit in Wirklichkeit nur vier Stunden gearbeitet, so soll ihnen dafür zum Lohn garantiert werden, daß in alle Ewigkeit ihr Anteil an ihrem eigenen Produkt nicht unter ein Drittel fallen soll. Dies ist in der Tat Zukunftsmusik auf der Kindertrompete und nicht wert, daß man ein Wort darüber verliert. Soweit also in der Arbeitsgelds-Tauschutopie Rodbertus etwas Neues bietet, ist dies Neue einfach kindisch und steht tief unter den Leistungen seiner zahlreichen Genossen vor wie nach ihm.

Für die Zeit, wo Rodbertus' „Zur Erkenntniß etc." erschien, war es unbedingt ein bedeutendes Buch. Seine Fortführung der Ricardoschen Werttheorie in der einen Richtung war ein vielversprechender Anfang. War sie auch nur für ihn und für Deutschland neu, so steht sie doch im ganzen auf gleicher Höhe wie die Leistungen seiner besseren englischen Vorgänger. Aber es war eben nur ein Anfang, aus dem nur durch gründliche und kritische weitere Arbeit ein wirklicher Gewinn für die Theorie zu erlangen war. Diese Weiterführung jedoch schnitt er sich selbst ab dadurch, daß er gleich von vornherein auch die Weiterführung Ricardos in der zweiten Richtung, der Richtung auf die Utopie, mit in Angriff nahm. Damit verlor er die erste Bedingung aller Kritik – die Unbefangenheit. Er arbeitete los auf ein vorher bestimmtes Ziel, er wurde Tendenzökonom. Einmal gefangengenommen von seiner Utopie, hatte er sich alle Möglichkeit des Fortschreitens in der Wissenschaft versperrt. Von 1842 bis zu seinem Tode dreht er sich im Kreise, wiederholt stets dieselben bereits in der ersten Schrift ausgesprochnen oder angedeuteten Gedanken, fühlt sich verkannt, findet sich geplündert, wo nichts zu plündern war, und verschließt sich zuletzt nicht ohne Absicht gegen die Erkenntnis, daß er im Grunde doch nur schon längst Entdecktes wiederentdeckt hat.

An einigen Stellen weicht die Übersetzung vom gedruckten französischen Original ab. Es beruht dies auf handschriftlichen Änderungen von Marx, die auch in der vorbereiteten, neuen französischen Ausgabe ihren Platz finden werden[154].

Es ist wohl kaum nötig, darauf aufmerksam zu machen, daß die in dieser Schrift gebrauchte Ausdrucksweise nicht ganz mit der des „Kapital" stimmt. So wird hier noch von der *Arbeit* als Ware, von Kauf und Verkauf der Arbeit gesprochen, statt der Arbeits*kraft*.

Als Ergänzung sind in dieser Ausgabe noch zugefügt: 1. eine Stelle aus der Marxschen Schrift „Zur Kritik der Politischen Oekonomie", Berlin 1859, über die *erste* Arbeitsgeld-Austauschutopie von John Gray, und 2. eine Übersetzung der Brüsseler Rede (1848) von Marx über Freihandel[1], die derselben Entwicklungsperiode des Verfassers angehört wie die „Misère".

London, 23. Oktober 1884

Friedrich Engels

Nach: Karl Marx,
„Das Elend der Philosophie",
Stuttgart 1885.

[1] Siehe Band 4 unserer Ausgabe, S. 444–458.

Kaiserlich Russische Wirkliche Geheime Dynamiträte[155]

[„Der Sozialdemokrat"
Nr. 5 vom 29. Januar 1885]

Jedermann weiß, daß die russische Regierung alle Hebel ansetzt, um mit den westeuropäischen Staaten Verträge zustandezubringen zur Auslieferung der flüchtigen russischen Revolutionäre.

Jedermann weiß ebenfalls, daß es ihr vor allem darauf ankommt, einen solchen Vertrag von England zu erlangen.

Jedermann weiß endlich, daß das offizielle Rußland vor keinem Mittel zurückschreckt, wenn es nur zum Ziele führt.

Nun gut. Am 13. Januar 1885 schließt Bismarck mit Rußland ein Übereinkommen ab, wonach jeder russische politische Flüchtling ausgeliefert werden muß, sobald es Rußland beliebt, ihn als angehenden Kaisermörder oder Dynamiter anzuklagen.[156]

Am 15. Januar erließ Frau Olga Nowikow einen Aufruf an England in der „Pall Mall Gazette", dieselbe Frau Nowikow, die 1877 und 1878, vor und während des Türkenkriegs, den edlen Herrn Gladstone im russischen Interesse so herrlich einseifte.[157] England wird hier ermahnt, nicht länger zu dulden, daß Leute wie Hartmann, Kropotkin und Stepniak auf englischem Boden konspirierten, *„um uns in Rußland zu ermorden"*, jetzt, wo doch der Dynamit den Engländern auf den eigenen Nägeln brenne; und was verlange denn Rußland in bezug auf russische Revolutionäre anderes von England, als was England in bezug auf irische Dynamiter jetzt selbst von Amerika verlangen müsse?

Am 24. Januar morgens wird der preußisch-russische Vertrag in London publiziert.

Und am 24. Januar, nachmittags 2 Uhr, gehen in einer Viertelstunde drei Dynamitexplosionen in London los, die mehr Verwüstung anrichten als alle früheren zusammen und wenigstens 7, nach anderen 18 Menschen verwunden.

Diese Explosionen kommen zu gelegen, um nicht die Frage wachzurufen: Wem nützen sie? Wer hat das meiste Interesse an diesen sonst zwecklosen, gegen niemand im besonderen gerichteten Schreckschüssen, denen nicht nur untergeordnete Polizisten und Bourgeois, sondern auch Arbeiter und ihre Weiber und Kinder zum Opfer fielen? Wer? Die paar, teilweise durch englische Regierungsbrutalität während ihrer Gefängniszeit zur Verzweiflung getriebenen Irländer, die nach der Vermutung den Dynamit hingelegt haben sollen? Oder aber die russische Regierung, die ihren Zweck – den Auslieferungsvertrag – nicht erreichen kann, ohne einen ganz außerordentlichen Druck auf Regierung und Volk in England auszuüben, einen Druck, der hinreichen muß, die öffentliche Meinung in England in blinde Tollwut zu versetzen gegen die Dynamiter?

Als die polnischen Flüchtlinge – mit sehr geringen Ausnahmen – sich nicht herbeilassen wollten, nach dem Wunsche der russischen Diplomatie und Polizei falsches russisches Papiergeld zu machen, da schickte die russische Regierung Agenten ins Ausland, u.a. den Staatsrat Kamenski, um sie dazu anzustacheln; und als auch dies nicht gelang, da mußten die Herren Kamenski und Konsorten selbst falsches russisches Papiergeld machen. Wie ausführlich zu lesen in der Broschüre „Die Falschmünzer oder die Agenten der russischen Regierung“, Genf, H. Georg, 1875. – Die Schweizer und Londoner, wahrscheinlich auch die Pariser Polizei weiß ein Liedchen davon zu singen, wie sie bei Verfolgung der russischen Geldfälscher in der Regel zuletzt auf Leute stieß, deren Verfolgung die russische Gesandtschaft hartnäckig ablehnte.

Was das offizielle Rußland in Hinwegräumung von hinderlichen Personen durch Gift, Dolch etc. leisten kann, davon liefert die Geschichte der Balkanhalbinsel während der letzten hundert Jahre Beispiele genug. Ich verweise nur auf die berühmte „Histoire des principautés danubiennes“ par Élias Regnault, Paris 1855. Die russische Diplomatie verfügt fortwährend über Agenten jeder Art, auch solche, die man zu Infamien gebraucht und dann verleugnet.

Ich stehe also nicht an, bis auf weiteres die Londoner Explosionen vom 24. Januar 1885 auf die Rechnung Rußlands zu stellen. Irische Hände mögen das Dynamit hingelegt haben, es ist mehr als wahrscheinlich, daß ein russischer Kopf und russisches Geld dahinter standen.

Den russischen Revolutionären ist ihre Kampfweise durch die Not, durch die Aktion ihrer Gegner selbst vorgeschrieben. Für die Mittel, die sie anwenden, sind sie ihrem Volk und der Geschichte verantwortlich. Aber die Herren, die diesen Kampf in Westeuropa ohne Not in Schuljungenart parodieren, die die Revolution auf den Schinderhannes herunterzubringen suchen, die ihre Waffen nicht einmal gegen wirkliche Feinde, sondern gegen das Publikum im allgemeinen richten, diese Herren sind keineswegs Nachfolger und Bundesgenossen der russischen Revolutionäre, sondern ihre schlimmsten Feinde. Seitdem sich herausgestellt, daß außer dem offiziellen Rußland niemand ein Interesse hat an dem Gelingen dieser Heldentaten, ist es nur noch die Frage, welche von ihnen unfreiwillige und welche freiwillige, bezahlte Agenten des russischen Zarismus sind.

London, 25. Januar 1885

Friedrich Engels

England 1845 und 1885[158]

Vor 40 Jahren stand England vor einer Krisis, die zu lösen allem Anschein nach nur die Gewalt berufen war. Die ungeheure und rasche Entwicklung der Industrie hatte die Ausdehnung der auswärtigen Märkte und die Zunahme der Nachfrage weit überholt. Alle zehn Jahre wurde der Gang der Produktion gewaltsam unterbrochen durch eine allgemeine Handelskrisis, der, nach einer langen Periode chronischer Abspannung, wenige kurze Jahre der Prosperität folgten, um stets wieder zu enden in fieberhafter Überproduktion und schließlich in neuem Zusammenbruch. Die Kapitalistenklasse verlangte laut nach Freihandel in Korn und drohte, ihn zu erzwingen durch Rücksendung der hungernden Städtebevölkerung in die Landbezirke, woher sie kamen; aber, wie John Bright sagte: „nicht wie Bedürftige, die um Brot betteln, sondern wie eine Armee, die sich auf feindlichem Gebiete einquartiert"[159]. Die Arbeitermassen der Städte verlangten ihren Anteil an der politischen Macht – die Volks-Charte[160]; sie wurden unterstützt von der Mehrzahl der Kleinbürger, und der einzige Unterschied zwischen beiden war, ob die Charte gewaltsam oder gesetzlich durchgeführt werden sollte. Da kam die Handelskrisis von 1847 und die irische Hungersnot, und mit beiden die Aussicht auf Revolution.

Die französische Revolution von 1848 rettete die englische Bourgeoisie. Die sozialistischen Proklamationen der siegreichen französischen Arbeiter erschreckten das englische Kleinbürgertum und desorganisierten die Bewegung der englischen Arbeiter, die innerhalb engerer, aber mehr unmittelbar praktischer Grenzen vor sich ging. Gerade in demselben Augenblick, wo der Chartismus seine volle Kraft entwickeln sollte, brach er in sich selbst zusammen, schon ehe er am 10. April 1848[161] äußerlich zusammenbrach. Die politische Tätigkeit der Arbeiterklasse wurde in den Hintergrund gedrängt. Die Kapitalistenklasse hatte auf der ganzen Linie gesiegt.

Die Parlamentsreform von 1831 [162] war der Sieg der gesamten Kapitalistenklasse über die grundbesitzende Aristokratie. Die Abschaffung der Kornzölle[163] war der Sieg der *industriellen* Kapitalisten nicht nur über den großen Grundbesitz, sondern auch über die Fraktionen von Kapitalisten, deren Interessen mehr oder weniger mit denen des Grundbesitzes identisch oder verkettet waren: Bankiers, Börsenleute, Rentiers usw. Freihandel bedeutete die Umgestaltung der gesamten inneren und äußeren Finanz- und Handelspolitik Englands im Einklang mit den Interessen der industriellen Kapitalisten, der Klasse, die jetzt die Nation vertrat. Und diese Klasse machte sich ernstlich ans Werk. Jedes Hemmnis der industriellen Produktion wurde unbarmherzig entfernt. Der Zolltarif und das ganze Steuersystem wurden umgewälzt. Alles wurde einem einzigen Zweck untergeordnet, aber einem Zweck von der äußersten Wichtigkeit für den industriellen Kapitalisten: der Verwohlfeilerung aller Rohstoffe und besonders aller Lebensmittel für die Arbeiterklasse; der Produktion der Rohstoffe und der Niederhaltung, wenn auch noch nicht der Herunterbringung des Arbeitslohnes. England sollte „die Werkstatt der Welt werden"; alle anderen Länder sollten für England werden, was Irland schon war – Märkte für seine Industrieprodukte, Bezugsquellen seiner Rohstoffe und Nahrungsmittel. England, der große industrielle Mittelpunkt einer ackerbauenden Welt, mit einer stets wachsenden Zahl Korn und Baumwolle produzierender Trabanten, die sich um die industrielle Sonne drehen. Welch herrliche Aussicht!

Die industriellen Kapitalisten gingen an die Durchführung dieses ihres großen Zieles mit dem kräftigen, gesunden Menschenverstand und der Verachtung überkommener Grundsätze, durch die sie sich immer ausgezeichnet haben vor ihren philisterhafteren Konkurrenten auf dem Kontinent. Der Chartismus war im Aussterben. Die Wiederkehr der Geschäftsblüte, natürlich und fast selbstverständlich, nachdem der Krach von 1847 sich erschöpft hatte, wurde ausschließlich auf Rechnung des Freihandels geschrieben. Infolge beider Umstände war die englische Arbeiterklasse politisch der Schwanz der „großen liberalen Partei" geworden, der von den Fabrikanten angeführten Partei. Diesen einmal gewonnenen Vorteil galt es zu verewigen. Und aus der heftigen Opposition der Chartisten, nicht gegen den Freihandel, sondern gegen die Verwandlung des Freihandels in die einzige Lebensfrage der Nation, hatten die Fabrikanten begriffen und begriffen täglich mehr, daß die Bourgeoisie nie volle soziale und politische Herrschaft über die Nation erringen kann, außer mit Hilfe der Arbeiterklasse. So veränderte sich allmählich die gegenseitige Haltung beider Klassen. Die Fabrikgesetze, einst der Popanz aller Fabrikanten, wurden jetzt nicht nur willig von ihnen befolgt, sondern mehr oder minder auf die ganze Industrie ausgedehnt. Die Trades Unions, vor kurzem noch als Teufelswerk verrufen, wurden jetzt von den Fabrikanten kajoliert und protegiert als äußerst wohlberechtigte Einrichtungen und als ein nützliches Mittel, gesunde ökonomische Lehren unter den Arbeitern zu verbreiten. Selbst Strikes, die vor 1848 in die Acht erklärt worden waren, wurden jetzt gelegentlich recht nützlich befunden, besonders, wenn die Herren Fabrikanten zu gelegener Zeit sie selbst hervorgerufen hatten. Von den Gesetzen, die dem Arbeiter gleiches Recht gegenüber seinem Beschäftiger geraubt hatten, wurden wenigstens die empörendsten abgeschafft. Und die einst so fürchterliche Volks-Charte wurde nun der Hauptsache nach das politische Programm derselben Fabrikanten, die ihr bis zuletzt opponiert hatten. Die *Abschaffung des Wählbarkeitszensus*[164] und die *geheime Abstimmung* sind durch Gesetz eingeführt. Die Parlamentsreformen von 1867 und 1884[165] nähern sich schon stark dem *allgemeinen Stimmrecht*, wenigstens wie es jetzt in Deutschland besteht; die Wahlkreisvorlage, die das Parlament jetzt berät, schafft *gleiche Wahlkreise*, im ganzen wenigstens nicht ungleicher, als die in Frankreich oder Deutschland. *Diäten* und kürzere Mandatsdauer, wenn auch nicht gerade *jährlich gewählte Parlamente* kommen in Sicht, als unzweifelhafte Errungenschaften der nächsten Zukunft; und dennoch sagen einige Leute, der Chartismus sei tot.

Die Revolution von 1848, wie manche ihrer Vorgänger, hat seltsame Geschicke gehabt. Dieselben Leute, die sie niederwarfen, sind, wie Karl Marx zu sagen pflegte, ihre Testamentsvollstrecker geworden. Louis-Napoleon war gezwungen, ein einiges und unabhängiges Italien zu schaffen, Bismarck war gezwungen, Deutschland in seiner Art umzuwälzen und Ungarn eine gewisse Unabhängigkeit wiederzugeben, und die englischen Fabrikanten haben nichts Besseres zu tun, als der Volks-Charte Gesetzeskraft zu geben.

Die Wirkungen dieser Herrschaft der industriellen Kapitalisten für England waren anfangs staunenerregend. Das Geschäft lebte wieder auf und dehnte sich aus in einem Grade, unerhört selbst in dieser Wiege der modernen Industrie. Alle früheren gewaltigen Schöpfungen des Dampfes und der Maschinerie verschwanden in nichts, verglichen mit dem gewaltigen Aufschwung der Produktion in den zwanzig Jahren von 1850 bis 1870, mit den erdrückenden Ziffern der Ausfuhr und Einfuhr, des in den Händen der Kapitalisten sich aufhäufenden Reichtums und der sich in Riesenstädten konzentrierenden menschlichen Arbeitskraft. Der Fortschritt wurde freilich unterbrochen, wie vorher durch die Wiederkehr einer Krisis alle 10 Jahre, 1857 so gut wie 1866; aber diese Rückschläge galten nun als natürliche unvermeidliche Ereignisse, die man eben durchmachen muß, und die schließlich doch auch wieder ins gleiche kommen.

Und die Lage der Arbeiterklasse während dieser Periode? Zeitweilig gab es Besserung, selbst für die große Masse. Aber diese Besserung wurde immer wieder auf das alte Niveau herabgebracht durch den Zustrom der großen Menge der unbeschäftigten Reserve, durch die fortwährende Verdrängung von Arbeitern durch neue Maschinerie und durch die Einwanderung der Ackerbauarbeiter, die jetzt auch mehr und mehr durch Maschinen verdrängt wurden.

Eine dauernde Hebung findet sich nur bei zwei beschützten Abteilungen der Arbeiterklasse. Davon sind die erste die Fabrikarbeiter. Die gesetzliche Feststellung eines wenigstens verhältnismäßig rationellen Normalarbeitstages zu ihren Gunsten hat ihre Körperkonstitution relativ wiederhergestellt und ihnen eine, noch durch ihre lokale Konzentration verstärkte, moralische Überlegenheit gegeben. Ihre Lage ist unzweifelhaft besser als vor 1848. Der beste Beweis dafür ist, daß von zehn Strikes, die sie machen, neun hervorgerufen sind durch die Fabrikanten selbst und in ihrem eigenen Interesse, als einziges Mittel, die Produktion einzuschränken. Ihr werdet die Fabrikanten nie dahin bringen, daß sie sich alle dazu verstehen, kurze Zeit zu arbeiten, mögen ihre Fabrikate noch so unverkäuflich sein. Aber bringt die Arbeiter zum Striken, und die Kapitalisten schließen ihre Fabriken bis auf den letzten Mann.

Zweitens die großen Trades Unions. Sie sind die Organisationen der Arbeitszweige, in denen die Arbeit *erwachsener Männer* allein anwendbar ist oder doch vorherrscht. Hier ist die Konkurrenz weder der Weiber- noch der Kinderarbeit, noch der Maschinerie bisher imstande gewesen, ihre organisierte Stärke zu brechen. Die Maschinenschlosser, Zimmerleute und Schreiner, Bauarbeiter, sind jeder für sich eine Macht, so sehr, daß sie selbst, wie die Bauarbeiter tun, der Einführung der Maschinerie erfolgreich widerstehen können. Ihre Lage hat sich unzweifelhaft seit 1848 merkwürdig verbessert; der beste Beweis dafür ist, daß seit mehr als fünfzehn Jahren nicht nur ihre Beschäftiger mit ihnen, sondern auch sie mit ihren Beschäftigern äußerst zufrieden gewesen sind. Sie bilden eine Aristokratie in der Arbeiterklasse; sie haben es fertiggebracht, sich eine verhältnismäßig komfortable Lage zu erzwingen, und diese Lage akzeptieren sie als endgiltig. Sie sind die Musterarbeiter der Herrn Leone Levi und Giffen (und auch des Biedermannes Lujo Brentano), und sie sind in der Tat sehr nette, traktable Leute für jeden verständigen Kapitalisten im besonderen und für die Kapitalistenklasse im allgemeinen.

Aber was die große Masse der Arbeiter betrifft, so steht das Niveau des Elends und der Existenzunsicherheit für sie heute ebenso niedrig, wenn nicht niedriger als je. Das Ostende von London[166] ist ein stets sich ausdehnender Sumpf von stockendem Elend und Verzweiflung, von Hungersnot, wenn unbeschäftigt, von physischer und moralischer Erniedrigung, wenn beschäftigt. Und so in allen anderen Großstädten, mit Ausnahme nur der bevorrechteten Minderheit der Arbeiter; und so in den kleineren Städten und in den Landbezirken. Das Gesetz, das den Wert der Arbeitskraft auf den Preis der notwendigen Lebensmittel beschränkt, und das andere Gesetz, das ihren Durchschnittspreis der Regel nach auf das Minimum dieser Lebensmittel herabdrückt, diese beiden Gesetze wirken auf sie mit der unwiderstehlichen Kraft einer automatischen Maschine, die sie zwischen ihren Rädern erdrückt.

Das war also die Lage, geschaffen durch die Freihandelspolitik von 1847 und durch die zwanzigjährige Herrschaft der industriellen Kapitalisten. Aber dann kam eine Wendung. Der Krisis von 1866 folgte in der Tat ein kurzer und leichter Geschäftsaufschwung gegen 1873, aber er dauerte nicht. Wir haben in der Tat zu der Zeit, wo sie fällig war, 1877 oder 1878, keine volle Krisis durchgemacht, aber wir leben seit 1876 in einem chronischen Versumpfungszustand aller herrschenden Industriezweige. Weder will der vollständige Zusammenbruch kommen, noch die langersehnte Zeit der Geschäftsblüte, auf die wir ein Recht zu haben glaubten, sowohl vor wie nach dem Krach. Ein tödlicher Druck, eine chronische Überfüllung aller Märkte für alle Geschäfte, das ist der Zustand, den wir seit beinahe zehn Jahren durchmachen. Woher das?

Die Freihandelstheorie hatte zum Grund die eine Annahme: daß England das einzige große Industriezentrum einer ackerbauenden Welt werden sollte, und die Tatsachen haben diese Annahme vollständig Lügen gestraft. Die Bedingungen der modernen Industrie, Dampfkraft und Maschinerie, sind überall herstellbar, wo es Brennstoff, namentlich Kohlen, gibt, und andere Länder neben England haben Kohlen: Frankreich, Belgien, Deutschland, Amerika, selbst Rußland. Und die Leute da drüben waren nicht der Ansicht, daß es in ihrem Interesse sei, sich in irische Hungerpächter zu verwandeln, einzig zum größeren Ruhme und Reichtum der englischen Kapitalisten. Sie fingen an zu fabrizieren, nicht nur für sich selbst, sondern auch für die übrige Welt, und die Folge ist, daß das Industriemonopol, das England beinahe ein Jahrhundert besessen hat, jetzt unwiederbringlich gebrochen ist.

Aber das Industriemonopol Englands ist der Angelpunkt des bestehenden englischen Gesellschaftssystems. Selbst während dies Monopol dauerte, konnten die Märkte nicht Schritt halten mit der wachsenden Produktivität der englischen Industrie; die zehnjährigen Krisen waren die Folge. Und jetzt werden neue Märkte täglich seltener, so sehr, daß selbst den Negern am Kongo die Zivilisation aufgezwungen werden soll, die aus den Kattunen von Manchester, den Töpferwaren von Staffordshire und den Metallartikeln von Birmingham fließt. Was wird die Folge sein, wenn kontinentale und besonders amerikanische Waren in stets wachsender Masse hervorströmen, wenn der jetzt noch den englischen Fabriken zufallende Löwenanteil an der Versorgung der Welt von Jahr zu Jahr zusammenschrumpft? Antworte, Freihandel, du Universalmittel!

Ich bin nicht der erste, der darauf hinweist. Schon 1883, in der Versammlung der British Association in Southport, hat Herr Inglis Palgrave, Präsident der ökonomischen Sektion, geradezu gesagt,

„daß die Tage großer Geschäftsprofite in England vorbei seien, und eine Pause eingetreten sei in der Weiterentwicklung verschiedener großer Industriezweige. Man könne fast sagen, daß England im Begriffe sei, in einen nicht länger fortschreitenden Zustand überzugehen."[167]

Aber was wird das Ende von alledem sein? Die kapitalistische Produktion *kann nicht* stabil werden, sie muß wachsen und sich ausdehnen, oder sie muß sterben. Schon jetzt, die bloße Einschränkung von Englands Löwenanteil an der Versorgung des Weltmarkts heißt Stockung, Elend, Übermaß an Kapital hier, Übermaß an unbeschäftigten Arbeitern dort. Was wird es erst sein, wenn der Zuwachs der jährlichen Produktion vollends zum Stillstand gebracht ist? Hier ist die verwundbare Achillesferse der kapitalistischen Produktion. Ihre Lebensbedingung ist die Notwendigkeit fortwährender Ausdehnung, und diese fortwährende Ausdehnung wird jetzt unmöglich. Die kapitalistische Produktion läuft aus in eine Sackgasse. Jedes Jahr bringt England dichter vor die Frage: Entweder die Nation geht in Stücken, oder die kapitalistische Produktion. Welches von beiden muß dran glauben?

Und die Arbeiterklasse? Wenn selbst unter der unerhörten Ausdehnung des Handels und der Industrie von 1848 bis 1868 sie solches Elend durchzumachen hatte, wenn selbst damals ihre große Masse im besten Fall nur eine vorübergehende Verbesserung ihrer Lage erfuhr, während nur eine kleine privilegierte, geschützte Minorität dauernden Vorteil hatte, wie wird es sein, wenn diese blendende Periode endgiltig zum Abschluß kommt, wenn die gegenwärtige drückende Stagnation sich nicht nur noch steigert, sondern wenn dieser gesteigerte Zustand ertötenden Druckes der dauernde, der Normalzustand der englischen Industrie würde?

Die Wahrheit ist diese: Solange Englands Industriemonopol dauerte, hat die englische Arbeiterklasse bis zu einem gewissen Grad teilgenommen an den Vorteilen dieses Monopols. Diese Vorteile wurden sehr ungleich unter sie verteilt; die privilegierte Minderheit sackte den größten Teil ein, aber selbst die große Masse hatte wenigstens dann und wann vorübergehend ihr Teil. Und das ist der Grund, warum seit dem Aussterben des Owenismus es in England keinen Sozialismus gegeben hat. Mit dem Zusammenbruch des Monopols wird die englische Arbeiterklasse diese bevorrechtete Stellung verlieren. Sie wird sich allgemein – die bevorrechtete und leitende Minderheit nicht ausgeschlossen – eines Tages auf das gleiche Niveau gebracht sehen, wie die Arbeiter des Auslandes. Und das ist der Grund, warum es in England wieder Sozialismus geben wird.

Geschrieben Mitte Februar 1885.

Nach: „Die Neue Zeit", Dritter Jahrgang,
Nr. 6, Juni 1885.

Vorwort
[zu „Karl Marx vor den Kölner Geschwornen"][168]

Zum besseren Verständnis der nachfolgenden Verhandlungen wird es genügen, die Hauptereignisse zusammenzustellen, an die sie sich anknüpfen.

Die Feigheit der deutschen Bourgeoisie hatte der feudalbürokratisch-absolutistischen Reaktion erlaubt, sich von den niederschmetternden Schlägen des Märzes 1848 soweit zu erholen, daß Ende Oktober schon ein zweiter Entscheidungskampf bevorstand. Der Fall von Wien, nach langem, heldenmütigem Widerstand, gab auch der preußischen Kamarilla den Mut zu einem Staatsstreich. Die zahme Berliner „Nationalversammlung" war ihr immer noch zu wild. Sie sollte gesprengt, mit der Revolution sollte ein Ende gemacht werden.

Am 8. November 1848 wird das Ministerium Brandenburg-Manteuffel gebildet. Am 9. verlegt es den Sitz der Versammlung von Berlin nach Brandenburg, damit sie, ungestört durch die revolutionären Einflüsse Berlins, im Schutz der Bajonette „frei" beraten könne. Die Versammlung weigert sich zu gehen; die Bürgerwehr weigert sich, gegen die Versammlung einzuschreiten. Das Ministerium löst die Bürgerwehr auf, entwaffnet sie, ohne daß sie sich wehrt, und erklärt Berlin in Belagerungszustand. Die Versammlung antwortet damit, daß sie das Ministerium am 13. November wegen Hochverrats in Anklagestand versetzt. Das Ministerium hetzt die Versammlung von einem Berliner Lokal ins andere. Die Versammlung beschließt am 15., daß das Ministerium Brandenburg nicht berechtigt sei, über Staatsgelder zu verfügen und Steuern zu erheben, solange sie, die Versammlung, nicht frei in Berlin ihre Sitzungen fortsetzen kann.

Dieser Beschluß der Steuerverweigerung konnte nur dadurch in Wirksamkeit treten, daß das Volk der Steuereintreibung mit bewaffneter Hand Widerstand entgegensetzte. Und damals waren noch Waffen genug in der Hand der Bürgerwehr. Trotzdem blieb man fast überall beim passiven

Widerstand. Nur an wenigen Orten bereitete man sich vor, die Gewalt mit der Gewalt zu vertreiben. Der kühnste Aufruf hierzu aber blieb der des Ausschusses der demokratischen Vereine der Rheinprovinz, der in Köln saß und aus *Marx*, *Schapper* und *Schneider* bestand[169].

Daß der Kampf gegen den in Berlin siegreich durchgeführten Staatsstreich am Rhein nicht mit Erfolg aufzunehmen war, darüber täuschte sich der Ausschuß nicht. Die Rheinprovinz hatte fünf Festungen; in ihr selbst, in Westfalen, Mainz, Frankfurt und Luxemburg lag allein ungefähr ein Drittel der ganzen preußischen Armee, darunter zahlreiche Regimenter aus den östlichen Provinzen. Die Bürgerwehr war in Köln und andern Städten bereits aufgelöst und entwaffnet. Aber es handelte sich auch nicht um den unmittelbaren Sieg in Köln, das selbst erst vor wenigen Wochen vom Belagerungszustand befreit war. Es handelte sich darum, ein Beispiel zu geben für die übrigen Provinzen und dadurch die revolutionäre Ehre der Rheinprovinz zu retten. Und das war geschehen.

Die preußische Bourgeoisie, die der Regierung einen Machtposten nach dem andern wieder abgetreten hatte, aus Furcht vor den damals noch halb träumenden Zuckungen des Proletariats, die längst schon Reue empfand über ihre früheren Machtgelüste, die schon seit März vor Angst nicht mehr wußte wo aus noch ein, weil hier die um den Absolutismus gruppierten Mächte der alten Gesellschaft, dort das zum Bewußtsein seiner Klassenstellung heraufdämmernde junge Proletariat ihr drohend gegenübertrat – die preußische Bourgeoisie tat, was sie stets im entscheidenden Augenblick getan – sie duckte sich. Und die Arbeiter waren nicht so dumm, für die Bourgeoisie ohne die Bourgeoisie loszuschlagen; für sie – namentlich am Rhein – waren die preußischen Fragen ohnehin reine Lokalfragen; sollten sie einmal im Interesse der Bourgeoisie ins Feuer gehn, dann auch gleich in und für ganz Deutschland. Es war ein bedeutsames Vorzeichen, daß schon damals die „preußische Spitze"[170] bei den Arbeitern absolut nicht zog.

Kurz, die Regierung siegte. Einen Monat später, am 5. Dezember, konnte sie die Berliner Versammlung, die bis dahin ein ziemlich schäbiges Dasein gefristet, endgültig auflösen und eine neue Verfassung oktroyieren, die aber auch erst wirklich ins Leben trat, nachdem sie zum bloßen konstitutionellen Possenspiel degradiert war.

Am Tage nach dem Erscheinen des Aufrufs, 20. November, waren die drei Unterzeichner vor den Untersuchungsrichter vorgeladen; der Prozeß wegen Rebellion wurde gegen sie eingeleitet. Von Verhaftung war damals selbst in Köln keine Rede. Am 7. Februar hatte die „Neue Rheinische

Zeitung" ihren ersten Preßprozeß zu bestehen; Marx, ich und der Gerant Korff erschienen vor den Geschwornen und wurden freigesprochen.[171] Am folgenden Tage wurde der Prozeß des Ausschusses verhandelt.[172] Das Volk hatte bereits sein Urteil im voraus gefällt, indem es 14 Tage vorher den Angeklagten Schneider zum Abgeordneten für Köln gewählt.

Die Verteidigungsrede von Marx bildet selbstverständlich den Gipfelpunkt der Verhandlungen. Sie ist namentlich nach zwei Seiten hin interessant.

Erstens dadurch, daß es ein Kommunist ist, der hier den bürgerlichen Geschwornen klarzumachen hat, daß die Handlungen, die er begangen und derentwegen er als Angeklagter vor ihnen steht, eine Handlung ist, die nicht nur zu begehn, sondern zu ihren äußersten Folgerungen fortzuführen eigentlich die Pflicht und Schuldigkeit *ihrer* Klasse, der Bourgeoisie, war. Diese Tatsache allein genügt, um die Haltung der deutschen, speziell preußischen Bourgeoisie während der Revolutionszeit zu kennzeichnen. Es handelt sich darum, wer herrschen soll, die um die absolute Monarchie gruppierten gesellschaftlichen und staatlichen Mächte: feudaler Großgrundbesitz, Armee, Bürokratie, Pfaffentum, oder aber die Bourgeoisie. Das noch im Entstehen begriffene Proletariat hat an dem Kampf nur soweit Interesse, als es durch den Sieg der Bourgeoisie Luft und Licht zur eignen Entwicklung, Ellbogenraum auf dem Kampfplatz erhält, wo es einst den Sieg über alle andern Klassen erfechten soll. Aber die Bourgeoisie, und mit ihr das Kleinbürgertum, rührt und regt sich nicht, als die feindliche Regierung sie im Sitz ihrer Macht angreift, ihr Parlament zersprengt, ihre Bürgerwehr entwaffnet, sie selbst unter den Belagerungszustand wirft. Da treten die Kommunisten in den Riß, rufen sie auf, zu tun, was ihre verfluchte Schuldigkeit ist. Gegenüber der alten, feudalen Gesellschaft bilden beide, Bourgeoisie wie Proletariat, die neue Gesellschaft, stehn beide zusammen. Der Aufruf bleibt natürlich erfolglos, und die Ironie der Geschichte will, daß dieselbe Bourgeoisie jetzt zu Gericht sitzen soll über den revolutionären, proletarischen Kommunisten hier und über die kontrerevolutionäre Regierung dort.

Zweitens aber – und dies macht die Rede besonders wichtig auch noch für unsere Tage – wahrt sie den revolutionären Standpunkt gegenüber der heuchlerischen Gesetzlichkeit der Regierung in einer Weise, woran mancher sich noch heute ein Beispiel nehmen könnte. – Wir haben das Volk zu den Waffen gerufen gegen die Regierung? Das taten wir, und es war unsere Schuldigkeit. Wir haben das Gesetz gebrochen, wir haben den Rechtsboden verlassen? Gut, aber die Gesetze, die wir brachen, die Regierung hat sie schon vorher zerrissen dem Volk vor die Füße geworfen, und ein

Rechtsboden besteht nicht mehr. Man kann uns als besiegte Feinde aus dem Wege räumen, aber man kann uns nicht verurteilen.

Die offiziellen Parteien von der „Kreuz-Zeitung" bis zur „Frankfurter"[173] werfen der sozialdemokratischen Arbeiterpartei vor, sie sei eine revolutionäre Partei, sie wolle den Rechtsboden, der 1866 und 1871 geschaffen wurde, nicht anerkennen, und sie stelle sich dadurch selbst – so heißt's wenigstens noch bis zu den Nationalliberalen hinab – außerhalb des gemeinen Rechts.[174] Ich will von der monströsen Ansicht absehn, als könne sich jemand durch Behauptung einer Meinung außerhalb des gemeinen Rechts stellen. Das ist der pure Polizeistaat, den man doch besser täte, nur im stillen zu praktizieren und in der Phrase den Rechtsstaat zu predigen. Aber was ist denn der Rechtsboden von 1866 anders als ein revolutionärer Boden? Man bricht die Bundesverfassung und erklärt den Bundesgenossen den Krieg.[175] Nein, sagt Bismarck, die andern haben den Bundesbruch begangen. Worauf zu antworten, daß eine revolutionäre Partei sehr tölpelhaft sein muß, wenn sie nicht für jede Schilderhebung mindestens ebenso gute Rechtsgründe findet wie Bismarck für die seinige 1866. – Dann provoziert man den Bürgerkrieg, denn anders war der Krieg 1866 nichts. Jeder Bürgerkrieg aber ist ein revolutionärer Krieg. Man führt den Krieg mit revolutionären Mitteln. Man verbündet sich mit dem Ausland gegen Deutsche; man führt italienische Truppen und Schiffe ins Gefecht, man ködert Bonaparte mit Aussichten auf deutsche Gebietserwerbung am Rhein. Man bildet eine ungarische Legion, die für revolutionäre Zwecke gegen ihren angestammten Landesvater kämpfen soll; man stützt sich in Ungarn auf Klapka wie in Italien auf Garibaldi. Man siegt, und – verschluckt drei Kronen von Gottes Gnaden, Hannover, Kurhessen, Nassau, deren jede mindestens ebenso legitim, ebensosehr „angestammt" und „von Gottes Gnaden" war wie die Krone Preußen.[176] Endlich zwingt man den übrigen Bundesgenossen eine Reichsverfassung auf, die z.B. im Fall von Sachsen ebenso freiwillig angenommen wurde wie seinerzeit der Tilsiter Friede von Preußen.[177]

Beklage ich mich darüber? Es fällt mir nicht ein. Über geschichtliche Ereignisse beklagt man sich nicht, man bemüht sich im Gegenteil, ihre Ursachen zu verstehen und damit auch ihre Folgen, *die noch lange nicht erschöpft sind*. Aber was man ein Recht hat zu verlangen, ist, daß die Leute, die alles das getan, nicht andern Leuten vorwerfen, sie seien Revolutionäre. Das Deutsche Reich ist eine Schöpfung der Revolution – allerdings einer Revolution eigner Art, aber darum nicht minder einer Revolution. Was dem einen recht, das ist dem andern billig. Revolution bleibt Revolution, ob sie von der Krone Preußen praktiziert wird oder von einem Kesselflicker. Wenn die Regierung des Tags die bestehenden Gesetze anwendet, um sich ihrer Gegner zu entledigen, so tut sie, was jede Regierung tut. Wenn sie aber glaubt, sie schmettre sie noch extra nieder mit dem Donnerwort: Revolutionär! – so kann sie damit höchstens den Philister schrecken. „Selbst Revolutionär!" hallt es aus ganz Europa zurück.

Grundkomisch aber wird die Zumutung, man solle die aus den geschichtlichen Verhältnissen unumgänglich folgende revolutionäre Natur ablegen, wenn sie an eine Partei gerichtet wird, die man erst außerhalb des gemeinen Rechts, d.h. außerhalb des Gesetzes stellt und von der man dann verlangt, sie solle den Rechtsboden anerkennen, den man grade *für sie abgeschafft* hat.[178]

Daß man über so etwas nur ein Wort zu verlieren hat, beweist wieder den politisch zurückgebliebenen Zustand Deutschlands. In der übrigen Welt weiß jedermann, daß die gesamten gegenwärtigen politischen Zustände das Ergebnis von lauter Revolutionen sind. Frankreich, Spanien, die Schweiz, Italien – soviel Länder, soviel Regierungen von Revolutions Gnaden. In England erkennt sogar der Whig Macaulay an, daß der jetzige Rechtszustand begründet ist auf eine Revolution über die andere (revolutions heaped upon revolutions). Amerika feiert seit hundert Jahren seine Revolution jeden vierten Juli[179]. In der Mehrzahl dieser Länder gibt es Parteien, die sich durch den bestehenden Rechtszustand nicht länger gebunden halten, als dieser sie binden kann. Wer aber z.B. in Frankreich die Royalisten oder Bonapartisten anklagen wollte, sie seien revolutionär, der würde einfach ausgelacht.

Nur in Deutschland, wo politisch nichts gründlich erledigt wird (sonst wäre es nicht in zwei Stücke zerrissen, in Österreich und das sogenannte Deutschland) und wo eben deswegen auch die Vorstellungen vergangner, aber erst halb überwundner Zeiten in den Köpfen unsterblich fortvegetieren (weshalb die Deutschen sich das Denkervolk nennen) – nur in Deutschland kann es noch vorkommen, daß man von einer Partei verlangt, sie solle sich durch den bestehenden sogenannten Rechtszustand nicht nur tatsächlich, sondern auch moralisch gebunden halten; sie solle im voraus versprechen: was auch kommen möge, sie wolle diesen von ihr bekämpften Rechtszustand nicht umwerfen, selbst wenn sie es könne. Mit anderen Worten, sie solle sich verpflichten, die bestehende politische Ordnung am Leben zu erhalten in alle Ewigkeit. Das und nichts andres heißt es, wenn man von der deutschen Sozialdemokratie verlangt, sie solle aufhören „revolutionär" zu sein.

Aber der deutsche Spießbürger – und seine Meinung ist noch immer die öffentliche Meinung Deutschlands – ist ein eigner Mann. Er hat nie eine Revolution *gemacht*. Die von 1848 machten die Arbeiter für ihn – zu seinem Entsetzen. Dafür hat er um so mehr Revolutionen *erlitten*. Denn wer in Deutschland seit dreihundert Jahren die Revolutionen machte – sie waren auch danach –, das waren die *Fürsten*. Ihre ganze Landeshoheit und endlich ihre Souveränität war die Frucht von Rebellionen gegen den Kaiser. Preußen ging ihnen mit gutem Beispiel voran. Preußen konnte erst ein Königreich werden, nachdem der „große Kurfürst“[1] gegen seinen Lehnsherrn, die Krone Polen, eine erfolgreiche Rebellion durchgeführt und so das Herzogtum Preußen von Polen unabhängig gemacht hatte.[180] Seit Friedrich II. wurde die Rebellion Preußens gegen das deutsche Reich in ein System gebracht; er „pfiff“ auf die Reichsverfassung noch ganz anders als unser braver *Bracke* auf das Sozialistengesetz. Dann kam die Französische Revolution, und sie wurde von den Fürsten wie von den Spießbürgern unter Tränen und Seufzern erlitten. Das deutsche Reich wurde im Reichsdeputationshauptschluß 1803 von Franzosen und Russen höchst revolutionär unter die deutschen Fürsten verteilt, weil diese selbst über die Teilung sich nicht einigen konnten.[181] Dann kam Napoleon und erlaubte seinen ganz besondern Schützlingen, den Fürsten von Baden, Bayern und Württemberg, sich aller innerhalb und zwischen ihren Gebieten liegenden reichsunmittelbaren Grafschaften, Baronien und Städte zu bemächtigen. Gleich darauf machten dieselben drei Hochverräter die letzte erfolgreiche Rebellion gegen ihren Kaiser, machten sich mit Napoleons Hülfe souverän und sprengten damit endgiltig das alte deutsche Reich.[182] Seitdem verteilte der faktische deutsche Kaiser, Napoleon, Deutschland ungefähr alle drei Jahre wieder neu unter seine getreuen Knechte, die deutschen Fürsten und andre. Endlich kam die glorreiche Befreiung von der Fremdherrschaft, und zum Lohne wurde Deutschland vom Wiener Kongreß, d.h. von Rußland, Frankreich und England, als allgemeines Entschädigungsgebiet für heruntergekommene Fürsten verteilt und verschachert, und die deutschen Spießbürger wie soviel Hämmel in ungefähr 2000 abgesonderten Gebietsfetzen den verschiedenen sechsunddreißig Ländesvätern zugewiesen, vor deren Mehrzahl sie noch heute als vor ihren angestammten Ländesvätern „untertänigst ersterben“. Alles das soll nicht revolutionär gewesen sein – wie recht hatte doch Schnapphahnski-Lichnowski, als er im Frankfurter Parlament ausrief: Das historische Recht hat keinen Datum nicht![183] Es hatte nämlich nie einen gehabt!

[1] Friedrich Wilhelm, Kurfürst von Brandenburg

Die Zumutung des deutschen Spießbürgers an die deutsche sozialdemokratische Arbeiterpartei hat also nur den einen Sinn, daß diese Partei Spießbürger werden soll wie er selbst und die Revolutionen beileibe nicht mitmachen, aber sie alle *erleiden*. Und wenn die durch Kontrerevolution und Revolution zur Macht gekommene Regierung dieselbe Zumutung stellt, so heißt das nur, daß die Revolution gut ist, solange sie von Bismarck für Bismarck und Konsorten gemacht wird, aber verwerflich, wenn sie gegen Bismarck und Konsorten gemacht wird.

London, 1. Juli 1885

Friedrich Engels

Nach: „Karl Marx vor den Kölner Geschwornen", Hottingen-Zürich 1885.

[An die Redaktion des „Sewerny Westnik"[184]]

Monsieur,

Unter den Papieren meines verstorbenen Freundes K.M. habe ich eine Antwort auf einen Artikel des Herrn Michailowski: „Karl Marx vor dem Tribunal des Herrn Shukowski" gefunden. Da diese Antwort seinerzeit aus mir unbekannten Gründen nicht veröffentlicht worden ist, für die russische Öffentlichkeit jedoch noch von Interesse sein kann, stelle ich sie Ihnen zur Verfügung.

Hochachtungsvoll etc.

Geschrieben um den 25. August 1885.
Nach der Handschrift.
Aus dem Französischen.

Zur Geschichte des Bundes der Kommunisten[185]

Mit der Verurteilung der Kölner Kommunisten 1852 fällt der Vorhang über die erste Periode der deutschen selbständigen Arbeiterbewegung. Diese Periode ist heute fast vergessen. Und doch währte sie von 1836 bis 1852, und die Bewegung spielte, bei der Verbreitung der deutschen Arbeiter im Ausland, in fast allen Kulturländern. Und damit nicht genug. Die heutige internationale Arbeiterbewegung ist der Sache nach eine direkte Fortsetzung der damaligen deutschen, welche die *erste internationale Arbeiterbewegung* überhaupt war und aus der viele der Leute hervorgingen, die in der Internationalen Arbeiterassoziation die leitende Rolle übernahmen. Und die theoretischen Grundsätze, die der Bund der Kommunisten im „Kommunistischen Manifest" von 1847 auf die Fahne schrieb, bilden heute das stärkste internationale Bindemittel der gesamten proletarischen Bewegung Europas wie Amerikas.

Bis jetzt gibt es für die zusammenhängende Geschichte jener Bewegung nur eine Hauptquelle. Es ist das sogenannte Schwarze Buch: „Die Communisten-Verschwörungen des 19. Jahrhunderts". Von Wermuth und Stieber. Berlin. 2 Theile, 1853 und 1854.[186] Dies von zwei der elendsten Polizeilumpen unsres Jahrhunderts zusammengelogne, von absichtlichen Fälschungen strotzende Machwerk dient noch heute allen nichtkommunistischen Schriften über jene Zeit als letzte Quelle.

Was ich hier geben kann, ist nur eine Skizze, und auch diese nur, soweit der Bund selbst in Betracht kommt; nur das zum Verständnis der „Enthüllungen" absolut Notwendige. Es wird mir hoffentlich noch vergönnt sein, das von Marx und mir gesammelte reichhaltige Material zur Geschichte jener ruhmvollen Jugendzeit der internationalen Arbeiterbewegung einmal zu verarbeiten.

Aus dem im Jahr 1834 in Paris von deutschen Flüchtlingen gestifteten demokratisch-republikanischen Geheimbund der „Geächteten" sonderten sich 1836 die extremsten, meist proletarischen Elemente aus und bildeten den neuen geheimen *Bund der Gerechten*. Der Mutterbund, worin nur die schlafmützigsten Elemente à la Jacobus Venedey zurückgeblieben, schlief bald ganz ein: Als die Polizei 1840 einige Sektionen in Deutschland aufschnüffelte, war er kaum noch ein Schatten. Der neue Bund dagegen entwickelte sich verhältnismäßig rasch. Ursprünglich war er ein deutscher Ableger des an babouvistische Erinnerungen[187] anknüpfenden französischen Arbeiterkommunismus, der sich um dieselbe Zeit in Paris ausbildete; die Gütergemeinschaft wurde gefordert als notwendige Folgerung der „Gleichheit". Die Zwecke waren die der gleichzeitigen Pariser geheimen Gesellschaften: halb Propagandaverein, halb Verschwörung, wobei jedoch Paris immer als Mittelpunkt der revolutionären Aktion galt, obgleich die Vorbereitung gelegentlicher Putsche in Deutschland keineswegs ausgeschlossen war. Da aber Paris das entscheidende Schlachtfeld blieb, war der Bund damals tatsächlich nicht viel mehr als der deutsche Zweig der französischen geheimen Gesellschaften, namentlich der von Blanqui und Barbès geleiteten Société des saisons[1], mit der enger Zusammenhang bestand. Die Franzosen schlugen los am 12. Mai 1839; die Sektionen des Bundes marschierten mit und wurden so in die gemeinsame Niederlage verwickelt.[188]

Von den Deutschen waren namentlich *Karl Schapper* und *Heinrich Bauer* ergriffen worden; die Regierung Louis-Philippes begnügte sich damit, sie nach längerer Haft auszuweisen[189]. Beide gingen nach London. Schapper aus Weilburg in Nassau, als Student der Forstwissenschaft in Gießen 1832 Mitglied der von Georg Büchner gestifteten Verschwörung, machte am 3. April 1833 den Sturm auf die Frankfurter Konstablerwache mit[190], entkam ins Ausland und beteiligte sich im Februar 1834 an Mazzinis Zug nach Savoyen[191]. Ein Hüne von Gestalt, resolut und energisch, stets bereit, bürgerliche Existenz und Leben in die Schanze zu schlagen, war er das Musterbild des Revolutionärs von Profession, wie er in den dreißiger Jahren eine Rolle spielte. Bei einer gewissen Schwerfälligkeit des Denkens war er keineswegs besserer theoretischer Einsicht unzugänglich, wie schon seine Entwicklung vom „Demagogen" [192] zum Kommunisten beweist, und hielt dann um so starrer am einmal Erkannten. Ebendeshalb ging seine revolutionäre Leidenschaft zuweilen mit seinem Verstande durch; aber er hat stets seinen Fehler nachher eingesehn und offen bekannt. Er war ein ganzer Mann, und was er zur Begründung der deutschen Arbeiterbewegung getan, bleibt unvergeßlich.

[1] Gesellschaft der Jahreszeiten

Heinrich Bauer aus Franken war Schuhmacher; ein lebhaftes, aufgewecktes, witziges Männchen, in dessen kleinem Körper aber ebenfalls viel Schlauheit und Entschlossenheit steckte.

In London angekommen, wo Schapper, der in Paris Schriftsetzer gewesen, nun als Sprachlehrer seinen Unterhalt suchte, knüpften beide die abgerissenen Bundesfäden wieder zusammen und machten nun London zum Zentrum des Bundes. Zu ihnen gesellte sich hier, wenn nicht schon früher in Paris, *Joseph Moll*, Uhrmacher aus Köln, ein mittelgroßer Herkules – er und Schapper haben, wie oft! eine Saaltüre gegen Hunderte andringender Gegner siegreich behauptet –, ein Mann, der seinen beiden Genossen an Energie und Entschlossenheit mindestens gleichkam, sie aber geistig beide übertraf. Nicht nur, daß er geborner Diplomat war, wie die Erfolge seiner zahlreichen Missionsreisen bewiesen; er war auch theoretischer Einsicht leichter zugänglich. Ich lernte sie alle drei 1843 in London kennen; es waren die ersten revolutionären Proletarier, die ich sah; und soweit auch im einzelnen damals unsre Ansichten auseinandergingen – denn ich trug ihrem bornierten Gleichheitskommunismus* damals noch ein gut Stück ebenso bornierten philosophischen Hochmuts entgegen –, so werde ich doch nie den imponierenden Eindruck vergessen, den diese drei wirklichen Männer auf mich machten, der ich damals eben erst ein Mann werden wollte.

In London, wie in geringerm Maße in der Schweiz, kam ihnen die Vereins- und Versammlungsfreiheit zugut. Schon am 7. Februar 1840 wurde der öffentliche Deutsche Arbeiterbildungsverein gestiftet, der heute noch besteht.[193] Dieser Verein diente dem Bund als Werbebezirk neuer Mitglieder, und da, wie immer, die Kommunisten die tätigsten und intelligentesten Vereinsmitglieder waren, verstand es sich von selbst, daß seine Leitung ganz in den Händen des Bundes lag. Der Bund hatte bald mehrere Gemeinden oder, wie sie damals noch hießen, „Hütten“ in London. Dieselbe auf der Hand liegende Taktik wurde in der Schweiz und anderswo befolgt. Wo man Arbeitervereine gründen konnte, wurden sie in derselben Weise benutzt. Wo die Gesetze dies verboten, ging man in Gesangvereine, Turnvereine u. dgl. Die Verbindung wurde großenteils durch die fortwährend ab- und zureisenden Mitglieder aufrechterhalten, die auch, wo erforderlich, als Emissäre fungierten. In beiden Hinsichten wurde der Bund lebhaft unterstützt durch die Weisheit der Regierungen, die jeden

* Unter Gleichheitskommunismus verstehe ich, wie gesagt, lediglich den Kommunismus, der sich ausschließlich oder vorwiegend auf die Gleichheitsforderung stützt.

mißliebigen Arbeiter – und das war in neun Fällen aus zehn ein Bundesmitglied – durch Ausweisung in einen Emissär verwandelten.

Die Ausbreitung des wiederhergestellten Bundes war eine bedeutende. Namentlich in der Schweiz hatten *Weitling*, *August Becker* (ein höchst bedeutender Kopf, der aber an innerer Haltlosigkeit zugrunde ging wie so viele Deutsche) und andre eine starke, mehr oder weniger auf Weitlings kommunistisches System vereidigte Organisation geschaffen. Es ist hier nicht der Ort, den Weitlingschen Kommunismus zu kritisieren. Aber für seine Bedeutung als erste selbständige theoretische Regung des deutschen Proletariats unterschreibe ich noch heute Marx' Worte im Pariser „Vorwärts!" von 1844: „Wo hätte die" (deutsche) „Bourgeoisie – ihre Philosophen und Schriftgelehrten eingerechnet – ein ähnliches Werk wie Weitlings ‚Garantien der Harmonie und Freiheit' *in bezug auf die Emanzipation der Bourgeoisie* – die politische Emanzipation – aufzuweisen? Vergleicht man die nüchterne, kleinlaute Mittelmäßigkeit der deutschen politischen Literatur mit diesem maßlosen und brillanten Debüt der deutschen Arbeiter; vergleicht man diese *riesenhaften Kinderschuhe des Proletariats* mit der Zwerghaftigkeit der ausgetretenen politischen Schuhe der Bourgeoisie, so muß man dem Aschenbrödel eine Athletengestalt prophezeien." [194] Diese Athletengestalt steht heute vor uns, obwohl noch lange nicht ausgewachsen.

Auch in Deutschland bestanden zahlreiche Sektionen, der Natur der Sache nach von vergänglicherer Natur; aber die entstehenden wogen die eingehenden mehr als auf. Die Polizei entdeckte erst nach sieben Jahren, Ende 1846, in Berlin (Mentel) und Magdeburg (Beck) eine Spur des Bundes, ohne imstande zu sein, sie weiter zu verfolgen.

In Paris hatte der noch 1840 dort befindliche Weitling ebenfalls die zersprengten Elemente wieder gesammelt, ehe er in die Schweiz ging.

Die Kerntruppe des Bundes waren die Schneider. Deutsche Schneider waren überall, in der Schweiz, in London, in Paris. In letzterer Stadt war das Deutsche so sehr herrschende Sprache des Geschäftszweigs, daß ich 1846 dort einen norwegischen, direkt zur See von Drontheim nach Frankreich gefahrnen Schneider kannte, der während 18 Monaten fast kein Wort Französisch, aber vortrefflich Deutsch gelernt hatte. Von den Pariser Gemeinden bestanden 1847 zwei vorwiegend aus Schneidern, eine aus Möbelschreinern.

Seit der Schwerpunkt von Paris nach London verlegt, trat ein neues Moment in den Vordergrund: Der Bund wurde aus einem deutschen allmählich ein *internationaler*. Im Arbeiterverein fanden sich außer Deutschen und Schweizern auch Mitglieder aller jener Nationalitäten ein, denen die deutsche Sprache vorwiegend als Verständigungsmittel mit Ausländern diente, also namentlich Skandinavier, Holländer, Ungarn, Tschechen, Südslawen, auch Russen und Elsässer. 1847 war unter andern auch ein englischer Gardegrenadier in Uniform regelmäßiger Stammgast. Der Verein nannte sich bald: *Kommunistischer* Arbeiterbildungsverein, und auf den Mitgliedskarten stand der Satz: „Alle Menschen sind Brüder" in wenigstens zwanzig Sprachen, wenn auch hie und da nicht ohne Sprachfehler. Wie der öffentliche Verein, so nahm auch der geheime Bund bald einen mehr internationalen Charakter an; zunächst noch in einem beschränkten Sinn, praktisch durch die verschiedene Nationalität der Mitglieder, theoretisch durch die Einsicht, daß jede Revolution, um siegreich zu sein, europäisch sein müsse. Weiter ging man noch nicht; aber die Grundlage war gegeben.

Mit den französischen Revolutionären hielt man durch die Londoner Flüchtlinge, die Kampfgenossen vom 12. Mai 1839, enge Verbindung. Desgleichen mit den radikaleren Polen. Die offizielle polnische Emigration, wie auch Mazzini, waren selbstverständlich mehr Gegner als Bundesgenossen. Die englischen Chartisten wurden wegen des spezifisch englischen Charakters ihrer Bewegung als unrevolutionär beiseite gelassen. Mit ihnen kamen die Londoner Leiter des Bundes erst später durch mich in Verbindung.

Auch sonst hatte sich der Charakter des Bundes mit den Ereignissen geändert. Obwohl man noch immer – und damals mit vollem Recht – auf Paris als die revolutionäre Mutterstadt blickte, war man doch aus der Abhängigkeit von den Pariser Verschwörern herausgekommen. Die Ausbreitung des Bundes hob sein Selbstbewußtsein. Man fühlte, daß man in der deutschen Arbeiterklasse mehr und mehr Wurzel faßte und daß diese deutschen Arbeiter geschichtlich berufen seien, den Arbeitern des europäischen Nordens und Ostens die Fahne voranzutragen. Man hatte in Weitling einen kommunistischen Theoretiker, den man seinen damaligen französischen Konkurrenten kühn an die Seite setzen durfte. Endlich war man durch die Erfahrung vom 12. Mai belehrt worden, daß es mit den Putschversuchen vorderhand nichts mehr sei. Und wenn man auch fortfuhr, jedes Ereignis sich als Anzeichen des hereinbrechenden Sturms auszulegen, wenn man die alten, halb konspiratorischen Statuten im ganzen aufrechthielt, so war das mehr die Schuld des alten revolutionären Trotzes, der schon anfing, mit der sich aufdringenden bessern Einsicht in Kollision zu kommen.

Dagegen hatte die gesellschaftliche Doktrin des Bundes, so unbestimmt sie war, einen sehr großen, aber in den Verhältnissen selbst begründeten

Fehler. Die Mitglieder, soweit sie überhaupt Arbeiter, waren fast ausschließlich eigentliche Handwerker. Der Mann, der sie ausbeutete, war selbst in den großen Weltstädten meist nur ein kleiner Meister. Die Ausbeutung selbst der Schneiderei auf großem Fuß, der jetzt sogenannten Konfektion, durch Verwandlung des Schneiderhandwerks in Hausindustrie für Rechnung eines großen Kapitalisten, war damals sogar in London erst im Aufkeimen. Einerseits war der Ausbeuter dieser Handwerker ein kleiner Meister, andrerseits hofften sie alle schließlich selbst kleine Meister zu werden. Und dabei klebten dem damaligen deutschen Handwerker noch eine Masse vererbter Zunftvorstellungen an. Es gereicht ihnen zur höchsten Ehre, daß sie, die selbst noch nicht einmal vollgültige Proletarier waren, sondern nur ein im Übergang ins moderne Proletariat begriffener Anhang des Kleinbürgertums, der noch nicht in direktem Gegensatz gegen die Bourgeoisie, d.h. das große Kapital, stand – daß diese Handwerker imstande waren, ihre künftige Entwicklung instinktiv zu antizipieren und, wenn auch noch nicht mit vollem Bewußtsein, sich als Partei des Proletariats zu konstituieren. Aber es war auch unvermeidlich, daß ihre alten Handwerkervorurteile ihnen jeden Augenblick ein Bein stellten, sobald es darauf ankam, die bestehende Gesellschaft im einzelnen zu kritisieren, d.h. ökonomische Tatsachen zu untersuchen. Und ich glaube nicht, daß im ganzen Bund damals ein einziger Mann war, der je ein Buch über Ökonomie gelesen hatte. Das verschlug aber wenig; die „Gleichheit", die „Brüderlichkeit" und die „Gerechtigkeit" halfen einstweilen über jeden theoretischen Berg.

Inzwischen hatte sich neben dem Kommunismus des Bundes und Weitlings ein zweiter, wesentlich verschiedner herausgebildet. Ich war in Manchester mit der Nase darauf gestoßen worden, daß die ökonomischen Tatsachen, die in der bisherigen Geschichtsschreibung gar keine oder nur eine verachtete Rolle spielen, wenigstens in der modernen Welt eine entscheidende geschichtliche Macht sind; daß sie die Grundlage bilden für die Entstehung der heutigen Klassengegensätze; daß diese Klassengegensätze in den Ländern, wo sie vermöge der großen Industrie sich voll entwickelt haben, also namentlich in England, wieder die Grundlage der politischen Parteibildung, der Parteikämpfe und damit der gesamten politischen Geschichte sind. Marx war nicht nur zu derselben Ansicht gekommen, sondern hatte sie auch schon in den „Deutsch-Französischen Jahrbüchern" (1844)[195] dahin verallgemeinert, daß überhaupt nicht der Staat die bürgerliche Gesellschaft, sondern die bürgerliche Gesellschaft den Staat bedingt und regelt, daß also die Politik und ihre Geschichte aus den ökonomischen

Verhältnissen und ihrer Entwicklung zu erklären ist, nicht umgekehrt. Als ich Marx im Sommer 1844 in Paris besuchte, stellte sich unsere vollständige Übereinstimmung auf allen theoretischen Gebieten heraus, und von da an datiert unsre gemeinsame Arbeit. Als wir im Frühjahr 1845 in Brüssel wieder zusammenkamen, hatte Marx aus den obigen Grundlagen schon seine materialistische Geschichtstheorie in den Hauptzügen fertig herausentwikkelt, und wir setzten uns nun daran, die neugewonnene Anschauungsweise nach den verschiedensten Richtungen hin im einzelnen auszuarbeiten.

Diese die Geschichtswissenschaft umwälzende Entdeckung, die, wie man sieht, wesentlich das Werk von Marx ist und an der ich mir nur einen sehr geringen Anteil zuschreiben kann, war aber von unmittelbarer Wichtigkeit für die gleichzeitige Arbeiterbewegung. Kommunismus bei Franzosen und Deutschen, Chartismus bei den Engländern erschien nun nicht mehr als etwas Zufälliges, das ebensogut auch hätte nicht dasein können. Diese Bewegungen stellten sich nun dar als eine Bewegung der modernen unterdrückten Klasse, des Proletariats, als mehr oder minder entwickelte Formen ihres geschichtlich notwendigen Kampfs gegen die herrschende Klasse, die Bourgeoisie; als Formen des Klassenkampfs, aber unterschieden von allen früheren Klassenkämpfen durch dies eine: daß die heutige unterdrückte Klasse, das Proletariat, seine Emanzipation nicht durchführen kann, ohne gleichzeitig die ganze Gesellschaft von der Scheidung in Klassen und damit von den Klassenkämpfen zu emanzipieren. Und Kommunismus hieß nun nicht mehr: Ausheckung, vermittelst der Phantasie, eines möglichst vollkommenen Gesellschaftsideals, sondern: Einsicht in die Natur, die Bedingungen und die daraus sich ergebenden allgemeinen Ziele des vom Proletariat geführten Kampfs.

Wir waren nun keineswegs der Absicht, die neuen wissenschaftlichen Resultate in dicken Büchern ausschließlich der „gelehrten" Welt zuzuflüstern. Im Gegenteil. Wir saßen beide schon tief in der politischen Bewegung, hatten unter der gebildeten Welt, namentlich Westdeutschlands, einen gewissen Anhang und reichliche Fühlung mit dem organisierten Proletariat. Wir waren verpflichtet, unsre Ansicht wissenschaftlich zu begründen; ebenso wichtig aber war es auch für uns, das europäische und zunächst das deutsche Proletariat für unsere Überzeugung zu gewinnen. Sobald wir erst mit uns selbst im reinen, ging's an die Arbeit. In Brüssel stifteten wir einen deutschen Arbeiterverein und bemächtigten uns der „Deutschen-Brüsseler-Zeitung" [196], in der wir bis zur Februarrevolution ein Organ hatten. Mit dem revolutionären Teil der englischen Chartisten verkehrten wir durch Julian Harney, den Redakteur des Zentralorgans der Bewegung, „The

Northern Star" [197], dessen Mitarbeiter ich war. Ebenso standen wir in einer Art Kartell mit den Brüsseler Demokraten (Marx war Vizepräsident der Demokratischen Gesellschaft) und den französischen Sozialdemokraten von der „Réforme" [198], der ich Nachrichten über die englische und deutsche Bewegung lieferte. Kurz, unsre Verbindungen mit den radikalen und proletarischen Organisationen und Preßorganen waren ganz nach Wunsch.

Mit dem Bund der Gerechten standen wir folgendermaßen. Die Existenz des Bundes war uns natürlich bekannt; 1843 hatte mir Schapper den Eintritt angetragen, den ich damals selbstredend ablehnte. Wir blieben aber nicht nur mit den Londonern in fortwährender Korrespondenz, sondern in noch engerm Verkehr mit Dr. Ewerbeck, dem jetzigen Leiter der Pariser Gemeinden. Ohne uns um die innern Bundesangelegenheiten zu kümmern, erfuhren wir doch von jedem wichtigen Vorgang. Andrerseits wirkten wir mündlich, brieflich und durch die Presse auf die theoretischen Ansichten der bedeutendsten Bundesmitglieder ein. Hierzu dienten auch verschiedne lithographierte Zirkulare, die wir bei besondern Gelegenheiten, wo es sich um Interna der sich bildenden kommunistischen Partei handelte, an unsre Freunde und Korrespondenten in die Welt sandten. Bei diesen kam der Bund zuweilen selbst ins Spiel. So war ein junger westfälischer Studiosus, Hermann Kriege, der nach Amerika ging, dort als Bundesemissär aufgetreten, hatte sich mit dem verrückten Harro Harring assoziiert, um vermittelst des Bundes Südamerika aus den Angeln zu heben, und hatte ein Blatt [199] gegründet, worin er einen auf „Liebe" beruhenden, von Liebe überfließenden, überschwenglichen Kommunismus der Liebesduselei im Namen des Bundes predigte. Hiergegen fuhren wir los in einem Zirkular[1], das seine Wirkung nicht verfehlte. Kriege verschwand von der Bundesbühne.

Später kam Weitling nach Brüssel. Aber er war nicht mehr der naive junge Schneidergeselle, der, über seine eigene Begabung erstaunt, sich klar darüber zu werden sucht, wie denn eine kommunistische Gesellschaft wohl aussehen möge. Er war der wegen seiner Überlegenheit von Neidern verfolgte große Mann, der überall Rivalen, heimliche Feinde, Fallstricke witterte; der von Land zu Land gehetzte Prophet, der ein Rezept zur Verwirklichung des Himmels auf Erden fertig in der Tasche trug und sich einbildete, jeder gehe darauf aus, es ihm zu stehlen. Er hatte sich in London schon mit den Leuten des Bundes überworfen, und auch in Brüssel, wo besonders Marx und seine Frau ihm mit fast übermenschlicher Geduld entgegen-

[1] Siehe Band 4 unserer Ausgabe, S.3–17

kamen, konnte er mit niemand auskommen. So ging er bald darauf nach Amerika, um es dort mit dem Prophetentum zu versuchen.

Alle diese Umstände trugen bei zu der stillen Umwälzung, die sich im Bund und namentlich unter den Londoner Leitern vollzog. Die Unzulänglichkeit der bisherigen Auffassung des Kommunismus, sowohl des französischen einfachen Gleichheitskommunismus wie des Weitlingschen, wurde ihnen mehr und mehr klar. Die von Weitling eingeleitete Zurückführung des Kommunismus auf das Urchristentum – so geniale Einzelheiten sich in seinem „Evangelium des armen Sünders" finden – hatte in der Schweiz dahin geführt, die Bewegung großenteils in die Hände zuerst von Narren wie Albrecht und dann von ausbeutenden Schwindelpropheten wie Kuhlmann zu liefern. Der von einigen Belletristen vertriebne „wahre Sozialismus", eine Übersetzung französischer sozialistischer Wendungen in verdorbenes Hegeldeutsch und sentimentale Liebesduselei (siehe den Abschnitt über den deutschen oder „wahren" Sozialismus im „Kommunistischen Manifest"[1]), den Kriege und die Lektüre der betreffenden Schriften in den Bund eingeführt, mußte schon seiner speichelfließenden Kraftlosigkeit wegen den alten Revolutionären des Bundes zum Ekel werden. Gegenüber der Unhaltbarkeit der bisherigen theoretischen Vorstellungen, gegenüber den daraus sich herleitenden praktischen Abirrungen sah man in London mehr und mehr ein, daß Marx und ich mit unsrer neuen Theorie recht hatten. Diese Einsicht wurde unzweifelhaft dadurch befördert, daß sich unter den Londoner Führern jetzt zwei Männer befanden, die den Genannten an Befähigung zu theoretischer Erkenntnis bedeutend überlegen waren: der Miniaturmaler Karl Pfänder aus Heilbronn und der Schneider Georg Eccarius aus Thüringen.*

Genug, im Frühjahr 1847 erschien Moll in Brüssel bei Marx und gleich darauf in Paris bei mir, um uns im Namen seiner Genossen mehrmals zum Eintritt in den Bund aufzufordern. Sie seien von der allgemeinen Richtigkeit unserer Auffassungsweise ebensosehr überzeugt wie von der Notwendigkeit, den Bund von den alten konspiratorischen Traditionen und

* Pfänder ist vor ungefähr acht Jahren in London gestorben. Er war ein eigentümlich feindenkender Kopf, witzig, ironisch, dialektisch. Eccarius war bekanntlich später langjähriger Generalsekretär der Internationalen Arbeiterassoziation, in deren Generalrat unter andern folgende alte Bundesmitglieder saßen: Eccarius, Pfänder, Leßner, Lochner, Marx, ich. Eccarius hat sich später ausschließlich der englischen Gewerkschaftsbewegung zugewandt.

[1] Siehe Band 4 unserer Ausgabe, S. 485–488

Formen zu befreien. Wollten wir eintreten, so sollte uns Gelegenheit gegeben werden, auf einem Bundeskongreß unsren kritischen Kommunismus in einem Manifest zu entwickeln, das sodann als Manifest des Bundes veröffentlicht würde; und ebenso würden wir das unsrige beitragen können, daß die veraltete Organisation des Bundes durch eine neue zeit- und zweckgemäße ersetzt werde.

Daß eine Organisation innerhalb der deutschen Arbeiterklasse schon der Propaganda wegen notwendig sei und daß diese Organisation, soweit sie nicht bloß lokaler Natur, selbst außerhalb Deutschlands nur eine geheime sein könne, darüber waren wir nicht im Zweifel. Nun bestand aber grade im Bund bereits eine solche Organisation. Das, was wir bisher an diesem Bund auszusetzen gehabt, wurde jetzt von den Vertretern des Bundes selbst als fehlerhaft preisgegeben; wir selbst wurden aufgefordert, zur Reorganisation mitzuarbeiten. Konnten wir nein sagen? Sicher nicht. Wir traten also in den Bund; Marx bildete in Brüssel aus unsern näheren Freunden eine Bundesgemeinde, während ich die drei Pariser Gemeinden besuchte.

Im Sommer 1847 fand der erste Bundeskongreß in London statt, wo W. Wolff die Brüsseler und ich die Pariser Gemeinden vertrat. Hier wurde zunächst die Reorganisation des Bundes durchgeführt. Was noch von den alten mystischen Namen aus der Konspirationszeit übrig, wurde jetzt auch abgeschafft; der Bund organisierte sich in Gemeinden, Kreise, leitende Kreise, Zentralbehörde und Kongreß und nannte sich von nun an: „Bund der Kommunisten". „Der Zweck des Bundes ist der Sturz der Bourgeoisie, die Herrschaft des Proletariats, die Aufhebung der alten, auf Klassengegensätzen beruhenden bürgerlichen Gesellschaft und die Gründung einer neuen Gesellschaft ohne Klassen und ohne Privateigentum" – so lautet der erste Artikel[200]. Die Organisation selbst war durchaus demokratisch, mit gewählten und stets absetzbaren Behörden und hiedurch allein allen Konspirationsgelüsten, die Diktatur erfordern, ein Riegel vorgeschoben und der Bund – für gewöhnliche Friedenszeiten wenigstens – in eine reine Propagandagesellschaft verwandelt. Diese neuen Statuten – so demokratisch wurde jetzt verfahren – wurden den Gemeinden zur Diskussion vorgelegt, dann auf dem zweiten Kongreß nochmals durchberaten und von ihm definitiv am 8. Dezember 1847 angenommen. Sie stehn abgedruckt bei Wermuth und Stieber, I, S. 239, Anl. X.

Der zweite Kongreß fand statt Ende November und Anfang Dezember desselben Jahres. Hier war auch Marx anwesend und vertrat in längerer Debatte – der Kongreß dauerte mindestens 10 Tage – die neue Theorie. Aller Widerspruch und Zweifel wurde endlich erledigt, die neuen Grundsätze einstimmig angenommen und Marx und ich beauftragt, das Manifest auszuarbeiten. Dies geschah unmittelbar nachher. Wenige Wochen vor der Februarrevolution wurde es nach London zum Druck geschickt. Seitdem hat es die Reise um die Welt gemacht, ist in fast alle Sprachen übersetzt worden und dient noch heute in den verschiedensten Ländern als Leitfaden der proletarischen Bewegung. An die Stelle des alten Bundesmottos: „Alle Menschen sind Brüder", trat der neue Schlachtruf: „Proletarier aller Länder, vereinigt euch!", der den internationalen Charakter des Kampfes offen proklamierte. Siebzehn Jahre später durchhallte dieser Schlachtruf die Welt als Feldgeschrei der Internationalen Arbeiterassoziation, und heute hat ihn das streitbare Proletariat aller Länder auf seine Fahne geschrieben.

Die Februarrevolution brach aus. Sofort übertrug die bisherige Londoner Zentralbehörde ihre Befugnisse an den leitenden Kreis Brüssel. Aber dieser Beschluß traf ein zu einer Zeit, wo in Brüssel schon ein tatsächlicher Belagerungszustand herrschte und namentlich die Deutschen sich nirgends mehr versammeln konnten. Wir waren eben alle auf dem Sprung nach Paris, und so beschloß die neue Zentralbehörde, sich ebenfalls aufzulösen, ihre sämtlichen Vollmachten an Marx zu übertragen und ihn zu bevollmächtigen, in Paris sofort eine neue Zentralbehörde zu konstituieren. Kaum waren die fünf Leute, die diesen Beschluß (3. März 1848) gefaßt, auseinandergegangen, als die Polizei in Marx' Wohnung drang, ihn verhaftete und am nächsten Tage nach Frankreich abzureisen zwang, wohin er grade gehn wollte.

In Paris fanden wir uns bald alle wieder zusammen. Dort wurde auch das folgende, von den Mitgliedern der neuen Zentralbehörde unterzeichnete Dokument verfaßt, das in ganz Deutschland verbreitet wurde und woraus auch heute mancher noch etwas lernen kann:

„Forderungen der Kommunistischen Partei in Deutschland"[201]

1. Ganz Deutschland wird zu einer einigen, unteilbaren Republik erklärt.
3. Die Volksvertreter werden besoldet, damit auch der Arbeiter im Parlament des deutschen Volkes sitzen könne.
4. Allgemeine Volksbewaffnung.

7. Die fürstlichen und andern feudalen Landgüter, alle Bergwerke, Gruben usw. werden in Staatseigentum umgewandelt. Auf diesen Landgütern wird der Ackerbau im großen und mit den modernsten Hilfsmitteln der Wissenschaft zum Vorteile der Gesamtheit betrieben.
8. Die Hypotheken auf den Bauerngütern werden für Staatseigentum erklärt. Die Interessen für jene Hypotheken werden von den Bauern an den Staat gezahlt.
9. In den Gegenden, wo das Pachtwesen entwickelt ist, wird die Grundrente oder der Pachtschilling als Steuer an den Staat gezahlt.
11. Alle Transportmittel: Eisenbahnen, Kanäle, Dampfschiffe, Wege, Posten etc. nimmt der Staat in seine Hand. Sie werden in Staatseigentum umgewandelt und der unbemittelten Klasse zur unentgeltlichen Verfügung gestellt.
14. Beschränkung des Erbrechts.
15. Einführung von starken Progressivsteuern und Abschaffung der Konsumtionssteuern.
16. Errichtung von Nationalwerkstätten. Der Staat garantiert allen Arbeitern ihre Existenz und versorgt die zur Arbeit Unfähigen.
17. Allgemeine, unentgeltliche Volkserziehung.

Es liegt im Interesse des deutschen Proletariats, des kleinen Bürger- und Bauernstandes, mit aller Energie an der Durchsetzung obiger Maßregeln zu arbeiten. Denn nur durch Verwirklichung derselben können die Millionen, die bisher in Deutschland von einer kleinen Zahl ausgebeutet wurden und die man weiter in Unterdrückung zu erhalten suchen wird, zu ihrem Rechte und zu derjenigen Macht gelangen, die ihnen, als den Hervorbringern alles Reichtums, gebührt.

Das Komitee:

Karl Marx Karl Schapper H. Bauer F. Engels J. Moll W. Wolff

In Paris herrschte damals die Manie der revolutionären Legionen. Spanier, Italiener, Belgier, Holländer, Polen, Deutsche taten sich in Haufen zusammen, um ihre respektiven Vaterländer zu befreien. Die deutsche Legion wurde geführt von Herwegh, Bornstedt, Börnstein. Da sofort nach der Revolution alle ausländischen Arbeiter nicht nur beschäftigungslos, sondern auch noch vom Publikum drangsaliert wurden, fanden diese Legionen starken Zulauf. Die neue Regierung sah in ihnen ein Mittel, die fremden

Arbeiter loszuwerden, und bewilligte ihnen l'étape du soldat, d.h. Marschquartiere und die Marschzulage von 50 Centimen per Tag bis an die Grenze, wo dann der stets zu Tränen gerührte Minister des Auswärtigen, der Schönredner Lamartine, schon Gelegenheit fand, sie an ihre respektiven Regierungen zu verraten.

Wir widersetzten uns dieser Revolutionsspielerei aufs entschiedenste. Mitten in die damalige Gärung Deutschlands eine Invasion hineintragen, die die Revolution zwangsmäßig von außen importieren sollte, das hieß der Revolution in Deutschland selbst ein Bein stellen, die Regierungen stärken und die Legionäre selbst – dafür bürgte Lamartine – den deutschen Truppen wehrlos in die Hände liefern. Als dann in Wien und Berlin die Revolution siegte, wurde die Legion erst recht zwecklos; aber man hatte einmal angefangen, und so wurde weitergespielt.

Wir stifteten einen deutschen kommunistischen Klub [202], worin wir den Arbeitern rieten, der Legion fernzubleiben, dagegen einzeln nach der Heimat zurückzukehren und dort für die Bewegung zu wirken. Unser alter Freund Flocon, der in der provisorischen Regierung saß, erwirkte für die von uns fortgeschickten Arbeiter dieselben Reisebegünstigungen, die den Legionären zugesagt waren. So beförderten wir drei- bis vierhundert Arbeiter nach Deutschland zurück, darunter die große Mehrzahl der Bundesglieder.

Wie leicht vorherzusehn, erwies sich der Bund, gegenüber der jetzt losgebrochenen Bewegung der Volksmassen, als ein viel zu schwacher Hebel. Drei Viertel der Bundesglieder, die früher im Ausland wohnten, hatten durch Rückkehr in die Heimat ihren Wohnsitz gewechselt; ihre bisherigen Gemeinden waren damit großenteils aufgelöst, alle Fühlung mit dem Bund ging für sie verloren. Ein Teil der Ehrgeizigeren unter ihnen suchte sie auch nicht wieder zu gewinnen, sondern fing, jeder in seiner Lokalität, eine kleine Separatbewegung auf eigne Rechnung an. Und endlich lagen die Verhältnisse in jedem einzelnen Kleinstaat, jeder Provinz, jeder Stadt wieder so verschieden, daß der Bund außerstande gewesen wäre, mehr als ganz allgemeine Direktiven zu geben; diese waren aber viel besser durch die Presse zu verbreiten. Kurz, mit dem Augenblick, wo die Ursachen aufhörten, die den geheimen Bund notwendig gemacht hatten, hörte auch der geheime Bund auf, als solcher etwas zu bedeuten. Das aber konnte am wenigsten die Leute überraschen, die soeben erst demselben geheimen Bund den letzten Schatten konspiratorischen Charakters abgestreift.

Daß aber der Bund eine vorzügliche Schule der revolutionären Tätigkeit gewesen, bewies sich jetzt. Am Rhein, wo die „Neue Rheinische Zeitung" einen festen Mittelpunkt bot, in Nassau, Rheinhessen etc. standen überall

Bundesglieder an der Spitze der extrem-demokratischen Bewegung. Desgleichen in Hamburg. In Süddeutschland stand das Vorherrschen der kleinbürgerlichen Demokratie im Weg. In Breslau war Wilhelm Wolff bis in den Sommer 1848 hinein mit großem Erfolg tätig; er erhielt auch ein schlesisches Mandat als Stellvertreter zum Frankfurter Parlament. Endlich in Berlin stiftete der Schriftsetzer Stephan Born, der in Brüssel und Paris als tätiges Bundesmitglied gewirkt hatte, eine „Arbeiterverbrüderung", die eine ziemliche Verbreitung erhielt und bis 1850 bestand. Born, ein sehr talentvoller junger Mann, der es aber mit seiner Verwandlung in eine politische Größe etwas zu eilig hatte, „verbrüderte" sich mit den verschiedenartigsten Krethi und Plethi, um nur einen Haufen zusammenzubekommen, und war keineswegs der Mann, der Einheit in die widerstrebenden Tendenzen, Licht in das Chaos bringen konnte. In den amtlichen Veröffentlichungen des Vereins laufen daher auch die im „Kommunistischen Manifest" vertretenen Ansichten kunterbunt durcheinander mit Zunfterinnerungen und Zunftwünschen, Abfällen von Louis Blanc und Proudhon, Schutzzöllnerei usw., kurz, man wollte allen alles sein. Speziell wurden Streiks, Gewerksgenossenschaften, Produktivgenossenschaften ins Werk gesetzt und vergessen, daß es sich vor allem darum handelte, durch politische Siege sich erst das Gebiet zu erobern, worauf allein solche Dinge auf die Dauer durchführbar waren. Als dann die Siege der Reaktion den Leitern der Verbrüderung die Notwendigkeit fühlbar machten, direkt in den Revolutionskampf einzutreten, wurden sie von der verworrenen Masse, die sie um sich gruppiert, selbstredend im Stich gelassen. Born beteiligte sich am Dresdner Mai-Aufstand 1849[203] und entkam glücklich. Die „Arbeiterverbrüderung" aber hatte sich, gegenüber der großen politischen Bewegung des Proletariats, als ein reiner Sonderbund bewährt, der großenteils nur auf dem Papier bestand und eine so untergeordnete Rolle spielte, daß die Reaktion ihn erst 1850 und seine fortbestehenden Ableger erst mehrere Jahre nachher zu unterdrücken für nötig fand. Born, der eigentlich Buttermilch heißt, wurde keine politische Größe, sondern ein kleiner Schweizer Professor, der nicht mehr den Marx ins Zünftlerische, sondern den sanften Renan in sein eignes süßliches Deutsch übersetzt.

Mit dem 13. Juni 1849 in Paris[25], mit der Niederlage der deutschen Mai-Aufstände und der Niederwerfung der ungarischen Revolution durch die Russen war eine große Periode der 1848er Revolution abgeschlossen. Aber der Sieg der Reaktion war soweit noch keineswegs endgültig. Eine Neuorganisation der zersprengten revolutionären Kräfte war geboten und damit auch die des Bundes. Die Verhältnisse verboten wieder, wie vor 1848, jede öffentliche Organisation des Proletariats; man mußte also sich von neuem geheim organisieren.

Im Herbst 1849 fanden sich die meisten Mitglieder der frühern Zentralbehörden und Kongresse wieder in London zusammen. Es fehlte nur noch Schapper, der in Wiesbaden saß, aber nach seiner Freisprechung im Frühjahr 1850 ebenfalls kam, und Moll, der, nachdem er eine Reihe der gefährlichsten Missions- und Agitationsreisen erledigt – zuletzt warb er mitten unter der preußischen Armee in der Rheinprovinz Fahrkanoniere für die pfälzische Artillerie –, in die Besançoner Arbeiterkompanie des Willichschen Korps eintrat und im Gefecht an der Murg, vorwärts der Rothenfelser Brücke, durch einen Schuß in den Kopf getötet wurde. Dagegen trat nun Willich ein. Willich war einer der seit 1845 im westlichen Deutschland so häufigen Gemütskommunisten, also schon deshalb in instinktivem, geheimem Gegensatz gegen unsre kritische Richtung. Er war aber mehr, er war vollständiger Prophet, von seiner persönlichen Mission als prädestinierter Befreier des deutschen Proletariats überzeugt und als solcher direkter Prätendent auf die politische nicht minder als auf die militärische Diktatur. Dem früher von Weitling gepredigten urchristlichen Kommunismus trat somit eine Art von kommunistischem Islam zur Seite. Doch blieb die Propaganda dieser neuen Religion zunächst auf die von Willich befehligte Flüchtlingskaserne beschränkt.

Der Bund wurde also neu organisiert, die im Anhang (IX, Nr. 1) abgedruckte Ansprache vom März 1850[204] erlassen und Heinrich Bauer als Emissär nach Deutschland geschickt. Die von Marx und mir redigierte Ansprache ist noch heute von Interesse, weil die kleinbürgerliche Demokratie auch jetzt noch diejenige Partei ist, welche bei der nächsten europäischen Erschütterung, die nun bald fällig wird (die Verfallzeit der europäischen Revolutionen, 1815, 1830, 1848–1852, 1870, währt in unserm Jahrhundert 15 bis 18 Jahre), in Deutschland unbedingt zunächst ans Ruder kommen muß, als Retterin der Gesellschaft vor den kommunistischen Arbeitern. Manches von dem dort Gesagten paßt also noch heute. Die Missionsreise Heinrich Bauers war von vollständigem Erfolg gekrönt. Der kleine fidele Schuhmacher war ein geborner Diplomat. Er brachte die teils lässig gewordnen, teils auf eigne Rechnung operierenden ehemaligen Bundesglieder wieder in die aktive Organisation, namentlich auch die jetzigen Führer der „Arbeiterverbrüderung". Der Bund fing an, in den Arbeiter-, Bauern- und Turnvereinen in weit größerem Maß als vor 1848 die dominierende Rolle zu spielen, so daß schon die nächste vierteljährliche Ansprache an die Gemeinden vom Juni 1850 konstatieren konnte, der im Interesse der kleinbürgerlichen Demokratie Deutschland bereisende Studiosus Schurz aus Bonn (der spätere amerikanische Exminister) „habe alle brauchbaren Kräfte schon in den Händen des Bundes gefunden" (s. Anhang IX, Nr. 2)[205]. Der Bund war unbedingt die einzige revolutionäre Organisation, die in Deutschland eine Bedeutung hatte.

Wozu diese Organisation aber dienen sollte, das hing sehr wesentlich davon ab, ob die Aussichten auf einen erneuten Aufschwung der Revolution sich verwirklichten. Und dies wurde im Lauf des Jahres 1850 immer unwahrscheinlicher, ja unmöglicher. Die industrielle Krisis von 1847, die die Revolution von 1848 vorbereitet hatte, war überwunden; eine neue, bisher unerhörte Periode der industriellen Prosperität war angebrochen; wer Augen hatte zu sehn und sie gebrauchte, für den mußte es klar sein, daß der Revolutionssturm von 1848 sich allmählich erschöpfte.

„Bei dieser allgemeinen Prosperität, worin die Produktivkräfte der bürgerlichen Gesellschaft sich so üppig entwickeln, wie dies innerhalb der bürgerlichen Verhältnisse überhaupt möglich ist, *kann von einer wirklichen Revolution keine Rede sein.* Eine solche Revolution ist nur in den Perioden möglich, wo diese beiden Faktoren, die modernen Produktionskräfte und die bürgerlichen Produktionsformen, miteinander in Widerspruch geraten. Die verschiedenen Zänkereien, in denen sich jetzt die Repräsentanten der einzelnen Fraktionen der kontinentalen Ordnungspartei ergehn und gegenseitig kompromittieren, weit entfernt zu neuen Revolutionen Anlaß zu geben, sind im Gegenteil nur möglich, weil die Grundlage der Verhältnisse momentan so sicher und, was die Reaktion nicht weiß, so *bürgerlich* ist. An ihr werden alle die bürgerliche Entwicklung aufhaltenden Reaktionsversuche *ebenso sicher abprallen wie alle sittliche Entrüstung und alle begeisterten Proklamationen der Demokraten.*" So schrieb Marx und ich in der „Revue von Mai bis Oktober 1850" in der „Neuen Rheinischen Zeitung. Politisch-ökonomische Revue"[206], V. und VI. Heft, Hamburg 1850, S. 153[1].

Diese kühle Auffassung der Lage war aber für viele Leute eine Ketzerei zu einer Zeit, wo Ledru-Rollin, Louis Blanc, Mazzini, Kossuth, und von kleineren deutschen Lichtern Ruge, Kinkel, Goegg und wie sie alle heißen, sich in London haufenweise zu provisorischen Zukunftsregierungen, nicht nur für ihre respektiven Vaterländer, sondern auch für ganz Europa zusammentaten und wo es nur noch darauf ankam, das nötige Geld als Revolutionsanleihe in Amerika aufzunehmen, um die europäische Revolution benebst den damit selbstverständlichen verschiednen Republiken im Nu

[1] Siehe Band 7 unserer Ausgabe, S. 440

zu verwirklichen. Daß ein Mann wie Willich hier hineinfiel und daß auch Schapper aus altem Revolutionsdrang sich betören ließ, daß die Mehrzahl der Londoner Arbeiter, großenteils selbst Flüchtlinge, ihnen in das Lager der bürgerlich-demokratischen Revolutionsmacher folgte, wen kann es wundern? Genug, die von uns verteidigte Zurückhaltung war nicht nach dem Sinn dieser Leute; es sollte in die Revolutionsmacherei eingetreten werden; wir weigerten uns aufs entschiedenste. Die Spaltung erfolgte; das Weitere ist in den „Enthüllungen" zu lesen. Dann kam die Verhaftung zuerst Nothjungs, dann Haupts in Hamburg, der zum Verräter wurde, indem er die Namen der Kölner Zentralbehörde angab und im Prozeß als Hauptzeuge dienen sollte; aber seine Verwandten wollten diese Schande nicht erleben und beförderten ihn nach Rio de Janeiro, wo er sich später als Kaufmann etablierte und in Anerkennung seiner Verdienste erst preußischer und dann deutscher Generalkonsul wurde. Er ist jetzt wieder in Europa.*

Zum besseren Verständnis des Folgenden gebe ich die Liste der Kölner Angeklagten: 1. P.G.Röser, Zigarrenarbeiter; 2. Heinrich Bürgers, später verstorbener fortschrittlicher Landtagsabgeordneter; 3. Peter Nothjung, Schneider, vor wenigen Jahren als Photograph in Breslau gestorben; 4. W.J.Reiff; 5. Dr.Hermann Becker, jetzt Oberbürgermeister von Köln und Mitglied des Herrenhauses; 6. Dr.Roland Daniels, Arzt, wenige Jahre nach dem Prozeß an der im Gefängnis erworbenen Schwindsucht gestorben; 7. Karl Otto, Chemiker; 8. Dr.Abraham Jacobi, jetzt Arzt in New York; 9. Dr.J.J.Klein, jetzt Arzt und Stadtverordneter in Köln; 10. Ferdinand Freiligrath, der aber damals schon in London war; 11. J.L.Ehrhard, Kommis; 12. Friedrich Leßner, Schneider, jetzt in London. Von diesen wurden, nachdem die öffentlichen Verhandlungen vor den Geschwornen vom 4.Oktober bis 12.November 1852 gedauert, wegen versuchten Hochverrats verurteilt: Röser, Bürgers und Nothjung zu 6, Reiff, Otto, Becker zu 5, Leßner zu 3 Jahren Festungshaft, Daniels, Klein, Jacobi und Ehrhard wurden freigesprochen.

Mit dem Kölner Prozeß schließt diese erste Periode der deutschen kommunistischen Arbeiterbewegung. Unmittelbar nach der Verurteilung lösten

* Schapper starb Ende der sechziger Jahre in London. Willich machte den amerikanischen Bürgerkrieg mit Auszeichnung mit; er erhielt in der Schlacht bei Murfreesboro (Tennessee) als Brigadegeneral einen Schuß durch die Brust, wurde aber geheilt und starb vor etwa zehn Jahren in Amerika. – Von andern oben erwähnten Personen will ich noch bemerken, daß Heinrich Bauer in Australien verschollen ist, Weitling und Ewerbeck in Amerika gestorben sind.

wir unsern Bund auf; wenige Monate nachher ging auch der Willich-Schappersche Sonderbund[207] ein zur ewigen Ruhe.

Zwischen damals und jetzt liegt ein Menschenalter. Damals war Deutschland ein Land des Handwerks und der auf Handarbeit beruhenden Hausindustrie; jetzt ist es ein noch in fortwährender industrieller Umwälzung begriffnes großes Industrieland. Damals mußte man die Arbeiter einzeln zusammensuchen, die Verständnis hatten für ihre Lage als Arbeiter und ihren geschichtlich-ökonomischen Gegensatz gegen das Kapital, weil dieser Gegensatz selbst erst im Entstehen begriffen war. Heute muß man das gesamte deutsche Proletariat unter Ausnahmegesetze stellen, um nur den Prozeß seiner Entwicklung zum vollen Bewußtsein seiner Lage als unterdrückte Klasse um ein geringes zu verlangsamen. Damals mußten sich die wenigen Leute, die zur Erkenntnis der geschichtlichen Rolle des Proletariats durchgedrungen, im geheimen zusammentun, in kleinen Gemeinden von drei bis zwanzig Mann verstohlen sich versammeln. Heute braucht das deutsche Proletariat keine offizielle Organisation mehr, weder öffentliche noch geheime; der einfache, sich von selbst verstehende Zusammenhang gleichgesinnter Klassengenossen reicht hin, um ohne alle Statuten, Behörden, Beschlüsse und sonstige greifbare Formen das gesamte Deutsche Reich zu erschüttern. Bismarck ist Schiedsrichter in Europa, draußen jenseits der Grenze; aber drinnen wächst täglich drohender jene Athletengestalt des deutschen Proletariats empor, die Marx schon 1844 vorhersah, der Riese, dem das auf den Philister bemessene enge Reichsgebäude schon zu knapp wird und dessen gewaltige Statur und breite Schultern dem Augenblick entgegenwachsen, wo sein bloßes Aufstehn vom Sitz den ganzen Reichsverfassungsbau in Trümmer sprengt. Und mehr noch. Die internationale Bewegung des europäischen und amerikanischen Proletariats ist jetzt so erstarkt, daß nicht nur ihre erste enge Form – der geheime Bund –, sondern selbst ihre zweite, unendlich umfassendere Form – die öffentliche Internationale Arbeiterassoziation – eine Fessel für sie geworden und daß das einfache, auf der Einsicht in die Dieselbigkeit der Klassenlage beruhende Gefühl der Solidarität hinreicht, unter den Arbeitern aller Länder und Zungen eine und dieselbe große Partei des Proletariats zu schaffen und zusammenzuhalten. Die Lehren, die der Bund von 1847 bis 1852 vertrat und die damals als die Hirngespinste extremer Tollköpfe, als Geheimlehre einiger zersprengten Sektierer vom weisen Philisterium mit Achselzucken behandelt werden durften, sie haben jetzt zahllose Anhänger in allen zivilisierten Ländern der Welt, unter den Verdammten der sibirischen Bergwerke wie unter den Goldgräbern Kaliforniens; und der Begründer dieser Lehre, der bestgehaßte, bestverleumdete Mann seiner Zeit, Karl Marx, war, als er starb, der stets gesuchte und stets willige Ratgeber des Proletariats beider Welten.

London, 8. Oktober 1885

Friedrich Engels

Nach: Karl Marx, „Enthüllungen über den Kommunisten-Prozeß zu Köln", Hottingen-Zürich 1885.

Première année – N° 9 Samedi 17 Octobre 1885.

LE SOCIALISTE

Organe du Parti ouvrier

LE NUMERO : 10 CENTIMES
ABONNEMENTS : France, 3 m. 1 fr. 50; 6 m. 3 fr.; Un an, 6 fr.
Étranger, – 2 fr. – 4 fr. – 8 fr.

PARAISSANT LE SAMEDI
Comité de Rédaction :
G. Deville, R. Fréjac, J. Guesde, P. Lafargue, A. Le Tailleur.

RÉDACTION ET ADMINISTRATION :
17, rue du Croissant, Paris.
ANNONCES : au bureau du Journal

[Die Situation[208]]

[„Le Socialiste" Nr. 8
vom 17. Oktober 1885]

London, 12. Oktober 1885

... Ich bin nicht der Ansicht, daß der 4. Oktober eine Niederlage ist, es sei denn, daß Sie sich allen möglichen Illusionen hingegeben hatten. Es handelte sich darum, die Opportunisten zu zerschlagen – und sie sind zerschlagen worden. Aber um sie zu zerschlagen, bedurfte es eines Drucks von zwei entgegengesetzten Seiten, von rechts und von links. Daß der Druck von rechts stärker gewesen ist, als man erwartet hatte, ist offensichtlich. Aber das macht die Situation viel revolutionärer.

Der Bourgeois, der große und der kleine, hat den verkappten Orleanisten und Bonapartisten die offenen Orleanisten und Bonapartisten vorgezogen, er hat den Männern, die sich auf Kosten der Nation bereichern wollen, jene vorgezogen, die sich schon durch Diebstahl an ihr bereichert haben – er hat den Konservativen von morgen die Konservativen von gestern vorgezogen. Das ist alles.

Die Monarchie ist in Frankreich unmöglich, sei es auch nur wegen der Vielzahl der Thronprätendenten. Wäre sie möglich, so wäre dies ein Zeichen, daß die Anhänger Bismarcks recht haben, wenn sie von der Degeneration Frankreichs sprechen. Aber diese Degeneration betrifft nur die Bourgeoisie, in Deutschland und in England ebenso wie in Frankreich.

Die Republik bleibt immer die Regierung, die die drei monarchistischen Sekten[209] am wenigsten spaltet, die ihnen gestattet, sich in einer konservativen Partei zu vereinen. Wenn die Möglichkeit einer monarchistischen Restauration diskutabel wird, spaltet sich die konservative Partei sofort in drei Sekten, während die Republikaner gezwungen sein werden, sich um die einzig mögliche Regierung zu gruppieren, und im Augenblick ist das wahrscheinlich das Kabinett Clemenceau.

Clemenceau ist immerhin, im Vergleich zu Ferry und Wilson, ein Fortschritt. Es ist sehr wichtig, daß er nicht an die Macht kommt als Verteidiger des Eigentums gegen die Kommunisten, sondern als Retter der Republik vor der Monarchie. In diesem Falle wird er mehr oder weniger *gezwungen* sein, das zu halten, was er versprochen hat; im entgegengesetzten Falle würde er sich wie die andern verhalten, die sich wie Louis-Philippe für „die beste der Republiken"[210] hielten: wir sind an der Macht, die Republik kann ruhig schlafen; es genügt, daß wir von den Ministerien Besitz ergriffen haben, erzählt uns also nichts mehr von den versprochenen Reformen.

Ich glaube, daß die Männer, die am 4. für die Monarchisten gestimmt haben, schon über ihren eigenen Erfolg erschrocken sind und daß der 18. Ergebnisse mehr oder weniger im Sinne Clemenceaus[211] zeitigen wird, mit einem gewissen Erfolg für die Opportunisten nicht aus Achtung, sondern aus Verachtung für sie. Der Philister wird sich sagen: bei so vielen Royalisten und Bonapartisten brauche ich schließlich einige Opportunisten. Im übrigen wird der 18. die Situation entscheiden; Frankreich ist das Land des Unvorhergesehenen, und ich werde mich hüten, eine endgültige Meinung zu äußern.

Aber auf alle Fälle werden sich Radikale und Monarchisten gegenüberstehen. Die Republik wird gerade soweit gefährdet sein, als nötig ist, um den kleinen Bourgeois zu zwingen, ein wenig mehr nach der extremen Linken zu tendieren, was er sonst niemals getan hätte. *Das ist genau die Situation, die wir brauchen, wir Kommunisten.* Bisher sehe ich keinen Grund anzunehmen, daß der so außergewöhnlich logische Verlauf der politischen Entwicklung in Frankreich gestört wäre: die Logik von 1792–1794 besteht noch immer; nur die Gefahr, die damals seitens der Koalition drohte, droht heute seitens der Koalition der monarchistischen Parteien im Innern des Landes. Aus der Nähe betrachtet, ist sie weniger gefährlich, als es die andere war...

F. Engels

Aus dem Französischen.

An das Redaktionskollegium des „Socialiste"

[„Le Socialiste" Nr. 10
vom 31. Oktober 1885]

Bürger,

In Ihrer Nummer vom 17. veröffentlichen Sie einen Auszug aus einem Privatbrief, den ich an einen von Ihnen gerichtet habe.[1] Dieser Brief war in Eile geschrieben, so daß ich, um den Kurier nicht zu verfehlen, nicht einmal Zeit hatte, ihn noch einmal durchzulesen. Gestatten Sie mir daher, eine Stelle zu erläutern, die meinen Gedanken nicht klar genug wiedergibt.

Als ich von Herrn Clemenceau als Bannerträger des französischen Radikalismus sprach, sagte ich: „Es ist sehr wichtig, daß er nicht an die Macht kommt als Verteidiger des Eigentums gegen die Kommunisten, sondern als Retter der Republik vor der Monarchie. In diesem Falle wird er mehr oder weniger gezwungen sein, das zu halten, was er versprochen hat; im entgegengesetzten Falle würde er sich (hier muß man einfügen: *vielleicht*) wie die andern verhalten, die sich wie Louis-Philippe für die beste der Republiken hielten: wir sind an der Macht, die Republik kann ruhig schlafen; es genügt, daß wir von den Ministerien Besitz ergriffen haben, erzählt uns also nichts mehr von den versprochenen Reformen."

Zunächst habe ich keinerlei Recht zu behaupten, daß Herr Clemenceau, wenn er auf dem üblichen Wege parlamentarischer Regierungen an die Macht käme, unausbleiblich „wie die andern" handeln würde. Dann gehöre ich nicht zu denen, die die Handlungen der Regierungen einfach aus ihrem guten oder bösen Willen erklären; dieser Wille selbst ist bedingt durch Ursachen, die unabhängig von ihnen sind: durch die allgemeine Situation. Es handelt sich hier also nicht um den guten oder bösen Willen des Herrn Clemenceau. Es handelt sich im Interesse der Arbeiterpartei darum, daß die

[1] Siehe vorl. Band, S. 225/226

Radikalen in solch einer Situation an die Macht kommen, in der es für sie nur ein einziges Mittel gibt, sich an der Macht zu halten: ihr Programm in die Tat umzusetzen. Hoffen wir, daß die 200 Monarchisten in der Kammer ausreichen werden, um eine solche Situation zu schaffen.

London, 21. Oktober 1885

F. Engels

Aus dem Französischen.

Wie man Marx nicht übersetzen soll[212]

Der erste Band des Marxschen „Kapitals" ist Allgemeinbesitz, soweit es Übersetzungen in andere Sprachen betrifft. Deshalb hätte, obwohl es in englischen sozialistischen Kreisen recht gut bekannt ist, daß eine Übersetzung vorbereitet und in Kürze unter der Verantwortlichkeit der literarischen Testamentsvollstrecker von Marx veröffentlicht werden wird, niemand ein Recht, etwas dagegen einzuwenden, wenn dieser Übersetzung eine andere vorausginge, solange der Text treu und ebenso gut wiedergegeben würde.

Die ersten Seiten solch einer Übersetzung von John Broadhouse sind in der Oktober-Nummer des „To-day" veröffentlicht. Ich sage ausdrücklich, daß sie sehr weit davon entfernt ist, eine treue Textwiedergabe zu sein, und dies deshalb, weil Herr Broadhouse keine der von einem Marx-Übersetzer geforderten Fähigkeiten besitzt.

Um solch ein Buch zu übersetzen, genügt nicht allein eine gute Kenntnis der deutschen Literatursprache. Marx gebraucht gern Alltagsausdrücke und mundartliche Redewendungen; er prägt neue Wörter, er nimmt seine Erläuterungen aus jedem Zweig der Wissenschaft, seine Anspielungen aus den Literaturen von einem Dutzend Sprachen; um ihn zu verstehen, muß einer tatsächlich ein Meister der deutschen Sprache in Wort und Schrift sein und muß auch etwas vom deutschen Leben kennen.

Hierzu ein Beispiel. Als einige Oxford-Studenten in einem Vbadererboot über die Straße von Dover ruderten, hieß es in den Zeitungsberichten, daß einer von ihnen „caught a crab"[1]. Der Londoner Korrespondent der „Kölnischen Zeitung" nahm das wörtlich und berichtete getreulich seinem Blatt, daß „ein Krebs mit dem Ruder eines der Studenten in Kollision gekommen

[1] wörtlich: „einen Krebs fing"; in der Sprache der Ruderer: durch zu tiefes Eintauchen der Ruder aus dem Takt geriet

sei". Wenn ein Mann, der schon jahrelang mitten in London lebt, imstande ist, solch einen lächerlichen Schnitzer zu machen, sobald er auf Fachausdrücke eines ihm unbekannten Gebiets stößt, was kann man da von jemandem erwarten, der nur eine leidliche Kenntnis des Schriftdeutschen hat und es unternimmt, den am schwersten übersetzbaren deutschen Schriftsteller in eine andere Sprache zu übertragen? Und tatsächlich werden wir sehen, daß Herr Broadhouse außerordentlich geschickt im „Krebse fangen" ist.

Aber hierfür wird noch etwas mehr verlangt. Marx ist einer der kraftvollsten, sich am prägnantesten und bündigsten ausdrückenden Schriftsteller unserer Zeit. Um ihn richtig wiederzugeben, muß man ein Meister nicht nur der deutschen, sondern auch der englischen Sprache sein. Herr Broadhouse jedoch, obwohl offensichtlich ein Mann von beachtenswerten journalistischen Fähigkeiten, beherrscht nur soweit Englisch, als es sich im Rahmen der konventionellen literarischen Respektabilität hält. Hier bewegt er sich gewandt; aber diese Art Englisch ist nicht die Sprache, in die „Das Kapital" jemals übersetzt werden kann. Kraftvolles Deutsch verlangt zu seiner Wiedergabe kraftvolles Englisch; alle Ressourcen der Sprache müssen ausgeschöpft werden; neu geprägte deutsche Ausdrücke erfordern entsprechende neue Ausdrücke im Englischen. Aber sobald Herr Broadhouse einer solchen Schwierigkeit gegenübersteht, verlassen ihn nicht nur seine Ressourcen, sondern auch sein Mut. Die geringste Erweiterung seines begrenzten Wortschatzes, die geringste Neuerung im üblichen konventionellen Alltagsenglisch erschreckt ihn, und ehe er eine solche Ketzerei wagt, gibt er lieber das schwierige deutsche Wort durch einen mehr oder weniger unbestimmten Ausdruck wieder, der sein Ohr nicht beleidigt, der aber die Meinung des Verfassers verdunkelt; oder, was noch schlimmer ist, er übersetzt es, wenn es wiederholt vorkommt, durch eine ganze Reihe verschiedener Ausdrücke und vergißt dabei, daß ein Fachausdruck immer mit ein und demselben entsprechenden Wort wiedergegeben werden muß. So übersetzt er gleich in der Überschrift des ersten Abschnitts *Wertgröße*[1] mit „extent of value", ohne zu beachten, daß *Größe*[2] ein genau bestimmter mathematischer Ausdruck ist, gleichwertig mit „magnitude" oder einer bestimmten Quantität, während „extent" noch vieles andere bedeuten kann. So ist selbst die einfache Neubildung „labour-time" für *Arbeitszeit*[3] zuviel für ihn; er übersetzt es durch 1. „time-labour", das bedeutet, wenn überhaupt etwas, Arbeit, die nach Zeit bezahlt wird, oder Arbeit, die jemand ver-

[1] *Wertgröße:* in „The Commonweal" deutsch – [2] ebenso: *Größe* – [3] ebenso: *Arbeitszeit*

richtet, der seine Straf*zeit* bei Zwangs*arbeit* „abdient"; 2. „time of labour"[1]; 3. „labour-time" und 4. „period of labour" *(Arbeitsperiode*[2]*)*, worunter Marx im zweiten Band etwas ganz anderes versteht. Nun ist aber, wie wohl bekannt, die „Kategorie" Arbeitszeit eine der fundamentalsten des ganzen Buches, und sie durch vier verschiedene Ausdrücke in weniger als zehn Seiten zu übersetzen, ist mehr als unverzeihlich.

Marx beginnt mit der Analyse der Ware. Der erste Gesichtspunkt, unter dem sich eine Ware darbietet, ist der eines Gebrauchsgegenstands; als solcher kann sie entweder in Hinblick auf ihre Qualität oder auf ihre Quantität betrachtet werden.

„Any such thing is a whole in itself, the sum of many qualities or properties, and may therefore be useful in different ways. To discover these different ways and therefore the various uses to which a thing may be put, is the *act of history*. So, too, is the finding and fixing of *socially recognised standards of measure* for the quantity of useful things. The diversity of the modes of measuring commodities arises partly from the diversity of the nature of the objects to be measured, partly from convention."

[„Jedes solches Ding ist ein Ganzes vieler Eigenschaften und kann daher nach verschiedenen Seiten nützlich sein. Diese verschiedenen Seiten und daher die mannigfachen Gebrauchsweisen der Dinge zu entdecken, ist *geschichtliche Tat*. So die Findung *gesellschaftlicher Maße* für die Quantität der nützlichen Dinge. Die Verschiedenheit der Warenmaße entspringt teils aus der verschiedenen Natur der zu messenden Gegenstände, teils aus Konvention." (Siehe Band 23 unserer Ausgabe, S. 49/50.)]

Das wird von Herrn Broadhouse wie folgt wiedergegeben:

„To discover these various ways, and consequently the multifarious modes in which an object may be of use, is *a work of time*. So, *consequently*, is the finding of *the social measure* for the quantity of useful things. The diversity in the *bulk* of commodities arises partly from the different nature" etc.

[„Diese verschiedenen Seiten zu entdecken und folglich die mannigfachen Arten, in denen ein Gegenstand nützlich sein könnte, ist *ein Werk der Zeit*. Genauso, *folglich*, das Finden *des gesellschaftlichen Maßes* für die Quantität der nützlichen Dinge. Die Verschiedenheit in der *Masse* von Waren entsteht teilweise aus der verschiedenen Natur" usw.]

Bei Marx bildet das Herausfinden der verschiedenen nützlichen Seiten der Dinge einen wesentlichen Teil des geschichtlichen Fortschritts; bei

[1] „Zeit der Arbeit" – [2] *Arbeitsperiode:* in „The Commonweal" deutsch

Herrn Broadhouse ist es bloß ein Werk der Zeit. Bei Marx wird die gleiche Einschätzung auf die Festsetzung allgemeiner gesellschaftlicher Maße angewandt. Bei Herrn B[roadhouse] besteht noch ein „Werk der Zeit" in dem „Finden *des* gesellschaftlichen Maßes für die Quantität der nützlichen Dinge", um eine Art Maß, um das sich Marx sicherlich niemals bemüht hat. Und dann schließt Broadhouse damit, daß er fälschlicherweise *Maße*[1] *(measures)* für *Masse*[2] *(bulk)* hält und dadurch Marx einen der schönsten Krebse anhängt, die jemals gefangen wurden.

Weiter sagt Marx:

„Use-values form the material out of which wealth is made up, *whatever may be the social form of that wealth*"

[„Gebrauchswerte bilden den stofflichen Inhalt des Reichtums, *welches immer seine gesellschaftliche Form sei*" (Ebenda, S.50.)]

(die spezifische Form der Aneignung, in der er in Besitz genommen und verteilt wird).

Herr Broadhouse übersetzt:

„Use values constitute the actual basis of wealth *which is always their social form*",

[„Gebrauchswerte bilden die wirkliche Basis des Reichtums, *der immer ihre soziale Form ist*"]

was entweder eine anmaßende Plattheit oder barer Unsinn ist.

Der zweite Gesichtspunkt, unter dem eine Ware sich darbietet, ist ihr Tauschwert. Daß alle Waren in bestimmten, ständig wechselnden Proportionen gegeneinander austauschbar sind, daß sie Tauschwerte haben, diese Tatsache schließt ein, daß sie etwas enthalten, was ihnen allen gemeinsam ist. Ich übergehe die liederliche Art, in der Herr Broadhouse hier eine der feinsten Analysen in Marx' Buch wiedergibt, und gehe gleich zu der Stelle über, wo Marx sagt:

„This something common to all commodities cannot be a geometrical, physical, chemical or other natural property. In fact their material properties come into consideration only in so far as they make them useful, that is, in so far as they turn them into use-values."

[„Dies Gemeinsame kann nicht eine geometrische, physikalische, chemische oder sonstige natürliche Eigenschaft der Waren sein. Ihre körperlichen Eigenschaften kommen überhaupt nur in Betracht, soweit selbe sie nutzbar machen, also zu Gebrauchswerten." (Ebenda, S.51.)]

---

[1] *Maße:* in „The Commonweal" deutsch – [2] ebenso: *Masse*

Und er fährt fort:

„But it is the very act *of making abstraction from their use-values* which *evidently* is the characteristic point of the exchange-*relation* of commodities. *Within this relation*, one use-value is equivalent to any other, so long as it is provided in *sufficient* proportion."

[„Andererseits aber ist es grade die *Abstraktion von ihren Gebrauchswerten*, was das Austausch*verhältnis* der Waren *augenscheinlich* charakterisiert. *Innerhalb desselben* gilt ein Gebrauchswert grade soviel wie jeder andre, wenn er nur in *gehöriger* Proportion vorhanden ist." (Ebenda, S.51/52.)]

Nun Herr Broadhouse:

„But on the other hand, it is precisely *these use-values in the abstract* which *apparently* characterise the exchange-*ratio* of the commodities. *In itself*, one use-value is worth just as much as another if it exists in the *same* proportion."

[„Aber andererseits sind es gerade *diese abstrakten Gebrauchswerte*, die *offensichtlich* die Austausch*proportion* der Waren charakterisieren. *An sich* ist ein Gebrauchswert genausoviel wert wie ein anderer, wenn er in der *gleichen* Proportion vorhanden ist."]

Auf diese Weise läßt Herr Broadhouse, von kleineren Fehlern abgesehen, Marx genau das Gegenteil von dem sagen, was er wirklich sagt. Bei Marx ist das Charakteristische des Austauschverhältnisses von Waren die Tatsache, daß von ihren Gebrauchswerten völlig abstrahiert wird, daß sie angesehen werden, als hätten sie überhaupt keinen Gebrauchswert. Sein Dolmetscher läßt ihn sagen, daß das Charakteristische der Austausch*proportion* (von der hier nicht die Rede ist) genau ihr Gebrauchswert sei, nur „abstrakt" genommen! Und dann, einige Zeilen weiter, gibt er den Satz von Marx wieder: „Als Gebrauchswerte sind die Waren vor allem verschiedner Qualität, als Tauschwerte können sie nur verschiedner Quantität sein, enthalten also kein Atom Gebrauchswert", weder abstrakten noch konkreten. Wir dürfen wohl fragen: „Verstehest du auch, was du liesest?"

Auf diese Frage kann man unmöglich bejahend antworten, wenn wir feststellen, daß Herr Broadhouse dieselbe falsche Auffassung ständig aufs neue wiederholt. Nach dem eben zitierten Satz fährt Marx fort:

„Now, if we leave out of *consideration*" (that is, make abstraction from) „the use-values of the commodities, there remains *to them* but one property: that of being the products

[„*Sieht man* nun vom Gebrauchswert der Warenkörper *ab*" (das heißt, davon abstrahieren), „so bleibt *ihnen* nur noch eine Eigenschaft, die von Arbeitsprodukten.

of labour. But even this product of labour has already undergone a change in our hands. If we make abstraction *from its use-value*, we also make abstraction *from the bodily components* and forms which *make it into* a use-value."

Jedoch ist uns auch das Arbeitsprodukt bereits in der Hand verwandelt. Abstrahieren wir *von seinem Gebrauchswert*, so abstrahieren wir auch *von den körperlichen Bestandteilen* und Formen, die *es zum* Gebrauchswert *machen*." (Ebenda, S.52.)]

Dies wird von Herrn Broadhouse wie folgt englisch wiedergegeben:

„If we *separate* use-values *from* the actual material of the commodities, there remains" (where? with the use-values or with the actual material?) „one property only, that of the product of labour. But the product of labour is already transmuted in our hands. If we abstract *from it its use-value*, we *abstract also the stamina and form* which *constitute its* use-value."

[„Wenn wir Gebrauchswerte *von* dem wirklichen Material der Waren *trennen*, da bleibt" (wo? bei den Gebrauchswerten oder bei dem wirklichen Material?) „nur eine Eigenschaft, die des Arbeitsprodukts. Aber das Arbeitsprodukt ist schon in unseren Händen verwandelt. Wenn wir *von ihm seinen Gebrauchswert* abstrahieren, *abstrahieren* wir *auch seine Substanz und die Form*, die *seinen* Gebrauchswert *ausmachen*."]

Marx wiederum:

„In the exchange-*relation* of commodities, their exchange-value presented itself to us as something perfectly independent of their use-values. Now, if we actually make abstraction *from the use-value* of the products of labour, we arrive at their value, as *previously* determined by us."

[„Im Austausch*verhältnis* der Waren selbst erschien uns ihr Tauschwert als etwas von ihren Gebrauchswerten durchaus Unabhängiges. Abstrahiert man nun wirklich *vom Gebrauchswert* der Arbeitsprodukte, so erhält man ihren Wert, wie er *eben* bestimmt ward." (Ebenda, S.53.)]

Das lautet bei Herrn Broadhouse wie folgt:

„In the exchange-*ratio* of commodities their exchange-value appears to us as something altogether independent of their use-value. If we now in effect abstract *the use-value from the labour-products*, we have their value as it is *then* determined."

[„In der Austausch*proportion* von Waren erscheint uns ihr Tauschwert als etwas von ihrem Gebrauchswert gänzlich Unabhängiges. Wenn wir nun tatsächlich *den Gebrauchswert von den Arbeitsprodukten* abstrahieren, haben wir ihren Wert, wie er *dann* bestimmt wird."]

Darüber besteht kein Zweifel. Herr Broadhouse hat niemals von irgendwelchen anderen Arten der Abstraktion als von dinglichen gehört, wie etwa die Abstraktion von Geld aus einer Kasse oder einem Safe. Abstraktion und Subtraktion gleichzusetzen, das ist für einen Marx-Übersetzer unverzeihlich.

Noch ein Beispiel für die Verdrehung von deutschem Sinn in englischen Unsinn. Eine der vortrefflichsten Untersuchungen von Marx ist die Aufdeckung des Doppelcharakters der Arbeit. Die Arbeit, als Erzeugerin von Gebrauchswert betrachtet, ist von anderem Charakter und hat andere Eigenschaften als dieselbe Arbeit, als Erzeugerin von Wert. Die eine ist Arbeit spezifischer Art: Spinnen, Weben, Pflügen etc.; die andere ist der allen gemeinsame Charakter der menschlichen produktiven Tätigkeit, die dem Spinnen, Weben, Pflügen etc. eigen ist und sie alle unter dem einen gemeinsamen Begriff Arbeit zusammenfaßt. Die eine ist konkrete, die andere abstrakte Arbeit. Die eine ist Arbeit im technischen Sinn, die andere im ökonomischen. Kurz – denn die englische Sprache *hat* Ausdrücke für beide – die eine ist *work* zum Unterschied von labour; die andere *labour* zum Unterschied von work. Nach dieser Analyse fährt Marx fort:

„Originally a commodity presented itself to us as something duplex: use-value and exchange-value. Further on we saw that labour, too, as far as it is expressed in value, *does no longer possess the same characteristics* which belong to it in its capacity as a creator of use-value."

[„Ursprünglich erschien uns die Ware als ein Zwieschlächtiges, Gebrauchswert und Tauschwert. Später zeigte sich, daß auch die Arbeit, soweit sie im Wert ausgedrückt ist, *nicht mehr dieselben Merkmale besitzt,* die ihr als Erzeugerin von Gebrauchswerten zukommen." (Ebenda, S.56.)]

Herr Broadhouse will unbedingt beweisen, daß er nicht ein Wort der Marxschen Analyse verstanden hat, und übersetzt den obigen Satz wie folgt:

„We saw the commodity at first as a *compound* of use-value and exchange-value. Then we saw that labour, so far as it is expressed in value, *only possesses that character so far as* it is a generator of use-value."

[„Wir sahen die Ware anfangs als eine *Zusammensetzung* von Gebrauchswert und Tauschwert. Dann sahen wir, daß Arbeit, soweit sie in Wert ausgedrückt ist, *nur insoweit diesen Charakter besitzt,* als sie Erzeugerin von Gebrauchswert ist."]

Wenn Marx „Weiß" sagt, sieht Herr Broadhouse nicht ein, warum er nicht „Schwarz" übersetzen sollte.

Aber genug davon. Wir wollen zu etwas Amüsanterem kommen. Marx sagt: „In der bürgerlichen Gesellschaft herrscht die *fictio juris*[1], daß jeder Mensch als Warenkäufer eine enzyklopädische Warenkenntnis besitzt." Obgleich nun der Ausdruck Civil Society[2] durch und durch englisch ist und Fergusons „History of Civil Society" mehr als hundert Jahre alt, ist Herr Broadhouse diesem Ausdruck nicht gewachsen. Er übersetzt ihn mit „amongst ordinary people"[3] und verkehrt so den Satz in Unsinn. Denn es sind genau die „ordinary people", die ständig darüber murren, daß sie vom Kleinhändler betrogen werden etc., weil sie die Natur und den Wert der Waren, die sie kaufen müssen, nicht kennen.

Die *Produktion (Herstellung*[4]*)* eines Gebrauchswerts wird wiedergegeben durch „the *establishing* of a use-value"[5]. Wenn Marx sagt: „Gelingt es, mit wenig Arbeit Kohle in Diamant zu verwandeln, so kann sein Wert unter den von Ziegelsteinen fallen." Herr Broadhouse, dem anscheinend nicht bekannt ist, daß der Diamant eine allotropische Form des Kohlenstoffs ist, verwandelt *Kohle* in *Koks*. Ähnlich verwandelt er die „total yield of the Brazilian diamond mines"[6] in „the *entire profits* of the whole yield"[7]. „The primitive communities of India"[8] werden unter seinen Händen „*venerable* communities"[9].

Marx sagt:

„In the use-value of a commodity is contained" (*steckt*, which had better be translated: For the production of the use-value of a commodity there has been spent) „a *certain productive activity*, adapted to the peculiar purpose, or a certain useful labour."

[„In dem Gebrauchswert jeder Ware steckt" (*steckt*, was man besser übersetzen sollte: Für die Produktion des Gebrauchswerts einer Ware ist verausgabt worden) „eine *bestimmte zweckmäßig produktive Tätigkeit* oder nützliche Arbeit." (Ebenda, S.57.)]

Herr Broadhouse muß sagen:

„In the use-value of a commodity is contained a certain *quantity of productive power* or useful labour",

[„In dem Gebrauchswert einer Ware steckt eine bestimmte *Menge Produktivkraft* oder nützliche Arbeit"]

und verkehrt so nicht nur Qualität in Quantität, sondern produktive Tätigkeit, die verausgabt wurde, in Produktivkraft, die erst verausgabt werden soll.

[1] *Rechtsfiktion* – [2] bürgerliche Gesellschaft – [3] „unter gewöhnlichen Menschen" – [4] *Herstellung:* in „The Commonweal" deutsch – [5] „die *Festsetzung* eines Gebrauchswerts" – [6] „Gesamtausbeute der brasilischen Diamantgruben" – [7] „die *Gesamtprofite* der ganzen Ausbeute" – [8] „Die altindischen Gemeinden" – [9] „*ehrwürdige* Gemeinden

Aber genug. Ich könnte das Zehnfache der angeführten Beispiele bringen, um zu zeigen, daß Herr Broadhouse in keiner Hinsicht ein zum Übersetzen von Marx fähiger und geeigneter Mann ist, und besonders deshalb, weil er überhaupt nicht zu wissen scheint, was wirklich gewissenhafte wissenschaftliche Arbeit ist.*

Friedrich Engels

Geschrieben Oktober 1885.
Nach: „The Commonweal", Vol. I, Nr. 10 vom November 1885.
Aus dem Englischen.

* Aus dem Obengesagten ist ersichtlich, daß „Das Kapital" nicht zu den Büchern gehört, die auf Vertragsbasis übersetzt werden können. Die Übersetzungsarbeit liegt in den besten Händen; jedoch ist es den Übersetzern nicht möglich, ihre gesamte Zeit darauf zu verwenden. Das sind die Ursachen für die Verzögerung der Herausgabe. Aber wenn auch der genaue Zeitpunkt des Erscheinens nicht angegeben werden kann, so dürfen wir mit Gewißheit sagen, daß sich die englische Ausgabe im Laufe des nächsten Jahres in den Händen des Publikums befinden wird.

Zur Geschichte der preußischen Bauern

[Einleitung zu Wilhelm Wolffs Broschüre „Die schlesische Milliarde"][213]

Zum Verständnis der folgenden Arbeit Wolffs muß ich einige Worte vorherschicken.

Deutschland, östlich der Elbe und nördlich des Erz- und Riesengebirgs, ist ein den eingedrungenen Slawen in der zweiten Hälfte des Mittelalters entrissenes, von deutschen Kolonisten wieder germanisiertes Land. Die erobernden deutschen Ritter und Barone, denen das Land zugeteilt wurde, taten sich auf als „Gründer" von Dörfern, legten ihr Gebiet in Dorffluren aus, deren jede in eine Anzahl gleich großer Bauergüter oder Hufen abgeteilt wurde. Zu jeder Hufe gehörte ein Hausplatz mit Hof und Garten im Dorf selbst. Diese Hufen wurden unter den herbeigezogenen fränkischen (rheinfränkischen und niederländischen), sächsischen und friesischen Kolonisten durchs Los verteilt; die Kolonisten hatten dafür an den Gründer, d.h. den Ritter oder Baron, sehr mäßige, fest bestimmte Abgaben und Dienste zu leisten. Die Bauern waren, solange sie diese Leistungen entrichteten, erbliche Herren auf ihren Hufen. Dazu hatten sie im Walde des Gründers (des späteren Gutsherrn) dieselben Nutzungsrechte an Holzung, Weide, Eichelmast etc., die die westdeutschen Bauern in ihrer gemeinen Mark besaßen. Die angebaute Dorfflur war dem Flurzwang unterworfen, wurde meist in Winterfeld, Sommerfeld und Brachfeld nach der Dreifelderwirtschaft bebaut; brache und abgeerntete Felder wurden vom Vieh der Bauernschaft und des Gründers gemeinsam beweidet. Alle Dorfangelegenheiten wurden in der Versammlung der Hofgenossen, d.h. der Hufenbesitzer, durch Majoritätsbeschluß erledigt. Die Rechte der adligen Gründer beschränkten sich auf Einziehung der Leistungen und Mitgenuß der Brach- und Stoppelweide, auf den Überschuß des Ertrages der Waldungen und den Vorsitz in der Versammlung der Hofgenossen, die alle persönlich freie Männer waren. Dies war der durchschnittliche Zustand der deutschen Bauern von der Elbe bis nach Ostpreußen und Schlesien. Und dieser Zustand war im ganzen bedeutend vorteilhafter als der gleichzeitige der west-

und süddeutschen Bauern, die damals schon in einem heftigen, stets sich erneuernden Kampf um ihre alten ererbten Rechte mit den Feudalherren sich befanden und schon großenteils einer weit drückenderen, ihre persönliche Freiheit bedrohenden oder gar vernichtenden Form der Abhängigkeit verfallen waren.

Das steigende Geldbedürfnis der Feudalherren im 14. und 15. Jahrhundert führte selbstredend auch im Nordosten Versuche zu vertragswidriger Bedrückung und Ausbeutung der Bauern herbei. Aber keineswegs in demselben Maß und demselben Erfolg wie in Süddeutschland. Die Bevölkerung war östlich der Elbe noch dünn, das Ödland noch ausgedehnt; Urbarmachung dieses Ödlands, Ausbreitung der Kultur, Neuanlage von zinsbaren Dörfern blieb hier das sicherste Mittel der Bereicherung auch für den feudalen Grundherrn; dazu kam, daß hier, an der Reichsgrenze gegen Polen, sich schon größere Staaten gebildet hatten: Pommern, Brandenburg, Kursachsen (Schlesien war östreichisch), und daher der Landfriede besser eingehalten, die Fehden und Räubereien des Adels kräftiger unterdrückt wurden als in den zersplitterten Gebieten am Rhein, in Franken und Schwaben; wer aber am meisten unter diesem ewigen Kriegszustand litt, war eben der Bauer.

Nur in der Nachbarschaft unterworfner polnischer oder litauisch-preußischer Dörfer trat schon häufiger der Versuch des Adels hervor, die nach deutschem Hofrecht angesiedelten Kolonisten in dieselbe Leibeigenschaft zu drängen wie die polnischen und preußischen Untertanen. So in Pommern und im preußischen Ordensgebiet [214], seltner in Schlesien.

Infolge dieser günstigeren Lage blieben die ostelbischen Bauern von der gewaltigen Bewegung der süd- und westdeutschen Bauern im letzten Viertel des 15. und ersten des 16. Jahrhunderts fast unberührt, und als die Revolution von 1525 ausbrach, fand sie nur in Ostpreußen ein schwaches, ohne große Mühe unterdrücktes Echo. Die ostelbischen Bauern ließen ihre rebellierenden Brüder im Stich, und es geschah ihnen, wie sie es verdient hatten. In den Strichen, wo der große Bauernkrieg gewütet hatte, wurden die Bauern jetzt ohne weiteres zu Leibeignen gemacht, ungemeßnen, nur von der Willkür des Grundherrn abhängigen Frondiensten und Lasten unterworfen, und ihre freie Mark einfach in herrschaftliches Eigentum verwandelt, auf dem sie nur noch die Nutzungen behielten, die ihnen der Grundherr in seiner Gnade zuließ. Dieser selbe Idealzustand der feudalen Grundherrschaft, nach dem der deutsche Adel das ganze Mittelalter hindurch vergebens getrachtet und den er jetzt, beim Verfall der Feudalwirtschaft, endlich erreicht, wurde nun auch allmählich auf die ostelbischen Länder ausgedehnt. Nicht nur wurden die den Bauern kontraktlich zustehenden Nutzungsrechte im herrschaftlichen Wald, soweit sie nicht schon früher beschnitten, in widerrufbare Gnadenbewilligungen des Grundherrn umgewandelt; nicht nur wurden die Fronden und Zinse widerrechtlich erhöht, sondern es wurden auch neue Lasten eingeführt wie die Laudemien (Abgaben an den Grundherrn bei Sterbfall des bäuerlichen Hofbesitzers), die als Merkmale der Leibeigenschaft galten, oder altherkömmlichen, unverfänglichen Leistungen wurde der Charakter von solchen aufgeprägt, die nur Leibeigne, nicht aber freie Männer leisten. In weniger als hundert Jahren waren so die freien ostelbischen Bauern erst tatsächlich und bald darauf auch juristisch in Leibeigne verwandelt.

Der Feudaladel verbürgerlichte sich inzwischen mehr und mehr. Er wurde in stets steigendem Maß Schuldner der städtischen Geldkapitalisten, und Geld wurde damit sein dringendes Bedürfnis. Aber aus dem Bauer, seinem Leibeignen, war kein Geld herauszuschlagen, sondern zunächst nur Arbeit oder Ackerbauprodukt, und auch von diesem letzteren ergaben die unter den erschwerendsten Umständen bebauten Bauerhöfe nur ein Minimum über den allerkärglichsten Unterhalt der arbeitenden Besitzer hinaus. Daneben aber lagen die breitgedehnten, mit höriger oder leibeigner Fronarbeit unter verständiger Aufsicht für herrschaftliche Rechnung bebauten, einträglichen Landgüter der Klöster. Diese Art der Bewirtschaftung hatte der kleinere Adel bisher fast nie, der mächtigere und die Fürsten nur ausnahmsweise auf ihren Domänen betreiben können. Jetzt aber machte einerseits der hergestellte Landfriede die Großkultur überall möglich, während andererseits das wachsende Geldbedürfnis des Adels sie ihm mehr und mehr aufzwang. Die Bewirtschaftung großer Güter durch Fronarbeit leibeigner Bauern für Rechnung des Grundherrn wurde so allmählich die Einkommenquelle, die den Adel für das unzeitgemäß gewordne Raubrittertum schadlos halten mußte. Aber woher die nötige Bodenfläche nehmen? Der Adlige war zwar Grundherr über ein größeres oder geringeres Gebiet, aber dies war mit wenigen Ausnahmen ganz ausgetan an erbliche Zinsbauern[215], die an ihren Hofstellen und Hufen sowie an den Markberechtigungen ganz ebensoviel Recht hatten – solange sie die bedungnen Leistungen darbrachten – wie der gnädige Herr selbst. Hier mußte abgeholfen werden, und dazu tat vor allem die Verwandlung der Bauern in Leibeigne not. Denn wenn auch die Verjagung leibeigner Bauern von Haus und Hof nicht minder ein Rechtsbruch und eine Gewalttat war wie die freier Zinsleute, so ließ sie sich doch vermittelst des eingerißnen römischen Rechts weit leichter beschönigen. Kurz, nach gelungner Verwandlung der Bauern in Leibeigne jagte man die erforderliche Anzahl Bauern fort oder setzte sie als Kotsassen,

Taglöhner mit Hütte und Gärtchen, wieder auf herrschaftliches Gebiet. Wenn die ehemaligen festen Burgen des Adels seinen neuen, mehr oder weniger offnen Landschlössern wichen, so wichen ebendeshalb in weit größerem Maß die Höfe ehemals freier Bauern den elenden Hütten leibeigner Dienstleute.

War das herrschaftliche Wirtschaftsgut – das Dominium, wie es in Schlesien heißt – einmal eingerichtet, so kam es nur noch darauf an, die Arbeitskraft der Bauern zu seiner Bearbeitung in Bewegung zu setzen. Und hier zeigte sich der zweite Vorteil der Leibeigenschaft. Die früheren, kontraktlich festgesetzten Frondienste der Bauern waren keineswegs für diesen Zweck bemessen. Sie beschränkten sich in der großen Mehrzahl auf Dienste im öffentlichen Interesse – Wege- und Brückenbau usw. –, Bauarbeit an der herrschaftlichen Burg, Arbeiten der Weiber und Mädchen auf der Burg in verschiedenen Industriezweigen und persönlichen Gesindedienst. Sobald aber der Bauer in einen Leibeignen verwandelt und dieser durch die römischen Juristen dem römischen Sklaven gleichgestellt war, pfiff der gnädige Herr aus einer ganz andern Tonart. Unter Zustimmung der Juristen auf der Gerichtsbank forderte er jetzt von den Bauern ungemeßne Dienste, soviel, wann und wo es ihm beliebte. Der Bauer mußte für den Gutsherrn fronden, fahren, pflügen, säen und ernten, sobald er dazu aufgeboten, ob auch sein eignes Feld vernachlässigt wurde und seine eigne Ernte verregnete. Und ebenso wurde ihm sein Kornzins oder Geldzins bis auf die äußersten Grenzen der Möglichkeit hinaufgeschraubt.

Damit nicht genug. Der nicht minder edle Landesfürst, der östlich der Elbe ja überall vorhanden war, brauchte ebenfalls Geld, viel Geld. Dafür, daß er dem Adel erlaubte, seine Bauern zu unterjochen, erlaubte ihm der Adel, dieselben Bauern mit Staatssteuern zu belegen – der Adel selbst war ja steuerfrei! Und um dem Ganzen die Krone aufzusetzen, sanktionierte derselbe Landesfürst die eingerissene Verwandlung des früheren Vorsitzrechts des Grundherrn in dem – längst beseitigten – freien Hofgericht der Bauern in das Recht der Patrimonialgerichtsbarkeit und Gutspolizei, wonach der Gutsherr nicht nur Polizeichef, sondern auch alleiniger Richter über seine Bauern war – sogar in eigner Sache –, so daß der Bauer den Gutsherrn nur beim Gutsherrn selbst verklagen konnte. Damit war dieser Gesetzgeber, Richter und Vollstrecker in einer Person und auf seinem Gut vollständig unbeschränkter Herr.

Diese infamen Zustände, die nicht einmal in Rußland ihresgleichen finden – denn dort hatte der Bauer doch seine sich selbst regierende Gemeinde –, erreichten ihren Gipfelpunkt in der Zeit vom Dreißigjährigen Kriege bis zur rettenden Niederlage von Jena[216]. Die Drangsalierungen des Dreißigjährigen Kriegs erlaubten dem Adel, die Unterjochung der Bauern zu vollenden; die Verödung zahlloser Bauernstellen erlaubte ihre ungehinderte Vereinigung mit dem Dominium des Ritterguts; die Wiederansässigmachung der von der Kriegsverwüstung gewaltsam ins Strolchtum getriebnen Bevölkerung bot ihm den Vorwand, sie erst recht als Leibeigne an die Scholle zu fesseln. Aber auch das nur auf kurze Zeit. Denn kaum waren in den nächsten fünfzig Jahren die furchtbaren Wunden des Kriegs einigermaßen vernarbt, die Felder wieder angebaut, die Bevölkerung gewachsen, so erstand von neuem der Hunger der edlen Grundherrn nach Bauernland und Bauernarbeit. Das herrschaftliche Dominium war nicht groß genug, um all die Arbeit aufzusaugen, die noch aus den Leibeignen herauszuschlagen war – dies Herausschlagen hier im buchstäblichsten Sinn. Das System, Bauern zu Kotsassen, leibeignen Taglöhnern zu degradieren, hatte sich vortrefflich bewährt. Von Anfang des achtzehnten Jahrhunderts an kommt es immer mehr in Schwung; es heißt nun: *„Bauernlegen"*. Man „legt" soviel Bauern man kann, je nach Umständen; zuerst läßt man noch soviel übrig, als zur Leistung der Spanndienste nötig, und verwandelt den Rest in Kotsassen (Dreschgärtner, Häusler, Instleute[217] und wie sie sonst heißen), die für eine Hütte mit kleinem Kartoffelstück jahraus, jahrein, gegen einen miserablen Taglohn in Korn und nur sehr wenig in Geld, auf dem Gut schanzen müssen. Wo der gnädige Herr reich genug ist, sein eignes Zugvieh stellen zu können, „legt" man auch die noch übrigen Bauern und schlägt ihre Hufen zum herrschaftlichen Wirtschaftsgut. Auf diese Weise ist der gesamte große Grundbesitz des deutschen Adels, namentlich aber des ostelbischen, *aus gestohlenem Bauernland* zusammengebracht, und wenn er den Räubern ohne alle Entschädigung wieder abgenommen wird, so geschieht ihnen nicht einmal ihr volles Recht. Eigentlich sollten sie noch dazu Entschädigung zahlen.

Allmählich merkten die Landesherren, daß dies System, so nützlich es für den Adel war, keineswegs in ihrem Interesse lag. Die Bauern hatten Staatssteuern gezahlt, eh sie gelegt worden; von ihren mit dem steuerfreien Dominium zusammengeworfnen Hufen erhielt der Staat keinen Deut und kaum einen Heller von den neuangesetzten Kotsassen. Ein Teil der gelegten Bauern wurde ohnehin, als überflüssig für die Bewirtschaftung des Guts, einfach weggejagt und somit frei, d.h. vogelfrei gemacht. Die Bevölkerung des platten Landes nahm ab, und seitdem der Landesfürst anfing, sein kostspieliges Werbeheer auf dem wohlfeilern Weg der Aushebung unter den Bauern zu ergänzen, war ihm dies keineswegs gleichgültig. So finden wir namentlich in Preußen im ganzen 18. Jahrhundert Verordnungen über Verordnungen, die dem Bauernlegen Einhalt tun sollen; aber es geht ihnen wie neunundneunzig Hundertsteln der unermeßlichen Makulatur, die seit den Kapitularien Karls des Großen[218] von deutschen Regierungen zusammengeschrieben worden: sie galten eben nur auf dem Papier, der Adel ließ sich nur wenig stören, das Bauernlegen dauerte fort.

Selbst das furchtbare Exempel, das die große Revolution in Frankreich am eigensinnigen Feudaladel statuierte, schreckte nur für einen Augenblick. Es blieb alles beim alten, und was Friedrich II. nicht gekonnt[219], das konnte am allerwenigsten sein schwacher, kurzsichtiger Neffe Friedrich Wilhelm III. Da kam die Rache. Am 14. Oktober 1806 wurde der ganze preußische Staat an einem Tage bei Jena und Auerstedt in Stücke geschlagen, und der preußische Bauer hat alle Ursache, diesen Tag und den 18. März 1848 mehr zu feiern als alle preußischen Siege von Mollwitz bis Sedan[220]. Jetzt fing der bis über die russische Grenze zurückgejagten preußischen Regierung endlich an ein schwaches Licht aufzudämmern, daß man die freien, grundbesitzenden französischen Bauernsöhne nicht mit den Söhnen leibeigner, täglich der Verjagung von Haus und Hof ausgesetzter Fronbauern besiegen könne; jetzt endlich merkte sie, daß der Bauer sozusagen auch ein Mensch ist. Jetzt sollte eingeschritten werden.

Aber kaum war der Friede geschlossen und Hof und Regierung nach Berlin zurückgekehrt, so schmolzen auch die edlen Vorsätze wieder wie Eis in der Märzsonne. Das vielberühmte Edikt vom 9. Oktober 1807 hatte zwar den *Namen* der Leibeigenschaft oder Erbuntertänigkeit (und auch dies erst von Martini 1810 an!) auf dem Papier aufgehoben[221], in der Wirklichkeit aber fast alles beim alten gelassen. Dabei blieb's; der ebenso zaghafte wie bornierte König ließ sich nach wie vor vom bauernplündernden Adel leiten, so sehr, daß 1808–1810 vier Verordnungen erschienen, die den Gutsherren in einer Reihe von Fällen das Bauernlegen wieder gestatteten – im Widerspruch mit dem Edikt von 1807[222]. Erst als der Krieg Napoleons gegen Rußland bereits in Sicht war, erinnerte man sich wieder, daß man der Bauern bedürfen werde, und erließ das Edikt vom 14. September 1811[223], wodurch den Bauern und Grundherren *empfohlen* wurde, sich innerhalb zwei Jahren gütlich über Ablösung der Fronden und Lasten sowie des gutsherrlichen Obereigentums auseinanderzusetzen, indem nachher eine königliche Kommission diese Auseinandersetzung nach bestimmten Regeln zwangsweise vollführen werde. Als Hauptregel galt, daß der Bauer gegen Abtretung von einem Drittel seines Grundbesitzes (oder dessen Geldwert) in einen freien Eigentümer des ihm dann noch bleibenden Stücks verwandelt werden sollte. Aber selbst diese, dem Adel so enorm vorteilhafte Ablösung blieb Zukunftsmusik. Denn der Adel hielt zurück, um noch mehr zu erlangen, und nach Verlauf der zwei Jahre war Napoleon wieder im Land.

Kaum war dieser – unter fortwährenden Zukunftsverheißungen von Konstitution und Volksvertretung von seiten des angstvollen Königs – definitiv aus dem Land gejagt, so waren alle schönen Zusagen wieder vergessen. Am 29. Mai 1816 schon – noch nicht ein Jahr nach dem Sieg von Waterloo – wurde eine Deklaration des Edikts von 1811 erlassen, die schon ganz anders lautete[224]. Die Ablösbarkeit der Feudallasten war hier nicht mehr die Regel, sondern die Ausnahme: sie sollte nur gelten für solche in den Grundsteuerkatastern veranschlagte (also größere) Ackergüter, die bereits 1749 in Schlesien, 1752 in Ostpreußen, 1763 in Brandenburg und Pommern* und 1774 in Westpreußen mit bäuerlichen Wirten besetzt gewesen! Auch durften einige Frondienste bei Saat und Ernte beibehalten werden. Und als endlich 1817 mit den Ablösungskommissionen Ernst gemacht wurde, ging die Agrargesetzgebung viel rascher rückwärts als die Agrarkommissionen vorwärts. Am 7. Juni 1821 erfolgte eine neue Ablösungsordnung[226], wodurch die Beschränkung der Ablösungsfähigkeit auf größere Bauernhöfe, sogenannte Ackernahrungen[227], neuerdings eingeschärft, und die Verewigung der Frondienste und andrer Feudallasten für die Inhaber von kleineren Wirtschaften – Kotsassen, Häusler, Dreschgärtner, kurz alle angesiedelten Taglöhner – ausdrücklich festgestellt wurde. Dies blieb von nun an Regel. Erst 1845 wurde ausnahmsweise für Sachsen und Schlesien die Ablösung auch dieser Art Lasten anders als durch gegenseitige Einwilligung von Gutsherr und Bauer – wozu selbstredend kein Gesetz erforderlich – möglich gemacht.[228] Ferner wurde der Kapitalbetrag, womit die in Geld oder Kornrente umgewandelten Dienste ein für allemal abgekauft werden konnten, auf das Fünfundzwanzigfache der Rente festgesetzt, und sollten die Abzahlungen nur in Summen von mindestens 100 Talern auf einmal erfolgen; während schon 1809 den Bauern auf den Staatsdomänen Abkauf zum zwanzigfachen Rentenbetrag gestattet war. Kurzum, die vielberühmte aufgeklärte Agrargesetzgebung des „Staats der

* Die preußische Heimtücke ist unergründlich. Sie zeigt sich hier wieder im bloßen Datum. Warum nahm man 1763? Einfach weil im folgenden Jahr, 12. Juli 1764, Friedrich II. ein scharfes Edikt erlassen, worin den widerspenstigen Adligen bei Strafe befohlen wird, die seit 1740, namentlich aber seit Ausbruch des Siebenjährigen Kriegs[225] massenweise eingezognen Bauernhöfe und Kotsassenstellen binnen Jahresfrist wieder mit entsprechenden Wirten zu besetzen. Soweit dieses Edikt eine Wirkung hatte, wird sie also 1816 zugunsten des Adels wieder vernichtet.

Intelligenz"[229] hatte nur ein Bestreben: vom Feudalismus alles zu retten, was noch zu retten war.

Das praktische Ergebnis entsprach diesen jämmerlichen Maßregeln. Die Agrarkommissionen verstanden die wohlwollenden Absichten der Regierung vollkommen und, wie im einzelnen von Wolff drastisch geschildert, sorgten sie dafür, daß bei den Ablösungen der Bauer zugunsten des Adligen gehörig geprellt wurde. Von 1816 bis 1848 wurden abgelöst 70 582 bäuerliche Eigentümer mit einem Gesamtgrundbesitz von 5 158 827 Morgen; sie machten $^6/_7$ aller pflichtigen größeren Bauern aus. Dagegen wurden von den kleineren Stellenbesitzern nur 289 651 abgelöst (davon über 228 000 in Schlesien, Brandenburg und Sachsen). Die Zahl der insgesamt abgelösten jährlichen Diensttage betrug: an Spanndiensttagen: 5 978 295; an Handdiensttagen: 16 869 824. Dafür erhielt der hohe Adel eine Vergütung wie folgt: an Kapitalabzahlung 18 544 766 Taler; an Geldrenten jährlich 1 599 992 Taler; an Roggenrenten 260 069 Scheffel jährlich; endlich an abgetretnem Bauernland 1 533 050 Morgen.* Außer den sonstigen Entschädigungen erhielten die ehemaligen Grundherren also ein volles Drittel des bisherigen Bauernlandes!

Das Jahr 1848 öffnete endlich den ebenso bornierten wie eingebildeten preußischen Krautjunkern die Augen. Die Bauern – namentlich in Schlesien, wo das Latifundiensystem und die ihm entsprechende Herabdrückung der Bevölkerung zu taglöhnernden Kotsassen am stärksten entwickelt war – stürmten die Schlösser, verbrannten die schon abgeschlossenen Ablösungsurkunden und zwangen die gnädigen Herren zu schriftlichem Verzicht auf alle ferneren Leistungen. Diese Exzesse – auch in den Augen der damals herrschenden Bourgeoisie ruchlos – wurden allerdings mit Militärgewalt unterdrückt und streng geahndet; aber das sah nun auch der hirnloseste Junkerschädel ein: Die Frondienste waren unmöglich geworden, lieber gar keine als solche von diesen rebellischen Bauern! Jetzt kam es nur noch darauf an, zu retten, was noch zu retten war; und der grundbesitzende Adel hatte wirklich die Unverschämtheit, für diese unmöglich gewordnen Leistungen Entschädigung zu verlangen. Und kaum saß die Reaktion wieder einigermaßen fest im Sattel, so erfüllte sie diesen Wunsch.

Zunächst jedoch kam noch das Gesetz vom 9. Oktober 1848, welches alle schwebenden Ablösungsverhandlungen und daraus entstandnen Prozesse sowie eine ganze Reihe andrer Prozesse zwischen Gutsherren und Bauern sistierte[230]. Hiermit war also die ganze vielgepriesene Agrargesetzgebung

* Siehe für diese Statistik: *Meitzen*, „Der Boden des preußischen Staats", I. p. 432 ff.

von 1807 an verurteilt. Dann aber, sobald die Berliner sogenannte Nationalversammlung glücklich gesprengt und der Staatsstreich gelungen war[1], hielt sich das feudal-bürokratische Ministerium Brandenburg-Manteuffel für stark genug, um dem Adel einen tüchtigen Schritt entgegenzukommen. Es erließ die provisorische Verordnung vom 20. Dezember 1848, wodurch die von den Bauern bis auf weitere Regelung zu leistenden Dienste usw. mit wenigen Ausnahmen auf dem alten Fuß wiederhergestellt wurden[231]. Es war diese Verordnung, welche unserm Wolff den Anlaß gab, die schlesischen Bauernverhältnisse in der „Neuen Rheinischen Zeitung" zu behandeln.

Indessen dauerte es noch über ein Jahr, bis das neue, schließliche Ablösungsgesetz vom 2. März 1850[232] zustande kam. Man kann die auch jetzt noch von den preußischen Patrioten in den Himmel erhobne Agrargesetzgebung von 1807–1847 nicht schärfer verurteilen, als es, widerwillig genug, in den Motiven zu diesem Gesetz geschieht – und es ist das Ministerium Brandenburg-Manteuffel, welches hier spricht.

Genug: einige unbedeutende Lasten wurden einfach aufgehoben, die Ablösung der andern durch Verwandlung in Geldrenten und deren Kapitalisierung zum achtzehnfachen Betrage dekretiert, und zur Vermittlung der Kapitalabzahlung Rentenbanken errichtet, die vermittelst bekannter Amortisationsoperationen dem Gutsherrn den zwanzigfachen Rentenbetrag abzahlen sollen, während der Bauer durch sechsundfünfzigjährige Abzahlung von Amortisationsraten aller Verpflichtung erledigt wird.

Verurteilte das Ministerium in den Motiven die ganze bisherige Agrargesetzgebung, so verurteilte die Kommission der Kammer das neue Gesetz. Dies sollte nicht für das durch die französische Revolution längst von all dem Plunder befreite linke Rheinufer gelten; die Kommission schloß sich dem an, weil doch höchstens ein einziger von den 109 Paragraphen des Gesetzvorschlages dort anwendbar sei,

„während alle übrigen Bestimmungen dort durchaus nicht passen, vielmehr leicht Verwirrung und unnötige Aufregung hervorrufen könnten ..., indem die Gesetzgebung auf dem linken Rheinufer in Beziehung auf Aufhebung der Reallasten *viel weiter gegangen sei, als man gegenwärtig gehn wolle*"[233],

und man doch den Rheinländern nicht zumuten könne, sich wieder auf den neupreußischen Idealzustand herunterbringen zu lassen.

Jetzt endlich wurde mit der Beseitigung der feudalen Arbeits- und Ausbeutungsformen Ernst gemacht. In wenigen Jahren war der Loskauf der Bauern durchgeführt. Von 1850 bis Ende 1865 wurden abgelöst: 1. der

[1] Siehe vorl. Band, S. 198–200

Rest der größeren bäuerlichen Besitzer; es waren ihrer nur noch 12 706 mit einer Bodenfläche von 352 305 Morgen; 2. die kleineren Besitzer mit Einschluß der Kotsassen; während aber bis 1848 deren nicht ganz 290 000 abgelöst waren, hatten sich in den letzten fünfzehn Jahren volle 1 014 341 losgekauft. Dementsprechend war die Anzahl der auf die größern Wirtschaften fallenden abgelösten Spanndiensttage auch nur 356 274, die der Handdiensttage dagegen 6 670 507. Ebenso war die Entschädigung, die in Grundstücken geleistet wurde und die auch nur auf die größern Bauernhöfe fiel, nur 113 071 Morgen, und die in Roggen zu leistende Jahresrente 55 522 Scheffel. Dagegen erhielt der Grundadel an neuen jährlichen Geldrenten 3 890 136 Taler und außerdem an endgültiger Kapitalabfindung fernere 19 697 483 Taler.*

Die Summe, die die gesamte preußische Grundherrschaft, mit Einschluß der Staatsdomänen, sich aus der Tasche der Bauern hat zahlen lassen für die freie Rückgabe eines Teils des den Bauern früher – bis in dies Jahrhundert hinein – geraubten Bodens, beträgt nach Meitzen I. S.437: 213 861 035 Taler. Dies ist aber viel zu gering. Denn der Morgen Kulturland ist hierbei „*nur*“ zu 20 Taler, der Morgen Forstland zu 10 Taler und der Scheffel Roggen zu 1 Taler angerechnet, also viel zu niedrig. Ferner sind hier nur die „mit Sicherheit feststehnden Abfindungen“ zugrunde gelegt, also mindestens alle privatim zwischen den Beteiligten gemachten Auseinandersetzungen unberücksichtigt gelassen, wie denn Meitzen selbst sagt, die hier aufgeführten abgelösten Leistungen, also auch die dafür gezahlten Entschädigungen seien nur ein „Minimum“.

Wir können also die von den Bauern an Adel und Fiskus zur Befreiung von widerrechtlich aufgelegten Lasten gezahlte Summe auf mindestens 300 000 000 Taler, vielleicht eine Milliarde Mark annehmen.

Eine Milliarde Mark, um nur den kleinsten Teil des seit vierhundert Jahren geraubten Bodens lastenfrei zurückzuerhalten! Den kleinsten Teil, denn den weitaus größten Teil behielt Adel und Fiskus ohnehin zurück in Gestalt von Majorats- und andern Rittergütern und Domänen!

London, 24. November 1885

Friedrich Engels

Nach: Wilhelm Wolff,
„Die schlesische Milliarde“,
Hottingen-Zürich 1886.

---

* Diese Zahlen ergeben sich als Differenz der Totalsummen der beiden Tabellen bei Meitzen, I. S.432 und 434[234].

Vorrede zur dritten Auflage [von Karl Marx' Schrift „Der achtzehnte Brumaire des Louis Bonaparte"]

Daß eine neue Auflage des „Achtzehnten Brumaire"[1] nötig geworden, dreiunddreißig Jahre nach dem ersten Erscheinen, beweist, daß das Schriftchen auch heute noch nichts von seinem Wert verloren hat.

Und in der Tat war es eine geniale Arbeit. Unmittelbar nach dem Ereignis, das die ganze politische Welt wie ein Wetterstrahl aus heiterm Himmel überrascht, das von den einen mit lautem Schrei sittlicher Entrüstung verdammt, von den andern als Rettung aus der Revolution und als Strafe für ihre Verirrungen akzeptiert, von allen aber nur angestaunt und von keinem verstanden wurde – unmittelbar nach diesem Ereignis trat Marx auf mit einer kurzen, epigrammatischen Darstellung, die den ganzen Gang der französischen Geschichte seit den Februartagen in ihrem innern Zusammenhang darlegte, das Mirakel des zweiten Dezembers[235] in ein natürliches, notwendiges Resultat dieses Zusammenhangs auflöste, und dabei nicht einmal nötig hatte, den Helden des Staatsstreichs anders als mit der wohlverdienten Verachtung zu behandeln. Und mit solcher Meisterhand war das Bild gezeichnet, daß jede neue, inzwischen erfolgte Enthüllung nur neue Beweise dafür geliefert hat, wie treu es die Wirklichkeit widerspiegelt. Dies eminente Verständnis der lebendigen Tagesgeschichte, dies klare Durchschauen der Begebenheiten, im Moment, wo sie sich ereignen, ist in der Tat beispiellos.

Dazu gehörte aber auch Marx' genaue Kenntnis der französischen Geschichte. Frankreich ist das Land, wo die geschichtlichen Klassenkämpfe mehr als anderswo jedesmal bis zur Entscheidung durchgefochten wurden, wo also auch die wechselnden politischen Formen, innerhalb deren sie sich bewegen und in denen ihre Resultate sich zusammenfassen, in den schärfsten Umrissen ausgeprägt sind. Mittelpunkt des Feudalismus im Mittel-

[1] Siehe Band 8 unserer Ausgabe, S. 111–207

alter, Musterland der einheitlichen ständischen Monarchie seit der Renaissance, hat Frankreich in der großen Revolution den Feudalismus zertrümmert und die reine Herrschaft der Bourgeoisie begründet in einer Klassizität wie kein anderes europäisches Land. Und auch der Kampf des aufstrebenden Proletariats gegen die herrschende Bourgeoisie tritt hier in einer, anderswo unbekannten, akuten Form auf. Das war der Grund, weshalb Marx nicht nur die vergangne französische Geschichte mit besondrer Vorliebe studierte, sondern auch die laufende in allen Einzelheiten verfolgte, das Material zu künftigem Gebrauch sammelte und daher nie von den Ereignissen überrascht wurde.

Dazu aber kam noch ein anderer Umstand. Es war grade Marx, der das große Bewegungsgesetz der Geschichte zuerst entdeckt hatte, das Gesetz, wonach alle geschichtlichen Kämpfe, ob sie auf politischem, religiösem, philosophischem oder sonst ideologischem Gebiet vor sich gehn, in der Tat nur der mehr oder weniger deutliche Ausdruck von Kämpfen gesellschaftlicher Klassen sind, und daß die Existenz und damit auch die Kollisionen dieser Klassen wieder bedingt sind durch den Entwicklungsgrad ihrer ökonomischen Lage, durch die Art und Weise ihrer Produktion und ihres dadurch bedingten Austausches. Dies Gesetz, das für die Geschichte dieselbe Bedeutung hat wie das Gesetz von der Verwandlung der Energie für die Naturwissenschaft – dies Gesetz gab ihm auch hier den Schlüssel zum Verständnis der Geschichte der zweiten französischen Republik. An dieser Geschichte hat er hier die Probe auf sein Gesetz gemacht, und selbst nach dreiunddreißig Jahren müssen wir noch sagen, daß diese Probe glänzend ausgefallen ist.

F.E.

Geschrieben vor Mitte Februar 1885.

Nach: Karl Marx, „Der achtzehnte Brumaire des Louis Bonaparte", dritte Auflage, Hamburg 1885.

Anhang [zur amerikanischen Ausgabe der „Lage der arbeitenden Klasse in England"][236]

Das Buch, das hiemit dem englisch sprechenden Publikum in seiner eigenen Sprache zugänglich gemacht wird, wurde vor mehr als vierzig Jahren geschrieben. Damals war der Verfasser jung, vierundzwanzig Jahre alt, und sein Werk trägt den Stempel seiner Jugend im guten wie im schlechten, wessen er sich keineswegs schämt. Daß es jetzt ins Englische übersetzt wird, ist keineswegs auf seine Initiative zurückzuführen. Dennoch möge ihm gestattet sein, einige Worte zu sagen, „seine Gründe anzugeben", warum es nicht verhindert werden soll, daß diese Übersetzung das Tageslicht erblickt.

Der in diesem Buch beschriebne Stand der Dinge gehört heute – was England angeht – größtenteils der Vergangenheit an. Obwohl nicht ausdrücklich in unseren anerkannten Lehrbüchern mit aufgezählt, ist es doch ein Gesetz der modernen politischen Ökonomie, daß, je mehr die kapitalistische Produktion sich ausbildet, desto weniger sie bestehn kann bei den kleinen Praktiken der Prellerei und Mogelei, die ihre früheren Stufen kennzeichnen. Die kleinlichen Schlaumeiereien des polnischen Juden, des Repräsentanten des europäischen Handels auf seiner niedrigsten Stufe, diese selben Pfiffe, die ihm in seiner eignen Heimat so vortreffliche Dienste leisten und dort allgemein angewandt werden, lassen ihn im Stich, sobald er nach Hamburg oder Berlin kommt. Desgleichen erkennt der Kommissionär, Jude oder Christ, der von Berlin oder Hamburg kommt, nachdem er einige Monate lang an der Börse von Manchester verkehrt hat, daß er, um Garn oder Gewebe wohlfeil zu kaufen, sich vor allem jener, um ein geringes verfeinerten, aber immer noch jammervollen Manöver und Kniffe entledigen müsse, die in seiner Heimat für die Spitze aller Geschäftsklugheit galten. Und in der Tat, diese Kniffe bezahlen sich nicht mehr in einem großen Markt, wo Zeit Geld ist und wo eine gewisse Höhe der kommerziellen Moralität sich unvermeidlich entwickelt, einfach, um Zeit und Mühe nicht nutzlos zu verlieren. Und genauso steht es mit dem Verhältnis des Fabrikanten zu seinen Arbeitern. Die Abschaffung der Korngesetze[163], die Entdeckung der kalifornischen und australischen Goldfelder, die fast völlige Verdrängung der einheimischen Handweberei in Indien, das zunehmende Eindringen in den chinesischen Markt, das unerhört schnelle Wachstum der Eisenbahnlinien und der Dampfschiffahrt auf der ganzen Welt und andere weniger bedeutende Ursachen ermöglichten der englischen Fabrikindustrie eine so kolossale Entwicklung, daß uns der Stand von 1844 heute als vergleichsweise unbedeutend und fast waldursprünglich erscheint. Und in demselben Grad aber, worin dieser Fortschritt sich darstellte, in demselben Grad wurde auch die große Industrie, dem äußeren Scheine nach, moralisch. Die Konkurrenz von Fabrikant gegen Fabrikant, vermittelst kleiner Diebstähle an den Arbeitern, zahlte sich nicht mehr. Das Geschäft war solchen miserablen Mitteln des Geldverdienens entwachsen, für den fabrizierenden Millionär lohnten sich derlei kleinliche Kniffe nicht. So etwas war gut höchstens für kleine geldbedürftige Leute, die jeden Groschen aufschnappen mußten, wollten sie nicht der Konkurrenz erliegen. So verschwand das Trucksystem, die Zehnstundenbill[237] und eine ganze Reihe kleinerer Reformen ging durch – alles Dinge, die dem Geist des Freihandels und der zügellosen Konkurrenz direkt ins Gesicht schlugen, die aber ebensosehr die Konkurrenz des Riesenkapitalisten gegen seine weniger begünstigten Geschäftskollegen noch überlegner machten. Ferner. Je größer eine industrielle Anlage, je zahlreicher ihre Arbeiter, um so größer war der Schaden und der Geschäftsverdruß bei jedem Konflikt zwischen dem Fabrikanten und den Arbeitern. Daher kam mit der Zeit ein neuer Geist über die Fabrikanten, namentlich über die großen. Sie lernten unnötige Streitereien vermeiden, sich mit dem Bestand und der Macht der Trades Unions abfinden, und schließlich sogar in Strikes – wenn nur zur richtigen Zeit eingeleitet – ein wirksames Mittel entdecken zur Durchführung ihrer eignen Zwecke. So kam es, daß die größten Fabrikanten, früher die Heerführer im Kampf gegen die Arbeiterklasse, jetzt die ersten waren im Aufruf zu Frieden und Harmonie. Und aus sehr guten Gründen. Alle diese Konzessionen an die Gerechtigkeit und Menschenliebe waren eben in Wirklichkeit nur Mittel, die Konzentration des Kapitals in den Händen weniger zu beschleunigen, für die die kleinen Nebenerpressungen früherer Jahre alle Wichtigkeit verloren hatten, und jetzt geradezu im Weg waren; Mittel, um schneller und sicherer ihre kleineren Konkurrenten zu erdrücken, die ohne solchen Extraverdienst nicht leben konnten. Und so hat die Entwicklung der kapitalistischen Produktion allein hingereicht, wenigstens in den leitenden Industriezweigen – denn in den weniger wichtigen ist dies keineswegs der Fall – alle jene kleineren Beschwerden zu beseitigen, die in frühern Jahren das Los des Arbeiters verschlimmerten. Und so tritt mehr und mehr in den Vordergrund die große Haupttatsache, daß die Ursache des Elends der Arbeiterklasse zu suchen ist nicht in jenen kleinern Übelständen, sondern im kapitalistischen System selbst. Der Lohnarbeiter verkauft dem Kapitalisten seine Arbeitskraft für eine gewisse tägliche Summe. Nach der Arbeit weniger Stunden hat er den Wert jener Summe reproduziert. Aber sein Arbeitsvertrag lautet dahin, daß er nun noch eine weitere Reihe von Stunden fortschanzen muß, um seinen Arbeitstag voll zu machen. Der Wert nun, den er in diesen zusätzlichen Stunden der Mehrarbeit produziert, ist Mehrwert, der dem Kapitalisten nichts kostet, trotzdem aber in seine Tasche fließt. Dies ist die Grundlage des Systems, das mehr und mehr die zivilisierte Gesellschaft spaltet, einerseits in einige wenige Vanderbilts, die Eigner aller Produktions- und Unterhaltsmittel, und andrerseits in eine ungeheure Menge von Lohnarbeitern, Eigner von nichts als ihrer Arbeitskraft. Und daß dies Ergebnis geschuldet ist nicht diesem oder jenem untergeordneten Beschwerdepunkt, sondern einzig dem System selbst – diese Tatsache ist durch die Entwicklung des Kapitalismus in England seit 1847 heute ins grellste Licht gestellt.

Ferner. Die wiederholten Heimsuchungen durch Cholera, Typhus, Pocken und andre Epidemien haben dem britischen Bourgeois die dringende Notwendigkeit eingetrichtert, seine Städte gesund zu machen, falls er nicht mit Familie diesen Seuchen zum Opfer fallen will. Demgemäß sind die in diesem Buch beschriebenen schreiendsten Mißstände heute beseitigt oder doch weniger auffällig gemacht. Die Kanalisation ist eingeführt oder verbessert, breite Straßenzüge sind quer durch viele der schlechtesten unter den „schlechten Vierteln", die ich beschreiben mußte, angelegt. „Klein-Irland" ist verschwunden, und die „Seven-Dials"[238] kommen demnächst an die Reihe. Aber was heißt das? Ganze Bezirke, die ich 1844 noch als fast idyllisch schildern konnte, sind jetzt, mit dem Anwachsen der Städte, herabgefallen in denselben Stand des Verfalls, der Unwohnlichkeit, des Elends. Die Schweine und die Abfallhaufen duldet man freilich nicht mehr. Die Bourgeoisie hat weitere Fortschritte gemacht in der Kunst, das Unglück der Arbeiterklasse zu verbergen. Daß aber, was die Arbeiterwohnungen angeht, kein wesentlicher Fortschritt stattgefunden hat, beweist vollauf der Bericht der königlichen Kommission „on the Housing of the Poor"[1], 1885.[239] Und

[1] „über die Behausungen der Armen"

ebenso in allem andern. Polizeiverordnungen sind so häufig geworden wie Brombeeren; sie können aber nur das Elend der Arbeiter einhegen, beseitigen können sie es nicht.

Während aber England dem von mir geschilderten Jugendstand der kapitalistischen Ausbeutung entwachsen ist, haben andre Länder ihn eben erst erreicht. Frankreich, Deutschland und vor allem Amerika sind die drohenden Rivalen, die, wie ich 1844 vorhersah, mehr und mehr Englands industrielles Monopol brechen. Ihre Industrie ist jung gegen die englische, aber sie wächst mit weit größrer Geschwindigkeit als diese und ist erstaunlicherweise heute so ziemlich auf derselben Entwicklungsstufe angekommen, worauf die englische 1844 stand. Mit Beziehung auf Amerika ist die Parallele besonders frappant. Allerdings sind die äußern Umgebungen für die amerikanische Arbeiterklasse sehr verschieden, aber dieselben ökonomischen Gesetze sind an der Arbeit, und die Ergebnisse, wenn nicht in jeder Beziehung identisch, müssen doch derselben Ordnung angehören. Daher finden wir in Amerika dieselben Kämpfe für einen kürzeren, gesetzlich festzustellenden Arbeitstag, besonders für Frauen und Kinder in Fabriken; wir finden das Trucksystem in voller Blüte und das Cottagesystem[240], in ländlichen Gegenden, von den „bosses" ausgebeutet als Mittel der Arbeiterbeherrschung. Grade habe ich die amerikanischen Zeitungen mit Berichten über den großen Strike der 12 000 pennsylvanischen Bergleute im Distrikt von Connellsville erhalten und es kommt mir vor, als läse ich meine eigne Schilderung des Ausstands der Kohlengräber in Nordengland 1844.[241] Dieselbe Prellerei der Arbeiter durch falsches Maß; dasselbe Trucksystem; derselbe Versuch, den Widerstand der Grubenleute zu brechen durch das letzte zermalmende Mittel des Kapitalisten; die Ausweisung der Arbeiter aus ihren Wohnungen, die der Zechenverwaltung gehören.

Es gab zwei Umstände, die viele Jahre verhinderten, daß die unvermeidlichen Konsequenzen des kapitalistischen Systems in Amerika voll ans Tageslicht kamen. Diese bestanden in dem leichten Erwerb von billigem Land und in der starken Einwanderung. Sie erlaubten es lange Zeit der großen Masse der einheimischen amerikanischen Bevölkerung, sich in jüngeren Jahren von der Lohnarbeit „zurückzuziehen" und Farmer, Händler oder Arbeitgeber zu werden, während die harte Lohnarbeit, die Stellung eines lebenslänglichen Proletariers, hauptsächlich den Einwanderern verblieb. Doch Amerika ist diesem Jugendstand entwachsen. Die unendlichen Urwälder sind verschwunden und die noch unendlicheren Prärien gehen rascher und rascher aus den Händen des Staates und der Staaten in die von

Privateigentümern. Das große Sicherheitsventil gegen die Bildung einer permanenten proletarischen Klasse hat – praktisch genommen – zu wirken aufgehört. Zur Zeit besteht in Amerika eine Klasse lebenslänglicher und selbst erblicher Proletarier. Eine Nation von 60 Millionen, die hart und mit nicht geringer Aussicht auf Erfolg darum kämpft, die führende Industrienation der Welt zu werden, kann nicht ständig ihre eigene Lohnarbeiterklasse importieren; selbst dann nicht, wenn eine halbe Million Einwanderer pro Jahr in das Land strömen. Die Tendenz des kapitalistischen Systems, die Gesellschaft endgültig in zwei Klassen zu spalten, mit einigen wenigen Millionären auf der einen und der großen Masse der bloßen Lohnarbeiter auf der andern Seite, diese Tendenz wirkt, obwohl sich ihr ständig andere soziale Kräfte hemmend entgegenstellen, nirgends mit größerer Macht als in Amerika; und das Ergebnis war das Hervorbringen einer Klasse einheimischer amerikanischer Lohnarbeiter, die in der Tat, verglichen mit den Einwanderern, die Aristokratie der Lohnarbeiterklasse bildet, die aber mit jedem Tag sich mehr und mehr ihrer Solidarität mit den Einwanderern bewußt wird und die nun um so stärker ihre Verurteilung zu lebenslanger Lohnsklaverei erkennt, weil die Erinnerung an vergangene Tage, als es verhältnismäßig einfach war, eine höhere gesellschaftliche Ebene zu erreichen, in ihr noch wach ist. Demgemäß hat sich in Amerika die Bewegung der Arbeiterklasse mit wahrhaft amerikanischer Energie in Marsch gesetzt, und da sich auf der anderen Seite des Atlantik die Dinge mit zumindest der doppelten Geschwindigkeit entwickeln als in Europa, könnten wir es noch erleben, daß Amerika auch in dieser Beziehung die Führung an sich reißt.

Ich habe in dieser Übersetzung nicht versucht, das Buch dem heutigen Stand der Dinge anzupassen, d.h. die seit 1844 eingetretenen Änderungen im einzelnen aufzuzählen. Und zwar aus zwei Gründen. Erstens hätte ich, um es gründlich zu machen, den Umfang des Buches verdoppeln müssen, und dazu kam mir die Übersetzung zu plötzlich, als daß ich mich einer solchen Arbeit hätte unterziehen können. Und zweitens gibt der erste Band des Marxschen „Kapital" – eine englische Übersetzung wird in Kürze erscheinen – eine ausführliche Darstellung der Lage der britischen Arbeiterklasse für die Zeit von etwa 1865, d.h. die Zeit, wo die britische industrielle Prosperität ihren Höhepunkt erreichte. Ich hätte also das wiederholen müssen, was schon in Marx' berühmtem Werk gesagt worden ist.

Es wird wohl kaum nötig sein zu bemerken, daß der allgemein theoretische Standpunkt dieses Buchs – in philosophischer, ökonomischer und politischer Beziehung – sich keineswegs genau deckt mit meinem heutigen Standpunkt. Im Jahre 1844 existierte der moderne internationale Sozialismus noch nicht, der seitdem, vor allem und fast ausschließlich durch die Leistungen von Marx, zu einer Wissenschaft ausgebildet worden. Mein Buch repräsentiert nur eine der Phasen seiner embryonalen Entwicklung. Und wie der menschliche Embryo in seinen frühesten Entwicklungsstufen die Kiemenbögen unserer Vorfahren, der Fische, noch immer reproduziert, so verrät dies Buch überall die Spuren der Abstammung des modernen Sozialismus von einem seiner Vorfahren – der deutschen Philosophie. So wird großes Gewicht gelegt auf die Behauptung, daß der Kommunismus nicht eine bloße Parteidoktrin der Arbeiterklasse ist, sondern eine Theorie, deren Endziel ist die Befreiung der gesamten Gesellschaft, mit Einschluß der Klasse der Kapitalisten, aus den gegenwärtigen einengenden Verhältnissen. Dies ist in abstraktem Sinn richtig, aber in der Praxis meist schlimmer als nutzlos. Solange die besitzenden Klassen nicht nur kein Bedürfnis verspüren nach Befreiung, sondern auch der Selbstbefreiung der Arbeiterklasse sich mit allen Kräften widersetzen, solange wird die Arbeiterklasse nun einmal genötigt sein, die soziale Umwälzung allein einzuleiten und durchzuführen. Die französischen Bourgeois von 1789 erklärten auch die Befreiung der Bourgeoisie für die Emanzipation des gesamten Menschengeschlechts; Adel und Geistlichkeit wollten das aber nicht einsehn; die Behauptung – obwohl damals, soweit der Feudalismus dabei in Betracht kam, eine abstrakte, historische Wahrheit – artete bald aus in pure sentimentale Redensart und verduftete gänzlich im Feuer des revolutionären Kampfs. Heutzutage gibt es auch Leute genug, die den Arbeitern von der Unparteilichkeit ihres höheren Standpunkts einen über allen Klassengegensätzen und Klassenkämpfen erhabenen Sozialismus predigen und danach streben, in einer höheren Menschlichkeit die Interessen beider widerstreitenden Klassen zu versöhnen – aber diese Leute sind entweder Neulinge, die noch massenhaft zu lernen haben, oder aber die schlimmsten Feinde der Arbeiter, Wölfe im Schafspelz.

Im Text wird die Kreislaufsperiode der großen industriellen Krisen auf fünf Jahre angegeben. Dies war die Zeitbestimmung, die sich aus dem Gang der Ereignisse von 1825 bis 1842 scheinbar ergab. Die Geschichte der Industrie von 1842 bis 1868 hat aber bewiesen, daß die wirkliche Periode eine zehnjährige ist; daß die Zwischenkrisen sekundärer Natur waren und mehr und mehr verschwunden sind. Seit 1868 hat sich die Sachlage wieder verändert; darüber weiter unten.

Ich habe mir nicht einfallen lassen, aus dem Text die vielen Prophezeiungen zu streichen, namentlich nicht die einer nahe bevorstehenden Revolution in England, wie meine jugendliche Hitze sie mir damals eingab.

Das wunderbare ist, nicht, daß so viele dieser Prophezeiungen fehlgingen, sondern, daß so viele eingetroffen sind und daß die kritische Lage der englischen Industrie, infolge deutscher und namentlich amerikanischer Konkurrenz, die ich damals in einer allerdings viel zu nahen Zukunft voraussah, seitdem wirklich eingetreten ist. In Beziehung auf diesen Punkt ist es mir möglich – und bin ich dazu verpflichtet –, das Buch mit dem heutigen Stand der Dinge in Einklang zu bringen. Ich tue es, indem ich hier einen Artikel reproduziere, der in der Londoner „Commonweal“ vom 1. März 1885 unter dem Titel „England 1845 und 1885“[1] erschien ...

London, 25. Februar 1886

Friedrich Engels

Nach: Friedrich Engels,
„The Condition of the Working Class
in England in 1844“, New York 1887.
Aus dem Englischen.

[1] Siehe vorl. Band, S. 191 – 197

[Zum 15. Jahrestag der Pariser Kommune [242]]

[„Le Socialiste" Nr. 31
vom 27. März 1886]

Heute abend feiern die Arbeiter der ganzen Welt gemeinsam mit euch den Jahrestag der glorreichsten und tragischsten Etappe in der Entwicklung des Proletariats. Im Jahre 1871 ergriff die Arbeiterklasse zum ersten Male in ihrer Geschichte in einer großen Hauptstadt die politische Macht. Aber leider ging alles vorüber wie ein Traum! Auf der einen Seite bedrängt von den Söldnern des französischen Ex-Kaiserreichs, auf der anderen von den Preußen, wurde die Kommune schnell in einem Blutbad ohnegleichen erstickt, das nie vergessen werden wird. Die siegreiche Reaktion kannte keine Grenzen mehr; der Sozialismus schien im Blute ertränkt und das Proletariat zur ewigen Sklaverei verurteilt.

Fünfzehn Jahre sind seit dieser Niederlage verflossen. In dieser Zeit ist in allen Ländern die Macht, die im Dienste der Herren des Bodens und des Kapitals steht, vor nichts zurückgeschreckt, um auch den letzten aufrührerischen Regungen der Arbeiter den Garaus zu machen. Und was hat man erreicht?

Blickt um euch. Der revolutionäre Arbeitersozialismus, lebendiger denn je, ist heute eine Macht, vor der die Herrschenden überall zittern, die französischen Radikalen ebenso wie Bismarck, die Börsenkönige Amerikas ebenso wie der Zar aller Reußen.

Aber das ist nicht alles.

Wir sind an dem Punkt angelangt, wo alle unsere Gegner, was sie auch tun mögen, wider ihren Willen für uns arbeiten.

Sie haben geglaubt, die Internationale zu töten – aber heute ist der internationale Bund der Proletarier, die Bruderschaft der revolutionären Arbeiter der verschiedenen Länder, tausendmal stärker und umfassender als vor der Kommune. Die Internationale bedarf keiner Organisation im eigentlichen

Sinne mehr; sie lebt und erstarkt durch das spontane und leidenschaftliche Zusammenwirken der Arbeiter Europas und Amerikas.

In Deutschland hat Bismarck alle Mittel, bis zu den niederträchtigsten, erschöpft, um die Arbeiterbewegung zu zerschlagen. Ergebnis: vor der Kommune hatte er es mit vier sozialdemokratischen Abgeordneten zu tun; seine Verfolgungen haben bewirkt, daß jetzt fünfundzwanzig gewählt wurden. Und die deutschen Proletarier lachen über den großen Kanzler, der keine bessere revolutionäre Propaganda machen könnte, wenn er dafür bezahlt würde.

In Frankreich hat man euch die Listenwahl[243] aufgezwungen, eine Bourgeoiswahl par excellence, eigens erfunden, um zu sichern, daß ausschließlich Advokaten, Journalisten und andere politische Abenteurer, Wortführer des Kapitals, gewählt werden. Und was hat dieses Wahlsystem der Reichen der Bourgeoisie eingebracht? Es hat im Schoße des französischen Parlaments eine revolutionäre sozialistische Arbeiterpartei geschaffen, deren bloßes Erscheinen auf dem Schauplatz genügt hat, Verwirrung in die Reihen aller bürgerlichen Parteien zu tragen.

Da stehen wir also. Alles, was geschieht, schlägt zu unseren Gunsten aus. Die ausgetüfteltsten Maßnahmen, um das Voranschreiten des Proletariats zu hemmen, beschleunigen nur seinen Siegesmarsch. Der Feind selbst kämpft und ist dazu verurteilt, für uns zu kämpfen. Und das hat er so reichlich und so gut besorgt, daß heute, am 18. März 1886, aus der Brust Tausender Arbeiter, von den Bergwerksproletariern Kaliforniens und des Aveyron bis zu den Zwangsarbeitern in den Bergwerken Sibiriens, der Ruf erklingt:

„Es lebe die Kommune! Es lebe der internationale Bund der Arbeiter!"

Geschrieben am 15. März 1886.

Aus dem Französischen.

Ludwig Feuerbach und der Ausgang der klassischen deutschen Philosophie[244]

Geschrieben Januar bis Anfang Februar 1886
Erstmalig veröffentlicht in:
„Die Neue Zeit", Vierter Jahrgang, Nr. 4 und 5, 1886.
Nach dem revidierten Sonderabdruck Stuttgart 1888.

LUDWIG FEUERBACH

UND DER AUSGANG DER

KLASSISCHEN DEUTSCHEN PHILOSOPHIE

VON

FRIEDRICH ENGELS

REVIDIRTER SONDER-ABDRUCK AUS DER „NEUEN ZEIT"

MIT ANHANG:

KARL MARX ÜBER FEUERBACH
VOM JAHRE 1845.

STUTTGART
VERLAG VON J. H. W. DIETZ
1888.

Titelblatt des revidierten Sonderabdrucks der Schrift
„Ludwig Feuerbach und der Ausgang der klassischen deutschen Philosophie",
Stuttgart 1888

[Vorbemerkung]

In der Vorrede von „Zur Kritik der Politischen Ökonomie", Berlin 1859, erzählt Karl Marx, wie wir beide 1845 in Brüssel uns daranmachten, „den Gegensatz unsrer Ansicht" – der namentlich durch Marx herausgearbeiteten materialistischen Geschichtsauffassung – „gegen die ideologische der deutschen Philosophie gemeinschaftlich auszuarbeiten, in der Tat mit unserm ehemaligen philosophischen Gewissen abzurechnen. Der Vorsatz wurde ausgeführt in der Form einer Kritik der nachhegelschen Philosophie. Das Manuskript [245], zwei starke Oktavbände, war längst an seinem Verlagsort in Westfalen angelangt, als wir die Nachricht erhielten, daß veränderte Umstände den Druck nicht erlaubten. Wir überließen das Manuskript der nagenden Kritik der Mäuse um so williger, als wir unsern Hauptzweck erreicht hatten – Selbstverständigung."[1]

Seitdem sind über vierzig Jahre verflossen, und Marx ist gestorben, ohne daß sich einem von uns Gelegenheit geboten hätte, auf den Gegenstand zurückzukommen. Über unser Verhältnis zu Hegel haben wir uns stellenweise geäußert, doch nirgends in umfassendem Zusammenhang. Auf Feuerbach, der doch in mancher Beziehung ein Mittelglied zwischen der Hegelschen Philosophie und unsrer Auffassung bildet, sind wir nie wieder zurückgekommen.

Inzwischen hat die Marxsche Weltanschauung Vertreter gefunden weit über Deutschlands und Europas Grenzen hinaus und in allen gebildeten Sprachen der Welt. Andrerseits erlebt die klassische deutsche Philosophie im Ausland eine Art Wiedergeburt, namentlich in England und Skandinavien, und selbst in Deutschland scheint man die eklektischen Bettelsuppen

[1] Siehe Band 13 unserer Ausgabe, S. 10

satt zu bekommen, die dort an den Universitäten ausgelöffelt werden unter dem Namen Philosophie.

Unter diesen Umständen erschien mir eine kurze, zusammenhängende Darlegung unsres Verhältnisses zur Hegelschen Philosophie, unsres Ausgangs wie unsrer Trennung von ihr, mehr und mehr geboten. Und ebenso erschien mir eine volle Anerkennung des Einflusses, den vor allen andern nachhegelschen Philosophen Feuerbach, während unsrer Sturm- und Drangperiode, auf uns hatte, als eine unabgetragene Ehrenschuld. Ich ergriff also gern die Gelegenheit, als die Redaktion der „Neuen Zeit" mich um eine kritische Besprechung des Starckeschen Buchs über Feuerbach bat. Meine Arbeit wurde im 4. und 5. Heft 1886 jener Zeitschrift veröffentlicht und erscheint hier in revidiertem Sonderabdruck.

Ehe ich diese Zeilen in die Presse schicke, habe ich das alte Manuskript von 1845/46 nochmals herausgesucht und angesehn. Der Abschnitt über Feuerbach ist nicht vollendet. Der fertige Teil besteht in einer Darlegung der materialistischen Geschichtsauffassung, die nur beweist, wie unvollständig unsre damaligen Kenntnisse der ökonomischen Geschichte noch waren. Die Kritik der Feuerbachschen Doktrin selbst fehlt darin; für den gegenwärtigen Zweck war es also unbrauchbar. Dagegen habe ich in einem alten Heft von Marx die im Anhang abgedruckten elf Thesen über Feuerbach[1] gefunden. Es sind Notizen für spätere Ausarbeitung, rasch hingeschrieben, absolut nicht für den Druck bestimmt, aber unschätzbar als das erste Dokument, worin der geniale Keim der neuen Weltanschauung niedergelegt ist.

London, 21. Februar 1888

Friedrich Engels

[1] Siehe Band 3 unserer Ausgabe, S. 5–7 und 533–535

I

Die vorliegende Schrift* führt uns zurück zu einer Periode, die, der Zeit nach, ein gutes Menschenalter hinter uns liegt, die aber der jetzigen Generation in Deutschland so fremd geworden ist, als wäre sie schon ein volles Jahrhundert alt. Und doch war sie die Periode der Vorbereitung Deutschlands für die Revolution von 1848; und alles, was seitdem bei uns geschehn, ist nur eine Fortsetzung von 1848, nur Testamentsvollstreckung der Revolution.

Wie in Frankreich im achtzehnten, so leitete auch in Deutschland im neunzehnten Jahrhundert die philosophische Revolution den politischen Zusammenbruch ein. Aber wie verschieden sahn die beiden aus! Die Franzosen in offnem Kampf mit der ganzen offiziellen Wissenschaft, mit der Kirche, oft auch mit dem Staat; ihre Schriften jenseits der Grenze, in Holland oder England gedruckt, und sie selbst oft genug drauf und dran, in die Bastille zu wandern. Dagegen die Deutschen – Professoren, vom Staat eingesetzte Lehrer der Jugend, ihre Schriften anerkannte Lehrbücher, und das abschließende System der ganzen Entwicklung, das Hegelsche, sogar gewissermaßen zum Rang einer königlich preußischen Staatsphilosophie erhoben! Und hinter diesen Professoren, hinter ihren pedantisch-dunklen Worten, in ihren schwerfälligen, langweiligen Perioden sollte sich die Revolution verstecken? Waren denn nicht grade die Leute, die damals für die Vertreter der Revolution galten, die Liberalen, die heftigsten Gegner dieser die Köpfe verwirrenden Philosophie? Was aber weder die Regierungen noch die Liberalen sahen, das sah bereits 1833 wenigstens *ein* Mann, und der hieß allerdings Heinrich Heine.[246]

---

* „Ludwig Feuerbach" von C.N.Starcke, Dr. phil. – Stuttgart, Ferd. Encke, 1885.

Nehmen wir ein Beispiel. Kein philosophischer Satz hat so sehr den Dank beschränkter Regierungen und den Zorn ebenso beschränkter Liberalen auf sich geladen wie der berühmte Satz Hegels:

„Alles was wirklich ist, ist vernünftig, und alles was vernünftig ist, ist wirklich."[247]

Das war doch handgreiflich die Heiligsprechung alles Bestehenden, die philosophische Einsegnung des Despotismus, des Polizeistaats, der Kabinettsjustiz, der Zensur. Und so nahm es Friedrich Wilhelm III., so seine Untertanen. Bei Hegel aber ist keineswegs alles, was besteht, ohne weiteres auch wirklich. Das Attribut der Wirklichkeit kommt bei ihm nur demjenigen zu, was zugleich notwendig ist;

„die Wirklichkeit erweist sich in ihrer Entfaltung als die Notwendigkeit";

eine beliebige Regierungsmaßregel – Hegel führt selbst das Beispiel „einer gewissen Steuereinrichtung"[248] an – gilt ihm daher auch keineswegs schon ohne weiteres als wirklich. Was aber notwendig ist, erweist sich in letzter Instanz auch als vernünftig, und auf den damaligen preußischen Staat angewandt, heißt also der Hegelsche Satz nur: Dieser Staat ist vernünftig, der Vernunft entsprechend, soweit er notwendig ist; und wenn er uns dennoch schlecht vorkommt, aber trotz seiner Schlechtigkeit fortexistiert, so findet die Schlechtigkeit der Regierung ihre Berechtigung und ihre Erklärung in der entsprechenden Schlechtigkeit der Untertanen. Die damaligen Preußen hatten die Regierung, die sie verdienten.

Nun ist aber die Wirklichkeit nach Hegel keineswegs ein Attribut, das einer gegebnen gesellschaftlichen oder politischen Sachlage unter allen Umständen und zu allen Zeiten zukommt. Im Gegenteil. Die römische Republik war wirklich, aber das sie verdrängende römische Kaiserreich auch. Die französische Monarchie war 1789 so unwirklich geworden, d.h. so aller Notwendigkeit beraubt, so unvernünftig, daß sie vernichtet werden mußte durch die große Revolution, von der Hegel stets mit der höchsten Begeisterung spricht. Hier war also die Monarchie das Unwirkliche, die Revolution das Wirkliche. Und so wird im Lauf der Entwicklung alles früher Wirkliche unwirklich, verliert seine Notwendigkeit, sein Existenzrecht, seine Vernünftigkeit; an die Stelle des absterbenden Wirklichen tritt eine neue, lebensfähige Wirklichkeit – friedlich, wenn das Alte verständig genug ist, ohne Sträuben mit Tode abzugehn, gewaltsam, wenn es sich gegen diese Notwendigkeit sperrt. Und so dreht sich der Hegelsche Satz durch die Hegelsche Dialektik selbst um in sein Gegenteil: Alles, was im Bereich der Menschengeschichte wirklich ist, wird mit der Zeit unvernünftig, ist also schon seiner Bestimmung nach unvernünftig, ist von vornherein mit

Unvernünftigkeit behaftet; und alles, was in den Köpfen der Menschen vernünftig ist, ist bestimmt, wirklich zu werden, mag es auch noch so sehr der bestehenden scheinbaren Wirklichkeit widersprechen. Der Satz von der Vernünftigkeit alles Wirklichen löst sich nach allen Regeln der Hegelschen Denkmethode auf in den andern: Alles was besteht, ist wert, daß es zugrunde geht.[249]

Darin aber grade lag die wahre Bedeutung und der revolutionäre Charakter der Hegelschen Philosphie (auf die, als den Abschluß der ganzen Bewegung seit Kant, wir uns hier beschränken müssen), daß sie der Endgültigkeit aller Ergebnisse des menschlichen Denkens und Handelns ein für allemal den Garaus machte. Die Wahrheit, die es in der Philosophie zu erkennen galt, war bei Hegel nicht mehr eine Sammlung fertiger dogmatischer Sätze, die, einmal gefunden, nur auswendig gelernt sein wollen; die Wahrheit lag nun in dem Prozeß des Erkennens selbst, in der langen geschichtlichen Entwicklung der Wissenschaft, die von niedern zu immer höhern Stufen der Erkenntnis aufsteigt, ohne aber jemals durch Ausfindung einer sogenannten absoluten Wahrheit zu dem Punkt zu gelangen, wo sie nicht mehr weiter kann, wo ihr nichts mehr übrigbleibt, als die Hände in den Schoß zu legen und die gewonnene absolute Wahrheit anzustaunen. Und wie auf dem Gebiet der philosophischen, so auf dem jeder andern Erkenntnis und auf dem des praktischen Handelns. Ebensowenig wie die Erkenntnis kann die Geschichte einen vollendenden Abschluß finden in einem vollkommnen Idealzustand der Menschheit; eine vollkommne Gesellschaft, ein vollkommner „Staat" sind Dinge, die nur in der Phantasie bestehn können; im Gegenteil sind alle nacheinander folgenden geschichtlichen Zustände nur vergängliche Stufen im endlosen Entwicklungsgang der menschlichen Gesellschaft vom Niedern zum Höhern. Jede Stufe ist notwendig, also berechtigt für die Zeit und die Bedingungen, denen sie ihren Ursprung verdankt; aber sie wird hinfällig und unberechtigt gegenüber neuen, höhern Bedingungen, die sich allmählich in ihrem eignen Schoß entwickeln; sie muß einer höhern Stufe Platz machen, die ihrerseits wieder an die Reihe des Verfalls und des Untergangs kommt. Wie die Bourgeoisie durch die große Industrie, die Konkurrenz und den Weltmarkt alle stabilen, altehrwürdigen Institutionen praktisch auflöst, so löst diese dialektische Philosophie alle Vorstellungen von endgültiger absoluter Wahrheit und ihr entsprechenden absoluten Menschheitszuständen auf. Vor ihr besteht nichts Endgültiges, Absolutes, Heiliges; sie weist von allem und an allem die Vergänglichkeit auf, und nichts besteht vor ihr als der ununterbrochne Prozeß des Werdens und Vergehens, des Aufsteigens ohne Ende vom Niedern zum Höhern, dessen bloße Widerspiegelung im denkenden Hirn sie selbst ist. Sie hat allerdings auch eine konservative Seite: Sie erkennt die Berechtigung bestimmter Erkenntnis- und Gesellschaftsstufen für deren Zeit und Umstände an; aber auch nur so weit. Der Konservatismus dieser Anschauungsweise ist relativ, ihr revolutionärer Charakter ist absolut – das einzig Absolute, das sie gelten läßt.

Wir brauchen hier nicht auf die Frage einzugehn, ob diese Anschauungsweise durchaus mit dem jetzigen Stand der Naturwissenschaft stimmt, die der Existenz der Erde selbst ein mögliches, ihrer Bewohnbarkeit aber ein ziemlich sichres Ende vorhersagt, die also auch der Menschengeschichte nicht nur einen aufsteigenden, sondern auch einen absteigenden Ast zuerkennt. Wir befinden uns jedenfalls noch ziemlich weit von dem Wendepunkt, von wo an es mit der Geschichte der Gesellschaft abwärtsgeht, und können der Hegelschen Philosophie nicht zumuten, sich mit einem Gegenstand zu befassen, den zu ihrer Zeit die Naturwissenschaft noch gar nicht auf die Tagesordnung gesetzt hatte.

Was aber in der Tat hier zu sagen, ist dies: Die obige Entwicklung findet sich in dieser Schärfe nicht bei Hegel. Sie ist eine notwendige Konsequenz seiner Methode, die er selbst aber in dieser Ausdrücklichkeit nie gezogen hat. Und zwar aus dem einfachen Grund, weil er genötigt war, ein System zu machen, und ein System der Philosophie muß nach den hergebrachten Anforderungen mit irgendeiner Art von absoluter Wahrheit abschließen. Sosehr also auch Hegel, namentlich in der „Logik", betont, daß diese ewige Wahrheit nichts andres ist als der logische, resp. der geschichtliche Prozeß selbst, so sieht er sich doch selbst gezwungen, diesem Prozeß ein Ende zu geben, weil er eben mit seinem System irgendwo zu Ende kommen muß. In der „Logik" kann er dies Ende wieder zum Anfang machen, indem hier der Schlußpunkt, die absolute Idee – die nur insofern absolut ist, als er absolut nichts von ihr zu sagen weiß – sich in die Natur „entäußert", d.h. verwandelt, und später im Geist, d.h. im Denken und in der Geschichte, wieder zu sich selbst kommt. Aber am Schluß der ganzen Philosophie ist ein ähnlicher Rückschlag in den Anfang nur auf *einem* Weg möglich. Nämlich indem man das Ende der Geschichte darin setzt, daß die Menschheit zur Erkenntnis eben dieser absoluten Idee kommt, und erklärt, daß diese Erkenntnis der absoluten Idee in der Hegelschen Philosophie erreicht ist. Damit wird aber der ganze dogmatische Inhalt des Hegelschen Systems für die absolute Wahrheit erklärt, im Widerspruch mit seiner dialektischen, alles Dogmatische auflösenden Methode; damit wird die revolutionäre Seite erstickt unter der überwuchernden konservativen. Und was von der philosophischen Erkenntnis, gilt auch von der geschichtlichen Praxis. Die Menschheit, die es, in der Person Hegels, bis zur Herausarbeitung der absoluten Idee gebracht hat, muß auch praktisch so weit gekommen sein, daß sie diese absolute Idee in der Wirklichkeit durchführen kann. Die praktischen politischen Forderungen der absoluten Idee an die Zeitgenossen dürfen also nicht zu hoch gespannt sein. Und so finden wir am Schluß der „Rechtsphilosophie", daß die absolute Idee sich verwirklichen soll in derjenigen ständischen Monarchie, die Friedrich Wilhelm III. seinen Untertanen so hartnäckig vergebens versprach, also in einer den deutschen kleinbürgerlichen Verhältnissen von damals angemessenen, beschränkten und gemäßigten, indirekten Herrschaft der besitzenden Klassen; wobei uns noch die Notwendigkeit des Adels auf spekulativem Wege demonstriert wird.

Die innern Notwendigkeiten des Systems reichen also allein hin, die Erzeugung einer sehr zahmen politischen Schlußfolgerung, vermittelst einer durch und durch revolutionären Denkmethode, zu erklären. Die spezifische Form dieser Schlußfolgerung rührt allerdings davon her, daß Hegel ein Deutscher war und ihm wie seinem Zeitgenossen Goethe ein Stück Philisterzopfs hinten hing. Goethe wie Hegel waren jeder auf seinem Gebiet ein olympischer Zeus, aber den deutschen Philister wurden beide nie ganz los.

Alles dies hinderte jedoch das Hegelsche System nicht, ein unvergleichlich größeres Gebiet zu umfassen als irgendein früheres System und auf diesem Gebiet einen Reichtum des Gedankens zu entwickeln, der noch heute in Erstaunen setzt. Phänomenologie des Geistes (die man eine Parallele der Embryologie und der Paläontologie des Geistes nennen könnte, eine Entwicklung des individuellen Bewußtseins durch seine verschiedenen Stufen, gefaßt als abgekürzte Reproduktion der Stufen, die das Bewußtsein der Menschen geschichtlich durchgemacht), Logik, Naturphilosophie, Philosophie des Geistes, und diese letztere wieder in ihren einzelnen geschichtlichen Unterformen ausgearbeitet: Philosophie der Geschichte, des Rechts, der Religion, Geschichte der Philosophie, Ästhetik usw. – auf allen diesen verschiednen geschichtlichen Gebieten arbeitet Hegel daran, den durchgehenden Faden der Entwicklung aufzufinden und nachzuweisen; und da er nicht nur ein schöpferisches Genie war, sondern auch ein Mann von enzyklopädischer Gelehrsamkeit, so tritt er überall epochemachend auf. Es versteht sich von selbst, daß kraft der Notwendigkeiten des „Systems" er hier oft genug zu jenen gewaltsamen Konstruktionen seine Zuflucht nehmen muß, von denen seine zwerghaften Anfeinder bis heute ein so entsetzliches Geschrei machen. Aber diese Konstruktionen sind nur der Rahmen und das Baugerüst seines Werks; hält man sich hierbei nicht unnötig auf, dringt man tiefer ein in den gewaltigen Bau, so findet man ungezählte Schätze, die auch heute noch ihren vollen Wert behaupten. Bei allen Philosophen ist grade das „System" das Vergängliche, und zwar grade deshalb, weil es aus einem unvergänglichen Bedürfnis des Menschengeistes hervorgeht: dem Bedürfnis der Überwindung aller Widersprüche. Sind aber alle Widersprüche ein für allemal beseitigt, so sind wir bei der sogenannten absoluten Wahrheit angelangt, die Weltgeschichte ist zu Ende, und doch soll sie fortgehn, obwohl ihr nichts mehr zu tun übrigbleibt – also ein neuer, unlösbarer Widerspruch. Sobald wir einmal eingesehn haben – und zu dieser Einsicht hat uns schließlich niemand mehr verholfen als Hegel selbst –, daß die so gestellte Aufgabe der Philosophie weiter nichts heißt als die Aufgabe, daß ein einzelner Philosoph das leisten soll, was nur die gesamte Menschheit in ihrer fortschreitenden Entwicklung leisten kann – sobald wir das einsehn, ist es auch am Ende mit der ganzen Philosophie im bisherigen Sinn des Worts. Man läßt die auf diesem Weg und für jeden einzelnen unerreichbare „absolute Wahrheit" laufen und jagt dafür den erreichbaren relativen Wahrheiten nach auf dem Weg der positiven Wissenschaften und der Zusammenfassung ihrer Resultate vermittelst des dialektischen Denkens. Mit Hegel schließt die Philosophie überhaupt ab; einerseits weil er ihre ganze Entwicklung in seinem System in der großartigsten Weise zusammenfaßt, andrerseits weil er uns, wenn auch unbewußt, den Weg zeigt aus diesem Labyrinth der Systeme zur wirklichen positiven Erkenntnis der Welt.

Man begreift, welch ungeheure Wirkung dies Hegelsche System in der philosophisch gefärbten Atmosphäre Deutschlands hervorbringen mußte. Es war ein Triumphzug, der Jahrzehnte dauerte und mit dem Tod Hegels keineswegs zur Ruhe kam. Im Gegenteil, grade von 1830 bis 1840 herrschte die „Hegelei" am ausschließlichsten und hatte selbst ihre Gegner mehr oder weniger angesteckt; grade in dieser Zeit drangen Hegelsche Anschauungen am reichlichsten, bewußt oder unbewußt, in die verschiedensten Wissenschaften ein und durchsäuerten auch die populäre Literatur und die Tagespresse, aus denen das gewöhnliche „gebildete Bewußtsein" seinen Gedankenstoff bezieht. Aber dieser Sieg auf der ganzen Linie war nur das Vorspiel eines innern Kampfs.

Die Gesamtlehre Hegels ließ, wie wir gesehn, reichlichen Raum für die Unterbringung der verschiedensten praktischen Parteianschauungen; und praktisch waren im damaligen theoretischen Deutschland vor allem zwei Dinge: die Religion und die Politik. Wer das Hauptgewicht auf das *System* Hegels legte, konnte auf beiden Gebieten ziemlich konservativ sein; wer in der dialektischen *Methode* die Hauptsache sah, konnte religiös wie politisch zur äußersten Opposition gehören. Hegel selbst schien, trotz der ziemlich häufigen revolutionären Zornesausbrüche in seinen Werken, im ganzen mehr zur konservativen Seite zu neigen; hatte ihm doch sein System weit mehr „saure Arbeit des Gedankens" gekostet als seine Methode. Gegen Ende der dreißiger Jahre trat die Spaltung in der Schule mehr und mehr hervor. Der linke Flügel, die sogenannten Junghegelianer, gaben im Kampf mit pietistischen Orthodoxen und feudalen Reaktionären ein Stück nach dem andern auf von jener philosophisch-vornehmen Zurückhaltung gegenüber den brennenden Tagesfragen, die ihrer Lehre bisher staatliche Duldung und sogar Protektion gesichert hatte; und als gar 1840 die orthodoxe Frömmelei und die feudal-absolutistische Reaktion mit Friedrich Wilhelm IV. den Thron bestiegen, wurde offne Parteinahme unvermeidlich. Der Kampf wurde noch mit philosophischen Waffen geführt, aber nicht mehr um abstrakt-philosophische Ziele; es handelte sich direkt um Vernichtung der überlieferten Religion und des bestehenden Staats. Und wenn in den „Deutschen Jahrbüchern" [250] die praktischen Endzwecke noch vorwiegend in philosophischer Verkleidung auftraten, so enthüllte sich die junghegelsche Schule in der „Rheinischen Zeitung" [251] von 1842 direkt als die Philosophie der aufstrebenden radikalen Bourgeoisie und brauchte das philosophische Deckmäntelchen nur noch zur Täuschung der Zensur.

Die Politik war aber damals ein sehr dorniges Gebiet, und so wandte sich der Hauptkampf gegen die Religion; dies war ja, namentlich seit 1840, indirekt auch ein politischer Kampf. Den ersten Anstoß hatte Strauß' „Leben Jesu" 1835 gegeben. Der hierin entwickelten Theorie der evangelischen Mythenbildung trat später Bruno Bauer mit dem Nachweis gegenüber, daß eine ganze Reihe evangelischer Erzählungen von den Verfassern selbst fabriziert worden. Der Streit zwischen beiden wurde geführt in der philosophischen Verkleidung eines Kampfes des „Selbstbewußtseins" gegen die „Substanz"; die Frage, ob die evangelischen Wundergeschichten durch bewußtlos-traditionelle Mythenbildung im Schoß der Gemeinde entstanden oder ob sie von den Evangelisten selbst fabriziert seien, wurde aufgebauscht zu der Frage, ob in der Weltgeschichte die „Substanz" oder das „Selbstbewußtsein" die entscheidend wirkende Macht sei; und schließlich kam Stirner, der Prophet des heutigen Anarchismus – Bakunin hat sehr viel aus ihm genommen – und übergipfelte das souveräne „Selbstbewußtsein" durch seinen souveränen „Einzigen".

Wir gehn auf diese Seite des Zersetzungsprozesses der Hegelschen Schule nicht weiter ein. Wichtiger für uns ist dies: Die Masse der entschiedensten Junghegelianer wurde durch die praktischen Notwendigkeiten ihres Kampfs gegen die positive Religion auf den englisch-französischen Materialismus zurückgedrängt. Und hier kamen sie in Konflikt mit ihrem Schulsystem. Während der Materialismus die Natur als das einzig Wirkliche auffaßt, stellt diese im Hegelschen System nur die „Entäußerung" der absoluten Idee vor, gleichsam eine Degradation der Idee; unter allen Umständen ist hier das Denken und sein Gedankenprodukt, die Idee, das Ursprüngliche, die Natur das Abgeleitete, das nur durch die Herablassung der Idee überhaupt existiert. Und in diesem Widerspruch trieb man sich herum, so gut und so schlecht es gehn wollte.

Da kam Feuerbachs „Wesen des Christenthums". Mit *einem* Schlag zerstäubte es den Widerspruch, indem es den Materialismus ohne Umschweife wieder auf den Thron erhob. Die Natur existiert unabhängig von aller Philosophie; sie ist die Grundlage, auf der wir Menschen, selbst Naturprodukte, erwachsen sind; außer der Natur und den Menschen existiert nichts, und die höhern Wesen, die unsere religiöse Phantasie erschuf, sind nur die phantastische Rückspiegelung unsers eignen Wesens. Der Bann war gebrochen; das „System" war gesprengt und beiseite geworfen, der Widerspruch war, als nur in der Einbildung vorhanden, aufgelöst. – Man muß die befreiende Wirkung dieses Buchs selbst erlebt haben, um sich eine Vorstellung davon zu machen. Die Begeisterung war allgemein: Wir waren alle momentan Feuerbachianer. Wie enthusiastisch Marx die neue Auffassung begrüßte und wie sehr er – trotz aller kritischen Vorbehalte – von ihr beeinflußt wurde, kann man in der „Heiligen Familie"[1] lesen.

Selbst die Fehler des Buchs trugen zu seiner augenblicklichen Wirkung bei. Der belletristische, stellenweise sogar schwülstige Stil sicherte ein größeres Publikum und war immerhin eine Erquickung nach den langen Jahren abstrakter und abstruser Hegelei. Dasselbe gilt von der überschwenglichen Vergötterung der Liebe, die gegenüber der unerträglich gewordnen Souveränität des „reinen Denkens" eine Entschuldigung, wenn auch keine Berechtigung fand. Was wir aber nicht vergessen dürfen: Grade an diese beiden Schwächen Feuerbachs knüpfte der seit 1844 sich im „gebildeten" Deutschland wie eine Seuche verbreitende „wahre Sozialismus"[252] an, der an die Stelle der wissenschaftlichen Erkenntnis die belletristische Phrase, an die Stelle der Emanzipation des Proletariats durch die ökonomische Umgestaltung der Produktion die Befreiung der Menschheit vermittelst der „Liebe" setzte, kurz, sich in die widerwärtige Belletristik und Liebesschwüligkeit verlief, deren Typus Herr Karl Grün war.

---

[1] Siehe Band 2 unserer Ausgabe

Was fernerhin nicht zu vergessen: Die Hegelsche Schule war aufgelöst, aber die Hegelsche Philosophie war nicht kritisch überwunden. Strauß und Bauer nahmen jeder eine ihrer Seiten heraus und kehrten sie polemisch gegen die andre. Feuerbach durchbrach das System und warf es einfach beiseite. Aber man wird nicht mit einer Philosophie fertig dadurch, daß man sie einfach für falsch erklärt. Und ein so gewaltiges Werk wie die Hegelsche Philosophie, die einen so ungeheuren Einfluß auf die geistige Entwicklung der Nation gehabt, ließ sich nicht dadurch beseitigen, daß man sie kurzerhand ignorierte. Sie mußte in ihrem eigenen Sinn „aufgehoben" werden, d.h. in dem Sinn, daß ihre Form kritisch vernichtet, der durch sie gewonnene neue Inhalt aber gerettet wurde. Wie dies geschah, davon weiter unten.

Einstweilen schob die Revolution von 1848 jedoch die gesamte Philosophie ebenso ungeniert beiseite wie Feuerbach seinen Hegel. Und damit wurde auch Feuerbach selbst in den Hintergrund gedrängt.

II

Die große Grundfrage aller, speziell neueren Philosophie ist die nach dem Verhältnis von Denken und Sein. Seit der sehr frühen Zeit, wo die Menschen, noch in gänzlicher Unwissenheit über ihren eigenen Körperbau und angeregt durch Traumerscheinungen*, auf die Vorstellung kamen, ihr Denken und Empfinden sei nicht eine Tätigkeit ihres Körpers, sondern einer besonderen, in diesem Körper wohnenden und ihn beim Tode verlassenden Seele – seit dieser Zeit mußten sie über das Verhältnis dieser Seele zur äußern Welt sich Gedanken machen. Wenn sie im Tod sich vom Körper trennte, fortlebte, so lag kein Anlaß vor, ihr noch einen besondren Tod anzudichten; so entstand die Vorstellung von ihrer Unsterblichkeit, die auf jener Entwicklungsstufe keineswegs als ein Trost erscheint, sondern als ein Schicksal, wogegen man nicht ankann, und oft genug, wie bei den Griechen, als ein positives Unglück. Nicht das religiöse Trostbedürfnis, sondern die aus gleich allgemeiner Beschränktheit hervorwachsende Verlegenheit, was mit der einmal angenommenen Seele, nach dem Tod des Körpers, anzufangen, führte allgemein zu der langweiligen Einbildung von der persönlichen Unsterblichkeit. Auf ganz ähnlichem Weg entstanden, durch Personifikation der Naturmächte, die ersten Götter, die in der weitern Ausbildung der Religionen eine mehr und mehr außerweltliche Gestalt annahmen, bis endlich durch einen im Verlauf der geistigen Entwicklung sich naturgemäß einstellenden Abstraktions-, ich möchte fast sagen Destillationsprozeß aus den vielen, mehr oder minder beschränkten und sich gegenseitig beschränkenden Göttern die Vorstellung von dem einen ausschließlichen

* Noch heute ist bei Wilden und niedern Barbaren die Vorstellung allgemein, daß die im Traum erscheinenden menschlichen Gestalten Seelen seien, die zeitweilig den Körper verlassen; der wirkliche Mensch wird daher auch für die Handlungen verantwortlich gehalten, die seine Traumerscheinung gegenüber dem Träumenden begangen. So fand es z.B. im Thurn 1884 bei den Indianern in Guyana.[253]

Gott der monotheistischen Religionen in den Köpfen der Menschen entstand.

Die Frage nach dem Verhältnis des Denkens zum Sein, des Geistes zur Natur, die höchste Frage der gesamten Philosophie hat also, nicht minder als alle Religion, ihre Wurzel in den bornierten und unwissenden Vorstellungen des Wildheitszustands. Aber in ihrer vollen Schärfe konnte sie erst gestellt werden, ihre ganze Bedeutung konnte sie erst erlangen, als die europäische Menschheit aus dem langen Winterschlaf des christlichen Mittelalters erwachte. Die Frage nach der Stellung des Denkens zum Sein, die übrigens auch in der Scholastik des Mittelalters ihre große Rolle gespielt, die Frage: Was ist das Ursprüngliche, der Geist oder die Natur? – diese Frage spitzte sich, der Kirche gegenüber, dahin zu: Hat Gott die Welt erschaffen, oder ist die Welt von Ewigkeit da?

Je nachdem diese Frage so oder so beantwortet wurde, spalteten sich die Philosophen in zwei große Lager. Diejenigen, die die Ursprünglichkeit des Geistes gegenüber der Natur behaupteten, also in letzter Instanz eine Weltschöpfung irgendeiner Art annahmen – und diese Schöpfung ist oft bei den Philosophen, z.B. bei Hegel, noch weit verzwickter und unmöglicher als im Christentum –, bildeten das Lager des Idealismus. Die andern, die die Natur als das Ursprüngliche ansahen, gehören zu den verschiednen Schulen des Materialismus.

Etwas andres als dies bedeuten die beiden Ausdrücke: Idealismus und Materialismus ursprünglich nicht, und in einem andern Sinne werden sie hier auch nicht gebraucht. Welche Verwirrung entsteht, wenn man etwas andres in sie hineinträgt, werden wir unten sehn.

Die Frage nach dem Verhältnis von Denken und Sein hat aber noch eine andre Seite: Wie verhalten sich unsere Gedanken über die uns umgebende Welt zu dieser Welt selbst? Ist unser Denken imstande, die wirkliche Welt zu erkennen, vermögen wir in unsern Vorstellungen und Begriffen von der wirklichen Welt ein richtiges Spiegelbild der Wirklichkeit zu erzeugen? Diese Frage heißt in der philosophischen Sprache die Frage nach der Identität von Denken und Sein und wird von der weitaus größten Zahl der Philosophen bejaht. Bei Hegel z. B. versteht sich ihre Bejahung von selbst; denn das, was wir in der wirklichen Welt erkennen, ist eben ihr gedankenmäßiger Inhalt, dasjenige, was die Welt zu einer stufenweisen Verwirklichung der absoluten Idee macht, welche absolute Idee von Ewigkeit her, unabhängig von der Welt und vor der Welt, irgendwo existiert hat; daß aber das Denken einen Inhalt erkennen kann, der schon von vornherein Gedankeninhalt ist, leuchtet ohne weitres ein. Ebensosehr leuchtet ein, daß hier das zu Beweisende im stillen schon in der Voraussetzung enthalten ist. Das hindert aber Hegel keineswegs, aus seinem Beweis der Identität von Denken und Sein den weitern Schluß zu ziehen, daß seine Philosophie, weil für sein Denken richtig, nun auch die einzig richtige ist und daß die Identität von Denken und Sein sich darin zu bewähren hat, daß die Menschheit sofort seine Philosophie aus der Theorie in die Praxis übersetzt und die ganze Welt nach Hegelschen Grundsätzen umgestaltet. Es ist dies eine Illusion, die er so ziemlich mit allen Philosophen teilt.

Daneben gibt es aber noch eine Reihe andrer Philosophen, die die Möglichkeit einer Erkenntnis der Welt oder doch einer erschöpfenden Erkenntnis bestreiten. Zu ihnen gehören unter den neueren Hume und Kant, und sie haben eine sehr bedeutende Rolle in der philosophischen Entwicklung gespielt. Das Entscheidende zur Widerlegung dieser Ansicht ist bereits von Hegel gesagt, soweit dies vom idealistischen Standpunkt möglich war; was Feuerbach Materialistisches hinzugefügt, ist mehr geistreich als tief. Die schlagendste Widerlegung dieser wie aller andern philosophischen Schrullen ist die Praxis, nämlich das Experiment und die Industrie. Wenn wir die Richtigkeit unsrer Auffassung eines Naturvorgangs beweisen können, indem wir ihn selbst machen, ihn aus seinen Bedingungen erzeugen, ihn obendrein unsern Zwecken dienstbar werden lassen, so ist es mit dem Kantschen unfaßbaren „Ding an sich" zu Ende. Die im pflanzlichen und tierischen Körper erzeugten chemischen Stoffe blieben solche „Dinge an sich", bis die organische Chemie sie einen nach dem andern darzustellen anfing; damit wurde das „Ding an sich" ein Ding für uns, wie z.B. der Farbstoff des Krapps, das Alizarin, das wir nicht mehr auf dem Felde in den Krappwurzeln wachsen lassen, sondern aus Kohlenteer weit wohlfeiler und einfacher herstellen. Das kopernikanische Sonnensystem war dreihundert Jahre lang eine Hypothese, auf die hundert, tausend, zehntausend gegen eins zu wetten war, aber doch immer eine Hypothese; als aber Leverrier aus den durch dies System gegebenen Daten nicht nur die Notwendigkeit der Existenz eines unbekannten Planeten, sondern auch den Ort berechnete, wo dieser Planet am Himmel stehn müsse, und als Galle dann diesen Planeten[254] wirklich fand, da war das kopernikanische System bewiesen. Wenn dennoch die Neubelebung der Kantschen Auffassung in Deutschland durch die Neukantianer und der Humeschen in England (wo sie nie ausgestorben) durch die Agnostiker versucht wird, so ist das, der längst erfolgten theoretischen und praktischen Widerlegung gegenüber, wissenschaftlich ein Rückschritt und praktisch nur eine verschämte Weise, den Materialismus hinterrücks zu akzeptieren und vor der Welt zu verleugnen.

Die Philosophen wurden aber in dieser langen Periode von Descartes bis Hegel und von Hobbes bis Feuerbach keineswegs, wie sie glaubten, allein durch die Kraft des reinen Gedankens vorangetrieben. Im Gegenteil. Was sie in Wahrheit vorantrieb, das war namentlich der gewaltige und immer schneller voranstürmende Fortschritt der Naturwissenschaft und der Industrie. Bei den Materialisten zeigte sich dies schon auf der Oberfläche, aber auch die idealistischen Systeme erfüllten sich mehr und mehr mit materialistischem Inhalt und suchten den Gegensatz von Geist und Materie pantheistisch zu versöhnen; so daß schließlich das Hegelsche System nur einen nach Methode und Inhalt idealistisch auf den Kopf gestellten Materialismus repräsentiert.

Es ist hiermit begreiflich, daß Starcke in seiner Charakteristik Feuerbachs zunächst dessen Stellung zu dieser Grundfrage über das Verhältnis von Denken und Sein untersucht. Nach einer kurzen Einleitung, worin die Auffassung der frühern Philosophen, namentlich seit Kant, in unnötig philosophisch-schwerfälliger Sprache geschildert wird und wobei Hegel durch allzu formalistisches Festhalten an einzelnen Stellen seiner Werke sehr zu kurz kommt, folgt eine ausführliche Darstellung des Entwicklungsgangs der Feuerbachschen „Metaphysik" selbst, wie er sich aus der Reihenfolge der betreffenden Schriften dieses Philosophen ergibt. Diese Darstellung ist fleißig und übersichtlich gearbeitet, nur wie das ganze Buch mit einem keineswegs überall unvermeidlichen Ballast philosophischer Ausdrucksweise beschwert, der um so störender wirkt, je weniger sich der Verfasser an die Ausdrucksweise einer und derselben Schule, oder auch Feuerbachs selbst hält, und je mehr er Ausdrücke der verschiedensten, namentlich der jetzt grassierenden, sich philosophisch nennenden Richtungen hineinmengt.

Der Entwicklungsgang Feuerbachs ist der eines – freilich nie ganz orthodoxen – Hegelianers zum Materialismus hin, eine Entwicklung, die auf einer bestimmten Stufe einen totalen Bruch mit dem idealistischen System seines Vorgängers bedingt. Mit unwiderstehlicher Gewalt drängt sich ihm schließlich die Einsicht auf, daß die Hegelsche vorweltliche Existenz der „absoluten Idee", die „Präexistenz der logischen Kategorien", ehe denn die Welt war, weiter nichts ist als ein phantastischer Überrest des Glaubens an einen außerweltlichen Schöpfer; daß die stoffliche, sinnlich wahrnehmbare Welt, zu der wir selbst gehören, das einzig Wirkliche, und daß unser Bewußtsein und Denken, so übersinnlich es scheint, das Erzeugnis eines stofflichen, körperlichen Organs, des Gehirns ist. Die Materie ist nicht ein Erzeugnis des Geistes, sondern der Geist ist selbst nur das höchste Produkt der Materie. Dies ist natürlich reiner Materialismus. Hier angekommen, stutzt Feuerbach. Er kann das gewohnheitsmäßige, philosophische Vorurteil nicht überwinden, das Vorurteil nicht gegen die Sache, sondern gegen den Namen des Materialismus. Er sagt:

„Der Materialismus ist für mich die Grundlage des Gebäudes des menschlichen Wesens und Wissens; aber er ist für mich nicht, was er für den Physiologen, den Naturforscher im engern Sinn, z.B. Moleschott ist, und zwar notwendig von ihrem Standpunkt und Beruf aus ist, das Gebäude selbst. Rückwärts stimme ich den Materialisten vollkommen bei, aber nicht vorwärts."[255]

Feuerbach wirft hier den Materialismus, der eine auf einer bestimmten Auffassung des Verhältnisses von Materie und Geist beruhende allgemeine Weltanschauung ist, zusammen mit der besondern Form, worin diese Weltanschauung auf einer bestimmten geschichtlichen Stufe, nämlich im 18. Jahrhundert, zum Ausdruck kam. Noch mehr, er wirft ihn zusammen mit der verflachten, vulgarisierten Gestalt, worin der Materialismus des 18. Jahrhunderts heute in den Köpfen von Naturforschern und Ärzten fortexistiert und in den fünfziger Jahren von Büchner, Vogt und Moleschott gereisepredigt wurde. Aber wie der Idealismus eine Reihe von Entwicklungsstufen durchlief, so auch der Materialismus. Mit jeder epochemachenden Entdeckung schon auf naturwissenschaftlichem Gebiet muß er seine Form ändern; und seitdem auch die Geschichte der materialistischen Behandlung unterworfen, eröffnet sich auch hier eine neue Bahn der Entwicklung.

Der Materialismus des vorigen Jahrhunderts war vorwiegend mechanisch, weil von allen Naturwissenschaften damals nur die Mechanik, und zwar auch nur die der – himmlischen und irdischen – festen Körper, kurz, die Mechanik der Schwere, zu einem gewissen Abschluß gekommen war. Die Chemie existierte nur erst in ihrer kindlichen, phlogistischen Gestalt. Die Biologie lag noch in den Windeln; der pflanzliche und tierische Organismus war nur im groben untersucht und wurde aus rein mechanischen Ursachen erklärt; wie dem Descartes das Tier, war den Materialisten des 18. Jahrhunderts der Mensch eine Maschine. Diese ausschließliche Anwendung des Maßstabs der Mechanik auf Vorgänge, die chemischer und organischer Natur sind und bei denen die mechanischen Gesetze zwar auch gelten, aber von andern, höhern Gesetzen in den Hintergrund gedrängt werden, bildet die eine spezifische, aber ihrer Zeit unvermeidliche Beschränktheit des klassischen französischen Materialismus.

Die zweite spezifische Beschränktheit dieses Materialismus bestand in seiner Unfähigkeit, die Welt als einen Prozeß, als einen in einer geschichtlichen Fortbildung begriffenen Stoff aufzufassen. Dies entsprach dem damaligen Stand der Naturwissenschaft und der damit zusammenhängenden metaphysischen, d.h. antidialektischen Weise des Philosophierens. Die Natur, das wußte man, war in ewiger Bewegung begriffen. Aber diese Bewegung drehte sich nach damaliger Vorstellung ebenso ewig im Kreise und kam daher nie vom Fleck; sie erzeugte immer wieder dieselben Ergebnisse. Diese Vorstellung war damals unvermeidlich. Die Kantsche Theorie von der Entstehung des Sonnensystems war erst soeben aufgestellt und passierte nur noch als bloßes Kuriosum. Die Geschichte der Entwicklung der Erde, die Geologie, war noch total unbekannt, und die Vorstellung, daß die heutigen belebten Naturwesen das Ergebnis einer langen Entwicklungsreihe vom Einfachen zum Komplizierten sind, konnte damals wissenschaftlich überhaupt nicht aufgestellt werden. Die unhistorische Auffassung der Natur war also unvermeidlich. Man kann den Philosophen des 18. Jahrhunderts daraus um so weniger einen Vorwurf machen, als sie sich auch bei Hegel findet. Bei diesem ist die Natur, als bloße „Entäußerung" der Idee, keiner Entwicklung in der Zeit fähig, sondern nur einer Ausbreitung ihrer Mannigfaltigkeit im Raum, so daß sie alle in ihr einbegriffnen Entwicklungsstufen gleichzeitig und nebeneinander ausstellt und zu ewiger Wiederholung stets derselben Prozesse verdammt ist. Und diesen Widersinn einer Entwicklung im Raum, aber außer der Zeit – der Grundbedingung aller Entwicklung – bürdet Hegel der Natur auf grade zu derselben Zeit, wo die Geologie, die Embryologie, die pflanzliche und tierische Physiologie und die organische Chemie ausgebildet wurden und wo überall auf Grundlage dieser neuen Wissenschaften geniale Vorahnungen der späteren Entwicklungstheorie auftauchten (z.B. Goethe und Lamarck). Aber das System erforderte es so, und so mußte die Methode, dem System zulieb, sich selbst untreu werden.

Dieselbe unhistorische Auffassung galt auch auf dem Gebiet der Geschichte. Hier hielt der Kampf gegen die Reste des Mittelalters den Blick befangen. Das Mittelalter galt als einfache Unterbrechung der Geschichte durch tausendjährige allgemeine Barbarei; die großen Fortschritte des Mittelalters – die Erweiterung des europäischen Kulturgebiets, die lebensfähigen großen Nationen, die sich dort nebeneinander gebildet, endlich die enormen technischen Fortschritte des 14. und 15. Jahrhunderts –, alles das sah man nicht. Damit war aber eine rationelle Einsicht in den großen geschichtlichen Zusammenhang unmöglich gemacht, und die Geschichte diente höchstens als eine Sammlung von Beispielen und Illustrationen zum Gebrauch der Philosophen.

Die vulgarisierenden Hausierer, die in den fünfziger Jahren in Deutschland in Materialismus machten, kamen in keiner Weise über diese Schranke ihrer Lehrer hinaus. Alle seitdem gemachten Fortschritte der Naturwissenschaft dienten ihnen nur als neue Beweisgründe gegen die Existenz des Weltschöpfers; und in der Tat lag es ganz außerhalb ihres Geschäfts, die Theorie weiterzuentwickeln. War der Idealismus am Ende seines Lateins und durch die Revolution von 1848 auf den Tod getroffen, so erlebte er die Genugtuung, daß der Materialismus momentan noch tiefer heruntergekommen war. Feuerbach hatte entschieden recht, wenn er die Verantwortung für diesen Materialismus ablehnte; nur durfte er die Lehre der Reiseprediger nicht verwechseln mit dem Materialismus überhaupt.

Indes ist hier zweierlei zu bemerken. Erstens war auch zu Feuerbachs Lebzeiten die Naturwissenschaft noch in jenem heftigen Gärungsprozeß begriffen, der erst in den letzten fünfzehn Jahren einen klärenden, relativen Abschluß erhalten hat; es wurde neuer Erkenntnisstoff in bisher unerhörtem Maß geliefert, aber die Herstellung des Zusammenhangs und damit der Ordnung in diesem Chaos sich überstürzender Entdeckungen ist erst ganz neuerdings möglich geworden. Zwar hat Feuerbach die drei entscheidenden Entdeckungen – die der Zelle, der Verwandlung der Energie und der nach Darwin benannten Entwicklungstheorie – noch alle erlebt. Aber wie sollte der einsame Philosoph auf dem Lande die Wissenschaft hinreichend verfolgen können, um Entdeckungen vollauf zu würdigen, die die Naturforscher selbst damals teils noch bestritten, teils nicht hinreichend auszubeuten verstanden? Die Schuld fällt hier einzig auf die erbärmlichen deutschen Zustände, kraft deren die Lehrstühle der Philosophie von spintisierenden eklektischen Flohknackern in Beschlag genommen wurden, während Feuerbach, der sie alle turmhoch überragte, in einem kleinen Dorf verbauern und versauern mußte. Es ist also nicht Feuerbachs Schuld, wenn die jetzt möglich gewordne, alle Einseitigkeiten des französischen Materialismus entfernende, historische Naturauffassung ihm unzugänglich blieb.

Zweitens aber hat Feuerbach darin ganz recht, daß der bloß naturwissenschaftliche Materialismus zwar die

„Grundlage des Gebäudes des menschlichen Wissens ist, aber nicht das Gebäude selbst".

Denn wir leben nicht nur in der Natur, sondern auch in der menschlichen Gesellschaft, und auch diese hat ihre Entwicklungsgeschichte und ihre Wissenschaft nicht minder als die Natur. Es handelte sich also darum, die Wissenschaft von der Gesellschaft, d.h. den Inbegriff der sogenannten historischen und philosophischen Wissenschaften, mit der materialistischen

Grundlage in Einklang zu bringen und auf ihr zu rekonstruieren. Dies aber war Feuerbach nicht vergönnt. Hier blieb er, trotz der „Grundlage", in den überkommnen idealistischen Banden befangen, und dies erkennt er an mit den Worten:

„Rückwärts stimme ich den Materialisten bei, aber nicht vorwärts."

Wer aber hier, auf dem gesellschaftlichen Gebiet, nicht „vorwärts"kam, nicht über seinen Standpunkt von 1840 oder 1844 hinaus, das war Feuerbach selbst, und zwar wiederum hauptsächlich infolge seiner Verödung, die ihn zwang, Gedanken aus seinem einsamen Kopf zu produzieren – ihn, der vor allen andern Philosophen auf geselligen Verkehr veranlagt war – statt im freundlichen und feindlichen Zusammentreffen mit andern Menschen seines Kalibers. Wie sehr er auf diesem Gebiet Idealist bleibt, werden wir später im einzelnen sehn.

Hier ist nur noch zu bemerken, daß Starcke den Idealismus Feuerbachs am unrechten Ort sucht.

„Feuerbach ist Idealist, er glaubt an den Fortschritt der Menschheit." (S.19.) – „Die Grundlage, der Unterbau des Ganzen, bleibt nichtsdestoweniger der Idealismus. Der Realismus ist für uns nichts weiter als ein Schutz gegen Irrwege, während wir unsern idealen Strömungen folgen. Sind nicht Mitleid, Liebe und Begeisterung für Wahrheit und Recht ideale Mächte?" (S. VIII.)

Erstens heißt hier Idealismus nichts andres als Verfolgung idealer Ziele. Diese aber haben notwendig zu tun höchstens mit dem Kantschen Idealismus und seinem „kategorischen Imperativ"; aber selbst Kant nannte seine Philosophie „transzendentalen Idealismus", keineswegs, weil es sich darin auch um sittliche Ideale handelt, sondern aus ganz andren Gründen, wie Starcke sich erinnern wird. Der Aberglaube, daß der philosophische Idealismus sich um den Glauben an sittliche, d.h. gesellschaftliche Ideale drehe, ist entstanden außerhalb der Philosophie, beim deutschen Philister, der die ihm nötigen wenigen philosophischen Bildungsbrocken in Schillers Gedichten auswendig lernt. Niemand hat den ohnmächtigen Kantschen „kategorischen Imperativ" – ohnmächtig, weil er das Unmögliche fordert, also nie zu etwas Wirklichem kommt – schärfer kritisiert, niemand die durch Schiller vermittelte Philisterschwärmerei für unrealisierbare Ideale grausamer verspottet (siehe z.B. die „Phänomenologie") als grade der vollendete Idealist Hegel.

Zweitens aber ist es nun einmal nicht zu vermeiden, daß alles, was einen Menschen bewegt, den Durchgang durch seinen Kopf machen muß – sogar Essen und Trinken, das infolge von vermittelst des Kopfs empfundnem

Hunger und Durst begonnen und infolge von ebenfalls vermittelst des Kopfs empfundner Sättigung beendigt wird. Die Einwirkungen der Außenwelt auf den Menschen drücken sich in seinem Kopf aus, spiegeln sich darin ab als Gefühle, Gedanken, Triebe, Willensbestimmungen, kurz, als „ideale Strömungen", und werden in dieser Gestalt zu „idealen Mächten". Wenn nun der Umstand, daß dieser Mensch überhaupt „idealen Strömungen" folgt und „idealen Mächten" einen Einfluß auf sich zugesteht – wenn dies ihn zum Idealisten macht, so ist jeder einigermaßen normal entwickelte Mensch ein geborner Idealist, und wie kann es da überhaupt noch Materialisten geben?

Drittens hat die Überzeugung, daß die Menschheit, augenblicklich wenigstens, sich im ganzen und großen in fortschreitender Richtung bewegt, absolut nichts zu tun mit dem Gegensatz von Materialismus und Idealismus. Die französischen Materialisten hatten diese Überzeugung in fast fanatischem Grad, nicht minder als die Deisten[256] Voltaire und Rousseau, und brachten ihr oft genug die größten persönlichen Opfer. Wenn irgend jemand der „Begeisterung für Wahrheit und Recht" – die Phrase im guten Sinn genommen – das ganze Leben weihte, so war es z.B. Diderot. Wenn also Starcke dies alles für Idealismus erklärt, so beweist dies nur, daß das Wort Materialismus und der ganze Gegensatz beider Richtungen für ihn hier allen Sinn verloren hat.

Die Tatsache ist, daß Starcke hier dem von der langjährigen Pfaffenverlästerung her überkommenen Philistervorurteil gegen den Namen Materialismus eine unverzeihliche Konzession macht – wenn auch vielleicht unbewußt. Der Philister versteht unter Materialismus Fressen, Saufen, Augenlust, Fleischeslust und hoffärtiges Wesen, Geldgier, Geiz, Habsucht, Profitmacherei und Börsenschwindel, kurz, alle die schmierigen Laster, denen er selbst im stillen frönt; und unter Idealismus den Glauben an Tugend, allgemeine Menschenliebe und überhaupt eine „bessere Welt", womit er vor andern renommiert, woran er selbst aber höchstens glaubt, solange er den auf seine gewohnheitsmäßigen „materialistischen" Exzesse notwendig folgenden Katzenjammer oder Bankerott durchzumachen pflegt und dazu sein Lieblingslied singt: Was ist der Mensch – halb Tier, halb Engel.

Im übrigen gibt sich Starcke viel Mühe, Feuerbach gegen die Angriffe und Lehrsätze der sich heute unter dem Namen Philosophen in Deutschland breitmachenden Dozenten zu verteidigen. Für Leute, die sich für diese Nachgeburt der klassischen deutschen Philosophie interessieren, ist das gewiß wichtig; für Starcke selbst mochte dies notwendig scheinen. Wir verschonen den Leser damit.

III

Der wirkliche Idealismus Feuerbachs tritt zutage, sobald wir auf seine Religionsphilosophie und Ethik kommen. Er will die Religion keineswegs abschaffen, er will sie vollenden. Die Philosophie selbst soll aufgehn in Religion.

„Die Perioden der Menschheit unterscheiden sich nur durch religiöse Veränderungen. Nur da geht eine geschichtliche Bewegung auf den Grund ein, wo sie auf das Herz des Menschen eingeht. Das Herz ist nicht eine Form der Religion, so daß sie auch im Herzen sein sollte; es ist das Wesen der Religion." (Zitiert bei Starcke, S.168.)

Religion ist nach Feuerbach das Gefühlsverhältnis, das Herzensverhältnis zwischen Mensch und Mensch, das bisher in einem phantastischen Spiegelbild der Wirklichkeit – in der Vermittlung durch einen oder viele Götter, phantastische Spiegelbilder menschlicher Eigenschaften – seine Wahrheit suchte, jetzt aber in der Liebe zwischen Ich und Du sie direkt und ohne Vermittlung findet. Und so wird bei Feuerbach schließlich die Geschlechtsliebe eine der höchsten, wenn nicht die höchste Form der Ausübung seiner neuen Religion.

Nun haben Gefühlsverhältnisse zwischen den Menschen, namentlich auch zwischen beiden Geschlechtern bestanden, solange es Menschen gibt. Die Geschlechtsliebe speziell hat in den letzten achthundert Jahren eine Ausbildung erhalten und eine Stellung erobert, die sie während dieser Zeit zum obligatorischen Drehzapfen aller Poesie gemacht hat. Die bestehenden positiven Religionen haben sich darauf beschränkt, der staatlichen Regelung der Geschlechtsliebe, d.h. der Ehegesetzgebung, die höhere Weihe zu geben, und können morgen sämtlich verschwinden, ohne daß an der Praxis von Liebe und Freundschaft das Geringste geändert wird. Wie die christliche Religion denn auch in Frankreich von 1793 bis 1798 faktisch so sehr verschwunden war, daß selbst Napoleon sie nicht ohne Widerstreben und Schwierigkeit wieder einführen konnte, ohne daß jedoch während des

Zwischenraums das Bedürfnis nach einem Ersatz im Sinn Feuerbachs hervortrat.

Der Idealismus besteht hier bei Feuerbach darin, daß er die auf gegenseitiger Neigung beruhenden Verhältnisse der Menschen zueinander, Geschlechtsliebe, Freundschaft, Mitleid, Aufopferung usw., nicht einfach als das gelten läßt, was sie ohne Rückerinnerung an eine, auch für ihn der Vergangenheit angehörige, besondre Religion aus sich selbst sind, sondern behauptet, sie kämen erst zu ihrer vollen Geltung, sobald man ihnen eine höhere Weihe gibt durch den Namen Religion. Die Hauptsache für ihn ist nicht, daß diese rein menschlichen Beziehungen existieren, sondern daß sie als die neue, wahre Religion aufgefaßt werden. Sie sollen für voll gelten, erst wenn sie religiös abgestempelt sind. Religion kommt her von religare und heißt ursprünglich Verbindung. Also ist jede Verbindung zweier Menschen eine Religion. Solche etymologische Kunststücke bilden das letzte Auskunftsmittel der idealistischen Philosophie. Nicht was das Wort nach der geschichtlichen Entwicklung seines wirklichen Gebrauchs bedeutet, sondern was es der Abstammung nach bedeuten sollte, das soll gelten. Und so wird die Geschlechtsliebe und die geschlechtliche Verbindung in eine „Religion" verhimmelt, damit nur ja nicht das der idealistischen Erinnerung teure Wort Religion aus der Sprache verschwinde. Grade so sprachen in den vierziger Jahren die Pariser Reformisten der Louis Blancschen Richtung, die sich ebenfalls einen Menschen ohne Religion nur als ein Monstrum vorstellen konnten und uns sagten: Donc, l'athéisme c'est votre religion![1] Wenn Feuerbach die wahre Religion auf Grundlage einer wesentlich materialistischen Naturanschauung herstellen will, so heißt das soviel, wie die moderne Chemie als die wahre Alchimie auffassen. Wenn die Religion ohne ihren Gott bestehen kann, dann auch die Alchimie ohne ihren Stein der Weisen. Es besteht übrigens ein sehr enges Band zwischen Alchimie und Religion. Der Stein der Weisen hat viele gottähnliche Eigenschaften, und die ägyptisch-griechischen Alchimisten der ersten beiden Jahrhunderte unserer Zeitrechnung haben bei der Ausbildung der christlichen Doktrin ihr Händchen mit im Spiel gehabt, wie die bei Kopp und Berthelot gegebenen Daten beweisen.

Entschieden falsch ist Feuerbachs Behauptung, daß die

„Perioden der Menschheit sich nur durch religiöse Veränderungen unterscheiden".

Große geschichtliche Wendepunkte sind von religiösen Veränderungen *begleitet* worden, nur soweit die drei Weltreligionen in Betracht kommen, die

[1] Also der Atheismus ist eure Religion!

bisher bestanden haben: Buddhismus, Christentum, Islam. Die alten naturwüchsig entstandnen Stammes- und Nationalreligionen waren nicht propagandistisch und verloren alle Widerstandskraft, sobald die Selbständigkeit der Stämme und Völker gebrochen war; bei den Germanen genügte sogar die einfache Berührung mit dem verfallenden römischen Weltreich und der von ihm soeben aufgenommenen, seinem ökonomischen, politischen und ideellen Zustand angemeßnen christlichen Weltreligion. Erst bei diesen mehr oder weniger künstlich entstandnen Weltreligionen, namentlich beim Christentum und Islam, finden wir, daß allgemeinere geschichtliche Bewegungen ein religiöses Gepräge annehmen, und selbst auf dem Gebiet des Christentums ist das religiöse Gepräge, für Revolutionen von wirklich universeller Bedeutung, beschränkt auf die ersten Stufen des Emanzipationskampfs der Bourgeoisie, vom dreizehnten bis zum siebzehnten Jahrhundert, und erklärt sich nicht, wie Feuerbach meint, aus dem Herzen des Menschen und seinem Religionsbedürfnis, sondern aus der ganzen mittelalterlichen Vorgeschichte, die keine andere Form der Ideologie kannte als eben die Religion und Theologie. Als aber die Bourgeoisie im 18. Jahrhundert hinreichend erstarkt war, um auch ihre eigne, ihrem Klassenstandpunkt angemeßne Ideologie zu haben, da machte sie ihre große und endgültige Revolution, die französische, unter dem ausschließlichen Appell an juristische und politische Ideen durch und kümmerte sich um die Religion nur so weit, als diese ihr im Wege stand; es fiel ihr aber nicht ein, eine neue Religion an die Stelle der alten zu setzen; man weiß, wie Robespierre damit scheiterte.

Die Möglichkeit rein menschlicher Empfindung im Verkehr mit andern Menschen wird uns heutzutage schon genug verkümmert durch die auf Klassengegensatz und Klassenherrschaft gegründete Gesellschaft, in der wir uns bewegen müssen: Wir haben keinen Grund, sie uns selbst noch mehr zu verkümmern, indem wir diese Empfindungen in eine Religion verhimmeln. Und ebenso wird das Verständnis der geschichtlichen großen Klassenkämpfe von der landläufigen Geschichtschreibung, namentlich in Deutschland, schon hinreichend verdunkelt, auch ohne daß wir nötig hätten, es durch Verwandlung dieser Kampfesgeschichte in einen bloßen Anhang der Kirchengeschichte uns vollends unmöglich zu machen. Schon hier zeigt sich, wie weit wir uns heute von Feuerbach entfernt haben. Seine „schönsten Stellen", zur Feier dieser neuen Liebesreligion, sind heute gar nicht mehr lesbar.

Die einzige Religion, die Feuerbach ernstlich untersucht, ist das Christentum, die Weltreligion des Abendlands, die auf den Monotheismus gegründet ist. Er weist nach, daß der christliche Gott nur der phantastische

Reflex, das Spiegelbild des Menschen ist. Nun aber ist dieser Gott selbst das Produkt eines langwierigen Abstraktionsprozesses, die konzentrierte Quintessenz der früheren vielen Stammes- und Nationalgötter. Und dementsprechend ist auch der Mensch, dessen Abbild jener Gott ist, nicht ein wirklicher Mensch, sondern ebenfalls die Quintessenz der vielen wirklichen Menschen, der abstrakte Mensch, also selbst wieder ein Gedankenbild. Derselbe Feuerbach, der auf jeder Seite Sinnlichkeit, Versenkung ins Konkrete, in die Wirklichkeit predigt, er wird durch und durch abstrakt, sowie er auf einen weiteren als den bloß geschlechtlichen Verkehr zwischen den Menschen zu sprechen kommt.

Dieser Verkehr bietet ihm nur eine Seite: die Moral. Und hier frappiert uns wieder die erstaunliche Armut Feuerbachs verglichen mit Hegel. Dessen Ethik oder Lehre von der Sittlichkeit ist die Rechtsphilosophie und umfaßt: 1. das abstrakte Recht, 2. die Moralität, 3. die Sittlichkeit, unter welcher wieder zusammengefaßt sind: die Familie, die bürgerliche Gesellschaft, der Staat. So idealistisch die Form, so realistisch ist hier der Inhalt. Das ganze Gebiet des Rechts, der Ökonomie, der Politik ist neben der Moral hier mit einbegriffen. Bei Feuerbach grade umgekehrt. Er ist der Form nach realistisch, er geht vom Menschen aus; aber von der Welt, worin dieser Mensch lebt, ist absolut nicht die Rede, und so bleibt dieser Mensch stets derselbe abstrakte Mensch, der in der Religionsphilosophie das Wort führte. Dieser Mensch ist eben nicht aus dem Mutterleib geboren, er hat sich aus dem Gott der monotheistischen Religionen entpuppt, er lebt daher auch nicht in einer wirklichen, geschichtlich entstandenen und geschichtlich bestimmten Welt; er verkehrt zwar mit andern Menschen, aber jeder andere ist ebenso abstrakt wie er selbst. In der Religionsphilosophie hatten wir doch noch Mann und Weib, aber in der Ethik verschwindet auch dieser letzte Unterschied. Allerdings kommen bei Feuerbach in weiten Zwischenräumen Sätze vor wie:

„In einem Palast denkt man anders als in einer Hütte.“[257] – „Wo du vor Hunger, vor Elend keinen Stoff im Leibe hast, da hast du auch in deinem Kopfe, in deinem Sinne[258] und Herzen keinen Stoff zur Moral.“ – „Die Politik muß unsere Religion werden“[259] usw.

Aber mit diesen Sätzen weiß Feuerbach absolut nichts anzufangen, sie bleiben pure Redensarten, und selbst Starcke muß eingestehn, daß die Politik für Feuerbach eine unpassierbare Grenze war und die

„Gesellschaftslehre, die Soziologie für ihn eine terra incognita[1]“.

[1] ein unbekanntes Land

Ebenso flach erscheint er gegenüber Hegel in der Behandlung des Gegensatzes von Gut und Böse.

„Man glaubt etwas sehr Großes zu sagen – heißt es bei Hegel – wenn man sagt: Der Mensch ist von Natur gut; aber man vergißt, daß man etwas weit Größeres sagt mit den Worten: Der Mensch ist von Natur böse.“[260]

Bei Hegel ist das Böse die Form, worin die Triebkraft der geschichtlichen Entwicklung sich darstellt. Und zwar liegt hierin der doppelte Sinn, daß einerseits jeder neue Fortschritt notwendig auftritt als Frevel gegen ein Heiliges, als Rebellion gegen die alten, absterbenden, aber durch die Gewohnheit geheiligten Zustände, und andrerseits, daß seit dem Aufkommen der Klassengegensätze es grade die schlechten Leidenschaften der Menschen sind, Habgier und Herrschsucht, die zu Hebeln der geschichtlichen Entwicklung werden, wovon z.B. die Geschichte des Feudalismus und der Bourgeoisie ein einziger fortlaufender Beweis ist. Aber die historische Rolle des moralisch Bösen zu untersuchen, fällt Feuerbach nicht ein. Die Geschichte ist ihm überhaupt ein ungemütliches, unheimliches Feld. Sogar sein Ausspruch:

„Der Mensch, der ursprünglich aus der Natur entsprang, war auch nur ein reines Naturwesen, kein Mensch. Der Mensch ist ein Produkt des Menschen, der Kultur, der Geschichte“[261] –

selbst dieser Ausspruch bleibt bei ihm durchaus unfruchtbar.

Was uns Feuerbach über Moral mitteilt, kann hiernach nur äußerst mager sein. Der Glückseligkeitstrieb ist dem Menschen eingeboren und muß daher die Grundlage aller Moral bilden. Aber der Glückseligkeitstrieb erfährt eine doppelte Korrektur. Erstens durch die natürlichen Folgen unsrer Handlungen: Auf den Rausch folgt der Katzenjammer, auf den gewohnheitsmäßigen Exzeß die Krankheit. Zweitens durch ihre gesellschaftlichen Folgen: Respektieren wir nicht den gleichen Glückseligkeitstrieb der andern, so wehren sie sich und stören unsern eignen Glückseligkeitstrieb. Hieraus folgt, daß wir, um unsern Trieb zu befriedigen, die Folgen unsrer Handlungen richtig abzuschätzen imstande sein und andrerseits die Gleichberechtigung des entsprechenden Triebs bei andern gelten lassen müssen. Rationelle Selbstbeschränkung in Beziehung auf uns selbst und Liebe – immer wieder Liebe! – im Verkehr mit andern sind also die Grundregeln der Feuerbachschen Moral, aus denen alle andern sich ableiten. Und weder die geistvollsten Ausführungen Feuerbachs noch die stärksten Lobsprüche Starckes können die Dünnheit und Plattheit dieser paar Sätze verdecken.

Der Glückseligkeitstrieb befriedigt sich nur sehr ausnahmsweise und keineswegs zu seinem und andrer Leute Vorteil durch die Beschäftigung eines Menschen mit ihm selbst. Sondern er erfordert Beschäftigung mit der Außenwelt, Mittel der Befriedigung, also Nahrung, ein Individuum des andern Geschlechts, Bücher, Unterhaltung, Debatte, Tätigkeit, Gegenstände der Vernutzung und Verarbeitung. Die Feuerbachsche Moral setzt entweder voraus, daß diese Mittel und Gegenstände der Befriedigung jedem Menschen ohne weiteres gegeben sind, oder aber sie gibt ihm nur unanwendbare gute Lehren, ist also keinen Schuß Pulver wert für die Leute, denen diese Mittel fehlen. Und das erklärt Feuerbach selbst in dürren Worten:

„In einem Palast denkt man anders als in einer Hütte."[257] „Wo du vor Hunger, vor Elend keinen Stoff im Leibe hast, da hast du auch in deinem Kopfe, in deinem Sinne und Herzen keinen Stoff zur Moral."[262]

Steht es etwa besser mit der Gleichberechtigung des Glückseligkeitstriebs andrer? Feuerbach stellt diese Forderung absolut hin, als gültig für alle Zeiten und Umstände. Aber seit wann gilt sie? War im Altertum zwischen Sklaven und Herren, im Mittelalter zwischen Leibeignen und Baronen je die Rede von Gleichberechtigung des Glückseligkeitstriebs? Wurde nicht der Glückseligkeitstrieb der unterdrückten Klasse rücksichtslos und „von Rechts wegen" dem der herrschenden zum Opfer gebracht? – Ja, das war auch unmoralisch, jetzt aber ist die Gleichberechtigung anerkannt. – Anerkannt in der Phrase, seitdem und sintemal die Bourgeoisie in ihrem Kampf gegen die Feudalität und in der Ausbildung der kapitalistischen Produktion gezwungen war, alle ständischen, d.h. persönlichen Privilegien abzuschaffen und zuerst die privatrechtliche, dann auch allmählich die staatsrechtliche, juristische Gleichberechtigung der Person einzuführen. Aber der Glückseligkeitstrieb lebt nur zum geringsten Teil von ideellen Rechten und zum allergrößten von materiellen Mitteln, und da sorgt die kapitalistische Produktion dafür, daß der großen Mehrzahl der gleichberechtigten Personen nur das zum knappen Leben Notwendige zufällt, respektiert also die Gleichberechtigung des Glückseligkeitstriebs der Mehrzahl kaum, wenn überhaupt, besser, als die Sklaverei oder die Leibeigenschaft dies tat. Und steht es besser in betreff der geistigen Mittel der Glückseligkeit, der Bildungsmittel? Ist nicht selbst „der Schulmeister von Sadowa"[263] eine mythische Person?

Noch mehr. Nach der Feuerbachschen Moraltheorie ist die Fondsbörse der höchste Tempel der Sittlichkeit – vorausgesetzt nur, daß man stets richtig spekuliert. Wenn mein Glückseligkeitstrieb mich auf die Börse führt und ich dort die Folgen meiner Handlungen so richtig erwäge, daß sie mir nur Annehmlichkeit und keinen Nachteil bringen, d.h. daß ich stets gewinne, so ist Feuerbachs Vorschrift erfüllt. Auch greife ich dadurch nicht in den gleichen Glückseligkeitstrieb eines andern ein, denn der andre ist ebenso freiwillig an die Börse gegangen wie ich, ist beim Abschluß des Spekulationsgeschäfts mit mir ebensogut seinem Glückseligkeitstrieb gefolgt wie ich dem meinigen. Und verliert er sein Geld, so beweist sich eben dadurch seine Handlung, weil schlecht berechnet, als unsittlich, und indem ich an ihm die verdiente Strafe vollstrecke, kann ich mich sogar als moderner Rhadamanthus stolz in die Brust werfen. Auch die Liebe herrscht an der Börse, insoweit sie nicht bloß sentimentale Phrase ist, denn jeder findet im andern die Befriedigung seines Glückseligkeitstriebs, und das ist ja, was die Liebe leisten soll und worin sie praktisch sich betätigt. Und wenn ich da in richtiger Voraussicht der Folgen meiner Operationen, also mit Erfolg spiele, so erfülle ich alle die strengsten Forderungen der Feuerbachschen Moral und werde ein reicher Mann obendrein. Mit andern Worten, Feuerbachs Moral ist auf die heutige kapitalistische Gesellschaft zugeschnitten, so wenig er selbst das wollen oder ahnen mag.

Aber die Liebe! – Ja, die Liebe ist überall und immer der Zaubergott, der bei Feuerbach über alle Schwierigkeiten des praktischen Lebens hinweghelfen soll – und das in einer Gesellschaft, die in Klassen mit diametral entgegengesetzten Interessen gespalten ist. Damit ist denn der letzte Rest ihres revolutionären Charakters aus der Philosophie verschwunden, und es bleibt nur die alte Leier: Liebet euch untereinander, fallt euch in die Arme ohne Unterschied des Geschlechts und des Standes – allgemeiner Versöhnungsdusel!

Kurz und gut. Es geht der Feuerbachschen Moraltheorie wie allen ihren Vorgängerinnen. Sie ist auf alle Zeiten, alle Völker, alle Zustände zugeschnitten, und eben deswegen ist sie nie und nirgends anwendbar und bleibt der wirklichen Welt gegenüber ebenso ohnmächtig wie Kants kategorischer Imperativ. In Wirklichkeit hat jede Klasse, sogar jede Berufsart ihre eigne Moral und bricht auch diese, wo sie es ungestraft tun kann, und die Liebe, die alles einen soll, kommt zu Tag in Kriegen, Streitigkeiten, Prozessen, häuslichem Krakeel, Ehescheidung und möglichster Ausbeutung der einen durch die andern.

Wie aber war es möglich, daß der gewaltige, durch Feuerbach gegebene Anstoß für ihn selbst so unfruchtbar auslief? Einfach dadurch, daß Feuerbach aus dem ihm selbst tödlich verhaßten Reich der Abstraktionen den Weg nicht finden kann zur lebendigen Wirklichkeit. Er klammert sich gewaltsam an die Natur und den Menschen; aber Natur und Mensch bleiben bei ihm bloß Worte. Weder von der wirklichen Natur noch von den wirklichen Menschen weiß er uns etwas Bestimmtes zu sagen. Vom Feuerbachschen abstrakten Menschen kommt man aber nur zu den wirklichen lebendigen Menschen, wenn man sie in der Geschichte handelnd betrachtet. Und dagegen sträubte sich Feuerbach, und daher bedeutete das Jahr 1848, das er nicht begriff, für ihn nur den endgültigen Bruch mit der wirklichen Welt, den Rückzug in die Einsamkeit. Die Schuld hieran tragen wiederum hauptsächlich die deutschen Verhältnisse, die ihn elend verkommen ließen.

Aber der Schritt, den Feuerbach nicht tat, mußte dennoch getan werden; der Kultus des abstrakten Menschen, der den Kern der Feuerbachschen neuen Religion bildete, mußte ersetzt werden durch die Wissenschaft von den wirklichen Menschen und ihrer geschichtlichen Entwicklung. Diese Fortentwicklung des Feuerbachschen Standpunkts über Feuerbach hinaus wurde eröffnet 1845 durch Marx in der „Heiligen Familie“.

IV

Strauß, Bauer, Stirner, Feuerbach, das waren die Ausläufer der Hegelschen Philosophie, soweit sie den philosophischen Boden nicht verließen. Strauß hat, nach dem „Leben Jesu" und der „Dogmatik" [264], nur noch philosophische und kirchengeschichtliche Belletristik à la Renan getrieben; Bauer hat nur auf dem Gebiet der Entstehungsgeschichte des Christentums etwas geleistet, aber hier auch Bedeutendes; Stirner blieb ein Kuriosum, selbst nachdem Bakunin ihn mit Proudhon verquickt und diese Verquikkung „Anarchismus" getauft hatte; Feuerbach allein war bedeutend als Philosoph. Aber nicht nur blieb die Philosophie, die angeblich über allen besondern Wissenschaften schwebende, sie zusammenfassende Wissenschaftswissenschaft, für ihn eine unüberschreitbare Schranke, ein unantastbar Heiliges; er blieb auch als Philosoph auf halbem Wege stehen, war unten Materialist, oben Idealist; er wurde mit Hegel nicht kritisch fertig, sondern warf ihn als unbrauchbar einfach beiseite, während er selbst, gegenüber dem enzyklopädischen Reichtum des Hegelschen Systems, nichts Positives fertigbrachte als eine schwülstige Liebesreligion und eine magere, ohnmächtige Moral.

Aus der Auflösung der Hegelschen Schule ging aber noch eine andere Richtung hervor, die einzige, die wirklich Früchte getragen hat, und diese Richtung knüpft sich wesentlich an den Namen Marx*.

---

* Man gestatte mir hier eine persönliche Erläuterung. Man hat neuerdings mehrfach auf meinen Anteil an dieser Theorie hingewiesen, und so kann ich kaum umhin, hier die wenigen Worte zu sagen, wodurch dieser Punkt sich erledigt. Daß ich vor und während meinem vierzigjährigen Zusammenwirken mit Marx sowohl an der Begründung wie namentlich an der Ausarbeitung der Theorie einen gewissen selbständigen Anteil hatte, kann ich selbst nicht leugnen. Aber der größte Teil der leitenden Grund-

Die Trennung von der Hegelschen Philosophie erfolgte auch hier durch die Rückkehr zum materialistischen Standpunkt. Das heißt, man entschloß sich, die wirkliche Welt – Natur und Geschichte – so aufzufassen, wie sie sich selbst einem jeden gibt, der ohne vorgefaßte idealistische Schrullen an sie herantritt; man entschloß sich, jede idealistische Schrulle unbarmherzig zum Opfer zu bringen, die sich mit den in ihrem eignen Zusammenhang, und in keinem phantastischen, aufgefaßten Tatsachen nicht in Einklang bringen ließ. Und weiter heißt Materialismus überhaupt nichts. Nur daß hier zum erstenmal mit der materialistischen Weltanschauung wirklich Ernst gemacht, daß sie auf allen in Frage kommenden Gebieten des Wissens – wenigstens in den Grundzügen – konsequent durchgeführt wurde.

Hegel wurde nicht einfach abseits gelegt; man knüpfte im Gegenteil an an seine oben entwickelte revolutionäre Seite, an die dialektische Methode. Aber diese Methode war in ihrer Hegelschen Form unbrauchbar. Bei Hegel ist die Dialektik die Selbstentwicklung des Begriffs. Der absolute Begriff ist nicht nur von Ewigkeit – unbekannt wo? – vorhanden, er ist auch die eigentliche lebendige Seele der ganzen bestehenden Welt. Er entwickelt sich zu sich selbst durch alle die Vorstufen, die in der „Logik" des breiteren abgehandelt und die alle in ihm eingeschlossen sind; dann „entäußert" er sich, indem er sich in die Natur verwandelt, wo er ohne Bewußtsein seiner selbst, verkleidet als Naturnotwendigkeit eine neue Entwicklung durchmacht und zuletzt im Menschen wieder zum Selbstbewußtsein kommt; dies Selbstbewußtsein arbeitet sich nun in der Geschichte wieder aus dem Rohen heraus, bis endlich der absolute Begriff wieder vollständig zu sich selbst kommt in der Hegelschen Philosophie. Bei Hegel ist also die in der Natur und Geschichte zutage tretende dialektische Entwicklung, d.h. der ursächliche Zusammenhang des, durch alle Zickzackbewegungen und momentanen Rückschritte hindurch, sich durchsetzenden Fortschreitens vom Niedern zum Höhern, nur der Abklatsch der von Ewigkeit her, man weiß nicht wo, aber jedenfalls unabhängig von jedem denkenden Menschenhirn vor sich gehenden Selbstbewegung des Begriffs. Diese ideologische Verkehrung galt es zu beseitigen. Wir faßten die Begriffe unsres Kopfs wieder

gedanken, besonders auf ökonomischem und geschichtlichem Gebiet, und speziell ihre schließliche scharfe Fassung, gehört Marx. Was ich beigetragen, das konnte – allenfalls ein paar Spezialfächer ausgenommen – Marx auch wohl ohne mich fertigbringen. Was Marx geleistet, hätte ich nicht fertiggebracht. Marx stand höher, sah weiter, überblickte mehr und rascher als wir andern alle. Marx war ein Genie, wir andern höchstens Talente. Ohne ihn wäre die Theorie heute bei weitem nicht das, was sie ist. Sie trägt daher auch mit Recht seinen Namen.

materialistisch als die Abbilder der wirklichen Dinge, statt die wirklichen Dinge als Abbilder dieser oder jener Stufe des absoluten Begriffs. Damit reduzierte sich die Dialektik auf die Wissenschaft von den allgemeinen Gesetzen der Bewegung, sowohl der äußern Welt wie des menschlichen Denkens – zwei Reihen von Gesetzen, die der Sache nach identisch, dem Ausdruck nach aber insofern verschieden sind, als der menschliche Kopf sie mit Bewußtsein anwenden kann, während sie in der Natur und bis jetzt auch großenteils in der Menschengeschichte sich in unbewußter Weise, in der Form der äußern Notwendigkeit, inmitten einer endlosen Reihe scheinbarer Zufälligkeiten durchsetzen. Damit aber wurde die Begriffsdialektik selbst nur der bewußte Reflex der dialektischen Bewegung der wirklichen Welt, und damit wurde die Hegelsche Dialektik auf den Kopf, oder vielmehr vom Kopf, auf dem sie stand, wieder auf die Füße gestellt. Und diese materialistische Dialektik, die seit Jahren unser bestes Arbeitsmittel und unsere schärfste Waffe war, wurde merkwürdigerweise nicht nur von uns, sondern außerdem noch, unabhängig von uns und selbst von Hegel, wieder entdeckt von einem deutschen Arbeiter, Josef Dietzgen*.

Hiermit war aber die revolutionäre Seite der Hegelschen Philosophie wieder aufgenommen und gleichzeitig von den idealistischen Verbrämungen befreit, die bei Hegel ihre konsequente Durchführung verhindert hatten. Der große Grundgedanke, daß die Welt nicht als ein Komplex von fertigen *Dingen* zu fassen ist, sondern als ein Komplex von *Prozessen*, worin die scheinbar stabilen Dinge nicht minder wie ihre Gedankenabbilder in unserm Kopf, die Begriffe, eine ununterbrochene Veränderung des Werdens und Vergehens durchmachen, in der bei aller scheinbaren Zufälligkeit und trotz aller momentanen Rückläufigkeit schließlich eine fortschreitende Entwicklung sich durchsetzt – dieser große Grundgedanke ist, namentlich seit Hegel, so sehr in das gewöhnliche Bewußtsein übergegangen, daß er in dieser Allgemeinheit wohl kaum noch Widerspruch findet. Aber ihn in der Phrase anerkennen und ihn in der Wirklichkeit im einzelnen auf jedem zur Untersuchung kommenden Gebiet durchführen, ist zweierlei. Geht man aber bei der Untersuchung stets von diesem Gesichtspunkt aus, so hört die Forderung endgültiger Lösungen und ewiger Wahrheiten ein für allemal auf; man ist sich der notwendigen Beschränktheit aller gewonnenen Erkenntnis stets bewußt, ihrer Bedingtheit durch die Umstände, unter denen sie gewonnen wurde; aber man läßt sich auch nicht mehr imponieren durch die der noch stets landläufigen alten Metaphysik unüberwindlichen Gegen-

* S. „Das Wesen der Kopfarbeit, von einem Handarbeiter", Hamburg, Meißner.

sätze von Wahr und Falsch, Gut und Schlecht, Identisch und Verschieden, Notwendig und Zufällig; man weiß, daß diese Gegensätze nur relative Gültigkeit haben, daß das jetzt für wahr Erkannte seine verborgene, später hervortretende falsche Seite ebensogut hat wie das jetzt als falsch Erkannte seine wahre Seite, kraft deren es früher für wahr gelten konnte; daß das behauptete Notwendige sich aus lauter Zufälligkeiten zusammensetzt und das angeblich Zufällige die Form ist, hinter der die Notwendigkeit sich birgt – und so weiter.

Die alte Untersuchungs- und Denkmethode, die Hegel die „metaphysische" nennt, die sich vorzugsweise mit Untersuchung der *Dinge* als gegebener fester Bestände beschäftigte und deren Reste noch stark in den Köpfen spuken, hatte ihrerzeit eine große geschichtliche Berechtigung. Die Dinge mußten erst untersucht werden, ehe die Prozesse untersucht werden konnten. Man mußte erst wissen, was ein beliebiges Ding war, ehe man die an ihm vorgehenden Veränderungen wahrnehmen konnte. Und so war es in der Naturwissenschaft. Die alte Metaphysik, die die Dinge als fertige hinnahm, entstand aus einer Naturwissenschaft, die die toten und lebendigen Dinge als fertige untersuchte. Als aber diese Untersuchung so weit gediehen war, daß der entscheidende Fortschritt möglich wurde, der Übergang zur systematischen Untersuchung der mit diesen Dingen in der Natur selbst vorgehenden Veränderungen, da schlug auch auf philosophischem Gebiet die Sterbestunde der alten Metaphysik. Und in der Tat, wenn die Naturwissenschaft bis Ende des letzten Jahrhunderts vorwiegend *sammelnde* Wissenschaft, Wissenschaft von fertigen Dingen war, so ist sie in unserm Jahrhundert wesentlich *ordnende* Wissenschaft, Wissenschaft von den Vorgängen, vom Ursprung und der Entwicklung dieser Dinge und vom Zusammenhang, der diese Naturvorgänge zu einem großen Ganzen verknüpft. Die Physiologie, die die Vorgänge im pflanzlichen und tierischen Organismus untersucht, die Embryologie, die die Entwicklung des einzelnen Organismus vom Keim bis zur Reife behandelt, die Geologie, die die allmähliche Bildung der Erdoberfläche verfolgt, sie alle sind Kinder unseres Jahrhunderts.

Vor allem sind es aber drei große Entdeckungen, die unsere Kenntnis vom Zusammenhang der Naturprozesse mit Riesenschritten vorangetrieben haben: Erstens die Entdeckung der Zelle als der Einheit, aus deren Vervielfältigung und Differenzierung der ganze pflanzliche und tierische Körper sich entwickelt, so daß nicht nur die Entwicklung und das Wachstum aller höheren Organismen als nach einem einzigen allgemeinen Gesetz vor sich gehend erkannt, sondern auch in der Veränderungsfähigkeit der Zelle der

Weg gezeigt ist, auf dem Organismen ihre Art verändern und damit eine mehr als individuelle Entwicklung durchmachen können. – Zweitens die Verwandlung der Energie, die uns alle zunächst in der anorganischen Natur wirksamen sogenannten Kräfte, die mechanische Kraft und ihre Ergänzung, die sogenannte potentielle Energie, Wärme, Strahlung (Licht, resp. strahlende Wärme), Elektrizität, Magnetismus, chemische Energie, als verschiedene Erscheinungsformen der universellen Bewegung nachgewiesen hat, die in bestimmten Maßverhältnissen die eine in die andere übergehn, so daß für die Menge der einen, die verschwindet, eine bestimmte Menge einer andern wiedererscheint und so daß die ganze Bewegung der Natur sich auf diesen unaufhörlichen Prozeß der Verwandlung aus einer Form in die andre reduziert. – Endlich der zuerst von Darwin im Zusammenhang entwickelte Nachweis, daß der heute uns umgebende Bestand organischer Naturprodukte, die Menschen eingeschlossen, das Erzeugnis eines langen Entwicklungsprozesses aus wenigen ursprünglich einzelligen Keimen ist und diese wieder aus, auf chemischem Weg entstandenem, Protoplasma oder Eiweiß hervorgegangen sind.

Dank diesen drei großen Entdeckungen und den übrigen gewaltigen Fortschritten der Naturwissenschaft sind wir jetzt so weit, den Zusammenhang zwischen den Vorgängen in der Natur nicht nur auf den einzelnen Gebieten, sondern auch den der einzelnen Gebiete unter sich im ganzen und großen nachweisen und so ein übersichtliches Bild des Naturzusammenhangs in annähernd systematischer Form, vermittelst der durch die empirische Naturwissenschaft selbst gelieferten Tatsachen darstellen zu können. Dies Gesamtbild zu liefern, war früher die Aufgabe der sogenannten Naturphilosophie. Sie konnte dies nur, indem sie die noch unbekannten wirklichen Zusammenhänge durch ideelle, phantastische ersetzte, die fehlenden Tatsachen durch Gedankenbilder ergänzte, die wirklichen Lücken in der bloßen Einbildung ausfüllte. Sie hat bei diesem Verfahren manche geniale Gedanken gehabt, manche spätern Entdeckungen vorausgeahnt, aber auch beträchtlichen Unsinn zutage gefördert, wie das nicht anders möglich war. Heute, wo man die Resultate der Naturforschung nur dialektisch, d.h. im Sinn ihres eignen Zusammenhangs aufzufassen braucht, um zu einem für unsere Zeit genügenden „System der Natur“ zu kommen, wo der dialektische Charakter dieses Zusammenhangs sich sogar den metaphysisch geschulten Köpfen der Naturforscher gegen ihren Willen aufzwingt, heute ist die Naturphilosophie endgültig beseitigt. Jeder Versuch ihrer Wiederbelebung wäre nicht nur überflüssig, *er wäre ein Rückschritt*.

Was aber von der Natur gilt, die hiermit auch als ein geschichtlicher

Entwicklungsprozeß erkannt ist, das gilt auch von der Geschichte der Gesellschaft in allen ihren Zweigen und von der Gesamtheit aller der Wissenschaften, die sich mit menschlichen (und göttlichen) Dingen beschäftigen. Auch hier hat die Philosophie der Geschichte, des Rechts, der Religion usw. darin bestanden, daß an die Stelle des in den Ereignissen nachzuweisenden wirklichen Zusammenhangs ein im Kopf des Philosophen gemachter gesetzt wurde, daß die Geschichte im ganzen wie in ihren einzelnen Teilstücken gefaßt wurde als die allmähliche Verwirklichung von Ideen, und zwar natürlich immer nur der Lieblingsideen des Philosophen selbst. Die Geschichte arbeitete hiernach unbewußt, aber mit Notwendigkeit, auf ein gewisses, von vornherein feststehendes ideelles Ziel los, wie z.B. bei Hegel auf die Verwirklichung seiner absoluten Idee, und die unverrückbare Richtung auf diese absolute Idee bildete den innern Zusammenhang in den geschichtlichen Ereignissen. An die Stelle des wirklichen, noch unbekannten Zusammenhangs setzte man somit eine neue – unbewußte oder allmählich zum Bewußtsein kommende – mysteriöse Vorsehung. Hier galt es also, ganz wie auf dem Gebiet der Natur, diese gemachten künstlichen Zusammenhänge zu beseitigen durch die Auffindung der wirklichen; eine Aufgabe, die schließlich darauf hinausläuft, die allgemeinen Bewegungsgesetze zu entdecken, die sich in der Geschichte der menschlichen Gesellschaft als herrschende durchsetzen.

Nun aber erweist sich die Entwicklungsgeschichte der Gesellschaft in einem Punkt als wesentlich verschiedenartig von der der Natur. In der Natur sind es – soweit wir die Rückwirkung der Menschen auf die Natur außer acht lassen – lauter bewußtlose blinde Agenzien, die aufeinander einwirken und in deren Wechselspiel das allgemeine Gesetz zur Geltung kommt. Von allem, was geschieht – weder von den zahllosen scheinbaren Zufälligkeiten, die auf der Oberfläche sichtbar werden, noch von den schließlichen, die Gesetzmäßigkeit innerhalb dieser Zufälligkeiten bewährenden Resultaten –, geschieht nichts als gewollter bewußter Zweck. Dagegen in der Geschichte der Gesellschaft sind die Handelnden lauter mit Bewußtsein begabte, mit Überlegung oder Leidenschaft handelnde, auf bestimmte Zwecke hinarbeitende Menschen; nichts geschieht ohne bewußte Absicht, ohne gewolltes Ziel. Aber dieser Unterschied, so wichtig er für die geschichtliche Untersuchung namentlich einzelner Epochen und Begebenheiten ist, kann nichts ändern an der Tatsache, daß der Lauf der Geschichte durch innere allgemeine Gesetze beherrscht wird. Denn auch hier herrscht auf der Oberfläche, trotz der bewußt gewollten Ziele aller einzelnen, im ganzen und großen scheinbar der Zufall. Nur selten geschieht das Gewollte, in den meisten Fällen durchkreuzen und widerstreiten sich die vielen gewollten Zwecke oder sind diese Zwecke selbst von vornherein undurchführbar oder die Mittel unzureichend. So führen die Zusammenstöße der zahllosen Einzelwillen und Einzelhandlungen auf geschichtlichem Gebiet einen Zustand herbei, der ganz dem in der bewußtlosen Natur herrschenden analog ist. Die Zwecke der Handlungen sind gewollt, aber die Resultate, die wirklich aus den Handlungen folgen, sind nicht gewollt, oder soweit sie dem gewollten Zweck zunächst doch zu entsprechen scheinen, haben sie schließlich ganz andre als die gewollten Folgen. Die geschichtlichen Ereignisse erscheinen so im ganzen und großen ebenfalls als von der Zufälligkeit beherrscht. Wo aber auf der Oberfläche der Zufall sein Spiel treibt, da wird er stets durch innre verborgne Gesetze beherrscht, und es kommt nur darauf an, diese Gesetze zu entdecken.

Die Menschen machen ihre Geschichte, wie diese auch immer ausfalle, indem jeder seine eignen, bewußt gewollten Zwecke verfolgt, und die Resultante dieser vielen in verschiedenen Richtungen agierenden Willen und ihrer mannigfachen Einwirkung auf die Außenwelt ist eben die Geschichte. Es kommt also auch darauf an, was die vielen einzelnen wollen. Der Wille wird bestimmt durch Leidenschaft oder Überlegung. Aber die Hebel, die wieder die Leidenschaft oder die Überlegung unmittelbar bestimmen, sind sehr verschiedener Art. Teils können es äußere Gegenstände sein, teils ideelle Beweggründe, Ehrgeiz, „Begeisterung für Wahrheit und Recht", persönlicher Haß oder auch rein individuelle Schrullen aller Art. Aber einerseits haben wir gesehn, daß die in der Geschichte tätigen vielen Einzelwillen meist ganz andre als die gewollten – oft geradezu die entgegengesetzten – Resultate hervorbringen, ihre Beweggründe also ebenfalls für das Gesamtergebnis nur von untergeordneter Bedeutung sind. Andrerseits fragt es sich weiter, welche treibenden Kräfte wieder hinter diesen Beweggründen stehn, welche geschichtlichen Ursachen es sind, die sich in den Köpfen der Handelnden zu solchen Beweggründen umformen?

Diese Frage hat sich der alte Materialismus nie vorgelegt. Seine Geschichtsauffassung, soweit er überhaupt eine hat, ist daher auch wesentlich pragmatisch, beurteilt alles nach den Motiven der Handlung, teilt die geschichtlich handelnden Menschen in edle und unedle und findet dann in der Regel, daß die edlen die Geprellten und die unedlen die Sieger sind, woraus dann folgt für den alten Materialismus, daß beim Geschichtsstudium nicht viel Erbauliches herauskommt, und für uns, daß auf dem geschichtlichen Gebiet der alte Materialismus sich selbst untreu wird, weil er die dort wirksamen ideellen Triebkräfte als letzte Ursachen hinnimmt, statt zu untersuchen, was denn hinter ihnen steht, was die Triebkräfte dieser Triebkräfte sind. Nicht darin liegt die Inkonsequenz, daß *ideelle* Triebkräfte anerkannt werden, sondern darin, daß von diesen nicht weiter zurückgegangen wird auf ihre bewegenden Ursachen. Die Geschichtsphilosophie dagegen, wie sie namentlich durch Hegel vertreten wird, erkennt an, daß die ostensiblen und auch die wirklich tätigen Beweggründe der geschichtlich handelnden Menschen keineswegs die letzten Ursachen der geschichtlichen Ereignisse sind, daß hinter diesen Beweggründen andere bewegende Mächte stehn, die es zu erforschen gilt; aber sie sucht diese Mächte nicht in der Geschichte selbst auf, sie importiert sie vielmehr von außen, aus der philosophischen Ideologie, in die Geschichte hinein. Statt die Geschichte des alten Griechenlands aus ihrem eignen, innern Zusammenhang zu erklären, behauptet Hegel z.B. einfach, sie sei weiter nichts als die Herausarbeitung der „Gestaltungen der schönen Individualität", die Realisation des „Kunstwerks"[265] als solches. Er sagt viel Schönes und Tiefes bei dieser Gelegenheit über die alten Griechen, aber das hindert nicht, daß wir uns heute nicht mehr abspeisen lassen mit einer solchen Erklärung, die eine bloße Redensart ist.

Wenn es also darauf ankommt, die treibenden Mächte zu erforschen, die – bewußt oder unbewußt, und zwar sehr häufig unbewußt – hinter den Beweggründen der geschichtlich handelnden Menschen stehn und die eigentlichen letzten Triebkräfte der Geschichte ausmachen, so kann es sich nicht so sehr um die Beweggründe bei einzelnen, wenn auch noch so hervorragenden Menschen handeln, als um diejenigen, welche große Massen, ganze Völker und in jedem Volk wieder ganze Volksklassen in Bewegung setzen; und auch dies nicht momentan zu einem vorübergehenden Aufschnellen und rasch verlodernden Strohfeuer, sondern zu dauernder, in einer großen geschichtlichen Veränderung auslaufender Aktion. Die treibenden Ursachen zu ergründen, die sich hier in den Köpfen der handelnden Massen und ihrer Führer – der sogenannten großen Männer – als bewußte Beweggründe klar oder unklar, unmittelbar oder in ideologischer, selbst in verhimmelter Form widerspiegeln – das ist der einzige Weg, der uns auf die Spur der die Geschichte im ganzen und großen wie in den einzelnen Perioden und Ländern beherrschenden Gesetze führen kann. Alles, was die Menschen in Bewegung setzt, muß durch ihren Kopf hindurch; aber welche Gestalt es in diesem Kopf annimmt, hängt sehr von den Umständen ab. Die Arbeiter haben sich keineswegs mit dem kapitalistischen Maschinenbetrieb versöhnt, seitdem sie die Maschinen nicht mehr, wie noch 1848 am Rhein, einfach in Stücke schlagen.

Während aber in allen früheren Perioden die Erforschung dieser treibenden Ursachen der Geschichte fast unmöglich war – wegen der verwikkelten und verdeckten Zusammenhänge mit ihren Wirkungen –, hat unsre gegenwärtige Periode diese Zusammenhänge so weit vereinfacht, daß das Rätsel gelöst werden konnte. Seit der Durchführung der großen Industrie, also mindestens seit dem europäischen Frieden von 1815, war es keinem Menschen in England ein Geheimnis mehr, daß dort der ganze politische Kampf sich drehte um die Herrschaftsansprüche zweier Klassen, der grundbesitzenden Aristokratie (landed aristocracy) und der Bourgeoisie (middle class). In Frankreich kam mit der Rückkehr der Bourbonen dieselbe Tatsache zum Bewußtsein; die Geschichtsschreiber der Restaurationszeit von Thierry bis Guizot, Mignet und Thiers sprechen sie überall aus als den Schlüssel zum Verständnis der französischen Geschichte seit dem Mittelalter. Und seit 1830 wurde als dritter Kämpfer um die Herrschaft in beiden Ländern die Arbeiterklasse, das Proletariat, anerkannt. Die Verhältnisse hatten sich so vereinfacht, daß man die Augen absichtlich verschließen mußte, um nicht im Kampf dieser drei großen Klassen und im Widerstreit ihrer Interessen die treibende Kraft der modernen Geschichte zu sehn – wenigstens in den beiden fortgeschrittensten Ländern.

Wie aber waren diese Klassen entstanden? Konnte man auf den ersten Blick dem großen, ehmals feudalen Grundbesitz noch einen Ursprung aus – wenigstens zunächst – politischen Ursachen, aus gewaltsamer Besitzergreifung zuschreiben, so ging das bei der Bourgeoisie und dem Proletariat nicht mehr an. Hier lag der Ursprung und die Entwicklung zweier großer Klassen aus rein ökonomischen Ursachen klar und handgreiflich zutage. Und ebenso klar war es, daß in dem Kampf zwischen Grundbesitz und Bourgeoisie, nicht minder als in dem zwischen Bourgeoisie und Proletariat, es sich in erster Linie um ökonomische Interessen handelte, zu deren Durchführung die politische Macht als bloßes Mittel dienen sollte. Bourgeoisie und Proletariat waren beide entstanden infolge einer Veränderung der ökonomischen Verhältnisse, genauer gesprochen der Produktionsweise. Der Übergang zuerst vom zünftigen Handwerk zur Manufaktur, dann von der Manufaktur zur großen Industrie mit Dampf- und Maschinenbetrieb, hatte diese beiden Klassen entwickelt. Auf einer gewissen Stufe wurden die von der Bourgeoisie in Bewegung gesetzten neuen Produktionskräfte – zunächst die Teilung der Arbeit und die Vereinigung vieler Teilarbeiter in einer Gesamtmanufaktur – und die durch sie entwickelten Austauschbedingungen und Austauschbedürfnisse unverträglich mit der bestehenden, geschichtlich überlieferten und durch Gesetz geheiligten Produktionsordnung, d.h. den zünftigen und den zahllosen andern persönlichen und lokalen Privilegien (die für die nichtprivilegierten Stände ebenso viele Fesseln waren) der feudalen Gesellschaftsverfassung. Die Produktionskräfte, vertreten durch die Bourgeoisie, rebellierten gegen die Produktionsordnung, vertreten durch die feudalen Grundbesitzer und die Zunftmeister; das Ergebnis ist bekannt, die feudalen Fesseln wurden zerschlagen, in England allmählich, in Frankreich mit einem Schlag, in Deutschland ist man noch nicht damit fertig. Wie aber die Manufaktur auf einer bestimmten Entwicklungsstufe in Konflikt kam mit der feudalen, so ist jetzt schon die große Industrie in Konflikt geraten mit der an ihre Stelle gesetzten bürgerlichen Produktionsordnung. Gebunden durch diese Ordnung, durch die engen Schranken der kapitalistischen Produktionsweise, produziert sie einerseits eine sich immer steigernde Proletarisierung der gesamten großen Volksmasse, andrerseits eine immer größere Masse unabsetzbarer Produkte. Überproduktion und Massenelend, jedes die Ursache des andern, das ist der absurde Widerspruch, worin sie ausläuft und der eine Entfesselung der Produktivkräfte durch Änderung der Produktionsweise mit Notwendigkeit fordert.

In der modernen Geschichte wenigstens ist also bewiesen, daß alle politischen Kämpfe Klassenkämpfe, und alle Emanzipationskämpfe von Klassen, trotz ihrer notwendig politischen Form – denn jeder Klassenkampf ist ein politischer Kampf – sich schließlich um *ökonomische* Emanzipation drehen. Hier wenigstens ist also der Staat, die politische Ordnung, das Untergeordnete, die bürgerliche Gesellschaft, das Reich der ökonomischen Beziehungen, das entscheidende Element. Die althergebrachte Anschauung, der auch Hegel huldigt, sah im Staat das bestimmende, in der bürgerlichen Gesellschaft das durch ihn bestimmte Element. Der Schein entspricht dem. Wie beim einzelnen Menschen alle Triebkräfte seiner Handlungen durch seinen Kopf hindurchgehn, sich in Beweggründe seines Willens verwandeln müssen, um ihn zum Handeln zu bringen, so müssen auch alle Bedürfnisse der bürgerlichen Gesellschaft – gleichviel, welche Klasse grade herrscht – durch den Staatswillen hindurchgehn, um allgemeine Geltung in Form von Gesetzen zu erhalten. Das ist die formelle Seite der Sache, die sich von selbst versteht; es fragt sich nur, welchen Inhalt dieser nur formelle Wille – des einzelnen wie des Staats – hat, und woher dieser Inhalt kommt, warum grade dies und nichts andres gewollt wird. Und wenn wir hiernach fragen, so finden wir, daß in der modernen Geschichte der Staatswille im ganzen und großen bestimmt wird durch die wechselnden Bedürfnisse der bürgerlichen Gesellschaft, durch die Übermacht dieser oder jener Klasse, in letzter Instanz durch die Entwicklung der Produktivkräfte und der Austauschverhältnisse.

Wenn aber schon in unsrer modernen Zeit mit ihren riesigen Produktions- und Verkehrsmitteln der Staat nicht ein selbständiges Gebiet mit selbständiger Entwicklung ist, sondern sein Bestand wie seine Entwicklung in letzter Instanz zu erklären ist aus den ökonomischen Lebensbedingungen der Gesellschaft, so muß dies noch viel mehr gelten für alle früheren Zeiten, wo die Produktion des materiellen Lebens der Menschen noch nicht mit diesen reichen Hülfsmitteln betrieben wurde, wo also die Notwendigkeit dieser Produktion eine noch größere Herrschaft über die Menschen ausüben mußte. Ist der Staat noch heute, zur Zeit der großen Industrie und der Eisenbahnen, im ganzen und großen nur der Reflex, in zusammenfassender Form, der ökonomischen Bedürfnisse der die Produktion beherrschenden Klasse, so mußte er dies noch viel mehr sein zu einer Epoche, wo eine Menschengeneration einen weit größeren Teil ihrer Gesamtlebenszeit auf die Befriedigung ihrer materiellen Bedürfnisse verwenden mußte, also weit abhängiger von ihnen war, als wir heute sind. Die Untersuchung der Geschichte früherer Epochen, sobald sie ernstlich auf diese Seite eingeht, bestätigt dies im reichlichsten Maße; hier kann dies aber selbstredend nicht verhandelt werden.

Wird der Staat und das Staatsrecht durch die ökonomischen Verhältnisse bestimmt, so selbstverständlich auch das Privatrecht, das ja wesentlich nur die bestehenden, unter den gegebnen Umständen normalen ökonomischen Beziehungen zwischen den einzelnen sanktioniert. Die Form, in der dies geschieht, kann aber sehr verschieden sein. Man kann, wie in England im Einklang mit der ganzen nationalen Entwicklung geschah, die Formen des alten feudalen Rechts großenteils beibehalten und ihnen einen bürgerlichen Inhalt geben, ja, dem feudalen Namen direkt einen bürgerlichen Sinn unterschieben; man kann aber auch, wie im kontinentalen Westeuropa, das erste Weltrecht einer Waren produzierenden Gesellschaft, das römische, mit seiner unübertrefflich scharfen Ausarbeitung aller wesentlichen Rechtsbeziehungen einfacher Warenbesitzer (Käufer und Verkäufer, Gläubiger und Schuldner, Vertrag, Obligation usw.) zugrunde legen. Wobei man es zu Nutz und Frommen einer noch kleinbürgerlichen und halbfeudalen Gesellschaft entweder einfach durch die gerichtliche Praxis auf den Stand dieser Gesellschaft herunterbringen kann (gemeines Recht), oder aber mit Hülfe angeblich aufgeklärter, moralisierender Juristen es in ein, diesem gesellschaftlichen Stand entsprechendes, apartes Gesetzbuch verarbeiten kann, welches unter diesen Umständen auch juristisch schlecht sein wird (preußisches Landrecht); wobei man aber auch, nach einer großen bürgerlichen Revolution, auf Grundlage eben dieses römischen Rechtes, ein so klassisches

Gesetzbuch der Bourgeoisgesellschaft herausarbeiten kann wie der französische Code civil. Wenn also die bürgerlichen Rechtsbestimmungen nur die ökonomischen Lebensbedingungen der Gesellschaft in Rechtsform ausdrücken, so kann dies je nach Umständen gut oder schlecht geschehen.

Im Staate stellt sich uns die erste ideologische Macht über den Menschen dar. Die Gesellschaft schafft sich ein Organ zur Wahrung ihrer gemeinsamen Interessen gegenüber inneren und äußeren Angriffen. Dies Organ ist die Staatsgewalt. Kaum entstanden, verselbständigt sich dies Organ gegenüber der Gesellschaft, und zwar um so mehr, je mehr es Organ einer bestimmten Klasse wird, die Herrschaft dieser Klasse direkt zur Geltung bringt. Der Kampf der unterdrückten gegen die herrschende Klasse wird notwendig ein politischer, ein Kampf zunächst gegen die politische Herrschaft dieser Klasse; das Bewußtsein des Zusammenhangs dieses politischen Kampfes mit seiner ökonomischen Unterlage wird dumpfer und kann ganz verlorengehen. Wo dies auch nicht bei den Beteiligten vollständig der Fall ist, geschieht es fast immer bei den Geschichtschreibern. Von den alten Quellen über die Kämpfe innerhalb der römischen Republik sagt uns nur Appian klar und deutlich, um was es sich schließlich handelte – nämlich um das Grundeigentum.

Der Staat aber, einmal eine selbständige Macht geworden gegenüber der Gesellschaft, erzeugt alsbald eine weitere Ideologie. Bei den Politikern von Profession, bei den Theoretikern des Staatsrechts und den Juristen des Privatrechts nämlich geht der Zusammenhang mit den ökonomischen Tatsachen erst recht verloren. Weil in jedem einzelnen Falle die ökonomischen Tatsachen die Form juristischer Motive annehmen müssen, um in Gesetzesform sanktioniert zu werden, und weil dabei auch selbstverständlich Rücksicht zu nehmen ist auf das ganze schon geltende Rechtssystem, deswegen soll nun die juristische Form alles sein und der ökonomische Inhalt nichts. Staatsrecht und Privatrecht werden als selbständige Gebiete behandelt, die ihre unabhängige geschichtliche Entwicklung haben, die in sich selbst einer systematischen Darstellung fähig sind und ihrer bedürfen durch konsequente Ausrottung aller inneren Widersprüche.

Noch höhere, d.h. noch mehr von der materiellen, ökonomischen Grundlage sich entfernende Ideologien nehmen die Form der Philosophie und der Religion an. Hier wird der Zusammenhang der Vorstellungen mit ihren materiellen Daseinsbedingungen immer verwickelter, immer mehr durch Zwischenglieder verdunkelt. Aber er existiert. Wie die ganze Renaissancezeit, seit Mitte des 15. Jahrhunderts, ein wesentliches Produkt der Städte, also des Bürgertums war, so auch die seitdem neuerwachte Philosophie; ihr

Inhalt war wesentlich nur der philosophische Ausdruck der der Entwicklung des Klein- und Mittelbürgertums zur großen Bourgeoisie entsprechenden Gedanken. Bei den Engländern und Franzosen des vorigen Jahrhunderts, die vielfach ebensowohl politische Ökonomen wie Philosophen waren, tritt dies klar hervor, und bei der Hegelschen Schule haben wir es oben nachgewiesen.

Gehn wir indes nur noch kurz auf die Religion ein, weil diese dem materiellen Leben am fernsten steht und am fremdesten zu sein scheint. Die Religion ist entstanden zu einer sehr waldursprünglichen Zeit aus mißverständlichen, waldursprünglichen Vorstellungen der Menschen über ihre eigne und die sie umgebende äußere Natur. Jede Ideologie entwickelt sich aber, sobald sie einmal vorhanden, im Anschluß an den gegebenen Vorstellungsstoff, bildet ihn weiter aus; sie wäre sonst keine Ideologie, d.h. Beschäftigung mit Gedanken als mit selbständigen, sich unabhängig entwickelnden, nur ihren eignen Gesetzen unterworfnen Wesenheiten. Daß die materiellen Lebensbedingungen der Menschen, in deren Köpfen dieser Gedankenprozeß vor sich geht, den Verlauf dieses Prozesses schließlich bestimmen, bleibt diesen Menschen notwendig unbewußt, denn sonst wäre es mit der ganzen Ideologie am Ende. Diese ursprünglichen religiösen Vorstellungen also, die meist für jede verwandte Völkergruppe gemeinsam sind, entwickeln sich, nach der Trennung der Gruppe, bei jedem Volk eigentümlich, je nach den ihm beschiednen Lebensbedingungen, und dieser Prozeß ist für eine Reihe von Völkergruppen, namentlich für die arische (sog. indoeuropäische) im einzelnen nachgewiesen durch die vergleichende Mythologie. Die so bei jedem Volk herausgearbeiteten Götter waren Nationalgötter, deren Reich nicht weiter ging als das von ihnen zu schützende nationale Gebiet, jenseits dessen Grenzen andre Götter unbestritten das große Wort führten. Sie konnten nur in der Vorstellung fortleben, solange die Nation bestand; sie fielen mit deren Untergang. Diesen Untergang der alten Nationalitäten brachte das römische Weltreich, dessen ökonomische Entstehungsbedingungen wir hier nicht zu untersuchen haben. Die alten Nationalgötter kamen in Verfall, selbst die römischen, die eben auch nur auf den engen Kreis der Stadt Rom zugeschnitten waren; das Bedürfnis, das Weltreich zu ergänzen durch eine Weltreligion, tritt klar hervor in den Versuchen, allen irgendwie respektablen fremden Göttern neben den einheimischen in Rom Anerkennung und Altäre zu schaffen. Aber eine neue Weltreligion macht sich nicht in dieser Art durch kaiserliche Dekrete. Die neue Weltreligion, das Christentum, war im stillen bereits entstanden aus einer Mischung verallgemeinerter orientalischer, namentlich jüdischer

Theologie und vulgarisierter griechischer, namentlich stoischer Philosophie. Wie es ursprünglich aussah, müssen wir erst wieder mühsam erforschen, da seine uns überlieferte offizielle Gestalt nur diejenige ist, in der es Staatsreligion und diesem Zweck durch das Nicänische Konzil[266] angepaßt wurde. Genug, die Tatsache, daß es schon nach 250 Jahren Staatsreligion wurde, beweist, daß es die den Zeitumständen entsprechende Religion war. Im Mittelalter bildete es sich genau im Maß, wie der Feudalismus sich entwickelte, zu der diesem entsprechenden Religion aus, mit entsprechender feudaler Hierarchie. Und als das Bürgertum aufkam, entwickelte sich im Gegensatz zum feudalen Katholizismus die protestantische Ketzerei, zuerst in Südfrankreich bei den Albigensern[267], zur Zeit der höchsten Blüte der dortigen Städte. Das Mittelalter hatte alle übrigen Formen der Ideologie: Philosophie, Politik, Jurisprudenz, an die Theologie annektiert, zu Unterabteilungen der Theologie gemacht. Es zwang damit jede gesellschaftliche und politische Bewegung, eine theologische Form anzunehmen; den ausschließlich mit Religion gefütterten Gemütern der Massen mußten ihre eignen Interessen in religiöser Verkleidung vorgeführt werden, um einen großen Sturm zu erzeugen. Und wie das Bürgertum von Anfang an einen Anhang von besitzlosen, keinem anerkannten Stand angehörigen städtischen Plebejern, Tagelöhnern und Dienstleuten aller Art erzeugte, Vorläufern des spätern Proletariats, so teilt sich auch die Ketzerei schon früh in eine bürgerlich-gemäßigte und eine plebejisch-revolutionäre, auch von den bürgerlichen Ketzern verabscheute.

Die Unvertilgbarkeit der protestantischen Ketzerei entsprach der Unbesiegbarkeit des aufkommenden Bürgertums; als dies Bürgertum hinreichend erstarkt war, begann sein bisher vorwiegend lokaler Kampf mit dem Feudaladel nationale Dimensionen anzunehmen. Die erste große Aktion fand in Deutschland statt – die sogenannte Reformation. Das Bürgertum war weder stark noch entwickelt genug, um die übrigen rebellischen Stände – die Plebejer der Städte, den niederen Adel und die Bauern auf dem Lande – unter seiner Fahne vereinigen zu können. Der Adel wurde zuerst geschlagen; die Bauern erhoben sich zu einem Aufstand, der den Gipfelpunkt dieser ganzen revolutionären Bewegung bildet; die Städte ließen sie im Stich, und so erlag die Revolution den Heeren der Landesfürsten, die den ganzen Gewinn einstrichen. Von da an verschwindet Deutschland auf drei Jahrhunderte aus der Reihe der selbständig in die Geschichte eingreifenden Länder. Aber neben dem Deutschen Luther hatte der Franzose Calvin gestanden; mit echt französischer Schärfe stellte er den bürgerlichen Charakter der Reformation in den Vordergrund, republikanisierte und demokratisierte die Kirche. Während die lutherische Reformation in Deutschland versumpfte und Deutschland zugrunde richtete, diente die calvinische den Republikanern in Genf, in Holland, in Schottland als Fahne, machte Holland von Spanien und vom Deutschen Reiche frei und lieferte das ideologische Kostüm zum zweiten Akt der bürgerlichen Revolution, der in England vor sich ging. Hier bewährte sich der Calvinismus als die echte religiöse Verkleidung der Interessen des damaligen Bürgertums und kam deshalb auch nicht zu voller Anerkennung, als die Revolution 1689 durch einen Kompromiß eines Teils des Adels mit den Bürgern vollendet wurde[268]. Die englische Staatskirche wurde wiederhergestellt, aber nicht in ihrer frühern Gestalt, als Katholizismus mit dem König zum Papst, sondern stark calvinisiert. Die alte Staatskirche hatte den lustigen katholischen Sonntag gefeiert und den langweiligen calvinistischen bekämpft, die neue verbürgerte führte diesen ein, und er verschönert England noch jetzt.

In Frankreich wurde die calvinistische Minorität 1685 unterdrückt, katholisiert oder weggejagt[269]; aber was half's? Schon damals war der Freigeist Pierre Bayle mitten in der Arbeit, und 1694 wurde Voltaire geboren. Die Gewaltmaßregel Ludwigs XIV. erleichterte nur dem französischen Bürgertum, daß es seine Revolution in der, der entwickelten Bourgeoisie allein angemessenen irreligiösen, ausschließlich politischen Form machen konnte. Statt Protestanten saßen Freigeister in den Nationalversammlungen. Dadurch war das Christentum in sein letztes Stadium getreten. Es war unfähig geworden, irgendeiner progressiven Klasse fernerhin als ideologische Verkleidung ihrer Strebungen zu dienen; es wurde mehr und mehr Alleinbesitz der herrschenden Klassen, und diese wenden es an als bloßes Regierungsmittel, womit die untern Klassen in Schranken gehalten werden. Wobei dann jede der verschiednen Klassen ihre eigne entsprechende Religion benutzt: die grundbesitzenden Junker die katholische Jesuiterei oder protestantische Orthodoxie, die liberalen und radikalen Bourgeois den Rationalismus; und wobei es keinen Unterschied macht, ob die Herren an ihre respektiven Religionen selbst glauben oder auch nicht.

Wir sehn also: Die Religion, einmal gebildet, enthält stets einen überlieferten Stoff, wie denn auf allen ideologischen Gebieten die Tradition eine große konservative Macht ist. Aber die Veränderungen, die mit diesem Stoff vorgehn, entspringen aus den Klassenverhältnissen, also aus den ökonomischen Verhältnissen der Menschen, die diese Veränderungen vornehmen. Und das ist hier hinreichend. –

Es kann sich im Vorstehenden nur um einen allgemeinen Umriß der Marxschen Geschichtsauffassung handeln, höchstens noch um einige Illustrationen. Der Beweis ist an der Geschichte selbst zu liefern, und da darf ich wohl sagen, daß er in andern Schriften bereits hinreichend geliefert ist. Diese Auffassung macht aber der Philosophie auf dem Gebiet der Geschichte ebenso ein Ende, wie die dialektische Auffassung der Natur alle Naturphilosophie ebenso unnötig wie unmöglich macht. Es kommt überall nicht mehr darauf an, Zusammenhänge im Kopf auszudenken, sondern sie in den Tatsachen zu entdecken. Für die aus Natur und Geschichte vertriebne Philosophie bleibt dann nur noch das Reich des reinen Gedankens, soweit es noch übrig: die Lehre von den Gesetzen des Denkprozesses selbst, die Logik und Dialektik.

*

Mit der Revolution von 1848 erteilte das „gebildete" Deutschland der Theorie den Absagebrief und ging über auf den Boden der Praxis. Das auf der Handarbeit beruhende Kleingewerbe und die Manufaktur wurden ersetzt durch eine wirkliche große Industrie; Deutschland erschien wieder auf dem Weltmarkt; das neue kleindeutsche Reich[270] beseitigte wenigstens die schreiendsten Mißstände, die die Kleinstaaterei, die Reste des Feudalismus und die bürokratische Wirtschaft dieser Entwicklung in den Weg gelegt hatten. Aber in demselben Maß, wie die Spekulation aus der philosophischen Studierstube auszog, um ihren Tempel zu errichten auf der Fondsbörse, in demselben Maß ging auch dem gebildeten Deutschland jener große theoretische Sinn verloren, der der Ruhm Deutschlands während der Zeit seiner tiefsten politischen Erniedrigung gewesen war – der Sinn für rein wissenschaftliche Forschung, gleichviel, ob das erreichte Resultat praktisch verwertbar war oder nicht, polizeiwidrig oder nicht. Zwar hielt sich die deutsche offizielle Naturwissenschaft, namentlich auf dem Gebiet der Einzelforschung, auf der Höhe der Zeit, aber schon das amerikanische Journal „Science" bemerkt mit Recht, daß die entscheidenden Fortschritte auf dem Gebiet der großen Zusammenhänge zwischen den Einzeltatsachen, ihre Verallgemeinerung zu Gesetzen, jetzt weit mehr in England gemacht werden, statt wie früher in Deutschland. Und auf dem Gebiet der historischen Wissenschaften, die Philosophie eingeschlossen, ist mit der klassischen Philosophie der alte theoretisch-rücksichtslose Geist erst recht verschwunden; gedankenloser Eklektizismus, ängstliche Rücksicht auf Karriere und Einkommen bis herab zum ordinärsten Strebertum sind an seine Stelle getreten. Die offiziellen Vertreter dieser Wissenschaft sind die unverhüllten Ideologen der Bourgeoisie und des bestehenden Staats geworden – aber zu einer Zeit, wo beide im offnen Gegensatz stehn zur Arbeiterklasse.

Und nur bei der Arbeiterklasse besteht der deutsche theoretische Sinn unverkümmert fort. Hier ist er nicht auszurotten; hier finden keine Rücksichten statt auf Karriere, auf Profitmacherei, auf gnädige Protektion von oben; im Gegenteil, je rücksichtsloser und unbefangener die Wissenschaft vorgeht, desto mehr befindet sie sich im Einklang mit den Interessen und Strebungen der Arbeiter. Die neue Richtung, die in der Entwicklungsgeschichte der Arbeit den Schlüssel erkannte zum Verständnis der gesamten Geschichte der Gesellschaft, wandte sich von vornherein vorzugsweise an die Arbeiterklasse und fand hier die Empfänglichkeit, die sie bei der offiziellen Wissenschaft weder suchte noch erwartete. Die deutsche Arbeiterbewegung ist die Erbin der deutschen klassischen Philosophie.

Eine Erklärung an die Redaktion der „New Yorker Volkszeitung“[271]

[„New Yorker Volkszeitung“
Nr. 162 vom 8. Juli 1886]

Da im „Missouri Republican“ von St. Louis ein Bericht über ein Interview eines Korrespondenten dieses Blattes mit mir erschienen, so habe ich darauf folgendes zu bemerken:

Allerdings hat ein Herr McEnnis als Repräsentant dieses Blattes mich besucht und mich über Verschiedenes ausgefragt, aber unter dem Versprechen auf *Ehrenwort*, keine Zeile zum Druck abzuschicken, ohne sie mir vorher vorzulegen. Statt dessen hat er sich nicht wieder bei mir sehen lassen. Ich erkläre daher hiermit, daß ich alle und jede Verantwortlichkeit für seine Publikation ablehnen muß, um so mehr, als ich Gelegenheit hatte, mich zu überzeugen, daß Herr McEnnis aus Mangel an den nötigen Vorkenntnissen selbst beim besten Willen kaum imstande sein dürfte, meine Äußerungen richtig zu verstehen.

London.

Friedrich Engels

Geschrieben am 29. April 1886.

[Über den Streik der Arbeiter der Glasfabrik in Lyon]

Die französische republikanische Regierung[272] scheint entschlossen, auf jede mögliche Art und Weise zu zeigen, daß sie ganz genauso die Regierung der Kapitalisten ist wie jede ihrer Vorgängerinnen. Nicht genug damit, daß sie für die Bergwerksgesellschaft in Decazeville[273] Partei nimmt, tritt sie jetzt in Lyon noch gewalttätiger auf. Dort ist ein Streik in einer Glashütte ausgebrochen; einige Streikbrecher arbeiten weiter und werden zu ihrer Sicherheit in der Fabrik untergebracht. Als der Hausrat eines von ihnen – eines deutschen Anarchisten namens Litner – dorthin geschafft wurde, folgten die Streikenden und pfiffen ihn aus. Kaum war der Karren mit dem Hausrat drinnen und die Tore geschlossen, als aus den Fenstern Schüsse auf die Menschen draußen abgegeben wurden – Revolverkugeln und Schrotkugeln flogen in alle Richtungen und verwundeten etwa dreißig Leute. Die Menge lief natürlich auseinander. Jetzt mischten sich die Polizei und die Justizstellen ein. Aber nicht etwa, um den Kapitalisten und seine Söldlinge, die gefeuert hatten, zu verhaften – oh nein! sie verhafteten eine Anzahl der Streikenden, weil sie die Freiheit der Arbeit gestört hatten! Diese Affäre, die gerade in diesem Augenblick bekannt geworden ist, hat in Paris eine ungeheure Erregung hervorgerufen. Decazeville hat die für die Sozialisten abgegebenen Stimmen in Paris von 30 000 auf über 100 000[274] ansteigen lassen, und die Wirkung dieser Bluttat in La Mulatière bei Lyon wird noch größer sein.

F.E.

Geschrieben zwischen
12. und 14. Mai 1886

Nach: „The Commonweal", Vol. II,
Nr. 18 vom 15. Mai 1886.
Aus dem Englischen.

Die politische Lage Europas[275]

[„Le Socialiste" Nr. 63
vom 6. November 1886]

Im März 1878 schickte Disraeli vier Panzerschiffe nach dem Bosporus; ihre Gegenwart allein genügte, um den Siegeszug der Russen auf Konstantinopel zum Stillstand zu bringen und den Vertrag von San Stefano zu zerreißen. Der Frieden von Berlin regelte für einige Zeit die Lage im Orient.[276] Es gelang Bismarck, zwischen der russischen und der österreichischen Regierung ein Übereinkommen zu erreichen. Österreich sollte unter der Hand die Herrschaft über Serbien ausüben, während Bulgarien und Rumelien vorwiegend dem Einfluß Rußlands überlassen sein sollten. Dies ließ vermuten, daß Bismarck, wenn er später den Russen gestattete, von Konstantinopel Besitz zu ergreifen, Saloniki und Makedonien den Österreichern reservieren würde.

Außerdem aber gab man Österreich Bosnien, so wie Rußland im Jahre 1794 den Preußen und Österreichern den größeren Teil des eigentlichen Polens überlassen hatte, um ihn 1814 wieder zurückzunehmen.[277] Bosnien war ein ständiger Aderlaß für Österreich, ein Zankapfel zwischen Ungarn und dem westlichen Österreich, und vor allem *der Beweis für die Türkei*, daß die Österreicher ebenso wie die Russen ihr das Schicksal Polens bereiteten. Von nun an konnte die Türkei kein Vertrauen mehr zu Österreich haben: ein wichtiger Sieg der Politik der russischen Regierung.

Serbien hatte zwar slawophile und folglich russophile Neigungen, schöpft aber seit seiner Emanzipation alle Mittel seiner bürgerlichen Entwicklung aus Österreich. Die jungen Leute studieren an österreichischen Universitäten; das bürokratische System, die Gesetze, das Gerichtswesen, die Schulen – alles ist nach österreichischen Vorbildern kopiert worden. Das war ganz natürlich. Aber Rußland mußte diese Nachahmung in Bulgarien verhindern; es wollte nicht für Österreich die Kastanien aus dem Feuer holen. Bulgarien wurde daher zu einer russischen Satrapie gemacht. Die Verwaltung, die Offiziere und Unteroffiziere, die Beamten, kurz, das ganze System wurde russisch: Battenberg, den man Bulgarien oktroyiert hatte, war ein Vetter Alexanders III.

Die zuerst direkte, dann indirekte Herrschaft der russischen Regierung genügte, um in weniger als vier Jahren jegliche Sympathie der Bulgaren für Rußland zu ersticken, obwohl sie groß und herzlich gewesen war. Die Bevölkerung widersetzte sich mehr und mehr der Unverschämtheit der „Befreier"; und sogar Battenberg, ein Mann ohne politische Ideen und von weichem Charakter, der nach nichts anderem Verlangen trug, als dem Zaren zu dienen, dabei aber Achtung für sich beanspruchte, wurde immer widerspenstiger.

Inzwischen gingen die Dinge in Rußland ihren Gang; der Regierung gelang es durch Gewaltmaßnahmen, die Nihilisten für einige Zeit zu zerstreuen und zu desorganisieren. Aber das genügte nicht, sie bedurfte einer Stütze in der öffentlichen Meinung, sie mußte die Aufmerksamkeit von der wachsenden sozialen und politischen Misere im Innern ablenken; kurz, sie brauchte ein wenig patriotische Phantasmagorie. Unter Napoleon III. hatte das linke Rheinufer dazu gedient, die revolutionären Leidenschaften nach außen abzulenken; in genau derselben Weise präsentierte die russische Regierung dem beunruhigten und erregten Volke die Eroberung Konstantinopels, die „Befreiung" der von den Türken unterdrückten Slawen und ihre Vereinigung in einer großen Föderation unter der Ägide Rußlands. Aber es genügte nicht, diese Phantasmagorie hervorzurufen, man mußte auch etwas tun, um sie in den Bereich der Realität zu rücken.

Die Umstände waren günstig. Die Annexion von Elsaß und Lothringen hatte zwischen Frankreich und Deutschland Samen der Zwietracht gesät, die – so schien es – diese beiden Mächte neutralisieren mußten. Österreich allein konnte nicht gegen Rußland kämpfen, da seine wirksamste Angriffswaffe, der Appell an die Polen, durch Preußen stets zunichte gemacht werden würde. Und die Besetzung Bosniens, dieser Raub, war ein Elsaß zwischen Österreich und der Türkei. Italien stand dem Meistbietenden, nämlich Rußland, zu Gebot, das ihm Triest und Istrien mit Dalmatien und Tripolis offerierte. Und England? Der friedliche russophile Gladstone hatte Rußlands verführerischen Worten Gehör geschenkt; mitten im Frieden *hatte er Ägypten besetzt*[278], was England einen ständigen Streit mit Frankreich einbrachte und außerdem die *Unmöglichkeit einer Allianz der Türken mit den Engländern* nach sich zog, *die jene soeben beraubt hatten:* sie hatten sich das türkische Lehen Ägypten angeeignet. Zudem waren die russischen Vorbereitungen in Asien genügend weit gediehen, um im Falle eines Krieges den Engländern in Indien viel zu schaffen zu machen. Niemals hatten sich den Russen so viele Chancen geboten: ihre Diplomatie triumphierte auf der ganzen Linie.

Die Empörung der Bulgaren gegen den russischen Despotismus war der Vorwand, den Feldzug zu beginnen. Im Sommer 1885 gaukelte man den Bulgaren und den Rumeliern die Möglichkeit der im Frieden von San Stefano zugesagten und durch den Berliner Vertrag außer Kraft gesetzten Vereinigung vor. Wenn sie sich von neuem in die Arme Rußlands, des Befreiers, würfen, so sagte man ihnen, dann werde die russische Regierung ihre Mission erfüllen und diese Vereinigung vollziehen; um dies jedoch zu erreichen, müßten die Bulgaren zunächst Battenberg davonjagen. Letzterer war rechtzeitig gewarnt worden. Gegen seine Gewohnheit handelte er schnell und mit Energie; er vollzog, allerdings im eigenen Interesse, die Vereinigung, die Rußland gegen ihn hatte zustande bringen wollen. Seither datiert der unversöhnliche Kampf zwischen ihm und dem Zaren.

Dieser Kampf wurde anfangs versteckt und indirekt geführt. Man brachte für die kleinen Balkanstaaten eine Neuauflage der schönen Doktrin Louis Bonapartes heraus: Wenn ein bisher getrenntes Volk, sagen wir Italien oder Deutschland, sich vereinigt und als Nation konstituiert, haben – dieser Doktrin zufolge – andere Staaten, sagen wir Frankreich, ein Recht auf Gebietskompensationen. Serbien fiel auf dieses Lockmittel herein und erklärte den Bulgaren den Krieg. Rußland aber triumphierte, daß dieser für seine Interessen entfachte Krieg sich vor der Welt unter den Auspizien Österreichs abspielte, das aus Furcht, die russische Partei in Serbien könnte ans Ruder gelangen, es nicht wagte, sich einzumischen. Rußland seinerseits desorganisierte die bulgarische Armee, es beorderte alle russischen Offiziere zurück, das heißt den gesamten Generalstab und alle höheren Offiziere, bis zu den Bataillonschefs.

Aber wider alles Erwarten schlugen die Bulgaren ohne russische Offiziere und bei einem zahlenmäßigen Verhältnis von zwei zu drei die Serben aufs Haupt und gewannen so die Achtung und Bewunderung des erstaunten Europas. Diese Siege sind auf zwei Ursachen zurückzuführen. Zunächst war Alexander Battenberg zwar ein schwacher Politiker, aber ein guter Soldat; er führte Krieg, wie er es in der preußischen Schule gelernt hatte, während die Serben die Strategie und Taktik ihrer österreichischen Vorbilder befolgten. Es war also eine Neuauflage des Feldzugs von 1866 in Böhmen[279]. Außerdem hatten die Serben seit sechzig Jahren unter dem österreichischen bürokratischen Regime gelebt. Dieses Regime hatte – ohne ihnen eine starke Bourgeoisie und eine unabhängige Bauernschaft zu geben (alle Bauern sind mit Hypothekenschulden belastet) – die Reste des Gentilgemeinwesens zerstört und desorganisiert, das ihre Stärke in den Kämpfen gegen die Türken war. Bei den Bulgaren hingegen waren diese ursprünglichen Institutionen von den Türken nicht angetastet worden; das erklärt auch ihre außerordentliche Tapferkeit.

Also eine neue Niederlage für Rußland; es hieß von neuem beginnen. Der slawophile Chauvinismus, angefacht als Gegengewicht gegen das revolutionäre Element, wuchs von Tag zu Tag und wurde bereits zu einer Gefahr für die Regierung. Der Zar begibt sich nach der Krim, und die russischen Zeitungen verkünden, daß er etwas Großes unternehme; er bemüht sich, den Sultan auf seine Seite zu ziehen, indem er ihm nachweist, daß seine ehemaligen Verbündeten (Österreich und England) ihn verraten und plündern, daß Frankreich im Schlepptau Rußlands segelt und auf dessen Gnade angewiesen ist. Der Sultan stellt sich jedoch taub, und die enormen Kriegsrüstungen im Westen und Süden Rußlands finden vorläufig keine Verwendung.

Der Zar kehrt aus der Krim zurück (im vergangenen Juni). Inzwischen steigt die chauvinistische Flut, und die Regierung, unfähig, die sich ausbreitende Bewegung zu unterdrücken, wird mehr und mehr von ihr mitgerissen, so daß man es dem Stadtoberhaupt von Moskau[1] gestatten muß, in seiner *Ansprache an den Zaren* laut von der Eroberung Konstantinopels zu reden.[280] Die unter dem Einfluß und der *Protektion* der Generale stehende Presse erklärt offen, daß sie vom Zaren eine energische Aktion gegen Österreich und Deutschland erwarte, da diese ihm Hindernisse in den Weg legen, und die Regierung wagt es nicht, der Presse Schweigen zu gebieten. Der slawophile Chauvinismus ist mächtiger als der Zar; letzterer ist gezwungen nachzugeben, aus Furcht vor einer Revolution, aus Furcht, die Slawophilen könnten sich mit den Konstitutionellen, den Nihilisten und schließlich mit allen Unzufriedenen vereinigen.

Die finanziellen Schwierigkeiten komplizieren die Lage. Niemand will dieser Regierung etwas leihen, die sich von 1870 bis 1875 in London 1 Milliarde 750 000 Francs geborgt hat und den europäischen Frieden bedroht. Vor zwei oder drei Jahren verhalf ihr Bismarck in Deutschland zu einer Anleihe von 375 Millionen Francs; aber diese ist längst aufgezehrt, und ohne die Unterschrift Bismarcks geben die Deutschen keinen roten

[1] N. A. Alexejew

Heller. Zudem ist diese Unterschrift nur noch zu erniedrigenden Bedingungen zu erhalten. Die Staatspapierfabrik hat zuviel produziert, der Silberrubel ist 4 frcs., der Papierrubel 2 frcs. 20 wert. Die Kriegsrüstungen verschlingen Unsummen.

Kurz und gut, es gilt zu handeln. Entweder ein Erfolg in Richtung Konstantinopel oder die Revolution. Giers suchte Bismarck auf und erklärte ihm die Lage, die dieser sehr gut begriff. Aus Rücksicht auf Österreich hätte Bismarck gern den Appetit der zaristischen Regierung gemäßigt, deren Unersättlichkeit ihn beunruhigte. *Aber die Revolution in Rußland bedeutet den Sturz des Bismarckschen Regimes.* Ohne Rußland, diese gewaltige Reservearmee der Reaktion, würde die Herrschaft der Krautjunker in Preußen keinen Tag lang dauern. Die Revolution in Rußland würde die Lage in Deutschland sofort verändern; sie würde mit einem Schlag jenen blinden Glauben an die Allmacht Bismarcks vernichten, der diesem die Unterstützung der herrschenden Klassen sichert; sie würde das Heranreifen der Revolution in Deutschland beschleunigen.

Bismarck, der weiß, daß die Existenz des Zarismus die Grundlage seines ganzen Systems ist, begibt sich in aller Eile nach Wien, um seine Freunde davon zu benachrichtigen, daß es angesichts einer solchen Gefahr unangebracht ist, sich bei Fragen der Eigenliebe aufzuhalten, daß man dem Zaren einen Scheintriumph gestatten muß, und daß Österreich und Deutschland, in ihrem wohlverstandenen Interesse, sich vor Rußland zu beugen haben. Wenn übrigens die Herren Österreicher darauf bestehen sollten, sich in die Angelegenheiten Bulgariens einzumischen, so würde er sich die Hände in Unschuld waschen; sie würden ja sehen, wozu das führen werde. Kálnoky gibt nach, Alexander Battenberg wird geopfert, und Bismarck eilt, um Giers die Nachricht persönlich zu überbringen.

Unglücklicherweise bewiesen die Bulgaren ein politisches Können und eine Energie, die niemand erwartet hatte und die unzulässig sind bei einer „vom heiligen Rußland befreiten" slawischen Nation. Battenberg wird nächtlicherweise festgenommen, die Bulgaren aber verhaften die Verschwörer und ernennen eine fähige, energische und unbestechliche Regierung, Eigenschaften, die völlig unzulässig sind bei einem eben erst emanzipierten Volk; sie rufen Battenberg zurück; dieser zeigt sich von seiner schwachen Seite und ergreift die Flucht. Aber die Bulgaren sind unverbesserlich. Mit oder ohne Battenberg setzen sie den souveränen Befehlen des Zaren Widerstand entgegen und zwingen den heldenmütigen Kaulbars, sich vor ganz Europa zu blamieren.[281]

Man stelle sich die Wut des Zaren vor. Bismarck für sich gewonnen, den österreichischen Widerstand gebrochen, und nun sieht er sich aufgehalten durch dieses kleine Volk, ein Volk von gestern, das ihm oder seinem Vater seine „Unabhängigkeit" verdankt und nicht begreifen will, daß diese Unabhängigkeit nur blinden Gehorsam gegenüber den Befehlen des „Befreiers" bedeutet. Die Griechen und Serben waren schon undankbar; die Bulgaren aber überschreiten alle Grenzen. Ihre Unabhängigkeit ernst nehmen? Welch Verbrechen!

Um sich vor der Revolution zu retten, ist der arme Zar gezwungen, einen neuen Schritt vorwärts zu tun. Aber jeder Schritt macht die Sache gefährlicher, denn er vergrößert nur das Risiko eines europäischen Krieges, den die russische Diplomatie immer zu vermeiden versucht hat. Es steht fest, daß bei einer direkten Einmischung der russischen Regierung in Bulgarien, falls dies zu äußersten Komplikationen führen sollte, der Augenblick eintritt, wo die Feindschaft zwischen den russischen und den österreichischen Interessen offen zum Ausbruch kommt. Eine Lokalisierung des Krieges ist dann unmöglich, er wird zu einem allgemeinen Krieg. Bei der Ehrenhaftigkeit der Spitzbuben, die Europa regieren, ist es unmöglich vorauszusehen, wie sich die beiden Lager gruppieren werden. Bismarck ist imstande, sich auf Seite der Russen gegen Österreich zu stellen, wenn er anders die Revolution in Rußland nicht aufhalten kann. Aber es ist wahrscheinlicher, daß, wenn ein Krieg zwischen Rußland und Österreich ausbricht, Deutschland letzterem zu Hilfe eilt, um es vor der vollständigen Vernichtung zu bewahren.

Bis zum Frühjahr – denn im Winter, vor April werden sich die Russen in einen großen Feldzug an der Donau nicht einlassen können – arbeitet der Zar daran, die Türken in seine Netze zu ziehen, und der Verrat Österreichs und Englands an der Türkei erleichtert ihm diese Aufgabe. Sein Ziel ist es, die Dardanellen zu besetzen, das Schwarze Meer somit in einen russischen See zu verwandeln und diesen zu einem unzugänglichen Zufluchtsort für den Aufbau einer mächtigen Flotte zu machen; sie würden es verlassen, um das zu beherrschen, was Napoleon einen „französischen See" nannte, das Mittelländische Meer. Aber so weit hat er es noch nicht gebracht, obwohl seine Anhänger in Sofia diesen seinen geheimen Gedanken verraten haben.

Das ist die Lage. Um einer Revolution in Rußland vorzubeugen, muß der Zar Konstantinopel haben. Bismarck zögert; er möchte gern das Mittel finden, um der einen wie der anderen Eventualität aus dem Wege zu gehen.

Und Frankreich?

Die französischen Patrioten, die seit sechzehn Jahren von Revanche träumen, glauben, daß nichts natürlicher sei, als die sich ihnen vielleicht bietende Gelegenheit zu ergreifen. Für unsere Partei ist indes die Frage nicht so einfach, und ebensowenig ist sie es für die Herren Chauvinisten. Ein mit Hilfe Rußlands und unter seiner Ägide unternommener Revanchekrieg könnte entweder eine Revolution oder eine Konterrevolution in Frankreich zur Folge haben. Im Falle einer Revolution, die die Sozialisten an die Macht brächte, würde die russische Allianz in Stücke zerfallen. Zunächst *würden die Russen sogleich mit Bismarck Frieden schließen, um sich mit den Deutschen auf das revolutionäre Frankreich zu stürzen.* Sodann würden die Sozialisten, in Frankreich an die Macht gelangt, es nicht darauf ankommen lassen, durch einen Krieg die Revolution in Rußland zu verhindern. Dieser Fall aber wird kaum eintreten, wahrscheinlicher ist die *monarchistische Konterrevolution.* Der Zar wünscht die Restauration der Orléans, seiner intimen Freunde, der einzigen Regierung, die ihm die Bedingungen einer guten und dauerhaften Allianz bietet. Hat der Krieg einmal begonnen, so wird man zur Vorbereitung der Restauration guten Gebrauch von den monarchistischen Offizieren machen. Bei der geringsten Teilniederlage – und solche bleiben nicht aus – wird man schreien, die Republik sei schuld daran; um Siege zu erringen und die vorbehaltlose Unterstützung Rußlands zu erlangen, sei eine stabile monarchistische Regierung, mit einem Wort, ein Philipp VII.[1], notwendig; die monarchistischen Generale werden lässig handeln, um ihren Mangel an Erfolgen der republikanischen Regierung in die Schuhe schieben zu können; und siehe da, die Monarchie ist wiederhergestellt. Ist Philipp VII. wieder eingesetzt, werden die Könige und Kaiser sich sofort verständigen, werden, anstatt sich gegenseitig zu zerfleischen, Europa unter sich aufteilen und dabei die kleinen Staaten verschlingen. Ist die französische Republik tot, wird man einen neuen Wiener Kongreß abhalten, auf dem man vielleicht die republikanischen und sozialistischen Sünden Frankreichs zum Vorwand nehmen wird, um ihm Elsaß-Lothringen ganz oder teilweise zu verweigern. Und die Fürsten werden sich über die Republikaner lustig machen, die naiv genug waren, an die Möglichkeit einer aufrichtigen Allianz zwischen dem Zarismus und der Republik zu glauben.

Ist es übrigens wahr, was General Boulanger jedem sagt, der es hören will: *„Es ist ein Krieg nötig, um die soziale Revolution zu verhindern"*? Wenn es wahr ist, so diene dies der sozialistischen Partei als Warnung. Der gute

[1] Louis-Philippe-Albert d'Orléans

Boulanger hat großsprecherische Allüren, die man einem Militär verzeihen kann, die aber ein recht kümmerliches Bild von seinem politischen Scharfsinn geben. Er wird die Republik jedenfalls nicht retten. Zwischen Sozialisten und Orleanisten gestellt, wird er sich möglicherweise mit letzteren einigen, sofern sie ihm die russische Allianz zusichern. In jedem Fall *befinden sich die Bourgeoisrepublikaner Frankreichs in derselben Lage wie der Zar; sie sehen vor sich das Gespenst der sozialen Revolution und kennen nur ein Mittel zur Rettung: den Krieg.*

In Frankreich, Rußland und Deutschland wenden sich die Ereignisse so sehr zu unseren Gunsten, daß wir uns für den Augenblick nur die Fortsetzung des *Status quo* wünschen können. Wenn die Revolution in Rußland ausbricht, so würde sie ein Zusammenwirken von äußerst günstigen Bedingungen hervorrufen. Dagegen würde uns ein allgemeiner Krieg in den Bereich des Unvorhergesehenen zurückwerfen. Die Revolution in Rußland und Frankreich würde verzögert, unsere Partei in Deutschland das Schicksal der Kommune von 1871 erleiden. Ohne Zweifel werden sich die Ereignisse schließlich zu unseren Gunsten gestalten, aber wieviel Zeitverlust, wieviel Opfer und wieviel neue Hindernisse wären zu überwinden!

Die in Europa zu einem Kriege drängende Kraft ist groß. Das überall übernommene preußische Militärsystem erfordert zu seiner vollständigen Entwicklung zwölf bis sechzehn Jahre; nach Ablauf dieser Zeit bestehen die Kader der Reserven aus Männern, die im Gebrauch der Waffen geübt sind. Diese zwölf bis sechzehn Jahre sind überall abgelaufen; überall hat man zwölf bis sechzehn Jahrgänge, die gedient haben. Man ist also überall bereit, und die Deutschen haben in dieser Hinsicht keinen besonderen Vorteil. Das heißt, daß der uns drohende Krieg zehn Millionen Soldaten auf das Schlachtfeld werfen würde. Sodann wird der alte Wilhelm wahrscheinlich sterben. Bismarck wird seine Stellung mehr oder weniger erschüttert sehen und *vielleicht zum Kriege drängen, um sich zu halten.* In der Tat glaubt die Börse überall an Krieg, sobald der Alte seine Augen geschlossen haben wird.

Gibt es Krieg, so wird er nur zu dem Zweck geführt, die Revolution zu verhüten: in Rußland, um der gemeinsamen Aktion aller Unzufriedenen, Slawophilen, Konstitutionellen, Nihilisten und Bauern, zuvorzukommen; in Deutschland, um Bismarck zu halten; in Frankreich, um die siegreiche Bewegung der Sozialisten zurückzudrängen und die Monarchie wiederherzustellen.

Zwischen den französischen und deutschen Sozialisten gibt es keine elsässische Frage. Die deutschen Sozialisten wissen nur zu gut, daß die Annexionen von 1871, gegen die sie stets protestiert haben, der Angelpunkt der reaktionären Politik Bismarcks sowohl nach innen wie nach außen gewesen sind. Die Sozialisten beider Länder sind gleichermaßen an der Erhaltung des Friedens interessiert, weil sie es wären, die sämtliche Kriegskosten zu bezahlen hätten.

F. Engels

Geschrieben am 25. Oktober 1886.
Aus dem Französischen.

Johann Philipp Becker

[„Der Sozialdemokrat"
Nr.51 vom 17.Dezember 1886]

Wiederum hat der Tod eine Lücke gerissen in den Reihen der Vorkämpfer für die proletarische Revolution. *Johann Philipp Becker* ist am 7.Dezember in Genf gestorben.

Geboren 1809 zu Frankenthal in der bayrischen Pfalz, beteiligte er sich, kaum den Kinderschuhen entwachsen, schon in den zwanziger Jahren an der politischen Bewegung seiner Heimat. Als nach der Julirevolution, anfangs der dreißiger Jahre, diese Bewegung einen republikanischen Charakter annahm, war Becker einer der tätigsten und entschiedensten Teilnehmer. Mehrmals verhaftet, vor die Geschwornen gestellt, freigesprochen, mußte er endlich vor der siegenden Reaktion flüchten. Er ging in die Schweiz, ließ sich in Biel nieder, erwarb das Schweizer Bürgerrecht. Auch hier blieb er nicht untätig; nach der einen Seite beschäftigten ihn die Angelegenheiten der deutschen Arbeitervereine und die Revolutionsversuche der deutschen, italienischen, überhaupt europäischen Flüchtlinge; nach der andern der Kampf der Schweizer Demokratie um die Herrschaft in den einzelnen Kantonen. Man weiß, wie dieser Kampf, namentlich anfangs der vierziger Jahre, vermittelst einer Reihe von bewaffneten Einfällen in die aristokratischen und klerikalen Kantone geführt wurde. In die Mehrzahl dieser „Putsche" war Becker mehr oder weniger verwickelt und wurde schließlich deswegen zu zehnjähriger Verbannung aus seinem Heimatskanton Bern verurteilt. Diese kleinen Kriegszüge gipfelten endlich 1847 im Sonderbundskrieg[282]; Becker, der der schweizerischen Armee als Offizier angehörte, trat an seinen Posten und führte während des Marsches auf Luzern die Vorhut der Division, der er zugeteilt war.

Die Februarrevolution 1848 brach aus; ihr folgten die Versuche, Baden durch Freischarenzüge zu republikanisieren. Als Hecker seinen Zug machte[283], bildete Becker eine Flüchtlingslegion, konnte aber erst an der Grenze erscheinen, nachdem Hecker schon wieder zurückgeschlagen war. Diese später großenteils in Frankreich internierte Legion lieferte 1849 den Kern für einige der besten Truppenteile der Pfälzer und badischen Armee.

Als im Frühjahr 1849 in Rom die Republik proklamiert wurde, wollte Becker aus dieser Legion ein Hülfskorps für Rom organisieren. Er ging nach Marseille, bildete die Kadres und traf Anstalt, die Mannschaft zusammenzuziehen. Aber wie bekannt, schickte sich die französische Regierung an, die römische Republik zu erdrücken und den Papst[1] zurückzuführen. Es verstand sich von selbst, daß sie die Überführung von Hülfstruppen für ihre römischen Gegner verhinderte. Becker, der schon ein Schiff gemietet, wurde kategorisch bedeutet, man werde sein Schiff in den Grund bohren, sobald es Miene mache, den Hafen zu verlassen.

Da brach die Revolution in Deutschland los.[284] Becker eilte sofort nach Karlsruhe, die Legion folgte nach und nahm später unter Bönings Führung am Kampf teil, während ein anderes Stück der alten 1848er Legion, von Willich in Besançon ausgebildet, dem Willichschen Freikorps als Kern diente. Becker wurde zum Chef der gesamten badischen Volkswehr, also aller Truppen außer der Linie, ernannt und ging sogleich an die Organisation. Hier stieß er sofort auf den Widerstand der von der reaktionären Bourgeoisie beherrschten Regierung und ihres Führers Brentano. Seine Befehle wurden durchkreuzt, seine Forderung von Waffen und Ausrüstungsgegenständen unbeachtet gelassen oder direkt abgeschlagen. Der Versuch am 6. Juni, die Regierung durch die revolutionäre bewaffnete Macht zu intimidieren, ein Versuch, an dem Becker sehr stark beteiligt war, endigte unentschieden[285]; aber Becker und seine Truppen wurden nun schleunigst von Karlsruhe an den Neckar gegen den Feind geschickt.

Hier hatte der Kampf schon im Kleinen begonnen, und die Entscheidung nahte heran. Becker mit seinen Freischaren und Volkswehren besetzte den Odenwald. Ohne Geschütz und Reiterei mußte er seine wenigen Truppen zur Besetzung des ausgedehnten und schwierigen Gebiets verzetteln und behielt nicht genug in der Hand, um angreifend vorgehen zu können. Trotzdem befreite er am 15. Juni durch ein brillantes Gefecht seine im Schloß von Hirschhorn durch die Peuckerschen Reichstruppen umzingelten Hanauer Turner[286].

Als Mieroslawski den Oberbefehl der Revolutionsarmee übernahm, erhielt Becker das Kommando über die 5. Division – lauter Volkswehr und

[1] Pius IX.

lauter Infanterie – mit dem Auftrag, dem Peuckerschen Korps, das ihm mindestens sechsmal überlegen war, Widerstand zu leisten. Aber gleich darauf kam der Rheinübergang der ersten preußischen Korps bei Germersheim, der Zug Mieroslawskis ihm entgegen, die Niederlage von Waghäusel am 21. Juni. Becker hielt Heidelberg besetzt; von Norden drängte das zweite preußische Korps von Groeben, von Nordosten das Korps Peuckers, jedes über 20 000 Mann stark, im Südwesten standen Hirschfelds Preußen, ebenfalls über 20 000 Mann. Und nun wälzten sich die Flüchtlinge von Waghäusel, d.h. die ganze große Masse der badischen Armee, Linie und Volkswehr, nach Heidelberg, um durchs Gebirg auf einem enormen Umweg den ihnen in der Ebene verlegten Weg nach Karlsruhe und Rastatt zu finden.

Diesen Rückzug sollte Becker decken – mit seinen eben ausgehobenen ungeübten Leuten und wie immer ohne Reiterei und Geschütz. Nachdem er den Flüchtlingen hinreichend Vorsprung gelassen, zog er am 22. abends 8 Uhr von Heidelberg nach Neckargemünd, wo er ein paar Stunden rastete, kam am 23. nach Sinsheim, wo er angesichts des Feindes in Schlachtordnung wieder einige Stunden ruhen ließ, und denselben Abend nach Eppingen, und am 24. über Bretten nach Durlach, wo er abends 8 Uhr ankam, um aufs neue in den ungeordneten Rückzug der jetzt vereinigten pfälzisch-badischen Armee verwickelt zu werden. Hier erhielt Becker auch noch den Befehl über die Trümmer der Pfälzer Truppen und sollte nun nicht nur den Rückzug Mieroslawskis decken, sondern auch Durlach solange halten, bis Karlsruhe geräumt war. Wie immer ließ man ihn auch jetzt wieder ohne Artillerie, denn die ihm zugewiesene war bereits abmarschiert.

Becker verschanzte Durlach, so gut es in der Eile ging, und wurde gleich am nächsten Morgen (25. Juni) von zwei preußischen Divisionen und von den Peuckerschen Reichstruppen von drei Seiten her angegriffen. Er wies nicht nur alle Angriffe ab, sondern ging wiederholt selbst zum Angriff über, trotzdem er das Geschützfeuer des Feindes nur durch Schützenfeuer erwidern konnte, und zog nach vierstündigem Kampfe, unbehelligt von den ausgesandten Umgehungskolonnen, erst dann in bester Ordnung ab, nachdem er die Nachricht erhalten, daß Karlsruhe geräumt und sein Auftrag erfüllt sei.

Dies ist wohl die glänzendste Episode im ganzen badisch-pfälzischen Feldzug. Mit Leuten, die der Mehrzahl nach kaum 14 Tage bis 3 Wochen eingestellt, die, ganz rohe Rekruten, von improvisierten Offizieren und Unteroffizieren kaum notdürftig eingeübt waren und die von Disziplin kaum eine Spur besaßen, machte Becker als Nachhut der geschlagenen und halb aufgelösten Armeen in 48 Stunden einen Marsch von über 80 Kilometern oder 11 deutschen Meilen, der gleich mit einem Nachtmarsch begann, und brachte sie mitten durch den Feind nach Durlach in einer Verfassung, daß sie am nächsten Morgen den Preußen eines der wenigen Gefechte des Feldzugs liefern konnten, in denen der Gefechtszweck auf seiten der Revolutionsarmee vollständig erreicht wurde. Es ist das eine Leistung, die alten Truppen Ehre machen würde und die bei so jungen Soldaten im höchsten Grade selten und ehrenvoll ist.

An der Murg angekommen, kam Becker mit seiner Division östlich von Rastatt zu stehen und nahm ehrenvollen Anteil an den Kämpfen des 29. und 30. Juni. Das Resultat ist bekannt; der sechsfach zahlreichere Feind umging die Stellung durch württembergisches Gebiet und rollte sie dann vom rechten Flügel an auf. Der Feldzug war nun auch formell entschieden und endigte notgedrungen mit dem Übertritt der revolutionären Armee auf Schweizer Gebiet.

Bis dahin war Becker vorzugsweise als einfacher demokratischer Republikaner aufgetreten; aber von nun an geht er einen bedeutenden Schritt weiter. Die nähere Bekanntschaft mit den deutschen „reinen Republikanern", und namentlich mit den süddeutschen, und seine Erfahrungen in der 1849er Revolution bewiesen ihm, daß die Sache in Zukunft anders angefaßt werden müsse. Die starken Sympathien für das Proletariat, die Becker von Jugend an hegte, nahmen nun eine festere Gestalt an; es war ihm klar geworden, daß, wenn die Bourgeoisie überall den Kern der reaktionären Parteien bildete, so nur das Proletariat den Kern einer wirklich revolutionären Macht bilden könne. Der Gefühlskommunist wurde bewußter Kommunist.

Noch einmal versuchte er die Bildung einer Freischar; es war 1860, nach dem siegreichen Zug Garibaldis nach Sizilien. Er ging von Genf nach Genua, um im Einverständnis mit Garibaldi die Vorbereitungen zu treffen. Aber die raschen Fortschritte Garibaldis und die Einmischung der italienischen Armee, die die Früchte des Sieges für die Monarchie einheimsen sollte, brachten den Feldzug zum Abschluß. Indes erwartete man allgemein einen neuen Krieg mit Österreich im nächsten Jahr. Es ist bekannt, wie Rußland Louis-Napoleon und Italien benutzen wollte, um die 1859 unvollendet gebliebene russische Rache an Österreich zu vervollständigen. Die italienische Regierung schickte einen hohen Generalstabsoffizier zu Becker nach Genua und trug ihm den Oberstenrang in der italienischen Armee, glänzendes Gehalt und Diäten, und das Kommando über eine von ihm zu bildende Legion im erwarteten Kriege an, falls er in Deutschland Propaganda für Italien gegen Österreich machen wollte. Aber der Proletarier Becker schlug rund ab; mit Fürstendienst wollte er nichts zu tun haben.

Das war sein letzter Versuch als Freischärler. Bald darauf wurde die Internationale Arbeiter-Assoziation gegründet, und einer ihrer Gründer war Becker; er war gegenwärtig auf dem berühmten Meeting in St. Martin's Hall, von dem die Internationale datiert[287]. Er organisierte die deutschen und eingebornen Arbeiter der romanischen Schweiz, gründete als Organ dieser Gruppe den „Vorboten"[288], war auf allen Kongressen der Internationale gegenwärtig und stand im Vordertreffen des Kampfes gegen die bakunistischen Anarchisten der Alliance de la Démocratie socialiste[289] und des Schweizer Jura.

Nach dem Zerfall der Internationale bot sich Becker weniger Gelegenheit, öffentlich hervorzutreten. Aber er blieb dennoch stets mitten in der Arbeiterbewegung und übte durch seine ausgedehnte Korrespondenz und die häufigen Besuche, die ihm in Genf wurden, fortwährend seinen Einfluß auf ihren Gang aus. 1882 sah er Marx auf einen Tag bei sich, und noch im September dieses Jahres unternahm der Siebenundsiebzigjährige eine Reise durch die Pfalz und Belgien nach London und Paris, auf der ich die Freude hatte, ihn vierzehn Tage bei mir zu haben und über alte und neue Zeiten mit ihm zu sprechen. Und kaum zwei Monate später meldet der Telegraph seinen Tod!

Becker war ein seltener Mann. Ein einziges Wort bezeichnet ihn ganz – das Wort: *kerngesund;* an Körper und an Geist war er kerngesund bis zuletzt. Ein Hüne von Gestalt, von riesiger Körperkraft, dabei ein schöner Mann, hatte er seinen ungelehrten, aber keineswegs ungebildeten Geist, dank glücklicher Anlage und gesunder Tätigkeit, ebenso harmonisch entwickelt wie seinen Körper. Er war einer von den wenigen Menschen, die nur ihrer eigenen instinktiven Natur zu folgen brauchen, um richtig zu gehen. Daher wurde es ihm auch so leicht, mit jeder Entwicklung der revolutionären Bewegung Schritt zu halten und im achtundsiebzigsten Jahre noch ebenso frisch in der ersten Reihe zu stehen wie im achtzehnten. Der Knabe, der 1814 schon mit den durchziehenden Kosaken gespielt und 1820 Sand, den Erdolcher Kotzebues, hatte hinrichten sehen, entwickelte sich vom unbestimmten Oppositionsmann der zwanziger Jahre immer weiter und stand noch 1886 vollständig auf der Höhe der Bewegung. Dabei war er kein finsterer Gesinnungslümmel wie die meisten „ernschten" Republikaner von 1848, sondern ein echter Sohn der heitern Pfalz, lebenslustig, liebte Wein, Weib und Gesang trotz dem Besten. Erwachsen auf dem Boden des „Nibelungenliedes"[39], um Worms, sah er noch auf seine alten Tage aus wie eine der Gestalten aus unserem alten Heldengedicht: heiter und spottvoll, den Gegner anrufend zwischen den Schwerteshieben, Volkslieder dichtend, wenn es nichts zu schlagen gab – so und nicht anders muß er ausgesehen haben, Volker der Fiedeler!

Seine bedeutendste Befähigung war aber unbedingt seine militärische. In Baden hat er entschieden mehr geleistet als irgendein anderer. Während die übrigen Offiziere, in der Schule stehender Heere erzogen, hier einen wildfremden, für sie fast unlenkbaren Soldatenstoff vorfanden, hatte Becker seine ganze Organisationskunst, Taktik und Strategie in der hanebüchenen Schule der Schweizer Miliz gelernt. Ein Volksheer war ihm nichts Fremdes, seine notwendigen Mängel nichts Ungewohntes. Wo die anderen verzagten oder sich erbosten, blieb Becker ruhig und fand einen Ausweg über den andern, wußte seine Leute richtig zu behandeln, belebte sie wieder mit einem Witzwort und behielt sie schließlich in der Hand. Um den Marsch von Heidelberg nach Durlach mit einer Division von fast lauter ungeübten Rekruten, die aber dennoch fähig blieben, sofort ein gut unterhaltenes Gefecht aufzunehmen, kann ihn mancher preußische General von 1870 beneiden. Und in demselben Gefecht brachte er die ihm zugeteilten Pfälzer, mit denen niemand etwas machen gekonnt, ins Gefecht und sogar zum Angriff auf freiem Feld. In Becker haben wir den einzigen deutschen Revolutionsgeneral verloren, den wir hatten.

Das war der Mann, der an den Freiheitskämpfen von drei Generationen ehrenvoll teilgenommen.

Die Arbeiter aber werden sein Andenken treu bewahren als das eines ihrer Besten!

London, 9. Dezember 1886

Friedrich Engels

Vorwort
[zur zweiten, durchgesehenen Auflage „Zur Wohnungsfrage"]

Die nachfolgende Schrift[1] ist der Wiederabdruck dreier Artikel, die ich 1872 in den Leipziger „Volksstaat"[290] schrieb. Damals ergoß sich grade der französische Milliardenregen[291] über Deutschland; Staatsschulden wurden abgezahlt, Festungen und Kasernen gebaut, die Bestände von Waffen und Militäreffekten erneuert; das disponible Kapital nicht minder als die zirkulierende Geldmenge wurden plötzlich enorm vermehrt, und das alles grade zu einer Zeit, wo Deutschland nicht nur als „einiges Reich", sondern auch als großes Industrieland auf der Weltbühne auftrat. Die Milliarden gaben der jungen Großindustrie einen mächtigen Aufschwung; sie vor allem waren es, die die kurze, illusionsreiche Periode der Prosperität nach dem Krieg, und gleich darauf, 1873/1874, den großen Krach zuwege brachten, durch welchen Deutschland sich als weltmarktfähiges Industrieland bewährte.

Die Zeit, worin ein altes Kulturland einen solchen, obendrein durch so günstige Umstände beschleunigten Übergang von der Manufaktur und dem Kleinbetrieb zur großen Industrie macht, ist auch vorwiegend die Zeit der „Wohnungsnot". Einerseits werden Massen ländlicher Arbeiter plötzlich in die großen Städte gezogen, die sich zu industriellen Mittelpunkten entwickeln; andrerseits entspricht die Bauanlage dieser älteren Städte nicht mehr den Bedingungen der neuen Großindustrie und des ihr entsprechenden Verkehrs; Straßen werden erweitert und neu durchgebrochen, Eisenbahnen mitten durchgeführt. In demselben Augenblick, wo Arbeiter haufenweis zuströmen, werden die Arbeiterwohnungen massenweis eingerissen. Daher die plötzliche Wohnungsnot der Arbeiter und des auf Arbeiterkundschaft angewiesenen Kleinhandels und Kleingewerbs. In Städten, die von vornherein als Industriezentren entstanden, ist diese Wohnungsnot so

[1] Siehe Band 18 unserer Ausgabe, S. 209–287

gut wie unbekannt. So in Manchester, Leeds, Bradford, Barmen-Elberfeld. Dagegen in London, Paris, Berlin, Wien hat sie ihrerzeit akute Form angenommen und besteht meist chronisch fort.

Es war also grade diese akute Wohnungsnot, dies Symptom der sich in Deutschland vollziehenden industriellen Revolution, die damals die Presse mit Abhandlungen über die „Wohnungsfrage“ füllte und den Anlaß bot zu allerhand sozialer Quacksalberei. Eine Reihe solcher Artikel verlief sich auch in den „Volksstaat“. Der anonyme Verfasser, der sich später als Herr Dr. med. A. Mülberger aus Württemberg zu erkennen gab, hielt die Gelegenheit für günstig, den deutschen Arbeitern an dieser Frage die Wunderwirkungen der Proudhonschen sozialen Universalmedizin einleuchtend zu machen.[292] Als ich der Redaktion meine Verwunderung über die Aufnahme dieser sonderbaren Artikel zu erkennen gab, wurde ich aufgefordert, zu antworten, was ich auch tat. (S. Erster Abschnitt: „Wie Proudhon die Wohnungsfrage löst“.) An diese Reihe von Artikeln knüpfte ich bald darauf eine zweite, worin an der Hand einer Schrift von Dr. Emil Sax die philanthropisch-bürgerliche Auffassung der Frage untersucht wurde. (Zweiter Abschnitt: „Wie die Bourgeoisie die Wohnungsfrage löst“.) Nach längerer Pause beehrte mich sodann Herr Dr. Mülberger mit einer Antwort auf meine Artikel[293], die mich zu einer Erwiderung zwang (Dritter Abschnitt: „Nachtrag über Proudhon und die Wohnungsfrage“), womit denn sowohl die Polemik wie meine spezielle Beschäftigung mit dieser Frage zum Abschluß kam. Dies die Entstehungsgeschichte dieser drei Reihen von Artikeln, die ebenfalls als Sonderabdruck in Broschürenform erschienen. Wenn jetzt ein neuer Abdruck nötig wird, so verdanke ich dies zweifellos wiederum der wohlwollenden Fürsorge der deutschen Reichsregierung, die den Absatz durch ein Verbot wie immer mächtig förderte und der ich hiermit meinen Dank ergebenst ausspreche.

Für den neuen Abdruck habe ich den Text revidiert, einzelne Zusätze und Anmerkungen eingefügt und einen kleinen ökonomischen Irrtum im ersten Abschnitt berichtigt[1], da mein Gegner Dr. Mülberger ihn leider nicht herausgefunden hat.

Bei dieser Durchsicht kommt mir so recht zum Bewußtsein, welche Riesenfortschritte die internationale Arbeiterbewegung in den letzten vierzehn Jahren gemacht. Damals war es noch eine Tatsache, daß „die romanisch redenden Arbeiter seit zwanzig Jahren keine andre Geistesnahrung hatten als die Werke Proudhons“[2] und allenfalls die weitere Vereinseitigung

[1] Siehe Band 18 unserer Ausgabe, S. 230 – [2] ebenda, S. 232

des Proudhonismus durch den Vater des „Anarchismus", Bakunin, der in Proudhon „unser aller Meister", notre maitre à nous tous, sah. Waren auch die Proudhonisten in Frankreich nur eine kleine Sekte unter den Arbeitern, so waren sie doch die einzigen, die ein bestimmt formuliertes Programm hatten und die unter der Kommune die Führung auf ökonomischem Gebiet übernehmen konnten. In Belgien herrschte der Proudhonismus unter den wallonischen Arbeitern unbestritten, und in Spanien und Italien war, mit sehr vereinzelten Ausnahmen, in der Arbeiterbewegung alles, was nicht anarchistisch war, entschieden proudhonistisch. Und heute? In Frankreich ist Proudhon unter den Arbeitern vollständig abgetan und hat nur noch Anhänger unter den radikalen Bourgeois und Kleinbürgern, die sich als Proudhonisten auch „Sozialisten" nennen, aber von den sozialistischen Arbeitern aufs heftigste bekämpft werden. In Belgien haben die Flamländer die Wallonen von der Leitung der Bewegung verdrängt, den Proudhonismus abgesetzt und die Bewegung mächtig gehoben. In Spanien wie in Italien hat sich die anarchistische Hochflut der siebziger Jahre verlaufen und die Reste des Proudhonismus mit weggeschwemmt; wenn in Italien die neue Partei noch in der Klärung und Bildung begriffen ist, so hat sich in Spanien der kleine Kern, der als Nueva Federacion Madrilaña treu zum Generalrat der Internationale hielt, zu einer kräftigen Partei entwickelt[294], die – wie aus der republikanischen Presse selbst zu ersehn – den Einfluß der bürgerlichen Republikaner auf die Arbeiter weit wirksamer zerstört, als ihre lärmvollen anarchistischen Vorgänger dies je gekonnt. An die Stelle der vergessenen Werke Proudhons sind bei den romanischen Arbeitern „Das Kapital", das „Kommunistische Manifest"[1] und eine Reihe anderer Schriften der Marxschen Schule getreten, und die Hauptforderung von Marx: Besitzergreifung sämtlicher Produktionsmittel, namens der Gesellschaft, durch das zur politischen Alleinherrschaft emporgestiegene Proletariat, ist heute die Forderung der gesamten revolutionären Arbeiterklasse auch in den romanischen Ländern.

Wenn hiernach der Proudhonismus bei den Arbeitern auch der romanischen Länder endgültig verdrängt ist, wenn er nur noch – seiner eigentlichen Bestimmung entsprechend – französischen, spanischen, italienischen und belgischen bürgerlichen Radikalen als Ausdruck ihrer bürgerlichen und kleinbürgerlichen Gelüste dient, warum dann heute noch auf ihn zurückkommen? Warum aufs neue einen verstorbenen Gegner bekämpfen durch Wiederabdruck dieser Artikel?

---

[1] Siehe Band 4 unserer Ausgabe

Erstens weil diese Artikel sich nicht auf bloße Polemik gegen Proudhon und seinen deutschen Vertreter beschränken. Infolge der Teilung der Arbeit, die zwischen Marx und mir bestand, fiel es mir zu, unsere Ansichten in der periodischen Presse, also namentlich im Kampf mit gegnerischen Ansichten, zu vertreten, damit Marx für die Ausarbeitung seines großen Hauptwerks Zeit behielt. Ich kam dadurch in die Lage, unsere Anschauungsweise meist in polemischer Form, im Gegensatz zu anderen Anschauungsweisen, darzustellen. So auch hier. Die Abschnitte I und III enthalten nicht nur eine Kritik der Proudhonschen Auffassung der Frage, sondern auch die Darstellung unsrer eignen Auffassung.

Zweitens aber hat Proudhon in der Geschichte der europäischen Arbeiterbewegung eine viel zu bedeutende Rolle gespielt, als daß er so ohne weiteres der Vergessenheit verfallen könnte. Theoretisch abgetan, praktisch beiseite geschoben, behält er sein historisches Interesse. Wer sich einigermaßen eingehend mit dem modernen Sozialismus beschäftigt, der muß auch die „überwundnen Standpunkte" der Bewegung kennenlernen. Marx' „Elend der Philosophie"[1] erschien mehrere Jahre, ehe Proudhon seine praktischen Vorschläge der Gesellschaftsreform aufstellte; Marx konnte hier nur die Proudhonsche Tauschbank im Keim entdecken und kritisieren. Seine Schrift wird also nach dieser Seite durch die vorliegende ergänzt, leider unvollkommen genug. Marx würde das alles viel besser und schlagender abgemacht haben.

Endlich aber ist der Bourgeois- und kleinbürgerliche Sozialismus in Deutschland bis auf diese Stunde stark vertreten. Und zwar einerseits durch Kathedersozialisten und Menschenfreunde aller Art, bei denen der Wunsch, die Arbeiter in Eigentümer ihrer Wohnung zu verwandeln, noch immer eine große Rolle spielt, denen gegenüber also meine Arbeit noch immer am Platze ist. Andererseits aber in der sozialdemokratischen Partei selbst, bis in die Reichstagsfraktion hinein, findet ein gewisser kleinbürgerlicher Sozialismus seine Vertretung. Und zwar in der Weise, daß man zwar die Grundanschauungen des modernen Sozialismus und die Forderung der Verwandlung aller Produktionsmittel in gesellschaftliches Eigentum als berechtigt anerkennt, aber ihre Verwirklichung nur in entfernter, praktisch unabsehbarer Zeit für möglich erklärt. Damit ist man denn für die Gegenwart auf bloßes soziales Flickwerk angewiesen und kann je nach Umständen selbst mit den reaktionärsten Bestrebungen zur sogenannten „Hebung der arbeitenden Klasse" sympathisieren. Das Bestehen einer solchen Richtung ist

[1] Siehe Band 4 unserer Ausgabe

ganz unvermeidlich in Deutschland, dem Land des Spießbürgertums par excellence, und zu einer Zeit, wo die industrielle Entwicklung dies alteingewurzelte Spießbürgertum gewaltsam und massenweise entwurzelt. Es ist auch für die Bewegung ganz ungefährlich bei dem wunderbar gesunden Sinn unserer Arbeiter, der sich gerade in den letzten acht Jahren des Kampfs gegen Sozialistengesetz, Polizei und Richter so glänzend bewährt hat. Aber es ist nötig, daß man sich darüber klarwerde, daß eine solche Richtung besteht. Und wenn, wie dies notwendig und sogar wünschenswert ist, diese Richtung später einmal festere Form und bestimmtere Umrisse annimmt, dann wird sie zur Formulierung ihres Programms auf ihre Vorgänger zurückgehn müssen, und dabei wird auch Proudhon schwerlich übergangen werden.

Der Kern sowohl der großbürgerlichen wie der kleinbürgerlichen Lösung der „Wohnungsfrage" ist das Eigentum des Arbeiters an seiner Wohnung. Dies ist aber ein Punkt, der durch die industrielle Entwicklung Deutschlands in den letzten zwanzig Jahren eine ganz eigentümliche Beleuchtung erhalten hat. In keinem andern Land existieren so viel Lohnarbeiter, die Eigentümer nicht nur ihrer Wohnung, sondern auch noch eines Gartens oder Feldes sind; daneben noch zahlreiche andere, die Haus und Garten oder Feld als Pächter, mit tatsächlich ziemlich gesichertem Besitz innehaben. Die ländliche Hausindustrie, betrieben im Verein mit Gartenbau oder kleiner Ackerwirtschaft, bildet die breite Grundlage der jungen Großindustrie Deutschlands; im Westen sind die Arbeiter vorwiegend Eigentümer, im Osten vorwiegend Pächter ihrer Heimstätten. Diese Verbindung der Hausindustrie mit Garten- und Feldbau, und daher mit gesicherter Wohnung, finden wir nicht nur überall, wo Handweberei noch ankämpft gegen den mechanischen Webstuhl: am Niederrhein und in Westfalen, im sächsischen Erzgebirge und in Schlesien; wir finden sie überall, wo Hausindustrie irgendeiner Art sich als ländliches Gewerbe eingedrängt hat, z.B. im Thüringer Wald und in der Rhön. Bei Gelegenheit der Tabaksmonopol-Verhandlungen stellte sich heraus, wie sehr auch schon die Zigarrenmacherei als ländliche Hausarbeit betrieben wird; und wo irgendein Notstand unter den Kleinbauern eintritt, wie vor einigen Jahren in der Eifel[295], da erhebt die bürgerliche Presse sofort den Ruf nach Einführung einer passenden Hausindustrie als dem einzigen Hülfsmittel. In der Tat drängt sowohl die wachsende Notlage der deutschen Parzellenbauern wie die allgemeine Lage der deutschen Industrie zu einer immer weitern Ausdehnung der ländlichen Hausindustrie. Es ist dies eine Erscheinung, die Deutschland eigentümlich ist. Etwas Ähnliches finden wir in

Frankreich nur ganz ausnahmsweise, z.B. in den Gegenden der Seidenzucht; in England, wo es keine Kleinbauern gibt, beruht die ländliche Hausindustrie auf der Arbeit der Frauen und Kinder der Ackerbautaglöhner; nur in Irland sehn wir die Hausindustrie der Kleiderkonfektion, ähnlich wie in Deutschland, von wirklichen Bauernfamilien betrieben. Von Rußland und andern auf dem industriellen Weltmarkt nicht vertretnen Ländern sprechen wir hier natürlich nicht.

Somit besteht auf weiten Gebieten Deutschlands heute ein industrieller Zustand, der auf den ersten Blick dem Zustand gleicht, wie er vor Einführung der Maschinerie der allgemein herrschende war. Aber auch nur auf den ersten Blick. Die ländliche, mit Garten- und Feldbau verbundne Hausindustrie der frühern Zeit war, wenigstens in den industriell fortschreitenden Ländern, die Grundlage einer materiell erträglichen und stellenweise behaglichen Lage der arbeitenden Klasse, aber auch ihrer geistigen und politischen Nullität. Das Handprodukt und seine Kosten bestimmten den Marktpreis, und bei der gegen heute verschwindend geringen Produktivität der Arbeit wuchsen die Absatzmärkte in der Regel rascher als das Angebot. Dies gilt, um die Mitte des vorigen Jahrhunderts, für England und teilweise für Frankreich, und namentlich für die Textilindustrie. In dem damals eben erst aus der Verwüstung des Dreißigjährigen Kriegs und unter den ungünstigsten Umständen sich wieder emporarbeitenden Deutschland sah es allerdings ganz anders aus; die einzige Hausindustrie, die hier für den Weltmarkt arbeitete, die Leinenweberei, wurde durch Steuern und Feudallasten so gedrückt, daß sie den webenden Bauer nicht über das sehr niedrige Niveau der übrigen Bauerschaft erhob. Aber immerhin hatte damals der ländliche Industriearbeiter eine gewisse Sicherheit der Existenz.

Mit der Einführung der Maschinerie änderte sich das alles. Der Preis wurde nun bestimmt durch das Maschinenprodukt, und der Lohn des hausindustriellen Arbeiters fiel mit diesem Preise. Aber der Arbeiter mußte ihn nehmen oder andre Arbeit suchen, und das konnte er nicht, ohne Proletarier zu werden, d.h. ohne sein Häuschen, Gärtchen und Feldchen – eigen oder gepachtet – aufzugeben. Und das wollte er nur im seltensten Fall. So wurde der Garten- und Feldbau der alten ländlichen Handweber die Ursache, kraft deren der Kampf des Handwebstuhls gegen den mechanischen Webstuhl sich überall so sehr in die Länge zog und in Deutschland noch nicht ausgefochten ist. In diesem Kampf zeigte es sich zum ersten Mal, namentlich in England, daß derselbe Umstand, der früher einen verhältnismäßigen Wohlstand der Arbeiter begründet hatte – der Besitz des Arbeiters an seinen Produktionsmitteln – jetzt für sie ein Hindernis und ein Unglück geworden war. In der Industrie schlug der mechanische Webstuhl seinen Handwebstuhl, im Landbau schlug die große Agrikultur seinen Kleinbetrieb aus dem Felde. Aber während auf beiden Produktionsgebieten die vereinigte Arbeit vieler und die Anwendung der Maschinerie und der Wissenschaft gesellschaftliche Regel wurden, fesselten ihn sein Häuschen, Gärtchen, Feldchen und sein Webstuhl an die veraltete Methode der Einzelproduktion und der Handarbeit. Der Besitz von Haus und Garten war jetzt weit weniger wert als die vogelfreie Beweglichkeit. Kein Fabrikarbeiter hätte getauscht mit dem langsam aber sicher verhungernden ländlichen Handweber.

Deutschland erschien spät auf dem Weltmarkt; unsre große Industrie datiert von den vierziger Jahren, erhielt ihren ersten Aufschwung durch die Revolution von 1848 und konnte sich erst voll entfalten, als die Revolutionen von 1866 und 1870 ihr wenigstens die schlimmsten politischen Hindernisse aus dem Wege geräumt. Aber sie fand den Weltmarkt großenteils besetzt. Die Massenartikel lieferte England, die geschmackvollen Luxusartikel Frankreich. Die einen konnte Deutschland nicht im Preise, die andern nicht in der Qualität schlagen. So blieb nichts übrig, als zunächst, dem Geleise der bisherigen deutschen Produktion entsprechend, sich in den Weltmarkt einzuschieben mit Artikeln, die für die Engländer zu kleinlich, für die Franzosen zu schäbig waren. Die beliebte deutsche Praxis der Prellerei, zuerst gute Muster zu schicken und nachher schlechte Ware, strafte sich allerdings auf dem Weltmarkt bald hart genug und kam in ziemlichen Verfall; andrerseits drängte die Konkurrenz der Überproduktion selbst die soliden Engländer allmählich auf die abschüssige Bahn der Qualitätsverschlechtung und leistete so den Deutschen Vorschub, die auf diesem Feld unerreichbar sind. Und so sind wir denn endlich dahin gekommen, eine große Industrie zu besitzen und eine Rolle auf dem Weltmarkt zu spielen. Aber unsre *große* Industrie arbeitet fast ausschließlich für den innern Markt (die Eisenindustrie ausgenommen, die weit über den innern Bedarf erzeugt), und unsre massenhafte Ausfuhr setzt sich zusammen aus einer Unsumme kleiner Artikel, zu denen die große Industrie höchstens die nötigen Halbfabrikate liefert, die aber selbst geliefert werden großenteils durch die ländliche Hausindustrie.

Und hier zeigt sich in vollem Glanz der „Segen“ des eignen Haus- und Grundbesitzes für den modernen Arbeiter. Nirgends, selbst die irische Hausindustrie kaum ausgenommen, werden so infam niedrige Löhne gezahlt wie in der deutschen Hausindustrie. Was die Familie auf ihrem eignen Gärtchen und Feldchen erarbeitet, das erlaubt die Konkurrenz dem Kapitalisten vom Preis der Arbeitskraft abzuziehen; die Arbeiter müssen eben jeden Akkordlohn nehmen, weil sie sonst gar nichts erhalten und vom Produkt ihres Landbaus allein nicht leben können; und weil andrerseits eben dieser Landbau und Grundbesitz sie an den Ort fesselt, sie hindert, sich nach andrer Beschäftigung umzusehn. Und hierin liegt der Grund, der Deutschland in einer ganzen Reihe von kleinen Artikeln auf dem Weltmarkt konkurrenzfähig erhält. *Man schlägt den ganzen Kapitalprofit heraus aus einem Abzug vom normalen Arbeitslohn und kann den ganzen Mehrwert dem Käufer schenken.* Das ist das Geheimnis der erstaunlichen Wohlfeilheit der meisten deutschen Ausfuhrartikel.

Es ist dieser Umstand, der mehr als irgendein andrer auch auf andern industriellen Gebieten die Arbeitslöhne und die Lebenshaltung der Arbeiter in Deutschland unter dem Stand der westeuropäischen Länder hält. Das Bleigewicht solcher traditionell tief unter dem Wert der Arbeitskraft gehaltnen Arbeitspreise drückt auch die Löhne der städtischen und selbst der großstädtischen Arbeiter unter den Wert der Arbeitskraft hinab, und dies um so mehr, als auch in den Städten die schlechtgelohnte Hausindustrie an die Stelle des alten Handwerks getreten ist und auch hier das allgemeine Niveau des Lohnes herabdrückt.

Hier sehn wir es deutlich: Was auf einer früheren geschichtlichen Stufe die Grundlage eines relativen Wohlstands der Arbeiter war: die Verbindung von Landbau und Industrie, der Besitz von Haus und Garten und Feld, die Sicherheit der Wohnung, das wird heute, unter der Herrschaft der großen Industrie, nicht nur die ärgste Fessel für den Arbeiter, sondern das größte Unglück für die ganze Arbeiterklasse, die Grundlage einer beispiellosen Herabdrückung des Arbeitslohns unter seine normale Höhe, und das nicht nur für einzelne Geschäftszweige und Gegenden, sondern für das ganze nationale Gebiet. Kein Wunder, daß die Groß- und Kleinbürgerschaft, die von diesen abnormen Abzügen vom Arbeitslohn lebt und sich bereichert, für ländliche Industrie, für hausbesitzende Arbeiter schwärmt, für alle ländlichen Notstände das einzige Heilmittel sieht in der Einführung neuer Hausindustrien!

Das ist die eine Seite der Sache; aber sie hat auch eine Kehrseite. Die Hausindustrie ist die breite Grundlage des deutschen Ausfuhrhandels und damit der ganzen Großindustrie geworden. Damit ist sie über weite Striche von Deutschland verbreitet und dehnt sich täglich mehr aus. Der Ruin des Kleinbauern, unvermeidlich von der Zeit an, wo seine industrielle Hausarbeit für den Selbstgebrauch durch das wohlfeile Konfektions- und Maschinenprodukt, und sein Viehstand, also seine Düngerproduktion, durch die Zerstörung der Markverfassung, der gemeinen Mark und des Flurzwangs vernichtet wurden – dieser Ruin treibt die dem Wucherer verfallenen Kleinbauern der modernen Hausindustrie gewaltsam zu. Wie in Irland die Bodenrente des Grundbesitzers, können in Deutschland die Zinsen des Hypothekenwucherers gezahlt werden, nicht aus dem Bodenertrag, sondern nur aus dem Arbeitslohn des industriellen Bauern. Mit der Ausdehnung der Hausindustrie aber wird eine Bauerngegend nach der andern in die industrielle Bewegung der Gegenwart hineingerissen. Es ist diese Revolutionierung der Landdistrikte durch die Hausindustrie, die die industrielle Revolution in Deutschland über ein weit größeres Gebiet ausbreitet als in England und Frankreich der Fall; es ist die verhältnismäßig niedrige Stufe unsrer Industrie, die ihre Ausdehnung in die Breite um so nötiger macht. Dies erklärt, warum in Deutschland, im Gegensatz zu England und Frankreich, die revolutionäre Arbeiterbewegung eine so gewaltige Verbreitung über den größten Teil des Landes gefunden hat, statt ausschließlich an städtische Zentren gebunden zu sein. Und dies wiederum erklärt den ruhigen, sichern, unaufhaltsamen Fortschritt der Bewegung. In Deutschland leuchtet es von selbst ein, daß eine siegreiche Erhebung in der Hauptstadt und den andern großen Städten erst dann möglich wird, wenn auch die Mehrzahl der kleinen Städte und ein großer Teil der ländlichen Bezirke für den Umschwung reif geworden ist. Wir können, bei einigermaßen normaler Entwicklung, nie in den Fall kommen, Arbeitersiege zu erfechten wie die Pariser von 1848 und 1871, aber eben deshalb auch nicht Niederlagen der revolutionären Hauptstadt durch die reaktionäre Provinz erleiden, wie Paris sie in beiden Fällen erlitt. In Frankreich ging die Bewegung stets von der Hauptstadt aus, in Deutschland von den Bezirken der großen Industrie, der Manufaktur und der Hausindustrie; die Hauptstadt wurde erst später erobert. Daher wird vielleicht auch in Zukunft die Rolle der Initiative den Franzosen vorbehalten bleiben; aber die Entscheidung kann nur in Deutschland ausgekämpft werden.

Nun ist aber diese ländliche Hausindustrie und Manufaktur, die in ihrer Ausdehnung der entscheidende Produktionszweig Deutschlands geworden und die damit das deutsche Bauerntum mehr und mehr revolutioniert, selbst nur die Vorstufe einer weiteren Umwälzung. Wie schon Marx nachgewiesen („Kapital" I., 3. Aufl. S. 484–495[1]), schlägt auch für sie, auf einer gewissen Entwicklungsstufe, die Stunde des Untergangs durch die Maschinerie und den Fabrikbetrieb. Und diese Stunde scheint nahe bevorzustehn. Aber Ver-

[1] Siehe Band 23 unserer Ausgabe, S. 494–504

nichtung der ländlichen Hausindustrie und Manufaktur durch Maschinerie und Fabrikbetrieb, das heißt in Deutschland Vernichtung der Existenz von Millionen ländlicher Produzenten, Expropriation fast der halben deutschen Kleinbauernschaft, Verwandlung nicht nur der Hausindustrie in Fabrikbetrieb, sondern auch der Bauernwirtschaft in große, kapitalistische Agrikultur und des kleinen Grundbesitzes in große Herrengüter – industrielle und landwirtschaftliche Revolution zugunsten des Kapitals und Großgrundbesitzes auf Kosten der Bauern. Sollte es Deutschland beschieden sein, auch diese Umwandlung noch unter den alten gesellschaftlichen Bedingungen durchzumachen, so wird sie unbedingt den Wendepunkt bilden. Hat bis dahin die Arbeiterklasse keines anderen Landes die Initiative ergriffen, so schlägt dann unbedingt Deutschland los, und die Bauernsöhne des „herrlichen Kriegsheers" helfen tapfer mit.

Und jetzt nimmt die bürgerliche und kleinbürgerliche Utopie, die jedem Arbeiter ein eigentümlich besessenes Häuschen geben und ihn damit an seinen Kapitalisten in halbfeudaler Weise fesseln will, eine ganz andre Gestalt an. Als ihre Verwirklichung erscheint die Verwandlung aller kleinen ländlichen Hauseigentümer in industrielle Hausarbeiter; die Vernichtung der alten Abgeschlossenheit und damit der politischen Nullität der Kleinbauern, die in den „sozialen Wirbel" hineingerissen werden; die Ausbreitung der industriellen Revolution über das platte Land, und damit die Umwandlung der stabilsten, konservativsten Klasse der Bevölkerung in eine revolutionäre Pflanzschule, und als Abschluß des ganzen die Expropriation der hausindustriellen Bauern durch die Maschinerie, die sie mit Gewalt in den Aufstand treibt.

Wir können den bürgerlich-sozialistischen Philanthropen den Privatgenuß ihres Ideals gern gönnen, solange sie in ihrer öffentlichen Funktion als Kapitalisten fortfahren, es in dieser umgekehrten Weise zu verwirklichen, zu Nutz und Frommen der sozialen Revolution.

London, 10. Januar 1887

Friedrich Engels

Nach: Friedrich Engels,
„Zur Wohnungsfrage", zweite, durchgesehene Auflage,
Hottingen-Zürich 1887.

Die Arbeiterbewegung in Amerika

[Vorwort zur amerikanischen Ausgabe der „Lage der arbeitenden Klasse in England"[296]]

[„Der Sozialdemokrat" Nr. 24 und 25
vom 10. und 17. Juni 1887]

Zehn Monate sind verflossen, seit ich, auf Wunsch der Übersetzerin[1], den „Anhang"[2] zu diesem Buch schrieb. Während dieser zehn Monate hat sich in der amerikanischen Gesellschaft eine Revolution vollzogen, die in jedem andern Lande mindestens zehn Jahre gebraucht hätte. Im Februar 1886 war die öffentliche Meinung Amerikas einstimmig in diesem einen Punkt: daß in Amerika eine Arbeiterklasse – im europäischen Sinn – überhaupt nicht bestehe*; daß folglich ein Klassenkampf zwischen Arbeitern und Kapitalisten, wie er die europäische Gesellschaft entzweireißt, in der amerikanischen Republik unmöglich sei; und daß daher der Sozialismus ein von außen eingeführtes Gewächs sei, unfähig, im amerikanischen Boden Wurzel zu fassen. Und doch warf gerade damals der hereinbrechende Klassenkampf bereits seinen Riesenschatten vor sich her in den Streiks der pennsylvanischen Kohlengräber[241] und vieler andern Gewerke, und ganz besonders in den Vorbereitungen – in allen Gegenden des Landes – zur großen Achtstundenbewegung, die für den Monat Mai angesetzt war und

* Eine englische Ausgabe meines 1844 geschriebnen Buchs fand gerade darin ihre Rechtfertigung, daß die industriellen Zustände des heutigen Amerikas den englischen der vierziger Jahre, also den von mir geschilderten, fast genau entsprechen. Wie sehr dies der Fall, bezeugen die Artikel über „The Labor Movement in America" von Edward und Eleanor Marx-Aveling in der Londoner Monatsschrift „Time", März, April, Mai und Juni[297]. Ich beziehe mich auf diese vortrefflichen Artikel um so lieber, als mir dadurch Gelegenheit geboten wird, gleichzeitig die elenden Verleumdungen über Aveling zurückzuweisen, die die Exekutive der Soz. Arbeiterpartei Amerikas sich nicht entblödet hat, in die Welt zu schicken[298]. *[Anmerkung von Engels zum Separatabdruck.]*

[1] Florence Kelley-Wischnewetzky – [2] siehe vorl. Band, S. 250–256

im Mai auch wirklich erfolgte[299]. Daß ich schon damals diese Anzeichen richtig erkannte, daß ich eine Bewegung der Arbeiterklasse auf nationalem Maßstab voraussah, zeigt mein „Anhang". Was aber niemand voraussehn konnte, das war, daß die Bewegung in so kurzer Zeit mit solch unwiderstehlicher Kraft losbrechen, daß sie um sich greifen werde mit der Schnelligkeit eines Präriebrandes, daß sie schon jetzt die amerikanische Gesellschaft erschüttern werde bis in ihre Grundfesten.

Die Tatsache ist da, unangreifbar, unbestreitbar. Welchen Schrecken sie unter den herrschenden Klassen Amerikas verbreitet hat, wurde mir, in erheiternder Weise, offenbar durch amerikanische Journalisten, die mich vorigen Sommer mit ihrem Besuche beehrten; die neue Bewegung hatte sie in einen Zustand hülfloser, jammervoller Angst versetzt. Und doch war damals die Bewegung noch erst im Entstehen, bestand nur erst aus einer Reihe verworrener, scheinbar zusammenhangsloser Zuckungen jener Klasse, die durch die Unterdrückung der Negersklaverei und durch die rasche, industrielle Entwicklung zur untersten Schicht der amerikanischen Gesellschaft geworden war. Aber schon vor Ablauf des Jahres zeigte sich, wie diese fremdartigen sozialen Krampfanfälle mehr und mehr nach einer bestimmten Richtung hin verliefen. Die spontanen, instinktiven Bewegungen dieser ungeheuren Arbeitermassen, ihre Verbreitung über ein ungeheures Landgebiet, der überall gleichzeitige Ausbruch ihrer gemeinsamen Unzufriedenheit mit einer elenden gesellschaftlichen Lage, überall dieselbe und denselben Ursachen geschuldet – alles das brachte diesen Massen die Tatsache zum Bewußtsein, daß sie eine neue, besondere Klasse in der amerikanischen Gesellschaft bildeten, eine Klasse von tatsächlich mehr oder weniger erblichen Lohnarbeitern, Proletariern. Und mit echt amerikanischem Instinkt führte dies Bewußtsein sie sofort zum nächsten Schritt zu ihrer Befreiung: zur Bildung einer politischen Arbeiterpartei mit eignem Programm und mit der Eroberung des Kapitols und des Weißen Hauses[300] als Ziel. Im Mai die Kämpfe um den achtstündigen Arbeitstag, die Unruhen in Chicago, Milwaukee usw., der Versuch der herrschenden Klassen, die aufkeimende Arbeiterbewegung durch rohe Gewalt und brutale Klassenjustiz zu unterdrücken; im November die junge Arbeiterpartei schon organisiert in allen großen Zentren, die Wahlen in New York, Chicago und Milwaukee[301]. Mai und November erinnerten bisher den amerikanischen Bourgeois nur an die Verfallzeiten der Kupons der amerikanischen Staatsschuld; Mai und November werden sie von nun an auch an die Verfalltage erinnern, an denen das amerikanische Proletariat zum erstenmal *seine* Kupons zur Zahlung präsentierte.

In europäischen Ländern brauchte die Arbeiterklasse Jahre und abermals Jahre, bis sie vollständig begriff, daß sie eine besondere und, unter den bestehenden Umständen, ständige Klasse der modernen Gesellschaft bildet. Und wiederum brauchte sie Jahre, bis dies Klassenbewußtsein sie dahin führte, sich zu einer besondern politischen Partei zusammenzutun, einer Partei, die allen alten, von den verschiedenen Gruppen der herrschenden Klassen gebildeten Parteien unabhängig und feindlich gegenübersteht. Auf dem begünstigteren Boden Amerikas, wo keine feudalen Ruinen den Weg versperren, wo die Geschichte anfängt mit den im 17. Jahrhundert schon herausgearbeiteten Elementen der modernen bürgerlichen Gesellschaft, hat die Arbeiterklasse diese beiden Stufen ihrer Entwicklung in nur zehn Monaten durchgemacht.

Trotzdem ist das alles nur der Anfang. Daß die arbeitenden Massen die Gemeinsamkeit ihrer Beschwerden und Interessen fühlen, ihre Solidarität als Klasse gegenüber allen anderen Klassen; daß sie, um diesem Gefühl Ausdruck und Wirksamkeit zu geben, die zu solchem Schritt in jedem freien Lande bereitgehaltene politische Maschinerie in Bewegung setzen – das ist immer nur der erste Schritt. Der nächste Schritt besteht darin, das gemeinsame Heilmittel für diese gemeinsamen Leiden zu finden und in dem Programm der neuen Arbeiterpartei zum Ausdruck zu bringen. Und dieser Schritt – der wichtigste und schwierigste der ganzen Bewegung – ist in Amerika noch zu tun.

Eine neue Partei muß ein bestimmtes positives Programm haben, ein Programm, dessen Einzelheiten wechseln mögen mit den Umständen und mit der Entwicklung der Partei selbst, aber immerhin ein Programm, worüber die Partei in jedem gegebenen Augenblick einig ist. Solange dieses Programm noch nicht herausgearbeitet ist, solange wird auch die Partei nur noch als Keim existieren; sie mag lokale Existenz haben; aber keine nationale; sie mag eine Partei sein ihrer Bestimmung nach, aber noch nicht in der Wirklichkeit.

Welches aber auch die ursprüngliche Gestalt dieses Programms sein mag, so muß es sich stets fortentwickeln in einer Richtung, die im voraus bestimmt werden kann. Die Ursachen, die zwischen der Arbeiterklasse und der Kapitalistenklasse eine abgrundtiefe Kluft gerissen haben, sind dieselben in Amerika wie in Europa; die Mittel, diese Kluft auszufüllen, sind gleichfalls überall dieselben. Und daher muß das Programm des amerikanischen Proletariats, je weiter die Bewegung sich entwickelt, um so mehr zusammenfallen mit dem, welches nach sechzig Jahren des Zwistes und der Debatten das allgemein angenommene Programm des europäischen streitbaren

Proletariats geworden ist. Es wird, wie dieses, als schließliches Ziel proklamieren die Eroberung der politischen Herrschaft durch die Arbeiterklasse als Mittel zur direkten Aneignung aller Produktionsmittel – Boden, Eisenbahnen, Bergwerke, Maschinen usw. – durch die Gesellschaft und zur gemeinsamen Benutzung dieser Produktionsmittel durch und für die Gesamtheit.

Nun erstrebt in der Tat die neue amerikanische Partei, wie alle und jede politische Partei, kraft der bloßen Tatsache ihrer Bildung, die Eroberung der politischen Herrschaft. Aber sie ist weit entfernt davon, mit sich einig zu sein über das, wozu diese politische Herrschaft gebraucht werden soll. In New York und den andern Großstädten des Ostens hat die Arbeiterklasse sich nach Gewerkschaften organisiert und in jeder Stadt eine mächtige Central Labor Union gebildet. In New York speziell erkor die Central Labor Union vorigen November Henry George zu ihrem Bannerträger; infolgedessen war ihr damaliges Wahlprogramm stark von Henry Georges Ansichten durchtränkt. In den großen Städten des Nordwestens wurde die Wahlschlacht auf Grundlage eines ziemlich unbestimmten Arbeiterprogramms ausgekämpft, worin der Einfluß der Georgeschen Ideen kaum, wenn überhaupt, sichtbar war. Und während in diesen großen Mittelpunkten der Bevölkerung und der Industrie die Bewegung eine entschieden politische Form erhielt, finden wir daneben, über das ganze Land zerstreut, zwei weit verbreitete Arbeiterorganisationen: die Arbeitsritter [302] und die Sozialistische Arbeiterpartei, von denen nur die letztere ein mit dem oben skizzierten, modernen europäischen Standpunkt übereinstimmendes Programm besitzt.

Von diesen drei mehr oder weniger bestimmten Formen, in denen die amerikanische Arbeiterbewegung uns gegenübertritt, ist die erste – die von *Henry George* geführte Bewegung in New York – für den Augenblick von vorwiegend nur lokaler Bedeutung. Unzweifelhaft ist New York bei weitem die wichtigste Stadt des Landes; aber New York ist nicht Paris, und die Vereinigten Staaten sind nicht Frankreich. Und es scheint mir, daß das Programm Henry Georges in seiner jetzigen Gestalt zu knapp ist, um die Grundlage zu bilden für mehr als eine lokale Bewegung, oder, im besten Fall, für mehr als eine kurzlebige Übergangsstufe der allgemeinen Bewegung. Für Henry George ist die Enteignung der Volksmasse vom Grundbesitz die große, allgemeine Ursache der Spaltung des Volks in Reiche und Arme. Das ist aber geschichtlich nicht ganz richtig. Im asiatischen und klassischen Altertum war die herrschende Form der Klassenunterdrückung die Sklaverei, d.h. nicht sowohl die *Ent*eignung der Massen von Grund und Boden, als vielmehr die *An*eignung ihrer Personen durch Dritte. Als beim Verfall der römischen Republik die freien italienischen Bauern von ihren Heimstätten expropriiert wurden, verwandelten sie sich in eine Klasse von „verlumpten Weißen" („poor whites", „white trash"), wie sie in den südlichen Sklavenstaaten der Union vor 1861 bestand; und zwischen Sklaven und verlumpten Freien, zwei zur Selbstbefreiung gleich untüchtigen Klassen, ging die alte Welt in die Brüche. Im Mittelalter war keineswegs die Enteignung der Volksmassen *vom* Boden, sondern vielmehr ihre Aneignung *an* den Boden die Grundlage des feudalen Drucks. Der Bauer *behielt* seine Heimstätte, wurde aber als Leibeigner oder Höriger an sie gefesselt und hatte dem Grundherrn Tribut in Arbeit oder in Produkten zu leisten. Erst bei Anbruch der neuen Zeit, gegen Ende des 15. Jahrhunderts, wurde die Expropriation der Bauern auf großer Stufenleiter durchgeführt, und zwar diesmal unter geschichtlichen Bedingungen, welche die besitzlos gewordenen Bauern allmählich in die moderne Klasse der Lohnarbeiter hinüberführten, in Leute, welche nichts besitzen außer ihrer Arbeitskraft und nur leben können von dem Verkauf dieser Arbeitskraft an andere. Wenn aber die Enteignung von Grund und Boden diese Klasse ins Leben rief, so gehörte die Entwicklung der kapitalistischen Produktionsweise, die moderne Großindustrie und die moderne Großackerwirtschaft dazu, sie zu verewigen, zu vermehren und sie in eine besondere Klasse mit besonderen Interessen und einer besonderen geschichtlichen Aufgabe zu verwandeln. Alles dies ist ausführlich dargestellt von Marx. („Kapital", I. Bd. Abschn. VII: „Die sogenannte ursprüngliche Akkumulation."[1]) Nach Marx liegt die Ursache des gegenwärtigen Klassengegensatzes und der gegenwärtigen Erniedrigung der Arbeiterklasse in ihrer Enteignung von *allen* Produktionsmitteln, worin der Boden natürlich einbegriffen ist.

Nachdem Henry George einmal die Monopolisierung des Bodens zur einzigen Ursache der Armut und des Elends gemacht hat, findet er begreiflicherweise das Heilmittel darin, daß die Gesellschaft als solche den Boden wieder in Besitz nimmt. Nun verlangen die Sozialisten der Marxschen Schule ebenfalls, daß die Gesellschaft den Boden wieder in Besitz nimmt, und nicht nur den Boden, sondern alle andern Produktionsmittel ebenfalls. Aber selbst wenn wir hiervon absehen, so bleibt noch ein anderer Unterschied. Was soll mit dem Boden gemacht werden? Die heutigen Sozialisten, soweit Marx sie repräsentiert, verlangen, daß er gemeinsam besessen und gemeinsam für gemeinsame Rechnung bearbeitet werde, und daß

[1] Siehe Band 23 unserer Ausgabe, S. 741–791

dasselbe mit allen andern gesellschaftlichen Produktionsmitteln, Bergwerken, Eisenbahnen, Fabriken usw. geschehen soll. Henry George dagegen ist damit zufrieden, daß der Boden, ganz wie jetzt, an Einzelne stückweise verpachtet wird, sobald nur die Verpachtung geregelt und die Bodenrente, statt wie jetzt in Privattaschen, in die öffentliche Kasse fließt. Die Forderung der Sozialisten schließt eine vollständige Umwälzung des gesamten heutigen Systems der gesellschaftlichen Produktion ein. Die Forderung Henry Georges dagegen läßt die heutige gesellschaftliche Produktionsweise unberührt und ist auch in der Tat schon vor Jahren von der extremsten Richtung der Ricardianischen bürgerlichen Ökonomen aufgestellt worden. Auch sie verlangten die Konfiskation der Bodenrente durch den Staat.

Natürlich wäre es unbillig, anzunehmen, daß Henry George schon ein für allemal sein letztes Wort gesagt hat. Aber ich muß seine Theorie eben nehmen, wie ich sie finde.

Die zweite große Abteilung der amerikanischen Bewegung bilden die *Arbeitsritter*. Und in ihnen scheint sich der augenblickliche Entwicklungsstand der Bewegung am treuesten widerzuspiegeln, wie sie denn auch unzweifelhaft weitaus die zahlreichste der drei Abteilungen bilden. Ein riesenhafter Verein, verbreitet über unermeßliche Landstriche in unzähligen „assemblies", worin alle Schattierungen individueller und lokaler Ansichten innerhalb der Arbeiterklasse vertreten sind; sie alle vereinigt unter dem Dach eines Programms von entsprechender Unbestimmtheit, und zusammengehalten weit weniger durch ihre unausführbare Verfassung als durch das instinktive Gefühl, daß die bloße Tatsache ihres Sichzusammentuns für ihre gemeinsamen Strebeziele sie zum Rang einer großen Macht im Land erhebt; ein echt amerikanisches Widerspruchsrätsel, das die modernsten Bestrebungen mit dem mittelalterlichen Mummenschanz umkleidet und den demokratischsten und selbst rebellischsten Geist verbirgt hinter einer scheinbaren, aber in Wirklichkeit ohnmächtigen Despotie – das ist das Bild, das die Arbeitsritter einem europäischen Beobachter darbieten. Lassen wir uns aber nicht durch bloß äußerliche Absonderlichkeiten aufhalten, so können wir nicht umhin, in dieser kolossalen Arbeiteranhäufung eine ungeheure Masse schlummernder, potentieller Energie zu sehen, die im Begriff steht, sich langsam aber sicher in lebendige Kraft umzusetzen. Die Arbeitsritter sind die erste von der gesamten amerikanischen Arbeiterklasse geschaffne nationale Organisation. Einerlei was ihr Ursprung und ihre Geschichte, was ihre Mängel und kleinen Verrücktheiten, was ihr Programm und ihre Verfassung – hier sind sie, tatsächlich das Werk der gesamten amerikanischen Klasse der Lohnarbeiter, das einzige nationale Band, das sie zusammenhält, das ihre Stärke ihnen selbst nicht minder als ihren Feinden fühlbar macht, das sie mit der stolzen Hoffnung künftiger Siege erfüllt. Und es wäre keineswegs richtig zu sagen, daß die Arbeitsritter entwicklungsunfähig[1] sind. Sie sind fortwährend in vollem Gang der Entwicklung und Umwälzung begriffen, eine wogende, gärende Masse bildsamen Stoffs, der daran arbeitet, die seiner Natur angemessene Form und Gestalt zu finden. Diese Form wird sich finden, so gewiß die historische Entwicklung, ebenso gut wie die der Natur, ihre eignen innewohnenden Gesetze hat. Ob dann die Arbeitsritter ihren jetzigen Namen beibehalten oder nicht, ist gleichgültig. Aber der Beobachter aus der Ferne wird kaum umhin können, in ihnen den Rohstoff zu sehn, aus dem die Zukunft der amerikanischen Arbeiterbewegung, und damit die Zukunft der amerikanischen Gesellschaft überhaupt, herausgearbeitet werden muß.

Die dritte Abteilung ist die *Sozialistische Arbeiterpartei*. Sie ist eine Partei nur dem Namen nach, denn nirgendwo in Amerika ist sie bis jetzt wirklich imstand gewesen, als politische Partei handelnd aufzutreten. Sie ist zudem bis zu einem gewissen Grad ein ausländisches Element in den Vereinigten Staaten; sie hat bis ganz neuerdings fast ausschließlich aus eingewanderten Deutschen bestanden, die sich ihrer eigenen Sprache bedienen und mit der englischen Landessprache nur wenig vertraut sind. Dafür aber, daß sie von fremder Wurzel kam, kam sie auch bewaffnet mit der Erfahrung, die sie in langjährigem Klassenkampf in Europa erworben, und mit einer Einsicht in die allgemeinen Bedingungen der Emanzipation der Arbeiterklasse, wie sie bei amerikanischen Arbeitern bis jetzt nur ausnahmsweise zu finden ist. Es ist dies ein Glück für das amerikanische Proletariat, das hiemit in den Stand gesetzt wird, den intellektuellen und moralischen Gewinn des vierzigjährigen Kampfs ihrer europäischen Klassengenossen sich anzueignen und zu benutzen und so seinen eigenen Sieg zu beschleunigen. Denn, wie gesagt, darüber kann kein Zweifel sein: das schließliche Programm des amerikanischen Proletariats muß und wird im wesentlichen dasselbe sein wie das jetzt vom gesamten streitbaren Proletariat Europas angenommene, dasselbe wie das der deutsch-amerikanischen Sozialistischen Arbeiterpartei. Damit, und soweit, ist diese Partei berufen zu einem sehr wichtigen Anteil an der Bewegung. Aber um diesen Beruf zu erfüllen, wird sie auch ihre ausländische Tracht bis auf den letzten Rest abzustreifen haben. Sie muß durch und durch amerikanisch werden. Sie kann nicht verlangen, daß die Amerikaner zu ihr kommen; sie, die eingewanderte Minder-

[1] Im „Sozialdemokrat": entwicklungsfähig

heit, muß zu der ungeheuren Mehrheit der eingeborenen Amerikaner gehn. Und dazu muß sie vor allen Dingen Englisch lernen.

Der Verschmelzungsprozeß dieser verschiedenen Elemente der gewaltigen wogenden Masse – Elemente, in Wirklichkeit einander nicht widerstreitend, aber wohl kraft ihrer verschiedenen Ausgangspunkte einander entfremdet –, dieser Prozeß wird einige Zeit in Anspruch nehmen und nicht ohne mannigfache Reibung abgehen, wie sie sich schon jetzt an verschiedenen Punkten zeigt. So sind die Arbeitsritter in den Städten des Ostens hier und da in lokalem Kampf mit den organisierten Gewerkschaften. Aber eben diese Art Reibung existiert auch innerhalb der Arbeitsritter selbst, in deren Mitte Frieden und Harmonie keineswegs herrscht. Das sind aber keineswegs Anzeichen des Verfalls, worüber die Kapitalisten ein Recht hätten zu jubeln. Es sind vielmehr nur Beweise, daß die zahllosen Scharen von Arbeitern, die jetzt endlich in einer und derselben Gesamtrichtung in Bewegung geraten, bis jetzt weder den angemessenen Ausdruck für ihre gemeinsamen Interessen, noch die geeignetste Organisationsform gefunden haben. Bis jetzt sind sie nur noch die ersten Massenaushebungen des großen Revolutionskriegs, versammelt und ausgerüstet in einzelnen, noch selbständigen Lokalgruppen, alle bestimmt, ein einziges großes Heer zu bilden, aber noch ohne regelmäßige Organisation und gemeinsamen Feldzugsplan. Noch kreuzen sich hie und da die auf einen Sammelpunkt hinmarschierenden Kolonnen; Verwirrung, Zank und Streit, selbst Drohung ernstlichen Zusammenstoßes wird laut. Aber schließlich überwindet die Gemeinsamkeit des Endzieles alle kleinen Schwierigkeiten; es dauert nicht lange, und die verzettelten und lärmenden Bataillone tun sich zusammen zu einer festgegliederten Schlachtlinie voll Waffenglanz und drohendem Schweigen, gedeckt durch verwegene Plänkler in der Front und durch unerschütterliche Reserven im Rücken.

Dies Resultat zu erreichen, die Vereinigung dieser verschiedenen unabhängigen Körperschaften zu einer einzigen nationalen Arbeiterarmee mit einem gemeinsamen Programm – und sei dies Programm noch so unreif, solange es nur ein echtes Klassenprogramm von Arbeitern ist –, das ist der nächste große in Amerika zu vollziehende Schritt. Dies Ziel zu erreichen und das Programm zu einem diesem Ziel angemessenen zu machen, dazu kann niemand mehr beitragen als die Sozialistische Arbeiterpartei, wenn sie sich nur entschließt, dieselbe Taktik zu befolgen, die die europäischen Sozialisten befolgten zu der Zeit, als sie nur noch eine geringe Minderheit der Arbeiterklasse ausmachten. Diese Taktik wurde zuerst dargelegt im „Manifest der Kommunistischen Partei“ von 1847 in folgenden Worten:

„Die Kommunisten" – das war der Name, den wir damals angenommen, und den wir auch heute noch weit entfernt sind, zurückzuweisen – „die Kommunisten sind keine besondere Partei gegenüber den andern Arbeiterparteien.

Sie haben keine von den Interessen des ganzen Proletariats getrennten Interessen.

Sie stellen keine besonderen Prinzipien auf, wonach sie die proletarische Bewegung modeln wollen.

Die Kommunisten unterscheiden sich von den übrigen proletarischen Parteien nur dadurch, daß einerseits sie in den verschiedenen nationalen Kämpfen der Proletarier die gemeinsamen, von der Nationalität unabhängigen Interessen des gesamten Proletariats zur Geltung bringen; andrerseits dadurch, daß sie in den verschiednen Entwicklungsstufen, welche der Kampf zwischen Proletariat und Bourgeoisie durchläuft, stets das Interesse der Gesamtbewegung vertreten.

Die Kommunisten sind also *praktisch* der entschiedenste, immer weiter treibende Teil der Arbeiterparteien aller Länder; sie haben theoretisch vor der übrigen Masse des Proletariats die Einsicht in die Bedingungen, den Gang und die allgemeinen Resultate der proletarischen Bewegung voraus...

Sie kämpfen also für die Erreichung der unmittelbar vorliegenden Zwecke und Interessen der Arbeiterklasse, aber sie vertreten in der gegenwärtigen Bewegung zugleich die Zukunft der Bewegung."[1]

Das ist die Taktik, die der große Begründer des modernen Sozialismus, Karl Marx, und mit ihm ich und die Sozialisten aller Nationen, die mit uns arbeiteten, seit mehr als vierzig Jahren befolgt haben, die uns überall zum Siege geführt und die es bewirkt hat, daß heute die Masse der europäischen Sozialisten, in Deutschland wie in Frankreich, in Belgien und Holland wie in der Schweiz, in Dänemark und Schweden wie in Spanien und Portugal, als eine einzige große Armee unter einer und derselben Fahne kämpfen.

London, 26. Januar 1887

Friedrich Engels

[1] Vgl. Band 4 unserer Ausgabe, S. 474 und 492

[Brief an das Organisationskomitee des internationalen Festes in Paris[303]]

[„Der Sozialdemokrat"
Nr. 11 vom 11. März 1887]

Bürger!

Wir befinden uns gegenüber einer außerordentlichen Gefahr. Man droht uns mit einem Kriege, in dem diejenigen, die ihn verabscheuen und die lauter gemeinsame Interessen haben, die französischen und deutschen Proletarier, gezwungen sein werden, sich gegenseitig abzuschlachten.

Was ist die wirkliche Ursache dieses Standes der Dinge?

Der *Militarismus*, die Einführung des preußischen Militärsystems in allen Großstaaten des Kontinents.

Dieses System behauptet, die ganze Nation zur Verteidigung ihres Bodens und ihrer Rechte auszurüsten. Das ist eine Lüge.

Das preußische System hat das System der beschränkten Aushebung und des den Reichen zustehenden Loskaufrechtes verdrängt, weil es den Herrschenden alle Hilfsquellen des Landes, Personen wie Sachen, zur Verfügung stellte. Aber es ist ihm nicht gelungen, ein Volksheer zustande zu bringen. Das preußische Heer teilt die dienstpflichtigen Staatsbürger in zwei Kategorien. Die erste wird in die Linie eingereiht, während die zweite sofort in die Reserve oder in die Landwehr eingestellt wird. Diese letztere Kategorie erhält keine oder so gut wie keine militärische Ausbildung; die erstere jedoch hält man 2 oder 3 Jahre unter der Fahne, eine Zeit, die ausreicht, aus ihr eine gehorsame, bis zur Willenlosigkeit eingedrillte Armee zu machen, eine zu Eroberungen im Auslande wie zu gewaltsamer Unterdrückung aller heimischen Volksbewegungen stets bereite Armee. Denn vergessen wir es nicht, alle die Regierungen, welche dieses System angenommen, fürchten das arbeitende Volk daheim weit mehr als die mit ihnen rivalisierenden Regierungen jenseits der Grenzen.

Dank seiner Elastizität ist dieses System einer ungeheuren Ausdehnung fähig. Solange noch ein einziger, nicht in die Armee eingereihter wehrfähiger junger Mann existiert, solange sind auch die disponiblen Hilfsquellen noch nicht erschöpft. Daher dies zügellose Wettrennen um die größte und stärkste Armee. Jede Vermehrung der militärischen Kräfte des einen Landes zwingt die andern Staaten, ein gleiches, wenn nicht mehr zu tun. Und alles das kostet ein wahnsinniges Geld. Die Völker werden durch die Last der Militärausgaben zugrunde gerichtet, der Friede wird beinahe noch kostspieliger als der Krieg, so daß schließlich der Krieg, statt als eine schreckliche Geißel, als eine heilsame Krise erscheint, die einer unmöglichen Situation ein Ende macht.

Dies der Grund, warum es den Intriganten in den verschiedenen Ländern, die gern im trüben fischen möchten, möglich wurde, den Krieg heraufzubeschwören.

Und das Heilmittel?

Die Abschaffung des preußischen Systems und die Ersetzung desselben durch ein wirkliches Volksheer, das eine einfache Schule ist, in die jeder Bürger, sobald er fähig ist, die Waffen zu tragen, für die Dauer der zur Erlernung des Soldatenmetiers absolut notwendigen Zeit eingereiht wird; Einstellung der so herangebildeten Leute in stark organisierte örtliche Reservekadres, so daß jede Stadt, jeder Distrikt sein Bataillon hat, zusammengesetzt aus Leuten, die sich kennen und die, wenn es sein muß, in 24 Stunden vollständig ausgerüstet und marschbereit zusammentreten können.

Das bedeutet, daß jeder Wehrfähige sein Gewehr und seine Equipierung bei sich zu Hause hat, wie es in der Schweiz der Fall ist.

Das Volk, welches dieses System zuerst einführt, wird seine wirkliche militärische Kraft verdoppeln und dabei gleichzeitig sein Kriegsbudget um die Hälfte vermindern. Es wird schon durch die Tatsache, daß es alle seine Bürger bewaffnet, seine Friedensliebe beweisen.

Denn diese Armee, welche eins ist mit der Nation, ist ebensowenig zur Eroberung nach außen geeignet, als sie in der Verteidigung ihres heimischen Bodens besiegbar ist. *Und dann, welche Regierung würde es wagen, die politische Freiheit anzutasten, wenn jeder Bürger ein Gewehr und fünfzig scharfe Patronen zu Hause zu liegen hat?*

London, 13. Februar 1887

Fr. Engels

Einleitung [zu Sigismund Borkheims Broschüre „Zur Erinnerung für die deutschen Mordspatrioten. 1806–1807"][304]

Der Verfasser der nachfolgenden Broschüre, Sigismund Borkheim, war geboren am 29. März 1825 in Glogau. Nachdem er in Berlin 1844 das Gymnasium absolviert, studierte er nacheinander in Breslau, Greifswald und Berlin. Um seiner Militärpflicht zu genügen, mußte er, zu arm, die Kosten des einjährigen Dienstes zu tragen, 1847 als dreijähriger Freiwilliger bei der Artillerie in Glogau eintreten. Nach der Revolution 1848 nahm er teil an demokratischen Versammlungen und geriet deshalb in kriegsgerichtliche Untersuchung, der er sich durch die Flucht nach Berlin entzog. Hier blieb er, zunächst unverfolgt, in der Bewegung tätig und nahm hervorragenden Anteil am Zeughaussturm[305]. Der ihm infolgedessen drohenden Verhaftung entging er durch neue Flucht nach der Schweiz. Als hier Struve im September 1848 seinen Freischarenzug in den badischen Schwarzwald[306] organisierte, schloß Borkheim sich an, wurde gefangengenommen und blieb eingesperrt, bis die badische Revolution vom Mai 1849[284] die Gefangenen befreite.

Borkheim ging nach Karlsruhe, um der Revolution seine Dienste als Soldat zur Verfügung zu stellen. Als Johann Philipp Becker zum Oberstkommandierenden der gesamten Volkswehr ernannt worden, übertrug er Borkheim die Bildung einer Batterie, wozu die Regierung zunächst aber nur die unbespannten Geschütze stellte. Die Bespannungen waren noch nicht beschafft, als die Bewegung des 6. Juni ausbrach[307], wodurch die entschiedneren Elemente die schlaffe, teilweise aus direkten Verrätern bestehende provisorische Regierung zu größerer Energie anspornen wollten. Mit Becker hatte auch Borkheim sich an der Demonstration beteiligt, die indes nur den unmittelbaren Erfolg hatte, daß Becker mit allen seinen Freischaren und Volkswehren von Karlsruhe entfernt und auf den Kriegsschauplatz am Neckar geschickt wurde. Borkheim konnte mit seiner Batterie nicht folgen, bis ihm Pferde für seine Kanonen gestellt. Als er diese endlich erhalten – denn

Herr Brentano, der Leiter der Regierung, hatte jetzt alles Interesse daran, sich die revolutionäre Batterie vom Halse zu schaffen –, hatten die Preußen inzwischen die Pfalz erobert, und der erste Akt der Batterie Borkheim bestand darin, an der Knielinger Brücke Aufstellung zu nehmen, zur Deckung des Übertritts der Pfälzer Armee auf badisches Gebiet.

Mit den Pfälzern und den noch im Bereich von Karlsruhe befindlichen badischen Truppen rückte die Batterie Borkheim nunmehr in nördlicher Richtung vor. Sie kam am 21. Juni bei Blankenloch ins Gefecht und nahm ehrenvollen Anteil am Treffen bei Ubstadt (25. Juni). Bei der Neuorganisation der Armee zur Aufstellung an der Murg wurde Borkheim mit seinen Geschützen der Division Oborski zugeteilt und zeichnete sich in den Kämpfen um Kuppenheim aus.

Nach dem Rückzug der Revolutionsarmee auf Schweizer Gebiet ging Borkheim nach Genf. Hier fand er seinen alten Vorgesetzten und Freund J.Ph. Becker sowie einige jüngere Kriegskameraden, die sich in der Misère des Flüchtlingslebens zu einer möglichst heitern Gesellschaft zusammentaten. Ich verlebte im Herbst 1849 auf der Durchreise einige lustige Tage unter ihnen. Es ist dies dieselbe Gesellschaft, die unter dem Namen „Schwefelbande“ durch die kolossalen Lügen des Herrn Karl Vogt [308] eine höchst unverdiente postume Berühmtheit erlangt hat.

Das Vergnügen sollte indes nicht lange dauern. Im Sommer 1850 erreichte der Arm des gestrengen Bundesrates auch die harmlose „Schwefelbande“, und die meisten der fidelen jungen Herren mußten die Schweiz verlassen, da sie zu den auszuweisenden Kategorien der Flüchtlinge gehörten. Borkheim ging nach Paris, später nach Straßburg. Aber auch hier war seines Bleibens nicht. Im Februar 1851 wurde er verhaftet und auf dem Schub nach Calais zur Einschiffung nach England gebracht. Drei Monate lang wurde er so von Ort zu Ort, meist in Ketten, durch 25 verschiedene Gefängnisse geschleppt. Aber überall, wohin er kam, waren die Republikaner im voraus benachrichtigt, gingen dem Schubgefangenen entgegen, sorgten für reichliche Verpflegung, traktierten und bestachen die Gendarmen und Beamten und verschafften Fahrgelegenheit, wo es ging. So kam er endlich nach England.

In London fand er freilich eine weit akutere Flüchtlingsmisère vor als in Genf oder selbst in Frankreich, aber auch hier verließ ihn seine Elastizität nicht. Er suchte Beschäftigung, gleichviel welche, und fand sie zunächst in einem Liverpooler Auswanderungsgeschäft, das deutsche Kommis als Dolmetscher brauchte für die zahlreichen, dem glücklich wieder zur Ruhe gebrachten alten Vaterland Lebewohl sagenden deutschen Auswandrer.

Nebenbei sah er sich aber nach andern Geschäftsverbindungen um, und zwar mit solchem Erfolg, daß es ihm nach Ausbruch des Krimkriegs gelang, ein Dampfschiff mit allerlei Waren nach Balaklawa zu befrachten und die Ladung dort teils an die Armeeverwaltung, teils an die englischen Offiziere zu unerhörten Preisen abzusetzen. Als er zurückkam, war er im Besitz eines Reingewinns von 15 000 Pfd.St. (300 000 Mark). Aber dieser Erfolg stachelte ihn nur zu weiteren Spekulationen an. Er ließ sich auf eine neue Submissionslieferung mit der englischen Regierung ein. Da indes schon Friedensverhandlungen im Gang waren, setzte die Regierung die Bedingung in den Vertrag, daß sie die Abnahme der Waren verweigern könne, falls bei Ankunft die Friedenspräliminarien abgeschlossen. Borkheim ging darauf ein. Als er mit seinem Dampfschiff im Bosporus ankam, war der Friede da. Der Kapitän des nur für die Hinreise gemieteten Schiffs, der nunmehr lohnende Rückfracht in Menge erhalten konnte, verlangte sofortige Ausladung, und da Borkheim nirgendwo im vollgepfropften Hafen Unterkunft für die ihm zur Verfügung gelassene Ladung finden konnte, lud der Kapitän alles an der ersten besten Stelle des Strandes aus. Da saß nun Borkheim mit seinen nutzlosen Kisten, Ballen und Fässern, und mußte hilflos zusehen, wie das damals aus allen Enden der Türkei und ganz Europas am Bosporus zusammengelaufene Gesindel seine Waren plünderte. Als er nach England zurückkam, war er wieder der alte arme Teufel – die fünfzehntausend Pfund waren alle dahin. Nicht aber seine unverwüstliche Elastizität. Er hatte sein Geld verspekuliert, aber Geschäftskenntnisse gewonnen und Bekanntschaften in der Geschäftswelt. Er entdeckte nun auch, daß er eine äußerst feine Weinzunge hatte und wurde erfolgreicher Vertreter verschiedener Exporthäuser von Bordeaux.

Daneben aber blieb er soviel er konnte in der politischen Bewegung. Liebknecht kannte er von Karlsruhe und Genf her. Mit Marx kam er durch den Vogtskandal [309] in Verbindung, und dadurch fand ich mich auch wieder mit ihm zusammen. Ohne sich an ein bestimmtes Programm zu binden, hielt Borkheim es stets mit der Partei der extremsten Revolution. Seine vorwiegende politische Beschäftigung war die Bekämpfung des großen Rückhalts der europäischen Reaktion, des russischen Absolutismus. Um die russischen Intrigen zur Unterjochung der Balkanländer und zur indirekten Beherrschung von Westeuropa besser verfolgen zu können, lernte er Russisch und studierte jahrelang die russische Tagespresse und Emigrationsliteratur. Unter anderm übersetzte er die Broschüre Serno-Solowjewitschs: „Unsere Russischen Angelegenheiten" [310], worin die durch Herzen aufgebrachte (und später durch Bakunin fortgeführte) Heuchelei gegeißelt wurde, derzufolge die russischen Flüchtlinge in Westeuropa über Rußland nicht die ihnen bekannte Wahrheit, sondern eine konventionelle, in ihren nationalen und panslawistischen Kram passende Legende verbreiteten. Ebenso schrieb er viele Aufsätze über Rußland in die Berliner „Zukunft“[311], den „Volksstaat“ usw.

Im Sommer 1876, auf einer Reise in Deutschland, traf ihn in Badenweiler ein Schlagfluß, der ihn für den ganzen Rest seines Lebens auf der ganzen linken Körperhälfte lähmte. Er mußte sein Geschäft aufgeben. Einige Jahre darauf starb seine Frau. Da er brustleidend war, mußte er nach Hastings übersiedeln, in die milde Seeluft der englischen Südküste. Weder Lähmung noch Krankheit, noch knappe, keineswegs immer gesicherte Existenzmittel konnten seine unverwüstliche geistige Spannkraft brechen. Seine Briefe waren immer von fast übermütiger Heiterkeit, und wenn man ihn besuchte, mußte man ihm lachen helfen. Seine Lieblingslektüre war der Zürcher „Sozialdemokrat“. Von einer Lungenentzündung ergriffen, starb er am 16. Dezember 1885.

Die „Mordspatrioten“ erschienen gleich nach dem französischen Krieg im „Volksstaat“ und bald darauf im Separatabdruck. Sie bewiesen sich als ein höchst wirksames Gegengift gegen den überpatriotischen Siegesrausch, worin das offizielle und bürgerliche Deutschland schwelgte und noch schwelgt. In der Tat gab es kein besseres Ernüchterungsmittel als die Rückerinnerung an die Zeit, wo das jetzt in den Himmel erhobene Preußen vor dem Angriff derselben Franzosen, die man jetzt als Besiegte verachtet, schimpflich und schmählich zusammenbrach. Und dies Mittel mußte um so kräftiger wirken, wenn die Erzählung der fatalen Tatsachen einem Buche entnommen werden konnte, worin ein preußischer General[1], obendrein Direktor der allgemeinen Kriegsschule, die Zeit der Schmach nach offiziellen preußischen Aktenstücken – und man muß es anerkennen, unparteiisch und ungeschminkt – geschildert hatte.[312] Eine große Armee, wie jede andre große gesellschaftliche Organisation, ist nie besser, als wenn sie nach einer großen Niederlage in sich geht und Buße tut für ihre vergangenen Sünden. So ging es den Preußen nach Jena, so nochmals nach 1850, wo sie zwar keine große Niederlage erlitten, wo aber doch ihr gänzlicher militärischer Verfall ihnen selbst und der Welt in einer Reihe kleinerer Feldzüge – in Dänemark und in Süddeutschland – und bei der ersten großen Mobilmachung von

[1] Eduard von Höpfner

1850 handgreiflich klar gemacht, und wo sie selbst einer wirklichen Niederlage nur entgangen waren durch die politische Schmach von Warschau und Olmütz.[313] Sie waren gezwungen, ihre eigene Vergangenheit einer schonungslosen Kritik zu unterwerfen, um das Bessermachen zu lernen. Ihre militärische Literatur, die in Clausewitz einen Stern erster Größe hervorgebracht, seitdem aber unendlich tief gesunken war, hob sich wieder unter dieser Unumgänglichkeit der Selbstprüfung. Und eine der Früchte dieser Selbstprüfung war das Höpfnersche Buch, aus dem Borkheim das Material zu seiner Broschüre nahm.

Auch jetzt noch wird es nötig sein, immer wieder an jene Zeit der Überhebung und der Niederlagen, der königlichen Unfähigkeit, der diplomatischen, in ihrer eigenen Doppelzüngigkeit gefangenen preußischen Dummschlauheit, der sich in feigstem Verrat bewährenden Großmäuligkeit des Offiziersadels, des allgemeinen Zusammenbruchs eines dem Volk entfremdeten, auf Lug und Trug begründeten Staatswesens zu erinnern. Der deutsche Spießbürger (wozu auch Adel und Fürsten gehören) ist womöglich noch aufgeblasener und chauvinistischer als damals; die diplomatische Aktion ist bedeutend frecher geworden, aber sie hat noch die alte Doppelzüngigkeit; der Offiziersadel hat sich auf natürlichem wie künstlichem Weg hinreichend vermehrt, um so ziemlich wieder die alte Herrschaft in der Armee auszuüben, und der Staat entfremdet sich mehr und mehr den Interessen der großen Volksmassen, um sich in ein Konsortium von Agrariern, Börsenleuten und Großindustriellen zu verwandeln, zur Ausbeutung des Volks. Allerdings, sollte es wieder zum Kriege kommen, so wird die preußisch-deutsche Armee, schon weil sie allen andern Organisationsvorbild war, bedeutende Vorteile haben vor ihren Gegnern wie vor ihren Verbündeten. Aber nie wieder solche, wie in den letzten zwei Kriegen.[314] Die Einheit des Oberbefehls z.B., wie sie damals, dank besonderen Glücksumständen, bestand, und der entsprechende unbedingte Gehorsam der Unterfeldherrn werden schwerlich so wieder zu haben sein. Die geschäftliche Gevatterschaft, die jetzt zwischen dem agrarischen und militärischen Adel – bis in die kaiserliche Adjutantur hinein – und den Börsenjobbern herrscht, kann der Verpflegung der Armee im Felde leicht verhängnisvoll werden. Deutschland wird Verbündete haben, aber Deutschland wird seine Verbündeten und diese werden Deutschland bei erster Gelegenheit im Stich lassen. Und endlich ist kein andrer Krieg für Preußen-Deutschland mehr möglich als ein Weltkrieg, und zwar ein Weltkrieg von einer bisher nie geahnten Ausdehnung und Heftigkeit. Acht bis zehn Millionen Soldaten werden sich untereinander abwürgen und dabei ganz Europa so kahlfressen, wie noch nie ein Heuschreckenschwarm. Die Verwüstungen des Dreißigjährigen Kriegs zusammengedrängt in drei bis vier Jahre und über den ganzen Kontinent verbreitet; Hungersnot, Seuchen, allgemeine, durch akute Not hervorgerufene Verwilderung der Heere wie der Volksmassen; rettungslose Verwirrung unsres künstlichen Getriebs in Handel, Industrie und Kredit, endend im allgemeinen Bankerott; Zusammenbruch der alten Staaten und ihrer traditionellen Staatsweisheit, derart, daß die Kronen zu Dutzenden über das Straßenpflaster rollen und niemand sich findet, der sie aufhebt; absolute Unmöglichkeit, vorherzusehn, wie das alles enden und wer als Sieger aus dem Kampf hervorgehen wird; nur ein Resultat absolut sicher: die allgemeine Erschöpfung und die Herstellung der Bedingungen des schließlichen Siegs der Arbeiterklasse. – Das ist die Aussicht, wenn das auf die Spitze getriebene System der gegenseitigen Überbietung in Kriegsrüstungen endlich seine unvermeidlichen Früchte trägt. Das ist es, meine Herren Fürsten und Staatsmänner, wohin Sie in Ihrer Weisheit das alte Europa gebracht haben. Und wenn Ihnen nichts andres mehr übrigbleibt, als den letzten großen Kriegstanz zu beginnen –, uns kann es recht sein. Der Krieg mag uns vielleicht momentan in den Hintergrund drängen, mag uns manche schon eroberte Position entreißen. Aber wenn Sie die Mächte entfesselt haben, die Sie dann nicht wieder werden bändigen können, so mag es gehn wie es will: am Schluß der Tragödie sind Sie ruiniert und ist der Sieg des Proletariats entweder schon errungen oder doch unvermeidlich.

London, 15. Dezember 1887

Friedrich Engels

Nach: Sigismund Borkheim,
„Zur Erinnerung für die deutschen
Mordspatrioten. 1806–1807“,
Hottingen-Zürich 1888.

Vorrede [zum „Manifest der Kommunistischen Partei" (englische Ausgabe von 1888)]

Das „Manifest"[1] wurde als Plattform des Bundes der Kommunisten veröffentlicht, einer anfangs ausschließlich deutschen, später internationalen Arbeiterassoziation, die unter den politischen Verhältnissen des europäischen Kontinents vor 1848 unvermeidlich eine Geheimorganisation war. Auf dem Kongreß des Bundes, der im November 1847 in London stattfand, wurden Marx und Engels beauftragt, die Veröffentlichung eines vollständigen theoretischen und praktischen Parteiprogramms in die Wege zu leiten. In deutscher Sprache abgefaßt, wurde das Manuskript im Januar 1848, wenige Wochen vor der französischen Revolution vom 24. Februar, nach London zum Druck geschickt. Eine französische Übersetzung wurde kurz vor der Juni-Insurrektion von 1848 in Paris herausgebracht. Die erste englische Übersetzung, von Miss Helen Macfarlane besorgt, erschien 1850 in George Julian Harneys „Red Republican"[315] in London. Auch eine dänische und eine polnische Ausgabe wurden veröffentlicht.

Die Niederschlagung der Pariser Juni-Insurrektion von 1848 – dieser ersten großen Schlacht zwischen Proletariat und Bourgeoisie – drängte die sozialen und politischen Bestrebungen der Arbeiterklasse Europas zeitweilig wieder in den Hintergrund. Seitdem spielte sich der Kampf um die Vormachtstellung wieder, wie in der Zeit vor der Februarrevolution, allein zwischen verschiedenen Gruppen der besitzenden Klasse ab; die Arbeiterklasse wurde beschränkt auf einen Kampf um politische Ellbogenfreiheit und auf die Position eines äußersten linken Flügels der radikalen Bourgeoisie. Wo selbständige proletarische Bewegungen fortfuhren, Lebenszeichen von sich zu geben, wurden sie erbarmungslos niedergeschlagen. So spürte die preußische Polizei die Zentralbehörde des Bundes der Kommunisten auf, die damals ihren Sitz in Köln hatte. Die Mitglieder wurden verhaftet und

[1] Siehe Band 4 unserer Ausgabe

nach achtzehnmonatiger Haft im Oktober 1852 vor Gericht gestellt. Dieser berühmte „Kölner Kommunistenprozeß" dauerte vom 4. Oktober bis 12. November; sieben von den Gefangenen wurden zu Festungshaft für die Dauer von drei bis sechs Jahren verurteilt. Sofort nach dem Urteilsspruch wurde der Bund durch die noch verbliebenen Mitglieder formell aufgelöst. Was das „Manifest" anbelangt, so schien es von da an verdammt zu sein, der Vergessenheit anheimzufallen.

Als die europäische Arbeiterklasse wieder genügend Kraft zu einem neuen Angriff auf die herrschende Klasse gesammelt hatte, entstand die Internationale Arbeiterassoziation. Aber diese Assoziation, die ausdrücklich zu dem Zwecke gegründet wurde, das gesamte kampfgewillte Proletariat Europas und Amerikas zu einer einzigen Körperschaft zusammenzuschweißen, konnte die im „Manifest" niedergelegten Grundsätze nicht sofort proklamieren. Die Internationale mußte ein Programm haben, breit genug, um für die englischen Trade-Unions, für die französischen, belgischen, italienischen und spanischen Anhänger Proudhons und für die Lassalleaner* in Deutschland annehmbar zu sein. Marx, der dieses Programm zur Zufriedenheit aller Parteien abfaßte, hatte volles Vertrauen zur intellektuellen Entwicklung der Arbeiterklasse, einer Entwicklung, wie sie aus der vereinigten Aktion und der gemeinschaftlichen Diskussion notwendig hervorgehn mußte. Die Ereignisse und Wechselfälle im Kampf gegen das Kapital, die Niederlagen noch mehr als die Siege, konnten nicht verfehlen, den Menschen die Unzulänglichkeit ihrer diversen Lieblings-Quacksalbereien zum Bewußtsein zu bringen und den Weg zu vollkommener Einsicht in die wirklichen Voraussetzungen der Emanzipation der Arbeiterklasse zu bahnen. Und Marx hatte recht. Als im Jahre 1874 die Internationale zerfiel, ließ sie die Arbeiter schon in einem ganz anderen Zustand zurück, als sie sie bei ihrer Gründung im Jahre 1864 vorgefunden hatte. Der Proudhonismus in Frankreich, der Lassalleanismus in Deutschland waren am Absterben, und auch die konservativen englischen Trade-Unions näherten sich, obgleich sie in ihrer Mehrheit die Verbindung mit der Internationale schon längst gelöst hatten, allmählich dem Punkt, wo ihr Präsident[1] im vergangenen Jahre

* Lassalle persönlich bekannte sich uns gegenüber stets als Schüler von Marx und stand als solcher auf dem Boden des „Manifestes". Jedoch ging er in seiner öffentlichen Agitation in den Jahren 1862–1864 über die Forderung nach Produktivgenossenschaften mit Staatskredit nicht hinaus.

[1] Bevan

in Swansea in ihrem Namen erklären konnte: „Der kontinentale Sozialismus hat seine Schrecken für uns verloren." [316] In der Tat: Die Grundsätze des „Manifestes" hatten unter den Arbeitern aller Länder erhebliche Fortschritte gemacht.

Auf diese Weise trat das „Manifest" selbst wieder in den Vordergrund. Der deutsche Text war seit 1850 in der Schweiz, in England und in Amerika mehrmals neu gedruckt worden. Im Jahre 1872 wurde es ins Englische übersetzt, und zwar in New York, wo die Übersetzung in „Woodhull & Claflin's Weekly" [317] veröffentlicht wurde. Auf Grund dieser englischen Fassung wurde in „Le Socialiste" in New York auch eine französische angefertigt[318]. Seitdem sind in Amerika noch mindestens zwei englische Übersetzungen, mehr oder minder entstellt, herausgebracht worden, von denen eine in England nachgedruckt wurde. Die von Bakunin besorgte erste russische Übersetzung wurde etwa um das Jahr 1863 in der Druckerei von Herzens „Kolokol" in Genf herausgegeben[319], eine zweite, gleichfalls in Genf, von der heldenhaften Vera Sassulitsch, 1882[320]. Eine neue dänische Ausgabe findet sich in der „Socialdemokratisk Bibliotek", Kopenhagen 1885; eine neue französische Übersetzung in „Le Socialiste", Paris 1886. Nach dieser letzteren wurde eine spanische Übersetzung vorbereitet und 1886 in Madrid veröffentlicht.[321] Die Zahl der deutschen Nachdrucke läßt sich nicht genau angeben, im ganzen waren es mindestens zwölf. Eine Übertragung ins Armenische, die vor einigen Monaten in Konstantinopel herauskommen sollte, erblickte nicht das Licht der Welt, weil, wie man mir mitteilte, der Verleger nicht den Mut hatte, ein Buch herauszubringen, auf dem der Name Marx stand, während der Übersetzer es ablehnte, es als sein eigenes Werk zu bezeichnen. Von weiteren Übersetzungen in andere Sprachen habe ich zwar gehört, sie aber nicht zu Gesicht bekommen. So spiegelt die Geschichte des „Manifestes" in hohem Maße die Geschichte der modernen Arbeiterbewegung wider; gegenwärtig ist es zweifellos das weitest verbreitete, internationalste Werk der ganzen sozialistischen Literatur, ein gemeinsames Programm, das von Millionen Arbeitern von Sibirien bis Kalifornien anerkannt wird.

Und doch hätten wir es, als es geschrieben wurde, nicht ein *sozialistisches* Manifest nennen können. Unter Sozialisten verstand man 1847 einerseits die Anhänger der verschiedenen utopischen Systeme: die Owenisten in England, die Fourieristen in Frankreich, die beide bereits zu bloßen, allmählich aussterbenden Sekten zusammengeschrumpft waren; andererseits die mannigfaltigsten sozialen Quacksalber, die mit allerhand Flickwerk, ohne jede Gefahr für Kapital und Profit die gesellschaftlichen Mißstände

PRICE TWOPENCE.

MANIFESTO

OF THE

COMMUNIST PARTY,

By KARL MARX, and FREDERICK ENGELS.

Authorized English Translation.

EDITED AND ANNOTATED BY FREDERICK ENGELS.
1888.

London:
WILLIAM REEVES, 185, FLEET STREET, E.C.

Titelblatt der englischen Ausgabe des „Manifests der Kommunistischen Partei"
von 1888

aller Art zu beseitigen versprachen – in beiden Fällen Leute, die außerhalb der Arbeiterbewegung standen und eher Unterstützung bei den „gebildeten" Klassen suchten. Derjenige Teil der Arbeiterklasse, der sich von der Unzulänglichkeit bloßer politischer Umwälzungen überzeugt hatte und die Notwendigkeit einer totalen Umgestaltung der Gesellschaft forderte, dieser Teil nannte sich damals kommunistisch. Es war eine noch rohe, unbehauene, rein instinktive Art Kommunismus; aber er traf den Kardinalpunkt und war in der Arbeiterklasse mächtig genug, um den utopischen Kommunismus zu erzeugen, in Frankreich den von Cabet, in Deutschland den von Weitling. So war denn 1847 Sozialismus eine Bewegung der Mittelklasse, Kommunismus eine Bewegung der Arbeiterklasse. Der Sozialismus war, auf dem Kontinent wenigstens, „salonfähig"; der Kommunismus war das gerade Gegenteil. Und da wir von allem Anfang an der Meinung waren, daß „die Emanzipation der Arbeiterklasse das Werk der Arbeiterklasse selbst sein muß" [322], so konnte kein Zweifel darüber bestehen, welchen der beiden Namen wir wählen mußten. Ja noch mehr, auch seitdem ist es uns nie in den Sinn gekommen, uns von ihm loszusagen.

Obgleich das „Manifest" unser beider gemeinsame Arbeit war, so halte ich mich doch für verpflichtet festzustellen, daß der Grundgedanke, der seinen Kern bildet, Marx angehört. Dieser Gedanke besteht darin: daß in jeder geschichtlichen Epoche die vorherrschende wirtschaftliche Produktions- und Austauschweise und die aus ihr mit Notwendigkeit folgende gesellschaftliche Gliederung die Grundlage bildet, auf der die politische und die intellektuelle Geschichte dieser Epoche sich aufbaut und aus der allein sie erklärt werden kann; daß demgemäß die ganze Geschichte der Menschheit (seit Aufhebung der primitiven Gentilordnung mit ihrem Gemeinbesitz an Grund und Boden) eine Geschichte von Klassenkämpfen gewesen ist. Kämpfen zwischen ausbeutenden und ausgebeuteten, herrschenden und unterdrückten Klassen; daß die Geschichte dieser Klassenkämpfe eine Entwicklungsreihe darstellt, in der gegenwärtig eine Stufe erreicht ist, wo die ausgebeutete und unterdrückte Klasse – das Proletariat – ihre Befreiung vom Joch der ausbeutenden und herrschenden Klasse – der Bourgeoisie – nicht erreichen kann, ohne zugleich die ganze Gesellschaft ein für allemal von aller Ausbeutung und Unterdrückung, von allen Klassenunterschieden und Klassenkämpfen zu befreien.

Diesem Gedanken, der nach meiner Ansicht berufen ist, für die Geschichtswissenschaft denselben Fortschritt zu begründen, den Darwins Theorie für die Naturwissenschaft begründet hat – diesem Gedanken hatten wir beide uns schon mehrere Jahre vor 1845 allmählich genähert. Wieweit ich selbständig mich in dieser Richtung voranbewegt, zeigt am besten meine „Lage der arbeitenden Klasse in England"*. Als ich aber im Frühjahr 1845 Marx in Brüssel wiedertraf, hatte er ihn fertig ausgearbeitet und legte ihn mir vor in fast ebenso klaren Worten wie die, worin ich ihn oben zusammengefaßt.

Aus unserem gemeinsamen Vorwort zur deutschen Ausgabe von 1872 zitiere ich das Folgende:

„Wie sehr sich auch die Verhältnisse in den letzten fünfundzwanzig Jahren geändert haben, die in diesem ‚Manifest' entwickelten allgemeinen Grundsätze behalten im ganzen und großen auch heute noch ihre volle Richtigkeit. Einzelnes wäre hier und da zu bessern. Die praktische Anwendung dieser Grundsätze, erklärt das ‚Manifest' selbst, wird überall und jederzeit von den geschichtlich vorliegenden Umständen abhängen, und wird deshalb durchaus kein besonderes Gewicht auf die am Ende von Abschnitt II vorgeschlagenen revolutionären Maßregeln gelegt. Dieser Passus würde heute in vieler Beziehung anders lauten. Gegenüber der immensen Fortentwicklung der großen Industrie seit 1848 und der sie begleitenden verbesserten und gewachsenen Organisation[1] der Arbeiterklasse, gegenüber den praktischen Erfahrungen, zuerst der Februarrevolution und noch weit mehr der Pariser Kommune, wo das Proletariat zum erstenmal zwei Monate lang die politische Gewalt innehatte, ist heute dies Programm stellenweise veraltet. Namentlich hat die Kommune den Beweis geliefert, daß ‚die Arbeiterklasse nicht die fertige Staatsmaschine einfach in Besitz nehmen und sie für ihre eignen Zwecke in Bewegung setzen kann'. (Siehe ‚The Civil War in France. Address of the General Council of the International Working-Men's Association', London, Truelove, 1871, p. 15, wo dies weiterentwickelt ist.[2]) Ferner ist selbstredend, daß die Kritik der sozialistischen Literatur für heute lückenhaft ist, weil sie nur bis 1847 reicht; ebenso daß die Bemerkungen über die Stellung der Kommunisten zu den verschiedenen Oppositionsparteien (Abschnitt IV), wenn in den Grundzügen auch heute noch richtig, doch in ihrer Ausführung heute schon deswegen ver-

* „The Condition of the Working Class in England in 1844." By Frederick Engels. Translated by Florence K. Wischnewetzky, New York, Lovell – London, W. Reeves, 1888.

[1] *(1872)* in den letzten fünfundzwanzig Jahren und der mit ihr fortschreitenden Parteiorganisation (statt: seit 1848 und der sie begleitenden verbesserten und gewachsenen Organisation) – [2] Karl Marx, „Der Bürgerkrieg in Frankreich. Adresse des Generalrats der Internationalen Arbeiterassoziation"; siehe Band 17 unserer Ausgabe, S. 336

altet sind, weil die politische Lage sich total umgestaltet und die geschichtliche Entwicklung die meisten der dort aufgezählten Parteien aus der Welt geschafft hat.

Indes, das ‚Manifest‘ ist ein geschichtliches Dokument, an dem zu ändern wir uns nicht mehr das Recht zuschreiben.“[1]

Die vorliegende Übersetzung stammt von Herrn Samuel Moore, dem Übersetzer des größten Teils von Marx' „Kapital“. Wir haben sie gemeinsam durchgesehen, und ich habe ein paar Fußnoten zur Erklärung geschichtlicher Anspielungen hinzugefügt.

London, 30. Januar 1888

Friedrich Engels

Nach: Karl Marx and Frederick Engels, „Manifesto of the Communist Party“, London 1888.

Aus dem Englischen.

[1] Siehe Band 18 unserer Ausgabe, S. 95/96

Schutzzoll und Freihandel*

[Vorwort zur amerikanischen Ausgabe von Karl Marx' „Rede über die Frage des Freihandels"][323]

Gegen Ende 1847 fand ein Freihandelskongreß [324] in Brüssel statt. Es war dies ein strategisches Manöver in der damals geführten Freihandelskampagne der englischen Fabrikanten. Zu Hause siegreich, durch die Abschaffung der Korngesetze 1846[163], zogen sie nun nach dem Kontinent mit der Forderung, gegen freie Zulassung des kontinentalen Getreides nach England den englischen Industrieprodukten den freien Zutritt zu den kontinentalen Märkten zu gewähren. Auf diesem Kongreß hatte Marx sich in die Rednerliste eingeschrieben; aber wie zu erwarten, ließ sich die Sache so einrichten, daß der Kongreß geschlossen wurde, ehe er zum Wort kam. So war Marx genötigt, das, was er über Freihandel zu sagen hatte, in der Demokratischen Gesellschaft von Brüssel vorzutragen, einem internationalen Verein, dessen Vizepräsident er war.[198]

Da die Frage wegen Schutzzoll oder Freihandel in Amerika augenblicklich auf der Tagesordnung steht, hat man eine englische Ausgabe der Marxschen Rede für nützlich gehalten und mich aufgefordert, sie mit ein paar einleitenden Worten zu versehn.

„Das Protektionssystem war ein Kunstmittel, Fabrikanten zu fabrizieren, unabhängige Arbeiter zu expropriieren, die nationalen Produktions- und Lebensmittel zu kapitalisieren, den Übergang aus der altertümlichen in die moderne Produktionsweise gewaltsam abzukürzen" (Marx, „Kapital", 1. Bd., 3. Aufl., S. 783[1]). Das war der Charakter des Schutzzolls bei sei-

* Vorrede (übersetzt vom Verfasser) zu der in New York erscheinenden englischen Ausgabe von Marx' Rede über die Frage des Freihandels (deutsch von E. Bernstein und K. Kautsky, Anhang II zu Marx' „Elend der Philosophie", Stuttgart, Dietz, S. 188ff). – Da diese Vorrede in erster Linie für ein amerikanisches Publikum berechnet ist, konnte die deutsche Schutzzollpolitik nur nebenher berührt werden. Der Verfasser wird indes wohl bald Gelegenheit finden, die Frage auch speziell mit Beziehung auf Deutschland zu behandeln.

[1] Siehe Band 23 unserer Ausgabe, S. 784/785

nem Ursprung im siebzehnten Jahrhundert und so blieb er bis tief in das neunzehnte. Das Schutzsystem war damals die normale Politik jedes zivilisierten Landes in Westeuropa. Die einzigen Ausnahmen bildeten die deutschen Kleinstaaten und die Schweizer Kantone, nicht aus Mißfallen am System, sondern aus Verzweiflung an der Möglichkeit, es auf solche kleine Gebiete anzuwenden.

Gedeckt durch diesen Zollschutz entstand und entwickelte sich in England im letzten Drittel des achtzehnten Jahrhunderts das System der modernen großen Industrie, der Produktion durch Maschinerie und Dampfkraft. Und als ob der gewöhnliche Zollschutz nicht hingereicht hätte, wurden die Kriege gegen die Französische Revolution zu Hilfe genommen, um England das Monopol der neuen industriellen Methoden zu sichern. Während mehr als zwanzig Jahren schnitten englische Kriegsschiffe Englands industrielle Nebenbuhler ab von ihren respektiven Kolonialmärkten und öffneten gleichzeitig diese Märkte gewaltsam dem englischen Handel. Die Losreißung der südamerikanischen Kolonien von ihren europäischen Mutterländern, die Eroberung aller bedeutenderen französischen und holländischen Kolonien durch England, die allmähliche Unterjochung Indiens verwandelten alle diese Länder in Kunden für die englische Industrie. England ergänzte so den zu Hause geübten Zollschutz durch den dem Auslande, wo es nur irgend anging, aufgezwungenen Freihandel. Dank dieser glücklichen Mischung beider Systeme befand es sich am Schlusse des Krieges 1815 im Besitz des tatsächlichen Monopols des Welthandels, wenigstens für alle entscheidenden Industriezweige.

Während der folgenden Friedensjahre wurde dies Monopol weiter ausgebildet und befestigt. Der während des Kriegs gewonnene Vorsprung vergrößerte sich von Jahr zu Jahr; mehr und mehr schien England alle seine möglichen Nebenbuhler weit hinter sich zu lassen. Und in der Tat wurde die Ausfuhr von Industrieprodukten in stets wachsenden Mengen eine Lebensfrage für England. Nur zwei Hindernisse schienen im Wege zu stehen: Die Einfuhrverbote und Schutzzölle andrer Länder und die Einfuhrzölle auf Rohstoffe und Nahrungsmittel in England.

So kam es, daß die von der klassischen politischen Ökonomie – von den französischen Physiokraten und ihren englischen Nachfolgern Adam Smith und Ricardo – gepredigte Handelsfreiheit im Lande John Bulls populär wurde. Zollschutz im Inland war nutzlos für Fabrikanten, die alle ihre ausländischen Nebenbuhler aus dem Felde schlugen, und deren Existenz geradezu abhing von der fortwährenden Ausdehnung ihrer Ausfuhr. Zollschutz zu Hause war vorteilhaft nur noch für die Produzenten von Nahrungsmitteln und andern Rohstoffen, für den Ackerbau; das hieß im damaligen England für die Empfänger von Grundrente, den grundbesitzenden Adel. Den Fabrikanten dagegen war dieser Zollschutz direkt schädlich. Soweit er Rohstoffe besteuerte, erhöhte er den Preis des daraus gefertigten Industrieprodukts; soweit er Nahrungsmittel besteuerte, erhöhte er den Preis der Arbeit; in beiden Fällen stellte er den britischen Fabrikanten in Nachteil gegenüber dem ausländischen. Da nun die übrigen Länder nach England hauptsächlich Ackerbauprodukte schickten und von England hauptsächlich Industrieprodukte bezogen, so enthielt die Abschaffung der englischen Schutzzölle auf Getreide und Rohprodukte indirekt schon die Aufforderung ans Ausland, nun auch seine Einfuhrzölle auf englische Industrieprodukte abzuschaffen oder doch zu verringern.

Nach langem und heftigem Kampf siegten die englischen industriellen Kapitalisten; sie waren damals tatsächlich schon die leitende Klasse der Nation, die Klasse, deren Interessen augenblicklich auch die nationalen Interessen waren. Der grundbesitzende Adel mußte kapitulieren. Die Zölle auf Korn und Rohstoffe wurden abgeschafft. Freihandel war nunmehr das Losungswort. Die nächste Aufgabe der englischen Fabrikanten und ihrer Wortführer, der politischen Ökonomen, war nun, den Glauben an das Freihandelsevangelium überall zu verbreiten und so eine Welt zu schaffen, worin England das große Industriezentrum wäre, und die übrigen Länder nur sein abhängiger Ackerbaubezirk. Das war die Zeit des Brüsseler Kongresses, die Zeit der fraglichen Rede von Marx. Während er anerkennt, daß Schutzzoll noch immer unter gewissen Umständen, z.B. im damaligen Deutschland, den industriellen Kapitalisten vorteilhaft sein kann; während er nachweist, daß der Freihandel keineswegs das angepriesene Allerweltsheilmittel ist für alle Leiden der Arbeiterklasse, und im Gegenteil diese Leiden selbst vergrößern kann, spricht er sich in letzter Instanz und im Prinzip zugunsten des Freihandels aus. Für ihn ist Freihandel der Normalzustand der modernen kapitalistischen Produktion. Nur unter dem Freihandel können die ungeheuren Produktivkräfte des Dampfs, der Elektrizität, der Maschinerie sich vollständig entwickeln; und je rascher diese Entwicklung, desto eher und desto vollständiger werden ihre unvermeidlichen Folgen hervortreten: die Spaltung der Gesellschaft in zwei Klassen, Kapitalisten hier, Lohnarbeiter dort; erblicher Reichtum auf dieser, erbliche Armut auf jener Seite; Überschuß des Angebots über die Nachfrage, Unfähigkeit der Märkte, die stets wachsende Masse der Industrieprodukte aufzusaugen; ein stets wiederholter Kreislauf von Prosperität, Überproduktion, Krisis, Panik, chronischer Stauung und allmählicher Wiederbelebung des

Geschäfts; diese letztere ein Anzeichen nicht dauernder Besserung, sondern bevorstehender erneuter Überproduktion und Krisis; in einem Wort, die gesellschaftlichen Produktivkräfte zu so riesigen Dimensionen heranwachsend, daß ihnen die gesellschaftlichen Institutionen, unter denen sie in Betrieb gesetzt worden, zu unerträglichen Fesseln werden, nur *eine* mögliche Lösung: eine gesellschaftliche Umgestaltung, die die gesellschaftlichen Produktivkräfte von den Fesseln einer veralteten gesellschaftlichen Ordnung und die wirklichen Produzenten, das heißt die große Volksmasse, von der Lohnsklaverei befreit. Und weil der Freihandel die natürliche und normale Atmosphäre ist für diese historische Entwicklung, das ökonomische Medium, worin die Bedingungen dieser unvermeidlichen Lösung am raschesten ins Leben treten – deswegen und nur deswegen erklärte sich Marx für den Freihandel.

Indes schienen die nächsten Jahre nach dem Sieg des Freihandels in England die Erfüllung zu bringen selbst der übertriebensten Erwartungen von der nun folgenden Prosperität. Der britische Handel stieg auf eine fabelhafte Höhe; das industrielle Monopol Englands auf dem Weltmarkt schien fester gegründet als je; neue Hochöfen, neue Fabriken erstanden an allen Enden; neue Industriezweige wuchsen überall empor. Allerdings kam 1857 eine schwere Krisis, aber sie wurde überstanden, und bald war der Vormarsch auf dem ganzen Gebiet des Handels und der Industrie wieder in vollem Gange, bis 1866 eine neue Panik ausbrach, die diesmal in der Tat eine neue Epoche der ökonomischen Weltgeschichte anzuzeigen scheint.

Der unerhörte Aufschwung der Industrie und des Handels in England von 1848 bis 1866 war unbedingt großenteils die Folge der Beseitigung der Schutzzölle auf Rohprodukte und Nahrungsmittel. Aber keineswegs allein. Andere gleichzeitige Ereignisse trugen mächtig dazu bei. Die erwähnten Jahre umschließen die Entdeckung und Ausbeutung der kalifornischen und australischen Goldfelder und damit eine enorme Vermehrung der Austauschmittel auf dem Weltmarkt; sie bezeichnen eine allgemeine Umwälzung der Transportmittel für Menschen wie Waren; auf dem Ozean die Verdrängung der Segelschiffe durch Dampfer, und auf dem Lande, so weit die zivilisierte Welt reicht, der Chausseen durch die Eisenbahnen, so daß der Schienenweg jetzt die hauptsächliche, der makadamisierte Weg die untergeordnete Verbindungslinie wird. Kein Wunder, daß unter so günstigen Umständen die mit Dampf getriebene englische Industrie ihre Herrschaft ausdehnte auf Kosten ausländischer, auf Handarbeit beruhender Hausindustrien. Was aber sollten die anderen Länder tun? Sollten sie stillsitzen und es sich demütig gefallen lassen, wenn sie so degradiert wurden zu bloßen ackerbauenden Anhängseln von England, „der Werkstatt der Welt"?

Die anderen Länder taten eben nichts der Art. *Frankreich* hatte seit fast zweihundert Jahren seine Industrie gedeckt hinter einer vollständigen chinesischen Mauer von Schutzzöllen und Einfuhrverboten und hatte in allen Luxus- und Geschmacksartikeln eine Überlegenheit erlangt, die England zu bestreiten nicht einmal versuchte. Die *Schweiz*, unter vollständigem Freihandel, besaß eine verhältnismäßig bedeutende Industrie, der die englische Konkurrenz nichts anhaben konnte. *Deutschland*, mit einem weit liberaleren Tarif als der irgendeines anderen großen kontinentalen Landes, entwickelte seine Industrie verhältnismäßig rascher als selbst England. *Amerika* endlich wurde durch den Bürgerkrieg von 1861 plötzlich auf seine eigenen Hilfsmittel angewiesen, hatte eine plötzliche Nachfrage nach Industrieprodukten aller Art zu befriedigen und konnte dies nur durch Schaffung einer eigenen inländischen Industrie. Die Kriegsnachfrage hörte auf mit dem Krieg; aber die neue Industrie war da und hatte der englischen Konkurrenz die Spitze zu bieten. Und der Krieg hatte in Amerika die Einsicht zur Reife gebracht, daß ein Volk von fünfunddreißig Millionen, mit der Fähigkeit, seine Zahl in längstens vierzig Jahren zu verdoppeln, mit fast unbeschränkten Hilfsquellen aller Art, umgeben von Nachbarn, die auf Jahre hinaus wesentlich ackerbautreibend sein müssen, daß solch' ein Volk „die offenbare Bestimmung" [325] habe, für seine Hauptverbrauchsartikel von fremden Industrien unabhängig zu werden, und zwar im Frieden sowohl wie im Krieg. Und daraufhin führte Amerika den Schutzzoll ein.

Vor ungefähr fünfzehn Jahren reiste ich im Eisenbahnwagen mit einem intelligenten Glasgower Geschäftsmann, der ein besonderes Interesse an Eisen nahm. Die Rede kam auf Amerika. Er gab mir die altbekannten Freihandelsredensarten zum besten: Sei es nicht unbegreiflich, daß geriebene Geschäftsleute wie die Amerikaner ihren einheimischen Hüttenbesitzern und Fabrikanten Tribut zahlen, wo sie doch denselben oder gar einen besseren Artikel für den halben Preis von hier aus beziehen können? Und dann folgten Beispiele, wie wahnsinnig hoch die Amerikaner sich selbst besteuerten, um ein paar geldgierige Besitzer von Eisenhütten zu bereichern. „Nun", sagte ich, „die Sache scheint auch eine andere Seite zu haben. Sie wissen, daß in Kohlen, Wasserkraft, Eisen- und andern Erzen, wohlfeilen Nahrungsmitteln, einheimischer Baumwolle und andern Rohstoffen Amerika Hilfsquellen und Vorteile besitzt, worin ihm kein europäisches Land das Wasser reicht; und daß diese Hilfsquellen nur dann vollständig entwickelt werden können, wenn Amerika ein Industrieland wird. Sie werden ferner zugeben, daß heutzutage ein großes Volk wie die Amerikaner nicht ewig bloß ackerbauend bleiben kann; daß das eine Verurteilung zu ewiger Barbarei und Unterordnung wäre; heutzutage kann kein großes Volk bestehn ohne eigene Industrie. Nun gut. Wenn Amerika ein Industrieland werden muß, und wenn es alle Aussicht hat, hierin seine Nebenbuhler nicht nur zu erreichen, sondern selbst zu schlagen, dann stehn ihm zwei Wege offen: Entweder bei freiem Handel während meinetwegen fünfzig Jahren einen äußerst kostspieligen Konkurrenzkampf zu führen gegen die englische Industrie, die ihr um hundert Jahre voraus ist; oder aber durch Schutzzölle die englische Konkurrenz auf meinetwegen fünfundzwanzig Jahre auszuschließen mit der fast absoluten Gewißheit, daß am Ende der fünfundzwanzig Jahre die amerikanische Industrie auf dem offenen Weltmarkt ihren Platz behaupten wird. Welcher der beiden Wege ist der wohlfeilste und der kürzeste? Darum handelt es sich. Wenn Sie von Glasgow nach London reisen, so können Sie den gesetzlich vorgeschriebenen Bummelzug (parliamentary train[326]) nehmen; Sie zahlen einen Penny die Meile und fahren zwölf Meilen in der Stunde; aber das fällt Ihnen nicht ein, dazu ist Ihnen Ihre Zeit zu lieb, Sie reisen Expreßzug, zahlen zwei Pence die Meile und machen vierzig Meilen die Stunde. Nun gut, die Amerikaner ziehen vor, ein Expreßbillett zu nehmen, um so viel rascher vorwärts zu kommen." Mein schottischer Freihändler hatte kein Wort der Erwiderung.

Da das Protektionssystem ein Kunstmittel ist, Fabrikanten zu fabrizieren, kann es nützlich erscheinen nicht nur einer halbentwickelten Kapitalistenklasse, die noch mit dem Feudalismus ringt. Es kann der aufkommenden Kapitalistenklasse auch vorwärtshelfen in einem Lande, das, wie Amerika, den Feudalismus nie gekannt hat, das aber auf der Entwicklungsstufe steht, wo der Übergang vom Ackerbau zur Industrie eine Notwendigkeit wird. Amerika, in diese Lage gebracht, entschied sich für den Schutzzoll. Seit jener Entscheidung sind die fünfundzwanzig Jahre, von denen ich meinem Reisegefährten sprach, so ziemlich verflossen und wenn ich mich nicht täuschte, so muß der Schutzzoll jetzt in Amerika seine Arbeit so ziemlich getan haben und muß deshalb entbehrlich sein.

Das ist auch schon seit einiger Zeit meine Ansicht. Vor zwei Jahren sagte ich einem amerikanischen Schutzzöllner: „Wenn Amerika Freihandel einführt, so bin ich überzeugt, daß es in zehn Jahren England auf dem Weltmarkt schlagen wird."

Der Schutzzoll ist im besten Falle eine Schraube ohne Ende und man weiß nie, wann man mit ihm fertig ist. Wenn wir einen Geschäftszweig schützen, so schädigen wir direkt oder indirekt alle anderen und müssen sie demzufolge ebenfalls schützen. Dadurch schädigen wir aber wieder die zuerst geschützte Industrie und geben ihr Anspruch auf Entschädigung; aber diese Entschädigung wirkt wiederum auf alle anderen Geschäftszweige zurück und berechtigt sie zu neuen Ansprüchen – und so fort ins Unendliche. In dieser Beziehung bietet uns Amerika ein schlagendes Exempel, wie man eine wichtige Industrie durch Zollschutz töten kann. 1856 betrug die Gesamteinfuhr und Ausfuhr der Vereinigten Staaten zur See 641 604 850 Dollar; von diesem Betrage wurden 75,2 Prozent in amerikanischen und nur 24,8 Prozent in ausländischen Schiffen verladen. Damals schon fingen englische ozeanische Dampfer an, amerikanische Segelschiffe zu verdrängen; trotzdem führten 1860 von einem Gesamtseehandel von 762 288 550 Dollar amerikanische Schiffe noch immer 66,5 Proz. Der Bürgerkrieg kam und in seinem Gefolge Zollschutz für den amerikanischen Schiffsbau; und dieser Zollschutz war so erfolgreich, daß er die amerikanische Flagge fast ganz von der hohen See vertrieben hat. 1887 war der gesamte Seehandel der Vereinigten Staaten auf 1 408 502 979 Dollar gestiegen; aber nur noch 13,8 Prozent waren mit amerikanischen Schiffen und 86,2 Prozent mit fremden Schiffen verladen. Der in amerikanischen Schiffen verladene Warenwert betrug 1856 482 268 274 Dollar; 1860 507 247 757 Dollar; 1887 nur noch 194 356 746 Dollar.* Vor vierzig Jahren drohte die amerikanische Flagge der englischen auf dem Ozean den Rang abzulaufen; jetzt ist sie fast verschollen. Der Zollschutz für den Schiffsbau hat Schiffahrt und Schiffsbau ruiniert.

Ein anderer Punkt. Verbesserte Produktionsmethoden folgen heutzutage so rasch aufeinander und verändern die Natur ganzer Industriezweige so plötzlich und so vollständig, daß, was gestern noch ein billig ausgleichender Schutztarif war, heute in das Gegenteil umschlägt. Hiefür bietet uns derselbe Bericht des Schatzsekretärs auf S. XIX ebenfalls ein Beispiel:

„Verbesserungen der Wollkämm-Maschinerie haben in den letzten Jahren in den sogenannten Kammgarntuchen solche Veränderungen hervorgerufen, daß diese Tuche das gewöhnliche wollene Streichgarntuch in der Männerkleidung verdrängt haben. Diese Änderung ... hat unsere inländischen Kammgarnwebereien sehr ungünstig getroffen, da der Zoll auf alle Sorten Rohwolle derselbe ist, während der Zoll auf Streichgarntuche bis zum Wert von 80 Cents per Pfund, 35 Cents per Pfund und 35 Prozent auf den Wert beträgt; dagegen beträgt der Zoll auf Kammgarntuch, bis zum Wert von

* Annual Report of the Secretary of the Treasury etc. For the year 1887. XXVIII, XXIX.

80 Cents per Pfund, nur von 10 bis 24 Cents per Pfund und 35 Cents auf den Wert. In einigen Fällen ist der Zoll auf zum Kammgarntuch verwandte Wolle höher als der auf die fertige Ware."

Was also gestern Schutz der heimischen Industrie war, hat sich heute in eine Prämie für den fremden Importeur verwandelt, und wohl mag der Schatzsekretär[1] sagen:

„Es ist Grund, zu erwarten, daß die Kammgarnweberei im Inland bald aufhören muß, wenn keine Änderung im Tarif eintritt."

Aber um den Tarif zu ändern, muß man sich herumschlagen mit den Streichgarnwebern, die von der jetzigen Lage profitieren, muß man eine regelmäßige Kampagne eröffnen, um die Majorität beider Kongreßhäuser, um schließlich die öffentliche Meinung des Landes herumzubringen, und die Frage ist: Zahlt sich das?

Das schlimmste beim Zollschutz aber ist, daß man ihn so leicht nicht wieder los wird. So schwierig die Herstellung eines nach allen Seiten billigen Schutztarifs ist, die Rückkehr zum Freihandel ist noch unendlich schwieriger. Die Umstände werden nie wiederkehren, die England erlaubten, den Übergang in ein paar Jahren zu vollziehn. Und selbst da datiert der Kampf von 1823 (Huskisson), hatte die ersten Erfolge 1842 (Peels Tarif)[327] und dauerte noch einige Jahre fort nach Abschaffung der Korngesetze. So wurde der Seidenindustrie (der einzigen, die noch fremde Konkurrenz zu fürchten hatte) zuerst verlängerter Zollschutz für eine Reihe von Jahren gewährt und dann in einer andern, geradezu infamen Form bewilligt: die andern Textilindustrien wurden unter das Fabrikgesetz gestellt, das die Arbeitsstunden für Frauen, jugendliche Arbeiter und Kinder beschränkte[328]; die Seidenindustrie wurde durch beträchtliche Ausnahmen begünstigt, durfte jüngere Kinder anstellen und durfte Kinder und jugendliche Arbeiter längere Zeit arbeiten lassen als die andern Industrien. Das Monopol, das die heuchlerischen Freihändler zugunsten der auswärtigen Konkurrenten abschafften, wurde wieder hergestellt auf Kosten der Gesundheit und des Lebens englischer Arbeiterkinder.

Es wird aber nie wieder vorkommen, daß ein Land den Übergang vom Zollschutz zum Freihandel zu einer Zeit machen kann, wo alle oder fast alle Zweige seiner Industrie imstande sind, der fremden Konkurrenz im offenen Markt Trotz zu bieten. Die Notwendigkeit dieses Übergangs wird sich geltend machen, lange bevor ein solcher Zustand nur zu erhoffen ist.

---

[1] Charles Fairchild

Sie wird sich geltend machen in verschiedenen Geschäftszweigen zu verschiedenen Zeiten; aus den widerstreitenden Interessen dieser Geschäftszweige werden die erbaulichsten Zänkereien und parlamentarischen Intrigen erwachsen. Der Maschinenbauer, der Ingenieur und der Schiffsbauer findet vielleicht, daß der Zollschutz auf Roheisen seine Ware verteuert und ihm dadurch, und nur dadurch, die Ausfuhr verschließt; der Baumwollweber wäre vielleicht imstande, den englischen Kaliko im chinesischen und indischen Markt zu schlagen, erhöhte ihm nicht der Zollschutz für den Spinner den Preis seines Garns usw. Im Augenblick, wo ein nationaler Industriezweig den inneren Markt vollständig erobert hat, in dem Augenblick wird ihm die Ausfuhr unentbehrlich. Unter dem kapitalistischen System muß eine Industrie entweder sich ausdehnen oder zusammenschrumpfen. Sie kann nicht stationär bleiben; Hemmung der Ausdehnung ist beginnender Ruin; der Fortschritt der mechanischen und chemischen Erfindungen setzt fortwährend menschliche Arbeit außer Beschäftigung, während er das Kapital gleichzeitig noch rascher vermehrt und konzentriert; er schafft so in jeder stagnanten Industrie einen Überschuß von Arbeitern sowohl wie von Kapital, einen Überschuß, der nirgends einen Abschluß findet, weil derselbe Prozeß in allen anderen Industriezweigen gleichfalls vorgeht. So wird der Übergang vom inländischen zum Ausfuhrhandel eine Lebensfrage für alle diese Industriezweige; aber da treten ihnen die wohlerworbenen Rechte, die eingewurzelten Interessen anderer entgegen, die einstweilen beim Zollschutz noch mehr Sicherheit oder mehr Profit finden als beim Freihandel. So erfolgt ein langer, hartnäckiger Kampf zwischen Freihändlern und Schutzzöllnern, ein Kampf, worin auf beiden Seiten die Führerschaft bald aus den Händen der unmittelbar Interessierten übergeht in die der Politiker von Profession, der Drahtzieher der überlieferten politischen Parteien, deren Interesse ist, nicht, daß die Frage erledigt wird, sondern daß sie möglichst lange offen bleibt; nach einem endlosen Verlust von Zeit, Kraft und Geld erfolgt dann gewöhnlich eine Reihe von Kompromissen zugunsten bald dieser, bald jener Seite, die im ganzen langsam dem Freihandel zutreibt – es sei denn, daß der Zollschutz es inzwischen fertigbringt, sich der Nation absolut unerträglich zu machen, und das ist in Amerika möglich genug.

Von allen Arten Zollschutz ist diejenige die schlimmste, die uns in *Deutschland* vorgeführt wird. Auch Deutschland spürte bald nach 1815 die Notwendigkeit einer rascheren industriellen Entwicklung. Die erste Bedingung hierfür war die Herstellung des inländischen Marktes durch Beseitigung der zahllosen Zollinien und aparten Fiskalgesetze der Kleinstaaten, kurz, die Bildung eines deutschen Zollvereins[329]. Dieser war herstellbar nur auf Grundlage eines liberalen Tarifs, zugeschnitten mehr auf Steuerzwecke als auf Industrieschutz. Unter keiner anderen Bedingung hätte man die Kleinstaaten zum Eintritt gebracht. So war der neue Zollvereinstarif, wenn auch in geringem Maß einige Industrien schützend, für die Zeit seiner Einführung ein wahres Muster von Freihandel; er blieb dies, obwohl seit 1830 die Mehrzahl der deutschen Fabrikanten den Ruf nach Zollschutz erhoben. Und doch, unter diesem äußerst liberalen Tarif und trotz der unbarmherzigen Erdrückung deutscher, auf Handarbeit beruhender Hausindustrien durch die Konkurrenz der großen englischen Industrie, vollzog sich der Übergang von der Handarbeit zur Maschinerie auch in Deutschland allmählich und ist jetzt fast durchgeführt. Der Übergang Deutschlands vom Ackerbau zur Industrie vollzog sich im selben Maße und wurde seit 1866 noch durch politische Ereignisse gefördert: die Errichtung einer starken Zentralregierung und eines Reichsparlaments, einheitliche Gewerbegesetzgebung sicherstellend; einheitliche Münze, Maß und Gewicht, und endlich die französische Milliardenflut. – So kam es, daß gegen 1874 der deutsche Gesamthandel auf dem Weltmarkt nur noch hinter dem englischen zurückstand*, und Deutschland mehr Dampfkraft in Industrie und Transport im Betrieb hatte als irgendein anderes europäisches Kontinentalland. So war der Beweis geliefert, daß auch jetzt noch, trotz des enormen Vorsprungs der englischen Industrie, ein großes Land sich zu erfolgreicher Konkurrenz mit England im offenen Markt emporarbeiten kann.

Da auf einmal wurde die Front verändert: Gerade in dem Augenblick, wo mehr als je der Freihandel eine Notwendigkeit für Deutschland schien, gerade da führte es Schutzzölle ein. Das war zweifellos absurd, aber es läßt sich erklären.

Solange Deutschland Korn ausführte, waren sämtliche Grundbesitzer und sämtliche Reeder begeisterte Freihändler. Aber 1874, statt Korn auszuführen, brauchte Deutschland starke Zufuhren vom Ausland. Ungefähr gleichzeitig begann Amerika Europa mit Zufuhren wohlfeilen Korns zu überschwemmen; überall, wohin sie flossen, verringerten sie das Geldeinkommen, das der Boden lieferte, und damit die Bodenrente; von da an erhob der gesamte Grundbesitz in ganz Europa den Ruf nach Zollschutz. Gleichzeitig litt die deutsche Industrie an den Nachwirkungen der heillosen Überproduktion und Überspekulation, die unter dem französischen

* Gesamthandel (Einfuhr und Ausfuhr addiert) 1874 in Millionen Mark: Großbritannien 13 380; Deutschland 9 300; Frankreich 6 600; Vereinigte Staaten 4 980. (Kolb, „Statistik", 7. Aufl. Leipzig 1875, S. 790[330].)

Milliardenregen emporgeschossen war; während England, dessen Industrie seit der Krisis von 1866 eine chronische Stauung noch immer nicht überwunden hatte, alle zugänglichen Märkte überschwemmte mit Waren, unverkäuflich zu Hause und eben deswegen draußen zu Schleuderpreisen weggeschenkt. Obwohl also die deutsche Industrie wesentlich auf die Ausfuhr angewiesen war, sahen die Fabrikanten doch jetzt im Zollschutz ein Mittel, sich den inneren Markt ausschließlich zu sichern. Die Regierung aber war nur zu froh, diesen Umstand benutzen zu können zum Vorteil des grundbesitzenden Adels, indem sie beiden, Grundbesitzern und Industriellen, Schutzzölle gab. 1878 wurde ein hoher Schutztarif eingeführt, sowohl für Ackerbau- wie für Industrieprodukte.[331]

Die Folge war, daß seitdem die Ausfuhr deutscher Industrieprodukte geradezu aus der Tasche des heimischen Konsumenten bezahlt wird. Wo nur immer möglich, bildeten die Fabrikanten Kartelle zur Regulierung des Ausfuhrhandels und der Produktion selbst. Die deutsche Eisenproduktion ist in den Händen einiger wenigen großen Firmen, meist Aktiengesellschaften, die zusammen ungefähr viermal soviel Eisen produzieren wie das Land im Durchschnitt braucht. Zur Vermeidung nutzloser gegenseitiger Konkurrenz haben diese Firmen ein Kartell gebildet, das alle ausländischen Submissionen unter sie verteilt und in jedem Fall die Firma bestimmt, die die wirkliche Offerte zu machen hat. Dies Kartell hatte vor einigen Jahren sogar ein Abkommen mit den englischen Hüttenbesitzern geschlossen, das indes in die Brüche gegangen ist. Ebenso haben die westfälischen Kohlengruben, die gegen dreißig Millionen Tonnen jährlich produzieren, ein Kartell gebildet zur Regulierung der Preise der Submissionsofferten und der Produktion selbst. Überhaupt, jeder deutsche Fabrikant sagt euch, daß der einzige Zweck der Schutzzölle ist, ihm zu erlauben, daß er sich im inneren Markt erholt von den Schleuderpreisen, die er im Ausland zu nehmen hat. Das ist aber noch nicht alles. Um den Preis dieses absurden Systems des Industrieschutzes haben die industriellen Kapitalisten einem noch widersinnigeren Monopol zugestimmt, das der Grundbesitz erhalten hat. Nicht nur sind alle Ackerbauprodukte hohen und noch fortwährend erhöhten Eingangszöllen unterworfen, sondern gewisse ländliche Industrien, die die Herren Junker auf ihren Gütern betreiben, werden aus dem öffentlichen Beutel direkt unterstützt. Die Rübenzuckerindustrie ist nicht nur geschützt, sondern erhält außerdem enorme Summen in Gestalt von Exportprämien. Jemand, der das wissen sollte, ist der Meinung, daß, wenn der ausgeführte Zucker sämtlich in die See geschüttet würde, der Fabrikant immer noch an der Exportprämie ein gutes Geschäft machen muß. Desgleichen erhalten die Kartoffelschnapsbrenner infolge der neuesten Gesetzgebung aus der Tasche des Publikums ein Geschenk von mindestens sechsunddreißig Millionen Mark jährlich. Und da fast jeder große Grundbesitzer im Nordosten Deutschlands entweder Rübenzuckersieder oder Kartoffelschnapsbrenner oder beides ist, kein Wunder, daß die Welt mit ihren Produkten förmlich überschwemmt wird.

Diese Politik, verderblich unter allen Umständen, ist dies doppelt in einem Land, dessen Industrie ihren Absatz auf neutralen Märkten hauptsächlich durch die Wohlfeilheit der Arbeit aufrechthält. Der Arbeitslohn wird in Deutschland selbst in den besten Zeiten dem Hungerpunkt ungebührlich nahe gehalten durch den trotz aller Auswanderung raschen Zuwachs der Volkszahl. Aber er muß steigen infolge der Verteuerung aller Lebensmittel, die der Schutzzoll erzwingt. Der deutsche Fabrikant wird dann nicht mehr imstande sein, wie jetzt nur zu oft, sich für die Schleuderpreise seiner Waren durch einen Abzug vom normalen Lohn seiner Arbeiter zu entschädigen: er verliert die Konkurrenzfähigkeit. In Deutschland schlachtet der Schutzzoll die Henne, die die goldnen Eier legt.

Auch *Frankreich* leidet an den Folgen des Zollschutzes. Hier ist das System durch zweihundertjährige unbestrittene Herrschaft fast ein Stück vom Leben der Nation geworden. Trotzdem wird es mehr und mehr ein Hindernis. Die große Industrie bedingt fortwährenden Wechsel in den Methoden der Produktion, aber der Schutzzoll verlegt den Weg. Der Rükken von Seidensamt wird heutzutage aus feinem Baumwollgarn gemacht; der französische Fabrikant muß auf dieses entweder den Zollschutz bezahlen oder sich endlosen bürokratischen Amtsschikanen unterziehen, die die ihm dadurch ermöglichte admission temporaire[1] mehr als reichlich aufwiegen, und so kann Krefeld erfolgreich konkurrieren, weil dort der Zollschutz auf feines Baumwollgarn immer noch geringer ist. Die französische Ausfuhr, wie schon gesagt, besteht hauptsächlich aus Luxusartikeln, worin der bis jetzt überlegene französische Geschmack entscheidet; aber die Hauptkonsumenten solcher Artikel sind heutzutage überall unsere modernen kapitalistischen Emporkömmlinge, die weder Bildung noch Geschmack haben, die mit billigen und plumpen deutschen oder englischen Nachahmungen ebensogut bedient sind und die oft genug dergleichen Zeug zu wahnsinnigen Preisen für den echten französischen Artikel einkaufen. Der Markt für die Spezialartikel, die außerhalb Frankreichs nicht gemacht werden können, verengert sich mehr und mehr; die französische Industrie-

[1] zeitweise Zulassung

ausfuhr hält sich nur knapp aufrecht und muß bald abnehmen; welche neuen Artikel kann Frankreich ausführen zum Ersatz derjenigen, deren Ausfuhr abstirbt? Wenn hier etwas helfen kann, ist es ein verwegener Schritt in der Richtung zum Freihandel hin, der den französischen Fabrikanten aus seiner gewohnten Treibhausatmosphäre in die freie Luft der offenen Konkurrenz stellt. In der Tat wäre der französische Gesamthandel schon jetzt zusammengeschrumpft, hätte ihm nicht der schwache und unsichere Schritt zum Freihandel hin, der Cobdenvertrag von 1860[332], vorangeholfen; dessen Wirkungen sind jetzt so ziemlich erschöpft, und eine stärkere Dosis von diesem Tonikum ist angezeigt.

Es ist kaum der Mühe wert, von *Rußland* zu sprechen. Dort dient der Schutztarif, dessen Zölle in Gold statt im entwerteten Papiergeld des Landes entrichtet werden müssen, vor allen Dingen dazu, der verpauperten Regierung die klingende Münze zu liefern, deren sie im Verkehr mit auswärtigen Gläubigern leider nicht entraten kann. An dem Tage, wo dieser Tarif seine Schutzbestimmung erfüllt und fremde Waren ausnahmslos ausschließt, an dem Tage ist die russische Regierung bankerott. Trotzdem läßt diese selbe Regierung vor den Augen ihrer gläubigen Untertanen die brillante Hoffnung tänzeln, als sollte dieser Tarif Rußland in ein ökonomisch vollständig unabhängiges Land verwandeln, das vom Ausland nichts, aber auch gar nichts mehr braucht, weder Nahrungsmittel noch Rohstoffe noch Werke der Industrie oder Kunst. Die Leute, die an dieses gespenstige, von der ganzen übrigen Welt abgeschlossene Rußland glauben, stehen auf der Stufe jenes preußischen Gardelieutenants, der im Laden einen Globus verlangte, keinen Erd- oder Himmelsglobus, sondern einen Globus von Preußen.

Doch zurück zu Amerika. Es sind schon Anzeichen genug da, daß der Zollschutz für die Vereinigten Staaten geleistet hat, was er leisten konnte, und daß es Zeit ist, man gibt ihm den Abschied. Eines dieser Anzeichen ist die Bildung von Kartellen zur Unterstützung der geschützten Industrien in der Ausbeutung ihres Monopols. Nun sind Kartelle (Rings, Trusts) echt amerikanische Einrichtungen, und wo sie natürliche Vorteile ausbeuten, muß man sie sich einstweilen gefallen lassen. Die Verwandlung der pennsylvanischen Steinölproduktion in ein Monopol der Standard Oil Company[333] ist ein Verfahren, das mit den Regeln der kapitalistischen Produktion durchaus im Einklang steht. Wenn aber die Zuckersieder den ihnen durch die Nation bewilligten Schutz gegen auswärtige Konkurrenz verwandeln wollen in ein Monopol gegen den inländischen Konsumenten, das heißt, gegen dieselbe Nation, die den Schutz bewilligt hat, so ist das ein anderes Ding. Trotzdem haben die großen Zuckersieder ein Kartell gebildet, das nichts andres erstrebt.[334] Und das Zuckerkartell ist nicht das einzige seiner Art. Die Bildung von solchen Kartellen in geschützten Industrien ist das sicherste Zeichen, daß der Zollschutz sich ausgelebt hat und seinen Charakter verändert; daß er den Fabrikanten nicht mehr gegen den fremden Importeur, sondern gegen den heimischen Konsumenten schützt, daß wenigstens in diesem speziellen Industriezweig er Fabrikanten genug, wo nicht zu viele fabriziert hat; daß das durch den Zollschutz diesen Fabrikanten in den Schoß geworfene Geld einfach weggeworfenes Geld ist – ganz wie in Deutschland.

In Amerika ganz wie anderswo wird der Zollschutz verteidigt mit der Behauptung, daß der Freihandel nur England zugute kommt. Der beste Beweis des Gegenteils ist, daß in England nicht nur die Pächter und Grundbesitzer, sondern selbst die Fabrikanten Schutzzöllner werden. Im Sitz der freihändlerischen Manchesterschule[335], in Manchester selbst, diskutierte am 1. November 1886 die Handelskammer den Antrag,

„daß, nachdem wir vierzig Jahre umsonst gewartet haben, andere Nationen zur Nachahmung des von England gegebenen freihändlerischen Beispiels zu bewegen, die Kammer die Zeit für gekommen glaubt, diese Lage aufs neue in Erwägung zu ziehen."

Der Antrag wurde allerdings verworfen, aber mit 22 Stimmen gegen 21. Und das geschah in dem Zentrum der Baumwollenindustrie, der einzigen englischen Industrie, deren Überlegenheit im offnen Markt noch unbestritten scheint. Aber freilich, auch in diesem speziellen Industriezweig ist der Erfindungsgeist aus England nach Amerika ausgewandert. Die neuesten Verbesserungen in der Baumwollmaschinerie (Spinnen und Weben) sind fast alle von Amerika gekommen und Manchester hatte sie nur einzuführen. In industriellen Erfindungen aller Art steht Amerika entschieden an der Spitze, während Deutschland den Engländern den zweiten Platz streitig macht. Das Bewußtsein gewinnt Boden in England, daß das englische Industriemonopol unwiederbringlich dahin ist, daß England vergleichsweise immer mehr Terrain verliert, während seine Nebenbuhler vorankommen, und daß es allmählich einer Lage zutreibt, wo es ein Industrieland unter vielen wird sein müssen, statt, wie einst geträumt, die „Werkstatt der Welt". Und um dies hereinbrechende Geschick zurückzudämmen, wird jetzt der Zollschutz, schlecht verhüllt unter dem Schleier des „Fair Trade" und der Kampfzölle, angerufen von den Söhnen derselben Männer, die vor vierzig Jahren kein Heil sahen außer im absoluten Freihandel. Und wenn die englischen Fabrikanten jetzt selbst finden, daß der Freihandel sie ruiniert, und die Regierung angehn, sie gegen fremde Konkurrenz zu schützen, dann ist unbedingt der Augenblick gekommen, das fernerhin nutzlose Schutzsystem über Bord zu werfen und das sinkende Industriemonopol Englands zu bekämpfen mit seiner eigenen Waffe, dem Freihandel.

Indes, wie schon gesagt, man führt den Zollschutz leicht ein, man wird ihn aber sobald nicht wieder los. Indem die Gesetzgebung den Zollschutz annahm, hat sie gewaltige Interessen geschaffen und sich für diese verantwortlich gemacht. Nicht jedes einzelne dieser Interessen, nicht jeder Industriezweig ist gleichmäßig darauf eingerichtet, in einem gegebenen Moment sich der freien Konkurrenz ausgesetzt zu sehen. Während einige keine Schutzbemutterung mehr nötig haben, schleppen andere sich mühsam nach. Dieser Unterschied der Lage wird im Parlament den üblichen Parteiklüngel in Bewegung setzen und ist an sich selbst Sicherheit genug, daß, wenn der Freihandel einmal beschlossene Sache ist, mit den geschützten Industrien fein säuberlich verfahren wird, wie nach 1846 mit der Seidenindustrie in England. Wie die Sache liegt, ist das unvermeidlich und die Freihändler werden sich das gefallen lassen müssen, solange der Übergang nur im Prinzip feststeht.

Die Frage über Freihandel und Zollschutz bewegt sich gänzlich innerhalb der Grenzen des heutigen Systems der kapitalistischen Produktion und hat deshalb kein direktes Interesse für Sozialisten, die die Beseitigung dieses Systems verlangen. Sie interessiert sie aber indirekt so weit, als sie dem jetzigen Produktionssystem eine möglichst freie Entfaltung und möglichst rasche Ausdehnung wünschen müssen; denn damit wird es auch seine notwendigen ökonomischen Folgen entfalten: Elend der großen Volksmasse infolge einer Überproduktion, die entweder periodische Krisen oder chronische Stagnation des Verkehrs erzeugt; Spaltung der Gesellschaft in eine kleine Klasse großer Kapitalisten und eine große Klasse tatsächlich erblicher Lohnsklaven, Proletarier, deren Zahl beständig wächst, während sie ebenso beständig durch neue arbeitsparende Maschinerie überzählig gemacht wird; kurz, Verrennung der Gesellschaft in eine Sackgasse, aus der kein Entkommen möglich ist, außer durch eine vollständige Umgestaltung der der Gesellschaft zugrunde liegenden ökonomischen Struktur. Von diesem Standpunkt aus erklärte sich Marx vor vierzig Jahren im Prinzip für den Freihandel als für den geraderen Weg, also denjenigen, der die kapitalistische Gesellschaft am raschesten in diese Sackgasse führen wird. Wenn aber Marx aus diesem Grunde für den Freihandel ist, ist das eben nicht ein Grund für jeden Verteidiger der gegenwärtigen Ordnung, gegen den Freihandel zu sein? Wenn der Freihandel revolutionär sein soll, müssen nicht alle guten Bürger für den Zollschutz stimmen, der dann notwendigerweise konservativ ist?

Wenn heutzutage ein Land den Freihandel annimmt, so wird es das sicher nicht den Sozialisten zu Gefallen tun, sondern weil der Freihandel eine Notwendigkeit für die industriellen Kapitalisten geworden ist. Verwirft es aber den Freihandel und hält fest am Zollschutz, um die Sozialisten um ihre erwartete soziale Katastrophe zu prellen, so ist niemand mehr geprellt als es selbst. Der Schutzzoll ist ein Mittel, Fabrikanten künstlich zu fabrizieren und deswegen ebenfalls ein Mittel, künstlich Lohnarbeiter zu fabrizieren. Züchtet ihr die einen, so züchtet ihr die anderen mit. Der Lohnarbeiter folgt überall in den Fußstapfen des Fabrikanten; er ist wie die schwarze Sorge des Horaz[336], die hinter dem Reiter sitzt und die er nicht abschütteln kann. Dem Schicksal, mit anderen Worten, den notwendigen Folgen eurer eigenen Handlungen könnt ihr nun einmal nicht entgehen. Ein Produktionssystem, gegründet auf der Ausbeutung der Lohnarbeit, ein System, worin der Reichtum wächst im Verhältnis zur Zahl der angewandten und ausgebeuteten Arbeiter, solch ein System kann nicht bestehen, ohne die Klasse der Lohnarbeiter zu vermehren und damit einen Klassengegensatz zu steigern, an dem eines Tages das ganze System zugrunde gehen muß. Es ist nun einmal nicht zu ändern: Ihr könnt nicht anders, als das kapitalistische System fortentwickeln, Akkumulation und Zentralisation des Kapitals beschleunigen und gleichzeitig damit die Produktion einer Arbeiterklasse, die außerhalb der offiziellen Gesellschaft steht. Ob ihr den schutzzöllnerischen oder den freihändlerischen Weg einschlagt, wird am Resultat nichts ändern und kaum etwas an der Länge der Frist, die euch bleibt, bis das Resultat eintritt. Denn lange vorher schon wird der Zollschutz eine unerträgliche Fessel geworden sein für jedes Land, das mit Aussicht auf Erfolg eine unabhängige Stellung auf dem Weltmarkt erstrebt.

Geschrieben zwischen Ende April und 9. Mai 1888.

Nach: „Die Neue Zeit", 6. Jahrgang,
Heft 7, Juli 1888.

[Der Bergarbeiterstreik an der Ruhr 1889[337]]

Der deutsche Bergarbeiterstreik ist für uns ein bedeutendes Ereignis. Ebenso wie die Bergleute in England in der Chartistenzeit sind auch die Kohlengrubenarbeiter in Deutschland als letzte zur Bewegung gestoßen, und das ist nun ihr erster Start. Die Bewegung begann in den nördlichen westfälischen Kohlenfeldern – ein Bezirk, der jährlich 45 Millionen Tonnen fördert und noch nicht halb entwickelt ist. Augenblicklich wird die Kohle aus einer Tiefe von 500 Yard gefördert. Diese Bergarbeiter – bis jetzt gute Untertanen, patriotisch, gehorsam und religiös, die die besten Soldaten für die Infanterie des 7. Armeekorps stellten (ich kenne sie gut, mein Geburtsort liegt nur 6 oder 7 Meilen südlich von diesen Kohlenfeldern) – sind nun durch die kapitalistische Unterdrückung vollkommen aufgerüttelt worden. Während die Zechen – meistens im Besitz großer Aktiengesellschaften – enorme Dividenden auszahlten, wurden die *Real*löhne der Arbeiter ständig weiter herabgedrückt. Der nominelle wöchentliche Lohn wurde zwar aufrechterhalten, in einigen Fällen sogar scheinbar erhöht, indem man die Arbeiter zwang, erhebliche Überzeit zu arbeiten –, statt einer Achtstundenschicht arbeiteten sie 12 bis 16 Stunden, so daß wöchentlich 9 bis 12 Schichten herauskamen. Überall gab es die als „Genossenschafts"-Läden getarnten truck shops[338]. Betrug beim Anschreiben der geförderten Kohle war an der Tagesordnung. Ganze Lorenladungen Kohle wurden nicht angeschrieben, mit der Begründung, es handele sich um schlechte Kohle oder die Lore sei nicht richtig gefüllt. Seit dem vergangenen Winter haben die Arbeiter mehrmals erklärt, daß sie streiken würden, wenn keine Änderung eintrete, aber ohne Erfolg, und schließlich streikten sie, nachdem sie ihre Absicht bekanntgemacht hatten. Die Zechenbesitzer lügen, wenn sie das Gegenteil behaupten. In einer Woche legten 70 000 Bergleute die Arbeit nieder, und die *Besitzer mußten den Streik bezahlen;* denn sie zahlten nur einmal im Monat Lohn und hielten stets einen Monatslohn zurück, *den sie nun den*

Streikenden aushändigen mußten. Die Besitzer wurden somit in ihrem eigenen Netz gefangen. Die Bergarbeiter sandten jene bekannte Delegation zum Kaiser[1] – ein prahlerischer, eingebildeter junger Narr –, der sie mit drohenden Worten empfing, wenn sie sich den Sozialdemokraten zuwenden sollten und die Autoritäten schmähten, würde er sie ohne Gnade niederschießen lassen.[339] (Das ist tatsächlich schon in Bochum versucht worden, wo ein Sekondeleutnant, ein *Bursche von 19 Jahren*, seinen Soldaten befahl, auf die Streikenden zu schießen; doch die meisten feuerten in die Luft.) Doch, wie dem auch sei, das ganze Kaiserreich zitterte vor diesen streikenden Arbeitern. Der Militärgouverneur des Bezirks[2] begab sich ins Ruhrgebiet, ebenso der Staatssekretär des Innern[3], und alles wurde versucht, um die Zechenbesitzer zu bewegen, Konzessionen zu machen. Der Kaiser selbst riet ihnen, ihre Taschen zu öffnen, und erklärte im Ministerrat: „Meine Soldaten sind da, um die Ordnung aufrechtzuerhalten, aber nicht, um den Zechenbesitzern hohe Profite zu sichern."

Durch die Intervention der liberalen Opposition (die im Parlament einen Sitz nach dem anderen verloren hat, weil die Arbeiter zu uns gekommen sind) ist ein Kompromiß zustande gekommen und die Arbeit wurde wieder aufgenommen. Doch im selben Augenblick, als die Arbeiter wieder in den Gruben waren, brachen die Zechenbesitzer ihr Versprechen, einige der Streikführer wurden entlassen (obwohl das Übereinkommen allen ihre alten Arbeitsplätze sicherte), sie weigerten sich, sich wegen der Arbeitszeit mit den Arbeitern zu verständigen. Der Streik drohte wieder auszubrechen. Die Sache ist noch nicht bereinigt, und ich bin sicher, daß die Regierung, die in einer unangenehmen Lage ist, schließlich die Zechenbesitzer veranlassen wird, für einige Zeit nachzugeben. Denn der Streik hat sich zu Kohlenfeld Nr. 2 und Nr. 3 ausgedehnt. Dieser Bezirk war bis jetzt frei von sozialistischer Beeinflussung, weil jeder Mann, der dort agitieren wollte, wenn er in die Maschen des Gesetzes geriet, so viele Jahre Gefängnis bekam, wie er anderswo in Deutschland Monate erhalten hätte. Zwar hat die Regierung Konzessionen gemacht, aber ob sie genügen werden, muß man abwarten. Denn die Arbeiter in den sächsischen Kohlenfeldern und in den zwei schlesischen Kohlenfeldern, noch weiter östlich, sind dem Beispiel gefolgt, so daß in den letzten drei Wochen mindestens 120 000 Kumpel in Deutschland gestreikt haben. Auch die belgischen und böhmischen Bergleute sind angesteckt worden, während in Deutschland noch andere Berufe, die im Frühjahr Streiks vorbereiteten, ihre Arbeit verlassen haben.[340] Daher gibt

[1] Wilhelm II. – [2] Emil von Albedyll – [3] Ernst Ludwig Herrfurth

es keine Zweifel darüber, daß die deutschen Bergleute ihre Brüder im Kampf gegen das Kapital unterstützen, und sie bilden eine prächtige Menschenschar, fast alle haben in der Armee gedient. Sie bilden eine wichtige zusätzliche Kraft in unseren Reihen. Ihr Glauben an den Kaiser und an den Pfarrer ist erschüttert worden, und was auch die Regierung unternehmen mag, keine Regierung kann ihre Wünsche befriedigen, ohne das kapitalistische System zu stürzen – und das kann die deutsche Regierung nicht, noch wird sie es versuchen wollen. Es ist das erste Mal, daß die Regierung vorgegeben hat, eine unparteiische Stellung während eines Streiks in Deutschland einzunehmen. Damit ist nunmehr ihre jungfräuliche Unschuld in dieser Hinsicht für immer dahin und beide, Wilhelm und Bismarck, mußten sich vor den geschlossenen Reihen der 100 000 streikenden Arbeiter beugen. Das allein ist ein wunderbares Resultat.

Geschrieben zwischen 24. und 26. Mai 1889.

Nach: „The Labour Leader", Vol. I,
Nr. 5, Juni 1889.

Aus dem Englischen.

Die Mandate der Possibilisten[341]

Die Anhänger des Pariser Possibilisten-Kongresses wiederholen immer wieder – der unverkennbare Herr Smith Headungley im „Star“[342], Herr H. Burrows und Frau Besant in Wochenblättern –, daß ihr Kongreß ein wahrhaft repräsentativer war, wohingegen am Marxisten-Kongreß Leute teilnahmen, die nur sich selbst vertraten und aus diesem Grunde es nicht wagten, die Herausforderung der Possibilisten anzunehmen und ihnen ihre Mandate vorzulegen. Die englischen Delegierten zum Marxisten-Kongreß werden zweifellos eine Gelegenheit suchen und finden, die Unwahrheit der gegen sie erhobenen Beschuldigungen nachzuweisen; wir können daher einstweilen diesen Teil des Themas fallenlassen und uns darauf beschränken, zu bemerken, daß die Possibilisten dem Marxisten-Kongreß kaum eine größere Beleidigung zufügen konnten, als von ihm zu verlangen, den Akt der Überprüfung seiner eigenen Mandate, der bereits vor zwei (oder drei?) Tagen abgeschlossen war, zu ignorieren und ihre Mandate einer neuen Prüfung zu unterziehen, während die Possibilisten in ihrer Resolution über diesen Punkt es sorgsam vermieden, sich einer Prüfung ihrer eigenen Mandate durch die Marxisten zu unterziehen.

Daß das Obengesagte eine richtige Beurteilung der Angelegenheit darstellt, und daß die Possibilisten weit mehr Grund hatten als die Marxisten, ihre Mandate nur ihren Freunden vorzuweisen, wurde durch die Bemerkungen Dr. Adlers auf dem Marxisten-Kongreß bestätigt, die einige ihm zugegangene Informationen über die „österreichischen“ Delegierten der Possibilisten zum Inhalt hatten. Da diese Angelegenheit für die Art und Weise, in welcher die Possibilisten wahrhaft repräsentative Delegierte fabrizierten, charakteristisch ist, verdient sie es, veröffentlicht zu werden.

In der Liste der Delegierten der Possibilisten finden wir unter „Österreich“ die folgenden Körperschaften vertreten: – „Gewerkschaft der Wiener Bäcker“, „Verband von Oberösterreich und Salzburg“, „Verband der Arbeitsleute von Böhmen, Mähren und Schlesien“. Dr. Adler, der während der vergangenen drei Jahre die sozialistische Bewegung in Österreich mit wundervoller Energie, mit viel Takt und Ausdauer reorganisierte und der alle Arbeitervereinigungen Österreichs kennt, erzählte nun dem Kongreß, daß diese verschiedenen Gesellschaften, was für Verdienste sie auch immer haben mögen, einen fatalen Mangel aufweisen: *sie existieren nicht.*

Als es in Paris bekannt wurde, daß der Marxisten-Kongreß am Sonntag zusammengetreten war und daß Delegierte aus Österreich anwesend waren, kamen gleich am Montag zwei Österreicher zum Kongreß und sprachen mit Dr. Adler. Sie erzählten ihm, daß sie Bäcker seien und schon einige Zeit in Paris arbeiteten. Ein ungarischer Bäcker namens Dobosy habe sie als „Delegierte" zu einem Arbeiterkongreß eingeladen; sie wollten wissen, ob es sich um diesen Kongreß handele. Adler befragte sie eingehender und fand heraus, daß sie für den Possibilisten-Kongreß eingeladen worden waren, für den sie Mitgliedskarten hatten. Den Männern, von denen sie eingeladen worden waren, wollten sie gesagt haben, daß sie niemand anders als sich selbst verträten, woraufhin man ihnen entgegnet habe, daß dies nichts ausmache, Österreich sei ein despotisches Land und reguläre Mandate seien daher nicht erforderlich. Sie glaubten nun, daß sich die eigentlichen österreichischen Delegierten auf dem anderen Kongreß befinden. Was rate man ihnen, zu tun? Die österreichischen Delegierten sagten ihnen, daß sie kein Recht hätten, bei irgendeinem Kongreß Delegierte zu spielen. Darauf wurde ein weiteres Gespräch vereinbart. Nach ein oder zwei Tagen kamen sie wieder, nahmen an der Tagung des Marxisten-Kongresses teil und erklärten darauf, daß sie selbst begriffen hätten, daß sie aus dieser falschen Lage herausmüßten, aber wie? Man sagte ihnen, daß sie ihre Mandate zurückgeben sollten. Sie hatten überhaupt keine. Dann gebt eure Mitgliedskarten zurück. Dies versprachen sie zu tun und kehrten dann zurück, um mitzuteilen, daß sie es getan hätten.

Dies ist ein Beispiel dafür, was die Possibilisten und ihre englischen Parteigänger „streng repräsentativ" nennen. Und die eindrucksvolle Liste ungarischer Gesellschaften mit Namen, die unter Druckfehlern so gut verborgen sind, daß nur bei wenigen der angebliche Sitz erkennbar ist, und nach Aussage der wirklichen ungarischen Delegierten des Marxisten-Kongresses außerhalb des Wunderlandes possibilistischer Einbildungen ebenfalls nicht existent sind – wie durchsichtig ist doch dieser Betrug. „Soziale Studienzirkel und Verbände Kroatiens, Slawoniens, Dalmatiens, von Triest und Fiume" – dieser pompöse Titel trägt zu offensichtlich den Stempel seines Pariser Ursprungs. Man bedenke, daß hinter all dem nicht einmal die – drei Schneider aus der Tooley Street [343] stehen!

Man sagt uns weiterhin, es sei völlig falsch, daß der Possibilisten-Kongreß ein bloßer Trade-Unions-Kongreß war. Herr Herbert Burrows ist über eine derartige Verleumdung ganz ungehalten; mit Ausnahme einiger weniger englischer Trade-Unionisten waren „alle Delegierten" revolutionäre Sozialisten und vertraten als solche ihre entsprechenden Gesellschaften. Um nur ein Beispiel zu geben: was schreibt „El Socialista"[344] aus Madrid (26. Juli) über die spanischen Delegierten der Possibilisten? Daß „sie sagen, daß sie 20 000 Sozialisten vertreten, wo sie doch nur Delegierte von Gesellschaften sind, in welchen sowohl für die Karlisten[345] als auch die revolutionären Sozialisten Platz ist" – also völlig unpolitische Klubs oder was man in England Trade-Unions nennt.

Geschrieben zwischen 5. und 8. August 1889.

Nach: „The Labour Elector", Vol. II,
Nr. 32 vom 10. August 1889.
Aus dem Englischen.

[Der Streik der Londoner Dockarbeiter[346]]

Ich beneide Sie um Ihre Arbeit beim Streik der Dockarbeiter. Es ist die meistversprechende Bewegung, die wir seit Jahren gehabt haben, und ich bin stolz und froh, sie miterlebt zu haben. Wenn nur Marx noch lebte, um das sehen zu können! Wenn diese armen geknechteten Menschen, der Bodensatz des Proletariats, die Elendesten aus allen Berufen, die jeden Morgen vor den Toren der Docks um eine Beschäftigung kämpfen, wenn *sie* sich zusammenschließen können und durch ihre Entschlossenheit die mächtigen Dockgesellschaften erschrecken, dann brauchen wir wahrhaftig an keiner Gruppe der Arbeiterklasse zu verzweifeln. Das ist der Anfang wirklichen Lebens in East End[166] und wird, wenn erfolgreich, den ganzen Charakter von East End verändern. Dort – angesichts des Mangels an Selbstvertrauen und Organisation bei den armen Teufeln, die im immerwährenden Elend dahinvegetieren – kann man sagen: „lasciate ogni speranza"[1] ... Wenn die Dockarbeiter sich organisieren, werden alle anderen Gruppen folgen ... Es ist eine herrliche Bewegung, und noch einmal: ich beneide alle, die an diesem Werke teilhaben können.

Geschrieben zwischen 20.
und 26. August 1889.

Nach: „The Labour Elector", Vol. II,
Nr. 35 vom 31. August 1889.

Aus dem Englischen.

[1] „Laßt alle Hoffnung fahren"[347]

Die Abdankung der Bourgeoisie[348]

[„Der Sozialdemokrat"
Nr. 40 vom 5. Oktober 1889]

Von allen nationalen Bourgeoisien hat unleugbar die englische bis jetzt den meisten Klassenverstand – d.h. politischen Verstand – sich bewahrt. Unsere deutsche Bourgeoisie ist dumm und feig; sie hat nicht einmal verstanden, die ihr 1848 durch die Arbeiterklasse erkämpfte politische Herrschaft zu ergreifen und festzuhalten; die Arbeiterklasse muß in Deutschland erst die Reste des Feudalismus und des patriarchalischen Absolutismus wegfegen, die unsere Bourgeoisie längst aus der Welt zu schaffen verpflichtet war. Die französische Bourgeoisie, die geldgierigste und genußsüchtigste von allen, wird durch ihre eigene Geldgier geblendet über ihre eigenen Zukunftsinteressen; sie sieht nur von heute auf morgen, sie stürzt sich profitwütig in die skandalöseste Korruption, erklärt eine Einkommensteuer für sozialistischen Hochverrat, kann keinem Streik anders begegnen als mit Infanteriesalven und bringt es damit fertig, daß in einer Republik mit allgemeinem Stimmrecht den Arbeitern kaum ein anderes Siegesmittel bleibt als die gewaltsame Revolution. Die englische Bourgeoisie ist weder so gierig-dumm wie die französische, noch so feig-dumm wie die deutsche. Sie hat während der Zeit ihrer größten Triumphe den Arbeitern fortwährend Konzessionen gemacht; selbst ihr borniertester Teil, die konservative Grund- und Finanzaristokratie, scheute sich nicht, den städtischen Arbeitern das Stimmrecht in einem Maß zu übertragen, daß es nur die Schuld dieser Arbeiter selbst war, wenn sie nicht seit 1868 40–50 der ihrigen im Parlament hatten. Und seitdem hat die gesamte Bourgeoisie – Konservative und Liberale vereinigt – das erweiterte Stimmrecht auch auf die Landbezirke ausgedehnt, die Größe der Wahlkreise annähernd ausgeglichen und damit der Arbeiterklasse mindestens dreißig weitere Wahlkreise zur Verfügung gestellt. Während die deutsche Bourgeoisie die Fähigkeit, als herrschende Klasse die Nation zu führen und zu vertreten, nie gehabt hat, während die französische tagtäglich – und eben jetzt wieder in den Wahlen[349] – beweist, daß sie diese Fähigkeit – und sie besaß sie einst in höherem Grad als irgendeine andere Mittelklasse – total verloren hat, bewies die englische Bourgeoisie (worin die sog. Aristokratie aufgegangen und einbegriffen ist) bis zuletzt noch eine gewisse Gabe, ihre Stellung als leitende Klasse wenigstens einigermaßen auszufüllen.

Das scheint jetzt aber mehr und mehr anders zu werden.

In London ist alles, was mit dem alten Stadtregiment – der Verfassung und Verwaltung der eigentlichen City – zusammenhängt, noch reines Mittelalter. Und dazu gehört auch der Hafen von London, der erste Hafen der Welt. Die Besitzer der Ladeplätze (wharfingers), die Ewerführer (lightermen), die Bootsleute (watermen) bilden richtige Zünfte mit ausschließlichen Privilegien und teilweise noch mittelalterlichen Trachten. Diesen altväterischen Zunftprivilegien ist nun in den letzten siebenzig Jahren das Monopol der Dockgesellschaften als Krone aufgesetzt und damit der ganze große Hafen von London einer kleinen Anzahl privilegierter Korporationen zur rücksichtslosen Ausbeutung überantwortet worden. Und diese ganze privilegierte Mißgeburt wird verewigt und sozusagen unantastbar gemacht durch die endlose Reihe verwickelter und widerspruchsvoller Parlamentsakte, wodurch sie geschaffen und großgezogen wurde, derart, daß dies juristische Labyrinth ihre beste Schutzmauer geworden ist. Während aber gegenüber dem handeltreibenden Publikum diese Korporationen auf ihre mittelalterlichen Vorrechte pochen und London zum kostspieligsten Hafen der Welt machen, haben sich die Mitglieder dieser Gesellschaft in reine Bourgeois verwandelt, die außer ihren Kunden noch ihre Arbeiter in der schnödesten Weise ausbeuten und so die Vorteile der mittelalterlich-zünftigen und der modern-kapitalistischen Gesellschaft gleichzeitig einsacken.

Da aber diese Ausbeutung im Rahmen der modern-kapitalistischen Gesellschaft vor sich ging, blieb sie trotz der mittelalterlichen Verkleidung den Gesetzen dieser Gesellschaft unterworfen. Die Großen fraßen die Kleinen auf oder ketteten sie wenigstens an ihren Siegeswagen. Die großen Dockgesellschaften wurden die Herren über die Zünfte der Werftbesitzer, Ewerführer und Bootsleute und damit über den ganzen Londoner Hafen. Sie sahen damit die Aussicht auf grenzenlosen Profit eröffnet. Diese Aussicht blendete sie. Sie warfen Millionen zum Fenster hinaus in törichten Anlagen; und da dieser Gesellschaften mehrere waren, ließen sie sich auf einen gegenseitigen Konkurrenzkrieg ein, der weitere Millionen kostete, neue sinnlose

Bauten hervorrief und die Gesellschaften an den Rand des Bankrotts brachte, bis sie endlich vor etwa zwei Jahren sich einigten.

Inzwischen hatte der Londoner Handel seinen Höhepunkt überschritten. Havre, Antwerpen, Hamburg, und seit dem neuen Seekanal Amsterdam, zogen einen wachsenden Anteil des Verkehrs an sich, der früher in London seinen Mittelpunkt gefunden. Liverpool, Hull und Glasgow nahmen ebenfalls ihr Teil. Die neugebauten Docks blieben leer, die Dividenden schrumpften ein und verschwanden teilweise ganz, die Aktien sanken, die Dockdirektoren, eigensinnige, durch die alte gute Zeit verwöhnte, hochmütige Geldprotzen, wußten keinen Rat. Die wirklichen Ursachen des relativen und absoluten Rückgangs des Londoner Hafenverkehrs wollten sie nicht eingestehen. Und diese Ursachen, soweit sie lokaler Natur, sind einzig und allein ihre eigne hochnasige Verkehrtheit und deren Mutter, ihre privilegierte Stellung, die mittelalterliche, längst überlebte Verfassung der City und des Hafens von London, die von Rechts wegen ins Britische Museum gehört, neben ägyptische Mumien und assyrische steinerne Ungeheuer.

Nirgendwo sonst in der Welt würde eine derartige Verrücktheit geduldet werden. In Liverpool, wo ähnliche Zustände in der Bildung begriffen waren, wurden sie im Keim erdrückt und die ganze Hafenverfassung modernisiert. Aber in London leidet der Handel darunter, knurrt, und – läßt es über sich ergehn. Die Bourgeoisie, deren Masse die Kosten dieser Abgeschmacktheiten zu zahlen hat, beugt sich vor dem Monopol – widerwillig zwar, aber sie beugt sich. Sie hat nicht mehr die Energie, den Alp abzuschütteln, der mit der Zeit die Lebensbedingungen von ganz London zu erdrücken droht.

Da bricht der Streik der Dockarbeiter aus.[346] Nicht die von den Dockgesellschaften geplünderte Bourgeoisie rebelliert; es sind die von ihnen ausgebeuteten Arbeiter, die Ärmsten der Armen, die unterste Schicht der Proletarier des Ostends, die den Dockmagnaten den Fehdehandschuh hinwerfen. Und da endlich besinnt sich die Bourgeoisie, daß auch sie in den Dockmagnaten einen Feind hat, daß die streikenden Arbeiter nicht nur in ihrem eigenen Interesse, sondern indirekt auch im Interesse der Bourgeoisklasse den Kampf aufgenommen haben. Das ist das Geheimnis der Sympathie des Publikums mit dem Streik und der bisher unerhört freigebigen Geldbeiträge aus bürgerlichen Kreisen. Aber dabei blieb's auch. Die Arbeiter gingen ins Feuer unter dem Beifallsruf und Händeklatschen der Bourgeoisie; die Arbeiter fochten den Kampf aus und bewiesen nicht nur, daß die stolzen Dockmagnaten besiegbar waren, sondern wühlten auch durch ihren Kampf und Sieg die gesamte öffentliche Meinung derartig auf, daß Dockmonopol und feudale Hafenverfassung jetzt nicht länger zu halten sind und demnächst wohl ins Britische Museum wandern werden.

Dies Stück Arbeit hätte die Bourgeoisie längst besorgen sollen. Sie hat es nicht gekonnt oder nicht gewollt. Jetzt haben die Arbeiter es in die Hand genommen und jetzt wird es erledigt. Mit andern Worten, hier hat die Bourgeoisie von ihrer eignen Rolle abgedankt zugunsten der Arbeiter.

Nun ein anderes Bild. Aus dem mittelalterlichen Londoner Hafen gehen wir in die modernen Baumwollspinnereien von Lancashire. Hier sind wir augenblicklich in der Periode, wo die Baumwollernte von 1888 erschöpft und die von 1889 noch nicht auf dem Markt angekommen ist, also in der Periode, wo die Spekulation im Rohstoff die besten Aussichten hat. Ein reicher Holländer namens Steenstrand hat mit anderen Spießgesellen einen „Ring" gebildet zum Aufkauf aller verfügbaren Baumwolle und zur entsprechenden Preistreiberei. Die Baumwollspinner können dem nur entgegentreten, indem sie die Konsumtion einschränken, d.h. ihre Fabriken mehrere Tage der Woche oder ganz stillsetzen, bis neue Baumwolle in Sicht ist. Das haben sie denn auch seit sechs Wochen versucht. Aber es will nicht gehen, wie es schon bei früheren Gelegenheiten nie hat gehen wollen. Denn unter den Spinnern sind viele so verschuldet, daß teilweiser oder ganzer Stillstand sie an den Rand des Untergangs bringt. Und andere wünschen sogar, daß die Mehrzahl stillsetze und damit die Garnpreise herauftreibe; sie selbst aber wollen fortarbeiten und von diesen höheren Garnpreisen profitieren. Es hat sich auch schon seit reichlich zehn Jahren herausgestellt, daß es nur ein Mittel gibt, den allgemeinen Stillstand aller Baumwollfabriken – gleichviel für welchen Endzweck – zu erzwingen. Nämlich indem man eine Lohnherabsetzung, sage von 5 Prozent, ins Werk setzt. Dann gibt's einen Streik oder auch einen Fabrikenschluß durch die Fabrikanten selbst, und dann, im Kampf gegen die Arbeiter, herrscht unbedingte Einigkeit unter den Fabrikanten, und selbst diejenigen setzen ihre Maschinen still, die nicht wissen, ob sie je wieder im Stand sein werden, sie in Gang zu setzen.

Wie die Dinge liegen, ist heute eine Lohnherabsetzung nicht rätlich. Wie aber ohne sie die allgemeine Schließung der Fabriken durchsetzen, ohne die die Spinner den Spekulanten auf etwa sechs Wochen an Händen und Füßen gebunden ausgeliefert sind? Durch einen Schritt, der in der Geschichte der modernen Industrie einzig dasteht.

Die Fabrikanten, durch ihr Zentralkomitee, wenden sich „offiziös" an das Zentralkomitee der Fachvereine der Arbeiter mit der Bitte, die organisierten Arbeiter möchten im gemeinsamen Interesse die widerspenstigen

Fabrikanten zum Stillstand *zwingen* durch Organisierung von Streiks. Die Herren Fabrikanten, im Eingeständnis ihrer eigenen Unfähigkeit zu geschlossenem Handeln, bitten die früher so gehaßten Gewerkschaften der Arbeiter, doch gütigst Zwang gegen sie selbst, die Fabrikanten, anwenden zu wollen, damit sie, die Fabrikanten, durch die bittre Not endlich dahin gebracht werden, einheitlich, als Klasse im Interesse ihrer eigenen Klasse zu handeln. Durch die Arbeiter gezwungen, denn sie selbst bringen's nicht fertig!

Die Arbeiter willigten ein. Und die bloße Drohung der Arbeiter genügte. In 24 Stunden war der „Ring" der Baumwollspekulanten gebrochen. Das beweist, was die Fabrikanten können, und was die Arbeiter.

Hier also, in der modernsten aller modernen Großindustrien, erweist sich die Bourgeoisie ebenso unfähig, ihre eigenen Klasseninteressen durchzusetzen wie im mittelalterlichen London. Und noch mehr. Sie gesteht es offen ein, und, indem sie sich an die organisierten Arbeiter wendet mit der Bitte, ein wesentliches Klasseninteresse der Fabrikanten gegen die Fabrikanten selbst zu erzwingen, dankt sie nicht nur selbst ab, sondern erkennt in der organisierten Arbeiterklasse ihre zur Herrschaft berufene und befähigte Nachfolgerin. Sie proklamiert es selbst, daß, wenn auch noch jeder einzelne Fabrikant seine eigene Fabrik leiten kann, einzig und allein die organisierten Arbeiter noch imstande sind, die Leitung der gesamten Baumwollindustrie in die Hand zu nehmen. Und das heißt auf deutsch, daß die Fabrikanten keinen anderen Beruf mehr haben als den, die bezahlten Geschäftsführer im Dienst der organisierten Arbeiter zu werden.

F. Engels

Geschrieben am 1. oder 2. Oktober 1889.

FRIEDRICH ENGELS

Aus dem handschriftlichen Nachlaß

[Über die Assoziation der Zukunft[350]]

Die bisherigen – naturwüchsigen oder auch gemachten Assoziationen waren der Sache nach für ökonomische Zwecke, aber diese Zwecke versteckt und vergraben unter ideologischen Nebendingen. Die antike Polis[351], die mittelalterliche Stadt oder Zunft, der Feudalverband des Grundadels, alle hatten ideologische Nebenzwecke, die sie heiligten, und die beim Patrizier-Geschlechterverband und der Zunft nicht minder aus Erinnerungen, Traditionen und Vorbildern der Gentilgesellschaft entsprangen, als die antike Polis. – Erst die kapitalistischen Handelsgesellschaften sind ganz nüchtern und sachlich – aber kommun. Die Assoziation der Zukunft wird die Nüchternheit der letzteren vereinigen mit der Sorge für die gemeinsame gesellschaftliche Wohlfahrt der alten und dadurch ihren Zweck erfüllen.

Geschrieben April/Mai 1884.
Nach der Handschrift.

[Über den Verfall des Feudalismus und das Aufkommen der Bourgeoisie[352]]

Während die wüsten Kämpfe des herrschenden Feudaladels das Mittelalter mit ihrem Lärm erfüllten, hatte die stille Arbeit der unterdrückten Klassen in ganz Westeuropa das Feudalsystem untergraben, hatte Zustände geschaffen, in denen für den Feudalherrn immer weniger Platz blieb. Auf dem Lande freilich trieben die adligen Herren noch ihr Wesen, peinigten die Leibeignen, schwelgten von ihrem Schweiß, ritten ihre Saaten nieder, vergewaltigten ihre Weiber und Töchter. Aber ringsherum hatten sich Städte erhoben; in Italien, Südfrankreich, am Rhein altrömische Munizipien, aus ihrer Asche erstanden; anderswo, namentlich im Innern Deutschlands, neue Schöpfungen; immer eingeringt in schirmende Mauern und Gräben, Festungen, weit stärker als die Burgen des Adels, weil bezwingbar nur durch ein großes Heer. Hinter diesen Mauern und Gräben entwickelte sich – zunft-bürgerlich und kleinlich genug – das mittelalterliche Handwerk, sammelten sich die ersten Kapitalien an, entsprang das Bedürfnis des Verkehrs der Städte untereinander und mit der übrigen Welt, und, mit dem Bedürfnis, allmählich auch die Mittel, diesen Verkehr zu schützen.

Im fünfzehnten Jahrhundert waren die Städtebürger bereits unentbehrlicher in der Gesellschaft geworden als der Feudaladel. Zwar war der Ackerbau noch immer die Beschäftigung der großen Masse der Bevölkerung und damit der Hauptproduktionszweig. Aber die paar vereinzelten Freibauern, die sich hie und da noch gegen die Anmaßungen des Adels erhalten, bewiesen hinreichend, daß beim Ackerbau nicht die Bärenhäuterei und die Erpressungen des Adligen die Hauptsache sei, sondern die Arbeit des Bauern. Und dann hatten sich die Bedürfnisse auch des Adels so vermehrt und verändert, daß selbst ihm die Städte unentbehrlich geworden; bezog er doch sein einziges Produktionswerkzeug, seinen Panzer und seine Waffen, aus den Städten! Einheimische Tuche, Möbel und Schmucksachen, italienische Seidenzeuge, Brabanter Spitzen, nordische Pelze, arabische Wohlgerüche, levantische Früchte, indische Gewürze – alles, nur die Seife nicht – kaufte er von den Städtern. Ein gewisser Welthandel hatte sich entwickelt; die Italiener befuhren das Mittelmeer und darüber hinaus die atlantischen Küsten bis Flandern, die Hanseaten beherrschten bei aufkommender holländischer und englischer Konkurrenz noch immer Nord- und Ostsee. Zwischen den nördlichen und südlichen Zentren des Seeverkehrs wurde die Verbindung über Land erhalten; die Straßen, auf denen diese Verbindung stattfand, gingen durch Deutschland. Während der Adel immer überflüssiger und der Entwicklung hinderlicher, wurden so die Städtebürger die Klasse, in der die Fortentwicklung der Produktion und des Verkehrs, der Bildung, der sozialen und politischen Institutionen sich verkörpert fand.

Alle diese Fortschritte der Produktion und des Austausches waren in der Tat, nach heutigen Begriffen, sehr beschränkter Natur. Die Produktion blieb gebannt in die Form des reinen Zunfthandwerks, behielt also selbst noch einen feudalen Charakter; der Handel blieb innerhalb der europäischen Gewässer und ging nicht über die levantischen Küstenstädte hinaus, in denen er die Produkte des Fernen Ostens eintauschte. Aber kleinlich und beschränkt, wie die Gewerbe und mit ihnen die gewerbtreibenden Bürger blieben, sie reichten hin, die feudale Gesellschaft umzuwälzen, und sie blieben wenigstens in der Bewegung, während der Adel stagnierte.

Dabei hatte die Bürgerschaft der Städte eine gewaltige Waffe gegen den Feudalismus – *das Geld*. In der feudalen Musterwirtschaft des frühen Mittelalters war für das Geld kaum Platz gewesen. Der Feudalherr bezog von seinen Leibeignen alles, was er brauchte; entweder in der Form von Arbeit oder in der von fertigem Produkt; die Weiber spannen und woben den Flachs und die Wolle und machten die Kleider; die Männer bestellten das Feld; die Kinder hüteten das Vieh des Herrn, sammelten ihm Waldfrüchte, Vogelnester, Streu; die ganze Familie hatte außerdem noch Korn, Obst, Eier, Butter, Käse, Geflügel, Jungvieh und was nicht alles noch einzuliefern. Jede Feudalherrschaft genügte sich selbst; sogar die Kriegsleistungen wurden in Produkten eingefordert; Verkehr, Austausch war nicht vorhanden, Geld überflüssig. Europa war auf eine so niedrige Stufe herabgedrückt, hatte so sehr wieder von vorn angefangen, daß das Geld damals weit weniger eine gesellschaftliche als eine bloß politische Funktion hatte: Es diente zum *Steuerzahlen* und wurde hauptsächlich erworben durch *Raub*.

Alles das war jetzt anders. Geld war wieder allgemeines Austauschmittel geworden, und damit hatte sich seine Masse bedeutend vermehrt; auch der Adel konnte es nicht mehr entbehren, und da er wenig oder nichts zu verkaufen hatte, da auch das Rauben jetzt nicht ganz so leicht mehr war, mußte er sich entschließen, vom bürgerlichen Wucherer zu borgen. Lange ehe die Ritterburgen von den neuen Geschützen in Bresche gelegt, waren sie schon vom Geld unterminiert; in der Tat, das Schießpulver war sozusagen bloß der Gerichtsvollzieher im Dienst des Geldes. Das Geld war der große politische Gleichmachungshobel der Bürgerschaft. Überall, wo ein persönliches Verhältnis durch ein Geldverhältnis, eine Naturalleistung durch eine Geldleistung verdrängt wurde, da trat ein bürgerliches Verhältnis an die Stelle eines feudalen. Zwar blieb die alte brutale Naturalwirtschaft auf dem Lande in bei weitem den meisten Fällen bestehn; aber schon gab es ganze Distrikte, wo, wie in Holland, in Belgien, am Niederrhein, die Bauern den Herren Geld statt Fronden und Naturalabgaben entrichteten, wo Herren und Untertanen schon den ersten entscheidenden Schritt getan hatten zum Übergang in Grundbesitzer und Pächter, wo also auch auf dem Lande den politischen Einrichtungen des Feudalismus ihre gesellschaftliche Grundlage abhanden kam.

Wie sehr die Feudalität am Ende des fünfzehnten Jahrhunderts schon vom Geld unterhöhlt und innerlich ausgefressen war, tritt schlagend hervor an dem Golddurst, der sich um diese Zeit Westeuropas bemächtigt. *Gold* suchten die Portugiesen an der afrikanischen Küste, in Indien, im ganzen Fernen Osten; *Gold* war das Zauberwort, das die Spanier über den Atlantischen Ozean nach Amerika trieb; *Gold* war das erste, wonach der Weiße frug, sobald er einen neuentdeckten Strand betrat. Aber dieser Drang, in die Ferne auf Abenteuer auszuziehn, um Gold zu suchen, so sehr er auch im Anfang in feudalen und halbfeudalen Formen sich verwirklicht, war doch in seiner Wurzel schon unverträglich mit dem Feudalismus, dessen Grundlage der Ackerbau und dessen Eroberungszüge wesentlich auf *Landerwerb* gerichtet waren. Dazu war die Schiffahrt ein entschieden *bürgerliches* Gewerbe, das seinen antifeudalen Charakter auch allen modernen Kriegsflotten aufgeprägt hat.

Im fünfzehnten Jahrhundert war also die Feudalität in ganz Westeuropa in vollem Verfall; überall hatten sich Städte mit antifeudalen Interessen, mit eignem Recht und mit bewaffneter Bürgerschaft in die feudalen Gebiete eingekeilt, hatten die Feudalherren teilweise schon gesellschaftlich, durch das Geld, und hie und da sogar auch politisch in ihre Abhängigkeit gebracht; selbst auf dem Lande, da, wo der Ackerbau durch besonders günstige Verhältnisse sich gehoben, fingen die alten Feudalbande an, unter der Einwirkung des Geldes sich zu lösen; nur in neueroberten Ländern, wie die ostelbischen Deutschlands, oder in sonst zurückgebliebenen, von den

Wegen des Handels abgelegenen Strichen blühte die alte Adelsherrschaft fort. Überall aber hatten sich – in den Städten wie auf dem Land – die Elemente der Bevölkerung gemehrt, die vor allem verlangten, daß das ewige sinnlose Kriegführen aufhöre, jene Fehden der Feudalherren, die den innern Krieg permanent machten, selbst wenn der fremde Feind im Lande war, jener Zustand ununterbrochener, rein zweckloser Verwüstung, der das ganze Mittelalter hindurch gewährt hatte. Selbst noch zu schwach, ihren Willen durchzusetzen, fanden diese Elemente einen starken Rückhalt in der Spitze der ganzen feudalen Ordnung – im Königtum. Und hier ist der Punkt, wo uns die Betrachtung der gesellschaftlichen Verhältnisse zu der der staatlichen führt, wo wir aus der Ökonomie übertreten in die Politik.

Aus dem Völkergewirr des frühesten Mittelalters entwickelten sich nach und nach die neuen Nationalitäten, ein Prozeß, bei dem bekanntlich in den meisten ehemals römischen Provinzen die Besiegten den Sieger, der Bauer und Städter den germanischen Herrn sich assimilierten. Die modernen Nationalitäten sind also ebenfalls das Erzeugnis der unterdrückten Klassen. Wie die Verschmelzung hier, die Grenzscheidung dort vor sich ging, davon gibt uns ein anschauliches Bild die Menkesche Gaukarte des mittleren Lothringens*. Man braucht bloß auf dieser Karte die Grenzscheide romanischer und deutscher Ortsnamen zu verfolgen, um sich zu überzeugen, daß diese für Belgien und Niederlothringen mit der noch vor hundert Jahren bestehenden Sprachgrenze des Französischen und Deutschen in der Hauptsache zusammenfällt. Hie und da findet sich noch ein schmales streitiges Gebiet, wo die beiden Sprachen um den Vorrang kämpfen; im ganzen aber steht fest, was deutsch, was romanisch bleiben soll. Die altniederfränkische und althochdeutsche Form der meisten Ortsnamen der Karte aber beweist, daß sie dem neunten, spätestens zehnten Jahrhundert angehören, daß also die Grenze gegen Ende der karolingschen Zeit schon im wesentlichen gezogen war. Auf der romanischen Seite finden sich nun, besonders in der Nähe der Sprachgrenze, Mischnamen, aus einem deutschen Personennamen und einer romanischen Ortsbezeichnung zusammengesetzt, z.B. westlich der Maas bei Verdun: Eppone curtis, Rotfridi curtis, Ingolini curtis, Teudegisilo-villa, heute Ippécourt, Récourt la Creux, Amblaincourt sur Aire, Thierville. Es waren dies fränkische Herrensitze, kleine deutsche Kolonien auf romanischem Boden, die früher oder später der Romanisierung verfielen. In den Städten und in einzelnen ländlichen Strichen saßen stärkere

* Spruner-Menke, „Hand-Atlas zur Geschichte des Mittelalters und der neueren Zeit", 3. Aufl., Gotha 1874, Karte Nr. 32.

deutsche Kolonien, die ihre Sprache noch längere Zeit beibehielten; aus einer solchen ging z.B. Ende des neunten Jahrhunderts noch das „Ludwigslied"[353] hervor; daß aber schon früher ein großer Teil der fränkischen Herren romanisiert war, beweisen die Eidformeln der Könige und Großen von 842, in denen das Romanische schon als Amtssprache Frankreichs auftritt[354].

Die Sprachgruppen einmal abgegrenzt (vorbehaltlich späterer Eroberungs- und Ausrottungskriege, wie sie z.B. gegen die Elbslawen[355] geführt wurden), war es natürlich, daß sie der Staatenbildung zur gegebenen Grundlage dienten, daß die Nationalitäten anfingen, sich zu Nationen zu entwickeln. Wie mächtig dies Element schon im neunten Jahrhundert war, beweist das rasche Zusammenbrechen des Mischstaats Lotharingien[356]. Zwar blieben das ganze Mittelalter durch Sprachgrenzen und Landesgrenzen weit davon entfernt sich zu decken; aber es war doch jede Nationalität, Italien etwa ausgenommen, durch einen besondern großen Staat in Europa vertreten, und die Tendenz, nationale Staaten herzustellen, die immer klarer und bewußter hervortritt, bildet einen der wesentlichsten Fortschrittshebel des Mittelalters.

In jedem dieser mittelalterlichen Staaten bildete nun der König die Spitze der ganzen feudalen Hierarchie, eine Spitze, der die Vasallen nicht entraten konnten und gegen die sie sich zugleich im Stand permanenter Rebellion befanden. Das Grundverhältnis der ganzen feudalen Wirtschaft, Landverleihung gegen Leistung gewisser persönlicher Dienste und Abgaben, lieferte schon in seiner ursprünglichen, einfachsten Gestalt Stoff genug zu Streitigkeiten, besonders wo so viele ein Interesse hatten, Händel zu suchen. Wie nun erst im späteren Mittelalter, wo die Lehnsbeziehungen in allen Ländern unentwirrbare Knäuel von bewilligten, entzogenen, wieder erneuerten, verwirkten, veränderten oder anders bedingten Berechtigungen und Verpflichtungen bildeten? Karl der Kühne z.B. war für einen Teil seiner Länder Lehnsmann des Kaisers, für andre Lehnsmann des Königs von Frankreich; andrerseits war der König von Frankreich, sein Lehnsherr, zugleich für gewisse Gebiete der Lehnsmann Karls des Kühnen, seines eignen Vasallen; wie da Konflikten entgehn? – Daher dieses jahrhundertlange Wechselspiel der Attraktion der Vasallen zum königlichen Zentrum hin, das allein sie gegen außen und gegen einander schützen kann, und die Repulsion vom Zentrum, in die jene Attraktion unaufhörlich und unvermeidlich umschlägt; daher der ununterbrochene Kampf zwischen Königtum und Vasallen, dessen ödes Getöse alles andre übertäubte während jener langen Zeit, wo der Raub die einzige, des freien Mannes würdige

Erwerbsquelle war; daher jene endlose, sich immer neu erzeugende Reihe von Verrat, Meuchelmord, Vergiftung, Heimtücke und aller nur erdenklichen Niederträchtigkeiten, die sich hinter dem poetischen Namen der Ritterlichkeit versteckt und in einem fort von Ehre und Treue redet.

Daß in diesem allgemeinen Wirrwarr das Königtum das progressive Element war, liegt auf der Hand. Es vertrat die Ordnung in der Unordnung, die sich bildende Nation gegenüber der Zersplitterung in rebellische Vasallenstaaten. Alle revolutionären Elemente, die sich unter der feudalen Oberfläche bildeten, waren ebenso auf das Königtum angewiesen wie das Königtum auf sie. Die Allianz von Königtum und Bürgertum datiert aus dem zehnten Jahrhundert; oft durch Konflikte unterbrochen, wie denn im ganzen Mittelalter nichts stetig seine Bahn verfolgt, erneuerte sie sich immer fester, immer gewaltiger, bis sie dem Königtum zum endgültigen Sieg verhalf und das Königtum seinen Verbündeten zum Dank unterjochte und ausplünderte.

Könige wie Bürger fanden eine mächtige Stütze an dem aufkommenden Stande der *Juristen*. Mit der Wiederentdeckung des römischen Rechts trat die Teilung der Arbeit ein zwischen den Pfaffen, den Rechtskonsulenten der Feudalzeit, und den nicht geistlichen Rechtsgelehrten. Diese neuen Juristen waren von vornherein wesentlich bürgerlicher Stand; dann aber war auch das von ihnen studierte, vorgetragne und ausgeübte Recht seinem Charakter nach wesentlich antifeudal und in gewisser Beziehung bürgerlich. Das römische Recht ist so sehr der klassische juristische Ausdruck der Lebensverhältnisse und Kollisionen einer Gesellschaft, in der das reine Privateigentum herrscht, daß alle späteren Gesetzgebungen nichts Wesentliches daran zu bessern vermochten. Das bürgerliche Eigentum des Mittelalters war aber noch stark mit feudalen Beschränkungen verquickt, bestand z.B. großenteils in Privilegien; das römische Recht war also insofern auch den bürgerlichen Verhältnissen von damals weit voraus. Die weitere geschichtliche Entwicklung des bürgerlichen Eigentums konnte aber nur darin bestehn, daß es sich, wie auch geschehn, zum reinen Privateigentum fortbildete. Diese Entwicklung mußte aber einen mächtigen Hebel finden im römischen Recht, das alles das schon fertig enthielt, dem die Bürgerschaft des späteren Mittelalters nur noch unbewußt zustrebte.

Wenn auch in sehr vielen Einzelfällen das römische Recht den Vorwand bot zu erhöhter Bedrückung der Bauern durch den Adel, z.B. wo die Bauern keine schriftlichen Beweise beibringen konnten für ihre Freiheit von sonst üblichen Lasten, so ändert das an der Sache nichts. Der Adel hätte auch ohne das römische Recht solche Vorwände gefunden und fand sie täglich. Jedenfalls war es ein gewaltiger Fortschritt, als ein Recht zur Geltung kam, das die Feudalverhältnisse absolut nicht kennt und das das moderne Privateigentum vollständig antizipierte.

Wir sahen, wie der Feudaladel anfing, in ökonomischer Beziehung in der Gesellschaft des späteren Mittelalters überflüssig, ja hinderlich zu werden; wie er auch bereits politisch der Entwicklung der Städte und des damals nur in monarchischer Form möglichen nationalen Staats im Wege stand. Trotz alledem hatte ihn der Umstand gehalten, daß er bis dahin das Monopol der Waffenführung hatte, daß ohne ihn keine Kriege geführt, keine Schlachten geschlagen werden konnten. Auch dies sollte sich ändern; der letzte Schritt sollte getan werden, um dem Feudaladel klarzumachen, daß die von ihm beherrschte gesellschaftliche und staatliche Periode zu Ende, daß er in seiner Eigenschaft als Ritter, auch auf dem Schlachtfeld, nicht mehr zu brauchen sei.

Die Feudalwirtschaft mit einem selbst feudalen Heer zu bekämpfen, worin die Soldaten durch engere Bande an ihre unmittelbaren Lehnsherrn gebunden waren als an das königliche Armeekommando – das hieß offenbar, sich in einem lasterhaften Zirkel bewegen und nicht vom Fleck kommen. Vom Anfang des vierzehnten Jahrhunderts an streben die Könige danach, sich von diesem Feudalheer zu emanzipieren, ein eignes Heer zu schaffen. Von dieser Zeit an finden wir in den Armeen der Könige einen stets wachsenden Teil geworbner oder gemieteter Truppen. Anfangs meist Fußvolk, aus dem Abhub der Städte und aus weggelaufenen Leibeignen bestehend, Lombarden, Genuesen, Deutsche, Belgier usw., zur Besetzung der Städte und zum Belagerungsdienst gebraucht, in offner Feldschlacht anfangs kaum zu verwenden. Aber schon gegen Ende des Mittelalters finden wir auch Ritter, die sich mit ihren wer weiß wie zusammengebrachten Gefolgschaften in Mietdienst fremder Fürsten begeben und damit den rettungslosen Zusammenbruch des feudalen Kriegswesens bekunden.

Gleichzeitig erstand die Grundbedingung eines kriegstüchtigen Fußvolks in den Städten und in den freien Bauern, da, wo solche noch vorhanden oder sich neu gebildet hatten. Bis dahin war die Ritterschaft mit ihren ebenfalls berittenen Gefolgsleuten nicht sowohl der Kern des Heers, als vielmehr das Heer selbst; der Troß der mitlaufenden leibeignen Fußknechte zählte nicht, er schien – im freien Feld – bloß vorhanden zum Ausreißen und zum Plündern. Solange die Blütezeit des Feudalismus währte, bis Ende des dreizehnten Jahrhunderts, schlug und entschied die Reiterei alle Schlachten. Von da an ändert sich die Sache, und zwar an verschiedenen Punkten gleichzeitig. Das allmähliche Verschwinden der Leibeigenschaft in England schuf eine zahlreiche Klasse freier Bauern, Grundbesitzer (yeomen) oder Pächter, und damit den Rohstoff zu einem neuen Fußvolk, geübt in der Führung des Bogens, der damaligen englischen Nationalwaffe. Die Einführung dieser Bogenschützen, die stets zu Fuß fochten, sie mochten auf dem Marsch beritten sein oder nicht, gab Anlaß zu einer wesentlichen Änderung in der Taktik der englischen Heere. Vom vierzehnten Jahrhundert an ficht die englische Ritterschaft mit Vorliebe zu Fuß, da, wo Terrain oder sonstige Umstände dies angemessen machen. Hinter den Bogenschützen, die den Kampf einleiten und den Feind mürbe machen, harrt die geschlossene Phalanx der abgesessenen Ritterschaft des feindlichen Angriffs oder des geeigneten Moments zum Vorbrechen, während nur ein Teil zu Pferde bleibt, um durch Flankenangriffe die Entscheidung zu unterstützen. Die damaligen ununterbrochenen Siege der Engländer in Frankreich [357] beruhen wesentlich auf dieser Wiederherstellung eines defensiven Elements im Heere und sind meist ebensosehr Verteidigungsschlachten mit offensivem Rückstoß wie diejenigen Wellingtons in Spanien und Belgien. Mit der Annahme der neuen Taktik durch die Franzosen – möglich, seit bei ihnen gemietete italienische Armbrustschützen die Stelle der englischen Bogenschützen vertraten – hörte der Siegeslauf der Engländer auf. Ebenfalls zu Anfang des vierzehnten Jahrhunderts hatte das Fußvolk der flandrischen Städte es gewagt – und oft mit Erfolg –, sich der französischen Ritterschaft in offner Feldschlacht entgegenzustellen, und hatte Kaiser Albrecht durch seinen Versuch, die reichsfreien Schweizer Bauern zu verraten an den Erzherzog von Östreich, der er selbst war, den Anstoß gegeben zur Bildung der ersten modernen Infanterie von europäischem Ruf. [358] In den Triumphen der Schweizer über die Östreicher und namentlich über die Burgunder erlag endgültig die Panzerreiterei – beritten oder abgesessen – dem Fußvolk, das Feudalheer den Anfängen des modernen Heers, der Ritter dem Bürger und freien Bauern. Und die Schweizer, um von vornherein den bürgerlichen Charakter ihrer, der ersten unabhängigen Republik in Europa festzustellen, *versilberten* sofort ihren Kriegsruhm. Alle politischen Rücksichten verschwanden: die Kantone verwandelten sich in Werbtische, um Söldlinge für den Meistbietenden zusammenzutrommeln. Auch sonstwo, und namentlich in Deutschland, ging die Werbtrommel um; aber der Zynismus einer Regierung, die nur zum Verkauf ihrer Landeskinder dazusein schien, blieb unerreicht, bis in der Zeit der tiefsten nationalen Erniedrigung deutsche Fürsten ihn übertrafen.

Dann wurde im vierzehnten Jahrhundert ebenfalls das Schießpulver und die Artillerie von den Arabern über Spanien nach Europa gebracht. Bis Ende des Mittelalters blieb die Handfeuerwaffe ohne Wichtigkeit, was sich begreift, da der Bogen des englischen Schützen von Crécy ebenso weit und vielleicht sicherer traf – wenn auch nicht mit derselben Wirkung – wie das glatte Gewehr des Infanteristen von Waterloo[359]. Das Feldgeschütz war ebenfalls noch in seiner Kindheit; dagegen hatten die schweren Kanonen das freistehende Mauerwerk der Ritterburgen schon vielfach in Bresche gelegt und dem Feudaladel angekündigt, daß mit dem Pulver das Ende seines Reichs besiegelt sei.

Die Verbreitung der Buchdruckerkunst, die Wiederbelebung des Studiums der antiken Literatur, die ganze Kulturbewegung, die seit 1450 immer stärker, immer allgemeiner wird – alles das kam dem Bürgertum und Königtum zugunsten im Kampf gegen den Feudalismus.

Das Zusammenwirken aller dieser Ursachen, von Jahr zu Jahr gekräftigt durch ihre zunehmende, mehr und mehr in derselben Richtung vorantreibende Wechselwirkung aufeinander, entschied in der letzten Hälfte des fünfzehnten Jahrhunderts den Sieg, noch nicht des Bürgertums, wohl aber des Königtums über den Feudalismus. Überall in Europa, bis hinein in die entfernten Nebenländer, die den Feudalzustand nicht durchgemacht, bekam auf einmal die königliche Macht die Überhand. Auf der Pyrenäischen Halbinsel vereinigten sich zwei der dortigen romanischen Sprachstämme zum Königreich Spanien und unterwarf sich das provenzalisch redende Reich Aragon der kastilischen Schriftsprache[360]; der dritte Stamm vereinigte sein Sprachgebiet (mit Ausnahme Galiciens), zum Königreich Portugal, dem iberischen Holland, wandte sich vom Inland ab und bewies durch seine Tätigkeit zur See seine Berechtigung zu gesonderter Existenz.

In Frankreich gelang es Ludwig XI. endlich nach dem Untergang des burgundischen Zwischenreichs[361] die durch das Königtum repräsentierte nationale Einheit auf dem damals noch sehr beschnittenen französischen Gebiet so weit herzustellen, daß bereits sein Nachfolger[1] sich in italienische Händel[362] mischen konnte und daß diese Einheit nur noch einmal – durch die Reformation[363] – auf kurze Zeit in Frage gestellt wurde. England hatte endlich seine quichottischen Eroberungskriege in Frankreich, an denen es auf die Dauer verblutet wäre, aufgegeben; der Feudaladel suchte Ersatz in den Rosenkriegen[364] und fand mehr, als er gesucht hatte: Er rieb sich gegeneinander auf und brachte das Haus Tudor auf den Thron, dessen Königsmacht die aller seiner Vorgänger und Nachfolger übertraf. Die skandinavischen Länder waren längst geeinigt, Polen ging seit der Vereinigung mit Litauen[365] seiner Glanzperiode mit noch ungeschwächter Königs-

[1] Karl VIII.

macht entgegen, und selbst in Rußland waren Niederwerfung der Teilfürsten und Abschüttlung des tatarischen Jochs Hand in Hand gegangen und von Iwan III. endgültig besiegelt. In ganz Europa gab es nur zwei Länder, in denen das Königtum und die ohne es damals unmögliche nationale Einheit gar nicht oder nur auf dem Papier bestanden: Italien und Deutschland.

Geschrieben Ende 1884.
Nach der Handschrift.

Zum „Bauernkrieg"[366]

Reformation – Lutheranische und Kalvinistische – Revolution Nr. 1 der Bourgeoisie, worin Bauernkrieg die kritische Episode. Auflösung des Feudalismus, sowie Entwicklung der Städte, beides dezentralisierend, die absolute Monarchie dadurch gradezu nötig gemacht zum Zusammenhalten der Nationalitäten. *Mußte* absolut sein eben wegen des zentrifugalen Charakters aller Elemente. Das absolut jedoch nicht im Vulgärsinn zu verstehen: in stetem Kampfe teils mit den Ständen, teils aufständigen Feudalen und Städten; die Stände nirgends abgeschafft; also eher als *ständische* (noch feudale, verwesend feudale und embryo-bürgerliche) Monarchie zu bezeichnen.

Sieg der Revolution Nr. 1, die viel europäischer als die englische und viel rascher europäisch wurde als die französische, in Schweiz, Holland, Schottland, England – gewissermaßen auch in Schweden schon gleich [bei] G[ustav] Wasa, und Dänemark, hier erst, in orthodox-absolutistischer Form, 1660.

I.[1] Ursachen in Deutschland. Geschichte von Anfang. Deutschland nach der Heroenzeit der Völkerwanderung kaputt. Erst von Frankreich aus wiederhergestellt, durch Karl den Großen. Damit römische Kaiserreichidee. Erneuert durch Otto. Mehr Nichtdeutsche als Deutsche. Ruin Deutschlands durch diese Politik – des Raubs an den italienischen Städten – unter den Hohenstaufen. Damit die Zersplitterung bekräftigt – excepto casu

[1] Der von Engels unter I aufgeführte Text folgt in der Handschrift erst nach dem Text unter II

revolutionis[1]. Entwicklung vom Interregnum[367] bis 15. Jahrhundert. Aufkommen der Städte. Verfall des nie in Deutschland vollkommnen Feudalismus unter dem Druck der Fürsten (der Kaiser als Landesfürst *gegen*, als Kaiser *für* die Reichsritter). Allmähliche Befreiung der Bauern, bis Rückschlag im 15. Jahrhundert. Deutschland materiell auf der Höhe der damaligen Länder. – Entscheidend, daß in Deutschland wegen der provinziellen Zersplitterung *und der langen Befreiung von Invasion* das Bedürfnis der nationalen Einheit nicht so stark wie in Frankreich (100jähriger Krieg), Spanien, das eben von den Mauren rückerobert, Rußland, das eben die Tataren vertrieben, England (Rosenkrieg), und daß auch die Kaiser grade damals so lumpig.

II. Mit der Renaissance in ihrer europäischen Gestalt, basiert auf allgemeinem Verfall des Feudalismus und Aufkommen der Städte. Dann absolutistische Nationalmonarchien – überall, nur nicht in Deutschland und Italien.

III. Charakter der Reformation als einzig möglichen, *populären* Ausdruck der allgemeinen Bestrebungen usw.

Geschrieben Ende 1884.
Nach der Handschrift.

[1] der Revolutionsfall ausgenommen

Die Rolle der Gewalt in der Geschichte[368]

Geschrieben Anfang Januar bis um den 11. März 1888.

Nach der Handschrift.

Der Teil, für den die entsprechenden Seiten der Handschrift fehlen, wird nach dem in der „Neuen Zeit", Nr. 25, 14. Jahrgang, 1. Band, 1895–1896, S. 772–776, veröffentlichten Text gebracht.

Wenden wir nun unsre Theorie an auf die deutsche Geschichte von heute und ihre Gewaltspraxis von Blut und Eisen. Wir werden daraus klar ersehen, weshalb die Politik von Blut und Eisen zeitweilig Erfolg haben mußte und weshalb sie schließlich zugrunde gehn muß.

Der Wiener Kongreß hatte 1815 Europa in einer Weise verteilt und verschachert, die die totale Unfähigkeit der Potentaten und Staatsmänner vor aller Welt klarlegte.[369] Der allgemeine Völkerkrieg gegen Napoleon war der Rückschlag des bei allen Völkern von Napoleon mit Füßen getretenen Nationalgefühls. Zum Dank dafür traten die Fürsten und Diplomaten des Wiener Kongresses dies Nationalgefühl noch schnöder unter die Füße. Die kleinste Dynastie galt mehr als das größte Volk. Deutschland und Italien wurden wieder in Kleinstaaten zersplittert, Polen wurde zum vierten Mal geteilt, Ungarn blieb unterjocht. Und man kann nicht einmal sagen, daß den Völkern Unrecht geschah, warum ließen sie sich's gefallen, und warum hatten sie im russischen Zaren[1] ihren Befreier begrüßt?

Aber das konnte nicht dauern. Seit dem Ausgang des Mittelalters arbeitet die Geschichte auf die Konstituierung Europas aus großen Nationalstaaten hin. Solche Staaten allein sind die normale politische Verfassung des europäischen herrschenden Bürgertums und sind ebenso unerläßliche Vorbedingung zur Herstellung des harmonischen internationalen Zusammenwirkens der Völker, ohne welches die Herrschaft des Proletariats nicht bestehn kann. Um den internationalen Frieden zu sichern, müssen vorerst alle vermeidlichen nationalen Reibungen beseitigt, muß jedes Volk unabhängig und Herr im eignen Hause sein. Mit der Entwicklung des Handels, des Ackerbaus, der Industrie und damit der sozialen Machtstellung der Bourgeoisie hob sich also überall das Nationalgefühl, verlangten die zersplitterten und unterdrückten Nationen Einheit und Selbständigkeit.

[1] Alexander I.

Die Revolution von 1848 war daher überall außerhalb Frankreichs auf Befriedigung ebensosehr der nationalen wie der freiheitlichen Forderungen gerichtet. Aber hinter der im ersten Anlauf siegreichen Bourgeoisie erhob sich überall schon die drohende Gestalt des Proletariats, das den Sieg in Wirklichkeit erkämpft hatte, und trieb die Bourgeoisie in die Arme der eben besiegten Gegner – der monarchischen, bürokratischen, halbfeudalen und militärischen Reaktion, der die Revolution 1849 erlag. In Ungarn, wo dies nicht der Fall war, marschierten die Russen ein und warfen die Revolution nieder. Damit nicht zufrieden, kam der russische Zar[1] nach Warschau und saß dort zu Gericht als Schiedsrichter von Europa. Er ernannte den Glücksburger Christian, seine fügsame Kreatur, zum Thronfolger Dänemarks. Er demütigte Preußen, wie es noch nie gedemütigt worden, indem er ihm selbst die schwächsten Gelüste auf Ausbeutung deutscher Einheitsbestrebungen verbot und es zwang, den Bundestag[175] wiederherzustellen und sich Östreich zu unterwerfen.[313] Das ganze Resultat der Revolution, auf den ersten Blick, schien also zu sein, daß in Östreich und Preußen nach konstitutioneller Form, aber im alten Geist, regiert wurde und daß der russische Zar Europa mehr beherrschte als je zuvor.

In Wirklichkeit aber hatte die Revolution das Bürgertum auch der zerstückelten Länder, und namentlich Deutschlands, mächtig aus dem alten ererbten Schlendrian aufgerüttelt. Es hatte einen, wenn auch bescheidnen, Anteil an der politischen Macht bekommen; und jeder politische Erfolg der Bourgeoisie wird ausgebeutet in einem industriellen Aufschwung. Das „tolle Jahr"[370], das man glücklich hinter sich hatte, bewies dem Bürgertum handgreiflich, daß es mit der alten Lethargie und Schlafmützigkeit jetzt ein für allemal ein Ende nehmen müsse. Infolge des kalifornischen und australischen Goldregens und andrer Umstände trat eine Ausdehnung der Weltmarktsverbindungen und ein Aufschwung der Geschäfte ein wie noch nie vorher; es galt, hier anzufassen und sich seinen Anteil zu sichern. Die Anfänge großer Industrie, die seit 1830 und namentlich seit 1840 am Rhein, in Sachsen, in Schlesien, in Berlin und in einzelnen Städten des Südens entstanden, wurden jetzt rasch fortgebildet und erweitert, die Hausindustrie der Landbezirke dehnte sich mehr und mehr aus, der Eisenbahnbau wurde beschleunigt, und die bei alledem enorm steigende Auswanderung schuf eine deutsche transatlantische Dampfschiffahrt, die keiner Subvention bedurfte. Mehr als je vorher setzten sich deutsche Kaufleute in allen überseeischen Handelsplätzen fest, vermittelten einen immer größeren Teil des

[1] Nikolaus I.

Welthandels und fingen allmählich an, den Absatz nicht nur englischer, sondern auch deutscher Industrieprodukte zu vermitteln.

Dieser sich mächtig hebenden Industrie und dem sich an sie knüpfenden Handel aber mußte die deutsche Kleinstaaterei mit ihren vielfachen verschiednen Handels- und Gewerbegesetzgebungen bald eine unerträgliche Fessel werden. Alle paar Meilen weit ein andres Wechselrecht, andre Bedingungen bei Ausübung eines Gewerbes, überall, aber überall andre Schikanen, bürokratische und fiskalische Fußangeln, ja oft noch Zunftschranken, gegen die nicht einmal eine Konzession half! Und dazu die vielen verschiednen Heimatgesetzgebungen[371] und Aufenthaltsbeschränkungen, die es den Kapitalisten unmöglich machten, disponible Arbeitskräfte in genügender Zahl auf die Punkte zu werfen, wo Erz, Kohle, Wasserkraft und andre Naturbegünstigung die Anlage von industriellen Unternehmungen gebot! Die Fähigkeit, die massenhafte Arbeitskraft des Vaterlands ungehindert auszubeuten, war die erste Bedingung der industriellen Entwicklung; überall aber, wo der patriotische Fabrikant Arbeiter von allen Enden zusammenzog, stemmte sich Polizei und Armenverwaltung gegen die Niederlassung der Zuzügler. Ein deutsches Reichsbürgerrecht und volle Freizügigkeit für alle Reichsbürger, eine einheitliche Handels- und Gewerbegesetzgebung, das waren nicht mehr patriotische Phantasien überspannter Studenten, das waren jetzt notwendige Lebensbedingungen der Industrie.

Dazu in jedem Staat und Stätchen andres Geld, andres Maß und Gewicht, oft genug zweierlei und dreierlei im selben Staat. Und von allen diesen zahllosen Gattungen von Münze, Maß oder Gewicht wurde keine einzige auf dem Weltmarkt anerkannt. Was Wunder also, daß Kaufleute und Fabrikanten, die auf dem Weltmarkt verkehrten oder mit importierten Artikeln zu konkurrieren hatten, zu all den vielen Münzen, Maßen und Gewichten auch noch ausländische anwenden mußten, daß baumwollne Garne nach englischen Pfunden gehaspelt, seidne Zeuge nach Meterlänge angefertigt, Rechnungen fürs Ausland in Pfund Sterling, Dollars, Francs ausgestellt wurden? Und wie sollten große Kreditinstitute zustande kommen auf diesen beschränkten Währungsgebieten, mit Banknoten in Gulden hier, in preußischen Talern dort, daneben Taler Gold, Taler „Neue Zweidrittel", Mark Banco, Mark Kurant, Zwanzigguldenfuß, Vierundzwanzigguldenfuß[372], bei endlosen Kursberechnungen und Kursschwankungen?

Und wenn es gelang, dies alles schließlich zu überwinden, wieviel Kraft war bei allen diesen Reibungen draufgegangen, wieviel Geld und Zeit war verloren! Und man fing endlich auch in Deutschland an zu merken, daß heutzutage Zeit Geld ist.

Auf dem Weltmarkt hatte sich die junge deutsche Industrie zu bewähren, nur durch die Ausfuhr konnte sie groß werden. Dazu gehörte, daß sie in der Fremde den Schutz des Völkerrechts genoß. Der englische, französische, amerikanische Kaufmann konnte im Ausland sich immer noch etwas mehr erlauben als zu Hause. Seine Gesandtschaft trat für ihn ein und im Notfall auch ein paar Kriegsschiffe. Aber der Deutsche! In der Levante konnte wenigstens der Östreicher sich einigermaßen auf seine Gesandtschaft verlassen, sonst half sie ihm auch nicht viel. Wo aber ein preußischer Kaufmann in der Fremde sich bei seinem Gesandten über widerfahrene Unbill beklagte, da hieß es fast immer: „Das geschieht Euch ganz recht, was habt Ihr hier zu suchen, warum bleibt Ihr nicht hübsch zu Hause?" Der Kleinstaatler vollends war überall erst recht rechtlos. Wohin man kam, standen die deutschen Kaufleute unter fremdem, französischem, englischem, amerikanischem Schutz oder hatten sich in der neuen Heimat schleunigst naturalisieren lassen.[1] Und selbst wenn ihre Gesandten sich hätten für sie verwenden wollen, was hätte es genützt? Die deutschen Gesandten selbst wurden über See behandelt wie die Schuhputzer.

Man sieht hieraus, wie das Verlangen nach einem einheitlichen „Vaterland" einen sehr materiellen Hintergrund besaß. Es war nicht mehr der nebelhafte Drang wartburgsfestlicher Burschenschafter[373], „wo Mut und Kraft in deutschen Seelen flammten", und wo es nach einer französischen Melodie „den Jüngling fortriß mit Sturmeswehn, fürs Vaterland in Kampf und Tod zu gehn"[374], um die romantische Kaiserherrlichkeit des Mittelalters wiederherzustellen, und wo der sturmeswehende Jüngling auf seine alten Tage ein ganz gemeiner pietistischer und absolutistischer Fürstenknecht wurde. Es war auch nicht mehr der der Erde schon bedeutend nähergekommene Einheitsruf der Advokaten und sonstigen bürgerlichen Ideologen des Hambacher Festes[375], die die Freiheit und Einheit um ihrer selbst willen zu lieben glaubten und gar nicht merkten, daß die Verschweizerung Deutschlands zu einer Kantönlirepublik, auf die das Ideal der am wenigsten Unklaren unter ihnen hinauslief, ebenso unmöglich war wie das hohenstaufische Kaisertum[376] jener Studenten. Nein, es war das aus der unmittelbaren Geschäftsnot hervorbrechende Begehren des praktischen Kaufmanns und Industriellen nach Wegfegung all des historisch überkommenen kleinstaatlichen Plunders, der der freien Entfaltung von Handel und Gewerbe im Wege stand, nach Beseitigung all der überflüssigen Reibung, die der deutsche Geschäftsmann erst zu Hause überwinden mußte,

[1] Engels schrieb hier mit Bleistift an den Rand: „Weerth"

wenn er den Weltmarkt betreten wollte, und deren alle seine Konkurrenten überhoben waren. Die deutsche Einheit war eine wirtschaftliche Notwendigkeit geworden. Und die Leute, die sie jetzt forderten, wußten, was sie wollten. Sie waren im Handel und zum Handel auferzogen, verstanden zu handeln und ließen mit sich handeln. Sie wußten, daß man recht hoch fordern, aber auch liberal ablassen muß. Sie sangen von „des Deutschen Vaterland", darin auch Steierland, Tirol und „das Östreich, an Ehren und an Siegen reich", und:

> „Von der Maas bis an die Memel,
> von der Etsch bis an den Belt,
> Deutschland, Deutschland über alles,
> über alles in der Welt"[377] –

aber sie waren bereit, auf dieses immer größer sein müssende Vaterland[378] einen recht beträchtlichen Rabatt für bare Zahlung – 25 bis 30% zu bewilligen. Ihr Einheitsplan war gemacht und sofort praktikabel.

Die deutsche Einheit war aber keine bloß deutsche Frage. Seit dem Dreißigjährigen Krieg war keine einzige gemeindeutsche Angelegenheit mehr entschieden worden ohne die sehr fühlbare Einmischung des Auslands.[1] Friedrich II. hatte 1740 Schlesien erobert mit Hülfe der Franzosen.[380] Frankreich und Rußland hatten 1803 die Reorganisation des Heiligen Römischen Reichs durch den Reichsdeputationshauptschluß buchstäblich diktiert. Dann hatte Napoleon Deutschland nach seiner Konvenienz eingerichtet. Und endlich, auf dem Wiener Kongreß[2], war es aufs neue, hauptsächlich durch Rußland und in zweiter Linie durch England und Frankreich, in sechsunddreißig Staaten mit über zweihundert besondern großen und kleinen Landfetzen zersplittert worden, und die deutschen Dynasten, ganz wie 1802/1803 auf dem Regensburger Reichstag[381], hatten dabei redlich mitgeholfen und die Zersplitterung noch ärger gemacht. Zudem waren einzelne Stücke von Deutschland fremden Fürsten überliefert. So war Deutschland nicht nur machtlos und hülflos, in innerem Hader sich aufreibend, politisch, militärisch und selbst industriell zur Nichtigkeit verdammt. Sondern, was noch weit schlimmer, Frankreich und Rußland hatten durch wiederholten Brauch ein Recht erworben auf die Zersplitterung Deutschlands, ganz wie Frankreich und Östreich ein Recht sich anmaßten, darüber zu wachen, daß Italien zerstückelt blieb. Es war dies angebliche Recht, das der Zar Nikolaus 1850 geltend gemacht hatte, indem er, jede eigenmächtige Verfassungs-

[1] Engels schrieb hier mit Bleistift an den Rand: „West[fälischer][216] und Tesch[ener] Friede[379]" – [2] Engels schrieb hier mit Bleistift zwischen die Zeilen: „Deutschland – Polen"

änderung sich gröblichst verbittend, die Wiederherstellung des Bundestags, dieses Ausdrucks der Ohnmacht Deutschlands, erzwang.

Die Einheit Deutschlands mußte also erkämpft werden nicht nur gegen die Fürsten und sonstigen inneren Feinde, sondern auch gegen das Ausland. Oder aber – mit Hülfe des Auslands. Und wie stand es damals im Ausland?

In Frankreich hatte Louis Bonaparte den Kampf zwischen Bourgeoisie und Arbeiterklasse benutzt, um sich mit Hülfe der Bauern in die Präsidentschaft und mit Hülfe der Armee auf den Kaiserthron zu schwingen. Aber ein neuer, von der Armee gemachter Kaiser Napoleon innerhalb der Grenzen des Frankreichs von 1815 – das war ein totgebornes Unding. Das wiedergeborne napoleonische Kaiserreich, das hieß die Ausdehnung Frankreichs bis an den Rhein, die Verwirklichung des erblichen Traums des französischen Chauvinismus. Zunächst aber war der Rhein für Louis Bonaparte nicht zu haben; jeder Versuch in dieser Richtung hätte eine europäische Koalition gegen Frankreich zur Folge gehabt. Dagegen bot sich eine Gelegenheit, die Machtstellung Frankreichs zu heben und der Armee neue Lorbeeren zuzuwenden durch einen im Einklang mit fast ganz Europa geführten Krieg gegen Rußland, das die revolutionäre Periode Westeuropas benutzt hatte, um in aller Stille die Donaufürstentümer zu besetzen und einen neuen türkischen Eroberungskrieg vorzubereiten. England verband sich mit Frankreich, Östreich war beiden günstig, nur das heroische Preußen küßte die russische Rute, die es gestern noch gezüchtigt, und blieb in russenfreundlicher Neutralität. Aber weder England noch Frankreich wollten eine ernstliche Besiegung des Gegners, und so endete der Krieg in einer sehr gelinden Demütigung Rußlands und in einer russisch-französischen Allianz gegen Östreich.*

---

* Der Krimkrieg war eine einzige kolossale Komödie der Irrungen, wo man sich bei jedem neuen Auftritt fragt: Wer soll hier geprellt werden? Aber die Komödie kostete ungezählte Schätze und reichlich eine Million Menschenleben. Kaum war der Kampf im Gang, so marschierte Östreich in die Donaufürstentümer; die Russen zogen sich vor ihnen zurück. Dadurch war, solange Östreich neutral blieb, ein Krieg an der russischen Landgrenze gegen die Türkei unmöglich gemacht. Aber Östreich war für einen Krieg an dieser Grenze als Alliierter zu haben, vorausgesetzt, daß der Krieg ernsthaft geführt wurde, um die Wiederherstellung Polens und die dauernde Zurückschiebung der russischen Westgrenze. Dann hätte auch Preußen mitgemußt, durch das Rußland jetzt noch alle seine Zufuhren bezog; Rußland wäre zu Lande wie zu Wasser blockiert gewesen und mußte rasch erliegen. Aber das war nicht die Absicht der Alliierten. Sie waren im Gegenteil froh, jetzt aller Gefahr eines ernsthaften Kriegs ent-

Der Krimkrieg machte Frankreich zur leitenden Macht Europas und den Abenteurer Louis-Napoleon zum größten Mann des Tages, was freilich nicht viel sagen will. Aber der Krimkrieg hatte Frankreich keinen Gebietszuwachs gebracht und trug daher in seinem Schoß einen neuen Krieg, worin Louis-Napoleon seinen wahren Beruf erfüllen sollte als „Mehrer des Reichs"[382]. Dieser neue Krieg war schon während des ersten eingefädelt worden, indem Sardinien erlaubt wurde, sich der westmächtlichen Allianz anzuschließen als Satellit des kaiserlichen Frankreichs und speziell als sein Vorposten gegen – Östreich; er wurde weiter vorbereitet beim Friedensschluß durch das Einverständnis Louis-Napoleons mit Rußland[383], dem nichts genehmer war als eine Züchtigung Östreichs.

Louis-Napoleon war jetzt der Abgott der europäischen Bourgeoisie. Nicht nur wegen seiner „Gesellschaftsrettung" vom 2. Dezember 1851[384], wo er zwar die politische Herrschaft der Bourgeoisie vernichtet, aber nur um ihre soziale Herrschaft zu retten. Nicht nur weil er gezeigt, wie das allgemeine Stimmrecht unter günstigen Umständen in ein Werkzeug zur Unterdrückung der Massen verwandelbar sei; nicht nur weil unter seiner Herrschaft Industrie und Handel und namentlich Spekulation und Börsenschwindel einen nie gekannten Aufschwung genommen. Sondern vor allem, weil die Bourgeoisie in ihm den ersten „großen Staatsmann" erkannte, der Fleisch von ihrem Fleisch, Bein von ihrem Bein war. Er war Emporkömmling, wie jeder echte Bourgeois auch. „In allen Wassern gewaschen",

---

hoben zu sein. Palmerston schlug vor, den Kriegsschauplatz nach der Krim zu verlegen – was Rußland wünschte – und Louis-Napoleon ging nur zu gern darauf ein. Der Krieg konnte hier nur noch ein Scheinkrieg bleiben, und so waren alle Hauptbeteiligten zufriedengestellt. Aber der Kaiser Nikolaus setzte sich in den Kopf, hier einen ernstlichen Krieg zu führen und vergaß dabei, daß, was für einen Scheinkrieg sein günstigstes, für einen ernstlichen Krieg sein ungünstigstes Terrain war. Die Stärke Rußlands in der Verteidigung – die ungeheuere Ausdehnung seines dünnbevölkerten, unwegsamen und an Hülfsquellen armen Gebiets – kehrt sich bei jedem russischen Angriffskrieg gegen Rußland selbst, und nirgends mehr als in der Richtung der Krim. Die südrussischen Steppen, die das Grab des Angreifers hätten werden müssen, wurden das Grab der russischen Armeen, die Nikolaus mit brutal-dummer Rücksichtslosigkeit eine nach der anderen – zuletzt mitten im Winter – nach Sewastopol trieb. Und als die letzte, eiligst zusammengeraffte, kaum notdürftig ausgerüstete, elend verpflegte Heersäule an zwei Drittel ihres Bestands auf dem Marsch verloren hatte (ganze Bataillone kamen im Schneesturm um) und der Rest nicht imstande war, die Feinde vom russischen Boden zu vertreiben, da brach der aufgeblasene Hohlkopf Nikolaus jämmerlich zusammen und vergiftete sich. Von da an wurde der Krieg wieder Scheinkrieg und führte bald zum Friedensschluß.

karbonaristischer Verschwörer[385] in Italien, Artillerieoffizier in der Schweiz, verschuldeter vornehmer Lumpazivagabundus und Spezial-Konstabler in England[386], aber stets und überall Prätendent, hatte er sich durch eine abenteuerliche Vergangenheit und durch moralische Bloßstellung in allen Ländern zum Kaiser der Franzosen und Leiter der Geschicke Europas vorbereitet, wie der Musterbourgeois, der Amerikaner, durch eine Reihe ehrlicher und betrügerischer Bankerotte sich vorbereitet zum Millionär. Als Kaiser machte er nicht nur die Politik dem kapitalistischen Erwerb und dem Börsenschwindel dienstbar, sondern betrieb auch die Politik selbst ganz nach den Grundsätzen der Fondsbörse und spekulierte auf das „Nationalitätsprinzip"[387]. Die Zersplitterung Deutschlands und Italiens war der bisherigen französischen Politik ein unveräußerliches Grundrecht Frankreichs gewesen; Louis-Napoleon schickte sich sofort an, dies Grundrecht stückweise zu verschachern gegen sogenannte Kompensationen. Er war bereit, Italien und Deutschland zur Beseitigung der Zersplitterung behülflich zu sein, vorausgesetzt, daß Deutschland und Italien jeden Schritt zur nationalen Einigung hin ihm bezahlten mit der Abtretung von Gebiet. Damit wurde nicht nur der französische Chauvinismus befriedigt und das Kaiserreich allmählich auf die Grenzen von 1801[388] gebracht, sondern Frankreich auch wieder als die spezifisch aufgeklärte und völkerbefreiende Macht und Louis-Napoleon als der Beschützer der unterdrückten Nationalitäten hingestellt. Und die ganze aufgeklärte und nationalitätsbegeisterte – weil bei der Hinwegräumung aller Geschäftshindernisse vom Weltmarkt lebhaft interessierte – Bourgeoisie jubelte dieser weltbefreienden Aufklärung einstimmig zu.

Der Anfang wurde in Italien gemacht.[1] Hier herrschte seit 1849 Östreich unbeschränkt, und Östreich war damals der allgemeine Sündenbock Europas. Die Magerkeit der Resultate des Krimkriegs wurden nicht der Unentschlossenheit der Westmächte zugeschoben, die nur einen Scheinkrieg gewollt, sondern der unentschiednen Haltung Östreichs, an der niemand mehr schuld gewesen als die Westmächte selbst. Rußland aber war durch den Vormarsch der Östreicher an den Pruth – den Dank für die russische Hülfe in Ungarn 1849 – so verletzt (obwohl grade dieser Vormarsch Rußland gerettet), daß es jeden Angriff auf Östreich mit Freuden sah. Preußen zählte nicht mehr und wurde schon auf dem Pariser Friedenskongreß en canaille behandelt. Und so wurde der Krieg zur Befreiung Italiens „bis zur Adria" mit Rußlands Mitwirkung eingefädelt, im Frühjahr 1859

[1] Engels schrieb hier mit Bleistift an den Rand: „Orsini"

unternommen und im Sommer schon am Mincio beendigt. Östreich war nicht aus Italien hinausgeworfen, Italien war nicht „frei bis zur Adria" und nicht geeinigt, Sardinien hatte Zuwachs erhalten, aber Frankreich hatte Savoyen und Nizza erworben und damit, gegen Italien, die Grenzen von 1801.[389]

Aber damit waren die Italiener nicht zufrieden. In Italien herrschte damals noch die eigentliche Manufaktur vor, die große Industrie war noch in den Windeln. Die Arbeiterklasse war noch bei weitem nicht durchgängig expropriiert und proletarisiert; in den Städten besaß sie noch ihre eignen Produktionsmittel, auf dem Lande war die industrielle Arbeit Nebenerwerb kleiner grundbesitzender oder pachtender Bauern. Daher war die Energie der Bourgeoisie noch nicht gebrochen durch den Gegensatz gegen ein modernes klassenbewußtes Proletariat. Und da in Italien die Zersplitterung nur durch die östreichische Fremdherrschaft bestand, unter deren Schutz die Fürsten die Mißregierung bis aufs äußerste getrieben, so stand auch der großgrundbesitzende Adel und die städtische Volksmasse auf Seite der Bourgeoisie als der Vorkämpferin der nationalen Unabhängigkeit. Die Fremdherrschaft aber war 1859, außer in Venetien, abgeschüttelt, ihre fernere Einmischung in Italien durch Frankreich und Rußland unmöglich gemacht, niemand fürchtete sie mehr. Und Italien besaß in Garibaldi einen Helden von antikem Charakter, der Wunder tun konnte und Wunder tat. Mit tausend Freischärlern warf er das ganze Königreich Neapel über den Haufen, einigte Italien tatsächlich, zerriß das künstliche Gewebe bonapartischer Politik. Italien war frei und der Sache nach geeint – aber nicht durch Louis-Napoleons Ränke, sondern durch die Revolution.

Seit dem italienischen Krieg war die auswärtige Politik des zweiten französischen Kaiserreichs niemandem ein Geheimnis mehr. Die Besieger des großen Napoleon sollten gezüchtigt werden – aber l'un après l'autre, einer nach dem andern. Rußland und Östreich hatten ihr Teil erhalten, der nächste an der Reihe war Preußen. Und Preußen war verachteter als je; seine Politik während des italienischen Kriegs war feig und jämmerlich gewesen, ganz wie zur Zeit des Baseler Friedens 1795[390]. Mit der „Politik der freien Hand"[391] war es dahin gekommen, daß es ganz vereinsamt in Europa stand, daß alle seine großen und kleinen Nachbarn sich auf das Schauspiel freuten, wie Preußen in die Pfanne gehauen werde, daß seine Hand frei war nur noch für dies eine: das linke Rheinufer an Frankreich abzutreten.

In der Tat war in den ersten Jahren nach 1859 überall und nirgends mehr als am Rhein selbst die Überzeugung verbreitet, daß das linke Rheinufer unrettbar Frankreich verfallen sei. Man wünschte es nicht grade, aber man sah es kommen wie ein unabwendbares Verhängnis, und – geben wir der Wahrheit die Ehre – man fürchtete es auch nicht eben sehr. Bei den Bauern und Kleinbürgern wurden die alten Erinnerungen an die Franzosenzeit, die wirklich die Freiheit gebracht hatte, wieder wach; von der Bourgeoisie war die Finanzaristokratie, besonders in Köln, schon tief in die Mogeleien des Pariser Crédit mobilier[392] und andrer bonapartistischen Schwindelkompanien verwickelt und schrie laut nach der Annexion.*

Aber der Verlust des linken Rheinufers, das war die Schwächung nicht nur Preußens, sondern auch Deutschlands. Und Deutschland war gespaltner als je. Östreich und Preußen einander entfremdeter als je durch Preußens Neutralität im italienischen Krieg, das kleine Fürstengezücht halb ängstlich, halb lüstern nach Louis-Napoleon schielend als dem Protektor eines erneuerten Rheinbunds[393] – das war die Lage des offiziellen Deutschlands. Und das in einem Moment, wo nur die vereinigten Kräfte der ganzen Nation imstande waren, die Gefahr der Zerstückelung abzuwenden.

Wie aber die Kräfte der ganzen Nation einigen? Drei Wege lagen offen, nachdem die fast ausnahmslos nebelhaften Versuche von 1848 gescheitert waren, aber auch eben dadurch manchen Nebel zerstreut hatten.

Der erste Weg war der der wirklichen Einigung durch Beseitigung aller Einzelstaaten, also der offen revolutionäre Weg. Dieser Weg hatte soeben in Italien zum Ziel geführt; die savoyische Dynastie hatte sich der Revolution angeschlossen und dadurch die Krone Italiens eingeheimst. Solch kühner Tat aber waren unsre deutschen Savoyer, die Hohenzollern, und selbst ihre verwegensten Cavours à la Bismarck absolut unfähig. Das Volk hätte alles selbst tun müssen – und in einem Krieg um das linke Rheinufer wäre es wohl imstande gewesen, das Nötige zu tun. Der unvermeidliche Rückzug der Preußen über den Rhein, stehender Krieg an den Rheinfestungen, der dann unzweifelhafte Verrat der süddeutschen Fürsten konnten hinreichen, eine nationale Bewegung zu entfachen, vor der die ganze Dynastenwirtschaft zerstob. Und dann war Louis-Napoleon der erste, der den Degen einsteckte. Das zweite Kaiserreich konnte als Gegner nur reaktionäre Staaten gebrauchen, denen gegenüber es als Fortführer der französischen Revolution, als Völkerbefreier erschien. Gegen ein selbst in Revolution begriffenes Volk war es ohnmächtig; ja die siegreiche deutsche Revolution konnte den Anstoß geben zum Sturz des ganzen französischen Kaisertums.

* Daß dies damals die allgemeine Stimmung am Rhein, davon haben Marx und ich uns an Ort und Stelle oft genug überzeugt. Linksrheinische Industrielle frugen mich u.a., wie sich ihre Industrie unter dem französischen Zolltarif befinden werde.

Das war der günstigste Fall; im ungünstigsten, wenn die Dynasten der Bewegung Herr wurden, verlor man zeitweilig das linke Rheinufer an Frankreich, legte den aktiven oder passiven Verrat der Dynasten vor aller Welt bloß und schuf eine Zwangslage, worin Deutschland kein andrer Ausweg blieb als die Revolution, die Verjagung sämtlicher Fürsten, die Herstellung der deutschen einheitlichen Republik.

Wie die Dinge lagen, konnte dieser Weg zur Einigung Deutschlands nur betreten werden, wenn Louis-Napoleon den Krieg um die Rheingrenze anfing. Dieser Krieg unterblieb jedoch – aus bald zu erwähnenden Gründen. Damit aber hörte auch die Frage der nationalen Einigung auf, eine unaufschiebbare Lebensfrage zu sein, die gelöst werden mußte von heute auf morgen, bei Strafe des Untergangs. Die Nation konnte einstweilen warten.

Der zweite Weg war die Einigung unter der Vorherrschaft Östreichs. Östreich hatte 1815 die ihm durch die napoleonischen Kriege aufgedrängte Lage eines kompakten, abgerundeten Staatsgebiets willig beibehalten. Seine vormaligen abgetrennten Besitzungen in Süddeutschland beanspruchte es nicht wieder; es begnügte sich mit der Anfügung alter und neuer Landstriche, die sich geographisch und strategisch an den noch übrigen Kern der Monarchie anpassen ließen. Die durch die Schutzzölle Josephs II. eingeleitete, durch die italienische Polizeiwirtschaft Franz' I. verschärfte, durch die Auflösung des Deutschen Reichs[394] und den Rheinbund auf die Spitze getriebne Scheidung Deutsch-Östreichs vom übrigen Deutschland blieb auch nach 1815 faktisch in Kraft. Metternich umgab seinen Staat nach der deutschen Seite hin mit einer förmlichen chinesischen Mauer. Die Zölle hielten die stofflichen, die Zensur die geistigen Produkte Deutschlands draußen, die namenlosesten Paßschikanen beschränkten den persönlichen Verkehr auf das notwendigste Minimum. Im Innern sicherte eine selbst in Deutschland einzig dastehende absolutistische Willkür vor jeder, auch der leisesten, politischen Regung. So hatte Östreich der ganzen bürgerlich-liberalen Bewegung Deutschlands absolut ferngestanden. Mit 1848 fiel wenigstens die geistige Scheidewand großenteils hinweg; aber die Ereignisse jenes Jahrs und ihre Folgen waren wenig geeignet, Östreich dem übrigen Deutschland näherzubringen; im Gegenteil, Östreich pochte mehr und mehr auf seine unabhängige Großmachtsstellung. Und so kam es, daß, obwohl die östreichischen Soldaten der Bundesfestungen[395] beliebt und die preußischen verhaßt und verspottet waren, und obwohl Östreich im ganzen vorwiegend katholischen Süden und Westen noch immer populär und angesehn war, dennoch niemand ernstlich an eine Einigung Deutschlands unter östreichischer Vorherrschaft dachte, außer etwa ein paar deutsche kleine und Mittelstaatsfürsten.

Es konnte auch gar nicht anders sein. Östreich hatte es selbst nicht anders gewollt, trotzdem es in der Stille romantische Kaiserträume großzog. Die östreichische Zollgrenze war mit der Zeit die einzige noch übrige materielle Scheidewand innerhalb Deutschlands geblieben und wurde um so schärfer empfunden. Die unabhängige Großmachtspolitik hatte keinen Sinn, wenn sie nicht die Preisgebung deutscher zugunsten spezifisch östreichischer, also italienischer, ungarischer etc. Interessen bedeutete. Wie vor so nach der Revolution blieb Östreich der reaktionärste, der modernen Strömung am widerwilligsten folgende Staat Deutschlands und dazu – die einzige noch übrige, spezifisch katholische Großmacht. Je mehr die nachmärzliche Regierung[396] die alte Pfaffen- und Jesuitenwirtschaft wiederherzustellen strebte, desto unmöglicher wurde ihr die Hegemonie über ein zu zwei Dritteln protestantisches Land. Und endlich war eine Einigung Deutschlands unter Östreich nur möglich durch Sprengung Preußens. Sowenig aber diese an sich ein Unglück für Deutschland bedeutet, so wäre doch die Sprengung Preußens durch Östreich ebenso unheilvoll gewesen, wie die Sprengung Östreichs durch Preußen sein würde vor dem bevorstehenden Sieg der Revolution in Rußland (nach welchem sie überflüssig wird, weil das dann überflüssig gemachte Östreich von selbst zerfallen muß).

Kurz, die deutsche Einheit unter Östreichs Fittichen war ein romantischer Traum und erwies sich als solcher, als die deutschen Klein- und Mittelfürsten 1863 in Frankfurt zusammentraten, um Franz Joseph von Östreich zum deutschen Kaiser auszurufen. Der König von Preußen blieb einfach weg, und die Kaiserkomödie fiel elend ins Wasser.[397]

Blieb der dritte Weg: die Einigung unter preußischer Spitze. Und dieser, weil wirklich eingeschlagen, führt uns aus dem Gebiet der Spekulation wieder herab auf den solideren, wenn auch ziemlich unflätigen Boden der praktischen, der „Realpolitik“[398].

Seit Friedrich II. sah Preußen in Deutschland wie in Polen ein bloßes Eroberungsgebiet, von dem man nimmt, was man kriegen kann, von dem es sich aber auch von selbst versteht, daß man es mit andern zu teilen hat. Teilung Deutschlands mit dem Ausland – zunächst mit Frankreich – das war der „deutsche Beruf“ Preußens seit 1740. „Je vais, je crois, jouer votre jeu; si les as me viennent, nous partagerons“ (ich glaube, ich werde Euer Spiel spielen; bekomme ich die Asse, so teilen wir) – das waren Friedrichs Abschiedsworte an den französischen Gesandten[1], als er in seinen ersten

[1] Beaurau

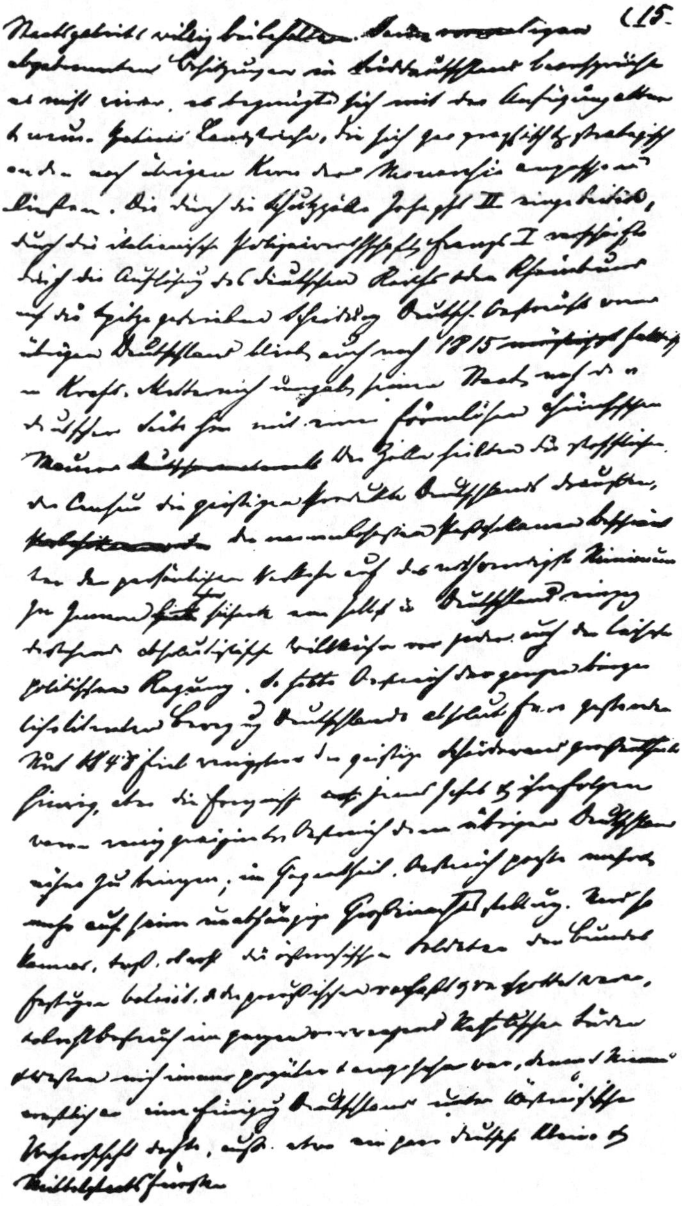

Seite aus Engels' Handschrift
„Die Rolle der Gewalt in der Geschichte“

Krieg[380] zog. Getreu diesem „deutschen Beruf" verriet Preußen 1795 Deutschland im Baseler Frieden, willigte (Vertrag vom 5. August 1796) gegen Zusicherung von Gebietszuwachs im voraus in die Abtretung des linken Rheinufers an Frankreich und kassierte bei dem von Rußland und Frankreich diktierten Reichsdeputationshauptschluß den Lohn des Reichsverrats auch wirklich ein.[399] 1805 verriet es seine Bundesgenossen Rußland und Östreich nochmals, sobald ihm Napoleon Hannover vorhielt – den Köder, worauf es jedesmal anbiß –, verfing sich aber in seiner eignen Dummschlauheit dermaßen, daß es nun doch in Krieg mit Napoleon kam und bei Jena die verdiente Züchtigung erhielt.[400] Im Nachgefühl dieser Hiebe wollte Friedrich Wilhelm III. selbst nach den Siegen von 1813 und 1814 auf alle westdeutschen Außenposten verzichten, sich auf den Besitz von Nordostdeutschland beschränken, sich, ähnlich wie Östreich, möglichst aus Deutschland zurückziehn – was ganz Westdeutschland in einen neuen Rheinbund unter russischer oder französischer Schutzherrschaft verwandelt hätte. Der Plan gelang nicht; ganz wider den Willen des Königs wurden ihm Westfalen und die Rheinprovinz aufgezwungen und damit ein neuer „deutscher Beruf".

Mit den Annexionen – den Ankauf einzelner winziger Landfetzen ausgenommen – war es jetzt vorderhand vorbei. Im Innern kam allgemach die alte junkerlich-bürokratische Wirtschaft wieder in Flor; die in bittrer Not dem Volk gemachten Verfassungszusagen wurden beharrlich gebrochen. Aber bei alledem kam das Bürgertum auch in Preußen immer mehr auf, denn ohne Industrie und Handel war selbst der hochnasige preußische Staat jetzt eine Null. Langsam, widerhaarig, in homöopathischen Dosen mußten ökonomische Konzessionen an das Bürgertum gemacht werden. Und nach einer Seite hin boten diese Konzessionen die Aussicht, Preußens „deutschen Beruf" zu unterstützen: indem Preußen, um die fremden Zollgrenzen zwischen seinen beiden Hälften zu beseitigen, die anschließenden deutschen Staaten zur Zolleinigung einlud. So entstand der Zollverein, bis 1830 frommer Wunsch (nur Hessen-Darmstadt war beigetreten), dann aber, bei dem etwas rascheren Tempo der politischen und ökonomischen Bewegung, bald den größten Teil Innerdeutschlands ökonomisch an Preußen annektierend.[329] Die nichtpreußischen Küstenländer blieben bis nach 1848 noch draußen.

Der Zollverein war ein großer Erfolg Preußens. Daß er einen Sieg über den östreichischen Einfluß bedeutete, war noch das wenigste. Die Hauptsache war, daß er das ganze Bürgertum der Mittel- und Kleinstaaten auf Seite Preußens stellte. Sachsen ausgenommen, war kein deutscher Staat vorhanden, dessen Industrie sich nur annähernd in dem Maße entwickelt hatte wie die preußische; und das war nicht allein natürlichen und geschichtlichen Vorbedingungen geschuldet, sondern auch dem größeren Zollgebiet und innern Markt. Und je mehr der Zollverein sich ausbreitete und die Kleinstaaten in diesen innern Markt aufnahm, desto mehr gewöhnten sich die angehenden Bourgeois dieser Staaten, nach Preußen zu blicken als ihrer ökonomischen und dereinst auch politischen Vormacht. Und wie die Bourgeois sangen, so pfiffen die Professoren. Was in Berlin die Hegelianer philosophisch konstruierten, daß Preußen an die Spitze Deutschlands zu treten berufen sei, das demonstrierten in Heidelberg die Schüler Schlossers historisch, namentlich Häusser und Gervinus. Dabei war natürlich vorausgesetzt, daß Preußen sein ganzes politisches System ändre, die Forderungen der Ideologen der Bourgeoisie erfülle.*

Alles dies geschah aber nicht aus besondrer Vorliebe für den preußischen Staat, wie etwa die italienischen Bourgeois Piemont als leitenden Staat akzeptierten, nachdem es sich offen an die Spitze der nationalen und konstitutionellen Bewegung gestellt. Nein, es geschah widerwillig, die Bourgeois nahmen Preußen als das kleinste Übel: weil Östreich sie von seinem Markt ausschloß und weil Preußen, verglichen mit Östreich, immer noch einen gewissen bürgerlichen Charakter hatte, schon wegen seiner finanziellen Filzigkeit. Zwei gute Einrichtungen hatte Preußen vor andern Großstaaten voraus: die allgemeine Wehrpflicht und den allgemeinen Schulzwang. Es hatte sie eingeführt in Zeiten verzweifelter Not und hatte sich, in bessern Tagen, damit begnügt, sie durch nachlässige Ausführung und absichtliche Verhunzung ihres unter Umständen gefahrvollen Charakters zu entkleiden. Aber sie bestanden auf dem Papier fort, und damit erhielt sich Preußen die Möglichkeit, die in der Volksmasse schlummernde potentielle Energie eines Tags in einem Grade zu entfalten, der für eine gleiche Volkszahl anderswo unerreichbar blieb. Die Bourgeoisie fand sich in diese beiden Einrichtungen; die persönliche Dienstpflicht der Einjährigen, also der Bourgeoissöhne, war um 1840 leicht und ziemlich wohlfeil durch Bestechung zu umgehn, zumal damals in der Armee selbst nur wenig Wert auf aus kaufmännischen und industriellen Kreisen rekrutierte Landwehroffiziere[401]

---

* Die „Rheinische Zeitung" von 1842 diskutierte von diesem Standpunkt aus die Frage von der preußischen Hegemonie. Gervinus sagte mir schon im Sommer 1843 in Ostende: Preußen muß an die Spitze Deutschlands treten; dazu ist aber dreierlei nötig: Preußen muß eine Verfassung geben, es muß Preßfreiheit geben und es muß eine auswärtige Politik annehmen, die Farbe hat.

gelegt wurde. Und die vom Schulzwang noch übrige, unbestreitbar in Preußen vorhandne, größere Anzahl von Leuten mit einer gewissen Summe Elementarkenntnissen war der Bourgeoisie im höchsten Grad nützlich; sie wurde, mit dem Fortschritt der großen Industrie, schließlich sogar ungenügend.* Die Klagen über die sich in starken Steuern ausdrückenden hohen Kosten beider Einrichtungen[1] wurden vornehmlich beim Kleinbürgertum laut; die emporkommende Bourgeoisie rechnete sich heraus, daß die allerdings fatalen, aber unvermeidlichen künftigen Großmachtskosten reichlich durch die gesteigerten Profite aufgewogen würden.

Kurz, die deutschen Bourgeois machten sich über die preußische Liebenswürdigkeit keine Illusionen. Wenn seit 1840 die preußische Hegemonie bei ihnen in Ansehn kam, so geschah dies nur, weil und in dem Maß wie die preußische Bourgeoisie, infolge ihrer rascheren ökonomischen Entwicklung, wirtschaftlich und politisch an die Spitze der deutschen Bourgeoisie trat, weil und in dem Maß wie die Rotteck und Welcker des altkonstitutionellen Südens von den Camphausen, Hansemann und Milde des preußischen Nordens, die Advokaten und Professoren von den Kaufleuten und Fabrikanten in den Schatten gestellt wurden. Und in der Tat war in den preußischen Liberalen der letzten Jahre vor 1848, namentlich in den rheinischen, ein ganz anders revolutionärer Hauch zu spüren als in den Kantönli-Liberalen des Südens[403]. Damals entstanden die beiden besten politischen Volkslieder seit dem 16. Jahrhundert, das Lied vom Bürgermeister Tschech und das von der Freifrau von Droste-Vischering[404], über deren Frevelhaftigkeit sich heute dieselben Leute im Alter entsetzen, die 1846 flott mitsangen:

Hatte je ein Mensch so'n Pech
Wie der Bürgermeister Tschech,
Daß er diesen dicken Mann
Auf zwei Schritt nicht treffen kann!

Aber das sollte alles bald anders werden. Die Februarrevolution kam und die Wiener Märztage und die Berliner Revolution vom 18. März. Die Bourgeoisie hatte gesiegt, ohne ernsthaft zu kämpfen, sie hatte den ernsthaften Kampf, als er kam, gar nicht einmal gewollt. Denn sie, die noch vor

---

* Noch zur Zeit des Kulturkampfs[402] klagten mir rheinische Fabrikanten, sie könnten sonst vortreffliche Arbeiter nicht zu Aufsehern befördern wegen Mangel genügender Schulkenntnisse. Dies sei besonders in den katholischen Gegenden der Fall.

---

[1] Engels schrieb hier an den Rand: „Mittelschulen für die Bourgeoisie"

kurzem mit dem Sozialismus und Kommunismus jener Zeit kokettiert hatte (am Rhein namentlich), merkte jetzt plötzlich, daß sie nicht nur einzelne Arbeiter gezüchtet hatte, sondern eine Arbeiter*klasse*, ein zwar noch halb im Traum befangnes, aber doch allmählich erwachendes, seiner innersten Natur nach revolutionäres Proletariat. Und dies Proletariat, das überall den Sieg für die Bourgeoisie erkämpft hatte, stellte, namentlich in Frankreich, bereits Forderungen, die mit dem Bestand der ganzen bürgerlichen Ordnung unvereinbar waren; in Paris kam es zum ersten furchtbaren Kampf zwischen beiden Klassen am 23. Juni 1848; nach viertägiger Schlacht unterlag das Proletariat. Von da an trat die Masse der Bourgeoisie in ganz Europa auf die Seite der Reaktion, verband sich mit den eben erst von ihr mit Hülfe der Arbeiter gestürzten absolutistischen Bürokraten, Feudalen und Pfaffen gegen die Feinde der Gesellschaft, eben dieselben Arbeiter.

In Preußen geschah dies in der Form, daß die Bourgeoisie ihre eignen gewählten Vertreter im Stich ließ und ihrer Zersprengung durch die Regierung im November 1848 mit heimlicher oder offner Freude zusah. Das junkerlich-bürokratische Ministerium, das jetzt an die zehn Jahre lang in Preußen sich breitmachte, mußte zwar in konstitutionellen Formen regieren, rächte sich aber dafür durch ein System kleinlicher, bisher selbst in Preußen unerhörter Schikanen und Plackereien, unter dem niemand mehr zu leiden hatte als die Bourgeoisie.[405] Diese aber war bußfertig in sich gegangen, nahm die herabregnenden Hiebe und Tritte demütig hin als Strafe für ihre einstigen revolutionären Gelüste und lernte jetzt allmählich das denken, was sie später aussprach: Hunde sind wir ja doch!

Da kam die Regentschaft. Um seine Königstreue zu beweisen, hatte Manteuffel den Thronfolger, jetzigen Kaiser[1], gradeso mit Spionen umgeben lassen, wie jetzt Puttkamer die Redaktion des „Sozialdemokrat". Als der Thronfolger Regent wurde, erhielt Manteuffel natürlich sofort einen beseitigenden Fußtritt, und die Neue Ära brach an.[406] Es war nur ein Dekorationswechsel. Der Prinzregent geruhte, den Bourgeois zu erlauben, wieder liberal zu sein. Die Bourgeois machten mit Vergnügen Gebrauch von dieser Erlaubnis, bildeten sich aber ein, sie hätten jetzt das Heft in der Hand, der preußische Staat müsse nach ihrer Pfeife tanzen. Das war aber keineswegs die Absicht „in maßgebenden Kreisen", wie der Reptilienstil lautet. Die Armeereorganisation sollte der Preis sein, mit dem die liberalen Bourgeois die Neue Ära bezahlten. Die Regierung verlangte damit nur die Durchführung der allgemeinen Wehrpflicht bis zu dem Grad, der um 1816

[1] Wilhelm I.

üblich gewesen. Vom Standpunkt der liberalen Opposition ließ sich dagegen absolut nichts sagen, das nicht ihren eignen Phrasen von Preußens Machtstellung und deutschem Beruf ebenfalls ins Gesicht geschlagen hätte. Die liberale Opposition knüpfte aber an ihre Bewilligung die Bedingung der gesetzlichen zweijährigen Maximaldienstzeit. Dies war an sich ganz rationell, es frug sich aber, ob diese zu erzwingen sei, ob die liberale Bourgeoisie des Landes bereit sei, für diese Bedingung bis zum äußersten, mit Gut und Blut einzustehn. Die Regierung beharrte fest auf drei Dienstjahren, die Kammer auf zwei; der Konflikt brach aus.[407] Und mit dem Konflikt in der Militärfrage wurde die äußere Politik wieder entscheidend, auch für die innere.

Wir haben gesehn, wie Preußen durch seine Haltung im Krimkrieg und im italienischen Krieg sich um den letzten Rest von Achtung gebracht hatte. Diese jämmerliche Politik fand eine teilweise Entschuldigung im schlechten Zustand der Armee. Da man auch schon vor 1848 ohne ständische Bewilligung keine neuen Steuern auflegen oder Anleihen aufnehmen konnte, aber auch keine Stände dazu einberufen wollte, war nie Geld genug für die Armee vorhanden, und diese verkam unter der grenzenlosen Knickerei gänzlich. Der unter Friedrich Wilhelm III. eingerissene Paraden- und Gamaschengeist tat den Rest. Wie hülflos diese Paradearmee sich 1848 auf den dänischen Schlachtfeldern bewies, kann man beim Grafen Waldersee nachlesen. Die Mobilmachung 1850 war ein vollständiges Fiasko; es fehlte an allem, und was vorhanden, war meist untauglich.[313] Dem war nun zwar durch Geldbewilligung von seiten der Kammern abgeholfen; die Armee war aus dem alten Schlendrian aufgerüttelt worden, der Felddienst verdrängte, wenigstens großenteils, den Paradedienst. Aber die Stärke der Armee war noch immer dieselbe wie um 1820, während alle andern Großmächte, namentlich Frankreich, von dem grade jetzt die Gefahr drohte, ihre Heeresmacht bedeutend gesteigert hatten. Und dabei bestand in Preußen allgemeine Wehrpflicht; jeder Preuße war Soldat auf dem Papier, während doch die Bevölkerung von $10^1/_2$ Millionen (1817) auf $17^3/_4$ Millionen (1858) gewachsen war und die Rahmen der Armee nicht hinreichten, mehr als ein Drittel der wehrfähigen Leute aufzunehmen und auszubilden. Jetzt verlangte die Regierung eine Verstärkung der Armee, die fast genau dem seit 1817 eingetretenen Bevölkerungszuwachs entsprach. Aber dieselben liberalen Abgeordneten, die in einem fort von der Regierung verlangten, sie solle an die Spitze Deutschlands treten, Deutschlands Machtstellung nach außen wahren, sein Ansehn unter den Nationen wiederherstellen – diese selben Leute knickerten und schacherten und wollten nichts bewilligen, es sei denn auf Grund der zweijährigen Dienstzeit. Hatten sie denn die Macht, ihren Willen, auf dem sie so hartnäckig bestanden, auch durchzusetzen? Stand denn das Volk oder auch nur die Bourgeoisie hinter ihnen, zum Losschlagen bereit?

Im Gegenteil. Die Bourgeoisie jubelte ihren Redekämpfen gegen Bismarck zu, aber in Wirklichkeit organisierte sie eine Bewegung, die, wenn auch unbewußt, so doch tatsächlich gegen die Politik der preußischen Kammermehrheit gerichtet war. Die Eingriffe Dänemarks in die holsteinische Verfassung, die gewaltsamen Dänisierungsversuche in Schleswig entrüsteten den deutschen Bürger.[408] Von den Großmächten geschurigelt zu werden, das war er gewohnt; aber von dem kleinen Dänemark Fußtritte zu erhalten, das entflammte seinen Zorn. Der Nationalverein[409] wurde gebildet; die Bourgeoisie grade der Kleinstaaten bildete seine Stärke. Und der Nationalverein, durch und durch liberal wie er war, verlangte vor allen Dingen nationale Einigung unter Führung Preußens, eines liberalen Preußens womöglich, eines wie immer beschaffnen Preußens im Notfall. Daß endlich einmal vorangemacht, daß die elende Stellung der Deutschen auf dem Weltmarkt als Menschen zweiter Klasse beseitigt, daß Dänemark gezüchtigt, den Großmächten in Schleswig-Holstein die Zähne gezeigt würden, das war es vor allem, was der Nationalverein forderte. Und dabei war jetzt die Forderung der preußischen Spitze von allen den Unklarheiten und Duseleien befreit, die ihr bis 1850 noch angehaftet hatten. Man wußte ganz genau, daß sie die Hinauswerfung Östreichs aus Deutschland, die tatsächliche Beseitigung der kleinstaatlichen Souveränität bedeute, und daß beides ohne den Bürgerkrieg und ohne Teilung Deutschlands nicht zu haben war. Aber man fürchtete den Bürgerkrieg nicht mehr, und die Teilung zog nur das Fazit aus der östreichischen Zollabsperrung. Die Industrie und der Handel Deutschlands hatten sich zu einer Höhe entwickelt, das Netz deutscher Handelshäuser, das den Weltmarkt umspannte, war so ausgebreitet und so dicht geworden, daß die Kleinstaaterei zu Hause und die Recht- und Schutzlosigkeit im Ausland nicht länger zu ertragen waren. Und während die stärkste politische Organisation, die die deutsche Bourgeoisie je besessen, ihnen dies tatsächliche Mißtrauensvotum gab, feilschten die Berliner Abgeordneten an der Dienstzeit herum!

Das war die Lage, als Bismarck sich anschickte, in die äußere Politik tätig einzugreifen.

Bismarck ist Louis-Napoleon, übersetzt aus dem französischen abenteuernden Kronprätendenten in den preußischen Krautjunker und deutschen Korpsburschen. Ganz wie Louis-Napoleon ist Bismarck ein Mann von großem praktischem Verstand und großer Schlauheit, ein geborner und geriebner Geschäftsmann, der unter andern Umständen auf der New-Yorker Börse den Vanderbilts und Jay Goulds den Rang streitig gemacht hätte, wie er denn auch sein Privatschäfchen hübsch ins trockene gebracht hat. Mit diesem entwickelten Verstand auf dem Gebiet des praktischen Lebens ist aber häufig eine entsprechende Beschränktheit des Gesichtskreises verknüpft, und hierin übertrifft Bismarck seinen französischen Vorgänger. Denn dieser hatte doch seine „napoleonischen Ideen“ [410] während seiner Vagabundenzeit sich selbst herausgearbeitet – sie waren auch darnach –, während Bismarck, wie wir sehn werden, nie auch nur die Spur einer eignen politischen Idee zustande brachte, sondern nur die fertigen Ideen andrer sich zurechtkombinierte. Diese Borniertheit war aber grade sein Glück. Ohne sie hätte er es nie fertiggebracht, die ganze Weltgeschichte vom spezifisch preußischen Gesichtspunkt aus sich vorzustellen; und hatte diese seine stockpreußische Weltanschauung ein Loch, wodurch das Tageslicht hineindrang, so war er irr an seiner ganzen Mission, und es war aus mit seiner Glorie. Freilich, als er seine besondre, ihm von außen vorgeschriebne Mission in seiner Weise erfüllt hatte, da war er dann auch am Ende seines Lateins; wir werden sehn, zu welchen Sprüngen er genötigt war infolge seines absoluten Mangels an rationellen Ideen und seiner Unfähigkeit, die von ihm selbst geschaffne geschichtliche Lage zu begreifen.

Wenn Louis-Napoleon durch seine Vergangenheit sich angewöhnt hatte, in der Wahl seiner Mittel wenig Rücksichten zu beobachten, so lernte Bismarck aus der Geschichte der preußischen Politik, namentlich der des sog. großen Kurfürsten[1] und Friedrichs II., darin noch weniger skrupulös zu verfahren, wobei er sich das erhebende Bewußtsein erhalten konnte, er bleibe hierin der vaterländischen Tradition getreu. Sein Geschäftsverstand lehrte ihn, seine Junkergelüste zurückzudrängen, wo es sein mußte; als dies nicht mehr nötig schien, traten sie wieder grell hervor; es war dies freilich ein Zeichen des Niedergangs. Seine politische Methode war die des Korpsburschen; die burlesk-wörtliche Interpretation des Bierkomments, wodurch man sich auf der Korpskneipe aus der Schlinge zieht, wandte er in der Kammer ganz ungeniert auf die preußische Verfassung an; sämtliche Neuerungen, die er in die Diplomatie eingeführt, sind dem Korpsstudententum entlehnt. Wenn aber Louis-Napoleon oft in entscheidenden Momenten unsicher wurde, wie beim Staatsstreich 1851, wo Morny ihm positiv Gewalt antun mußte, damit er das Angefangne auch durchführe, und wie am

[1] Friedrich Wilhelm

Vorabend des Kriegs 1870, wo seine Unsicherheit ihm seine ganze Stellung verdarb, so muß man Bismarck nachsagen, daß ihm das nie passiert ist. Den hat seine Willenskraft nie im Stich gelassen; viel eher schlug sie in offne Brutalität um. Und hierin vor allem liegt das Geheimnis seiner Erfolge. Sämtlichen in Deutschland herrschenden Klassen, Junkern wie Bourgeois, ist der letzte Rest von Energie so sehr abhanden gekommen, es ist im „gebildeten" Deutschland so sehr Sitte geworden, keinen Willen zu haben, daß der einzige Mann unter ihnen, der wirklich noch einen Willen hat, eben dadurch zu ihrem größten Mann und zum Tyrannen über sie alle geworden ist, vor dem sie wider beßres Wissen und Gewissen, wie sie selbst es nennen, bereitwillig „über den Stock springen". Allerdings, im „ungebildeten" Deutschland ist man noch nicht so weit; das Arbeitervolk hat gezeigt, daß es einen Willen hat, mit dem auch der starke Wille Bismarcks nicht fertig wird.

Eine brillante Laufbahn lag vor unserm altmärkischen Junker, wenn er nur Mut und Verstand hatte zuzugreifen. War nicht Louis-Napoleon der Abgott der Bourgeoisie grade dadurch geworden, daß er ihr Parlament zersprengt, aber ihre Profite erhöht hatte? Und hatte Bismarck nicht dieselben Geschäftstalente, die die Bourgeois so sehr an dem falschen Napoleon bewunderten? Zog es ihn nicht nach seinem Bleichröder wie Louis-Napoleon nach seinem Fould? Lag nicht 1864 in Deutschland ein Widerspruch vor zwischen den Bourgeoisvertretern in der Kammer, die an der Dienstzeit abknickern wollten, und den Bourgeois draußen im Nationalverein, die um jeden Preis nationale Taten wollten, Taten, wozu man Militär braucht? Ein ganz ähnlicher Widerspruch wie der in Frankreich 1851 zwischen den Bourgeois in der Kammer, die die Macht des Präsidenten im Zaum halten, und den Bourgeois draußen, die Ruhe und starke Regierung wollten, Ruhe um jeden Preis – und welchen Widerspruch Louis-Napoleon gelöst hatte, indem er die Parlamentskrakeeler zersprengte und der Masse der Bourgeois Ruhe gab? Lagen die Dinge in Deutschland nicht noch viel sichrer für einen kühnen Griff? War nicht der Reorganisationsplan fix und fertig geliefert von der Bourgeoisie, und verlangte nicht sie selbst laut nach dem energischen preußischen Staatsmann, der ihren Plan ausführen, Östreich von Deutschland ausschließen, die Kleinstaaten unter Preußens Vorherrschaft einigen sollte? Und wenn man dabei die preußische Verfassung etwas unsanft behandeln, die Ideologen in und außerhalb der Kammer nach Verdienst beiseite schieben mußte, konnte man nicht, wie Louis Bonaparte, sich auf das allgemeine Stimmrecht stützen? Was konnte demokratischer sein als die Einführung des allgemeinen Stimmrechts? Hatte Louis-Napoleon nicht seine gänzliche Gefahrlosigkeit – bei richtiger Behandlung – dargetan? Und bot nicht grade dies allgemeine Stimmrecht das Mittel, an die großen Volksmassen zu appellieren, ein bißchen mit der neuerstehenden sozialen Bewegung zu kokettieren, wenn die Bourgeoisie sich widerhaarig erwies?

Bismarck griff zu. Es galt, den Staatsstreich Louis-Napoleons zu wiederholen, der deutschen Bourgeoisie die wirklichen Machtverhältnisse handgreiflich klarzumachen, ihre liberalen Selbsttäuschungen gewaltsam zu zersprengen, aber ihre mit den preußischen Wünschen zusammenfallenden nationalen Forderungen durchzuführen. Zunächst bot Schleswig-Holstein die Handhabe zum Handeln. Das Terrain der auswärtigen Politik war vorbereitet. Der russische Zar[1] war durch die von Bismarck 1863 gegen die insurgierten Polen geleisteten Schergendienste gewonnen[411]; Louis-Napoleon war ebenfalls bearbeitet worden und konnte seine Gleichgültigkeit, wo nicht seine stille Begünstigung der Bismarckschen Pläne durch sein geliebtes „Nationalitätsprinzip" entschuldigen; in England war Palmerston Premierminister, hatte aber den kleinen Lord John Russell nur zu dem Zweck ins auswärtige Amt gesetzt, damit er sich dort recht lächerlich mache. Östreich aber war Preußens Konkurrent um die Vorherrschaft in Deutschland und durfte sich grade in dieser Angelegenheit um so weniger von Preußen den Rang ablaufen lassen, als es 1850 und 1851 als Büttel des Kaisers Nikolaus in Schleswig-Holstein sich in der Tat noch gemeiner benommen hatte als selbst Preußen.[412] Die Lage war also äußerst günstig. So sehr Bismarck Östreich haßte, und so gern Östreich an Preußen hinwiederum sein Mütchen gekühlt hätte, so blieb ihnen beim Tod Friedrichs VII. von Dänemark doch nichts andres übrig, als gemeinsam – unter stillschweigender russischer und französischer Erlaubnis – gegen Dänemark einzuschreiten. Der Erfolg war im voraus gesichert, solange Europa neutral blieb; dies war der Fall, die Herzogtümer wurden erobert und im Frieden abgetreten[413].

Preußen hatte bei diesem Krieg den Nebenzweck gehabt, seine seit 1850 nach neuen Grundsätzen ausgebildete und 1860 reorganisierte und verstärkte Armee vor dem Feind zu versuchen. Sie hatte sich über alles Erwarten gut bewährt, und zwar in den verschiedensten Kriegslagen. Daß das Zündnadelgewehr dem Vorderlader weit überlegen sei und daß man verstehe, es richtig zu gebrauchen, bewies das Gefecht bei Lyngby in Jütland, wo 80 hinter einem Knick postierte Preußen durch ihr Schnellfeuer die dreifache Anzahl Dänen in die Flucht schlugen. Gleichzeitig hatte man

[1] Alexander II.

Gelegenheit zu bemerken, wie die Östreicher aus dem italienischen Kriege und der Fechtart der Franzosen nur die Lehre gezogen hatten, das Schießen tauge nichts, der wahre Soldat müsse alsbald mit dem Bajonett den Feind werfen, und schrieb sich das hinter die Ohren, da man sich eine willkommnere feindliche Taktik vor den Mündungen der Hinterlader gar nicht wünschen konnte. Und um die Östreicher baldmöglichst instand zu setzen, sich hiervon praktisch zu überzeugen, überantwortete man beim Frieden die Herzogtümer der gemeinsamen Souveränität Östreichs und Preußens, schuf also eine rein provisorische Lage, die Konflikte über Konflikte erzeugen mußte und es dadurch ganz in Bismarcks Hand legte, wann er einen solchen Konflikt zu seinem großen Streich gegen Östreich benutzen wollte. Bei der Sitte der preußischen Politik, eine günstige Situation „rücksichtslos bis aufs äußerste auszunutzen", wie Herr von Sybel das nennt, war es selbstverständlich, daß unter dem Vorwand der Befreiung Deutscher von dänischem Druck an 200 000 dänische Nordschleswiger mit an Deutschland annektiert wurden. Wer aber leer ausging, das war der schleswig-holsteinische Thronkandidat der Kleinstaaten und der deutschen Bourgeoisie, der Herzog von Augustenburg.

So hatte Bismarck in den Herzogtümern der deutschen Bourgeoisie ihren Willen gegen ihren Willen getan. Er hatte die Dänen vertrieben, hatte dem Ausland Trotz geboten, und das Ausland hatte sich nicht gerührt. Aber die Herzogtümer, kaum befreit, wurden als erobertes Land behandelt, gar nicht um ihren Willen befragt, sondern kurzerhand zwischen Östreich und Preußen provisorisch geteilt. Preußen war wieder eine Großmacht geworden, war nicht mehr das fünfte Rad am europäischen Wagen; die Erfüllung der nationalen Wünsche der Bourgeoisie war im besten Zuge, aber der gewählte Weg war nicht der liberale der Bourgeoisie. Der preußische Militärkonflikt dauerte also fort, wurde sogar immer unlösbarer. Der zweite Akt der Bismarckschen Haupt- und Staatsaktion mußte eingeleitet werden.

Der dänische Krieg hatte einen Teil der nationalen Wünsche erfüllt. Schleswig-Holstein war „befreit", das Warschauer und Londoner Protokoll, worin die Großmächte Deutschlands Erniedrigung vor Dänemark besiegelt [414], war ihnen zerrissen vor die Füße geworfen, und sie hatten nicht gemuckt. Östreich und Preußen standen wieder zusammen, die Truppen beider hatten nebeneinander gesiegt, und kein Potentat dachte mehr daran, deutsches Gebiet anzutasten. Louis-Napoleons Rheingelüste, bisher durch anderweitige Beschäftigung – die italienische Revolution, den polnischen

Aufstand, die dänischen Verwicklungen, endlich den Zug nach Mexiko[415] – in den Hintergrund gedrängt, hatten jetzt keine Aussicht mehr. Für einen konservativen preußischen Staatsmann war also die Weltlage nach außen hin ganz nach Wunsch. Aber Bismarck war bis 1871 nie, und damals erst recht nicht, konservativ, und die deutsche Bourgeoisie war keineswegs befriedigt.

Das deutsche Bürgertum bewegte sich nach wie vor in dem bekannten Widerspruch. Einerseits verlangte es die ausschließliche politische Macht für sich, d.h. für ein aus der liberalen Kammermajorität gewähltes Ministerium; und ein solches Ministerium hätte einen zehnjährigen Kampf mit dem durch die Krone vertretenen alten System zu führen gehabt, bis seine neue Machtstellung definitiv anerkannt war; also zehn Jahre innerer Schwächung. Andrerseits aber forderte es eine revolutionäre Umgestaltung Deutschlands, die nur durch die Gewalt, also nur durch eine tatsächliche Diktatur, durchführbar war. Und dabei hatte das Bürgertum von 1848 an Schlag auf Schlag, in jedem entscheidenden Moment, den Beweis geliefert, daß es auch nicht die Spur der nötigen Energie besaß, um, sei es das eine, sei es das andre, durchzusetzen – geschweige beides. Es gibt in der Politik nur zwei entscheidende Mächte: die organisierte Staatsgewalt, die Armee, und die unorganisierte, elementare Gewalt der Volksmassen. An die Massen zu appellieren, hatte das Bürgertum 1848 verlernt; es fürchtete sie noch mehr als den Absolutismus. Die Armee aber stand keineswegs zu seiner Verfügung. Wohl aber zur Verfügung Bismarcks.

Bismarck hatte in dem noch andauernden Verfassungskonflikt die parlamentarischen Forderungen der Bourgeoisie aufs äußerste bekämpft. Aber er brannte vor Begierde, ihre nationalen Forderungen durchzuführen; stimmten sie doch mit den geheimsten Herzenswünschen der preußischen Politik. Wenn er jetzt nochmals der Bourgeoisie gegen ihren Willen den Willen tat, wenn er die Einigung Deutschlands, wie die Bourgeoisie sie formuliert hatte, zur Wahrheit machte, so war der Konflikt von selbst beseitigt, und Bismarck mußte ebenso der Abgott der Bourgeois werden wie sein Vorbild Louis-Napoleon.

Die Bourgeoisie lieferte ihm das Ziel, Louis-Napoleon den Weg zum Ziel; die Ausführung allein blieb Bismarcks Werk.

Um Preußen an die Spitze Deutschlands zu stellen, mußte man nicht nur Östreich mit Gewalt aus dem Deutschen Bunde[175] treiben, sondern auch die Kleinstaaten unterwerfen. Ein solcher frischer fröhlicher Krieg[416] Deutscher gegen Deutsche war in der preußischen Politik ja von jeher das Hauptmittel der Gebietserweiterung gewesen; vor so etwas fürchtete sich kein braver Preuße. Ebensowenig konnte das zweite Hauptmittel irgendwie Bedenken erregen: die Allianz mit dem Auslande gegen Deutsche. Den sentimentalen Alexander von Rußland hatte man in der Tasche. Louis-Napoleon hatte den piemontesischen Beruf Preußens in Deutschland nie verkannt und war ganz bereit, mit Bismarck ein Geschäftchen zu machen. Konnte er, was er brauchte, auf friedlichem Weg erhalten, in der Form von Kompensationen, so zog er das vor. Auch brauchte er ja nicht das ganze linke Rheinufer auf einmal; gab man es ihm stückweise, je einen Streifen für jeden neuen Vorschritt Preußens, so war das weniger auffällig und führte doch zum Ziel. Wog doch in den Augen der französischen Chauvins eine Quadratmeile am Rhein ganz Savoyen und Nizza auf. Mit Louis-Napoleon wurde also verhandelt, seine Erlaubnis zur Vergrößerung Preußens und zu einem Norddeutschen Bund [177] erwirkt. Daß ihm dafür ein Stück deutsches Gebiet am Rhein angeboten worden, ist außer Zweifel[1]; in den Verhandlungen mit Govone sprach Bismarck von Rheinbayern und Rheinhessen.[417] Er hat dies zwar nachher abgeleugnet. Aber ein Diplomat, namentlich ein preußischer, hat seine eignen Ansichten über die Grenzen, innerhalb deren man berechtigt oder sogar verpflichtet ist, der Wahrheit gelinde Gewalt anzutun. Die Wahrheit ist ja ein Frauenzimmer, hat's also, nach der Junkervorstellung, eigentlich ganz gern. Louis-Napoleon war nicht so dumm, die Vergrößerung Preußens zu gestatten, ohne daß Preußen ihm Kompensation versprach; eher hätte Bleichröder Geld ohne Zinsen ausgeliehen. Aber er kannte seine Preußen nicht genug und wurde schließlich doch geprellt. Kurz und gut, nachdem er sicher gemacht war, verband man sich mit Italien zum „Stoß ins Herz".

Der Philister verschiedner Länder hat sich über diesen Ausdruck tief entrüstet. Ganz mit Unrecht. À la guerre comme à la guerre.[2] Der Ausdruck beweist bloß, daß Bismarck den deutschen Bürgerkrieg 1866 [418] für das erkannte, was er war, nämlich eine *Revolution*, und daß er bereit war, diese Revolution durchzusetzen mit revolutionären Mitteln. Und das tat er. Sein Verfahren gegenüber dem Bundestag war revolutionär. Statt sich der verfassungsmäßigen Entscheidung der Bundesbehörden zu unterwerfen, warf er ihnen Bundesbruch vor – eine reine Ausrede –, sprengte den Bund, proklamierte eine neue Verfassung mit einem durch das revolutionäre allgemeine Stimmrecht gewählten Reichstag und verjagte schließlich den Bundestag aus Frankfurt.[419] In Oberschlesien richtete er eine ungarische

[1] Engels schrieb hier mit Bleistift an den Rand: „Teilung – Mainlinie" (siehe vorl. Band, S. 436) – [2] Krieg ist Krieg.

Legion ein unter dem Revolutionsgeneral Klapka und andern Revolutionsoffizieren, deren Mannschaft, ungarische Überläufer und Kriegsgefangene, Krieg führen sollten gegen ihren eignen legitimen Kriegsherrn.[1] Nach Eroberung Böhmens erließ Bismarck eine Proklamation „an die Bewohner des glorreichen Königreichs Böhmen“ [420], deren Inhalt den Traditionen der Legitimität ebenfalls arg ins Gesicht schlug. Im Frieden nahm er für Preußen die sämtlichen Besitzungen dreier legitimer deutscher Bundesfürsten und einer Freien Stadt weg[176], ohne daß diese Verjagung von Fürsten, die nicht minder „von Gottes Gnaden“ waren als der König von Preußen, sein christliches und legitimistisches Gewissen irgendwie beschwerten. Kurz, es war eine vollständige Revolution, mit revolutionären Mitteln durchgeführt. Wir sind natürlich die letzten, ihm daraus einen Vorwurf zu machen. Was wir ihm vorwerfen, ist im Gegenteil, daß er nicht revolutionär genug, daß er nur preußischer Revolutionär von oben war, daß er eine ganze Revolution anfing in einer Stellung, wo er nur eine halbe durchführen konnte, daß er, einmal auf der Bahn der Annexionen, mit vier lumpigen Kleinstaaten zufrieden war.

Nun aber kam der kleine Napoleon hinterdrein gehinkt und forderte seinen Lohn. Er hätte während des Kriegs am Rhein nehmen können, was ihm gefiel; nicht nur das Land, auch die Festungen waren entblößt. Er zauderte; er erwartete einen langwierigen, beide Teile ermattenden Krieg – und nun kamen diese raschen Schläge, die Niederwerfung Östreichs binnen acht Tagen. Er forderte zuerst – was Bismarck dem General Govone als mögliches Entschädigungsgebiet bezeichnet – Rheinbayern und Rheinhessen mit Mainz. Das aber konnte Bismarck jetzt nicht mehr geben, selbst wenn er gewollt hätte. Die gewaltigen Erfolge des Kriegs hatten ihm neue Verpflichtungen auferlegt. In dem Augenblick, wo Preußen sich zum Schutz und Schirm Deutschlands aufwarf, konnte es nicht den Schlüssel des Mittelrheins, Mainz, an das Ausland verschachern. Bismarck schlug ab. Louis-Napoleon ließ mit sich handeln; er verlangte nur noch Luxemburg, Landau, Saarlouis und das Saarbrücker Kohlenrevier. Aber auch dies konnte Bismarck nicht mehr abtreten, um so weniger, als hier auch preußisches Gebiet beansprucht wurde. Warum hatte Louis-Napoleon nicht selbst zugegriffen, zur rechten Zeit, als die Preußen in Böhmen festsaßen? Genug, aus den Kompensationen für Frankreich wurde nichts. Daß das einen späteren Krieg mit Frankreich bedeutete, wußte Bismarck; aber das war ihm grade recht.

[1] Engels schrieb hier mit Bleistift an den Rand: „Eid!“

In den Friedensschlüssen nutzte Preußen diesmal die günstige Lage nicht so rücksichtslos aus, als dies sonst, im Glück, seine Gewohnheit war. Und aus guten Gründen. Sachsen und Hessen-Darmstadt wurden in den neuen Norddeutschen Bund gezogen und wurden schon deshalb geschont. Bayern, Württemberg und Baden mußten glimpflich behandelt werden, weil Bismarck die geheimen Schutz- und Trutzbündnisse mit ihnen abzuschließen hatte. Und Östreich – hatte nicht Bismarck ihm einen Dienst erwiesen, indem er die traditionellen Verwicklungen zerhieb, die es an Deutschland und Italien fesselten? Hatte er ihm nicht erst jetzt die lang erstrebte unabhängige Großmachtstellung verschafft? Hatte er nicht in der Tat besser gewußt als Östreich selbst, was Östreich diente, als er es in Böhmen besiegte? Mußte nicht Östreich bei richtiger Behandlung einsehn, daß die geographische Lage, die gegenseitige Verschränkung beider Länder, das preußisch-geeinte Deutschland zu seinem notwendigen und natürlichen Bundesgenossen machte?

So kam es, daß Preußen zum erstenmal seit seinem Bestehn sich mit dem Schimmer der Großmut umgeben konnte, weil es – mit der Wurst nach dem Schinken warf.

Nicht nur Östreich war auf den böhmischen Schlachtfeldern geschlagen – die deutsche Bourgeoisie war es auch. Bismarck hatte ihr bewiesen, daß er besser wußte, was ihr frommte, als sie selbst. An eine Fortführung des Konflikts von seiten der Kammer war nicht zu denken. Die liberalen Ansprüche der Bourgeoisie waren auf lange Zeit begraben, aber ihre nationalen Forderungen erfüllten sich von Tag zu Tag mehr. Mit einer ihr selbst verwunderlichen Raschheit und Genauigkeit führte Bismarck ihr nationales Programm aus. Und nachdem er ihr ihre Schlaffheit und Energielosigkeit und damit ihre totale Unfähigkeit zur Durchführung ihres eignen Programms handgreiflich in corpore vili, an ihrem eignen schäbigen Leibe dargetan, spielte er auch ihr gegenüber den Großmütigen und kam bei der nun tatsächlich entwaffneten Kammer um Indemnität ein wegen der verfassungswidrigen Konfliktsregierung. Zu Tränen gerührt, bewilligte sie der nunmehr harmlose Fortschritt.[421]

Trotzdem wurde die Bourgeoisie daran erinnert, daß sie bei Königgrätz[422] mit besiegt war. Die norddeutsche Bundesverfassung wurde nach der Schablone der durch den Konflikt authentisch interpretierten preußischen Verfassung zugeschnitten. Steuerverweigerung war verboten. Der Bundeskanzler und seine Minister wurden vom König von Preußen ernannt, unabhängig von jeder parlamentarischen Majorität. Die durch den Konflikt sichergestellte Unabhängigkeit der Armee vom Parlament wurde auch gegenüber dem Reichstag festgehalten. Dafür aber hatten die Mitglieder dieses Reichstags das erhebende Bewußtsein, daß sie durch allgemeines Stimmrecht gewählt waren. An diese Tatsache wurden sie auch, und zwar in unangenehmer Weise, erinnert durch den Anblick der zwei Sozialisten[1], die mitten unter ihnen saßen. Zum erstenmal erschienen sozialistische Abgeordnete, Vertreter des Proletariats, in einer parlamentarischen Körperschaft. Es war ein unheildrohendes Zeichen.

Zunächst war das alles nicht von Bedeutung. Es kam jetzt darauf an, die neue Reichseinheit wenigstens des Nordens im Interesse der Bourgeoisie auszubauen und auszubeuten und dadurch auch die süddeutschen Bourgeois in den neuen Bund zu locken. Die Bundesverfassung entzog die ökonomisch wichtigsten Verhältnisse der Gesetzgebung den Einzelstaaten und wies ihre Regelung dem Bunde zu: gemeinsames Bürgerrecht und Freizügigkeit im ganzen Bundesgebiet, Heimatsberechtigung, Gesetzgebung über Gewerbe, Handel, Zölle, Schiffahrt, Münzen, Maß und Gewicht, Eisenbahnen, Wasserstraßen, Post und Telegraphen, Patente, Banken, die ganze auswärtige Politik, Konsulate, Handelsschutz im Ausland, Medizinalpolizei, Strafrecht, Gerichtsverfahren etc. Die meisten dieser Gegenstände wurden nun rasch, und im ganzen in liberaler Weise, durch Gesetze geordnet. Und so wurden denn endlich – endlich! die schlimmsten Auswüchse der Kleinstaaterei beseitigt, diejenigen, die einerseits der kapitalistischen Entwicklung, andrerseits dem preußischen Herrschergelüst am meisten den Weg versperrten. Das war aber keine welthistorische Errungenschaft, wie der jetzt chauvinistisch werdende Bourgeois ausposaunte, sondern eine sehr, sehr späte und unvollkommne Nachahmung dessen, was die Französische Revolution schon siebzig Jahre früher getan, und was alle andern Kulturstaaten längst eingeführt. Statt zu prahlen, hätte man sich schämen sollen, daß das „hochgebildete" Deutschland hiermit zuallerletzt kam.

Während dieser ganzen Zeit des Norddeutschen Bundes kam Bismarck der Bourgeoisie auf wirtschaftlichem Gebiet bereitwillig entgegen und zeigte auch in der Behandlung parlamentarischer Machtfragen die eiserne Faust nur im samtnen Handschuh. Es war seine beste Periode; man konnte stellenweise zweifeln an seiner spezifisch preußischen Borniertheit, an seiner Unfähigkeit einzusehn, daß es in der Weltgeschichte noch andre und stärkere Mächte gibt als Armeen und auf sie gestützte Diplomatenschliche.

Daß der Friede mit Östreich den Krieg mit Frankreich im Schoße trug, wußte Bismarck nicht nur, er wollte es auch. Dieser Krieg sollte grade das

[1] August Bebel und Wilhelm Liebknecht

Mittel bieten zur Vollendung des ihm von der deutschen Bourgeoisie vorgeschriebenen preußisch-deutschen Reichs.* Die Versuche, das Zollparlament [424] allmählich in einen Reichstag umzuwandeln und so die Südstaaten nach und nach in den Nordbund zu ziehn, scheiterten an dem lauten Ruf der süddeutschen Abgeordneten: Keine Kompetenzerweiterung! Die Stimmung der eben noch auf dem Schlachtfeld besiegten Regierungen war nicht günstiger. Nur ein neuer, handgreiflicher Beweis, daß Preußen, ihnen gegenüber, übermächtig, aber auch mächtig genug sei, sie zu schützen – also nur ein neuer, gemeindeutscher Krieg konnte den Moment der Kapitulation rasch herbeiführen. Und dann war die scheidende Mainlinie[425], nachdem sie im stillen zwischen Bismarck und Louis-Napoleon vorher vereinbart, nach den Siegen doch scheinbar von diesem den Preußen aufgenötigt worden; Einigung mit Süddeutschland war also Verletzung des diesmal den Franzosen förmlich zugestandnen Rechts auf die Zersplitterung Deutschlands, war Kriegsfall.

Inzwischen mußte Louis-Napoleon suchen, ob er nicht irgendwo an der deutschen Grenze einen Landfetzen fände, den er als Kompensation für Sadowa einheimse. Bei der Neubildung des Norddeutschen Bundes war Luxemburg ausgeschlossen worden, war also jetzt ein mit Holland in Personalunion befindlicher, aber sonst ganz unabhängiger Staat. Dabei war es ungefähr ebenso französiert wie das Elsaß und hatte entschieden weit mehr Hinneigung zu Frankreich als zu dem positiv gehaßten Preußen.

Luxemburg ist ein schlagendes Exempel davon, was die politische Misere Deutschlands seit dem Mittelalter aus den deutsch-französischen Grenzländern gemacht hat, und um so schlagender, als Luxemburg bis 1866 nominell zu Deutschland gehört hat. Bis 1830 aus einer französischen und einer deutschen Hälfte zusammengesetzt, hatte auch der deutsche Teil schon früh den Einfluß der überlegnen französischen Kultur über sich ergehen lassen. Die luxemburgischen deutschen Kaiser[426] waren nach Sprache und Bildung Franzosen. Seit der Einverleibung in die burgundischen Lande

* Schon vor dem östreichischen Krieg interpelliert von einem mittelstaatlichen Minister wegen seiner demagogischen deutschen Politik, antwortete Bismarck diesem, er werde trotz aller Phrasen Östreich aus Deutschland hinauswerfen und den Bund sprengen. – „Und die Mittelstaaten, glauben Sie, daß die dabei ruhig zusehn werden?“ – „Ihr Mittelstaaten, Ihr werdet gar nichts tun.“ – „Und was soll dann aus den Deutschen werden?“ – „Dann führe ich sie nach Paris und mache sie dort einig.“ (Erzählt in Paris vor dem östr[eichischen] Krieg von besagtem Mittelstaatsmann und veröffentlicht während jenes Kriegs im „Manchester Guardian“[423] von seiner Pariser Korrespondentin, Frau Crawford.)

(1440) blieb Luxemburg, wie die übrigen Niederlande, in nur nominellem Verband mit Deutschland; daran änderte auch seine Aufnahme in den Deutschen Bund 1815 nichts. Nach 1830 fiel der französische Teil und noch ein hübscher Streifen des deutschen Teils an Belgien. Aber in dem noch übrigen Deutsch-Luxemburg blieb alles auf französischem Fuß: die Gerichte, die Behörden, die Kammer, alles verhandelte französisch, alle öffentlichen und privaten Aktenstücke, alle Geschäftsbücher wurden französisch abgefaßt, alle Mittelschulen unterrichteten auf Französisch, die gebildete Sprache war und blieb Französisch – natürlich ein Französisch, das unter der Last der hochdeutschen Lautverschiebung ächzte und keuchte. Kurzum, in Luxemburg wurden zwei Sprachen gesprochen: ein rheinfränkischer Volksdialekt und Französisch, aber Hochdeutsch blieb eine fremde Sprache. Die preußische Garnison der Hauptstadt machte das alles eher schlimmer als besser. Das ist beschämend genug für Deutschland, aber es ist wahr. Und diese freiwillige Französierung Luxemburgs stellt auch die ähnlichen Vorgänge im Elsaß und in Deutsch-Lothringen erst in das richtige Licht.

Der König von Holland[1], souveräner Herzog von Luxemburg, konnte bares Geld sehr gut gebrauchen und ließ sich bereitfinden zum Verkauf des Herzogtums an Louis-Napoleon. Die Luxemburger hätten unbedingt ihre Einverleibung in Frankreich genehmigt – Beweis ihre Haltung im Kriege 1870. Preußen konnte völkerrechtlich nichts einwenden, da es selbst die Ausschließung Luxemburgs aus Deutschland bewirkt hatte. Seine Truppen lagen in der Hauptstadt als Bundesgarnison einer deutschen Bundesfestung; sobald Luxemburg aufhörte, Bundesfestung zu sein, hatten sie dort kein Recht mehr. Warum aber gingen sie nicht heim, warum konnte Bismarck die Annexion nicht zugeben?

Einfach, weil jetzt die Widersprüche an den Tag traten, in die er sich verwickelt hatte. *Vor* 1866 war Deutschland für Preußen noch reines Annexationsgebiet, worin man sich mit dem Ausland teilen mußte. *Nach* 1866 war Deutschland preußisches *Schutzgebiet* geworden, das man vor ausländischen Krallen zu verteidigen hatte. Allerdings hatte man, aus preußischen Rücksichten, ganze Stücke Deutschlands aus dem neugegründeten sogenannten Deutschland ausgeschlossen. Aber das Recht der deutschen Nation auf ihr eignes Gesamtgebiet legte jetzt der Krone Preußen die Pflicht auf, die Einverleibung dieser Stücke des alten Bundesgebiets in fremde Staaten zu verhindern, ihnen für die Zukunft den Anschluß an den neuen preußisch-deutschen Staat offenzuhalten. Deshalb hatte Italien an der

[1] Wilhelm III.

Tiroler Grenze haltgemacht[427], deshalb durfte jetzt Luxemburg nicht an Louis-Napoleon übergehn. Eine wirklich revolutionäre Regierung konnte das offen verkündigen. Nicht so der königlich preußische Revolutionär, der es endlich fertiggebracht hatte, Deutschland in einen Metternichschen „geographischen Begriff" [428] zu verwandeln. Er hatte sich völkerrechtlich selbst ins Unrecht gesetzt und konnte sich nur helfen durch Anwendung seiner beliebten Korpskneipeninterpretation auf das Völkerrecht.

Wenn er damit nicht gradezu ausgelacht wurde, so kam dies nur daher, daß Louis-Napoleon im Frühjahr 1867 noch keineswegs für einen großen Krieg bereit war. Man einigte sich auf der Londoner Konferenz. Die Preußen räumten Luxemburg; die Festung wurde geschleift, das Herzogtum neutral erklärt.[429] Der Krieg war wieder vertagt.

Louis-Napoleon konnte sich dabei nicht beruhigen. Die Machtvergrößerung Preußens war ihm ganz recht, sobald er nur die entsprechenden Kompensationen am Rhein erhielt. Er wollte mit wenigem zufrieden sein; auch davon hatte er noch abgelassen, aber er hatte gar nichts erhalten, war vollständig geprellt. Ein bonapartistisches Kaisertum in Frankreich war aber nur möglich, wenn es die Grenze allmählich gegen den Rhein zu vorschob und wenn Frankreich – in der Wirklichkeit oder doch in der Einbildung – Schiedsrichter Europas blieb. Die Grenzverschiebung war mißlungen, die Schiedsrichterstellung war bereits bedroht, die bonapartistische Presse schrie laut nach Revanche für Sadowa – wenn Louis-Napoleon seinen Thron behaupten wollte, mußte er seiner Rolle getreu bleiben und das mit Gewalt holen, was er trotz aller erwiesenen Dienste mit Güte nicht erhielt.

Von beiden Seiten also emsige Kriegsvorbereitungen, diplomatische wie militärische. Und zwar ereignete sich folgendes diplomatische Begebnis:

Spanien suchte nach einem Thronkandidaten. Im März [1869] hört Benedetti, der französische Gesandte in Berlin, gerüchtweise von einer Thronbewerbung des Prinzen Leopold von Hohenzollern; erhält Auftrag von Paris, der Sache nachzuforschen. Der Unterstaatssekretär von Thile versichert auf Ehrenwort, die preußische Regierung wisse davon nichts. Auf einem Besuch in Paris erfährt Benedetti die Meinung des Kaisers: „Diese Kandidatur ist wesentlich antinational, das Land wird sie sich nicht gefallen lassen, man muß sie verhüten."

Beiläufig bewies hier Louis-Napoleon, daß er schon stark am Herunterkommen war. Was konnte in der Tat eine schönere „Rache für Sadowa" sein, als die Königschaft eines preußischen Prinzen in Spanien, die daraus unvermeidlich folgenden Unannehmlichkeiten, die Verwicklung Preußens in innere spanische Parteiverhältnisse, wohl gar ein Krieg, eine Niederlage der zwerghaften preußischen Flotte, jedenfalls Preußen vor Europa in eine höchst groteske Lage gebracht? Aber das Schauspiel konnte Louis Bonaparte sich nicht mehr erlauben. Sein Kredit war bereits so weit erschüttert, daß er sich an den traditionellen Standpunkt gebunden hielt, wonach ein deutscher Fürst auf dem spanischen Thron Frankreich zwischen zwei Feuer brächte, also nicht zu dulden sei – ein seit 1830 kindischer Standpunkt.

Benedetti suchte also Bismarck auf, um weitere Aufklärungen zu erhalten und ihm den Standpunkt Frankreichs klarzumachen (11. Mai 1869). Er erfuhr von Bismarck nichts besonders Bestimmtes. Wohl aber erfuhr Bismarck von ihm, was er wissen wollte: daß die Aufstellung der Kandidatur Leopolds den sofortigen Krieg mit Frankreich bedeute. Hiermit war es in Bismarcks Hand gegeben, den Krieg ausbrechen zu lassen, wann es ihm gefiel.

In der Tat taucht die Kandidatur Leopolds im Juli 1870 abermals auf und führt sofort zum Krieg, so sehr auch Louis-Napoleon sich dagegen sträubte. Er sah nicht nur, daß er in eine Falle gegangen war. Er wußte auch, daß es sich um sein Kaisertum handelte, und hatte wenig Vertrauen in die Wahrhaftigkeit seiner bonapartistischen Schwefelbande[308], die ihm versicherte, alles sei bereit, bis auf den letzten Gamaschenknopf, und noch weniger Vertrauen in ihre militärische und administrative Tüchtigkeit. Aber die logischen Konsequenzen seiner eignen Vergangenheit trieben ihn ins Verderben; sein Zaudern selbst beschleunigte seinen Untergang.

Bismarck dagegen war nicht nur militärisch vollständig schlagfertig, sondern hatte diesmal das Volk in der Tat hinter sich, das durch alle beiderseitigen diplomatischen Lügen hindurch nur die eine Tatsache sah: hier handle es sich um einen Krieg nicht nur um den Rhein, sondern um die nationale Existenz. Reserven und Landwehr strömten – zum erstenmal seit 1813 – wieder bereitwillig und kampflustig zu den Fahnen. Einerlei, wie das alles so gekommen war, einerlei, welches Stück des zweitausendjährigen nationalen Erbteils Bismarck auf eigne Faust dem Louis-Napoleon versprochen oder nicht versprochen hatte: Es galt, dem Ausland ein für allemal beizubringen, daß es sich in innere deutsche Dinge nicht zu mischen habe und daß Deutschland nicht berufen sei, den wackligen Thron Louis-Napoleons durch Abtretung deutschen Gebiets zu stützen. Und vor diesem nationalen Aufschwung verschwanden alle Klassenunterschiede, zerflossen alle Rheinbundsgelüste süddeutscher Höfe, alle Restaurationsversuche verjagter Fürsten in nichts.

Beide Teile hatten sich um Allianzen beworben. Louis-Napoleon hatte Östreich und Dänemark sicher, Italien ziemlich sicher. Bismarck hatte Rußland. Aber Östreich war wie immer nicht fertig, konnte nicht vor dem 2. September tätig eingreifen – und am 2. September war Louis-Napoleon Kriegsgefangener der Deutschen, und Rußland hatte Östreich benachrichtigt, es werde Östreich angreifen, sobald Östreich Preußen angreife. In Italien aber rächte sich Louis-Napoleons achselträgerische Politik: Er hatte die nationale Einheit in Gang bringen, aber dabei den Papst vor dieser selben nationalen Einheit schützen wollen; er hatte Rom besetzt gehalten mit Truppen, die er jetzt zu Hause brauchte und die er doch nicht wegziehn konnte, ohne Italien zu verpflichten, daß es Rom und den Papst als Souverän respektiere; was Italien wiederum verhinderte, ihm beizustehn. Dänemark endlich erhielt von Rußland Befehl, sich ruhig zu verhalten.

Entscheidender aber als alle diplomatischen Verhandlungen wirkten auf die Lokalisierung des Kriegs die raschen Schläge der deutschen Waffen von Spichern und Wörth [430] bis Sedan[220]. Louis-Napoleons Armee erlag in jedem Gefecht und wanderte schließlich zu drei Vierteln kriegsgefangen nach Deutschland. Das war nicht die Schuld der Soldaten, die sich tapfer genug geschlagen hatten, wohl aber der Führer und der Verwaltung. Aber wenn man wie Louis-Napoleon sein Reich errichtet hat mit Hülfe einer Bande von Strolchen, wenn man dies Reich achtzehn Jahre behauptet hat nur, indem man Frankreich dieser selben Bande zur Ausbeutung überließ, wenn man alle entscheidenden Posten im Staat mit Leuten eben dieser Bande und alle untergeordneten Stellen mit ihren Helfershelfern besetzt hat, dann soll man auch keinen Kampf auf Tod und Leben unternehmen, wenn man nicht im Stich gelassen sein will. In weniger als fünf Wochen brach das ganze, vom europäischen Philister jahrelang angestaunte Gebäude des Kaiserreichs zusammen; die Revolution vom 4. September[431] räumte nur noch den Schutt weg; und Bismarck, der in den Krieg gezogen war, um ein kleindeutsches Kaiserreich zu gründen, fand sich eines schönen Morgens als Stifter einer französischen Republik.

Nach Bismarcks eigener Proklamation wurde der Krieg geführt nicht gegen das französische Volk, sondern gegen Louis-Napoleon. Mit dessen Sturz fiel also aller Grund zum Kriege weg. Das bildete sich auch die – sonst nicht so naive – Regierung des 4. September ein und war sehr verwundert, als Bismarck nun plötzlich den preußischen Junker herauskehrte.

Niemand in der Welt hat einen solchen Franzosenhaß wie die preußischen Junker. Denn nicht nur hat der bis dahin steuerfreie Junker während der Züchtigung durch die Franzosen, 1806 bis 1813, die er sich durch seinen Dünkel selbst zugezogen, schwer zu leiden gehabt; die gottlosen Franzosen haben, was noch weit schlimmer, durch ihre frevelhafte Revolution die Köpfe derart verwirrt, daß die alte Junkerherrlichkeit größtenteils selbst in Altpreußen zu Grabe getragen worden, daß die armen Junker um den noch übrigen Rest dieser Herrlichkeit jahraus, jahrein einen harten Kampf zu führen haben und ein großer Teil von ihnen bereits zu einem schäbigen Schmarotzeradel herabgesunken ist. Dafür mußte Rache genommen werden an Frankreich, und das besorgten die Junkeroffiziere in der Armee unter Bismarcks Leitung. Man hatte sich Listen der französischen Kriegskontributionen in Preußen gemacht und ermaß danach die in Frankreich von den einzelnen Städten und Departements zu erhebenden Brandschatzungen – aber natürlich unter Rücksichtnahme auf den weit größeren Reichtum Frankreichs. Man requirierte Lebensmittel, Fourage, Kleider, Schuhwerk etc. mit zur Schau getragner Rücksichtslosigkeit. Ein Bürgermeister in den Ardennen, der die Lieferung nicht machen zu können erklärte, erhielt ohne weiteres fünfundzwanzig Stockprügel; die Pariser Regierung hat die amtlichen Beweise veröffentlicht. Die Franktireurs, die so genau nach den Vorschriften der preußischen Landsturmordnung von 1813[432] handelten, als hätten sie sie expreß studiert, wurden ohne Gnade erschossen, wo man sie nur abfing. Auch die Geschichten von den heimgesandten Pendülen sind wahr, die „Kölnische Zeitung" hat selbst darüber berichtet. Nur waren diese Pendülen nach preußischen Begriffen nicht gestohlen, sondern als herrenloses Gut in den verlassenen Landhäusern um Paris vorgefunden und für die Lieben in der Heimat annektiert. Und so sorgten die Junker unter Bismarcks Leitung dafür, daß trotz der tadellosen Haltung sowohl der Mannschaft wie eines großen Teils der Offiziere der spezifisch preußische Charakter des Kriegs bewahrt und den Franzosen eingebleut, dafür aber auch von diesen die ganze Armee für die kleinlichen Gehässigkeiten der Junker verantwortlich gemacht wurde.

Und doch war es diesen Junkern vorbehalten, dem französischen Volk eine Ehrenbezeugung zu erweisen, die in der ganzen bisherigen Geschichte ihresgleichen nicht hat. Als alle Entsatzversuche um Paris gescheitert, alle französischen Armeen zurückgeschlagen, der letzte große Angriffsvorstoß Bourbakis auf die Verbindungslinie der Deutschen gescheitert war, als die gesamte Diplomatie Europas Frankreich seinem Schicksal überließ, ohne einen Finger zu rühren, da mußte das ausgehungerte Paris endlich kapitulieren.[433] Und höher schlugen die Junkerherzen, als sie endlich triumphierend einziehen konnten in das gottlose Nest und volle Rache nehmen an den Pariser Erzrebellen – die volle Rache, die ihnen 1814 von Alexander von Rußland und 1815 von Wellington untersagt worden war; jetzt konnten sie den Herd und die Heimat der Revolution züchtigen nach Herzenslust.

Paris kapitulierte, es zahlte 200 Millionen Brandschatzung; die Forts wurden den Preußen übergeben; die Garnison legte vor den Siegern die Waffen nieder und lieferte ihr Feldgeschütz aus; die Kanonen der Ringmauer wurden ihrer Lafetten beraubt; alle Widerstandsmittel, die dem Staat gehörten, wurden Stück für Stück ausgeliefert – aber die eigentlichen Verteidiger von Paris, die Nationalgarde, das Pariser Volk in Waffen, die blieben unangetastet, denen mutete niemand zu, die Waffen auszuliefern, weder ihre Gewehre noch ihre Kanonen*; und damit es aller Welt kund werde, daß die siegreiche deutsche Armee ehrerbietig haltgemacht vor dem bewaffneten Volk von Paris, zogen die Sieger nicht in Paris ein, sondern waren damit zufrieden, die Champs-Élysées – einen öffentlichen Garten! – drei Tage lang besetzt halten zu dürfen, ringsum beschützt, bewacht und eingeschlossen von den Schildwachen der Pariser! Kein deutscher Soldat setzte den Fuß ins Pariser Stadthaus, keiner betrat die Boulevards, und die paar, die ins Louvre eingelassen wurden, um die Kunstschätze zu bewundern, hatten um Erlaubnis bitten müssen, es war Bruch der Kapitulation. Frankreich war niedergeschlagen, Paris war ausgehungert, aber *den* Respekt hatte sich das Pariser Volk durch seine glorreiche Vergangenheit gesichert, daß kein Sieger wagte, ihm Entwaffnung zuzumuten, keiner den Mut hatte, es zu Hause aufzusuchen und diese Straßen, den Kampfplatz so vieler Revolutionen, durch einen Triumphzug zu entweihen. Es war, als ob der neugebackne deutsche Kaiser[1] den Hut abzöge vor den lebendigen Revolutionären von Paris, wie weiland sein Bruder vor den toten Märzkämpfern Berlins[434], und als ob die ganze deutsche Armee hinter ihm stände und präsentierte das Gewehr.

Das war aber auch das einzige Opfer, das Bismarck sich auferlegen mußte. Unter dem Vorwand, es gebe keine Regierung in Frankreich, die mit ihm Frieden schließen könne – was grade so wahr und so falsch war am 4. September wie am 28. Januar – hatte er seine Erfolge echt preußisch bis auf den letzten Tropfen ausgenutzt und sich erst nach vollständiger Niederwerfung Frankreichs zum Frieden bereit erklärt. Im Friedensschluß selbst wurde wiederum, auf gut altpreußisch, „die günstige Lage rücksichtslos

* Es waren diese der Nationalgarde, nicht dem Staat gehörigen und eben deshalb nicht an die Preußen ausgelieferten Kanonen, die Thiers am 18. März 1871 den Befehl gab, den Parisern zu *stehlen* und dadurch den Aufstand veranlaßte, aus dem die Kommune hervorging.

[1] Wilhelm I.

ausgenützt". Nicht nur die unerhörte Summe von fünf Milliarden Kriegsentschädigung erpreßt, sondern auch zwei Provinzen, Elsaß und Deutsch-Lothringen mit Metz und Straßburg, von Frankreich abgerissen und Deutschland einverleibt.[435] Mit dieser Annexion tritt Bismarck zum erstenmal als unabhängiger Politiker auf, der nicht mehr ein ihm von außen vorgeschriebnes Programm in seiner Weise ausführt, sondern die Produkte seines eignen Hirns in die Tat übersetzt; und damit begeht er seinen ersten kolossalen Bock.[1]

Das Elsaß war von Frankreich der Hauptsache nach im Dreißigjährigen Krieg erobert. Damit hatte Richelieu den soliden Grundsatz Heinrichs IV. verlassen:

„Die spanische Sprache möge dem Spanier, die deutsche dem Deutschen gehören; aber wo man französisch spricht, das kommt mir zu";

er stützte sich auf den Grundsatz der natürlichen Rheingrenze, der geschichtlichen Grenze des alten Galliens. Das war Torheit; aber das Deutsche Reich, das die französischen Sprachgebiete von Lothringen und Belgien und sogar der Franche-Comté einschloß, hatte nicht das Recht, Frankreich die Annexion deutschsprechender Länder vorzuwerfen. Und wenn Ludwig XIV. 1681 Straßburg mitten im Frieden, mit Hilfe einer französisch gesinnten Partei in der Stadt, an sich riß[436], so steht es Preußen schlecht an, sich darüber zu entrüsten, nachdem es 1796 die Freie Reichsstadt Nürnberg, allerdings ohne von einer preußischen Partei gerufen zu sein, genau ebenso vergewaltigte, wenn auch nicht mit Erfolg.*

---

* Man wirft Ludwig XIV. vor, seine Reunionskammern[437] im tiefsten Frieden auf ihm nicht gehörige deutsche Gebiete losgelassen zu haben. So etwas kann auch der boshafteste Neid den Preußen nicht nachsagen. Im Gegenteil. Nachdem sie 1795 durch direkten Bruch der Reichsverfassung Separatfrieden mit Frankreich[390] gemacht und ihre ebenfalls abtrünnigen kleinen Nachbarn hinter der Demarkationslinie zum ersten Norddeutschen Bund um sich versammelt hatten, benutzten sie die bedrängte Lage der im Verein mit Österreich den Krieg nunmehr allein fortführenden süddeutschen Reichsstände zu Annexionsversuchen in Franken. Sie errichteten in Ansbach und Bayreuth (die damals preußisch waren) Reunionskammern nach Ludwigs Muster, erhoben auf eine Reihe benachbarter Gebietsstrecken Ansprüche, denen gegenüber Ludwigs Rechtsvorwände sonnenklar überzeugend waren; und als dann die Deutschen geschlagen zurückwichen und die Franzosen in Franken einrückten, da besetzten die

---

[1] Von hier bis zu den Worten: „Bismarck war am Ziel" (siehe vorl. Band, S. 449) fehlen die entsprechenden Seiten der Handschrift von Engels. Der fehlende Teil wird nach dem in „Die Neue Zeit" veröffentlichten Text gebracht.

Lothringen wurde 1735 im Wiener Frieden von Österreich an Frankreich verschachert[438] und 1766 endgiltig in französischen Besitz genommen. Es hatte seit Jahrhunderten nur nominell zum Deutschen Reiche gehört, seine Herzöge waren in jeder Beziehung Franzosen und fast immer mit Frankreich verbündet gewesen.

In den Vogesen bestanden bis zur Französischen Revolution eine Menge kleiner Herrschaften, die gegenüber Deutschland sich als reichsunmittelbare Reichsstände gerierten, gegenüber Frankreich aber dessen Oberhoheit anerkannt hatten; sie zogen Vorteile aus dieser Zwitterstellung, und wenn das Deutsche Reich das duldete, statt die Herren Dynasten zur Rechenschaft zu ziehen, so durfte es sich nicht beklagen, als Frankreich kraft seiner Oberhoheit die Einwohner dieser Gebiete gegen die verjagten Dynasten in Schutz nahm.

Im ganzen war dies deutsche Gebiet bis zur Revolution so gut wie gar nicht französiert. Deutsch blieb Schul- und Amtssprache im inneren Verkehr wenigstens des Elsasses. Die französische Regierung begünstigte die deutschen Provinzen, die nach langjähriger Kriegsverwüstung jetzt, von Anfang des achtzehnten Jahrhunderts an, keinen Feind mehr im Lande zu sehen bekamen. Das von ewigen inneren Kriegen zerrissene Deutsche Reich war wahrlich nicht dazu angetan, die Elsässer zur Rückkehr in den Mutterschoß anzulocken; man hatte wenigstens Ruhe und Frieden, man wußte, woran man war, und so fand sich das tonangebende Philisterium in Gottes unerforschlichen Ratschluß. War ihr Schicksal doch nicht beispiellos, standen doch auch die Holsteiner unter fremder dänischer Herrschaft.

Da kam die Französische Revolution. Was Elsaß und Lothringen nie gewagt hatten von Deutschland zu hoffen, das wurde ihnen von Frankreich geschenkt. Die feudalen Fesseln wurden gesprengt. Der hörige, fronpflichtige Bauer wurde ein freier Mann, in vielen Fällen freier Eigentümer seines Gehöfts und Feldes. Die Patrizierherrschaft und die Zunftprivilegien in den Städten verschwanden. Der Adel wurde verjagt. Und in den Gebieten der kleinen Fürsten und Herren folgten die Bauern dem Beispiel der Nachbarn,

---

rettenden Preußen das Nürnberger Gebiet einschließlich der Vorstädte bis an die Stadtmauer und erschlichen von den angstschlotternden Nürnberger Spießbürgern einen Vertrag (2. September 1796), wodurch die Stadt sich der preußischen Herrschaft unterwarf, unter der Bedingung, daß nie – Juden in den Mauern sollten zugelassen werden. Gleich darauf aber rückte Erzherzog Karl wieder vor, schlug die Franzosen bei Würzburg 3. und 4. September 1796, und damit löste sich dieser Versuch, Preußens deutschen Beruf den Nürnbergern einzubleuen, in blauem Dunst auf.

vertrieben Dynasten, Regierungskammern und Adel und erklärten sich für freie französische Bürger. In keinem Teil Frankreichs schloß das Volk sich der Revolution begeisterter an als gerade im deutschredenden. Und als nun gar das Deutsche Reich der Revolution den Krieg erklärte, als die Deutschen nicht nur ihre eigenen Ketten auch jetzt noch gehorsam trugen, sondern obendrein sich dazu gebrauchen ließen, den Franzosen die alte Knechtschaft, den Elsässer Bauern die kaum verjagten Feudalherren wieder aufzuzwingen, da war es aus mit der Deutschheit der Elsässer und Lothringer, da lernten sie die Deutschen hassen und verachten, da wurde in Straßburg die Marseillaise gedichtet, komponiert und zuerst von Elsässern gesungen, da wuchsen die Deutschfranzosen trotz Sprache und Vergangenheit auf Hunderten von Schlachtfeldern, im Kampfe für die Revolution, zusammen zu einem Volke mit den Nationalfranzosen.

Hat nicht die große Revolution dasselbe Wunder vollbracht an den Flamländern von Dünkirchen, den Kelten der Bretagne, den Italienern von Korsika? Und wenn wir uns darüber beklagen, daß dies auch Deutschen geschah, haben wir denn unsere ganze Geschichte vergessen, die das möglich machte? Haben wir vergessen, daß das ganze linke Rheinufer, das doch die Revolution nur passiv mitgemacht, französisch gesinnt war, als die Deutschen 1814 dort wieder einrückten, französisch gesinnt blieb bis 1848, wo die Revolution die Deutschen in den Augen der Rheinländer rehabilitierte? Daß Heines Franzosenschwärmerei und selbst sein Bonapartismus nichts war als der Widerhall der allgemeinen Volksstimmung links des Rheins?

Beim Einmarsch der Verbündeten 1814 fanden sie gerade im Elsaß und Deutsch-Lothringen die entschiedenste Feindschaft, den heftigsten Widerstand im Volke selbst; denn hier fühlte man die Gefahr, wieder deutsch werden zu müssen. Und doch wurde damals dort noch fast nur deutsch gesprochen. Aber als die Gefahr der Losreißung von Frankreich vorüber, als den deutsch-romantischen Chauvins die Annexionslust gelegt war, da sah man die Notwendigkeit ein, auch sprachlich mehr und mehr mit Frankreich zusammenzuwachsen, und seitdem führte man dieselbe Französierung der Schulen ein, die auch die Luxemburger freiwillig bei sich eingerichtet hatten. Und dennoch ging der Umwandlungsprozeß sehr langsam; erst die jetzige Generation der Bourgeoisie ist wirklich französiert, während Bauern und Arbeiter deutsch sprechen. Es steht ungefähr wie in Luxemburg: Das Schriftdeutsche ist (die Kanzel teilweise ausgenommen) durch das Französische verdrängt, aber der deutsche Volksdialekt hat nur an der Sprachgrenze Boden verloren und wird als gemütliche Sprache weit mehr gebraucht, als dies in den meisten Gegenden Deutschlands der Fall.

Das ist das Land, das Bismarck und die preußischen Junker, unterstützt von der, wie es scheint, von allen deutschen Fragen unzertrennlichen Wiederbelebung einer chauvinistischen Romantik, wieder deutsch zu machen sich unterfingen. Die Heimat der Marseillaise, Straßburg, deutsch machen wollen, das war ein ebensolcher Widersinn wie der, die Heimat Garibaldis, Nizza, französisch zu machen. Aber in Nizza hielt Louis-Napoleon doch den Anstand aufrecht und ließ über die Annexion abstimmen – und das Manöver ging durch. Abgesehen davon, daß die Preußen aus sehr guten Gründen dergleichen revolutionäre Maßregeln verabscheuen – es ist noch nie vorgekommen, daß die Volksmasse irgendwo nach Annexion an Preußen verlangt hätte –, wußte man nur zu gut, daß gerade hier die Bevölkerung einmütiger an Frankreich hing als die Nationalfranzosen selbst. Und so vollzog man den Gewaltstreich einfach kraft der Gewalt. Es war ein Stück Rache an der Französischen Revolution; man riß eines der Stücke ab, die gerade durch die Revolution mit Frankreich in eins geschweißt worden.

Militärisch hatte die Annexion allerdings einen Zweck. Durch Metz und Straßburg erhält Deutschland eine Verteidigungsfront von ungeheurer Stärke. Solange Belgien und die Schweiz neutral, kann ein französischer Massenangriff nirgends anders ansetzen als auf dem schmalen Strich zwischen Metz und den Vogesen; und dazu bilden Koblenz, Metz, Straßburg, Mainz das stärkste und größte Festungsviereck der Welt. Aber auch dies Festungsviereck, wie das österreichische in der Lombardei[439], liegt zur Hälfte in Feindesland und bildet dort Zwingburgen zur Niederhaltung der Bevölkerung. Noch mehr: Um es zu vervollständigen, mußte über das deutsche Sprachgebiet hinausgegriffen, mußte eine Viertelmillion Nationalfranzosen mit annektiert werden.

Der strategische große Vorteil ist also der einzige Punkt, der die Annexion entschuldigen kann. Aber steht dieser Gewinn in irgendwelchem Verhältnis zu dem Schaden, den man sich dadurch antat?

Für den großen moralischen Nachteil, worin das junge Deutsche Reich sich setzte, indem es die brutale Gewalt offen und ungeheuchelt als sein Grundprinzip erklärte – dafür hat der preußische Junker keine Augen. Im Gegenteil, widerhaarige, gewaltsam im Zaum gehaltene Untertanen sind ihm Bedürfnis; sie sind Beweise der vermehrten preußischen Macht; und im Grunde hat er nie andere gehabt. Aber wofür er verpflichtet war, Augen zu haben, das waren die politischen Folgen der Annexion. Und die lagen klar zutage. Noch ehe die Annexion rechtskräftig geworden, rief Marx sie laut in die Welt hinaus in einem Rundschreiben der Internationale: *„Die Annexion von Elsaß und Lothringen macht Rußland zum Schiedsrichter*

Europas." [440] Und von der Tribüne des Reichstags haben die Sozialdemokraten es oft genug wiederholt, so lange, bis die Wahrheit dieses Ausspruches endlich von Bismarck selbst in seiner Reichstagsrede vom 6. Februar 1888 anerkannt worden ist durch sein Winseln vor dem allmächtigen Zar, dem Gebieter über Krieg und Frieden[441].

Es war doch sonnenklar. Indem man von Frankreich zwei seiner fanatisch-patriotischsten Provinzen abriß, trieb man es jedem in die Arme, der ihm deren Rückgabe in Aussicht stellte, machte man sich Frankreich zum ewigen Feind. Bismarck allerdings, der in dieser Beziehung den deutschen Philister würdig und gewissenhaft repräsentiert, verlangt von den Franzosen, sie sollen nicht nur staatsrechtlich, sondern auch moralisch auf Elsaß-Lothringen verzichten, sie sollen sich noch ordentlich freuen, daß diese beiden Stücke des revolutionären Frankreichs „dem alten Vaterlande wiedergegeben sind", von dem sie platterdings nichts wissen wollen. Das tun aber die Franzosen leider ebensowenig, wie die Deutschen während der napoleonischen Kriege auf das linke Rheinufer moralisch verzichteten, trotzdem auch dieses damals sich keineswegs nach ihnen zurücksehnte. Solange die Elsässer und Lothringer nach Frankreich zurückverlangen, solange wird und muß Frankreich nach ihrer Wiedererlangung streben und sich nach den Mitteln dazu umsehen, also unter anderen auch nach Bundesgenossen. Und der natürliche Bundesgenosse gegen Deutschland ist Rußland.

Wenn die beiden größten und stärksten Nationen des westlichen Kontinents sich gegenseitig durch Feindseligkeit neutralisieren, wenn sogar ein ewiger Zankapfel zwischen ihnen liegt und sie zum Kampfe gegeneinander hetzt, so hat den Vorteil davon – nur Rußland, dessen Hände dann um so freier sind; Rußland, das in seinen Eroberungsgelüsten von Deutschland um so weniger gehindert werden kann, je mehr es von Frankreich unbedingte Unterstützung erwarten darf. Und hat nicht Bismarck Frankreich in die Lage versetzt, daß es um Rußlands Allianz betteln, daß es Rußland Konstantinopel gern überlassen muß, wenn Rußland ihm nur seine verlorenen Provinzen zusagt? Und wenn trotzdem der Friede siebzehn Jahre erhalten worden, woher anders kommt das als daher, daß das in Frankreich und Rußland eingeführte Landwehrsystem mindestens sechzehn, ja nach neuester deutscher Verbesserung sogar fünfundzwanzig Jahre braucht, um die volle Zahl eingeübter Mannschaftsjahrgänge zu liefern? Und nachdem die Annexion nun schon siebzehn Jahre lang das die ganze Politik Europas beherrschende Faktum gewesen, ist sie nicht in diesem Augenblick die Grundursache der ganzen, den Weltteil mit Krieg bedrohenden Krise? Nehmt diese eine Tatsache weg, und der Friede ist gesichert!

Der Elsässer Bourgeois mit seinem oberdeutsch ausgesprochenen Französisch, dieser halbschlächtige Geck, der sich französischer gebärdet als irgendein Stockfranzose, der auf Goethe herabsieht und für Racine schwärmt, der dabei das böse Gewissen seiner geheimen Deutschheit doch nicht los wird und eben deshalb über alles Deutsche wegwerfend schwadronieren muß, so daß er nicht einmal zum Vermittler zwischen Deutschland und Frankreich taugt – dieser Elsässer Bourgeois ist allerdings ein verächtlicher Kerl, sei er nun Mülhauser Fabrikant oder Pariser Journalist. Aber wer hat ihn zu dem gemacht, was er ist, wer anders als die deutsche Geschichte der letzten dreihundert Jahre? Und waren nicht bis noch ganz vor kurzem fast alle Deutschen im Ausland, namentlich die Kaufleute, echte Elsässer, die ihr Deutschtum verleugneten, die fremde Nationalität ihrer neuen Heimat sich mit einer wahren Selbsttierquälerei anquälten und dabei sich freiwillig mindestens ebenso lächerlich machten wie die Elsässer, die doch mehr oder weniger durch die Umstände dazu genötigt sind? In England z.B. war die ganze von 1815 bis 1840 eingewanderte deutsche Kaufmannschaft fast ausnahmslos verengländert, sprach auch unter sich fast nur englisch, und noch heute laufen, auf der Börse von Manchester z.B., diverse alte deutsche Philister herum, die ihr halbes Vermögen hingäben, könnten sie als volle Engländer passieren. Erst seit 1848 ist auch hierin ein Umschwung eingetreten, und seit 1870, wo sogar der Reservelieutenant nach England kommt und Berlin sein Kontingent herschickt, wird die ehemalige Kriecherei verdrängt durch eine preußische Hochnäsigkeit, die uns im Ausland nicht minder lächerlich macht.

Und ist etwa den Elsässern die Vereinigung mit Deutschland seit 1871 mundgerechter gemacht worden? Im Gegenteil. Man hat sie unter Diktatur gestellt, während nebenan, in Frankreich, die Republik herrschte. Man hat die pedantisch-zudringliche preußische Landratswirtschaft bei ihnen eingeführt, gegen die die – gesetzlich streng geregelte – Einmischung der verrufenen französischen Präfektenwirtschaft golden ist. Man machte dem letzten Rest von Preßfreiheit, Versammlungs- und Vereinsrecht ein rasches Ende, man löste widerhaarige Stadträte auf und setzte deutsche Bürokraten als Bürgermeister ein. Dagegen aber schmeichelte man den „Notabeln", d.h. den durchaus französierten Adeligen und Bourgeois, und schützte sie in ihrer Aussaugung der wenn auch nicht deutschgesinnten, aber doch deutschredenden Bauern und Arbeiter – die das einzige Element bildeten, an das ein Aussöhnungsversuch anknüpfen konnte. Und was hatte man davon? Daß im Februar 1887, als ganz Deutschland sich einschüchtern ließ und die Bismarcksche Kartellmajorität in den Reichstag schickte[442], daß damals Elsaß-Lothringen lauter entschiedene Franzosen wählte und jeden verwarf, der nur der leisesten deutschen Sympathien verdächtig war.

Wenn nun die Elsässer sind, wie sie sind, haben wir ein Recht, uns darüber zu erbosen? Keineswegs. Ihr Widerwille gegen die Annexion ist eine geschichtliche Tatsache, die nicht heruntergerissen, sondern erklärt sein will. Und da müssen wir uns fragen: Wie viele und wie kolossale geschichtliche Sünden mußte Deutschland begehen, bis diese Gesinnung im Elsaß möglich wurde? Und wie muß unser neues Deutsches Reich sich von außen her ausnehmen, wenn nach siebzehn Jahren des Wiederverdeutschungsversuchs die Elsässer uns einstimmig zurufen: verschont uns damit? Haben wir das Recht, uns einzubilden, daß zwei glückliche Feldzüge und siebzehn Jahre Bismarckscher Diktatur genügen, um die sämtlichen Wirkungen einer dreihundertjährigen schmachvollen Geschichte auszulöschen?

Bismarck war am Ziel. Sein neues preußisch-deutsches Kaisertum war in Versailles, im Prachtsaal Ludwigs XIV., öffentlich ausgerufen worden. Frankreich lag wehrlos zu seinen Füßen; das trotzige Paris, das er selbst nicht anzutasten gewagt, war von Thiers in den Aufstand der Kommune hineingehetzt und dann von den aus der Kriegsgefangenschaft zurückkehrenden Soldaten der exkaiserlichen Armee zu Boden geschlagen. Der europäische Gesamtphilister staunte Bismarck an, wie er in den fünfziger Jahren dessen Vorbild Louis Bonaparte angestaunt hatte. Deutschland war mit russischer Hülfe die erste Macht in Europa geworden, und alle Macht Deutschlands lag in den Händen des Diktators Bismarck. Jetzt kam es darauf an, was er mit dieser Macht anzufangen wisse. Hatte er bisher die Einheitspläne der Bourgeoisie, wenn auch nicht mit den Mitteln der Bourgeoisie, sondern mit bonapartistischen Mitteln durchgeführt, so war dies Thema jetzt so ziemlich erschöpft, so galt es jetzt, eigne Pläne zu machen, zu zeigen, welche Ideen sein eigner Kopf zu produzieren fähig war. Und das mußte offenbar werden beim innern Ausbau des neuen Reichs.

Die deutsche Gesellschaft setzt sich zusammen aus Großgrundbesitzern, Bauern, Bourgeois, Kleinbürgern und Arbeitern, die sich wiederum in drei Hauptklassen gruppieren.

Der *größere Grundbesitz* ist in den Händen einiger weniger Magnaten (namentlich in Schlesien) und einer großen Zahl mittlerer Grundeigentümer, die in den altpreußischen Provinzen östlich der Elbe am dichtesten sitzen. Diese preußischen Junker sind es auch, die die ganze Klasse mehr oder weniger dominieren. Sie sind selbst Landwirte, insofern sie ihre Güter großenteils durch Inspektoren bebauen lassen, und daneben sehr häufig Besitzer von Schnapsbrennereien und Rübenzuckerfabriken. Ihr Grundbesitz ist, wo es anging, als Majorat in der Familie festgelegt. Die jüngeren Söhne treten in die Armee oder den staatlichen Zivildienst, so daß sich an diesen grundbesitzenden Kleinadel ein noch kleinerer Offiziers- und Beamtenadel hängt, der obendrein noch durch die starke Adelsfabrikation unter den bürgerlichen höheren Offizieren und Beamten Zuwachs erhält. An der unteren Grenze dieser ganzen adligen Sippschaft bildet sich naturgemäß ein zahlreicher Schmarotzeradel, ein adliges Lumpenproletariat, das vom Schuldenmachen, zweifelhaftem Spiel, Zudringlichkeit, Bettel und politischer Spionage lebt. Die Gesamtheit dieser Gesellschaft bildet das preußische Junkertum und ist eine der Hauptstützen des altpreußischen Staats. Aber der grundbesitzende Kern dieses Junkertums steht selbst auf gar schwachen Füßen. Die Pflicht, standesgemäß zu leben, wird täglich kostspieliger; die Unterstützung der jüngern Söhne bis durch das Lieutenants- und Assessorsstadium, die Unterbringung der Töchter im Ehestand, alles das kostet Geld; und da das alles Pflichten sind, vor deren Erfüllung alle andern Rücksichten schweigen müssen, ist es kein Wunder, daß die Einkünfte nicht reichen, daß Wechsel unterschrieben oder gar Hypotheken aufgenommen werden. Kurzum, die ganze Junkerschaft steht immerdar am Rand des Abgrunds; jeder Unfall, sei es Krieg, Mißernte oder Handelskrise, droht sie hineinzustürzen; und so ist es kein Wunder, daß sie seit reichlich hundert Jahren nur durch Staatshülfe aller Art vom Untergang gerettet worden ist und in Wirklichkeit nur durch Staatshülfe fortbesteht. Diese nur künstlich erhaltene Klasse ist dem Untergang geweiht; keine Staatshülfe kann sie auf die Dauer am Leben erhalten. Aber mit ihr verschwindet auch der alte preußische Staat.

Der *Bauer* ist politisch ein wenig aktives Element. Soweit er selbst Eigentümer, verkommt er mehr und mehr durch die ungünstigen Produktionsbedingungen des der alten gemeinen Mark oder Gemeinweide – ohne die für ihn kein Viehstand möglich – beraubten Parzellenbauern. Soweit er Pächter, steht's noch schlimmer um ihn. Der kleinbäuerliche Betrieb setzt vorwiegend Naturalwirtschaft voraus, an der Geldwirtschaft geht er zugrunde. Daher steigende Verschuldung, massenweise Expropriation durch den Hypothekengläubiger, Zuflucht zur Hausindustrie, um nur nicht ganz von der Scholle vertrieben zu werden. Politisch ist die Bauernschaft meist indifferent oder reaktionär: am Rhein aus altem Preußenhaß ultramontan, in andern Gegenden partikularistisch oder protestantisch-konservativ. Das religiöse Gefühl dient bei dieser Klasse noch als Ausdruck gesellschaftlicher oder politischer Interessen.

Die *Bourgeoisie* haben wir bereits behandelt. Sie war seit 1848 in einem unerhörten ökonomischen Aufschwung begriffen. An der kolossalen Ausdehnung der Industrie nach der Handelskrise von 1847, bedingt durch die in diese Periode fallende Herstellung einer ozeanischen Dampfschiffahrt, durch die enorme Ausdehnung der Eisenbahnen und durch die Goldschätze Kaliforniens und Australiens, hatte Deutschland wachsenden Anteil genommen. Grade ihr Drang nach Beseitigung der kleinstaatlichen Verkehrshindernisse und nach ebenbürtiger Weltmarktsstellung neben ihren auswärtigen Konkurrenten hatte Bismarcks Revolution in Bewegung gesetzt. Jetzt, wo die französischen Milliarden Deutschland überfluteten, eröffnete sich für die Bourgeoisie eine neue Periode fieberhafter Erwerbstätigkeit, in der sie sich zum erstenmal als große Industrienation bewies durch einen nationaldeutschen Krach[443]. Sie war damals schon ökonomisch die mächtigste Klasse der Bevölkerung; ihren ökonomischen Interessen mußte der Staat gehorchen; die Revolution von 1848 hatte den Staat in die äußere konstitutionelle Form übergeführt, worin sie auch politisch herrschen und ihre Herrschaft ausbilden konnte. Trotzdem war sie noch weit entfernt von der wirklichen politischen Herrschaft. Im Konflikt war sie gegen Bismarck nicht siegreich gewesen; die Beseitigung des Konflikts durch die Revolutionierung Deutschlands von oben hatte ihr des ferneren beigebracht, daß die Exekutivgewalt einstweilen noch von ihr höchstens in sehr indirekter Weise abhängig sei, daß sie weder Minister absetzen oder aufdringen, noch über die Armee verfügen könne. Dabei war sie feig und schlaff gegenüber einer energischen Exekutivgewalt, aber das waren die Junker auch, und sie hatte mehr Entschuldigung als diese durch ihren direkten ökonomischen Gegensatz zur revolutionären industriellen Arbeiterklasse. Aber sicher war, daß sie das Junkertum allmählich ökonomisch vernichten mußte, daß sie von allen besitzenden Klassen die einzige war, die noch Aussicht auf eine Zukunft besaß.

Das Kleinbürgertum bestand erstens aus Resten des mittelalterlichen Handwerks, die in dem lange zurückgebliebnen Deutschland massenhafter vertreten waren als im übrigen Westeuropa, zweitens aus heruntergekommnen Bourgeois, drittens aus bis zum Kleinhandel emporgekommnen Elementen der besitzlosen Bevölkerung. Mit der Ausdehnung der großen Industrie verlor die Existenz der gesamten Kleinbürgerschaft den letzten Rest von Stabilität; Erwerbswechsel und periodischer Bankerott wurden die Regel. Diese früher so stabile Klasse, die die Kerntruppe des deutschen Philisteriums gewesen, sank aus der früheren Zufriedenheit, Zahmheit, Knechts- und Gottseligkeit und Ehrbarkeit hinab in wüste Zerfahrenheit und Mißvergnügen mit dem ihr von Gott beschiednen Geschick. Die Reste des Handwerks schrien nach Wiederherstellung der Zunftprivilegien, von den andern wurde ein Teil sanft demokratisch-fortschrittlich[444], ein andrer näherte sich sogar der Sozialdemokratie und schloß sich stellenweise direkt der Arbeiterbewegung an.

Endlich die Arbeiter. Von den ländlichen Arbeitern lebten wenigstens die des Ostens noch immer in einer halben Leibeigenschaft und waren nicht zurechnungsfähig. Dagegen hatte unter den städtischen Arbeitern die Sozialdemokratie reißende Fortschritte gemacht und wuchs in dem Maß, wie die große Industrie die Volksmassen proletarisierte und damit den Klassengegensatz zwischen Kapitalisten und Arbeitern auf die Spitze trieb. Waren auch die sozialdemokratischen Arbeiter einstweilen noch in zwei sich bekämpfende Parteien gespalten[445], so war doch seit dem Erscheinen von Marx' „Kapital" der prinzipielle Gegensatz zwischen beiden so gut wie verschwunden. Der Lassalleanismus strikter Observanz, mit der ausschließlichen Forderung von „Produktionsgenossenschaften mit Staatshülfe", schlief allmählich ein und erwies sich mehr und mehr ungeeignet, den Kern einer bonapartistisch-staatssozialistischen Arbeiterpartei abzugeben. Was einzelne Führer in dieser Beziehung verbrochen, wurde von dem gesunden Sinn der Massen wieder gutgemacht. Die Einigung der beiden sozialdemokratischen Richtungen, fast nur noch durch Personenfragen hintangehalten, war in naher Zukunft sicher. Aber schon während der Spaltung und trotz der Spaltung war die Bewegung mächtig genug, um der industriellen Bourgeoisie Schrecken einzujagen und sie in ihrem Kampf gegen die noch von ihr unabhängige Regierung zu lähmen; wie denn die deutsche Bourgeoisie überhaupt seit 1848 das rote Gespenst nicht wieder loswurde.

Diese Klassengliederung lag der Parteigliederung im Parlament und den Landtagen zugrunde. Großgrundbesitz und ein Teil der Bauernschaft bildeten die Masse der Konservativen[446]; die industrielle Bourgeoisie lieferte den rechten Flügel des bürgerlichen Liberalismus: die Nationalliberalen[174], während der linke Flügel – die abgeschwächte demokratische oder sog. Fortschrittspartei – von den Kleinbürgern, unterstützt von einem Teil der Bourgeoisie wie der Arbeiter, gestellt wurde. Die Arbeiter endlich hatten ihre selbständige Partei, zu der auch Kleinbürger gehörten, in der Sozialdemokratie.

Ein Mann in Bismarcks Stellung und mit Bismarcks Vergangenheit mußte sich bei einiger Einsicht in die Sachlage sagen, daß die Junker, wie sie waren, keine lebensfähige Klasse bildeten, daß von allen besitzenden Klassen nur die Bourgeoisie eine Zukunft beanspruchen konnte und daß daher (abgesehn von der Arbeiterklasse, deren geschichtliche Sendung zu begreifen wir ihm nicht zumuten wollen) sein neues Reich um so sichereren

Bestand versprach, je mehr er es allmählich auf den Übergang in einen modernen Bourgeoisstaat vorbereitete. Muten wir ihm nichts zu, was ihm unter den Umständen unmöglich war. Ein sofortiger Übergang zur parlamentarischen Regierung mit der entscheidenden Macht im Reichstag (wie im englischen Unterhaus) war weder möglich noch selbst augenblicklich ratsam; die Diktatur Bismarcks in parlamentarischen Formen mußte ihm selbst als zunächst noch notwendig erscheinen; wir nehmen ihm keineswegs übel, daß er sie zunächst bestehn ließ, wir fragen bloß, wozu sie zu gebrauchen war. Und da kann schwerlich ein Zweifel sein, daß die Anbahnung eines der englischen Verfassung entsprechenden Zustands der einzige Weg war, auf dem sich Aussicht bot, dem neuen Reich eine feste Grundlage und eine ruhige innere Entwicklung zu sichern. Indem man den größeren, ohnehin unrettbaren Teil seiner Junkerschaft dem bevorstehenden Untergang überließ, schien es immer noch möglich, aus dem Rest und aus neuen Elementen eine Klasse unabhängiger Großgrundbesitzer sich aufbauen zu lassen, die selbst nur die ornamentale Spitze der Bourgeoisie war; eine Klasse, der die Bourgeoisie, selbst im Vollgenuß ihrer Macht, die staatliche Repräsentation und damit die fettesten Posten und sehr großen Einfluß überlassen mußte. Indem man der Bourgeoisie die politischen Konzessionen, die ihr auf die Dauer doch nicht vorenthalten werden konnten (so mußte man wenigstens vom Standpunkt der besitzenden Klassen urteilen), indem man ihr diese Konzessionen allmählich und selbst in kleinen und seltnen Dosen zukommen ließ, leitete man das neue Reich wenigstens auf die Bahn, worin es den übrigen, ihm politisch weit vorausgeeilten Staaten Westeuropas nachkommen konnte, wo es endlich die letzten Reste des Feudalismus wie der die Bürokratie noch stark beherrschenden Philistertradition abschüttelte, und machte es vor allen Dingen fähig, auf eignen Füßen zu stehn an dem Tage, wo seine keineswegs jugendlichen Gründer das Zeitliche segnen würden.

Dabei war das gar nicht einmal schwer. Weder Junker noch Bourgeois hatten auch nur durchschnittliche Energie. Die Junker hatten das seit sechzig Jahren bewiesen, wo der Staat fortwährend ihr eignes Beste durchführte gegen die Opposition dieser Don Quixoten. Die Bourgeoisie, ebenfalls durch lange Vorgeschichte geschmeidig gemacht, hatte den Konflikt noch schwer in den Knochen liegen; seitdem brachen Bismarcks Erfolge ihre Widerstandskraft noch mehr, und den Rest tat die Furcht vor der drohend anwachsenden Arbeiterbewegung. Unter solchen Umständen konnte es dem Mann, der die nationalen Wünsche der Bourgeoisie verwirklicht hatte, nicht schwer werden, in der Verwirklichung ihrer im ganzen schon sehr bescheidnen politischen Wünsche jedes ihm beliebige Tempo einzuhalten. Nur mußte er sich über das Ziel klar sein.

Vom Standpunkt der besitzenden Klassen aus war dies das einzig Rationelle. Vom Standpunkt der Arbeiterklasse aus zeigt es sich freilich, daß es schon zu spät war zur Errichtung einer dauernden Bourgeoisherrschaft. Die große Industrie, und mit ihr Bourgeoisie und Proletariat, bildeten sich in Deutschland aus zu einer Zeit, wo fast gleichzeitig mit der Bourgeoisie das Proletariat die politische Bühne selbständig betreten konnte, wo also der Kampf beider Klassen schon beginnt, ehe die Bourgeoisie sich die ausschließliche oder vorwiegende politische Macht erobert hat. Aber wenn es auch für eine ruhige und festbegründete Herrschaft der Bourgeoisie in Deutschland zu spät ist, so war es immer noch im Jahr 1870 die beste Politik, im Interesse der besitzenden Klassen überhaupt, auf diese Bourgeoisherrschaft loszusteuern. Denn dadurch allein war es möglich, die massenhaften Überreste aus der Zeit des verfaulenden Feudalismus zu beseitigen, die in Gesetzgebung und Verwaltung fortwucherten; nur so war es möglich, die gesamten Resultate der großen Französischen Revolution allmählich in Deutschland heimisch zu machen, kurz, Deutschland den riesenlangen alten Zopf abzuschneiden und es bewußt und endgiltig auf die Bahn der modernen Entwicklung zu leiten, seine politischen Zustände seinen industriellen Zuständen anzupassen. Kam dann schließlich der unvermeidliche Kampf zwischen Bourgeoisie und Proletariat, so vollzog er sich mindestens unter normalen Umständen, wo jeder sehn konnte, um was es sich handelte, und nicht in einer Verwirrung, Unklarheit, Interessendurchkreuzung und Ratlosigkeit, wie wir sie 1848 in Deutschland gesehn. Nur mit dem Unterschied, daß diesmal die Ratlosigkeit ausschließlich auf seiten der Besitzenden sein wird; die Arbeiterklasse weiß, was sie will.

Wie die Dinge 1871 in Deutschland lagen, war ein Mann wie Bismarck in der Tat auf eine zwischen den verschiednen Klassen lavierende Politik angewiesen. Und soweit ist ihm nichts vorzuwerfen. Es kommt nur darauf an, auf welches Ziel diese Politik gerichtet war. Ging sie, einerlei in welchem Tempo, aber bewußt und resolut auf die schließliche Bourgeoisherrschaft los, so war sie im Einklang mit der geschichtlichen Entwicklung, soweit sie dies vom Standpunkt der besitzenden Klassen überhaupt sein konnte. Ging sie los auf die Erhaltung des altpreußischen Staats, auf die allmähliche Verpreußung Deutschlands, so war sie reaktionär und zum schließlichen Scheitern verdammt. Ging sie los auf die bloße Erhaltung der Herrschaft Bismarcks, so war sie bonapartistisch und mußte enden wie aller Bonapartismus.

Die nächste Aufgabe war die Reichsverfassung. Als Material lagen vor einerseits die norddeutsche Bundesverfassung, andrerseits die Verträge mit den süddeutschen Staaten[447]. Die Faktoren, mit deren Hülfe Bismarck die Reichsverfassung ins Leben zu rufen hatte, waren einerseits die im Bundesrat vertretnen Dynastien[448], andrerseits das im Reichstag vertretne Volk. Den Ansprüchen der Dynastien war in der norddeutschen Verfassung und den Verträgen eine Grenze gesetzt. Das Volk dagegen hatte Anspruch darauf, daß sein Anteil an der politischen Macht bedeutend vergrößert werde. Es hatte die Unabhängigkeit von fremder Einmischung und die Einigung – soweit davon die Rede sein konnte – auf dem Schlachtfeld erkämpft; es war auch in erster Linie berufen zu entscheiden, wozu diese Unabhängigkeit benutzt, wie diese Einigung im einzelnen ausgeführt und verwertet werden sollte. Und selbst wenn das Volk den in der norddeutschen Verfassung und den Verträgen vorliegenden Rechtsboden anerkannte, hinderte das doch keineswegs, daß es in der neuen Verfassung einen größern Machtanteil erhielt als in der bisherigen. Der Reichstag war die einzige Körperschaft, die in Wirklichkeit die neue „Einheit" darstellte. Je schwerer die Stimme des Reichstags wog, je freier die Reichsverfassung war gegenüber den Landesverfassungen, desto fester mußte sich das neue Reich ineinanderfügen, desto mehr mußte der Bayer, der Sachse, der Preuße aufgehn in dem Deutschen.

Für jeden Menschen, der weiter sah als seine Nase, mußte das einleuchtend sein. Aber Bismarcks Meinung war das keineswegs. Im Gegenteil benützte er den nach dem Krieg eingerissenen patriotischen Taumel grade dazu, die Majorität des Reichstags dahin zu bringen, daß sie auf jede, nicht nur Erweiterung, sondern selbst klare Feststellung der Rechte des Volks verzichtete und sich darauf beschränkte, den in der norddeutschen Verfassung und den Verträgen vorliegenden Rechtsboden in der Reichsverfassung einfach wiederzugeben. Alle Versuche der kleinen Parteien, die Freiheitsrechte des Volks darin zum Ausdruck zu bringen, wurden verworfen, selbst der Antrag des katholischen Zentrums auf Einrückung der preußischen Verfassungsartikel, enthaltend die Garantie der Preß-, Vereins- und Versammlungsfreiheit sowie der Selbständigkeit der Kirche. Die preußische Verfassung, doppelt und dreifach beschnitten, wie sie war, blieb also immer noch liberaler als die Reichsverfassung. Die Steuern wurden nicht jährlich, sondern ein für allemal „durch Gesetz" bewilligt, so daß Steuerverweigerung durch den Reichstag ausgeschlossen ist. Hiermit war die der außerdeutschen konstitutionellen Welt unbegreifliche preußische Doktrin auf Deutschland angewandt, die Doktrin, daß die Volksvertretung nur das Recht hat, die Ausgaben auf dem Papier zu verweigern, während die Regierung die

Einnahmen in klingender Münze in den Sack steckt. Während aber so der Reichstag der besten Machtmittel beraubt und auf die demütige Stellung der durch die Revisionen von 1849 und 1850, durch die Manteuffelei, durch den Konflikt und durch Sadowa gebrochnen preußischen Kammer herabgedrückt wird, erfreut sich der Bundesrat im wesentlichen aller Machtvollkommenheiten, die der alte Bundestag nominell besaß, und erfreut sich ihrer in Wirklichkeit, denn er ist befreit von den Fesseln, die den Bundestag lahmlegten. Der Bundesrat hat nicht nur in der Gesetzgebung eine entscheidende Stimme neben dem Reichstag, er ist auch höchste Verwaltungsinstanz, insofern er die Ausführungsbestimmungen der Reichsgesetze erläßt, und beschließt außerdem „über Mängel, welche bei der Ausführung der Reichsgesetze ... hervortreten“, d.h. über Mängel, denen in andern zivilisierten Ländern nur ein neues Gesetz abhelfen kann (Art. 7, Al. 3, der einer juristischen Konfliktsfalle sehr ähnlich sieht [449]).

Sonach hat Bismarck seine Hauptstütze gesucht nicht im Reichstag, der die nationale Einheit, sondern im Bundesrat, der die partikularistische Zersplitterung vertritt. Er hatte nicht den Mut – er, der sich als Vertreter des nationalen Gedankens aufspielte –, wirklich an die Spitze der Nation oder ihrer Vertreter sich zu stellen; die Demokratie sollte ihm dienen, nicht aber er ihr; eher als auf das Volk verließ er sich auf krumme Schleichwege hinter den Kulissen, auf die Fähigkeit, durch diplomatische Mittel, Zuckerbrot und Peitsche, sich im Bundesrat eine wenn auch widerhaarige Majorität zusammenzuklüngeln. Die Kleinlichkeit der Auffassung, die Niedrigkeit des Standpunkts, die sich uns hier offenbart, entspricht ganz dem Charakter des Mannes, wie wir ihn bisher kennengelernt. Dennoch dürfen wir uns wundern, daß seine großen Erfolge ihn nicht wenigstens für einen Augenblick über ihn selbst hinauszuheben vermochten.

Der Fall lag aber so, daß es darauf ankam, der ganzen Reichsverfassung einen einzigen festen Drehzapfen zu geben, nämlich den Reichskanzler. Der Bundesrat mußte eine Stellung erhalten, die eine andre verantwortliche Exekutive als die des Reichskanzlers unmöglich machte und dadurch die Zulässigkeit verantwortlicher Reichsminister ausschloß. In der Tat stieß jeder Versuch, die Reichsverwaltung durch Einsetzung eines verantwortlichen Ministeriums zu ordnen, auf unüberwindlichen Widerstand als Eingriff in die Rechte des Bundesrats. Die Verfassung war, wie man bald entdeckte, Bismarck „auf den Leib zugeschnitten“. Sie war ein Schritt weiter auf dem Weg zu seiner persönlichen Alleinherrschaft, vermittelst Balancierung der Parteien im Reichstag, der Partikularstaaten im Bundesrat – ein Schritt weiter auf dem Weg des Bonapartismus.

Im übrigen kann man nicht sagen, daß – abgesehn von einzelnen Konzessionen an Bayern und Württemberg – die neue Reichsverfassung einen direkten Rückschritt ausmacht. Das ist aber auch das beste, was man von ihr sagen kann. Die ökonomischen Bedürfnisse der Bourgeoisie waren im wesentlichen befriedigt, ihren politischen Ansprüchen – soweit sie deren noch machte – war derselbe Riegel vorgestreckt wie zur Konfliktszeit.

Soweit sie politische Ansprüche noch machte. Denn es ist unleugbar, daß diese Ansprüche in den Händen der Nationalliberalen auf ein sehr bescheidnes Maß zusammengeschrumpft waren und täglich noch mehr zusammenschrumpften. Die Herren, weit entfernt zu verlangen, Bismarck möge ihnen das Zusammenwirken mit ihm erleichtern, waren vielmehr bestrebt, ihm zu Willen zu sein, da wo es ging, und auch schon manchmal, wo es nicht ging oder nicht gehn gesollt. Daß Bismarck sie verachtete, kann ihm kein Mensch verübeln – aber waren denn seine Junker um ein Haar besser und männlicher?

Das nächste Gebiet, worauf die Reichseinheit herzustellen blieb, das Geldwesen, wurde geordnet durch die Münz- und Bankgesetze von 1873 bis 1875. Die Einführung der Goldwährung war ein bedeutender Fortschritt; aber nur zaudernd und schwankend wurde sie eingeführt und steht heute noch nicht auf ganz festen Füßen. Das angenommene Geldsystem – der Dritteltaler unter dem Namen Mark als Einheit mit dezimaler Teilung – war das gegen Ende der dreißiger Jahre von Soetbeer vorgeschlagne; das tatsächliche Einheitsstück war das goldne Zwanzigmarkstück. Mit einer fast unmerklichen Wertänderung konnte man es absolut gleichwertig machen entweder mit dem englischen Sovereign oder dem goldnen Fünfundzwanzigfrankenstück oder dem amerikanischen goldnen Fünfdollarstück und damit einen Anschluß gewinnen an eines der drei großen Münzsysteme des Weltmarkts. Man zog es vor, ein apartes Münzsystem zu schaffen und damit den Verkehr und die Kursberechnungen unnötig zu erschweren. Die Gesetze über Reichskassenscheine und Banken beschränkten den Papierschwindel der Kleinstaaten und kleinstaatlichen Banken und beobachteten in Erwägung des inzwischen eingetretnen Krachs eine gewisse Ängstlichkeit, wie sie dem auf diesem Gebiete noch unerfahrnen Deutschland wohl anstand. Auch hier waren die ökonomischen Interessen der Bourgeoisie im ganzen entsprechend gewahrt.

Endlich kam noch die Vereinbarung einheitlicher Justizgesetze. Der Widerstand der Mittelstaaten gegen Ausdehnung der Reichskompetenz auch auf das materielle bürgerliche Recht wurde überwunden; das bürgerliche Gesetzbuch ist aber noch im Werden, während Strafgesetz, Straf- und

Zivilprozeß, Handelsrecht, Konkursordnung und Gerichtsverfassung einheitlich geregelt sind. Die Beseitigung der buntscheckigen kleinstaatlichen formellen und materiellen Rechtsnormen war an sich schon ein dringendes Bedürfnis der fortschreitenden bürgerlichen Entwicklung, und in dieser Beseitigung besteht auch das Hauptverdienst der neuen Gesetze – weit weniger in ihrem Inhalt.

Der englische Jurist fußt auf einer Rechtsgeschichte, die ein gut Stück altgermanischer Freiheit über das Mittelalter hinaus gerettet hat, die den in beiden Revolutionen des 17. Jahrhunderts im Keim erstickten Polizeistaat nicht kennt und in zwei Jahrhunderten stetiger Entwicklung der bürgerlichen Freiheit gipfelt. Der französische Jurist fußt auf der großen Revolution, die nach totaler Vernichtung des Feudalismus und der absolutistischen Polizeiwillkür die ökonomischen Lebensbedingungen der neuhergestellten modernen Gesellschaft in die Sprache juristischer Rechtsnormen übersetzte in ihrem klassischen, von Napoleon proklamierten Gesetzbuch. Dagegen, was ist die historische Unterlage unsrer deutschen Juristen? Nichts als der jahrhundertlange passive, meist durch Schläge von außen vorangetriebne, bis heute noch nicht vollendete Zersetzungsprozeß der Reste des Mittelalters; eine ökonomisch zurückgebliebne Gesellschaft, worin der Feudaljunker und der Zunftmeister als Gespenster umgehn und einen neuen Leib suchen; ein Rechtszustand, in welchen die Polizeiwillkür – wenn auch die fürstliche Kabinettsjustiz 1848 verschwunden – noch täglich Loch an Loch reißt. Aus dieser schlechtesten aller schlechten Schulen sind sie hervorgegangen, die Väter der neuen Reichsgesetzbücher, und die Arbeit ist eben danach. Von der rein juristischen Seite abgesehn, kommt die politische Freiheit in diesen Gesetzbüchern schlecht genug weg. Wenn die Schöffengerichte[450] der Bourgeoisie und dem Kleinbürgertum ein Mittel an die Hand geben, bei der Niederhaltung der Arbeiterklasse mitzuwirken, so deckt sich der Staat doch möglichst gegen die Gefahr einer erneuerten bürgerlichen Opposition durch die Beschränkung der Geschwornengerichte. Die politischen Paragraphen des Strafgesetzbuchs sind oft genug von einer Unbestimmtheit und Dehnbarkeit, als wären sie auf das jetzige Reichsgericht, und dieses auf sie, zugeschnitten. Daß die neuen Gesetzbücher ein Fortschritt sind gegenüber dem preußischen Landrecht[451], ist selbstredend – so etwas Schauerliches wie dies Gesetzbuch bringt heutzutage selbst Stoecker nicht mehr fertig, und wenn er sich auch beschneiden ließe. Aber die Provinzen, die bisher das französische Recht gehabt, empfinden den Unterschied der verwaschenen Kopie und des klassischen Originals nur zu sehr. Es war der Abfall der Nationalliberalen von ihrem Programm, der diese Stärkung der Staatsgewalt auf Kosten der bürgerlichen Freiheit, diesen ersten positiven Rückschritt, möglich machte.

Zu erwähnen ist noch das Reichspreßgesetz. Das Strafgesetzbuch hatte das hier in Frage kommende materielle Recht schon im wesentlichen geregelt; die Herstellung gleicher formeller Bestimmungen für das ganze Reich und die Beseitigung der hier und da noch bestehenden Kautionen und Stempel machten also den Hauptinhalt dieses Gesetzes aus und zugleich den einzigen dadurch bewirkten Fortschritt.

Damit Preußen sich abermals als Musterstaat bewähre, wurde dort die sogenannte Selbstverwaltung eingeführt. Es handelte sich darum, die anstößigsten Reste des Feudalismus zu beseitigen und doch, der Sache nach, möglichst alles beim alten zu lassen. Dazu diente die Kreisordnung. Die gutsherrliche Polizeigewalt der Herren Junker war ein Anachronismus geworden. Sie wurde dem Namen nach – als Feudalprivilegium – aufgehoben und der Sache nach wiederhergestellt, indem man selbständige Gutsbezirke schuf, innerhalb deren der Gutsbesitzer entweder selbst Gutsvorsteher mit den Befugnissen eines ländlichen Gemeindevorstehers ist oder doch diesen Gutsvorsteher ernennt, und indem man zudem die gesamte Polizeigewalt und polizeiliche Gerichtsbarkeit eines Amtsbezirks einem Amtsvorsteher übertrug, der auf dem Lande natürlich fast ausnahmslos ein großer Grundbesitzer war und dadurch auch die Landgemeinden unter seine Fuchtel bekam. Das Feudalvorrecht des einzelnen wurde weggenommen, aber die damit verbundne Machtvollkommenheit wurde der ganzen Klasse gegeben. Durch einen ähnlichen Eskamotierungsprozeß verwandelten sich die englischen Großgrundbesitzer in Friedensrichter und Herren der ländlichen Verwaltung, Polizei und niedern Gerichtsbarkeit und sicherten sich so unter neuem, modernisiertem Titel den Fortgenuß aller wesentlichen, aber in der alten feudalen Form nicht mehr haltbaren Machtposten. Das ist aber auch die einzige Ähnlichkeit zwischen der englischen und der deutschen „Selbstverwaltung". Ich möchte den englischen Minister sehn, der es wagte, im Parlament anzutragen auf die Bestätigung der gewählten Gemeindebeamten und den Ersatz durch staatlich aufgezwungne Stellvertreter im Fall renitenter Wahlen, auf die Einführung von Staatsbeamten mit den Machtbefugnissen der preußischen Landräte, Bezirksregierungen und Oberpräsidenten, auf die in der Kreisordnung vorbehaltne Einmischung der Staatsverwaltung in die innern Angelegenheiten der Gemeinden, Ämter und Kreise, und nun gar auf die in Ländern englischer Zunge und englischen Rechts unerhörte Abschneidung des Rechtswegs, wie sie fast auf jeder Seite der Kreisordnung zu finden ist. Und während sowohl die Kreistage wie die

Provinziallandtage noch immer in altfeudaler Weise zusammengesetzt sind aus Vertretern der drei Stände: Großgrundbesitzer, Städte und Landgemeinden, bringt in England selbst ein hochkonservatives Ministerium eine Bill ein, die die gesamte Grafschaftsverwaltung an Behörden überträgt, gewählt nach fast allgemeinem Stimmrecht[452].

Die Vorlage der Kreisordnung für die sechs östlichen Provinzen (1871) war das erste Anzeichen, daß Bismarck nicht daran denke, Preußen in Deutschland aufgehn zu lassen, sondern im Gegenteil die feste Burg des Altpreußentums, eben diese sechs Ostprovinzen, noch mehr zu befestigen. Unter verändertem Namen behielten die Junker alle wesentlichen Machtpositionen, blieben die Heloten Deutschlands, die ländlichen Arbeiter jener Landstriche – Gesinde wie Taglöhner –, in ihrer bisherigen tatsächlichen Leibeigenschaft, zugelassen nur zu zwei öffentlichen Funktionen: Soldat zu werden und den Junkern bei den Reichstagswahlen als Stimmvieh zu dienen. Der Dienst, den Bismarck hierdurch der revolutionären sozialistischen Partei geleistet hat, ist unbeschreiblich und alles Dankes wert.

Was soll man aber sagen zu der Stupidität der Herren Junker, die gegen diese einzig in ihrem Interesse, im Interesse der längeren Erhaltung ihrer Feudalvorrechte, nur unter etwas modernisiertem Namen, ausgearbeitete Kreisordnung mit Händen und Füßen strampelten, wie es verzognen Kindern zukam? Das preußische Herren- oder vielmehr Junkerhaus verwarf zuerst die um ein volles Jahr verschleppte Vorlage und nahm sie erst an, nachdem ein Pairsschub von 24 neuen „Herren" erfolgt war. Die preußischen Junker erwiesen sich damit abermals als kleinliche, verstockte, rettungslose Reaktionäre, unfähig, den Kern einer selbständigen großen Partei mit geschichtlichem Beruf im Leben der Nation zu bilden, wie die englischen Großgrundbesitzer dies in Wirklichkeit tun. Ihren totalen Mangel an Verstand hatten sie damit festgestellt; Bismarck hatte nur noch ihren ebenso totalen Mangel an Charakter vor aller Welt klarzulegen, und ein wenig sachgemäß angewandter Druck verwandelte sie in eine Partei Bismarck sans phrase.

Dazu sollte der Kulturkampf[402] dienen.

Die Durchführung des preußisch-deutschen Kaiserplans mußte zum Gegenschlag haben die Vereinigung aller auf früherer Sonderentwicklung beruhenden antipreußischen Elemente zu einer Partei. Ein gemeinsames Banner fanden diese buntfarbigen Elemente im Ultramontanismus[453]. Die Rebellion des gesunden Menschenverstands, selbst bei zahllosen orthodoxen Katholiken, gegen das neue Dogma von der päpstlichen Unfehlbarkeit einerseits, die Vernichtung des Kirchenstaats und die sogenannte

Gefangenschaft des Papsts in Rom[454] andrerseits zwangen zu einem engeren Zusammenschluß aller streitbaren Kräfte des Katholizismus. So bildete sich schon während des Kriegs – Herbst 1870 – im preußischen Landtag die spezifisch katholische Partei des Zentrums; sie trat in den ersten deutschen Reichstag 1871 mit nur 57 Mann ein, verstärkte sich aber bei jeder Neuwahl, bis sie über 100 kam. Sie war aus sehr verschiedenartigen Elementen zusammengesetzt. In Preußen lag ihre Hauptstärke in den rheinischen Kleinbauern, die sich noch immer als „Mußpreußen" ansahn, weiterhin in den katholischen Großgrundbesitzern und Bauern der westfälischen Bistümer Münster und Paderborn und in den katholischen Schlesiern. Das zweite große Kontingent lieferten die süddeutschen Katholiken, namentlich die Bayern. Die Macht des Zentrums aber lag weit weniger in der katholischen Religion als darin, daß es die Antipathien der Volksmassen gegen das jetzt die Herrschaft über Deutschland beanspruchende spezifische Preußentum vertrat. Diese Antipathien waren in den katholischen Gegenden besonders lebhaft; daneben liefen Sympathien mit dem jetzt aus Deutschland hinausgeworfnen Östreich. Im Einklang mit diesen beiden populären Strömungen war das Zentrum entschieden partikularistisch und föderalistisch.

Dieser wesentlich antipreußische Charakter des Zentrums wurde von den übrigen kleinen Reichstagsfraktionen, die aus lokalen – nicht wie die Sozialdemokraten aus nationalen und allgemeinen – Gründen antipreußisch waren, sofort erkannt. Nicht nur die katholischen Polen und Elsässer, sondern selbst die protestantischen Welfen[455] schlossen sich als Bundesgenossen eng ans Zentrum an. Und obwohl die bürgerlich-liberalen Fraktionen sich nie über den wirklichen Charakter der sog. Ultramontanen klarwurden, verrieten sie doch eine Ahnung vom richtigen Sachverhalt, wenn sie das Zentrum „vaterlandslos" und „reichsfeindlich" titulierten ...[1]

[1] Hier bricht die Handschrift ab

[Entwurf des Vorworts zur Broschüre „Die Rolle der Gewalt in der Geschichte"]

Die unten folgende Schrift ist ein Sonderabdruck aus meiner Arbeit: „Herrn Eugen Dührings Umwälzung der Wissenschaft" und umfaßt drei Kapitel, die dort den Titel „Gewaltstheorie"[1] führen. Sie sind schon früher in russischer Übersetzung besonders erschienen, und zwar als Anhang zur russischen Ausgabe meiner „Entwicklung des Sozialismus von der Utopie zur Wissenschaft". In der vorliegenden Ausgabe sind nur die notwendigsten Änderungen und Zusätze gemacht. Aber der Sonderabdruck erfordert einen besondern Zusatz.

Wenn ich in deutscher Sprache eine Broschüre herausgebe über „die Rolle der Gewalt in der Geschichte", so hat der deutsche Leser das Recht, von mir zu verlangen, daß ich meine Ansicht nicht verhehle über die sehr bedeutende Rolle, die die Gewalt in den letzten dreißig Jahren grade in seiner eignen Geschichte gespielt hat. Darum habe ich noch einen vierten Abschnitt angehängt, der natürlich nur die Hauptgesichtspunkte enthält. Vielleicht wird es mir später einmal vergönnt, diesen Gegenstand ausführlicher zu behandeln.

Geschrieben in der
zweiten Hälfte Dezember 1887.

Nach der Handschrift.

[1] Siehe Band 20 unserer Ausgabe, S. 147–171

[Gliederung des vierten Kapitels der Broschüre „Die Rolle der Gewalt in der Geschichte"]

1. 1848 Postulat der Nationalstaaten. Italien, Deutschland, Polen, Ungarn.
2. Bonapartes aufgeklärte Eroberungspolitik: Nation gegen Kompensation. Italien.
3. Hiergegen Armeereorganisation. Konflikt. Bismarck. Politik nicht original.
4. Lage in Deutschland. Einheit: 1. durch Revolution, 2. durch Österreich, 3. durch Preußen (Zollverein).
5. Krieg 1864 und 1866. Revolutionäre Mittel.
6. Bismarcks beste Zeit – bis 1870.
7. Französischer Krieg.* Kaisertum. Annexion von Elsaß-Lothringen. – Rußland Schiedsrichter.
8. Bismarck am Ende – wird reaktionär, blödsinnig. Kulturkampf (Zivilehe). Schutzzoll und Agrarierallianz mit Bourgeois. Kolonialschwindel. Bismarckbeleidigung – Sozialistengesetz[456]. – Koalitionsunterdrückung. Sozialreform. – Militarismus wegen Elsaß-Annexion. – Der Junker tritt in den Vordergrund, aus Mangel andrer Ideen.

Ende Dezember 1887 oder
Anfang Januar und
zweite Hälfte März 1888.

Nach der Handschrift.

---

* 1. Kriegführung. Kontribution, Franktireurs, Pendüle, Arschprügel. Die Härte der Junkerrache von oben herab. – 2. Sturz des Kaiserreichs. – 3. Hut ab vor Paris! – 4. Milliarden und Elsaß-Lothringen.

[Gliederung des Schlußteils des vierten Kapitels der Broschüre „Die Rolle der Gewalt in der Geschichte"]

I. 3 Klassen: zwei lausig, davon eine am Verkommen, die andere am Aufkommen, und Arbeiter, die nur bürgerliches fair play[1] wollen. Lavieren also nur zwischen den zwei letzteren richtig – aber nein! Politik: Die Staatsgewalt überhaupt zu stärken und *namentlich* pekuniär unabhängig zu machen (Eisenbahnverstaatlichung, Monopole), Polizeistaat und landrechtliche Justizprinzipien.

„Liberal" und „National", die Doppelnatur von 1848, geht durch auch in Deutschland 1870–1888.

Bismarck mußte sich auf den Reichstag und das Volk stützen, und dazu war volle Preß-, Rede-, Vereins- und Versammlungsfreiheit nötig, schon zur Orientierung.

II.	
1. Ausbau	a) Ökonomisch – schon schlechtes Münzgesetz Hauptsache.
	b) Politisch – Wiederherstellung des Polizeistaats und antibürgerliche Justizgesetze (1876), schlechte Kopie der französischen.– Landrechtliche Unbestimmtheit. Das Reichsgericht die Vollendung. 1879.
2. Ideenmangel bewiesen durch Spielerei und Bismarckbeleidigung.	a) Kulturkampf. Der katholische Pfaff kein Gendarm und Polizist. Jubel der Bourgeoisie – Hoffnungslosigkeit – Gang nach Canossa[457]. Einzig rationelles Resultat: die Zivilehe!
Partei Bismarcks sans phrase.	

[1] ehrliches, einwandfreies Spiel

3. Schwindel und Krach. Seine Beteiligung. Lausigkeit der konservativen Junker, die ebenso ehrlos wie die Bourgeois.

4. Vollständiger Umschwung [Bismarcks] zum Junker.
   a) Schutzzoll usw. Koalition von Bourgeois und Junker, Löwenanteil für diese.
   b) Versuche des Tabakmonopols 1882 verworfen.
   c) Kolonialschwindel.

5. Soziale Politik à la Bonaparte.
   a) Sozialistengesetz und Niedertretung der Arbeitervereine und -kassen.
   b) Sozialreformscheiße.

III. 6. Äußere Politik. Kriegsgefahr, Wirkung der Annexionen. Steigerung der Armee. Septennate[458]. Als die Zeit erfüllet, Rückgang auf die Jahrgänge von vor 1870, um die Überlegenheit noch ein paar Jahre zu wahren.

IV. Resultat:
   a) Ein innerer Zustand, der mit dem Tod der paar Leute[1] zusammenbricht: kein Kaiserreich ohne Kaiser! Das Proletariat zur Revolution gedrängt, eine Expansion der Sozialdemokratie bei Aufhebung des Sozialistengesetzes, wie noch nie, – das Chaos.
   b) Ein Friede, schlimmer als Krieg, das Resultat des Ganzen – im besten Fall; oder aber ein Weltkrieg.

Geschrieben zwischen
Ende Dezember 1887
und März 1888.
Nach der Handschrift.

[1] Bismarck und Kaiser Wilhelm I.

[Aus den Reiseeindrücken über Amerika[459]]

Wir stellen uns in der Regel Amerika als eine neue Welt vor – neu nicht nur nach der Zeit ihrer Entdeckung, sondern auch in allen ihren Einrichtungen, weit voraus vor uns altfränkischen schlafmützigen Europäern durch Verachtung alles Ererbten und Altherkömmlichen, eine Welt, von Grund aus neu aufgebaut auf jungfräulichen Boden, durch moderne Menschen allein nach modernen, praktischen, rationellen Grundsätzen. Und die Amerikaner tun das ihrige, uns in dieser Meinung zu bestärken. Sie sehn mit Verachtung herab auf uns als bedenksame, in allerlei überkommnen Vorurteilen befangne, unpraktische Leute, die vor allem Neuen Angst haben, während sie, die am meisten voranstürmende Nation (the most go-ahead nation) jeden neuen Verbesserungsvorschlag einfach auf seinen praktischen Nutzen prüfen und, wenn einmal als gut erkannt, sofort und fast über Nacht einführen. In Amerika sollte aber alles neu, alles rationell, alles praktisch, also alles anders sein als bei uns.

Auf dem Dampfer „City of Berlin" kam ich zum ersten Mal mit einer größeren Zahl Amerikaner zusammen. Es waren meist recht nette Leute, Herren und Damen, leichter zugänglich als Engländer, manchmal etwas gradeaus in der Sprache, sonst aber ziemlich wie die besser gekleideten Leute anderswo auch. Was sie allenfalls unterschied, war ein eigentümlich kleinbürgerlicher Habitus – nicht der des zaghaften, unsichern deutschen Kleinbürgers, auch nicht der des englischen; ein Habitus, der eben durch die große Sicherheit, mit der er sich gab, als ob es sich ganz von selbst verstände, sich als eine ererbte Eigenschaft kundgab. Die jüngeren Damen besonders machten den Eindruck einer gewissen Naivetät, wie man sie in Europa nur in kleineren Städten findet; wenn sie zu zweien Arm in Arm oder am Arm eines Manns resolut und fast heftig über das Deck dahinstürmten, hatten sie ganz denselben hüpfenden Gang und hielten ihre vom Wind bedrohten Röckchen mit demselben sittsamen Griff zusammen wie auch bei uns die Unschuld vom Lande. Sie erinnerten mich zumeist an Schwedinnen – sie waren auch groß und robust wie diese – und ich erwartete jeden Augenblick, sie würden knicksen, wie die Schwedinnen tun. Von der körperlichen und geistigen Ungelenkigkeit, die das allgemeine Erbteil der germanischen Race ist, hatten meine amerikanischen Reisegefährten ebenfalls ihr Teil überkommen und keineswegs überwunden. Kurz, mein erster Eindruck von den Amerikanern war keineswegs der der nationalen Überlegenheit über die Europäer, keineswegs der eines ganz neuen, jungen Nationaltypus, sondern im Gegenteil der, daß sie Leute waren, die noch an ererbten kleinbürgerlichen Gewohnheiten festhielten, die in Europa für veraltet gelten, daß wir Europäer in dieser Beziehung ihnen gegenüberstehn wie die Pariser den Provinzialen.

Als ich in New York in mein erstes Schlafzimmer trat, was fand ich? Möbel der altfränkischsten Form, die man sich denken kann, Kommoden mit messingnen Ringen oder Bügeln als Griffe an den Schubladen, wie sie anfangs dieses Jahrhunderts Mode waren und in Europa nur noch auf dem Lande vorkommen; daneben neuere Formen nach englischem oder französischem Muster, aber auch diese schon bejahrt genug und meist am unrechten Platz; nichts Neues, seitdem der kolossale Schaukelstuhl, der einen Bogen von 240 Grad beschrieb, wieder außer Mode gekommen. Und so überall, die Stühle, Tische und Schränke sehn meist wie Erbstücke vergangener Geschlechter aus. Die Karren auf den New-Yorker Straßen haben ein so veraltetes Aussehn, daß man auf den ersten Blick meint, kein europäischer Bauerhof habe noch ein solches Modell eines Leiterwagens aufzuweisen. Bei näherer Betrachtung findet man zwar, daß diese Karren sehr verbessert, sehr zweckmäßig eingerichtet, mit vortrefflichen Springfedern versehn und von sehr starkem Holz äußerst leicht gebaut sind, aber bei allen diesen Verbesserungen blieb das altmodische Modell unangetastet. In London gab es noch im Anfang der 40er Jahre Droschken, wo die Leute hinten einstiegen und rechts und links, wie im Omnibus, einander gegenüber saßen; seit 1850 sind sie verschwunden; in Boston dagegen, meines Wissens der einzigen amerikanischen Stadt, wo Droschken in wirklichem Gebrauch sind, florieren diese Rumpelkasten noch heute. Die amerikanischen Gasthöfe von heute, mit ihrer luxuriösen Einrichtung und ihren Hunderten von Zimmern, zeigen in ihrem ganzen american plan[1], daß sie herausgewachsen sind aus dem abgelegnen Bauerhof in dünnbevölkerter Gegend, der noch heute gelegentlich dem Reisenden Obdach und Nahrung gegen Vergütung

[1] amerikanischen Profil

spendet – ich komme darauf zurück –, und weisen daher Eigentümlichkeiten auf, die uns nicht nur sonderbar, sondern gradezu altfränkisch vorkommen. Und so weiter.

Wer aber den Genuß einer Reise haben will, wie man sie in Europa zur Zeit des Dreißigjährigen Kriegs machen mußte, der gehe in eine amerikanische Gebirgsgegend ans Ende der letzten Eisenbahn und fahre mit der Landkutsche weiter hinaus in die Wildnis. Unser vier haben eine solche Tour in den Adirondacks gemacht und selten so gelacht wie auf dem Dach jener Kutsche. Ein alter Rumpelkasten, gegen den die berühmten preußischen Beiwagen von Olims Zeit noch Prachtwagen sind, von einem unbeschreiblichen Modell, mit Sitzen – sie sind danach – für sechs bis neun Personen oben auf Dach und Bock, das war das Gefährt. Und nun die Straße – ich bitte um Entschuldigung, es war keine Straße, auch einen Weg kann man's kaum nennen; zwei tief ausgefahrne Geleise in sandigem Lehm, bergauf, bergab ...[1]

Geschrieben zwischen
19. und 29. September 1888.
Nach der Handschrift.

[1] Hier bricht die Handschrift ab

Beilagen

Verzeichnis der Beilagen

A. Friedrich Engels:
Vorwort zum „Ursprung der Familie, des Privateigentums und des Staats“ (vierte Auflage 1891)

Vorwort zum „Ursprung der Familie, des Privateigentums und des Staats“ (vierte Auflage 1891)

Die früheren starken Auflagen dieser Schrift sind seit fast einem halben Jahr vergriffen, und der Verleger[1] hat schon seit längerer Zeit die Besorgung einer neuen Auflage von mir gewünscht. Dringendere Arbeiten hielten mich bis jetzt davon ab. Seit dem Erscheinen der ersten Auflage sind sieben Jahre verflossen, in denen die Kenntnis der ursprünglichen Familienformen bedeutende Fortschritte gemacht hat. Es war hier also die nachbessernde und ergänzende Hand fleißig anzuwenden; und zwar um so mehr, als die beabsichtigte Stereotypierung des gegenwärtigen Textes mir fernere Änderungen für einige Zeit unmöglich machen wird[2].

Ich habe also den ganzen Text einer sorgfältigen Durchsicht unterworfen und eine Reihe von Zusätzen gemacht, wodurch, wie ich hoffe, der heutige Stand der Wissenschaft gebührende Berücksichtigung gefunden hat. Ferner gebe ich im weitren Verlauf dieses Vorworts eine kurze Übersicht über die Entwicklung der Geschichte der Familie von Bachofen bis Morgan; und zwar hauptsächlich deswegen, weil die englische chauvinistisch angehauchte prähistorische Schule noch fortwährend ihr möglichstes tut, die durch Morgans Entdeckungen vollzogne Umwälzung der urgeschichtlichen Anschauungen totzuschweigen, wobei sie jedoch in der Aneignung von Morgans Resultaten sich keineswegs geniert. Auch anderwärts wird diesem englischen Beispiel stellenweise nur zu sehr gefolgt.

Meine Arbeit hat verschiedne Übertragungen in fremde Sprachen erfahren. Zuerst italienisch: „L'origine della famiglia, della proprietà privata e dello stato“. Versione reveduta dall' autore, di Pasquale Martignetti. Benevento 1885. Dann rumänisch: „Originea familiei, proprietăţei private şi a statului“. Traducere de Joan Nădejde, in der Jassyer Zeitschrift „Contemporanul“, September 1885 bis Mai 1886. Ferner dänisch: „Familjens, Privatejendommens og Statens Oprindelse“. Dansk af Forfatteren gennem-

[1] J. H. W. Dietz – [2] in der „Neuen Zeit“ lautet der letzte Teil des Satzes: „als die neue Auflage die heute in der deutschen sozialistischen Literatur übliche, in andren deutschen Büchergebieten noch immer sehr seltne Stärke erhalten soll“

gaaet Udgave, besørget af Gerson Trier. København 1888. Eine französische Übersetzung von Henri Ravé, der die gegenwärtige deutsche Ausgabe zugrunde liegt, ist unter der Presse.

Bis zum Anfang der sechziger Jahre kann von einer Geschichte der Familie nicht die Rede sein. Die historische Wissenschaft stand auf diesem Gebiet noch ganz unter dem Einflusse der fünf Bücher Mosis. Die darin ausführlicher als anderswo geschilderte patriarchalische Familienform wurde nicht nur ohne weiteres als die älteste angenommen, sondern auch – nach Abzug der Vielweiberei – mit der heutigen bürgerlichen Familie identifiziert, so daß eigentlich die Familie überhaupt keine geschichtliche Entwicklung durchgemacht hatte; höchstens gab man zu, daß in der Urzeit eine Periode geschlechtlicher Regellosigkeit bestanden haben könne. – Allerdings kannte man außer der Einzelehe auch die orientalische Vielweiberei und die indisch-tibetanische Vielmännerei; aber diese drei Formen ließen sich nicht in eine historische Reihenfolge ordnen und figurierten zusammenhangslos nebeneinander. Daß bei einzelnen Völkern der alten Geschichte sowie bei einigen noch existierenden Wilden die Abstammung nicht vom Vater, sondern von der Mutter gerechnet, also die weibliche Linie als die allein gültige angesehn wurde; daß bei vielen heutigen Völkern die Ehe innerhalb bestimmter größerer, damals nicht näher untersuchter Gruppen verboten ist und daß diese Sitte sich in allen Weltteilen findet – diese Tatsachen waren zwar bekannt, und es wurden immer mehr Beispiele davon gesammelt. Aber man wußte nichts damit anzufangen, und selbst noch in E.B. Tylors „Researches into the Early History of Mankind etc. etc." (1865) figurieren sie als bloße „sonderbare Gebräuche" neben dem bei einigen Wilden geltenden Verbot, brennendes Holz mit einem Eisenwerkzeug zu berühren, und ähnlichen religiösen Schnurrpfeifereien.

Die Geschichte der Familie datiert von 1861, vom Erscheinen von Bachofens „Mutterrecht". Hier stellt der Verfasser die folgenden Behauptungen auf: 1. daß die Menschen im Anfang in schrankenlosem Geschlechtsverkehr gelebt, den er, mit einem schiefen Ausdruck, als Hetärismus bezeichnet; 2. daß ein solcher Verkehr jede sichere Vaterschaft ausschließt, daß daher die Abstammung nur in der weiblichen Linie – nach Mutterrecht – gerechnet werden konnte und daß dies ursprünglich bei allen Völkern des Altertums der Fall war; 3. daß infolge hiervon den Frauen, als den Müttern, den einzigen sicher bekannten Eltern der jüngern Generation, ein hoher Grad von Achtung und Ansehn gezollt wurde, der sich nach Bachofens Vorstellung zu einer vollständigen Weiberherrschaft (Gynaikokratie) steigerte; 4. daß der Übergang zur Einzelehe, wo die Frau *einem* Mann ausschließlich gehörte, eine Verletzung eines uralten Religionsgebots in sich schloß (d.h. tatsächlich eine Verletzung des altherkömmlichen Anrechts der übrigen Männer auf dieselbe Frau), eine Verletzung, die gebüßt oder deren Duldung erkauft werden mußte durch eine zeitlich beschränkte Preisgebung der Frau.

Die Beweise für diese Sätze findet Bachofen in zahllosen, mit äußerstem Fleiß zusammengesuchten Stellen der altklassischen Literatur. Die Entwicklung vom „Hetärismus“ zur Monogamie und vom Mutterrecht zum Vaterrecht vollzieht sich nach ihm, namentlich bei den Griechen, infolge einer Fortentwicklung der religiösen Vorstellungen, einer Einschiebung neuer Gottheiten, Repräsentanten der neuen Anschauungsweise, in die altüberlieferte Göttergruppe, die Vertreterin der alten Anschauung, so daß die letztere mehr und mehr von der ersteren in den Hintergrund gedrängt wird. Es ist also nicht die Entwicklung der tatsächlichen Lebensbedingungen der Menschen, sondern der religiöse Widerschein dieser Lebensbedingungen in den Köpfen derselben Menschen, der nach Bachofen die geschichtlichen Veränderungen in der gegenseitigen gesellschaftlichen Stellung von Mann und Weib bewirkt hat. Hiernach stellt Bachofen die „Oresteia“ des Äschylos dar als die dramatische Schilderung des Kampfes zwischen dem untergehenden Mutterrecht und dem in der Heroenzeit aufkommenden und siegenden Vaterrecht. Klytämnestra hat, um ihres Buhlen Aigisthos willen, ihren vom Trojanerkrieg heimkehrenden Gatten Agamemnon erschlagen; aber ihr und Agamemnons Sohn Orestes rächt den Mord des Vaters, indem er seine Mutter erschlägt. Dafür verfolgen ihn die Erinnyen, die dämonischen Schützerinnen des Mutterrechts, wonach der Muttermord das schwerste, unsühnbarste Verbrechen. Aber Apollo, der den Orestes durch sein Orakel zu dieser Tat aufgefordert, und Athene, die als Richterin aufgerufen wird – die beiden Götter, die hier die neue, vaterrechtliche Ordnung vertreten –, schützen ihn; Athene hört beide Parteien an. Die ganze Streitfrage faßt sich kurz zusammen in der nun stattfindenden Debatte zwischen Orestes und den Erinnyen. Orest beruft sich darauf, daß Klytämnestra einen doppelten Frevel begangen: indem sie *ihren* Gatten und damit auch *seinen* Vater getötet. Warum denn verfolgten die Erinnyen ihn und nicht sie, die weit Schuldigere? Die Antwort ist schlagend:

„Sie war dem Mann, den sie erschlug, *nicht blutsverwandt.*“

Der Mord eines nicht blutsverwandten Mannes, selbst wenn er der Gatte der Mörderin, ist sühnbar, geht die Erinnyen nichts an; ihres Amtes ist nur die Verfolgung des Mords unter Blutsverwandten, und da ist, nach Mutterrecht, der schwerste und unsühnbarste der Muttermord. Nun tritt Apollo für Orestes als Verteidiger auf; Athene läßt die Areopagiten – die athenischen Gerichtsschöffen – abstimmen; die Stimmen sind gleich für Freisprechung und Verurteilung; da gibt Athene als Vorsitzerin ihre Stimme für Orestes ab und spricht ihn frei. Das Vaterrecht hat den Sieg errungen über das Mutterrecht, die „Götter jungen Stamms“, wie sie von den

Erinnyen selbst bezeichnet werden, siegen über die Erinnyen, und diese lassen sich schließlich auch bereden, im Dienst der neuen Ordnung ein neues Amt zu übernehmen.

Diese neue, aber entschieden richtige Deutung der „Oresteia" ist eine der schönsten und besten Stellen im ganzen Buch, aber sie beweist gleichzeitig, daß Bachofen mindestens ebensosehr an die Erinnyen, Apollo und Athene glaubt, wie seinerzeit Äschylos; er glaubt eben, daß sie in der griechischen Heroenzeit das Wunder vollbrachten, das Mutterrecht zu stürzen durch das Vaterrecht. Daß eine solche Auffassung, wo die Religion als der entscheidende Hebel der Weltgeschichte gilt, schließlich auf reinen Mystizismus hinauslaufen muß, ist klar. Es ist daher eine saure und keineswegs immer lohnende Arbeit, sich durch den dicken Quartanten Bachofens durchzuarbeiten. Aber alles das schmälert nicht sein bahnbrechendes Verdienst; er, zuerst, hat die Phrase von einem unbekannten Urzustand mit regellosem Geschlechtsverkehr ersetzt durch den Nachweis, daß die altklassische Literatur uns Spuren in Menge aufzeigt, wonach vor der Einzelehe in der Tat bei Griechen und Asiaten ein Zustand existiert hat, worin nicht nur ein Mann mit mehreren Frauen, sondern eine Frau mit mehreren Männern geschlechtlich verkehrte, ohne gegen die Sitte zu verstoßen; daß diese Sitte nicht verschwand, ohne Spuren zu hinterlassen in einer beschränkten Preisgebung, wodurch die Frauen das Recht auf Einzelehe erkaufen mußten; daß daher die Abstammung ursprünglich nur in weiblicher Linie, von Mutter zu Mutter gerechnet werden konnte; daß diese Alleingültigkeit der weiblichen Linie sich noch lange in die Zeit der Einzelehe mit gesicherter oder doch anerkannter Vaterschaft hinein erhalten hat; und daß diese ursprüngliche Stellung der Mütter, als der einzigen sichern Eltern ihrer Kinder, ihnen und damit den Frauen überhaupt eine höhere gesellschaftliche Stellung sicherte, als sie seitdem je wieder besessen haben. Diese Sätze hat Bachofen zwar nicht in dieser Klarheit ausgesprochen – das verhinderte seine mystische Anschauung. Aber er hat sie bewiesen, und das bedeutete 1861 eine vollständige Revolution.

Bachofens dicker Quartant war deutsch geschrieben, d.h. in der Sprache der Nation, die sich damals am wenigsten für die Vorgeschichte der heutigen Familie interessierte. Er blieb daher unbekannt. Sein nächster Nachfolger auf demselben Gebiet trat 1865 auf, ohne von Bachofen je gehört zu haben.

Dieser Nachfolger war J.F.McLennan, das grade Gegenteil seines Vorgängers. Statt des genialen Mystikers haben wir hier den ausgetrockneten Juristen; statt der überwuchernden dichterischen Phantasie die plausiblen Kombinationen des plädierenden Advokaten. McLennan findet bei vielen wilden, barbarischen und selbst zivilisierten Völkern alter und neuer Zeit eine Form der Eheschließung, bei der der Bräutigam, allein oder mit seinen Freunden, die Braut ihren Verwandten scheinbar gewaltsam rauben muß.

Diese Sitte muß das Überbleibsel sein einer früheren Sitte, worin die Männer eines Stammes sich ihre Frauen auswärts, von anderen Stämmen, wirklich mit Gewalt raubten. Wie entstand nun diese „Raubehe"? Solange die Männer hinreichend Frauen im eignen Stamm finden konnten, war durchaus kein Anlaß dazu vorhanden. Nun finden wir aber ebenso häufig, daß bei unentwickelten Völkern gewisse Gruppen existieren (die um 1865 noch häufig mit den Stämmen selbst identifiziert wurden), innerhalb deren die Heirat verboten war, so daß die Männer ihre Frauen und die Frauen ihre Männer außerhalb der Gruppe zu nehmen genötigt sind, während bei andern die Sitte besteht, daß die Männer einer gewissen Gruppe genötigt sind, ihre Frauen nur innerhalb ihrer eignen Gruppe zu nehmen. McLennan nennt die ersteren exogam, die zweiten endogam und konstruiert nun ohne weiteres einen starren Gegensatz zwischen exogamen und endogamen „Stämmen". Und obwohl seine eigne Untersuchung der Exogamie ihn mit der Nase darauf stößt, daß dieser Gegensatz in vielen, wo nicht den meisten oder gar allen Fällen nur in seiner Vorstellung besteht, so macht er ihn doch zur Grundlage seiner gesamten Theorie. Exogame Stämme können hiernach ihre Frauen nur von andern Stämmen beziehen; und bei dem der Wildheit entsprechenden permanenten Kriegszustand zwischen Stamm und Stamm habe dies nur geschehen können durch Raub.

McLennan fragt nun weiter: Woher diese Sitte der Exogamie? Die Vorstellung der Blutsverwandtschaft und Blutschande könne nichts damit zu tun haben, das seien Dinge, die sich erst viel später entwickelt. Wohl aber die unter Wilden vielverbreitete Sitte, weibliche Kinder gleich nach der Geburt zu töten. Dadurch entstehe ein Überschuß von Männern in jedem einzelnen Stamm, dessen notwendige nächste Folge sei, daß mehrere Männer eine Frau in Gemeinschaft besäßen: Vielmännerei. Die Folge hiervon sei wieder, daß man wußte, wer die Mutter eines Kindes war, nicht aber, wer der Vater, daher: Verwandtschaft gerechnet nur in der weiblichen Linie mit Ausschluß der männlichen – Mutterrecht. Und eine zweite Folge des Mangels an Frauen innerhalb des Stammes – ein Mangel, gemildert, aber nicht beseitigt durch die Vielmännerei – war eben die systematische, gewaltsame Entführung von Frauen fremder Stämme.

„Da Exogamie und Vielmännerei aus einer und derselben Ursache entspringen – dem Mangel der Gleichzahl zwischen beiden Geschlechtern –, müssen wir *alle exogamen Racen als ursprünglich der Vielmännerei ergeben ansehn* ... Und deshalb müssen wir es für unbestreitbar ansehn, daß unter exogamen Racen das erste Verwandtschaftssystem dasjenige war, welches Blutbande nur auf der Mutterseite kennt." (McLennan, „Studies in Ancient History", 1886. „Primitive Marriage", p. 124.)

Es ist das Verdienst McLennans, auf die allgemeine Verbreitung und große Bedeutung dessen, was er Exogamie nennt, hingewiesen zu haben. *Entdeckt* hat er die Tatsache der exogamen Gruppen keineswegs, und verstanden hat er sie erst recht nicht. Von früheren, vereinzelten Notizen bei vielen Beobachtern – eben den Quellen McLennans – abgesehn, hatte Latham („Descriptive Ethnology", 1859) diese Institution bei den indischen Magars genau und richtig beschrieben und gesagt, daß sie allgemein verbreitet sei und in allen Weltteilen vorkomme – eine Stelle, die McLennan selbst anführt. Und unser Morgan hatte sie ebenfalls bereits 1847 in seinen Briefen über die Irokesen (im „American Review") und 1851 in „The League of the Iroquois" bei diesem Volksstamm nachgewiesen und richtig beschrieben, während, wie wir sehn werden, der Advokatenverstand McLennans hier eine weit größere Verwirrung angerichtet hat als Bachofens mystische Phantasie auf dem Gebiet des Mutterrechts. Es ist McLennans ferneres Verdienst, die mutterrechtliche Abstammungsordnung als die ursprüngliche erkannt zu haben, obwohl ihm, wie er später auch anerkennt, Bachofen hier zuvorgekommen war. Aber auch hier ist er nicht im klaren; er spricht stets von „Verwandtschaft nur in weiblicher Linie" (kinship through females only) und wendet diesen für eine frühere Stufe richtigen Ausdruck fortwährend auch auf spätere Entwicklungsstufen an, wo Abstammung und Vererbung zwar noch ausschließlich nach weiblicher Linie gerechnet, aber Verwandtschaft auch nach männlicher Seite anerkannt und ausgedrückt wird. Es ist die Beschränktheit des Juristen, der sich einen festen Rechtsausdruck schafft und diesen unverändert fortanwendet auf Zustände, die ihn inzwischen unanwendbar gemacht.

Bei all ihrer Plausibilität, scheint es, kam die Theorie McLennans doch ihrem eignen Verfasser nicht zu fest gegründet vor. Wenigstens fällt ihm selbst auf, es sei

„bemerkenswert, daß die Form des" (scheinbaren) „Frauenraubs am ausgeprägtesten und ausdruckvollsten ist grade bei den Völkern, wo *männliche* Verwandtschaft" (soll heißen Abstammung in männlicher Linie) „herrscht" (S. 140).

Und ebenso:

„Es ist eine sonderbare Tatsache, daß, soviel wir wissen, der Kindermord nirgendswo systematisch betrieben wird, wo die Exogamie und die älteste Verwandtschaftsform nebeneinander bestehn" (S. 146).

Beides Tatsachen, die seiner Erklärungsweise direkt ins Gesicht schlagen, und denen er nur neue, noch verwickeltere Hypothesen entgegenhalten kann.

Trotzdem fand seine Theorie in England großen Beifall und Anklang: McLennan galt hier allgemein als Begründer der Geschichte der Familie und als erste Autorität auf diesem Gebiet. Sein Gegensatz von exogamen und endogamen „Stämmen", so sehr man auch einzelne Ausnahmen und Modifikationen konstatierte, blieb doch die anerkannte Grundlage der herrschenden Anschauungsweise und wurde die Scheuklappe, die jeden freien Überblick über das untersuchte Gebiet und damit jeden entscheidenden Fortschritt unmöglich machte. Der in England und nach englischem Vorbild auch anderswo üblich gewordenen Überschätzung McLennans ist es Pflicht, die Tatsache entgegenzuhalten, daß er mit seinem rein mißverständlichen Gegensatz von exogamen und endogamen „Stämmen" mehr Schaden angerichtet, als er durch seine Forschungen genützt hat.

Indes kamen schon bald mehr und mehr Tatsachen ans Licht, die in seinen zierlichen Rahmen nicht paßten. McLennan kannte nur drei Formen der Ehe: Vielweiberei, Vielmännerei und Einzelehe. Als aber einmal die Aufmerksamkeit auf diesen Punkt gelenkt, fanden sich mehr und mehr Beweise, daß bei unentwickelten Völkern Eheformen bestanden, worin eine Reihe von Männern eine Reihe von Frauen gemeinsam besaßen; und *Lubbock* („The origin of Civilisation", 1870) erkannte diese Gruppenehe (Communal marriage) als geschichtliche Tatsache an.

Gleich darauf, 1871, trat *Morgan* mit neuem und in vieler Beziehung entscheidendem Material auf. Er hatte sich überzeugt, daß das bei den Irokesen geltende, eigentümliche Verwandtschaftssystem allen Ureinwohnern der Vereinigten Staaten gemeinsam, also über einen ganzen Kontinent verbreitet sei, obwohl es den Verwandtschaftsgraden, wie sie sich aus dem dort geltenden Ehesystem tatsächlich ergeben, direkt widerspricht. Er bewog nun die amerikanische Bundesregierung, auf Grund von ihm selbst aufgesetzter Fragebogen und Tabellen Auskunft über die Verwandtschaftssysteme der übrigen Völker einzuziehn, und fand aus den Antworten, 1. daß das amerikanisch-indianische Verwandtschaftssystem auch in Asien und in etwas modifizierter Form in Afrika und Australien bei zahlreichen Volksstämmen in Geltung sei, 2. daß es sich vollständig erkläre aus einer in Hawaii und andern australischen Inseln eben im Absterben begriffenen Form der Gruppenehe, und 3. daß aber neben dieser Eheform auf denselben Inseln ein Verwandtschaftssystem in Geltung sei, das sich nur durch eine noch urwüchsigere, jetzt ausgestorbne Form der Gruppenehe erklären lasse. Die gesammelten Nachrichten nebst seinen Schlußfolgerungen daraus veröffentlichte er in seinen „Systems of Consanguinity and Affinity", 1871, und führte damit die Debatte auf ein unendlich umfassenderes Gebiet. Indem er, von den Verwandtschaftssystemen ausgehend, die ihnen entsprechenden Familienformen wiederkonstruierte, eröffnete er einen neuen Forschungsweg und einen weiterreichenden Rückblick in die Vorgeschichte der Menschheit. Erhielt diese Methode Geltung, so war die niedliche Konstruktion McLennans in Dunst aufgelöst.

McLennan verteidigte seine Theorie in der Neuauflage von „Primitive Marriage" („Studies in Ancient History", 1876). Während er selbst eine Geschichte der Familie aus lauter Hypothesen äußerst künstlich kombiniert, verlangt er von Lubbock und Morgan nicht nur Beweise für jede ihrer Behauptungen, sondern Beweise von der unanfechtbaren Bündigkeit, wie allein sie in einem schottischen Gerichtshof zugelassen werden. Und das tut derselbe Mann, der aus dem engen Verhältnis zwischen Mutterbruder und Schwestersohn bei den Deutschen (Tacitus, „Germania", c.20), aus Cäsars Bericht, daß die Briten je zehn oder zwölf ihre Frauen gemeinsam haben, und aus allen anderen Berichten der alten Schriftsteller über Weibergemeinschaft bei Barbaren ohne Zaudern den Schluß zieht, bei allen diesen Völkern habe Vielmännerei geherrscht! Man meint einen Staatsanwalt zu hören, der sich bei Zurechtmachung seines Falls jede Freiheit erlauben kann, der aber vom Verteidiger für jedes Wort den formellsten juristisch gültigen Beweis beansprucht.

Die Gruppenehe sei eine pure Einbildung, behauptet er und fällt damit weit hinter Bachofen zurück. Die Verwandtschaftssysteme bei Morgan seien bloße Vorschriften gesellschaftlicher Höflichkeit, bewiesen durch die Tatsache, daß die Indianer auch einen Fremden, Weißen, als Bruder oder Vater anreden. Es ist, als wollte man behaupten, die Bezeichnungen Vater, Mutter, Bruder, Schwester seien bloße sinnlose Anredeformen, weil katholische Geistliche und Äbtissinnen ebenfalls mit Vater und Mutter, Mönche und Nonnen, ja selbst Freimaurer und englische Fachvereinsgenossen in solenner Sitzung als Bruder und Schwester angeredet werden. Kurz, McLennans Verteidigung war elend schwach.

Noch aber blieb ein Punkt, wo er nicht gefaßt worden war. Der Gegensatz von exogamen und endogamen „Stämmen", auf dem sein ganzes System beruhte, war nicht nur unerschüttert, er wurde sogar allgemein als Angelpunkt der gesamten Geschichte der Familie anerkannt. Man gab zu, McLennans Versuch, diesen Gegensatz zu erklären, sei ungenügend und widerspreche den von ihm selbst aufgezählten Tatsachen. Aber der Gegensatz selbst, die Existenz zweier einander ausschließender Arten von selbständigen und unabhängigen Stämmen, wovon die eine Art ihre Weiber innerhalb des Stamms nahm, während dies der andern Art absolut verboten war – dies galt als unbestreitbares Evangelium. Man vergleiche z.B. Giraud-Teulons „Origines de la famille" (1874) und selbst noch Lubbocks „Origin of Civilisation" (4. Auflage, 1882).

An diesem Punkt setzt Morgans Hauptwerk an: „Ancient Society" (1877), das Werk, das der gegenwärtigen Arbeit zugrunde liegt. Was Morgan 1871 nur noch dunkel ahnte, das ist hier mit vollem Bewußtsein entwickelt. Endogamie und Exogamie bilden keinen Gegensatz; exogame „Stämme" sind bis jetzt nirgends nachgewiesen. Aber zur Zeit, wo die Gruppenehe noch herrschte – und sie hat aller Wahrscheinlichkeit nach überall einmal geherrscht –, gliederte sich der Stamm in eine Anzahl von auf Mutterseite blutsverwandten Gruppen, Gentes, innerhalb deren strenges Eheverbot herrschte, so daß die Männer einer Gens ihre Frauen zwar innerhalb des Stammes nehmen konnten und in der Regel nahmen, aber sie außerhalb ihrer Gens nehmen mußten. So daß, wenn die Gens streng exogam, der die Gesamtheit der Gentes umfassende Stamm ebensosehr endogam war.

Damit war der letzte Rest der McLennanschen Künstelei endgültig abgetan.

Hiermit aber begnügte sich Morgan nicht. Die Gens der amerikanischen Indianer diente ihm ferner dazu, den zweiten entscheidenden Fortschritt auf dem von ihm untersuchten Gebiet zu machen. In dieser nach Mutterrecht organisierten Gens entdeckte er die Urform, woraus sich die spätere, vaterrechtlich organisierte Gens entwickelt hatte, die Gens, wie wir sie bei den antiken Kulturvölkern finden. Die griechische und römische Gens, allen bisherigen Geschichtsschreibern ein Rätsel, war erklärt aus der indianischen und damit eine neue Grundlage gefunden für die ganze Urgeschichte.

Diese Wiederentdeckung der ursprünglichen mutterrechtlichen Gens als der Vorstufe der vaterrechtlichen Gens der Kulturvölker hat für die Urgeschichte dieselbe Bedeutung wie Darwins Entwicklungstheorie für die Biologie und Marx' Mehrwertstheorie für die politische Ökonomie. Sie befähigte Morgan, zum erstenmal eine Geschichte der Familie zu entwerfen, worin wenigstens die klassischen Entwicklungsstufen im ganzen und großen, soweit das heute bekannte Material erlaubt, vorläufig festgestellt sind. Daß hiermit eine neue Epoche der Behandlung der Urgeschichte beginnt, ist vor aller Augen klar. Die mutterrechtliche Gens ist der Angelpunkt geworden, um den sich diese ganze Wissenschaft dreht; seit ihrer Entdeckung weiß man, in welcher Richtung und wonach man zu forschen und wie man das Erforschte zu gruppieren hat. Und dementsprechend werden jetzt auf diesem Gebiet ganz anders rasche Fortschritte gemacht als vor Morgans Buch.

Die Entdeckungen Morgans sind jetzt allgemein anerkannt oder vielmehr angeeignet von den Prähistorikern auch in England. Aber fast bei keinem findet sich das offene Zugeständnis, daß es Morgan ist, dem wir diese Revolution der Anschauungen verdanken. In England ist sein Buch soweit wie möglich totgeschwiegen, er selbst mit herablassendem Lob wegen seiner *früheren* Leistungen abgefertigt worden; an den Einzelheiten seiner Darstellung klaubt man eifrig herum, von seinen wirklich großen Entdekkungen schweigt man hartnäckig. „Ancient Society" ist in der Originalausgabe vergriffen; in Amerika ist für so etwas kein lohnender Absatz; in England wurde das Buch, scheint es, systematisch unterdrückt, und die einzige Ausgabe dieses epochemachenden Werks, die noch im Buchhandel zirkuliert, ist – die deutsche Übersetzung.

Woher diese Zurückhaltung, in der es schwer ist, nicht eine Totschweigungs-Verschwörung zu sehen, besonders gegenüber den zahlreichen bloßen Höflichkeitszitaten und andern Beweisen von Kamaraderie, wovon die Schriften unsrer anerkannten Prähistoriker wimmeln? Etwa weil Morgan ein Amerikaner ist und es sehr hart ist für die englischen Prähistoriker, daß sie, trotz alles höchst anerkennenswerten Fleißes im Zusammentragen von Material, für die bei der Ordnung und Gruppierung dieses Materials geltenden allgemeinen Gesichtspunkte, kurz für ihre Ideen, angewiesen sind auf zwei geniale Ausländer, auf Bachofen und Morgan? Den Deutschen konnte man sich noch gefallen lassen, aber den Amerikaner? Gegenüber dem Amerikaner wird jeder Engländer patriotisch, wovon ich in den Vereinigten Staaten ergötzliche Beispiele gesehn. Nun kommt aber noch dazu, daß McLennan der sozusagen amtlich ernannte Stifter und Führer der englischen prähistorischen Schule war; daß es gewissermaßen zum prähistorischen guten Ton gehörte, nur mit der höchsten Ehrfurcht von seiner verkünstelten, vom Kindermord durch Vielmännerei und Raubehe zur mutterrechtlichen Familie führenden Geschichtskonstruktion zu reden; daß der geringste Zweifel an der Existenz von einander absolut ausschließenden exogamen und endogamen „Stämmen" für frevelhafte Ketzerei galt; daß also Morgan, indem er alle diese geheiligten Dogmen in Dunst auflöste, eine Art von Sakrileg beging. Und obendrein löste er sie auf in einer Weise, die nur ausgesprochen zu werden brauchte, um sofort einzuleuchten; so daß die bisher zwischen Exogamie und Endogamie ratlos umhertaumelnden McLennan-Verehrer sich fast mit der Faust vor den Kopf schlagen und ausrufen mußten: Wie konnten wir so dumm sein und das nicht schon lange selbst finden!

Und wenn das noch nicht der Verbrechen genug waren, um der offiziellen Schule jede andere Behandlung außer kühler Beiseiteschiebung zu verbieten, so machte Morgan das Maß übervoll, indem er nicht nur die Zivilisation, die Gesellschaft der Warenproduktion, die Grundform unserer heutigen Gesellschaft, in einer Weise kritisierte, die an Fourier erinnert, sondern von einer künftigen Umgestaltung dieser Gesellschaft in Worten spricht, die Karl Marx gesagt haben könnte. Es war also wohlverdient, wenn McLennan ihm entrüstet vorwirft, „die historische Methode sei ihm durchaus antipathisch", und wenn Herr Professor Giraud-Teulon in Genf ihm dies noch 1884 bestätigt. Wankte doch derselbe Herr Giraud-Teulon noch 1874 („Origines de la famille") hülflos im Irrgarten der McLennanschen Exogamie herum, aus dem ihn Morgan erst befreien mußte!

Auf die übrigen Fortschritte, die die Urgeschichte Morgan verdankt, brauche ich hier nicht einzugehen; im Verlauf meiner Arbeit findet sich das Nötige darüber. Die vierzehn Jahre, die seit dem Erscheinen seines Hauptwerkes verflossen, haben unser Material für die Geschichte der menschlichen Urgesellschaft sehr bereichert; zu den Anthropologen, Reisenden und Prähistorikern von Profession sind die vergleichenden Juristen getreten und haben teils neuen Stoff, teils neue Gesichtspunkte gebracht. Manche Einzelhypothese Morgans ist dadurch schwankend oder selbst hinfällig geworden. Aber nirgendwo hat das neugesammelte Material dazu geführt, seine großen Hauptgesichtspunkte durch andere zu verdrängen. Die von ihm in die Urgeschichte gebrachte Ordnung gilt in ihren Hauptzügen noch heute. Ja, man kann sagen, sie findet mehr und mehr allgemeine Anerkennung in demselben Maß, worin seine Urheberschaft dieses großen Fortschritts verheimlicht wird.*

London, 16. Juni 1891

Friedrich Engels

Nach: „Der Ursprung der Familie,
des Privateigenthums und des Staats“.
vierte Auflage, Stuttgart 1891.

* Auf der Rückreise von New York im September 1888 traf ich einen ehemaligen Kongreßdeputierten für den Wahlbezirk von Rochester, der Lewis Morgan gekannt hatte. Er wußte mir leider nicht viel von ihm zu erzählen. Morgan habe in Rochester als Privatmann gelebt, nur mit seinen Studien beschäftigt. Sein Bruder sei Oberst und in Washington im Kriegsministerium angestellt gewesen; durch Vermittlung dieses Bruders habe er es fertiggebracht, die Regierung für seine Forschungen zu interessieren und mehrere seiner Werke auf öffentliche Kosten herauszugeben; er, der Erzähler, habe sich auch während seiner Kongreßzeit mehrfach dafür verwandt.

B. Aufzeichnungen und Dokumente (September 1883–Juni 1889)

1

Aus einem Brief G.A.Lopatins an M.N.Oschanina[460]

London, 20. September [1883]

...Ich muß Ihnen unbedingt das Ergebnis meines ersten Zusammentreffens mit Engels mitteilen, da ich annehme, daß Ihnen einige seiner Ansichten sehr gefallen werden.

Wir haben viel über die russischen Angelegenheiten gesprochen, vor allem darüber, auf welche Weise unsere politische und soziale Erneuerung wahrscheinlich vonstatten gehen wird. Wie auch zu erwarten war, zeigte sich eine völlige Übereinstimmung unserer Ansichten; jeder von uns sprach zwischendurch die Gedanken und Worte des anderen zu Ende. Er ist ebenfalls (wie auch Marx und ich) der Meinung, daß in Rußland die Aufgabe einer *revolutionären* Partei oder einer Partei der *Tat* augenblicklich nicht in der Propaganda des neuen sozialistischen Ideals besteht und nicht einmal in dem Bestreben, dieses bei weitem noch nicht ausgearbeitete Ideal mit Hilfe einer aus unseren Genossen gebildeten provisorischen Regierung zu verwirklichen, sondern in der Anspannung aller Kräfte, um 1. den Herrscher[1] entweder zu zwingen, einen Semski Sobor[2] einzuberufen, oder um 2. durch Einschüchterung des Herrschers und dgl. mehr so starke Unruhen hervorzurufen, daß sie auf andere Weise zur Einberufung dieses Sobors oder irgend etwas Ähnlichem führen würden. Er ist ebenso wie ich überzeugt, daß ein derartiger Sobor *unweigerlich* zu einer radikalen, nicht nur politischen, sondern auch sozialen Umgestaltung führen wird. Er ist überzeugt von der gewaltigen Bedeutung der Wahlperiode, da sie eine unvergleichlich erfolgreichere Propaganda ermöglicht, als sämtliche Bücher und mündliche Aufklärung es vermögen. Seiner Meinung nach ist eine rein liberale Konstitution ohne tiefgehende ökonomische Umgestaltungen unmöglich, so daß er diese Gefahr nicht befürchtet. Er ist überzeugt, daß sich unter den *tatsächlichen* Lebensbedingungen des Volkes genügend Voraus-

[1] Alexander III. – [2] Ständeversammlung

setzungen angesammelt haben, um die Gesellschaft auf neuer Grundlage umzugestalten. Natürlich glaubt er nicht an eine sofortige Verwirklichung des Kommunismus oder irgend etwas Ähnlichem, sondern nur an das, was im Leben und in der Seele des Volkes schon herangereift ist. Er ist überzeugt, daß das Volk in der Lage sein wird, redegewandte Wortführer für seine Nöte und Bestrebungen usw. zu finden. Er ist überzeugt, daß diese Umgestaltung oder Revolution, einmal begonnen, durch keine Kraft aufgehalten werden kann. Wichtig ist deshalb nur eins: die verhängnisvolle Kraft des Stillstands zu zerschlagen, das Volk und die Gesellschaft für einen Augenblick aus dem Zustand der Trägheit und Unbeweglichkeit aufzurütteln, und eine solche Unordnung herbeizuführen, die Regierung und Volk zwingen würde, an die innere Umgestaltung heranzugehen, eine Unordnung, die das ruhige Volksmeer aufwühlen und die Aufmerksamkeit und den *Enthusiasmus* des ganzen Volkes für eine vollständige gesellschaftliche Umgestaltung hervorrufen würde. Die Ergebnisse werden sich dann von selbst einstellen, und zwar solche, die möglich, wünschenswert und für die gegebene Epoche realisierbar sind.

Alles das ist verteufelt kurz, aber ausführlicher kann ich jetzt nicht schreiben. Außerdem wird Ihnen das alles vielleicht nicht ganz gefallen, deshalb beeile ich mich, Ihnen Wort für Wort seine anderen Ansichten wiederzugeben, die für die russische revolutionäre Partei sehr schmeichelhaft sind. Hier sind sie:

„Alles hängt jetzt davon ab, was man in nächster Zeit in Petersburg tun wird, auf das jetzt die Augen aller denkenden, weitblickenden und scharfsinnigen Menschen ganz Europas gerichtet sind."

„Rußland – das ist das Frankreich des gegenwärtigen Jahrhunderts. Gesetzmäßig und zu Recht kommt ihm die revolutionäre Initiative für eine *neue* soziale Umgestaltung zu."

„... Der Untergang des Zarismus, mit dem das letzte Bollwerk des Monarchismus in Europa zerstört, die ‚Aggressivität' Rußlands, der Haß Polens gegen Rußland und vieles andere beseitigt, wird eine völlig andere Mächtekonstellation herbeiführen, Österreich in Stücke zerschmettern und allen Ländern einen mächtigen Anstoß zu inneren Umgestaltungen geben."

„... Deutschland wird sich wohl kaum dazu entschließen können, die russischen Wirren zu benutzen, um seine Truppen zur Aufrechterhaltung des Zarismus nach Rußland in Marsch zu setzen. Täte es dies dennoch, um so besser. Das würde das Ende seiner gegenwärtigen Regierung und den Anfang einer neuen Ära bedeuten. Der Anschluß der Ostseeprovinzen an Deutschland ist unsinnig und undurchführbar. Ähnliche Eroberungen entgegengesetzter (?) oder anliegender schmaler Küstenstreifen und Gebietsfetzen und die daraus resultierenden unförmigen Staatsgebilde waren nur im 16. und im 17. Jahrhundert möglich, aber nicht jetzt. Zu alledem ist es für niemanden ein Geheimnis, daß dort die Deutschen eine winzige reaktionäre Minderheit ausmachen." (Ich füge diesen Punkt für J.P. hinzu angesichts ihrer ultrapatriotischen Ansichten in dieser Frage.)

„Sowohl ich als auch Marx finden, daß der Brief des Komitees an Alexander III.[461] seiner weltklugen Art und seinem ruhigen Ton nach einfach großartig ist. Der Brief beweist, daß es in den Reihen der Revolutionäre Menschen mit Staatsverstand gibt."

Ich hoffe, daß dies alles ziemlich schmeichelhaft und angenehm für Sie ist, und wie werden Sie mir diese Zeilen danken? Erinnern Sie sich daran, wie ich sagte, daß selbst Marx nie ein Marxist gewesen war? Engels erzählte, daß während des Kampfes von Brousse, Malon und Co. gegen die anderen Marx einmal lachend gesagt hat: „Ich kann nur eins sagen, daß ich *kein Marxist* bin! ..."[462]

Nach: „Osnowy teoretitscheskowo sozialisma i ich priloshenije k Rossii", Genf 1893.
Aus dem Russischen.

2

Der Maiaufstand von 1849[463]

[„Le Socialiste" Nr. 13
vom 21. November 1885]

Der Maiaufstand von 1849, der die Rheinprovinzen und Süddeutschland erfaßte, war durch die Weigerung der meisten Regierungen der kleinen Staaten hervorgerufen, die von der Frankfurter Nationalversammlung beschlossene Verfassung anzunehmen. Diese Versammlung hatte niemals über materielle Macht verfügt und, was schlimmer ist, hatte es auch unterlassen, die notwendigen Maßnahmen zu ergreifen, um sich diese zu verschaffen; als sie ihre Verfassung auf dem Papier zustande gebracht hatte, verlor sie die letzten Reste ihres moralischen Einflusses. Obwohl ziemlich romantisch, war die Verfassung doch das einzige Banner, unter dem man sich wieder sammeln konnte, um eine neue Bewegung zu versuchen, um so mehr, da man sie nach dem Sieg nicht zu verwirklichen beabsichtigte.

Der Aufstand begann am 3. Mai in Dresden; einige Tage später griff er auf die bayrische Pfalz und das Großherzogtum Baden über. Der Großherzog[1] hatte schnellstens die Flucht ergriffen, als er gesehen hatte, daß sich die Truppen mit dem Volke verbrüderten.

[1] Leopold

Die preußische Regierung, die im November 1848 die revolutionäre Bewegung unterdrückt, Berlin entwaffnet und Preußen in den Belagerungszustand versetzt hatte, machte sich zum Verteidiger der Regierungen der anderen Staaten. Sie entsandte sofort Truppen nach Dresden, die nach viertägigem Kampf den heroischen Widerstand der Aufständischen brachen.

Aber um die Pfalz und das Herzogtum Baden zu unterwerfen, bedurfte es einer Armee: um sie zu formieren, mußte Preußen die Landwehr einberufen. In Iserlohn (Westfalen) und in Elberfeld (Rheinpreußen) weigerten sich die Männer loszumarschieren. Man schickte Truppen. Die Städte verbarrikadierten sich und wiesen sie ab. Iserlohn wurde nach zwei Tagen Kampf genommen. Da Elberfeld über keine Mittel zum Widerstand verfügte, beschlossen die Aufständischen, etwa tausend an der Zahl, sich einen Weg durch die sie umzingelnden Truppen zu bahnen und den Süden zu erreichen, wo der Aufstand im vollen Gange war. Sie wurden vollständig zerschlagen, ihr Kommandeur Mirbach gefangengenommen; einer großen Anzahl Aufständischer gelang es jedoch, von den Einwohnern unterstützt, sich nach dem Süden durchzuschlagen. Engels war Adjutant von Mirbach; aber dieser schickte ihn, ehe er seinen Plan durchführte, mit einem Auftrag nach Köln, das in den Händen der preußischen Armee war. In Wirklichkeit wollte Mirbach in seinem Korps keinen bekannten Kommunisten haben, um in den Orten, die er zu durchqueren beabsichtigte, die Bourgeois nicht zu erschrecken.

Inzwischen hatte sich der Aufstand auf ganz Süddeutschland verbreitet, aber die Revolutionäre begingen, so wie in Paris 1871, den verhängnisvollen Fehler – nicht anzugreifen. Die Truppen der benachbarten kleinen Staaten waren demoralisiert und suchten nur einen Vorwand, um sich dem Aufstand anzuschließen: sie waren entschlossen, nicht gegen das Volk zu kämpfen. Die Aufständischen hätten die Bevölkerung dieser Staaten zur Erhebung bringen und mitreißen können, wenn sie erklärt hätten, daß sie die von preußischen und österreichischen Truppen umstellte Frankfurter Nationalversammlung befreien wollen. Engels und Marx begaben sich nach der Unterdrückung der „Neuen Rheinischen Zeitung" nach Mannheim, um den Führern der Bewegung vorzuschlagen, auf Frankfurt zu marschieren. Man weigerte sich, sie zu hören. Als Vorwand diente, die Truppen seien durch die Flucht der ehemaligen Offiziere desorganisiert, es fehle an Munition etc.

Während die Aufständischen Gewehr bei Fuß blieben, rückten die Preußen, mit den Bayern vereint und durch die Truppen der kleinen Staaten verstärkt, welche die Aufständischen mit mehr Kühnheit hätten gewinnen können, in Gewaltmärschen gegen die aufständischen Gebiete vor. Die 36 000 Mann starke konterrevolutionäre Armee fegte in einer Woche aus der Pfalz die 8000–9000 Aufständischen hinaus, die sie besetzt hielten; es muß gesagt werden, daß die beiden Festungen des Landes in den Händen der

Reaktion geblieben waren. Die revolutionäre Armee setzte sich jetzt nur aus den bewaffneten Kräften Badens zusammen, die etwa 10 000 Mann Linientruppen und 12 000 Freiwillige zählten. Es fanden vier große Gefechte statt, in denen die konterrevolutionären Truppen nur siegen konnten dank ihrer zahlenmäßigen Überlegenheit und durch die Verletzung der württembergischen Grenze, was ihnen ermöglichte, die revolutionäre Armee im entscheidenden Augenblick zu umgehen. Nach sechs Wochen Kampf auf offenem Felde waren die Reste der aufständischen Armee gezwungen, sich in die Schweiz zurückzuziehen.

Im Verlauf dieses letzten Feldzugs war Engels Adjutant des Obersten Willich, des Kommandeurs eines Korps aus kommunistischen Freischärlern. Er nahm an drei Gefechten und an der letzten Entscheidungsschlacht an der Murg teil. Oberst Willich, der in die Vereinigten Staaten emigrierte, ist als General gestorben, ein Rang, den er sich während des Amerikanischen Bürgerkrieges erworben hatte.

Dieser hartnäckige Widerstand auf offenem Felde, den einige tausend Aufständische, ungenügend organisiert und fast ohne Artillerie, der so gut disziplinierten preußischen Armee leisteten, zeigt, was unsere sozialistischen Freunde jenseits des Rheins an dem Tag zu leisten fähig sein werden, da die Sturmglocke der Revolution in Europa läuten wird.

Geschrieben am 14. November 1885.
Aus dem Französischen.

3

Juristen-Sozialismus[464]

Die Weltanschauung des Mittelalters war wesentlich theologisch. Die Einheit der europäischen Welt, die nach innen tatsächlich nicht bestand, wurde gegen außen, gegen den sarazenischen allgemeinen Feind, hergestellt durch das Christentum. Die Einheit der westeuropäischen Welt, die eine Gruppe von in steter Wechselbeziehung sich entwickelnden Völkern bildete, wurde zusammengefaßt im Katholizismus. Diese theologische Zusammenfassung war nicht nur ideell. Sie bestand wirklich, nicht nur im Papst, ihrem monarchischen Mittelpunkt, sondern vor allem in der feudal und hierarchisch organisierten Kirche, die in jedem Land als Besitzerin von etwa einem Drittel des Bodens eine gewaltige Machtstellung in der feudalen Organisation innehatte. Die Kirche mit ihrem feudalen Grundbesitz war das reale Band zwischen den verschiedenen Ländern, die feudale Organisation der Kirche gab der weltlich-feudalen Staatsordnung die religiöse Weihe. Die Geistlichkeit war zudem die einzige gebildete Klasse. Es war also selbstverständlich, daß das Dogma der Kirche Ausgangspunkt und Basis alles Denkens war. Juristerei, Naturwissenschaft, Philosophie, alles wurde darnach erledigt, ob der Inhalt mit den Lehren der Kirche stimmte oder nicht.

Aber im Schoße der Feudalität entwickelte sich die Macht des Bürgertums. Eine neue Klasse trat auf gegen die großen Grundbesitzer. Die Städtebürger waren vor allem und ausschließlich Warenproduzenten und Warenhändler, während die feudale Produktionsweise wesentlich auf dem Selbstverbrauch der innerhalb eines beschränkten Kreises erzeugten Produkte – teils durch die Produzenten, teils durch die feudalen Tributerheber – beruhte. Die katholische, auf den Feudalismus zugeschnittene Weltanschauung konnte dieser neuen Klasse und ihren Produktions- und Austauschbedingungen nicht mehr genügen. Dennoch blieb auch sie noch längere Zeit in den Banden der allmächtigen Theologie befangen. Die sämtlichen Reformationen und die sich daran knüpfenden, unter religiöser Firma geführten Kämpfe, vom 13. bis ins 17. Jahrhundert, sind nach ihrer theoretischen Seite nichts als wiederholte Versuche des Bürgertums, der Städteplebejer und der im Anschluß an beide rebellisch gewordenen Bauern, die alte, theologische Weltanschauung den veränderten ökonomischen Bedingungen und der Lebenslage der neuen Klasse anzupassen. Aber es ging nicht. Die religiöse Fahne flatterte zum letzten Mal in England im 17. Jahrhundert, und kaum fünfzig Jahre später trat in Frankreich die neue Weltanschauung ungeschminkt auf, die die klassische der Bourgeoisie werden sollte, *die juristische Weltanschauung*.

Sie war eine Verweltlichung der theologischen. An die Stelle des Dogmas, des göttlichen Rechts trat das menschliche Recht, an die der Kirche der Staat. Die wirtschaftlichen und gesellschaftlichen Verhältnisse, die man sich früher, weil von der Kirche sanktioniert, als durch die Kirche und das Dogma geschaffen vorgestellt hatte, stellte man sich jetzt vor als auf das Recht begründet und durch den Staat geschaffen. Weil der Austausch von Waren auf gesellschaftlichem Maßstab und in seiner vollen Ausbildung, namentlich durch Vorschuß- und Kreditgeben, verwickelte gegenseitige Vertragsverhältnisse erzeugt und damit allgemein gültige Regeln erfordert, die nur durch die Gemeinschaft gegeben werden können – staatlich festgesetzte Rechtsnormen –, deshalb bildete man sich ein, daß diese Rechtsnormen nicht aus den ökonomischen Tatsachen entsprängen, sondern aus der formellen Festsetzung durch den Staat. Und weil die Konkurrenz, die Grundverkehrsform freier Warenproduzenten, die größte Gleichmacherin ist, wurde Gleichheit vor dem Gesetz der Hauptschlachtruf der Bourgeoisie. Die Tatsache, daß der Kampf dieser neu aufstrebenden Klasse gegen die Feudalherrn und die sie damals schützende absolute Monarchie, wie jeder

Klassenkampf, ein politischer Kampf, ein Kampf um den Besitz des Staates sein, um *Rechtsforderungen* geführt werden mußte, trug dazu bei, die juristische Weltanschauung zu befestigen.

Aber die Bourgeoisie erzeugte ihren negativen Doppelgänger, das Proletariat, und mit ihm einen neuen Klassenkampf, der schon ausbrach, ehe die Bourgeoisie sich die politische Macht vollständig erobert hatte. Wie ihrerzeit die Bourgeoisie im Kampf gegen den Adel die theologische Weltanschauung noch eine Zeitlang aus Überlieferung mitgeschleppt hatte, so übernahm das Proletariat anfangs vom Gegner die juristische Anschauungsweise und suchte hierin Waffen gegen die Bourgeoisie. Die ersten proletarischen Parteibildungen wie ihre theoretischen Vertreter blieben durchaus auf dem juristischen „Rechtsboden", nur daß sie sich einen anderen Rechtsboden zusammenkonstruierten, als der der Bourgeoisie war. Einerseits wurde die Forderung der Gleichheit dahin ausgedehnt, daß die rechtliche Gleichheit durch die gesellschaftliche zu ergänzen sei; anderseits wurde aus den Sätzen Adam Smiths, daß die Arbeit die Quelle alles Reichtums, das Produkt der Arbeit aber vom Arbeiter geteilt werden müsse mit dem Grundbesitzer und dem Kapitalisten, der Schluß gezogen, daß diese Teilung unrecht sei und entweder abgeschafft oder doch zugunsten der Arbeiter modifiziert werden müsse. Das Gefühl aber, daß diese Belassung der Frage auf dem bloßen juristischen „Rechtsboden" keineswegs eine Beseitigung der durch die bürgerlich-kapitalistische, und namentlich durch die modern-großindustrielle Produktionsweise geschaffenen Übelstände möglich mache, führte schon die bedeutendsten Köpfe unter den früheren Sozialisten – Saint-Simon, Fourier und Owen – dahin, das juristisch-politische Gebiet ganz zu verlassen und allen politischen Kampf für unfruchtbar zu erklären.

Beide Auffassungen waren gleich ungenügend, die durch die wirtschaftliche Lage geschaffenen Emanzipationsbestrebungen der Arbeiterklasse entsprechend auszudrücken und vollständig zusammenzufassen. Die Forderung der Gleichheit nicht minder wie die des vollen Arbeitsertrages verliefen sich in unlösliche Widersprüche, sobald sie juristisch im einzelnen formuliert werden sollten, und ließen den Kern der Sache, die Umgestaltung der Produktionsweise, mehr oder weniger unberührt. Die Zurückweisung des politischen Kampfes durch die großen Utopisten war gleichzeitig eine Zurückweisung des Klassenkampfes, also der einzig möglichen Betätigungsweise der Klasse, in deren Interesse sie auftraten. Beide Anschauungen abstrahierten von dem geschichtlichen Hintergrund, dem sie ihr Dasein verdankten; beide appellierten an das Gefühl; die einen an das Rechtsgefühl, die anderen an das Menschlichkeitsgefühl. Beide kleideten ihre Forderungen in die Form frommer Wünsche, von denen nicht zu sagen war, weshalb sie gerade jetzt durchgeführt werden sollten und nicht tausend Jahre früher oder später.

Die Arbeiterklasse, die durch die Verwandlung der feudalen Produktionsweise in die kapitalistische alles Eigentums an den Produktionsmitteln entkleidet wurde und durch den Mechanismus der kapitalistischen Produktionsweise stets in diesem erblichen Zustand der Eigentumslosigkeit wieder erzeugt wird, kann in der juristischen Illusion der Bourgeoisie ihre Lebenslage nicht erschöpfend zum Ausdruck bringen. Sie kann diese Lebenslage nur vollständig selbst erkennen, wenn sie die Dinge ohne juristisch gefärbte Brille in ihrer Wirklichkeit anschaut. Hierzu aber verhalf ihr Marx mit seiner materialistischen Geschichtsauffassung, mit dem Nachweis, daß alle juristischen, politischen, philosophischen, religiösen etc. Vorstellungen der Menschen in letzter Instanz aus ihren wirtschaftlichen Lebensbedingungen, aus ihrer Weise zu produzieren und die Produkte auszutauschen, abgeleitet sind. Hiermit war die der Lebens- und Kampfeslage des Proletariats entsprechende Weltanschauung gegeben; der Eigentumslosigkeit der Arbeiter konnte nur die Illusionslosigkeit ihrer Köpfe entsprechen. Und diese proletarische Weltanschauung macht jetzt die Reise um die Welt.

Begreiflich dauert der Kampf der beiden Weltanschauungen fort; nicht nur zwischen Proletariat und Bourgeoisie, sondern auch zwischen frei denkenden und noch von alter Tradition beherrschten Arbeitern. Im ganzen wird hier die alte Auffassung verteidigt durch gewöhnliche Politiker mit den landläufigen Argumenten. Nun gibt es aber auch sogenannte wissenschaftliche Juristen, die aus der Juristerei einen eigenen Beruf machen.*

Bisher hatten sich diese Herrn zu vornehm gehalten, sich mit der theoretischen Seite der Arbeiterbewegung einzulassen. Wir müssen es also großen Dank wissen, wenn endlich einmal ein wirklicher Professor der Rechte, Herr Dr. Anton Menger, sich herabläßt, die Geschichte des Sozialismus vom „rechtsphilosophischen" Standpunkt „dogmatisch näher zu beleuchten".**

---

* Vergleiche über diese den Artikel von *Fr. Engels* über *„Ludwig Feuerbach"* in der „Neuen Zeit" IV, S. 206[1]: „Bei den Politikern von Profession, bei den Theoretikern des Staatsrechts und den Juristen des Privatrechts geht der Zusammenhang mit den ökonomischen Tatsachen erst recht verloren. Weil in jedem einzelnen Falle die ökonomischen Tatsachen die Form juristischer Motive annehmen müssen, um in Gesetzesform sanktioniert zu werden, und weil dabei auch selbstverständlich Rücksicht zu nehmen ist auf das schon geltende Rechtssystem, deswegen soll nun die juristische Form alles sein und der ökonomische Inhalt nichts. Staatsrecht und Privatrecht werden als selbständige Gebiete behandelt, die ihre unabhängige geschichtliche Entwicklung haben, die in sich selbst einer systematischen Darstellung fähig sind und ihrer bedürfen, durch konsequente Ausrottung aller inneren Widersprüche."

** Dr. Anton Menger, „Das Recht auf den vollen Arbeitsertrag in geschichtlicher Darstellung", Stuttgart, Cotta, 1886, X, S. 171.

---

[1] Siehe vorl. Band, S. 302

In der Tat, die Sozialisten sind bisher auf dem Holzweg gewesen. Sie haben gerade das vernachlässigt, worauf es ankam.

„Erst wenn die sozialistischen Ideen aus den endlosen *volkswirtschaftlichen* und philanthropischen Erörterungen ... losgeschält und in nüchterne Rechtsbegriffe verwandelt sind" (S. III), erst wenn die ganze „nationalökonomische Verbrämung" (S. 37) beseitigt ist, kann die „juristische Bearbeitung des Sozialismus ... die wichtigste Aufgabe der Rechtsphilosophie unserer Zeit" [S. III]

in die Hand genommen werden.

Nun handelt es sich in den „sozialistischen Ideen" gerade um volkswirtschaftliche Verhältnisse, vor allem um das Verhältnis zwischen Lohnarbeit und Kapital, und da sind volkswirtschaftliche Erörterungen, so scheint es, doch wohl etwas mehr als bloße loszuschälende „Verbrämungen". Auch ist die Ökonomie eine sogenannte Wissenschaft und obendrein ein wenig wissenschaftlicher als die Rechtsphilosophie, weil sie sich mit Tatsachen beschäftigt, nicht, wie die letztere, mit bloßen Vorstellungen. Aber das ist dem Juristen von Fach total gleichgültig. Die ökonomischen Untersuchungen stehen ihm auf derselben Stufe, wie die philanthropischen Deklamationen. Fiat justitia, pereat mundus.[1]

Ferner sind die „nationalökonomischen Verbrämungen" bei Marx – und diese liegen unserem Juristen am schwersten im Magen – nicht bloß ökonomische Untersuchungen. Sie sind wesentlich historisch. Sie weisen den Gang der gesellschaftlichen Entwicklung nach, von der feudalen Produktionsweise des Mittelalters bis auf die heutige entwickelte kapitalistische, den Untergang früherer Klassen und Klassengegensätze und die Bildung neuer Klassen mit neuen Interessengegensätzen, die sich unter anderem auch in neuen Rechtsforderungen äußern. Davon scheint auch unserem Juristen eine leise Ahnung aufzudämmern, wenn er S. 37 entdeckt, daß die heutige

„Rechtsphilosophie ... im wesentlichen nichts ist, als ein Abbild des historisch überlieferten Rechtszustandes", die man als „die *bürgerliche Rechtsphilosophie* bezeichnen" könnte und der sich „in dem Sozialismus eine *Rechtsphilosophie der besitzlosen Volksklassen* an die Seite gestellt" hat.

Aber wenn dem so ist, was ist die Ursache davon? Woher kommen denn die „Bürger" und die „besitzlosen Volksklassen", die jede für sich eine besondere, ihrer Klassenlage entsprechende Rechtsphilosophie besitzen? Aus dem Recht oder aus der ökonomischen Entwicklung? Und sagt uns Marx etwas anderes, als daß die Rechtsanschauungen der einzelnen großen Gesellschaftsklassen sich nach ihrer jedesmaligen Klassenlage richten? Wie kommt Menger unter die Marxisten?

Doch das ist nur ein Versehen, eine unfreiwillige Anerkennung der Macht der neuen Theorie, die dem strengen Juristen entschlüpft ist und

[1] Dem Gesetz muß entsprochen werden, mag darüber auch die Welt zugrunde gehen.

die wir deshalb auch nur registrieren. Im Gegenteil, wo unser Mann des Rechts auf seinem eigenen Rechtsboden steht, ist er ein Verächter der ökonomischen Geschichte. Das sinkende Römerreich ist sein Lieblingsbeispiel.

„Noch nie waren die Produktionsmittel so zentralisiert", erzählt er uns, „wie zu der Zeit, da die Hälfte der afrikanischen Provinz sich im Eigentum von sechs Personen befand ... niemals waren die Leiden der arbeitenden Klassen größer, als in der Zeit, wo fast jeder produktive Arbeiter ein Sklave war. Es fehlte damals auch nicht – namentlich bei den Kirchenvätern – an heftigen Kritiken des bestehenden Gesellschaftszustandes, die sich mit den besten sozialistischen Schriften der Gegenwart messen können, dennoch folgte auf den Sturz des weströmischen Reiches nicht etwa der Sozialismus, sondern – die mittelalterliche Rechtsordnung" (S. 108). Und warum geschah dies? Weil „der Nation nicht ein klares, von aller Überschwenglichkeit freies Bild des künftigen Zustandes vorschwebte".

Herr Menger meint, zur Zeit des sinkenden Römerreiches seien die *ökonomischen* Vorbedingungen des modernen Sozialismus vorhanden gewesen, nur dessen juristische Formulierung fehlte. Deswegen kam an Stelle des Sozialismus der Feudalismus, und die materialistische Geschichtsauffassung ist ad absurdum geführt!

Was die Juristen des sinkenden römischen Reiches so schön in ein System gebracht hatten, das war nicht das *feudale*, sondern das römische Recht, das Recht einer Gesellschaft von Warenproduzenten. Da nach Herrn Mengers Voraussetzung die juristische Vorstellung die treibende Kraft der Geschichte ist, so stellt er hier an die römischen Juristen die ungeheuerliche Forderung, sie hätten statt des Rechtssystems der bestehenden römischen Gesellschaft das gerade Gegenteil, nämlich „ein klares, von aller Überschwenglichkeit freies Bild" eines phantastischen Gesellschaftszustandes liefern sollen. Das also ist die Mengersche Rechtsphilosophie, angewandt auf das *römische* Recht! Geradezu horrend ist aber die Behauptung Mengers, daß noch nie die ökonomischen Bedingungen dem Sozialismus so günstig waren, als zur römischen Kaiserzeit. Die Sozialisten, die Menger widerlegen will, sehen die Bürgschaft für den Erfolg des Sozialismus in der Entwicklung der Produktion selbst: Auf der einen Seite wird durch die Entwicklung des maschinellen Großbetriebs in Industrie und Landwirtschaft die Produktion immer mehr zu einer gesellschaftlichen und die Produktivität der Arbeit eine enorme; dies drängt zur Aufhebung der Klassenunterschiede und zur Überführung der Warenproduktion in Privatbetrieben in die direkte Produktion für und durch die Gesellschaft. Auf der anderen Seite erzeugt die moderne Produktionsweise die Klasse, welche in immer steigendem Maße die Macht und das Interesse erhält, diese Entwicklung tatsächlich zu machen, ein freies, arbeitendes Proletariat.

Nun vergleiche man damit die Zustände des kaiserlichen Rom, wo von maschineller Großproduktion weder in Industrie noch in Landwirtschaft die Rede war. Allerdings finden wir eine Konzentration des Grund*besitzes*, aber man muß Jurist sein, um das für gleichbedeutend mit der Entwicklung gesellschaftlich betriebener Arbeit in Großbetrieben zu halten. Wenn wir Herrn Menger drei Beispiele von Grundbesitz vorlegen: einen irischen Landlord, der 50 000 Acres besitzt, die von 5000 Pächtern in kleinen Betrieben von durchschnittlich 10 Acres bewirtschaftet werden; einen schottischen Landlord, der 50 000 Acres in Jagdgründe verwandelt hat, und eine amerikanische Riesenfarm von 10 000 Acres, in der in großindustrieller Weise Weizen gebaut wird, so wird er erklären, daß in den beiden ersten Fällen die Konzentration der Produktionsmittel fünfmal soweit vorgeschritten sei, wie in dem letzteren.

Die Entwicklung der römischen Landwirtschaft der Kaiserzeit führte auf der einen Seite zur Ausdehnung der Weidewirtschaft über ungeheure Strecken und zur Entvölkerung des Landes, auf der anderen Seite zur Zerschlagung der Güter in kleine Pachten, welche an Kolonen abgegeben wurden, also zu Zwergbetrieben höriger Kleinbauern, der Vorläufer der späteren Leibeigenen, also zu einer Produktionsweise, in der die Produktionsweise des Mittelalters schon im Keim enthalten war. Und unter anderem schon darum, wertester Herr Menger, folgte auf die Römerwelt „die mittelalterliche Rechtsordnung". Wohl gab es zeitweise in einzelnen Provinzen auch landwirtschaftliche Großbetriebe, aber nicht Maschinenproduktion mit freien Arbeitern, sondern *Plantagenwirtschaft* mit *Sklaven*, Barbaren der verschiedensten Nationalitäten, die sich oft untereinander nicht verstanden. Diesen gegenüber standen die freien Proletarier, aber nicht *arbeitende*, sondern *Lumpen*proletarier. Auf der Arbeit der Proletarier beruht heute in immer steigendem Maße die Gesellschaft, sie werden für deren Bestand immer unentbehrlicher; die römischen Lumpenproletarier waren Parasiten, nicht nur ohne Nutzen, sondern sogar von Schaden für die Gesellschaft und daher ohne durchgreifende Macht.

Herrn Menger aber erscheinen die Produktionsweise und das Volk noch nie so reif zum Sozialismus gewesen zu sein, als zur Kaiserzeit! Man sieht, welchen Vorteil es hat, wenn man sich von ökonomischen „Verbrämungen" möglichst ferne hält.

Die Kirchenväter wollen wir ihm schenken, da er verschweigt, worin deren „Kritiken des bestehenden Gesellschaftszustandes" sich „mit den besten sozialistischen Schriften der Gegenwart messen können". Den Kirchenvätern verdanken wir manche interessante Mitteilung aus der versinkenden römischen Gesellschaft, aber auf eine *Kritik* derselben ließen sie sich in der Regel nicht ein, sie begnügten sich damit, sie einfach zu *verdonnern* und zwar in Ausdrücken von einer Heftigkeit, der gegenüber die heftigste Sprache moderner Sozialisten und selbst das Gezeter der Anarchisten zahm erscheint. Meint Herr Menger diese „Überlegenheit"?

Mit derselben Verachtung der geschichtlichen Tatsachen, die wir eben bemerkt, sagt Menger auf S. 2, daß die privilegierten Klassen ihr Einkommen *ohne persönliche Gegenleistung an die Gesellschaft* empfangen. Daß die herrschenden Klassen im aufsteigenden Ast ihrer Entwicklung sehr bestimmte soziale Funktionen zu verrichten haben und gerade deswegen zu herrschenden werden, ist ihm also gänzlich unbekannt. Während die Sozialisten die zeitweilige geschichtliche Berechtigung dieser Klassen anerkennen, erklärt Menger hier ihre Aneignung des Mehrprodukts für einen Diebstahl. Da kann es ihn denn nur wundern, wenn er S. 122, 123 findet, daß diese Klassen täglich mehr die *Macht* verlieren, ihr Recht auf dies Einkommen zu schützen. Daß diese Macht in der Ausübung sozialer Funktionen besteht und mit dem Untergang dieser Funktionen in der weiteren Entwicklung verschwindet, ist diesem großen Denker ein reines Rätsel.

Genug. Der Herr Professor gibt sich nun dran, den Sozialismus rechtsphilosophisch zu behandeln, das heißt, ihn auf ein paar kurze Rechtsformeln zurückzuführen, auf sozialistische „Grundrechte", eine neue Ausgabe der Menschenrechte fürs 19. Jahrhundert. Solche Grundrechte haben zwar nur

„geringe praktische Wirksamkeit", sind aber „auf dem wissenschaftlichen Gebiet nicht ohne Nutzen" als „*Schlagworte*" (S. 5, 6).

Also so weit sind wir bereits heruntergekommen, daß wir es nur noch mit *Schlagworten* zu tun haben. Erst wird der geschichtliche Zusammenhang und Inhalt der gewaltigen Bewegung beseitigt, um einer bloßen „Rechtsphilosophie" Platz zu machen, und dann reduziert sich diese Rechtsphilosophie auf Schlagworte, die eingestandenermaßen praktisch keinen Heller wert sind! Das lohnte in der Tat die Mühe.

Der Herr Professor entdeckt nun, daß der *ganze Sozialismus* sich juristisch auf *drei* solcher Schlagworte zurückführen läßt, auf drei Grundrechte. Diese sind:

1. das Recht auf den vollen Arbeitsertrag,
2. das Recht auf die Existenz,
3. das Recht auf Arbeit.

Das Recht auf Arbeit ist nur eine provisorische Forderung, „die erste unbeholfene Formel, worin sich die revolutionären Ansprüche des Proletariats zusammenfassen"(Marx)[465] und gehört also nicht hierher. Dagegen ist die Forderung der *Gleichheit* vergessen, die den ganzen französischen revolutionären Sozialismus beherrschte, von Babeuf bis Cabet und Proudhon, die aber Herr Menger schwerlich juristisch wird formulieren können, trotzdem oder vielleicht gerade weil sie die juristischste von allen den erwähnten ist. Bleiben als Quintessenz nur die mageren Sätze 1 und 2, die sich noch dazu widersprechen, was Menger auf S. 27 endlich entdeckt, was aber keineswegs verhindert, daß jedes sozialistische System sich darin bewegen muß (S. 6). Es ist aber handgreiflich, daß die Einzwängung der verschiedensten sozialistischen Doktrinen der verschiedensten Länder und Entwicklungsstufen in diese zwei „Schlagworte" die ganze Darstellung fälschen muß. Die Eigentümlichkeit jeder einzelnen Doktrin, die gerade ihre geschichtliche Bedeutung ausmacht, wird hier nicht nur als nebensächlich beiseite geworfen, sondern, weil vom Schlagwort abweichend und ihm widersprechend, geradezu als einfach falsch verworfen.

In der vorliegenden Schrift wird nur Nr. 1, das Recht auf den vollen Arbeitsertrag, behandelt.

Das Recht des Arbeiters auf den vollen Arbeitsertrag, d.h. jedes einzelnen Arbeiters auf *seinen* speziellen Arbeitsertrag ist in dieser Bestimmtheit nur Proudhonsche Lehre. Ganz verschieden davon ist die Forderung, daß die Produktionsmittel und Produkte der arbeitenden Gesamtheit gehören sollen. Diese Forderung ist kommunistisch und geht, wie Menger S. 48 entdeckt, *über* die Forderung Nr. 1 hinaus, was ihn in nicht geringe Verlegenheit setzt. Er muß daher die Kommunisten bald unter Nr. 2 rangieren, bald das Grundrecht Nr. 1 so lange zerren und wenden, bis er sie darunter bringen kann. Dies geschieht S. 7. Hier wird vorausgesetzt, daß nach Abschaffung der Warenproduktion diese dennoch fortbesteht. Es scheint Herrn Menger ganz natürlich, daß auch in einer sozialistischen Gesellschaft *Tauschwerte*, also Waren zum Verkauf produziert werden, und daß die *Preise der Arbeit* fortbestehen, daß also die Arbeitskraft nach wie vor als Ware verkauft wird. Die einzige Frage, um die es sich ihm dabei handelt, ist die, ob die historisch überlieferten Preise der Arbeit in der sozialistischen Gesellschaft mit einem Aufschlag aufrechterhalten bleiben, oder ob „eine völlig neue Bestimmung der Arbeitspreise" eintreten soll. Letztere würde nach seiner Ansicht die Gesellschaft noch mehr erschüttern als die Einführung der sozialistischen Gesellschaftsordnung selbst! Diese Begriffsverwirrung ist begreiflich, da unser Gelehrter S. 94 von einer *sozialistischen Werttheorie* spricht, sich also nach bekannten Mustern einbildet, die Marxsche Werttheorie solle den Verteilungsmaßstab der künftigen Gesellschaft abgeben. Ja, S. 56 wird erzählt, der volle Arbeitsertrag sei gar nichts Bestimmtes, da er nach wenigstens *drei* verschiedenen Maßstäben berechnet werden könne, und endlich S. 161, 162 erfahren wir, daß er das „natürliche Verteilungsprinzip" und nur möglich sei in einer Gesellschaft mit Gemeineigentum, aber mit Sondernutzung, also einer Gesellschaft, die heute von keinem einzigen Sozialisten als Endziel hingestellt wird! Ein treffliches Grundrecht! Und ein trefflicher Rechtsphilosoph der Arbeiterklasse!

Hiermit hat es sich Menger leicht gemacht, die Geschichte des Sozialismus „kritisch" darzustellen. Drei Worte nenn' ich Euch inhaltsschwer, und wenn sie auch nicht gehen von Mund zu Munde[466], so sind sie doch vollständig genügend für das Maturitätsexamen, das hier mit den Sozialisten angestellt wird. Also her, Saint-Simon, her, Proudhon, her, Marx, und wie ihr alle heißt: Schwört ihr auf Nr. 1, oder Nr. 2, oder Nr. 3? Herein in mein Prokrustesbett, und was darüber hinaus reicht, hau' ich ab als nationalökonomische und philanthropische Verbrämungen!

Es kommt hier nur darauf an, bei wem sich diese drei dem Sozialismus von Menger aufoktroyierten Grundrechte zuerst vorfinden; wer zuerst eine dieser Formeln aufstellt, der ist der große Mann. Daß es dabei ohne lächerliche Böcke nicht abgeht, trotz des gelehrt tuenden Apparats, ist begreiflich. So glaubt er, daß bei den Saint-Simonisten die oisifs die besitzenden und die travailleurs die arbeitenden Klassen bedeuten (S.67) und zwar im Titel der saint-simonistischen Schrift: „Les oisifs et les travailleurs. – Fermages, loyers, intérêts, salaires“[467] (die Müßiggänger und die Arbeiter. – Pacht, Miete, Zins, Lohn), wo ihn schon die Abwesenheit des *Profits* eines Besseren belehren sollte. Auf derselben Seite zitiert Menger selbst eine entscheidende Stelle aus dem „Globe“, dem Organ des Saint-Simonismus, in der neben den Gelehrten und Künstlern die industriels, d.h. die *Fabrikanten* im Gegensatz zu den oisifs als Wohltäter der Menschheit gepriesen werden, und wo nur die Abschaffung des Tributs an die oisifs verlangt wird, das heißt, an die *Rentiers*, diejenigen, welche Pacht, Miete, Zins beziehen. Der *Profit* ist in dieser Aufzählung abermals ausgeschlossen. Der Fabrikant nimmt im saint-simonistischen System eine hervorragende Stellung ein als mächtiger und wohlbezahlter gesellschaftlicher Agent, und Herr Menger täte wohl daran, diese Stellung näher zu studieren, ehe er sie fernerhin rechtsphilosophisch verarbeitet.

Auf Seite 73 hören wir, Proudhon habe in den „Contradictions économiques“[468], *„allerdings ziemlich dunkel*, eine neue Lösung des sozialen Problems“ bei beibehaltener Warenproduktion und Konkurrenz versprochen. Was dem Herrn Professor 1886 noch *ziemlich dunkel*, hat Marx schon 1847 durchschaut, als etwas Altes nachgewiesen und Proudhon den Bankrott vorhersagen gekonnt, den dieser 1849 erlebte.[469]

Doch genug. Alles was wir bisher behandelt, ist ja nur Nebensache für Herrn Menger und auch für sein Publikum. Hätte er nur eine Geschichte des Rechts Nr.1 geschrieben, seine Schrift wäre spurlos vorübergegangen. Diese Geschichte ist bloß Vorwand der Schrift, ihr Zweck ist der, *Marx herunterzureißen*. Und nur, weil sie von Marx handelt, wird sie gelesen. Es geht schon seit langem nicht mehr so leicht, ihn zu kritisieren, seitdem das Verständnis seines Systems in weitere Kreise gedrungen ist und der Kritiker nicht mehr auf die Unwissenheit des Publikums spekulieren kann. Nur eines bleibt noch übrig: Um Marx herunterzusetzen, schiebt man seine Leistungen anderen Sozialisten zu, um die sich kein Mensch kümmert, die vom Schauplatz verschwunden sind, die keine politische und wissenschaftliche Bedeutung mehr haben. Auf diese Weise hofft man, mit dem Begründer der proletarischen Weltanschauung und dieser selbst fertig zu werden. Herr Menger hat es unternommen. Man ist nicht Professor für die Katze. Man will auch etwas leisten.

Die Sache macht sich sehr einfach.

Die gegenwärtige Gesellschaftsordnung gibt dem Grundeigentümer und Kapitalisten ein „Recht" auf einen Teil – den größten – des vom Arbeiter erzeugten Produkts. Grundrecht Nr. 1 sagt, daß dies Recht ein Unrecht ist und dem Arbeiter der ganze Arbeitsertrag gebühre. Damit ist der ganze Inhalt des Sozialismus erledigt, soweit nicht Grundrecht Nr. 2 in Frage kommt. Wer also zuerst gesagt hat, daß das heutige Recht der Inhaber der Erde und anderer Produktionsmittel auf einen Teil des Arbeitsertrages ein *Unrecht* ist, der ist der große Mann, der *Gründer des „wissenschaftlichen" Sozialismus!* Und das waren *Godwin, Hall* und *Thompson*. Nach Weglassung sämtlicher endlosen volkswirtschaftlichen Verbrämungen findet Menger bei Marx als juristischen Rückstand nur diese selbe Behauptung. Folglich hat Marx die alten Engländer, namentlich Thompson, abgeschrieben und seine Quelle sorgfältig verschwiegen. Der Beweis ist erbracht.

Wir geben jeden Versuch auf, dem verbohrten Juristen begreiflich zu machen, *daß Marx nirgends die Forderung des „Rechts auf den vollen Arbeitsertrag" stellt*, daß er in seinen theoretischen Schriften überhaupt keine Rechtsforderung irgendeiner Art aufstellt. Selbst unserem Juristen dämmert eine entfernte Ahnung davon auf, wenn er Marx vorwirft, nirgends „eine gründliche Darlegung des Rechts auf den vollen Arbeitsertrag" (S. 98) zu geben.

In den theoretischen Untersuchungen von Marx kommt das juristische Recht, das immer nur die ökonomischen Bedingungen einer bestimmten Gesellschaft widerspiegelt, nur in ganz sekundärer Weise in Betracht; dagegen in erster Linie die geschichtliche Berechtigung, die gewisse Zustände, Aneignungsweisen, Gesellschaftsklassen für bestimmte Epochen haben, und deren Untersuchung jeden in erster Linie interessiert, der in der Geschichte einen zusammenhängenden, wenn auch oft durchkreuzten Entwicklungsgang sieht, nicht aber, wie das 18. Jahrhundert, einen bloßen Wust von Torheit und Brutalität. Marx begreift die geschichtliche Unvermeidlichkeit, also Berechtigung der antiken Sklavenhalter, der mittelalterlichen Feudalherren usw., als Hebel der menschlichen Entwicklung für eine beschränkte Geschichtsperiode; er erkennt damit auch die zeitweilige geschichtliche Berechtigung der Ausbeutung, der Aneignung des Arbeitsprodukts durch andere an; er beweist aber auch gleichzeitig, daß diese historische Berechtigung jetzt nicht nur verschwunden ist, sondern daß die Fortdauer der Ausbeutung in irgendwelcher Form, statt die gesellschaftliche Entwicklung zu fördern, sie täglich mehr hemmt und in immer heftigere Kollisionen verwickelt. Und der Versuch Mengers, diese epochemachenden geschichtlichen Untersuchungen in sein schmales, juristisches Prokrustesbett zu zwängen, beweist nur seine eigene totale Unfähigkeit, Dinge zu begreifen, die über den allerengsten juristischen Horizont hinausgehen. Sein Grundrecht Nr. 1 existiert für Marx in dieser Formulierung absolut nicht.

Aber jetzt kommt's!

Herr Menger hat bei Thompson das Wort *Mehrwert*, surplus value, entdeckt. Kein Zweifel, Thompson ist also der Entdecker des Mehrwerts, Marx nur ein elender Plagiator:

„Man wird in diesen Ansichten Thompsons sofort den Gedankengang, ja sogar die Ausdrucksweise erkennen, die sich später bei so vielen Sozialisten, namentlich auch bei *Marx* und *Rodbertus* wiederfinden" (S. 53).

Thompson ist also unleugbar der „hervorragendste Begründer des wissenschaftlichen Sozialismus" (S. 49). Und worin besteht dieser wissenschaftliche Sozialismus?

Die Ansicht, „daß Grundrente und Kapitalgewinn Abzüge sind, welche die Grund- und Kapitaleigentümer von dem vollen Arbeitsertrag machen, ist keineswegs *dem Sozialismus eigentümlich*, da manche Vertreter der bürgerlichen Nationalökonomie, z.B. Adam Smith, *von der gleichen Meinung ausgehen*. Thompson und seine Nachfolger sind *nur insofern originell*, daß sie Grundrente und Kapitalgewinn als *unrechtmäßige* Abzüge betrachten, welche mit dem Recht des Arbeiters auf den vollen Arbeitsertrag im Widerspruch stehen" (S. 53, 54).

Der wissenschaftliche Sozialismus besteht also nicht darin, eine ökonomische Tatsache zu entdecken, das hatten nach Menger die Ökonomen vor ihm schon besorgt, sondern einfach darin, sie für *unrechtmäßig* zu erklären. Das ist Herrn Mengers Ansicht davon. Wenn die Sozialisten es sich in der Tat so leicht gemacht hätten, so hätten sie längst einpacken können und Herrn Mengers rechtsphilosophische Blamage wäre ihm erspart worden. Aber so geht es, wenn man eine weltgeschichtliche Bewegung auf juristische Schlagworte reduziert, die man in der Westentasche unterbringen kann.

Aber der dem Thompson gestohlene Mehrwert? Damit verhält es sich wie folgt:

Thompson untersucht in seiner „Inquiry into the Principles of Distribution of Wealth" etc. Kap. 1, Sekt. 15,

„welchen Verhältnisteil ihres Arbeitsprodukts sollen die Arbeiter" („ought", wörtlich „schuldig sein", also „sollen von Rechts wegen") „die Arbeiter bezahlen für den, Kapital genannten, Artikel an die Besitzer desselben, genannt Kapitalisten"? Die Kapitalisten sagen, daß „ohne dies Kapital, ohne Maschinerie, Rohstoffe etc. die bloße Arbeit unproduktiv sein würde, und daß es deshalb nur gerecht ist, daß der Arbeiter für dessen Benützung etwas bezahlt". Und Thompson fährt fort: „Zweifellos muß der Arbeiter für den Gebrauch desselben etwas bezahlen, wenn er so unglücklich ist, es nicht selbst zu besitzen; die Frage ist, wieviel vom Produkt seiner Arbeit für diese Benützung abgezogen werden sollte (ought)" (S. 128 der Pareschen Ausgabe von 1850).

Dies sieht schon gar nicht nach dem „Recht auf den vollen Arbeitsertrag" aus. Im Gegenteil, Thompson findet es ganz in der Ordnung, daß der Arbeiter einen Teil seines Arbeitsertrags für die Benützung des geborgten Kapitals abtritt. Es fragt sich für ihn nur, wieviel? Und da gibt es „zwei

Maßstäbe, den des Arbeiters und den des Kapitalisten". Und was ist der Maßstab des Arbeiters?

„Die Zahlung einer Summe, die den Verschleiß des Kapitals ersetzt, seinen Wert, wenn es ganz konsumiert wird, und dazu eine solche *zusätzliche Vergütung* an seinen Eigentümer und Verwalter (superintendent), wie sie diesen in *gleichem Komfort* mit den wirklich arbeitenden (more actively employed) produktiven Arbeitern unterhalten würde!"

Das ist nach Thompson die Forderung des *Arbeiters*, und wer hierin nicht sofort „den Gedankengang, ja sogar die Ausdrucksweise" von „Marx wiederfindet", der fällt bei Herrn Menger im rechtsphilosophischen Examen ohne Barmherzigkeit durch.

Aber der Mehrwert, – wo bleibt der Mehrwert? Geduld, lieber Leser, gleich geht's los.

„Der Maßstab des Kapitalisten würde der *zusätzliche Wert* sein, den dieselbe Quantität Arbeit *infolge der Benützung von Maschinerie* oder anderem Kapital *produziert;* so daß *dieser ganze Mehrwert* genossen würde vom Kapitalisten, von wegen seiner überlegenen Intelligenz und Geschicklichkeit, vermöge deren er sein Kapital aufgehäuft und den Arbeitern es oder seinen Gebrauch vorgeschossen hat" (Thompson, S. 128).

Diese Stelle, buchstäblich genommen, ist rein unverständlich. Ohne Produktionsmittel ist keine Produktion möglich. Die Produktionsmittel sind aber hier unterstellt in der Form von Kapital, d.h. im Besitz von Kapitalisten. Produziert also der Arbeiter ohne „Benützung der Maschinerie oder anderem Kapital", so versucht er das Unmögliche, produziert eben gar nichts. Produziert er aber mit Benutzung von Kapital, so wäre sein *ganzes* Produkt das, was hier Mehrwert heißt. Sehen wir also weiter. Und da läßt Thompson denselben Kapitalisten auf S. 130 sagen:

„Vor der Erfindung der Maschinerie, vor der Errichtung der Werkstätten und Fabriken, was war da der Betrag des Produkts, den die ununterstützten Kräfte des Arbeiters hervorbrachten? Wie hoch dieser auch immer war, er soll diesen auch fernerhin genießen ... aber der Errichter der Gebäude oder der Maschinerie, oder dem, der diese durch freiwilligen Tausch erworben hat, ihm soll der ganze *Mehrwert* der fabrizierten Waren zufallen als Belohnung", usw.

Thompsons Kapitalist spricht hier nur die alltägliche Illusion des Fabrikanten aus, daß die Arbeitsstunde des mit Hilfe von Maschinerie usw. produzierenden Arbeiters einen größeren *Wert* produziere als vor der Erfindung der Maschinerie die Arbeitsstunde des einfachen Handarbeiters. Diese Einbildung wird genährt durch den *außerordentlichen* „Mehrwert", den der Kapitalist einstreicht, der mit einer neuerfundenen und von ihm und vielleicht noch ein paar anderen Kapitalisten monopolisierten Maschine in ein bisher der Handarbeit gehörendes Gebiet einbricht. Der Preis des Handprodukts bestimmt hier den Marktpreis des gesamten Produkts dieses Industriegebiets; das Maschinenprodukt kostet vielleicht nur den vierten

Teil der Arbeit, läßt also dem Fabrikanten einen „Mehrwert" von 300 Prozent seines Kostenpreises.

Natürlich macht die Verallgemeinerung der neuen Maschine dieser Art „Mehrwert" bald ein Ende; aber dann sieht der Kapitalist, daß in dem Maß, wie das Maschinenprodukt den Marktpreis bestimmt, und dieser Preis mehr und mehr auf den wirklichen Wert des Maschinenprodukts herabsinkt, der Preis des Handprodukts ebenfalls sinkt und damit unter seinen früheren Wert herabgedrückt wird, daß also die Maschinenarbeit gegenüber der Handarbeit immer noch einen gewissen „Mehrwert" produziert. Diese ganz gewöhnliche Selbsttäuschung legt Thompson hier seinem Fabrikanten in den Mund. Wie wenig er selbst sie aber teilt, sagt er unmittelbar vorher, auf S. 127, ausdrücklich:

> „Die Rohstoffe, die Gebäude, der Arbeitslohn, sie alle können ihrem eigenen Wert nichts hinzufügen; der *zusätzliche Wert* kommt her von der Arbeit allein."

Wobei wir unsere Leser um Entschuldigung bitten, wenn wir zu Nutz und Frommen ausschließlich des Herrn Menger hier noch extra feststellen, daß auch dieser „zusätzliche Wert" Thompsons keineswegs der Marxsche Mehrwert ist, sondern der *ganze*, dem Rohstoff durch die Arbeit zugesetzte Wert, also die Summe vom Wert der Arbeitskraft und Mehrwert im Marxschen Sinne.

Jetzt erst, nach dieser unumgänglichen „volkswirtschaftlichen Verbrämung", können wir die Kühnheit des Herrn Menger vollständig würdigen, mit der er S. 53 sagt:

> „Nach der Ansicht Thompsons ... betrachten die Kapitalisten ... *jene* Differenz zwischen *der Lebensnotdurft des Arbeiters* und dem wirklichen Ertrag ihrer durch Maschinen und andere Kapitalaufwendungen produktiver gewordenen Arbeit als einen Mehrwert (surplus value, additional value), der den Grund- und Kapitaleigentümern zuzufallen hat."

Das soll die deutsche „freie" Wiedergabe der von uns oben angeführten Stelle Thompsons S. 128 sein. Bei Thompsons Kapitalisten ist aber einzig die Rede von der Differenz zwischen dem Produkt derselben Arbeitsmenge (the same quantity of labour), je nachdem sie mit Benützung von Kapital und ohne Benützung von Kapital arbeitet, der Differenz zwischen dem Produkt einer gleichen Menge von Handarbeit und Maschinenarbeit. Die „Lebensnotdurft des Arbeiters" kann Herr Menger nur hineinschmuggeln, indem er Thompson direkt fälscht.

Konstatieren wir also: Der „Mehrwert" des Thompsonschen Kapitalisten ist nicht der „Mehrwert" oder „zusätzliche Wert" Thompsons; noch viel weniger ist einer der beiden der „Mehrwert" des Herrn Menger; und am allerwenigsten ist einer von allen dreien der „Mehrwert" von Marx.

Das geniert Herrn Menger aber nicht im mindesten. Er fährt fort S. 53:

„Grundrente und Kapitalgewinn sind deshalb nichts anderes als Abzüge, welche der Grund- und Kapitaleigentümer vermöge seiner gesetzlichen Machtstellung von dem vollen Arbeitsertrage zum Nachteile des Arbeiters zu machen in der Lage ist" – ein Satz, der seinem ganzen Inhalt nach schon in Adam Smith enthalten ist – und ruft dann triumphierend aus: „Man wird in diesen Ansichten *Thompsons* sofort den Gedankengang, ja sogar die Ausdrucksweise wiedererkennen, die sich später bei so vielen Sozialisten, namentlich auch bei Marx und Rodbertus wiederfindet."

Mit anderen Worten: Herr Menger hat bei Thompson das Wort surplus value (auch additional value), Mehrwert, entdeckt, wobei er nur vermittelst einer direkten Unterschiebung verheimlichen kann, daß surplus value oder additional value bei Thompson in zwei unter sich total verschiedenen Bedeutungen vorkommt, die beide wieder total verschieden sind von dem Sinn, worin Marx das Wort Mehrwert gebraucht.

Das ist der ganze Inhalt seiner gewaltigen Entdeckung! Welch klägliches Ergebnis gegenüber der pomphaften Ankündigung der Vorrede:

„Ich werde in dieser Schrift den *Nachweis führen*, daß *Marx* und *Rodbertus* ihre wichtigsten sozialistischen Theorien älteren englischen und französischen Theoretikern entlehnt haben, ohne die Quellen ihrer Ansichten zu nennen."

Wie traurig hinkt jetzt der Vergleich einher, der diesem Satz vorhergeht:

„Wenn jemand dreißig Jahre nach dem Erscheinen von Adam Smiths Werk über den Nationalreichtum die Lehre von der Arbeitsteilung wieder ‚entdeckt' hätte oder wenn heute ein Schriftsteller die Entwicklungstheorie Darwins als sein geistiges Eigentum vortragen wollte, so würde man ihn für einen *Ignoranten* oder für einen *Scharlatan* halten. Nur auf dem Gebiete der Sozialwissenschaft, welche eben einer geschichtlichen Tradition noch fast völlig entbehrt, sind erfolgreiche Versuche dieser Art denkbar."

Wir wollen hier absehen davon, daß Menger immer noch glaubt, Adam Smith habe die Teilung der Arbeit „entdeckt", während schon Petty diesen Punkt achtzig Jahre vor Smith vollständig entwickelt hatte. Das in bezug auf Darwin von Menger Gesagte dreht sich aber jetzt einigermaßen um. Der ionische Philosoph Anaximander stellte bereits im sechsten Jahrhundert vor unserer Zeitrechnung die Ansicht auf, daß der Mensch sich aus einem Fisch entwickelt habe, und wie bekannt, ist dies auch die Ansicht der heutigen evolutionistischen Naturwissenschaft. Wenn nun jemand auftreten wollte und erklären, hier sei bereits der Gedankengang und sogar die Ausdrucksweise Darwins zu erkennen, und Darwin sei nichts als ein Plagiator des Anaximander, habe aber sorgfältig seine Quelle verheimlicht, so würde er in bezug auf Darwin und Anaximander gerade so verfahren, wie Herr Menger in bezug auf Marx und Thompson wirklich verfährt. Der Herr Professor hat recht: „Nur auf dem Gebiete der Sozialwissenschaften" darf man auf jene Unwissenheit rechnen, welche „erfolgreiche Versuche dieser Art denkbar" macht.

Da er aber auf das Wörtchen „Mehrwert" solchen Nachdruck legt, einerlei, welcher Begriff damit verbunden wird, sei dem großen Kenner der sozialistischen und ökonomischen Literatur das Geheimnis verraten, das nicht nur bei Ricardo schon das Wort surplus produce[1] vorkommt (im Kapitel über den Arbeitslohn[470]), sondern daß auch neben dem von Sismondi gebrauchten mieux-value[2] der Ausdruck plus-value für jeden Wertaufschlag, der dem Warenbesitzer nichts kostet, in Frankreich seit Menschengedenken im gewöhnlichen Geschäftsleben gang und gäbe ist. Hiernach dürfte es fraglich erscheinen, ob die von Menger vollzogene Entdeckung der Entdeckung des Mehrwerts durch Thompson oder vielmehr durch den Thompsonschen Kapitalisten auch nur in der Rechtsphilosophie Geltung erhalten wird.

Herr Menger ist aber noch lange nicht mit Marx fertig. Man höre:

„Es ist charakteristisch, daß Marx und Engels dieses *Fundamentalwerk* des englischen Sozialismus" (nämlich Thompson) „seit vierzig Jahren *falsch zitieren*" (S.50).

Nicht genug, daß Marx diese seine geheime Egeria seit vierzig Jahren totschweigt, er muß sie auch noch falsch zitieren! Und nicht nur einmal, sondern seit vierzig Jahren. Und nicht nur Marx, sondern auch Engels! Welcher gehäufte Vorbedacht der Verruchtheit! Armer Lujo Brentano, der Du seit zwanzig Jahren vergeblich auf der Suche bist nach einem einzigen falschen Zitat von Marx und Dir auf dieser Hetzjagd nicht nur selbst die Finger verbrannt, sondern auch Deinen leichtgläubigen Freund Sedley-Taylor in Cambridge ins Unglück gebracht hast[471] – hänge Dich, Lujo, daß Du das nicht erfunden hast. Und worin besteht diese horrende, vierzig Jahre lang hartnäckig fortgesetzte und obendrein „charakteristische" Fälschung, die des ferneren durch die böswillige ebenfalls vierzigjährige Mitwirkung von Engels den Charakter eines dolosen Komplotts annimmt?

„*... falsch zitieren, indem sie das erste Erscheinen desselben in das Jahr 1827 setzen!*"

Und das Buch war schon 1824 erschienen!

„Charakteristisch" in der Tat – für Herrn Menger. Das ist jedoch bei weitem nicht das einzige – aufgepaßt, Lujo! – nicht das einzige falsche Zitat von Marx und Engels, die das falsche Zitieren gewerbsmäßig – vielleicht auch im Umherziehen? – zu betreiben scheinen. In der „Misère de la philosophie", die 1847 erschien, hat Marx *Hodgskin* mit *Hopkins* verwechselt, und vierzig Jahre nachher (unter vierzig Jahren tun es diese boshaften Menschen nun einmal nicht) verbricht Engels dasselbe in der Vorrede zur deutschen Übersetzung der „Misère".[472] Bei diesem seinen Feingefühl für Druck- und Schreibfehler ist es in der Tat ein Verlust für die Menschheit, daß der Herr Professor nicht Korrektor in einer Druckerei geworden ist. Doch nein, wir müssen dies Kompliment wieder zurücknehmen. Herr

[1] Mehrprodukt – [2] Mehrwert

Menger ist auch zum Korrektor nicht zu gebrauchen, denn auch er schreibt falsch ab, zitiert also falsch. Dies passiert ihm nicht nur mit englischen, sondern auch mit deutschen Titeln. So weist er z.B. auf „Engels' Übersetzung dieser Schrift", nämlich der „Misère", hin. Engels hat laut Titelblatt der Schrift die Übersetzung nicht gemacht. Die Stelle von Marx mit Hopkins zitiert Engels in der betreffenden Vorrede *wörtlich*, er war also verpflichtet, den Irrtum mitzuzitieren, wenn er Marx nicht falsch zitieren wollte. Aber diese Leute können es einmal Herrn Menger nicht recht machen.

Doch genug mit dem Kleinigkeitskram, in dem unser Rechtsphilosoph sich mit solchem Behagen umhertreibt. Es ist „charakteristisch" für den Mann und seine ganze Sorte, daß er, der diese ganze Literatur überhaupt nur aus Marx kennengelernt hat – er zitiert keinen einzigen englischen, nicht schon von Marx zitierten Schriftsteller, außer etwa Hall und weltbekannten Leuten wie Godwin, den Schwiegervater Shelleys –, daß er sich verpflichtet fühlt, nachzuweisen, daß er zwei oder drei Bücher mehr kennt als Marx „vor vierzig Jahren", im Jahre 1847. Wer mit den Titeln allein der von Marx angeführten Werke in der Tasche und mit den jetzigen Hilfsquellen und Bequemlichkeiten des Britischen Museums keine andere Entdeckung in dieser Branche zu machen versteht, als daß Thompsons „Distribution" 1824 erschienen ist und nicht 1827, der braucht mit bibliographischer Gelehrsamkeit wahrhaftig nicht zu renommieren.

Was von manchem anderen Sozialreformer unserer Zeit, das gilt auch von Herrn Menger: Große Worte und nichtige – wenn überhaupt welche – Taten. Der Nachweis wird versprochen, daß Marx ein Plagiator, und bewiesen, daß ein *Wort*, der „Mehrwert", schon vor Marx, wenn auch in anderem Sinne gebraucht worden!

So geht es auch mit dem juristischen Sozialismus des Herrn Menger. Im Vorwort erklärt Herr Menger, daß er in der

„juristischen Bearbeitung des Sozialismus" die „wichtigste Aufgabe der Rechtsphilosophie *unserer Zeit*" erblicke. „Ihre richtige Lösung wird wesentlich dazu beitragen, daß sich die unerläßlichen Abänderungen unserer Rechtsordnung im Wege einer friedlichen Reform vollziehen. Erst wenn die sozialistischen Ideen in nüchterne Rechtsbegriffe verwandelt sind, werden die praktischen Staatsmänner zu erkennen imstande sein, wie weit die geltende Rechtsordnung im Interesse der leidenden Volksmasse umzubilden ist."

Er will sich an diese Umwandlung machen durch Darstellung des Sozialismus als eines Rechtssystems.

Und worauf läuft diese juristische Bearbeitung des Sozialismus hinaus? In den „Schlußbemerkungen" heißt es:

„Das unterliegt wohl keinem Zweifel, daß die Ausbildung eines Rechtssystems, welches von diesen fundamentalen Rechtsideen" (Grundrecht Nr. 1 und 2) „völlig beherrscht wird, *einer fernen Zukunft angehört*" (S. 163).

Was im Vorwort als die wichtigste Aufgabe „unserer Zeit" erscheint, wird zum Schluß einer „fernen Zukunft" zugeschoben.

„Die notwendigen Änderungen" (der geltenden Rechtsordnung) „werden im Wege einer langen historischen Entwicklung erfolgen, ähnlich wie unsere heutige Gesellschaftsordnung das Feudalsystem im Laufe der Jahrhunderte so zersetzt und zerstört hat, *bis es schließlich nur eines Anstoßes bedurfte, um dasselbe vollständig zu beseitigen*" (S. 164).

Sehr schön gesagt, aber wo bleibt da die Rechtsphilosophie, wenn die „historische Entwicklung" der Gesellschaft die notwendigen Änderungen bewirkt? In der Vorrede sind es die Juristen, welche der gesellschaftlichen Entwicklung ihren Weg vorschreiben; jetzt, wo der Jurist daran ist, beim Worte genommen zu werden, verliert er die Courage und stammelt etwas von historischer Entwicklung, die alles von selbst macht.

„Strebt nun aber unsere soziale Entwicklung der Verwirklichung des Rechts auf den vollen Arbeitsertrag oder des Rechts auf Arbeit entgegen?"

Herr Menger erklärt, das nicht zu wissen. So schnöde gibt er jetzt seine sozialistischen „Grundrechte" preis. Aber wenn diese Grundrechte nicht imstande sind, einen Hund vom Ofen zu locken, wenn sie nicht die soziale Entwicklung bestimmen und verwirklichen, sondern durch sie bestimmt und verwirklicht werden, wozu dann diese Mühe, den ganzen Sozialismus auf die Grundrechte zu reduzieren? Wozu die Mühe, den Sozialismus seiner ökonomischen und historischen „Verbrämungen" zu entkleiden, wenn wir hinterdrein erfahren müssen, daß die „Verbrämungen" seinen wirklichen Inhalt ausmachen? Warum uns erst zum Schlusse mitteilen, daß die ganze Untersuchung gar keinen Zweck hat, da man das Ziel der sozialistischen Bewegung nicht durch die Verwandlung der sozialistischen Ideen in nüchterne Rechtsbegriffe, sondern nur durch das Studium der sozialen Entwicklung und ihrer treibenden Ursachen erkennen kann?

Herrn Mengers Weisheit läuft schließlich darauf hinaus, daß er erklärt, welche Richtung die soziale Entwicklung nehmen werde, könne er nicht sagen, aber eines sei sicher, man solle „die Gebrechen unserer heutigen sozialen Ordnung nicht *künstlich* steigern" (S. 166), und er empfiehlt zur Ermöglichung der weiteren Erhaltung dieser „Gebrechen" den – *Freihandel* und die Vermeidung weiteren *Schuldenmachens* seitens des Staats und der Gemeinden!

Diese Ratschläge sind das ganze greifbare Resultat der mit so viel Lärm und Selbstanpreisung auftretenden Rechtsphilosophie von Menger! Schade, daß uns der Herr Professor nicht das Geheimnis verrät, wie die modernen Staaten und Kommunen ohne die „Kontrahierung von Staats- und Kommunalschulden" fertig werden sollen. Sollte er dies Geheimnis besitzen, so möge er es ja nicht für sich behalten. Es würde ihm den Weg „nach oben" in den Ministersessel noch schneller bahnen, als seine „rechtsphilosophischen" Leistungen bewirken können.

Welche Aufnahme immer diese an „maßgebender Stelle" finden mögen, auf jeden Fall glauben wir versichern zu dürfen, daß die Sozialisten der Gegenwart und Zukunft Herrn Menger seine gesamten Grundrechte schenken oder auf jeden Versuch verzichten, ihm diesen seinen „vollen Arbeitsertrag" streitig zu machen.

Damit ist natürlich nicht gesagt, daß die Sozialisten darauf verzichten, *bestimmte Rechtsforderungen* zu stellen. Eine aktive sozialistische Partei ist ohne solche unmöglich, wie überhaupt jede politische Partei. Die aus den gemeinsamen Interessen einer Klasse hervorgehenden Ansprüche können nur dadurch verwirklicht werden, daß diese Klasse die politische Macht erobert und ihren Ansprüchen allgemeine Geltung in Form von Gesetzen verschafft. Jede kämpfende Klasse muß also ihre Ansprüche in der Gestalt von *Rechtsforderungen* in einem Programm formulieren. Aber die Ansprüche jeder Klasse wechseln im Laufe der gesellschaftlichen und politischen Umgestaltungen, sie sind in jedem Lande verschieden, je nach seinen Eigentümlichkeiten und dem Höhegrad seiner sozialen Entwicklung. Daher sind denn auch die Rechtsforderungen der einzelnen Parteien, bei aller Übereinstimmung im Endziele, nicht zu jeder Zeit und bei jedem Volk völlig die gleichen. Sie sind ein wandelbares Element und werden von Zeit zu Zeit revidiert, wie man das bei den sozialistischen Parteien der verschiedenen Länder beobachten kann. Bei solchen Revisionen sind es die *tatsächlichen Verhältnisse*, die in Rechnung gezogen werden; dagegen ist es noch keiner der bestehenden sozialistischen Parteien eingefallen, aus ihrem Programm eine neue Rechtsphilosophie zu machen, und es dürfte ihr auch in der Zukunft nicht einfallen. Wenigstens, was Herr Menger auf diesem Gebiete fertiggebracht hat, vermag nur abschreckend zu wirken.

Das ist die einzige brauchbare Seite an seinem Schriftchen.

Geschrieben um den
22. November 1886.
Nach: „Die Neue Zeit",
Heft 2, Jahrgang 1887.

4

Bemerkungen von Friedrich Engels zum Programm der Sozialistischen Föderation in Nordengland[473]

Proletarier aller Länder – vereinigt euch!

Sozialistische Föderation Nordenglands
(Gegründet in Northumberland, Mai 1887)

PRINZIPIEN[1]

Die Sozialistische Föderation Nordenglands ist gegründet worden, um die Volksmassen zu erziehen und zu organisieren, damit sie die ökonomische Emanzipation der Arbeit erreichen.

Während die Sozialistische Föderation voll und ganz Anteil nimmt an jeder Bestrebung der Lohnarbeiter, unter dem bestehenden System bessere Lebensbedingungen zu erlangen und sie darin unterstützt, strebt sie danach, die Klasse der Kapitalisten und Grundeigentümer **sowie die Klasse der Lohnarbeiter** zu beseitigen und ⟨die Arbeiter der ganzen Gesellschaft⟩ **alle Mitglieder der Gesellschaft** zu einem genossenschaftlichen Gemeinwesen zu vereinen.

Eine Unternehmerklasse, die alle Mittel zur Erlangung und Schaffung von Reichtum monopolisiert, und eine Klasse von Lohnarbeitern, die gezwungen ist, ⟨in erster Linie⟩ für den Profit dieser Unternehmer zu arbeiten, das ist ein System der Tyrannei und Sklaverei.

Der Antagonismus dieser beiden Klassen ⟨führt zu⟩ **äußert sich in** wilder Konkurrenz – um Beschäftigung unter den Arbeitern und um Märkte unter den Kapitalisten. Das ⟨gibt Anlaß zu Klassenhaß und Klassenkampf⟩ **spaltet die Nation zu ihrem eigenen Schaden, teilt sie in zwei feindliche Lager** und zerstört wirkliche Unabhängigkeit, Freiheit und Glück.

Das gegenwärtige System bringt den Müßiggängern Wohlstand und Luxus, den Arbeitern aber Mühe und Armut, und für alle Erniedrigung; es ist seinem Wesen nach ungerecht und sollte beseitigt werden. **Und es kann beseitigt werden, jetzt, da die Arbeitsproduktivität so gestiegen ist, daß keine Ausdehnung der Märkte ihren Warenüberschuß aufnehmen kann, so daß gerade der Überfluß an Lebens- und Genußmitteln zur Ursache der**

---

[1] Die von Engels im Programm gestrichenen Wörter stehen in spitzen Klammern; die Einfügungen von Engels sind fett gedruckt

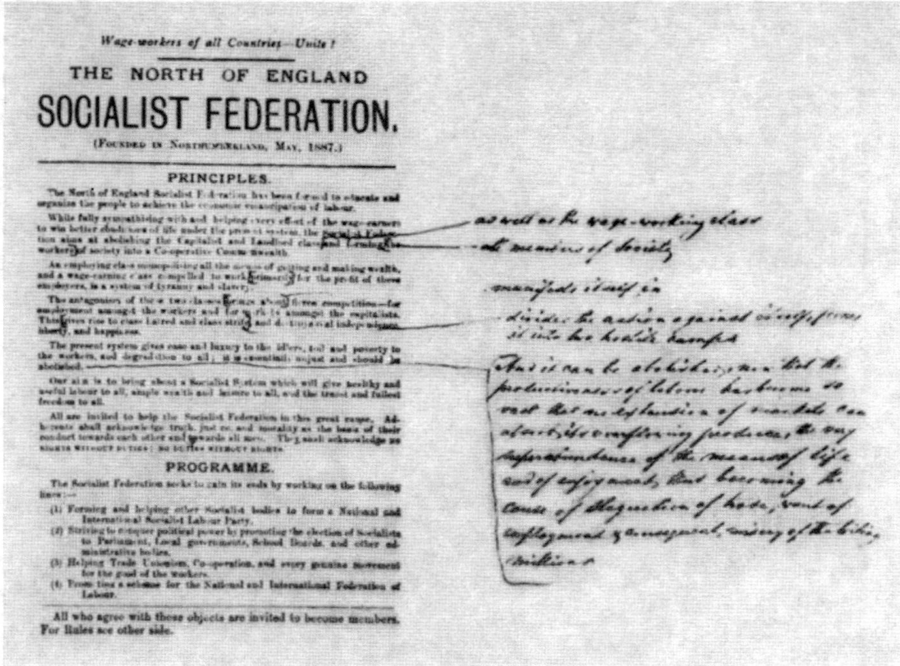
Wage-workers of all Countries—Unite!

THE NORTH OF ENGLAND

SOCIALIST FEDERATION.

(FOUNDED IN NORTHUMBERLAND, MAY, 1887.)

PRINCIPLES.

The North of England Socialist Federation has been formed to educate and organise the people to achieve the economic emancipation of labour.

While fully sympathising with and helping every effort of the wage-earners to win better conditions of life under the present system, the Socialist Federation aims at abolishing the Capitalist and Landlord class, and turning the workers of society into a Co-operative Commonwealth.

An employing class monopolising all the means of getting and making wealth, and a wage-earning class compelled to work primarily for the profit of these employers, is a system of tyranny and slavery.

The antagonism of these two classes brings about fierce competition—for employment amongst the workers and for markets amongst the capitalists. This gives rise to class hatred and class strife and destroys real independence, liberty, and happiness.

The present system gives ease and luxury to the idlers, toil and poverty to the workers, and degradation to all; it is essentially unjust and should be abolished.

Our aim is to bring about a Socialist System which will give healthy and useful labour to all, ample wealth and leisure to all, and the truest and fullest freedom to all.

All are invited to help the Socialist Federation in this great cause. Adherents shall acknowledge truth, justice, and morality as the basis of their conduct towards each other and towards all men. They shall acknowledge NO RIGHTS WITHOUT DUTIES; NO DUTIES WITHOUT RIGHTS.

PROGRAMME.

The Socialist Federation seeks to gain its ends by working on the following lines:—

(1) Forming and helping other Socialist bodies to form a National and International Socialist Labour Party.

(2) Striving to conquer political power by promoting the election of Socialists to Parliament, Local governments, School Boards, and other administrative bodies.

(3) Helping Trade Unionism, Co-operation, and every genuine movement for the good of the workers.

(4) Promoting a scheme for the National and International Federation of Labour.

All who agree with these objects are invited to become members. For Rules see other side.

Programm der Sozialistischen Föderation in Nordengland
mit den Korrekturen von Friedrich Engels

Stagnation des Handels, der Arbeitslosigkeit und folglich des Elends von Millionen Werktätigen wird.

Unser Ziel ist es, ein sozialistisches System zu errichten, das allen gesunde und nützliche Arbeit, allen ausreichenden Wohlstand und ausreichende Freizeit, und allen wahre und vollste Freiheit geben wird.

Alle sind aufgerufen, der Sozialistischen Föderation in dieser großen Sache zu helfen. Die sich uns anschließen, sollen Wahrheit, Gerechtigkeit und Sittlichkeit als die Grundlage ihres Verhaltens zueinander und zu allen Menschen anerkennen. Sie sollen den Grundsatz anerkennen: *Keine Rechte ohne Pflichten, keine Pflichten ohne Rechte.*

Nach dem Programm mit den handschriftlichen Korrekturen von Engels.
Geschrieben zwischen 15. und 22. Juni 1887.
Aus dem Englischen.

5

Interview der „New Yorker Volkszeitung" mit Friedrich Engels[474]

[„New Yorker Volkszeitung"
Nr. 226 vom 20. September 1888]

Frage: Ist der Sozialismus in England im Fortschreiten begriffen, d.h. akzeptieren die englischen Arbeiterorganisationen mehr als früher die sozialistische Kritik der wirtschaftlichen Entwicklung und streben sie – in nennenswertem Umfange – die sozialistischen „Endziele" an?

Engels: Ich bin mit den Fortschritten des Sozialismus und der Arbeiterbewegung in England ganz zufrieden; diese Fortschritte bestehen aber hauptsächlich in der Entwicklung des proletarischen Bewußtseins der *Massen.* Die offiziellen Arbeiterorganisationen, Trade-Unions, die stellenweise reaktionär zu werden drohten, müssen nachhinken wie der österreichische Landsturm.

Frage: Wie steht es in dieser Beziehung in Irland? Gibt es dort – außer der nationalen Frage – irgend etwas, was im sozialistischen Sinne Hoffnungen erwecken könnte?

Engels: Von Irland ist eine reine sozialistische Bewegung auf längere Zeit nicht zu erwarten. Die Leute wollen erst kleine grundbesitzende Bauern werden, und wenn sie das sind, kommt erst die Hypothek und ruiniert sie nochmals. Inzwischen ist das kein Grund, daß wir ihnen nicht helfen sollten, sich von den Landlords zu befreien, d.h. aus einem halbfeudalen in einen kapitalistischen Zustand überzugehen.

Frage: Wie stellen sich die englischen Arbeiter zur irischen Bewegung?

Engels: Die Massen *für* die Irländer. Die Organisationen, wie die Aristokratie der Arbeiter überhaupt, gehen mit Gladstone und den liberalen Bourgeois und gehen nicht weiter als diese.

Frage: Wie denken Sie über Rußland? D.h., inwiefern haben Sie Ihre Ansicht modifiziert – die Sie und Marx vor etwa 6 Jahren bei meiner[1] damaligen Anwesenheit in London äußerten –, wonach infolge der nihilistisch-terroristischen Erfolge jener Zeit der Anstoß zu einer europäisch-revolutionären Bewegung wahrscheinlich von Rußland ausgehen würde?[475]

Engels: Bin im ganzen noch der Ansicht, daß eine Revolution oder selbst nur die Berufung irgendwelcher Nationalversammlung in Rußland die ganze Gestalt der europäischen politischen Lage umwälzen würde. Aber dies ist heute nicht mehr die nächstliegende Möglichkeit. Dafür haben wir einen anderen Wilhelm[2].

Auf die Frage, wie er wohl die heutige europäische Lage charakterisieren würde, entgegnete Engels: Ich habe seit sieben Wochen keine europäische Zeitung in der Hand gehabt, bin also nicht imstande, irgend etwas, was da drüben vorgeht, zu charakterisieren.

Damit schloß die Unterredung.

Der Internationale Arbeiterkongreß von 1889

„Eine Antwort an die Justice“[476]

[„Der Sozialdemokrat“ Nr. 13 und 14 vom 30. März und 6. April 1889]

In ihrer Nummer vom 16. März 1889 greift die „Justice“, das *„Organ der Sozialdemokratie“*, in Hinblick auf den obigen Kongreß die Haltung der, wie sie sich ausdrückt, „offiziellen deutschen Sozialdemokraten“ (was das für Leute auch immer sein mögen) im allgemeinen und des „offiziellen Organs der deutschen Sozialdemokratie“ – womit der Londoner „Sozialdemokrat“ gemeint ist – im besonderen an.

Der „Sozialdemokrat“ hat aufgehört, „offizielles“ Organ zu sein, seit ein Erkenntnis des deutschen Reichsgerichtes es unsern deutschen Genossen

[1] T. F. Cuno, Vertreter der „New Yorker Volkszeitung“ – [2] Wilhelm II.

unmöglich gemacht hat, ein solches zu haben, ohne als Mitglieder einer „geheimen Verbindung" bestraft zu werden.[477] Von diesem Augenblick an nennt sich das Blatt nicht etwa nur *„das* Organ *der* Sozialdemokratie", sondern schlechtweg – und das will es auch nur sein – ein „Organ der Sozialdemokratie deutscher Zunge". Trotzdem ist der „Sozialdemokrat" stolz darauf, das volle Vertrauen der deutschen Sozialdemokratie zu genießen, einer Partei, deren Stärke in den 770 000 Stimmen, die sie bei den Wahlen von 1887 aufbrachte, nur teilweise zum Ausdruck gekommen.

„Justice" sagt, sie bemerke,

„daß deutsche Sozialdemokraten nicht nur in Großbritannien, sondern auch in Amerika die Propaganda unserer Sache dadurch stören, daß sie ihre Zeitungen in einer Sprache drucken, die nicht einer von zehntausend um sie herum verstehen kann. Und das, obwohl sie, jedenfalls in den Vereinigten Staaten, gezwungen sind, Englisch zu lernen. Dies nicht genug, beschränken sie sich sogar peinlichst auf ihre eigenen nationalen Klubs."

Dieser Vorwurf ist gradezu unerhört. Nach der „Justice" sollen also Deutsche, die im Auslande leben, ihre Sprache, das einzige Mittel der Propaganda unter ihren Landsleuten, aufgeben und bloße Anhängsel der Bewegung werden, die in dem betreffenden Lande zufällig existiert, wie immer dieselbe auch beschaffen ist.

Der „Sozialdemokrat" ist ein deutsches Blatt, geschrieben für Angehörige der deutschen Zunge. Neun Zehntel seiner Auflage gehen direkt nach Deutschland. Er erscheint zufällig in England, weil ein Zwangsgesetz, schlimmer als das von England Irland gegenüber angewendete, sein Erscheinen im Auslande nötig macht und weil der schweizerische Bundesrat unter dem Drucke Bismarcks seinen ganzen Stab aus der Schweiz ausgewiesen hat.

Die „Londoner Freie Presse" [478] ist ein Lokalblatt in deutscher Sprache. Sie besteht jetzt seit mehr als drei Jahren, was genügend beweist, daß sie einem Bedürfnis entspricht. Übrigens sei es ihr überlassen, selbst für sich das Wort zu nehmen.

Das mögen auch die Deutschamerikaner tun. Um aber die von „Justice" gegen sie geschleuderten Anklagen zu kennzeichnen, sei hier festgestellt, daß die Sozialistische Arbeiterpartei von Amerika[298], obwohl von Hause aus nur und auch jetzt noch zumeist aus Deutschen bestehend, zahlreiche nichtdeutsche Sektionen hat: anglo-amerikanische, slawische, skandinavische etc., daß sie neben vielen deutschen Blättern, die sich entweder vollständig oder doch nahezu decken, ein englisches Organ, den „Workmen's Advocate" [479] veröffentlicht und dessen noch erhebliches Defizit (s. New Yorker „Sozialist" vom 2. März 1889, Bericht der National-Exekutive) deckt, daß sie aus ihren Mitteln die Kosten für einen Agitator für die angloamerikanischen Arbeiter – Professor Garside – beschafft und daß sie in Amerika sich vorwerfen lassen muß, nur ein Haufen fremder Eindringlinge zu sein, die sich in amerikanische Verhältnisse einmischen, die sie nichts angehen und die sie nicht verstehen. Und das sagt man ihnen nach, ganz unbekümmert darum, daß die Deutschamerikaner entweder amerikanische Bürger sind oder es zu werden und in Amerika zu verbleiben gedenken. Würden die Deutschen in England, die fast alle sich hier nur zeitweise aufhalten, die ihnen von der „Justice" erteilten Weisungen befolgen, englische Blätter für englische Leser herausgeben, sich an der öffentlichen Agitation unter Engländern aktiv beteiligen, sich in die englische Politik einmischen, allen Pflichten von Engländern nachkommen und alle Rechte von Engländern verlangen, derselbe Vorwurf würde ihnen ins Gesicht geschleudert werden, und unter anderen möglicherweise auch von der „Justice".

Was die Behauptung anbetrifft, daß die Deutschamerikaner „gezwungen sind, Englisch zu lernen", so kann ich nur sagen, ich wünschte, es wäre so. Leider aber ist es keineswegs der Fall.

Wo immer aber deutsche Sozialisten gewesen sind, da können sie Anspruch darauf erheben, in den Grenzen ihres Könnens tätig und erfolgreich an der sozialistischen Agitation mitgewirkt zu haben. Weder in Amerika noch in der Schweiz, noch im Osten und Norden Europas nähme die Sozialdemokratie ihre heutige Stellung ein, wäre ihr nicht die Tätigkeit der sich in den betreffenden Ländern aufhaltenden Deutschen zugute gekommen. Sie sind überall und allezeit die Ersten gewesen, die Sozialisten der verschiedenen Nationen in Verkehr miteinander zu bringen, und der Deutsche Arbeiterbildungsverein (jetzt 49, Tottenham Street, Tottenham Court Road) war, wenn wir bis 1840 zurückgehen, der erste internationale sozialistische Verein[193]. Wenn diese Tatsachen der „Justice" unbekannt sind, so kennen die internationale Polizei und das internationale Kapital sie sehr genau. Wo immer ausländische Sozialisten von der festländischen Polizei belästigt, verfolgt, ausgewiesen wurden, waren es in drei von vier Fällen Deutsche, und das jetzt dem amerikanischen Kongreß unterbreitete Gesetz zur Verhütung der Einwanderung ausländischer Sozialisten richtet sich hauptsächlich gegen Deutsche.

Die „Justice" fährt fort:

„Nun zu dem bevorstehenden Kongreß. Die Possibilistische Partei wurde auf dem Pariser Kongreß von 1886, wo die Deutschen vertreten waren, und auf dem Londoner Kongreß von 1888 einstimmig beauftragt, den 1889er Kongreß zu organisieren. Nicht der geringste Einwand wurde zur Zeit erhoben... Man durfte daher vernünftigerweise hoffen, daß alle die erbärmlichen persönlichen Bitterkeiten der letzten paar Jahre überwunden seien. Dennoch hat das offizielle Organ der deutschen Sozialdemokraten von jener Zeit an bis jetzt unablässig die Possibilisten bekrittelt und beschimpft und die Angriffe fanden ihren Abschluß in einem Caucus" (englische Bezeichnung für politische Komitees mit usurpierten Vollmachten), „der am 28. Februar in dem Büro des ‚Recht voor Allen' [480] stattfand und an die elenden Intrigen erinnert, die die alte

‚Internationale' zum Bruch trieben. In dieser Woche ist der ‚Sozialdemokrat' wieder an der Arbeit und zitiert aus dem New Yorker ‚Sozialist' einen Angriff auf unsere französischen Genossen – ein Fall von ‚Schwein auf Speck', wahrhaftig. Sicherlich sollten unser Genosse Rackow und alle unabhängigen deutschen Sozialdemokraten sich mit uns zu einem ehrlichen Versuch vereinigen, dieser kleinlichen und böswilligen Zänkerei und Drahtzieherei ein Ende zu machen."

Um alles das zu verstehen, ist etliche Kenntnis der Geschichte der französischen sozialistischen Bewegung bis 1871 unerläßlich. Die Sozialisten Frankreichs, in der Kommune von 1871 zu Boden geworfen, sammelten sich nach und nach und traten im Jahre 1879 auf dem Kongreß zu Marseille, wo sie sich als eine Arbeiterpartei organisierten, wieder vor das Publikum; jedoch kam es im Jahre 1882, auf dem Kongreß von St. Étienne, zu einer Spaltung. Jede Fraktion nannte sich die französische Arbeiterpartei (parti ouvrier), aber sie werden am besten unterschieden durch die Namen, die sie sich gegenseitig beilegten: nämlich Possibilisten und Marxisten. Neben ihnen bestand noch die Gruppe der Blanquisten, die ihre besondere Organisation aufrechterhielten, obwohl sie im allgemeinen erst mit der Arbeiterpartei und nach der Spaltung mit den sogenannten Marxisten gingen. Jede dieser verschiedenen Sektionen zählt wieder innerhalb der Sphäre ihres Einflusses eine Anzahl von Fachvereinigungen (chambres syndicales) und anderer Arbeitervereine. Im ganzen waren die Possibilisten am stärksten in Paris, während in den Provinzen die sogenannten Marxisten nahezu allein das Feld beherrschten. Auf das Wesen der Differenzen, welche die Fraktionen trennen, gehe ich hier nicht näher ein. Es ist bedauerlich genug, daß sie existieren. Aber weder die englischen Sozialisten, die selbst in verschiedene Gruppen gespalten sind, noch die deutschen Sozialisten, die erst seit 1875 vereinigt sind, haben ein Recht, den Franzosen diesen Mangel an Einigkeit zum Vorwurf zu machen.

Um sich als die einzig wirkliche, die Arbeiterpartei Frankreichs, Geltung zu verschaffen, verlegten sich die Possibilisten darauf, internationale Konferenzen und Kongresse zu veranstalten. Eine solche Zusammenkunft fand in Paris im Jahre 1883 statt, eine zweite (die vom Ausland hauptsächlich durch englische Trades-Unionisten besucht war) im Jahre 1884, eine dritte 1886, auf der auch einige Vertreter anderer Nationen anwesend waren. Auf dieser Konferenz wurde ein Internationaler Kongreß, der 1889 in Paris stattfinden solle, beschlossen, und die Possibilisten wurden mit seiner Organisation beauftragt. Aber der *deutsche Delegierte* Grimpe und ebenso der Vertreter Österreichs *haben dieser Resolution nicht zugestimmt*. Und jedenfalls hat dieser Beschluß einer Konferenz, an der außer den Possibilisten und den englischen Trades-Unionisten nur wenige Belgier, ein Australier, ein Deutscher, ein Delegierter eines deutschen Vereins in London, ein Schwede und ein Österreicher teilnahmen, lediglich den Wert eines Wunsches. Wie wenig die auf ihr gefaßten Resolutionen selbst von ihren Teilnehmern für bindend erachtet wurden, bewiesen die englischen Trades-Unionisten, die auf ihrem Huller Kongreß ausdrücklich verschiedene derselben verwarfen.

Im September 1887 fand in St. Gallen in der Schweiz ein Parteitag der deutschen Sozialdemokratie statt. Auf demselben wurde unter anderem eine Resolution angenommen, zum Jahre 1888 einen Internationalen Arbeiterkongreß einzuberufen. Als aber um dieselbe Zeit von den Trades Unions der Londoner Kongreß einberufen wurde, war die deutsche Arbeiterpartei bereit, ihren eigenen Kongreß fallenzulassen, vorausgesetzt, daß sie auf dem, der in London zusammentreten sollte, zugelassen – einfach zugelassen! – würde.

In ihrer Einladung zum Kongreß hatten die Trades Unions erklärt, daß nur *wirkliche* Delegierte von *nachweisbar bestehenden* Arbeitervereinen zugelassen werden würden. Aber unter den gegenwärtigen Zwangsgesetzen in Deutschland würde jede Fachvereinigung durch die einfache Wahl und Entsendung eines Delegierten nach London ihre sofortige Auflösung und die Konfiskation ihres Vermögens von seiten der Regierung auf sich herabbeschworen haben. Die von dem Gewerkvereinskomitee formulierte Bedingung lief einfach auf den Ausschluß aller deutschen Delegierten hinaus. Die deutsche Arbeiterpartei sandte nun A. Bebel, unsern wohlbekannten Reichstagsabgeordneten, als ihren Delegierten nach London, und der Unterzeichnete begleitete ihn. Bebel sprach auf den Sekretariaten des Parlamentarischen Komitees[481] und des Londoner Zentralrats der Gewerkschaften vor und konferierte mit Vertretern der Sozialdemokratischen Föderation und der Sozialistischen Ligue[482]. Eine längere Korrespondenz entspann sich, in der die Deutschen eine Änderung der Zulaßbedingungen suchten. Aber die Entscheidung des Parlamentarischen Komitees wurde aufrechterhalten, die Tür des Kongresses vollbedacht uns vor der Nase zugeschlagen. Darauf erließ die Leitung unserer Partei ihren Protest gegen solch einen Kongreß.

Der Kongreß fand statt. Nie in der Geschichte der Bewegung der Arbeiterklasse ist ein Arbeiterkongreß unter so erniedrigenden Bedingungen zusammengetreten. Alle früheren Arbeiterkongresse hielten darauf, souverän zu sein. Die Einberufer mochten vorläufige Bestimmungen treffen, aber jeder Delegierte konnte seine Stimme dagegen erheben, und dann traf der Kongreß den maßgebenden Entscheid. Diesmal aber wurden Zulaßbedingungen, Tagesordnung, Geschäftsordnung, kurz alles und jedes im voraus von dem Parlamentarischen Komitee, diesem antisozialistischen Organ des antisozialistischen Londoner Gewerkschaftsrates, diktiert. Trotzdem unterwarfen sich die sozialistischen Delegierten des Kongresses dieser Erniederung, weil sonst der Gewerkschaftsrat, der das Lokal gemietet hatte, sie hinausgewiesen hätte, und weil sie es – und mit Recht – für wichtiger hielten, vor der Welt die Existenz einer starken sozialistischen Minderheit unter den englischen Gewerkschaften bekanntzugeben. Aber sie waren verpflichtet, Protest zu erheben, und das haben sie unterlassen.

Die Beschlüsse eines solchen Kongresses können selbst für die, die auf ihm vertreten waren, kaum als bindend betrachtet werden, und seine eigentlichen Einberufer, das Parlamentarische Komitee, lehnen sie auch ab, indem sie sich weigern, für irgendeinen derselben die Hand zu rühren. (Bericht des P.K., November 1888, S.2[483].) Daß sie für diejenigen bindend sein sollten, die nicht nur nicht auf ihm vertreten waren, sondern mit Vorbedacht ausgeschlossen worden sind und gegen ihn protestiert hatten, ist einfach albern. Unbekümmert darum beschloß der Kongreß, daß im Jahre 1889 in Paris ein Internationaler Kongreß stattfinden solle und beauftragte die Pariser Possibilisten mit seiner Organisation.

Während der Londoner Kongreß tagte, hielten die mit den sogenannten Marxisten Frankreichs verbundenen französischen Gewerkvereine in Bordeaux ihren Kongreß ab und beschlossen ebenfalls, daß ein Internationaler Arbeiterkongreß 1889 in Paris stattfinden solle. Ein Delegierter von Bordeaux ward zum Londoner Kongreß entsandt, kam aber dort erst an, um seinem Schluß beizuwohnen.

Weiter. Die französischen Possibilisten hatten ihren eigenen nationalen Arbeiterkongreß auf den Dezember vorigen Jahres nach Troyes einberufen. Aber das Organisationskomitee in Troyes – ihre eigenen Leute – hielten es für ihre Pflicht, zu einem solchen Kongreß Delegierte *aller* sozialistischen und Arbeitervereine Frankreichs einzuladen. Daraufhin ließen die Possibilisten ihren Kongreß im Stich, der in ihrer Abwesenheit von den sogenannten Marxisten und Blanquisten abgehalten wurde, welche die in Bordeaux gefaßte Resolution in bezug auf einen 1889 in Paris abzuhaltenden Internationalen Kongreß bestätigten. Und das einfach aus Gründen der Notwehr, denn sie wissen zu gut, daß, indem der Londoner Kongreß den Possibilisten die Organisation des von *ihm* beschlossenen Pariser Kongresses übertrug, er tatsächlich, wenn auch unwissentlich, den Ausschluß aller französischen Arbeiter, die nicht unter dem Einfluß der Possibilisten stehen, vorbereitete.

So hätten also zwei konkurrierende Kongresse 1889 in Paris zusammentreten sollen. Und wenn die „Justice" auch ihre Leser in vollkommener Unkenntnis der Tatsache gelassen, daß erhebliche Fraktionen französischer Arbeiter im Herbst 1888 in Bordeaux und Troyes zusammengetreten waren (in Bordeaux vertraten 63 Delegierte 250 lokale Gewerkschaften, u.a. von Marseille, Lille, Lyon, Roubaix; in Troyes 36 Delegierte 327 verschiedene Organisationen, lokale Fach- und sozialistische Vereine) und einen Kongreß beschlossen haben, auf dem auch sie vertreten sein könnten, so kam diese Tatsache doch zu den Ohren der deutschen sozialdemokratischen Partei. Demgemäß hielten es die Deutschen für ihre Pflicht, ihr möglichstes zu tun, die Abhaltung von zwei konkurrierenden Kongressen, die in Gegnerschaft zueinander stehen und die beide ein Mißerfolg sein würden, zu verhindern, und zu sehen, was getan werden könne, diese zwei Rumpfkongresse zu einem wirklichen Kongreß zu verschmelzen.

Zu diesem Behuf schlug die sozialistische Fraktion im deutschen Reichstag, die die Leitung der deutschen Partei bildet, eine Internationale Konferenz vor, zu der sie *beide* Fraktionen der französischen Sozialisten und diejenigen nichtdeutschen sozialistischen Organisationen einlud, mit denen sie in Verkehr und Korrespondenz steht. Diese Konferenz hat am 28. Februar in Haag (Holland) stattgefunden, und auch ich war dort – freilich nicht als Delegierter, sondern bloß als Zuschauer. Beide Parteien Frankreichs waren eingeladen, aber die Possibilisten lehnten ein Erscheinen ab. Die Marxisten sandten Lafargue. Weiter waren dort: zwei Deutsche (Bebel und Liebknecht), zwei Holländer (Croll und Domela Nieuwenhuis), zwei Belgier (Anseele und Volders), zwei Schweizer (Reichel und Scherrer).

Drei Fragen galt es vor allen Dingen zu erledigen. Erstens die Schritte zur Erzielung eines einheitlichen Kongresses, zweitens die Ausarbeitung von Zulaßbedingungen, welche es unmöglich machen, irgendeine Gruppe, die billigerweise Anspruch auf Zulaß hat, auszuschließen, und drittens die Sicherstellung der Souveränität des Kongresses in seinen inneren Angelegenheiten. Denn die Possibilisten waren bereits in die Fußtapfen des Parlamentarischen Komitees der Trades Unions getreten und hatten im voraus eine Geschäftsordnung ausgearbeitet, welche für den Kongreß bindende Kraft haben sollte. Nicht nur enthielt dieselbe bereits fix und fertig die Tagesordnung, sondern u.a. auch die Vorschrift, daß nicht der Kongreß in seiner Gesamtheit, sondern jede einzelne Nationalität die Mandate der ihr zugehörenden Delegierten prüfen und über ihre Gültigkeit entscheiden solle. Beides, sowohl diese Tagesordnung als speziell diese Art der Mandatsprüfung, mag der Kongreß später annehmen oder nicht, aber jedenfalls muß sein Recht, sie anzunehmen oder zu verwerfen, außer Frage gestellt werden. Und dies um so mehr, als die von den Possibilisten vorgeschriebene Art der Mandatsprüfung es tatsächlich in ihre Hand legt, nur die von ihnen gewählten französischen Delegierten zuzulassen. Man erinnere sich nur, wie sehr nahe verschiedene englische sozialistische Delegierte zum Londoner Kongreß daran waren, von einem Geschäftsordnungskomitee, in welchem die englischen Trades Unions bloß die Mehrheit gegenüber den Ausländern hatten, ausgeschlossen zu werden. Und nicht nur haben die Possibilisten gerade in Paris ihren Hauptanhang, sondern sie beabsichtigen auch, von dem Pariser Gemeinderat einen Beitrag von 50 000 Franken zu den Kosten des Kongresses zu erlangen, über welche Summe sie die Verfügung haben würden.

So beschloß die Haager Konferenz denn einstimmig folgende Resolution:

„Die Unterzeichneten laden die Föderation der sozialistischen Arbeiter Frankreichs" (dies der offizielle Name der Possibilistischen Partei) „ein, unter Bezugnahme auf das ihr von dem Londoner Kongreß von 1888 übertragene Mandat, den Pariser Internationalen Kongreß gemeinsam mit den sozialistischen und Arbeiterorganisationen Frankreichs und der übrigen Länder, einzuberufen.

Diese Einberufung, welche von allen Vertretern der Arbeiter- und sozialistischen Organisationen zu unterzeichnen, ist alsdann so schnell als möglich den Arbeitern und Sozialisten Europas und Amerikas mitzuteilen.

Die Einberufung soll erklären:

1. daß der Pariser Internationale Kongreß vom 14. bis zum 21. Juli 1889 tagen wird;
2. daß er allen Arbeitern und Sozialisten der verschiedenen Länder offensteht unter Zulaßbedingungen, die den politischen Gesetzen, unter denen sie leben, angepaßt sind;
3. daß der Kongreß in bezug auf die Mandatsprüfung und die Festsetzung der Tagesordnung souverän ist.

Die vorläufige Tagesordnung solle lauten wie folgt:

a) Internationale Arbeitergesetzgebung; gesetzliche Regulierung des Arbeitstages (Tagesarbeit, Nachtarbeit, Ruhetage, die Arbeit erwachsener Männer, der Frauen, der Kinder).
b) Überwachung der Fabriken und Werkstätten wie der Hausindustrie.
c) Mittel und Wege, diese Maßregeln zu erlangen.

Im Haag, den 28. Februar 1889.

Die Delegierten für	Deutschland:	*A. Bebel, W. Liebknecht.*
„ „ „	die Schweiz:	*A. Reichel, H. Scherrer.*
„ „ „	Holland:	*F. D. Nieuwenhuis, L. Croll.*
„ „ „	Belgien:	*Ed. Anseele, J. Volders.*
„ „ „	Frankreich:	*Paul Lafargue.*“

So machte die Konferenz den Possibilisten jede denkbare Konzession. Unter Ausschluß ihrer französischen Rivalen wurde, in Übereinstimmung mit der Londoner Resolution, ihnen die Vorbereitung und Organisation des Kongresses überlassen. Alles was man von ihnen verlangte, war, daß sie eine gemeinsam verabredete Einladung erlassen sollten, die ebenfalls von allen übrigen interessierten Parteien zu unterzeichnen wäre und 1. das Datum des Kongresses, 2. die allgemeinen Zulaßbedingungen, und 3. die Souveränität des Kongresses in bezug auf seine Tages- und Geschäftsordnung feststellte. Indem sie alle Organisationen, die sie unterzeichnen, bindet, ist diese gemeinsame Einladungsform das beste, das einzige Mittel, den wahrhaft allgemeinen und internationalen Charakter des Kongresses zu sichern. Die vorgeschlagenen Zulaßbedingungen verhinderten eine Wiederholung der skandalösen Ausschließung von Delegierten aus Deutschland, Österreich und Rußland, infolge deren der Londoner Kongreß nur ein so unvollständiges Bild der proletarischen Bewegung unserer Zeit gab. Die Forderung, daß die Souveränität des Kongresses in bezug auf seine inneren Angelegenheiten ausdrücklich gesichert werden solle, war eine Notwendigkeit geworden, nachdem das Parlamentarische Komitee versucht hatte, einen

Präzedenzfall zu schaffen und die Possibilisten es ihm nachgemacht hatten. Sie verlangte nur, was sich von selbst verstand, und nahm den Possibilisten auch nicht das kleinste Titelchen von dem, was der Londoner Kongreß ihnen übertragen. Denn weder wollte, noch konnte der Londoner Kongreß das Recht beanspruchen, irgend jemand in der Welt Vollmacht zum Erlaß von Satzungen zu geben, die für künftige Kongresse bindend wären.

Daß die Resolution im Haag nicht im hochfahrenden Gegensatz zum Londoner Kongreß gefaßt worden, beweist die Tatsache, daß zwei der Delegierten, die ihr zustimmten und sie unterzeichneten – *Anseele* von *Gent* und *Croll* vom *Haag* – 1888 in London nicht nur als Delegierte anwesend waren, sondern auch als Tagespräsidenten für das Ausland fungiert haben. Es geht ferner daraus hervor, daß sowohl die Deutschen, die in London ausgeschlossen, als diejenigen Franzosen, die daselbst nicht vertreten waren, bereit waren, die Possibilisten im Besitze aller Vollmachten zu lassen, die der Londoner Kongreß ihnen übertragen hatte und ihnen übertragen konnte. Was dieselben verlangen, ist einzig und allein, daß ihre eigene Zulassung unter gleichen Bedingungen gesichert werde und daß der Pariser Kongreß, einmal beisammen, über seine Interna selbst endgültig beschließen solle. Und dafür, daß sie es gewagt, in so versöhnlichem Geiste vorzugehen, wird die Haager Konferenz von der „Justice“ ein „Caucus“ genannt!

Die Possibilisten haben die ihnen dargebotene Hand ausgeschlagen. Sie wollen den Vertretern der Sozialisten des Auslands gestatten, mit ihnen die Einladungszirkulare zu unterzeichnen, aber kein französischer Sozialist, der nicht in ihren Reihen steht, soll unterzeichnen dürfen. Sie beanspruchen dergestalt, die *einzige* sozialistische Körperschaft in Frankreich zu sein, und verlangen, daß wir Ausländer sie als das anerkennen. Mehr noch, sie wollen nicht zugeben, daß der Kongreß als Körperschaft den Modus der Mandatsprüfung selbst bestimmt – die von den Possibilisten im voraus verkündeten Satzungen und Reglemente sind da, und der Kongreß hat sie gehorsamst hinunterzuschlucken.

Unter diesen Umständen ist es mit der Hoffnung, daß der im vorigen November in London beschlossene und den Possibilisten in die Hände gegebene Kongreß mehr als ein Scheinkongreß sein wird, zu Ende. Es bleibt abzuwarten, was die im Haag vertretenen Gruppen nun ihrerseits unternehmen werden; jedenfalls sind dieselben entschlossen, gemeinsam vorzugehen.

Vom „Sozialdemokrat“ sagt die „Justice“, er habe seit dem Londoner Kongreß „unablässig die Possibilisten bekrittelt und beschimpft“, und sie appelliert an alle unabhängige deutsche Sozialdemokraten, „sich mit uns zu einem ehrlichen Versuch zu vereinigen, dieser kleinlichen und böswilligen Zänkerei und Drahtzieherei ein Ende zu machen“.

Die „Justice“ hat Jahre hindurch in ihrer eigenen Weise die Reden und Handlungen deutscher Sozialdemokraten kritisiert, aber der „Sozialdemokrat" hat sich deshalb weder über „Krittelei und Schimpferei", noch über „kleinliche und böswillige Zänkerei und Drahtzieherei" beschwert. Wir Deutschen sind gewöhnt, eine unumwundene Kritik sowohl innerhalb unserer eigenen Partei als auch gegenüber den anderen Nationalitätsgruppen der proletarischen Bewegung zu üben. Wir wissen zu gut, daß es kein größeres Glück für unsere Feinde geben könnte, als diese Bewegung in eine gegenseitige Beweihräucherungsgesellschaft oder eine gegenseitige Versicherungsgesellschaft für Agitatoren verwandelt zu sehen. Wir sind daher nicht so zartbesaitet, die Attacken der „Justice" nicht ohne Zucken ertragen zu können. Ebensowenig aber sind wir nach England gekommen, um das Recht der Kritik aufzugeben, das wir einem Bismarck gegenüber hochgehalten und das durch ruhmvolle Revolutionen gesichert zu haben mit Recht der Stolz des englischen Volkes ist. Wir werden uns daher die Freiheit nehmen, da, wo wir es für notwendig halten, über die „Zänkereien und Drahtziehereien" französischer und – jawohl – auch englischer Sozialisten unsere Meinung offen herauszusagen.

Die Possibilisten haben seit einiger Zeit eine politische Haltung beobachtet, die nichts weniger als die allseitige Zustimmung der Sozialdemokraten anderer Länder gefunden hat; aber ihre Haltung bei dem letzten Wahlkampf in Paris ist in der Tat gar nicht zu verteidigen. Unter dem Vorwand, die Republik vor Boulanger zu retten, haben sie sich mit den korruptesten Elementen des Bourgeois-Republikanismus verbündet, mit den Opportunisten[208], die zehn Jahre lang Frankreich ausgesogen, um sich zu bereichern. Sie agitierten und stimmten für einen Regierungskandidaten, einen kapitalistischen Spritfabrikanten, „einen schlechten Kandidaten, den französischen John Jameson" („Justice" vom 19. Januar 1889), und als ein sozialistischer Arbeiter, Boulé, der den neulichen großen Erdarbeiterstreik organisiert –, beiden, Boulanger *und* Jacques, gegenübergestellt wurde, stimmten sie in den Bourgeois-Chorus ein: „Nur keine Spaltung innerhalb der großen republikanischen Partei!" – denselben Ruf, der in England mehr als einmal von der großen liberalen Partei gegen Kandidaten ausgestoßen wurde, die von der „Justice" aufgestellt worden. Als ob man nicht Boulanger wirksamer bekämpfte, wenn man den Arbeitern Gelegenheit gibt, für einen eigenen Vertreter zu stimmen, statt sie vor die Alternative zu stellen, entweder für Boulanger zu stimmen oder für einen Vertreter jener Kapitalisten, deren Gier, den Reichtum Frankreichs in ihre Taschen zu praktizieren (wie dies von Herrn Hyndman in der „Justice" vom 2. Februar 1889 sehr gut dargelegt worden), Boulanger erst zu dem gemacht, was er ist.

Um der „Justice" Gerechtigkeit widerfahren zu lassen: sie hat dieses Verhalten der Possibilisten nicht verteidigt, noch ihr „etwas bedenkliches Bündnis mit der Bourgeois-Partei" („Justice" 28. Januar), aber sie hat ihren Lesern auch nicht gesagt, daß das Organ der Possibilisten, das „Parti Ouvrier"[484], in seinem Eifer gegen die Boulangisten lärmend für Zwangsmaßregeln gegen diese „ungeheuerliche Preßfreiheit"* und wider das Versammlungsrecht eingetreten ist. Die „Justice" hat dies und den Kampf für den Arbeiterkandidaten, sowie die Tatsache, daß er trotz alledem 17 000 Stimmen erhielt, ihren Lesern nach Kräften vorenthalten. Und weil wir uns über dieses schimpfliche Verhalten der Possibilisten offen aussprachen, wird uns von einem Blatt Krittelei und Schimpferei, böswilliges Zanken und Drahtzieherei vorgeworfen, das die Aufführung seiner eigenen possibilistischen Freunde selbst nicht zu verteidigen wagt.

Die Sache ist die, daß die Possibilisten in diesem Augenblick im vollen Sinn des Worts eine Regierungspartei – *ministerielle Sozialisten* – sind und die Wohltaten einer solchen Stellung einheimsen. Während der Kongreß von Bordeaux von den Behörden verboten und von der Polizei auseinandergejagt und seine Abhaltung nur dadurch möglich wurde, daß er im Stadthaus einer Nachbargemeinde, deren Maire revolutionär gesinnt, Obdach fand, während der Kongreß von Troyes wiederholt von der Polizei überfallen wurde, um das Entfalten der roten Fahne zu verhindern – Dinge, die die Possibilisten in ihren Blättern weder tadelten, noch auch nur erwähnten – sind diese „hochrespektablen" Sozialisten die Vertrauten der Charles Warren von Paris. Und sie haben denn auch nicht nur nicht protestiert, sondern direkt Beifall geklatscht, als die Pariser Behörden die von den unabhängigen Sozialisten und Fachvereinen eingeleitete Demonstration für den Achtstundenarbeitstag verboten.

So wird, wenn es dahin kommt, daß in diesem Jahr zwei Kongresse in Paris abgehalten werden, der eine derselben nicht nur unter dem Schutz, sondern geradezu unter der Gönnerschaft der Polizei stehen. Er wird von der Regierung, von der Departementalbehörde, vom Gemeinderat von Paris geliebkost werden, gefeiert und feierlich bewirtet werden. Er wird aller Begünstigungen teilhaftig werden, welche auf die offiziellen ausländischen Gäste der Bourgeois-Republik herabregnen.

Der andere wird von der republikanischen Ehrbarkeit gemieden, von den Behörden streng überwacht werden und in der Tat froh sein können, wenn man es ihm überläßt, für sich selbst zu sorgen. Denn, wenn Engländer ihn besuchen sollten, kann es ihnen passieren, daß sie sich mitten in Paris plötzlich wieder auf Trafalgar Square befinden.

---

* „Wir dürfen nicht ablassen zu wiederholen, daß in der Krisis, in der wir uns befinden, *diese Preßfreiheit unterdrückt werden muß.*" „Parti Ouvrier" vom 18. März (der passendste Tag in der Tat) 1889.

7

Brief an die Redaktion des „Labour Elector"[485]

Da Sie sich offenbar ständig für die Fragen interessieren, die mit dem bevorstehenden Internationalen Arbeiterkongreß zusammenhängen, hoffe ich, daß Sie einem Franzosen und Mitglied der sogenannten Organisation der französischen Marxisten (Agglomération Parisienne) gestatten werden, einige Worte als Antwort auf ein Zirkular zu sagen, das im Bulletin der Pariser Arbeitsbörse veröffentlicht und in englischer Sprache im „Justice" vom 27. April wiedergegeben worden ist.

Die Pariser Arbeitsbörse ist heute eine durch und durch possibilistische Institution. Die Possibilisten haben mit Hilfe der opportunistischen und radikalen Mitglieder[211] des Pariser Munizipalrats sich ihrer bemächtigt, und jede Gewerkschaft, die es wagt, sich offen possibilistischen Prinzipien und Taktiken zu widersetzen, wird sofort ausgeschlossen. Das obenerwähnte Zirkular ist daher, obwohl es im Namen von 78 Pariser Gewerkschaften herausgegeben wurde, genausogut ein possibilistisches Erzeugnis, als wenn es vom Komitee der Possibilisten selbst herausgebracht worden wäre.

Dieses Zirkular ruft „alle Organisationen der Arbeiterklasse Frankreichs, ohne Unterschied der Schattierungen republikanischer oder sozialistischer Meinung" auf, an dem Possibilisten-Kongreß teilzunehmen. Nun, das klingt recht gut. Und da unsere Sektion der französischen Sozialisten die Possibilisten aus der Provinz vollständig vertrieben hat, so daß sie nicht wagten, ihrem eigenen Kongreß in Troyes beizuwohnen, sobald sie hörten, daß wir zugelassen wären, und da unsere Organisationen in der Provinz bei weitem zahlreicher sind als alle possibilistischen Organisationen in ganz Frankreich, würden wir zweifellos sogar in diesem Possibilisten-Kongreß die Majorität an französischen Delegierten haben, wenn eine richtige Grundlage der Vertretung gesichert wäre. Aber da liegt gerade die Schwierigkeit. Das possibilistische Komitee hat einen Haufen von Anordnungen für den Kongreß herausgebracht, aber diesen wichtigsten Punkt niemals erwähnt. Niemand weiß, ob jede Gruppe einen, zwei oder mehr Delegierte entsenden soll oder ob die Zahl der Delegierten nach der Zahl der Mitglieder in jeder Gruppe bestimmt werden soll. Da aber die Possibilisten anerkanntermaßen am stärksten in Paris sind, könnten sie zwei oder drei Delegierte für jede Gruppe entsenden, wo wir in unserer Einfalt nur einen schicken. Sie können so viele Delegierte produzieren, wie es ihnen beliebt. Sie haben sie in Paris leicht zur Hand und brauchen sie nur zu benennen. Und so kann die französische Sektion des Kongresses bei aller scheinbaren Redlichkeit in eine kompakte Clique von Possibilisten verwandelt werden, die uns behandeln können, wie sie wollen, falls wir nicht die Möglichkeit haben, einen Appell an den Kongreß zu richten.

Allein aus diesem Grunde könnten wir nicht die Souveränität des Kongresses hinsichtlich all seiner internen Belange aufgeben, wenn überhaupt dieses erste und fundamentale Prinzip aufgegeben werden könnte. Man hat, wie ich glaube, in London noch nicht ganz vergessen, daß das Parlamentarische Komitee im vergangenen November sehr klar zu verstehen gab, daß es den Raum gemietet hätte und daß der Kongreß dort nur von seinem Wohlwollen abhängig sei – und wir wünschen nicht, daß sich das in Paris wiederholt.

Geschrieben um den 30. April 1889.
Nach: „The Labour Elector", Vol. I, Nr. 18 vom 4. Mai 1889.
Aus dem Englischen.

8

Internationaler Sozialistischer Arbeiterkongreß
14. bis 21. Juli 1889

Aufruf an die Arbeiter und Sozialisten Europas und Amerikas[486]

[„Der Sozialdemokrat"
Nr. 19 vom 11. Mai 1889]

Im Oktober 1888 fand in Bordeaux ein nationaler Kongreß statt, auf dem mehr als 200 Arbeiter-Syndikatskammern und Fachgruppen vertreten waren. Dieser Kongreß beschloß, daß während der Ausstellung ein Internationaler Kongreß in Paris abgehalten werden möge.

Der gleiche Beschluß wurde von dem nationalen Kongreß gefaßt, der im Dezember 1888 in Troyes stattfand und auf dem alle Fraktionen der sozialistischen Partei Frankreichs vertreten waren.

Der vom Kongreß von Bordeaux ernannte Nationalrat und die vom Kongreß von Troyes ernannte Exekutivkommission wurden beauftragt, sich zu verständigen, um gemeinsam den Internationalen Kongreß zu organisieren und alle Arbeiter und Sozialisten Europas und Amerikas, welche die Emanzipation der Arbeit erstreben, ohne Unterschied der Fraktion hierzu einladen. Das geschah.

Am 28. Februar [1889] fand im Haag eine Internationale Konferenz statt, auf der die sozialistischen Parteien Deutschlands, der Schweiz, Belgiens, Hollands und Frankreichs durch Delegierte vertreten waren. Die Sozialistische Liga Englands und Dänemarks ließen sich entschuldigen und erklärten im voraus, daß sie sich den gefaßten Beschlüssen anschließen werden.

Die Konferenz im Haag beschloß:

1. Der Pariser Internationale Kongreß soll vom 14. bis 21. Juli 1889 tagen.

2. Er soll allen Arbeitern und Sozialisten der verschiedenen Länder offenstehen, unter Zulaßbedingungen, die den politischen Gesetzen, unter denen dieselben leben, angepaßt sind.

3. Der Kongreß soll in bezug auf die Prüfung der Mandate und Festsetzung der Tagesordnung souverän sein.

Die vorläufige Tagesordnung solle lauten wie folgt:

a) Internationale Arbeitergesetzgebung; gesetzliche Regulierung des Arbeitstages (Tagesarbeit, Nachtarbeit, Ruhetage, die Arbeit erwachsener Männer, der Frauen, der Kinder).

b) Überwachung der Fabriken und Werkstätten wie der Hausindustrie.

c) Mittel und Wege, diese Maßregel zu erlangen.

Demgemäß, um dem Mandat nachzukommen, welches uns die Kongresse von Bordeaux und Troyes auferlegt haben und um den von der Haager Konferenz gefaßten Beschlüssen zu entsprechen:

1. Berufen wir den Internationalen Kongreß nach Paris ein, der abgehalten werden soll am 14.–21. Juli 1889.

2. Die Tagesordnung desselben ist die von der Haager Konferenz festgesetzte.

3. Wir laden die sozialistischen und Arbeiterorganisationen Europas und Amerikas zu diesem Kongreß ein, der die Grundlagen schaffen soll zu einem Bund aller Arbeiter und aller Sozialisten beider Welten.

Wir haben in Paris eine Exekutivkommission eingesetzt, die mit der endgiltigen Organisation des Internationalen Kongresses und der Vorbereitung des Empfangs der ausländischen Delegierten beauftragt ist.

Wir senden den Arbeitern und Sozialisten der Welt unsern brüderlichen Gruß.

Es lebe die Internationale Emanzipation der Arbeiter!

Für den Nationalrat in Bordeaux:	Für die Exekutivkommission in Troyes:
Der Generalsekretär *R. Lavigne*	Der Generalsekretär *G. Batisse*
16 Rue Sullivan.	

Die Pariser Exekutivkommission:
Für die Föderation der Pariser Syndikatskammern:
Boulé, Besset, Féline, Monceau, Roussel
Für die sozialistischen Organisationen von Paris:
Vaillant, Guesde, Deville, Jaclard, Crépin, Lafargue
Für die sozialistische Gruppe des Pariser Gemeinderats:
Daumas, Longuet, Chauvière, Vaillant, Gemeinderäte
Für die sozialistische Gruppe der Deputiertenkammer:
Ferroul, Planteau, Abgeordnete

Adressen:

Sekretär für das Inland: Besset, Bureau de la Cordonnerie, Bourse du Travail, Paris, Rue J.J.Rousseau.
Sekretär für das Ausland: Paul Lafargue, Le Perreux, Paris, Banlieue.

9

Der Internationale Arbeiterkongreß von 1889

II. Eine Antwort auf das „Manifest der Sozialdemokratischen Föderation"[487]

Dieses in der „Justice" vom 25. Mai 1889 veröffentlichte Manifest behauptet, der Welt „nackte Wahrheiten" über den obengenannten Kongreß zu verkünden. Die Leute, die sich für diese „nackten Wahrheiten" verantwortlich fühlen, sind: „Das Internationale Komitee der Sozialdemokratischen Föderation" und „Der Generalrat der Sozialdemokratischen Föderation". Wir erfahren nicht, wer die Personen sind, aus denen sich diese beiden Körperschaften zusammensetzen. Es werden keinerlei Namen genannt, und das ist seltsam genug, wenn man bedenkt, daß die Verfasser endlose Klagen über den „geheimen caucus[1]" im Haag vorbringen, deren Mitglieder bei keiner Gelegenheit ihre Namen der öffentlichen Kenntnisnahme vorenthielten. Aber ein Rat oder ein Komitee der Sozialdemokratischen Föderation scheint etwas zu sein, das über allen Verstand geht. Es mag einigen noch im Gedächtnis sein, daß am 23. Oktober 1888 der Generalrat der Sozialdemokratischen Föderation mit sieben Stimmen gegen zwei einen scharfen Tadel für Herrn Hyndman beschloß, weil er die „Justice" „prostituiert" habe, ein Beschluß, der von Herrn Hyndman mit äußerster Miß-

[1] hier abwertende Bezeichnung für Vorkonferenz

achtung behandelt wurde („Justice", 27. Oktober 1888), den er eine „erschlichene Abstimmung" nannte und bald darauf durch eine gleich große oder noch größere Majorität umstoßen ließ. Danach ist es kein Wunder, daß derselbe Generalrat keine Namen nennt, sogar auf die Gefahr hin, selbst ein „geheimer caucus" genannt zu werden; ebenso kann es danach wirklich nicht mehr viel bedeuten, ob diese Namen bekanntgegeben werden oder nicht.

Das Manifest beginnt folgendermaßen:

„Der Beschluß einer Sektion unsrer sozialistischen Genossen in Frankreich – die im Verein mit andren handeln, die nicht Sozialisten sind –, einen Kongreß in Paris abzuhalten, der zu dem von unsren Genossen der possibilistischen Partei einberufenen und organisierten in Gegensatz steht, fordert eine Feststellung der Wahrheit seitens der Sozialdemokratischen Föderation, der bei weitem größten und mächtigsten sozialistischen Organisation in Großbritannien."

Wer die Parteien sind, „die nicht Sozialisten sind", ist ebenso im dunklen gelassen wie die Namen derer, die diese Feststellung treffen. Es ist daher unmöglich zu prüfen, inwieweit es eine „nackte Wahrheit" ist oder nicht. Aber eine solche Feststellung, die, wenn sie nicht als eine Verleumdung gedacht ist, gar nichts bedeutet, klingt ziemlich überraschend aus dem Munde der Organe einer Assoziation, die in Angriff und Verteidigung der engste Verbündete jener Possibilisten ist, die es niemals fertiggebracht haben, einen Kongreß ohne die Hilfe „andrer, die nicht Sozialisten sind", zustande zu bringen. Ihre erste Konferenz in Paris 1883 war von außerhalb fast ausschließlich von den Führern der englischen Trade-Unionisten, geleitet von Herrn Broadhurst persönlich, besucht; und Herr Broadhurst war entzückt von den Reden, die dort gehalten, und von den Resolutionen, die angenommen wurden. Ihre zweite Konferenz war ebenfalls zum großen Teile von dem gleichen Element besucht, und der Londoner Kongreß 1888 wurde tatsächlich vom Parlamentarischen Komitee des Gewerkschaftskongresses einberufen, dessen Mitglieder, wie jedermann weiß, „nicht Sozialisten sind", sondern das genaue Gegenteil.

Aber lassen wir das ruhen. Die Verfasser benutzen die Gelegenheit, um uns daran zu erinnern, daß die Sozialdemokratische Föderation die „bei weitem größte und mächtigste sozialistische Organisation in Großbritannien" ist. Diese Information ist nun Woche für Woche, fast sechs Jahre lang, in jeder Nummer der „Justice" wiederholt worden, und doch gibt es Menschen, die moralisch so verkommen sind, an der Größe und der Macht der Sozialdemokratischen Föderation zu zweifeln, ja, die sogar behaupten, daß diese Beteuerungen ihrer Größe und Macht an Häufigkeit, Heftigkeit und Aufdringlichkeit gerade dann und im selben Verhältnis zunehmen, wie die wahre Größe und Macht der Sozialdemokratischen Föderation im Schwinden begriffen ist. Sie weisen darauf hin, daß die „Justice" um die Jahreswende ihren Umfang „nur während der Feiertage" um nicht weniger als die Hälfte reduziert hat, diese Feiertage sind jedoch noch nicht vorüber. Einige, die es wissen müßten, behaupten, daß die Auflage dieser Zeitung von 4000 auf knapp ein Drittel davon zusammengeschrumpft ist; daß es Zweiggesellschaften der Föderation gibt, die nicht einmal pro forma Zusammenkünfte durchführen, und daß es große Industriestädte gibt, in denen auch nicht ein Exemplar der Zeitung gelesen wird. Berichte, wie der über die Boltoner Zweiggesellschaft („Labour Elector" vom 28. Mai 1888) – ein Bericht, der nicht anonym wie unser Manifest, sondern von acht Mitgliedern unterzeichnet ist –, neigen stark dazu, diese Behauptungen zu bestätigen. Was auch immer zugunsten der Kriegslist gesagt werden mag, die eigenen Kräfte vor dem Feinde zu übertreiben, so kann es doch keine Meinungsverschiedenheit über ihren Wert geben, wenn sie dazu benutzt wird, seinem eigenen Verbündeten und Genossen Sand in die Augen zu streuen, und es ist nicht zuviel gesagt, daß man mit der Laterne des Diogenes wird suchen müssen, ehe man im Vereinigten Königreich einen einzigen Menschen findet, der von dieser gewohnten Prahlerei der Sozialdemokratischen Föderation getäuscht worden ist.

Es tut mir leid, daß ich so von einer Organisation sprechen muß, die viel Gutes getan hat, die noch sehr viel mehr tun könnte und die über ausgezeichnete Elemente verfügt. Aber solange sie es zuläßt, so „geleitet" zu werden wie augenblicklich, wird sie niemals auch nur der Schatten von dem sein, was sie zu sein vorgibt.

Die Verfasser stellen ferner fest, daß sie keine Mühe gescheut haben, um eine Verständigung herbeizuführen, aber da dies nutzlos gewesen sei, beschränkten sie sich jetzt darauf, „die nackten Tatsachen bekanntzugeben, die niemals bestritten worden sind". Diese nackten Tatsachen sind vierzehn an der Zahl.

1. „Die Possibilistische Partei Frankreichs ... wurde von dem Internationalen Trade-Union-Kongreß in Paris 1886 ermächtigt, einen internationalen Arbeiterkongreß in Paris 1889 einzuberufen. Die Deutschen waren auf diesem Pariser Kongreß von 1886 durch Grimpe vertreten."

Diese „nackte Tatsache" ist in der Tat unbestritten, abgesehen davon, daß das Meeting von 1886 damals als eine einfache „Konferenz" bezeichnet wurde; um ihm aber mehr Autorität zu verleihen, wird es jetzt in einen ordentlichen „Kongreß" umgewandelt. Und es gibt die wichtige Auslassung, daß Grimpe *nicht* für diesen Beschluß stimmte; seine Anwesenheit auf der Konferenz kann daher keineswegs in eine Zustimmung „der Deutschen" zu dem den Possibilisten gegebenen Mandat ausgeweitet werden.

2. „Das Parlamentarische Komitee der englischen Trade-Unions schloß höchst unfair und ungerecht die Deutschen und Österreicher von jeder Vertretung auf dem Internationalen Trade-Union-Kongreß in London 1888 aus. Daraufhin bezeichneten die Deutschen den Kongreß als einen Rumpfkongreß, und Bebel, Liebknecht und andre,

die den jetzigen Gegenkongreß in Paris organisieren, riefen alle anderen Nationalitäten auf, dem Londoner Kongreß fernzubleiben, da sie von ihm ausgeschlossen waren."

Soweit einverstanden.

3. „Der Internationale Trade-Union-Kongreß in London 1888 wurde dennoch abgehalten und war erfolgreich. Die besonderen Verbündeten der parlamentarischen deutschen Sozialisten in Frankreich, die sogenannten Marxisten oder Guesdisten, waren durch Farjat vertreten. Dieser Kongreß ermächtigte *einstimmig* die Possibilisten, einen internationalen Arbeiterkongreß in Paris für 1889 einzuberufen und zu organisieren. Farjat stimmte mit den übrigen dieser Resolution zu; die Belgier, vertreten durch Anseele, und der Holländer[1] stimmten ebenfalls zu. Anseele wie Croll gingen trotzdem zu dem Haager caucus!"

Es ist nicht korrekt zu sagen, daß Farjat „die sogenannten Marxisten oder Guesdisten" vertrat. Farjat war vom französischen Gewerkschaftskongreß delegiert worden, der einige Tage vor dem Londoner Kongreß in Bordeaux eröffnet wurde. Die 250 lokalen Gewerkschaften, die in Bordeaux von 63 Delegierten vertreten wurden, können nur dann als „Marxisten oder Guesdisten" bezeichnet werden, wenn mit diesem Namen alle französischen Arbeiter gemeint sind, die nicht Possibilisten sind. Jener Kongreß von Bordeaux beschloß gleichfalls einmütig, „einen internationalen Arbeiterkongreß in Paris 1889 einzuberufen und zu organisieren"; er tat das einige Tage bevor der Londoner Kongreß seinen Beschluß faßte. Da aber die in Bordeaux vertretenen Leute samt und sonders von den Possibilisten geschmäht und als Feinde behandelt worden waren, konnte es ihnen niemals einfallen, dieselben Possibilisten zur Einberufung dieses Kongresses zu ermächtigen; und es ist deshalb einfach absurd zu sagen: „Farjat stimmte dieser Resolution zu." Nicht weniger absurd ist die Behauptung, daß die „Marxisten" durch diese Zustimmung Farjats, die niemals gegeben wurde, gebunden seien; die, wenn sie gegeben worden wäre, nur irrtümlich hätte erfolgt sein können und deshalb nicht einmal den hätte binden können, der sie gab.

Daß Anseele und Croll, die für die obenerwähnte Londoner Resolution gestimmt hatten, trotzdem „zu dem Haager caucus" gegangen sein sollten, wird tatsächlich jedem unbegreiflich sein, der die „nackten Wahrheiten" und „unbestrittenen Tatsachen" unsres Manifests gelten läßt. Aber der Anhang zu dieser Antwort[2] wird zeigen, daß es Anseele und Croll nicht nur für notwendig gehalten hatten, nach dem Haag zu gehen, sondern sich auch von dem Possibilisten-Kongreß überhaupt zu distanzieren und die Einberufung des Gegenkongresses zu unterstützen, und nicht nur Anseele und Croll, sondern auch andere Londoner Delegierte und gemeinsam mit ihnen die ungeheure Mehrheit der Vertreter des europäischen Sozialismus. Ihnen

[1] Croll – [2] siehe vorl. Band, S. 544/545

allen waren die „nackten Wahrheiten" des Manifests seit langem bekannt, und doch – so ist nun einmal die der menschlichen Natur innewohnende Bosheit – wurden sie zu einem Schluß getrieben, der dem von den Organen der Sozialdemokratischen Föderation mit soviel Eifer vorgebrachten gerade entgegengesetzt war.

4. „Nach diesen beiden aufeinanderfolgenden Mandaten handelnd, gingen die Possibilisten, die bei weitem die stärkste sozialistische Partei in Frankreich sowohl in Paris (wo sie 50 000 Stimmen erhielten) wie in der Provinz sind, pflichtgemäß daran, einen internationalen Arbeiterkongreß für Ende Juli 1889 einzuberufen und zu organisieren."

Die Possibilisten erhielten bei den Gemeindewahlen tatsächlich ungefähr 50 000 Stimmen, von denen viele ihren Opponenten, den Kollektivisten (den sogenannten Marxisten) gehörten, die großzügig genug waren, über Differenzen in einzelnen Sektionen, wo immer möglich, hinwegzusehen. Aber zu sagen, daß die Possibilisten „bei weitem die stärkste sozialistische Partei in Frankreich sowohl in Paris wie in der Provinz" seien, ist eine glatte Lüge. Die Possibilisten haben selbst in Paris, das bekanntermaßen ihre Hochburg ist, seit ihrer offenen Allianz nicht nur mit den bürgerlichen Radikalen, sondern auch mit den Opportunisten – jener Partei der Börsenspekulanten, welche die gegenwärtige Korruption offizieller Kreise in Frankreich verkörpern – einen Teil ihres Bodens verloren. Die Tatsache, daß die Possibilisten unter dem Vorwand, Boulanger zu bekämpfen, sich mit eben den Männern verbrüderten, deren Vergehen im Amt allein Boulangers Popularität bewirkt und Hunderttausende aller Klassen haben rufen lassen: „Lieber Boulanger, lieber den Teufel selber als dieses blutsaugerische Korruptionssystem!" – diese Tatsache war vielen ihrer aufrichtigen Anhänger zuviel; und als sie bei der Januarwahl den *Bourgeois* Jacques unterstützten (der im Gemeinderat stets gegen jeden Beschluß gestimmt hatte, der für die Arbeiterklasse günstig war) und tatsächlich den Kandidaten der Arbeiterklasse, Boulé, bekämpften, da vermehrten sich die Anzeichen der Unzufriedenheit in ihren Reihen. Einer ihrer Sprecher, Reties, der, als er Jacques auf einem Meeting verteidigte, von Arbeitern, Anhängern Boulés, heftig mit Zwischenrufen bombardiert wurde, verließ schließlich wütend das Podium und rief: „Ja! Ich werde für Jacques stimmen, aber ich werde mich an denen rächen, die mich diese Niederträchtigkeit begehen lassen!" Und Boulé erhielt in der Tat trotz der fanatischen Opposition der Possibilisten 18 000 Arbeiterstimmen.

Danach ist es nicht verwunderlich, wenn die Possibilisten-Partei in Paris Zeichen des Auseinanderfallens aufweist. Die Gruppe des 14. Wahlbezirks von Paris wurde am 16. April vom Rat der Delegierten gegen den Protest von nur zwei Delegierten ausgeschlossen; aber als am 23. April Allemane verlangte, zwei Mitglieder zu veranlassen, gewisse Briefe auszuliefern, die sonst sehr unliebsam gegen einige der Führer benutzt werden konnten, wurde der Antrag sechsundzwanzig Gruppen zur Abstimmung vorgelegt. Nun protestierten fünfzehn Gruppen, und drei enthielten sich der Stimme. Die Hauptorganisationen des 13. Wahlbezirks verließen daraufhin die Föderation und erklärten:

„Die Verbündeten Ferrys, Clemenceaus und Rancs haben überhaupt kein Recht mehr, Anspruch auf Zugehörigkeit zu einer Partei zu erheben, die ihre Wurzeln im Klassenkampf sieht. Sie sind der Partei dadurch abtrünnig geworden, daß sie die Pflichten verraten haben, die sie der Arbeiterklasse gegenüber übernommen hatten; sie sind heute nichts anderes als Stützen der Herrschaft der Bourgeoisie."

Und obwohl das erst ein Anfang ist, so besteht doch kein Zweifel, daß sogar in Paris die Herrschaft der possibilistischen Führer ernsthaft erschüttert ist.

Was die Provinz angeht, so ist es nicht nur keine „nackte Wahrheit", keine „unbestrittene Tatsache", sondern eine einfach lächerliche Behauptung zu sagen, daß dort die Possibilisten „bei weitem die stärksten" seien. In allen großen Städten und Industriezentren Frankreichs stehen die sozialistischen Organisationen außerhalb dieser Föderation und ihr feindlich gegenüber. Zum Beispiel Lyon (5 sozialistische Munizipalräte), Marseille (1 sozialistischer Departementsrat), Roubaix (2 Munizipalräte), Armentières (5 Munizipalräte), Montluçon (2 Munizipalräte), Commentry (der ganze Munizipalrat und der Bürgermeister Sozialisten), Calais (2 Munizipalräte), Lille (4000 sozialistische – nicht possibilistische – Stimmen bei der letzten Gemeindewahl), Bourges, Vierzon, Roanne, Bordeaux, Narbonne, Alais etc. etc. Nicht einer dieser Munizipal- und Departementsräte ist ein Possibilist. Alle diese Städte sind unstreitig in den Händen ihrer Opponenten, soweit eine sozialistische und Klassenorganisation der Arbeiter in Frage kommt.

Tatsächlich haben die Possibilisten seit einigen Jahren nicht gewagt, ihre Gesichter in der Provinz zu zeigen. 1887 mußten sie, um einen Ort zu finden, wo sie mit einigem Erfolg ihren nationalen Kongreß abhalten konnten, auf eine abgelegene kleine Stadt in den Ardennen zurückgreifen, welche die meisten Menschen nicht auf der Landkarte finden werden; und im vergangenen Winter, als sie ihren Kongreß nach Troyes einberufen hatten, wo sie der örtlichen Vertretung der Arbeiter sicher zu sein glaubten, erklärte das lokale Komitee, daß der Kongreß diesmal tatsächlich und nicht nur dem Anschein nach allen sozialistischen und Arbeiter-Organisationen Frankreichs offenstehen würde. Als die aufgeblasenen Koryphäen der Possibilisten in Paris gewahr wurden, daß dies ernst gemeint war, *gaben sie lieber ihren eigenen Kongreß auf*, als den Kollektivisten und Blanquisten zu begegnen, die jetzt nach Troyes kamen und den von den Possibilisten einberufenen Kongreß abhielten, den diese, de facto von jenen besiegt, verlassen hatten.

Also ist die „nackte Wahrheit", daß die Possibilisten bei weitem die stärksten seien, genau so zu bewerten wie die helltönenden Trompetenstöße des Manifests über die Größe und Macht der Sozialdemokratischen Föderation.

Aber stark oder nicht stark, sie waren „verpflichtet, den Kongreß nach Paris einzuberufen".

Das bringt uns auf die Frage, wieweit wohl die Befugnisse der Possibilisten in dieser Beziehung reichen.

Die Pariser Konferenz von 1886 war international so schwach besucht – so weit davon entfernt, repräsentativ zu sein –, daß ihre Resolution eher einem Wunsche gleichkommt; sie konnte bestenfalls für jene bindend sein, die dafür gestimmt hatten, das sind die Possibilisten und die englischen Trade-Unionisten. Letztere warfen die Pariser Beschlüsse auf ihrem nächstfolgenden Kongreß in Hull über Bord. Was nun übrigbleibt ist also, daß 1886 in Paris die Possibilisten sich selbst ermächtigten, für 1889 einen Kongreß nach Paris einzuberufen.

Kommen wir nun zum Londoner Kongreß.

Der Londoner Kongreß war kein allgemeiner Arbeiterkongreß, er war ein Kongreß der Trade-Unions, von den Trade-Unions einberufen und grundsätzlich alles andere als Trade-Unionisten ausschließend. Wie die Beschlüsse eines solchen Kongresses für Arbeiter verbindlich sein können, die nicht Trade-Unionisten sind, oder für Sozialisten als Ganzes, ist mir ein Geheimnis. Ein Trade-Unions-Kongreß kann einen anderen Trade-Unions-Kongreß einberufen, aber nichts weiter. Einen Arbeiterkongreß einzuberufen, überschreitet seine Befugnisse; daß er es tat, kann unser aller Sympathien haben, da es ein Sieg über überlebte trade-unionistische Vorurteile ist; aber die Tatsache bleibt bestehen, daß die Einberufung die Kompetenz des Kongresses überschritt und daher nur die Kraft eines Wunsches hat.

Ohne Zweifel war auch der Kongreß in Bordeaux ein reiner Gewerkschaftskongreß; und insoweit ist sein Beschluß, einen internationalen Arbeiterkongreß einzuberufen, in gleichem Maße ungültig. Aber dieser Beschluß wurde im Dezember danach von dem Sozialistenkongreß von Troyes bestätigt, gegen dessen Beschlüsse selbst die Possibilisten gerechterweise nichts einwenden können, denn sie haben ihn selber einberufen, und wenn sie ihm fernblieben, so war das ihr eigener Fehler.

Daß der absichtliche Ausschluß der Delegierten von Deutschland und Österreich – Länder, die etwa ebenso viele Sozialisten umfassen wie die des übrigen Europa zusammengenommen – diesen Kongreß zu einem Rumpfkongreß machte, das ist eine „nackte Wahrheit" und wirklich eine „unbestrittene Tatsache"; selbst das Manifest bestreitet es nicht, es beschwert sich nur darüber, daß ihn die Deutschen so genannt haben – daß sie das Ding beim rechten Namen nannten.

Dieser Rumpfkongreß (dessen Minderheit übrigens der sozialistischen Sache in England einen großen Dienst erwiesen hat) handelte überdies unter Zwang. Bei der ersten ernsten Unstimmigkeit zwischen den englischen Shipton-Anhängern unter den Trade-Unionisten und den Sozialisten erklärten die Shipton-Anhänger durch den Mund Shiptons selbst, daß sie, wenn es so weiter ginge, den Kongreß schließen würden und daß sie dazu die Macht hätten, weil sie den Raum gemietet hätten. Den Sozialisten wurde so von Anfang an zu verstehen gegeben, daß sie sich in der Lage der irischen tenants-at-will[1] befänden und daß ihr Shipton-Landlord bereit sei, seine Ausweisungsvollmacht, wenn nötig mit Hilfe der bewaffneten Kräfte Ihrer Majestät, zu gebrauchen.

Die Sozialisten fügten sich, und sie taten unter den Umständen gut daran; aber sie unterließen es, einen formalen Protest einzulegen, und das war ein Fehler. Sie haben jedoch noch nicht vergessen, welcher Behandlung sie sich infolge zu großen Vertrauens ausgesetzt hatten, und sie sind, wie der Anhang zeigt, entschlossen, das nicht noch einmal zuzulassen.

Dann hatte das Parlamentarische Komitee eine Reihe von Regeln und Instruktionen für den Kongreß vorbereitet, durch die sie die Sozialisten zu knebeln und zu unterdrücken hofften. Bestätigungen von Mandaten, Geschäftsordnung, Abstimmungsmodus, tatsächlich die ganze Art und Weise des Ablaufs war vorher von den Shipton-Anhängern festgelegt worden und wurde den Teilnehmern des Kongresses immer mit der Drohung sofortiger Auflösung aufgezwungen. Der Londoner Kongreß war in seiner Tätigkeit nicht frei, nicht mehr als ein Arbeiter, der mit einem Kapitalisten einen Arbeitskontrakt schließt, oder der irische Bauer, der drei oder vier acres von einem zu Wucherpreisen verpachtenden Landlord nimmt und entweder dessen Bedingungen annehmen oder verhungern muß. Es ist schimpflich genug, daß ein unter solchen Bedingungen abgehaltener Kongreß in den Annalen der Arbeiterbewegung erscheint; aber daß noch ein Kongreß unter den gleichen oder ähnlichen Bedingungen veranstaltet werden sollte – niemals!

Trotz alledem heizte die sozialistische Minderheit des Kongresses der Majorität der Shipton-Anhänger so ein, daß das Parlamentarische Komitee davon genug hatte. Sie behandelte öffentlich die Kongreßbeschlüsse und vor allem den Beschluß über den Pariser Kongreß lediglich als Makulatur.

Das durch den Londoner Kongreß den Possibilisten gegebene Mandat war also hinfällig, 1. weil es von einem Trade-Unions-Kongreß erteilt worden war, der nicht berechtigt war, Arbeiter außerhalb der Trade-Unions und ganz allgemein Sozialisten zu binden; 2. weil der Londoner Kongreß durch den Ausschluß der Deutschen etc. ein Rumpfkongreß wurde; 3. weil er in seiner Tätigkeit nicht frei war; 4. weil dieselben Leute, die den Kongreß einberufen und seine Majorität gebildet hatten, die ersten waren, die das Mandat verwarfen.

[1] Pächter, deren Pachtvertrag jederzeit gekündigt werden konnte

Ich wäre überhaupt nicht auf diese Diskussion eingegangen, wenn uns die Possibilisten und ihre Verbündeten von der Sozialdemokratischen Föderation nicht dauernd das Mandat des Londoner Kongresses als etwas Heiliges und Unantastbares vor Augen gehalten hätten. Dieses Mandat soll über allem stehen; es soll als etwas Selbstverständliches den vorausgegangenen Beschluß des Kongresses von Bordeaux umstoßen, der seitdem von dem Kongreß in Troyes bestätigt wurde; es soll nicht nur diejenigen binden, die dort waren und dafür abgestimmt haben, sondern auch diejenigen, die nicht dort waren, und sogar die, die willkürlich ausgeschlossen worden waren. Und wenn solche Ansprüche erhoben werden, wird es zur Pflicht, sie auf ihren wirklichen Wert zu untersuchen.

In der Tat wurde das Londoner Mandat, obwohl es im Grunde ungültig ist und obwohl es ein sichtbarer Schlag ins Gesicht der übrigen französischen Sozialisten und des Kongresses von Bordeaux war – ein Schlag, der von den meisten derer, die für das Londoner Mandat gestimmt hatten, unwissentlich ausgeteilt wurde –, dieses Mandat wurde, wie wir sehen werden, mit äußerster Rücksicht von denen behandelt, die an seiner Beratung nicht teilgenommen hatten, und wäre in letzter Instanz praktisch von allen akzeptiert worden, wäre nicht das skrupellose Vorgehen der Possibilisten selbst gewesen.

Das erste Zirkular, womit die Possibilisten den Kongreß einberiefen, zeigte, daß sie nicht nur die Methode, durch die das Parlamentarische Komitee den Londoner Kongreß gebunden hatte, nicht übelnahmen, sondern daß sie diese willkürliche Handlung *als einen Präzedenzfall* ansahen und für sich selbst die gleichen Befugnisse forderten, wie sie sich das Parlamentarische Komitee angemaßt hatte. Sie schrieben die Geschäftsordnung, den Abstimmungsmodus und die Überprüfung der Mandate vor, wobei diese Überprüfung bei jeder Nationalität getrennt vorgenommen werden sollte. Nicht ein Wort wurde gesagt, daß alles dies nur provisorisch und Gegenstand der Zustimmung durch den Kongreß sein würde.

Nun, der Londoner Kongreß konnte den Possibilisten keinerlei Befugnisse übertragen, die sie nicht selbst besaßen. Kein Kongreß, gleich welcher Art, kann Beschlüsse annehmen, die nicht von einem nachfolgenden Kongreß widerrufen werden könnten. Deshalb war der Londoner Kongreß nicht berechtigt, die Possibilisten zu ermächtigen, Regeln und Anordnungen festzulegen, durch die der Pariser Kongreß gebunden werden sollte. Noch tat er desgleichen. Aber die Possibilisten beanspruchten dieses Recht. Es war dieser schamlose Anspruch seitens der Possibilisten, der zu all den folgenden Differenzen und Debatten Anlaß gab, und ihre Weigerung, klar und unmißverständlich diesen Anspruch aufzugeben, führte zu der Spaltung und zu den zwei Kongressen. Die Mehrheit der europäischen Sozialisten lehnt es ab, ein zweites Mal – und diesmal mit offenen Augen – in eine Falle zu gehen.

Was umstritten ist, ist also nicht so sehr das Londoner Mandat – darüber wäre man leicht hinweggekommen – als der Gebrauch, den die Possibilisten davon gemacht haben, ihr Anspruch, Gesetze zu machen, die für den Kongreß verbindlich sein sollen und so die willkürliche Handlung des Parlamentarischen Komitees über den Londoner Kongreß zu einem Präzedenzfall zu machen, der für alle kommenden Kongresse bindend sein soll.

5. „Dem widersetzten sich die Marxisten, obgleich sie durch Farjats Stimme gebunden waren, und beeinflußten die Deutschen, sich zu widersetzen, weil die Possibilisten, wie sie sagten, beabsichtigten, ihre Opponenten auszuschließen und den Kongreß für ihre eigenen Zwecke auszunutzen. Diese Beschuldigung wurde erhoben, obgleich die Possibilisten niemals irgendeine Sektion der Sozialisten von irgendeinem vorhergehenden Kongreß ausgeschlossen haben und niemals der geringste Beweis dafür beigebracht worden ist, daß sie beabsichtigten, es bei dieser Gelegenheit zu tun. Die Einladungen schlossen alle sozialistischen Körperschaften ein."

Der wesentliche Teil dieser „nackten Wahrheit" ist bereits widerlegt worden. Aber die Behauptung, daß „die Possibilisten niemals irgendeine Sektion von Sozialisten von irgendeinem vorhergehenden Kongreß ausgeschlossen haben und niemals der geringste Beweis dafür beigebracht worden ist, daß sie beabsichtigten, es bei dieser Gelegenheit zu tun", ist entweder eine erstaunlich wissentliche Unwahrheit oder ein Beweis dafür, daß unsere Verfasser über Dinge sprechen, von denen sie auch nicht das geringste verstehen. Auf dem dritten Regionalkongreß der Föderation des Zentrums (Frankreichs) im Mai 1882 hatten die Possibilisten erklärt, daß der Kongreß allen Sozialisten offenstünde. Aber als dreißig Delegierte der Kollektivisten (sogenannte Marxisten) erschienen, die sich auf diese Erklärung verließen, wurden sie unbarmherzig ausgewiesen unter dem lächerlichen Vorwand, daß sie durch die Annahme der Bezeichnung „Fédération du Centre" in einen unfairen Wettstreit mit der possibilistischen „Union Fédérative" eingetreten wären. Und als auf dem achten Regionalkongreß dieser Union, 1887, zwölf Delegierte der Kollektivisten erschienen, gemäß der immer wiederholten Versicherung, daß alle Sozialisten eingeladen wären, wurden sie ausgepfiffen und niedergeschrien und mußten den Kongreß verlassen, und ein Beschluß wurde gefaßt, daß „die Marxisten niemals zu irgendeinem ihrer Kongresse zugelassen werden sollten". Und besser noch, als 1888 das lokale Komitee, das mit der Organisation des possibilistischen nationalen Kongresses in Troyes betraut war, die ständige Phrase von der Zulassung aller Sozialisten wahr zu machen drohte, verließen die Possibilisten, wie wir gesehen haben, lieber ihren eigenen Kongreß, als daß sie ihre prahlerische Versicherung ausgeführt sahen.

Nach alledem ist es kein Wunder, wenn die Kollektivisten überzeugt waren, daß „die Possibilisten beabsichtigten, sie auszuschließen und den Kongreß für ihre eigenen Zwecke auszunutzen".

6. „Auf jeden Fall wurde von Lafargue, Guesde und anderen Marxisten, die in Übereinstimmung mit den Deutschen der Reichstag Party[1] und ihren Freunden handelten, eine Konferenz in Nancy einberufen. Zu dieser Konferenz wurden die Possibilisten als letzte von allen, eine Woche bevor die Konferenz stattfinden sollte, eingeladen."

Die Konferenz in Nancy wurde von den Deutschen einberufen und nicht von Lafargue, der im Gegenteil sowohl gegen die Zeit als auch gegen den Ort Einwendungen machte und sein Bestes tat, ihr Zustandekommen zu verhindern, worin er Erfolg hatte. Die Possibilisten wurden nicht „als letzte von allen eingeladen", sondern zur gleichen Zeit wie alle anderen. Somit ist die „nackte Wahrheit" Nr.6 ein Lügengewebe; aber selbst wenn alles wahr wäre, was würde es denn beweisen?

7. „Die beabsichtigte Konferenz in Nancy fand nicht statt, aber statt dessen wurde eine Konferenz im Haag einberufen. Auch zu dieser Konferenz wurden die Possibilisten als letzte von allen eingeladen. In Erwiderung auf die Einladung schrieben sie Briefe, in denen sie mehrere sehr wichtige Fragen stellten. Diese Briefe wurden niemals beantwortet, und die Konferenz fand unverzüglich ohne ihre Teilnahme statt."

Wieder ist die Behauptung, daß die Possibilisten als letzte von allen eingeladen wurden, eine Unwahrheit. Sie wurden zur gleichen Zeit eingeladen wie alle anderen; so unwichtig die Sache an sich ist, haben wir doch besondere Nachfragen hierüber angestellt. Die Konferenz war für den 28. Februar einberufen worden, und auf der Beratung ihres Nationalkomitees am 17. Februar waren die Possibilisten nicht nur im Besitz der Einladung, sondern auch der Antwort Liebknechts auf ihre Briefe, die „mehrere sehr wichtige Fragen" enthielten, Briefe, die nach dem Manifest „niemals beantwortet wurden". Sie behaupten ihrerseits, daß Liebknecht „ihre Fragen über die Tagesordnung der Konferenz nicht beantwortete".* Er teilte ihnen, wie ich informiert bin, mit, daß diese auf der Konferenz selbst beantwortet werden würden. In eine weitschweifige Korrespondenz über die Präliminarien einzutreten und damit die Konferenz selbst bis nach dem Kongreß hinauszuschieben, das hätte zwar den Possibilisten passen können. Es konnte aber denen nicht passen, die sich ernsthaft bemühten, eine für alle Parteien ehrenhafte Vereinbarung zustande zu bringen. Immerhin blieben die Possibilisten daraufhin zu Hause, und infolge ihres Nichterscheinens mußte die Konferenz in der Tat ohne ihre Teilnahme abgehalten werden.

8. „Diese Konferenz wurde abgehalten, ohne daß irgendein Vertreter aus Großbritannien, Italien, Spanien und mehreren anderen Ländern zugegen war. Die Sozial-

* Siehe ihr offizielles Organ „Prolétariat"[488] vom 23. Februar.

[1] Reichstag Party: so im englischen Original

demokratische Föderation war nicht einmal informiert worden, daß sie einberufen werde. Nur diejenigen waren eingeladen worden, die als den Possibilisten feindlich gesinnt bekannt waren. Lafargue selber war der einzige Vertreter Frankreichs, obwohl er einen viele Jahre anhaltenden erbitterten Streit mit den Possibilisten hatte! Die vollständigen Sitzungsberichte der Konferenz wurden nicht veröffentlicht und sind niemals veröffentlicht worden."

9. „Eine solche Konferenz wie diese war offensichtlich nichts als ein caucus, der, wie wir fürchten, zu keinem guten Zweck einberufen wurde. Unser verehrter Genosse Domela Nieuwenhuis stellt, wie wir zu unserem tiefen Bedauern sagen müssen, in einem Briefe an die Sozialdemokratische Föderation fest, daß von vornherein beabsichtigt war, diese Konferenz *geheim* durchzuführen."

Da die Haager Konferenz von den Deutschen einberufen wurde, luden sie jene ausländischen Sozialisten ein, mit denen sie korrespondierten: Holländer, Belgier, Dänen, Schweizer und die beiden französischen Parteien, zwischen denen sie zu vermitteln hatten. Die Sozialistische Ligue[482] wurde, in der Person von W. Morris, von Lafargue eingeladen, und in derselben Weise hätten die Possibilisten die Sozialdemokratische Föderation einladen können; auf alle Fälle wußte hier in London niemand, weder wer eingeladen, noch wer nicht eingeladen worden war, noch wer berechtigt war, überhaupt jemanden einzuladen. Es ist eine Unwahrheit zu sagen, daß nur diejenigen eingeladen wurden, die als den Possibilisten feindlich gesinnt bekannt waren. Die Belgier haben seit Jahren in freundlichen Beziehungen zu ihnen gestanden und zeigten auf ihrem Nationalkongreß letzte Ostern, daß sie sehr abgeneigt waren, irgend etwas zu tun, was ihnen mißfallen könnte.[489] Und die Holländer, Dänen und Schweizer waren ihnen sicherlich nicht feindlich gesinnt, auf keinen Fall waren sie „bekannt es zu sein". Wenn Lafargue zufällig der einzige Vertreter Frankreichs war, so war niemand deswegen zu tadeln als die Possibilisten, die der Einladung nicht gefolgt waren. Es ist nicht wahr, daß Lafargues „erbitterter Streit mit den Possibilisten, der viele Jahre anhielt", ein persönlicher Streit war. Lafargue, Guesde, Deville und eine große Gruppe von Sozialisten und Gewerkschaften trennten sich von der Mehrheit der Partei, weil letztere ihr eigenes Programm verwarf und es vorzog, eine Partei zu gründen, *die überhaupt kein Programm hatte.*

Die einzige wahre Tatsache in den Paragraphen 8 und 9 ist, daß die Konferenz „geheim" war insoweit, als sie nicht öffentlich war. Die Öffentlichkeit und die Presse waren gewiß nicht eingeladen. Wenn die Sitzungsberichte für die Possibilisten „geheim" waren, so einfach deshalb, weil sie es für besser gehalten hatten, nicht teilzunehmen. Aber die Konferenzbeschlüsse wurden zu dem ausdrücklichen Zweck gefaßt, ihnen mitgeteilt zu werden und wurden unverzüglich durch Volders mitgeteilt. Was bleibt also von dem streitsüchtigen Geknurre über eine „geheime" Konferenz, die auf alle Fälle nicht halb so „geheim" war wie die Beratungen der beiden mysteriösen Körperschaften, die für das Manifest verantwortlich sind? Nicht nur die Beschlüsse, soweit sie die Öffentlichkeit interessieren, sondern auch die Namen der Delegierten sind der Welt bekannt. Es würde sicherlich ein höchst lächerliches Verfahren gewesen sein, die Vertreter der Presse zu einer Konferenz einzuladen, die sich bemühte, zwischen zwei in Opposition einander gegenüberstehenden sozialistischen Gruppen zu vermitteln.

10. „Durch diesen caucus, der hinter verschlossenen Türen stattfand, wurde eine Reihe von Resolutionen angenommen, gegen die keine ernsthaften Einwände zu erheben sind. Volders wurde jedoch nach Paris gesandt, um diese Beschlüsse den Possibilisten aufzuzwingen, als ob sie die Dekrete eines Ökumenischen Konzils wären, und Bernstein in London schrieb im gleichen Tone. Die Briefe der deutschen Führer, die wir hoffentlich nicht gezwungen sein werden zu veröffentlichen, sind auch in einem sehr bitteren und sehr anmaßenden Tone geschrieben und drohen mit einem Gegenkongreß, wenn ihre Befehle nicht sofort ausgeführt würden."

Nach all den finsteren Andeutungen von einer abgekarteten Konferenz und einem geheimen caucus ist der Leser tatsächlich berechtigt, einige aufsehenerregende Enthüllungen zu erwarten über die schändlichen Mißstände und die schrecklichen Verbrechen dieser Versammlung von Verschwörern, die, „wie wir fürchten, zu keinem guten Zweck zusammengerufen" wurde. Und was ist das Ende vom Lied? Die Leute im Haag nahmen „eine Reihe von Resolutionen an, gegen die im Prinzip keine ernsthaften Einwände zu erheben sind"! Haben das Internationale Komitee und der Generalrat der Sozialdemokratischen Föderation jeden Sinn für Lächerlichkeit verloren?

Unsere Verfasser sollten versuchen, diese Resolutionen so schnell wie möglich zu übergehen. Enthalten sie doch weit mehr Zugeständnisse, als die Possibilisten jemals erwarten konnten. Die Deutschen, die von dem Londoner Kongreß ausgeschlossen worden waren, die französischen Kollektivisten, die von ihm ignoriert worden sind, beide boten an, *das Londoner Mandat zu akzeptieren*, ließen zu, daß dadurch die Resolutionen von Bordeaux und Troyes verworfen werden, und ließen die Einberufung und Organisierung des Kongresses in den Händen der Possibilisten, vorausgesetzt, daß die Possibilisten klar und unmißverständlich jeden Anspruch aufgäben, diesem Kongreß verbindliche Vorschriften zu machen und ihn „für ihre eigenen Zwecke auszunutzen". Immerhin ist es ein bemerkenswertes Zugeständnis, daß selbst das *Manifest* in den Haager Beschlüssen keinen Fehler finden kann.

Nun gut! Aber es sind gar nicht die Resolutionen schlechthin, die verderblich sind, sondern die Art, in der sie den Possibilisten aufgezwungen werden. Und hier wieder beginnt das Fabulieren. Volders ist entsandt worden, „um den Possibilisten diese Entscheidungen aufzuzwingen". Volders, der geschickt wurde, weil er von allen Haager Delegierten der einzige war, der aufs eifrigste für sie Partei ergriffen hatte! Und bezüglich dessen, was „Bernstein schrieb", so bindet es niemanden als ihn selbst, wie die

Verfasser des Manifests mittlerweile wissen sollten, und obwohl ich nicht das Recht habe, in ihrem Namen zu sprechen, bin ich doch überzeugt, daß die „deutschen Führer" mich nicht verleugnen werden, wenn ich die Sozialdemokratische Föderation und ihre Pariser Verbündeten auffordere, irgendwelche Briefe, die sie von ihnen haben mögen, zu veröffentlichen.

Die Haager Beschlüsse liegen der Welt vor, und die Possibilisten wurden informiert, falls sie diese Beschlüsse nicht akzeptierten, die auf der Konferenz vertretenen Organisationen einen anderen Kongreß einberufen werden, der nur der in Bordeaux und Troyes beschlossene sein könnte. Das mag den Possibilisten „sehr bitter und sehr anmaßend" erscheinen, aber es war der einzige Weg, um sie zur Vernunft zu bringen, wenn das überhaupt möglich ist.

Und jetzt kommt die Perle, der Kohinoor des Manifests geradezu.

11. „Die Possibilisten akzeptierten dennoch jede der so angenommenen und ihnen so unterbreiteten Resolutionen."

12. „Trotz dieser Zustimmung und der Tatsache, daß der von den Possibilisten einberufene Kongreß souverän über seine eigene Geschäftsordnung verfügen kann und immer verfügt hätte, trotz der Tatsache, daß alle Streitfälle von beiden Seiten dem ganzen Kongreß zur Entscheidung und Beilegung vorgelegt werden können, haben die Anhänger des Haager caucus jetzt einen zweiten Kongreß in Paris einberufen."

Die Haager Delegierten hatten erklärt, daß sie bereit wären, sich dem Possibilisten-Kongreß unter zwei Bedingungen anzuschließen: Erstens, daß die Possibilisten den Kongreß im Einvernehmen mit den sozialistischen und Arbeiter-Organisationen Frankreichs und anderer Länder einberufen, von denen Delegierte die Einladung zusammen mit den Possibilisten unterzeichnen sollten. Diese Bedingung wurde jedoch von den Possibilisten glatt zurückgewiesen, alle anderen könnten unterzeichnen, aber keine von den rivalisierenden französischen Sektionen. Wenn die Verfasser des Manifests das nicht wissen, mögen sie sich an den Herausgeber der „Justice"[1] wenden, der hierüber genauestens orientiert ist.

Die zweite Bedingung war, daß der Kongreß vollständig souverän sein sollte, soweit es die Überprüfung der Mandate und die Festlegung seiner Tagesordnung anbelangt. Auch das haben die Possibilisten nie akzeptiert, weder „in der Praxis" noch sonstwo. Sie haben zuerst die Überprüfung der Mandate für jede Nationalität getrennt vorgeschrieben. Als die andere Seite erklärte, daß die Entscheidung über diesen Punkt dem Kongreß als Ganzem vorbehalten bleiben müsse, erwiderten die Possibilisten, daß Ausnahmefälle dem Kongreß überlassen werden könnten; kein Wort der Erklärung, was unter Ausnahmefällen zu verstehen sei. Nein, sie feilschen weiter darum, welche Rechte der Kongreß haben sollte und welche nicht, und erst als das Zirkular, das den „Gegenkongreß" einberief, in ihren Händen ist, sehen sie

[1] Hyndman

sich schließlich genötigt, klar und mit vielen Worten festzustellen, daß in allen Fällen, in denen Mandate von einer Nationalität bestritten würden, eine Entscheidung des Kongresses herbeigeführt werden sollte. Hätten sie das zu rechter Zeit zugegeben, dann wäre eine Verständigung über die Hauptschwierigkeit möglich gewesen; jetzt ist es natürlich zu spät.

Dieselben Ausflüchte wurden von ihnen hinsichtlich der Tagesordnung gebraucht. Sie sahen sich nicht als Personen an, die damit beauftragt waren, vorläufige Anordnungen und Vorschläge zur Erleichterung der Arbeit des Kongresses auszuarbeiten, die dann vom Kongreß selbst bestätigt würden oder nicht. Im Gegenteil, sie handelten als Träger mysteriöser und praktisch unbegrenzter Vollmachten über den künftigen Kongreß, von denen sie einen Teil aus bloßer Gefälligkeit aufgeben könnten, um ausländische Organisationen zu verpflichten, die ihrerseits ihre verbleibenden Ansprüche auf Autorität über den Kongreß anerkennen sollten. Man braucht sich nur ihre allerletzten Resolutionen vom 13. Mai anzusehen, als ihnen das Zirkular mit der Einberufung des Gegenkongresses vorlag (siehe „Justice" vom 25. Mai). Hier handeln und feilschen sie weiter mit den Dänen um die Geschäftsordnung, als ob die Dänen oder sie ein Recht hätten, eine Sache zu entscheiden, die allein zur Kompetenz des Kongresses gehört. Und gnädig akzeptieren sie einen Vorschlag des englischen Trade-Union Protest Committee, daß eine Reihe Bestimmungen für die Einberufung und Organisation künftiger Kongresse auf die Tagesordnung gesetzt werden soll. Wobei die „Justice" naiv hinzufügt, daß, selbst wenn noch irgendwelche Beschwerden vorliegen sollten, „unsere deutschen und anderen Genossen sie dieses eine Mal zurückstellen sollten". Kommt uns „nur dieses eine Mal" entgegen, und nächstes Mal könnt ihr ganz nach Belieben verfahren – wirklich, ein sehr verlockender Vorschlag, aber bedauerlicherweise ist dieses Spiel im vergangenen Jahre in London versucht worden, und „für dieses eine Mal" war es einmal zuviel.

Ein Wort seitens der Possibilisten würde genügt haben, eine Einigung herbeizuführen: das eine Wort „provisorisch", „Der Bestätigung durch den Kongreß vorbehalten", eingefügt in all ihre Regeln und Instruktionen. Aber gerade das konnte trotz aller Bemühungen nicht erreicht werden, und so wurde der zweite Kongreß zu einer Notwendigkeit für alle jene, die es ablehnten, ein zweites Mal von Shipton unter Druck gesetzt zu werden.

Jetzt, da ein großer Teil dieser Diskussion in den Spalten der „Justice" geführt worden ist, können die Leute, die im Namen der Sozialdemokratischen Föderation Erklärungen im Sinne des Punktes 12 abgeben, entweder ihr eigenes offizielles Organ nicht gelesen haben, oder sie sagen etwas, von dem sie wissen, daß es nicht den Tatsachen entspricht.

13. „Sie haben diesen Kongreß genau zu dem Zeitpunkt einberufen, zu dem der von den Possibilisten einberufene Kongreß angesetzt worden war. Das geschah, obgleich sie im Haag einmütig einen Beschluß gefaßt hatten, der Ende Juli als eine höchst

unpassende und ungeeignete Zeit für die Abhaltung eines Arbeiterkongresses in Paris überhaupt verurteilte. Das geschah fernerhin, obgleich Anseele in einem Brief an die S[ozial]d[emokratische] F[öderation] feststellte, daß, sollte ein zweiter Kongreß abgehalten werden, er im September stattfinde, und Liebknecht behauptete, daß er entweder in diesem oder im nächsten Jahre stattfinde."

Was dies anbelangt, so scheinen die Haager Delegierten den Possibilisten ein positives und verbindliches Versprechen gegeben zu haben, ihren Kongreß nicht im Juli, sondern „im September" oder „entweder in diesem oder dem nächsten Jahr" abzuhalten. Nun, die dritte Juliwoche ist sicherlich „in diesem Jahr", und so ist auch jetzt Liebknecht zumindest schuldlos. Es wäre langweilig für unsere Leser, eine Diskussion über diese kindischen Klagen zu beginnen. Ich kann jedoch feststellen, daß die Zeit vom 14. bis 21. Juli erstens auf das einmütige Verlangen der Franzosen gewählt wurde, und zweitens, weil die einzige Möglichkeit, noch eine Verschmelzung der beiden Kongresse zustande zu bringen, wenn so etwas überhaupt möglich sein sollte, darin besteht, sie dahin zu bekommen, Seite an Seite zu sitzen.

14. „Die Hauptanstifter des Haager caucus und des Gegenkongresses in Paris sind Lafargue, Guesde, Frau Eleanor Marx-Aveling (deren Schwester, eine Tochter von Karl Marx, Lafargue geheiratet hat), Bernstein (Herausgeber des ‚Sozialdemokrat'), Bebel und Liebknecht. Friedrich Engels stimmt ihrem Vorgehen vollständig zu."

Hier ist wenigstens – und endlich! – etwas Wahres an dieser letzten „nackten Wahrheit". Es ist eine unbestrittene Tatsache, daß die Schwester von Frau Eleanor Marx-Aveling eine Tochter von Karl Marx ist und mit Lafargue verheiratet ist; obgleich es nach dem, wie es unsere Verfasser hinstellen, so aussieht, als ob Frau Lafargue eine Tochter von Karl Marx sei und ihre Schwester nicht. Und wenn es wiederum eine platte Unwahrheit ist, wenn man sagt, daß Bernstein oder sonstwer in London in irgendeiner Weise „Anstifter der Haager Konferenz" waren, mit deren Einberufung und Zusammensetzung sie absolut nichts zu tun hatten, so wird, denke ich, von keiner der obengenannten Personen bestritten werden, daß sie den „Gegenkongreß in Paris" unterstützt haben – aber sie haben das erst von der Zeit an getan, als das Verhalten der Possibilisten eine solche Handlungsweise unvermeidlich machte. Die Verfasser des Manifests müssen wissen, daß Frau E. Marx-Aveling und Bernstein Anfang April mit Herrn Hyndman gesprochen haben, sobald der Ton der „Justice" etwas weniger „bitter" und „persönlich" wurde, und versucht haben, ihn dafür zu gewinnen, bei der Schlichtung der bestehenden Schwierigkeiten mitzuhelfen, und daß Herr H[yndman] das versprochen hat.

Am Fuße des Manifests finden wir diese kleine Bemerkung:

„Das Obige wird auftragsgemäß in mehrere europäische Sprachen übersetzt und in allen Ländern verteilt werden."

Die Unterschriften des Anhangs zeigen, daß der Fall praktisch in fast allen europäischen Ländern behandelt worden ist. Die große Mehrheit der Sozialisten auf dem Kontinent hat sich zugunsten des von den Kollektivisten und Blanquisten einberufenen Kongresses und gegen den von den Possibilisten einberufenen entschieden. England ist das einzige Land, wo die Meinung der Sozialisten und Arbeiter noch im allgemeinen geteilt ist. Diese Antwort wird daher in keine andere Sprache übersetzt werden.

Um zusammenzufassen:

1. Zwei Kongresse sind für 1889 nach Paris einberufen: der erste von dem französischen Gewerkschaftskongreß in Bordeaux, Oktober–November 1888, ist Weihnachten durch den französischen Sozialisten-Kongreß in Troyes bestätigt worden. Der zweite, etwa eine Woche später von dem Londoner Internationalen Trade-Union-Kongreß beschlossene, wird von den Possibilisten organisiert.

2. Eine Verschmelzung beider wäre auf sehr geringe Schwierigkeiten gestoßen, hätten nicht die Possibilisten in ihrem ersten Einladungszirkular Vollmachten beansprucht, die der Londoner Kongreß selbst nicht besaß und die er ihnen deshalb nicht übertragen konnte; Vollmachten, die internen Angelegenheiten des Kongresses zu regeln, im voraus den Modus der Prüfung der Mandate, die Tagesordnung, die ganze Geschäftsordnung vorzuschreiben; in der Tat dieselben Vollmachten, die das Parlamentarische Komitee auf dem Londoner Kongreß gefordert und ausgeübt hatte.

3. Da die damalige sowie gegenwärtige Handlungsweise der Possibilisten es den übrigen Sektionen der französischen Sozialisten absolut unmöglich macht, sich dem von ihnen einberufenen Kongreß anzuschließen, versuchten die deutschen sozialistischen Reichstagsabgeordneten, zwischen beiden Parteien zu vermitteln und dies mit Hilfe der führenden Männer der andren nationalen Arbeiterparteien, mit denen sie in Verbindung standen. Daher die Haager Konferenz (vom 28. Februar), gegen deren Beschlüsse selbst nach unsrem Manifest „im Prinzip keine ernsthaften Einwendungen erhoben werden können".

4. Durch diese Beschlüsse wurde das vom Londoner Kongreß den Possibilisten gegebene Mandat in vollem Umfange angenommen und bestätigt; nur unter der einzigen Bedingung, daß die letzteren ihren Anspruch, den künftigen Kongreß zu beherrschen, aufgeben sollten. Die Belgier, Holländer, Deutschen, Schweizer und selbst die nichtpossibilistischen Franzosen erklärten ihre Bereitschaft, zu dem von den Possibilisten einberufenen Kongreß zu kommen, vorausgesetzt, daß sie zu einem *freien* Kongreß kämen. Damit stellten sie also eine einzige Bedingung, aber das war eine Bedingung, die hätte selbstverständlich und niemals umstritten sein müssen.

5. Trotzdem weigern sich die Possibilisten, diese Beschlüsse zu akzeptieren und bieten in den folgenden Zirkularen rein verbale Zugeständnisse

an, die in Wirklichkeit auf nichts hinauslaufen. Die Hauptsache – die Souveränität des Kongresses hinsichtlich all seiner internen Angelegenheiten – räumen sie nicht ein; Verhandlungen wurden ergebnislos bis Ende April weiter geführt.

6. Schließlich, da die Possibilisten es ablehnten, eine klare und bindende Antwort zu geben, die gegen eine Wiederholung der skandalösen Behandlung des Londoner Kongresses durch seine Einberufer Sicherheit gab, berufen die französischen Kollektivisten mit Zustimmung mehrerer nationaler Organisationen den in Bordeaux und Troyes beschlossenen Kongreß für den 14. Juli ein.

7. Die große Mehrheit der sozialistischen Organisationen und der sozialistischen Vertreter Europas stimmten diesem Kongreß, wie der Anhang zeigt, zu, da sie es ablehnen, der Welt zum zweiten Male das Schauspiel eines Arbeiterkongresses zu bieten, der nur geduldet wird und an Reglements gebunden ist, die ihm von seinen Einberufern aufgezwungen werden.

Das Londoner Mandat, das von der Haager Konferenz akzeptiert worden war, ist durch die Possibilisten selbst in Stücke gerissen worden, als sie es zum Vorwand für ihren Anspruch nicht nur auf die Organisation, sondern auch auf die Kontrolle und Leitung des künftigen Kongresses machten.

Und nun erlaube ich mir mit den Worten des Manifests zu sagen:

„Genossen und Mitbürger, das sind die Tatsachen. Es ist an euch, dafür zu sorgen, daß eurer Sache, der Sache der Arbeiter der Welt, nicht wissentlich Schaden zugefügt wird durch jene, die die ersten sein sollten, ihre persönlichen Eifersüchteleien zu unterdrücken um der Sache des Sozialismus willen."

1. Juni 1889

Nach der Broschüre: „The International Working Men's Congress of 1889".
Aus dem Englischen.

10

Bekanntmachung über die Einberufung des Internationalen Sozialistischen Arbeiterkongresses[490]

[„Der Sozialdemokrat"
Nr. 22 vom 1. Juni 1889]

Arbeiter und Sozialisten Europas und Amerikas!

Der Arbeiterkongreß von Bordeaux, der von 200 Syndikatskammern aus den verschiedenen Industriezentren Frankreichs beschickt war, und der Kongreß von Troyes, der von 300 Arbeitervereinen und sozialistischen Gruppen beschickt war, die die Arbeiterklasse und den revolutionären Sozialismus Frankreichs in seiner Mehrheit vertraten, beschlossen, im Laufe der Weltausstellung einen Internationalen Kongreß in Paris einzuberufen, der den Arbeitern der ganzen Welt offenstehen soll.

Diese Resolution wurde von den Sozialisten Europas und Amerikas freudig begrüßt, in froher Genugtuung, sich versammeln und die Forderungen der Arbeiterklasse in bezug auf die Frage der Internationalen Arbeitsgesetzgebung formulieren zu können, die auf der Berner Konferenz, welche von den Vertretern der Regierungen im September abgehalten werden wird, beraten werden soll.

Die Kapitalisten laden die Reichen und Mächtigen zu der Weltausstellung ein, die Werke der Arbeiter zu betrachten und zu bewundern, die inmitten des kolossalsten Reichtums, den je eine menschliche Gesellschaft besessen, zum Elend verurteilt sind. Wir Sozialisten, deren Streben die Befreiung der Arbeit, die Abschaffung der Lohnsklaverei und die Errichtung eines Gesellschaftszustandes ist, in dem alle Arbeiter – ohne Unterschied des Geschlechtes und der Nationalität – ein Recht auf den durch ihre gemeinsame Arbeit geschaffenen Reichtum haben – wir laden die wirklichen Produzenten ein, mit uns am 14. Juli in Paris zusammenzutreffen.

Wir laden sie ein, das Band der Brüderlichkeit zu festigen, das, indem es die Proletarier aller Länder in ihrem Kampfe stärkt, den Beginn der neuen Welt beschleunigen wird.

Arbeiter aller Länder, vereinigt euch!

Die Unterschriften von Amerika, sowie verschiedene andere, die zugesagt, aber noch nicht eingetroffen sind, werden in einem späteren Zirkular veröffentlicht werden.

Die Delegierten werden ersucht, ihre Ankunft mindestens eine Woche vor Eröffnung des Kongresses anzumelden, damit das Organisationskomitee die nötigen Anordnungen für ihre Unterbringung (Wohnung und Kost) und ihren Empfang am Bahnhof treffen kann.

Die Unterschriften lauten:

Österreich. Für die sozialistische Arbeiterpartei: J. Popp, V. Adler, E. Kralik, A. Zinnram, N. Hoffmann, A. Kreutzer, J. Winzig, G. Popper (Wien), J. Mackart, H. Flöckinger, K. Sams (Innsbruck), A. Weiguny, J. Siegl (Linz), A. Friemel, V. Wiener, T. Heinz, A. Boček (Steyr), K. Schneeweiß, A. Sobotka, A. Klofáč, J. Hybeš (Brünn), V. Šturc, F. Došek, T. Němeček (Prag), T. Zedníček, R. Zahálka (Proßnitz), A. Gerin, C. Ucekar, J. Lax (Triest), J. Daniluk (Lemberg), T. Adenau (Klagenfurt), E. Rieger (Bratzan), J. Zimmermann (Jägerndorf).

Belgien. Für die sozialistische Arbeiterpartei Gents: E. Anseele, E. Van Beveren.

Frankreich. Für die Föderation der Syndikatskammern und Arbeitervereine Frankreichs: R. Lavigne. Für die sozialistische Föderation Frankreichs: G. Batisse.

Großbritannien. R. B. Cunninghame Graham, Parlamentsmitglied. Für die Sozialistische Liga: William Morris, F. Kitz. Für den Arbeiter-Wahlverband: W. Parnell (Sekretär), G. Bateman, H. Champion, Tom Mann. Für den Bergarbeiterbund von Ayrshire: J. Keir Hardie.

Deutschland. Für die sozialdemokratische Arbeiterpartei Deutschlands: Bebel, Frohme, Grillenberger, Harm, Kühn, Liebknecht, Meister, Sabor, Singer, Schumacher, Mitglieder des Reichstags.

Holland. Für die niederländische sozialdemokratische Arbeiterpartei: Domela Nieuwenhuis, Croll.

Italien. Für die revolutionär-sozialistischen Organisationen: Amilcare Cipriani.

Polen. S. Mendelson, für die Zeitschrift „Walka Klas" (Klassenkampf); W. Anielewski, für das Warschauer Arbeiterkomitee.

Portugal. Für die sozialistischen Arbeitervereine: Carvalho.

Rußland. Stepniak.

Spanien. Für die spanische sozialistische Arbeiterpartei: Pablo Iglesias, F. Diego.

Schweiz. Brandt, Vizepräsident des Grütlivereins. Für die schweizerische sozialdemokratische Partei: A. Reichel, A. Steck.

Anhang und Register

Anmerkungen

1 Das vorliegende Vorwort wurde zur dritten deutschen autorisierten Ausgabe des „Manifests der Kommunistischen Partei“ (siehe Band 4 unserer Ausgabe, S. 459–493) geschrieben. Es war die erste von Engels durchgesehene Ausgabe nach dem Tode von Marx. Die erste deutsche Auflage erschien 1848, ohne Nennung der Autoren; die zweite offiziell autorisierte Neuausgabe mit einem neuen Vorwort der Verfasser 1872. Ein weiterer Nachdruck wurde erst Mitte 1883 Thema, nachdem sich Marx und Engels über viele Jahre weigerten, Neuauflagen zu besorgen. Anlaß könnten nicht autorisierte Vervielfältigungen der Ausgabe von 1872 gewesen sein bzw. die Agitation mit ihnen in den USA, u. a. durch Johann Most. Engels wollte – da Marx gerade verstorben – die Ausgabe nicht überarbeiten. Eine Übersicht der Editionen findet sich in: Karl Marx/Friedrich Engels: Das Kommunistische Manifest (Manifest der Kommunistischen Partei) von Karl Marx und Friedrich Engels. Von der Erstausgabe zur Leseausgabe. Mit einem Editionsbericht von Thomas Kuczynski, Schriften aus dem Karl-Marx-Haus, Bd. 49, Trier 1995, S. 96–104 bzw. MEGA², Bd. I/6. Das vorliegende Vorwort zur dritten deutschen Ausgabe wurde auch in diversen Übersetzungen veröffentlicht. 3

2 Dieser Artikel zum Gedenken Georg Weerths wurde von Engels Ende Mai 1883 geschrieben und am 7. Juni 1883 im „Sozialdemokrat“ veröffentlicht. Bereits 1856, gleich nach dem Tode von Georg Weerth, beabsichtigte Marx, ihm einen Nachruf zu widmen. Er verwirklichte sein Vorhaben jedoch nicht, da die Veröffentlichung eines solchen Nachrufs unter den damals in Deutschland herrschenden politischen Verhältnissen als aussichtslos eingeschätzt wurde. Engels stieß bei der Sichtung des Marxschen Nachlasses auf Weerths „Handwerksburschenlied“. Auch um Weerths Nachlaß hatte sich Engels nach dessen Tod gekümmert. Einer der Beweggründe zur Niederschrift dieses Artikels war Engels' Bestreben, das Interesse für die Geschichte der revolutionären und radikaldemokratischen Teile der 1848-Bewegung zu wecken bzw. wachzuhalten.

„Der Sozialdemokrat“ – Zentralorgan der deutschen Sozialdemokratie, erschien während des Sozialistengesetzes ab September 1879 bis September 1888 in Zürich und ab Oktober 1888 bis 27. September 1890 in London. 1879/1880 wurde die Zeitung unter der Redaktion von Georg Heinrich von Vollmar und 1881–1890 unter der Redaktion von Eduard Bernstein herausgegeben. Zu Beginn mußte „Der Sozialdemokrat“ finanziell von Engels und Karl Höchberg unterstützt werden, erbrachte aber ab 1883 zunehmend Gewinne und konnte selbst andere Parteiunternehmen gegenfinanzieren. Engels veröffentlichte, vor allem nach Marx' Tod, viele Beiträge im „Sozialdemokrat“ und unterstützte wesentlich Eduard Bernstein, den leitenden Redakteur, ab 1881, der sich in vielen politischen und strategischen Fragen an Engels wandte. 5

3 Die Schrift „Leben und Thaten des berühmten Ritters Schnapphahnski" von Georg Weerth wurde als Feuilletonserie ohne Unterschrift in der „Neuen Rheinischen Zeitung" im August/September, Dezember 1848 und Januar 1849 veröffentlicht.

„Neue Rheinische Zeitung. Organ der Demokratie" – Tageszeitung, die unter der Redaktion von Karl Marx vom 1. Juni 1848 bis 19. Mai 1849 in Köln herausgegeben wurde. Zur Redaktion gehörten Friedrich Engels, Wilhelm Wolff, Georg Weerth, Ferdinand Wolff, Ernst Dronke, Ferdinand Freiligrath und Heinrich Bürgers.

Leitartikel zu den wichtigsten Fragen der deutschen und europäischen Revolution wurden in der Regel von Marx und Engels verfaßt.

Ungeachtet aller Verfolgungen und polizeilichen Maßregelungen verteidigte die „Neue Rheinische Zeitung" radikaldemokratische Positionen und Pressefreiheit. Im Mai 1849 erließ die preußische Regierung, nachdem sie Marx bereits die Staatsbürgerschaft verweigert hatte, den Befehl, ihn aus Preußen auszuweisen. Seine Ausweisung und die Repressalien gegen die anderen Redakteure der „Neuen Rheinischen Zeitung" zwangen die Redaktion, das Erscheinen des Blattes einzustellen. Die letzte Nummer der „Neuen Rheinischen Zeitung" (Nr. 301 vom 19. Mai 1849) erschien in rotem Druck. 6 218

4 *Soulouque, Faustin* – Präsident der Republik Haiti (1782–1867), proklamierte sich am 26. August 1849 zum Kaiser Faustin I. (bis 1859). Als politisch unbeschriebenes Blatt und Analphabet schien er die ideale Besetzung für eine „Stellvertreterpolitik" („politique de doublure"); er richtete sich aber schon bald gegen die Eliten und verhinderte mit einem Blutbad in Port-au-Prince seine drohende Absetzung. Er galt im Europa des 19. Jahrhunderts als eine „schwarze Parodie" des Kaisers der Franzosen, Napoleon, weshalb etwa die antibonapartistische Presse Soulouque den in Engels' Text verwendeten Namen beilegte. 7

5 In dem Artikel *„Das Buch der Offenbarung"* (Anspielung auf „Die Offenbarung des Johannes", griechisch „Apokalypse", eines der Bücher der Bibel) äußert sich Engels zu einigen Problemen der Geschichte des frühen Christentums, für die er sich nach seinen eigenen Worten schon seit 1841 interessierte und die von ihm schon teilweise in seinem Artikel „Bruno Bauer und das Urchristentum" (siehe Band 19 unserer Ausgabe, S. 297–305) berührt worden waren. Eine ausführlichere Darlegung dieser Probleme gab Engels später, 1894, in der Arbeit „Zur Geschichte des Urchristentums" (siehe Band 22 unserer Ausgabe, S. 447–473). Der Aufsatz „Das Buch der Offenbarung" wurde in der Zeitschrift „Progress" veröffentlicht.

Es ist davon auszugehen, daß Engels den Artikel in den letzten Tagen des Juli 1883 verfaßte, da er die Tage zuvor mit dem Vorwort zur dritten Ausgabe des „Manifest" und der Durchsicht diverser Übersetzungen beschäftigt war (Hal Draper: The Marx-Engels Chronicle. A Day-by-Day Chronology of Marx and Engels's Life and Activity, Marx-Engels Cyclopedia, Bd. 1, New York 1985, S. 229).

Engels stützte sich bei Abfassung des Artikels auf seine Mitschrift einer Vorlesung von Ferdinand Benary über die Johannes-Apokalypse (MEGA^2, Bd. IV/1, S. 415–433), die er im Sommersemester 1842 anfertigte, als er seine Militärdienstzeit in Berlin verbrachte und als Gasthörer an der Universität Vorlesungen besuchte. Eine Übersetzung des Textes ins Deutsche stand zwar zur Diskussion, aber Bernstein bestärkte Engels in seiner Skepsis, Autor der „Berliner Volks-Tribüne" zu werden; siehe Engels an Bernstein, 22. August 1889, Band 37 unserer Ausgabe, S. 260/261 und Bernstein an Engels, 25. August 1889 (Eduard Bernstein: Briefwechsel mit Friedrich Engels, hrsg. von Helmut Hirsch, Quellen und Untersuchungen zur Geschichte der deutschen und österreichischen Arbeiterbewegung N. F., Bd. 1, Assen 1970, S. 362).

„Progress" – englische Monatsschrift zu Fragen der Wissenschaft, Politik und Literatur; erschien von 1883 bis 1887 in London. Sie war der Freidenkerbewegung zuzurechnen und stand eine Zeitlang sozialistischen Kreisen nahe. Eleanor Marx und Edward Aveling zählten zu ihren Mitarbeitern. 9

6 *Tübinger Schule* – *„*Schule" evangelischer und katholischer Theologen und Bibelforscher und der -kritik in der ersten Hälfte des 19. Jahrhunderts. Ein zentraler Protagonist ist

Ferdinand Christian Baur, der 1826 ordentlicher Professor der Evangelischen Theologie in Tübingen wurde. Die historisch-kritische Lektüre des Evangeliums dieser Schule zeichnete sich dadurch aus, daß die Bibel wie andere historische Texte mit philologischen Untersuchungsmethoden historisch-kritisch gelesen und damit ungewollt auch die Autorität der Bibel untergraben wurde. Baur dürfte Engels aus seiner Zeit in Berlin bekannt sein, wo er andere, von Hegel beeinflußte theologische Debatten verfolgte und sich im Kreis um Bruno Bauer aufhielt. Marx setzt sich in seiner Promotion namentlich mit Baur auseinander (siehe Band 40 unserer Ausgabe, S. 218–225). Engels schrieb im Juli 1873 einen Leserbrief an die „Kölnische Zeitung" anläßlich einer Rezension von Renans Buch „L'Antéchrist", in der Engels kritisierte, daß dieser „die Resultate eines langen Entwicklungsgangs deutscher Wissenschaft sich einfach annektiert", und auf die Vorlesungen von Benary hinweist, der selbst herausstellte, daß er von den Arbeiten von Dritten profitierte, der sog. Tübinger Schule (vgl. MEGA², Bd. I/24, S. 312). 9

7 Engels bezieht sich auf das zweite und dritte Kapitel der „Offenbarung des Johannes". 10

8 *Stoiker* – Anhänger einer philosophischen Richtung, der Stoa, die Ende des 4. Jahrhunderts v. u. Z. in Griechenland entstand und bis zum 6. Jahrhundert u. Z. existierte und fortwirkte. Sie ging davon aus, daß die Welt von einer göttlichen Vernunft (Logos) beseelt sei und alles einer umfassenden Kausalität folge. Die Stoiker zeigten besonderes Interesse für moralische Fragen, wobei Selbstgenügsamkeit und Gelassenheit, dank Kontrolle der Leidenschaften, es möglich machen sollte, in Einheit mit der Welt zu leben, eine Position, die Einfluß auf die Herausbildung der christlichen Religion hatte. 10

9 Irenäus, „Fünf Bücher gegen alle Häresien, oder Entlarvung und Widerlegung der falschen Gnosis", Buch V, Kap. 28–30. Bei der Angabe der Quelle stützte sich Engels auf seine Mitschrift der Vorlesung von Benary. An der angeführten Stelle der „Annalen" von Tacitus wird zwar von Nero gesprochen, aber in einem anderen Zusammenhang; der richtige Hinweis findet sich in Tacitus' „Historien", Buch II, Kap. 8. 13

10 In seinem 1894 geschriebenen Artikel „Zur Geschichte des Urchristentums" (siehe Band 22 unserer Ausgabe) greift er Gedanken des Artikels auf, geht ausführlicher auf die Anführer der aufständischen Legionen ein und konstatiert sogar: „Die Geschichte des Urchristentums bietet merkwürdige Berührungspunkte mit der modernen Arbeiterbewegung." (Ebenda, S. 449.) 14

11 Diesen Artikel schrieb Engels für den „Sozialdemokrat" zum ersten Todestag von Karl Marx. Bei der Sichtung des Nachlasses fielen Engels Ausgaben der „Neuen Rheinischen Zeitung" in die Hände. Dieser wie andere Artikel sind demnach inhaltliche Aufbereitung des Nachlasses, die zugleich als Erinnerungsarbeit an 1848 für die nachfolgende Generation gelten kann. Hier lag Engels zufolge eine Traditionslinie zur danach neu entstandenen deutschen Arbeiterbewegung. 16

12 Karl Marx/Friedrich Engels, „Manifest der Kommunistischen Partei" (siehe Band 4 unserer Ausgabe, S. 474); die Hervorhebungen und abweichenden Formulierungen in diesem Zitat stammen von Engels. 17

13 Unter dem *Code Napoléon* versteht Engels hier wie auch an einer anderen Stelle dieses Absatzes nicht nur das 1804 von Napoleon angenommene Zivilgesetzbuch, bekannt unter der Bezeichnung Code Napoléon, sondern entsprechend dem zeitgenössischen Sprachgebrauch das ganze System des bürgerlichen Rechts, das durch die in der Zeit von 1804 bis 1810 unter Napoleon angenommenen fünf Gesetzbücher (Zivilgesetzbuch, Zivilprozeßordnung, Handelsgesetzbuch, Strafprozeßordnung, Strafgesetzbuch) repräsentiert wurde. Diese Gesetzbücher traten auch in den von Frankreich eroberten Gebieten West- und Südwestdeutschlands in Kraft. In der Rheinprovinz blieben sie auch nach dem Anschluß an Preußen (1815) gültig. Den Code Napoléon, das französische Zivilgesetzbuch, nannte Engels „das klassische Gesetzbuch der Bourgeoisgesellschaft" (siehe vorl. Band, S. 301/302). Für politische und Pressevergehen war dem rheinischen

Schwurgericht jedoch infolge der Karlsbader Beschlüsse zwischen dem 6. März 1821 und dem 6. April 1848 die Zuständigkeit entzogen. 18

14 Das *„Allgemeine Landrecht für die Preußischen Staaten"* von 1794 war die erste deutschsprachige Kodifikation mit etwa 19 000 Paragraphen für ganz Preußen, veranlaßt von Friedrich II. Es umfaßte sehr viele Bereiche, Handels-, Wechsel-, See- und Versicherungsrecht, ferner Stände-, Lehns-, Straf-, Kirchen-, Staats-, Privat- und Verwaltungsrecht. Es galt in wesentlichen Teilen bis zur Einführung des Bürgerlichen Gesetzbuches im Jahre 1900. 19

15 Der Student Gustav Adolf Schlöffel wurde am 21. April 1848 verhaftet. Nach der Märzrevolution verantwortete er in Berlin das Blatt „Der Volksfreund". Für zwei in Nr. 5 vom 19. April veröffentlichten Artikeln wurde er zu 6 Monaten Festungshaft verurteilt, weil er für die „Verleitung zum Aufruhr" schuldig gesprochen wurde. Es war das erste politische Verfahren gegen die wenige Wochen zuvor durchgesetzte Pressefreiheit. 19

16 *„Neue Preußische Zeitung"* – Tageszeitung, die im Juni 1848 in Berlin gegründet wurde; sie war das Leitmedium der konservativen Oberschicht: Adel, Offiziere, hohe Beamte, Industrielle und Diplomaten. Trotz der niedrigen Auflage von etwa 10 000 war sie oft zitiert und einflußreich. Sie wurde auch unter dem Namen „Kreuz-Zeitung" bekannt, da sie in ihrem Titel ein Landwehrkreuz (Eisernes Kreuz) trug. 20

17 Engels bezieht sich hier auf seinen Artikel „Die Frankfurter Versammlung" (siehe Band 5 unserer Ausgabe, S. 14–17). 20

18 Die Formulierung „parlamentarischer Kretinismus" stammt aus Marx' 1852 erschienener Schrift „Der 18. Brumaire des Louis Bonaparte" (siehe Band 8 unserer Ausgabe, S. 173). Engels spielte hier auf die zeitlich früher erschienenen Artikel in der „Neuen Rheinischen Zeitung" an, in welchen an der Frankfurter und der preußischen Nationalversammlung Kritik geübt wird; ein bedeutender Teil von ihnen wurde von Marx geschrieben (siehe Band 5 und 6 unserer Ausgabe). Engels übernahm in gekürzter Form die Kritik und die Formulierung in seine Arbeit „Revolution und Konterrevolution in Deutschland" (siehe Band 8 unserer Ausgabe, S. 87). 21

19 *„L'Ami du peuple"* – Tageszeitung, die von Jean Paul Marat, einem führenden Vertreter der Jakobiner, vom 12. September 1789 bis 14. Juli 1793 in Paris herausgegeben wurde; unter diesem Titel erschien sie vom 16. September 1789 bis 21. September 1792; die Zeitung war gezeichnet mit: Marat, l'Ami du peuple (Freund des Volkes). 21

20 Gemeint ist Marx' Artikel „Die Junirevolution" (siehe Band 5 unserer Ausgabe, S. 133–137). 22

21 Der *24. Februar* 1848 war der Tag, an dem die Monarchie Louis-Philippes in Frankreich gestürzt wurde. – Nach Erhalt der Nachricht vom Sieg der Februarrevolution in Frankreich befahl Nikolaus I. dem Kriegsminister eine teilweise Mobilmachung für Rußland zur Vorbereitung des Kampfes gegen die Revolution in Europa. 22

22 Die Artikelserie „Die schlesische Milliarde" von Wilhelm Wolff wurde in der „Neuen Rheinischen Zeitung" Nr. 252, 255, 256, 258, 264, 270–272 und 281 in der Zeit vom 22. März bis 25. April 1849 veröffentlicht. 1886 wurden diese Artikel mit geringen Änderungen und einer Einleitung von Engels als Broschüre herausgegeben (siehe vorl. Band, S. 238–247). Eine ausführliche Rezension der Artikel gibt Engels in seiner Arbeit „Wilhelm Wolff" (siehe Band 19 unserer Ausgabe, S. 53–88). 22

23 Siehe den Artikel „An die Arbeiter Kölns" in der „Neuen Rheinischen Zeitung" Nr. 301 vom 19. Mai 1849 mit der Unterschrift der Redaktion (Band 6 unserer Ausgabe, S. 519). 23

24 *„Kölnische Zeitung"* – Tageszeitung, die von 1802 bis 1945 in Köln erschien; ab 1845 unter der Leitung von Karl Heinrich Brüggemann; wichtiges Medium der Meinungsbildung 1848/49 und Konkurrenz der „Neuen Rheinischen Zeitung". Wegen „Majestäts-

beleidigung des Königs" mußte sich Herausgeber Joseph DuMont Anfang 1850 vor Gericht verantworten. 23

25 Am *13. Juni 1849* kam es zu einer friedlichen Demonstration in Paris, nachdem französische Truppen nach Italien entsendet worden waren. Laut Artikel V der französischen Verfassung war die Entsendung französischer Truppen verboten. Unter anderem die Bergpartci (Montagnc) hatte zu den Protesten aufgerufen. Daß die Demonstration auseinandergetrieben wurde, machte den Widerspruch zwischen Anspruch und Realität der französischen Demokratie offensichtlich. Nach dem 13. Juni wurden viele Vertreter der Bergpartei und Demokraten aus dem Ausland verhaftet oder gezwungen, Frankreich zu verlassen. Siehe hierzu Karl Marx, „Revolution und Konterrevolution in Deutschland", Band 7 unserer Ausgabe, S. 63). 23 219

26 Über Engels' Teilnahme am badisch-pfälzischen Aufstand 1849 in der von Willich geführten Freiwilligentruppe siehe u. a. seine Arbeit „Die deutsche Reichsverfassungskampagne" (Band 7 unserer Ausgabe, S. 109–197). 24

27 *„Der Ursprung der Familie, des Privateigentums und des Staats"* zählt zu den bekanntesten Werken des Marxismus. Engels schrieb den Text in der Zeit von Anfang April bis zum 26. Mai 1884. Bei der Durchsicht des Nachlasses von Marx hatte Engels einen 1880/1881 von Marx angefertigten ausführlichen Konspekt des Buches „Ancient society" von Lewis H. Morgan gefunden (Internationales Institut für Sozialgeschichte Amsterdam [IISG], Marx-Engels-Nachlaß [MEN], Sig. B 162); dieser Konspekt enthielt viele Bemerkungen und eigene Thesen von Marx sowie Ergänzungen aus anderen Quellen. Die Lektüre war für Engels Anlaß, unter Berücksichtigung der Bemerkungen von Marx „Ursprung der Familie" zu schreiben. Engels betrachtete dies „gewissermaßen als die Vollführung eines Vermächtnisses" (Vorwort zur ersten Auflage, siehe vorl. Band, S. 27). Bei der Abfassung seiner Schrift stützte sich Engels auf die Ergebnisse seiner eigenen Forschungen auf dem Gebiet der Geschichte Griechenlands und Roms, Altirlands, der alten Germanen usw. (siehe u. a. die Arbeiten „Die Mark", „Zur Urgeschichte der Deutschen" und „Fränkische Zeit" in Band 19 unserer Ausgabe).

Ursprünglich wollte Engels seine Schrift in der legalen theoretischen Zeitschrift der deutschen Sozialdemokratie „Neue Zeit" veröffentlichen; er gab diesen Plan jedoch später auf in der Erwägung, daß seine Arbeit wegen ihres politischen Inhalts unter den Bedingungen des Sozialistengesetzes in Deutschland nicht gedruckt werden könne. Das Buch erschien Anfang Oktober 1884 in Zürich. In der ersten Zeit behinderten die deutschen Behörden seine Verbreitung, jedoch konnten die folgenden, unveränderten Auflagen (zweite 1886, dritte 1889) bereits in Stuttgart herausgebracht werden; 1885 erschien es in polnischer, rumänischer und italienischer Sprache. Die italienische Übersetzung redigierte Engels selbst, ebenfalls die 1888 erschienene dänische Übersetzung. Die Erstausgabe des „Ursprungs der Familie" wurde auch in die serbische Sprache übersetzt.

Nachdem Engels neues Material zusammengetragen hatte, begann er 1890 mit der Vorbereitung einer neuen Ausgabe. Im Verlauf der Arbeit studierte er Neuerscheinungen zu dieser Frage, insbesondere die Veröffentlichungen von M. M. Kowalewski. Auf Grund der neuen Erkenntnisse, vor allem auf dem Gebiet der Archäologie und Ethnographie, nahm er am ursprünglichen Text viele Änderungen und Verbesserungen vor und machte wesentliche Zusätze, besonders in Kapitel II „Die Familie". Die wesentlichsten Änderungen gegenüber der Erstausgabe sind in Fußnoten vermerkt. Die Änderungen und genaueren Formulierungen berührten jedoch nicht Engels' Schlußfolgerungen.

Die vierte, verbesserte und ergänzte Auflage des „Ursprungs der Familie" erschien im November 1891 in Stuttgart (auf dem Titelblatt 1892); danach sind keinerlei Änderungen mehr an diesem Werk vorgenommen worden. Engels schrieb für diese Auflage ein neues Vorwort (siehe vorl. Band, S. 473–483), das auch als selbständiger Artikel unter dem Titel „Zur Urgeschichte der Familie" (siehe Band 22 unserer Ausgabe) veröffentlicht worden ist.

Zu Engels' Lebzeiten erschienen noch zwei Auflagen (die fünfte 1892, die sechste 1894), die lediglich ein Wiederabdruck der vierten Auflage waren. Diese Auflage diente auch als Grundlage für die ersten Übersetzungen ins Französische (1893 – die Übersetzung wurde von Laura Lafargue redigiert und von Engels durchgesehen), ins Bulgarische (1893), ins Spanische (1894); in englischer Sprache erschien das Buch erst 1902. In russischer Sprache wurde der „Ursprung der Familie" erstmalig 1894 in St. Petersburg herausgegeben; der Übersetzung lag die vierte deutsche Auflage zugrunde. Es war das erste Werk von Engels, das legal in Rußland erschien. Später wurde es wiederholt in verschiedenen Sprachen herausgebracht.

Die Veränderungen gegenüber der 1. Auflage sind anhand MEGA², Bd. I.29, S. 723–727 nachvollziehbar. 25

28 Morgan, „Ancient society", London 1877, S. 19. In Marx' Morgan-Konspekt ist das Zitat angestrichen, siehe Karl Marx, Exzerpt 1880/1881 aus Morgan: „Ancient Society", in: Die ethnologischen Exzerpthefte, hrsg. von Lawrence Krader, Frankfurt a. M. 1976, S. 124–360, hier: S. 127. Erstmals wurde der Text von Mark Borisovič Mitin ediert, ab 1939 Direktor des Marx-Engels-Lenin-Instituts: „Konspekt knigi L'juisa G. Morgana ‚Drevnee obščestvo'", in: Marx-Engels-Archiv, Band 9, 1941, S. 1–194. 30

29 *Pueblo* – Der Terminus „Indianer der Pueblos" dient als Sammelbegriff für eine Gruppe indigener Völker, u. a. der Hopi, Keresan, Acoma, Tano, Zuñi und ihre Vorgänger (die Hohokam, Anasazi, Mogollon und Sinagua), die im Südwesten der heutigen USA sowie Nordmexiko lebten. Engels übernahm ihn wohl aus Hubert Howe Bancrofts „Native races of the Pacific states of North America", vol. 1, London 1875, das er bereits 1882 gelesen (siehe Engels an Marx, 8. Dezember 1882, Band 35 unserer Ausgabe, S. 125) und sich damals und später noch einmal Exzerpte daraus angefertigt hatte (siehe Exzerptheft Mai bis Juni 1891, IISG, Marx-Engels-Nachlaß, Sign. J 50). Morgan nutzt durchgängig den Terminus „Village Indians". Mit „Mexikaner, Zentral-Amerikaner und Peruaner" meint Engels die Azteken, die Mayas und die Inkas. 33 94

30 *Ilias* – altgriechische epische Dichtung, die Homer zugeschrieben wird und ihre überlieferte Fassung in der zweiten Hälfte des 8. Jahrhunderts v. u. Z erhielt. Mythos und reale Geschichte gehen ineinander über, wobei die Ilias neben Schilderungen der Zeit auch auf die Endphase der mykenischen Zeit eingeht, die etwa um das 12. Jahrhundert v. u. Z. endete. 34

31 McLennans: „Studies in ancient history comprising a reprint of primitive marriage. An inquiry into the origin of the form of capture in marriage ceremonies", London 1876, S. 329–371. Engels zitiert nach Morgan, „Ancient society", London 1877, S. 509–521. Während der Vorbereitung der vierten Auflage des „Ursprungs der Familie" (1892) studierte er u. a. die 1886 in London und New York erschienene Neuauflage von McLennans Buch (siehe Exzerptheft Mai bis Juni 1891, IISG, Marx-Engels-Nachlaß, Sign. J 50, das sich auch in Engels' Besitz befand (MEGA², Bd. IV, Bd. 32, S. 433, Nr. 821). Das Vorwort zur vierten Auflage findet sich in Band 22 unserer Ausgabe, S. 210–222. 37

32 Morgan, „Ancient society", London 1877, S. 435. (vgl. Marx, „Exzerpt Morgan", S. 148, Zitat teilweise angestrichen). 38

33 Siehe Bachofen, „Das Mutterrecht. Eine Untersuchung über die Gynaikokratie der alten Welt nach ihrer religiösen und rechtlichen Natur", Stuttgart 1861. 39

34 Giraud-Teulon zitiert diese Äußerung Saussures in seinem Buch „Les origines du mariage et de la famille", Genf und Paris 1884, S. XV, Fußnote 1. Das im gleichen Absatz erwähnte Buch – Charles-Jean-Marie Letourneau: L'évolution du mariage et de la famille, Paris 1888, S. 41 – las Engels erst im Juni 1891, siehe Brief an Laura Lafargue, 13. Juni 1891 (Band 38 unserer Ausgabe, S. 117). Es ist kein Exzerpt überliefert, das Buch war jedoch in Engels' Besitz und weist Marginalien auf (MEGA², Bd. IV, Bd. 32, S. 411, Nr. 768). 40

35 Letourneau, „L'évolution du mariage et de la famille", Paris 1888, S. 41. 40

36 Engels zitiert Alfred Espinas nach dem Buch von Giraud-Teulon, S. 518 (siehe Anm. 34), in dem als Anhang ein Ausschnitt dieser Arbeit enthalten ist. 40

37 Westermarck, „The history of human marriage“, London und New York 1891, S. 70/71. Westermarck berichtet im wesentlichen Beobachtungen von Reisenden und Jägern. 43

38 Dieser Brief von Marx, den Engels auch in seinem Brief vom 11. April 1884 an Kautsky erwähnt (Band 36 unserer Ausgabe, S. 133), ist nicht erhalten geblieben. 43

39 Engels bezieht sich auf Richard Wagners Operntrilogie „Der Ring des Nibelungen“, die der Komponist nach dem skandinavischen Epos „Edda“ und dem „Nibelungenlied“ selbst schrieb. (Siehe „Die Walküre. Erster Tag aus der Trilogie: Der Ring des Nibelungen“, zweiter Aufzug.)

„Nibelungenlied“ – anonymes Heldenepos auf der Grundlage älterer Mythen und Sagen, die als geschichtlichen Hintergrund die Ereignisse der sog. Völkerwanderung (3.–5. Jh. u. Z.) haben. In der uns überlieferten Form, mittelhochdeutsch niedergeschrieben, entstand das Epos Mitte des 12. Jahrhunderts. 44 323

40 *„Edda“* – eine Sammlung von mythologischen Heldensagen und Liedern der skandinavischen Völker; sie ist erhalten geblieben in Form einer aus dem 13. Jahrhundert stammenden Handschrift, die 1643 von dem isländischen Bischof Sveinsson entdeckt wurde (die „ältere Edda“), sowie in Form einer Abhandlung über die Dichtung der Skalden, die zu Beginn des 13. Jahrhunderts von dem Dichter und Chronisten Snorri Sturluson verfaßt worden war (die „jüngere Edda“). Die Lieder der Edda widerspiegeln die skandinavische Gesellschaft in der Periode des Verfalls der Gentilordnung und der Völkerwanderung. In ihnen begegnen wir Gestalten und Fabeln aus den Überlieferungen der alten Germanen.

„Ögisdrecka“ – zu Deutsch „Oegirs Trinkgelage“, ein Lied aus der „älteren Edda“, das zu den älteren Texten der Sammlung zählt. Engels zitiert hier Stellen aus den Strophen 32 und 36 dieses Liedes. 44

41 *Asen und Vanen* – Göttergeschlechter der altnordischen Mythologie.

„Ynglinga Saga“ – erste der 16 Sagen über die norwegischen Könige von der älteren Zeit bis zum Ausgang des 12. Jahrhunderts aus dem Buch „Heimskringla“ (Weltkreis), das der Dichter und Chronist Snorri Sturluson um 1220 abschloß. Ihm liegen Chroniken über altnordische Sagen und Mythen zugrunde. Engels zitiert hier aus Kapitel 4 dieser Saga, an der angeführten Stelle spricht der Autor selbst. 44

42 Morgan, „Ancient society“, London 1877, S. 425. 45

43 Bachofen, „Das Mutterrecht“, Stuttgart 1861, S. XXIII, 385 u. a. (vgl. Marx, „Exzerpt Morgan“, S. 347). 46

44 Cäsar, „Der gallische Krieg“, Buch V, Kap. 14, 4 (vgl. Marx, „Exzerpt Morgan“, S. 144). 47

45 *australisches Klassensystem* – Engels bezieht sich hier auf Morgans Ausführungen zum australischen System der Heiratsklassen. Dieser stützte sich auf die Forschung von Lorimer Fison (siehe Lewis Henry Morgan: On Australian kinship; with app. by Rev. Lorimer Fison. In: Proceedings of the American Academy of Arts and Sciences, Boston, Cambridge 1873, S. 412–438). Erst mit der 4. Auflage ging Engels ausführlicher darauf ein (vgl. Marx, „Exzerpt Morgan“, S. 146).

So gab es vier Heiratsklassen (four-section systems), von denen jede in einen männlichen und einen weiblichen Teil zerfiel. Zwischen den vier Klassen waren bestimmte Vorschriften zur Regelung der Eheschließung festgesetzt, d. h. die Männer einer Gruppe konnten nur eine Ehe mit Frauen einer bestimmten anderen Gruppe eingehen. Da diese Klassen erstmals bei den australischen Kariera entdeckt wurden, werden sie auch als Karieratype bezeichnet. 47

46 Morgan, „Systems of consanguinity and affinity of the human family“, Washington 1871. Morgan regte Engels zur Lektüre an von Fison/Howitt, „Kamilaroi and Kurnai. Group-marriage and relationship, and marriage by elopement“, Melbourne, Sydney, Adelaide, and Brisbane 1880. Das Buch wurde in den kommenden Absätzen erwähnt

und wird in der Erstauflage noch nicht erwähnt. Engels las das Buch im Juni 1891 im Hinblick auf die 4. Auflage, aus ihm stammen die wesentlichen Fakten des vorliegenden Abschnitts. 49 85

47 Morgan, „Ancient society", London 1877, S. 459. 52

48 Engels zitiert den Brief Asher Wrights nach Morgans Buch „Ancient society", London 1877, S. 455, Fußnote 1. Der vollständige Text des Briefes (datiert vom 19. Mai 1874, nicht wie bei Morgan von 1873) wurde veröffentlicht in der Zeitschrift „American Anthropologist", New Series, Menasha, 35. Jg., Wisconsin, USA 1933, Nr. 1, S. 138–145. 54

49 Bancroft, „The native races of the pacific states of North America", Vol. 1, London 1875, S. 565. Entnommen aus Engels Bancroft-Exzerpt. Sign. J 50 (siehe Anm. 29). Vgl. Engels an Marx 8. Dezember 1882 (Band 35 unserer Ausgabe, S. 125/126) und an Karl Kautsky, 10. Februar sowie 2. März 1883 (ebd., S. 432/433, 447–449). 55

50 *Saturnalien* – zu Ehren des römischen Gottes Saturn – z. Zt. der Wintersonnenwende nach Beendigung der Landarbeiten – gefeiertes altrömisches Volksfest, bei dem geltende gesellschaftliche Normen außer Kraft gesetzt wurden. Während dieses Festes, an dem die Sklaven teilnehmen und am Tisch der Freien sitzen durften, wurden Massenessen und Orgien veranstaltet; es herrschte freier Geschlechtsverkehr. Das Wort „Saturnalien" wurde zum Begriff für zügellose Gelage und Orgien. 55

51 Es handelt sich um die sog. Guadaluper Sentenz vom 21. April 1486, den dritten Schiedsspruch des spanischen Königs Ferdinand V. (des Katholischen). Der Bauernaufstand in Katalonien zwang den König zu Zugeständnissen an die Bauern, und er trat als Vermittler zwischen den aufständischen Bauern und den Feudalherren auf. Der Schiedsspruch sah die Aufhebung der feudalen Rechte vor, jedoch unter der Bedingung des Loskaufs.

In der 1. Auflage schreibt Engels noch davon, daß das „mittelalterliche Recht der ersten Nacht" trotz „Weißwaschungen" eine „sehr handfeste Existenz" gehabt habe (MEGA², Bd. I/29, S. 30). Zum Zeitpunkt der Abfassung des „Ursprungs ..." war die wissenschaftliche Diskussion zum Thema, ob das Recht „ius primae noctis" existierte oder vielmehr eine antifeudale Argumentation der Aufklärung ist, noch im Fluß. Erst nach dem Erscheinen der quellenkritischen Untersuchung von Karl Schmidt, „ius primae noctis", Freiburg im Breisgau 1881, begann sich zunehmend die Meinung durchzusetzen, daß dieses „Reiz-Faktum" eine „Erfindung des Mittelalters" ist. Es ist nicht bekannt, ob Engels Schmidts Arbeit zur Kenntnis genommen hatte; daß er die Formulierungen in der 4. Auflage (in der vorliegenden Ausgabe S. 56) abschwächte, deutet darauf hin, daß er die Diskussion zumindest zur Kenntnis genommen hatte. Grundlegend hierzu: Alain Bourreau: Le droit de cuissage. La fabrication d'un mythe, XIIIe–XXe siècle, Paris 1995. 57

52 Morgan, „Ancient society", London 1877, S. 465/466 (vgl. Marx, „Exzerpt Morgan", S. 157/158). 61

53 Morgan, „Ancient society", London 1877, S. 470. (vgl. Marx, „Exzerpt Morgan", S. 159/160). 61

54 Siehe Maxim Kowalevski: „Tableau des origines et de l'évolution de la famille et de la propriété", Stockholm 1890. Dieses Werk befand sich in Engels' Bibliothek und es finden sich Anstreichungen und Marginalien, die auf Engels' zurückgehen (MEGA², Bd. IV/32, S. 387, Nr. 701). Vgl. Paul Lafargue an Engels am 24. August 1890 (Friedrich Engels/Paul et Laura Lafargue: Correspondance, Bd. 2, 1820–1895, Paris 1956, S. 406) und Engels an Lafargue am 27. August 1890 (Band 37 unserer Ausgabe, S. 451). 62

55 *Prawda des Jaroslaw* nennt man den ersten Teil der ältesten Fassung der „Russkaja Prawda", der Gesetzsammlung der Alten Rus, die im 11. und 12. Jahrhundert auf der Grundlage des Gewohnheitsrechts jener Zeit entstanden war und die ökonomischen und sozialen Beziehungen der damaligen Gesellschaft zum Ausdruck brachte. 62

56 *dalmatinische Gesetze* – eine Sammlung von Gesetzen, die vom 15. bis 17. Jahrhundert in Poljica (Gebiet in Dalmatien) Gültigkeit besaßen und unter der Bezeichnung Poljizzer Statut bekannt waren. 63

57 Heusler, „Institutionen des Deutschen Privatrechts", Bd. 2, Leipzig 1886, S. 271 – zitiert nach Kowalevski: „Tableau des origines et de l'évolution de la famille et de la propriété", Stockholm 1890, S. 62. 63

58 Die Bemerkung Nearchos' wird erwähnt in Strabos „Geographie", Fünfzehntes Buch, Kapitel 1. Bei Kowalevski zitiert in „Tableau des origines et de l'évolution de la famille et de la propriété", Stockholm 1890, S. 94. 63

59 *Calpullis* – elementare Siedlungseinheiten im Sozialwesen der Azteken, die den Haushalten die Flurstücke zur Bewirtschaftung zur Verfügung stellten. Die Mitglieder dieser Hausgenossenschaft waren alle gleicher Herkunft, besaßen gemeinsam ein Stück Land, das weder enteignet noch unter Erben aufgeteilt werden konnte. Über die Calpullis zur Zeit der spanischen Kolonisation berichtet Alonzo de Zurita in seiner Arbeit „Rapport sur les différentes classes de chefs de la Nouvelle-Espagne, sur les lois, les moeurs des habitants, sur les impôts établis avant et depuis la conquête, etc., etc.", die erstmalig veröffentlicht wurde in dem Buch „Voyages, relations et mémoires originaux pour servir al'histoire de la découverte de l'Amérique, publiés pour la première fois en français, par H. Ternaux-Compans", Paris 1840, T. 11, S. 50–64. 63

60 Cunow, „Die altperuanischen Dorf- und Markgenossenschaften", in der Zeitschrift „Das Ausland" vom 20. und 27. Oktober sowie 3. November 1890.

„*Das Ausland.* Wochenschrift für Erd- und Völkerkunde" – erschien zwischen 1828 und 1893, anfangs täglich mit anderem Untertitel (Ueberschau der neusten Forschungen auf dem Gebiete der Natur-, Erd-, und Völkerkunde), seit 1853 wöchentlich, wurde von 1873 an in Stuttgart herausgegeben. 63

61 Engels bezieht sich hier auf den Artikel 230 des 1804 unter Napoleon I. eingeführten Code civil des Français. 65

62 Schoemann, „Griechische Alterthümer", Bd. 1, Berlin 1855, S. 268. Die antike Quelle ist: Plutarchus: Apophthegmata Lacaenarum 23, p. 242, B. 66.

63 *Spartiaten* – Vollbürger des alten Sparta.

Heloten – größte Gruppe der Sklaven Spartas, die für die Spartiaten die Äcker bestellen und Erträge abliefern mußten. Da an die Scholle gebunden, waren sie nur mittelbar persönliches Eigentum des Herrn. 66

64 Wachsmuth, „Hellenische Alterthumskunde aus dem Gesichtspunkte des Staates", 2., umgearb. und verm. Ausg., Bd. 2, Halle 1846, S. 390. 67

65 Engels bezieht sich hier auf die Manuskripte zur „Deutschen Ideologie". Das von ihm hier angeführte Zitat findet sich nicht in den erhaltenen Manuskripten und stammt möglicherweise aus den nicht überlieferten Seiten. Zur Geschichte der Überlieferung der Manuskripte mit Nennung des genannten Zitats MEGA², Bd. I/5, S. 780–783, hier: S. 782 (vgl. auch Karl Marx/Friedrich Engels: Die deutsche Ideologie, I. Band, Kapitel I, in: MEGA², Probeband. Editionsgrundsätze und Probestücke, Berlin 1972, S. 414/415. Eine vergleichbare Stelle findet sich in Band 3 unserer Ausgabe, S. 31. 68

66 Morgan, „Ancient society", London 1877, S. 504 (vgl. Marx, „Exzerpt Morgan", S. 169/170). 68

67 *Hierodulen* – im alten Griechenland und in den griechischen Kolonien Sklaven und Sklavinnen, die den Tempeln gehörten und unterschiedliche Funktionen hatten. In der modernen Terminologie wird davon ausgegangen, daß die weiblichen Hierodulen sich etwa in Korinth und Eryx v. a. der Tempelprostitution widmeten. Bei Strabo und Wachsmuth wird von mehr als 1000 Tempelprostituierten berichtet. Jüngere Forschung stellt die Bedeutung und sogar die Existenz der Tempelprostitution in der überlieferten Form ganz in Frage. 69

68 Tacitus, „Germania“, Kap. 18 und 19. 71

69 Sinngemäß zitiert aus Fouriers „Théorie de l’unité universelle“, 2. éd., Vol. 3. In: Œuvres complètes, T. 4, Paris 1841, S. 120. 73

70 „*Daphnis und Chloe*“ – spätantiker Hirtenroman aus dem 2. oder 3. Jahrhundert; über den Verfasser, Longos, ist nichts bekannt. 78

71 „*Gutrun*“ („Kudrun“) – anonymes, mittelhochdeutsches Heldenepos, entstanden um 1240. 79

72 Maine, „Ancient law: its connection with the early history of society, and its relation to modern ideas“, London 1861, S. 170. 80

73 Karl Marx/Friedrich Engels, „Manifest der Kommunistischen Partei“, Kapitel 1 (siehe Band 4 unserer Ausgabe, S. 462–474). 80

74 Morgan, „Ancient society“, London 1877, S. 491/492 (vgl. Marx, „Exzerpt Morgan“, S. 167). 84

75 Morgan, „Ancient society“, London 1877, S. 85/86 (vgl. Marx, „Exzerpt Morgan“, S. 207/208). 89

76 Unterwerfung durch die spanische Kolonialmacht 1519–1521. 90

77 Morgan, „Ancient society“, London 1877, S. 115 (vgl. Marx, „Exzerpt Morgan“, S. 226). 92

78 *Neutrale Nation* – als „neutres“ (frz.) bzw. „neutrals“ (engl.) wurde von den französischen Kolonisatoren im 17. Jahrhundert eine Konföderation nördlich des Eriesees bezeichnet, die bei den Auseinandersetzungen zwischen Irokesen und Huronen Neutralität gewahrt hatten. Von den anderen irokesischen Stämmen wurden sie als Attiwandaronon oder Attiwandaronk bezeichnet, die Selbstbezeichnung ist nicht überliefert. 96

79 Engels bezieht sich hier auf den antikolonialen Kampf der Zulu und Nubier gegen die englischen Kolonisatoren. Die Zulu, die im Januar 1879 von den Engländern überfallen worden waren, leisteten ein halbes Jahr lang erbitterten Widerstand. Dank der überlegenen militärischen Ausrüstung gelang es den Engländern, nach einigen Schlachten die Zulu zu besiegen. Endgültig wurden die Zulu 1887 der englischen Herrschaft unterworfen.

Der antikoloniale Kampf der Nubier, deren Siedlungsraum sich von Aswan in Ober-Ägypten bis zum Nil-Bogen südlich von Dogola im heutigen Sudan zog, begann 1881 unter Führung Muhammad Ahmads, der sich selbst „Mahdi“, d. h. „Retter“, nannte und nach dem der Aufstand benannt wurde (Mahdi-Aufstand). Einen Höhepunkt erreichte dieser Kampf 1883/1884, als nach der Zurückdrängung der englischen Kolonisatoren das „Kalifat von Omdurman“ gegründet werden konnte. Engels spielt auf die Schlacht am 5. November 1883 in der Nähe der Insel Abba südlich von Khartum an, in deren Verlauf etwa 50 000 Mahdi-Krieger das etwa 9 000 Mann starke anglo-ägyptische Expeditionsheer vollständig vernichteten. Dies bedeutete den Gewinn der Unabhängigkeit, die bis 1899 behauptet werden konnte. 96

80 Grote, „A history of Greece“, Vol. 3, London 1869, S. 54–55; die Erstausgabe dieses Werkes – Vol. 1–12 – erschien zwischen 1846 und 1856 in London. Engels zitiert nach Morgan, „Ancient society“, London 1877, S 221–222 (vgl. Marx, „Exzerpt Morgan“, S. 283). 98

81 Engels bezieht sich auf die Gerichtsrede Demosthenes’ gegen Eubulides, in der von dem alten Brauch gesprochen wird, auf den gemeinsamen Begräbnisplätzen nur Blutsverwandte zu beerdigen (vgl. Marx, „Exzerpt Morgan“, S. 283). 98

82 Engels bezieht sich hier auf eine Stelle aus dem uns nicht erhalten gebliebenen Werk des altgriechischen Philosophen *Dikäarchos*, die angeführt ist bei Wilhelm Wachsmuth, „Hellenische Alterthumskunde aus dem Gesichtspunkte des Staates“, Erster Theil, erste Abtheilung, Halle 1826, S. 312 (vgl. Marx, „Exzerpt Morgan“, S. 291). 99

83 Becker, „Charikles, Bilder altgriechischer Sitte. Zur genaueren Kenntniss des griechischen Privatlebens“, Zweiter Theil, Leipzig 1840, S. 447. Engels zitiert nach Morgan, „Ancient society“, London 1877, S. 224/225 (vgl. Marx, „Exzerpt Morgan“, S. 284). 99

84 Grote, „A history of Greece“, Vol. 3, London 1869, S. 66. Engels zitiert nach Morgan, „Ancient society“, London 1877, S. 230 (vgl. Marx, „Exzerpt Morgan“, S. 287). 100

85 Grote, „A history of Greece“, Vol. 3, London 1869, S. 60. Engels zitiert nach Morgan, „Ancient society“, London 1877, S. 233 (vgl. Marx, „Exzerpt Morgan“, S. 289). 101

86 Grote, „A history of Greece“, Vol. 2, London 1869, S. 58/59. Engels zitiert nach Morgan, „Ancient society“, London 1877, S. 235 (vgl. Marx, „Exzerpt Morgan“, S. 290). Die antike Quelle für den Sachverhalt ist: Herodotus: Historiae II, 143. 101

87 Homer, „Ilias“, Zweiter Gesang (vgl. Marx, „Exzerpt Morgan“, S. 215). 101

88 Dionysios von Halikarnaß, „Urgeschichte der Römer“, Zweites Buch, Kap. 12 (vgl. Marx, „Exzerpt Morgan“, S. 294, hier übersetzt als: „Griechisch aber war diese Sitte. In jeder Klasse hatten die griechischen Könige, sowohl jene, die das Land ihrer Vorfahren erbten, als auch jene, die durch das Volk gewählt waren, als ihre Regierenden einen Rat, zusammengesetzt aus den besten Männern, wie Homer und die ältesten Poeten bestätigen.“). 102

89 Schoemann, „Griechische Alterthümer“, Bd. 1, Berlin 1855, S. 27 (vgl. Marx, „Exzerpt Morgan“, S. 295). 103

90 Morgan, „Ancient society“, London 1877, S. 248. Morgan zitiert William Ewart Gladstones „Juventus mundi. The gods and men of the heroic age“, London 1869, S. 428. 103

91 Homer, „Ilias“, Zweiter Gesang. Vgl. Morgan, „Ancient society“, London 1877, S. 248; er verweist darauf, daß Vers 206 in manchen Handschriften fehlt (vgl. Marx, „Exzerpt Morgan“, S. 296). 104

92 Thukydides, „Geschichte des Peloponnesischen Krieges“, Buch I, Kap. 13. Engels zitiert Thukydides nach Morgan, „Ancient society“, London 1877, S. 251 (vgl. Marx, „Exzerpt Morgan“, S. 298). 105

93 Aristoteles, „Politik“, Drittes Buch, Kap. 10. Engels zitiert Aristoteles nach Morgan, „Ancient society“, London 1877, S. 251 (vgl. Marx, „Exzerpt Morgan“, S. 298). 105

94 Es ist hier die Rede von der vierten Klasse der athenischen Bürger, den Theten (Freie, aber Besitzlose), die das Recht erhielten, öffentliche Ämter zu bekleiden; da die Quelle, die diese Neuerung Aristides (5. Jh. v. u. Z.) zuschreibt, Plutarch ist, wird inzwischen davon ausgegangen, daß sie sich später vollzog, zumal Plutarch selbst deutlich später schrieb, also kein Zeitzeuge war. 113

95 *schutzverwandte fremde Einwanderer* – gemeint sind die Metöken (griech. metoikoi – Mitbewohner), freie Fremde, die nicht im Besitz des Bürgerrechts und somit ohne politische Rechte waren, aber in Athen lebten. Sie wurden durch günstige Erwerbsmöglichkeiten angezogen und erwarben sich als Kaufleute und Handwerker oft ein großes Vermögen, durften aber kein unbewegliches Eigentum besitzen. 114

96 In den Jahren 510–507 v. u. Z. stand Kleisthenes – obwohl selbst adelig – an der Spitze des Kampfes des athenischen Demos gegen die Herrschaft des alten Gentiladels, der weitgehend entmachtet wurde. Die Reformen beseitigten den letzten Rest der Gentilverfassung und bereiteten den Boden für die Entwicklung der athenischen Demokratie. 114

97 Morgan, „Ancient society“, London 1877, S. 270/271. 115

98 Im Jahre 560 v. u. Z. riß Pisistratos (Peisistratos), aus einem verarmten aristokratischen Geschlecht stammend, die Macht in Athen an sich und errichtete eine Diktatur (Tyrannis). Diese Herrschaftsform bestand mit Unterbrechung – Pisistratos wurde zweimal aus Athen verjagt, kehrte jedoch beide Male zurück – auch nach seinem Tode (527) bis zur Vertreibung seines Sohnes Hippias (510). Erst danach setzte Kleisthenes Reformen durch (siehe Anm. 96). Die Politik Pisistratos’ untergrub demnach die Stellung des

Gentiladels, hatte aber keine ernsthaften Veränderungen in der politischen Struktur des athenischen Staates zur Folge. 116

99 Die *Gesetze der zwölf Tafeln* sind das älteste kodifizierte römische Recht, aufgezeichnet um 450 v. u. Z. als Ergebnis des Kampfes zwischen Plebejern und Patriziern. Die Tafeln sind nicht überliefert. Dennoch ist von ihrer Existenz auszugehen. Die Bestimmungen sind nur fragmentarisch erhalten, etwa bei späteren Autoren wie Gajus, und stellen eine Aufzeichnung des im damaligen Rom üblichen Gewohnheitsrechts dar. 117

100 Die Schlacht im *Teutoburger Walde* (im Jahre 9 u. Z.) zwischen römischen Truppen und einem germanischen Heer endete mit dem Sieg des germanischen Heers. Die Römer wurden vernichtend geschlagen, Feldherr Varus beging Selbstmord. Bis heute ist der genaue Ort der Schlacht unklar. 118

101 Morgan, „Ancient society", London 1877, S. 293 – Morgan stützt sich auf Angaben bei Barthold Georg Niebuhr (vgl. Marx, „Exzerpt Morgan", S. 322).

Appius Claudius wurde für das Jahr 451–450 v. u. Z. in ein aus zehn Männern bestehendes Kollegium zur Aufzeichnung der Gesetze (Dezemvirn) gewählt. Das Kollegium besaß außerordentliche Gewalt. Nach Ablauf der festgesetzten Frist versuchten die Dezemvirn mit Appius Claudius, durch Usurpation die Macht des Kollegiums auch auf das Jahr 449 auszudehnen. Die Willkür und die Gewaltmaßnahmen der Dezemvirn, insbesondere des Appius Claudius, riefen jedoch einen Aufstand der Plebejer hervor, der zum Sturz der Dezemvirn führte; Appius Claudius wurde ins Gefängnis geworfen, wo er bald darauf starb.

Der *zweite Punische* Krieg (218–201 v. u. Z.) war einer der Kriege, der zwischen den beiden größten Sklavenhalterstaaten des Altertums – Rom und Karthago – um die Herrschaft im westlichen Mittelmeergebiet, die Eroberung neuer Territorien und die Gewinnung von Sklaven geführt wurde. Der Krieg endete mit der Niederlage Karthagos. 119

102 In seinem Buch „Römische Alterthümer", Bd. 1, Berlin 1856, S. 195, bezieht sich Lange auf Ph. E. Huschkes Dissertation „De privilegiis Feceniae Hispalae senatusconsulto cancessis" (Liv. XXXIX, 19), Göttingen 1822. 122

103 Theodor Mommsen, „Römische Geschichte", Bd. 1, Erstes Buch, Kap. 6; die erste Ausgabe des genannten Werkes (Bd. 1) erschien 1854 in Leipzig. In Marx' Bibliothek befand sich nur der erste Band von Mommsens „Römischen Forschungen", Berlin 1864, mit Marginalien an den Passagen, die auf Seite 119 der vorl. Ausgabe zitiert werden. Vgl. MEGA², Bd. IV/32, S. 466/467, Nr. 906.

Engels' Kritik an Mommsen geht vermutlich auf Marx' Kommentar zurück, in dem der Gentilvorsteher als „prince" erscheint: „Prinzerfindender Mommsen; lies Vorsteher des Stammes [...] Es war der Rat, Herr Mommsen, und nicht der militärische Befehlshaber, Mommsens Prinz, der regierte." (Vgl. Marx, „Exzerpt Morgan", S. 324.) 123

104 Die Eroberung von Wales durch die Engländer war 1283 abgeschlossen, Wales bewahrte sich jedoch weiter seine Autonomie; Mitte des 16. Jahrhunderts wurde es vollständig mit England vereint. 127

105 Seit spätestens Januar 1869 hatte Engels vor, eine Geschichte Irlands zu schreiben, für die er ab Sommer 1869 Literatur studierte und im September 1869 eine Reise durch Irland unternahm. Er schrieb nur das erste und Teile des zweiten Kapitels und unterbrach anläßlich des Deutsch-Französischen Krieges im Juli 1870 die Arbeit daran und nahm sie nicht wieder auf (das Fragment dieses Werkes siehe Band 16 unserer Ausgabe, S. 459–498; vgl. Vorarbeiten, Notizen und Fragmente in MEGA², Bd. I/21 und Bd. IV/20).

Aus der von Aneurin Owen in offiziellem Auftrag herausgegebenen Quellensammlung „Ancient laws and institutes of Wales", 1841, hatte Engels ein Exzerpt angefertigt (IISG, Marx-Engels-Nachlaß, Sign. J 51). Auf dieses stützt er sich bei seinen Ausführungen. Siehe auch Engels an Marx, 6. Juli 1870, Band 32 unserer Ausgabe, S. 524/525. Das exzerpierte Werk enthält eine umfängliche Sammlung altwalisischer Gesetze aus mehreren mittelalterlichen Handschriften. Für die Auseinandersetzung mit den Germanen konnte sich Engels auf seine Arbeit „Zur Urgeschichte der Deutschen“ stützen. 128

106 Siehe „Ancient laws and institutes of Wales“, Vol. 1, o. O. 1841, S. 44. 128

107 Vom 8. bis etwa 23. September 1891 machte Engels eine Reise durch Schottland und Irland. Mary Ellen Roher und Louise Kautsky begleiteten ihn. 129

108 Der Aufstand, der 1745 unter den schottischen Hochländern ausbrach, war die Antwort auf die Unterdrückung und die Vertreibung von Grund und Boden. Die Jakobiten nutzten die tiefe Unzufriedenheit unter den Hochländern aus. Ziel war u. a., Charles Edward Stuart, einen Enkel von Jakob II., als König von England einzusetzen. Eine 4500 Mann starke Armee der Hochländer unter Charles Edward begann deshalb im Herbst 1745 mit einem Aufstand. Englische Truppen schlugen ihn im Juli 1746 nieder und richteten Massaker an. Ihren Heerführer, Prinz Wilhelm August, Herzog von Cumberland, nannte man deshalb auch „Schlächter“. Der Niederschlagung folgte die systematische Zerstörung des schottischen Clansystems. (Siehe Engels an Nikolai Franzewitsch Danielson, 10. Juni 1890, Band 37 unserer Ausgabe, S. 415 sowie Marx, „Das Kapital“, Band 23 unserer Ausgabe, S. 757–761.) 130

109 Morgan, „Ancient society“, London 1877, S. 357/358. 130

110 Beda Venerabilis, „Historia Ecclesiastica“, Buch I, Kap. 1. 130

111 Vgl. Morgan, „Ancient society“, London 1877, S. 359/360. Morgan bezieht sich auf: Cäsar, „Der gallische Krieg“, Buch VI, Kap. 22. Vgl. Marx, „Exzerpt Morgan“, S. 353–355, wo Marx das Zitat nach einer Ausgabe in der Originalsprache anführt und in größerem Kontext. 131

112 „*Alamannisches Volksrecht*“ – eine aus dem Ende des 6. oder Anfang des 7. Jahrhunderts und aus dem 8. Jahrhundert stammende Aufzeichnung des Gewohnheitsrechts des germanischen Stammes der Alemannen (Alamannen). Die Alemannen bewohnten seit dem 5. Jahrhundert das Territorium des heutigen Elsaß, der heutigen Schweiz und Südwestdeutschlands. Engels bezieht sich hier auf das Gesetz LXXXI (LXXXIV) des „Alamannischen Volksrechts“.

Engels befaßte sich mit den germanischen Volksrechten in Vorbereitung auf seine Studie „Die Mark“ (Band 19 unserer Ausgabe, S. 315–330), die erstmals als Anhang zu seiner Schrift „Die Entwicklung des Sozialismus von der Utopie zur Wissenschaft“ 1882 erschien. Auf die Studie berief er sich auch in seiner Arbeit „Zur Urgeschichte der Deutschen“ (ebenda, S. 458/458). 131

113 „*Hildebrandslied*“ – fragmentarisch erhaltenes Heldengedicht, das auf gotisch-langobardischer Sagentradition der Völkerwanderungszeit beruht. Es wurde Anfang des 9. Jahrhunderts von einer althochdeutschen Vorlage aus dem 8. Jahrhundert abgeschrieben; ältester überlieferter deutscher Sagentext. 132 158

114 Tacitus, „Germania“, Kap. 7, 2. 132

115 Diodorus Siculus, „Bibliotheca historica quae supersunt“, Vol. 4, Kap. 34, 43/44. 133

116 „*Völusâ*“ – eines der Lieder aus der „älteren Edda“ (siehe Anm. 40). 133

117 Nach Tacitus, „Germania“, Kap. 8, 2, wurde Veleda „von den meisten lange Zeit wie eine Göttin angesehen“. Ausführlich, wenn auch nicht widerspruchsfrei, schildert der Autor den Bataver-Aufstand und die Rolle der Veleda darin im 4. und 5. Buch seiner „Historiae“.

Nach dem Sturz Neros erhoben sich ab August 69 u. Z. Hilfstruppen aus dem nur unter lockerer römischer Aufsicht stehenden Bataver und weiteren germanischen und keltischen Stämmen. Der Aufstand dauerte ein Jahr. Die Erhebung wuchs in einen Volksaufstand hinüber, dem sich aus unterschiedlichen Motiven nordostgallische (belgische) und germanische Stämme, darunter die Brukterer, anschlossen. Im Laufe des Jahres 70 kam es zu Differenzen unter den Aufständischen und die römische Macht konnte sich unter dem neuen Kaiser Vespasianus konsolidieren. Das Ende des Aufstands ist nicht genau bekannt, da das 5. Buch der „Historiae" nicht vollständig überliefert ist, das mit der „Kapitulationsrede" des Civilis endet. 134

118 Cäsar, „Der gallische Krieg", Buch IV, Kap. 1, 7. 135

119 Tacitus, „Germania", Kap. 26, 3. 136

120 „*Codex Laureshamensis*" („Lorscher Chartular") – Kopialbuch des Klosters von Lorsch unweit von Worms, in dem die Abschriften empfangener Urkunden über Schenkungen, Privilegien u. a. gesammelt sind. Der Schwerpunkt der Sammlung liegt auf dem 8. und 9. Jahrhundert. Allein aus der Zeit zwischen 764, dem Jahr der Klostergründung, und 800 sind etwa 2700 Urkunden überliefert. Das im 12. Jahrhundert angefertigte Kopialbuch zählt zu den wichtigsten Quellen der Geschichte des bäuerlichen und des feudalen Grundbesitzes im 8. und 9. Jahrhundert und wurde in der von Engels herangezogenen Literatur (von Georg Ludwig von Maurer, Paul Rudolph von Roth) mehrfach zitiert. 137

121 Cäsar, „Der gallische Krieg", Buch IV, Kap. 1, 8; Plinius, „Naturgeschichte", Buch XVIII, Kap. 17. 137

122 Plinius, „Naturgeschichte", Buch IV, Kap. 14, 100. Während andere Werke von Plinius ganz oder bis auf wenige Fragmente verloren sind, ist die „Naturgeschichte", eine monumentale Enzyklopädie in 37 Büchern, vollständig erhalten. Siehe Francesca Berno: „Plinius d. Ä. (Gaius Plinius Caecilius Secundus maior). Naturalis historia", in: Die Rezeption der antiken Literatur. Kulturhistorisches Werklexikon, hrsg. v. Christine Walde, Stuttgart 2010, S. 697. – Peukiner gelten als Teilstamm der Bastarnen. 142

123 Liutprand von Cremona, „Antapodosis", Buch VI, Kap. 6. Trotz seiner Bedeutung gilt das Werk nicht als glaubwürdige Quelle. 145

124 Salvianus von Marseille, „De gubernatione die", Buch V, Kap. 8. Das Werk ist Mitte des 5. Jahrhunderts entstanden und gilt als einzige erhaltene schriftliche Quelle für die Zeit des Übergangs von der römischen zur germanischen Herrschaft am Rhein. 145

125 *Benefizium* (beneficium – wörtlich: Wohltat) – Form der Landverleihung, die in der ersten Hälfte des 8. Jahrhunderts im Frankenreich weit verbreitet war. Der als Benefizium übertragene Grund und Boden ging mit den auf ihm lebenden abhängigen Bauern auf Lebenszeit in Nutznießung des Empfängers (Benefiziar) unter der Bedingung bestimmter Dienstleistungen über; meistens waren sie militärischer Art. Starb der Verleiher oder der Empfänger, so fiel es dem Eigentümer oder dessen Erben zu. Vernachlässigte der Benefiziar seine Untertanenpflichten oder sein Gut, konnte das Benefizium vom Verleiher eingezogen werden. Zur Erneuerung des bisherigen Verhältnisses mußte eine neue Übertragung an den Empfänger oder dessen Erben stattfinden. Zur Verleihung von Benefizien ging nicht nur die Krone über, sondern auch große Magnaten und die Kirche. Das Benefizialsystem trug bei zur Herausbildung der Vasallenverhältnisse und der Feudalhierarchie. Im Verlaufe der Zeit entwickelte sich das Benefizium mehr und mehr zum Erblehen. Über die Rolle des Benefizialsystems in der Geschichte der Entwicklung des Feudalismus siehe Engels' „Fränkische Zeit" (Band 19 unserer Ausgabe, S. 474–518). 147

126 *Gaugrafen* – im Frankenreich königliche Beamte, die an der Spitze eines Gaues oder einer Grafschaft standen und richterliche, polizeiliche und militärische Obliegenheiten wahrzunehmen hatten. Für ihre Dienste bezogen sie ein Drittel der königlichen Einkünfte aus ihren Gauen, außerdem wurden sie mit Grundstücken belehnt. Im Verlaufe der Zeit verwandelten sich die Gaugrafen in Feudalherren, die souveräne Macht besaßen; dies geschah besonders nach 877, als die Grafenämter erblich wurden. Vgl. auch Friedrich Engels' „Fränkische Zeit" (Band 19 unserer Ausgabe, S. 485–491). 147

127 *Irminons Grundbuch* (Polyptichon) – ein Verzeichnis der Ländereien und der auf diesen sitzenden Hörigen sowie der Einkünfte des Klosters Saint-Germain-des-Prés, das der Abt Irminon im 9. Jahrhundert zusammengestellt hat. Engels zitiert nach Paul Roth,

„Geschichte des Beneficialwesens von den ältesten Zeiten bis ins zehnte Jahrhundert“, Erlangen 1850, S. 378. 148

128 *Kolonen und Liten* – halbfreie, fron- und abgabepflichtige Bauern in der Epoche der Merowinger und Karolinger. Zwischen beiden lässt sich jedoch zu der in Rede stehenden Zeit kein signifikanter Unterschied nachweisen. Vgl. Friedrich Engels' „Fränkische Zeit“ (Band 19 unserer Ausgabe, S. 480). 148

129 *Angarien* – zur römischen Kaiserzeit Verpflichtungen der Untertanen, Fuhrwerke und Träger ihrer Herrschaft stellen zu müssen. Da diese Frondienste in der Folgezeit immer umfangreicheren Charakter annahmen, wurden sie zur schweren Last. 148

130 *Kommendation* – in Europa im 8. und 9. Jahrhundert verbreitete rituelle Handlung, durch die sich ein Schwächerer (Vasall) dem „Schutz“ eines Stärkeren (Lehnsherr) unter bestimmten Bedingungen unterstellt (militärische u. a. Dienstleistungen, Übergabe des Grund und Bodens, um es als Lehen zurückzuempfangen). Die Kommendation bedeutete für die Bauern, die oft zu diesem Akt gezwungen wurden, den Verlust der persönlichen Freiheit und für die kleinen Grundbesitzer die Abhängigkeit von den großen Feudalherren. Die Kommendation stellt ein personengebundenes Treueverhältnis dar, das erst mit dem Tode aufgehoben wurde. 149

131 Fourier, „Théorie des quatre mouvements et des destinées générales“. In: Œuvres complètes, T. 1, Paris 1846, S. 220. Die Erstausgabe des Buches erschien anonym 1808 in Lyon. Aus dem betreffenden Band fertigte sich Engels Exzerpte an (IISG, Marx-Engels-Nachlaß, Sign. J 51). Diese Auszüge schließen unmittelbar an die für den „Ursprung der Familie“ benutzten Exzerpte aus „Ancient laws and institutes of Wales“ an. Siehe Anm. 105. 150

132 Die *Schlacht bei Hastings* fand 1066 zwischen den Truppen des in England eingedrungenen Herzogs der Normandie, Wilhelm, und den Angelsachsen unter König Harald statt. Die Angelsachsen wurden vernichtend geschlagen. An Stelle des in der Schlacht getöteten Königs Harald wurde Wilhelm – unter dem Namen Wilhelm I. der Eroberer – König von England. 158

133 Molière, „George Dandin, ou le mari confondu“, Erster Akt, 9. Szene. 162

134 *Dithmarschen* – Landschaft im südwestlichen Teil des heutigen Schleswig-Holstein. Im Altertum war es von Sachsen bewohnt, wurde im 8. Jahrhundert von Karl dem Großen erobert und befand sich danach im Besitz verschiedener geistlicher und weltlicher Feudalherren.

Dithmarschen erlebte eine eigentümliche gesellschaftliche Entwicklung. In der Mitte des 12. Jahrhunderts erlangten die Bewohner Dithmarschens, unter denen die freien Bauern vorherrschten, allmählich Selbständigkeit; sie widersetzten sich erfolgreich den wiederholten Versuchen der dänischen Könige und holsteinischen Herzöge, dieses Gebiet zu unterwerfen. Vom Anfang des 13. bis zur Mitte des 16. Jahrhunderts war es eine von Feudalgewalten freie, sich selbst verwaltende Bauernrepublik, in der gentile Traditionen fortbestanden. Diese erhielten sich auch nach dem Verlust der Unabhängigkeit bis ins 19. Jahrhundert hinein.

Niebuhr, der seine Jugend teilweise in dem dithmarsischen Ort Meldorf verbrachte, zog anhand seiner Beobachtungen vor Ort Parallelen zur griechischen und römischen Gens. Niebuhr, „Römische Geschichte“, 3., verm. und verb. Aufl. Th. 1. Berlin 1828, S. 353. Diese Ansicht, daß die Gentes bzw. Familienverbände relativ spät entstanden seien und nicht auf realer Verwandtschaft beruhten, wurde bereits in Morgan, „Ancient society“, London 1877, S. 233/234 und 294/295 in Frage gestellt, eine Kritik, der sich Marx anschloß („Exzerpt Morgan“, S. 289). 165

135 Hegel, „Grundlinien der Philosophie des Rechts“, §§ 257 und 360. Die Erstausgabe dieser Arbeit erschien 1821 in Berlin. 165

136 Diese Vorbemerkung schrieb Engels zwischen dem 27. und 29. Juni, nachdem Eduard Bernstein ihm am 20. Juni 1884 mitgeteilt hatte, daß Marx' Schrift „Lohnarbeit und

Kapital“ (siehe Band 6 unserer Ausgabe, S. 397–423) vergriffen und auf Grund der großen Nachfrage eine Neuauflage der Einzelausgabe geplant sei. Diese erschien im Oktober 1884; die Vorbemerkung ist auch in der von Engels verfaßten Einleitung zur Ausgabe von 1891 vollständig enthalten (siehe Band 22 unserer Ausgabe). 174

137 Der *Deutsche Arbeiterverein* in Brüssel wurde Ende August 1847 mit dem Ziel gegründet, die in Belgien lebenden deutschen Arbeiter zu organisieren. Er zählte 37 Gründungsmitglieder, unter ihnen Marx und Engels (siehe Band 19 unserer Ausgabe, S. 59 sowie 181/182). Die Mitgliederzahl stieg bis Ende Oktober auf 70 und bis Anfang 1848 auf etwa 100. Der Verein diente den Brüsseler Kommunisten als organisatorische Basis und spielte eine wichtige Rolle bei der Gründung der Brüsseler Association démocratique (siehe Anm. 198). Bald nach der Februarrevolution 1848 in Frankreich, als die belgische Polizei die meisten Mitglieder des Deutschen Arbeitervereins verhaftete und auswies, stellte der Verein seine Tätigkeit ein. 174

138 „Das Elend der Philosophie. Antwort auf Proudhons ‚Philosophie des Elends'“ von Karl Marx (siehe Band 4 unserer Ausgabe, S. 63–182) war in französischer Sprache geschrieben, 1847 in Paris und Brüssel herausgegeben und zu Lebzeiten von Marx nicht mehr aufgelegt worden.

Für die erste deutsche Ausgabe, die im Januar 1885 in Stuttgart erschien, schrieb Engels zwischen dem 21. und 23. Oktober 1884 das vorliegende Vorwort, redigierte die Übersetzung und machte eine Reihe von Fußnoten. Bereits Anfang Januar desselben Jahres war das Vorwort auf Engels' VerAnlaßung in der Zeitschrift „Die Neue Zeit“ unter der Überschrift „Marx und Rodbertus“ veröffentlicht worden. Das Vorwort wurde auch in die zweite deutsche Auflage „Das Elend der Philosophie. Antwort auf Proudhons ‚Philosophie des Elends'“, Stuttgart 1892, aufgenommen; zu dieser Auflage schrieb Engels noch eine kurze Vorbemerkung (siehe Band 22 unserer Ausgabe).

„Die Neue Zeit“ – theoretische Zeitschrift der deutschen Sozialdemokratie, erschien in Stuttgart von 1883 bis Oktober 1890 monatlich, danach bis zum Herbst 1923 wöchentlich. Herausgeber der Zeitschrift war von 1883 bis Oktober 1917 Karl Kautsky, von Oktober 1917 bis zum Herbst 1923 Heinrich Cunow. In der Zeit von 1885 bis 1894 schrieb Engels für diese Zeitschrift eine Reihe von Artikeln, begleitete die redaktionelle Arbeit mit seinen Ratschlägen und mit Kritik. Ab den neunziger Jahren – nach dem Ende des Sozialistengesetzes 1890 und Engels' Tod 1895 – und bis zu ihrem Ende war die Zeitschrift von politischen Konflikten durchzogen, die auch die Sozialdemokratie auszeichnete; darüber hinaus war sie aber auch mit der Kritik aus der Partei konfrontiert, zu wissenschaftlich zu sein. 175

139 Marx schrieb den Artikel „Über Proudhon“ am 24. Januar 1865 anläßlich des Todes Proudhons auf Ersuchen Schweitzers, des Redakteurs des „Social-Demokrat“. Er wurde in den Nr. 16–18 vom 1., 3. und 5. Februar 1865 veröffentlicht (siehe Band 16 unserer Ausgabe, S. 25–32).

Marx lernte Proudhon etwa Ende September/Anfang Oktober 1844 kennen. Noch am 5. Mai 1846 versuchte er ihn für eine Mitarbeit am Kommunistischen Korrespondenz-Komitee zu gewinnen (MEW, Bd. 27, S. 442/443), dem Jahr, in dem Proudhons Buch erschien, das Marx heftig kritisierte. Über ihre gemeinsamen Diskussionen 1844 schrieb Marx: „Während meines Aufenthalts in Paris, 1844, trat ich zu Proudhon in persönliche Beziehung. Ich erwähne das hier, weil ich zu einem gewissen Grad mit schuld bin an seiner ‚Sophistication', wie die Engländer die Fälschung eines Handelsartikels nennen. Während langer, oft übernächtiger Debatten infizierte ich ihn zu seinem großen Schaden mit Hegelianismus, den er doch bei seiner Unkenntnis der deutschen Sprache nicht ordentlich studieren konnte.“ (Band 16 unserer Ausgabe, S. 27.)

„Der Social-Demokrat“ – Organ des Allgemeinen Deutschen Arbeitervereins, das vom 15. Dezember 1864 bis 1871 erschien. Von 1864 bis 1865 wurde es unter der Redaktion Johann Baptist von Schweitzers herausgegeben. Ab Nr. 79 vom 1. Juli 1865 erschien die Zeitung unter dem Titel „Social-Demokrat“.

Marx und Engels, die über kein anderes Publikationsorgan zur Einwirkung auf die deutsche Arbeiterbewegung verfügten, sagten ihre Mitarbeit am „Social-Demokrat" zu. Johann Baptist von Schweitzer hatte ihnen im November 1864 das programmatische Prospekt der Zeitung zugesandt. Bereits im Februar 1865 hörte ihre Mitarbeit wegen prinzipieller Meinungsverschiedenheiten mit Schweitzer auf. 175

140 Die Erklärung über die Einstellung ihrer Mitarbeit am „Social-Demokrat" verfaßte Marx am 18. Februar 1865 und wurde mit Engels' Unterschrift fünf Tage später an die Redaktion der Zeitung übersandt; Johann Baptist von Schweitzer verfaßte anonym eine Artikelserie, in der die Politik der Regierung Bismarck offen unterstützt wurde. Nachdem der Brief auf Initiative von Marx in mehreren deutschen Zeitungen veröffentlicht worden war, erschien er schließlich am 3. März 1865 auch im „Social-Demokrat" (siehe Band 16 unserer Ausgabe, S. 79). 175

141 Engels verweist hier auf sein Vorwort zur ersten deutschen Ausgabe des zweiten Bandes von Karl Marx' „Kapital", datiert auf den 5. Mai 1885 (siehe Band 24 unserer Ausgabe). 175

142 Diese gegen Marx gerichteten Anschuldigungen sind enthalten in den Briefen von Rodbertus an Rudolph Meyer vom 29. November 1871 (siehe „Briefe und Socialpolitische Aufsätze von Dr. Rodbertus-Jagetzow. Herausgegeben von Dr. Rudolph Meyer", Bd. I, Berlin, S. 134) und im Brief an J. Zeller vom 14. März 1875 (siehe „Zeitschrift für die gesammte Staatswissenschaft", Bd. 35, Tübingen 1879, S. 219). 175

143 Rodbertus, „Sociale Briefe an von Kirchmann. Zweiter Brief: Kirchmann's sociale Theorie und die meinige", Berlin 1850, S. 54. 176

144 1821 erschien in London ein anonymes Pamphlet unter dem Titel „The source and remedy of the national difficulties, deduced from principles of political economy, in a letter to Lord John Russell". Diese Schrift wird inzwischen Charles Wentworth Dilke zugeschrieben. Engels ging darauf und auf weitere englische Literatur der zwanziger Jahre des 19. Jahrhunderts in seinem Vorwort zum zweiten Band des „Kapitals" ein (siehe Band 24 unserer Ausgabe, S. 18–21). 176

145 Karl Marx, „Das Elend der Philosophie. Antwort auf Proudhons ‚Philosophie des Elends'", Band 4 unserer Ausgabe, S. 98; die Hervorhebungen und die eingeklammerten Worte stammen von Engels; die Übersetzung weicht von der von Kautsky/Bernstein ab. 177

146 David Ricardo, „On the principles of political economy, and taxation". In der ersten, 1817 in London erschienenen Ausgabe dieser Schrift fehlt die von Engels angeführte Einteilung der Kapitel in Sektionen; diese Einteilung hat Ricardo erst von der zweiten Ausgabe an vorgenommen, die 1819 herauskam. 1821 erschien die vom Verfasser bedeutend umgearbeitete dritte Ausgabe. Diese nutzte Marx für seine Schrift „Zur Kritik der politischen Ökonomie. Erstes Heft" von 1859, die Engels weiter unten zitiert. 179

147 1871 veröffentlichte Rodbertus den Artikel „Der Normal-Arbeitstag" in der „Berliner Revue" vom 16., 23. und 30. September. Noch im gleichen Jahr kam dieser Artikel als Broschüre in Berlin heraus. 180

148 Engels deutet hier auf die Gruppe von Personen hin, die an der Herausgabe des literarischen Nachlasses von Rodbertus-Jagetzow, insbesondere seiner Schrift „Das Kapital. Vierter socialer Brief an von Kirchmann", Berlin 1884, mitgewirkt haben. Herausgeber dieses Buches war Theophil Kozak, der auch die Einleitung verfaßte; das Vorwort schrieb Adolph Wagner. 180

149 Es handelt sich um einen Auszug aus Karl Marx' „Zur Kritik der Politischen Oekonomie", Berlin 1859, in dem die Positionen John Grays einer Kritik unterzogen werden (siehe Band 13 unserer Ausgabe, S. 66–68). Dieser Auszug ist als Anhang I in der ersten deutschen Ausgabe des „Elends der Philosophie", Stuttgart 1885, enthalten. 180

150 Rodbertus-Jagetzow, „Zur Erkenntniß unsrer staatswirthschaftlichen Zustände", Neubrandenburg und Friedland 1842, S. 61. 180

151 Engels bezieht sich auf folgende Stelle im Vorwort Adolph Wagners zu Rodbertus' Schrift „Das Kapital. Vierter socialer Brief an von Kirchmann", Berlin 1884, S. VII–VIII: „Rodbertus zeigt hier eine Kraft des abstrakten Denkens, wie sie nur den größten Geistern eigen ist." 180

152 Rodbertus-Jagetzow, „Zur Erkenntniß unsrer staatswirthschaftlichen Zustände", Neubrandenburg und Friedland 1842, S. 62. 181

153 Paragraph 110 des Strafgesetzbuches für das Deutsche Reich, das 1871 in Kraft trat, sah eine Geldstrafe bis zu 200 Talern oder Gefängnis bis zu zwei Jahren vor für Personen, die durch Verbreitung oder öffentlichen Anschlag von Schriften zum Ungehorsam gegen Gesetze oder rechtsgültige Verordnungen auffordern. 186

154 Engels verfaßte unter Hinzuziehung des Handexemplars von Marx mit dessen Bemerkungen wahrscheinlich im Februar/März 1884 „Notes et changements pour une 2ième édition de Karl Marx: ‚Misere de la philosophie'" (MEGA², Bd. I/30, S. 22). Die zweite französische Ausgabe, die damals von Marx' Tochter Laura Lafargue vorbereitet wurde, erschien jedoch erst 1896 in Paris, nach Engels' Tod. 187

155 Den vorliegenden Artikel schrieb Engels am 25. Januar 1885 für den „Sozialdemokrat". Wahrscheinlich zur gleichen Zeit richtete er einen Brief an Paul Lafargue, der in anderen Worten und in zusammengedrängter Form die gleichen Tatsachen und Gedanken enthielt. Lafargue übergab diesen Brief Jules Guesde, der ihn dann seinem als Leitartikel des „Le Cri du peuple" am 31. Januar 1885 erschienenen Aufsatz zugrunde legte. In diesem Artikel zitierte Guesde einen größeren Ausschnitt aus dem Brief von Engels, ohne dessen Namen zu nennen, fügte jedoch die Bemerkung hinzu, daß er diesen Brief aus London von „einem Veteranen unserer großen sozialen Kämpfe" erhalten habe. In der Folgezeit wurde Engels' Artikel mehrfach übersetzt und nachgedruckt.

„*Le Cri du peuple*" – sozialistische Tageszeitung, die von Februar bis Mai 1871 und von Oktober 1883 bis Ende Januar 1889 in Paris herausgegeben wurde. 188

156 Engels erwähnt hier das im Januar 1885 zwischen Preußen und Rußland getroffene Abkommen über gegenseitige Auslieferung von Personen, denen Verbrechen oder Vergehen gegen das Staatsoberhaupt oder ein Mitglied seiner Familie sowie rechtswidrige Herstellung oder Lagerung von Dynamit zur Last gelegt werden. Anlaß waren drei Sprengstoffanschläge auf Regierungsgebäude in London am 24. Januar 1885. Seit der russische Zar Alexander II. im März 1881 einem Attentat zum Opfer gefallen war, verstärkten die europäischen Großmächte ihre polizeiliche Zusammenarbeit, die sich gegen die anarchistische und sozialistische Bewegung richtete. Obwohl die Auslieferungsverträge zunächst nicht zustande kamen, war ein internationales Spitzelnetzwerk entstanden. Bismarck nutzte die repressive Stimmung bereits 1884, um für eine Verlängerung des Sozialistengesetzes zu werben. 188

157 Die 1876/1877 in London lebende russische Publizistin Olga Alexejewna Nowikowa, die zu den herrschenden Kreisen Rußlands wie auch zu den führenden Kreisen der Liberalen Partei Englands Beziehungen hatte, beteiligte sich in engem Kontakt mit Gladstone aktiv an der in England und Rußland um sich greifenden Kampagne gegen die Versuche der konservativen Regierung Disraeli, England auf der Seite der Türkei in den Krieg gegen Rußland hineinzuziehen. Dies geschah während des serbisch-montenegrinisch-türkischen Krieges von 1876 und des Russisch-Türkischen Krieges 1877/1878, zu einer Zeit, da die Befreiungsbewegung der Balkanslawen gegen die Türkei einen Höhepunkt erreicht hatte. Die Kampagne trug dazu bei, daß England an diesem Kriege nicht teilnahm.

Marx versuchte in diesen Jahren gesammeltes Material in der englischen Presse unterzubringen. Nachdem Collet Dobson Collet, Herausgeber der „Diplomatie Review", Bedenken äußerte, wandte er sich an Maltman Barry, der mit Marx' Zuarbeit drei Artikel für konservative Blätter schrieb. Vgl. zur Mitarbeit von Marx an den Anti-Gladstone-Artikeln Maltman Barrys MEGA², Bd. I/25, S. 1169–1174. Engels wußte von Marx' Bemühungen um eine rasche Veröffentlichung des geheimen Materials, siehe Marx an Engels, 5. und 7. März 1877 (Band 34 unserer Ausgabe, S. 36 und 41) sowie Marx an Friedrich Adolph Sorge, 27. September 1877 (ebenda, S. 296).

„*The Pall Mall Gazette*" – Londoner Abendzeitung, erschien von 1865 bis 1920; in den sechziger Jahren konservativer Richtung. Marx und Engels standen von Juli 1870 bis Juni 1871 mit ihr in Verbindung. Von 1870 bis 1871 wurden in dieser Zeitung Engels' Artikelserie über den Deutsch-Französischen Krieg 1870/71 sowie die Erste Adresse und Auszüge aus der Zweiten Adresse des Generalrats über den Deutsch-Französischen Krieg veröffentlicht. Wie Marx bemerkte, war die „Pall Mall Gazette" eine Zeitlang „die einzige unbestechliche Zeitung in London". Ende Juli 1871 schloß sie sich jedoch der politischen Stimmung gegen die Internationale an, die von der bürgerlichen Presse im Zusammenhang mit der Pariser Kommune entfesselt wurde. Dieser Umstand veranlaßte Marx und Engels, alle Verbindungen zur „Pall Mall Gazette" abzubrechen. 188

158 Der Artikel „*England 1845 und 1885*" wurde von Engels für den „Commonweal" geschrieben und erschien im März 1885. Er wurde von ihm selbst ins Deutsche übersetzt, mit einigen Veränderungen für die deutschen Leser, und im Juni 1885 in der „Neuen Zeit" veröffentlicht. Engels nahm ihn später vollständig in den Anhang der 1887 veröffentlichten US-amerikanischen Ausgabe (siehe vorl. Band, S. 250–256) und 1892 in das Vorwort zur englischen und zweiten deutschen Ausgabe seiner Arbeit „Die Lage der arbeitenden Klasse in England" (siehe Band 22 unserer Ausgabe) auf. Die Übersetzung des Buchs und der Briefwechsel mit der Übersetzerin, Florence Kelley-Wischnewetzky, war Anregung für diesen Text (Briefe Engels vom 4. Februar 1885, Band 36 unserer Ausgabe, S. 278; 10. Februar 1885, ebenda, S. 280).

„*The Commonweal*" – englische Wochenschrift, erschien von 1885 bis 1891 und von 1893 bis 1894 in London; Organ der Sozialistischen Liga. Engels veröffentlichte von 1885 bis 1886 einige Artikel in dieser Zeitschrift. 191

159 Siehe „The Quarterly Review", Vol. 71, London 1843, S. 273. Dort wird die Passage zitiert nach dem „Stockport Chronicle" vom 18. März 1843. Engels zitiert sie bereits Ende 1845 für einen Artikel in „Telegraph für Deutschland" (Nr. 193, Dezember 1845), ohne Nennung von Quelle und Autor („Geschichte der englischen Korngesetze", siehe Band 2 unserer Ausgabe, S. 587). 191

160 *Volks-Charte* (people's charter) – Dokument, das die Forderungen der Chartisten enthielt; es wurde am 8. Mai 1838 als Gesetzentwurf, der ins Parlament eingebracht werden sollte, veröffentlicht. Die Forderungen waren: 1. allgemeines Wahlrecht (für Männer über 21 Jahre), 2. jährliche Parlamentswahlen, 3. geheime Abstimmung, 4. Ausgleichung der Wahlkreise, 5. Abschaffung des Vermögenszensus für die Kandidaten zu den Parlamentswahlen, 6. Diäten für die Parlamentsmitglieder. Drei Petitionen der Chartisten, die die Annahme der Volks-Charte forderten, wurden dem Parlament vorgelegt und von diesem 1839, 1842 und 1849 abgelehnt. 191

161 Die Chartisten hatten zum *10. April 1848* in London zu einer Massenkundgebung aufgerufen, von der aus die dritte Petition über die Annahme der Volks-Charte dem Parlament überreicht werden sollte. Die Regierung verbot die Demonstration, Truppen und Polizei wurden zusammengezogen, um die Demonstration zu verhindern. Die Führung der Chartisten war schon zuvor gespalten und es herrschte keine einheitliche Haltung, wie mit der Situation umzugehen sei. Es wurde schließlich auf die Demonstration verzichtet und eine Delegation wurde beauftragt, die Petition zu übergeben. Es folgten Repressalien gegen die Chartisten und die Petition wurde auf Grund zu weniger Unterschriften wieder zurückgezogen. Das Ereignis führte Engels zufolge „zu einer vollständigen und entscheidenden Niederlage der Bewegungspartei" („Revolution und Konterrevolution in Deutschland", siehe Band 8 unserer Ausgabe, S. 57). 191

162 Gemeint ist die *Reformbill* (Gesetz über die Wahlreform), die 1831 vom englischen Unterhaus angenommen und am 7. Juni 1832 von König Wilhelm IV. bestätigt wurde. Die Reform veränderte das Machtverhältnis zwischen Grund- und Finanzaristokratie zugunsten der städtischen Mittelklasse. Wählen konnte nur, wer im Wahlkreis Eigentum mit einem Reinertrag von zehn Pfund besaß oder jährlich zehn Pfund Miete zahlte. Erstmals wurde das Wahlrecht auch ländlichen Pächtern gewährt, die eine bestimmte Höhe Pacht entrichteten. Während den Vertretern der industriellen Bourgeoisie (Whigs) der Zutritt zum Parlament erleichtert wurde, bekamen das Proletariat und das Kleinbürgertum weiterhin kein Wahlrecht (vgl. Engels, „Die Lage Englands. Die englische Konstitution", siehe Band 1 unserer Ausgabe, S. 574–577). 192

163 Die *Kornzölle* wurden in England auf Grund der 1815 eingeführten sog. Korngesetze erhoben, die – im Interesse der großen Grundbesitzer, der Landlords – auf eine Beschränkung oder das Verbot der Getreideeinfuhr aus dem Ausland gerichtet waren. Der Kampf zwischen der industriellen Bourgeoisie und den großen Grundbesitzern endete 1846 mit der Annahme des Gesetzes über die Abschaffung der Korngesetze, die einen harten Schlag für die großen Grundbesitzer darstellte. 192 251 360

164 Mit den Hervorhebungen gibt Engels den Inhalt der Hauptforderungen der Volks-Charte (siehe Anm. 160) wieder. 193

165 Unter gesellschaftlichem Druck wurde 1867 die zweite Parlamentsreform in England durchgeführt. Nach dem neuen Gesetz war der Vermögenszensus für die Wähler in den Grafschaften herabgesetzt; für die Pächter betrug er jetzt 12 Pfd. St. jährlich. In den Städten erhielten das Wahlrecht alle Hausbesitzer und -pächter sowie Wohnungsmieter, die nicht unter einem Jahr am selben Ort lebten und eine Wohnungsmiete von mindestens 10 Pfd. St. zahlten. Auch ein Teil der qualifizierten Arbeiter erhielt das Wahlrecht. Durch diese Reform erhöhte sich die Zahl der Wahlberechtigten um mehr als das Doppelte.

1884 wurde schließlich in den ländlichen Bezirken die dritte Parlamentsreform durchgeführt. Die Landkreise erhielten damit das Wahlrecht zu gleichen Bedingungen wie 1867 die Stadtkreise. Beträchtliche Bevölkerungsschichten, das Dorfproletariat, die armen Städter sowie alle Frauen, waren jedoch auch nach der dritten Wahlreform ohne Wahlrecht. 193

166 *East End* – Londoner Osten, der vorwiegend vom Proletariat und anderen armen Bevölkerungsschichten bewohnt wird. 195 382

167 Siehe „Report of the fifty-third meeting of the British Association for the Advancement of Science; held at Southport in September 1883", London 1884, S. 608/609.

Die *British Association for the Advancement of Science* wurde 1831 gegründet, in Absetzung von der als elitär und zu konservativ empfundenen *Royal Society*, der 1660 gegründeten britischen Akademie der Wissenschaften. Sie existiert noch heute; die Materialien der Jahresversammlung der Gesellschaft werden in Form von Berichten veröffentlicht. 196

168 Die Broschüre „Karl Marx vor den Kölner Geschwornen. Prozeß gegen den Ausschuß der rheinischen Demokraten wegen Aufrufs zum bewaffneten Widerstand", Hottingen-Zürich 1885, erschien als zweite Veröffentlichung der „Sozialdemokratischen Bibliothek", die in deutscher Sprache in Zürich und danach von 1885 bis 1890 in London herausgegeben wurde. Die Broschüre enthält den Zeitungsbericht über den Prozeß, entnommen der „Neuen Rheinischen Zeitung" Nr. 226 und 231–233 vom 19., 25., 27. und 28. Februar 1849. – Hermann Schlüter, Leiter des Verlags der Volksbuchhandlung in Hottingen bei Zürich, hatte das Anliegen, verlorengegangene oder schwer zugängliche Artikel der sozialistischen Bewegung, die von bleibendem Interesse waren, zu sammeln und in Form von Broschüren herauszugeben (siehe Vorwort zum vorliegenden Band). Diese Initiative mag Engels' Bedürfnis entgegengekommen sein, die gemeinsame Geschichte mit Marx aufzuschreiben bzw. zugänglich zu machen. Engels erklärte sich

bereit, eine Vorrede beizusteuern (Engels an Schlüter, 16. Juni 1885, Band 36 unserer Ausgabe, S. 333/334. 198

169 Es handelt sich um die Aufforderung des Rheinischen Kreisausschusses der Demokraten zur Steuerverweigerung vom 18. November 1848 (siehe Band 6 unserer Ausgabe, S. 33). 199

170 *„preußische Spitze"* – Der König von Preußen, Friedrich Wilhelm IV., hatte am 20. März 1848 seine Bereitschaft verkündet, sich „zur Rettung Deutschlands an die Spitze des Gesamtvaterlandes" zu stellen. In den Jahren des Kampfes um die Einigung Deutschlands bezeichnete man mit diesem Ausdruck die Bestrebungen Preußens, Deutschland unter seiner Hegemonie zu einigen. 199

171 Der Prozeß gegen die „Neue Rheinische Zeitung" fand am 7. Februar 1849 statt. Vor dem Geschworenengericht in Köln standen Karl Marx als Chefredakteur, Friedrich Engels als Mitredakteur und Hermann Korff als verantwortlicher Herausgeber (Gerant) der Zeitung. Ihnen wurde vorgeworfen, der Artikel „Verhaftungen", veröffentlicht in Nr. 35 der „Neuen Rheinischen Zeitung" vom 5. Juli 1848 (siehe Band 5 unserer Ausgabe, S. 166–168), enthalte eine Beleidigung des Oberprokurators Zweiffel und eine Verleumdung der Gendarmen, die die Verhaftung Gottschalks und Annekes vorgenommen hatten. Obwohl die gerichtliche Verfolgung am 6. Juli 1848 begonnen hatte, war der erste Termin des Prozesses zuerst auf den 20. Dezember festgelegt, aber dann vertagt worden. Verteidiger von Marx und Engels in dem Prozeß am 7. Februar war der Rechtsanwalt Schneider II, Verteidiger von Korff der Rechtsanwalt Hagen. Das Geschworenengericht sprach die Angeklagten frei, was, wie im Prozeßbericht vermerkt ist, „großen Jubel beim anwesenden Publikum auslöste". 200

172 Der Prozeß gegen den Rheinischen Kreisausschuß der Demokraten fand am 8. Februar 1849 statt. Vor dem Geschworenengericht in Köln standen Karl Marx, Karl Schapper und der Rechtsanwalt Schneider II; sie wurden in Verbindung mit dem Aufruf des Ausschusses vom 18. November 1848 über die Steuerverweigerung (siehe Band 6 unserer Ausgabe, S. 33) der Anstiftung zum Aufstand beschuldigt. Das Geschworenengericht sprach die Angeklagten frei. Die Verteidigungsrede von Marx in diesem Prozeß siehe ebenda, S. 240–257. 200

173 *„Frankfurter Zeitung und Handelsblatt"* – Tageszeitung kleinbürgerlich-demokratischer Richtung; erschien von 1856 (ab 1866 unter diesem Titel) bis 1943 in Frankfurt a. M. 201

174 Nach dem Krieg von 1866, in dem Preußen der Mehrheit der Mitglieder des Deutschen Bundes (siehe Anm. 175) gegenüberstand, wurde an dessen Stelle 1867 der Norddeutsche Bund unter Führung Preußens gebildet. Die Bildung des Norddeutschen Bundes war eine entscheidende Etappe auf dem Wege zur Einigung Deutschlands unter der Hegemonie Preußens. Der Deutsch-Französische Krieg 1870/71 bildete die Endetappe auf dem Wege zur Einigung Deutschlands „von oben" durch dynastische Kriege und durch die Bismarcksche „Blut-und-Eisen"-Politik.

Die *Nationalliberalen* – eine Partei des deutschen (in erster Linie preußischen) Besitz- und Bildungsbürgertums, liberaler Grundeigentümer, Industrieller und Bankiers. Sie gründete sich im Herbst 1866 nach der Spaltung der bürgerlichen Fortschrittspartei. Die Nationalliberalen hatten den Anspruch der Bourgeoisie auf die politische Herrschaft um der Befriedigung der materiellen Interessen dieser Klasse willen fallengelassen und betrachteten die Vereinigung der deutschen Staaten unter preußischer Führung als ihr Hauptziel. Ihre Politik spiegelte die Kapitulation der deutschen liberalen Bourgeoisie vor Bismarck wider.

Mit der Reichseinigung wurde sie zur wichtigsten Stütze Bismarcks u. a. bei der Unterdrückung der Arbeiterbewegung; sie wurde Partei der Großbourgeoisie und Industriemagnaten. Die Innenpolitik der Nationalliberalen nahm immer mehr treuuntertänigen Charakter an, wobei sie so weit gingen, sogar auf früher von ihnen erhobene liberale Forderungen zu verzichten, wie z. B. auf die im Programm von 1866 betonte Notwendigkeit, „vor allem das Budgetrecht zu verteidigen“. 201 452

175 Engels meint den *Deutschen Bund*, der durch die am 8. Juni 1815 auf dem Wiener Kongreß unterzeichnete Bundesakte geschaffen wurde und zunächst 35, zuletzt 28 Fürstentümer und vier Freie Städte umfaßte. Der Deutsche Bund, der bis 1866 bestand, bewahrte die territoriale Zersplitterung und verhinderte die Bildung einer Zentralregierung. Die Bundesversammlung der bevollmächtigten Gesandten bildete den Bundestag, der unter dem ständigen Vorsitz Österreichs in Frankfurt a. M. tagte und zu einem Bollwerk der Reaktion wurde. Österreich und Preußen führten einen ständigen Kampf um die Vorherrschaft im Deutschen Bund. Er zerfiel während des Preußisch-Österreichischen Krieges 1866 und wurde 1867 durch den Norddeutschen Bund (siehe Anm. 177) ersetzt. 201 408 431

176 Engels deutet auf folgende Handlungen der Bismarck-Regierung im Zusammenhang mit dem Preußisch-Österreichischen Krieg 1866 hin:

Am 8. April 1866 schließen Preußen und Italien eine geheime Allianz, in der Italien verpflichtet wird, Österreich den Krieg zu erklären, falls Preußen im Laufe der nächsten drei Monate in Kriegshandlungen gegen Österreich eintreten sollte;

im Oktober 1865 finden zwischen Bismarck und Napoleon III. und im März 1866 zwischen dem preußischen Botschafter Graf von der Goltz und Napoleon Unterredungen statt, durch die Bismarck sich die Neutralität Frankreichs in dem von Preußen vorbereiteten Krieg zu sichern sucht und bei Napoleon III. den Eindruck erwecken möchte, als würde der Krieg für Preußen äußerst erschöpfend werden. Dabei stellt er in unverbindlicher Form die Möglichkeit territorialer Zugeständnisse an Frankreich auf Kosten der bayerischen Rheinpfalz und Luxemburgs sowie einiger preußischer Besitzungen am Rhein in Aussicht;

im Sommer 1866 wird in Schlesien eine Legion aus ungarischen Soldaten zusammengestellt, die in der österreichischen Armee gedient hatten und im Laufe des Krieges von den Preußen gefangengenommen wurden; diese Legion wird dem Kommando des ungarischen Generals Klapka und anderer ungarischer Offiziere, die an der Revolution 1848/49 teilgenommen hatten, insbesondere der zu dieser Zeit zwecks Beteiligung am Kriege nach Preußen zurückgekehrten Emigranten, unterstellt; die Legion fällt Anfang August 1866 bei Oderberg in Österreich-Schlesien ein und soll Richtung ungarische Grenze vorrücken, kehrt jedoch bald nach Schlesien zurück und wird danach wegen Beendigung des Krieges aufgelöst;

die Annexion des Königreichs Hannover, des Kurfürstentums Hessen-Kassel, des Herzogtums Nassau und der Freien Stadt Frankfurt a. M., die auf der Seite Österreichs am Kriege teilgenommen hatten, und ihre Einverleibung in den preußischen Staat durch das Gesetz vom 20. September 1866. 201 433

177 Die von Engels erwähnte Reichsverfassung, die Verfassung des Norddeutschen Bundes, dem 19 Staaten und drei Freie Städte angehörten, wurde am 17. April 1867 vom konstituierenden Reichstag des Norddeutschen Bundes bestätigt. Die Verfassung sicherte Preußen die Vormachtstellung; der König von Preußen wurde zum Präsidenten des Bundes und zum Befehlshaber der Bundesarmee erklärt, ihm wurde die Führung der Außenpolitik übertragen. Die gesetzgebenden Vollmachten des Reichstags des Norddeutschen Bundes, der auf der Grundlage des allgemeinen Wahlrechts gewählt worden war, waren äußerst begrenzt. Die von ihm angenommenen Gesetze traten in Kraft nach Billigung durch den seiner Zusammensetzung nach reaktionären Bundesrat sowie nach Bestätigung durch den Präsidenten. Die Verfassung des Norddeutschen Bundes wurde später der Verfassung des Deutschen Reichs zugrunde gelegt. Sachsen, das am Preußisch-Österreichischen Krieg 1866 auf seiten Österreichs teilgenommen hatte, wurde nach Beendigung des Krieges gezwungen, dem Norddeutschen Bund beizutreten sowie dessen Verfassung anzuerkennen.

Tilsiter Friede – Friedensverträge, die am 7. und 9. Juli 1807 zwischen dem napoleonischen Frankreich und den Teilnehmern der vierten antifranzösischen Koalition, Rußland und Preußen, nachdem sie im Kriege eine Niederlage erlitten hatten, abgeschlossen wurden. Die Friedensbedingungen waren für Preußen, das einen bedeutenden Teil seines Territoriums verlor (darunter alle Besitzungen westlich der Elbe), äußerst schwer. Rußland erlitt keine territorialen Verluste, war aber gezwungen, die Stärkung der französischen Positionen in Europa anzuerkennen und sich der Blockade gegen England (der sog. Kontinentalsperre) anzuschließen. Der von Napoleon I. diktierte sog. Tilsiter Friede rief starke Unzufriedenheit unter der Bevölkerung Deutschlands hervor und bereitete damit den Boden für die Befreiungsbewegung gegen die napoleonische Fremdherrschaft, die sich 1813 voll entfaltete. 201 432

178 Es handelt sich um das *Sozialistengesetz* („Gesetz gegen die gemeingefährlichen Bestrebungen der Sozialdemokratie"), das von Bismarck mit Unterstützung der Mehrheit des Reichstages am 19. Oktober 1878 durchgesetzt und am 21. Oktober erlassen wurde und bis zum 30. September 1890 mehrfach verlängert und modifiziert wurde. Es stellte „die Sozialdemokratie außerhalb des Gesetzes. Die Zeitungen der Arbeiter, mehr als fünfzig an der Zahl, wurden unterdrückt, ihre Vereine verboten, ihre Klubs geschlossen, die Gelder beschlagnahmt, ihre Versammlungen von der Partei aufgelöst, und als Krönung des ganzen wurde verfügt, daß über ganze Städte und Bezirke der ‚Belagerungszustand' verhängt werden kann ..." (Engels, „Bismarck und die deutsche Arbeiterpartei", (siehe Band 19 unserer Ausgabe, S. 281). In den zwölf Jahren wurden etwa 1300 Druckschriften und 332 Organisationen, darunter auch Gewerkschaften, verboten sowie Ausweisungen und Urteile gegen etwa 1500 Menschen ausgesprochen. Es wurden „gefährliche Bezirke" ausgerufen, aus denen Menschen ausgewiesen wurden. Die Gesetze richteten sich gegen sozialdemokratische, sozialistische und kommunistische Gesinnung, nicht gegen konkrete oder klar definierte Handlungen, wobei auch bürgerlich-demokratische und liberale Kräfte unter Druck gesetzt werden sollten. Bismarcks Bruch mit den Liberalen, die zu Beginn gegen verschärfte und repressive Gesetze waren, markierte auch die Abkehr von einer liberalen Wirtschaftspolitik und leitete eine protektionistische Schutzzollpolitik ein. Die sozialdemokratischen Reichstagsabgeordneten genossen Immunität und konnten in dieser Funktion noch politisch aktiv sein, was einer politischen Machtverschiebung von der Partei weg hin zur Parteifraktion gleichkam. Trotz der Repression scheiterte die Zerschlagung der Sozialdemokratie; sie ging vielmehr aus der Phase gefestigt hervor. Solidarische Strukturen (von Kultur-, über Sport- bis hin zu Hilfsvereinen) waren entstanden und aus den Wahlen nach der Aufhebung der Gesetze ging die Sozialdemokratie gestärkt hervor. 202

179 Am *4. Juli 1776*, während des Unabhängigkeitskrieges der englischen Kolonien in Nordamerika, nahm der zu diesem Zeitpunkt in Philadelphia tagende Kongreß der Vertreter der 13 englischen Kolonien die von Thomas Jefferson verfaßte „Unabhängigkeitserklärung" an, die die Loslösung der nordamerikanischen Kolonien von England und die Bildung einer unabhängigen Republik verkündete, die Vereinigten Staaten von Amerika. Im ersten Abschnitt der Erklärung werden erstmals in einem offiziellen Dokument die allgemeinen Menschenrechte postuliert. 202

180 Im Jahr 1618 vereinigte sich das Kurfürstentum Brandenburg mit dem Herzogtum Preußen (Ostpreußen), das Anfang des 16. Jahrhunderts aus den Besitzungen des Deutschen Ordens gebildet worden war und sich seit 1466 unter polnischer Lehnshoheit befand. Die brandenburgischen Kurfürsten blieben als preußische Herzöge Vasallen Polens bis 1657, als der Kurfürst Friedrich Wilhelm unter Ausnutzung der Schwierigkeiten Polens im Kriege mit Schweden die Anerkennung seiner souveränen Rechte auf die preußischen Besitzungen erlangte. 203

181 Im Oktober 1801 kam es zwischen Frankreich und Rußland zu einer geheimen Abmachung, die unter dem Vorwand der Entschädigung derjenigen deutschen Staaten, deren Besitzungen auf dem linken Rheinufer Frankreich im Ergebnis seiner Kriege

gegen die erste und zweite Koalition in Besitz genommen hatte, die territorialen Fragen im Rheinland im Interesse Frankreichs regeln sollte. Durch die Verwirklichung dieser Abmachung hörten 112 deutsche Staaten (darunter fast alle geistlichen Besitztümer und Reichsstädte) auf zu bestehen; ihre Besitzungen fielen zum großen Teil den von Frankreich völlig abhängigen Staaten Bayern, Württemberg und Baden sowie Preußen zu. Formal wurden diese Maßnahmen in Übereinstimmung mit dem Beschluß der sog. Reichsdeputation durchgeführt, einer vom Regensburger Reichstag bereits im Oktober 1801 gewählten Kommission aus Vertretern der deutschen Staaten; nach langen Beratungen und unter dem Druck der Vertreter Frankreichs und Rußlands erfolgte am 25. Februar 1803 die Annahme des Reichsdeputationshauptschlusses. 203

182 Bayern und Württemberg, die auf seiten Frankreichs am Krieg gegen die dritte Koalition teilgenommen hatten, erhielten im Friedensvertrag von Preßburg, der am 26. Dezember 1805 zwischen Frankreich und Österreich abgeschlossen wurde, die Rechte unabhängiger Königreiche. Baden, das in diesem Kriege ebenfalls auf die Seite Frankreichs getreten war, wurde nach der Auflösung des Heiligen Römischen Reiches Deutscher Nation 1806 ein unabhängiges Großherzogtum. 203

183 Engels führt einen Satz aus der am 25. Juli 1848 in der Frankfurter Nationalversammlung gehaltenen Rede des schlesischen Großgrundbesitzers und preußischen Offiziers Fürst Lichnowski zur polnischen Frage an (siehe auch Band 5 unserer Ausgabe, S. 351). Dieser hatte auf der 47. Sitzung unter dem Gelächter der Linken geäußert: „Das historische Recht hat kein Datum nicht." – Georg Weerth hatte in einer Feuilletonserie der „Neuen Rheinischen Zeitung" den Abgeordneten Lichnowski mit dem Spottnamen Ritter Schnapphahnski belegt. 203

184 Engels schrieb diesen Brief auf Anraten von Nikolai Danielson, der ihm mitgeteilt hatte, daß die Möglichkeit bestehe, im „Sewerny Westnik" einen bis dahin nicht veröffentlichten Brief von Marx an die Redaktion der „Otetschestwennyje Sapiski" (siehe Band 19 unserer Ausgabe, S. 107–112) zu veröffentlichen. Marx' Brief ist jedoch in dieser Zeitschrift nicht erschienen; er wurde erstmalig 1886 in Genf in russischer Sprache im „Westnik Narodnoj Woli" und im Oktober 1888 im „Juriditscheski Westnik" veröffentlicht.

„*Sewerny Westnik*" – literarisch-wissenschaftliche und politische Zeitschrift liberaler Richtung; erschien von 1885 bis 1898 in St. Petersburg. Ende der achtziger Jahre wurden in dieser Zeitschrift Aufsätze von Paul Lafargue und anderen westeuropäischen Sozialisten veröffentlicht. Ab 1891 wurde die Zeitschrift zu einem Organ der russischen Symbolisten und Dekadenten und propagierte Idealismus und Mystizismus. 205

185 Die Schrift „*Zur Geschichte des Bundes der Kommunisten*" hat Engels als Einführung zur dritten deutschen Ausgabe von Marx' Pamphlet „Enthüllungen über den Kommunisten-Prozeß zu Köln" (siehe Band 8 unserer Ausgabe, S. 405–470) verfaßt; sie erschien erstmalig im „Sozialdemokrat" Nr. 46, 47 und 48 vom 12., 19. und 26. November 1885, ferner in der Broschüre: Karl Marx, „Enthüllungen über den Kommunisten-Prozeß zu Köln", Neuer Abdruck mit Einleitung von Friedrich Engels und Dokumenten, Hottingen-Zürich 1885, und war ab Januar 1886 im Buchhandel erhältlich. Mit einem Erlaß vom 19. Februar wurde sie in Deutschland vom Königlichen Polizeipräsidenten zu Berlin verboten. Außer dem Pamphlet von Marx enthält diese Broschüre die Beilage 4 („Kölner Kommunistenprozeß") zu Marx' „Herr Vogt" (siehe Band 14 unserer Ausgabe, S. 659–665), das Nachwort von Marx zur zweiten deutschen Ausgabe des Pamphlets (siehe Band 18 unserer Ausgabe, S. 568–571) sowie die Ansprachen der Zentralbehörde an den Bund vom März und Juni 1850 (siehe Band 7 unserer Ausgabe, S. 244–254 und 306–312). 206

186 „Die Communisten-Verschwörungen des neunzehnten Jahrhunderts" von Wermuth und Stieber, Th. 1–2, Berlin 1853 und 1854. In den Anlagen zum ersten Teil, der als Leitfaden für Polizisten die „Geschichte" der Arbeiterbewegung enthält, wurden einige in die

Hände der Polizei gefallene Dokumente des Bundes der Kommunisten veröffentlicht. Der zweite Teil enthält eine „Schwarze Liste“ mit biographischen Angaben über Personen, die mit der Arbeiterbewegung und der demokratischen Bewegung in Verbindung standen. 206

187 *Babouvismus* – eine Richtung des utopischen Gleichheitskommunismus, die Ende des 18. Jahrhunderts von dem französischen Revolutionär Gracchus Babeuf und seinen Anhängern begründet wurde. 207

188 *Société des saisons* (Gesellschaft der Jahreszeiten) – republikanisch-sozialistische geheime Gesellschaft, die in Paris von 1837 bis 1839 unter Leitung von Auguste Blanqui und Armand Barbès tätig war. Diese bereitete am *12. Mai 1839* einen bewaffneten Aufstand in Paris vor, an dem sich der Bund der Gerechten beteiligte; der Aufstand, der sich nicht auf die breiten Massen stützte, wurde durch Militär und Nationalgarde niedergeschlagen. 207

189 Schapper wurde unmittelbar nach dem Aufstand vom 12. Mai 1839 verhaftet und nach sechs Monaten Untersuchungshaft aus Frankreich ausgewiesen; Bauer setzte seine revolutionäre Tätigkeit in Paris fort, wurde im Dezember 1841 verhaftet und im Mai 1842 ebenfalls ausgewiesen. 207

190 Engels erwähnt die als Frankfurter Wachensturm bezeichnete Episode aus dem Kampf der deutschen Demokraten gegen die Reaktion, die nach dem Wiener Kongreß in Deutschland wieder ihr Haupt erhoben hatte. Eine Gruppe Radikaler, hauptsächlich aus Studentenkreisen, versuchte am 3. April 1833 durch einen Angriff auf die Hauptwache und die Konstablerwache in Frankfurt a. M. das Signal zu einem Sturm auf den Sitz des Bundestags und damit zu einer revolutionären Erhebung in ganz Deutschland zu geben; durch zahlenmäßig überlegene Truppen wurde das ungenügend vorbereitete und vorher verratene Unternehmen jedoch zunichte gemacht. Der von Engels erwähnte Schapper war nicht beteiligt. 207

191 Im Februar 1834 unternahm der bürgerliche Demokrat Mazzini den Versuch, mit Mitgliedern des von ihm 1831 gegründeten Geheimbundes Junges Italien sowie einer Gruppe revolutionärer Emigranten von der Schweiz aus in Savoyen einzudringen, das zum Königreich Sardinien (Piemont) gehörte. Dort sollte ein Volksaufstand organisiert werden, um die Einigung Italiens und die Errichtung einer unabhängigen bürgerlichen italienischen Republik herbeizuführen. Die in Savoyen eingedrungene Gruppe wurde von piemontesischen Truppen zerschlagen. 207

192 *Demagogen* – so wurden in den Karlsbader Beschlüssen vom August 1819 die Teilnehmer oppositioneller Bewegungen der deutschen Intelligenz und studentischer Vereinigungen genannt, die sich in den Jahren nach dem Wiener Kongreß gegen das reaktionäre System in den deutschen Staaten richteten und liberalen und nationalen Ideen anhingen. Die „Demagogen“ organisierten politische Demonstrationen und verteilten Druckschriften, auf denen sie die Vereinigung Deutschlands forderten. 1833 wurde eine neue Kommission eingesetzt, die gegen etwa 2000 Verdächtige Untersuchungen einleitete. 207

193 Der *Deutsche Bildungsverein für Arbeiter* in London wurde am 7. Februar 1840 als „Deutsche Demokratische Gesellschaft“ von Karl Schapper, Joseph Moll, Heinrich Bauer und anderen Mitgliedern des Bundes der Gerechten gegründet. Der Verein änderte in der Folgezeit mehrfach seinen Namen. Ab 1871 hieß er „Communistischer Arbeiter-Bildungs-Verein“, unter dem er in die Geschichte einging. Nachdem der Bund der Kommunisten organisiert war, spielten im Arbeiterbildungsverein die Gemeinden des Bundes die führende Rolle. 1847 und 1849/1850 nahmen Marx und Engels an der Tätigkeit des Vereins aktiven Anteil. Am 17. September 1850 traten Marx, Engels und mehrere ihrer Mitkämpfer auf Grund politischer Differenzen aus dem Verein aus (siehe Anm. 207). Ende der fünfziger Jahre begannen Marx und Engels erneut, an der Tätig-

keit des Bildungsvereins teilzunehmen. Der Verein wurde von der britischen Regierung im Jahre 1918 verboten. 208 514

194 Engels zitiert aus Marx' „Kritische Randglossen zu dem Artikel ‚Der König von Preußen und die Sozialreform. Von einem Preußen'" (siehe Band 1 unserer Ausgabe, S. 405).

„Vorwärts!" – deutsche Zeitung, die von Januar bis Dezember 1844 zweimal wöchentlich in Paris erschien, mit insgesamt 104 Ausgaben. Marx und Engels arbeiteten an dieser Zeitung mit, Marx ab Sommer 1844 an der Redaktion. Der „Vorwärts!" übte u. a. scharfe Kritik an Preußen. Auf Forderung der preußischen Regierung verfügte das Ministerium Guizot im Januar 1845 die Ausweisung von Marx und einiger anderer Mitarbeiter der Zeitung aus Frankreich; der „Vorwärts!" stellte daraufhin sein Erscheinen ein. 209

195 Die *„Deutsch-Französischen Jahrbücher"* wurden unter der Redaktion von Karl Marx und Arnold Ruge in deutscher Sprache in Paris herausgegeben. Es erschien nur die erste Doppellieferung im Februar 1844; sie enthielt Karl Marx' Schriften „Zur Judenfrage" und „Zur Kritik der Hegelschen Rechtsphilosophie. Einleitung", ferner Friedrich Engels' Arbeiten „Umrisse zu einer Kritik der Nationalökonomie" und „Die Lage Englands. ‚Past and Present' by Thomas Carlyle. London 1843" (siehe Band 1 unserer Ausgabe). Die Ursachen dafür, daß die Zeitschrift ihr Erscheinen einstellte, waren die prinzipiellen Meinungsverschiedenheiten zwischen Marx und dem bürgerlichen Radikalen Ruge, aber auch fehlende Resonanz für die geplante Allianz mit den einflußreichen französischen Oppositionellen sowie Finanzschwierigkeiten und Repression seitens der preußischen Behörden (Verbot, Haftbefehle gegen Mitarbeiter). 211

196 *„Deutsche-Brüsseler-Zeitung"* – von deutschen politischen Emigranten in Brüssel gegründetes Blatt, erschien vom 3. Januar 1847 bis Februar 1848 zweimal wöchentlich. Ursprünglich wurde die Richtung dieser Zeitung durch ihren Herausgeber und Redakteur Adalbert von Bornstedt, einem kleinbürgerlichen Demokraten, bestimmt. Dieser versuchte, die verschiedenen Strömungen des radikalen und demokratischen Lagers miteinander zu versöhnen. Erste Beiträge aus dem Kreis der Kommunisten lieferte ab Ende Februar 1847 Wilhelm Wolff. Die Zeitung wurde jedoch nach Abmachungen zwischen Marx und von Bornstedt im Sommer zunehmend zu einem Sprachrohr revolutionär-demokratischer und kommunistischer Ideen. Ab September 1847 waren Marx und Engels ständige Mitarbeiter der Zeitung und gewannen unmittelbaren Einfluß auf ihre Richtung, indem sie in den letzten Monaten des Jahres 1847 faktisch die Redaktionsleitung innehatten. So wurde die Zeitung zum Organ des Bundes der Kommunisten. 212

197 *„The Northern Star"* – englische Wochenzeitung, Zentralorgan der Chartisten; erschien von 1837 bis 1852, anfangs in Leeds und ab November 1844 in London. Begründer und Redakteur der Zeitung war Feargus Edward O'Connor; in den vierziger Jahren wurde sie von George Julian Harney redigiert. Engels war von Anfang Mai bis Juni 1844 ständiger Korrespondent und berichtete von September 1845 bis Juli 1846 aus Deutschland und von September 1846 bis Januar 1848 aus Frankreich für die Zeitung. 213

198 Die *Demokratische Gesellschaft zur Vereinigung und Verbrüderung aller Völker* („Association Démocratique, ayant pour but l'union et la fraternité des tous les peuples") wurde am 7. November 1847 in Brüssel gegründet und gehörte neben den *Fraternal Democrats, assemling in London* zu den ersten demokratischen Organisationen, die zwar nur kurze Zeit aktiv waren, aber eine nicht zu unterschätzende Rolle auf der politischen Bühne Europas vor der Pariser Februar- und der Berliner März-Revolution von 1848 spielten (vgl. Association Démocratique, ayant pour but l'union et la fraternité de tous les peuples. Eine frühe internationale demokratische Vereinigung in Brüssel 1847–1848, hrsg. von Bert Andréas, Jacques Gandjonc und Hans Pelger, Schriften aus dem Karl-Marx-Haus, Heft 44, Trier 2004). Die Demokratische Gesellschaft vereinigte in ihren Reihen Revolutionäre, in erster Linie deutsche Emigranten, sowie fortschrittliche Demokraten aus Frankreich, Holland, Polen und der Schweiz

(eine vollständige Mitgliederliste ist nicht überliefert, ein Verzeichnis der bekanntgewordenen Mitglieder findet sich ebenda, S. 139–187). Marx und Engels nahmen aktiv Anteil an der Gründung der Demokratischen Gesellschaft. Am 15. November 1847 wurde Marx zum Vizepräsidenten gewählt; zum Präsidenten ernannte man den belgischen Demokraten L. Jottrand. Dank des Einflußes von Marx wurde die Demokratische Gesellschaft in Brüssel zu einem der bedeutendsten Zentren der kleinbürgerlichen demokratischen Bewegung. Während der bürgerlichen Februarrevolution in Frankreich versuchte der militante Flügel der Demokratischen Gesellschaft, die Bewaffnung der belgischen Arbeiter und die Entfachung des Kampfes für eine demokratische Republik durchzusetzen. Nachdem Marx Anfang März 1848 aus Brüssel ausgewiesen worden war und die belgischen Behörden mit den revolutionärsten Mitgliedern der Gesellschaft abgerechnet hatten, verstanden es die belgischen kleinbürgerlichen Demokraten nicht, sich an die Spitze der antimonarchistischen Bewegung der werktätigen Massen zu stellen. Die Tätigkeit der Demokratischen Gesellschaft nahm einen immer begrenzteren, rein lokalen Charakter an und wurde bereits 1849 ganz eingestellt (siehe Anm. 137).

„*La Réforme*" – französische Tageszeitung, Organ der kleinbürgerlichen Demokraten und Republikaner wie auch der kleinbürgerlichen Sozialisten; erschien in Paris von 1843 bis 1850; in der Zeit von Oktober 1847 bis zu seiner Ausweisung aus Frankreich im Januar 1848 veröffentlichte Engels in dieser Zeitung mehrere Artikel. 213 360

199 Es handelt sich um das Wochenblatt „*Der Volks-Tribun*", eine der ersten deutschsprachigen Zeitungen für Arbeiter in den USA, herausgegeben zwischen dem 5. Januar und dem 31. Dezember 1846. Kriege war in dieser Zeit Redakteur des „Volks-Tribun" und veröffentlichte Gedichte von Harro Harring sowie ihren Briefwechsel. Mit Harring setzen sich Marx und Engels 1852 in ihrer Schrift „Die großen Männer des Exils" auseinander (siehe Band 8 unserer Ausgabe, S. 233–335). 213

200 Engels zitiert Artikel 1 von Abschnitt I der Statuten des Bundes der Kommunisten (siehe Band 4 unserer Ausgabe, S. 596/597), vgl. Der Bund der Kommunisten. Dokumente und Materialien (Red.: Herwig Förder, Martin Hundt, Jefim Kandel, Sofia Lewiowa), 3 Bde., Berlin 1970/1984, hier: Bd. 1, S. 626. 215

201 Die „*Forderungen der Kommunistischen Partei in Deutschland*" (siehe Band 5 unserer Ausgabe, S. 3 –5) schrieben Marx und Engels in der Zeit vom 21. bis 29. März 1848 in Paris. Sie bildeten das politische Programm des Bundes der Kommunisten in der beginnenden deutschen Revolution. Die „Forderungen der Kommunistischen Partei in Deutschland" wurden etwa am 30. März 1848 als Flugblatt gedruckt und Anfang April in einigen demokratischen Zeitungen veröffentlicht. Außerdem wurden sie den in die Heimat zurückkehrenden Mitgliedern des Bundes der Kommunisten als Direktive ausgehändigt. Im Laufe der Revolution waren Marx und Engels sowie deren Anhänger bestrebt, die Volksmassen mit diesem programmatischen Dokument bekanntzumachen. Vor dem 10. September 1848 wurden die „Forderungen" in Köln als Flugblatt gedruckt und durch Mitglieder des Kölner Arbeitervereins in verschiedenen Orten der Rheinprovinz verbreitet. Auf dem zweiten demokratischen Kongreß in Berlin im Oktober 1848 machte der Delegierte des Kölner Arbeitervereins, Beust, im Namen der Kommission für die Lösung sozialer Fragen den Vorschlag, ein Programm von Maßnahmen anzunehmen, das fast völlig den „Forderungen" entlehnt war. Im November und Dezember 1848 wurden in den Sitzungen des Kölner Arbeitervereins die einzelnen Punkte der „Forderungen" erörtert. Ende 1848 oder Anfang 1849 wurden die „Forderungen" in gekürzter Form als Broschüre in Leipzig herausgegeben. – Engels zitiert dieses Dokument nicht vollständig. 216

202 Gemeint ist der *Klub der deutschen Arbeiter*, der laut Beschluß des Bundes der Kommunisten am 8. März 1848 in Paris gegründet werden sollte. Karl Marx wurde damit beauftragt, ein Statut zu entwerfen, das am Tag darauf angenommen wurde. Siehe: Der Bund der Kommunisten. Dokumente und Materialien (Red.: Herwig Förder,

Martin Hundt, Jefim Kandel, Sofia Lewiowa), 3 Bde., Berlin 1970/1984, hier: Bd. 1, S.721/722. 218

203 Der bewaffnete *Aufstand in Dresden* fand vom 3. bis 8. Mai 1849 statt. Anlaß zum Aufstand waren die Weigerung des sächsischen Königs, die Reichsverfassung anzuerkennen, und die Ernennung des Erzreaktionärs Zschinsky zum Ministerpräsidenten. Der Aufstand wurde durch sächsische und preußische Truppen unterdrückt. Der Dresdener Aufstand war der Beginn der bewaffneten Kämpfe zur Verteidigung der Reichsverfassung, die in Süd- und Westdeutschland in der Zeit von Mai bis Juli 1849 stattfanden und mit der Niederlage der demokratischen Kräfte endeten. – Siehe auch Friedrich Engels: „Die deutsche Reichsverfassungskampagne" (Band 7 unserer Ausgabe, S. 115/116). 219

204 Es handelt sich um die „Ansprache der Zentralbehörde an den Bund vom März 1850" (siehe Band 7 unserer Ausgabe, S. 244–254). 220

205 Es handelt sich um die „Ansprache der Zentralbehörde des Bundes vom Juni 1850" (siehe Band 7 unserer Ausgabe, S. 306–312). 221

206 „*Neue Rheinische Zeitung. Politisch-ökonomische Revue*" – Zeitschrift, die von Marx und Engels im Dezember 1849 gegründet und bis November 1850 herausgegeben wurde. Die Zeitschrift war das theoretische und politische Organ des Bundes der Kommunisten, die Fortsetzung der von Marx und Engels während der Revolution 1848/49 herausgegebenen Kölner „Neuen Rheinischen Zeitung" (siehe Anm. 3). Insgesamt erschienen von März bis November 1850 sechs Hefte der Zeitschrift, davon als letztes das Doppelheft 5/6. Die Zeitschrift wurde in London redigiert und in Hamburg gedruckt. Auf dem Umschlag war auch New York angegeben, weil Marx und Engels mit ihrer Verbreitung unter den deutschen Emigranten in Amerika rechneten. Der überwiegende Teil der Materialien (Artikel, Revuen, Rezensionen) ist von Marx und Engels geschrieben, die auch ihre Anhänger W. Wolff, J. Weydemeyer, G. Eccarius zur Mitarbeit heranzogen. Von Marx und Engels wurden u. a. in der Zeitschrift veröffentlicht: „Die Klassenkämpfe in Frankreich 1848 bis 1850" von Marx, „Die deutsche Reichsverfassungskampagne", „Der deutsche Bauernkrieg" von Engels sowie mehrere andere Arbeiten. In den in der Zeitschrift veröffentlichten Arbeiten wurde die Bilanz der Revolution von 1848/49 gezogen. Wegen der polizeilichen Repressalien in Deutschland und des Fehlens finanzieller Mittel war die Zeitschrift gezwungen, ihr Erscheinen einzustellen. 221

207 Als „*Sonderbund*" bezeichneten Marx und Engels – in ironischer Anlehnung den „Schweizer Sonderbund", eine Vereinigung katholischer Kantone in den vierziger Jahren des 19. Jahrhunderts – die Fraktion innerhalb des Bundes der Kommunisten von u. a. Willich-Schapper. Hintergrund waren politische Differenzen. Marx fürchtete um seinen Führungsanspruch und beantragte deshalb in seiner Funktion als Präsident der Zentralbehörde am 15. September 1850, in London zwei voneinander getrennte Kreise zu gründen. Diese sollten wiederum einer Zentralbehörde unterstellt werden, mit neuem Sitz in Köln, die Marx gegenüber loyal gewesen wäre. Die Mehrheit des Kreises London um Willich und Schapper konstituierte sich jedoch bereits am Tag darauf zu einem eigenen Bund, was einer Spaltung des Bundes der Kommunisten gleichkam. Hierzu: Protokoll der Sitzung der Zentralbehörde des Bundes der Kommunisten vom 15. September 1850, siehe Band 8 unserer Ausgabe, S. 597–601; vgl. auch Rolf Dlubek: August Willich (1810–1878). Vom preußischen Offizier zum Streiter für die Arbeiteremanzipation auf zwei Kontinenten. In: Akteure eines Umbruchs, hrsg. v. Helmut Bleiber, Walter Schmidt, Susanne Schötz, Berlin, S. 923–1003.

Willich hielt daran fest, einen baldigen revolutionären Aufschwung herbeizuführen, was den von ihm gegründeten Verein in eine Krise führte, begleitet von zunehmender Verfolgung und Verhaftungen, Ausschlüssen und Austritten. Mit der Migration Willichs in die USA im Februar 1853 stellte der Bund endgültig seine Tätigkeit ein. 223

208 Dieser Auszug ist einem Brief entnommen, den Engels an Paul Lafargue geschrieben und in dem er die Lage in Frankreich nach dem ersten Wahlgang für die Deputiertenkammer am 4. Oktober 1885 analysiert hat. Seit 1879 war in Frankreich die Partei der gemäßigten bürgerlichen Republikaner (der sog. Opportunisten) an der Macht, die die Interessen der Großbourgeoisie vertrat. Diese Partei hatte das Vertrauen eines beträchtlichen Teils der Wähler verloren. Die Ursachen dafür waren das Staatsdefizit, das Anwachsen der Steuern, die Verschwendung der Anleihen, die Nichterfüllung der meisten ihrer Versprechungen (Abschaffung des Senats, Trennung der Kirche vom Staat, Einführung einer progressiven Einkommensteuer usw.) sowie das Ergebnis der im Volke unpopulären kolonialen Abenteuer, besonders in Indochina (jetzt Vietnam). Viele führende Politiker dieser Partei waren außerdem in Finanzmachenschaften und in Korruptionsaffären verwickelt. Diese Tatsachen wurden von den Monarchisten in der Wahlkampagne ausgenutzt. Unter den im ersten Wahlgang Gewählten waren die Monarchisten in der Mehrheit. Da die französischen Sozialisten dieses Ergebnis als Niederlage einschätzten, schrieb Engels diesen Brief. Der entsprechende Ausschnitt aus dem Brief wurde in „Le Socialiste" vom I7. Oktober 1885 unter dem Titel „La Situation" veröffentlicht. Im Zusammenhang mit der Veröffentlichung schrieb Engels einen Brief an die Redaktion des „Socialiste", den das Blatt am 31. Oktober 1885 abdruckte (siehe vorl. Band, S. 227/228).

Opportunisten – die Bezeichnung geht auf Leon Gambetta zurück, der bis zu seinem Tode 1882 der Partei vorstand und das Motto geprägt haben soll, daß nur „opportune Reformen" zu einer „opportunen Zeit" umgesetzt werden sollten.

„*Le Socialiste*" – Wochenzeitung, 1885 von Jules Guesde in Paris gegründet; bis 1902 Organ der Arbeiterpartei, von 1902 bis 1905 Organ der Sozialistischen Partei Frankreichs – seit 1905 Organ der Französischen Sozialistischen Partei; in den achtziger und neunziger Jahren war Engels Mitarbeiter dieser Zeitung. 225 521

209 Mit den drei monarchistischen Sekten sind die Orleanisten, die Bonapartisten und die Legitimisten (Anhänger der Bourbonen) gemeint. 225

210 „*die beste der Republiken*" – während der Julirevolution, nach dem Sturz von Charles X, wurde der Herzog von Orleans, Louis Philippe, vom Parlament zum König der Franzosen gewählt. Odilon Barrot, ein konstitutioneller, liberaler Monarchist, wählte die Formulierung am Abend des 30. Juli 1830 als Ausdruck seines Einverständnisses mit der Julimonarchie. Später wurde sie Marquis de La Fayette zugeschrieben und zum geflügelten Wort in der Geschichtsschreibung. 226

211 Da bei den Wahlen am 4. Oktober 1885 eine große Anzahl von Kandidaten die für die Wahl erforderliche Stimmenzahl nicht erhielt, wurde für den 18. Oktober ein zweiter Wahlgang festgesetzt. Im zweiten Wahlgang wurde eine überwältigende Mehrheit republikanischer Kandidaten gewählt. Die französische Deputiertenkammer setzte sich nunmehr aus 372 Republikanern und 202 Monarchisten zusammen.

Radikale – parlamentarische Gruppe in den achtziger und neunziger Jahren in Frankreich, die sich von der bürgerlichen Partei der gemäßigten Republikaner („Opportunisten" – siehe Anm. 208) abgespalten hatte. Die Gruppe hielt fest an einer Reihe bürgerlich-demokratischer Forderungen, die von den gemäßigten Republikanern über Bord geworfen worden waren: Abschaffung des Senats, Trennung der Kirche vom Staat usw. Um die Masse der Wähler auf ihre Seite zu ziehen, forderten die Radikalen u. a. die Einführung einer progressiven Einkommensteuer, die Verkürzung des Arbeitstags, die Gewährung von Invalidenrente und andere sozialökonomische Maßnahmen. Führer der Radikalen war Clémenceau. 1901 organisierten sich die Radikalen zur Partei, die hauptsächlich die Interessen des Mittelstands und des Kleinbürgertums widerspiegelte. 226 523

212 In dem vorliegenden Artikel unterzieht Engels eine Übersetzung des ersten und eines Teils des zweiten Abschnitts des ersten Kapitels des ersten Bandes des „Kapitals" (siehe Band 23 unserer Ausgabe, S. 49–58) ins Englische einer kritischen Analyse. Die Über-

setzung, die in der Zeitschrift „To-Day“, Vol. 4, Nr. 22 vom Oktober 1885 veröffentlicht wurde, stammt von Henry Mayers Hyndman – Gründer der Democratic Federation, der ersten sozialdemokratischen Organisation Englands –, der unter dem Pseudonym John Broadhouse auftrat. Auch nach dem Erscheinen des Artikels von Engels setzte Hyndman bis Mai 1889 die Veröffentlichung seiner Übersetzung in „To-Day“ fort. Engels schrieb am 29. April 1886 an Sorge, daß „nach der jetzigen Geschwindigkeit das Ding anno 1900 noch nicht fertig“ werde (siehe Band 36 unserer Ausgabe, S 476); insgesamt wurden die ersten sieben Kapitel und der größte Teil des 8. Kapitels des ersten Bandes des „Kapitals“ veröffentlicht. Zu Beginn behauptete Hyndman, aus dem Deutschen zu übersetzen, legte dann aber die französische Übersetzung zu Grunde. Die von Engels angeführten Zitate aus dem „Kapital“, die zur Illustration seiner Argumentation dienten, entsprechen nicht immer vollständig der 1887 erschienenen englischen Erstausgabe dieses Werkes. An Stelle einer Übersetzung bringen wir den entsprechenden Text der deutschen Ausgabe des „Kapitals“ in eckigen Klammern. Neben den Originalzitaten von Broadhouse, die Engels einer kritischen Analyse unterzieht, bringen wir unsere Übersetzung ebenfalls in eckigen Klammern.

Zwischen 1883/1884 und 1886 übersetzten Samuel Moore und Edward Aveling den ersten Band des „Kapital“ nach der 1883 in Hamburg erschienenen 3., vermehrten deutschen Auflage ins Englische. Eleanor Marx-Aveling unterstützte die Edition durch die Überprüfung der von Marx zitierten Quellen.

„*To-Day*“ – englische Monatszeitschrift sozialistischer Richtung; erschien von April 1883 bis Juni 1889 in London; von Juli 1884 bis 1886 war Henry Mayers Hyndman Redakteur dieser Zeitschrift. 229

213 Die von Engels verfaßte Abhandlung „Zur Geschichte der preußischen Bauern“ bildet den zweiten Abschnitt der Einleitung zur Einzelausgabe von Wilhelm Wolffs Artikelserie „Die schlesische Milliarde“ über die Lage der Bauern in Schlesien, die in Hermann Schlüters „Sozialdemokratische Bibliothek“ erschien (siehe Anm. 22 und 169). Der erste Abschnitt ist eine Wiedergabe seines 1876 veröffentlichten, von ihm selbst wesentlich gekürzten Artikels „Wilhelm Wolff“ (siehe Band 19 unserer Ausgabe, S. 53–88). 238

214 *preußisches Ordensgebiet* – das vom 13. bis zum 15. Jahrhundert vom Deutschen Ritterorden beherrschte Gebiet, welches das spätere West- und Ostpreußen sowie das Baltikum umfaßte. Der geistliche Ritterorden wurde 1190 während der Kreuzzüge gegründet und riß zahlreiche Landstriche an sich. Im 13. Jahrhundert geriet das durch Unterwerfung und Ausrottung der baltischen Pruzzen sowie eines Teiles der Litauer eroberte ausgedehnte Gebiet zwischen den Mündungen der Weichsel und des Njemen (Memel) unter die Herrschaft des Ordens; dieses Gebiet wurde für ihn zum Bollwerk der Aggression gegen polnische, litauische und russische Fürstentümer. Nach den Niederlagen am Peipussee 1242 („Schlacht auf dem Eise“) und in der Schlacht bei Grunwald (Tannenberg) 1410 geriet der Orden in Verfall und behielt nur einen kleinen Teil seiner Besitzungen. 239

215 *Zinsbauern* – hörige (halbfreie) Bauern, die bewegliches Eigentum besaßen und bewirtschafteten, jedoch für ihre erbliche Bodenparzelle eine bestimmte Zahlung (Zins) in Geld oder Naturalien an den Grundherrn leisten mußten. 240

216 Der *Dreißigjährige Krieg* (1618–1648) war ein machtpolitischer Kampf, der aus etwa einem Dutzend ineinander verschachtelter Kriege bestand, mit wechselnden Bündniskonstellationen. Es war ein dynastischer Konflikt um die Herrschaft innerhalb des Heiligen Römischen Reiches Deutscher Nation, das von politisch verfestigten Glaubensspaltungen nach der Phase der Reformation (ab 1517) und den zentralistischen Vormachtbestrebungen des (katholischen) Kaisertums des zunehmend geschwächten Hauses Habsburg geprägt war. Die religiösen, ökonomischen und machtpolitischen Dimensionen des Konflikts sind schwer voneinander zu trennen. Deutschland wurde

zum Hauptschauplatz. Der Krieg endete 1648 mit dem Abschluß des sog. Westfälischen Friedens, der die politische Zersplitterung Deutschlands vertiefte.

Niederlage von Jena – am 2. Dezember 1805 besiegte in der sog. Dreikaiserschlacht bei Austerlitz die Armee von Napoleon I. die russisch-österreichische Armee. Sie gilt als die bekannteste Schlacht der Napoleonischen Kriege (1792–1815). Mit dem Sieg Napoleon I. und dem darauffolgenden Frieden von Preßburg (26.12.1805) sowie dem gebildeten Rheinbund – eine Konföderation aus zunächst 16 Fürsten unter dem Protektorat des französischen Kaisers – hörte das Heilige Römische Reich Deutscher Nation auf zu bestehen. Am 9. Oktober 1806 erklärte das mit Rußland verbündete Preußen Frankreich den Krieg, der nur wenige Tage später verloren war: Die Doppelschlacht von Jena und Auerstedt (14.10.1806) zwischen dem preußischen Heer und der französischen Armee endete mit dem Rückzug der preußischen Truppen – Napoleon I. konnte am 27. Oktober in Berlin einziehen. Das feudal-absolutistische Preußen zerfiel und verlor die Hälfte seiner Territorialfläche. 242 411

217 Es handelt sich um gewisse Kategorien abhängiger Bauern, die kein oder nur wenig Ackerland besaßen.

Dreschgärtner wurden in einigen Gegenden Deutschlands, besonders in Schlesien, abhängige Bauern genannt, die vom Grundherrn eine Bodenparzelle mit einem kleinen Häuschen erhielten und für den Grundherrn gegen geringen Lohn in Geld- oder Naturalform überwiegend Drescharbeiten leisten mußten.

Häusler waren abhängige Bauern, die vom Grundherrn ein Häuschen mit einem anliegenden Stückchen Land erhielten, das nicht für Subsistenzwirtschaft ausreichte; solche Bauern waren gezwungen, beim Gutsbesitzer als Tagelöhner zu arbeiten.

Als *Instleute* bezeichnete man solche Tagelöhner, die entsprechend einem für eine bestimmte Anzahl von Jahren abgeschlossenen Arbeitsvertrag dem Gutsherrn dienen mußten; für diese Zeit erhielten sie eine Wohnung, eine Bodenparzelle zur eigenen Nutzung und einen äußerst geringen Lohn in Form von Naturalien und Geld. 242

218 *Kapitularien Karls des Großen* – königliche Verordnungen und Gesetze, die die Grundlagen des fränkischen Rechts bildeten. Siehe hierzu Engels' Manuskript „Fränkische Zeit", für das er die 1850 erschienene „Geschichte des Beneficialwesens" von Paul Roth ausgewertet hatte (Band 19 unserer Ausgabe, S. 480–480). 243

219 Um dem preußischen Staat die Geldeinkünfte und die Aushebung der Rekruten zu sichern, erließ Friedrich II. eine Reihe von Gesetzen, die sich gegen die Vertreibung der Bauern von ihren Parzellen durch die Gutsbesitzer richteten. Siehe Friedrich Engels, „Die Mark": „Mit der französischen Revolution brach auch für Deutschland und den deutschen Bauer die Morgenröte einer bessern Zeit an." (Band 19 unserer Ausgabe, S 328.) Diese Gesetze wurden jedoch nur in unbedeutendem Maße durchgesetzt. 243

220 *Am 18. März 1848* erfolgte in Berlin der bewaffnete Aufstand, der die bürgerlich-demokratische Revolution von 1848/49 in Deutschland einleitete.

In der Schlacht bei *Mollwitz* (10. April 1741) wurden die Österreicher während des Österreichischen Erbfolgekrieges (1740–1748) von den Truppen Friedrichs II. geschlagen. Im Gebiet von *Sedan* fand am 1. September 1870 eine der größten Schlachten des Deutsch-Französischen Krieges 1870/71 statt; am 2. September mußte die französische Armee kapitulieren, wodurch der Zusammenbruch des Zweiten Kaiserreichs beschleunigt wurde. 243 440

221 Siehe „Sammlung der für die Königlichen Preußischen Staaten erschienenen Gesetze und Verordnungen von 1806 bis zum 27sten Oktober 1810", Berlin 1822, S. 170–173. 243

222 Es handelt sich um die Erlaße vom 14. Februar 1808, vom 27. März 1809, vom 8. April 1809 und vom 9. Januar 1810 (siehe „Sammlung der für die Königlichen Preußischen Staaten erschienenen Gesetze und Verordnungen von 1806 bis zum 27sten Oktober 1810", Berlin 1822, S. 189–193, 552–555, 557–561, 626–629). In dem Erlaß vom

8. April 1809 wird erklärt, daß die Abschaffung der erblichen persönlichen Abhängigkeit nicht die Aufhebung der feudalen Verpflichtungen der Bauern bedeutet. 243

223 Siehe „Gesetz-Sammlung für die Königlichen Preußischen Staaten. 1811", Berlin, S. 281–299. 243

224 Siehe „Gesetz-Sammlung für die Königlichen Preußischen Staaten. 1816", Berlin, S. 154–180.

Am 18. Juni 1815 siegten die englisch-holländischen und die preußischen Truppen über die napoleonische Armee bei *Waterloo*. 244

225 Der *Siebenjährige Krieg* (1756–1763) war ein europäischer Krieg, hervorgerufen durch die Eroberungsbestrebungen der feudal-absolutistischen Mächte sowie durch die kolonialen Machtkämpfe zwischen Frankreich und England. England kämpfte im Bündnis mit Preußen gegen die Koalition Österreich, Frankreich, Rußland, Sachsen und Schweden. Frankreich wurde im Ergebnis dieses Krieges gezwungen, seine größten Kolonien (Kanada, die Besitzungen in Ostindien u. a.) an England abzutreten. Preußen, Österreich und Sachsen behielten die Vorkriegsgrenzen. 244

226 Siehe „Gesetz-Sammlung für die Königlichen Preußischen Staaten. 1821", Berlin, S. 77– 83. 244

227 *Ackernahrung* – darunter verstand man eine bäuerliche Wirtschaft, die so viel Boden und landwirtschaftliche Geräte besaß, daß Subsistenzwirtschaft ohne Lohnarbeit möglich war. 244

228 Siehe „Gesetz-Sammlung für die Königlichen Preußischen Staaten. 1845", Berlin, S. 502–505 und 682–684. 244

229 „*Staat der Intelligenz*" – ein sprichwörtlich gewordener Ausdruck, mit dem der preußische Staat bezeichnet und der häufig in ironischem Sinne gebraucht wurde; zurückzuführen ist dieser Ausdruck auf den von Hegel in seiner Antrittsrede zu den Vorlesungen über die Geschichte der Philosophie an der Heidelberger Universität am 28. Oktober 1816 gemachten Ausspruch, daß gerade der preußische Staat auf Intelligenz gebaut sei. 245

230 Siehe „Gesetz-Sammlung für die Königlichen Preußischen Staaten. 1848", Berlin, S. 276–279. 245

231 Siehe „Gesetz-Sammlung für die Königlichen Preußischen Staaten. 1848", Berlin, S. 427–441. 246

232 Siehe „Gesetz-Sammlung für die Königlichen Preußischen Staaten. 1850", Berlin, S. 77–111. 246

233 Engels zitiert den Bericht der Agrarkommission der preußischen Zweiten Kammer zu dem Entwurf des Gesetzes über die Ablösung der Feudallasten, das am 2. März 1850 erlassen wurde. Der Bericht war der Kammer auf der Sitzung vom 23. November 1849 zur Diskussion vorgelegt worden; siehe „Stenographische Berichte über die Verhandlungen der durch die Allerhöchste Verordnung vom 30. Mai 1849 einberufenen Zweiten Kammer", Neunundfünfzigste Sitzung, 23. November 1849. Die Hervorhebung stammt von Engels. 246

234 Engels bezieht sich hier auf zwei Tabellen aus dem Buch von Meitzen. Die erste Tabelle enthält die Ergebnisse der Ablösungsoperationen aus der Zeit von 1816 bis 1848, die zweite die aus der Zeit von 1816 bis Ende 1865. Die Forschung hat sich lange mit den Angaben von Meitzen begnügt. Differenziertere statistische Angaben finden sich in: Hartmut Harnisch: Kapitalistische Agrarreform und Industrielle Revolution. Agrarhistorische Untersuchungen über das ostelbische Preußen zwischen Spätfeudalismus und bürgerlich-demokratischer Revolution von 1848/49 unter besonderer Berücksichtigung der Provinz Brandenburg, Weimar 1984, S. 136–147 – dieser Band 19 des Brandenburgischen Landeshauptarchivs ist Open Access: https://blha.brandenburg.de/

index.php/service/publikationsreihen/; vgl. auch Hans-Ulrich Wehler: Deutsche Gesellschaftsgeschichte, Bd. 2, 1815–1845/49, München 2008, u. a. S. 665–669). 247

235 Am 2. Dezember 1851 führte Louis Bonaparte, der seit dem 10. Dezember 1848 Präsident der Französischen Republik war, einen Staatsstreich durch. Er löste die gesetzgebende Versammlung und den Staatsrat auf und ließ viele Deputierte verhaften. Über die 32 Departements wurde der Kriegszustand verhängt und die sozialistischen und republikanischen Führer wurden aus Frankreich ausgewiesen. Am 14. Januar 1852 wurde eine neue Verfassung angenommen, wonach die gesamte Macht in den Händen des Präsidenten konzentriert wurde. Unter dem Namen Napoleon III. ließ sich Louis Bonaparte am 2. Dezember 1852 zum Kaiser der Franzosen ausrufen. Siehe hierzu Marx, „Der achtzehnte Brumaire des Louis Bonaparte" (Band 8 unserer Ausgabe, S. 111–207). 248

236 Den vorliegenden Artikel schrieb Engels in Verbindung mit der Vorbereitung der Herausgabe seiner Schrift „Die Lage der arbeitenden Klasse in England" (siehe Band 2 unserer Ausgabe) in Amerika; sie stellte die erste Übersetzung ins Englische dar. Die ursprüngliche Absicht von Engels, den Artikel als Vor- oder Nachwort dieser Ausgabe beizufügen, konnte nicht verwirklicht werden, da sich zuerst für die Herausgabe des Buches kein Verleger fand. Das Erscheinen verzögerte sich dadurch bedeutend, so daß Engels ein neues Vorwort für notwendig erachtete (siehe vorl. Band, S. 335–343); der vorliegende Artikel wurde als Anhang der US-amerikanischen Ausgabe beigegeben. Engels nahm ihn später in das 1892 veröffentlichte Vorwort zur englischen und zur zweiten deutschen Ausgabe (siehe Band 22 unserer Ausgabe) auf.

Da der vorliegende Artikel bestimmte Erweiterungen und Änderungen aufweist, die im Vorwort zur zweiten deutschen Ausgabe nicht enthalten sind, haben wir ihn in unsere Ausgabe aufgenommen, wobei wir uns bei bestimmten Passagen auf das in deutscher Sprache geschriebene Vorwort von 1892 stützen. 250

237 *Trucksystem* – System der Entlohnung durch Naturalien. Dazu wurden auch Bezugsscheine ausgegeben, die in sog. truck shops gegen Produkte mit meist überteuerten Preisen eingelöst werden konnten. Eine Einschätzung dieses Systems gibt Engels in seiner Arbeit „Die Lage der arbeitenden Klasse in England" (siehe Band 2 unserer Ausgabe, S. 401/402). 1831 wurde ein Gesetz erlassen, das die Anwendung dieses Systems verbot. Viele Fabrikanten hielten sich jedoch nicht daran und wandten das alte System weiter an.

Die *Zehnstundenbill* (Gesetz über den Zehnstundentag), die nur Jugendliche und Arbeiterinnen betraf, wurde am 8. Juni 1847 vom englischen Parlament beschlossen. 251

238 *Klein-Irland* (Little Ireland) – ein hauptsächlich von Iren bewohntes Arbeiterviertel am Südrande von Manchester; eine ausführliche Beschreibung darüber gibt Engels in seiner Arbeit „Die Lage der arbeitenden Klasse in England" (siehe Band 2 unserer Ausgabe, S. 291–293).

Seven Dials – Straßeneinmündung im Londoner West End, in der sieben Straßen aufeinandertrafen; im 19. Jahrhundert ein berüchtigtes Elends- und Arbeiterviertel. 252

239 Siehe „Report of the Royal Commission an the housing of the working classes. England and Wales", 1885. 252

240 *Cottagesystem* – im Kapitalismus Bereitstellung von Werkswohnungen zu knechtenden Bedingungen für die Arbeiter. Die Miete für diese Wohnungen wird sofort vom Arbeitslohn abgezogen (siehe auch Band 2 unserer Ausgabe, S. 403/404). 253

241 Es handelt sich um den Streik der mehr als 10 000 Bergarbeiter im Staate Pennsylvania (USA), der vom 22. Januar bis 26. Februar 1886 stattfand. Im Verlaufe des Streiks wurden die Forderungen der Hochofen- und Kokereiarbeiter nach höheren Löhnen und besseren Arbeitsbedingungen teilweise erfüllt.

Über den *Streik der Bergarbeiter in Nordengland 1844* siehe Band 2 unserer Ausgabe, S. 467–472. 253 335

242 Den vorliegenden Brief schrieb Engels auf Wunsch der französischen Sozialisten, die ihn gebeten hatten, öffentlich seine Solidarität mit ihnen anläßlich des 15. Jahrestages der Pariser Kommune zum Ausdruck zu bringen. Der Brief wurde in „Le Socialiste" am 27. März 1886 unter dem Titel „Ein Brief von Engels" veröffentlicht. 257

243 *Listenwahl* – bis 1885 herrschte in Frankreich das Wahlsystem „nach kleinen Kreisen", wobei von jedem Wahlkreis ein Vertreter in die Deputiertenkammer gewählt wurde. Auf Initiative der gemäßigten bürgerlichen Republikaner wurde im Juni 1885 das Wahlsystem nach Departementslisten eingeführt. Nach diesem System, das bis 1889 gültig war, wurden die kleinen Wahlkreise zu größeren zusammengefaßt, von denen jeder einem Departement entsprach. In diesem Kreis stimmte der Wähler nach einer Liste, welche die Kandidaten der verschiedenen Parteien enthielt, wobei er gezwungen war, für alle für das Departement aufgestellten Kandidaten zu stimmen. 258

244 „*Ludwig Feuerbach und der Ausgang der klassischen deutschen Philosophie*" wurde erstmalig 1886 in der „Neuen Zeit" veröffentlicht und erschien 1888, mit einer Vorbemerkung von Engels, als revidierter Sonderdruck. Engels kam mit dem Text der Bitte der Redaktion der „Neuen Zeit" nach, das Feuerbach-Buch von Carl Nicolai Starcke zu besprechen („Ludwig Feuerbach", Stuttgart 1885). Er verfaßte den Artikel Anfang 1886 und wollte nach eigenen Worten den Einfluß der Philosophie Feuerbachs auf Marx und ihn in ihrer „Sturm- und Drangperiode" (in diesem Band, S. 264) kritisch nachzeichnen. Engels' zentrales Anliegen war es, in die damaligen theoretischen Diskussionen der deutschen Sozialdemokratie zu intervenieren, bei der er eine Fundierung sozialistischer Politik in seinem Sinne vermisste – trotz seiner Broschüre „Die Entwicklung vom Sozialismus von der Utopie zur Wissenschaft" (1880 in französischer, 1882 in deutscher Sprache – siehe Band 19 unserer Ausgabe), die aus dem sog. Anti-Dühring hervorging (siehe Einleitung zur „Neuen Studienausgabe", hrsg. von Rolf Hecker und Ingo Stützle, Berlin 2020). Für „Ludwig Feuerbach" studierte Engels nicht noch einmal Feuerbach, sondern ging vielmehr die Manuskripte zur „Deutschen Ideologie" durch und stieß in diesem Zusammenhang auch auf Marx' Thesen „ad Feuerbach", die erstmals 1888 im von Dietz besorgten Sonderdruck als Anhang erschienen, von Engels redigiert (siehe Band 3 unserer Ausgabe).

1889 wurde „Ludwig Feuerbach" in einer freien russischen Übersetzung auszugsweise in der Petersburger Zeitschrift „Sewerny Westnik" und 1892 vollständig in der Übersetzung von G. W. Plechanow veröffentlicht. Im gleichen Jahr erschien eine bulgarische Übersetzung. 1894 wurde in der Pariser Zeitschrift „L'Ére nouvelle" Nr. 4 und 5 die von Laura Lafargue besorgte und von Engels durchgesehene französische Übersetzung veröffentlicht. Zu Lebzeiten von Engels erschienen keine weiteren Ausgaben. Später wurde diese Schrift mehrmals in deutscher Sprache und verschiedenen anderen Sprachen herausgegeben.

„*L'Ére nouvelle*" – französische sozialistische Monatszeitschrift; erschien von 1893 bis 1894 in Paris, Mitarbeiter dieser Zeitschrift waren J. Guesde, J. Jaurès, P. Lafargue, G. W. Plechanow u. a. 259

245 Es handelt sich um die Manuskripte zur „Deutschen Ideologie" von Karl Marx und Friedrich Engels (siehe Band 3 unserer Ausgabe). Auch später, in einem Brief an August Bebel vom 25. Oktober 1888, schildert Engels die Geschichte ähnlich (siehe Band 37 unserer Ausgabe, S. 118), obwohl es sich durchaus anders und komplexer verhielt (siehe zu den Verlagsverhandlungen MEGA^2, Bd. I/5, S. 740–744). Engels' Auskünfte zur Geschichte der Manuskripte stehen im Widerspruch zu Marx' Formulierung, die Texte zur „Deutschen Ideologie" hätten wesentlich der „Selbstverständigung" gedient (siehe Band 13 unserer Ausgabe, S. 10). Auch zeitgenössische Quellen erzählen eine andere Geschichte: Die „späten Marx und Engels [sind] nur sehr eingeschränkt als verläßliche Autoritäten in Bezug auf ihre Arbeit an den Manuskripten zur ‚Deutschen Ideologie' zu betrachten" (Ulrich Pagel, „Der Einzige und die Deutsche Ideologie, Berlin/Boston, S. 4). 263

246 Engels meint die Bemerkungen Heines zur „philosophischen Revolution in Deutschland“, in denen er u. a. sagte: „Unsere philosophische Revolution ist beendet. Hegel hat ihren großen Kreis geschlossen.“ (Siehe seine 1833 verfaßten Aufsätze „Zur Geschichte der Religion und Philosophie in Deutschland“. In: Heinrich Heine, „Der Salon“.) 265

247 Dieses Zitat, das Engels modifiziert wiedergibt, ist der Vorrede Hegels zu seinem Buch „Grundlinien der Philosophie des Rechts oder Naturrecht und Staatswissenschaft im Grundrisse“ entnommen und lautet in der Hegelschen Formulierung: „Was vernünftig ist, das ist wirklich; und was wirklich ist, das ist vernünftig.“ 266

248 Hegel, „Encyclopädie der philosophischen Wissenschaften im Grundrisse. Erster Theil. Die Logik“, § 147; § 142, Zusatz. – Es ist anzunehmen, daß Engels die 1. Auflage von 1840 benutzt hat. Er nutzte für das Studium der „Vorlesungen über die Naturphilosophie als der Encyclopädie der philosophischen Wissenschaften im Grundrisse zweiter Theil“ bei der Arbeit am Vorwort zur 2. Auflage des „Anti-Dühring“ auch die 1. Auflage (siehe unsere Neue Studienausgabe: Engels, „Herrn Eugen Dührings Umwälzung der Wissenschaft“, Berlin 2020, S 346 sowie S. 364, Anm. 137).

Siehe auch Engels, „Schelling und die Offenbarung“ (siehe Band 41 unserer Ausgabe, S. 180): „Alle Philosophie hat es sich bisher zur Aufgabe gestellt, die Weit als vernünftig zu begreifen. Was vernünftig ist, das ist nun freilich auch notwendig, was notwendig ist, muß wirklich sein oder doch werden. Dies ist die Brücke zu den großen praktischen Resultaten der neueren Philosophie.“ 266

249 Goethe, „Faust“, Erster Teil, Studierzimmer. 267

250 *„Hallische Jahrbücher“* und *„Deutsche Jahrbücher“* – eine literarisch-philosophische Zeitschrift der Junghegelianer, die in der Form von Tagesblättern von Januar 1838 bis Juni 1841 unter dem Titel „Hallische Jahrbücher für deutsche Wissenschaft und Kunst“ und von Juli 1841 bis Januar 1843 unter dem Titel „Deutsche Jahrbücher für Wissenschaft und Kunst“ in Leipzig erschien. Bis Juni 1841 wurde die Zeitschrift von Ruge und Echtermeyer in Halle, ab Juli 1841 von Ruge in Dresden redigiert. Das Überwechseln der Redaktion aus der preußischen Stadt Halle (Saale) nach Sachsen und die Namensänderung der Zeitschrift erfolgte, weil für die „Hallischen Jahrbücher“ das Verbot innerhalb Preußens drohte. Aber auch unter dem neuen Namen mußte die Zeitschrift bald ihr Erscheinen einstellen. Im Januar 1843 wurden die „Deutschen Jahrbücher“ von der sächsischen Regierung verboten, und durch Verfügung des Bundestages wurde dieses Verbot auf ganz Deutschland ausgedehnt. 271

251 *„Rheinische Zeitung für Politik, Handel und Gewerbe“* – Tageszeitung, die vom 1. Januar 1842 bis zum 31. März 1843 in Köln erschien. Die Zeitung war von Vertretern der rheinischen Bourgeoisie gegründet worden, die dem preußischen Absolutismus gegenüber oppositionell eingestellt waren. Zur Mitarbeit wurden auch einige Junghegelianer herangezogen. Ab April 1842 wurde Karl Marx Mitarbeiter der „Rheinischen Zeitung“ und ab Oktober des gleichen Jahres ihr Chefredakteur. Die Zeitung veröffentlichte auch eine Reihe Artikel u. a. von Friedrich Engels, Bruno Bauer, Moses Heß und Max Stirner. Unter der Redaktion von Karl Marx begann die Zeitung einen immer ausgeprägteren revolutionär-demokratischen Charakter anzunehmen. Diese Richtung der „Rheinischen Zeitung“, deren Popularität in Deutschland ständig wuchs, rief Besorgnis und Unzufriedenheit in Regierungskreisen und eine wütende Hetze der reaktionären Presse gegen sie hervor. Am 19. Januar 1843 erließ die preußische Regierung eine Verordnung, die die „Rheinische Zeitung“ mit dem 1. April 1843 verbot und bis dahin eine besonders strenge Zensur über sie verhängte. Zur „Rheinischen Zeitung“ siehe auch MEGA^2, Bd. I/1, S. 967–976. 271

252 *„wahrer“ oder deutscher Sozialismus* – politisch-literarische Strömung, die in den vierziger Jahren des 19. Jahrhunderts in Deutschland Verbreitung fand. Der Charakterisierung Marx' und Engels' zufolge verquickte diese Strömung Ideen des französischen und englischen Kommunismus mit dem spezifisch deutschen Kontext, d. h. insbesondere

der Philosophie Hegels und Feuerbachs, was – im Vergleich zu diesen Ländern – zu einer „Ideologie" ohne vergleichbare soziale Basis wie in Frankreich oder England führe. Die Vertreter des „wahren" Sozialismus – Karl Grün, Moses Heß, Hermann Kriege u. a. – plädierten im Namen der Liebe und der Bruderschaft für den Sozialismus. Karl Marx und Friedrich Engels kritisierten diese Richtung u. a. in „Deutsche Ideologie", „Zirkular gegen Kriege", „Deutscher Sozialismus in Versen und Prosa", „Die wahren Sozialisten" und im „Manifest der Kommunistischen Partei" (siehe Band 3 unserer Ausgabe, S. 439–530, und Band 4, S. 3–17, 207–290 und 485–488). Siehe hierzu: Christine Weckwerth: Der „wahre" Sozialismus als Ideologie. Zur konstruktiven Rolle der Ideologiekritik bei Marx und Engels, in: Marx-Engels-Jahrbuch 2017/18, S. 142–166. 272

253 Engels verweist hier auf das 1883 in London erschienene Buch „Among the Indians of Guiana: being sketches, chiefly anthropologic, from the interior of British Guiana" von Everard Ferdinand im Thurn. 274

254 Die Berechnungen des französischen Astronomen Urbain Jean Joseph Leverrier vom Sommer 1846 ermöglichten dem deutschen Astronom Johann Gottfried Galle bereits am 23. September 1846 die Entdeckung des Planeten Neptun von der Berliner Sternwarte aus. Engels würdigte Leverrier bereits in seinen Manuskripten zur „Dialektik der Natur" (siehe Band 20 unserer Ausgabe, S. 353). 276

255 Engels zitiert hier nach Starcke, „Ludwig Feuerbach", S. 166, aus Feuerbachs nachgelassenen Aphorismen, in: „Ludwig Feuerbach in seinem Briefwechsel und Nachlaß sowie in seiner Philosophischen Charakterentwicklung", dargestellt von Karl Grün, Bd. 2, Leipzig und Heidelberg 1874, S. 308. 278

256 *Deisten* – Anhänger des Deismus, eine Gottesauffassung, die davon ausgeht, daß Gott die Welt zwar geschaffen hat, aber keinen weiteren Einfluß mehr auf sie ausübt. Unter den Bedingungen der feudalkirchlichen Herrschaft trat der Deismus nicht selten als eine versteckte Form des Materialismus und Atheismus auf. Während der Aufklärung ermöglichte der Deismus umgekehrt, die Religion zu konservieren und zu rechtfertigen, indem er nur die unsinnigsten und kompromittierendsten Kirchendogmen und Riten verwarf. 282

257 Feuerbach, „Wider den Dualismus von Leib und Seele, Fleisch und Geist", zitiert nach Starcke, „Ludwig Feuerbach", S. 119. 286 288

258 Feuerbach, „Noth meistert alle Gesetze und hebt sie auf", zitiert nach Starcke, „Ludwig Feuerbach", S. 254. In diesem Text aus dem Nachlaß führt Feuerbach die „zumindest an unbestreitbaren Thatsachen interessantester, aber auch schauerlichster Art reiche Schrift von K. Marx: ‚das [sic!] Kapital'" an (ebenda, S. 285). 286

259 Feuerbach, „Grundsätze der Philosophie. Nothwendigkeit einer Veränderung". 286

260 Hegel, „Grundlinien der Philosophie des Rechts", § 18; vgl. auch „Vorlesungen über die Philosophie der Religion", Theil 2, S. 258–263. 287

261 Feuerbach, „Fragmente zur Charakteristik meines philosophischen Curriculum vitae", S. 441, zitiert nach Starcke, „Ludwig Feuerbach", S. 114. Im Original und bei Starcke heißt es „„… der Mensch, der unmittelbar aus der Natur entsprang, war auch nur noch ein reines Naturwesen, kein Mensch. Der Mensch ist kein Product des Menschen, der Cultur, der Geschichte." 287

262 Feuerbach, „Noth meistert alle Gesetze und hebt sie auf", zitiert nach Starcke, „Ludwig Feuerbach", S. 254. 288

263 *„der Schulmeister von Sadowa"* – eine landläufige Redensart der deutschen bürgerlichen Publizistik nach dem Sieg der Preußen bei Sadowa (im Preußisch-Österreichischen Krieg 1866). Diese Redensart spiegelt die Meinung wider, daß der Sieg Preußens auf das vorteilhafte preußische Schulsystem zurückzuführen sei. Sie hat ihren Ursprung in der Äußerung des Redakteurs des „Auslands" (siehe Anm. 60), Oskar Peschel, die

er in seinem Artikel „Die Lehren der jüngsten Kriegsgeschichte“ machte. Der Artikel wurde in der obengenannten Zeitschrift Nr. 29 vom 17. Juli 1866 veröffentlicht. 288

264 Nach dem „Leben Jesu“ (1835/1836; Volksausgabe 1864) erschien 1840 und 1841 von David Friedrich Strauß „Die christliche Glaubenslehre in ihrer geschichtlichen Entwicklung und im Kampfe mit der modernen Wissenschaft“, Bd. 1–2, Tübingen und Stuttgart; der zweite, umfangreichere Teil des Buches trägt den Titel „Der materiale Inbegriff der christlichen Glaubenslehre oder die eigentliche *Dogmatik*“. 291

265 Hegel, „Vorlesungen über die Philosophie der Geschichte“, S. 248–250. 298

266 *Nicänisches Konzil* – das erste Weltkonzil der christlichen Kirche des Römischen Reichs, das von Kaiser Konstantin I. im Jahre 325 in Nicäa (Stadt in Kleinasien) einberufen wurde. Das Konzil arbeitete ein für alle Christen verbindliches Glaubenssymbol (Grundthesen des Glaubensbekenntnisses der orthodoxen Kirche) aus. Die Beschlüsse des Konzils wurden von Konstantin I. bestätigt und als Reichsgesetze verkündet, was zur Folge hatte, daß dessen Nichtanerkennung bestraft und als Ketzerei verfolgt werden konnte. Die Beschlüsse waren wegweisend für die Entwicklung der Gesamtkirche. 304

267 *Albigenser* – häretische Bewegung, die im 12. und 13. Jahrhundert in Südfrankreich und Norditalien aktiv und verbreitet war. Ihre Basis war die südfranzösische Stadt Albi. Die Albigenser, die gegen die prunkvollen katholischen Gebräuche und die Kirchenhierarchie auftraten, brachten in religiöser Form den Protest der handel- und handwerktreibenden städtischen Bevölkerung gegen den Feudalismus zum Ausdruck. Ihm schloß sich ein Teil des südfranzösischen Adels an, der die Kirchenländereien säkularisieren wollte. Papst Innocenz III. organisierte 1209 einen Kreuzzug gegen die Albigenser. In einem zwanzigjährigen Krieg und durch grausame Repressalien wurde ihre Bewegung niedergeschlagen. 304

268 *Revolution 1689* – die sog. glorreiche Revolution, die 1688 zum Sturz Jakobs II. Stuart führte. 1689 wurde der Statthalter von Holland, Wilhelm von Oranien, als König Wilhelm III. von England proklamiert. Damit gewannen die Gegner des Stuart-Königtums einen jahrzehntelangen Machtkampf für sich; es entstand die Bill of Rights, die die Rechte des Parlaments gegenüber dem König regelte. Von diesem Zeitpunkt an festigte sich die konstitutionelle Monarchie in England, die auf einem Kompromiß zwischen Bourgeoisie und Großgrundbesitz beruhte. 305

269 Mit der Aufhebung des 1598 erlassenen Edikts von Nantes, das den Hugenotten (französische Calvinisten) staatsbürgerliche Gleichberechtigung und Garantie ihrer politischen und kirchlichen Sonderrechte zugesichert hatte, krönte Ludwig XIV. die seit den zwanziger Jahren des 17. Jahrhunderts immer heftiger werdenden politischen und religiösen Verfolgungen der Hugenotten. Auf Grund der Aufhebung des Edikts von Nantes im Jahre 1685 verließen Hunderttausende von Hugenotten Frankreich; der Katholizismus wurde zur Staatsreligion. 305

270 *kleindeutsches Reich* – das 1871 unter der Hegemonie Preußens entstandene Deutsche Reich (ohne Österreich). 306

271 Die *Erklärung an die Redaktion der „New Yorker Volkszeitung“* wurde von Engels Ende April 1886 in Zusammenhang mit dem Besuch von McEnnis, dem Korrespondenten des „Missouri Republican“, einer in St. Louis erschienenen Zeitung der Demokratischen Partei der USA, geschrieben. Da Engels davon überzeugt war, daß McEnnis seine Worte nicht richtig wiedergeben werde, bat er Sorge, im Falle einer Veröffentlichung des Interviews in der Presse diese Erklärung in einer der US-amerikanischen sozialistischen Zeitungen abzudrucken. McEnnis hatte nicht, wie abgemacht, Engels den Text zur Revision vorgelegt. Nach dieser Erfahrung, so Engels gegenüber Sorge am 16. September 1886, werde er künftige Interviewer „abstinken“ (MEW, Bd. 36, S. 532).

„*New Yorker Volkszeitung*“ – US-amerikanische sozialistische Tageszeitung; erschien in deutscher Sprache von 1878 bis 1932. 308

272 Gemeint ist die Regierung Freycinet (7. Januar bis 3. Dezember 1886), die im wesentlichen aus bürgerlichen Radikalen und gemäßigten Republikanern bestand, im Unterschied zu den meisten vorangegangenen Kabinetten, zu denen die Radikalen in der Regel in Opposition standen. 309

273 Ende Januar 1886 brach in Decazeville (Südfrankreich) ein Streik von 2000 Bergarbeitern aus. Zentrale Forderungen waren: keine weiteren Lohnkürzungen und besserer Arbeitsschutz; die Regierung schickte Truppen nach Decazeville, Département Aveyron. Der Streik, der ein großes Echo im Lande hervorrief, dauerte bis Mitte Juni. Unter dem Einfluß des Streiks bildete sich in der Deputiertenkammer eine kleine Arbeiterfraktion, die die Klassenforderungen der Arbeiter verteidigte. 309

274 Engels bezieht sich auf die Ergänzungswahlen für die Deputiertenkammer in Paris am 2. Mai 1886, bei der den sozialistische Kandidat Ernest Roche 100 820 Stimmen erhielt. Siehe auch Engels an August Bebel, 18. August 1886: „In Frankreich haben die 108 000 Stimmen für Roche bewiesen, daß der radikale Zauber gebrochen ist und die Pariser Arbeiter anfangen, sich von den Radikalen loszusagen, und zwar massenhaft." (MEW, Bd. 36, S. 509) 309

275 Der Artikel „*Die politische Lage Europas*" ist die gekürzte und redaktionell bearbeitete Fassung eines Briefes, den Engels am 25. Oktober 1886 an Paul Lafargue sandte und der am 6. November 1886 in „Le Socialiste", Paris, erschien. Der Artikel weist gegenüber dem Brief zahlreiche redaktionelle Eingriffe von Lafargue auf (siehe Variantenverzeichnis in MEGA², Bd. I/31, S. 637–649). In deutscher Übersetzung erschien er am 20. und 27. November und am 4. Dezember 1886 in der New Yorker Zeitung „Der Sozialist" sowie gekürzt im „Sozialdemokrat" vom 12. Dezember 1886. Eine Übersetzung ins Rumänische wurde in der „Revista Socială" Nr. 2 vom Dezember 1886 veröffentlicht. 1886 erschien auch eine dänische Übersetzung („Social-Demokraten", Nr. 266, 12. November 1886) und eine norwegische Übersetzung („Social-Demokraten", Nr. 49, 4., 11. Dezember 1886).

„*Der Sozialist*" – Wochenzeitung, Organ der Sozialistischen Arbeiterpartei Nordamerikas; erschien von 1885 bis 1892 in New York.

„*Revista Socială*" – rumänische Zeitschrift, die von 1884 bis 1887 unter der Redaktion des Sozialisten Ioan Nădejde in Iaşi erschien.

„*Social-Demokraten*" – dänische Tageszeitung, Zentralorgan der Sozialdemokratischen Partei Dänemarks, erschien unter diesem Titel von 1872 bis 1959 in Kopenhagen.

„*Social-Demokraten*" – 1884 als „Vort Arbeide" gegründete norwegische Tageszeitung, ab 1887 Zentralorgan der Sozialdemokratischen Partei Norwegens. 310

276 *Vertrag von San Stefano* – Friedensvertrag, der am 3. März 1878 nach dem für Rußland siegreichen Russisch-Türkischen Krieg 1877/78 zwischen den beiden Mächten abgeschlossen wurde. Dieser Vertrag, der Rußlands Einfluß auf dem Balkan verstärkte, rief scharfen Protest seitens Englands und Österreich-Ungarns hervor, die dabei insgeheim von Deutschland unterstützt wurden. Diplomatischer Druck und militärische Drohungen zwangen Rußland, den Vertrag einem internationalen Kongreß zur Überprüfung vorzulegen, der vom 13. Juni bis 13. Juli 1878 in Berlin tagte. An diesem Kongreß nahmen Vertreter Rußlands, Deutschlands, Österreich-Ungarns, Frankreichs, Englands, Italiens und der Türkei teil. Das Ergebnis dieses Kongresses war der Abschluß des *Friedens von Berlin*, demzufolge die Bedingungen des Vertrags von San Stefano zum Nachteil Rußlands und der slawischen Balkanvölker grundlegend verändert wurden. Das laut Vertrag von San Stefano vorgesehene Territorium des autonomen Bulgariens wurde um mehr als die Hälfte verringert; aus Südbulgarien wurde die autonome Provinz „Ostrumelien" gebildet, die weiter unter der Herrschaft der Pforte verbleiben sollte. Das Territorium Montenegros wurde ebenfalls bedeutend verringert. Die durch den Präliminarfrieden von San Stefano festgelegte Rückgabe des 1856 von Rußland abgetrennten Teils Bessarabiens wurde durch den Berliner Frieden bestätigt und die Annexion Bosniens und der Herzegowina durch Österreich-Ungarn sanktioniert. Am

Vorabend des Kongresses hatte sich England Zyperns bemächtigt. Die Beschlüsse des Berliner Kongresses führten zu neuen internationalen Spannungen auf dem Balkan und erhöhten die Kriegsgefahr. 310

277 Nach der Unterdrückung des nationalen Befreiungsaufstandes in Polen 1794 kam es 1795 zur dritten Teilung Polens zwischen Rußland, Österreich und Preußen. 1814/1815 wurde, den Verträgen des Wiener Kongresses entsprechend, im Rahmen des Russischen Reiches das Königreich Polen gebildet, das einen großen Teil der Territorien umfaßte, von denen Preußen und Österreich bei der dritten Teilung Polens Besitz ergriffen hatten. 310

278 In den siebziger Jahren des 19. Jahrhunderts nutzten England und Frankreich die finanziellen Schwierigkeiten Ägyptens aus und stellten eine Finanzkontrolle über Ägypten her; die Ägypter kämpften gegen die Expansion des ausländischen Kapitals und für die Erhaltung ihrer nationalen Unabhängigkeit. 1882 provozierte dann England einen Konflikt mit Ägypten, leitete militärische Operationen ein, eroberte Ägypten und verwandelte es faktisch in ein Protektorat, obwohl es formal eine autonome Provinz des Osmanischen Reiches blieb. 311

279 Gemeint ist der Preußisch-Österreichische Krieg 1866, der nach vielen Jahren die Rivalität um die Vorherrschaft im Deutschen Bund entschied. Der Kriegsausgang war ausschlaggebend für die Reichsgründung 1872 unter Preußens Hegemonie; Hauptkriegsschauplatz war Böhmen. Am Preußisch-Österreichischen Krieg 1866 nahmen auf Österreichs Seite Sachsen, Hannover, Bayern, Baden, Württemberg, Kurhessen, Hessen-Darmstadt und andere Mitglieder des Deutschen Bundes teil. Auf Preußens Seite standen Mecklenburg, Oldenburg und einige andere norddeutsche Staaten sowie drei Freie Städte. Da sich Preußen mit Italien im Bunde befand, war Österreich gezwungen, einen Zweifrontenkrieg zu führen.

Engels vergleicht die militärischen Aktionen Bulgariens im Krieg gegen Serbien mit diesem Feldzug. Durch die österreichisch-ungarische Regierung ermuntert, erhoben die herrschenden Kreise Serbiens in Zusammenhang mit der im September 1885 erfolgten Wiedervereinigung Ostrumeliens mit Bulgarien Gebietsforderungen und lösten dadurch den Krieg mit Bulgarien aus. Gleich im ersten Kriegsmonat (November 1885) brachten die bulgarischen Truppen der serbischen Armee eine Niederlage bei und drangen in serbisches Gebiet ein. Unter dem Druck Österreich-Ungarns stopte Bulgarien jedoch den weiteren Vormarsch seiner Truppen und am 3. März 1886 wurde in Bukarest der Frieden auf der Grundlage der Anerkennung der Grenzen des vereinigten Bulgarien abgeschlossen. 313 432

280 Beim Empfang des von der Krim nach Moskau zurückkehrenden Zaren Alexander III. am 25. Mai 1886 erklärte das Stadtoberhaupt von Moskau, N. Alexejew, in seiner Begrüßungsansprache: „Es festigt sich unser Glaube, daß das Kreuz Christi über der Heiligen Sophia erstrahlen wird." (Gemeint ist die Sophienkirche in Konstantinopel.) 313

281 Nach dem unter dem Druck Rußlands erfolgten Verzicht Alexander Battenbergs auf den bulgarischen Thron und nach der Regentschaftsbildung sandte die zaristische Regierung im September 1886 General N. W. Kaulbars als Kriegskommissar nach Bulgarien, um den russischen Einfluß wiederherzustellen und den Boden für die Wahl eines russischen Prätendenten auf den bulgarischen Thron vorzubereiten. Kaulbars' Mission scheiterte jedoch; eine der Ursachen war die Haltung der westeuropäischen Mächte, vor allem Englands, zur bulgarischen Frage. Im November des gleichen Jahres wurde Kaulbars zurückgerufen; gleichzeitig brach die zaristische Regierung die diplomatischen Beziehungen zu Bulgarien ab. 314

282 *Sonderbund* – Separatbündnis, das 1843 zwischen sieben ökonomisch rückständigen katholischen Kantonen der Schweiz geschlossen wurde, um den fortschrittlichen bürgerlichen Umgestaltungen in der Schweiz entgegenzutreten sowie die Privilegien der Kirche und der Jesuiten zu verteidigen. Die reaktionären Ansprüche des Sonderbundes

stießen auf den Widerstand der bürgerlichen Radikalen und Liberalen, die Mitte der vierziger Jahre in den meisten Kantonen wie auch im Schweizer Bundestag (Tagsatzung) das Übergewicht hatten. Der Beschluß des Schweizer Bundestages im Juli 1847 über die Auflösung des Sonderbundes diente diesem als Anlaß, Anfang November 1847 mit Waffengewalt gegen die übrigen Kantone vorzugehen. Am 23. November 1847 wurden die Truppen des Sonderbundes von den Truppen der Bundesregierung zerschlagen. 319

283 Unter der Führung der kleinbürgerlichen Demokraten Friedrich Hecker und Gustav Struve begann im April 1848 der republikanische Aufstand in Baden, der bereits gegen Ende desselben Monats niedergeschlagen wurde. 320

284 Engels bezieht sich auf die Kämpfe zur Verteidigung der am 28. März 1849 durch die Frankfurter Nationalversammlung beschlossenen Reichsverfassung. Die Regierungen fast aller großen deutschen Staaten (Preußen, Sachsen, Bayern, Hannover u. a.) weigerten sich, die Verfassung anzuerkennen. Im Mai 1849 kam es in der Rheinprovinz und in Dresden, von Mai bis Juli in Baden und in der Pfalz zu bewaffneten Kämpfen derjenigen, die in der Reichsverfassung die einzige noch erhalten gebliebene Errungenschaft der Revolution sahen. Die Erhebungen wurden Mitte Juli 1849 niedergeschlagen. Über den Charakter und den Verlauf dieser Kämpfe, an denen Engels teilnahm, siehe seine Schrift „Die deutsche Reichsverfassungskampagne“ (Band 7 unserer Ausgabe, S. 109–197). 320 346

285 Am 5. Juni 1849 schlugen die linken Demokraten Badens, die mit der Kapitulationspolitik der Regierung Brentano und der zunehmenden Dominanz rechter Vertreter in der Regierung unzufrieden waren, Brentano vor, die Revolution über die Grenzen Badens und der Pfalz hinaus auszudehnen und die Regierung durch radikale Mitglieder zu vervollständigen. Nachdem sie eine abschlägige Antwort erhalten hatten, versuchten sie am 6. Juni, durch die Androhung einer bewaffneten Kundgebung auf die Regierung einzuwirken. Sie wurden jedoch durch die Regierung, die die Bürgerwehr und andere bewaffnete Truppenteile heranzog, zur Kapitulation gezwungen. 320

286 *Hanauer Turner* – eine Freiwilligenabteilung des Hanauer Turnvereins, die gemeinsam mit einem Mannheimer Arbeiterbataillon, zusammen 1612 Mann, zu den noch etwa 1000 Mann starken Volkswehren aus den Dörfern des Odenwaldes stießen und am badischen Aufstand 1849 teilnahm. Für dieses „fliegende Korps“ hatte Becker das Kommando. 320

287 Am 28. September 1864 fand in *St. Martin's Hall* in London die Grünungsversammlung der Internationalen Arbeiterassoziation (IAA, später I. Internationale) statt. An der mehrtägigen Gründungskonferenz nahmen aus 13 europäischen Ländern und den USA etwa 2000 Delegierte teil, nicht jedoch Becker. Er gehörte zu den Delegierten der ersten IAA-Konferenz, die ein Jahr später in London durchgeführt wurde. 323

288 *„Der Vorbote“* – Monatsschrift, offizielles Organ der deutschen Sektionen der Internationale in der Schweiz, das in deutscher Sprache von 1866 bis 1871 in Genf erschien. Verantwortlicher Redakteur war Johann Philipp Becker. Die Zeitschrift verfolgte im allgemeinen die Linie von Marx und vom Generalrat, veröffentlichte systematisch die Dokumente der Internationale und informierte über die Tätigkeit der Sektionen der Internationale in den verschiedenen Ländern. 323

289 Die *Alliance de la Démocratie socialiste* wurde von Michail Bakunin im Oktober 1868 in Genf gegründet und beantragte die Aufnahme in die Internationale Arbeiterassoziation (IAA), die zunächst abgelehnt wurde. 1869 stimmte der Generalrat dem Gesuch unter der Bedingung zu, daß sich die Allianz als selbständige internationale Organisation auflöse. Bereits im September 1872 beschloß der Haager Kongreß jedoch den Ausschluß von Bakunin und Guillaume aus den Reihen der Internationalen Arbeiterassoziation. Ihnen wurde vorgeworfen, die Allianz geheim weitergeführt zu haben, mit dem Ziel, die IAA zu unterwandern.

Becker hatte in der Gründungsphase der *Alliance internationale de la Démocratie socialiste* eine tragende Rolle, was Engels hier nicht erwähnt. 323

290 *„Der Volksstaat"* – Organ der Sozialdemokratischen Arbeiterpartei (Eisenacher); erschien vom 2. Oktober 1869 bis zum 29. September 1876 in Leipzig (anfangs zweimal, ab Juli 1873 dreimal wöchentlich). Die Zeitung widerspiegelte die Ansichten der revolutionären Richtung in der deutschen Arbeiterbewegung. Die Zeitung war ständig den Verfolgungen von Polizei und Regierung ausgesetzt. Die Zusammensetzung des Redaktionsstabes änderte sich durch die Verhaftung der Redakteure häufig; die allgemeine Leitung blieb jedoch in der Hand von Wilhelm Liebknecht. Großen Einfluß auf den Charakter der Zeitung hatte August Bebel, der Leiter des Verlags „Volksstaat".

Marx und Engels waren Mitarbeiter des „Volksstaats" seit seiner Gründung. Sie standen der Redaktion helfend zur Seite, trugen aber auch ihre Kritik vor. 325

291 Laut Frankfurter Friedensvertrag von 1871 mußte Frankreich eine Kontribution in Höhe von fünf Milliarden Francs an Deutschland zahlen. 325

292 Sechs Artikel Mülbergers unter der Überschrift „Die Wohnungsfrage" wurden ohne Angabe des Verfassers im „Volksstaat" vom 3., 7., 10., 14., 21. Februar und 6. März 1872 veröffentlicht. Die Artikel erschienen zudem 1872 unter dem Titel „Die Wohnungsfrage. Eine sociale Skizze" als gesonderte Broschüre. 326

293 Die Antwort Mülbergers auf die Artikel von Engels wurde im „Volksstaat" vom 26. Oktober 1872 unter der Überschrift „Zur Wohnungsfrage (Antwort an Friedrich Engels von A. Mülberger)" veröffentlicht. 326

294 Die *Neue Madrider Föderation* (Nueva Federación Madrileña) wurde am 8. Juli 1872 von den Redaktionsmitgliedern der Zeitung „Emancipación" gegründet, nachdem die anarchistische Mehrheit sie aus der Madrider Föderation ausgeschlossen hatte. An der Gründung und der Tätigkeit der Neuen Madrider Föderation beteiligte sich auch Paul Lafargue. Nach der Weigerung des Spanischen Föderalrats, sie aufzunehmen, wandte sich die Neue Madrider Föderation an den Generalrat, der sie am 15. August 1872 als Föderation der Internationale anerkannte (siehe Band 18 unserer Ausgabe, S. 125). Sie konnte sich aber politisch nicht etablieren und als politische Kraft festigen, verlor im April 1873 ihr Blatt und wurde bereits Mitte 1873 aufgelöst. Mit dem Zusammenbruch der Republik 1874 wurden alle sozialistischen Aktivitäten bis 1881 in die Illegalität getrieben.

Zu den Mitarbeitern von „La Emancipación" gehörte auch Engels. Die Mitglieder der Neuen Madrider Föderation waren später die Organisatoren der 1879 gegründeten Sozialistischen Arbeiterpartei Spaniens. 327

295 In der *Eifel*, einer hügligen Landschaft mit großen Torfmooren und ausgedehntem Ödland, sind die Bodenverhältnisse für die Landwirtschaft wenig geeignet. Der Boden wurde von kleinen, technisch rückständigen Bauernwirtschaften bearbeitet. Es kam zu periodischen Mißernten, die die Kleinbauern in große Not stürzten. Engels führt in seinem Artikel die Ereignisse aus dem Jahre 1882 an, als in der Eifel unter den Bewohnern infolge mehrerer Mißernten und durch das Fallen der Preise für landwirtschaftliche Erzeugnisse eine Hungersnot ausbrach. 329

296 Den vorliegenden Aufsatz schrieb Engels als Vorwort für die im April 1887 erschienene US-amerikanische Ausgabe seiner Arbeit „Die Lage der arbeitenden Klasse in England". Die Veröffentlichung hatte sich lange hingezogen. Im gleichen Jahr wurde der Text von Engels ins Deutsche übertragen und als Artikel unter dem Titel „Die Arbeiterbewegung in Amerika" im „Sozialdemokrat" vom 10. und 17. Juni und in französischer Sprache am 9., 16. und 23. Juli im „Socialiste" veröffentlicht; später erschien er als Separatabdruck in deutscher und englischer Sprache. Noch vor dem Erscheinen des Buchs in den USA wurde der Aufsatz ohne Wissen und Genehmigung von Engels ins Deutsche übersetzt und am 10. April 1887 in der „New Yorker Volkszeitung" veröf-

fentlicht. Engels, der mit der Qualität der Übersetzung nicht zufrieden war, protestierte offiziell dagegen. 335

297 Engels verweist auf eine Artikelserie von Eleanor Marx-Aveling und Edward Aveling, die 1887 in der „Time" veröffentlicht wurde.

„*Time*" – englische Monatsschrift sozialistischer Richtung; erschien von 1879 bis 1891 in London. 335

298 Engels spricht hier von den Verleumdungen, die das Exekutivkomitee der Sozialistischen Arbeiterpartei Nordamerikas (S.A.P.) über den englischen Sozialisten Edward Aveling verbreitete. Aveling wurde vorgeworfen, dem Exekutivkomitee gefälschte Rechnungen zwecks Bezahlung vorgelegt zu haben. In der Zeit von September bis Dezember 1886 war er zusammen mit Eleanor Marx-Aveling und Wilhelm Liebknecht auf Agitationsreise durch die USA. Die Vorwürfe hatten einen politischen Hintergrund. Die Sozialistische Arbeiterpartei Nordamerikas hatte gehofft, daß Aveling wesentlich für sie Propaganda machen würde. Er warb jedoch dafür, sich bei den Knights of Labor und der Central Labor Union zu organisieren (siehe Anm. 302). Wegen dieser Angelegenheit führte Engels einen mehrmonatigen Briefwechsel und Aveling schrieb mehrere Zirkulare, um die Anschuldigungen zurückzuweisen (hierzu vgl. $MEGA^2$, Bd. I/31, S. 1217–1222).

Im Sommer 1876 fusionierte die frühere nordamerikanische Föderation der Internationalen Arbeiterassoziation (IAA) mit der dominanteren lassalleanisch geprägten Sozialdemokratischen Arbeiterpartei von Nordamerika in Philadelphia zu *Workingmen's Party of the United States*. Auf ihrem ersten nationalen Kongreß im Dezember 1877 in Newark nannte sie sich in *Socialist Labor Party* (Sozialistische Arbeiterpartei, S.A.P.) um. Sie war von vergleichbaren innerparteilichen Konflikten geprägt wie die Sozialdemokratie nach ihrem Einigungskongreß 1875 in Gotha, organisatorisch aufgestellt war sie so: Die Parteileitung oblag dem Nationalen Exekutivkomitee, das der Kontrolle einer Aufsichtsbehörde unterstand. Marx' und Engels' Bezugsperson in der Partei war Friedrich A. Sorge. 335 513

299 Am 1. Mai 1886 begann in den USA ein mehrtägiger Generalstreik unter der Kampflosung des Achtstundentages. Der Streik erfaßte die wichtigsten Industriezentren – New York, Philadelphia, Chicago, Louisville, Saint Louis, Milwaukee, Baltimore; das Ergebnis war eine Verkürzung des Arbeitstages für etwa 200 000 Arbeiter. Die Unternehmer antworteten jedoch unverzüglich mit einer Gegenoffensive. Am 4. Mai wurde in Chicago eine Bombe in eine Menschengruppe geschleudert. Zwölf Menschen starben, darunter ein Polizist. Sechs weitere erlagen später ihren Verletzungen. Für die Polizei war dies der Anlaß, mit Waffengewalt gegen die Arbeiter vorzugehen und mehrere Hundert Personen zu verhaften. Es kam zu einem Gerichtsprozeß, in dem bekannte anarchistische Aktivisten der Chicagoer Arbeiterbewegung zu hohen Strafen verurteilt wurden; vier von ihnen wurden im November 1887 gehenkt. Bis heute ist unklar, wer die Bombe geworfen hat (vgl. Paul Avrich: Haymarket Tragedy, Princeton 1984). Die von den US-amerikanischen Arbeitern im Streik vom Mai 1886 errungenen Erfolge wurden in den folgenden Jahren von den Unternehmern wieder zunichte gemacht. Zu Ehren dieses Streiks faßte der Internationale Sozialistische Arbeiterkongreß 1889 in Paris den Beschluß, den 1. Mai alljährlich als internationalen Feiertag der Arbeiter zu begehen. 336

300 *Kapitol* – Sitz des Kongresses, des höchsten gesetzgebenden Organs der Vereinigten Staaten von Amerika in Washington.

Weißes Haus – offizielle Residenz des Präsidenten der USA in Washington. 336

301 Während der Vorbereitung der Kommunalwahlen in New York im Herbst 1886 wurde zwecks gemeinsamer politischer Aktionen der Arbeiterklasse die Vereinigte Arbeiterpartei gegründet. Die Initiative zur Schaffung dieser Partei war vom *New-Yorker Zentralen Arbeiterverband* ausgegangen, der 1882 entstandenen Vereinigung der Ge-

werkschaften dieser Stadt. Nach dem Beispiel New Yorks wurden solche Parteien in einer ganzen Reihe anderer Städte geschaffen. Bei den *Wahlen in New York, Chicago* und *Milwaukee* errangen die neuen Arbeiterparteien beachtliche Erfolge. Der Kandidat der Vereinigten Arbeiterpartei für den Posten des Oberbürgermeisters von New York, Henry George, erhielt 31 Prozent aller Stimmen; in Chicago brachten die Anhänger der Arbeiterpartei einen Kandidaten in den Senat und neun ins Repräsentantenhaus der Gesetzgebenden Versammlung des Staates; dem Kandidaten der Arbeiterpartei für den Kongreß der USA fehlten lediglich 64 Stimmen. In Milwaukee brachte die Arbeiterpartei ihren Kandidaten als Bürgermeister der Stadt durch; ein Kandidat wurde in den Senat, sechs ins Repräsentantenhaus der Gesetzgebenden Versammlung des Staates und ein Vertreter in den Kongreß der USA gewählt. 336

302 *Arbeitsritter*, bekannter als „Ritter der Arbeit" (Knights of Labor), Abkürzung für Edler Orden der Ritter der Arbeit (Noble Order of the Knights of Labor) – so nannte sich eine 1869 von Uriah S. Stephens in Philadelphia gegründete Geheimorganisation der Arbeiter, die erst 1878 aus der Illegalität heraustrat. Terence W. Powderly übernahm als „master workman" die Leitung, die alles andere als demokratisch war; die Mitgliederzahl betrug damals unter 10 000. Nach erfolgreichen Streiks wuchs sie auf mindestens 700 000 an, mit über 4000 Zweigvereinen. Der Orden organisierte hauptsächlich ungelernte Arbeiter, darunter viele Schwarze und ehemalige Sklaven. Sein Ziel war die Errichtung von Genossenschaften und die Organisierung gegenseitiger Hilfe. Er beteiligte sich an vielen Aktionen der Arbeiterklasse. Die Führung des Ordens lehnte jedoch im Prinzip die Beteiligung der Arbeiter am politischen Kampf ab und trat für eine Zusammenarbeit der Klassen ein. Als Engels sein Vorwort schrieb, hatte die Bewegung ihren Höhepunkt bereits überschritten. 1886 versuchte sie die Streikbewegung, die das ganze Land erfaßt hatte, aufzuhalten, indem sie den Mitgliedern des Ordens verbot, sich am Streik zu beteiligen. Dennoch nahmen die einfachen Mitglieder am Streik teil. Die Führung entsolidarisierte sich auch mit den nach dem 4. Mai angeklagten Anarchisten (siehe Anm. 299). Der Orden verlor danach immer mehr an Einfluß unter den Arbeitermassen und löste sich Ende der neunziger Jahre ganz auf. 338

303 Den vorliegenden Brief schrieb Engels anläßlich des internationalen Festes, angeregt durch einen nicht überlieferten Brief des russischen sozialistischen Emigranten Ossip Zetkin. Veranstaltet wurde es am 19. Februar 1887 in Paris, auf Initiative einer Reihe von Organisationen ausländischer Sozialisten in Frankreich. Es nahmen über 500 Menschen teil, darunter deutsche, skandinavische, polnische und russische sozialistische Emigranten. Protestiert wurde vor allem gegen das Wettrüsten und die Vorbereitung eines Krieges zwischen Deutschland und Frankreich. Der Brief von Engels muß zwischen dem 16. und 18. Februar entstanden sein (und nicht wie von ihm behauptet am 13.). Er wurde auf dem Fest verlesen und erschien danach im „Socialiste" vom 26. Februar und in deutscher Übersetzung im „Sozialdemokrat" vom 11. März sowie in der New Yorker Zeitung „Sozialist" vom 19. März 1887. Die deutsche Übersetzung war Grundlage für die Übertragung ins Dänische, die im „Social-Demokraten" vom 6. April 1887 erschien. 344

304 Sigismund Borkheims Broschüre „Zur Erinnerung für die deutschen Mordspatrioten. 1806–1807" wurde auf Initiative von Engels als XXIV. Veröffentlichung der „Sozialdemokratischen Bibliothek" herausgegeben. Die erste Hälfte wurde im Dezember 1887 geschrieben; die zweite Hälfte der „Einleitung" wurde noch vor dem Erscheinen der Broschüre im „Sozialdemokrat" vom 15. Januar 1888 mit der Überschrift „Was Europa bevorsteht" abgedruckt.

In Borkheims „Erinnerungen" und in seinem Antrag auf Staatsbürgerschaft Großbritanniens steht als Geburtsjahr 1826, nicht 1815, wie Engels im Folgenden angibt (vgl. MEGA², Bd. I/31, S. 726). 346

305 In der preußischen Nationalversammlung wurde der Antrag des Berliner Druckereibesitzer Julius Berends abgelehnt, die „Versammlung wolle in Anerkennung der Revolu-

tion zu Protokoll erklären, daß die Kämpfer des 18. und 19. März sich wohl um das Vaterland verdient gemacht hätten." (Zit. nach: Wilhelm Blos: Die deutsche Revolution. Geschichte der deutschen Bewegung von 1848 und 1849, Stuttgart 1893, S. 322 – siehe hierzu auch Engels' Artikel „Die Berliner Debatte über die Revolution", Band 5 unserer Ausgabe, S. 64–77 sowie „Inkompetenzerklärung der Versammlungen zu Frankfurt und Berlin", ebenda, S. 63.) Empört über die Ablehnung stürmten Arbeiter und Handwerker Berlins am 14. Juni 1848 das Zeughaus, das zentrale Waffendepot. Ziel war eine Volksbewaffnung, da die zu Beginn der Revolution gebildeten Bürgerwehren exklusiv waren. Die Mitglieder mußten ihre Ausrüstung selbst bezahlen. Der zu Hilfe gerufenen militärischen Verstärkung gelang es im Verein mit Abteilungen der Bürgerwehr, die Waffen wieder einzusammeln. 346

306 Der *republikanische Aufstand in Baden*, der Ende September 1848 ausbrach, wurde von einer Gruppe deutscher Emigranten unter Führung von Gustav Struve, der am 21. September aus der Schweiz kam, entfacht. Mit Unterstützung bewaffneter Abteilungen badischer Demokraten und der lokalen Bürgerwehr proklamierte Struve die „Deutsche Republik". Nach einigen Tagen wurde der Aufstand durch badische Truppen niedergeschlagen, Struve und eine Reihe anderer Teilnehmer am Aufstand verhaftet und zu längeren Gefängnisstrafen verurteilt. Borkheim wurde freigesprochen. Struve wurde zu acht Jahren Zuchthaus verurteilt, aber im Zuge einer Militär-Meuterei in der Festung Rastatt von den Revolutionären befreit. 346

307 Über die *Bewegung des 6. Juni* siehe Anm. 285. 346

308 *Schwefelbande* – ursprünglich Bezeichnung der Studentenvereinigung „Sulphuria" an der Jenaer Universität in den siebziger Jahren des 18. Jahrhunderts, die wegen der von ihren Mitgliedern verursachten Skandale einen üblen Ruf genoß; später wurde der Ausdruck „Schwefelbande" zum allgemeinen Begriff für Spitzbubengesindel. Hier nimmt Engels Bezug auf Marx' Polemik in „Herr Vogt".

Von Karl Vogt erschien 1859 „Mein Prozeß gegen die Allgemeine Zeitung", das gegen Marx und sein politisches Umfeld gerichtet war. In dieser Schrift behauptet Vogt, Marx und seine Anhänger seien für Umtriebe der sog. Schwefelbande verantwortlich, und stellt sie als Gesellschaft dar, die sich mit schmutziger Politik befaßt. In Wirklichkeit war unter der scherzhaften Bezeichnung „Schwefelbande" ein in Genf von 1849 bis 1850 existierender Kreis deutscher Emigranten bekannt, dessen Mitglied auch Borkheim war. Marx und seine Anhänger hatten keinerlei Beziehungen zu diesem Kreis, von dessen Existenz sie nicht einmal wußten. Die „Schwefelbande" war eine harmlose lustige Gesellschaft, die keinen politischen Charakter trug. Marx polemisierte gegen Vogt mit seiner 1860 erschienenen Schrift „Herr Vogt" (siehe Band 14 unserer Ausgabe). 347 439

309 Im Februar 1860 wandte sich Marx an Sigismund Borkheim mit der Bitte, ihn über die Genfer „Schwefelbande" zu informieren. Borkheims Antwort vom 12. Februar benutzte Marx für sein Pamphlet gegen Vogt (siehe Band 14 unserer Ausgabe, S. 390–393). Auch Engels stützt sich in seinen folgenden Ausführungen offensichtlich auf den Brief Borkheims. 348 439

310 In der Übersetzung Borkheims wurde die Broschüre unter dem Titel „Unsere russischen Angelegenheiten. Antwort auf den Artikel des Herrn Herzen: ‚Die Ordnung herrscht!' (Kolokol Nr. 233)", Leipzig 1871, herausgegeben. Die deutsche Ausgabe besteht aus einer Einleitung Borkheims und dem Text der Broschüre von Serno-Solowjewitsch mit dem Untertitel „Unsere häuslichen Angelegenheiten". 348

311 *„Die Zukunft"* – bürgerlich-demokratische Zeitung, Organ der Volkspartei; erschien 1867 in Königsberg und von 1868 bis 1871 in Berlin. 349

312 Gemeint ist Eduard von Höpfners Buch „Der Krieg von 1806 und 1807. Ein Beitrag zur Geschichte der Preußischen Armee nach den Quellen des Kriegs-Archivs bearbeitet", Th. 1.2, Bd. 1–4, Berlin 1850–1851. Engels sah die Arbeit für sein Manuskript „Varia

über Deutschland 1789–1873“ durch (MEGA², Bd. I/24, S. 340–350; Auszüge in Band 18 unserer Ausgabe, S. 589–596). Ursprünglich für einen Artikel im „Volksstaat“ angefragt, plante Engels schließlich ein Büchlein. Der Text ist jedoch nicht zu Engels Lebzeiten erschienen. 349

313 Mit den *Feldzügen nach Dänemark* 1850 meint Engels die Schlußphase der militärischen Operationen Preußens gegen Dänemark während des Krieges in Schleswig-Holstein. Unter dem Einfluß der Revolutionen in Frankreich und Deutschland erhob sich im März 1848 die nach Vereinigung mit Deutschland strebende Bevölkerung Schleswig-Holsteins und führte bis Juni 1850 einen nationalen Befreiungskrieg gegen die dänische Herrschaft. Mit Rücksicht auf die öffentliche Meinung in Deutschland begannen die preußischen Regierungskreise im April 1848 gemeinsam mit anderen Staaten des Deutschen Bundes einen Scheinkrieg gegen Dänemark, wobei sie ständig die revolutionäre schleswig-holsteinische Armee verrieten und am 26. August 1848 einen Waffenstillstand auf sieben Monate schlossen. Durch die Bedingungen des Waffenstillstands wurden alle demokratischen Errungenschaften in Schleswig-Holstein zunichte gemacht. Der Krieg wurde Ende März 1849 wieder aufgenommen. Die militärischen Aktionen, die mit wechselndem Erfolg durchgeführt wurden, endeten mit einem neuen Verrat Preußens, das am 2. Juli 1850 mit Dänemark Frieden schloß und es der Bevölkerung Schleswig-Holsteins überließ, den Krieg mit eigenen Kräften fortzusetzen. Im Juli 1850 wurde die schleswig-holsteinische Armee von dänischen Truppen zerschlagen, und die Herzogtümer blieben unter der Herrschaft des Königreichs Dänemark.

Bei dem von Engels erwähnten *Feldzug Preußens nach Süddeutschland* 1850 handelt es sich um das Einrücken preußischer Truppen in das Kurfürstentum Hessen-Kassel (Kurhessen) im November 1850 im Zusammenhang mit der Verschärfung des Kampfes zwischen Preußen und Österreich um die Hegemonie in Deutschland nach der Revolution 1848/49.

Die revolutionären Erhebungen in Kurhessen im Herbst 1850 nahmen Österreich und Preußen zum Anlaß, sich in die inneren Angelegenheiten Kurhessens einzumischen, wobei sowohl Preußen als auch Österreich das Recht für sich forderten, als führende Macht in Deutschland die revolutionäre Bewegung zu unterdrücken.

Als schließlich in Hessen österreichische Truppen einrückten, erklärte die preußische Regierung Anfang November die Mobilmachung und sandte ihrerseits Truppen nach Hessen. Am 8. November 1850 kam es zu einem unbedeutenden Geplänkel zwischen der österreich-bayerischen und der preußischen Vorhut bei Bronnzell. Die ernsten Mängel des Militärsystems, die veraltete Ausrüstung der preußischen Armee, die durch die Mobilmachung zutage traten, sowie der energische Widerstand Rußlands, das in dem deutschen Konflikt Österreich unterstützte, zwangen Preußen, von militärischen Aktionen abzusehen und vor Österreich zu kapitulieren. Noch vor dem Einmarsch der preußischen Truppen in Hessen wandte sich Zar Nikolaus I. auf der Warschauer Konferenz im Oktober 1850 als Schiedsrichter zwischen Österreich und Preußen gegen die Versuche, eine Vereinigung deutscher Staaten unter preußischer Vorherrschaft zu schaffen. Am 29. November wurde in Olmütz ein Abkommen zwischen Österreich und Preußen unterzeichnet, wonach Preußen auf seine Pläne zur Einigung Deutschlands verzichten und in den von Österreich wiederhergestellten Deutschen Bund eintreten mußte. 350 408 425

314 Engels bezieht sich auf den Preußisch-Österreichischen Krieg 1866 (siehe Anm. 279) und den Deutsch-Französischen Krieg 1870/71. 350

315 „*The Red Republican*“ – chartistische Wochenschrift, die Julian Harney von Juli bis November 1850 herausgab. „The Red Republican“ veröffentlichte in Nr. 21–24 (in gekürzter Form) die erste englische Übersetzung des „Manifests der Kommunistischen Partei“. 352

316 Engels zitiert aus der Rede des Präsidenten des Rates der Trade-Unions der Stadt Swansea, Bevan, die dieser auf dem 1887 in dieser Stadt tagenden Jahreskongreß der

Trade-Unions hielt. Der „Commonweal" berichtete am 17. September 1887 über diese Rede. 354

317 „*Woodhull & Claflin's Weekly*" – US-amerikanische Wochenschrift, die von 1870 bis 1876 in New York von den Frauenrechtlerinnen und Sozialistinnen Victoria Woodhull und Tennessee Claflin herausgegeben wurde.

Das „Manifest der Kommunistischen Partei" erschien in gekürzter Form am 30. Dezember 1871 in dieser Wochenschrift. 354

318 „*Le Socialiste*" – Wochenschrift, die von Oktober 1871 bis Mai 1873 in französischer Sprache in New York herausgegeben wurde; von Dezember 1871 bis Oktober 1872 war sie das Organ der französischen Sektion der Internationalen Arbeiterassoziation in den USA; sie unterstützte die bürgerlichen und kleinbürgerlichen Elemente in der Nordamerikanischen Föderation. Nach dem Haager Kongreß brach sie die Verbindung zur Internationale ab.

Im Januar/Februar 1872 wurde in dieser Wochenschrift das „Manifest der Kommunistischen Partei" gekürzt veröffentlicht. 354

319 Engels' Angaben sind ungenau, denn die russische Übersetzung erschien wahrscheinlich gegen Ende September 1869. Sie wurde in der Druckerei „Wolnaja russkaja tipografija" von Ludwig Czerniecki in Genf gedruckt. In der gleichnamigen Druckerei war auch von A. I. Herzen und N. P. Ogarjow die Zeitung „*Kolokol*" herausgegeben worden, allerdings bis Anfang 1865 in London und erst 1865–1867 in Genf. Danach übernahm Ludwig Czerniecki die Druckerei von Herzen, bald darauf wurde sie jedoch aufgelöst. Eine andere von Czerniecki in Genf betriebene Druckerei hatte den gleichen Namen. Hier wurden vor allem Bakunins Texte, die von Sergej G. Netschajew und auch die russische Übersetzung des „Manifests" gedruckt. Die Initiative für die Ausgabe ging vermutlich von der Gruppe russischer Emigranten in Genf um Netschajew aus, der Bakunin und Ogarjow angehörten. Zwar hatten Marx und Engels Bakunin als Übersetzer genannt (siehe Band 19 unserer Ausgabe, S. 295), aber es ist fraglich, ob er es tatsächlich war. – Zu Beginn der Ersten Internationalen versorgten viele in Genf niedergelassene sozialistische Druckereien das In- und Ausland mit Schriften und Zeitungen. 354

320 Engels nennt in seinem 1894 geschriebenen Nachwort zu dem Artikel „Soziales aus Rußland" (siehe Band 22 unserer Ausgabe) als Verfasser der erwähnten Übersetzung Georgi Plechanow. Auch Plechanow weist in der russischen Ausgabe des „Manifests" vom Jahre 1900 darauf hin, daß er selbst die Übersetzung angefertigt habe. 354

321 Die erwähnte dänische Übersetzung – K. Marx og F. Engels, „Det Kommunistiske Manifest", Kobenhavn 1885 wies einige Auslassungen und Ungenauigkeiten auf, worauf Engels im Vorwort zur vierten deutschen Ausgabe des „Manifests" (siehe Band 22 unserer Ausgabe) aufmerksam machte. Die französische Übersetzung wurde in „Le Socialiste" vom 29. August bis zum 7. November 1885 veröffentlicht und dann in Mermeix' Buch „La France socialiste. Notes d'histoire contemporaine", Paris 1886, gedruckt. Die spanische Übersetzung erschien in der Zeitung „El Socialista" von Juli bis August 1886 und als Broschüre („Manifiesto del Partido Communista", Madrid 1886). 354

322 „Statuten der Internationalen Arbeiterassoziation" (siehe Band 16 unserer Ausgabe, S. 14, und Band 17, S. 440). 357

323 Diesen in englischer Sprache verfaßten Artikel schrieb Engels als Vorwort zur US-amerikanischen Ausgabe der Rede über den Freihandel, die Marx am 9. Januar 1848 in Brüssel gehalten hatte (siehe Band 4 unserer Ausgabe, S. 444–458). Engels überprüfte auch die von Florence Kelley-Wischnewetzky angefertigte Übersetzung der Rede von Marx und übertrug sein Vorwort in die deutsche Sprache, in der es erstmalig in der „Neuen Zeit", Nr. 7, Juli 1888, veröffentlicht wurde. Zwischen dem 6. Juli und dem 28. August 1888 erschien es in der englischen Originalfassung in „The Labor Standard" in New York. Eine Originalquelle ist nicht überliefert. Die Herausgabe der Rede von

Marx als Einzelschrift verzögerte sich. Erst im September 1888 erschien sie im Verlag Lee and Shephard, Boston. Ferner wurde der Schlußteil des Artikels in deutscher Sprache in der New Yorker Zeitung „Socialist" am 27. Oktober 1888 veröffentlicht.

„*The Labor Standard*" – sozialistisches Wochenblatt, das von 1876 bis 1900 in New York herausgegeben wurde. 360

324 Über den Brüsseler Freihandelskongreß, der zwischen dem 16. und 18. September 1847 stattfand, siehe Engels' Artikel „Der ökonomische Kongreß" und „Der Freihandelskongreß in Brüssel" in Band 4 unserer Ausgabe, S. 291–295 und 299–308. 360

325 „*die offenbare Bestimmung*" („manifest destiny") – ein Ideologem des 19. Jahrhunderts, um zu rechtfertigen, an das Gebiet Nordamerikas angrenzende Länder zu kolonialisieren, weil dies eine Mission, die Bestimmung der US-amerikanischen Nation sei. Obwohl schon früher „geflügeltes Wort", findet sich die wohl bekannteste Formulierung in der Zeitschrift „U.S. Magazine and Democratic Review", Juli–August 1845, Band XVII, S. 5, von dem Redakteur John O'Sullivan. 364

326 *parliamentary train* (Parlamentszug) – nannte man im 19. Jahrhundert in England ironisch besondere Züge dritter Klasse, die durch Parlamentsbeschluß 1844 eingeführt worden waren; nach diesem Beschluß mußte jede Eisenbahngesellschaft täglich einen solchen Zug auf ihren Strecken mit einer Mindestgeschwindigkeit von zwölf Meilen in der Stunde verkehren lassen und durfte für die Fahrt nicht mehr als einen Penny pro Meile verlangen. 365

327 1823 wurde *William Huskisson* Handelsminister. Auf seine Initiative hin wurde in den zwanziger Jahren eine Reihe von Maßnahmen zur Reorganisierung des veralteten Zollsystems durchgeführt: Es wurden die Einfuhrzölle für gewisse Rohstoffe, Lebensmittel und andere Waren abgeschafft oder gesenkt; der Schutzzoll auf Getreide wurde durch eine gleitende Skala der Getreidezölle ersetzt. Entsprechend dieser Skala stieg der Einfuhrzoll mit dem Fallen der Getreidepreise im Inland und sank, wenn diese anstiegen. Engels nannte Huskisson bereits 1845 als einen der Erfinder der später zum Gesetz erhobenen „sliding scale": „Nach dieser stieg der Einfuhrzoll mit dem Fallen und fiel mit dem Steigen der Kornpreise im Inlande." („Geschichte der englischen Korngesetze", Band 22 unserer Ausgabe, S. 586)

Die Regierung *Robert Peel* senkte 1842 Zolltarife weiter oder schaffte sie für einzelne Produkte ganz ab, um sie gegen eine Einkommensteuer zu ersetzen. 367

328 Hinweis auf das Gesetz über den Zehnstundentag, das am 8. Juni 1847 vom englischen Parlament beschlossen worden war und nur Jugendliche und Arbeiterinnen betraf. Vorangegangen war ihm ein jahrzehntelanger Kampf um eine Verkürzung der Arbeitszeit und diverse gesetzliche Regulierungen, unter anderem 1819, 1825 und 1833 (siehe Marx, „Das Kapital. Erster Band", Band 23 unserer Ausgabe, achtes Kapitel). 367

329 Der *Zollverein* wurde unter Führung Preußens 1834 endgültig formiert. Preußen war es seit 1819 lediglich gelungen, mit einigen kleineren deutschen Staaten – der größte war Hessen-Darmstadt – Zollvereinbarungen zu treffen. Der Zollverein war eine wirtschaftspolitische Vereinigung deutscher Einzelstaaten unter preußischer Vorherrschaft zur Beseitigung der Binnenzölle und zur gemeinsamen Regelung der Grenzzölle. Er umfaßte allmählich alle deutschen Staaten, ausgenommen Österreich, die freien Hansestädte (Lübeck, Hamburg, Bremen) und einige kleinere norddeutsche Staaten. Der im Interesse eines gesamtdeutschen Marktes geschaffene Zollverein trug wesentlich zu der 1871 vollzogenen politischen Einigung Deutschlands bei. 368 421

330 In dem Buch von Kolb wird die Masse der Zirkulationsmittel in Millionen Taler angegeben, für folgende Länder: Großbritannien 4460, Deutschland 3100, Frankreich 2220 und Vereinigte Staaten 1660. 369

331 Die Erklärung über die Notwendigkeit einer Zolltarifreform zwecks Erhöhung der Einfuhrzölle für Industriewaren und landwirtschaftliche Erzeugnisse war im Oktober 1878 von einer Gruppe Reichstagsabgeordneter abgegeben worden. Im Dezember 1878

unterbreitete Bismarck der speziell dafür gebildeten Kommission seinen ersten Reformentwurf. Der endgültige Entwurf wurde dem Reichstag im Mai 1879 vorgelegt und am 12. Juli 1879 angenommen. Der neue Zolltarif sah eine bedeutende Erhöhung der Einfuhrzölle für Eisen, Maschinen, Textilien, Getreide, Vieh, Fette, Flachs, Holz usw. vor. 370

332 *Cobdenvertrag von 1860* – Handelsvertrag zwischen England und Frankreich, der am 23. Januar 1860 unterzeichnet wurde; Hauptbevollmächtigter Englands war der Anhänger des Freihandels Richard Cobden. In diesem Vertrag verzichtete Frankreich auf seine bisherige Schutzzollpolitik und führte statt dessen Zölle ein, die 30 Prozent des Warenwerts nicht übersteigen durften. Frankreich erhielt das Recht, den größten Teil seiner Waren zollfrei in England einzuführen. Dieser Vertrag hatte durch Import englischer Waren eine verschärfte Konkurrenz auf dem Binnenmarkt zur Folge und verursachte Unzufriedenheit unter den französischen Industriellen. 372

333 Die *Standard Oil Company* war 1870 von John D. Rockefeller im Staate Ohio mit einem Kapital von einer Million US-Dollar gegründet worden. In den siebziger Jahren monopolisierte die zu Spekulationen großen Ausmaßes übergegangene Gesellschaft den Transport und die Verarbeitung von Erdöl und brachte nahezu die gesamte Erdölindustrie der USA unter ihre Kontrolle. 1882 wurde die Gesellschaft unter gleichem Namen in einen Trust umgewandelt, der bereits ein Gesamtkapital von 75 Millionen US-Dollar kontrollierte. In der Folgezeit entwickelte sich die Standard Oil zu einem der größten kapitalistischen Weltmonopole und beeinflußte u. a. mit Spenden die US-Politik. 372

334 Der *Zuckertrust* oder die Gesellschaft der Zucker-Raffinerie-Werke wurde 1887 durch eine Fusion von 15 New Yorker Firmen geschaffen und 1891 in die Amerikanische Zucker-Raffinerie-Gesellschaft umgewandelt. In den ersten Jahren seiner Existenz monopolisierte der Trust fast die gesamte Zuckerindustrie der USA. Trotz der Bildung einer Reihe starker Konkurrenzgesellschaften blieb der Trust, der auf der Grundlage eines Beteiligungssystems die Kontrolle über die einen und die Verbindung mit anderen von ihnen herstellte, weiterhin das größte Monopolunternehmen in diesem Industriezweig. 373

335 *Manchesterschule* – ökonomische Lehrmeinung, die in der ersten Hälfte des 19. Jahrhunderts von britischen Vertretern des Freihandels propagiert wurde. Die Anhänger bildeten die sog. Manchesterpartei. Sie verfochten radikal freihändlerische Grundsätze, die jeden Staatseingriff in das Wirtschaftsleben verwirft. Manchester war Zentrum ihres Wirkens. An der Spitze der Bewegung standen die beiden Textilfabrikanten Richard Cobden und John Bright, die 1838 die Anti-Corn-Law League (Anti-Kornzoll Liga) gründeten. In den 1840er und 1850er Jahren waren die Anhänger des Freihandels eine besondere politische Gruppierung; sie bildeten später den linken Flügel der Liberalen Partei in Großbritannien. 373

336 Engels verweist auf die erste Ode im dritten Buch der Oden des Horaz: „Hinter dem Reiter sitzt die schwarze Sorge." 375

337 Vorliegenden Aufsatz richtete Engels in Form eines Briefes an den schottischen Arbeiterführer und Redakteur der Zeitschrift „The Labour Leader", James Keir Hardie. Hardie veröffentlichte den Brief (ohne Titel) in seiner Zeitschrift in der Rubrik „Notizen über die Bergarbeiter" und versah sie mit folgender redaktionellen Einleitung: „Herr Friedrich Engels, der bedeutende Historiker der Arbeiterbewegung und lebenslange Freund des großen Karl Marx, schickt mir die folgende interessante Notiz über den Streik."

Der Ruhrbergarbeiterstreik, der am 4. Mai 1889 im Gelsenkirchener Bergwerks- und Industriegebiet begann und in wenigen Tagen alle Gruben des Oberbergamtsbezirkes Dortmund erfaßte, war der bedeutendste Streik, den Deutschland im 19. Jahrhundert erlebt hatte. Innerhalb kurzer Zeit hatte der Streik einen gewaltigen Umfang angenommen, in der Zeit vom 12. bis 14. Mai erreichte die Zahl der Teilnehmer etwa 90 000.

„Die Mehrheit der Öffentlichkeit und ein Teil der maßgebenden Verwaltungsbeamten sahen den Streik als unrevolutionär und relativ gerechtfertigt an." (Thomas Nipperdey: Deutsche Geschichte 1866–1918, Bd. 2., Machtstaat vor der Demokratie, München 1998, S. 423) Die Streikenden forderten in der Hauptsache: Erhöhung des Arbeitslohns, den Achtstundentag und die Anerkennung der Arbeitsausschüsse. Die Regierung, durch den Umfang des Streiks erschreckt, mußte die Zechenbesitzer verAnlaßen, auf zahlreiche Forderungen der Bergarbeiter einzugehen und Zugeständnisse zu machen. Mit diesen Versprechungen gelang es zunächst, die Streikfront ins Wanken zu bringen und die Arbeiter Mitte Mai zur Wiederaufnahme der Arbeit zu verAnlaßen. Gleich am ersten Tage der Arbeitsaufnahme zeigte sich, daß die Zechenherren nicht gesonnen waren, ihre Versprechungen zu halten. Die Streikbewegung lebte wieder auf. Am 24. Mai, auf der Versammlung der Bergarbeiter-Vertreter, wurde die Fortsetzung des Streiks mit 69 gegen 48 Stimmen beschlossen. Erst als die Zechenherren ankündigten, ihre Zusagen vom 18. Mai einzuhalten und keine Maßregelung vorzunehmen, wurde Anfang Juni der Streik im Ruhrgebiet beendet. Die Forderungen der Arbeiter wurden nur in unbedeutendem Maße erfüllt. Engels schloß den Brief vor diesem Beschluß ab, den Streik wieder aufzunehmen, sonst hätte er diese Wendung des Streikverlaufs wahrscheinlich berücksichtigt.

Das Anwachsen der Massenkämpfe in der Zeit des Sozialistengesetzes erreichte mit diesem Streik seinen Höhepunkt. Die Streikenden hatten mit Bergleuten im Ausland, darunter in England, Verbindung aufgenommen und finanzielle Unterstützung erhalten. Der Streik trug wesentlich dazu bei, daß das Sozialistengesetz aufgehoben werden mußte und Bismarck gestürzt wurde.

„*The Labour Leader*" – englische Monatsschrift, die 1887 unter dem Titel „The Miner" von James Keir Hardie gegründet wurde und seit 1889 unter der Bezeichnung „The Labour Leader" als Organ der schottischen Arbeiterpartei erschien; seit 1893 offizielles Organ der Independent Labour Party. Von 1894 an erschien der „Labour Leader" wöchentlich. Bis 1904 war Hardie Redakteur dieser Zeitschrift. 376

338 *truck shops* – von den Fabrikanten im Rahmen des Trucksystems (siehe Anm. 237) eingerichtete Ladengeschäfte des täglichen Bedarfs. 376

339 Wegen des gewaltigen Umfangs, den der Bergarbeiterstreik angenommen hatte, sah sich die Regierung genötigt, eine vermittelnde Stellung einzunehmen. Die Bergarbeiterdelegation, die aus drei Delegierten bestand, war durch die Bemühungen liberaler Reichstagsabgeordneter zustande gekommen, die den wachsenden Einfluß der Sozialdemokratie auf die Bergarbeiter verhüten wollten und das noch ungenügend entwickelte politische Bewußtsein bei einem Teil der Bergarbeiter ausnutzten. Am 14. Mai wurde die Bergarbeiterdelegation von Wilhelm II. empfangen. 377

340 Die Streikbewegung der Bergarbeiter dehnte sich trotz aller Maßnahmen und Verfolgungen Mitte Mai 1889 auch auf andere Teile Deutschlands aus. In Ober- und Niederschlesien, wo der Streik vom 14. bis 24. Mai dauerte, wurde der größere Teil der Gruben – etwa 20 000 Beschäftigte – erfaßt; in Sachsen streikten 10 000 Arbeiter; im Saargebiet wurde vom 14. bis 16. Mai zunächst in einzelnen Bergwerken gestreikt, am 23. Mai waren es bereits 12 000 Streikende. Noch früher begannen die Bergarbeiter im Bergwerks- und Industriegebiet von Wurm zu streiken, wo es etwa 8000 Streikende gab. Die Arbeit wurde erst am 31. Mai wieder aufgenommen. Auch in Böhmen, im Bezirk Kladno, fand am 24. Mai 1889 ein großer Bergarbeiterstreik statt.

Ende Mai wurden in verschiedenen Städten und Bezirken Deutschlands andere Berufszweige von der Streikbewegung erfaßt und die Forderung nach Erhöhung des Arbeitslohns und in einzelnen Fällen auch der Verkürzung des Arbeitstages erhoben. So streikten in Berlin am 25. Mai etwa 20 000 Maurer, in Freienwalde die Eisenbahner, in Stettin und Königsberg die Maler und Zimmerleute usw. 377

341 Die Internationale Arbeiterassoziation (IAA) löste sich 1876 auf. Auch die sog. antiautoritäre Internationale, die sich nach dem Kongreß in Den Haag auf einem Gegen-

kongreß im schweizerischen Jura 1872 gegründet hatte, hörte 1878 de facto auf zu existieren. Engels war in den kommenden Jahren nicht davon überzeugt, daß es einer Wiederbelebung der Internationalen bedürfe, einer internationalen Organisation (siehe u. a. „Zum 15. Jahrestag der Pariser Kommune“, in diesem Band, S. 257/258 sowie Engels an Laura Lafargue am 28. Juni 1889, Band 37 unserer Ausgabe, S. 231). Eine Position, die vor dem Hintergrund entstandener nationaler Arbeiterparteien durchaus auf der Linie der deutschen Sozialdemokratie war: „Was hätte unter diesen Umständen eine Wiedererrichtung der Internationale in der alten Form für einen Zweck? Unserer Meinung nach nur einen geringen.“ (Der Sozialdemokrat, Nr. 41, 7. Oktober 1886) Engels brachte sich trotz dieser Zurückhaltung jedoch bis zu seinem Tode politisch ein und im Sommer 1889 wurde dann trotz vieler Vorbehalte die Zweite Internationale gegründet (zur Rolle Engels' Markus Bürgi: Friedrich Engels und die Zweite Internationale, in: MEGA-Studien, 2/1996, S. 66–78).

Hintergrund, sich wieder verstärkt für eine internationale Organisierung einzusetzen, waren die Rivalitäten der beiden großen Arbeiterorganisationen in Frankreich – der radikalen Parti Ouvrier (OP) und der reformistischen Fédération des Travailleurs Socialistes de France (FTSF), die sog. Possibilisten – im Vorfeld der anstehenden Jahrhundertfeier zur Französischen Revolution 1889 und dem erstarkenden Einfluß reformerischer Kräfte auf die internationale Arbeiterbewegung. Zwar wurde 1887 auf dem Parteitag der deutschen Sozialdemokratie in St. Gallen in Übereinstimmung mit französischen und englischen Sozialisten die Einberufung eines internationalen Arbeiter-Kongresses anvisiert, um gemeinsame Schritte für eine internationale Arbeiterschutz-Gesetzgebung zu besprechen, eine Widererrichtung der Internationalen zeichnet sich jedoch erst 1888 ab.

Auf dem internationalen Gewerkschaftskongreß im November 1888 wurde die FTSF aufgefordert, für Juli 1889 einen internationalen Kongreß zu organisieren. Weil die Vertreter der OP in London nicht daran teilnehmen wollte, so Engels in einem Brief an Paul Lafargue (4. Dezember 1888, Band 37 unserer Ausgabe, S. 123/124), konnten die „Possibilisten“ als „die offiziellen Vertreter des französischen Sozialismus“ auftreten, zumal sie Unterstützung aus vielen europäischen Ländern hatten. Dieser Initiative sollte etwas entgegengehalten werden, um den Einfluß der „Possibilisten“ auf die internationale Arbeiterbewegung zu beschränken. Auf einer Konferenz im Februar 1889 in Den Haag wurde deshalb beschlossen, einen internationalen Sozialistenkongreß in Paris vom 14. bis 20. Juli 1889 abzuhalten. An diesem wollten die „Possibilisten“ jedoch nicht teilnehmen und hielten statt dessen am eigenen Plan fest. Ein Kompromiß zwischen den politischen Lagern kam nicht zustande, weshalb zwei Kongresse mit nahezu identischen Tagesordnungen stattfanden. Die „Possibilisten“ konnten zwar mehr Mitglieder und vor allem die englischen Gewerkschaften sowie die Social Democratic Federation mobilisieren, der „Marxistenkongreß“ dafür mit den bekannteren Namen aufwarten. Gegenseitig wurde sich die politische Legitimität abgesprochen, u. a. indem die Rechtmäßigkeit von Mandaten der Delegierten in Frage gestellt wurde (vgl. hierzu Markus Bürgi: Die Anfänge der Zweiten Internationale. Positionen und Auseinandersetzungen 1889–1893, Frankfurt a. M./New York 1996).

Engels schrieb den vorliegenden und auch andere Artikel, um den Einfluß der „Possibilisten“ zurückzudrängen. Näheres über die Geschichte der Vorbereitung des internationalen Sozialistenkongresses von 1889 siehe vorl. Band, S. 514–543. Der Artikel „Die Mandate der Possibilisten“ wurde in der Zeitung „The Labour Elector“ Nr. 32 vom 10. August 1889 veröffentlicht.

„The Labour Elector“ – englisches Wochenblatt sozialistischer Tendenz, erschien von Juni 1888 bis Juli 1894 in London.

Possibilisten – Bezeichnung für die Fédération des Travailleurs Socialistes de France (FTSF), eine reformistische sozialistische Partei unter der Führung von Paul Brousse und Benoît Malon. Diese entstand nach der Spaltung der französischen Arbeiterpartei 1882. Da sich ihr politischer Kurs am „politisch Möglichen“ orientierte, brachten die politischen Gegner den abschätzigen Spitznamen „Possibilisten" ein. Als Reaktion auf diese Fremdbezeichnung machten die „Possibilisten" die Bezeichnung „Marxisten" für die Anhänger der Parti Ouvrier populär (siehe Rudolf Walther: Marxismus, 1982, in: Geschichtliche Grundbegriffe. Historisches Lexikon zur politisch-sozialen Sprache in Deutschland, hrsg. v. Otto Brunner, Werner Conze und Reinhart Koselleck, Bd. 3, Stuttgart 2004, S. 937–976, hier: S. 950/951, sowie Vorwort zur vorl. Ausgabe). 379

342 *„The Star"* – englische Tageszeitung, Organ der Liberalen Partei, erschien seit 1888 in London; in den ersten Jahren ihres Erscheinens stand sie der Sozialdemokratischen Föderation nahe. 379

343 *drei Schneider aus der Tooley Street* – ein ironischer Ausdruck, dem zugrunde liegen soll, daß drei Londoner Schneider aus der Tooley Street an das Unterhaus eine Beschwerde richteten, die mit den Worten begann: „Wir, das Volk von England ...". 380

344 *„El Socialista"* – Wochenblatt, Zentralorgan der Sozialistischen Arbeiterpartei Spaniens, das seit 1885 in Madrid erschien. 381

345 *Karlisten* – eine reaktionäre, klerikal-absolutistische Gruppierung in Spanien, die den spanischen Thronprätendenten Don Carlos, den Bruder Ferdinands VII., unterstützte. Die Karlisten entfachten in den Jahren 1833–1840 einen dynastischen Krieg, wobei sie sich auf das Militär, die katholische Geistlichkeit und einen Teil der Gutsbesitzer sowie auch auf die rückständigen Bauern einiger Gebiete stützten. 381

346 Vorliegende Notiz, ein Ausschnitt aus einem Brief Engels' wahrscheinlich an Eleanor Marx, wurde im „Labour Elector" veröffentlicht und später in deutscher Sprache in der „New Yorker Volkszeitung" vom 25. September 1889 sowie im „Wochenblatt der New Yorker Volkszeitung" vom 5. Oktober 1889, unter der Überschrift „Friedrich Engels über den Docker-Strike in London" mit einem redaktionellen Hinweis auf die Übernahme aus dem „Labour Elector". Ein Auszug aus der Fassung der „New Yorker Volkszeitung" erschien in der „Berliner Volks-Tribüne" vom 26. Oktober 1889, in der Rubrik „Aus England" mit dem Hinweis auf die Übernahme aus dem Blatt. Engels schrieb den Text wahrscheinlich zwischen dem 22. und 25. August 1889.

Der *Streik der Londoner Dockarbeiter,* der vom 12. August bis 14. September 1889 stattfand, war eines der größten Ereignisse der englischen Arbeiterbewegung Ende des 19. Jahrhunderts. Er erfaßte 30 000 Dockarbeiter und über 30 000 Arbeiter anderer Berufe; die meisten von ihnen waren ungelernte, nicht organisierte Arbeiter. In diesem Streik kämpften organisierte und nicht organisierte Arbeiter Seite an Seite und erreichten durch ihre Beharrlichkeit und Organisiertheit die Erfüllung ihrer Forderungen auf Erhöhung des Arbeitslohns und Verbesserung der Arbeitsbedingungen. Durch diesen Streik wurde der proletarische Internationalismus gefestigt – es wurden ca. 50 000 Pfd. St. für den Streikfonds gespendet, davon 30 000 Pfd. St. allein in Australien. Der Streik trug zur besseren Organisation der Arbeiterklasse bei; es bildete sich der Verband der Dockarbeiter und anderer Berufe, der eine große Zahl ungelernter Arbeiter vereinigte. Die Zahl der Mitglieder der Trade-Unions erhöhte sich auf mehr als das Doppelte – von etwa 860 000 im Jahre 1889 stieg sie 1890 auf knapp zwei Millionen.

„Berliner Volks-Tribüne" – sozial-politisches Wochenblatt, gegründet 1887, das der oppositionellen Gruppe innerhalb der Sozialdemokraten, den „Jungen" nahestand (vgl. Peter Wienand: Revoluzzer und Revisionisten. Die „Jungen" in der Sozialdemokratie vor der Jahrhundertwende, in: Politische Vierteljahresschrift 2/1976, S. 208–241, hier: S. 210); erschien von 1887 bis 1892. 382 385

347 Dante, „Die Göttliche Komödie", Erster Teil, „Die Hölle". Dritter Gesang. 382

348 Engels' Artikel *„Die Abdankung der Bourgeoisie"*, am 1. oder 2. Oktober 1889 verfaßt, erschien im „Sozialdemokrat" und rief großes Interesse bei den Sozialisten der verschiedenen Länder hervor: am 11. Oktober wurde er in der Wiener „Arbeiter-Zeitung", am 12. Oktober 1889 in englischer Übersetzung (mit geringen Kürzungen) im „Labour Elector" und am 26. Oktober (mit unwesentlichen redaktionellen Änderungen und unter

dem Titel „Was die Bourgeoisie nicht kann und was die Arbeiter können") in der „Berliner Volks-Tribüne" abgedruckt; er wurde auch in einigen anderen deutschen Zeitungen und in den USA veröffentlicht. 1890 wurde der Artikel ins Russische übersetzt und in der Nr. 1 der Zeitschrift „Sozial-Demokrat" gedruckt, die von der Gruppe Befreiung der Arbeit in Genf herausgegeben wurde. 383

349 Es handelt sich um den ersten Wahlgang zu der französischen Deputiertenkammer am 22. September 1889. Die linken Kräfte errangen 366 Sitze gegenüber 168 Sitzen der Rechten sowie 42 Sitzen der Boulanger-Anhänger. Engels kommentierte die Wahl in seinem Brief an Laura Lafargue vom 8. Oktober 1889 (Band 37 unserer Ausgabe, S. 283–286). 384

350 Das vorliegende Fragment wurde offensichtlich von Engels im Zusammenhang mit der Arbeit an seinem Buch „Der Ursprung der Familie" geschrieben. Dem Inhalt nach schließt es sich an die Stelle des IX. Kapitels dieses Buches an, wo von der Erhaltung der Reste der Gentilverfassung in den mittelalterlichen Adels-, Patrizier- und Bauerngeschlechtern die Rede ist (siehe vorl. Band, S. 164/165). Das Fragment ist auf einem einzelnen Blatt, wahrscheinlich zwischen Anfang April und dem 26. Mai 1884, niedergeschrieben worden.

Die von Engels abgekürzten Wörter wurden stillschweigend ausgeschrieben. 391

351 *Polis* – charakteristische Form der sozialökonomischen und politischen Organisationen in der Antike, die sich in ihren typischsten Zügen im alten Griechenland im 8. bis 6. Jahrhundert v. u. Z. gebildet hatte. Ein wesentliches Merkmal war die Selbstverwaltung und -regierung durch die Bürger und das Streben nach innerer und äußerer Unabhängigkeit. Jede Polis stellte eine Gemeinde dar, die aus der Stadt selbst und einem ihr angeschlossenen kleinen Territorium bestand. In der Selbstbeschreibung meint Polis nicht allein die von Griechen besiedelten Gebiete, sondern auch Gemeinden wie Karthago und Rom. Ebenso wenig beschränkte sie sich auf politisch von Bürgern organisierte Siedlungen, sie können auch von Tyrannen regiert sein. Die Polis wurde in erster Linie als eine Gemeinschaft der Bürger definiert, weniger nach ihren territorialen Grenzen. Vollberechtigte Bürger waren nur von Bürgern abstammende erwachsene Männer, die über Grundeigentum und Sklaven verfügten. 391

352 Die vorliegende unvollendete Arbeit schrieb Engels offensichtlich Ende 1884 im Zusammenhang mit der von ihm geplanten Neuausgabe des Buches „Der deutsche Bauernkrieg". Wie aus seinen Briefen hervorgeht, etwa aus seinem Brief an F. A. Sorge vom 31. Dezember 1884 (Band 36 unserer Ausgabe, S. 264), hatte er vor, sein Buch gründlich zu überarbeiten; er beabsichtigte, den Bauernkrieg von 1525 als „Angelpunkt der ganzen deutschen Geschichte" darzustellen, wobei er am Anfang und am Ende des Buches wesentliche geschichtliche Ergänzungen zu machen gedachte. Engels deutete in einem Brief an Eduard Bernstein vom 23. Mai 1884 an, was er umarbeiten wollte: „Bauernkrieg wird ganz neu, mit Ausnahme der militärischen Geschichtserzählung. Hierfür habe ich in den letzten Jahren sehr viel gelernt, es wird ein gutes Stück deutscher Geschichte hineinkommen." (Band 36 unserer Ausgabe, S. 152) Ähnlich äußerte er sich gegenüber Karl Kautsky: „Der Bauernkrieg wird ganz umgearbeitet." (Engels an Karl Kautsky, 26. April 1884, Band 36 unserer Ausgabe, S. 143) Zur gleichen Zeit, wahrscheinlich vorher, ist auch die weiter unten (siehe vorl. Band, S. 402/403) veröffentlichte Skizze entstanden, die von Engels den Titel „Zum ‚Bauernkrieg'" erhielt. Während seiner Arbeit an der Vervollständigung des „Bauernkriegs" stützte sich Engels u. a. auf seine früheren Skizzen zur Geschichte Deutschlands, insbesondere auf die „Varia über Deutschland" (MEGA², Bd. I/24, S. 340–350; Auszüge in Band 18 unserer Ausgabe, S. 589–596). Wegen der Überlastung mit anderen Aufgaben konnte Engels diese Pläne nicht verwirklichen, obgleich er in den neunziger Jahren zu diesem Projekt zurückkehrte. 392

353 *Ludwigslied* – althochdeutsches (rheinfränkisches) episches Gedicht in Endreimen, von einem unbekannten Dichter des Mittelalters Ende des 9. Jahrhunderts verfaßt; verherrlicht (als ältestes historisches Lied) den Sieg des westfränkischen Königs Ludwig III. über die Normannen bei Saucourt 881. 396

354 Die Texte des Treueids, die der ostfränkische König Ludwig der Deutsche und der westfränkische König Karl der Kahle gemeinsam mit ihren Vasallen 842 in Straßburg einander ablegten, sind in althochdeutscher und altfranzösischer Sprache erhalten geblieben. Beide Heere leisteten anschließend einen ähnlichen Eid. 396

355 *Elbslawen* (polabische Slawen) – Bezeichnung für Slawen, sie sich seit dem 7. Jahrhundert zwischen südlichem Ostseeufer und Erzgebirge, zwischen Oder und Elbe/Saale ansiedelten, obwohl sie keine politische oder kulturelle Einheit bildeten. Diese elbslawischen Großgruppen, die wiederholte Einfälle germanischer Völkerschaften abwehrten, wurden seit den ausgehenden 920er-Jahren der sächsischen Eroberungspolitik unterworfen. Um die Herrschaft abzusichern, wurden in den eroberten Gebieten Markgrafschaften installiert, die eine bessere Kontrolle und Tributerhebung ermöglichten, verbunden mit politischer Unterwerfung und Christianisierung. Mit dem sog. Wendenkreuzzug (1147) gegen die Elbslawen wurde ihre kulturelle und politische Eigenständigkeit endgültig beendet. 396

356 Es handelt sich hier um das Herrschaftsgebiet Mittelfranken, das sich aus dem Gebiet zwischen Schelde, Rhein, Maas und Saône gebildet hatte und das Mitte des 9. Jahrhunderts Lothar II. von seinem Vater Kaiser Lothar I. erbte. Nach ersterem erhielt es die Bezeichnung Lotharingien. Nach dem Tode Lothars II. 870 wurde Lotharingien ungefähr entlang der Sprachgrenze zwischen seinen Brüdern, dem ostfränkischen König Ludwig dem Deutschen und dem westfränkischen König Karl dem Kahlen, aufgeteilt. 396

357 Es handelt sich um die großen Kämpfe des sog. *Hundertjährigen Krieges* (1337–1453) zwischen England und Frankreich um die Thronfolge, um lehnsrechtliche Besitzungen und damit um Macht und Einfluß. Auch spielten innerfranzösische Konflikte zwischen den Armagnacs und Bourguignons eine treibende Rolle. Im Verlaufe des Krieges ergriffen die Engländer mehr als einmal von bedeutenden Territorien Frankreichs Besitz. Im Endergebnis wurden die Engländer jedoch aus Frankreich vertrieben und nur der Hafen Calais verblieb bis 1558 in ihren Händen. 399

358 Engels verweist hier auf die Weigerung des deutschen Kaisers Albrecht I. von Habsburg, die Privilegien anzuerkennen, die sein Vorgänger, Adolf von Nassau, den Schweizer Kantonen Uri und Schwyz, die den Kern des Schweizer Bundes bildeten, eingeräumt hatte. Durch diese Maßnahme wollte Albrecht die Kantone in Botmäßigkeit der österreichischen Herzöge halten. Im 14./15. Jahrhundert gelang es den Schweizern im Kampf um ihre Unabhängigkeit, die Truppen der österreichischen Feudalherren zu zerschlagen und die Stellung ihres Herrschaftsgebiets zu festigen, das formal nur dem Kaiserreich unterworfen war. 399

359 Bei *Crécy* (Nordwestfrankreich) fand am 26. August 1346 eine der größten Schlachten des Hundertjährigen Krieges statt; die englischen Truppen, deren Kern das Fußvolk aus angeworbenen freien Bauern, walisische Langbogenschützen, verstärkt durch abgesessene Reiter bildeten, brachten den französischen Truppen, deren Hauptmacht die Reiterei der Ritter war, eine schwere Niederlage bei.

Über die Schlacht bei Waterloo siehe Anm. 224. 400

360 Die Vereinigung der Königreiche Aragon und Kastilien erfolgte im Jahre 1479. 400

361 Das Herzogtum *Burgund*, das im 9. Jahrhundert in Ostfrankreich, im Gebiet des Oberlaufs der Seine und der Loire, gebildet worden war und dem bedeutende Territorien (Franche-Comté, ein Teil Nordfrankreichs und die Niederlande) angegliedert wurden, entwickelte sich im 14./15. Jahrhundert zu einem selbständigen feudalen Reich, das in der zweiten Hälfte des 15. Jahrhunderts – unter Herzog Karl dem Kühnen – zu größter Macht gelangte. Das Herzogtum Burgund, das nach Erweiterung seiner Besitzungen

strebte, war ein Hindernis für die Bildung einer zentralen französischen Monarchie; der burgundische Feudaladel im Bunde mit den französischen Feudalherren widersetzte sich der Zentralisierungspolitik des französischen Königs Ludwig XI. und führte einen Eroberungskrieg gegen die Schweizer und gegen Lothringen. Ludwig XI. gelang es, die Bildung einer Koalition zwischen den Schweizern und Lothringern gegen Burgund zu erreichen. Im Krieg gegen die Koalition (1474–1477) wurden die Truppen Karls des Kühnen zerschlagen und er selbst in der Schlacht bei Nancy (1477) getötet. Seine Besitzungen wurden unter Ludwig XI. und dem Sohne des deutschen Kaisers, Maximilian von Habsburg, aufgeteilt. 400

362 Die politische Zersplitterung Italiens und die Streitigkeiten zwischen den italienischen Staaten ausnutzend, fiel der französische König Karl VIII. 1494 in Italien ein und bemächtigte sich des Königtums Neapel. Im folgenden Jahr wurden die französischen Truppen jedoch durch die Koalition der italienischen Staaten mit Unterstützung Maximilians I. sowie des spanischen Königs Ferdinand II. vertrieben. Durch den Feldzug Karls VIII. wurden die sog. italienischen Kriege (1494–1559) eingeleitet, in deren Verlauf Italien wiederholten Einfällen der französischen, spanischen und deutschen Eroberer ausgesetzt war und zum Schauplatz eines langwierigen Kampfes dieser Mächte um die Herrschaft auf der Apenninenhalbinsel wurde. 400

363 Unter der *Reformation* in Frankreich versteht Engels die Hugenottenbewegung, die sich im 16. Jahrhundert unter den religiösen Losungen des Calvinismus entwickelte, der aber im Grunde genommen der bourgeoise Inhalt dieser Lehre fremd war. Der Feudal- und niedere Adel, der mit der Zentralisierungspolitik des zusammengefügten absolutistischen Staates unzufrieden war und danach strebte, die feudalen provinziellen „Freiheiten“ wiederherzustellen, nutzte die Bewegung, an der verschiedene soziale Schichten, darunter auch Bauern und Handwerker, teilnahmen, für sich aus. Die sog. Hugenottenkriege, die mit Unterbrechung von 1562–1594 dauerten, führten zur Einigung der Feudalherren und der Bourgeoisie – die von dem Ausmaß der einen antifeudalen Charakter annehmenden Volksbewegung erschreckt waren – unter dem ehemaligen Hugenottenführer Heinrich von Navarra, dem Vertreter der neuen Dynastie der Bourbonen, der nach Übertritt zum Katholizismus unter dem Namen Heinrich IV. König von Frankreich wurde. 400

364 *Rosenkriege* (1455–1485) – die Kämpfe zweier englischer Feudalgeschlechter um den Thron: des Hauses York, mit einer *weißen Rose* im Wappen, und des Hauses Lancaster, das eine *rote Rose* im Wappen führte. Um York gruppierte sich ein Teil der großen Feudalherren aus dem in ökonomischer Hinsicht weiter entwickelten Süden, das Rittertum und das städtische Bürgertum; Lancaster wurde von der Feudalaristokratie der nördlichen Grafschaften unterstützt. Der Krieg begann 1455 unter Heinrich VI. aus dem Hause Lancaster und endete mit dem Sturz Richards III. aus dem Hause York. Er führte zur fast völligen Vernichtung der alten Feudalgeschlechter und wurde 1485 mit der Machtergreifung Heinrichs VII. aus der neuen Dynastie der Tudors abgeschlossen, die in England den Absolutismus errichteten. 400

365 Der erste Versuch zur Einigung des Königreichs Polen mit dem Großfürstentums Litauen wurde 1385 unternommen, als die Krakauer Union geschaffen wurde, deren Hauptaufgabe die gemeinsame Verteidigung gegen die wachsende Aggression des Deutschen Ordens war. Bis zur Mitte des 15. Jahrhunderts zerfiel die Union einige Male, wurde jedoch immer wieder erneuert. Allmählich verwandelte sich die Union aus einem Verteidigungsbündnis in einen Bund der polnischen und litauischen Feudalherren gegen das ukrainische und das belorussische Volk. 1569 bildete sich die Lubliner Union, nach der sich Polen und Litauen zu einem Staat konsolidierten; Litauen bewahrte seine Autonomie. Die Union erlebte in der Folgezeit bis zum Ende des ersten Drittels des 17. Jahrhunderts ihre Blütezeit. 400

366 Nachdem Engels beschlossen hatte, sein Buch „Der deutsche Bauernkrieg" umzuarbeiten (siehe Anm. 352), schrieb er diese Skizzen gegen Ende 1884 nieder, die offensichtlich ein fragmentarisches Konzept zu der von ihm geplanten Einleitung oder einem einführenden Abschnitt für eine Neuausgabe dieser Schrift darstellen. Die Skizzen sind auf ein einzelnes Blatt geschrieben. 402

367 *Interregnum* – die mit dem Aussterben der Hohenstaufen-Dynastie (1254) einsetzende und bis 1273 dauernde Periode des Kampfes um die Kaiserkrone zwischen den verschiedenen Prätendenten; diese Periode ist durch unaufhörliche Unruhen und Zwistigkeiten zwischen den Fürsten, Rittern und Städten gekennzeichnet. Auf den Thron des Deutschen Reiches, des sog. Heiligen Römischen Reiches Deutscher Nation, wurde 1273 Rudolf von Habsburg gewählt. 403

368 Die vorliegende Schrift ist ein Teil der von Engels geplanten, jedoch unvollendet gebliebenen Arbeit über „Die Rolle der Gewalt in der Geschichte". Mitte der achtziger Jahre war Engels u. a. von Hermann Schlüter, Leiter der Schweizerischen Volksbuchhandlung in Hottingen-Zürich, angeregt worden, in deutscher Sprache eine Separatausgabe der höchst instruktiven Kapitel des „Anti-Dühring" über „Gewaltstheorie" vorzubereiten. Engels meinte, ein bloßer Nachdruck, wie er beispielsweise im Anhang zur russischen Ausgabe seiner „Utopie" (Genf 1884) erfolgt war, ginge bei einer deutschen Ausgabe nicht an. Ein Zusatz mit der Anwendung der Theorie auf die neueste Geschichte sei unbedingt erforderlich. Ende 1886 wurde die Arbeit erstmalig geplant. Der Plan sah vor, die im zweiten Abschnitt des „Anti-Dühring" (Politische Ökonomie) enthaltenen drei Kapitel über „Gewaltstheorie", in denen Engels die Dühringsche Gewaltstheorie einer Kritik unterzieht und gleichzeitig seine Auffassungen über die Wechselwirkung von Ökonomie und Politik darlegt, für die Herausgabe als Sonderdruck zu überarbeiten. Außerdem sollten noch die beiden Kapitel „Moral und Recht. Ewige Wahrheiten" und „Moral und Recht. Gleichheit" aus dem ersten Abschnitt des „Anti-Dühring" (Philosophie) überarbeitet und den ersten drei Kapiteln angefügt werden (siehe Band 20 unserer Ausgabe sowie unsere Neue Studienausgabe „Anti-Dühring", hrsg. von Rolf Hecker und Ingo Stützle, Berlin 2020). Ein zweiter Plan zu einer für den deutschen Leser berechneten Sonderausgabe reifte im Dezember 1887 heran. Er sah neben dem Vorwort und den drei Kapiteln des „Anti-Dühring" über „Gewaltstheorie" ein IV. Kapitel vor, das am Beispiel der Geschichte Deutschlands von 1848 bis 1888 unter dem Gesichtspunkt der Kritik der Bismarckschen Politik die grundlegenden Thesen der Kapitel I–III konkretisieren sollte. Dieses Projekt nahm Engels in den Monaten Dezember 1887 bis März 1888 in Angriff, konnte es jedoch nicht zu Ende führen. Nach Engels' Tod fand sich in seinem Nachlaß ein großer Briefumschlag mit der Aufschrift „Gewaltstheorie". Er enthielt die drei Kapitel aus dem „Anti-Dühring" mit einigen Bemerkungen zu Einzelfragen, das Manuskriptfragment des IV. Kapitels, den Entwurf des Vorworts, die Gliederung des gesamten IV. Kapitels, die Gliederung des unvollendeten Schlußteils des IV. Kapitels sowie chronologische Auszüge zur Geschichte Deutschlands der siebziger und achtziger Jahre des 19. Jahrhunderts, besonders aus dem Buch von Constantin Bulle, „Geschichte der neuesten Zeit. 1815–1885, 2., umgearb. Aufl., Bd. 4: Von 1871–1885, Berlin 1888.

Die Handschrift des unvollendeten Kapitels IV, der Entwurf des Vorworts und einige wenige chronologische Auszüge wurden zum erstenmal von Eduard Bernstein anläßlich der 25jährigen Wiederkehr der Reichsgründung von 1871 veröffentlicht in: „Die Neue Zeit" (Stuttgart), XIV. Jahrgang 1895–96, Erster Band, S. 676–687, 708–718, 740–747, 772–781 und 810–818. Bernstein arbeitete bei der Herausgabe nicht an Hand einer Kopie der Handschrift, sondern mit dieser selbst. Er zerschnitt sie, gliederte sie in einzelne Abschnitte mit eigenen Zwischentiteln auf, setzte Anmerkungen ein und machte Einfügungen in Engels' Text, die über eine bloße Redaktion hinausgingen. Bernsteins Textedition bildete die Grundlage für die Übersetzungen der Arbeit ins Französische (1896), Russische (1898) und Italienische (1899). Bei der Herausgabe der ersten russischen Ausgabe der Werke von Marx und Engels wurde erstmals wieder auf Engels' Handschrift zurückgegriffen (Band XVI, Teil 1, Moskau 1937). Im vorliegenden Band wurde der Text 1962 erstmals in der Sprache des Originals in der ursprünglichen Gliederung des Kapitels IV ediert. Neben der handschriftlichen Fassung von Engels für das vierte Kapitel der Broschüre „Die Rolle der Gewalt in der Geschichte" wurde auch der Entwurf des Vorworts zu der Broschüre, die Gliederung des gesamten vierten Kapitels sowie die Gliederung seines Schlußteils, die über den Inhalt des unvollendet gebliebenen Abschnitts der Schrift Aufschluß gibt, veröffentlicht. In der vorl. Ausgabe wurde der Textabschnitt über Elsaß-Lothringen nach dem in der „Neuen Zeit" veröffentlichten Text gebracht, da davon ausgegangen wurde, daß dieser Teil in der Handschrift verloren gegangen ist. Diese Vermutung wird auch im unverändert nachgedruckten Text der vorl. Ausgabe formuliert, bis zur 8. Aufl. von 1984 (siehe vorl. Band, S. 443). Dem ist jedoch nicht so, vielmehr wurde er von Bernstein in einen Umschlag mit dem Vermerk „Fr. Engels über die Frage Elsaß Lothringen" gelegt. In der MEGA^2-Edition wird die Vermutung formuliert, daß er möglicherweise eine separate Veröffentlichung plante. Bei der Erstverzeichnung des Marx-Engels-Nachlasses im IISG in den fünfziger Jahren wurden die Seiten wieder in das Manuskript eingeordnet (siehe IISG, Marx-Engels-Nachlaß, Heft 24, ab S. 49, Sig. H 115). – In einem thematischen Band (Engels, „Die Rolle der Gewalt in der Geschichte", Berlin 1964, Bücherei des Marxismus-Leninismus, Bd. 61) wurden 1964 erstmals auch die im vorl. Band nicht enthaltenen Notizen I. und teilweise die Notizen II. in deutscher Sprache veröffentlicht. 405

369 Der *Wiener Kongreß* (18. September 1814 bis 9. Juni 1815) vereinigte die Sieger über Napoleon I. Auf dem Kongreß, auf dem etwa 200 Staaten vertreten waren, veränderten Österreich, England und das zaristische Rußland die Karte Europas, um entgegen den Interessen der nationalen Wiedervereinigung und der Unabhängigkeit der Völker die Monarchien zu restaurieren. Die Zersplitterung Deutschlands blieb erhalten. Neben Österreich und Preußen erhielten auch viele kleine Staaten neue Gebiete oder behielten die von Napoleon verliehenen; z. B. erhielt Bayern für Gebietsabtretungen an Österreich und Preußen die linksrheinische Pfalz, Würzburg, Teile des Großherzogtums Frankfurt u. a. 407

370 Als das „*tolle Jahr*" bezeichneten einige reaktionäre deutsche Schriftsteller und Historiker das Jahr 1848. Der Ausdruck stammt ursprünglich von Ludwig Bechstein, der 1833 unter diesem Titel einen Roman über die Erfurter Unruhen des Jahres 1509 veröffentlichte. 408

371 Die *Heimatgesetzgebung* verbürgte das Recht der Staatsbürger auf ständigen Wohnsitz an einem bestimmten Ort sowie das Recht verarmter Familien auf materielle Unterstützung durch die Gemeinde, der sie angehörten. 1842 begann in Preußen eine gleichgerichtete Armen- und Freizügigkeitsgesetzgebung, mit der die neuen Wohnsitze unterstützungspflichtig wurden und vor allem größere Städte finanziell belastete. Eine Regelung, die 1855 eingeschränkt wurde. Siehe Christoph Sachße und Florian Tennstedt: Geschichte der Armenfürsorge in Deutschland, Bd. 1., Vom Spätmittelalter bis zum 1. Weltkrieg, 2., verb. und erw. Aufl., Stuttgart 1998, S. 195–204. 409

372 *preußischer Taler* – eine Geldeinheit, die 1750 in Preußen und in der ersten Hälfte des 19. Jahrhunderts auch in den norddeutschen und einigen anderen Staaten eingeführt wurde und bis zum Münzgesetz 1857 gültig war. Die Einteilung des preußischen Talers in Silbergroschen, Kreuzer und Pfennige war in den verschiedenen Staaten unterschiedlich.

Taler Gold – nicht ausgemünzte Geldeinheit der Freien Stadt Bremen, die im Unterschied zu allen anderen Währungssystemen in Deutschland bis 1872 den Goldstandard bewahrt hat; er entsprach etwa 3,11 Goldmark.

Taler „Neue Zweidrittel" – Silbermünze, die in Schwedisch-Pommern, Mecklenburg, Preußen und anderen norddeutschen Staaten bis 1830 gültig war. Sie entsprach etwa 2,34 Goldmark.

Mark Banco – Hamburger Bankwährung, nicht ausgeprägte Bankwährung für Rechnung im Großhandel, die lange Zeit auch als internationale Rechnungseinheit galt.

Mark Kurant – Silbermünze; seit dem 17. Jahrhundert wurde so das Silbergeld bis zu 0,5 Mark gegenüber den Goldmünzen, den kleinen Scheidemünzen und dem Papiergeld bezeichnet.

Zwanzigguldenfuß – eine Währung, nach der die preußische Mark Feinsilber zu 20 Gulden oder 131/3 Taler ausgeprägt wurde; er wurde 1748 in Österreich und wenig später in Bayern, im Kurfürstentum Sachsen und in verschiedenen west- und süddeutschen Staaten eingeführt. In Österreich galt diese Währung bis 1857.

Vierundzwanzigguldenfuß – eine Währung, nach der die preußische Mark Feinsilber zu 24 Gulden ausgeprägt wurde; er wurde 1776 in Bayern, Baden, Württemberg und anderen süddeutschen Staaten eingeführt. 409

373 Das *Wartburgfest* wurde am 18./19. Oktober 1817 aus Anlaß des 300. Jahrestages der Reformation und des 4. Jahrestages der Schlacht bei Leipzig von den Burschenschaften – deutschen Studentenorganisationen, die unter dem Einfluß des sog. Befreiungskrieges gegen Napoleon entstanden waren und für die Einigung Deutschlands eintraten – veranstaltet. Das Fest wurde zu einer Demonstration der oppositionellen Studentenschaft gegen das Metternich-Regime und für die Einheit Deutschlands und legte das Fundament für die 1818 gegründete Allgemeine deutsche Burschenschaft, die in den Karlsbader Beschlüssen als demagogische Bewegung verboten wurde (siehe Anm. 192). 410

374 Aus dem sog. Bundeslied „Jugend-Muth und -Kraft" von Carl Hinkel in „Deutsche Volkslieder", Mainz 1849. 410

375 *Hambacher Fest* – politische Demonstration von Vertretern der süddeutschen liberalen und radikalen Bourgeoisie auf dem Schloß Hambach in der bayrischen Pfalz am 27. Mai 1832. Die Versammelten, zwischen 20 000 und 30 000 Teilnehmer, die für bürgerliche Freiheiten und für konstitutionelle Umgestaltungen eintraten, riefen zur Einheit im Kampf gegen die Fürsten auf. 410

376 *hohenstaufisches Kaisertum* – das 962 gegründete Heilige Römische Reich Deutscher Nation; unter der Dynastie der Hohenstaufen (1138–1254) gehörten zu diesem Reich – das eine lose Vereinigung feudaler Fürstentümer und Freier Städte darstellte – Deutschland und eine Reihe anderer Länder Mitteleuropas, ein Teil Italiens sowie einige den Slawen von den deutschen Feudalherren entrissene Gebiete in Osteuropa. Ein bedeutender Teil der Burschenschafter idealisierte dieses Kaisertum und entwickelte die Vorstellung, daß ein zu gründender deutscher Nationalstaat an diese Tradition anschließen müßte und nicht an die Französische Revolution. 410

377 Strophe des „Liedes der Deutschen" („Deutschland, Deutschland über alles …"), das Hoffmann von Fallersleben, besorgt über die Zersplitterung Deutschlands, 1841 schuf. In der Weimarer Republik wurden allen drei Strophen vom sozialdemokratischen Reichspräsidenten Friedrich Ebert zur Nationalhymne erklärt. Ab 1933 wurden die zweite und die dritte Strophe nicht mehr bei öffentlichen Anlässen gesungen, statt dessen folgte das Horst-Wessel-Lied, die Parteihymne der Nationalsozialisten. 411

378 Engels paraphrasiert hier ironisch den Refrain des 1813 von Ernst Moritz Arndt verfaßten Gedichts „Des Deutschen Vaterland", das aufrief zur Vereinigung aller deutschen Lande, „so weit die deutsche Zunge klingt". Bei Arndt lautet dieser Refrain: „Sein Vaterland muß größer sein." Dessen „Deutschtümelei" hatte Engels bereits 1841 in seiner im „Telegraph für Deutschland" veröffentlichten Artikelfolge „Ernst Moritz Arndt" kritisiert (siehe Band 41 unserer Ausgabe, S. 118–131). 411

379 Der *Teschener Friede*, der am 13. Mai 1779 zwischen Österreich einerseits und Preußen und Sachsen andererseits geschlossen wurde, beendete den Bayrischen Erbfolgekrieg von 1778/79. Laut Friedensvertrag erhielten Preußen und Österreich einige bayrische Gebietsteile; Sachsen wurde durch Geld entschädigt. Rußland, der Initiator dieses Vertrages, trat anfangs als Vermittler zwischen den kriegführenden Parteien auf und wurde

nach Abschluß des Vertrages zusammen mit Frankreich zum Vertragsgaranten erklärt, wodurch es faktisch das Recht auf Einmischung in die Angelegenheiten der deutschen Staaten erlangte. 411

380 Friedrich II. eroberte Schlesien im Österreichischen Erbfolgekrieg (1740–1748). Anlaß zum Ausbruch dieses Krieges waren die Ansprüche, die eine Reihe europäischer Feudalstaaten, in erster Linie Preußen, auf die habsburgischen Länder erhoben, die nach dem Tode Karls VI., der keine männlichen Erben hinterließ, seiner Tochter Maria Theresia zufielen. Im Dezember 1740 fiel Friedrich II. in das zu Österreich gehörende Schlesien ein. Frankreich und Bayern übten zunächst wohlwollende Neutralität gegenüber Preußen. Nachdem die österreichischen Truppen einige Niederlagen erlitten hatten, schlossen sich diese Staaten Preußen offen an. England, das bestrebt war, Frankreich als seinen Handelskonkurrenten zu schwächen, trat auf die Seite Österreichs. Österreich wurde außerdem von Sardinien, Holland und Rußland militärisch und diplomatisch unterstützt. Friedrich II. von Preußen verriet in diesem Kriege zweimal seine Verbündeten, indem er 1742 und 1745 einen Separatfrieden mit Österreich abschloß; 1742 wurde Preußen der größte Teil Schlesiens und nach Beendigung des Krieges ganz Schlesien zuerkannt. 411 421

381 *Regensburger Reichstag* – der Reichstag, das höchste Organ des Heiligen Römischen Reiches Deutscher Nation, der aus Vertretern der deutschen Staaten (Reichsständen) zusammengesetzt war, hatte seit 1663 permanent seinen Sitz in Regensburg, er setzte sich aus den Vertretern der deutschen Staaten zusammen, beriet und bestätigte durch den Reichsdeputationshauptschluß vom Februar 1803 den von Frankreich und Rußland diktierten Beschluß über die territorialen Regelungen in den deutschen Rheingebieten (siehe auch Anm. 181). 411

382 „*Mehrer des Reichs*" – aus dem offiziellen Titel der deutschen Kaiser bis 1806: „von Gottes Gnaden Römischer Kaiser zu allen Zeiten Mehrer des Reichs". 413

383 Am 3. März 1859 wurde in Paris zwischen Rußland und Frankreich ein Geheimvertrag abgeschlossen, der sich gegen Österreich richtete. Nach diesem Vertrag verpflichtete sich Rußland, Frankreich gegenüber im Falle eines Krieges zwischen Frankreich und Sardinien einerseits und Österreich andererseits wohlwollende Neutralität zu wahren. Frankreich versprach dafür, die Revision jener Artikel des Pariser Friedensvertrages von 1856 auf die Tagesordnung zu setzen, die die Souveränität Rußlands im Schwarzen Meer einschränkten. Nachdem Rußland die ihm auferlegten Verpflichtungen erfüllt und Napoleon III. allen Nutzen aus dem Vertrag gezogen hatte, brach er sein Versprechen und trug damit zur Verschlechterung der Beziehungen zwischen den beiden Ländern bei. 413

384 Louis-Napoleon beseitigte durch einen konterrevolutionären Staatsstreich in der Nacht vom 1. zum 2. Dezember 1851 in Frankreich die Zweite Republik. Siehe auch Marx, „Der 18. Brumaire des Louis Bonaparte" (siehe Band 8 unserer Ausgabe, S. 123: „Held Krapülinski zieht in die Tuilerien ein als ‚*Retter der Gesellschaft*'." 413

385 Die *Karbonari* (Köhler) bildeten einen politischen Geheimbund, der Anfang des 19. Jahrhunderts in Italien existierte. Sie vereinten in ihren Reihen Vertreter der städtischen Bourgeoisie, des sich verbürgerlichenden Adels, der Offizierskreise, des Kleinbürgertums und der Bauernschaft, traten für die nationale Einheit und Unabhängigkeit Italiens und freisinnige Staatsreformen ein. 1830 schlossen sich Napoleon Louis Bonaparte und Charles Louis Bonaparte den Karbonari an. Als Anfang Februar 1831 der Aufstand der Karbonari in der Romagna und den benachbarten Herzogtümern ausbrach, stellte sich Louis-Napoleon der provisorischen Regierung zur Verfügung und nahm an den bewaffneten Kämpfen der Aufständischen teil. 414

386 Louis-Napoleon trat 1848, während seines Aufenthalts in England, freiwillig in die Reihen der *Spezial-Konstabler* (Polizeireserve aus Zivilpersonen) ein und nahm am

10. April 1848 an deren Einsatz gegen eine von den Chartisten organisierte Arbeiterdemonstration teil. 414

387 Das „*Nationalitätsprinzip*" wurde von den herrschenden Kreisen des Zweiten Kaiserreichs aufgestellt, die damit ihre Eroberungspläne und außenpolitischen Abenteuer zu rechtfertigen suchten. Napoleon III., der als „Schutzherr der Nationalitäten" auftrat, zielte darauf ab, die Hegemonie Frankreichs zu festigen und dessen Grenzen auszudehnen, indem er Interesse an nationaler Selbstbestimmung instrumentalisierte. Das „Nationalitätsprinzip", das mit der Anerkennung des Rechtes der Nationen auf Selbstbestimmung nichts gemein hatte, sollte in Wirklichkeit nationalen Hader entfachen und die nationale Bewegung, insbesondere die Bewegung der kleinen Völker, in ein Werkzeug der konterrevolutionären Politik der rivalisierenden Großmächte verwandeln. Marx analysierte das bonapartistische „Nationalitätsprinzip" in seinem Pamphlet „Herr Vogt" (siehe Band 14 unserer Ausgabe) und Engels in seiner Artikelreihe „Was hat die Arbeiterklasse mit Polen zu tun?" (siehe Band 16 unserer Ausgabe, S. 153–163). 414

388 *Grenzen von 1801* – die Grenzen, die durch den am 9. Februar 1801 zwischen Frankreich und Österreich geschlossenen Frieden von Lunéville fixiert wurden. Der Friedensvertrag anerkannte die durch die Kriege gegen die erste und zweite Koalition erfolgte Erweiterung der französischen Grenzen und bestätigte die Angliederung des linken Rheinufers, Belgiens und Luxemburgs an Frankreich. Der Frieden sanktionierte ferner die französische Herrschaft über die in den Jahren 1795–1798 geschaffenen Staaten (die Batavische, Helvetische, Ligurische und Cisalpinische Republik). 414

389 Den Krieg Frankreichs und des Königreichs Sardinien (Piemont) gegen Österreich entfesselte Napoleon III., der bestrebt war, unter der Flagge der „Befreiung" Italiens (in dem Manifest über den Krieg versprach Napoleon III. Italien, es „frei bis zur Adria" zu machen) italienische Territorien an sich zu reißen und mittels außenpolitischer Abenteuer das bonapartistische Regime in Frankreich zu festigen. Die italienische Großbourgeoisie und der liberale Adel hofften, durch einen Krieg die Einigung Italiens unter Führung der in Piemont herrschenden Dynastie Savoyen verwirklichen zu können. Der Krieg brach am 29. April 1859 aus. Erschreckt über das Ausmaß der nationalen Befreiungsbewegung in Italien und bestrebt, die politische Zersplitterung Italiens aufrechtzuerhalten, schloß Napoleon III. nach der entscheidenden Schlacht bei Solferino (24. Juli 1859), in der die österreichische Armee geschlagen wurde, in Villafranca am 11. Juli hinter dem Rücken von Sardinien einen Separatfrieden mit Österreich. Hiernach blieb Venetien weiter unter österreichischer Herrschaft, Frankreich erhielt die Lombardei, die es später gegen Savoyen und Nizza eintauschte. Die Bedingungen des Friedens von Villafranca lagen später dem endgültigen Friedensvertrag zugrunde, der am 10. November 1859 in Zürich unterzeichnet wurde.

Marx und Engels hatten die Politik von Napoleon III. in Oberitalien 1859 in Artikeln in der „New-York Daily Tribune" und in der Londoner Zeitung „Das Volk" behandelt (siehe Band 13 unserer Ausgabe). 415

390 *Baseler Friede 1795* – Separatfriede, der am 5. April 1795 zwischen Frankreich und Preußen geschlossen wurde und mit dem Preußen die Verträge mit seinen Verbündeten in der ersten antifranzösischen Koalition verriet. 415 443

391 Als „*Politik der freien Hand*" bezeichnete der preußische Außenminister von Schleinitz 1859 die Außenpolitik Preußens während des Krieges zwischen Frankreich und Piemont einerseits und Österreich andererseits. Offiziell wurde eine Politik verfolgt, die darin bestand, sich keiner der kämpfenden Parteien anzuschließen, aber auch keine Neutralität zu erklären. 415

392 *Crédit mobilier* (Société générale de crédit mobilier) – eine französische Aktienbank, die von den Brüdern Péreire gegründet und durch Dekret vom 18. November 1852 gesetzlich anerkannt wurde. Ihre größte Einnahmequelle war die Börsenspekulation mit Wertpapieren der von ihr gegründeten Aktiengesellschaften. Die Bank war eng liiert

mit der Regierung Napoleons III. und genoß deren Schutz. 1867 erfolgte der Bankrott der Bank, 1871 ihre Liquidation.

Die rheinische Finanzaristokratie war von Beginn an mit dem Crédit mobilier verflochten, etwa das Bankhaus Oppenheim, das sich mit 500 Aktien zu je 500 Francs am Crédit mobilier beteiligte. Die Kölner Bank vermittelte die finanzielle Unterstützung der Crédit mobilier bei der Gründung der ersten deutschen Großbank auf Aktiengrundlage, der „Darmstädter Bank für Handel und Industrie".

Marx analysierte den Crédit mobilier in einer Reihe von Artikeln, die in der „New-York Daily Tribune" veröffentlicht wurden (siehe Band 12 unserer Ausgabe, S. 20–36, 202–209 und 289–292). 416

393 *Rheinbund* – eine Vereinigung der Staaten Süd- und Westdeutschlands, die im Juli 1806 unter dem Protektorat Napoleons I. ins Leben gerufen wurde. Die Bildung eines solchen politisch-militärischen Blocks in Deutschland gelang Napoleon infolge seines Sieges über Österreich im Jahre 1805. Dem Bund gehörten erst 16 und später alle deutschen Staaten außer Preußen und Österreich an. Das Gebiet des Rheinbunds stellte faktisch ein Protektorat des napoleonischen Frankreichs dar. Der Bund zerfiel 1813 nach den Niederlagen der napoleonischen Armee in Deutschland. 416

394 Nach der Zerschlagung Österreichs durch das napoleonische Frankreich im Juli 1805 und der Bildung des Rheinbundes der deutschen Staaten, die ihre Loslösung vom Deutschen Reich erklärten, verzichtete der österreichische Kaiser Franz I. im August 1806 auf die deutsche Kaiserkrone; das sog. Heilige Römische Reich Deutscher Nation hörte damit auf zu existieren. 417

395 Die Garnisonen der vor allem nahe der französischen Grenze liegenden Festungen des Deutschen Bundes wurden gemeinschaftlich unterhalten, d. h. von Truppen der größeren Staaten, vorwiegend von österreichischen und preußischen Soldaten. 417

396 *nachmärzliche Regierung* – die reaktionäre Regierung des Fürsten Schwarzenberg, die im November 1848, nach der Niederlage der durch den Wiener Volksaufstand vom 13. März 1848 eingeleiteten bürgerlich-demokratischen Revolution, gebildet wurde. 418

397 Im August 1863 wurde auf Betreiben des österreichischen Kaisers Franz Joseph in Frankfurt a. M. ein Kongreß der deutschen Fürsten einberufen, auf dem das österreichische Bundesreformprojekt, das auf die faktische Hegemonie Österreichs hinzielte, beraten werden sollte. Wilhelm I. lehnte die Teilnahme am Fürstentag ab. Da auch noch einige kleinere Staaten Österreich die volle Unterstützung versagten, brachte der Fürstentag keinerlei Ergebnisse. 418

398 Als „*Realpolitik*" bezeichneten Zeitgenossen die Politik Bismarcks, worunter vor allem eine berechnende Politik verstanden wurde. Der Begriff geht auf den liberalen Publizisten August Ludwig von Rochau zurück („Grundsätze der Realpolitik angewendet auf die staatlichen Zustände Deutschlands", Stuttgart 1853). 418

399 Am 5. August 1796 wurde in Berlin ein Geheimvertrag zwischen Preußen und der Französischen Republik abgeschlossen, in dem der König von Preußen gegen territoriale Entschädigung Frankreich das Recht auf die von französischen Truppen besetzten linksrheinischen Gebiete zugestand, deren größter Teil früher den reichsdeutschen Fürstenbistümern angehört hatte. Bei der Regelung der territorialen Fragen durch die auf Geheiß Napoleons handelnde sog. Reichsdeputation (siehe Anm. 181) erhielt Preußen als Entschädigung das säkularisierte Bistum Münster und einige andere Besitzungen in Westdeutschland. 421

400 An der 1805 gebildeten dritten antifranzösischen Koalition beteiligten sich England, Österreich, Rußland, Schweden und das Königreich Neapel. Preußen hatte seine Neutralität erklärt und verweigerte daher die Teilnahme an der Koalition. Im November 1805 schloß es in Potsdam ein Abkommen mit Rußland, in dem es sich verpflichtete, gegen Napoleon vorzugehen, falls seine Versuche zur Vermittlung zwischen Frankreich

und der dritten Koalition zurückgewiesen würden. Am 15. Dezember 1805 schloß jedoch Preußen ein Abkommen mit Frankreich, durch das Preußen im Austausch gegen kleinere territoriale Abtretungen am Rhein und an anderen Stellen in den Besitz des Kurfürstentums Hannover gelangte. Als Napoleon nach seinem Sieg über die dritte Koalition die Vorherrschaft Frankreichs in West- und Süddeutschland errichtet hatte, sah sich Preußen jedoch gezwungen, im September 1806 auf der Seite der vierten Koalition (England, Rußland, Preußen, Schweden) in den Krieg gegen das napoleonische Frankreich einzutreten. Am 14. Oktober 1806 wurde die preußische Armee in der Doppelschlacht bei Jena und Auerstedt vernichtend geschlagen. 421

401 *Landwehr* – ab 1814 Bestandteil der preußischen Landstreitkräfte. Die Landwehr, 1813 in Preußen als selbständige milizartige Form im Kampf gegen die Truppen Napoleons entstanden, erfaßte die militärpflichtigen älteren Jahrgänge, die ihren Dienst im stehenden Heer und seiner Reserve abgeleistet hatten. In Friedenszeiten wurden nur vereinzelte Übungen der Landwehrteile durchgeführt. Während des Krieges wurde die Landwehr des ersten Aufgebots (Militärpflichtige vom 26. bis zum 32. Lebensjahr) zur Ergänzung der operierenden Armeen und die des zweiten Aufgebots (Militärpflichtige vom 32. bis zum 40. Lebensjahr) als Festungsbesatzung herangezogen. 422

402 *„Kulturkampf“* – eine von bürgerlichen Liberalen stammende, weitverbreitete Bezeichnung für die von der Bismarck-Regierung in den siebziger Jahren des 19. Jahrhunderts getroffenen Maßnahmen, die unter der Losung des Kampfes für eine weltliche Kultur durchgeführt wurden. Diese Maßnahmen richteten sich gegen die katholische Kirche und die Zentrumspartei, die die separatistischen und antipreußischen Tendenzen der Gutsbesitzer, der Bourgeoisie und teilweise auch der Bauernschaft in allen katholischen Gebieten Preußens und den südwestdeutschen Staaten unterstützten. Der Kampf gegen den Katholizismus diente Bismarck zudem dazu, den polnischen Nationalismus in den polnischen Gebieten unter preußischer Herrschaft zu verstärken. Gleichzeitig sollte diese Politik Bismarcks soziale Konflikte religiös formatieren. Anfang der achtziger Jahre hob Bismarck angesichts des Wachstums der Arbeiterbewegung den überwiegenden Teil dieser Maßnahmen auf, um die reaktionären Kräfte fester zusammenzuschließen. Auf den Kulturkampf folgte das Sozialistengesetz 1878. 423 460

403 Engels hat jene Liberalen im Auge, die die Umwandlung Deutschlands in einen Bundesstaat forderten, ähnlich der in autonome Kantone aufgeteilten Schweiz. 423

404 Das *Lied vom Bürgermeister Tschech* entstand 1844. Tschech, der bis 1841 Bürgermeister in Storkow gewesen war, hatte am 26. Juli 1844 auf Friedrich Wilhelm IV. zwei Schüsse abgegeben, die aber ihr Ziel verfehlt hatten.

Das Lied von der angeblichen Wunderheilung der *Freifrau von Droste-Vischering* entstand 1845 als eine Parodie auf den „heiligen Rock“ in Trier, zu dem in jenen Jahren Wallfahrten durchgeführt wurden.

Beide Lieder sind veröffentlicht in: „Historische Volkslieder der Zeit von 1756 bis 1871“, Bd. 2. 423

405 Im November/Dezember 1848 erfolgte der konterrevolutionäre Staatsstreich in Preußen, der die Periode der Reaktion einleitete. Am 1. November 1848 kam das offen konterrevolutionäre Ministerium Brandenburg-Manteuffel an die Macht. Am 9. November 1848 wurde der preußischen Nationalversammlung eine „Allerhöchste Botschaft“ des Königs bekanntgegeben, durch welche die Vertagung der Versammlung und ihre Verlegung von Berlin nach dem Provinzstädtchen Brandenburg angeordnet wurde. Die in Berlin verbliebene Mehrheit der Nationalversammlung jagte General Wrangel am 15. November 1848 mit seinen Truppen auseinander. Der Staatsstreich endete mit der Auflösung der preußischen Nationalversammlung am 5. Dezember 1848 und der Veröffentlichung der sog. oktroyierten Verfassung. Mit ihr wurde das Zweikammersystem eingeführt. Der König hatte das Recht, die von den Kammern beschlossenen Gesetze zu verwerfen oder einzelne Artikel der Verfassung selbst zu revidieren. Diese Verfassung

enthielt jedoch noch einige demokratische Errungenschaften, insbesondere das allgemeine Wahlrecht. Ende April 1849 löste Friedrich Wilhelm die auf der Grundlage der oktroyierten Verfassung gewählte Zweite Kammer auf und erließ am 30. Mai 1849 ein neues Wahlgesetz, das das Dreiklassenwahlsystem einführte. Dieses System beruhte auf einem hohen Vermögenszensus und ungleicher Vertretung der verschiedenen Bevölkerungsschichten. Gestützt auf die servile Mehrheit des neuen Abgeordnetenhauses, erreichte der preußische König die Annahme einer noch reaktionäreren Verfassung, die am 31. Januar 1850 in Kraft trat. Die Erste Kammer (Herrenhaus), die sich hauptsächlich aus Vertretern des Adels zusammensetzte, blieb bestehen. Die Verfassung gab der Regierung das Recht, in Sachen des Hochverrats besondere Gerichte einzusetzen. Im November 1850 trat an die Stelle des Ministeriums Brandenburg-Manteuffel das Ministerium Manteuffel, unter dem die Periode der politischen Reaktion in Preußen bis November 1858 fortdauerte. 424

406 Wegen der Erkrankung des preußischen Königs Friedrich Wilhelm IV. wurde dessen Bruder, Prinz Wilhelm von Preußen, 1857 zu seinem Stellvertreter ernannt und im Oktober 1858 als Regent eingesetzt. (Nach dem Tode Friedrich Wilhelms IV. im Januar 1861 wurde der Prinzregent, unter dem Namen Wilhelm I., König von Preußen.) 1858 verabschiedete der Prinzregent das Kabinett Manteuffel und berief gemäßigte Liberale in die Regierung. In der bürgerlichen Presse wurde dieser Kurs als *Neue Ära* gefeiert. Es wurde jedoch keine der von der Bourgeoisie erwarteten Reformen durchgesetzt. Die „Neue Ära" endete, nachdem Initiativen, das Heer neu zu organisieren, in einer Verfassungskrise mündeten (siehe Anm. 407), und schließlich mit der Ernennung Bismarcks zum preußischen Ministerpräsidenten, der im September 1862 an die Macht kam. 424

407 Die bürgerlich-liberale Mehrheit im Abgeordnetenhaus des Preußischen Landtags hatte sich im Februar 1860 geweigert, dem vom Kriegsminister von Roon eingebrachten Plan der Heeresreorganisation ihre Zustimmung zu geben. Die Regierung erreichte jedoch bald danach von der Bourgeoisie die Bewilligung der Mittel „für die fernere Kriegsbereitschaft und erhöhte Streitbarkeit des Heeres", was den Beginn der Verwirklichung der geplanten Reorganisation bedeutete. Im März 1862 weigerte sich die liberale Mehrheit der Kammer, die Militärausgaben zu bewilligen, woraufhin die Regierung den Landtag auflöste und Neuwahlen ansetzte. Ende September 1862 kam es zur Bildung des reaktionären Ministeriums Bismarck, das im Oktober desselben Jahres abermals den Landtag auflöste und die Heeresreform durchzuführen begann, wofür es die Mittel ohne Bewilligung des Landtags ausgab. Die Frage der Reorganisation der preußischen Armee war der Anlaß zu dem sog. Verfassungskonflikt zwischen der preußischen Regierung und dem Abgeordnetenhaus, der erst 1866, als die Bourgeoisie nach dem Siege Preußens über Österreich vor Bismarck kapituliert hatte, gelöst wurde.

Engels hatte den Heereskonflikt in Preußen und seine Entwicklung zum Verfassungskonflikt 1865 in „Die preußische Militärfrage und die deutsche Arbeiterpartei" analysiert, siehe Band 16 unserer Ausgabe, S. 37–78. 425

408 Entsprechend den Festlegungen des Londoner Protokolls über die Integrität der dänischen Monarchie, das am 8. Mai 1852 von Rußland, Österreich, England, Frankreich, Preußen und Schweden gemeinsam mit den Vertretern Dänemarks unterzeichnet wurde, blieb das Herzogtum Holstein im Deutschen Bund und wurde gleichzeitig Dänemark angegliedert. Das Herzogtum Schleswig ging in den Besitz des Dänischen Königreichs über, wobei es einige Sonderrechte behielt, die jedoch von den herrschenden Klassen Dänemarks nicht respektiert wurden. Diese ließen nicht ab von ihrem Bestreben, beide Herzogtümer völlig unter ihre Herrschaft zu bringen. Die dänische Regierung veröffentlichte 1855 eine Verfassung, die entgegen dem Londoner Protokoll die Unabhängigkeit und Selbstverwaltung der beiden Herzogtümer ausschloß. Nur unter dem Druck des Deutschen Bundestags erklärte sich die dänische Regierung 1858 bereit, die Verfassung in Holstein nicht einzuführen unter der Bedingung, daß sich Holstein an den nationalen Ausgaben beteilige. Schleswig jedoch blieb vollständig eingegliedert

im Dänischen Königreich. Am 13. November 1863 nahm das dänische Parlament eine neue Verfassung an, die den vollständigen Anschluß Schleswigs an Dänemark proklamierte. 426

409 Der *Nationalverein* wurde am 15./16. September 1859 auf dem Kongreß der bürgerlichen Liberalen der deutschen Staaten in Frankfurt a. M. gegründet. Die Organisatoren des Nationalvereins, die die Interessen der deutschen Bourgeoisie vertraten, setzten sich das Ziel, ganz Deutschland mit Ausnahme Österreichs unter der Hegemonie Preußens zu vereinigen. Nach dem Preußisch-Österreichischem Kriege 1866 (siehe Anm. 279) und der Bildung des Norddeutschen Bundes (siehe Anm. 177) erklärte sich der Verein im November 1867 für aufgelöst. 426

410 Anspielung auf Louis Bonapartes Buch „Des idées napoléoniennes", das 1839 in Paris veröffentlicht wurde. Eine deutsche Übersetzung erschien bereits ein Jahr später. 427

411 Während des nationalen Befreiungsaufstandes in Polen wurde am 8. Februar 1863 in St. Petersburg auf Betreiben Bismarcks vom russischen Außenminister Gortschakow und dem Vertreter der preußischen Regierung General v. Alvensleben eine Konvention unterzeichnet. Die Konvention sah gemeinsame Truppenoperationen gegen die Aufständischen vor und gab den Truppen auch das Recht, bei der Verfolgung der Aufständischen die Staatsgrenzen zu überschreiten. Noch ehe die Konvention unterzeichnet wurde, besetzten preußische Truppen die Grenze, um den Übergang der Aufständischen auf preußisches Gebiet zu verhindern. Obgleich die Konvention nicht ratifiziert wurde, erleichterte ihr Abschluß der zaristischen Regierung in bedeutendem Maße die Unterdrückung des polnischen Aufstandes.

Im Briefwechsel zwischen dem 13. und 17. Februar 1863 entsteht bei Marx und Engels die Idee, eine gemeinsame Broschüre zu verfassen, die der „preußischen Staatsraison" auf den Grund geht und die These entgegenstellen sollte, daß das Interesse Deutschlands die Unterstützung des polnischen Aufstandes erfordert. Siehe hierzu Band 45 unserer Ausgabe. 429

412 Österreich spielte während des schleswig-holsteinischen Befreiungskrieges gegen Dänemark 1848–1850, in den an der Seite der Aufständischen auch Preußen und andere Staaten des Deutschen Bundes eingriffen (siehe Anm. 313), eine konterrevolutionäre Rolle. Österreich unterstützte zusammen mit anderen europäischen Mächten die dänische Monarchie und zwang Preußen im Juli 1850, mit Dänemark Frieden zu schließen, nachdem die schleswig-holsteinische Armee schwere Niederlagen erlitten hatte. Im Winter 1850/51 wurden auf Betreiben Österreichs österreichische und preußische Truppen nach Holstein entsandt, um die Entwaffnung der schleswig-holsteinischen Armee zu beschleunigen. 429

413 Nach dem Tode des dänischen Königs Friedrich VII. stellten Österreich und Preußen am 16. Januar 1864 der dänischen Regierung das Ultimatum, die Verfassung von 1863, die den vollständigen Anschluß Schleswigs an Dänemark proklamiert hatte, aufzuheben. Dänemark lehnte das Ultimatum ab; es kam zum Krieg, der mit der Niederlage des dänischen Heeres im Juli 1864 endete. Frankreich und Rußland wahrten während des ganzen Krieges Österreich und Preußen gegenüber wohlwollende Neutralität. Im Friedensvertrag, abgeschlossen in Wien am 30. Oktober 1864, wurden Schleswig und Holstein zum gemeinsamen Besitz Österreichs und Preußens erklärt und nach dem Preußisch-Österreichischen Krieg 1866 (siehe Anm. 279) Preußen angegliedert. 429

414 Das *Warschauer Protokoll* vom 5. Juni 1851, das von Rußland und Dänemark unterzeichnet wurde, sowie das *Londoner Protokoll* vom 8. Mai 1852 (siehe Anm. 408) legten die Thronfolgeordnung für die Besitztümer der dänischen Krone, einschließlich der Herzogtümer Schleswig und Holstein, fest. 430

415 *Zug nach Mexiko* (1861–1867) – eine bewaffnete Intervention Frankreichs (anfangs gemeinsam mit Spanien und England) in Mexiko, mit dem Ziel, die mexikanische Revolution niederzuschlagen und Mexiko in eine Kolonie der europäischen Großmäch-

te zu verwandeln. Darüber hinaus wollten die Interventen Mexiko als Aufmarschgebiet für ihr Eingreifen in den Amerikanischen Bürgerkrieg und die Unterstützung der Sklavenhalterstaaten benutzen. Obwohl es den französischen Interventen im Sommer 1863 gelungen war, die Hauptstadt Mexiko einzunehmen und 1864 ein „Kaiserreich" mit dem Schützling Napoleons II., dem österreichischen Erzherzog Maximilian, als Monarchen zu proklamieren, wurden den Franzosen von dem heroisch kämpfenden mexikanischen Volk schwere Niederlagen beigebracht. Im März 1867 war Frankreich gezwungen, seine Truppen aus Mexiko abzuziehen. Der mexikanische Feldzug hatte Frankreich riesige Summen gekostet und dem Zweiten Kaiserreich sehr geschadet.

Siehe hierzu Marx' Artikel für „Die Presse" sowie die „New-York Daily Tribune" von 1861 „Die Intervention in Mexiko" in unserer Ausgabe, Band 15, S. 361–365. 431

416 Den Ausdruck *frischer fröhlicher Krieg* gebraucht zum erstenmal der reaktionäre Historiker und Publizist Heinrich Leo im Juni 1853 in Nr. 61 des „Volksblatts für Stadt und Land". Er wurde in den folgenden Jahren auch im militaristischen und chauvinistischen Sinne angewandt. 431

417 Es handelt sich hier um die diplomatische Vorbereitung des Preußisch-Österreichischen Krieges 1866 durch Bismarck. Anfang März 1866 gelang es von der Goltz, dem preußischen Botschafter in Paris, Napoleon III. zu der Erklärung zu verAnlaßen, daß er Preußen gegenüber im Falle eines Krieges mit Österreich wohlwollende Neutralität walten und Preußens Ansprüche auf die führende Rolle bei der Einigung der norddeutschen Staaten unterstützen werde gegen territoriale Kompensationen für Frankreich. Zur gleichen Zeit führte Bismarck in Berlin Verhandlungen mit dem italienischen General Govone über ein gemeinsames Vorgehen Italiens und Preußens in einem Kriege gegen Österreich. Bismarck, der damit rechnete, daß der Inhalt seiner Unterredung mit Govone Napoleon III. zur Kenntnis kommen werde, gab in diesen Gesprächen zu verstehen, daß er nichts dagegen einwenden werde, Frankreich das deutsche Gebiet zwischen Rhein und Mosel abzutreten, wenn Frankreich der Bildung einer preußisch-italienischen Allianz gegen Österreich freie Bahn ließe. Die Verhandlungen mit Govone endeten am 8. April 1866 mit dem Abschluß eines Geheimvertrages zwischen Preußen und Italien über ein Offensiv- und Defensivbündnis. Der Vertrag sah im Falle des Sieges über Österreich die Angliederung Venetiens an Italien vor. 432

418 *deutscher Bürgerkrieg 1866* – siehe Anm. 279 zum Preußisch-Österreichischen Krieg 1866. 432

419 Im Juni 1866 führte Österreich im Bundestag Beschwerde, daß Preußen das Abkommen über die gemeinsame Verwaltung der Herzogtümer Schleswig und Holstein verletzt habe. Bismarck lehnte es ab, sich der Entscheidung des Bundestags zu unterwerfen, der hierauf auf Vorschlag Österreichs Preußen den Krieg erklärte. Die militärischen Erfolge Preußens zwangen den Bundestag im Verlaufe des Krieges, seinen Sitz von Frankfurt a. M. nach Augsburg zu verlegen und am 24. August 1866 seine Tätigkeit einzustellen. 432

420 Den Wortlaut der „Ansprache an die Einwohner des glorreichen Königreichs Böhmen" siehe im „Königlich Preußischen Staats-Anzeiger" vom 11. Juli 1866. 433

421 Im September 1866 nahm der Preußische Landtag mit 230 gegen 75 Stimmen die von Bismarck eingebrachte sog. Indemnitätsvorlage, d. h. den Gesetzentwurf über die Entlastung der Regierung von der Verantwortung für die budgetlose Verwaltung während des Verfassungskonflikts (siehe Anm. 407) an. Somit endete der Verfassungskonflikt mit der völligen Kapitulation der bürgerlichen Opposition. 434

422 Bei *Königgrätz* – in der Nähe des Dorfes Sadowa – wurde am 3. Juli 1866 die entscheidende Schlacht des Preußisch-Österreichischen Krieges (siehe Anm. 279) geschlagen. Sie endete mit einer vollständigen Niederlage der österreichischen Armee. 434

423 *„The Manchester Guardian"* – englische Tageszeitung, ursprünglich Organ der Anhänger des Freihandels (free-traders), später Organ der Liberalen Partei; erscheint seit 1821 in Manchester. 436

424 *Zollparlament* – das 1867 gebildete oberste Organ des Zollvereins, der nach dem Krieg von 1866 und einem zwischen Preußen und den süddeutschen Staaten abgeschlossenen Vertrag vom 8. Juli 1867 umgebildet worden war. Das Zollparlament bestand aus den Mitgliedern des Norddeutschen Reichstages und Abgeordneten Bayerns, Badens, Württembergs und Hessens. Es sollte sich ausschließlich mit den Fragen der Handels- und Zollpolitik befassen; Bismarck hingegen verfolgte das Ziel, die Kompetenzen dieses Organs auf politische Fragen auszudehnen. Dabei stieß er auf den hartnäckigen Widerstand der Vertreter Süddeutschlands. 436

425 *Mainlinie* – Grenze zwischen dem Norddeutschen Bund und den süddeutschen Staaten. 436

426 Die *luxemburgischen deutschen Kaiser* (Kaiser der Dynastie Luxemburg), die ursprünglich nur über die kleine Grafschaft Luxemburg verfügten, saßen mit Unterbrechungen von 1312 bis 1437 auf dem Thron des Heiligen Römischen Reiches Deutscher Nation. Gleichzeitig nannte diese Dynastie von 1310 bis 1437 die tschechische Krone und von 1387 bis 1437 auch die ungarische Krone ihr eigen. 436

427 Nach dem in Wien am 3. Oktober 1866 zwischen Österreich und Italien geschlossenen Friedensvertrag wurde Venetien an Italien zurückgegeben. Italien hatte im Preußisch-Österreichischen Krieg 1866 (siehe Anm. 279) an der Seite Preußens teilgenommen. Den Forderungen Italiens nach den zu Österreich gehörenden Gebieten Südtirol und Triest wurde jedoch nicht stattgegeben. 438

428 *Metternichscher „geographischer Begriff"* – ein vom österreichischen Kanzler Metternich auf Italien angewandter Ausdruck „Italien ist ein geographischer Name", den er in einer am 6. August 1847 an den Grafen Apponyi, Botschafter in Paris, gerichteten Depesche gebrauchte. 438

429 Die *Londoner Konferenz* der Vertreter Österreichs, Rußlands, Preußens, Frankreichs, Italiens, Hollands, Belgiens und Luxemburgs über die luxemburgische Frage tagte unter dem Vorsitz des englischen Außenministers vom 7. bis 11. Mai 1867. Der am 11. Mai unterzeichnete Vertrag erklärte die Neutralität Luxemburgs. Der Herzogtitel blieb nach wie vor dem König der Niederlande vorbehalten. Die Neutralität Luxemburgs wurde von den Signatarmächten garantiert. Preußen mußte unverzüglich seine Garnison aus der Festung Luxemburg abziehen und Napoleon III. auf den Anschluß Luxemburgs an Frankreich verzichten. 438

430 In den Schlachten bei *Spichern* (Lothringen) und *Wörth* (Elsaß) am 6. August 1870 wurden einige französische Korps von den deutschen Truppen geschlagen. Dieser Sieg zu Beginn des Deutsch-Französischen Krieges ermöglichte es dem preußischen Generalstab, offensiv zu operieren, im weiteren Verlauf des Krieges die französische Armee weiter aufzusplittern und ihre einzelnen Teile getrennt zu schlagen.

Engels hatte diese Schlachten in seiner für die Londoner Abendzeitung „The Pall Mall Gazette" geschriebenen Artikelserie „Über den Krieg" analysiert, vor allem in den Folgen V–X. Siehe Band 17 unserer Ausgabe, S. 32–60. 440

431 *Revolution vom 4. September* – als in Paris die Nachricht von der vernichtenden Niederlage der französischen Armee bei Sédan einlief, kam es am 4. September 1870 in Paris zu einem Aufstand. Die Periode des Zweiten Kaiserreichs endete mit der Ausrufung der Republik vor dem Pariser Stadthaus. In die sog. Regierung der nationalen Verteidigung kamen jedoch neben gemäßigten Republikanern auch Monarchisten, die die wichtigsten Funktionen besetzten. An der Spitze dieser Regierung stand der Kommandant von Paris, Trochu. Ihr eigentlicher Inspirator war der Führer der orleanistischen Fraktion der Monarchisten, Thiers, der ursprünglich keine offiziellen Regierungsämter innehatte. Die Regierung der nationalen Verteidigung ließ sich in ihrer Politik von den Kapitu-

lationsstimmungen der französischen Bourgeoisie und Gutsbesitzer und deren Furcht vor den Volksmassen leiten und „verwandelte sich in eine Regierung des nationalen Verrats" (siehe Band 17 unserer Ausgabe, S. 577). 440

432 *preußische Landsturmordnung von 1813* – am 21. April 1813 wurde in Preußen die „Verordnung über den Landsturm" erlassen, die die Bildung von Freiwilligenabteilungen vorsah. Diese Abteilungen hatten keine militärischen Uniformen; sie sollten im Hinterland und in den Flanken der napoleonischen Armee einen Partisanenkrieg führen. Die gesamte nicht dem Heer angehörende wehrfähige männliche Bevölkerung zwischen 16 und 60 Jahren war verpflichtet, sich zum Landsturm zu stellen, wenn dieser aufgeboten wurde.

Über die grausame Behandlung der französischen Franktireurs durch die preußische Armee siehe Engels' Artikelserie „Über den Krieg" (Band 17 unserer Ausgabe, S. 167–171 und 203–207). 441

433 Am 15. Januar 1871 kam es bei Héricourt (in der Nähe von Belfort) zu einer bis zum 17. Januar andauernden Schlacht zwischen deutschen Truppen und der französischen Ostarmee unter dem Kommando Bourbakis. Dieser war in das Gebiet der südlichen Vogesen vorgedrungen, um von dort aus einen Flankenstoß gegen die Hauptverbindungslinie der deutschen Truppen zu führen, welche Paris belagerten. Die Angriffe der Ostarmee wurden von den Deutschen abgewehrt; Bourbaki mußte mit seiner Armee den Rückzug antreten, in dessen Verlauf diese gegen die Schweizer Grenze gedrängt und auf Schweizer Boden interniert wurde. Noch während des Rückzuges wurde von Jules Favre, dem Vertreter der Regierung der nationalen Verteidigung, am 28. Januar 1871 die Konvention mit Bismarck über den Waffenstillstand und die Kapitulation von Paris unterzeichnet. 441

434 Nach dem erfolgreichen Aufstand vom 18. März 1848 in Berlin wurde König Friedrich Wilhelm IV. am Morgen des 19. März dazu gezwungen, sich mit entblößtem Haupte vor den gefallenen Barrikadenkämpfern zu verneigen. 442

435 Nach dem Abschluß der Konvention über den Waffenstillstand und die Kapitulation von Paris am 28. Januar 1871 wurden die Kampfhandlungen zwischen Frankreich und Preußen nicht wieder aufgenommen. Die herrschenden Kreise Frankreichs, an ihrer Spitze Thiers, beeilten sich, den Präliminarfrieden am 26. Februar 1871 mit den von Bismarck diktierten Bedingungen zu unterzeichnen. Der endgültige Friedensvertrag wurde am 10. Mai 1871 in Frankfurt a. M. unterzeichnet. Er bestätigte die Annexion des Elsaß und des östlichen Teils von Lothringen durch Deutschland. Der Vertrag erschwerte die Bedingungen für die von Frankreich zu zahlende Fünf-Milliarden-Kontribution und verlängerte die Besetzung französischen Territoriums durch deutsche Truppen. Faktisch war das der Preis für die Hilfe, die Bismarck der Versailler Regierung bei der Niederschlagung der Kommune geleistet hatte. 443

436 Durch den Westfälischen Frieden von 1648, der den Dreißigjährigen Krieg beendete (siehe Anm. 216), fielen das Elsaß und ein Teil Lothringens, die bis dahin den Habsburgern gehört hatten, an Frankreich. Straßburg blieb beim Deutschen Reich. Auf Befehl Ludwigs XIV. vom 30. September 1681 wurde die Stadt als zum Elsaß gehörig von französischen Truppen besetzt. Die vom Bischof Fürstenberg geführte katholische Partei Straßburgs begrüßte den Anschluß an Frankreich und sorgte dafür, daß den Franzosen kein Widerstand geleistet wurde. 443

437 *Reunionskammern* (chambres de réunion) — von Ludwig XIV. in den Jahren 1679/1680 eingesetzte Gerichte, die die Ansprüche Frankreichs auf diese oder jene Teile der Nachbarstaaten, vor allem am linken Rheinufer, juristisch und historisch begründen und als gerecht hinstellen mußten. Auf Grund der Urteile der Reunionskammern wurden die Gebiete von französischen Truppen besetzt und Frankreich angeschlossen. 443

438 Der *Wiener Präliminarfrieden* vom 3. Oktober 1735, abgeschlossen zwischen Österreich und Frankreich, beendete den sog. polnischen Erbfolgekrieg von 1733–1735.

Der polnische Erbfolgekrieg wurde um die Besetzung des polnischen Throns geführt. Rußland und Österreich unterstützten die Kandidatur des sächsischen Kurfürsten – ab 1734 polnischer König August III. –, Frankreich strebte die Kandidatur des Schwiegervaters von König Ludwig XV., Stanislaus Leszczynski, an. In dem Vertrag verzichtete Ludwig XV. auf die polnische Thronkandidatur seines Schwiegervaters und machte den österreichischen Habsburgern eine Reihe weiterer Zugeständnisse. Stanislaus Leszczynski wurde dafür das Herzogtum Lothringen überlassen, das bis dahin Franz Stephan, Herzog von Lothringen, besessen hatte, der dafür mit der Toskana entschädigt wurde. Lothringen sollte 1766, nach Leszczynskis Tod, an die französische Krone fallen. Die Bedingungen des Präliminarfriedens wurden durch den Wiener Vertrag von 1738 endgültig bestätigt. 444

439 *Festungsviereck in der Lombardei* – eine stark befestigte Position, die durch die Festungen Verona, Legnago, Mantua und Peschiera gebildet wurde. Über die Rolle dieses Festungsvierecks als Bollwerk der österreichischen Herrschaft in Oberitalien siehe Engels' Arbeiten „Wie Österreich Italien in Schach hält" und „Po und Rhein" in Band 13 unserer Ausgabe, S. 195–201 und 225–268. 446

440 Vergleiche die „Zweite Adresse des Generalrats über den Deutsch-Französischen Krieg" (Band 17 unserer Ausgabe, S. 271–279). 447

441 In seiner *Reichstagsrede vom 6. Februar 1888*, während der Debatte über den neuen Wehrgesetzentwurf, bestand Bismarck darauf, die Stärke der Streitkräfte zu erhöhen. Er gab faktisch zu, daß das Zustandekommen eines antideutschen Bündnisses zwischen Frankreich und dem zaristischen Rußland im Bereich des Möglichen liege, und pries gleichzeitig die Politik Alexanders III. gegenüber Deutschland, die Bismarck der damaligen deutschfeindlichen Kampagne in der russischen Presse gegenüberstellte. 447

442 Im Winter 1886/1887 benutzte Bismarck eine gewisse Verschlechterung der Beziehungen zwischen Deutschland und Frankreich und die in der Presse forcierte Kampagne über eine „Kriegsgefahr", um vom Reichstag die Annahme eines Gesetzentwurfs über eine beträchtliche Verstärkung des Heeres und über die Bewilligung des Militärbudgets für die kommenden sieben Jahre zu fordern. Die Mehrheit der Abgeordneten lehnte eine Annahme dieses Gesetzentwurfs ab und wollte die Heeresverstärkung nur für drei Jahre bewilligen. Daraufhin wurde der Reichstag aufgelöst. Bei den Neuwahlen am 21. Februar 1887 erhielten die bismarckfreundlichen Parteien – die Konservativen, die Reichspartei (Freikonservative) und die Nationalliberalen, die sich zum sog. *Kartell* vereinigt hatten – die meisten Stimmen. Der neue Reichstag bewilligte das von Bismarck geforderte Budget. 448

443 *nationaldeutscher Krach* – mit der Wirtschaftskrise von 1873 endete die Periode der sog. Gründerjahre, eine Periode stürmischen industriellen Aufschwungs, verbunden mit großen Spekulationen und Börsenmanipulationen, die nach der Beendigung des Deutsch-Französischen Krieges 1870/71 in Deutschland eingesetzt hatte. 451

444 Gemeint sind die Vertreter der im Juni 1861 gegründeten bürgerlichen Fortschrittspartei. Die Fortschrittspartei forderte die Einigung Deutschlands unter der Hegemonie Preußens, die Einberufung eines gesamtdeutschen Parlaments und die Schaffung eines starken liberalen, dem Abgeordnetenhaus gegenüber verantwortlichen Kabinetts. 1866 spaltete sich der rechte Flügel der Fortschrittspartei ab und bildete die Nationalliberale Partei, die vor der Bismarck-Regierung kapitulierte. Im Unterschied zu den Nationalliberalen bezeichneten sich die Fortschrittler auch nach der Reichseinigung 1871 noch als Oppositionspartei, akzeptierten jedoch de facto die politischen und sozialen Verhältnisse aus Furcht vor der Arbeiterklasse. Obwohl sie im Kulturkampf an der Seite der Regierung und in scharfer Gegnerschaft zur sozialistischen Bewegung standen, lehnten sie das Sozialistengesetz mehrheitlich ab. 1884 schlossen sich die Fortschrittler mit dem linken Flügel der Nationalliberalen zur Deutschfreisinnigen Partei zusammen. 452

445 Bis 1871 existierten parallel der 1863 von Ferdinand Lassalle gegründete Allgemeine Deutsche Arbeiterverein und die 1869 in Eisenach gegründete Sozialdemokratische Arbeiterpartei („Eisenacher"). Unter dem Eindruck der Gründung des Deutschen Reichs 1871 wurde 1875 auf dem Gothaer Kongreß die Vereinigung der beiden Richtungen zu einer einheitlichen Partei vollzogen. Marx formulierte am in Gotha verabschiedeten Programmentwurf eine scharfe Kritik, die erst postum veröffentlicht wurde, aber schon zuvor zusammen mit einem Brief unter einigen Genossen zirkulierte (siehe Band 19 unserer Ausgabe, S. 13–32). Mit der Vereinigung erhielt die Partei einen gesamtnationalen Charakter. Die vereinigte Partei trug bis 1890 den Namen Sozialistische Arbeiterpartei Deutschlands. 452

446 Die *Konservative Partei* war die Partei der preußischen Junker, der Militärkamarilla, der Spitzen der Bürokratie und des lutherischen Klerus. Sie leitete ihre Herkunft von dem äußersten rechten Flügel der monarchistischen Fraktion in der preußischen Nationalversammlung 1848 ab. Die Konservativen traten für die Erhaltung der feudalen Überreste und des reaktionären politischen Systems ein. Ihre Politik war vom Geist des kriegslüsternen Chauvinismus und Militarismus durchdrungen. Nach der Gründung des Norddeutschen Bundes und in den ersten Jahren nach der Reichsgründung trat sie als rechte Opposition gegen die Bismarck-Regierung auf, da sie befürchtete, Bismarcks Politik werde Preußen in Deutschland „aufgehen" lassen. Bereits 1866 trennte sich von den Konservativen die sog. Freikonservative Partei (auch Reichspartei) ab, die die Interessen der Großagrarier und eines Teils der Industriemagnaten vertrat. Sie unterstützte vorbehaltlos Bismarcks Politik. 452

447 *Verträge mit den süddeutschen Staaten* (Baden, Hessen, Bayern, Württemberg) über ihren Beitritt zum Norddeutschen Bund (siehe Anm. 177) wurden im November 1870 abgeschlossen. In ihnen wurde festgelegt, einige Abänderungen an der Verfassung des Norddeutschen Bundes vorzunehmen, die den Mitgliedstaaten des Bundes ein etwas größeres Maß an Selbständigkeit sichern sollten.

Die Sonderrechte, die sich einige süddeutsche Staaten durch diese Verträge gesichert hatten, wurden in der am 16. April 1871 angenommenen Verfassung des Deutschen Reiches verankert. Bayern und Württemberg behielten unter anderem das Recht auf besondere Besteuerung von Bier und Branntwein und sicherten sich auch Sonderrechte in der Post- und Telegraphenverwaltung; Bayern behielt außerdem das Recht der eigenen Heeres- und Eisenbahnverwaltung. 455

448 Nach der Verfassung des Norddeutschen Bundes wurden die Mitglieder des *Bundesrates* von den Regierungen aller dem Bunde beigetretenen deutschen Staaten ernannt. Der Bundesrat sollte neben dem Reichstag die Gesetze beschließen und ihre Durchführung überwachen. 455

449 Siehe die Verfassung des Deutschen Reichs vom 16. April 1871, veröffentlicht im „Reichs-Gesetzblatt 1871", Berlin, Nr. 16, S. 68. 456

450 *Schöffengerichte* wurden in einigen deutschen Staaten nach der Revolution von 1848 und in ganz Deutschland 1877 eingeführt. Sie bestanden aus dem beamteten Richter und zwei Beisitzern (Schöffen), die an der Urteilsfindung beteiligt waren, wobei sie zum Unterschied von den Schwurgerichtsbeisitzern nicht nur die Schuld feststellten, sondern auch das Strafmaß bestimmten; ihre Urteilsfindung war anfechtbar. Zum Schöffenamt wurden nur Personen zugelassen, die das 30. Lebensjahr vollendet hatten, mindestens zwei Jahre in der Gemeinde ansässig waren und eine gesicherte Vermögenslage nachweisen konnten. Den Schöffengerichten oblag die Aburteilung leichterer Straftaten. 458

451 Das *allgemeine Landrecht* für die preußischen Staaten von 1794 stellt eine Zusammenfassung des bürgerlichen Rechts, des Handels-, Wechsel-, See- und Versicherungsrechts, ferner des Straf-, Kirchen-, Staats- und Verwaltungsrechts dar. Es war der bis heute einzige neuzeitliche Versuch, Zivilrecht, Strafrecht und weitere Teile des öffent-

lichen Rechts in einem einzigen Gesetzbuch zu kodifizieren. Es galt in allen preußischen Provinzen mit Ausnahme von Neuvorpommern und Rügen, den Fürstentümern Hohenzollern, der Rheinprovinz sowie einigen nach 1815 zu Preußen gekommenen Landesteilen. Es galt in wesentlichen Teilen bis zur Einführung des Bürgerlichen Gesetzbuches im Jahr 1900. 458

452 Im März 1888 wurde von der Regierung Salisbury (1886–1892) die Bill über eine Reform der englischen Lokalverwaltung eingebracht und im August desselben Jahres vom Parlament angenommen. Nach dieser Reform wurden die Aufgaben des Sheriffs von den gewählten Grafschaftsräten (county councils) übernommen, die für die Steuereinziehung, für das örtliche Budget usw. zuständig waren. Zur Wahl der Grafschaftsräte waren alle Personen zugelassen, die das Parlamentswahlrecht besaßen, sowie Frauen über 30 Jahre. Durch diese bürgerlich-demokratische Reform wollte die konservative Regierung ihre Stellung festigen und die Aufmerksamkeit der breiten Volksschichten von den zunehmenden Ausgaben für Armee und Flotte sowie für die aggressive Außenpolitik ablenken. 460

453 *Ultramontanismus* – äußerst reaktionäre Richtung des Katholizismus, die jedes national-kirchliche Bestreben ablehnte und das päpstliche Recht der Einmischung in die inneren Angelegenheiten jedes Staates verfocht. Der zunehmende Einfluß des Ultramontanismus in der zweiten Hälfte des 19. Jahrhunderts äußerte sich u. a. in der Bildung katholischer Parteien in verschiedenen europäischen Staaten und in der Proklamation des Dogmas von der Unfehlbarkeit des Papstes durch das Vatikanische Konzil im Jahre 1870. 460

454 Am 20. September 1870 marschierten in das bis dahin unter der Macht des Papstes stehende Rom die Truppen des italienischen Königreiches ein. Bei einer Volksabstimmung im Kirchenstaat am 2. Oktober erklärte sich die überwältigende Mehrheit seiner Einwohner für den Anschluß an Italien. Daraufhin verkündete ein königliches Dekret die Einverleibung Roms in Italien. Damit war die politische Einigung des Landes vollzogen und die weltliche Macht des Papstes aufgehoben. Das 1871 erlassene sog. Garantiegesetz beließ dem Papst die staatliche Souveränität nur innerhalb der Grenzen des Vatikans und Laterans sowie in der außerhalb der Stadt gelegenen Residenz. Der Papst exkommunizierte hierauf die für die Einnahme Roms Verantwortlichen, lehnte das Garantiegesetz ab und erklärte sich zum „Gefangenen im Vatikan". Der Konflikt zwischen dem Papst und der italienischen Regierung wurde erst 1929 offiziell beigelegt. 461

455 Gemeint sind die kleinen Abgeordnetengruppen der Polen und Elsässer im Reichstag sowie die nach 1866 in Hannover gebildete separatistische Deutsch-hannoversche Rechtspartei, deren Anhänger für eine Wiederherstellung des Königreichs Hannover unter der welfischen Dynastie, die bis zur Einverleibung Hannovers in Preußen 1866 den Thron innehatte, eintraten. 461

456 *Bismarckbeleidigung* – gemeint ist die von Bismarck 1876/1877 erhobene Beleidigungsklage gegen einige konservative Journalisten und Politiker, die seine Teilnahme an Börsenspekulationen und am Gründungsfieber in der Presse entlarvt hatten. All das widerspiegelte die verschärften Spannungen zwischen der Regierung Bismarck und den Konservativen, die seine Politik von rechts angriffen.

Sozialistengesetz – siehe Anm. 178. 463

457 „*Gang nach Canossa*" nennt Engels ironisch die weitgehenden Zugeständnisse, die Bismarck in den Jahren von 1878 bis 1887 an die klerikalen Kreise und an Papst Leo XIII. gemacht hatte. Diese Zugeständnisse waren gleichsam das Eingeständnis der Erfolglosigkeit des „Kulturkampfes". Bismarck, der zu Beginn des Konflikts mit der katholischen Kirche im Mai 1872 im Reichstag erklärt hatte: „Nach Canossa gehen wir nicht", mußte Ende der siebziger Jahre, als er die Unterstützung der katholischen Zentrumspartei brauchte (seine frühere Stütze, die Partei der Nationalliberalen, verlor immer mehr an Einfluß) und um die Gunst des Papstes warb, fast sämtliche während

des Konflikts erlassenen katholikenfeindlichen Gesetze aufheben. Die Hauptvertreter der katholikenfeindlichen Politik zwang er zum Rücktritt.

Der Ausdruck „nach Canossa gehen" wird abgeleitet von der demütigenden Pilgerfahrt des deutschen Kaisers Heinrich IV. nach Canossa (Norditalien) im Jahre 1077, wo er Papst Gregor VII. kniefällig um Aufhebung seiner Exkommunikation bat. 464

458 *Septennat* (aus dem Lateinischen „septem" = „sieben") – Militärvorlage, die 1874 von Bismarck im Zusammenhang mit dem von ihm entfachten Geschrei über eine „Kriegsgefahr" seitens Frankreichs im Reichstag eingebracht wurde. Dieses Militärgesetz sah die Bewilligung des Militärbudgets und die Erhöhung der Friedenspräsenzstärke des deutschen Heeres auf 401 000 Mann für sieben Jahre vor. 465

459 Dieses Fragment schrieb Engels in der zweiten Septemberhälfte 1888 auf dem Dampfer „City of New York", mit dem er in Begleitung von Eleanor Marx-Aveling, Edward Aveling und seinem Freunde Carl Schorlemmer von einer Amerikareise zurückkehrte. Es basiert auf Notizen, die er sich in den Wochen davor gemacht hatte (siehe MEGA², Bd. I.31, S. 159–163). Engels hielt sich vom 17. August bis 19. September in Amerika auf. Er besuchte von New York aus Boston und andere nahe gelegene Städte, die Niagarafälle, den Ontariosee und machte auch einen Abstecher nach Kanada.

Engels beabsichtigte, über diese Reise Skizzen zu schreiben, in denen er eine Einschätzung des gesellschaftlichen und politischen Lebens des Landes geben wollte. Diese nicht verwirklichte Absicht wird nicht nur aus dem vorliegenden Fragment, sondern auch aus den erhalten gebliebenen Notizen (s. o.) sowie einer redaktionellen Vorbemerkung zu einem Interview deutlich (vgl. MEGA², Bd. I.31, S. 922), das Engels der „New Yorker Volkszeitung" gab (siehe in diesem Band, S. 511/512). 466

460 Der vorliegende Auszug aus einem Brief des russischen revolutionären Volkstümlers G. A. Lopatin an das Mitglied des Exekutivkomitees der Narodnaja Wolja, Oschanina, enthält eine Wiedergabe des Inhalts seiner Unterredung mit Friedrich Engels. Das Zusammentreffen, das in dem Brief geschildert wird, fand am 19. September 1883 statt, einige Monate nach Lopatins Flucht aus der Verbannung in Wologda ins Ausland. Lopatin schrieb den Brief nur einen Tag später, unter dem unmittelbaren Eindruck des Gesprächs. Die Erstveröffentlichung dieses Auszuges erfolgte auf Initiative Lawrows und mit Engels' Einwilligung in dem Buch „Grundlagen des theoretischen Sozialismus und ihre Anwendung auf Rußland", Genf 1893. 487

461 Es handelt sich um den Brief des Exekutivkomitees der Narodnaja Wolja an Alexander III. vom 10. März 1881 (einige Tage nach dem 1. März 1881, als Zar Alexander II. von den Volkstümlern getötet worden war). In dem Brief versprach das Exekutivkomitee, seine terroristische Tätigkeit unter der Bedingung einzustellen, daß der Zar eine allgemeine Amnestie für die politischen Gefangenen erlasse und die Zustimmung zur Durchführung allgemeiner Wahlen zu den Volksvertretungen gäbe, und zwar auf der Grundlage des allgemeinen Wahlrechts, unter Gewährleistung uneingeschränkter Presse-, Rede- und Versammlungsfreiheit und freier Wählerprogramme. Das Exekutivkomitee erklärte ferner, daß es sich der Entscheidung der künftigen Volksversammlung unterwerfen werde.

Anläßlich des Prozeßes gegen die Attentäter schrieb Marx an seine Tochter Jenny: „Das Petersburger Exekutivkomitee, das so energisch handelt, erläßt Manifeste von raffinierter ‚Moderation'. […] [S]ie bestreben sich […], Europa zu belehren, daß ihr modus operandi eine spezifisch russische, historisch unvermeidliche Aktionsweise ist, worüber ebensowenig zu moralisieren ist – für oder gegen – als über das Erdbeben in Chios." (Marx an Jenny Longuet, 11. April 1881, Bd. 35 unserer Ausgabe, S. 179) 489

462 Lopatin bezieht sich auf eine ironische Bemerkung von Marx, die dieser im Zusammenhang der sich Ende der 1870er Jahre abzeichnenden gegensätzlichen Strömungen innerhalb der französischen Linken, die zur Spaltung in die sog. possibilistische (Anhänger der von Paul Brousse geprägten Parti ouvrier socialiste révolutionnaire, später

Fédération des travailleurs socialistes de France) und die guesdistische Richtung (Parti Ouvrier) führte, die als „Marxisten" bezeichnet wurden (siehe Anm. 341). Marx' Aussage ist in gleich mehreren Briefen von Engels überliefert: Engels an Eduard Bernstein, 2./3. November 1882 (Bd. 35 unserer Ausgabe, S. 388), an Conrad Schmidt, 5. August 1890 (Bd. 37 unserer Ausgabe, S. 436) sowie an Paul Lafargue, 27. August 1890 (ebenda, S. 450). 489

463 Dem Artikel „*Der Maiaufstand von 1849*" lag ein Brief von Engels zugrunde, den er am 14. November 1885 auf Bitten Paul Lafargues, der eine Lebensbeschreibung von Engels für eine Serie von Biographien hervorragender Vertreter des internationalen Sozialismus vorbereitete, geschrieben hatte (Band 36 unserer Ausgabe, S. 387–389); Lafargue kürzte den Engelsschen Text, nahm Änderungen und Umstellungen vor und ergänzte den Schluß. Engels' Biographie erschien in „Le Socialiste". Der vorliegende Artikel wurde (ohne Unterschrift) am 21. November 1885 als zweiter Abschnitt der Biographie von Engels in der gleichen Zeitung veröffentlicht. 489

464 Den Artikel „*Juristen-Sozialismus*" hatte Engels im Oktober 1886 als Antwort auf das Buch „Das Recht auf den vollen Arbeitsertrag in geschichtlicher Darstellung" des österreichischen bürgerlichen Soziologen und Juristen Anton Menger geplant. Menger versucht darin nachzuweisen, daß Marx seine ökonomische Theorie bei den englischen utopischen Sozialisten der Ricardoschen Schule, insbesondere bei Thompson, entlehnt habe. Die Angriffe auf Marx wollte Engels nicht unwidersprochen lassen. Vor allem deshalb, weil die von Menger vertretene Sozialismus-Konzeption nicht die Reichstagsfraktion der Sozialdemokratie beeinflussen sollte. Engels sprach sich mit Kautsky über die Aufteilung ab, lieferte ihm auch ein Manuskript, konnte den Artikel aber auf Grund von Krankheit nicht abschließen, weshalb Kautsky ihn fertigstellte. Daß er unter Kautskys Namen erschien, ist wohl auch darauf zurückzuführen, so Kautsky in einem Brief an Bernstein, daß Engels Menger „nicht die Ehre antun [wollte], ihn persönlich zu verhaun" und damit aufzuwerten (zitiert nach MEGA², Bd. I.31, S. 1148). Unter Berücksichtigung der Hinweise von Engels erschien der Artikel in der „Neuen Zeit", Heft 2, 1887, ohne Unterschrift. Erst in dem 1905 herausgekommenen Index zu dieser Zeitschrift sind Engels und Kautsky als Verfasser dieses Artikels genannt. Als Artikel von Engels erschien dieser 1904 in französischer Sprache in Nr. 132 der Zeitschrift „Mouvement socialiste". Da die Handschrift dieses Artikels nicht aufzufinden ist und somit nicht festgestellt werden kann, welchen Teil des Artikels Engels und welchen Kautsky geschrieben hat, wird der Artikel im vorliegenden Band als Beilage vollständig wiedergegeben. Einige Hypothesen zur Autorenschaft finden sich in MEGA², Bd. I.31, S. 1149–1151. 491

465 Karl Marx, „Die Klassenkämpfe in Frankreich 1848 bis 1850" (siehe Band 7 unserer Ausgabe, S. 41/42). 498

466 Schiller, „Die Worte des Glaubens". 499

467 Unter diesem Titel erschien am 7. März 1831 im „Le Globe" einer jener Artikel von Barthélemy-Prosper Enfantin, die in der Zeit vom 28. November 1830 bis 18. Juni 1831 im „Le Globe" gedruckt worden waren und 1831 in Paris als Buch unter dem Titel „Économie politique et politique" erschienen.

„*Le Globe*" – Tageszeitung, die von 1824 bis 1832 in Paris erschien. Vom 18. Januar 1831 an war sie das Organ der saint-simonistischen Schule. 500

468 Proudhon, „Système des contradictions économiques,ou philosophie de la misère", T. 1–2. Paris 1846. 500

469 Karl Marx, „Das Elend der Philosophie. Antwort auf Proudhons ‚Philosophie des Elends'" (siehe Band 4 unserer Ausgabe, S. 63–182).

Anfang 1849 eröffnete Proudhon in der Pariser Vorstadt St. Denis eine Tauschbank („Die Volksbank"). Diese sollte zinslosen Kredit gewähren und so eine Gesellschaft freier Produzenten auf Grundlage föderaler Strukturen ermöglichen (zur Darstellung seines Tauschbankkonzepts vgl. Charles Gide/Charles Rist: Geschichte der volkswirtschaftlichen Lehrmeinungen, Jena 1923, S. 332–348. Zu den Vorgängen in Proudhons Erinnerungen vgl. „Bekenntnisse eines Revolutionärs, hrsg. von Arnold Ruge, Leipzig 1850, S. 212–238). Bereits nach zwei Monaten machte die Bank bankrott. 500

470 David Ricardo, „On the principles of political economy, and taxation", 3. Ed., London 1821. Chapter V. On wages. In: The Works of David Ricardo. With a notice of the life and writings of the author. By J.R. Mc Culloch. London 1852. S. 53. – In Engels' Handexemplar „surplus produce" unterstrichen und Anstreichungen am Rand mit Bleistift (vgl. MEGA², Bd. IV.32, S. 550) 506

471 Lujo Brentano warf Marx vor, bewußt ein Zitat aus der Rede Gladstones vom 16. April 1863 gefälscht zu haben. Der betreffende Satz aus der Rede Gladstones war am 17. April 1863 in den Berichten fast aller Londoner Zeitungen („The Times", „The Morning Star", „Daily Telegraph" u. a.) über diese Parlamentssitzung nachzulesen, wurde aber in Hansards halbamtlicher Ausgabe der parlamentarischen Debatten, deren Text der Zensur durch die Redner selbst unterworfen war, weggelassen. In seiner Polemik beschuldigte Brentano hierauf Marx, der nach dem Zeitungsbericht zitiert hatte, der Fälschung und wissenschaftlichen Unzulänglichkeit. Marx antwortete auf diese Verleumdung in zwei Briefen an die Redaktion des „Volksstaats" vom 23. Mai und 28. Juli 1872 (siehe Band 18 unserer Ausgabe, S. 89–92, 108–115).

Nach dem Tode von Marx wiederholte im November 1883 Sedlay Taylor die Beschuldigung für das englische Publikum. Dieser Vorwurf der angeblichen Zitatenfälschung wurde von Eleanor Marx im Februar und März 1884 in zwei Briefen an die Zeitschrift „Today" und später von Engels im Juni 1890 in seinem Vorwort zur 4. deutschen Auflage des „Kapitals" (siehe Band 23 unserer Ausgabe, S. 41–46) sowie 1891 in seiner Broschüre „In Sachen Brentano contra Marx ..." richtiggestellt. 506

472 Engels ersetzte in der 1892 erschienenen zweiten deutschen Auflage des „Elends der Philosophie" den von Marx 1847 angeführten Namen Hopkins durch Hodgskin und wies in der Vorbemerkung zu dieser Auflage auf die vorgenommene Korrektur hin (siehe Band 4 unserer Ausgabe, S. 569, und Band 22). Die genannten Bände bringen, entsprechend der Angabe von Marx in der französischen Erstausgabe von 1847, den Namen Hopkins, da in den zwanziger Jahren sowohl von Thomas Hopkins als auch von Thomas Hodgskin ökonomische Schriften erschienen und Marx in seinem Werk nicht den genauen Titel der von ihm erwähnten Schrift anführt.

1822 erschien in London die von Thomas Hopkins verfaßte Arbeit „Economical enquiries relative to the laws which regulate rent, wages, and the value of money". 1827 erschien ein Werk von Thomas Hodgskin mit dem Titel „Popular political economy ...".

Engels berichtigte in der obengenannten Auflage ebenfalls das in der Erstausgabe von 1847 irrtümlich angegebene Erscheinungsjahr von Thompsons Werk und vermerkte in seiner Anmerkung zur zweiten Auflage: „Womit das bibliographische Gewissen des Herrn Professor Anton Menger hoffentlich beruhigt ist." (Band 4 unserer Ausgabe, S. 569) 506

473 Die Bemerkungen zum Programm der Sozialistischen Föderation in Nordengland schrieb Engels auf Grund einer Bitte des englischen Arbeiters und Sozialisten, John L. Mahon. In seinem Brief vom 22. Juni 1887, den er mit den Korrekturen an Mahon schickte, schätzte Engels das Programm als „spontane Deklaratior der Prinzipien der Arbeiterklasse" recht hoch ein. Gleichzeitig bemühte er sich, den theoretischen Gehalt dieses Dokuments zu heben, das die Grundlage bilden sollte für den Versuch der fortschrittlichen englischen Arbeiter, in England eine selbständige Arbeiterpartei zu schaffen. Die Bemerkungen von Engels beziehen sich auf den einleitenden Teil des Programms; sie wurden auf dem Blatt vorgenommen, das den Text enthält. Engels' Anmerkungen konnte Mahon nicht mehr für eine Überarbeitung berücksichtigen. Das Dokument mit Engels' Bemerkungen wurde erstmals 1963 als Faksimile veröffentlicht. Siehe Edward P. Thompson: Document. The North of England Socialist Federation.

In: Society for the Study of Labour History. Bulletin. Sheffield. Nr. 6, Spring 1963, S. 30/31.

Sozialistische Föderation in Nordengland – Arbeiterorganisation, die in Northumberland am 30. April 1887 während des großen Bergarbeiterstreiks, der von Ende Januar bis Ende Mai 1887 dauerte, gegründet wurde. Die Initiatoren, John L. Mahon, Binning, Donald u. a., waren Arbeiter, Mitglieder der Sozialistischen Liga. 1887 entwickelte die Föderation eine rege Tätigkeit unter den Arbeitern, hauptsächlich unter den Bergarbeitern Northumberlands; es gelang ihr jedoch nicht, die erzielten Erfolge zu festigen; bald darauf stellte sie ihre Tätigkeit ein. 510

474 Das vorliegende Interview gab Engels dem Vertreter der „New Yorker Volkszeitung" am 19. September 1888, nachdem er seine Reise durch die USA beendet hatte. Engels hatte seine Reise geheimgehalten, weil er sich u. a. vor Presseanfragen schützen wollte. Der Redakteur Jonas der „New Yorker Volkszeitung" hatte jedoch von Engels' Aufenthalt in New York Kenntnis erhalten und schickte daraufhin als Vertreter der Zeitung den ehemaligen Funktionär der Internationalen Arbeiterassoziation, Theodor Cuno, zu ihm. Das Ergebnis der Unterredung war das vorliegende Interview. Am 10. Oktober 1888 schrieb Engels an Sorge: „Jonas hat sich also doch noch ganz geschickt aus der Schlinge gezogen und ein Interview fingiert in einer Weise, die ich nicht gut dementieren kann." – Eine Formulierung, die einer Autorisierung oder zumindest Billigung des Textes gleichkommt. Das Interview wurde zudem in einigen deutschsprachigen US-amerikanischen Zeitungen nachgedruckt. Am 13. Oktober wurde es, offensichtlich ohne Einwände von seiten Engels', im „Sozialdemokrat" abgedruckt. 511

475 Hinweis auf die Vorrede zur zweiten russischen Ausgabe des „Manifests der Kommunistischen Partei" (siehe Band 19 unserer Ausgabe, S. 295/296). 512

476 Die ursprüngliche Variante dieses Pamphlets schrieb Bernstein auf Initiative von Engels als Antwort auf die in der „Justice" am 16. März 1889 veröffentlichte Notiz „Die deutschen ‚offiziellen' Sozialdemokraten und der Internationale Kongreß in Paris". Der von Engels redigierte Text des Pamphlets wurde in London in englischer Sprache als Broschüre herausgegeben und erschien danach in deutscher Übersetzung im „Sozialdemokrat" mit der Unterschrift Bernsteins als dem Redakteur dieser Zeitung.

Mit dem Pamphlet griff Engels erstmals unmittelbar in die Vorbereitung des internationalen Arbeiterkongresses ein, der im Juli 1889 in Paris stattfinden sollte. Zu diesem Zeitpunkt war bereits klar, daß die Fédération des Travailleurs Socialistes de France (FTSF) und der Parti Ouvrier (PO) zu je eigenen Kongressen mobilisieren werden (siehe Anm. 341, 482).

„Justice" – Wochenzeitung, Organ der Sozialdemokratischen Föderation; erschien von 1884 bis 1925 in London. 512

477 Das Reichsgericht bestätigte das vom Landgericht Freiberg am 4. August 1886 über eine Gruppe führender Funktionäre der deutschen Sozialdemokratie (Bebel, Auer, Frohme u. a.) verhängte Urteil, wonach diese auf Grund der Verbreitung des „Sozialdemokrat", der den Untertitel „Zentralorgan der deutschen Sozialdemokratie" trug, der Zugehörigkeit zu einer „geheimen Verbindung" beschuldigt und zu unterschiedlich hohen Gefängnisstrafen verurteilt worden waren. Bei der Verkündung des Urteils ging das Gericht vom Sozialistengesetz (siehe Anm. 178) aus. Nach der Bestätigung des Urteils durch das Reichsgericht hielt es die sozialdemokratische Fraktion des Reichstages für zweckmäßig, dem „Sozialdemokrat" nicht mehr den offiziellen Charakter eines Parteiorgans zu geben. Vom 5. November 1886 an erschien die Zeitung mit dem Untertitel „Organ der Sozialdemokratie deutscher Zunge". Diesen Beschluß unterstützte auch Engels. 513

478 *„Londoner Freie Presse"* – sozialistische Wochenzeitung, herausgegeben von den in London lebenden deutschen Emigranten; erschien ab 1886 als *„Londoner Arbeiter-Zeitung"* und von Oktober 1887 bis Juni 1890 unter dem zuerst genannten Titel. 513

479 *„Workmen's Advocate"* – Wochenzeitung, Organ der Sozialistischen Arbeiterpartei der USA; erschien von 1885 bis April 1891 in New York. 513

480 *„Recht voor Allen"* – holländische sozialistische Zeitung, 1879 in Amsterdam von Nieuwenhuis gegründet. 514

481 *Parlamentarisches Komitee* – Vollzugsorgan des Ende der sechziger Jahre entstandenen britischen Gewerkschaftskongresses, der Vereinigung der Gewerkschaften Englands; seit 1871 wurde es jährlich auf den Kongressen der Trade-Unions gewählt und in der Zeit zwischen den Kongressen als Führungszentrum betrachtet. Das Komitee stellte die Kandidaten der Trade-Unions für das Parlament auf, unterstützte deren eingebrachten Gesetzentwürfe und bereitete die ordentlichen Kongresse vor. 1921 wurde das Parlamentarische Komitee durch den Generalrat des Britischen Kongresses der Trade-Unions ersetzt. 516

482 *Sozialdemokratische Föderation* – englische sozialistische Organisation, die im August 1884 gegründet wurde und unterschiedliche sozialistische Strömungen, vorwiegend aus Kreisen der Intelligenz, vereinigte. Die Leitung der Föderation lag lange Zeit bei Hyndman. Die der Föderation beigetretene Gruppe, u. a. Eleanor Marx-Aveling und Edward Aveling, trat gegen die Linie Hyndmans auf und setzte sich für eine engere Verbindung mit der Arbeiterbewegung ein. Nachdem im Herbst 1884 die Spaltung der Föderation erfolgte und die Vertreter des linken Flügels eine selbständige Organisation – die Sozialistische Liga – bildeten, nahm der Einfluß derjenigen, die sich an Hyndman orientierten, in der Föderation zu, ohne daß der innerorganisatorische Konflikt damit aufgelöst wurde.

Sozialistische Ligue (Liga) – englische sozialistische Organisation, im Dezember 1884 von einer Gruppe Sozialisten gegründet, die aus der Sozialdemokratischen Föderation auf Grund ihrer Unzufriedenheit mit ihrer Führung ausgetreten waren. Zu den Organisatoren der Liga gehörten Eleanor Marx-Aveling, Edward Aveling, Ernest Belfort Bax, William Morris u. a., sie zerfiel 1889, zuvor waren u. a. Eleanor Marx-Aveling und Edward Aveling ausgetreten. 516 537

483 In dem erwähnten Bericht des Parlamentarischen Komitees über die Ergebnisse des Internationalen Londoner Arbeiterkongresses 1888 wird die Zweckmäßigkeit des auf dem Kongreß angenommenen Beschlußes über die Einberufung eines neuen internationalen Arbeiterkongresses in Paris 1889 in Zweifel gezogen. 517

484 *„Parti Ouvrier"* – französische Zeitung, Organ der sog. Possibilisten (siehe Anm. 341), im März 1888 in Paris gegründet. 521

485 Vorliegenden Brief schickte der französische Sozialist Charles Bonnier auf Initiative von Engels an die Redaktion des „Labour Elector". Bonnier befand sich damals gerade in London, wo er aktiv an der Vorbereitung des internationalen Sozialistenkongresses mitarbeitete. Aus einem am 7. Mai 1889 von Engels an Laura Lafargue geschriebenen Brief ist ersichtlich, daß das mit der Unterschrift von Bonnier veröffentlichte Schreiben von Engels selbst verfaßt worden ist. 523

486 Der vorliegende Aufruf wurde unter aktiver Beteiligung von Paul Lafargue mit dem Ziel geschrieben, die Arbeiter und die sozialistischen Organisationen aller Länder über die von den Sozialisten einer Reihe von Ländern auf der Haager Konferenz (im Februar 1889) gefaßten Beschlüsse hinsichtlich des bevorstehenden Internationalen Sozialistischen Arbeiterkongresses zu informieren und sie zu diesem Kongreß einzuladen. Am 6. Mai 1889 schickte Lafargue den Aufruf an Engels, der ihn voll und ganz billigte, ihn ins Deutsche übersetzte und bei seiner Veröffentlichung in englischer und deutscher Sprache mitwirkte. In deutscher Sprache wurde der Aufruf in der Übersetzung von Engels 1889 im „Sozialdemokrat" vom 11. Mai und in der Übersetzung von Liebknecht im „Berliner Volksblatt" vom 10. Mai gedruckt; in englischer Sprache erschien er als Flugblatt sowie in den Zeitungen „The Labour Elector" vom 18. Mai und „The Commonweal" vom 25. Mai. 524

487 Die ursprüngliche Variante des vorliegenden Pamphlets wurde von Bernstein auf Initiative von Engels geschrieben. Es ist eine Erwiderung auf die von der Führung der Sozialdemokratischen Föderation entfachte Kampagne zur Unterstützung des von den Possibilisten nach Paris einberufenen Kongresses; die Kampagne sollte gleichzeitig eine erfolgreiche Durchführung des von den Marxisten vorbereiteten internationalen Arbeiterkongresses verhindern. Das Pamphlet wurde von Engels redigiert und erschien als Broschüre in englischer Sprache. Die „Bekanntmachung über die Einberufung des Internationalen Sozialistischen Arbeiterkongresses" (siehe Anm. 490) wurde der Broschüre als Anhang beigefügt. Die ursprüngliche Variante des Pamphlets erschien vollständig im „Sozialdemokrat" vom 30. März und 6. April 1889. Ein Auszug aus der von Engels redigierten Veröffentlichung des Pamphlets wurde im „Sozialdemokrat" vom 15. Juni des gleichen Jahres abgedruckt. Am gleichen Tage erschienen auch zwei weitere Auszüge in englischer Sprache im „Labour Elector". 526

488 „*Prolétariat*" – Wochenzeitung, offizielles Organ der Fédération des Travailleurs Socialistes de France (FTSF), der Föderation der sozialistischen Arbeiter Frankreichs (siehe Anm. 341); erschien vom 5. April 1884 bis zum 25. Oktober 1890 in Paris. 536

489 Die Arbeiterpartei Belgiens hatte auf ihrem Nationalkongreß (April 1889) beschlossen, sowohl Delegierte zum Internationalen Sozialistischen Arbeiterkongreß als auch zu dem von der Fédération des Travailleurs Socialistes de France vorbereiteten Kongreß zu entsenden. 537

490 Die „*Bekanntmachung über die Einberufung des Internationalen Sozialistischen Arbeiterkongresses*" wurde von Paul Lafargue und anderen französischen Sozialisten verfaßt und am 14. Mai 1889 an Engels geschickt, der einige Korrekturen daran vornahm. Die Bekanntmachung wurde im Juni 1889 als Flugblatt in Paris in französischer und in London in englischer Sprache gedruckt; in deutscher Sprache erschien sie im „Sozialdemokrat" vom 1. Juni und im „Berliner Volksblatt" vom 2. Juni. In englischer Sprache wurde sie außerdem veröffentlicht im „Commonweal" vom 8. Juni und als Anhang in der Broschüre „Der Internationale Arbeiterkongreß von 1889. II. Eine Antwort auf das Manifest der Sozialdemokratischen Föderation" (siehe vorl. Band, S. 526–543). In den ersten Veröffentlichungen der Bekanntmachung fehlten noch Unterschriften von Sozialisten einiger Länder; mit Zunahme der Zustimmungserklärungen zu der Bekanntmachung wuchs auch die Zahl der Unterschriften. Ausführlicher zu Engels' Überlegungen hinsichtlich der Neugründung einer Internationale vgl. Bürgi: Die Anfänge der Zweiten Internationale. Positionen und Auseinandersetzungen 1889–1893, Frankfurt a. M./New York 1996, S. 60–68. 544

Literaturverzeichnis
einschließlich der von Engels erwähnten Schriften

Bei den von Engels zitierten Schriften werden, soweit sie sich feststellen ließen, die vermutlich von ihm benutzten Ausgaben angegeben. In einigen Fällen, besonders bei allgemeinen Quellen- und Literaturhinweisen, wird keine bestimmte Ausgabe angeführt. Gesetze und Dokumente werden nur dann nachgewiesen, wenn aus ihnen zitiert wurde. Einige Quellen konnten nicht ermittelt werden.

I. Werke und Aufsätze
genannter und anonymer Autoren

Agassiz, Louis Jean Rodolphe and Elizabeth C. Agassiz: A journey in Brazil. London 1868. 56

Ammianus Marcellinus: Auszüge aus Ammianus Marcellinus, übersetzt von Dr. D. Coste. In: Die Geschichtschreiber der deutschen Vorzeit in deutscher Bearbeitung. Urzeit. Bd. 2. Leipzig 1879. 71

Ancient laws and institutes of Wales. Vol. 1. o. O. 1841 (siehe auch Anm. 106). 128

Annual report of the Secretary of the Treasury on the state of the finances for the year 1887. Washington 1887. 366

Aristophanes: Die Weiber am Thesmophorenfest. 67

Aristoteles: Politik. 105

Äschylos: Agamemnon. 65

– Die sieben gegen Theben. 103

– Die Schutzflehenden. 103

– Orestie. 475 476

Bachofen, J[*ohann*] *J*[*akob*]: Das Mutterrecht. Eine Untersuchung über die Gynaikokratie der alten Welt nach ihrer religiösen und rechtlichen Natur. Stuttgart 1861. 39 46 55 56 474 476

Bancroft, Hubert Howe: The native ryes of the pacific states of North America. Vol. 1–4. Leipzig 1875. 42 54–56 155

Bang, A[*nton*] *Chr*[*istian*]*:* Voluspaa og de Sibyllinske Orakler. Christiania 1879 [1880]. 133

Becker, Wilhelm Adolph: Charikles, Bilder altgriechischer Sitte. Zur genaueren Kenntniss des griechischen Privatlebens. Th. 1–2. Leipzig 1840. Th. 2. 65 99

Beda Venerahilis: Historiae ecclesiasticae gentis Anglorum. 130

Die Bibel oder die ganze heilige Schrift des alten und neuen Testaments, nach der deutschen Übers. Martin Luthers. 8–12 15

– Das prophetische Buch Daniel. 12

– Evangelium des Johannes. 12

– Die Briefe des Johannes. 12

– Die Offenbarung des Johannes. 11–13

Bonaparte, Napoléon-Louis: Des idées napoléoniennes. Paris 1839. 427

Borkheim, Sigismund: Zur Erinnerung für die deutschen Mordspatrioten. 1806–1807. Mit einer Einleitung von Fr. Engels. Zürich 1888. 349

Bougeart, Alfred: Marat, l'Ami du peuple. T. 1–2. Paris 1865. 21

Bray, J[ohn] F[rancis]: Labour's wrongs and labour's remedy; or, the age of might and the age of right. Leeds 1839. 177

Bugge, [Elseus] Sophus: Studier over de nordiske Gude- og Heltesagns Oprindelse. Christiania 1881–1889. 133

Bulle, Constantin: Geschichte der neuesten Zeit, 1815–1885. 2., umgearb. Aufl., Bd. 4: Von 1871–1885, Berlin 1888. 655

Cäsar, Gajus Julius: Der gallische Krieg. 34 47 131 135

Code Napoléon. 18 19 65 70

Dante Alighieri: Die Göttliche Komödie. 382

Demosthenes: Rede gegen Eubulides. 98

[*Dietzgen, Joseph:*] Das Wesen der menschlichen Kopfarbeit. Dargestellt von einem Handarbeiter. Eine abermalige Kritik der reinen und praktischen Vernunft. Hamburg 1869. 293

Diodorus Siculus: Bibliothecae historicae quae supersunt. Vol. 4. 133 141

Dureau de la Malle: Économie politique des Romains. T. 1–2. Paris 1840. 125

Die Edda, die ältere und jüngere nebst den mythischen Erzählungen der Skalda, übersetzt und mit Erläuterungen begleitet von Karl Simrock. 2., verm. und verb. Aufl., Stuttgart und Augsburg 1855. 44

Edmonds, T[homas) R[owe]: Practical moral and political economy; or, the government, religion, and institutions, most conducive to individual happiness and to national power. London 1828. 176 177

[*Enfantin, Barthélemy-Prosper:*] Les oisifs et les travailleurs. Fermages, loyers, intérêts, salaires. In: Économie politique et politique. Paris 1831. 500

Engels, Frederick: The condition of the working class in England in 1844, with appendix written 1886, and preface 1887. Translated by Florence Kelley-Wischnewetzky. New York. 358

Engels, Friedrich: Die Entwicklung des Sozialismus von der Utopie zur Wissenschaft. Hottingen-Zürich 1882. 462

– Herrn Eugen Dühring's Umwälzung der Wissenschaft. Philosophie. Politische Oekonomie. Sozialismus. Leipzig 1878. 462

– Die Lage der arbeitenden Klasse in England. Nach eigner Anschauung und authentischen Quellen. Leipzig 1845. 3 4 358

– L'origine della famiglia, della proprietà privata e dello stato. In relazione alle ricerche di Luigi H. Morgan. Versione riveduta dell' autore di P. Martignetti. Benevento 1885. 473

– Origina familiei, proprietăței private și a statului. In : Contemporanul. Iași. September 1885 bis Mai 1886. 473

– Vorwort [zur ersten deutschen Ausgabe des zweiten Bandes des „Kapitals" von Karl Marx]. In: *Karl Marx.* Das Kapital. B. 2. Hamburg 1885. 175

– Zur Wohnungsfrage. H. 1–3. Separatabdruck aus dem „Volksstaat", Leipzig 1872[–1873]. 325

Engels, Friedrich und Karl Marx: Die heilige Familie, oder Kritik der kritischen Kritik. Gegen Bruno Bauer und Consorten. Frankfurt a. M. 1845. 272 290

Espinas, Alfred: Des sociétés animales. Paris 1877. 40

Euripides: Orestes. 67

Die Falschmünzer oder die Agenten der russischen Regierung. Genf 1875. 189

Ferguson, Adam: An essay on the history of civil society. Edinburgh 1767. 236

Feuerbach, Ludwig: Fragmente zur Charakteristik meines philosophischen Curriculum vitae. In: Sämmtliche Werke. Bd. 2. Leipzig 1846. 287

– Grundsätze der Philosophie. Nothwendigkeit einer Veränderung. In: Ludwig Feuerbach in seinem Briefwechsel und Nachlaß sowie in seiner Philosophischen Charakterentwicklung, dargestellt von Karl Grün. Bd. 1–2. Leipzig und Heidelberg 1874. Bd. 1. 286

– Nachgelassene Aphorismen. Ebendort, Bd. 2. 278 280 281

– Noth meistert alle Gesetze und hebt sie auf. Ebendort, Bd. 2. 286 288

– Das Wesen des Christenthums. Leipzig 1841. 272

– Wider den Dualismus von Leib und Seele, Fleisch und Geist. In: Sämmtliche Werke. Bd. 2. Leipzig 1846. 286 288

Fison, Lorimer, and A. W. Howitt: Kamilaroi and Kurnai. Group-marriage and relationship, and marriage by elopement. Melbourne, Sydney, Adelaide, and Brisbane 1880. 49

Fourier, C[harles]: Théorie de l'unité universelle. Vol. 3. In: Œuvres complètes. 2me éd. T. 4. Paris 1841. 73

– Théorie des quatre mouvements et des destinées générales. In: ouvres complètes. 3me éd, T. 1. Paris 1846. 150 172

Freeman, Eduard A[ugustus]: Comperative politics. London 1873. 29

Fustel de Coulanges: La cité antique étude sur le culte, le droit, les institutions de la Grèce et de Rome. Paris-Strasbourg 1864. 102

Giraud-Teulon, A[lexis]: Les origines de la famille questions sur les antécédents des sociétés patriarcales. Genève-Paris 1874. 480

– Les origines du mariage et de la famille. Genève-Paris 1884. 40 41 482

Gladstone, William Ewart: Juventus Mundi. The gods and men of the heroic age. London 1869. 103

Goethe: Faust. Der Tragödie erster Teil. 267

Gray, John: The social system. A treatise on the principle of exchange. Edinburgh 1831. 180

Grote, George: A history of Greece; from the earliest period to the close of the generation contemporary with Alexander the Great. Vol. 3. London 1869. 98–101

Gutrun (*Kudrun*). 79

Hegel, Georg Wilhelm Friedrich: Encyclopädie der philosophischen Wissenschaften im Grundrisse. Hrsg. von Leopold von Hennig. Th. 1. Die Logik. In: Werke. Vollst. Ausg. durch einen Verein von Freunden des Verewigten. Bd. 6. Berlin 1840. 266

– Grundlinien der Philosophie des Rechts oder Naturrecht und Staatswissenschaft im Grundrisse. Hrsg. von Eduard Gans. Ebendort, Bd. 8. Berlin 1833. 165 266 269 287

– Phänomenologie des Geistes. Hrsg. von Johann Schulze. Ebendort, Bd. 2. Berlin 1832. 281

– Vorlesungen über die Philosophie der Geschichte. Hrsg. von Eduard Gans. Ebendort, Bd. 9. Berlin 1837. 298

– Vorlesungen über die Philosophie der Religion. Nebst einer Schrift über die Beweise vom Daseyn Gottes. Hrsg. von Philipp Marheineke. Ebendort, Bd. 12. Berlin 1840. 287

– Wissenschaft der Logik. Hrsg. von Leopold von Henning. Ebendort, Bd. 3–5. Berlin 1833–1834. 268 292

Heine, Heinrich: Atta Troll. Ein Sommernachtstraum. 6

Herodot: Geschichten. 67 101

Heusler, Andreas: Institutionen des Deutschen Privatrechts. Bd. 2. Leipzig 1886. 63

Hildebrandslied. In: *Heinrich Kurz:* Geschichte der deutschen Literatur mit ausgewählten Stücken aus den Werken der vorzüglichsten Schriftsteller. 4. Aufl. Bd. 1. Leipzig 1864. 132 158

Historische Volkslieder der Zeit von 1756 bis 1871. Hrsg. von Franz Wilhelm von Ditfurth. Bd. 2. Berlin 1871–1872. 423

Homer: Odyssee. 65 104

– Ilias. 34 65 101 104

Höpfner, E[*duard von*]: Der Krieg von 1806 und 1807. Ein Beitrag zur Geschichte der Preußischen Armee nach den Quellen des Kriegs-Archivs bearbeitet. 2. Aufl. Bd. 1–4. Berlin 1855. 349 350

Irenäus: Fünf Bücher gegen alle Häresien, oder Entlarvung und Widerlegung der falschen Gnosis. In: Ausgewählte Schriften. Nach dem Urtext übersetzt von Heinrich Hayd. Bd. 1. Kempten 1872. 13

Kolb, G[*eorg*] *Fr*[*iedrich*]: Handbuch der vergleichenden Statistik der Völkerzustands- und Staatenkunde. 7., auf Grundlage der neuesten staatlichen Gestaltungen bearb. Aufl. Leipzig 1875. 369

Kovalevsky, Maxime: Tableau des origines et de l'évolution de la famille et de la propriété. Stockholm 1890. 60 62 127 136

[*Kowalewski*] Ковалевский, Максúм: Первобытное право. Выпуск 1. Род. Москва 1886. 62 131

Lange, Ludwig: Römische Alterthümer. Bd. 1. Berlin 1856. 122

Lassalle, Ferdinand: Das System der erworbenen Rechte. Th. 1–2. Leipzig 1861. 171

Latham, Robert Gordon: Descriptive ethnology. Vol. 1–2. London 1859. 478

Letourneau, Ch[*arles*]: L'évolution du mariage et de la famille. Paris 1888. 39 40

Liutprand von Cremona: Antapodosis. 145

Livius, Titus: Ab urbe condita. 120

– League of the ho-dé-no-sau-nee, or Iroquois. Rochester 1851. 478
– Systems of consanguinity and affinity of the human family. Washington 1871. 48 49 85 479
– Die Urgesellschaft. Untersuchungen über den Fortschritt der Menschheit aus der Wildheit durch die Barbarei zur Zivilisation. Aus dem Englischen übertragen von W. Eichhoff unter Mitw. von Karl Kautsky. Stuttgart 1891. 481

Das Nibelungenlied. In: *Karl Simrock*: Das Heldenbuch. Bd. 2. Stuttgart und Augsburg 1856. 79 323
Niebuhr, B[arthold] G[eorg]: Römische Geschichte. 3. Ausg. Bd. 1–3. Berlin 1828. 123

Persius: Satiren. 11
Plinius: Naturgeschichte. 137 142
Plutarch: Moralische Schriften. 66
Prokop: Der Gotenkrieg. 71
Proudhon, P[ierre]-J[oseph]: Système des contradictions économiques, ou philosophie de la misère. T. 1–2. Paris 1846. 175 500

Regnault, Élias: Histoire politique et sociale des principautés danubiennes. Paris 1855. 189
Report of the fifty-third meeting of the British Association for the Advancement of Science; held at Southport in September 1883. London 1884. 196
Report of the Royal Commission on the housing of the working classes. England and Wales. 1885. 252
Ricardo, David: On the principles of political economy, and taxation. London 1817. 176 506
– On the principles of political economy, and taxation. 3rd ed. London 1821. 179
Rodbertus-Jagetzow, [Johann Karl]: Zur Erkenntniß unsrer staatswirthschaftlichen Zustände. Neubrandenburg und Friedland 1842. 175 180–182 186
– Sociale Briefe an von Kirchmann. Berlin 1850–1851. 176

Salvianus von Marseille: De gubernatione dei. 145 148
Sax, Dr. Emil: Die Wohnungszustände der arbeitenden Classen und ihre Reform. Wien 1869. 326
Schoemann, G[eorg] F[riedrich]: Griechische Alterthümer. Berlin 1855. 66 103
Serno-Solowjewitsch, A.: Unsere russischen Angelegenheiten. Antwort auf den Artikel des Herrn Herzen: Die Ordnung herrscht! (Kolokol Nr. 233). Aus dem Russischen übers. von S. L. Borkheim. Leipzig 1871. 348
The source and remedy of the national difficulties, deduced from principles of political economy, in: A letter to Lord John Russell. London 1821. 176
Spruner-Menke: Hand-Atlas zur Geschichte des Mittelalters und der neueren Zeit. 3. Aufl. Gotha 1874. 395
Starcke, Carl Nicolai: Ludwig Feuerbach. Stuttgart 1885. 264 265 281–284 287
Stenographische Berichte über die Verhandlungen der durch die Allerhöchste Verordnung vom 30. Mai 1849 einberufenen Zweiten Kammer. Bd. 2. Berlin 1849. 246
Stirner, Max: Der Einzige und sein Eigenthum. Leipzig 1845. 271

II. Periodica

L'Ami du peuple. Paris (siehe auch Anm. 19). 21
Das Ausland. Ueberschau der neuesten Forschungen auf dem Gebiete der Natur-, Erd- und Völkerkunde. Stuttgart (siehe auch Anm. 60). 63

The Commonweal. London (siehe auch Anm. 158). 191
– vom 1. März 1885. 256

Deutsche-Brüsseler-Zeitung (siehe auch Anm. 196). 212
Deutsche Jahrbücher für Wissenschaft und Kunst. Leipzig 1841–1843 (siehe auch Anm. 250). 271
Deutsch-Französische Jahrbücher. Hrsg. von Arnold Ruge und Karl Marx. Lfg. 1 und 2. Paris 1844 (siehe auch Anm. 195). 211

Frankfurter Zeitung und Handelsblatt (siehe auch Anm. 173). 201

Le Globe. Paris (siehe auch Anm. 467). 500

Justice. London (siehe auch Anm. 476). 512–514 517 520–523 539 541
– vom 27. Oktober 1888. 527
– vom 19. Januar 1889. 521
– vom 28. Januar 1889. 521
– vom 2. Februar 1889. 521
– vom 16. März 1889. 512
– vom 27. April 1889. 523
– vom 25. Mai 1889. 526 540

Kölnische Zeitung (siehe auch Anm. 24). 23 229 441
Kolokol (колоколъ). London, Genf (siehe auch Anm. 319). 354
Kreuz-Zeitung siehe Neue Preußische Zeitung

The Labour Elector. London (siehe auch Anm. 341). 379 523
– vom 28. Mai 1888. 528
The Labour Leader. London. Vol. 1, Nr. 5, Juni 1889 (siehe auch Anm. 337). 376
Londoner Freie Presse (siehe auch Anm. 478). 513

The Manchester Guardian (siehe auch Anm. 423). 436
Missouri Republican. St. Louis (siehe auch Anm. 271). 308

Neue Preußische Zeitung. Berlin (siehe auch Anm. 16). 20 201
Neue Rheinische Zeitung. Organ der Demokratie. Köln (siehe auch Anm. 3). 6–8 16 19 23 199 200 218 246 490
– vom 1. Juni 1848. 20
– vom 2. Juni 1848. 18

Friedrich Engels
Daten aus seinem Leben und seiner Tätigkeit
(Mai 1883 bis Dezember 1889)

1883

Mai bis Dezember	Engels setzt die Arbeit an dem handschriftlichen Nachlaß von Marx fort. An Laura Lafargue schreibt er am 24. Juni: „Alles, was wir anstreben, ist, das Andenken an Mohr in würdiger Weise zu verewigen, und das erste wird und muß sein die Veröffentlichung seines Nachlasses. Laßt uns mit allen Kräften dazu beitragen, dieses Ziel zu erreichen." Insbesondere widmet er sich den Manuskripten des „Kapitals", wählt einzelne Arbeiten für Neuausgaben aus und sichtet Marx' Briefwechsel.
Ende Mai	Engels findet unter dem handschriftlichen Nachlaß von Marx Georg Weerths Gedicht „Handwerksburschenlied" und schreibt daraufhin einen Artikel zum Gedenken an Weerth. Gedicht und Artikel erscheinen unter dem Titel „Handwerksburschenlied. Von Georg Weerth (1846)" im „Sozialdemokrat" vom 7. Juni.
Juni bis Mitte Oktober	Engels arbeitet an der Korrektur der dritten deutschen Auflage des ersten Bandes des „Kapitals", die Marx nicht mehr beenden konnte.
Erste Hälfte Juni	Um die Herausgabe des ersten Bandes des „Kapitals" in englischer Sprache zu beschleunigen, verhandelt Engels mit dem Londoner Verleger P. Kegan & Co.; als Übersetzer schlägt er seinen Freund vor, den englischen Juristen Samuel Moore, ein ehemaliges Mitglied der Internationalen Arbeiterassoziation.
12. Juni bis 27. August	In einer Reihe von Briefen an führende Vertreter der Partei diskutiert Engels politische Bündniskonstellationen sowie die Frage der Taktik der sozialdemokratischen Partei; er empfiehlt, die Widersprüche zwischen den verschiedenen Fraktionen der herrschenden Klassen auszunützen; er weist Bernstein in einem Brief (27. August) darauf hin, daß in Deutschland die Errichtung einer bürgerlichen Republik anstehe, als „Durchgangsmoment", weil es „glücklicherweise" keine republikanische Bürgerpartei gebe.
13. bis 19. Juni	Engels sieht die von dem italienischen Sozialisten Pasquale Martignetti angefertigte italienische Übersetzung seiner Schrift „Die Entwicklung des Sozialismus von der Utopie zur Wissenschaft" durch und äußert sich anerkennend über die Qualität der Übersetzung; die Broschüre geht im Juli in Benevento in Druck.

28. Juni	Engels schreibt ein Vorwort zur dritten deutschen Ausgabe des „Manifests der Kommunistischen Partei", die 1883 in Zürich erscheint.
August	Engels' Artikel „Das Buch der Offenbarung", der die Geschichte des Urchristentums behandelt, wird im Londoner „Progress", der eine Zeitlang sozialistischen Kreisen nahesteht, veröffentlicht.
Mitte August bis Anfang Oktober	Engels liest das von dem französischen Sozialisten Gabriel Deville angefertigte Manuskript der gekürzten, mit einem Anhang über den wissenschaftlichen Sozialismus versehenen Ausgabe des ersten Bandes des „Kapitals". Den theoretischen Teil schätzt Engels als gelungen ein, unterzieht jedoch den darstellenden Teil einer ernsten Kritik. Am 3. Oktober berichtet er in einem Brief Laura Lafargue zusammenfassend seine Kritikpunkte.
17. August bis 14. September	Engels weilt zur Erholung in Eastbourne (an der Südküste Englands).
Ende August	Engels beginnt die ersten Kapitel der englischen Übersetzung des ersten Bandes des „Kapitals" zu redigieren; an dieser Übersetzung arbeitet er neben der Lösung anderer Aufgaben etwa drei Jahre.
30. August	Engels informiert Bebel über den Stand der sozialistischen Bewegung in England, wobei er auf die positive Tatsache hinweist, daß die Demokratische Föderation, an deren Spitze Henry Mayers Hyndman steht, genötigt ist, „unsre Theorie, die ihnen während der Internationale als von außen oktroyiert erschien, offen als die ihrige [zu] proklamieren". Gleichzeitig stellt er fest, daß diese Organisation von den Massen der Arbeiter, die sich weiterhin unter dem Einfluß der liberalen Bourgeoisie befinden, isoliert ist. Eine allgemeine Arbeiterbewegung könne erst zustande kommen, „wenn den Arbeitern fühlbar wird, daß Englands Weltmonopol gebrochen" ist.
Zweite Hälfte September	Engels beginnt das von Marx nicht redigierte Manuskript des zweiten Bandes des „Kapitals" für den Druck vorzubereiten; fast zwei Jahre lang widmet er sich fast ausschließlich dieser Arbeit; er vergleicht die verschiedenen Fassungen der Manuskripte, erarbeitet den Aufbau des Bandes, verfaßt den endgültigen Text auf der Grundlage der allerletzten Untersuchungen von Marx und führt die Gesamtredaktion des Textes durch. Für diese anstrengende Arbeit engagiert der an den Augen erkrankte Engels Oscar Eisengarten als Sekretär und Redaktionsassistenten.
19. und 23. September	Engels wird von dem russischen revolutionären Volkstümler G. A. Lopatin besucht; in seinem Brief an die russische Revolutionärin M. N. Oschanina teilt Lopatin mit, daß Engels in der Unterredung mit ihm die Überzeugung geäußert habe, daß Rußland, in dem die bürgerlich-demokratische Revolution heranreift, zu Recht die revolutionäre Initiative für eine neue soziale Umgestaltung zukommt.
Oktober bis 17. Dezember	Engels ist erkrankt.
Etwa Oktober	Engels bereitet seine Arbeit „Die Mark" für eine neue populäre Ausgabe zum Druck vor. Die Arbeit erscheint als Bauernflugblatt unter dem Titel „Der deutsche Bauer. Was war er? Was ist er? Was könnte er sein?" im November in Zürich.

Mitte Oktober	Der Veteran der deutschen Arbeiterbewegung Friedrich Leßner bittet Engels in einem Brief, ihm einige Exemplare des ersten Bandes des „Kapitals" zwecks Verbreitung unter den deutschen Arbeitern in London zu schicken.
Etwa Ende Oktober bis Anfang November	Engels erhält von der russischen Sozialistin V. I. Sassulitsch einen Brief, in dem sie die Gründung der russischen marxistischen Gruppe Befreiung der Arbeit in Genf mitteilt und ihm das erste programmatische Dokument dieser Organisation – ein Flugblatt über die Herausgabe der „Bibliothek des modernen Sozialismus" – schickt.
7. November	Engels schreibt das Vorwort zur dritten deutschen Auflage des ersten Bandes des „Kapitals".
13. November	In einem Brief an V. I. Sassulitsch weist Engels auf die gespannte politische Lage in Rußland hin und äußert die Vermutung, daß dort in Kürze eine revolutionäre Krise ausbrechen könnte.
Dezember 1883 bis Oktober 1884	Engels revidiert – neben der Erfüllung anderer Aufgaben – die erste deutsche Übersetzung von Marx' „Elend der Philosophie", macht dazu eine Reihe von Fußnoten und schreibt ein Vorwort.
Ende 1883	Engels schickt dem russischen Historiker und Soziologen M. M. Kowalewski die im Oktober erschienene dritte deutsche Ausgabe seines Buches „Die Entwicklung des Sozialismus von der Utopie zur Wissenschaft".

1884

Januar bis Anfang August	Engels verfolgt weiterhin aufmerksam die Entwicklung der sozialistischen Bewegung in England, hält ständigen Kontakt mit Marx' Tochter Eleanor, mit Edward Aveling, Ernest Belfort Bax und anderen führenden Sozialisten und befürwortet deren Opposition gegen die Linie des Führers der Demokratischen Föderation, Hyndman, den er für einen „Erzkonservativen und arg chauvinistischen, aber nicht dummen Streber" hält. Er informiert die Sozialisten verschiedener Länder über den Stand der sozialistischen Bewegung in England, wobei er betont, daß die objektiven Umstände immer mehr die sozialistische Agitation unter den englischen Arbeitern begünstigen.
Januar bis März	Engels fährt fort, den handschriftlichen Nachlaß und die Bibliothek von Marx zu sichten und zu ordnen.
Erste Hälfte Januar	Engels liest Bebels Buch „Die Frau und der Sozialismus", das er sehr schätzt.
28. Januar	Engels teilt dem polnischen Sozialisten L. Krzywicki sein Einverständnis zur Herausgabe einer polnischen Übersetzung des ersten Bandes des „Kapitals" mit.
28. Januar bis 7. März	Nachdem Engels die aus Marx' Bibliothek stammenden russischen Bücher gesichtet hat, beschließt er, einen bedeutenden Teil davon den Vertretern der russischen revolutionären Emigration für die Schaffung einer Bibliothek zu übergeben. Er korrespondiert aus diesem Anlaß mit dem in Paris lebenden russischen revolutionären Volkstümler P. L. Lawrow und schickt ihm Ende Februar diese Bücher.

Februar bis März	Engels studiert gründlich das umfangreiche ökonomische Manuskript, das Marx 1861 bis 1863 niederschrieb.
Februar	Engels lehnt kategorisch die hartnäckigen Versuche des deutschen Emigranten Nonne ab, ihn für die Unterstützung seiner Pläne – Nonne beabsichtigte, unter Beteiligung wenig bekannter oder Engels unbekannter Personen eine internationale Organisation zu schaffen – zu gewinnen. Nonne wurde später als Polizeiagent der deutschen Reichsregierung in Paris entlarvt.
Erste Hälfte Februar	Bei der Durchsicht des handschriftlichen Nachlasses von Marx findet Engels einen 1881/1882 verfaßten Konspekt des Buches „Ancient society" von dem bekannten US-amerikanischen Ethnographen und Historiker Lewis H. Morgan. Er studiert den Konspekt und beschließt, dieses Material zu verarbeiten. Engels schreibt daraufhin „Der Ursprung der Familie, des Privateigentums und des Staats".
Anfang Februar	Die dritte deutsche Auflage des ersten Bandes des „Kapitals" geht in Druck.
Mitte Februar bis Anfang März	Engels arbeitet an dem Artikel „Marx und die ‚Neue Rheinische Zeitung' 1848–1849", der am 13. März im „Sozialdemokrat" veröffentlicht wird.
14. Februar und 7. März	Große Aufmerksamkeit schenkt Engels nach wie vor dem Kampf der deutschen Arbeiterklasse unter den Bedingungen des Sozialistengesetzes. In Briefen an angesehene Funktionäre der internationalen Arbeiterbewegung, so an Johann Philipp Becker und Friedrich Albert Sorge, drückt er seine Zufriedenheit über die politischen Erfolge aus.
Zwischen 17. und 21. Februar sowie 11. und 15. März	Im Zusammenhang mit der Vorbereitung der zweiten französischen Ausgabe von Marx' Schrift „Das Elend der Philosophie" übersetzt Engels Marx' Artikel „Über P.-J. Proudhon (Brief an J. B. v. Schweitzer)", der 1865 im „Social-Demokrat" gedruckt wurde, ins Französische. Die von Paul Lafargue durchgesehene Übersetzung wurde erst nach Engels' Tode in der französischen Ausgabe des „Elends der Philosophie" 1896 veröffentlicht.
Etwa 20. Februar	Engels erhält einen Brief von Sorge, in dem dieser einige Angaben über die Lage der US-amerikanischen Arbeiter macht und ihm mitteilt, daß das Mitglied der deutschen Sozialdemokratie, der materialistische Philosoph Joseph Dietzgen, in Kürze nach den USA übersiedeln wird.
Ende Februar bis Anfang März	Engels studiert Morgans Buch „Ancient society" und überzeugt sich davon, daß Morgan auf Grund seiner Studien der nordamerikanischen Irokesen und einer Reihe anderer alter Völkerschaften „die von Marx vor vierzig Jahren entdeckte materialistische Geschichtsauffassung [...] in seiner Art neu entdeckt" hat. Engels schickt die französischen Bücher aus Marx' Bibliothek an Paul Lafargue und dessen Frau Laura nach Paris.
März	Engels verhandelt mit dem Hamburger Verleger Otto Meißner über die Herausgabe des zweiten Bandes des „Kapitals".
Etwa 5. März	Engels übermittelt dem Privatdozenten der Wiener Universität G. Groß auf dessen Bitte einige Tatsachen aus dem Leben von Marx für eine biographische Skizze über Marx in der „Allgemeinen Deutschen Biographie".

6. März Engels schreibt an V. I. Sassulitsch und äußert seine Zufriedenheit über das zunehmende Studium der sozialistischen Theorie in Rußland. Er begrüßt die Absicht der Gruppe Befreiung der Arbeit, Marx' „Elend der Philosophie" in russischer Sprache herauszugeben, und verspricht, sein Vorwort zur ersten deutschen Ausgabe dieser Arbeit sowie einige andere Materialien zu schicken. Engels schickt außerdem eine Kopie des von ihm beim Durchsehen des handschriftlichen Nachlasses von Marx gefundenen Briefes an die Redaktion der „Otetschestwennyje Sapiski", der 1877 geschrieben, aber nicht abgesandt wurde. Marx' Brief wird 1886 in der Übersetzung von V. I. Sassulitsch in der illegalen Zeitschrift „Westnik Narodnoj Woli" veröffentlicht.

7. März Engels informiert Sorge über den Stand der sozialistischen Bewegung in England und Frankreich und hebt dabei hervor, daß die von Jules Guesde und Paul Lafargue geleitete französische Arbeiterpartei aktiv in der Provinz arbeite und auch in Paris erfolgreich sei.

24. März Engels kritisiert in einem Brief an den Redakteur des „Sozialdemokrat", Eduard Bernstein, die fehlerhafte, den Klassencharakter des Problems ignorierende Erklärung des Begriffs „Demokratie", die im Leitartikel dieser Zeitung vom 20. März gegeben wurde; er stellt heraus, daß die demokratische Republik die konsequenteste Herrschaftsform der Bourgeoisie ist, ihr aber auf Grund der Entwicklung des Proletariats gefährlich geworden ist.

Ende März bis 26. Mai Engels arbeitet an seiner Schrift „Der Ursprung der Familie, des Privateigentums und des Staats"; er gibt darin eine Analyse der Urgeschichte der menschlichen Gesellschaft, der Entstehung der Klassengesellschaft und des Staates. Engels zeigt, daß die Ablösung der verschiedenen Formen der Familie von der Entwicklung der Produktionsverhältnisse abhängt, er deckt die Widersprüche auf, die der Familie in der Klassengesellschaft anhaften und zeigt den Klassencharakter des Staates. Bei seiner Arbeit stützt sich Engels auf den von Marx angefertigten Konspekt zu Morgans Buch „Ancient society", wie auch auf eine große Anzahl anderer Materialien.

Zwischen dem 2. und 15. April Engels erhält von Paul und Laura Lafargue eine ausführliche Information über den in Roubaix stattfindenden Kongreß der französischen Arbeiterpartei, den er als einen beachtlichen Erfolg der Arbeiterbewegung in Frankreich betrachtet.

11. April Im Hinblick auf den großen Anklang, den sein „Anti-Dühring" in Deutschland und anderen Ländern, besonders in Rußland, gefunden hat, teilt Engels dem Redakteur des „Sozialdemokrat" seinen Entschluß mit, eine zweite Ausgabe vorzubereiten.

Mai Engels verfolgt aufmerksam die Tätigkeit der französischen Arbeiterpartei; in Briefen an Lafargue gibt er den Parteiführern im Zusammenhang mit den Ergebnissen der Munizipalwahlen in Paris am 4. Mai eine Reihe von Ratschlägen, etwa bei Wahlen eigene Kandidaten aufzustellen.

Anfang Mai Engels macht sich mit dem Inhalt der Vorlesungen Paul Lafargues über die materialistische Geschichtsauffassung und Gabriel Devilles über das „Kapital" von Marx vertraut, die vor einem Arbeiterauditorium in Paris gehalten wurden; er schätzt diese Vorlesungen positiv ein.

22. Mai	Engels beendet die Arbeit an den ersten acht Kapiteln seiner Schrift „Der Ursprung der Familie, des Privateigentums und des Staats" und schickt das Manuskript zur Herausgabe nach Zürich; in einem Begleitbrief betont er, daß eine legale Veröffentlichung seiner Arbeit in Deutschland nicht möglich sei.
Vor dem 23. Mai	Engels wird von Paul Singer, einem führenden Vertreter der deutschen sozialdemokratischen Partei, aufgesucht; in ihrer Unterredung empfiehlt Engels den deutschen Sozialdemokraten, bei den bevorstehenden Reichstagswahlen im Oktober eine geschickte Taktik anzuwenden und vorübergehende Vereinbarungen mit anderen Oppositionsparteien nicht abzulehnen, falls diese nicht an prinzipielle Zugeständnisse gebunden sind und dazu beitragen können, die Zahl der sozialdemokratischen Abgeordneten zu erhöhen.
26. Mai	Engels schließt die Arbeit an seiner Schrift „Der Ursprung der Familie, des Privateigentums und des Staats" ab.
29. Mai bis 4. Juni	Engels weilt zu Gast bei dem deutschen demokratischen Publizisten und aktiven Teilnehmer des Badener Aufstandes von 1849 Sigismund Borkheim in Hastings (an der Südküste Englands).
Juni	Engels befaßt sich mit der Vorbereitung einer neuen Ausgabe von Marx' „Lohnarbeit und Kapital", sieht den Text durch und schreibt eine kurze Vorbemerkung. Die Broschüre erscheint im Oktober in Zürich.
5. bis 6. Juni	Im Zusammenhang mit der zunehmenden Aktivität von Wilhelm Blos, Bruno Geiser u. a. in der deutschen sozialdemokratischen Partei, insbesondere in der Reichstagsfraktion, plädiert Engels in Briefen an Bebel und andere führende Parteifunktionäre für einen unversöhnlichen Kampf gegen die opportunistischen Kräfte und vor allem für einen entschiedenen Widerstand gegen deren Angriffe auf das Parteiorgan „Sozialdemokrat". Er empfiehlt der Parteiführung trotz des drohenden Bruchs die Spaltung der Partei, diese jedoch nach Möglichkeit hinauszuzögern und eine Isolierung der Opportunisten anzustreben.
Zwischen dem 21. und 26. Juni	Engels liest Karl Kautskys Manuskript eines kritischen Aufsatzes „Das ‚Kapital' von Rodbertus" und teilt ihm seine Bemerkungen mit, wobei er ganz besonders empfiehlt, die Ähnlichkeit der ökonomischen Ansichten des preußischen Nationalökonomen Rodbertus mit den Anschauungen des französischen Anarchisten Proudhon hervorzuheben.
16. Juli	Engels wird von dem russischen revolutionären Volkstümler S. M. Krawtschinski (Pseudonym Stepniak) besucht.
Ende Juli bis 3. Oktober	Engels arbeitet an der Korrektur seiner Schrift „Der Ursprung der Familie, des Privateigentums und des Staats".
Zwischen dem 6. und 11. August	Auf Bitten Lafargues liest Engels das soeben in Paris erschienene Buch des französischen bürgerlichen Nationalökonomen P. Leroy-Beaulieu „Le Collectivisme, examen critique du nouveau socialisme", in dem der Versuch gemacht wird, die ökonomische Lehre von Marx zu „widerlegen"; er befaßt sich mit dem Manuskript eines Aufsatzes von Lafargue, in dem dieser sich mit dem Buch Leroy-Beaulieus kritisch auseinandersetzt, und schickt Lafargue seine Bemerkungen zu diesem Aufsatz. Nach Änderungen, die Lafargue auf Anraten von Engels vorgenommen hat, wird der Aufsatz im „Journal des économistes" 1884 veröffentlicht.

Anfang August	Engels wird von Johann Philipp Becker brieflich über die Lage der Arbeiterbewegung in der Schweiz und den schwindenden Einfluß der Schweizer Anarchisten informiert.
Etwa 5. August bis 1. September	Engels weilt zur Erholung in Worthing an der Südküste Englands.
Zwischen 13. und 20. August	Engels gestattet der Vertreterin der polnischen sozialdemokratischen Emigrantengruppe Klassenkampf (Genf), Maria Jankowska-Mendelson (S. Leonowitsch), den „Ursprung der Familie, des Privateigentums und des Staats" ins Polnische zu übersetzen.
September	Engels liest einige Nummern der deutschen sozialdemokratischen Zeitschrift „Die Neue Welt" und kritisiert gegenüber Bernstein das Niveau und die Fehler der darin veröffentlichten Artikel von Bruno Geiser und Wilhelm Blos. In der „Neuen Zeit" erscheint der redaktionelle Artikel „Ein neues Buch von Friedrich Engels", der sich mit dem im Druck befindlichen Werk „Der Ursprung der Familie, des Privateigentums und des Staats" befaßt; der Artikel bringt Auszüge aus dem Vorwort zu diesem Buch.
Erste Hälfte September	Engels liest das Buch des US-amerikanischen Sozialreformers Laurence Gronlund „The cooperative commonwealth in its outlines: an exposition of modern socialism" und äußert sich sehr kritisch darüber.
Zwischen 18. und 20. September	Engels befaßt sich mit dem Manuskript des Artikels „K. Kautsky und Rodbertus", geschrieben von dem deutschen Sozialdemokraten Karl Schramm; in diesem Artikel wird der Versuch gemacht, Rodbertus, den Verkünder der „sozialen Mission" des preußischen Staates, gegen die Kritik zu verteidigen. Engels befaßt sich auch mit dem Manuskript des als Antwort an Schramm geschriebenen Artikels von Kautsky, macht dazu kritische Bemerkungen.
Oktober	In Anbetracht der bevorstehenden Reichstagswahlen verfolgt Engels aufmerksam die innenpolitische Lage und die Wahlvorbereitungen der sozialdemokratischen Partei, wobei er in ständigem Kontakt bleibt mit deren Führern Bebel, Liebknecht und anderen; in seinen Briefen an diese betont er, daß ein Erfolg der Sozialdemokratie bei den Wahlen große Bedeutung für die gesamte internationale Arbeiterbewegung haben würde; es sei abzusehen, daß zur künftigen Reichstagsfraktion Opportunisten gehören werden; eine Spaltung der Partei sei deshalb weiterhin absehbar, sollte aber nicht provoziert werden.
2. Oktober	In Verbindung mit der Kampagne zur Vorbereitung der Reichstagswahlen bringt der „Sozialdemokrat" einen Auszug aus Engels' Schrift „Der Ursprung der Familie, des Privateigentums und des Staats", in dem erklärt wird, daß das Proletariat das allgemeine Wahlrecht benutzen muß, um den revolutionären Kampf zu entfalten.
Anfang Oktober	Am 30. September wird „Der Ursprung der Familie, des Privateigentums und des Staats" von Friedrich Engels gedruckt und am 2. Oktober vom „Sozialdemokrat" als „soeben erschienen" angekündigt.
11. bis 14. Oktober	Engels schickt Exemplare seiner Schrift „Der Ursprung der Familie, des Privateigentums und des Staats" an August Bebel, Johann Philipp Becker, Lawrow und andere Vertreter der sozialistischen Bewegung.

15. Oktober	In einem Brief an Johann Philipp Becker spricht Engels mit Hochachtung von Bebel: „Er ist der klarste Kopf in der ganzen deutschen Partei und dabei durch und durch zuverlässig und nicht zu beirren."
22. Oktober	Engels beendet das Vorwort zur ersten deutschen Ausgabe des „Elends der Philosophie" von Marx, das er zwischen dem 21. und 22. Oktober schrieb; in diesem Vorwort kritisiert er die Ansichten Rodbertus' scharf und widerlegt die Verleumdungen, wonach Rodbertus die wesentlichen Entdeckungen von Marx auf dem Gebiet der politischen Ökonomie angeblich bereits vor Marx gemacht habe. Das Vorwort wird unter dem Titel „Marx und Rodbertus" im Januar 1885 in der „Neuen Zeit" veröffentlicht; die erste deutsche Ausgabe des „Elends der Philosophie" mit diesem Vorwort erscheint im Januar 1885 in Stuttgart.
28. bis 29. Oktober	Engels unterrichtet eine Reihe von Vertretern der englischen und französischen sozialistischen Bewegung von den Erfolgen der deutschen Sozialdemokraten bei den soeben stattgefundenen Reichstagswahlen; in einem Brief an Bebel gibt er seiner Überzeugung Ausdruck, daß dieses Ereignis den Anstoß zu einem neuen Aufschwung der Arbeiterbewegung in Frankreich, England, den USA und anderen Ländern geben wird.
Etwa 30. Oktober bis 30. Dezember	Engels führt wegen der Übersetzung seines Buches „Der Ursprung der Familie, des Privateigentums und des Staats" ins Italienische einen Briefwechsel mit Martignetti, der ihm mitteilt, daß über den Druck des Buches in Italien eine Vereinbarung erreicht worden sei.
8. bis 18. November	Engels befaßt sich weiterhin mit der Auswertung der Ergebnisse der Reichstagswahlen. In seinen Briefen an Bebel und andere Funktionäre der deutschen sozialdemokratischen Partei betrachtet er den Wahlerfolg der Partei als einen Beweis dafür, daß sie es ungeachtet des Sozialistengesetzes verstanden hat, ihre Stellung unter den Arbeitern bedeutend zu festigen und in eine Reihe neuer Kreise einzudringen; Engels empfiehlt, die Politik der Regierung als diejenige der herrschenden Klassen zu entlarven und systematisch Gesetzesvorschläge im Interesse der Arbeiterklasse einzubringen. Da der neugewählten sozialdemokratischen Fraktion auch opportunistische Kräfte angehören, warnt Engels Bebel vor der Gefahr, Zugeständnisse an die herrschenden Klassen machen zu müssen.
12. November	Engels beginnt mit der endgültigen Redaktion des dritten Abschnitts des zweiten Bandes des „Kapitals", der eine Analyse der Reproduktion und Zirkulation des gesellschaftlichen Gesamtkapitals enthält.
Ende November bis Dezember	Engels unterstützt Teile der Sozialdemokratischen Föderation gegen ihre Führung um Hyndman und kommt aus diesem Anlaß wiederholt mit Marx' Tochter Eleanor, mit Aveling, Bax, dem englischen sozialistischen Dichter William Morris und dem sozialistischen Arbeiter John Lincoln Mahon zusammen; er befürwortet, daß Ende Dezember – aus Protest gegen die Politik Hyndmans und seiner Anhänger – die meisten Mitglieder unter der Führung von Aveling, Bax, Morris u. a. aus der Föderation austreten und eine neue Organisation – die Sozialistische Liga – gründen.

11. bis 30. Dezember In Gesprächen mit Singer und in Briefen an Bebel und Liebknecht diskutiert Engels den Beschluß der opportunistischen Mehrheit der sozialdemokratischen Reichstagsfraktion, nicht gegen den Regierungsantrag auf Gewährung von Subsidien für private Schiffahrtsgesellschaften zu stimmen; in dieser Haltung sieht Engels eine faktische Unterstützung der Kolonialpolitik der herrschenden Klassen Deutschlands.
Engels schlägt der Fraktion folgende Taktik vor: an die Zustimmung zu diesem Projekt solche Bedingungen zu knüpfen, die für die Regierung völlig unannehmbar sind; für eine solche Bedingung hält er insbesondere die Vorlage eines Gesetzentwurfs über die Verpachtung von Domänen an Genossenschaften von Ackerbauarbeitern und deren finanzielle Unterstützung durch den Staat.

Ende 1884 Engels arbeitet an der von ihm geplanten Neuausgabe seines Buches „Der deutsche Bauernkrieg"; er beabsichtigt, den Bauernkrieg von 1525 als Angelpunkt der ersten bürgerlichen Revolution in Deutschland und Wendepunkt in der Geschichte des Landes darzustellen; er skizziert einen fragmentarisch gebliebenen Entwurf zu der von ihm geplanten neuen Einleitung des Buches und schreibt einen Teil dieser Einleitung, die gleichfalls unvollendet bleibt. Andere unaufschiebbare Arbeiten zwingen Engels, diese Arbeit zu unterbrechen.

1885

Januar bis 4. Februar Engels redigiert einen Teil der englischen Übersetzung seiner Schrift „Die Lage der arbeitenden Klasse in England", die von der US-amerikanischen Sozialistin Florence Kelley-Wischnewetzki für die Herausgabe dieses Buches in den USA angefertigt worden ist.

Januar Engels bereitet die zweite deutsche Auflage seines „Anti-Dühring" zum Druck vor.

25. Januar Engels schreibt den Artikel „Kaiserlich Russische Wirkliche Geheime Dynamiträte", worin er die Intrigen der zaristischen Regierung entlarvt, die von den herrschenden Kreisen Englands die Auslieferung der russischen politischen Emigranten zu erreichen versucht; der Artikel wird am 29. Januar im „Sozialdemokrat" veröffentlicht. Daßelbe Thema behandelt Engels in einem Brief an Paul Lafargue; Auszüge aus diesem Brief werden am 31. Januar in dem von Guesde geschriebenen Leitartikel der französischen Zeitung „Le cri du peuple" zitiert.

Februar bis Anfang Juni Engels arbeitet an der Korrektur des zweiten Bandes des „Kapitals".

4. Februar Engels kritisiert in einem Brief an Liebknecht dessen versöhnlerische Haltung gegenüber rechten Sozialdemokraten und beschwört eine Spaltung der Partei herauf, wenn der „Name von Marx" weiterhin unterdrückt werde.

Mitte Februar Engels schreibt im Zusammenhang mit dem von ihm geplanten Vorwort zur US-amerikanischen Ausgabe seiner Schrift „Die Lage der arbeitenden Klasse in England" den Artikel „England 1845 und 1885", in dem er die Veränderungen charakterisiert, die in der Wirtschaft des Landes und im englischen Proletariat in diesen vierzig Jahren vor sich gegangen sind. Der Artikel wird im März im „Commonweal", Nr. 2, und die von Engels angefertigte deutsche Fassung in der „Neuen Zeit", Heft 6, veröffentlicht.

11. Februar Engels antwortet zustimmend auf die Bitte von einem der russischen Übersetzer des ersten Bandes des „Kapitals", des Nationalökonomen und Volkstümlers N. Danielson, ihm für die Übersetzung die Korrekturbögen der deutschen Ausgabe des zweiten Bandes des „Kapitals" zu schicken, um die Herausgabe dieses Bandes in russischer Sprache zu beschleunigen.

23. Februar Engels beendet die Arbeit am letzten Teil des Manuskripts des zweiten Bandes des „Kapitals" und schickt ihn an den Verlag.

Ende Februar Engels beginnt, das Manuskript des dritten Bandes des „Kapitals" für den Druck vorzubereiten; diese Arbeit dauert etwa zehn Jahre.

3. März Im Zusammenhang mit dem im „Sozialdemokrat" veröffentlichten Brief des deutschen Sozialdemokraten C. Varenholz, der versuchte, die wahren Ursachen der Spaltung in der englischen Sozialdemokratischen Föderation zu entstellen und die opportunistische und sektiererische Linie Hyndmans zu bemänteln, empfiehlt Engels Aveling, auf Varenholz' Brief zu antworten; er selbst hilft ihm bei der Abfassung der Antwort, die im „Sozialdemokrat" Nr. 13 vom 26. März veröffentlicht wird.

April bis Juni Engels redigiert die von Martignetti angefertigte italienische Übersetzung seines Buches „Der Ursprung der Familie, des Privateigentums und des Staats".

Engels verfolgt empört das Verhalten des rechten Flügels der sozialdemokratischen Reichstagsfraktion, der gegen die im „Sozialdemokrat" geübte Kritik an seiner Haltung hinsichtlich der Subsidien für die Schiffahrtsgesellschaften protestierte und versuchte, sich die Redaktion dieses Organs gefügig zu machen. In Briefen an die Führer der deutschen Sozialdemokratie und in persönlichen Gesprächen mit einigen von ihnen empfiehlt er nachdrücklich, die Unabhängigkeit der Redaktion gegenüber der Fraktion zu wahren.

April Engels liest das Buch „Unsere Meinungsverschiedenheiten" von Plechanow von der Gruppe Befreiung der Arbeit in der Originalsprache. Das Buch wurde ihm von V. I. Sassulitsch geschickt.

23. April Engels gibt in einem Brief an V. I. Sassulitsch seiner tiefen Befriedigung Ausdruck über die wachsende Zahl derjenigen, „die sich offen und ohne Umschweife zu den großen ökonomischen und historischen Theorien von Marx" bekennen, und bezeichnet diese Tatsache als einen Riesenfortschritt, der für die weitere Entwicklung der revolutionären Bewegung große Bedeutung haben werde.

Mai bis November Engels arbeitet an der Korrektur der zweiten deutschen Auflage seines „Anti-Dühring".

5. Mai Engels beendet die Arbeit am Vorwort zum zweiten Band des „Kapitals" und datiert es „an Marx' Geburtstag, 5. Mai 1885". In diesem Vorwort weist er die Verleumdungen der bürgerlichen deutschen Kathedersozialisten zurück, die Marx des Plagiats an Rodbertus beschuldigten, und zeigt die wissenschaftliche Haltlosigkeit der Ansichten Rodbertus' auf.

15. Mai	In einem ermunternden Brief an Bernstein, Redakteur des „Sozialdemokrat“, empfiehlt Engels, die ganze Aufmerksamkeit auf die Stärkung der eigenen Position zu lenken. Hintergrund sind die Konflikte mit der Reichstagsfraktion, insbesondere der Teile, die trotz Kritik die Politik der Regierung billigten.
Ende Mai bis Juni	Engels arbeitet an der Korrektur der dritten deutschen Auflage von Marx' Schrift „Der achtzehnte Brumaire des Louis Bonaparte“; diese Auflage erscheint 1885 mit einer von Engels dafür geschriebenen Vorrede.
13. und 20. Juni	Kautsky berichtet Bernstein in Briefen, daß Engels verspricht, für die „Neue Zeit“ einen Artikel über die Philosophie Feuerbachs zu schreiben. Anlaß ist eine Bitte der Redaktion, das Feuerbach-Buch von Starcke kritisch zu besprechen; aus diesem Versprechen wird später die Schrift „Ludwig Feuerbach und der Ausgang der klassischen deutschen Philosophie“.
16. Juni	Engels teilt Hermann Schlüter, dem Leiter des deutschen sozialdemokratischen Verlages in Zürich, sein Einverständnis mit zur Herausgabe der Arbeiten von Marx und anderer Materialien, die die Prozesse gegen die „Neue Rheinische Zeitung“, den Ausschuß der rheinischen Demokraten 1849 sowie den 1852 stattgefundenen Kommunisten-Prozeß zu Köln betreffen. Diese Arbeiten und Materialien sollten in einzelnen Broschüren herausgegeben werden, zu denen Engels Vorworte zu schreiben verspricht.
Juli bis wahrscheinlich Ende 1886	Engels redigiert die französische Übersetzung von Marx' Schrift „Der achtzehnte Brumaire des Louis Bonaparte“, die der französische Sozialist Edouard Fortin besorgt hatte, und korrespondiert mit diesem über die Möglichkeit der Veröffentlichung dieser Übersetzung in der französischen sozialistischen Zeitung „Le Socialiste“; diese Veröffentlichung wie auch der Druck einer französischen Einzelausgabe dieser Schrift erfolgten erst 1891.
Zwischen Ende Juni und 1. Juli	Engels schreibt das Vorwort zu der Broschüre „Karl Marx vor den Kölner Geschwornen“, die die Reden von Marx und anderen Angeklagten in dem Prozeß gegen den Ausschuß der rheinischen Demokraten 1849 enthält; das Vorwort wird vollständig in der Broschüre, die Anfang Oktober in Zürich erscheint, und gekürzt im „Sozialdemokrat“ vom 15. Oktober veröffentlicht.
Anfang Juli (aber nicht nach dem 24.)	Der zweite Band des „Kapitals“ erscheint. Engels konnte bereits vorab, ab dem 11. Juli, Freiexemplare verschicken.
Zweite Hälfte Juli	Engels beendet die Entzifferung des Manuskripts des dritten Bandes des „Kapitals“.
14. August bis 14. September	Engels weilt zur Erholung auf der Insel Jersey; er liest die Korrektur der zweiten Auflage seines „Anti-Dühring“.
Etwa 21. August	Engels erhält von Danielson die Nachricht, daß die Übersetzung des zweiten Bandes des „Kapitals“ ins Russische abgeschlossen ist, daß jedoch der Zensur wegen im Text seines Vorworts einige Kürzungen vorgenommen werden mußten.

25. August	Engels wendet sich auf Anraten Danielsons an die Redaktion des „Sewerny Westnik“ und stellt ihr einen bisher noch nicht veröffentlichten Brief von Marx an die Redaktion der „Otetschestwennyje Sapiski“ zur Verfügung. Marx' Brief ist jedoch in dieser Zeitschrift nicht erschienen; er wurde im Oktober 1888 im „Juriditscheski Westnik“ veröffentlicht.
Mitte bis 23. September	Engels beendet die Arbeit am Vorwort zur zweiten deutschen Auflage seines „Anti-Dühring“, in dem er die Notwendigkeit unterstreicht, die dialektisch-materialistische Methode in der Naturwissenschaft anzuwenden, und feststellt, daß die jüngsten Erfolge der Naturwissenschaften diese Notwendigkeit bestätigen.
Ende September	Engels beendet die Arbeit am Abriß zur Geschichte des Bundes der Kommunisten, der als Einführung zur dritten deutschen Ausgabe von Marx' Pamphlet „Enthüllungen über den Kommunisten-Prozeß zu Köln“ bestimmt ist. Der Abriß erscheint unter dem Titel „Zur Geschichte des Bundes der Kommunisten“ im „Sozialdemokrat“ vom 12., 19. und 26. November sowie in der dritten Ausgabe der Broschüre, die ab Januar 1886 im Buchhandel erhältlich ist.
Oktober	Engels schreibt den Artikel „Wie man Marx nicht übersetzen soll“, der im November in der Zeitschrift „The Commonweal“ erscheint. Darin kritisiert er die in der englischen sozialistischen Zeitschrift „To-day“ vom Oktober 1885 veröffentlichte Übersetzung eines Teiles des ersten Kapitels des ersten Bandes des „Kapitals“; die Übersetzung war von Hyndman (Pseudonym: John Broadhouse) besorgt worden.
8. und 12. Oktober	Engels analysiert in Briefen an den Redakteur des „Sozialdemokrat“ und an Lafargue die politische Lage in Frankreich nach dem ersten Wahlgang zur Deputiertenkammer am 4. Oktober, in dessen Verlauf die an der Macht befindliche Partei der gemäßigten Republikaner eine erhebliche Niederlage erlitt. Engels bemerkt, daß die Wahlergebnisse wahrscheinlich die Partei der Radikalen an die Macht bringen werden, was eine günstige Situation für das Wirken der Sozialisten schaffen wird. Auszüge aus dem ersten Brief werden ohne Nennung des Verfassers am 15. Oktober im Leitartikel des „Sozialdemokrat“ und ein Teil des zweiten unter der Überschrift „Die Situation“ am 17. Oktober in „Le Socialiste“ veröffentlicht.
Zwischen dem 10. Oktober und 24. November	Engels verfaßt die Abhandlung „Zur Geschichte der preußischen Bauern“, in der er einen kurzen historischen Abriß der Lage der Bauern in Preußen vom Mittelalter bis zu den sechziger Jahren des 19. Jahrhunderts gibt. Diese Abhandlung bildet den zweiten Abschnitt der Einleitung zu der von ihm veranlaßten Einzelausgabe von Wilhelm Wolffs Artikelserie „Die schlesische Milliarde“; die Broschüre mit der Einleitung von Engels erscheint im April 1886 in Zürich.
8. Oktober bis spätestens Ende Oktober	Im Zusammenhang mit der im August in „Le Socialiste“ begonnenen Veröffentlichung des von Laura Lafargue ins Französische übersetzten „Manifests der Kommunistischen Partei“ schlägt Engels Laura Lafargue vor, einige Änderungen vorzunehmen.

Zweite Hälfte Oktober bis Dezember	Engels studiert im Zusammenhang mit der Verschärfung der internationalen Lage in Europa, die durch den Krieg zwischen Serbien und Bulgarien und die wachsenden Widersprüche zwischen den europäischen Großmächten in der bulgarischen Frage hervorgerufen wurde, die ökonomische und finanzielle Lage Rußlands. Er kommt zu dem Schluß, daß Bismarck, der die Aufnahme von Anleihen der zaristischen Regierung bei den deutschen Bankiers fördert, eine provokatorische Rolle hinsichtlich der Entstehung eines militärischen Konflikts auf dem Balkan spielt und gleichzeitig bestrebt ist, den Zarismus bei der Unterdrückung der revolutionären Bewegung zu unterstützen. Einiges Material zu dieser Frage schickt er Liebknecht, der es in seiner Reichstagsrede benutzt.
21. Oktober	Engels schreibt an die Redaktion des „Socialiste" und präzisiert einige Ausführungen des in dieser Zeitung am 17. Oktober unter der Überschrift „Die Situation" gebrachten Auszugs aus seinem Brief an Lafargue. Der Brief wird unter der Überschrift „An das Redaktionskollegium des ‚Socialiste'" am 31. Oktober in dieser Zeitung veröffentlicht.
28. Oktober	In einem Brief an Bebel, in dem Engels die ökonomische Lage und den Stand der Arbeiterbewegung in England analysiert, bemerkt er, daß die alten Trade-Unions, welche die qualifizierten Arbeiter vereinen, im Grunde eine reaktionäre Rolle spielen; gleichzeitig kritisiert er die Leitung der Sozialdemokratischen Föderation wegen ihrer sektiererischen Haltung und ihrer Losgelöstheit von den Arbeitermassen. Hinsichtlich der Lage in Frankreich weist Engels auf die mangelnde theoretische Reife der französischen Sozialisten hin; er gibt der Überzeugung Ausdruck, daß die französischen Arbeiter sich in dem Maße der sozialistischen Bewegung anschließen werden, wie die bürgerlichen Parteien ihre Unzulänglichkeit offenbaren.
28. Oktober bis 2. Dezember	Engels liest das Buch des bürgerlichen deutschen Publizisten Georg Adler „Die Geschichte der ersten sozialpolitischen Arbeiterbewegung in Deutschland"; er macht im Buch selbst kritische Randbemerkungen und gibt Kautsky eine Reihe von Hinweisen für dessen kritische Rezension dieses Buches; Engels sieht die Geschichte des Bundes der Kommunisten in diesem Buch verfälscht und die Tätigkeit von Marx entstellt dargestellt. Die nach Engels' Ratschlägen geschriebene Rezension wird im Februar 1886 in der „Neuen Zeit" veröffentlicht.
13. November	Engels dankt Danielson brieflich für die ihm übersandten Auszüge aus Briefen von Marx; er teilt Danielson seine Absicht mit, gesammelte Briefe von Marx herauszugeben.
14. November	Auf Bitten Lafargues, der eine kurze biographische Aufzeichnung über Engels für „Le Socialiste" vorbereitet, teilt Engels ihm einige Einzelheiten über den Maiaufstand von 1849 in West- und Süddeutschland mit. Der auf der Grundlage dieser Angaben geschriebene Aufsatz wird am 21. November im „Socialiste" als zweiter Abschnitt einer Biographie von Engels unter der Überschrift „Der Maiaufstand von 1849" – ohne Unterschrift – veröffentlicht.

17. November Engels analysiert in einem Brief an Bebel die internationale Lage in Europa und stellt fest, daß die Entfesselung eines europäischen Kriegs drohe; er erinnert an die Pflicht der Sozialisten, gegen die militaristischen Pläne der herrschenden Klassen zu kämpfen, und weist darauf hin, daß ein Krieg, falls es jenen Kräften doch gelingen sollte, ihn zu entfesseln, den Zusammenbruch der kapitalistischen Ordnung beschleunigen würde.

26. November In einem Brief an die Schriftstellerin Minna Kautsky stellt Engels heraus, daß sozialistische Literatur, die sich an bürgerliche Kreise richtet, „durch treue Schilderung der wirklichen Verhältnisse die darüber herrschenden konventionellen Illusionen zerreißt, den Optimismus der bürgerlichen Welt erschüttert, den Zweifel an der ewigen Gültigkeit des Bestehenden unvermeidlich macht, auch ohne direkt eine Lösung zu bieten".

Etwa 2. Dezember In Zürich erscheint die zweite Auflage des „Anti-Dühring" von Engels.

7. Dezember In einem Brief teilt Engels dem Redakteur des „Sozialdemokrat" mit, daß Hyndman insgeheim Gelder von der Konservativen Partei erhalten habe, um sie in der Wahlkampagne im November für die Parlamentswahlen zu verwenden; diese Tatsache sei bekannt geworden und habe unter den Führern der örtlichen Organisationen der englischen Sozialdemokratischen Föderation Empörung hervorgerufen. Engels betont in seinem Brief, daß eine solche Handlung Hyndmans unzulässig sei. Engels' Brief und das von ihm zu dieser Frage übersandte Material werden von der Redaktion in einer am 17. Dezember im „Sozialdemokrat" gebrachten Notiz benutzt. Dieselben Mitteilungen macht Engels auch in einem Brief an Lafargue.

1886

Januar Engels erhält von Danielson Bemerkungen über die ökonomische Lage Rußlands.

Auf Bitten Liebknechts gibt ihm Engels einige Ratschläge für seine publizistische Tätigkeit und seine Reden im Reichstag.

Zwischen 7. Januar und 25. Februar Engels redigiert die englische Übersetzung seines Buches „Die Lage der arbeitenden Klasse in England" für die US-amerikanische Ausgabe und schreibt zu dieser Ausgabe eine Abhandlung, in der er eine allgemeine Charakteristik der Lage des Proletariats in England und in den USA gibt und in die er seinen Artikel „England 1845 und 1885" vollständig einbezieht. Diese Abhandlung, ursprünglich als Vor- oder Nachwort gedacht, erscheint schließlich als Anhang zur US-amerikanischen Ausgabe der „Lage der arbeitenden Klasse …", die im Mai 1887 in New York herauskommt.

Nicht nach dem 20. Januar Engels liest Schramms Broschüre „Rodbertus, Marx, Lassalle" und teilt seine kritischen Bemerkungen zu dieser Broschüre dem Redakteur des „Sozialdemokrat" mit; die Bemerkungen werden in einer Serie gegen staatssozialistische Positionen unter der Überschrift „Ein moralischer Kritiker und seine kritische Moral" benutzt, die im „Sozialdemokrat" vom 21. und 28. Januar sowie vom 5. und 12. Februar veröffentlicht wird.

20. bis 23. Januar Engels weist darauf hin, daß der Vorschlag der Schaffung von Produktivgenossenschaften unter Staatsleitung zielführend sei – der Staat bleibe so Eigentümer des Bodens. Dies könne nur durch die Sozialdemokratie verwirklicht werden. Er und Marx hätten nie daran gezweifelt, daß „beim Übergang in die volle kommunistische Wirtschaft" der „genossenschaftliche Betrieb als Mittelstufc in ausgcdchntcm Maß" zur Anwendung kommen muss. In diesem Brief rät er Bebel, Liebknecht auf der Agitationsreise durch die USA zu begleiten, die von der sozialdemokratischen Partei Deutschlands organisiert wird; Engels hält diese Reise für eines der Mittel zur Festigung der internationalen proletarischen Beziehungen und zur Verbreitung der sozialistischen Ideen.

Ende Januar Engels erhält von Moore und Aveling den vollständigen Text des Manuskripts der von ihnen besorgten Übersetzung des ersten Bandes des „Kapitals".
Von Danielson trifft die soeben erschienene russische Ausgabe des zweiten Bandes des „Kapitals" bei Engels ein.

4. Februar Engels übermittelt dem holländischen Sozialisten Ferdinand Domela Nieuwenhuis sein positives Gutachten über dessen Buch zu Fragen der Regierung seines Landes; hierbei stellt er fest, daß das Fehlen eines bürokratischen Verwaltungsapparats eine Besonderheit in der historischen Entwicklung Hollands ist. In diesem Brief gibt Engels Nieuwenhuis auch einige Erläuterungen zur Übersetzung des Buches „Die Entwicklung des Sozialismus von der Utopie zur Wissenschaft" in die holländische Sprache.

Zwischen dem 8. und 15. Februar Anläßlich von Krawallen am 8. Februar in London während eines Meetings der Arbeitslosen, das unter Teilnahme der Sozialdemokratischen Föderation durchgeführt wurde, kritisiert Engels in seinen Briefen an Sorge, Bebel und andere, daß die Führer der Föderation, insbesondere Hyndman, die Vorfälle dafür nutzten, von der eigenen Niederlage abzulenken, und damit der Bewegung insgesamt schaden.

Mitte Februar Unter Hinweis auf die große Bedeutung des neuen Aufschwungs der Arbeiterbewegung in Frankreich, dessen Gradmesser der Bergarbeiterstreik in Decazeville ist, begrüßt Engels das Auftreten der drei französischen Arbeiterdeputierten Emile Basly, Louis-Zéphyrin Camélinat und Antide Boyer in der Deputiertenkammer, die sich energisch für die Streikenden einsetzten, mit der Fraktion der bürgerlichen Radikalen brachen und faktisch den Grundstein legten für eine selbständige Arbeiterfraktion in der Deputiertenkammer. Engels betrachtet dieses Ereignis als einen beachtenswerten Erfolg der revolutionären Sozialisten und auch als ein Zeichen dafür, daß die französischen Arbeiter begonnen haben, sich vom Einfluß der Radikalen zu befreien.

25. Februar bis 5. August Engels redigiert das Manuskript der englischen Übersetzung des ersten Bandes des „Kapitals", wobei er sich besonders auf die schriftlichen Hinweise von Marx stützt, die dieser 1877, beim ersten in den USA unternommenen Versuch einer solchen Übersetzung, gemacht hatte.

Mitte März	In Briefen an Lafargue rät Engels den französischen Marxisten, ihren Kampf für den Zusammenschluß der revolutionären Kräfte fortzusetzen. Er begrüßt das Verhalten der Arbeiterdeputierten, denen es gelungen ist, durch ihr entschiedenes Eintreten für die streikenden Bergarbeiter von Decazeville die Deputiertenkammer zur Annahme einer Resolution zu zwingen, worin die Regierung aufgefordert wird, die Interessen der Arbeiter zu berücksichtigen. Engels, der diese Tatsache als einen großen Sieg der Arbeiterbewegung betrachtet, schickt die Texte der Reden der Deputierten an Bebel.
15. März	Engels schreibt an die französischen Sozialisten einen Brief, in dem er anläßlich des 15. Jahrestags der Pariser Kommune seine Solidarität mit ihnen zum Ausdruck bringt. Der Brief wird im „Socialiste" vom 27. März veröffentlicht.
Ende März	Engels dankt V. I. Sassulitsch für die Übersendung der in ihrer Übersetzung ins Russische erschienenen Ausgabe von Marx' Schrift „Das Elend der Philosophie".
April bis Juli	Engels ist krank.
April bis Mai	In der „Neuen Zeit" erscheint Engels' Schrift „Ludwig Feuerbach und der Ausgang der klassischen deutschen Philosophie".
Erste Hälfte April	Da Bismarck in seiner Reichstagsrede am 31. März versucht hat, Ferdinand Blind, der 1866 ein Attentat auf ihn verübt hatte, als einen „Zögling" von Marx hinzustellen, unterstützt Engels Laura Lafargue und Eleanor Marx-Aveling dabei, öffentlich auf die Anschuldigungen zu reagieren. Die Erklärung „Für Bismarck", am 14. April geschrieben, wird im „Sozialdemokrat" vom 15. April und im „Socialiste" vom 24. April veröffentlicht.
Anfang April	Engels, der sich über den Verlauf der Debatte im Reichstag über die Verlängerung des Sozialistengesetzes informiert hat, begrüßt die Reden Bebels und Liebknechts, in denen diese der Regierung und den reaktionären Abgeordneten eine gebührende Abfuhr erteilt haben. Er stellt fest, daß der Kampf der Arbeiterklasse anderer Länder, insbesondere der Streik der französischen Bergarbeiter in Decazeville und das Auftreten der Arbeiterdeputierten in der französischen Kammer, einen Einfluß auf die Tätigkeit der deutschen Sozialdemokratie ausübt.
Mitte April	Engels empfängt den Korrespondenten einer Zeitung der Demokratischen Partei in St. Louis (USA), McEnnis, und unterhält sich mit ihm über Fragen der Arbeitsgesetzgebung; da in einer von der Zeitung „Missouri Republican" Anfang Juli veröffentlichten Notiz über diese Unterhaltung Äußerungen von Engels verzerrt wiedergegeben werden, läßt Engels eine Erklärung, in der er dagegen protestiert, in der sozialistischen „New Yorker Volkszeitung" vom 8. Juli veröffentlichen.
Ende April bis September	Engels verfolgt aufmerksam den verstärkten Kampf für den achtstündigen Arbeitstag in den USA – die Arbeitsniederlegung am 1. Mai, die Demonstrationen und Arbeitermeetings in Chicago, Philadelphia, Boston, New York und anderen Städten; in Briefen an Sorge, Bebel und andere Sozialisten unterstreicht er die große internationale Bedeutung dieses Auftretens des Proletariats in den USA; Engels stellt fest, daß die Mängel und Schwächen der US-amerikanischen Arbeiterbewegung im Anfangsstadium der Bewegung unvermeidlich sind und im Verlaufe des weiteren Kampfes überwunden werden.

29. April und 12. Mai In Briefen an Sorge und Liebknecht weist Engels, den Stand der Arbeiterbewegung in England charakterisierend, nach, daß es die von der Sozialdemokratischen Föderation abgespaltene Sozialistische Liga nicht verstanden hat, sich zu einer Massenpartei der Arbeiter zu entwickeln.

Anfang Mai Engels schätzt die Tatsache, daß bei den Munizipalwahlen in Paris am 2. Mai der sozialistische Kandidat eine bedeutende Anzahl Stimmen erhielt, in seinen Briefen an Lafargue und Liebknecht als einen bedeutsamen Sieg ein, der davon zeugt, daß sich die Arbeiter mehr und mehr vom Einfluß der bürgerlichen Radikalen lösen.
Engels schickt Martignetti die „Neue Zeit" mit seiner Schrift „Ludwig Feuerbach und der Ausgang der klassischen deutschen Philosophie" sowie die mit seiner Einleitung versehene Broschüre „Die schlesische Milliarde" von Wilhelm Wolff.

15. Mai Engels' Artikel über den Feuerüberfall auf die streikenden Arbeiter der Glasfabrik in Lyon wird im „Commonweal" veröffentlicht.

22. Mai Engels verhandelt mit dem Londoner Verlag Swan Sonnenschein, Lowrey & Co. über die Herausgabe der englischen Übersetzung des ersten Bandes des „Kapitals".

Ende Mai bis 3. Juni Engels liest die Korrektur der US-amerikanischen Ausgabe seiner Schrift „Die Lage der arbeitenden Klasse in England".

Etwa 25. Juni bis 7. Juli Engels befindet sich zur Kur in Eastbourne, wo ihn sein Freund, der Chemiker und Sozialdemokrat Carl Schorlemmer besucht.

August bis November Engels arbeitet an der Korrektur der englischen Ausgabe des ersten Bandes des „Kapitals".

7. August bis 4. September Engels weilt zur Erholung in Eastbourne, wo einige Tage Liebknecht sein Gast ist.

Zweite Hälfte August bis Oktober Im Zusammenhang mit der Verschärfung der Widersprüche zwischen den europäischen Großmächten infolge des zunehmenden Wettstreits des zaristischen Rußlands und Österreich-Ungarns auf dem Balkan, des Anwachsens des Revanchismus in Frankreich und der aggressiven Bestrebungen der herrschenden Kreise Deutschlands sowie in Folge der Eroberungspolitik Englands im Nahen und Mittleren Osten studiert Engels aufmerksam die internationale Lage in Europa. Er stellt dabei fest, daß tatsächlich die Gefahr eines gesamteuropäischen Krieges besteht, und schlußfolgert daraus, daß ein solcher Krieg, der ein Anwachsen des Chauvinismus und des Nationalismus mit sich bringt, der internationalen Arbeiterbewegung einen schweren Schlag versetzen, aber gleichzeitig zum Heranreifen der revolutionären Krise in Frankreich sowie auch in anderen Ländern Europas führen würde.

18. August Engels informiert Bebel brieflich über den Stand der sozialistischen Bewegung in England und bemerkt, daß die Sozialdemokratische Föderation und andere sozialistische Organisationen weiterhin von den Massen isoliert sind, und die Sozialistische Liga eine innere Krise durchmacht. Engels betont weiter, daß sich in Frankreich und den USA Marx' These bewährt, „daß die demokratische Republik heute weiter nichts ist als der Kampfplatz, worauf die entscheidende Schlacht zwischen Bourgeoisie und Proletariat geschlagen wird".

	Im Zusammenhang mit den vom Landgericht Freiberg i. Sa. über Bebel und eine Reihe anderer aktiver Funktionäre der deutschen Sozialdemokratie verhängten Gefängnisstrafen – als Anlaß diente ihre Teilnahme am Kongreß in Kopenhagen und die Verbreitung des verbotenen „Sozialdemokrat“ – äußert Engels, daß dieses Urteil neben anderen polizeilichen Repressalien ein Ausdruck der Wut der „regierenden Clique“ über den völligen Mißerfolg aller bisherigen Maßnahmen gegen die deutsche Sozialdemokratie ist.
20. August	Engels gibt Hermann Schlüter seine Zustimmung zur Neuauflage seiner Artikelserie „Zur Wohnungsfrage“ und empfiehlt, auch die Broschüre des im Dezember 1885 verstorbenen Sigismund Borkheim „Zur Erinnerung für die deutschen Mordspatrioten. 1806–1807“ neu herauszugeben; für letztere verspricht er, als Einleitung eine Biographie Borkheims zu schreiben.
29. August	Engels fährt für einen Tag von Eastbourne nach London, um Wilhelm Liebknecht abzuholen, der sich auf dem Weg zu seiner Agitationsreise in die USA befindet. Engels trifft in London auch mit Julian Harney, dem Veteranen der Chartistenbewegung, zusammen.
Zwischen dem 5. und 13. September	Engels wird mehrere Male von den Führern der Sozialistischen Liga, Ernest Belfort Bax und William Morris, besucht, mit denen er sich über die Situation innerhalb der Liga unterhält.
Etwa zwischen dem 5. und 11. September	Engels liest das Manuskript von Kautskys Buch „Karl Marx' ökonomische Lehren“ und macht Bemerkungen dazu.
17. September bis etwa 27. September	Johann Philipp Becker weilt bei Engels zu Gast.
2. Oktober	Die Tatsache, daß das Pariser Geschworenengericht Paul Lafargue und Jules Guesde, die wegen der öffentlichen Entlarvung der Beziehungen zwischen der Regierung und den Großbanken gerichtlich belangt worden waren, freigesprochen hat, bezeichnet Engels in einem Brief an Laura Lafargue als Beweis dafür, daß man politisch die Widersprüche zwischen den verschiedenen Fraktionen der Bourgeoisie ausnützen kann; gleichzeitig warnt er die französischen Sozialisten vor einer Überschätzung dieser Widersprüche und unterstreicht, daß politische Labilität und Schwankungen des Kleinbürgertums unvermeidlich sind.
8. und 9. Oktober	Engels rät Bebel und anderen Funktionären der deutschen Sozialdemokratie, Johann Philipp Becker durch die Partei materiell zu unterstützen, um ihm dadurch die Möglichkeit zu geben, seine Erinnerungen niederzuschreiben, die für die Geschichte der revolutionären Bewegung in Deutschland von großer Bedeutung sind.
23. Oktober	In einem Brief an Bebel begrüßt Engels die Erklärung der sozialdemokratischen Reichstagsfraktion, daß unter den Bedingungen des Polizeiregimes der „Sozialdemokrat“ in Zukunft nicht mehr das offizielle Parteiorgan sein werde. Engels weist darauf hin, daß dieser Schritt nicht nur der Fraktion ihre legale Tätigkeit erleichtern, sondern auch günstigere Umstände für den Kampf der Zeitung gegen den Opportunismus schaffen wird.

25. Oktober Engels verfaßt eine Übersicht über die internationale Lage in Europa. Die Verschärfung der Widersprüche zwischen den Großmächten, insbesondere zwischen Rußland und Österreich-Ungarn, aber auch zwischen Deutschland und Frankreich analysierend, kommt er zu der Schlußfolgerung, daß die Gefahr eines gesamteuropäischen Krieges wächst. Engels betont, daß die herrschenden Klassen dieser Großmächte im Krieg ein Mittel zur Unterdrückung der revolutionären Bewegung und zur Aufrechterhaltung der reaktionären Regierungssysteme sehen, und stellt den Sozialisten die Aufgabe, entschieden gegen diese Kriegsgefahr zu kämpfen. Diese Übersicht, die Engels an Lafargue schickt, wird unwesentlich gekürzt und redaktionell bearbeitet am 6. November im „Socialiste" unter dem Titel „Die politische Lage in Europa" veröffentlicht.

November bis Anfang Dezember Engels arbeitet an dem Artikel „Juristen-Sozialismus", der sich gegen das Buch „Das Recht auf den vollen Arbeitsertrag in geschichtlicher Darstellung" des österreichischen bürgerlichen Juristen Anton Menger richtet. Sein schlechter Gesundheitszustand zwingt Engels jedoch, die Arbeit einzustellen; der von Kautsky beendete Artikel wird im Februar 1887 in der „Neuen Zeit" – ohne Unterschrift – veröffentlicht.

5. November Engels beendet das Vorwort zur englischen Ausgabe des ersten Bandes des „Kapitals".

Zweite Hälfte November Engels verfolgt weiterhin aufmerksam die Lage in der englischen Arbeiterbewegung; in einer Reihe von Briefen äußert er sich über die wachsende Unzufriedenheit unter den Arbeitern, besonders unter den Arbeitslosen. Nach seiner Meinung besitzt die Sozialdemokratische Föderation die Möglichkeit, ihre Autorität unter den Arbeitern zu erhöhen, während die Sozialistische Liga sich mehr und mehr in eine sektiererische Organisation verwandelt, die vom praktischen Kampfe losgelöst ist. Engels betont, daß man zwischen der Führung der Sozialdemokratischen Föderation und ihren Anhängern unterscheiden muß.

Ende November bis Dezember In Briefen an Sorge und andere Sozialisten analysiert Engels neue Tatsachen in der Entwicklung der US-amerikanischen Arbeiterbewegung – das bedeutende Anwachsen der Mitgliederzahl des Ordens „Ritter der Arbeit", die Schaffung der Vereinigten Arbeiterpartei in New York und die Wahlerfolge der Arbeiterkandidaten in einzelnen Staaten. Er hebt hervor, daß unter den Bedingungen des stürmischen Aufschwungs des Kampfes der Arbeiterklasse und angesichts der Tatsache, daß die große Massenorganisation der Arbeiter – der Orden „Ritter der Arbeit" – kein theoretisch begründetes sozialistisches Programm besitzt, die Verbreitung der Theorie des wissenschaftlichen Sozialismus besondere Bedeutung erlangt. Engels übt gleichzeitig scharfe Kritik an der dogmatischen sektiererischen Haltung der fast ausschließlich aus eingewanderten Deutschen bestehenden Sozialistischen Arbeiterpartei Nordamerikas, die nicht mit dem praktischen Kampf der amerikanischen Arbeiterklasse verbunden ist. Er betont, daß vor den Sozialisten in den USA die Aufgabe steht, eine gesamtnationale politische Partei des US-amerikanischen Proletariats zu schaffen, ohne sich von den bereits vorhandenen Formen der Massenbewegung zu isolieren.

5. bis 10. Dezember Auf der Heimreise aus den USA sind Liebknecht und seine Frau bei Engels zu Gast.

6. Dezember Engels wird von Singer besucht.

9. Dezember Anläßlich des Todes von Johann Philipp Becker schreibt Engels einen Artikel, der dem Gedächtnis dieses angesehenen proletarischen Revolutionärs gewidmet ist. Unter dem Titel „Johann Philipp Becker“ erscheint er im „Sozialdemokrat“ Nr. 51 vom 17. Dezember und am 1. und 8. Januar 1887 mit einigen Kürzungen im Zentralorgan der Sozialistischen Arbeiterpartei Nordamerikas, dem New Yorker „Sozialist“.

Annähernd 23. Dezember 1886 bis Mitte Januar 1887 Paul und Laura Lafargue weilen bei Engels in London zu Gast.

1887

Januar bis Juli Engels ist wegen einer Erkrankung seiner Augen gezwungen, das Lesen und Schreiben einzuschränken.

Anfang Januar Die englische Übersetzung des ersten Bandes des „Kapitals“ erscheint in London.

10. Januar Engels beendet das Vorwort zur zweiten durchgesehenen Auflage seiner Arbeit „Zur Wohnungsfrage“. Am 15. und 22. Januar erscheint das Vorwort im „Sozialdemokrat“ und in der ersten Märzhälfte 1887 als Separatabdruck.

26. Januar Engels beendet das Vorwort zur US-amerikanischen Ausgabe der „Lage der arbeitenden Klasse in England“. In diesem Vorwort untersucht er den Entwicklungsstand der Arbeiterbewegung in den USA und unterzieht die Theorie des US-amerikanischen Nationalökonomen Henry George einer kritischen Analyse. Den bürgerlichen Charakter der von George erhobenen Forderung nach Nationalisierung des Grund und Bodens enthüllend, betont Engels, daß die Hauptaufgabe der Arbeiterklasse und der Sozialisten in den USA die Schaffung einer gesamtnationalen proletarischen Partei ist. „Die Lage der arbeitenden Klasse in England“ erscheint Anfang Mai in New York. Das Vorwort wird von Engels ins Deutsche übersetzt und unter dem Titel „Die Arbeiterbewegung in Amerika“ im „Sozialdemokrat“ vom 10. und 17. Juni veröffentlicht; unter dem gleichen Titel erscheint es im Juli in New York als Separatabdruck in englischer und deutscher Sprache.

Februar bis Juni Im Zusammenhang mit den vom Exekutivkomitee der Sozialistischen Arbeiterpartei Nordamerikas gegen Edward Aveling verbreiteten Verleumdungen führt Engels einen ausführlichen Briefwechsel mit Sorge und anderen sozialistischen Funktionären, um diese Verleumdungen zu widerlegen und die Rehabilitierung Avelings zu bewirken. Edward Aveling wurde beschuldigt, während seiner Reise durch die USA, auf der er Vorträge über die Theorie des wissenschaftlichen Sozialismus hielt, dem Exekutivkomitee gefälschte Rechnungen zwecks Bezahlung vorgelegt zu haben.

Wahrscheinlich Februar Engels liest das ihm früher zugegangene Manuskript einer Broschüre Hermann Schlüters, „Die Chartistenbewegung in England“; er stellt eine Chronologie der Chartistenbewegung zusammen und nimmt am Text der Broschüre Änderungen und Ergänzungen vor. Die Broschüre erscheint Anfang Oktober 1887 in Zürich ohne Angabe des Autors.

Erste Hälfte Februar	Engels liest die rumänische Übersetzung seines Artikels „Die politische Lage Europas", die in der sozialistischen Zeitschrift „Revista Socială" veröffentlicht worden ist, und studiert dabei die rumänische Sprache.
Etwa 12. Februar	Engels erhält von Danielson die „Märchen" von M. J. Saltykow-Schtschedrin.
12. Februar	Engels schickt Danielson die englische Ausgabe des ersten Bandes des „Kapitals".
13. Februar	Engels richtet an das Organisationskomitee des internationalen Festes, das am 19. Februar in Paris stattfinden wird, ein Begrüßungsschreiben. Das auf Initiative von russischen, polnischen, deutschen und anderen sozialistischen Emigranten mit Unterstützung der französischen Sozialisten organisierte Fest sollte den Protest gegen das Wettrüsten und die Vorbereitung eines Krieges in Europa zum Ausdruck bringen. Das Schreiben, das auf dem Fest verlesen wird, erscheint danach im „Socialiste" vom 26. Februar und in deutscher Übersetzung im „Sozialdemokrat" vom 11. März sowie in der New-Yorker Zeitung „Sozialist" vom 19. März.
Zwischen dem 24. Februar und 19. März	Engels analysiert in Briefen an Laura Lafargue, Sorge und andere Funktionäre der sozialistischen Bewegung die Ergebnisse der deutschen Reichstagswahlen vom 21. Februar. Diese Wahlen, bei denen die sozialdemokratische Partei trotz des Polizeiterrors einen bedeutenden Stimmenzuwachs erhielt, schätzt Engels als einen großen Sieg der Sozialdemokratie ein, der von dem unentwegten Anwachsen ihres Einflußes auf die Arbeiter zeugt.
4. März	Im „Sozialdemokrat" erscheint unter dem Titel „Wie die Gleichheitsidee entstand" ein Ausschnitt aus Engels' „Anti-Dühring".
10. und 12. März	Engels teilt Laura Lafargue und Julie Bebel mit, daß die erste Auflage des ersten Bandes des „Kapitals" in englischer Sprache vergriffen ist und mit dem Druck der zweiten Auflage begonnen wurde.
Zweite Hälfte März bis Mai	Engels unterstützt die Agitation der Sozialisten Aveling und Eleanor Marx-Aveling in den Arbeitervierteln Londons, insbesondere in den radikalen Arbeiterklubs des East End, die sich unter dem Einfluß der Liberalen befinden; er betrachtet ihre politische Arbeit als einen wichtigen Schritt zur Schaffung einer politischen, mit einem sozialistischen Programm ausgerüsteten Arbeiterpartei.
18. März	Anläßlich des Jahrestags der Pariser Kommune grüßt Engels die Pariser Organisation der französischen Arbeiterpartei mit den Worten: „London, 18. März. Bürger! Mit ganzem Herzen feiere ich mit Ihnen den achtzehnten März!" Die Begrüßung wird am 26. März im „Socialiste" veröffentlicht.
Annähernd Ende März	Engels sieht die dänische Übersetzung des „Ursprungs der Familie, des Privateigentums und des Staats" durch.
Etwa 23. April	Engels protestiert gegen das Vorgehen der Redaktion der „New Yorker Volkszeitung", die, ohne seine Zustimmung einzuholen, das Vorwort zur US-amerikanischen Ausgabe der „Lage der arbeitenden Klasse in England" ins Deutsche übersetzte und am 10. April veröffentlichte.

Etwa 24. April	Engels erhält von Danielson Briefe, die Marx an diesen geschrieben hatte.
Ende April bis Anfang Mai	Engels korrespondiert mit dem spanischen Sozialisten José Mesa. Letzterer berichtet Engels vom Anwachsen der sozialistischen Bewegung in Spanien; Mesa schickt Engels die Nummern der Madrider Zeitung „El Socialista" aus dem Jahre 1886, die die erste spanische Übersetzung der Arbeit „Die Entwicklung des Sozialismus von der Utopie zur Wissenschaft" enthalten.
Anfang Mai	In New York erscheint die erste englische Übersetzung der „Lage der arbeitenden Klasse in England".
4. und 7. Juni	Engels teilt Sorge und Laura Lafargue mit, daß auf der am 29. Mai in London stattgefundenen Konferenz der sozialistischen Liga eine Resolution angenommen wurde, die sich gegen jegliche parlamentarische Tätigkeit richtet, und die „anarchistischen Elemente" gesiegt hätten. Engels ist der Ansicht, daß unter diesen Umständen die Gruppe um Edward Aveling und Eleanor Marx-Aveling gezwungen sein werde, aus der Liga auszutreten.
Zwischen 14. und 23. Juni	Engels studiert das Programm der Sozialistischen Föderation in Nordengland und nimmt einige Verbesserungen und Ergänzungen vor. Das Programm mit seinen Korrekturen schickt er John L. Mahon, einem der Initiatoren der Föderation, und betont in seinem Begleitbrief, daß nur eine Massenbewegung der Arbeiter zur Schaffung einer selbständigen politischen Arbeiterpartei in England führen kann.
24. Juni	Engels äußert in einem Brief an George Julian Harney die Absicht, eine Marx-Biographie zu schreiben.
Juli	Engels liest die Abzüge von Schlüters Broschüre „Die Chartistenbewegung in England".
23. Juli bis 2. September	Engels weilt zur Erholung in Eastbourne.
Anfang August	Der englische Sozialist Ernest Belfort Bax ist bei Engels in Eastbourne zu Gast.
Erste Hälfte August	Engels sieht das Manuskript seiner von Kautsky für den „Oesterreichischen Arbeiter-Kalender für das Jahr 1888" geschriebenen Biographie durch; er berichtigt und ergänzt einige Textstellen.
Zweite Hälfte August	Auf Bitten Kautskys liest Engels die Abzüge von dessen Buch „Thomas Moore und seine Utopie" und macht Bemerkungen dazu.
3. September	Engels, der die Nachricht vom Tode Lopatins erhalten hat – später erwies sie sich als falsch –, beabsichtigt, über diesen einen Nachruf für den „Sozialdemokrat" zu schreiben; er teilt seine Absicht Lawrow mit.
Mitte September	Engels erfährt, daß auf Betreiben von Henry George die Sozialistische Arbeiterpartei Nordamerikas aus der Vereinigten Arbeiterpartei des Staates New York ausgeschlossen wurde. Bezugnehmend auf diese Tatsache äußert er in Briefen an Sorge und Florence Kelley-Wischnewetzki die Vermutung, daß sich Georges Bruch mit den Sozialisten und die Bildung einer bürgerlich-reformistischen Partei günstig auf die Entwicklung der Arbeiterbewegung in den USA auswirken wird.

Zweite Hälfte Oktober	Bebel weilt bei Engels zu Gast.
Ende November bis Anfang Dezember	Engels verhandelt mit dem Londoner Verleger Reeves über den Vertrieb der US-amerikanischen Ausgabe der „Lage der arbeitenden Klasse in England" und über einen Separatdruck des Vorworts zu dieser Arbeit in England.
Dezember 1887 bis Januar 1888	Engels lernt Rumänisch.
Anfang Dezember	Engels schickt das Manuskript seiner Arbeit „Ludwig Feuerbach und der Ausgang der klassischen deutschen Philosophie" sowie die von Marx 1845 verfaßten Thesen über Feuerbach, die Engels' Schrift als Anlage beigefügt werden sollen, an den sozialdemokratischen Verleger J. H. W. Dietz.
Erste Hälfte Dezember	Engels beendet die Einleitung zu der auf seine Anregung hin vorbereiteten zweiten Auflage der Broschüre „Zur Erinnerung für die deutschen Mordspatrioten. 1806–1807" von Sigismund Borkheim. Diese Einleitung gibt eine tiefgründige Darstellung der Ausmaße und möglichen Folgen eines künftigen gesamteuropäischen Krieges. Im Juni 1888 erscheint in Zürich die Einleitung als Separatdruck.
7. Dezember	Engels stimmt dem Vorschlag Schlüters zu, eine Sammlung seiner Aufsätze unter dem Titel „Kleinere Aufsätze von Friedrich Engels aus den Jahren 1871–1875" herauszugeben. Die Ausgabe kommt nicht zustande.
Ende Dezember 1887 bis März 1888	Engels arbeitet am vierten Kapitel der von ihm geplanten Broschüre „Die Rolle der Gewalt in der Geschichte". Die ersten drei Kapitel sollten die im zweiten Abschnitt des „Anti-Dühring" enthaltenen Kapitel bilden, die dort den Titel „Gewaltstheorie" führen. Engels beabsichtigte, im vierten Kapitel die ganze Bismarcksche Politik kritisch zu analysieren. Wegen anderer Angelegenheiten, insbesondere wegen der Arbeit am Manuskript des dritten Bandes des „Kapitals", konnte er dieses Kapitel nicht vollenden.
29. Dezember	Engels gibt Lafargue einige Hinweise zur politischen Vergangenheit Heinrich Oberwinders, eines österreichischen Sozialisten lassalleanischer Richtung, der als bezahlter Agent Bismarcks enttarnt wurde.

1888

Januar bis März	Eine Augenerkrankung zwingt Engels abermals, seine Arbeit und seinen Schriftverkehr einzuschränken. Während seiner Arbeit an der Broschüre „Die Rolle der Gewalt in der Geschichte" liest Engels das neuerschienene Buch des deutschen Historikers C. Bulle, „Geschichte der neuesten Zeit. 1815–1885", Bd. 4, und macht daraus chronologische Auszüge über die Geschichte Deutschlands nach 1871.
Ende Januar	Engels sieht neben der Erfüllung anderer Aufgaben die von Samuel Moore stammende englische Übersetzung des „Manifests der Kommunistischen Partei" durch, nimmt Berichtigungen vor und fügt dieser englischen Ausgabe einige Fußnoten hinzu.

Januar bis Februar	Engels verfolgt aufmerksam die internationale Lage in Europa im Zusammenhang mit der auch weiterhin bestehenden Kriegsgefahr.
Zwischen 2. und 4. Januar	Engels bestellt das vierbändige Werk „Zur Geschichte und Kritik des bäuerlichen Gemeindebesitzes in Rußland" des russischen Nationalökonomen I. A. Keussler, das in Petersburg in deutscher Sprache herausgegeben wurde.
4. Januar	In einem Brief an den rumänischen Sozialdemokraten I. Nădejde äußert Engels seine Befriedigung über die Verbreitung der Marxschen Theorie unter den rumänischen Sozialisten. Er betont, wie überaus wichtig es ist, daß die sozialistischen Parteien Europas in den Fragen der internationalen Politik einheitlicher Auffassung sind, und äußert seine Überzeugung, daß der revolutionäre Sturz des Zarismus den Anstoß zu revolutionären Ereignissen in Deutschland, Österreich und auf der ganzen Welt geben wird. In Nr. 8 der Zeitschrift „Contemporanul" wird ein Auszug aus diesem Brief in rumänischer Sprache veröffentlicht.
30. Januar	Engels schreibt die Vorrede zur englischen Ausgabe des „Manifests der Kommunistischen Partei". Sie wird gleichzeitig mit dem „Manifest" 1888 in London veröffentlicht.
Zwischen dem 13. und 25. Februar	Engels liest die Korrektur der englischen Ausgabe des „Manifests der Kommunistischen Partei".
21. Februar	Engels schreibt die Vorbemerkung zum revidierten Sonderabdruck seiner Arbeit „Ludwig Feuerbach und der Ausgang der klassischen deutschen Philosophie". Die Schrift erscheint in der ersten Maihälfte in Stuttgart.
Ende Februar	Engels organisiert materielle Hilfe für die Witwe und die Tochter Karl Pfänders, eines ehemaligen Mitglieds des Bundes der Kommunisten und des Generalrats der Internationalen Arbeiterassoziation.
19. März	In einem Brief an Lafargue charakterisiert Engels die Lage in Deutschland nach dem Tode Wilhelms I.; Lafargue stützt sich auf diesen Brief in seiner Notiz, die in „L'Intransigeant", einer französischen Zeitung radikaler Richtung, am 26. März erscheint.
Zwischen 12. bis Ende April	Engels korrigiert die englische Übersetzung von Marx' „Rede über die Frage des Freihandels", die von Florence Kelley-Wischnewetzki für die Herausgabe als Einzelschrift in den USA angefertigt wurde. Gleichzeitig arbeitet er an der Vorrede zu dieser Schrift, wobei er sich besonders auf das ihm aus New York zugegangene Material über die Zollpolitik der Vereinigten Staaten stützt. Die von ihm selbst ins Deutsche übertragene Vorrede wird im Juli in der „Neuen Zeit" unter dem Titel „Schutzzoll und Freihandel" und im August in der englischen Originalfassung im „Labor Standard" veröffentlicht; im September erscheint sie in der US-amerikanischen Einzelausgabe von Marx' „Rede über die Frage des Freihandels".
Anfang April	In einem Brief an die englische Schriftstellerin Margaret Harkness, in dem Engels ihren Roman „City girl" positiv einschätzt, legt er seine Ansichten über den Realismus in der Kunst dar. Nach seiner Auffassung bedeutet Realismus „außer der Treue des Details die getreue Wiedergabe typischer Charaktere unter typischen Umständen". Engels hält Balzac, dessen Schaffen er charakterisiert, für den größten Meister des Realismus.

16. April	Engels, der von dem auf dem Kongreß der deutschen sozialdemokratischen Partei in St. Gallen gefaßten Beschluß – auf Initiative der Partei sollte 1888 in London ein internationaler Arbeiterkongreß einberufen werden – Kenntnis erhalten hat, spricht sich in einem Brief an Liebknecht dagegen aus. Er hält es für unzweckmäßig, daß die deutsche Sozialdemokratie unter den Bedingungen des Sozialistengesetzes als Initiator eines solchen Kongresses auftritt; außerdem hält er es für falsch, London als Tagungsort zu wählen, da in England keine sozialistische Massenpartei der Arbeiter vorhanden ist. Seines Erachtens nach sollte ein solcher Kongreß von den französischen Sozialisten anläßlich der Feierlichkeiten zum hundertsten Jahrestag der Französischen Revolution von 1789 einberufen werden.
Mai bis Mitte Juli	Im Zusammenhang mit den Aktivitäten revanchistischer Kreise, die sich in Frankreich um den der Monarchie verbundenen ehemaligen Kriegsminister General Georges Boulanger gruppieren, weist Engels in seinen Briefen an Lafargue auf die vom Boulangismus ausgehende Gefahr hin. Diese Bewegung als chauvinistisch, als eine Form des Bonapartismus charakterisierend, kritisiert er die Einschätzung Boulangers durch Lafargue und andere Führer der französischen Arbeiterpartei; letztere betrachteten gewisse Erfolge Boulangers als ein Ergebnis der Solidarität der Arbeitermassen mit ihm. Engels fordert von den französischen Sozialisten ein entschlosseneres Vorgehen gegen den Boulangismus.
Zwischen 8. Juli und 4. August	Engels übersetzt Verse des englischen Dichters Percy Bysshe Shelley für den Artikel „Shelley als Sozialist" von Edward Aveling und Eleanor Marx-Aveling, der im Dezember in der „Neuen Zeit" veröffentlicht wird, ins Deutsche.
8. bis 17. August	Engels begibt sich in Begleitung von Eleanor Marx-Aveling, Edward Aveling und Carl Schorlemmer auf eine Reise durch die USA; er reist mit dem Dampfer „City of Berlin" von London nach New York.
17. August bis 19. September	Gemeinsam mit Eleanor Marx-Aveling, Edward Aveling und Carl Schorlemmer reist Engels durch die USA und Kanada; einige Tage verbringt er bei Sorge in New York und begibt sich dann per Eisenbahn nach Boston, wo er etwa eine Woche bleibt und einige nahe gelegene Städte, insbesondere Cambridge und Concord, besichtigt. Von Boston aus geht die Eisenbahnreise zu den Niagarafällen – sein Aufenthalt hier dauert fünf Tage; mit einem Dampfer fährt er dann über den Ontariosee und auf dem Sankt-Lorenz-Strom bis Montreal und besucht die kanadischen Städte Toronto, Port Hope und Kingston; mit der Eisenbahn nach Plattsburg in die USA zurückgekehrt, wird die Reise durch das Adirondack-Gebirge fortgesetzt; mit dem Dampfer geht es dann über den Champlain- und den Georgesee nach Albany und von hier auf dem Hudson zurück nach New York.
19. September	Engels gewährt Theodor Cuno, einem Vertreter der „New Yorker Volkszeitung" und ehemaligen Mitglied der Internationalen Arbeiterassoziation, ein Interview. Bei der Beantwortung der ihm gestellten Fragen äußert er seine Zufriedenheit mit der Entwicklung des Klassenbewußtseins des englischen Proletariats. In bezug auf Irland sagt er, daß „eine reine sozialistische Bewegung auf längere Zeit nicht zu erwarten ist". Über Rußland befragt, betont Engels, „daß eine Revolution [...] in Rußland die ganze Gestalt der europäischen politischen Lage umwälzen würde". Das am 20. September in der „New Yorker Volkszeitung" veröffentlichte Interview erscheint am 13. Oktober im „Sozialdemokrat".

19. bis 29. September	Engels kehrt auf dem Dampfer „City of New York" von der Reise durch die USA zurück; auf dem Dampfer beginnt er, über seine Reise Skizzen für die „Neue Zeit" zu schreiben; sie bleiben unvollendet.
Oktober 1888 bis Anfang Januar 1889	Engels bereitet den ersten Abschnitt des dritten Bandes des „Kapitals" für den Druck vor.
Oktober bis Dezember	Engels kritisiert in seinen Briefen an Lafargue scharf das Bestreben einzelner Sozialisten, einen Wahlblock mit den Boulangisten zu bilden, und besteht weiterhin darauf, daß die Führer der französischen Arbeiterpartei prinzipiell und offen den Boulangismus als eine dem Proletariat feindliche Richtung verurteilen.
17. November	Engels trifft sich mit dem englischen Sozialisten Maltman Barry, der ihn über den Verlauf und die Ergebnisse des sogenannten Weltkongresses der Arbeiter in London informiert. Der Kongreß hatte beschlossen, im Sommer 1889 in Paris einen internationalen Arbeiterkongreß einzuberufen, und beauftragte mit der Organisation die sog. Possibilisten, eine reformistisch ausgerichtete Strömung innerhalb der französischen Arbeiterbewegung.
Ende November bis Dezember	Der Kongreß der französischen Gewerkvereine in Bordeaux hatte beschlossen, im Juli 1889 in Paris einen internationalen Arbeiterkongreß durchzuführen – er war als Antwort auf den von den „Possibilisten" einberufenen Kongreß gedacht. Laura und Paul Lafargue informieren Engels ausführlich über den Stand der Vorbereitungen zu diesem Kongreß und vor allem über die Absicht der „Possibilisten", die Teilnahme der deutschen Sozialdemokraten an dem von ihnen einberufenen Kongreß zu erreichen.

1889

5. Januar	Engels erörtert in einem Brief an Bebel die Situation, die sich durch die gleichzeitige Einberufung der zwei internationalen Kongresse ergibt; da die „Possibilisten" sich „an die jetzige Regierung verkauft" haben, plädiert er dafür, daß die deutschen Sozialdemokraten die Beziehungen zu den „Possibilisten" abbrechen und an dem Kongreß teilnehmen, der von den sog. Marxisten in Bordeaux einberufen wurde.
14. Januar	Engels empfiehlt den französischen Marxisten, an der von den deutschen Sozialdemokraten einberufenen Vorbereitungskonferenz in Nancy teilzunehmen, zu der alle sozialistischen Parteien einschließlich der „Possibilisten" eingeladen sind. Engels betrachtet diese Konferenz, die die Voraussetzungen zur Verschmelzung der zwei Rumpfkongresse zu einem wirklichen internationalen sozialistischen Arbeiterkongreß schaffen soll, als ein Mittel, um die „Possibilisten" auszugrenzen.
10. Februar	Engels schließt die Vorbereitung des vierten Abschnitts des dritten Bandes des „Kapitals" für den Druck ab.
11. Februar	Engels informiert Laura Lafargue über die Versuche der „Possibilisten", mit Unterstützung von Hyndman zu erreichen, daß die deutschen Sozialdemokraten an dem von ihnen einberufenen Kongreß teilnehmen.

Zwischen dem 13. und 20. Februar Engels liest die Abzüge von Kautskys Artikel „Klassengegensätze von 1789" und macht seine Bemerkungen dazu. Der Artikel wird in der „Neuen Zeit" veröffentlicht.

Zweite Hälfte Februar Engels nimmt an der Vorbereitung der Konferenz der Vertreter der sozialistischen Parteien in Den Haag teil, die an Stelle der in Nancy geplanten Konferenz einberufen wurde.

März bis 14. Juli Engels nimmt an der Vorbereitung des von den französischen Marxisten einberufenen Kongresses teil. In diesem Zusammenhang führt er einen umfangreichen Schriftwechsel mit sozialistischen Funktionären der verschiedensten Länder.

Zwischen dem 17. und 21. März Engels redigiert das kritische Pamphlet „Der Internationale Arbeiterkongreß von 1889", das von Bernstein auf seine Initiative als Antwort auf den redaktionellen Artikel des Organs der Sozialdemokratischen Föderation „Justice" vom 16. März geschrieben wurde. Die Replik erscheint in englischer Sprache als Broschüre etwa am 23. März und wird in deutscher Sprache am 30. März und 6. April im „Sozialdemokrat" veröffentlicht.

Ende April Auf Grund des in der „Justice" vom 27. April veröffentlichten Zirkulars der Pariser Arbeitsbörse, in dem behauptet wurde, daß der von den „Possibilisten" einberufene Kongreß die Unterstützung der Mehrheit der französischen organisierten Arbeiter genießt, schreibt Engels eine Notiz, in der diese Behauptung angezweifelt wird; die mit der Unterschrift des französischen Sozialisten Charles Bonnier versehene Notiz wird in Form eines Briefes an die Redaktion des „Labour Elector" gesandt und am 4. Mai veröffentlicht.

7. bis 8. Mai Engels, der von Lafargue die Einladung der französischen sozialistischen und Arbeiterorganisationen an die Arbeiter und Sozialisten Europas und der USA zum Internationalen Sozialistischen Arbeiterkongreß in Paris erhalten hat, übersetzt diese ins Deutsche und veranlaßt die Übersetzung ins Englische. Die Einladung erscheint in einer Reihe deutscher und englischer sozialistischer Zeitungen.

15. Mai Engels liest und korrigiert die „Bekanntmachung über die Einberufung des Internationalen Sozialistischen Arbeiterkongresses" in Paris, die im Auftrag der Organisationskommission verfaßt wurde. Er veranlaßt die Übersetzung dieses Dokuments in verschiedene Sprachen, seinen Druck und die Versendung und erreicht, daß die Bekanntmachung von Sozialisten verschiedener Länder unterzeichnet wird.

Zwischen dem 24. Mai und 1. Juni Engels redigiert die zweite auf seine Initiative von Bernstein geschriebene Flugschrift „Der Internationale Arbeiterkongreß von 1889", die eine Antwort darstellt auf das „Manifest der Sozialdemokratischen Föderation". In diesem Manifest wird die Geschichte der Vorbereitung des von den französischen Marxisten einberufenen Kongresses falsch dargestellt. Die Flugschrift erscheint als Broschüre in englischer Sprache um den 8. Juni.

Nicht später als 27. Mai Engels schreibt einen Brief an James Keir Hardie, den Redakteur der Zeitschrift der Schottischen Arbeiterpartei „The Labour Leader", in dem er den am 4. Mai begonnenen Ruhrbergarbeiterstreik schildert und diesen Streik als „ein bedeutendes Ereignis" in der deutschen Arbeiterbewegung charakterisiert; dieser Brief wird in der Juni-Nummer der Zeitschrift ohne Titel in der Rubrik „Notizen über die Bergarbeiter" veröffentlicht.

17. Juli	Bezugnehmend auf den am 14. Juli eröffneten Internationalen Sozialistischen Arbeiterkongreß in Paris, von dem die II. Internationale begründet wird, schreibt Engels in einem Brief an Sorge, daß dieser Kongreß ein großer Erfolg der Marxisten ist. Er betont, daß damit die Versuche der „Possibilisten", die Führung der internationalen Arbeiterbewegung an sich zu reißen, völlig zusammengebrochen sind.
Etwa 8. August bis etwa 6. September	Engels weilt zur Erholung in Eastbourne.
10. August	Engels veröffentlicht im „Labour Elector" den Artikel „Die Mandate der Possibilisten". Er entlarvt in diesem Artikel die Versuche der „Possibilisten", den Internationalen Sozialistischen Arbeiterkongreß in Paris zu diskreditieren, und argumentiert, daß die meisten der Delegierten des „Possibilisten"-Kongresses nur fiktive Vertreter waren und keinerlei Organisationen vertraten.
Ende August bis Anfang September	Engels verfolgt aufmerksam den Streik der Londoner Dockarbeiter. In einer Reihe von Briefen an Sozialisten verschiedener Länder schätzt er diesen als „die meistversprechende Bewegung" des englischen Proletariats ein, bedeutet er doch den Eintritt nicht organisierter Schichten der Arbeiterklasse in den aktiven Kampf. Ein Ausschnitt aus seinem wahrscheinlich an Eleanor Marx-Aveling gerichteten Brief wird im „Labour Elector" vom 31. August veröffentlicht; ein Teil seines Briefes an den Redakteur des „Sozialdemokrat" ist im Text des Leitartikels dieser Zeitung vom 31. August enthalten.
Ende August bis Anfang Oktober	Engels verfolgt weiterhin die politische Lage in Frankreich und die Tätigkeit der französischen Sozialisten hinsichtlich der bevorstehenden Wahlen für die Deputiertenkammer, worüber er von Lafargue ausführlich informiert wird. In den Briefen an Lafargue drückt er seine Überzeugung aus, daß die Anhänger des Boulangismus bei den Wahlen eine völlige Niederlage erleiden werden; er empfiehlt den französischen Sozialisten, eine selbständige Linie zu verfechten, und organisiert finanzielle Unterstützung für sie.
Etwa 6. September	Liebknecht und Singer besuchen Engels in London.
Zweite Hälfte September bis Oktober	Engels bereitet die vierte deutsche Auflage des ersten Bandes des „Kapitals" zum Druck vor, überprüft vollständig die zahlreichen Zitate, berichtigt Ungenauigkeiten und Druckfehler und fügt einige erläuternde Zusatznoten hinzu.
Ende September bis Anfang Oktober	Engels schreibt den Artikel „Die Abdankung der Bourgeoisie"; ausgehend von den Erfahrungen des Londoner Dockarbeiterstreiks und einigen anderen Ereignissen der englischen Arbeiterbewegung argumentiert er, daß die englische Bourgeoisie „ihre Stellung als leitende Klasse" der Nation zu verlieren beginnt; der Artikel erscheint am 5. Oktober im „Sozialdemokrat".
Oktober bis Dezember	Engels unterstützt das Wirken Eleanor Marx-Avelings, Edward Avelings und anderer englischer Sozialisten unter den ungelernten Arbeitern Londons; die Einbeziehung dieser Schichten der Arbeiterklasse in den Streikkampf und ihre Organisierung in neuen Trade-Unions im Gegensatz zu den alten, die hauptsächlich die Arbeiteraristokratie vereinen, betrachtet er als den Beginn einer neuen Etappe in der Entwicklung der englischen Arbeiterbewegung.

8. und 29. Oktober In Briefen an Laura Lafargue gibt Engels eine Einschätzung der am 22. September und 6. Oktober erfolgten Wahlen zur französischen Deputiertenkammer; er stellt fest, daß das Wahlergebnis für die Sozialisten trotz des Verlustes einiger Mandate ein gewisser Erfolg ist, da die Marxisten doppelt soviel Stimmen erhielten wie die „Possibilisten"; Engels betrachtet die völlige Niederlage der Boulangisten als das Hauptergebnis der Wahlen.

November Engels beginnt aufs neue, intensiv an der Vorbereitung des dritten Bandes des „Kapitals" für den Druck zu arbeiten; gleichzeitig sichtet und liest er die ökonomische Literatur zu den entsprechenden Problemen.

4. Dezember Engels gibt dem österreichischen Sozialisten Victor Adler Hinweise für die Übersetzung und Bearbeitung des Buches „Anacharsis Cloots, l'orateur du genre humain" von dem französischen radikalen Historiker Georges Avenel.

18. Dezember In einem Brief an den dänischen Sozialisten Gerson Trier betont Engels, daß das Proletariat seine Befreiung nur verwirklichen kann, wenn es sich „eine selbstbewußte Klassenpartei" schafft; er unterstreicht, daß ein momentanes Zusammengehen mit anderen Parteien bei einzelnen Aktionen vertretbar ist, wenn dieses „unmittelbar dem Proletariat vorteilhaft" ist „oder die Fortschritte im Sinn der ökonomischen Entwicklung oder der politischen Freiheit sind" und „vorausgesetzt, daß der proletarische Klassencharakter der Partei dadurch nicht in Frage gestellt wird". Engels kritisiert die Führung der dänischen sozialistischen Partei, die Trier und seine Anhänger aus der Partei ausgeschlossen hatte, weil sie gegen den Block mit der dänischen linksbürgerlichen Partei (Venstre) aufgetreten waren.

Personenverzeichnis

Brandt, Paul (1852–1910) Schweizer Geistlicher, Redakteur und Sozialdemokrat, führend an der Gründung der II. Internationale beteiligt, Unterzeichner des Einberufungsschreibens zum Internationalen Sozialistischen Arbeiterkongreß 1889 und Vizepräsident des reformistischen Arbeitervereins Grütli. 545

Bray, John Francis (1809–1895) englischer Ökonom, Sozialist und Anhänger Owens. 177 182

Brentano, Lorenz Peter (1813–1891) Rechtsanwalt in Mannheim, bürgerlicher Demokrat; 1848 Mitglied der Frankfurter Nationalversammlung (linker Flügel); 1849 Vorsitzender der badischen provisorischen Regierung, emigrierte nach der Niederschlagung des badisch-pfälzischen Aufstandes in die Schweiz und später nach Amerika. 320 347

Brentano, Lujo (1844–1931) Ökonom, Kathedersozialist. 194 506

Bright, John (1811–1889) englischer Fabrikant, führender Vertreter des Freihandels, Mitbegründer der Anti-Korngesetz-Liga; seit Anfang der sechziger Jahre Führer des linken Flügels der Liberalen Partei, mehrmals Minister in liberalen Kabinetten. 191

Broadhouse, John siehe *Hyndman, Henry Mayers*

Broadhurst, Henry (1840–1911) englischer Bauarbeiter, Gewerkschaftsbeamter, Politiker; gehörte zu den Führern der Trade-Unions, Reformist; Sekretär des Parlamentarischen Komitees des Trade-Unions-Kongresses (1875–1890), Mitglied des Parlaments (Liberale Partei); 1886 Stellvertreter des Innenministers. 527

Brousse, Paul-Louis-Marie (1854–1912) französischer Sozialist, Arzt, Teilnehmer der Pariser Kommune; lebte nach deren Niederschlagung in der Emigration, schloß sich zunächst den Anarchisten an und war dann 1879 Mitbegründer der französischen Arbeiterpartei, nach der Spaltung führender Vertreter der sog. Possibilisten. 489

Büchner, Georg (1813–1837) Dichter, revolutionärer Demokrat; rief 1834 mit dem „Hessischen Landboten" („Friede den Hütten! Krieg den Palästen!") die hessischen Bauern zum Aufstand auf; mußte im gleichen Jahre wegen des wachsenden Polizeidrucks Deutschland verlassen. 207

Büchner, Ludwig (1824–1899) deutscher Arzt, Schriftsteller und Philosoph; Vertreter eines naturwissenschaftlichen Materialismus; Teilnehmer der Revolution 1848/49, Mitte der sechziger Jahre radikaler Demokrat; Delegierter des Lausanner Kongresses der IAA (1867). 278

Bückler, Johann (Schinderhannes) (1777 bis 1803) Räuberhauptmann in Rheinhessen. 190

Bugge, Elseus Sophus (1833–1907) norwegischer Philologe, Professor in Kristiania (Oslo), Verfasser von wissenschaftlichen Abhandlungen über altskandinavische Literatur und Mythologie. 133

Bürgers, Heinrich (1820–1878) radikaler Publizist; 1842/1843 Mitarbeiter der „Rheinischen Zeitung"; 1848 Mitglied der Kölner Gemeinde des Bundes der Kommunisten, 1848/1849 Redaktionsmitglied der „Neuen Rheinischen Zeitung"; 1850 Mitglied der Zentralbehörde des Bundes der Kommunisten, 1852 als einer der Hauptangeklagten im Kölner Kommunistenprozeß zu sechs Jahren Haft verurteilt; später Nationalliberaler. 18 222

Burrows, Herbert (1845–1922) englischer Beamter, bürgerlicher Radikaler, schloß sich der sozialistischen Bewegung an; Mitbegründer der Sozialdemokratischen Föderation, beteiligte sich am Aufbau der Trade-Unions der ungelernten Arbeiter. 379 381

Cabet, Étienne (1788–1856) französischer Jurist und Publizist, Kommunist; Verfasser des utopischen Romans „Voyage en Icarie". 357 498

Caligula, Gajus Cäsar (12–41) römischer Kaiser (37–41). 13

Calvin, Jean (1509–1564) französisch-schweizer Theologe und Reformator,

stammt aus der Aristokratie, nahm in den achtziger und neunziger Jahren an der sozialistischen und Arbeiterbewegung teil; Mitglied des Parlaments, Delegierter des Internationalen Sozialistischen Arbeiterkongresses von 1889; spielte später eine maßgebliche Rolle in der schottischen Nationalbewegung. 545

Cuno, Theodor Friedrich (1847–1934) Vertreter der deutschen und der internationalen Arbeiterbewegung, Sozialist; nahm aktiv an der Tätigkeit der IAA teil; emigrierte nach dem Haager Kongreß (1872) in die USA; spielte später eine führende Rolle in der US-amerikanischen Arbeiterorganisation The Knights of Labor; Mitarbeiter der „New Yorker Volkszeitung". 512

Cunow, Heinrich Wilhelm Karl (1862 bis 1936) Historiker, Soziologe und Ethnograph, Sozialdemokrat, Protagonist beim sog. Revisionismusstreit; Nachfolger von Kautsky bei der „Neuen Zeit"; während des Ersten Weltkrieges entwickelte er die Theorie vom Kriegssozialismus, um die Kriegskredite marxistisch zu begründen. 63

Cuvier, Georges-Léopold-Chrétien-Frédéric-Dagobert, baron de (1769 bis 1832) französischer Naturforscher, bekannt durch seine Arbeiten auf dem Gebiete der vergleichenden Anatomie, der Paläontologie und der Systematisierung der Tiere. 38

Daniels, Roland (1819–1855) Arzt und Naturwissenschaftler in Köln, führendes Mitglied des Bundes der Kommunisten, Mitangeklagter im Kölner Kommunistenprozeß 1852, wurde vom Schwurgericht freigesprochen; Freund von Marx und Engels. 222

Daniluk, Józef (1842–1904) Schriftsetzer, Sozialist aus Galizien/Lemberg. Gab ab 1878 zusammen mit Bolesław Czerwieński die Zeitung „Praca" („Arbeit") heraus. 545

Darwin, Charles Robert (1809–1882) englischer Naturforscher, Begründer der Lehre von der Entstehung und Entwicklung der Pflanzen- und Tierarten. 3 280 295 357 481 505

Daumas, Augustin-Honoré (1826–1896) französischer Politiker, Mechaniker, wurde in den siebziger und achtziger Jahren in die Deputiertenkammer gewählt; Ende der achtziger Jahre Senatsmitglied; 1889 Mitglied des Pariser Munizipalrats, schloß sich der sozialistischen Gruppe an; Delegierter des Internationalen Sozialistischen Arbeiterkongresses von 1889. 526

Demosthenes (384–322 v. u. Z.) hervorragender Redner und Politiker des griechischen Altertums, Führer der antimakedonischen Partei in Athen. 98

Descartes (Cartesius), René (1596–1650) französischer dualistischer Philosoph, Mathematiker und Naturforscher. 277 278

Deville, Gabriel Pierre (1854–1940) französischer Publizist, Sozialdemokrat; aktives Mitglied der französischen Arbeiterpartei; Verfasser einer populären Darlegung des ersten Bandes des „Kapitals" und verschiedener philosophischer, ökonomischer und historischer Arbeiten; Delegierter des Internationalen Sozialistischen Arbeiterkongresses von 1889; zog sich Anfang des 20. Jahrhunderts von der Arbeiterbewegung zurück. 526 537

Diderot, Denis (1713–1784) französischer Philosoph, Materialist, Atheist; Protagonist der französischen revolutionären Bourgeoisie, Aufklärer, Haupt der Enzyklopädisten; wurde 1749 wegen einer Schrift zu einem Jahr Haft verurteilt. 282

Diego, Francisco spanischer Sozialist, Mitglied des Nationalkomitees der Sozialistischen Arbeiterpartei Spaniens. 545

Dietz, Johann Heinrich Wilhelm (1843 bis 1922) Buchverleger, Sozialdemokrat; Gründer des Verlages J. H. W. Dietz, des späteren sozialdemokratischen Parteiverlages in Stuttgart; seit 1881 Mitglied des Reichstags. 473

Dietzgen, Joseph (1828–1888) Lohgerber, Sozialdemokrat, Philosoph. Teilnehmer der Revolution 1848/49; Mitglied der Sozialdemokratischen Arbeiterpartei und der Internationalen Arbeiterassoziation; emigrierte 1884 in die USA, Redakteur des New Yorker „Sozialist" und der Chicagoer „Arbeiter-Zeitung". 293

Dihäarchos (4. Jh. v. u. Z.) griechischer Gelehrter, Schüler des Aristoteles, Verfasser einer Reihe historischer, politischer, philosophischer, geographischer und anderer Arbeiten. 99

Diodor(us) Sicilus (von Sizilien) (etwa 80–29 v. u. Z.) griechischer Historiker, Verfasser der „Bibliothecae historicae". 133 141

Diogenes von Sinope (etwa 413 bis 323 v. u. Z.) griechischer Philosoph, Kyniker. 528

Dionysios von Haliltarnassos (1. Jh. v. u. Z. bis 1. Jh. u. Z.) griechischer Historiker und Rhetor, Verfasser der „Römischen Archäologie". 102

Disraeli (D'Israeli), Benjamin, (seit 1876) *Earl of Beaconsfield* (1804–1881) britischer Staatsmann und Schriftsteller, einer der Führer der Tories, dann der Konservativen Partei; Schatzkanzler (1852, 1858–1859 und 1866–1868), Premierminister (1868 und 1874–1880). 310

Dobosy ungarischer Bäcker. 380

Došek, F. Unterzeichner des Einberufungsschreibens zum Internationalen Sozialistischen Arbeiterkongreß 1889. 545

Dühring, Eugen Karl (1833–1921) deutscher Philosoph, Ökonom und Wissenschaftstheoretiker; von 1863 bis 1877 Privatdozent an der Berliner Universität. 462

Dureau de la Malle, Adolphe-Jules-César-Auguste (1777–1857) französischer Dichter und Historiker. 125

Eccarius, Johann Georg (1818–1889) bekannter Vertreter und Publizist der internationalen und deutschen Arbeiterbewegung; Schneider aus Thüringen; Emigrant in London; Mitglied des Bundes der Gerechten, danach des Bundes der Kommunisten; einer der Führer des Deutschen Bildungsvereins für Arbeiter in London; Mitglied des Generalrats der IAA, bis 1872 Delegierter aller Kongresse und Konferenzen der IAA, Vizepräsident (1864–1867), Generalsekretär (1867–1871), Korrespondierender Sekretär für die USA (1870–1872). 214

Edmonds, Thomas Rowe (1803–1899) englischer Ökonom und Sozialist, der aus der Theorie Ricardos sozialistische Schlußfolgerungen zog. 176

Eisenbart (Eysenbarth), Johann Andreas (1661–1727) Starstecher und Wundheiler; Gründer einer pharmazeutischen Manufaktur; trotz seiner fortschrittlichen Operationstechniken galt „Doktor Eisenbart" im Volksmund als Urbild des Quacksalbers. 185

E(h)rhard, Johann Ludwig Albert (geb. etwa 1820) Handlungsgehilfe in Köln, Mitglied des Bundes der Kommunisten; Mitangeklagter im Kölner Kommunistenprozeß 1852, von den Geschworenen freigesprochen. 222

Elsner, Karl Friedrich Moritz (1809 bis 1894) schlesischer radikaler Publizist und Politiker; 1848 Abgeordneter der preußischen Nationalversammlung (linker Flügel); in den fünfziger Jahren Redakteur der „Neuen Oder-Zeitung". 20

Espinas, Alfred-Victor (1844–1922) französischer Philosoph und Soziologe. 40 41

Euripides (etwa 480–406 v. u. Z.) griechischer Dramatiker, Verfasser klassischer Tragödien. 67

Ewerbeck, August Hermann (1816–1860) Arzt und Schriftsteller, leitete die Pariser Gemeinde des Bundes der Gerechten, später Mitglied des Bundes der Kommunisten (1850 ausgetreten). 213 222

Fabler römisches Patriziergeschlecht. 122

Fairchild, Charles Stebbins (1842–1924) US-amerikanischer Jurist und Finanzmann, Sekretär des Schatzamtes (1887–1889). 367

Farjat, Gabriel (1857–1930) französischer Sozialist, Weber; 1879 Mitbegründer der französischen Arbeiterpartei, 1886 Generalsekretär der Nationalen Föderation der Gewerkschaften Frankreichs, Delegierter des Internationalen Sozialistischen Arbeiterkongresses von 1889. 529 535

Frohme, Karl Franz Egon (1850–1933) Sozialdemokrat und Publizist; 1867 Eintritt in den Allgemeinen Deutschen Arbeiterverein (ADAV); ab 1881 Reichstagsabgeordneter; Delegierter des Internationalen Sozialistischen Arbeiterkongresses von 1889. 545

Fustel de Coulanges, Numa Denis (1830 bis 1889) französischer Historiker, Verfasser von Arbeiten zur Geschichte der Antike und des mittelalterlichen Frankreichs. 102

Gajus (2. Jh.) römischer Jurist, Systematiker des römischen Rechts. 61

Galba, Servius Sulpicius (5 v. u. Z. bis 69 u. Z) römischer Staatsmann, in den sechziger Jahren Statthalter der Provinz Tarragona in Spanien; nach dem Tode Neros im Juni 68 zum Kaiser ausgerufen; fiel im Januar 69 einer Verschwörung der Prätorianer zum Opfer, die während des Aufstands der Truppen und des Volkes gegen seine Herrschaft von Otho organisiert worden war. 13 14

Galle, Johann Gottfried (1812–1910) Astronom, entdeckte 1846 den von Leverrier vorausberechneten Planeten Neptun. 276

Garibaldi, Giuseppe (1807–1882) italienischer Revolutionär, Demokrat, Führer der nationalen Befreiungsbewegung in Italien; stand in den fünfziger und sechziger Jahren an der Spitze des Kampfes des italienischen Volkes für die nationale Befreiung und Wiedervereinigung Italiens; leitete 1860 den revolutionären Feldzug in Süditalien; Teilnehmer der Kriege gegen Österreich (1848/1849, 1859, 1866). 201 322 414 446

Garside, Thomas Hamilton (geb. 1855) schottischer Professor für Mathematik, in den achtziger Jahren nach Baltimore/USA ausgewandert; nach einem Umzug nach Philadelphia Dozent bei den „Knights of Labor". 513

George, Henry (1839–1897) US-amerikanischer Publizist, bürgerlicher Ökonom, propagierte die Idee der Nationalisierung des Bodens durch den bürgerlichen Staat als Mittel zur Lösung aller sozialen Widersprüche der kapitalistischen Gesellschaftsordnung; versuchte sich an die Spitze der US-amerikanischen Arbeiterbewegung zu stellen. 189 338 bis 340

Gerin, Antonio (1856–1926) Schriftsetzer aus Koper, Ausbildung in Triest, arbeitete später in Italien, zwischen 1809 und 1895 in Wien, nachdem er in Triest auf einer schwarzen Liste von Unternehmern stand. 545

Gervinus, Georg Gottfried (1805–1871) deutscher Historiker und nationalliberaler Politiker, Professor in Heidelberg und Göttingen. 422

Gfrörer, August Friedrich (1803–1861) Theologe und Historiker, Verfasser von Arbeiten über die Geschichte der christlichen Religionen und Kirchen; einer der ersten, der sich der sog. Tübinger Schule anschloß; seit 1846 Professor in Freiburg im Beisgau. 9

Giers, Nikolai Karlowitsch (1820–1895) russischer Diplomat, Gesandter in Teheran (seit 1863), Bern (seit 1869), Stockholm (seit 1872), Mitarbeiter des Außenministers (1875–1882), Außenminister (1882–1895). 314

Giffen, Sir Robert (1837–1910) englischer Nationalökonom und Statistiker, Finanzfachmann, Leiter der Statistischen Abteilung im Board of Trade (Handels- und Verkehrsministerium) (1876–1897). 194

Giraud-Teulon, Alexis (1839–1906) Geschichtsprofessor in Genf. 40 41 64 480 482

Gladstone, William Ewart (1809–1898) britischer Staatsmann, Tory, danach Peelit; in der zweiten Hälfte des 19. Jahrhunderts Führer der Liberalen Partei; Premierminister (1868–1874, 1880–1885, 1886 und 1892–1894). 103 188 311 512

Godwin, William (1756–1836) englischer Schriftsteller und Sozialphilosoph; Theoretiker des Anarchismus. 501 507

Goegg, Amand (1820–1897) Journalist, Demokrat, 1849 Mitglied der badischen provisorischen Regierung; emigrierte nach der Niederlage der Revolution ins Ausland; kehrte 1862 nach Deutschland zurück und schloß sich in den siebziger Jahren der Sozialdemokratie an. 221

Verzeichnis literarischer, biblischer und mythologischer Namen

Geographische Namen

Verzeichnis der Völker- und Stammesnamen im „Ursprung der Familie, des Privateigentums und des Staats"

Alemannen (Alamannen) eine germanische Völkerschaft, die sich im 3./4. Jahrhundert im Gebiet zwischen Main und Oberlauf des Rheins herausbildete und sich allmählich auf dem Gebiet des heutigen Elsaß, der östlichen Schweiz und Südwestdeutschlands ausbreitete. Sie wurden im 6. Jahrhundert in das Frankenreich einbezogen. 93

Athener (der Antike) Bewohner des Stadtstaats Athen. 67 107–113 115 116

Arier sprachwissenschaftlicher Begriff für die Ende des 2. Jahrtausends in Indien eingewanderten indoeuropäischen Hirtenstämme; im 19. Jahrhundert weit verbreiteter Ausdruck zur Bezeichnung der Völker der indoeuropäischen Sprachgruppe. 33 58 62 155

Augiler Berberbevölkerung der Oase Augila (Audschila) in Nordostlybien. 56

Australneger (Australier) Urbevölkerung Australiens. „Australneger" heute nicht mehr gebräuchlich. 31 47 49–51

Barea Stamm, der auf dem Gebiet des heutigen Westäthiopiens und Eritreas an der Grenze des Ostsudan lebt. 56

Bastarner Volksstamm, der zu Beginn u. Z. das Gebiet zwischen den Karpaten und der Donau bevölkerte; nach bisheriger, aber zweifelhafter Lehrmeinung als germanisch und aus dem unteren Weichselgebiet stammend bezeichnet; im 3. Jahrhundert in der Völkerschaft der Goten aufgegangen. 142

Bataver (Batavi) Germanenstamm, der zu Beginn u. Z. das Gebiet zwischen den Flüssen Maas, Rhein und Waal (das heutige Holland; Landschaft „Betuwe") bewohnte. 134

Belgen Gruppe von Stämmen gallischer Kelten, die Nordgallien zwischen Seine und Rhein sowie einen Teil der Westküste Britanniens bevölkerte. 134

Briten Gruppe keltischer Stämme, die die älteste bekannte Bevölkerung Britanniens bildete; wurden (nach vierhundertjähriger Beherrschung durch die Römer, 1. bis Anfang 5. Jh.) durch das Eindringen der Angelsachsen (nach 449) teils assimiliert, teils nach Wales, Schottland und auf die Halbinsel Bretagne verdrängt. 40

Brukterer Germanenstamm, der zu Beginn u. Z. auf dem Gebiet zwischen den Flüssen Lippe und Ems ansässig war. 134

Bulgaren slawisches Volk in Südosteuropa; benannt nach den im 5.–7. Jahrhundert von der mittleren Wolga eingewanderten finnischen Stämmen (Wolgabulgaren), die in der slawischen Grundbevölkerung aufgingen. 62

Burgunder Germanenstamm, der zu Beginn u. Z. im Gebiet zwischen Weichsel und Oder siedelte, seit dem 3./4. Jahrhundert in südwestlicher Richtung vordrang, 413 bis 437 ein Reich am Mittelrhein (Worms, Nibelungensage) und nach dessen Vernichtung durch die Hunnen ein Reich an der Rhône errichtete. 533 von den Franken unterworfen. 131 132 142

Cayuga Stamm der Irokesen-Indianer Nordamerikas, siedelte an der Ostküste

den Pikten bildeten sie den Kern der schottischen Völkerschaft. 130

Skythen (Scythen) Gruppe von Stämmen, die vom 7. Jahrhundert v. u. Z. bis in die ersten Jahrhunderte u. Z. das Gebiet der Nordküste des Schwarzen Meeres bevölkerten. 42

Slawen Sammelbezeichnung für eine Gruppe von Völkern der indoeuropäischen Sprachfamilie: Russen, Bulgaren, Serben, Kroaten, Slowenen, Tschechen, Slowaken, Sorben und Polen. 91

Spartaner Bewohner des antiken Sparta, von den Griechen Pelasger genannt; waren indoeuropäischen Ursprungs; später mit den Atriden zusammengefaßt unter dem Namen Achäer. 71 94

Südseeinsulaner Bewohner der Inselgruppen Polynesien, Mikronesien, Melanesien. 56

Sueven (Sueben, Sweben) Gruppe germanischer Stämme, die zu Beginn u. Z. im Elbgebiet ansässig waren. Kern und Rest des alten Suevenbundes waren die Alemannen. In Deutschland hat sich der Name Sueven in dem der Schwaben erhalten. 91 131 135 136

Suaneten (Swanen) Gruppe des grusinischen Volkes, die in Swanetien an den Südwestabhängen des Kaukasus lebt. 127

Tahu Indianerstamm Nordamerikas, lebte im nördlichen Teil des heutigen Mexikos. 56

Taifaler mit den Goten verwandter Germanenstamm, um das 3. Jahrhundert an der Nordküste des Schwarzen Meeres ansässig; wurde von dort in der zweiten Hälfte des 4. Jahrhunderts von den Hunnen verdrängt. 71

Tamilen (Tamulen, Tamiler) hochentwickeltes Drawida-Volk im südlichen Vorderindien und nördlichen Ceylon. 37

Tenkterer Germanenstamm, in der Mitte des 1. Jahrhunderts v. u. Z. auf dem rechten Rheinufer zwischen Lahn und Wupper lebend; wurde im Jahre 55 v. u. Z. bei Nijmegen von den Römern fast völlig vernichtet. 141

Teutonen wahrscheinlich germanischer Stamm, der gegen Ende des 2. Jahrhunderts v. u. Z. mit Cimbern und Ambronen nach dem Süden Europas wanderte; sie wurden von den Römern geschlagen (102 v. u. Z.). 131

Thraker Gruppe indoeuropäischer Stämme, die im Altertum den östlichen Teil der Balkanhalbinsel (Thrakien) bewohnte. 56

Tikur indischer Stamm, der in Audh (Teil des heutigen Staates Uttar-Pradesch) lebte. 47

Tinneh (Dene, Athapasken) Gruppe sprachverwandter Indianerstämme Nordamerikas, die in den Wäldern Westkanadas und im Innern Alaskas sowie an der Küste des Stillen Ozeans bei der Halbinsel Kenai (Südalaska) lebten. 42

Tscherkessen bis 1917 weit verbreitete Bezeichnung für die Gruppe der Adygé-Berg-Völkerschaften des Nordwestkaukasus (Adygé, Tscherkessen und Kabardiner). 128

Tscherokesen (Cherokee) Stamm der Irokesen-Indianer Nordamerikas; lebte in den südlichen Gebieten des Appalachen-Gebirges; wurde 1838 in das Indianerterritorium eingegliedert. 91

Turanier früher Bezeichnung für die Bewohner des Tieflandes Turan. 155

Tuscarora (Tuskarora) Stamm der Irokesen-Indianer Nordamerikas; lebte auf dem Gebiet der heutigen Staaten Virginia und Nord-Carolina an der Küste des Atlantischen Ozeans. Der Rest des Stammes bewohnt eine Reservation im Staate New York. 88

Usipeter Germanenstamm, der am rechten unteren Rheinufer lebte; in der Mitte des 1. Jahrhunderts v. u. Z. von den Römern geschlagen. 141

Venetianer (Veneter) illyrische Stammesgruppe im östlichen Oberitalien. 145

Waliser Völkerschaft keltischer Herkunft (Eigenbezeichnung Cymry); bewohnen die Halbinsel Wales und die Insel Anglesey. 130

Warali indische Völkerschaft, die auf dem Gebiet des heutigen Staates Bombay und z. T. im Norden des heutigen Staates Madhia Pradesch (Madhja-Pradesch) lebt. 127

Zentralamerikaner gemeint sind die Indianer Zentralamerikas. 33

Erklärung der Fremdwörter, der fremdsprachigen und seltenen Ausdrücke

ad absurdum das Widersinnige nachweisen

Agenzien Triebkräfte; wirkende Ursachen

Ägide Schutz, Obhut, Leitung

Agnostiker Vertreter des Agnostizismus, einer Richtung in der Philosophie, die die prinzipielle Begrenztheit menschlicher Erkenntnis betont

Akklamation Beifall; Zustimmung

Alizarin roter Beizstoff

Allotropie Eigenschaft einiger chemischer Grundstoffe, in verschiedenen festen Zustandsformen oder Abarten aufzutreten (z. B. Kohlenstoff als Diamant und Graphit)

Amortisation allmähliche Tilgung einer Schuld nach festgelegtem Plan

Anachronismus Zeitwidriges; Verstoß gegen die Zeitrechnung; den Tatsachen widersprechende Datierung

Annalen Jahrbücher, chronologische Geschichtswerke

Annexation (Annexion) Aneignung, gewaltsame Einverleibung fremden Staatsgebiets

Antinomie Unvereinbarkeit oder Widerspruch zwischen gleichermaßen als richtig anerkannten Thesen, Gesetzen oder Regeln

antizipieren gedanklich vorwegnehmen, vorgreifen

apokalyptisch geheimnisvoll, rätselhaft

apokryphisch (apogryph) zweifelhaft, unecht, untergeschoben

Archont hoher Beamter im alten Athen

assemblies (Assembleen) Gesellschaften, hier: lokale Gruppen

assimilieren angleichen, anpassen

Associé Teilhaber

Assoziation Vereinigung, Verbindung

assoziieren verbinden, zusammenschließen, sich vereinigen

attachieren beigeben, zuteilen, anschließen

Bajadere indische Tänzerin (Tempeltänzerin)

banausisch philisterhaft, krämerhaft

Bastille als Staatsgefängnis benutztes Schloß in Paris

Bill Gesetz, Gesetzentwurf, Gesetzvorschlag

borniert beschränkt, unentwickelt

burlesk possenhaft, derb-komisch

Calpullis Hausgenossenschaft der Azteken

Charte Urkunde; Verfassungsurkunde, Grundgesetz

crud. (crudus) ungereinigt, roh

Departement Verwaltungsbezirk (in Frankreich)

dialektisch hier: sprachlich, mundartlich

diametral völlig entgegengesetzt
disponibel verfügbar, zu Gebote stehend
divers verschieden
Dividende Jahresprofitanteil des Aktionärs; Gewinnanteil
Doktrin Lehre, wirklichkeitsfremder Standpunkt
Domäne früher Bezeichnung für Staatsgut

Edikt Erlaß; Verordnung
egalitär auf Gleichheit gerichtet
Eklektizismus prinzipienloses Verschmelzen verschiedener Standpunkte oder Ansichten zu einem System
Elaborat Ausgearbeitetes; mühsames Werk; auch: Geschreibsel; Machwerk
Emanzipation Befreiung aus entwürdigender Abhängigkeit, Gleichstellung
Embryologie Lehre von der Entwicklung der Fruchtkeime (speziell bei Wirbeltieren und Menschen)
eminent außerordentlich, bedeutend; hervorragend
Emissär Abgesandter; Kundschafter, Agent
empirisch erfahrungsgemäß; auf Erfahrung beruhend
en canaille verächtlich behandeln
Endogamie Eheschließung innerhalb einer bestimmten Gruppe bei Naturvölkern
enzyklopädisch allumfassend; alle Wissenschaften umfassend
epigrammatisch kurz, treffend
Epos großes erzählendes Gedicht mit ideologisch und historisch bedeutendem Gehalt
Equipierung Ausstattung, Ausrüstung
eskamotieren nach Taschenspielerart verschwinden lassen, wegzaubern
etymologisch die Herkunft der Wörter betreffend
Exempel (warnendes) Beispiel; Lehre
Exogamie verpflichtende Heiratsregel bei den Naturvölkern, Ehen nicht innerhalb der eigenen blutsverwandten Gruppe zu schließen
expreß nachdrücklich
Exzeß Ausschreitung; Gewalttätigkeit

Feuilleton literarischer, belehrender u. unterhaltender Teil einer Zeitung; heute Kulturteil
figurieren in Erscheinung treten, eine Rolle spielen, in die Augen fallen
fiskalisch dem Fiskus gehörend oder ihn betreffend
Fiskus Staatskasse; der Staat als Inhaber von Vermögen und Vermögensrechten
Flor Blüte; Wohlstand
florieren gedeihen, in Mode sein
Fossil Überrest eines ausgestorbenen Lebewesens
Fourage militärische Verpflegung; Futter (für Militärpferde)
Franktireur französischer Freischärler im Deutsch-Französischen Krieg 1870/71
Fronde (Fron) dem Feudalherrn zu leistender Dienst des Leibeigenen

Gerant Herausgeber einer Zeitung
gerieren sich ausgeben, sich aufführen

Habitus die äußere Erscheinung, Haltung, Anlage
Helot (Helote) Staatssklave im alten Sparta; hier: Sklave
Hetäre Flötenspielerin, Tänzerin (Sklavin oder Freigelassene) im alten Athen
Hierarchie strenge Stufen- und Rangordnung der Gewalten

Imitator Nachahmer
Indemnität nachträgliche Genehmigung; Entschädigung, Vergütung, Schadenersatz
infam niederträchtig, schändlich, ehrlos
Infamie Schändlichkeit, Niedertracht, Abscheulichkeit
Infiltration Eindringen, Einströmen
Insurgent Aufständischer
insurgieren sich empören, sich erheben
Insurrektion Aufstand, Aufruhr, Erhebung
Interna (Internem) innere Angelegenheiten
intimidieren einschüchtern, abschrecken
irreligiös religionslos

Judaismus die jüdische Religion; eine Richtung des Judenchristentums der apostolischen Zeit.

Kabbala mystische Strömung im Judentum

kajolieren schmeicheln; jemanden zu gewinnen suchen

Kaliko glattes od. geprägtes Baumwollgewebe, das durch Appretur leimdicht gemacht ist (nach der ostind. Stadt Kalikut)

Kamarilla geheime Clique, die einen Fürsten beherrschende Hofpartei

Kapitalisierung Errechnung des Kapitals aus den Zinsen

Kasuistik Wortverdreherei, Spitzfindigkeit, Haarspalterei

Kataster amtl. Grundstücksverzeichnis; Steuerliste

kategorischer Imperativ unbedingt gültige sittliche Forderung der Kantschen Ethik

Kazike Stammes- oder Dorfhäuptling der Indianer Mittel- und Südamerikas; indianischer Ortsvorsteher

Kollateralverwandte in der Seitenlinie miteinander verwandte Personen

Kollision Zusammenstoß; Gegeneinanderwirken

Komment Brauch, Sitte

Kommis Handlungsgehilfe; kaufmänn. Angestellter

Kompensation Vergütung, Ausgleich, Ersatz

Konfiskation Vermögenseinziehung, Beschlagnahme; Besitzergreifung

Konfusion Verwirrung; Unordnung

Konsortium (vorübergehende) Vereinigung (besonders von kapitalistischen Banken) für größere Finanzierungsaufgaben

kontrahieren zusammenziehen; einen Vertrag schließen

Konvenienz Zuträglichkeit; Bequemlichkeit

Konvenienzehe Heirat nicht aus Liebe, sondern nach Geburt, Vermögen

Korrelat Ergänzung, Gegenstück

Krapp Farbpflanze, deren Wurzel die Färberröte (besonders für echt orientalische Teppiche) liefert

Krethi und Plethi abschätzig für eine gemischte Gesellschaft

Kretin körperlicher und geistiger Krüppel; Trottel

kulant entgegenkommend, verbindlich, gefällig

Kupon den Wertpapieren und Aktien zwecks Erhebung der fälligen Zinsen und Dividenden beigegebene Quittung

Lafette Schieß- und Fahrgerüst der Geschützrohre

legitim gesetzlich anerkannt, rechtmäßig

Legitimität Rechtmäßigkeit; Gesetzmäßigkeit besonders einer Regierung oder einer Regierungsform

lithographieren im Steindruckverfahren herstellen

Louvre Schloßbau in Paris; eines der bedeutendsten Kunstmuseen

Maire Bürgermeister

Majorat früher Erb- und Nachfolgevorrecht des dem Grade nach nächsten ältesten Verwandten; Vermögen, für das dieses Vorrecht galt

Majorität Mehrheit, Stimmenmehrheit

Makadam Straßenbelag aus festgewalztem, asphaltgetränktem Schotter (nach dem schott. Ingenieur Mac Adam)

makadamisieren Straßenbelag aus Makadam herstellen

Makulatur Altpapier, Abfall

Manie Trieb, Sucht

Marsupialier Bezeichnung für alle Beuteltiere

Medium Mittel

Metier Handwerk, Fach, Beruf

Mirakel Wunder, Wundertat, Wunderwerk

Molekül (Molekel) kleinstes Teilchen einer chemischen Verbindung

Molosser altgriechischer Jagdhund

Monogamie Einehe

monotheistisch an einen einzigen persönlichen Gott als Schöpfer und Ordner der Welt glaubend

monströs ungeheuerlich

Munizipium altrömische Landstadt

Mythe (Mythos, Mythus) Dichtung, Erdichtetes; Überlieferung aus vorgeschichtlicher Zeit

Mythologie Gesamtheit der Mythen eines Volkes; Götterlehre

Neolithikum Jungsteinzeit
neolithisch jungsteinzeitlich
Nihilismus anarchistischer Standpunkt der völligen Verneinung jeder Möglichkeit des Fortschritts
Nihilist Anhänger des Nihilismus
nominell nur dem Namen nach, angeblich
Nullität Bedeutungslosigkeit; Nichtigkeit

Obligation Verpflichtung, Schuldverschreibung
Observanz Beachtung einer eingeführten Regel
oktroyieren aufdrängen; (rechtswidrig) aufzwingen
ominös bedenklich; anrüchig
ornamental schmückend, zierend
Orthodoxie Rechtgläubigkeit; starres Festhalten am Buchstaben einer Lehre
ostensibel auffällig; offenkundig
outrieren übertreiben, überspannen

Pair Angehöriger des politisch bevorrechteten Hochadels im alten Frankreich
Paläolithen vorgeschichtliche Werkzeuge aus Stein
paläolithisch altsteinzeitlich
Palisade Hindernis aus nebeneinandergereihten, oben zugespitzten Pfählen; Verschanzung, Pfahlwerk
palisadieren ein Pfahlwerk errichten
Panslawismus imperialistisches Streben des zaristischen Rußlands, die slaw. Völker zu einem weltbeherrschenden Reich zusammenzuschließen
panslawistisch allslawisch
Pantheismus Weltanschauung, nach der Gott und Welt eins sind
par excellence im wahrsten Sinne (des Wortes), vorzugsweise, schlechthin
parodieren verspotten, scherzhaft nachahmen
Partikularismus Kleinstaaterei; das Streben einzelner Gebiete eines bürgerlichen Staates nach möglichst großer Selbständigkeit
Pendüle Tischpendeluhr
Phalanx geschlossene Schlachtenreihe des schweren Fußvolkes; Kerntruppe
Phantasmagorie Truggebilde, Zauber
Philanthrop Menschenfreund, individueller Wohltäter
philanthropisch menschenfreundlich
Philisterium Spießbürgerdasein
Phlogiston angeblicher Stoff, der brennenden Körpern entweichen sollte
Physiokrat Anhänger einer Lehre der politischen Ökonomie im 18. Jahrhundert in Frankreich, die die Grundrente für die einzige Form des Mehrwerts und daher die landwirtschaftliche Arbeit für die einzig produktive Arbeit hielt und nach der alle Steuern auf die Grundrente gelegt, die Industrie von staatlicher Bevormundung befreit und die freie Konkurrenz hergestellt werden sollte
Pietismus Richtung des Protestantismus, die besonderen Wert auf gefühlsmäßige Frömmigkeit legt; Frömmelei, Muckertum
pietistisch fromm in der Art des Pietismus
Plagiator jemand, der fremdes geistiges Eigentum als eigenes veröffentlicht
Polygamie Vielehe
Postulat Forderung, Verlangen; Annahme, Voraussetzung
postum nach dem Tode des Verfassers erschienen; nachgelassen
potenziell vermögend; wirkende Kraft habend; der Möglichkeit oder der Kraft nach wirkungsfähig; nicht unmittelbar, sondern verborgen wirkend
prädestinieren vorherbestimmen
Präexistenz früheres Dasein; in der idealistischen Philosophie das angebliche frühere Dasein der menschlichen Seele vor der Geburt des Menschen
Präliminarien Vorverhandlungen; Einleitung
Prätendent Anspruchererhebender; Anwärter, Bewerber
Priorität Erstrecht, Vorzugsrecht
Proglottiden Bandwurmglieder
Proklamation öffentliche Bekanntmachung
Prosperität Aufschwung, Gedeihen, Wirtschaftsblüte

protegieren begünstigen, fördern
Protektion Schutz; Gönnerschaft
Protektor Beschützer; Schutz-, Schirmherr
Protoplasma die „lebende“ Substanz (chemisch kompliziert zusammengesetzt, hauptsächlich aus Eiweiß bestehend), Träger aller Lebenserscheinungen, die den wesentlichen Bestandteil der Tier- und Pflanzenzellen sowie niedrigster Lebewesen bilden
Provenzalen Bewohner der Provence (Südfrankreich); ritterliche Dichter des 12. und 13. Jahrhunderts

Quadrant Viertelkreis
Quintessenz Auszug; Kern; innerstes Wesen einer Sache

Rabbi Ehrentitel jüdischer Gesetzeslehrer
Rationalismus Richtung in der Erkenntnistheorie, die die Vernunft als die einzige Quelle wahren Wissens anerkennt; in der Religion die Überzeugung, daß die Vernunft in der Religion die höchste Schiedsrichterin ist
Reflex Zurückstrahlung, Widerschein; Abglanz
renitent widerspenstig
Repulsion Zurückstoßung, Abstoßung; Abweisung
requirieren herbeischaffen; beschlagnahmen
respektiv jedesmalig; jeweilig
Royalist Anhänger des Royalismus (Königtums)

sakral auf heilige Handlungen bezüglich
sarazenisch arabisch, mohammedanisch
Satrapie Statthalterschaft
Schamane Zauberpriester vieler Naturvölker
Scheffel preußisches Hohlmaß
Scholastik die von der Theologie abhängige Philosophie des Mittelalters; Schulweisheit
sistieren (ein Verfahren od. eine Tätigkeit) vorläufig nicht fortsetzen, einstellen
solenn feierlich, festlich
Sovereign englische Goldmünze
stagnant von stagnieren: stocken, stillstehen
Stagnation Stockung, Stillstand
Stoa griechische Philosophenschule
stoisch die Stoa betreffend
Strike Streik, Arbeitseinstellung
Subtraktion mathematisch das Abziehen, die Verminderung
Subvention (staatliche finanzielle) Beihilfe
Superintendent in ev. Kirchen der Geistliche, der die Aufsicht über einen Bezirk führt
Surrogat Ersatz, Ersatzmittel
suspendieren zeitweilig aufheben, einstellen; außer Kraft setzen; in der Schwebe lassen

Theorem Lehrsatz; Grundsatz
Trade-Unions Name der englischen Gewerkschaften
traktabel umgänglich, fügsam
transzendental das Sinnliche oder das Gebiet der Erfahrung übersteigend; übersinnlich; überweltlich

Ultramontanismus gegnerische Kennzeichnung der an die päpstliche Autorität gebundenen Haltung der deutschen Katholiken im Kulturkampf des 19. Jahrhunderts
Usurpation widerrechtliche Besitzergreifung, gewaltsame Aneignung

vulgarisieren eine Lehre unwissenschaftlich und ungenau darstellen; verflachen

Yard englisches und nordamerikanisches Längenmaß

zentrifugal auf der Wirkung der Zentrifugalkraft beruhend
Zentrifugalkraft bei Drehbewegungen auftretende, nach außen gerichtete Fliehkraft

Inhalt

Anhang und Register

Illustrationen